Politische Vierteljahresschrift   Sonderheft 42/2009

Deutsche Vereinigung für Politische Wissenschaft

Politik in der Mediendemokratie

*Herausgegeben von
Frank Marcinkowski
Barbara Pfetsch*

Bibliografische Information der Deutschen Nationalbibliothek
Die Deutsche Nationalbibliothek verzeichnet diese Publikation in der
Deutschen Nationalbibliografie; detaillierte bibliografische Daten sind im Internet über
<http://dnb.d-nb.de> abrufbar.

1. Auflage 2009

Alle Rechte vorbehalten
© VS Verlag für Sozialwissenschaften | GWV Fachverlage GmbH, Wiesbaden 2009

Lektorat: Frank Schindler

VS Verlag für Sozialwissenschaften ist Teil der Fachverlagsgruppe Springer Science+Business Media.
www.vs-verlag.de

Das Werk einschließlich aller seiner Teile ist urheberrechtlich geschützt. Jede Verwertung außerhalb der engen Grenzen des Urheberrechtsgesetzes ist ohne Zustimmung des Verlags unzulässig und strafbar. Das gilt insbesondere für Vervielfältigungen, Übersetzungen, Mikroverfilmungen und die Einspeicherung und Verarbeitung in elektronischen Systemen.

Die Wiedergabe von Gebrauchsnamen, Handelsnamen, Warenbezeichnungen usw. in diesem Werk berechtigt auch ohne besondere Kennzeichnung nicht zu der Annahme, dass solche Namen im Sinne der Warenzeichen- und Markenschutz-Gesetzgebung als frei zu betrachten wären und daher von jedermann benutzt werden dürften.

Druck und buchbinderische Verarbeitung: Krips b.v., Meppel
Satz: ITS Text und Satz Anne Fuchs, Bamberg
Gedruckt auf säurefreiem und chlorfrei gebleichtem Papier
Printed in the Netherlands

ISBN 978-3-531-15939-3

Inhaltsverzeichnis

Einführung

Barbara Pfetsch / Frank Marcinkowski
Problemlagen der „Mediendemokratie" – Theorien und Befunde zur Medialisierung von Politik 11

I. Theoretische Überlegungen zur „Mediendemokratie"

Renate Martinsen
Öffentlichkeit in der „Mediendemokratie" aus der Perspektive konkurrierender Demokratietheorien 37

Claus Leggewie
Die Medien der Demokratie. Eine realistische Theorie der Wechselwirkung von Demokratisierung und Medialisierung 70

W. Lance Bennett
Power and the News Media: The Press and Democratic Accountability 84

Winfried Schulz
Politischer Medieneinfluss: Metamorphosen des Wirkungskonzepts 103

II. Die Realität der Politik in den Massenmedien

Torsten Maurer
Fernsehen – als Quelle politischer Information überschätzt? Eine Bestandsaufnahme des Angebotes und der Nutzung des „politischen Leitmediums" 129

Marcus Maurer
Wissensvermittlung in der Mediendemokratie: Wie Medien und politische Akteure die Inhalte von Wahlprogrammen kommunizieren 151

Fritz Plasser / Günther Pallaver / Günther Lengauer
Die (trans-)nationale Nachrichtenlogik in Mediendemokratien – Politischer TV-Journalismus im Wahlkampf zwischen transatlantischer Konvergenz und nationaler Divergenz 174

III. Medienlogik und Politische Institutionen unter Stress

Stefan Marschall
Medialisierung komplexer politischer Akteure – Indikatoren und Hypothesen am Beispiel von Parlamenten 205

Gerhard Vowe / Marco Dohle
Weltsicht und Medienbild des Parlaments im Wandel. Eine Inhaltsanalyse von Bundestagsdebatten aus 50 Jahren 224

Adrian Steiner / Otfried Jarren
Intermediäre Organisationen unter Medieneinfluss? Zum Wandel der politischen Kommunikation von Parteien, Verbänden und Bewegungen 251

Uwe Jun
Parteien, Politik und Medien. Wandel der Politikvermittlung unter den Bedingungen der Mediendemokratie 270

IV. Medialisierte Problemverarbeitung

Sigrid Koch-Baumgarten / Katrin Voltmer
Policy matters – Medien im politischen Entscheidungsprozess in unterschiedlichen Politikfeldern 299

Jan Kleinnijenhuis / Anita M. J. van Hoof
Media Coverage of Government Policies and Citizen Satisfaction with Information Provision and Policy Results 320

Hanspeter Kriesi / Laurent Bernhard / Regula Hänggli
The Politics of Campaigning – Dimensions of Strategic Action 345

Thomas Zittel
Entmedialisierung durch Neue Digitale Medien? Direkte Wählerkommunikation im WWW aus der Sicht von Abgeordneten des Deutschen Bundestages 366

V. Politische Kultur und individuelle Medienwirkungen

Jürgen Maier
Was die Bürger über Politik (nicht) wissen – und was die Massenmedien damit zu tun haben – ein Forschungsüberblick 393

Rüdiger Schmitt-Beck / Christian Mackenrodt
Politikvermittlung durch Massenmedien bei der Bundestagswahl 2005: Nutzungsintensität und Einflüsse auf Einstellungen und Wahlverhalten 415

Jens Wolling
Onlinenutzung und Einstellungen zur Politik. Ergebnisse einer repräsentativen Panelstudie 447

Patrick Rössler
Wie Menschen die Wirkungen politischer Medienberichterstattung wahrnehmen – und welche Konsequenzen daraus resultieren 468

Jens Tenscher
Informationsnutzung und politische Orientierung: Eine Vermessung der Europäischen Union 496

VI. Transnationale Politik – (trans-)nationale Medien

Jürgen Gerhards / Anke Offerhaus / Jochen Roose
Wer ist verantwortlich? Die Europäische Union, ihre Nationalstaaten und die massenmediale Attribution von Verantwortung für Erfolge und Misserfolge 529

Silke Adam / Barbara Pfetsch
Europa als Konflikt in nationalen Medien – Zur Politisierung der Positionen in der Integrationsdebatte 559

Matthias Ecker-Ehrhardt
Inter- und transnationale Organisationen als symbolische Autoritäten der Mediendemokratie 585

Sigrid Baringhorst
Politischer Protest im Netz – Möglichkeiten und Grenzen der Mobilisierung transnationaler Öffentlichkeit im Zeichen digitaler Kommunikation 609

Michael Brüggemann / Hartmut Weßler
Medien im Krieg. Das Verhältnis von Medien und Politik im Zeitalter transnationaler Konfliktkommunikation 635

Zusammenfassungen 658

Abstracts 668

Verzeichnis der Autorinnen und Autoren 677

Einführung

Problemlagen der „Mediendemokratie" – Theorien und Befunde zur Medialisierung von Politik

Barbara Pfetsch / Frank Marcinkowski

1. Die normative Ambiguität der „Mediendemokratie"

In der Welt des 21. Jahrhunderts ist jede Demokratie zwangsläufig eine „Mediendemokratie". Diese einfache Feststellung wird kaum ernsthaften Widerspruch ernten. Jedenfalls geht der Begriff journalistischen, politischen und wissenschaftlichen Beobachtern der Gegenwartsgesellschaft zunehmend leicht über die Lippen. Wenig eindeutig ist allerdings, was damit eigentlich ausgesagt und wie das Phänomen zu bewerten ist.

Im affirmativen Verständnis verweist „Mediendemokratie" zunächst einmal darauf, dass die Ansprüche an eine demokratische Ordnung im modernen Nationalstaat ohne leistungsfähige Massenkommunikationsmittel nicht einzulösen sind. Folgt man der neueren Diskussion um die grundlegendsten funktionalen Requisiten einer jeden Demokratie, Teilhabe am kollektiv verbindlichen Entscheiden, Kontrolle von Macht, Wettbewerb unterschiedlicher Ideen (Dahl 1989; Beetham 1994; Abromeit 2004; Held 2006), so wird dies unmittelbar einsichtig. Teilhabe bedeutet, dass jeder Bürger zumindest als Mitglied von Interessengruppen oder sozialen Bewegungen die Möglichkeit haben sollte, soziale Probleme auf die Tagesordnung der Politik zu setzen. Er oder sie muss in der Lage sein, sich ein informiertes Urteil über die öffentlichen Angelegenheiten zu bilden und dies im öffentlichen Diskurs repräsentiert zu finden. Schließlich muss die Möglichkeit gegeben sein, die eigene Meinung entscheidungswirksam zum Ausdruck zu bringen, entweder durch unmittelbare Abstimmung oder durch Wahl entscheidungsbefugter Vertretungskörperschaften. All dies setzt eine leistungsfähige Infrastruktur für öffentliche Kommunikation voraus, in deren Zentrum die Massenmedien stehen. Ihre Berichterstattung repräsentiert die öffentliche Agenda und fungiert als Marktplatz der Ideen. Von Massenmedien wird das aktuelle Faktenwissen über Personen, Programme, Entscheidungsinhalte und Entscheidungsfolgen generiert und vermittelt, das den Bürgern aufgeklärtes Mitentscheiden in Wahlen und Abstimmungen erst ermöglicht. Ihre auf Dauer gestellte Beobachtung der Performanz der Herrschenden versetzt die Bürger in die Lage, Verantwortlichkeit zuzuschreiben und Rechenschaft zu verlangen. Sie sind damit Voraussetzung und Bestandteil der Beschränkung von Macht, einer weiteren Unerlässlichkeit demokratischer Ordnung. Was immer sonst noch über die Medien gesagt werden kann: In allen genannten Ausprägungen erreicht die heutige Medienöffentlichkeit eine historisch einmalige Leistungsfähigkeit. Insoweit stellt die „Mediendemokratie" eine Steigerungsform und jedenfalls die zeitgemäße Form heutiger Demokratien dar. Eine Demokratie nämlich, die sich der technischen Möglichkeiten und sozialen Reichweite moderner Kommunikationsmittel bedient, um ihre Funktionen und Ziele auf hohem Niveau zu erfüllen. Funktionale Äquivalente für die von Massenmedien zu erbringenden Beiträge sind nicht in Aussicht. Das sollte man nicht vergessen, wenn wir uns nun den Krisensymptomen zuwenden.

Im weitaus häufigeren Fall wird nämlich von der „Mediendemokratie" im pejorativen Sinne des Begriffs gesprochen. Der „Alarmismus" (Winfried Schulz, in diesem Band) tritt in mindestens zwei Varianten auf, die sich hinsichtlich der Verortung von Problemursachen unterscheiden. Das Verständnis einer von Medien *getriebenen* Demokratie, in der sich Presse, Hörfunk, Fernsehen und Online-Kommunikation gerade nicht mehr auf die „dienende Funktion" reduzieren lassen, von der das Bundesverfassungsgericht einst sprach (BVerfGE 12, 227). Diese Perspektive sieht Medien eigenständig und folgenreich in demokratische Prozesse eingreifen. Der Problemkern wird in der Entwicklungsdynamik des Mediensystems gesehen, die unter anderem dazu führe, dass der Orientierungswert und Informationsgehalt von Medienberichterstattung beständig sinkt anstatt etwa anzusteigen. Die Voraussetzungen für eine gut informierte Bürgerschaft seien daher immer weniger gegeben. Vielmehr würde gerade die politisch schwach interessierte Mehrheit der Bürger durch verkürzte, oberflächliche Informationshäppchen und einseitige Meinungsauslese in die Irre geführt. In diesem Szenario wird weiter argumentiert, dass eine zunehmend sensationalistische und negativistische Präsentationsweise der Medien gerade nicht zu demokratischer Partizipation anrege, sondern der Demokratie notwendiges Vertrauen entziehe. Die gleiche Entwicklung führe dazu, dass die Kontrollfunktion der Medien immer wieder missbraucht würde. Durch ihre Kapazität für Skandalisierung seien die Medien in der Lage, demokratisch legitimierte Politiker aus dem Amt zu treiben und mithin den Wählerwillen zu konterkarieren. Hinter diesen Entwicklungen werden wahlweise ökonomische Interessen, politische Ambitionen oder ein verändertes publizistisches Selbstverständnis von Medienschaffenden und Medienorganisationen vermutet.

Die Rede von der *Telekratie* schildert demgegenüber politische Akteure weniger als Opfer, denn als handelnde Nutznießer und aktive Promotoren einer Entwicklung, in der die Medien zum wichtigsten Führungsinstrument der Regierenden geworden sind. Mit Hilfe eines zunehmend professionalisierten Kommunikationsmanagements, aber auch aufgrund der spezifischen Produktionsbedingungen in einem weitgehend kommerzialisierten Mediensystem gelinge es ihnen immer perfekter, den Bestand öffentlich diskutierter Probleme sowie den Streit der Meinungen darüber auf die im politischen System etablierten Themen und anschlussfähigen Positionen zu begrenzen. Medien dienten insoweit weniger dem aufgeklärten Politikverständnis der Bürger als dem Zustimmungsmanagement der Regierenden, eher der Ausübung als der Kontrolle politischer Macht. Den Extremfall der Telekratie findet man naturgemäß dort, wo Regierende unmittelbare Verfügungsmacht über reichweitenstarke Medien besitzen. Sinnbild dafür ist das Italien Silvio Berlusconis geworden. In beiden Varianten erscheint die „Mediendemokratie" als Problemfall, wenn nicht als Verfallsform von demokratischer Ordnung. Eine Demokratie nämlich, in der die demokratischen Funktionen und Ziele unter dem wachsenden Einfluss von und über Medien eher geschwächt als gestärkt werden.

Aus der normativen Ambiguität der „Mediendemokratie" beziehen die Beiträge dieses Sonderbandes ihre wissenschaftliche und politische Relevanz. Einerseits kann Demokratie auf unabhängige Massenkommunikationsmittel nicht verzichten, um ihren eigenen Ansprüchen gerecht zu werden. Andererseits greift die Wirkungsmacht der Medien grundlegend in den politischen Prozess ein, und der Missbrauch von Medien verkehrt den Sinn von Demokratie ins Gegenteil.

2. Theoretische Perspektiven

Sollen vorschnelle normative Urteile über die „Mediendemokratie" vermieden werden, richtet sich der Blick zunächst auf verfügbare analytische Konzepte, die der empirischen Untersuchung des Phänomens Führung geben können. Die vorliegenden Ansätze versuchen im Kern eine Beschreibung von Politik in der Mediendemokratie, aber auch ihrer Konfliktpotenziale und Dysfunktionalitäten, die durch die unterschiedlichen Logiken von Politik und Medien und deren Zusammentreffen im politischen Prozess moderner westlicher Gesellschaften entstehen. Dabei erscheint gerade das Aufeinandertreffen von politischer Logik und Medienlogik als konstitutive Bedingung kollektiv verbindlichen Entscheidens in modernen Massendemokratien, weil Prozesse der Beobachtung öffentlicher Meinung und der Legitimierung von politischen Entscheidungen ohne die Transparenz-, die Validierungs- und die Orientierungsfunktion moderner politischer (Medien-)Öffentlichkeit kaum möglich sind (Neidhardt 1994). Diese Debatte wird im derzeitigen Fachdiskurs unter zwei Perspektiven geführt. Im neo-institutionalistischen Paradigma stehen die Medien als politische Institutionen und deren demokratische Performanz im Mittelpunkt des Interesses. In diesem Diskurs wird nach den Erklärungen für ein spezifisches Regel- und Normensystem gefragt, das die politische Rolle von Medien – ihre Teilnahme an politischen Prozessen und ihre Wirkung auf politische Prozesse – in dynamischer Weise prägt (Cook 1998, 2006). Die zweite Perspektive ist durch den Begriff der Medialisierung gekennzeichnet, durch den die überwiegend dysfunktionalen Wirkungen der Durchdringung von Politik und Medien auf die Demokratie in den Mittelpunkt gestellt werden (Mazzoleni/Schulz 1999).

Eine Grundannahme der neo-institutionalistischen Sicht auf die Mediendemokratie ist, dass die Medien nicht außerhalb des politischen Systems, sondern als Teil desselben zu betrachten sind. Die Regeln der massenmedialen Herstellung und Bereitstellung von Themen für öffentliche Kommunikation werden als Anreizsysteme verstanden, die politische Prozesse (a) in entscheidender Weise kontextualisieren oder (b) aktiv mitgestalten bzw. auf sie einwirken. Der Neo-Institutionalismus betrachtet Medien als politische Institutionen, die jenseits kurzfristiger und punktueller Effekte einen dauerhaften Einfluss auf politische Prozesse haben (Jarren 1996; Marcinkowski 2007). Sparrow (2006) bringt den Grundgedanken dieses Ansatzes auf den Punkt, wenn er argumentiert, dass die Medien die kooperativen und kompetitiven Beziehungen herstellen, welche die Gesellschaft und ihre ökonomische Ordnung aufrechterhalten und den institutionellen Rahmen, der Handlungsmöglichkeiten strukturiert. Medien „provide a regular and persisting framework through which and within which other political actors operate" (Sparrow 2006: 150). Medien werden dadurch politisch, dass politische Akteure ein gleichsam natürliches Interesse daran haben müssen, die jeweils leistungsfähigsten Kommunikationskanäle zu nutzen, um mit ihren Anspruchsgruppen in Beziehung zu treten. In der Tat sind die Konvergenzen zwischen den Kommunikations- und Unterstützungsbedürfnissen von politischen Akteuren und die institutionellen Prinzipien der Medien in Zeiten der zugespitzten politischen Mobilisierung oder in Krisensituationen am deutlichsten sichtbar.

Die Medien werden in der Perspektive des Neo-Institutionalismus zunächst in ihrer bloßen Faktizität und ohne Unterstellung eigener politischer Interessen, Motive oder Manipulationsabsichten beschrieben: „Sie funktionieren, wie sie funktionieren, eigenlogisch oder, wenn man so will, systemrational. Politisch werden Medien dadurch, dass sie folgenreiche Handlungskontexte für personale und korporative Akteure des politischen Systems institutionalisieren, welche die Medienöffentlichkeit zur Verwirklichung ihrer Interessen zu nutzen versuchen" (Marcinkowski 2007: 104). Medienlogik ist in dieser Sicht Teil der Politik, ohne dabei selbst politisch zu sein. Zugleich wird deutlich, dass die „Mediendemokratie" nicht als Werk politisch ambitionierter Journalisten oder publicity-süchtiger Politiker begriffen werden kann, sondern das Ergebnis gesellschaftlicher, politischer und technologischer Entwicklungen darstellt. In einer hochgradig technisierten und global vernetzten Welt sind die politischen Problemlagen wie die dazu passenden Problemlösung weder leicht zu durchschauen noch selbsterklärend. Im Gegenteil, Politik ist auf Erklärung und Vermittlung angewiesen. Die Governance-Forschung verweist darüber hinaus auf die gewachsene Komplexität politischer Entscheidungsstrukturen. Nimmt man die wachsende Ablösung der Wähler von traditionellen Sozialmilieus hinzu, wird deutlich, dass auch der demokratische Basisprozess politischer Wahlen in hohem Maße kommunikativer Mobilisierung bedarf. In dieser Situation eines erheblich gewachsenen Kommunikationsbedarfs nimmt es nicht Wunder, dass demokratische Politik zwar nicht die Medienorganisationen selbst, wohl aber die von ihnen etablierten Regeln der Erzeugung und Lenkung öffentlicher Aufmerksamkeit in das politische System inkorporiert hat.

In dieser Perspektive verändern Medien den politischen Prozess und die öffentliche Auseinandersetzung gewissermaßen von innen heraus. Die Bedeutung von Medienöffentlichkeit in der Demokratie variiert dann – so zeigt **Renate Martinson** – nach den Anforderungen, die unterschiedliche Demokratiekonzeptionen an die kommunikativen Funktionen von Medien stellen. Betrachtet man die Mediendemokratie in neo-institutionalistischer Perspektive, so kann sie als analytisches Konzept begriffen werden, das von seinen kulturpessimistischen Konnotationen befreit ist und politikwissenschaftliche bzw. öffentlichkeitssoziologische „Anschlussoptionen" erlaubt. Martinson kann in diesem Sinne zeigen, dass man je nachdem, ob man das liberale, deliberative oder partizipative Modell von Demokratie als Maßstab nimmt, zu unterschiedlichen Einschätzungen der Performanz oder auch problematischen politischen Medienrollen kommt.

Wenn die Medien als systemrationale Teile der Politik begriffen werden, dann müssen an sie Standards der Zurechenbarkeit und öffentlichen Verantwortlichkeit angelegt werden, fordert **Lance Bennett** in seinem Beitrag. Diese Standards sind gleichwohl umso schwerer zu erfüllen, je weniger Journalismuskulturen im Sinne einer Gemeinwohlorientierung funktionieren. Als zentrales Hindernis sieht Bennett im Vergleich von USA und Europa, dass die Marktabhängigkeit von Medien in liberalen Mediensystemen die Implementation von Standards der öffentlichen Verantwortlichkeit unterminiert. Dieses Defizit verführt Medien, ihre kritische Distanz aufzugeben und an den Lippen der politischen Elite zu hängen oder sich, in vorweggenommener Selbstanpassung von Journalisten, den politischen Situationsdefinitionen der Regierung anzuschließen. Vor allem in Zeiten politischer Krisen, in denen die parlamentarische Opposition versagt, kommt es dann zu Prozessen der „Indexierung" regierungsamtlicher Sichtweisen durch politischen Journalismus. Bennett führt die Berichterstattung der US-amerikanischen Medien über den Irakkrieg und die Vorfälle in Abu Ghraib als Belege für seine Thesen an. Seine Forderung lautet, dass über die Mechanismen und Regelungen der Machtdistanz zwischen Nachrichtenmedien und politischer Macht grundlegend neu nachgedacht werden muss, um „echte" Vielfalt von Positionen in der öffentlichen Auseinandersetzung über Politik zu erreichen.

Während Lance Bennett die fehlende Gemeinwohlorientierung von Medien in liberalen Mediensystemen für demokratische Dysfunktionen der politischen Kommunikation verantwortlich macht, sieht **Claus Leggewie** die Demokratie durch die Medienevolution und insbesondere die Netzmedien des Web 2.0 gefährdet. Seine „realistische" Theorie des Wechselverhältnisses von Demokratisierung und Medien postuliert eine historische Konvergenz von Medien- und Demokratieentwicklung, die problematische Konsequenzen hat. Leggewie argumentiert, dass die Entwicklung des Internet zu einer Implosion sowohl der Massenmedien als auch der Massendemokratie beiträgt und damit die traditionellen demokratischen Funktionen der Medien als Institutionen der Inklusion, Öffentlichkeit und Partizipation aushebelt. Die Mediendemokratie habe sich auf diese Weise – so Leggewie – zu einer „Postdemokratie" entwickelt, deren Kennzeichen das Ende der Repräsentation ist. In dieser Postdemokratie werde ein Höchstmaß an Inklusion und Pseudo-Partizipation um den Preis einer zerstreuten Öffentlichkeit erreicht, die schon lange von dem bürgerlichen Anspruch des Diskurses und der Partizipation Abschied genommen hat.

Der Blickwinkel von Leggewie konvergiert stark mit neueren Analysen von Bennett und Iyengar (2008), die aufgrund der technologischen Veränderungen der politischen Kommunikation und von Wandlungsprozessen des Publikums, wie Fragmentierung und Entfremdung, einen Wendepunkt in der politischen Kommunikation demokratischer Gesellschaften zu erkennen meinen. Auch hier steht die Forderung nach grundlegend neuen theoretischen Perspektiven im Raum. Diese neue Theorie der politischen Kommunikation muss sowohl zu der Frage der Explosion von politischen Botschaften im Sinne des „information overload" als auch zur Segmentierung des Publikums, zur Ungleichverteilung von politischen Ressourcen und politischem Wissen und schließlich zum Misstrauen des Publikums in die Massenmedien Stellung beziehen. Wie Bennett und Iyengar (2008) feststellen, hat die Politikwissenschaft hierzu noch keinen Beitrag geleistet.

Die neo-institutionalistischen Ansätze der Mediendemokratie unterstellen den Medien zwar Eigenlogik und Außenwirkung, aber keine politischen Motive oder Manipulationsabsichten (Pfetsch/Adam 2008). Dagegen konstatieren die meisten Arbeiten zur „Medialisierung"[1] von Politik zumindest ein Mitverschulden der meinungsbildenden Medien an einem Prozess, in dem die Demokratie Schaden zu nehmen droht. „Mediatized politics is politics that has lost its autonomy, has become dependent in its central functions on mass media, and is continuously shaped by interactions with mass media", definieren Mazzoleni und Schulz (1999: 250). Inzwischen geht der Mainstream der politischen Kommunikationsforschung fast selbstverständlich – wie Schudson (2002: 249) feststellt – von einer Medialisierung der Politik aus. Das Phänomen lässt sich – wie Mazzoleni/Schulz (1999) postulieren – durch eine Reihe von Prozessen charakterisieren, die in der fundamentalen Durchdringung der Politik durch die Aufmerk-

---

[1] Der englische Ausdruck „Mediatization" wird im deutschen Sprachgebrauch sowohl als Mediatisierung wie auch als Medialisierung übersetzt. Wir verwenden durchgehend den Begriff „Medialisierung", weil diese Wortbildung weniger verwechselungsanfällig für ähnlich klingende Konzepte in der Rechts- und Geschichtswissenschaft ist.

samkeitsökonomie resultieren. Dazu zählt die Logik von Nachrichtenwerten bei der Auswahl von Themen und Personen, die zu systematischen Verzerrungen der Medienrealität von Politik führt. Dazu zählt auch der Vorwurf, dass der Zugang zur öffentlichen Debatte durch mediale Agenda-building- und Agenda-setting- Prozesse geregelt wird. Der durch die Medienlogik dominierte moderne politische Öffentlichkeitsprozess geht in dieser Sicht bis zur Spektakularisierung der Sprache, der Formate und der Inhalte der politischen Kommunikation.

Während die frühe Debatte über die Medialisierung von „Legendenbildungen" (**Winfried Schulz**) lebte, hat in jüngster Zeit eine grundlegendere Auseinandersetzung zum Thema mit dem Ziel der fundierten Theoriebildung begonnen (Schulz 2004; Strömbäck 2008; Kepplinger 2008; Marcinkowski/Steiner 2009). So legt Schulz (2004) ein analytisches Konzept der Medialisierung vor, in dessen Mittelpunkt die Substitution politischer Realität durch Medienevents und symbolische Realitäten sowie die Anpassung der Politik an die Medienrealität stehen. Der entscheidende Punkt der Entwicklung ist aber nicht, dass eine weitgehend politikfremde, kommerzielle Medienlogik die Auswahlkriterien und Regeln dessen, was als Politik öffentlich wird, diktieren. Wesentlich ist vielmehr, dass politische Akteure diese Regeln und medialen Formatkriterien verinnerlichen bzw. in ihrem Handeln antizipieren (Kepplinger 2007; Marcinkowski/Steiner 2009). In dieser Lesart bedeutet Medialisierung nichts anderes als die Institutionalisierung von Medienregeln im politischen System. Sie macht deutlich, dass der neo-institutionalistische Ansatz und die Medialisierungsperspektive letztlich keine konkurrierenden Theorien sind, sondern sich gegenseitig ergänzen. So ist es durch den Institutionalismus möglich, präzise zu beschreiben, was im Prozess der Medialisierung genau passiert.

Die jüngere Theoriedebatte reflektiert nicht nur die Bemühung um begriffliche Präzisierungen von Medialisierung, sondern ist auch durch das Nachdenken über den Begriff und die Implikationen von politischen Medienwirkungen gekennzeichnet. Dabei wird zunächst deutlich, dass der traditionell mikroanalytisch interpretierte Begriff der Wirkung erweitert werden muss. Aus politikwissenschaftlicher Sicht sind nicht nur mikroanalytische Medieneffekte auf individuelle Willensbildungsprozesse von Interesse, etwa auf die Meinungen von Wählern und Politikern, wie sie in Meinungsumfragen, Wahlergebnissen und staatlichen Entscheidungen zum Ausdruck kommen (vgl. Sektion „Politische Kultur und individuelle Medienwirkungen"). Medienwirkungen werden auch als Medienfolgen für Verfahren und Routinen der Entscheidungsvorbereitung und -durchsetzung relevant. Sie betreffen den institutionellen Kern des Politischen, d. h. die Governance der Demokratie (Crozier 2007). Begreift man Medialisierung als komplexen Prozess, in dem sich individuelle Medieneffekte und meso- wie makroskopische Medienfolgen wechselseitig bedingen, dann erscheinen die herkömmlichen Prozess- und Wirkungsmodelle eindimensionaler kausaler Beziehungen unangemessen. Winfried Schulz weist darauf hin, dass die vorliegende Forschung eine Vielzahl von politisch funktionalen und dysfunktionalen Konsequenzen belegt, diese aber je nach normativer Sicht als demokratiefördernd oder demokratiekritisch interpretiert. Schulz fordert daher zu Recht Arbeiten, die die Maßstäbe von demokratischer Performanz der Medien systematisch herleiten und kritisch evaluieren. Er votiert aber auch dafür, über die Theoriediskussion hinauszugehen und die methodischen und analytischen Grenzerweiterungen der Medienwirkungsforschung, die er in seinem Beitrag herausarbeitet, zu nutzen, um demokratische Medienperformanz empirisch zu evaluieren.

Akzeptiert man die aus der neueren Theoriedebatte hervorgehende Trennung zwischen Medialisierung und Medienwirkung, so fehlt insbesondere in Bezug auf die Thesen der Medialisierung ein breit angelegtes, überzeugendes Forschungsprogramm. Gemessen an der Grundsätzlichkeit und der behaupteten Reichweite der Wandlungsprozesse ist die Situation in Bezug auf empirische Nachweise prekär. Insbesondere stehen empirische Studien aus, die zeigen, dass die Medialisierung, wie wir sie in zugespitzten Situationen des Politikprozesses beobachten, nicht die Ausnahme, sondern die Regel der Medienperformanz und ihrer Verschränkung mit der Politik sind. Tim Cook (1998) hat hier zu Recht vor einem undifferenzierten Blick auf „die" Medien gewarnt und darauf hingewiesen, dass hinter dem Konsens zwischen Medien und Politik über das politische Spiel eine Vielzahl von Medienorganisationen, Medientechnologien und Medienformaten steht, die es uns verbietet, von einheitlichen Medienrollen zu sprechen. Das gleiche Argument lässt sich für die Politik formulieren, auch hier ist eine Vielzahl von politischen Akteuren im Spiel, die hinsichtlich ihrer Interessen und Aktionsrepertoires in der Kommunikation variieren. Je differenzierter der Blick auf Medienperformanz und Medialisierung, umso stärker erscheinen die Zweifel an der Generalisierbarkeit und Allgemeingültigkeit der behaupteten Problemlagen und Wandlungsprozesse. Vielmehr zeigen die Beiträge dieses Bandes, dass politische Medienrollen in ihrer Vielfalt und Komplexität zu begreifen und Medialisierungsphänomene allenfalls gebrochen wahrnehmbar und empirisch nachweisbar sind. Zudem wird deutlich, dass sie in jedem Fall in politischen, zeithistorischen und institutionellen Kontexten zu sehen sind.

Vor dem Hintergrund einer bisher nicht abgeschlossenen Theoriedebatte und einer unbefriedigenden Situation empirischer Evidenz der generellen und nachhaltigen Medialisierung von Politik setzt dieser Band bescheiden an. Die Beiträge, die sich hier vorstellen, erlauben problemspezifische Inspektionen in die gegenwärtige „Mediendemokratie". Im Mittelpunkt stehen Formen, Prozesse und Inhalte von Politik und ihre kommunikativen Ursachen, Implikationen und Konsequenzen. Im Lichte des Forschungsstandes beabsichtigen wir eine Bestandsaufnahme unterschiedlicher Teilbereiche, die in Bezug auf die Kommunikation von Politik kritisch sind. Abstrahiert man von der Grundsätzlichkeit der Wandlungsprozesse der Medialisierung, so lassen sich in dieser Diskussion Problemzonen identifizieren, die in der gegenwärtigen Forschung präziser beschrieben werden. Die hier versammelten Aufsätze sprechen fünf Bereiche der gegenwärtigen „Mediendemokratie" an und beleuchten jeweils Fragestellungen und aktuelle Befunde der Forschung im Hinblick auf Medienperformanz und politische Performanz. Unsere Auswahl signalisiert einerseits, dass die Problemlagen der Mediendemokratie unterschiedliche Dimensionen und Analyseebenen des politischen Kommunikationsprozesses betreffen. Sie werden zudem durch unterschiedliche disziplinäre Zugänge aus der Politikwissenschaft und der Kommunikationswissenschaft beschrieben. Andererseits verbindet Autorinnen und Autoren die Skepsis gegenüber den normativen Aufladungen und Hypothesen der Medialisierungsdiskussion sowie der grundsätzlich analytische Blick der empirischen Sozialwissenschaft auf die Mediendemokratie.

Unsere Sortierung der Beiträge verortet die Problemlagen zunächst in der Darstellung und Formatierung von Politik in den elektronischen Medien, insbesondere im

Fernsehen, das lange Zeit als Leitmedium der politischen Kommunikation in der Mediendemokratie angesehen wurde (Sektion „Die Realität der Politik in den Massenmedien"). Wir fragen dann nach den Abläufen und dem Funktionswandel von politischen Institutionen unter Medieneinfluss (Sektion „Medienlogik und politische Institutionen unter Stress") sowie nach medieninduzierten Veränderungen von politischen Entscheidungsprozessen (Sektion „Mediatisierte Problemverarbeitung"). In den einzelnen Sektionen haben wir Beiträge ausgewählt, die nicht nur auf die nationale Politik fokussieren, sondern den Blick öffnen für den internationalen Vergleich. Diese Studien versuchen, Antworten auf die Frage nach möglicherweise konvergenten Entwicklungen der politischen Kommunikation in unterschiedlichen „Mediendemokratien" zu finden. Auf der anderen Seite ist gerade die Analyse von Phänomenen jenseits des Nationalstaates auch in der politischen Kommunikationsforschung mehr als dringlich, weil sich zunehmend die materiellen Bezugsrahmen sowohl von Politik als auch von Kommunikation verändert haben. Die Transnationalisierung von Politik erfordert neue Formen und Inhalte, sie bedingt auch neue Funktionen und Zielsetzungen von Kommunikation. Die Problemlagen nehmen schließlich eine hohe Komplexität an, weil sich mit den digitalen Netzmedien auch die Kommunikationskanäle und die Kommunikationsformen transnationalisieren, so dass wir es mit einem Nebeneinander von nationalen und transnationalen Prozessen von Politik und Kommunikation zu tun haben. Dies eröffnet, wie die Beiträge der Sektion „Transnationale Politik – und (trans-)nationale Medien" zeigen, neue Fragestellungen und Forschungsperspektiven. Die Problematik der Mediendemokratie für die Bürger manifestieren sich indessen nach wie vor hauptsächlich auf der Ebene der nationalen Politik. Hier geht es um „klassische" Fragestellungen der Wirkungsforschung. Der Einfluss der Nutzung neuer und alter Medien auf Prozesse der Mobilisierung und Unterstützung der Demokratie spitzt sich am deutlichsten in Wahlkämpfen zu. Wiewohl es hier um Fragestellungen geht, die an kumulative Befunde aus einer langen Forschungstradition anknüpfen können, sind immer noch wesentliche Fragen ungeklärt (Sektion „Politische Kultur und politische Wirkungen von Medien").

Es liegt in der Natur der Sache, dass die Grenzziehungen zwischen den Sektionen bisweilen unscharf sind: Die Realität politischer Prozesse wie auch die Praxis ihrer Analyse schafft verstrickte und schwer trennbare Problemlagen. Zudem sind in der Regel mehrere analytische Ebenen bzw. Dimensionen angesprochen, die jeweils auch eine andere Sortierung der Beiträge zulassen würden.

3. Zu den Beiträgen in diesem Band

3.1 Die Realität der Politik in den Massenmedien

Die Entwicklung der Medienwirkungsforschung verweist auf den Umstand, dass die Diskussion über Prozesse der Medialisierung von Politik mit dem Aufschwung des Fernsehens begann. Das Fernsehen stand früh unter Politisierungsverdacht, denn nach der empirischen Evidenz stieg das politische Interesse in der Bundesrepublik parallel zu seiner Verbreitung (Schulz 1993). Für die Macht dieses Mediums sprachen auch die in der frühen US-Literatur beschriebenen großen Fernsehwahlkämpfe und deren vermeintliche Wirkung auf das Wahlergebnis. In der aktuellen Grundlagenforschung über die Mediendemokratie sind mit dem Medium Fernsehen drei Sichtweisen verbunden, zu denen auch dieser Band einschlägige Studien vorweist: Erstens wird Fernsehen als alltägliches Medium der Politikvermittlung begriffen, das weite Teile der Bevölkerung erreicht und in den modernen westlichen Gesellschaften beträchtliche Sozialisationswirkungen aufweist. Vor diesem Hintergrund gehören die kontinuierlichen Untersuchungen über die Entwicklung politischer Inhalte des Fernsehens (auch im Vergleich mit anderen Medien) sowie deren Rezeption und Nutzung zum unbedingten Grundlagenwissen. Zweitens wird Fernsehen als Plattform (oder Schaufenster) einer politischen Medienrealität begriffen, die ihren eigenen Konstruktionsmechanismen und Medienlogiken folgt. Diese wirken als Selektionsfilter der Darstellungspolitik und Kultivierung politischer Stereotype. Die Analyse und Beschreibung der Varianzen und der Veränderung der politischen Medienrealität sind ein zentraler Gegenstand der Medialisierungsforschung. Drittens wird Fernsehen als Wahlkampfmedium erforscht, das aufgrund der ihm unterstellten Wirkung die Zielscheibe der Versuche von Politikern und Parteien ist, wenn es um die Kommunikation ihrer Wahlkampfbotschaften und die Beeinflussung der Wähler geht. Das Aufeinandertreffen von politischen Zielen und Eigensinnigkeiten der Medien lässt sich in den verdichteten Mobilisierungssituationen des Wahlkampfes am besten untersuchen.

Der Vorrang des Fernsehens als wichtigstes Kommunikationsmedium ist inzwischen auf dem Prüfstand. Grund dafür sind die Prozesse des Medienwandels. Die offensichtlichste Herausforderung für die politische Kommunikation besteht zunächst in den Folgen des technischen Wandels. Das Internet eröffnet neue Möglichkeiten hinsichtlich der Kommunikation politischer Botschaften, der Reichweite und Zielgruppenansprache. Ein zweiter Makrotrend ist die Kommerzialisierung der elektronischen Medien, die inzwischen eine nachhaltige Realität in fast allen westeuropäischen Demokratien geworden ist. Neben der politischen und medialen Logik kommt eine ökonomische Logik ins Spiel. Die Senkung von Kosten für publizistische Angebote, Reichweitenmaximierung bzw. Zielgruppenansprache durch Popularisierung bzw. Formatierung von Inhalten sind die neuen Maxime. Dies bewirkt, dass die Grenzen zwischen den ehemals eindeutigen Formatierungen von Information und Unterhaltung durchlässiger geworden sind. Ein weiterer Makrotrend der Entwicklung von Mediensystemen in westlichen Demokratien betrifft schließlich die sich ausweitenden Möglichkeiten der Transnationalisierung von Kommunikation. Die technischen Entgrenzungen von Medien wie auch die politisch gewünschten Kommunikationsverdichtungen (etwa im Zuge der europäischen Integration) schaffen neue Bedingungen der politischen Kommunikation.

Angesichts der grundlegenden Veränderungen stellt sich die Frage, mit welchen Formen und Inhalten von Information, politischer Medienrealität und Wahlkampfkommunikation wir in der gegenwärtigen Mediendemokratie rechnen können. Die Beiträge in Sektion II dieses Bandes beleuchten „alte Gewissheiten" und liefern neue Evidenzen zur Rolle des Fernsehens in der politischen Kommunikation. **Thorsten Maurer** stellt in seinem Beitrag zunächst die vermeintlich einfache Frage, ob denn Fernsehen immer noch als *das* Leitmedium der politischen Kommunikation gelten kann. Mit einem nüchternen Blick analysiert er das politische Informationsangebot und dessen Nutzung. Seine Befunde über den Umfang und die habituelle Nutzung von Politik im Fernsehen sind getragen vom Zweifel an der Informationsfunktion der elektronischen Medien. Die jüngeren Zuschauer vermeiden das Fernsehen als Quelle politischer Information fast ganz. Darüber hinaus wird die politische Berichterstattung immer dann gemieden, wenn attraktive Alternativen aus anderen Programmsparten verfügbar sind.

Einerseits relativieren diese Befunde die Bedeutung des Fernsehens als Quelle politischer Information, andererseits sind bisher keine funktionalen Äquivalente und Alternativen in Sicht. Dies gilt vor allem für die Kommunikation in Wahlkämpfen, in denen das Fernsehen nach wie vor das führende Medium ist (siehe dazu Schmitt-Beck und Mackenrodt). Zwei Studien in diesem Band erforschen die Informationsqualität des Fernsehens während des Wahlkampfes. **Marcus Maurer** untersucht, wie die Ziele der Parteien in unterschiedlichen Fernsehformaten dargestellt werden. In den Nachrichtensendungen unterliegen politische Informationen den Selektionsmechanismen der Medien und ihrer Logik in Bezug auf Dramatisierung und Verkürzung. In den Wahlsondersendungen, Talkshows und Debatten hingegen kommen die Parteirepräsentanten und Kandidaten selbst zu Wort. Hier stehen die strategischen Kalküle der jeweiligen Parteien, ihr Interesse an Machterhalt oder Machtgewinn, ihre inhaltlichen Positionen und Weltdeutungen im Vordergrund. Die Bürger sind also mit zwei möglichen Verzerrungsmechanismen konfrontiert. Umfassende, sachorientierte und objektive Information über die Absichten der konkurrierenden Parteien erscheint hier als eine kaum einzuholende Idealvorstellung. Müsste man sich jedoch hinsichtlich der Informationsqualität entscheiden, so ist der Befund eindeutig: „Tatsächlich gingen weitaus mehr Informationen verloren, wenn Politik nicht medienvermittelt wäre, weil Politiker die ihnen zur Verfügung stehende Redezeit in der Regel überhaupt nicht dazu nutzen, ihre Ziele zu kommunizieren", schreibt Maurer.

Die meisten Studien, welche die Informationsqualität der Medien – im Wahlkampf oder in Phasen der regulären Politik – zu erfassen versuchen, beziehen sich auf Hypothesen aus dem Kontext der Medialisierungsforschung. Danach ist die Darstellung von Politik durch Entsachlichung und interpretative Nachrichtenstile, durch die Fokussierung auf den Wettbewerb und den Negativismus geprägt. **Fritz Plasser, Günther Pallaver** und **Günther Lengauer** untersuchen diese „postmodernen Faktoren der politischen Kommunikation" in der Nachrichtenberichterstattung während des Wahlkampfes. Ihre international vergleichende Studie geht davon aus, dass die vermuteten Charakteristika eine allgemeine, d. h. konvergente Entwicklung der Fernsehnachrichten darstellen. Die Befunde sind in mehrfacher Hinsicht instruktiv, weil die Forscher einerseits Konvergenzen beobachten, diese aber in keiner Weise den Krisenszenarien vieler Medialisierungshypothesen entsprechen. So finden sich eben keine empirischen Evidenzen für Personalisierung, Game-Zentrierung und interpretative Darstellungsmodi. Stattdessen beobachten die Forscher einen hohen Grad an Issuezentrierung, starke Policybezüge und deskriptive, politisch zurückhaltende Darstellungsweisen. Darüber hinaus gilt offenbar in allen Ländern gleichermaßen der Grundsatz „bad news is good news", was sich in negativer Tonalität und Konfliktorientierung niederschlägt.

3.2 Medienlogik und Politische Institutionen unter Stress

Versteht man „Medialisierung" als Institutionalisierung der Regelmäßigkeiten massenmedialer Aufmerksamkeitserzeugung im Bereich des Politischen, dann rückt die Analyse spezifischer Koexistenz- und Kompatibilitätsprobleme von Medienlogik und politischen Verfahrensabläufen in den Mittelpunkt des Interesses. Da moderne Demokratien eine Vielzahl von Entscheidungsregeln, Funktionsabläufen und Rationalitätskriterien verknüpfen, eröffnet sich hiermit ein weites Feld für vergleichende Forschungen zur Polity-Dimension der Mediendemokratie (Marcinkowski 2005). Gegenständlich erstreckt sich der Untersuchungsbereich auf alle formalisierten und informellen Handlungsabläufe, Verfahrensregeln und institutionellen Mechanismen demokratischer Politik, auf die Binnenstrukturen korporativer Akteure sowie auf Macht- und Einflussverschiebungen zwischen politischen Akteuren. Dieses Feld wird im vorliegenden Band durch vier Beiträge in der dritten Sektion exemplarisch bestellt.

Wenn die Medialisierbarkeit politischer Institutionen mit ihrem Öffentlichkeits- und Kommunikationsbedarf variiert, können parlamentarische Körperschaften als *hard cases* für den Hypothesentest gelten. Ihnen sind gleich zwei Texte gewidmet. **Stefan Marschall** präzisiert die allgemeine Differenzhypothese dahingehend, dass er den „speziellen Akteurscharakter" und die „institutionelle Idee" kollektiver Akteure als moderierende Variablen im Prozess der Medialisierung konzipiert. Parlamentarische Körperschaften stellen insoweit eine spezielle Form kollektiver Akteure dar, als sie aus einer Vielzahl individueller Akteure mit verfassungsmäßig garantierter Autonomie bestehen, die aber dennoch gegen außen als Ganzes auftreten und handeln. Das Rationalitätskalkül parlamentarischer Körperschaften referiert zentral auf die öffentliche Sichtbarkeit des Volkswillens. Letzteres muss annahmegemäß zu einer erhöhten Sensibilität gegenüber den Erfordernissen massenmedial erzeugter Öffentlichkeit führen. Das kann durch vorliegende empirische Arbeiten zu Ausbau und Professionalisierung parlamentarischer Öffentlichkeitsarbeit zumindest ansatzweise belegt werden. Gleichwohl scheinen parlamentarische Körperschaften – der Analyse Marschalls zufolge – durch ihre polyarchische Struktur vor einer regelrechten „Kolonialisierung" durch die Medienlogik recht gut geschützt. Sie reagieren nicht strategisch und einheitlich auf veränderte Medienumwelten, sondern chaotisch und widersprüchlich.

Diese Analyse wird durch den Beitrag von **Gerhard Vowe** und **Marco Dohle** in bemerkenswerter Weise gestützt, obwohl die Autoren einen deutlich anderen empirischen Zugang wählen. Sie fragen nach dem Stellenwert, den die Massenmedien in der Umweltbeobachtung und im Weltbild des Parlaments einnehmen. Ein Bedeutungsgewinn der Medien für den parlamentarischen Prozess müsste sich danach in verstärkter Beobachtung von und intensivierter Bezugnahme auf Medienrealitäten im Alltag parlamentarischer Praxis niederschlagen. Als Valenzindikator verwenden die Autoren Art und Häufigkeit sprachlicher Referenzen auf die Medien in den Debatten des Deutschen Bundestags. Zwar besitzen die „Medien", genauso wie „die Bürger" und „die Öffentlichkeit" einen durchaus nennenswerten Anteil an der Gesamtzahl aller Referenzen – das lässt sich mit Marschalls Argument der institutionellen Idee hinreichend gut erklären. Sie bilden aber keineswegs den dominanten Referenzrahmen, wenn Parlamentarier auf die gesellschaftliche Umwelt Bezug nehmen. Auch im Zeitvergleich von den 1950er Jahren bis zum Beginn des 21. Jahrhunderts lässt sich eine Bedeutungssteirung der Medien im Weltbild des Parlaments auf diese Weise nicht belegen. Traditionelle Bezugsgrößen, etwa ausländischen Regierungen, internationale Organisationen oder wissenschaftliche Experten erhalten oder steigern ihre Bedeutung. Insofern könnte man von einer Transnationalisierung oder Verwissenschaftlichung parlamentarischer Arbeit mit gleicher Berechtigung sprechen wie von ihrer Medialisierung.

Anders stellt sich die Sachlage im Fall der politischen Parteien dar. Hier zeichnen sich vorderhand eher deutliche Wandlungstendenzen ab, bis hin zur Entstehung regelrechter „Medienkommunikationsparteien", ein Konzept, das **Uwe Jun** in seinem Beitrag einführt und weiterentwickelt. Als Auslösebedingungen des Parteienwandels identifiziert der Autor dabei nicht die Entwicklungsdynamik des Mediensystems, sondern verschiedene sozio-kulturelle Prozesse. Diese bewirken, dass politische Parteien nur noch einen Bruchteil ihrer Mitglieder- und Wählerbasis mit eigenen Mitteln erreichen, binden und mobilisieren können. Gleichsam notgedrungen nutzen sie die Potenziale eines expandierenden Systems der technischen Kommunikationsmittel als funktionalen Lückenbüßer für die verlorengegangenen Möglichkeiten direkter Ansprache. Zwei Ergebnisse von Juns Analyse sind besonders hervorzuheben. Erstens erscheinen die Medien in seinem Modell eher als Verstärker denn als Verursacher von Wandlungstendenzen in Parteiorganisationen. So ist die von ihm diagnostizierte Abkehr von kohärenten programmatischen Entwürfen zugunsten der kurzfristigen Beschäftigung mit singulären *Issues* mindestens so sehr der realen Veränderung politischer Problemlagen und von Wählerorientierungen wie den Aufmerksamkeitszyklen und der Neophilie von Massenmedien geschuldet. Zweitens fällt die Persistenz traditioneller Strukturmuster trotz aller Veränderung in diesem neuen Typus von Parteiorganisation auf. Das gilt für die Machtballung an der Organisationsspitze ebenso wie für den Fortbestand des Modells der Mitgliederpartei. Im Parteiensystem erscheint Medialisierung als punktuelles Phänomen.

Adrian Steiner und **Otfried Jarren** spannen den Bogen weiter. Ihr Untersuchungsobjekt sind die so genannten Intermediäre, worunter hier politische Parteien, Verbände und soziale Bewegungen zusammengefasst werden. Die Autoren setzen sich mit einer weiteren Facette der Mediendemokratie-These auseinander, wonach die viel beschworene „Krise der Intermediäre" durch den Bedeutungszuwachs der Massenmedien erklärt wird (Jarren 1994). Intermediäre Organisationen seien gleichsam gezwungen, in die Medien zu drängen, um sich ein Mindestmaß an gesellschaftlicher Sichtbarkeit zu erhalten. Dem setzen die Autoren einen Analyseansatz entgegen, der – ähnlich wie bei Marschall – die Ursachen einer verstärkten Akkomodation an die Medienlogik in der besonderen Strukturform intermediärer Organisation verortet, anstatt sie einfach externen Ursachen zuzuschreiben. Gemeinsam ist allen intermediären Organisationen ihre Zwischenlage mit zwei differenten Umwelten. Sie müssen gleichzeitig Mitglieder („Gesellschaft") einbinden und sich in staatliche Willensbindung einbringen. Diese beiden Inklusionsverhältnisse, die Wolfgang Streeck (1987) als „Mitgliedschaftslogik" und „Einflusslogik" bezeichnet hat, stellen unterschiedliche Anforderungen an Kommunikation – den einzigen Inklusionsmechanismus, der intermediären Organisationen, den Autoren zufolge, zur Verfügung steht. Medienvermittelte Kommunikation ist vor allem für Inklusion von Mitgliedern relevant, wenn auch keineswegs konkurrenzlos. Hierin stimmen Steiner und Jarren mit Juns These überein. Demgegenüber verlangt die Einflusslogik zunehmend nach Formen nichtöffentlicher Kommunikation. Formelle Konsultationen, *inside lobbying*, direkte Beratung und vertrauliche Verhandlung gewinnen gerade in der „Mediendemokratie" an Bedeutung. Verstärkte Medienorientierung ist insoweit nur eine Seite der Medaille veränderter Kommunikationsbedingungen intermediärer Organisationen.

3.3 Medialisierte Problemverarbeitung

Die vierte Sektion fokussiert auf medieninduzierte Veränderungen der politisch-administrativen Problembearbeitung, also die prozessuale und inhaltliche Dimension demokratischer Politik. **Sigrid Koch-Baumgarten** und **Katrin Voltmer** setzen beim etablierten Wissensstand zur Thematisierungs- und Deutungsmacht der Massenmedien an, wodurch Presse und Rundfunk potenziell Einfluss auf Politikinhalte gewinnen können. Solche Effekte sind verschiedentlich nachgewiesen worden, allerdings ist eine Intensivierung von Agenda- und Framing-Effekten unter mediendemokratischen Bedingungen keineswegs belegt. Vor diesem Hintergrund sind die Überlegungen der Autorinnen zu den inhärenten „Medialisierungsgrenzen" von besonderem Interesse. Im Kern geht es dabei um die Selektivität der Medienlogik und die Kontextbedingungen in einzelnen Politikfeldern. Die alltägliche Beobachtung, dass der medienöffentliche Diskurs stets nur eine äußerst begrenzte Zahl politischer Themen fokussiert, weil die allermeisten Gegenstände der Routinepolitik für die Medien mangels Aufregungsgehalts gerade kein Thema sind, rückt die ambivalenten Folgen medialer Selektivität ins Blickfeld. Aus der selektiven Fokussierung der Massenmedien auf bestimmte Themen und Themenattribute folgt ja nicht nur, dass Regierende bisweilen unter öffentlichen Entscheidungsdruck geraten, sondern auch, dass andere Politikfelder weitgehend unbehelligt von der medialen Öffentlichkeit bearbeitet werden können. Gerade weil Nachrichtenentscheidungen von Medienorganisationen konditional programmiert sind, entstehen Medieneinflüsse nicht willkürlich oder flächendeckend, sondern sind durch Themeneigenschaften streng limitiert. Zudem variieren die Medialisierungsbedingungen in einzelnen Politikfeldern strukturell, vor allem im Hinblick auf mehr oder weniger kartellistische und zustimmungsabhängige Akteurkonstellationen, mehr oder weniger vertrauliche Verhandlungskulturen, mehr oder weniger aufmerksamkeitsträchtige Themen, und situativ im Hinblick auf besondere Ereignisse mit krisenhaften Folgen.

Die beiden folgenden Beiträge konzipieren die Nachrichtenmedien als abhängige und nicht als unabhängige Variable. Sie verdeutlichen, dass öffentliche Kommunikation im Politikvollzug relevant wird, wenn Maßnahmen erklärt und Politikergebnisse gerechtfertigt werden müssen. Zunächst machen **Jan Kleinnijenhuis** und **Anita van Hoof** darauf aufmerksam, dass der größte Teil frei verfügbarer Informationen über staatliche Politiken (ihre Absichten, Instrumente und Resultate) im politischen System selbst erzeugt wird. Hier sind Beamte, Politiker und Kommunikationsprofis damit beschäftigt, die publizistischen Massenmedien mit „vorteilhaften" Informationen über ihr Tun und Wollen zu füttern. Tatsächlich hängen die Zufriedenheit der Bürger mit staatlicher Politik und ihr Vertrauen in die Regierung (nicht nur, aber auch) von diesen medienvermittelten Aussagen über die Performanz der Regierung ab. Gelungenes Nachrichtenmanagement des Staates erweist sich dabei als äußerst komplexe Kommunikationsaufgabe, weil (a) Politikzufriedenheit ein mehrdimensionales Konstrukt ist, weshalb mehrere

Kommunikationsziele parallel verfolgt werden müssen, weil (b) strategisch zwischen Ambitionen-Kommunikation und Erfolg-Kommunikation entschieden und der richtige Umschaltzeitpunkt zwischen beiden Optionen gefunden werden muss, und weil (c) ein zugleich konsistentes und konturiertes Bild staatlicher Politik in einem vielkanaligen Mediensystem kaum noch zu gewährleisten ist. Medienwirkungen auf individuelle Einstellungen der Bürger, das ist die Kernbotschaft der Autoren, entstehen als Interaktionseffekt zwischen staatlichem Kommunikationsmanagement und Medienlogik. Als besonders schädlich für öffentliches Vertrauen und Demokratiezufriedenheit erweist sich dabei eine Kombination aus kritischer Medienberichterstattung, die auf reale Probleme und Missstände aufmerksam macht, und einer Kommunikationsstrategie von Politikern, die Erfolge der eigenen Regierung anpreist.

Die Autorengruppe **Hanspeter Kriesi**, **Laurent Bernhard** und **Regula Hängli** beschäftigt sich mit den Strategien politischer Akteure bei der Planung und Durchführung von Kampagnen. Die Reichweite der Überlegungen weist über die etablierte Wahlkampfforschung hinaus und erstreckt sich auch auf Themenkampagnen, wie sie beispielsweise im Rahmen staatlicher Überzeugungsprogramme üblich sind. Hier geht es im Kern um öffentliche Kommunikation als Steuerungsmedium von Politik. Obwohl die Autoren die zentrale Rolle der Massenmedien bei der Gestaltung von „Politik als Kampagne" betonen, zeigen ihre Analysen bei genauerem Hinsehen, wie voraussetzungsvoll eine medienzentrierte (genauer: eine auf die journalistischen Massenmedien zentrierte) Kampagne tatsächlich ist. Zunächst muss Dissens relevanter Eliten über eine Politik gegeben sein, damit überhaupt die Mühe kommunikativer Mobilisierung unternommen wird. Zudem muss es sich um ein Streitthema handeln, das von allgemeinem Interesse ist, sonst werden die Medien kaum einsteigen. Dann müssen die beteiligten Akteure oder Akteurskonstellationen die notwendigen (finanziellen, organisatorischen, personellen, intellektuellen) Ressourcen aufbringen können. Es muss sich zumindest für eine der beiden Seiten lohnen, eine Überzeugungsstrategie zu verfolgen, die auf die allgemeine (Medien-)Öffentlichkeit zielt, anstatt „lediglich" die eigene Anhängerschaft zu mobilisieren. Das wiederum setzt voraus, dass sich zumindest eine Koalition realistische Gewinnchancen ausrechnen kann. Diese (und weitere) Voraussetzungen werden häufig gegeben sein, sind aber keineswegs selbstverständlich. Um die medienzentrierte Kampagne zu einem Erfolg im Sinne der Publikumsbeeinflussung zu machen, müssen weitere Bedingungen erfüllt sein. Direkten Zugriff haben Kampagnenakteure dabei „lediglich" auf die Gestaltung der Botschaft. Mit anderen Worten: Erfolgreiche Kampagnenpolitik ist auch in der „Mediendemokratie" ein eher unwahrscheinliches Geschehen und keineswegs der beliebig planbare Normalmodus.

Der Beitrag von **Thomas Zittel** schließt an die Überlegungen von Kriesi, Bernhard und Hänggli an. Er interessiert sich für die Frage, unter welchen Voraussetzungen politische Akteure mit ihrer Kommunikation eben nicht auf Massenmedien abzielen, sondern Strategien individualisierter Ansprache ihrer Klientel verfolgen. Das zentrale Motiv ist danach exakt in der Allgegenwärtigkeit einer eigensinnigen Medienlogik zu sehen, die den Kern der „Mediendemokratie" ausmacht. Da politische Akteure in der Regel höchst ambivalente Erfahrungen mit traditionellen Medien gemacht haben, ist deren Umgehung gerade in der „Mediendemokratie" zu einem wichtigen kommunikationsstrategischen Kalkül geworden. Diese generelle Disposition ist in dem Moment folgenreich, wo mit der Verbreitung des Internet eine kostengünstige und weit verbreitete Alternative für direkte Kommunikation zur Verfügung steht. Allerdings reicht die bloße Verfügbarkeit einer neuen technischen Infrastruktur nicht aus, um sie zum Eckpfeiler politischer Kommunikation zu machen. Als weitere Bedingungen nennt der Autor die Wahrnehmung, dass das Internet vom Publikum tatsächlich als Medium der politischen Information und Debatte akzeptiert und entsprechend genutzt wird (vgl. dazu auch den Beitrag von Wolling). Ob das allerdings auf mittlere Sicht zu einer Relativierung der Bedeutung traditioneller Massenmedien führt, ist höchst fraglich. Zittels Empirie weist eher in die Richtung vorliegender Analysen, wonach das Internet für Politiker auf absehbare Zeit keinen Ersatz für Presse und Rundfunk darstellt.

3.4 Politische Kultur und individuelle Medienwirkungen

Die jüngsten Auseinandersetzungen um eine Theoretisierung der politischen Kommunikationsforschung haben zu der Schlussfolgerung geführt, dass Medialisierung nicht mit Medienwirkung gleichzusetzen ist (Kepplinger 2008). Gleichwohl ist aber Medialisierung nur dann ein sinnvolles Konstrukt, wenn den Medien starke Wirkung unterstellt wird.

Die Arbeiten in diesem Band setzen sich in vielfacher Weise mit der Unterstellung starker Medienwirkung auseinander. Es sind empirische Studien, die sowohl die Stärke politischer Medienwirkungen als auch die Bedingungen, unter denen Medien einen Einfluss auf die Bürger haben, untersuchen. Die politische Medienwirkungsforschung hat sich längst von pauschalen Annahmen – wie noch zu Zeiten der „Videomalaise" (Robinson 1976; vgl. auch Newton 2006) – gelöst. Vielmehr geht es darum, politische Medienwirkungen differenziert abzubilden und die Komplexität von Wirkungsmechanismen unter bestimmten Bedingungen und in spezifischen Situation des Politikprozesses zu erfassen. Dazu gehört insbesondere die Situation des Wahlkampfes, bei der sich die Interessen der Bürger nach umfassender (möglichst objektiver) Information einerseits und die Interessen politischer Akteure an medienvermittelter Überzeugungskommunikation am deutlichsten (und möglicherweise auch am widersprüchlichsten) zuspitzen. Auf der Angebotsseite ist dabei mit einer nüchternen Berichterstattung zu rechnen, die die klassischen Nachrichtenfaktoren zwar bedient, die aber *nicht* – wie Plasser et al. schreiben – dem Erkärungsmodell einer „gerichteten Amerikanisierung" folgt.

Vor diesem Hintergrund muss man auch die von **Rüdiger Schmitt-Beck** und **Christian Mackenrodt** vorgelegten Analysen zur Bedeutung der unterschiedlichen medialen Informationsangebote für die Einstellungen und Verhaltensorientierungen der Wähler im Bundestagswahlkampf 2005 lesen. Die Forscher zeigen, dass man kaum von allgemeinen Effekten der Medien auf die Wahlbeteiligung und die Wahlabsicht sprechen kann. Vielmehr haben einzelne Informationsquellen, wie z. B. die Nachrichten des öffentlich-rechtlichen Fernsehens, die seriösen Tageszeitungen oder die Bild-Zeitung, differenzielle Wirkungen. Die seriösen Medien beeinflussen insbesondere die Mobilisierung derjenigen, die kein politisches Interesse haben. Solche Effekte lassen sich für die Boulevardzeitung Bild nicht feststellen. Die Befunde von Schmitt-Beck und Mackenrodt sind in zweifacher Weise instruktiv. So wird methodisch überzeugend gezeigt, dass die Effekte von Mediennutzung auf die Bürger im Laufe des Wahlkampfes von einer ungeheuren Dynamik geprägt sind. Dies ist für die Parteien möglicherweise ein beunruhigender Befund, denn die Effekte der Medien auf die Wahlabsicht können sich im Laufe des Wahlkampfes mehrmals ändern. Sollte sich dieses Ergebnis fortschreiben, lassen sich Medienwirkungen im Wahlkampf nicht im Sinne politischer Lagerbildungen und Zuordnungen von Medien und Parteien sortieren.

In Bezug auf die sich stark verändernden politischen und medialen Kontexte der politischen Kommunikation ist eine offene Frage, inwieweit die Online-Medien das gesicherte Wissen über Medienwirkungen verändern. Schmitt-Beck und Mackenrodt haben für den Wahlkampf festgestellt, dass immerhin ein Fünftel der Wähler das Internet zur Informationssuche genutzt hat, eindeutige Effekte konnten sie indessen nicht nachweisen. Demgegenüber kann **Jens Wolling** generell zeigen, dass sich die informationsbezogene Internetnutzung zwar noch immer auf niedrigem Niveau bewegt, gleichwohl sind aber positive Wirkungen auf politische Einstellungen zu verzeichnen. Bemerkenswert ist, dass die Online-Medien zur Demokratiezufriedenheit, zum sozialen Vertrauen und insbesondere zur Einflussüberzeugung der Bürger beitragen. Vor allem die aufgrund von Paneldaten nachgewiesenen mittelfristigen Effekte auf die Einflussüberzeugung sind bedeutsam, weil die informierenden Netzmedien das subjektive Gefühl der Bürger, politisch etwas bewirken zu können, stärken. Das Internet leistet danach einen wichtigen Beitrag zur politischen Sozialisation insbesondere derjenigen Bürger, die durch die traditionellen Informationskanäle nicht erreicht werden.

Der Einfluss von Medien auf politische Einstellungen ist nicht nur im nationalen Kontext bedeutsam. Möglicherweise entfaltet sich das Potenzial politischer Medieninformation in besonderer Weise hinsichtlich der Inklusion der Bürger in die europäische Politik. Dies legt jedenfalls die Untersuchung von **Jens Tenscher** nahe. Er demonstriert, dass die Zusammenhänge zwischen dem politischen Informationsverhalten der Bürger und ihren Einstellungen gegenüber der EU deutlicher und nachhaltiger sind als dies für die nationale Politik zu belegen ist. Mehr fokussierte Zuwendung der Bürger zu Informationen der EU würde nach diesen Befunden europaweit dem für die EU konstatierten Demokratiedefizit entgegenwirken. Tenscher kann auch den generell positiven Einfluss der politischen Zeitungslektüre auf Demokratieeinstellungen – den Schmitt-Beck und Mackenrodt für Deutschland zeigen – für die meisten Mitgliedsländer der Europäischen Union nachweisen.

Die Arbeiten über politische Medienwirkung in diesem Band sind als Beiträge kumulativer Forschung über den Zusammenhang von Mediennutzung und politischen Kognitionen und Orientierungen zu verstehen. Die Befunde weisen differenzielle und eigenständige Wirkungen der Medien nach, auch wenn die Erklärungskraft der Medienvariablen in den Modellen allenfalls moderat ist. Darüber hinaus signalisieren die Beiträge aber auch erheblichen Forschungsbedarf, denn mitnichten sind die Zusammenhänge von Mediennutzung und politischer Kultur in der Mediendemokratie zufriedenstellend geklärt. Zwei Studien in diesem Band verweisen auf blinde Flecke in der einschlägigen Forschung.

Jürgen Maier stellt fest, dass es in Deutschland keine empirischen Untersuchungen zum Zusammenhang von Medienrezeption und politischem Wissen gibt. Obwohl einige Medienwirkungsstudien – so auch die Beiträge von Tenscher und Schmitt-Beck/Mackenrodt – kognitive Effekte mit berücksichtigen, fehlt doch eine dezidierte wissenschaftliche Auseinandersetzung mit dem Konstrukt „politisches Wissen" und mit seiner Messung. Wir können also keine systematischen Aussagen darüber machen, inwieweit die Massenmedien den Umfang und die Art des politischen Wissens der Bürger beeinflussen. Es müssen daher auch Bewertungen der Wissensvermittlungsleistung unterschiedlicher Medien unterbleiben. Erkenntnisse über politisches Wissen haben weitreichende Relevanz für die Diskussion über die Mediendemokratie, die sich gerade aufgrund des fundamentalen Wandels ihrer Medien und kognitiven Grundlagen in soziologischer Betrachtung auch als Wissensgesellschaft versteht.

Der Beitrag von **Patrick Rössler** greift einen neuralgischen und bisher weitgehend vernachlässigten Punkt der Medialisierungsdiskussion auf: die Wahrnehmung und Unterstellung starker Medienwirkungen auf andere und deren Folgen. Der Mechanismus, der als *Third Person Effekt* bezeichnet wird, kommt dann zur Geltung, wenn politische Akteure ihre Kommunikation strategisch planen. Sei unterstellen dabei, dass die Medien auf andere Politiker, Bürger, Journalisten wirken, nicht aber auf sie selbst. Nach der Third Person Effekt-Forschung wirkt gerade die Unterstellung von starker Medienwirkung im Sinne des Thomas-Theorems und setzt Folgeprozesse von Kommunikation und Verhalten in Gang, die wiederum eine hohe Eigendynamik besitzen. So gehört es zu den tragenden Hypothesen der Medialisierung, dass Politiker in vorauseilendem Gehorsam die Medien- und Nachrichtenlogik antizipieren und ihren Kommunikationsstil entsprechend anpassen. Die Studie von Rössler eröffnet hier eine innovative Forschungsperspektive, weil sie eine zweite Ebene der Medienwirkung in Modelle politischer Kommunikation einführt und diese empirisch zugänglich macht.

3.5 Transnationale Politik – (trans-)nationale Medien

Die Beiträge des letzten Teils des Bandes thematisieren eine Entwicklung der Mediendemokratie, die in der politischen Kommunikationsforschung erst in jüngster Zeit Interesse geweckt hat: die Performanz von Medien und Kommunikation in Prozessen der Transnationalisierung von Politik. Mit dieser Sektion tragen wir dem Umstand Rechnung, dass Medialisierungsprozesse nicht nur Grenzverschiebungen im Verhältnis von Politik und Medien beeinflussen. Medialisierungsprozesse betreffen in fundamentaler Weise auch Grenzverschiebungen nationaler Kommunikationsräume (vgl. dazu Pfetsch/Esser 2009). Diese bewirken, dass die Bezugspunkte medialer und politischer Kommunikation sich verändern und damit neue Mechanismen, Legitimationsprozesse und Kommunikationsmuster erforderlich sind, um Politik transparent zu machen. Die Transnationalisierung von Politik und Kommunikation ist nicht nur politisch begründet, sondern wird auch technisch getrieben. Wie **Sigrid Baringhorst** zeigt, ermöglichen und stimulieren digitale Netzmedien vor allem im Bereich der Neuen Sozialen Bewegungen, der Zivilgesellschaft und der NGOs neue Formen transnationaler Partizipation, Mobilisierung und auch des Protestes. Durch die Netzmedien verändern sich auch die Akteursensembles der internationalen Politik, denn neben die etablierten und weithin gut sichtbaren Akteure der nationalen Politik treten nun transnational organisierte Gruppen. **Mathias Ecker-Ehrhardt** und Sigrid Baringhorst können in ihren Analysen überzeugend herausarbeiten, dass diese ehemals als Außenseiter wahrgenommenen Gruppen die Medien strategisch einsetzen und infolge transnationaler öffentlicher Kommunikation und Vernetzung deutliche Vertrauensgewinne erlangen können. Durch den medial zugewiesenen Vertrauensvorschuss erfahren sie eine Aufwertung und müssen nun als Akteure in Entscheidungsprozessen ernstgenommen werden.

Die Verschränkung von transnationaler Politik und medialisierten politischen Öffentlichkeiten wird in den Beiträgen dieses Bandes mit Bezug auf die internationale und die europäische Dimension diskutiert. Herausforderungen ergeben sich für die politische Kommunikation, weil den Strukturen der Politik- und Entscheidungsprozesse keine transnationalen Kommunikationskanäle entsprechen. Forderungen normativer Demokratiekonzepte, nach denen für jede Politikarena entsprechende Mechanismen der öffentlichen Kommunikation und Legitimierung zur Verfügung stehen sollten, sind daher nicht realisierbar. Dieser Zusammenhang, der auch als Demokratiedefizit problematisiert wird, bildet den Kern der Forschung über Europäische Öffentlichkeit, mit der sich die Beiträge von Gerhards et al. und Adam/Pfetsch beschäftigen.

Die nationalen Massenmedien agieren in Prozessen der Transnationalisierung von Politik in zweifacher Weise. Sie sind zum einen Selektionsinstanzen und dafür verantwortlich, dass Prozesse transnationaler Entscheidungspolitik in nationale Öffentlichkeiten zurückübersetzt werden. Diese Gatekeeperrolle ist zentral, wenn es um die Präsenz etwa von europäischen Entscheidungsträgern in nationalen Öffentlichkeiten geht. Die Sichtbarkeit von europäischen Themen und Akteuren ist die erste Voraussetzung, um diese Ebene der Politik überhaupt erst in der öffentlichen Wahrnehmung zur Geltung zu bringen. Die Salienz von EU-spezifischen Informationen ist in der Tat, wie auch die Analysen von Tenscher zeigen, notwendige Bedingung dafür, dass Bürger die EU unterstützen. Die Selektionsfunktion von Medien in Bezug auf europäische Informationen bezieht sich nicht nur auf die faktische Darstellung von Themen und Akteuren, sondern – wie **Jürgen Gerhards, Anke Offerhaus** und **Jochen Roose** argumentieren – vor allem auf so genannte Framingprozesse von Politik. Dabei geht es um die Interpretationsrahmen, mit denen politisches Handeln in nachvollziehbarer Weise öffentlich dargestellt wird. Wie die Studie von Gerhards et al. zeigt, folgt die mediale Darstellung von europäischer Politik in nationalen Öffentlichkeiten spezifischen Mustern, die mit dem Setting der EU als politisches Mehrebenensystem zu tun haben. Die Auseinandersetzung von Regierung und Opposition in der nationalen Politik und die Rhetorik der gegenseitigen Verantwortungszuschreibung funktionieren in Bezug auf die europäische Politik nicht. Die nationalstaatlichen Regierungen sind für europäische Entscheidungen mitverantwortlich und haben diese auch in der nationalstaatlichen Politikarena zu vertreten. In ihrer Kommunikation gegenüber der Öffentlichkeit markieren sie hingegen die EU-Kommission und die Regierungen anderer EU-Länder als Sündenböcke für die Entscheidungen der EU. Die Studie von Gerhards et al. charakterisiert die nationalen Medien als weitgehend neutrale Akteure, die das strategische Spiel ihrer Regierungen willenlos reproduzieren.

In der Untersuchung von **Silke Adam** und **Barbara Pfetsch** wird hingegen argumentiert, dass die nationalen Medien sehr wohl eine eigenständige Akteursgruppe in der Kommunikation über Europa darstellen. Die nationalen Qualitätsmedien haben in dieser Sicht das Potenzial, die Konflikte in Bezug auf die Europäische Integration, die sowohl Gewinner als auch Verlierer hervorbringt, zu mobilisieren. Sie tun dies, indem sie entweder auf Distanz zu bestimmten Akteuren gehen oder sich umgekehrt auf ihre Seite schlagen. Wie die empirischen Analysen zeigen, sind die nationalen Medien in diesen Diskursen keineswegs einheitlich auf die Position der politischen Eliten ihres

Landes festgelegt. In Bezug auf die europäische Integration lassen sie sich gerade nicht generell für europaskeptische oder europafreundliche Positionen einspannen.

Mit der Transnationalisierung von Politik treten aber auch neue Akteure in die politische Arena und beteiligen sich am öffentlichen Meinungsbildungsprozess. **Mathias Ecker-Ehrhardt** zeigt am Beispiel der Menschenrechtspolitik, dass die öffentliche Aufwertung bisher randständiger Akteure nachhaltige Konsequenzen für Entscheidungsprozesse hat. Die Medien tragen in der weltpolitischen Diskussion ganz wesentlich dazu bei, dass Akteure der Zivilgesellschaft und NGOs als Autoritäten anerkannt und als Player der internationalen Politik ernstgenommen werden. Die internationale Menschenrechtspolitik ist ein Beispiel dafür, dass die Logik der Selektion und Produktion von Nachrichten und die Interessen von außerparlamentarischen Akteuren sich gegenseitig bedingen und verstärken können. Transnationale zivilgesellschaftliche Akteure, die keine formale Entscheidungsrolle haben, bedienen das Interesse der Medien nach glaubwürdigen Quellen gerade in den Situationen, in denen die Beteiligten an Konflikten kaum zuverlässige Informationslieferanten sind. Die Medien provozieren eine „weltgesellschaftliche Ausdifferenzierung von Autoritäten" und verhelfen damit Problemdefinitionen und Verantwortungszuschreibungen zur Geltung, die quer zu den nationalstaatlichen Interessen liegen. Diese Medienperformanz ist freilich nicht ohne weiteres und in allen Fällen positiv zu bewerten, denn die Medien begeben sich – wie Ecker-Ehrhardt argumentiert – in ein problematisches Abhängigkeitsverhältnis, wenn sie aus Opportunitätsgründen und um Ressourcen zu sparen, die Interpretationen Dritter ungeprüft übernehmen. In diesem Punkt argumentiert der Autor genauso wie Lance Bennett, der zeigt, dass diese Abhängigkeit im Fall von Krisen und Konflikten zu fatalen Meinungsbildungen führt.

Sigrid Baringhorst verweist in ihrem Beitrag darauf, dass sich die Inhalte und der Stil von transnationaler Kommunikation infolge der Digitalisierung verändern. Dies lässt sich an keinem Fall besser demonstrieren als an den Handlungspotenzialen und dem Einfluss von internationalen Protestakteuren. Die digitalen Netzmedien bilden hier eine neue Gelegenheitsstruktur von Gegenöffentlichkeit, die bei entsprechenden Problemlagen kurzfristig mobilisierbar ist. Netzwerkkommunikation protegiert nicht nur die Herausbildung von transnationalen Protestakteuren und deren Kampagnen. Die Autorin zeigt auch, dass die Netzwerkkommunikation in die Organisationen selbst zurückwirkt. Protestakteure sind nun gezwungen, ihre Organisation und ihre Kampagnen zu dezentralisieren. Dadurch kommt es zu neuen und komplexen Beziehungen zwischen Protestakteuren und nationalen Regierungen sowie zwischen sozialen Bewegungen und nationalen Medien.

Die Grundsatzfrage der Mediendemokratie, nämlich das Machtverhältnis zwischen Politik und Massenmedien, wird in dem abschließenden Beitrag des Bandes noch einmal exemplarisch diskutiert und abgewogen. **Michael Brüggemann** und **Hartmut Wessler** erörtern das Verhältnis von Politik und Medien unter den besonderen Bedingungen gewaltsamer Konflikte. Sie fragen, ob die Medien bloß Mittel der offiziellen Kriegspropaganda sind oder umgekehrt, ob und inwieweit sich Kriegsparteien von den Medien beeinflussen lassen. Der Beitrag von Brüggemann und Wessler diskutiert die wichtigsten Fragestellungen, Thesen und Befunde von internationalen Studien zum Thema Medien und Krieg und entwickelt ein integriertes Modell der Kriegskommunikation. Im Mittelpunkt stehen dabei die unterschiedlichen Einflussfaktoren und Randbedingungen der Kriegskommunikation, die das Machtverhältnis und die Handlungsoptionen von Medien und Kriegsparteien immer wieder neu bestimmen. Für die Autoren steht fest, dass diese Faktoren nur in kulturvergleichenden Untersuchungsdesigns erforscht werden können.

4. Lehren der Forschung

Die Analysen dieses Bandes verstehen sich als Beitrag zu einer „realistischen" Bestandsaufnahme der Mediendemokratie. Sie legen zusammengenommen die Abkehr vom typologischen Paradigma nahe, das die Mediendemokratie für einen neuen Phänotypen demokratischer Ordnung hält (Meyer/Hinchman 2002). Den hier vorgelegten Arbeiten zufolge ist sie gerade keine homogene Gestalt, in der alle Dimensionen des Politischen, seine Institutionen, Prozesse und Inhalte, in ähnlicher Weise und Intensität von der Logik medialer Aufmerksamkeitserzeugung durchdrungen wären. Die Medienlogik hat den Eigenwert des Politischen nicht kolonialisiert oder verdrängt, sie wird vielmehr unter tätiger Mithilfe von Akteuren aus Politik und Mediensystem in die vielfältigen Funktionslogiken demokratischer Politik eingefügt. Die viel zitierte Anpassung an die Medienlogik hat, wo sie denn überhaupt zu beobachten ist, nichts mit Unterwerfung zu tun. Sie ist bei genauerem Hinsehen eine „Einpassung", wodurch Medienroutinen dort, wo es den Akteuren notwendig oder unvermeidlich erscheint, zum Teil des politischen Geschäfts und dabei nicht selten auch „passend" gemacht worden sind.

Das alles funktioniert nicht unbedingt konfliktfrei und ohne Komplikationen. Im Gegenteil, es lassen sich zahlreiche Rationalitätsbrüche, Dysfunktionalitäten und Folgeprobleme vermuten oder bereits beobachten. Hierin liegen die Herausforderungen der Demokratie in der Mediengesellschaft. Sie bilden zugleich lohnende Gegenstände einer darauf bezogenen Medien- und Kommunikationsforschung. Das in diesem Band verfolgte Medialisierungsparadigma konzentriert sich auf den empirischen Nachweis solcher Medienwirkungen auf einzelne Aspekte und Voraussetzungen demokratischer Politik, auf Einstellungen und Meinungen von Bürgern, das politische Verhalten von Regierenden und Regierten, auf Transformationen politischer Prozesse und demokratischer Institutionen, ohne damit zugleich zu behaupten, die Funktionsweise moderner Demokratien ließe sich hinreichend über ihre Verfasstheit als Mediendemokratie erschließen.

Zu den inzwischen gut belegten Folgewirkungen zählt die Professionalisierung der Außendarstellung und des Umgangs mit den Medien. Zu beachten ist allerdings, dass sich einschlägige Beobachtungen bisher mehrheitlich auf ressourcenstarke Akteure der Bundesebene beziehen, etwa Bundestagsparteien, den Bundestag oder die staatliche Exekutive. Gut belegt ist auch der Umstand, dass Politik unter dem Eindruck außergewöhnlicher Ereignisse die Hoheit über ihre eigene Agenda vorübergehend verlieren kann. Was daraus für die Politikgestaltung konkret folgt, ob und wie medienvermittelte öffentliche Kommunikation nicht nur Themen setzen, sondern auch Politikinhalte prägen kann, ist aber noch kaum erforscht. Ein weiteres Forschungsdefizit ist in dem Zusammenhang augenfällig. Wenn die politische Kommunikationsforschung Medieneinflüsse auf Entscheidungsträger thematisiert, so hatte sie lange Zeit ausschließlich politische Parteien oder staatliche Akteure untersucht. Inzwischen öffnet sich der Blick auch für die Perspektive der neueren Governance-Forschung, die nachdrücklich auf die gewachsene Komplexität der Regelungs- und Steuerungsstrukturen moderner Demokratien hinweist (Benz/Papadopoulos 2006). Vor diesem Hintergrund sind die Untersuchungen, die sich mit der Kommunikation von zivilgesellschaftlichen Organisationen, NGOs, sozialen Bewegungen und politischen Außenseitern und deren Kommunikationsaktivitäten befassen, längst überfällig. Neue Perspektiven eröffnen sich auch durch die Untersuchung der Rolle von Kommunikation in europäischen und internationalen Governance-Strukturen.

Die Folgen der Medienentwicklung mögen im Einzelfall deutlich nachweisbar sein, ihnen stehen aber stets – auch das ist ein gemeinsames Ergebnis beinahe aller Beiträge – psychologische, ökonomische und politische Kräfte entgegen, die gleichsam als Abwehrschirm des politischen Systems funktionieren. Was den Bestand an intervenierenden und moderierenden Variablen angeht, finden sich erstaunliche Parallelen zwischen den Analysen des Bandes. Hier sind zunächst die Attribute politischer Streitthemen zu nennen, die zwar keine objektiven Eigenschaften sind, sich aber auch durch noch so geschicktes *Framing* nicht beliebig zuschreiben lassen. Das führt dazu, dass ein großer Teil der unaufdringlichen Problembestände von Politik weitgehend unbehelligt von öffentlicher Aufmerksamkeit bleibt. Als weiterer wichtiger Faktor im Medialisierungsprozess erweisen sich die Akteure und Akteurskoalitionen und die Umweltbezüge mit ihren partiell widersprüchlichen Anforderungen, auf die sie reagieren müssen. Medienöffentlichkeit ist immer nur ein Orientierungshorizont unter vielen, mit durchaus variabler Bedeutung. Im Falle komplexer politischer Akteure entscheidet zudem deren innere Verfasstheit darüber, ob und wie sie auf Medienumwelten reagieren, strategisch und konsistent, oder ungeplant und widersprüchlich. Dem entspricht auf individueller Ebene die (Un-)Fähigkeit einzelner Politiker, mit den Medien umzugehen. Dass der politische Rekrutierungsprozess durchweg medienaffine Politikertypen aussortiert, gehört dabei zu den empirisch ungestützten Mythen der „Mediendemokratie". Moderierend wirken auch die institutionellen Gegebenheiten von Politik. Die je spezifischen Rationalitätskalküle institutionalisierter Verfahren können Anreize für den Einbezug von Medienöffentlichkeit geben. Sie können aber auch das Gegenteil bewirken: den Rückzug von Politik in die Diskretionszonen der Hinterzimmer. Dazu kommen nicht planbare kurzfristige Ereignisse, auf die Politik ohne weitere Rücksichten auf mediale Vermittelbarkeit reagieren muss. Schließlich spielt die politische Kultur eines Landes eine wichtige Rolle, durch welche die Macht der Medien gegenüber dem politischen Publikum deutlich eingeschränkt wird. Durch diese und weitere Faktoren werden Medialisierungsfolgen vom politischen System gefiltert, gebrochen und gleichsam „mediatisiert" (Newton 2006). Schon deshalb ist Vorsicht gegenüber pauschalisierenden Einschätzungen der „Mediendemokratie" geboten. Gefordert sind differenzierte empirische Analysen der Bedingungen, unter denen Medien politisch folgenreich und potenziell demokratiegefährdend werden können.

Auch auf Seiten der „unabhängigen" Variablen sind differenzierte Sichtweisen angebracht. Zunächst ist der analytische Status der Medien als Ursache von Wirkungen im institutionalistischen Denken wie im Medialisierungsparadigma längst nicht mehr eindeutig. Das, was man Medieneinflüsse auf Politik nennt, sind nicht selten Reaktionen der Politiker auf sich selbst, auf ihre wahrgenommenen Publizitätsbedürfnisse wie auf ihre Vorstellungen von der Wirkungsweise der Medien beim Publikum. Was diese Wirkungsweise angeht, ist die Rede von der „Medienlogik" (in der Einzahl) zunehmend überholt. In der Medienlandschaft des 21. Jahrhunderts ist von mindestens zwei Logiken auszugehen, der Verbreitungslogik traditioneller Massenmedien und der partizipativen Logik neuer interaktiver Online-Medien. Welche Veränderungen die Letzteren für den politischen Prozess mit sich bringen werden, ist eine der großen Fragen der politischen Kommunikation in den kommenden Jahren. Im Moment sieht es so aus, als wären diese Veränderungen zumindest kurzfristig weniger revolutionär als erwartet, weil Online-Medien überwiegend im Stil traditioneller Massenmedien genutzt werden. Das ist freilich nicht mehr als eine Momentaufnahme. Immerhin ist nun durch den User Generated Content im Internet, der als Informationsinput des professionellen Journalismus an Bedeutung gewinnt, im Mediensystem historisch erstmalig die Möglichkeit einer Meinungsbildung von unten nach oben gegeben. Das könnte als neue Form demokratischer Rückbindung von Medien an die Gesellschaft verstanden werden.

Was die Logik der traditionellen Massenmedien angeht, so wird sie auch künftig durch verschärften Wettbewerb um knappe öffentliche Aufmerksamkeit bestimmt sein. Das gilt auch für Mediensysteme mit unterschiedlich verfassten Rundfunkanbietern. Die Auswirkungen der Wettbewerbslogik für Strukturen und Inhalte öffentlicher Kommunikation über Politik bieten auch weiterhin reichlich Stoff für einschlägige Forschung. Hier sind unterschiedliche Szenarien denkbar. In allen ist aber ein beherrschender Einfluss der Massenmedien auf das Ergebnis politischer Willensbildung kaum zu erwarten, weil ihre Verfasstheit als Konkurrenten am Zuschauermarkt verhindert, dass sie selbständige politische Ziele und Interessen entwickeln. Der Konkurrenzmechanismus sorgt vielmehr dafür, dass die Mehrzahl aller Medienorganisationen den Inhalt produziert, der ihren Bestand am ehesten garantiert, und das ist eher Unterhaltung als politisch profilierte Publizistik. Aus dem gleichen Grund bleiben die Beiträge der Massenmedien zur politischen Willensbildung typischerweise im Spektrum dessen, was an Meinungsrichtungen innerhalb des politischen Systems vertreten wird und als legitim gilt.

In der heutigen Welt ist jede Demokratie zwangsläufig eine Mediendemokratie: ein Grund für anhaltende Skepsis, aber kein Anlass für Krisenszenarien.

Literatur

Abromeit, Heidrun, 2004: Die Messbarkeit von Demokratie: Zur Relevanz des Kontexts, in: Politische Vierteljahresschrift 45 (1), 73-93.
Beetham, David (Hrsg.), 1994: Defining and Measuring Democracy. London.
Bennett, Lance W./Iyengar, Shanto, 2008: A New Era of Minimal Effects? The Changing Foundations of Political Communication, in: Journal of Communication 58 (4), 707-731.
Benz, Arthur/Papadopolous, Ioannis (Hrsg.), 2006: Governance and Democracy – Comparing National, European and Transnational Experiences. London.
Cook, Timothy E., 1998: Governing with the News. The News Media as a Political Institution. Chicago/London.
Cook, Timothy E., 2006: The News Media as a Political Institution: Looking Backward and Looking Forward, in: Political Communication 23 (2), 159-171.
Crozier, Michael, 2007: Recursive Governance: Contemporary Political Communication and Public Policy, in: Political Communication 24 (1), 1-18.

Dahl, Robert A., 1989: Democracy and its Critics. New Haven/London.
Held, David, 2006: Models of Democracy. 3. Aufl. Cambridge.
Jarren, Otfried, 1994: Medien-Gewinne und Institutionen-Verluste? Zum Wandel des intermediären Systems in der Mediengesellschaft, in: *Jarren, Otfried* (Hrsg.), Politische Kommunikation in Hörfunk und Fernsehen – Elektronische Medien in der Bundesrepublik Deutschland. Opladen, 23-35.
Jarren, Otfried, 1996: Auf dem Weg in die „Mediengesellschaft"? Medien als Akteure und institutionalisierter Handlungskontext. Theoretische Anmerkungen zum Wandel des intermediären Systems, in: *Imhof, Kurt/Schulz, Peter* (Hrsg.), Politisches Raisonnement in der Informationsgesellschaft. Zürich, 79-96.
Kepplinger, Hans Mathias, 2007: Reciprocal Effects: Toward a Theory of Mass Media Effects on Decision Makers, in: International Journal of Press Politics 12 (2), 3-23.
Kepplinger, Hans Mathias, 2008: Was unterscheidet die Medialisierungsforschung von der Medienwirkungsvorschung?, in: Publizistik 53 (3), 326-338.
Marcinkowski, Frank, 2005: Die Medialisierbarkeit politischer Institutionen, in: *Rössler, Patrick/Krotz, Friedrich* (Hrsg.), Mythen der Mediengesellschaft – The Media Society and its Myths. Schriftenreihe der DGPuK Bd. 32. Konstanz (UVK), 341-370.
Marcinkowski, Frank, 2007: Medien als politische Institution. Politische Kommunikation und der Wandel von Staatlichkeit, in: *Wolf, Klaus-Dieter* (Hrsg.), Staat und Gesellschaft – fähig zur Reform? Baden-Baden, 97-108.
Marcinkowski, Frank/Steiner, Adrian, 2009: „Was heißt Medialisierung"? Autonomiebeschränkung oder Ermöglichung von Politik durch Massenmedien, in: *Arnold, Klaus/Classen, Christoph/Lersch, Edgar/Kinnebrock, Susanne/Wagner, Hans-Ulrich* (Hrsg.), Von der Politisierung der Medien zur Medialisierung des Politischen? Leipzig: Leipziger Universitätsverlag (im Druck).
Mazzoleni, Gianpietro/Schulz, Winfried, 1999: „Mediatization" of politics: A Challenge for Democracy?, in: Political Communication 16 (3), 247-261.
Meyer, Thomas/Hinchman, Lew, 2002: Media Democracy: How the Media Colonize Politics. Malden.
Neidhardt, Friedhelm, 1994: Jenseits des Palavers. Funktionen politischer Öffentlichkeit, in: *Wunden, Wolfgang* (Hrsg.), Öffentlichkeit und Kommunikationskultur. Hamburg/Stuttgart, 19-30.
Newton, Kenneth, 2006: May the Weak Force be with You: The Power of the Mass Media in Modern Politics, in: European Journal of Political Research 45, 209-234.
Pfetsch, Barbara/Adam, Silke, 2008: Die Akteursperspektive in der politischen Kommunikationsforschung – Fragestellungen, Forschungsparadigmen und Problemlagern, in: *Pfetsch, Barbara/Adam, Silke* (Hrsg.), Massenmedien als politische Akteure. Konzepte und Analysen. Wiesbaden, 9-26.
Pfetsch, Barbara/Esser, Frank, 2009: Conceptual Challenges to the Paradigms of Comparative Media Systems in a Globalized World, in: Journal of Global Mass Communication, Vol. 2 (im Druck).
Robinson, Michael J., 1976: Public Affairs Television and the Growth of Political Malaise: The Case of „The Selling of the Pentagon", in: American Political Science Review 70, 409-432.
Schudson, Michael, 2002: The News Media as Political Institutions, in: Annual Review of Political Science 5, 249-269.
Schulz, Winfried, 1993: Politik und Fernsehen. Eine Zeitreihenanalyse des politischen Interesses, in: *Bonfadelli, Heinz/Meier, Werner A.* (Hrsg.), Krieg, Aids, Katastrophen. Gegenwartsprobleme als Herausforderung für die Publizistikwissenschaft. Konstanz, 239-263.
Schulz, Winfried, 2004: Reconstructing Mediatization as an Analytical Concept, in: European Journal of Communication 19 (1), 87-101.
Sparrow, Bartholomew H., 2006: A Research Agenda for an Institutional Media, in: Political Communication 23, 145-157.
Streeck, Wolfgang, 1987: Vielfalt und Interdependenz: Überlegungen zur Rolle intermediärer Organisationen in sich ändernden Umwelten, in: Kölner Zeitschrift für Soziologie und Sozialpsychologie 39, 471-495.
Strömbäck, Jesper, 2008: Four Phases of Mediatization: An Analysis of the Mediatization of Politics, in: The International Journal of Press/Politics 13 (3), 228-246.

I.

Theoretische Überlegungen zur „Mediendemokratie"

Öffentlichkeit in der „Mediendemokratie" aus der Perspektive konkurrierender Demokratietheorien

Renate Martinsen

1. Auf dem Weg zur Mediendemokratie?

Öffentlichkeit gilt als konstitutives Element von Demokratien. Die regulative Kernidee von Demokratie als „Herrschaft des Volkes" zielt darauf ab, dass diejenigen, die von Entscheidungen betroffen sind, auch am Prozess der Entscheidungsfindung beteiligt sind. Demokratisches Regieren beruht demnach auf dem Einverständnis der BürgerInnen zu dieser Ordnung und verweist insofern auf das Erfordernis öffentlicher Kommunikation. Das Prinzip „Öffentlichkeit" kann dabei in unterschiedlichen Manifestationen zu Tage treten: Während in der antiken Polis als dem demokratischen Urmodell die unmittelbare Interaktion unter Anwesenden maßgeblich war, spielt diese Form politischer Öffentlichkeit in modernen Flächenstaaten nur noch eine periphere Rolle. Öffentlichkeit wird in modernen Gesellschaften wesentlich durch die Massenmedien hergestellt, ist also – mit anderen Worten – insbesondere massenmedial vermittelte Öffentlichkeit.

Erstaunlicherweise spielten Reflexionen zur Rolle politischer Öffentlichkeit in der Politikwissenschaft lange Zeit eher eine marginale Rolle.[1] Erst Anfang der 90er Jahre ist es zu einer unverkennbaren „Wiederkehr der Öffentlichkeit" (Koenen 1996) ins Zentrum sozialwissenschaftlicher Forschungen gekommen. Diese Aufwertung des Themas Öffentlichkeit geht nicht zufällig einher mit einer Neubestimmung der Funktion der Massenmedien in der Sphäre der Politik. Vormals dominierte eine Art „Widerspiegelungsmodell": Die Aufgabe der Medien wurde in der möglichst realitätsgetreuen („richtigen") Wiedergabe und Verbreitung von politischen Informationen gesehen. Im Rahmen einer solchen Konzeption kommt den Massenmedien lediglich eine Hilfsfunktion für andere gesellschaftliche Bereiche zu. Inzwischen wird demgegenüber zunehmend die These von einer Ausdifferenzierung des Mediensystems als einem eigenständigen gesellschaftlichen Funktionssystem vertreten. Auszugehen ist demnach von einer eigenwilligen Rationalität der Massenmedien, die spezifischen Selektionskriterien folgt. Die Medienrealität hat insofern Konstruktionscharakter: Konstruiert wird eine Realität, welche die überkomplexe Wirklichkeit am Kriterium der Erzielung und Steigerung von Aufmerksamkeit filtert (vgl. Luhmann 2004).[2]

Signifikant ist in unserem Zusammenhang die Beobachtung einer zunehmend engeren Kopplung zwischen Politik und Massenmedien. Diese Entwicklung ist offenbar ge-

---

[1] Jürgen Habermas bildet hier unter den politologisch relevanten Klassikern die bemerkenswerte Ausnahme.

[2] In handlungstheoretischer Sprache wird dieser Sachverhalt als Doppelrolle der Medien beschrieben: Sie fungieren nicht mehr nur als Vermittler von Informationen in der politischen Sphäre, sondern treten selbst als politische Akteure auf (vgl. Bösch/Frei 2006: 8; Pfetsch 2006: 232; Häussler 2006: 304).

sellschaftsstrukturell bedingt. Denn je mehr unverrückbare Wahrheitshorizonte in der Moderne außer Reichweite geraten und je mehr der prinzipiell zwiespältige Charakter von Modernisierung und Technisierung ins Bewusstsein rückt (Stichwort: „Zweite Moderne", vgl. Beck/Bonß 2001), desto eher ist Politik auf die Akzeptanz eines öffentlichen Publikums angewiesen. Die Zustimmung eines öffentlichen Publikums fungiert somit als Legitimationsressource demokratischer Politik. Damit aber ist Politik essentiell von den Leistungen der Massenmedien abhängig geworden.

Die politikwissenschaftliche Wahrnehmung der damit einhergehenden strukturellen Transformationsprozesse kommt in der Karriere des schillernden Begriffs der „Mediendemokratie" zum Ausdruck (vgl. hierzu beispielsweise Sarcinelli 1998; Meyer 2003; Massing 2004; Marschall 2007). Der Terminus verweist zunächst einmal auf die Annahme einer gestiegenen Bedeutung der Medien für die demokratische Verfasstheit politischer Gemeinwesen. Von hier aus stellt sich dann die Frage nach den Folgen der diagnostizierten Veränderungsprozesse für die Politik: Welche spezifische Ausprägung nimmt Demokratie in einer Gesellschaft an, deren Öffentlichkeitsbezug wesentlich durch die Massenmedien geleistet wird?[3] Die Rede von der „Mediendemokratie" beinhaltet also nicht zwangsläufig den Verweis auf Verfallserscheinungen demokratischer Öffentlichkeit, sondern eröffnet prinzipiell auch die Option, als Suchbegriff für neue Formen von Demokratie oder gar für einen Zuwachs an Demokratisierung zu fungieren.

Gleichwohl ist die Verwendung des Labels „Mediendemokratie" in der Literatur häufig von kritischen Untertönen begleitet. Die These von der „Mediendemokratie" wurde in die politikwissenschaftliche Diskussion eingeführt, um auf als problematisch wahrgenommene Entwicklungen aufmerksam zu machen: Demnach lässt sich eine zunehmende Scherenentwicklung feststellen zwischen Herstellung und (Selbst-)Darstellung von Politik (zur Diskussion der These vgl. Jarren et al. 1996: 10 ff.). Diese Entkopplung von Politikvollzug, bei dem einerseits die öffentlichen Arenen meinungsbildender und beschließender Politik an Bedeutung verlieren und die kollektiv verbindlichen Entscheidungen verstärkt im Geheimen stattfinden, sowie öffentlicher Politikinszenierung andererseits, bei der es hauptsächlich um die kalkulierte Inszenierung von Images geht, wird wesentlich auf eine Veränderung im Verhältnis von Politik und Medien zurückgeführt (vgl. Meyer 2003a). Denn Politik orientiere sich in immer stärkerem Maße an der Medienlogik[4] im Konkurrenzkampf um die Aufmerksamkeit der Bürger respektive Wähler.[5] Die Einschätzung eines Wandels der politischen Strukturen

---

3 In einer anderen Perspektivierung der unterstellten „Wahlverwandtschaft" zwischen Demokratie- und Medienentwicklung ließe sich fragen, welchen Einfluss demokratische Politik auf die Ausgestaltung massenmedialer Strukturen nehmen kann – diese „medienpolitische" Blickrichtung, die gegenwärtig insbesondere unter dem Stichwort „Media Governance" firmiert, spielt im vorliegenden Beitrag indes eher eine untergeordnete Rolle (siehe hierzu Jarren 2007).

4 Die These von der Orientierung an der Logik der Massenmedien meint zum einen die Selektion von berichtenswerten Ereignissen nach Maßgabe der so genannten „Nachrichtenfaktoren" (Überraschungswert, Konflikthaftigkeit, Personalisierung, Prominenz, Nähe zum Betrachter usw.), zum anderen die Präsentation des so ausgewählten Materials gemäß theatralischen Inszenierungsregeln (dramatische Zuspitzung, symbolische Handlung, Wortgefecht usw.) – zu den beiden Regelkreisen, nach denen moderne Massenmedien Aufmerksamkeit generieren vergleiche Meyer (2003a: 263 f.).

5 So belegt beispielsweise eine neuere Studie Anpassungsprozesse des Deutschen Bundestages an

und Prozesse vor dem Hintergrund des gegenwärtigen Bedeutungsgewinns der Massenmedien reicht bis hin zur These von der möglichen Herausbildung einer „Mediokratie" (Meyer 2002) – demnach betreibt die Politik zunehmend eine gezielte professionelle Selbstmedialisierung nach den Regeln theatralischer Inszenierungsimperative. Auf Basis solcher Szenarien wäre auch die Demokratie eine grundlegend „andere" als bisher. Solche Visionen sind anschlussfähig an die demokratietheoretischen Ernüchterungsdiskurse, die sich unter dem Stichwort „Postdemokratie" rubrizieren lassen (vgl. Jörke 2005). Hierbei wird keineswegs der prinzipielle Wert der Demokratie bezweifelt – vielmehr geht es um die Frage nach den Grenzen der Leistungsfähigkeit dieser Regierungsform unter den gewandelten sozio-technologischen Bedingungen des 21. Jahrhunderts. Auch wenn solchen Extrempositionen eher eine polemische Funktion im Feld politikwissenschaftlicher Diskurse zukommen dürfte, so zeugen sie doch von erheblichen Irritationen in Bezug auf die gegenwärtige Verfasstheit von westlichen Demokratien im Allgemeinen sowie der Demokratieverträglichkeit der massenmedialen Entwicklung im Besonderen. Die interpretationsbedürftige Formel von der „Mediendemokratie" bildet eine Plattform für den Austausch diesbezüglicher Befürchtungen und Hoffnungen.

Die Bewertung der skizzierten gesellschaftsstrukturellen Entwicklungen in Richtung „Mediendemokratie" hängt nicht zuletzt wesentlich davon ab, was unter „Demokratie" verstanden wird. Denn je nach dem zugrunde gelegten Theorieansatz geraten ganz unterschiedliche Aspekte der politischen Realität in den Fokus der Betrachtung – entsprechend variieren die damit verbundenen Einschätzungen und Prognosen.

Im folgenden Beitrag geht es insbesondere darum, bei der Frage nach der Verfasstheit von Demokratie unter heutigen Medienbedingungen die in der politikwissenschaftlichen Diskussion verwendeten unterschiedlichen demokratietheoretischen Begrifflichkeiten transparent zu machen und auf diesem Hintergrund eine differenzierte Einschätzung der Diagnose „Mediendemokratie" zu treffen. Hierzu erfolgt zunächst eine sehr knappe Skizzierung des gegenwärtig sich vollziehenden Strukturwandels der Massenmedien in westlichen Ländern wie der Bundesrepublik Deutschland. Im Hauptteil werden unterschiedliche Demokratie- und Öffentlichkeitsmodelle vorgestellt und im Hinblick auf die mit diesen Maßstäben jeweils implizierte Sichtweise der massenmedialen Entwicklung reflektiert. Dabei wird die Frage nach dem Einfluss der Medienentwicklung auf die demokratische Öffentlichkeit über die Fokussierung auf die Massenmedien hinaus ergänzt durch die Einbeziehung der so genannten „neuen" (elektronischen) Medien. Wenn Koenen (1996: 36) in Abwandlung einer Formulierung von Marx mutmaßt, dass sich „politische Öffentlichkeit als das nach wie vor ungelöste Rätsel der Demokratie herausstellen (könnte), ... das demokratische Herrschaft *irgendwie*, aber auf eine theoretisch offenbar schwer faßbare Weise vermittelt", so soll hier die damit formulierte konzeptionelle Herausforderung ein Stück weit in Angriff genommen werden durch die Konturierung unterschiedlicher begrifflicher Wege der Verknüpfung von Demokratie und Öffentlichkeit auf dem Hintergrund (massen-)medialer Entwicklungen.

---

die Strukturen des massenmedialen Systems – diese Adaptionsprozesse von Seiten der Politik fänden allerdings dort ihre Grenze, wo das Erfordernis zur Wahrnehmung von Verhandlungsräumen unter Ausschluss der Öffentlichkeit gegeben sei (vgl. Marschall 2007).

2. Strukturwandel des (massen-)medialen Systems[6]

Ungeachtet möglicher divergierender Bewertungen der Entwicklungen des Mediensystems in der Bundesrepublik Deutschland erscheint es doch evident, dass im letzten Jahrhundert eine rasante Ausbreitung der Massenmedien stattgefunden hat, deren Einfluss auf den Prozess der öffentlichen Meinungsbildung kaum zu unterschätzen ist. Unter Massenmedien werden hier solche gesellschaftlichen Einrichtungen verstanden, die Kommunikationen erzeugen, welche sich über ein technisches Verbreitungsmittel an ein verstreutes Publikum wenden – massenmediale Kommunikation ist somit öffentlich, indirekt und einseitig (vgl. Maletzke 1976: 4).[7] Erst im historischen Prozess hat sich ein Mediensystem entwickelt, das für alle Bevölkerungsschichten zugänglich ist – etwa ab der zweiten Hälfte des 19. Jahrhunderts kann man von einem solchen inklusiven Printmediensystem sprechen (vgl. Jarren/Donges 2006: 26).

Die massenmediale Durchdringung der Gesellschaft im 20. Jahrhundert verlief in Deutschland wie auch in den europäischen Ländern in mehreren Schüben (vgl. Bösch/Frei 2006): Zunächst sorgte das Aufkommen der Massenpresse und des Films in den 1890er Jahren für eine fundamentale Veränderung der öffentlichen Kommunikationsstrukturen; die Einführung des Radios in den frühen 1920er Jahren sowie die Verbreitung des Fernsehens in den späten 50er Jahren bewirkten neue Medialisierungswellen. Bereits diese zeitlich weiter zurückliegenden massenmedialen Strukturveränderungen zeitigten Auswirkungen auf die Politik, deren Demokratisierungspotenzial ambivalent erschien. So knüpften sich an die massenmedialen Innovationen einerseits Demokratisierungshoffnungen, da die Herausbildung einer „Massenkultur" Chancen für die Auflösung bisheriger Klassenschranken zu bieten schien; andererseits wurden auch Gefährdungen für die Demokratie durch einen drohenden Rückzug der Bürger ins Private oder den Missbrauch der Massenmedien zu politischen Propagandazwecken ausgemacht.

Der in der politikwissenschaftlichen Debatte seit einiger Zeit popularisierte Begriff der „Medialisierung"[8] ist also – wie die zeitgeschichtliche Betrachtung lehrt – kontextuell zu bestimmen: Denn schon vor dem Eintritt ins duale Fernsehzeitalter lassen sich Wellen der Medialisierung ausmachen i. S. eines Prozesses der wechselseitigen Beeinflussung von Medien- und Gesellschaftsentwicklung. „Medialisierung" zur Bezeich-

---

6 Es kann hier keinesfalls um eine umfassende Darstellung von medialen Entwicklungstendenzen gehen (siehe hierzu beispielsweise Jäckel/Brosius 2005), sondern lediglich um eine expositorische Skizzierung von empirischen Wandlungsprozessen des (massen-)medialen Systems als Hintergrundfolie, vor der die demokratietheoretischen Kontroversen zu verorten sind.

7 Auf der Basis einer solchen Definition der Massenmedien erscheint dann fraglich, ob das Internet unter diesem Terminus zu rubrizieren ist. Denn damit fallen nur solche gesellschaftlichen Einrichtungen unter diesen Begriff, die Kommunikation erzeugen *ohne* dass eine direkte Interaktion zwischen Sender und Empfänger stattfindet. Aus diesem Grunde wird hier bisweilen die Schreibweise (Massen-)Medien verwandt, um zu verdeutlichen, dass sowohl die klassischen Medien wie Zeitung, Radio, TV, als auch die so genannten „Neuen Medien" (insbesondere das Internet) gemeint sind.

8 Von manchen Autoren wird anstelle des Begriffs „Medialisierung" in sinnverwandter Weise auch der Terminus „Mediatisierung" benutzt (vgl. z. B. Kaase 1998) – Bösch/Frei (2006: 10) kritisieren diese Begriffsverwendung aufgrund der anderweitigen historischen Konnotationen, die der Begriff mit sich führe.

nung der Tendenz einer immer stärkeren und engmaschigeren Durchdringung aller gesellschaftlichen Bereiche (vgl. Jarrren/Donges 2006: 28; Imhof et al. 2006: 18 f.) verweist zunächst auf eine Facette des Komplexitätszuwachses von spätmodernen Gesellschaften – dieser Komplexitätsgewinn ist auf die gleichzeitige Steigerung von Ausdifferenzierung und Vernetzung gesellschaftlicher Subsysteme zurückzuführen.[9] Darüber hinaus zielt der Begriff auch auf die zunehmende Etablierung der Medien als Instanzen der gesellschaftlichen Selbstbeobachtung ab (vgl. Baecker 1996: 95 ff.; Marcinkowski 2002: 92 f.). Mit dem Wegbrechen absoluter Wahrheitshorizonte und dem gewachsenen Bewusstsein der Kontingenz politisch-öffentlicher Entscheidungen steigt der Bedarf an solchen reflexiven Instanzen für die Gesellschaft. Medienöffentlichkeit wird zur folgenreichsten öffentlichen Kommunikation, die mit anderen Formen interaktiver Öffentlichkeit wie der Gelegenheits- und Versammlungsöffentlichkeit interagiert (Jarren/Donges 2006: 103 ff.). Diese Situation wird in der pointierten Formulierung von Luhmann auf den Punkt gebracht: „Was wir über unsere Gesellschaft, ja über die Welt, in der wir leben, wissen, wissen wir durch die Massenmedien" (Luhmann 2004: 9).

Zwar lässt sich festhalten, dass auf dem Hintergrund von medientechnischen Innovationen im letzten Jahrhundert in Deutschland bzw. Westeuropa in etwa 30-jährigen Abständen Medialisierungsschübe zu verzeichnen sind, doch ist die Konjunktur des Begriffs der Medialisierung neueren Datums: Dies dürfte nicht zuletzt damit zusammen hängen, dass auch der Forschungsbereich „Politische Kommunikation" sich erst seit den 1990er Jahren wissenschaftlich etablieren konnte. Dabei, so etwa Vowe/Dohle (2007: 338), käme dem „11. September 2001" als Katalysator dieser Entwicklung eine wesentliche Rolle zu, denn dieses Ereignis habe „den Stellenwert von Kommunikation für die Politik sichtbar gemacht". In politikwissenschaftlichem Kontext findet der Begriff Medialisierung Verwendung, um neue Interdependenzen zwischen den gesellschaftlichen Funktionssystemen Politik und Medien zu erfassen (vgl. Kaase 1998; Mazzoleni/Schulz 1999; Korte/Fröhlich 2004: 98 ff.; Marcinkowski/Steiner 2009) – die hierauf fokussierende Forschung geht von der Grundannahme aus, Kommunikation in der Politik habe sich „medialisiert", d. h. sie beziehe ihre Orientierung essentiell durch Ausrichtung auf die Medien.

In diesem Diskussionszusammenhang spielt nun ein relativ neuer Medialisierungsschub (und die mutmaßlich davon ausgehenden Folgewirkungen) eine zentrale Rolle: Die Ablösung der Zeitung als gesellschaftlichem Leitmedium durch den Siegeszug des Fernsehens sowie die spezifische Ausformung dieses Massenmediums vor dem Hintergrund der Herausbildung eines dualen Rundfunksystems bilden den geometrischen Ort in der Diskussion um die Medialisierung der Politik. Dies kommt nicht zuletzt in der Redeweise von der „Fernsehdemokratie" (vgl. Bieber 2006: 67) oder der „Zuschauerde-

---

9 Rammert (2004) geht entsprechend von der Herausbildung einer vierten sozialen Ordnungsform aus, welche die bisherigen gesellschaftlichen Differenzierungsformen (segmentär, stratifikatorisch, funktional) überlagert und deren dominante Verlaufsform durch „Fragmentierung" und „Vernetzung" beschrieben wird. Entsprechend lassen sich – neben Medialisierungseffekten – auch Tendenzen einer Verrechtlichung, Ökonomisierung, Verwissenschaftlichung usw. anderer gesellschaftlicher Teilsysteme ausmachen. Beispielsweise kann so dem Begriff der „Mediengesellschaft", der von Imhof et al. (2006a: 10) i. S. eines Gesellschaftskonzeptes verwandt wird, auch die These von der Herausbildung einer „Wissensgesellschaft" zur Seite gestellt werden (Gibbons et al. 1994).

mokratie" (Luhmann 2004) zum Ausdruck – allerdings beziehen sich diese wohl eher polemisch gemeinten Einschätzungen insbesondere auf eine neuere Phase in der TV-Entwicklung. Mit der Etablierung des öffentlich-rechtlichen Rundfunk-Monopols nach dem Zweiten Weltkrieg in der Bundesrepublik wurde zunächst ein Organisationsmodell installiert, das durch gesetzliche Bestimmungen konstitutiv an die gesellschaftlich dominanten Interessengruppen rückgebunden war und von Beginn an relativ starker politischer Kontrolle unterlag. Die Einführung des Privatfernsehens in den 1980er Jahren kam einem medienpolitischer „Urknall" (Schäffner 2000: 193) gleich, da die Konkurrenz zwischen öffentlich-rechtlichen Rundfunkanstalten und privaten Anbietern („duales System") zu einem weitreichenden Wandel der Medienlandschaft führte. Auch in anderen westeuropäischen Staaten vollzog sich ein analoger Trend zur Deregulierung und Teilprivatisierung der Rundfunksysteme (vgl. Plake 2004: 25). Die damit einhergehende enorme Ausweitung und Vervielfältigung der Medienangebote haben den in Deutschland wie in anderen Ländern Europas zuvor öffentlich organisierten und über Gebühren finanzierten Sektor einem verschärften Wettbewerb ausgesetzt. Als Folge der Zulassung von privaten Programmanbietern und deren zentraler Orientierung an Einschaltquoten lässt sich eine Tendenz zur Kommerzialisierung sowie zur Aufwertung von unterhaltenden Formaten im Bereich der Rundfunkanstalten generell beobachten.[10] Über diesen sukzessive zunehmenden Druck zur nachfrageorientierten Programmgestaltung für sämtliche Medienanbieter herrscht in der einschlägigen Literatur weitgehend Konsens – strittig erscheint hingegen, ob tatsächlich davon auszugehen ist, dass von einer „marktorientierte(n) Vereinheitlichung und Systematisierung der Programmplanung" (Bieber 2006: 72) als Regelfall bei den öffentlich-rechtlichen Medienanstalten auszugehen ist. Die Einschätzung, dass es in der Bundesrepublik Deutschland strukturelle Faktoren gibt, die darauf hinwirken, dass sich öffentlich-rechtliche und kommerzielle Hörfunk- und Fernsehprogramme immer mehr angleichen, wird auch als „Konvergenzthese" bezeichnet (erstmals Schatz et al. 1989). Es bestehen indes begründet Zweifel, ob diesem Pauschalurteil uneingeschränkt gefolgt werden kann: Zwar lassen sich Annäherungen vor allem bei den Sendeformaten feststellen, aber in inhaltlicher Hinsicht sind weiterhin gravierende Differenzen zu verzeichnen (so bereits Schatz 1992). Insbesondere im Bereich der „klassischen" Informationsvermittlung bleiben, wie zahlreiche Studien bestätigen,[11] zwischen den verschiedenen Medienanbietern strukturelle Unterschiede sowohl im Bereich der Inhalte als auch der Präsentationen bestehen. Darüber hinaus vernachlässigen solche Verallgemeinerun-

---

10 Indes ist darauf zu verweisen, dass nicht nur die öffentlich-rechtlichen Rundfunkanstalten, sondern auch die kommerziellen Anbieter ihre Programme nicht ausschließlich am Kriterium der Publikumsgunst ausrichten können, sondern – gemäß dem „Staatsvertrag zur Neuordnung des Rundfunkwesens in Deutschland", der 1987 in Kraft trat – im Rahmen von Vollprogrammen die Bereiche Information, Kultur und Bildung angemessen berücksichtigen müssen (vgl. Plake 2004: 26).

11 Siehe hierzu insbesondere folgende Studien in den *ALM Programmberichten* 2005 und 2006: Maurer, Torsten, 2005: Marktversagen: Politische Information im privaten und öffentlich-rechtlichen Fernsehen, in: ALM 2005: 62-78; Trebbe, Joachim, 2005: Cross-Media Links: Internetverweise im Fernsehen, in: ALM 2005: 79-89; Weiß, Hans-Jürgen, 2005: Konkurrenz: Programmwettbewerb auf dem deutschen Fernsehmarkt, in: ALM 2005: 43-61; Weiß, Hans-Jürgen, 2005: Konzeption und Methode der ALM: 213-228. Vergleiche außerdem Krüger (2005), Krüger/Zapf-Schramm (2007), Krüger (2008).

gen, wie sie mit der Konvergenzhypothese transportiert werden, den Umstand, dass der Einfluss des Wandels der Medienstrukturen auf die politische Kommunikation „unter den je spezifischen institutionellen und kulturellen Bedingungen konkreter Demokratien", also kontextuell differenziert zu ermitteln ist (Marcinkowski et al. 2006a: 8). Dennoch stimmt der Tenor von entsprechenden Untersuchungen zur Fortentwicklung von Medienstrukturen in ausgewählten europäischen Ländern in der Regel eher nachdenklich im Hinblick auf die Frage nach der demokratieförderlichen Leistung von Massenmedien (vgl. hierzu verschiedene gattungs- und länderspezifisch ausdifferenzierte Beiträge in Marcinkowski et al. 2006).[12]

Darüber hinaus wird in jüngster Zeit die Frage einer möglichen Veränderung der politischen Kommunikation in der politikwissenschaftlichen Literatur vor dem Hintergrund der Ausbreitung der neuen Computernetze kontrovers diskutiert:[13] Kann das Internet eine Demokratisierung der Medienentwicklung in einem westlichen Land wie der Bundesrepublik Deutschland bewirken, reproduziert es nur vorhandene Strukturen der politischen Öffentlichkeit oder steht gar zu befürchten, dass es demokratieabträgliche Folgen zeitigt?

Spätestens hier wird deutlich, dass die Frage nach dem Beitrag der massenmedialen sowie der netzgestützten Medien zur Entwicklung der Demokratie vorab einer begrifflichen Klärung bedarf. Denn die Schwierigkeiten einer adäquaten Lagebeurteilung sind nicht nur auf einen fortbestehenden empirischen Forschungsbedarf in diesem Bereich zurückzuführen, sondern wurzeln essentiell auch in einer theoriebedingten Problematik.

3. Der Beitrag der (Massen-)Medien zur demokratischen Öffentlichkeit aus demokratietheoretischer Perspektive

3.1 Schwierigkeiten der Begriffsbestimmung von Demokratie

Parallel zur Durchsetzung von Demokratie als Schlüsselwort politischer Semantik scheint sich der Inhalt des Begriffs zunehmend zu entleeren – bisweilen ist in diesem Zusammenhang gar vom „Elend der Demokratietheorie" die Rede (Abromeit 2002: 58; ähnlich Buchstein/Jörke 2003). Worauf ist dieser kritische Befund zurückzuführen? Demokratie lässt sich nicht auf ein feststehendes Set von Verfahren und Institutionen zur Konstituierung einer bestimmten Regierungsform reduzieren. Vielmehr handelt es sich um einen *Tendenzbegriff*, der moderne Verfassungen mit einer inhärenten Dynamik ausstattet. Der Demokratiebegriff ist also fluide, kontrovers und komplex gebaut. Im historischen Prozess bedingen sich der normative „Begriff" und die „Realität" der Demokratie gegenseitig (vgl. hierzu Guggenberger 1996). Und gerade in Perioden des Umbruchs ist häufig umstritten, ob eine empirische Veränderung in demokratiepoliti-

---

12 Daneben gibt es bereits vereinzelt Forschungen zu medienpolitischen Konzepten jenseits des Nationalstaates bzw. zur Frage der Herausbildung einer europäischen Öffentlichkeit (vgl. etwa Peters/Wessler 2006; Tobler 2006; Pfetsch 2006).
13 Vergleiche an neueren empirischen Studien beispielsweise Grunwald et al. (2006), Gerhards/Schäfer (2007), Rucht et al. (2008).

scher Hinsicht ein „Defizit" oder eine „neue Qualität" signalisiert. Die Einschätzung hängt nicht zuletzt ab von den gesellschaftstheoretischen Grundannahmen und den darauf aufbauenden Demokratiekonzepten.

Üblicherweise wird in der Politikwissenschaft unterschieden zwischen so genannten normativen und empirischen Theorien – diese Gegenüberstellung hat ihren begrenzten Nutzwert in einer vorläufigen Kategorisierung des Theorienspektrums. In diesem Sinne kann man zwei Klassen von Theoriebildung unterscheiden, je nach dem Ort, von dem aus die Theoriebildung ihren Ausgang nimmt (vgl. Brodocz/Schaal 2006: 11-13). Steht am Beginn eine Sollens-Regel, so spricht man von normativen Ansätzen („Wie soll Demokratie idealiter sein?"). Demgegenüber nehmen empirische Theorien ihren Ausgangspunkt von der konkreten institutionellen Verfasstheit von Demokratien („Wie funktioniert Demokratie?"). Allerdings impliziert dies keineswegs die Möglichkeit einer strikten kategorialen Trennung: Normative Theorie muss immer auch auf Praxis rückbezogen werden – sonst bliebe sie bloßes „Glasperlenspiel", genauso wie umgekehrt zu betonen ist, dass auf empirische Erfahrung rekurrierende Forschung stets auch theoriegeleitet erfolgt. Spätestens seit 1989 lässt sich indes auch für die normativen Suchbewegungen festhalten, dass eine grundsätzliche demokratietheoretische Systemkritik mit einer deutlich konturierbaren Oppositionsterminologie der Ausarbeitung verschiedener Konzepte zur *Revitalisierung* der liberalen Demokratie Platz gemacht hat.

Das Verhältnis von Realitätstauglichkeit und kritischem Maßstab in den Demokratietheorien erscheint gegenwärtig insofern tendenziell prekär, als es häufig zu impliziten (unausgewiesenen) Empirie-Theorie-Gemengelagen kommt – und zwar lässt sich diese Konfundierung auf beiden Seiten des Theoriespektrums feststellen, d. h. sowohl bei realistischen als auch bei normativ gehaltvollen Ansätzen. Damit einher geht die Herausbildung einer *neuen Unübersichtlichkeit* dessen, was unter „Demokratietheorie" firmiert. Dies wird evident, wenn man die unterschiedlichen politikwissenschaftlichen Kategorisierungsansätze heranzieht, die sich zum einen deutlich voneinander unterscheiden,[14] zum anderen aber auch dieselben Autoren unter verschiedenen Schlagworten rubrizieren.

Eine entsprechende konzeptionelle Pluralität lässt sich auch feststellen bei Versuchen, demokratietheoretische Maßstäbe zur Analyse und Bewertung politischer Öffentlichkeit in der Mediendemokratie zu entwickeln. Relativ häufig findet sich ein zweigliedriger Ansatz: Ein republikanisches Politikverständnis wird einem liberalem bzw. systemtheoretischem Demokratie- und Öffentlichkeitsmodell gegenübergestellt (Gerhards 1998; Geser 2000; Imhof et al. 2006a; Lucht 2006). Beierwaltes (2002) entwickelt in Bezug auf das Verhältnis von Demokratie und Medien eine dreiteilige Typologie: Eliten-, Pluralismus- und Partizipationstheorie; auch Street (2001) macht drei

---

14 Vergleiche hierzu etwa die Unterteilungen moderner Demokratietheorie bei (1) Habermas (1992): liberal, republikanisch, deliberativ; (2) Schmidt (1995): elitistisch, ökonomisch, pluralistisch, sozial, partizipatorisch, kritisch, komplex; (3) Guggenberger (1996): traditionell-liberal, pluralistisch-repräsentativ, elitär, ökonomisch, kritisch (partizipativ, anarchisch), sozialistisch, systemtheoretisch; (4) Buchstein (1996a): traditionell-liberal, feministisch, deliberativ; (5) Schmidt (1997): prozessual, institutionell, funktions- und transitionsorientiert, Input-Output-orientiert; (6) Saretzki (2000): liberal, kommunitaristisch, republikanisch, deliberativ; (7) Klein (2002): liberal, deliberativ, republikanisch, reflexiv; (8) Abromeit (2002): deliberativ, funktional, à la carte; (9) Buchstein (2004): empirisch, formal, normativ usw.

mögliche demokratietheoretische Konzeptionen aus, die den Blick auf die Untersuchung der Massenmedien leiten: liberale, direkte und deliberative; Ferree et al. (2002)[15] differenzieren bei ihrer Untersuchung von massenmedialen Diskursen vier relevante Traditionen: repräsentativ-liberale, partizipatorisch-liberale, diskursive, konstruktionistische; Baker (2006)[16] wiederum eruiert ebenfalls vier – anders akzentuierte – demokratietheoretische Vorstellungen, die den Zusammenhang von Medien und Demokratie entscheidend prägen: elitentheoretische, republikanische, liberaldemokratische, komplexe.

Die demokratietheoretischen Sortierhilfen zur begrifflichen Grundierung des „Megathemas ‚Demokratie und Medien'" (Marcinkowski 2006a: 9) müssen also in einem konstruktiven Akt in eine Anordnung gebracht werden, für die Plausibilität reklamiert werden kann. Es liegt nahe, zunächst von der gängigen Unterscheidung in zwei Grundtypen (empirische und normative Demokratietheorien) auszugehen. Um mehr Tiefenschärfe zu erreichen, sollen beim normativen Paradigma, das eine größere Bandbreite aufweist, wiederum zwei Varianten vorgestellt werden.

Die Frage, wie sich die (massen-)mediale Entwicklung aus demokratietheoretischer Sicht darstellt, wird somit im Folgenden in Bezug auf drei ausgewählte Theorieansätze erörtert werden: (1) repräsentativ für die – hegemonial vertretene – empirisch orientierte Demokratietheorie fungiert die liberale Variante.[17] (2) Auf der Seite der normativen Demokratietheorien zählt der wesentlich von Habermas entwickelte deliberative (bzw. diskursive) Ansatz inzwischen zum „klassischen" Repertoire.[18] (3) Als Außensei-

---

15 Ferree et al. (2002) vergleichen den Wandel der Debatten um Abtreibung in ausgewählten Printmedien in Deutschland und den USA – dabei zeigt sich, dass sich etwa zentrale Elemente des konstruktionistischen Theorieansatzes, insbesondere die Betonung von persönlichen Narrativen zur Verbindung individueller Erfahrungen und politischer Diskurse, typischerweise eher in US-Medien auffinden lassen, während ihnen in den massenmedialen Debatten in Deutschland nur marginale Bedeutung zukommt.

16 Der von Baker (2006) als „republikanisch" (bzw. deliberativ) apostrophierte Theorieansatz rekurriert gleichfalls stark auf amerikanische Kontexte, insbesondere bezieht er sich auf Vorstellungen von der Rolle der Medien, wie sie sich aus den Idealen dreier einflussreicher Bewegungen im amerikanischen Journalismus des letzten Jahrhunderts ableiten. Bei Baker wird „deliberative" mit „republikanische" Demokratietheorie gleichgesetzt und abgegrenzt gegenüber dem Modell der so genannten „komplexen" Demokratietheorie (ein Label, das bereits Fritz Scharpf für seinen zwischen Utopie und Anpassung aufgespannten Ansatz in Anspruch genommen hat; vgl. Scharpf 1970), für dessen Konturierung im Wesentlichen auf Jürgen Habermas als Referenzautor zurückgegriffen wird; die mit Habermas verknüpfte Theorievariante wird indes andernorts häufig als diskursives oder deliberatives Paradigma bezeichnet – dies belegt beispielhaft, wie unübersichtlich sich die Typologisierungen im demokratietheoretischen Gelände mittlerweile darstellen.

17 In der politikwissenschaftlichen Literatur wird „empirische" Theorie (mit gegebenenfalls leichten Akzentverschiebungen) auch als „realistische" oder „funktionale" Theorie etikettiert; liberale Ansätze weisen ein konzeptionelles Näheverhältnis auf zu pluralistischen Demokratiemodellen und übernehmen teilweise auch Elemente aus elitären Demokratiekonzeptionen – diese Varianzen werden hier unter dem Label „liberal" inkludiert.

18 Das republikanische Demokratiemodell wird hier nicht gesondert vorgestellt: Zum einen findet es sich teilweise im deliberativen Ansatz integriert, zum anderen gibt es republikanisch orientierte Demokratietheorien, die sich unter dem Etikett „partizipatorisch" rubrizieren lassen (so z. B. Benjamin Barbers Konzeption einer „Starken Demokratie"; vgl. Barber 1994).

terposition wird ergänzend die partizipatorische (bzw. partizipative) Demokratietheorie vorgestellt.

Die nachfolgende Skizzierung des Beitrags der genannten Theorieansätze orientiert sich an folgenden *Leitfragen*: Von welchem Demokratieverständnis und darauf bezogenem Öffentlichkeitsmodell wird ausgegangen? Welche Funktionen wird den (Massen-) Medien in einer demokratischen Öffentlichkeit dabei zugeschrieben? Welche Chancen bzw. Gefährdungen eröffnen sich jeweils vor dem (in Kapitel 2) skizzierten Strukturwandel der Öffentlichkeit in der Mediendemokratie?

3.2 Das liberale Paradigma

Liberale Demokratietheorien stellen den am weitesten verbreiteten Typus der so genannten empirischen Demokratietheorien dar, da sie eine hohe Affinität zu der gegenwärtigen Verfasstheit politischer Systeme in der westlichen Welt aufweisen. Der empirisch-deskriptiven Demokratietheorie geht es nicht zuvorderst um die Begründung eines normativen Ideals, sondern um die Beschreibung der Funktionsvoraussetzungen von bewährten Demokratien, die anhand der historisch-konkreten Formen ihrer erfolgreichen Institutionalisierung ermittelt werden. Dem Aspekt der Systemstabilität von Demokratien und der konzeptionellen Abgrenzung gegenüber Diktaturen kommt im Rahmen einer solchen Theoriekonzeption entscheidende Bedeutung zu (vgl. Martinsen 2006: 51 ff.).

Im liberalen Modell bedient sich „Volksherrschaft" der vermittelnden Einschaltung von Stellvertretern – Grundelemente eines solchen repräsentativen Demokratieverständnisses sind die Konstituierung und Limitierung politischer Herrschaft im Rahmen einer rechtsstaatlichen Verfassung. Die Beteiligung der Bürger wird dabei im Wesentlichen reduziert auf die periodisch stattfindenden Wahlen des Regierungspersonals, welche die Möglichkeit eines Regierungswechsels gewährleisten sollen (Prinzip der Responsivität).[19] Das demokratietheoretische Augenmerk gilt insbesondere dem Zustandekommen verantwortlicher und zurechenbarer Entscheidungen (vgl. Guggenberger 1996). Der Fokus im liberalen Denken liegt auf der Gewährleistung der negativen Freiheitsrechte des Individuums, d. h. dem Schutz der Privatsphäre vor staatlichen Übergriffen. In der gegenwärtig vorherrschenden Variante liberalen Denkens wird zudem der Pluralismusgedanke hervorgehoben: Demnach gibt es eine Vielzahl gesellschaftlicher Gruppen, die jeweils partikulare Interessen verfolgen und diese in einem konflikthaften Prozess austragen – diese Interessengegensätze gilt es durch die Ausbildung entsprechender Kompromisse auszubalancieren.

Damit Öffentlichkeit als demokratische qualifiziert werden kann sollte aus liberaler Warte eine möglichst vollständige Repräsentation der vorhandenen gesellschaftlichen Interessenströmungen gegeben sein: Alle relevanten sozialen Gruppen müssen sich zu allen kollektiv bedeutsamen Themen äußern können. Öffentlichkeit kommt hier vor allem die Rolle eines Resonanzbodens zu, der den politischen Entscheidungsträgern

---

19 In der elitendemokratischen Variante erscheint diese Domestizierung von Demokratie insofern wünschenswert, als hier von einer strukturellen Gegensätzlichkeit von politikinkompetenten Massen und verantwortlichen Entscheidungsträgern ausgegangen wird (vgl. Lenk 1993).

handlungsrelevante Informationen liefert. Die Publizität von politischen Entscheidungen ermöglicht außerdem eine Zurechenbarkeit der Politikergebnisse auf das politische Personal und trägt so zur Transparenz von Politik bei. Da Öffentlichkeit die Vielfalt der in der Gesellschaft vorhandenen Meinungen für das Publikum (d. h. die Politiker wie auch die Bürger) sichtbar macht, lässt sich davon sprechen, dass der öffentlichen Meinung die Funktion eines „Spiegels" (Luhmann 2005: 172) zukommt.

Ein hoher Anteil an aktiver Bürger-Öffentlichkeit ist weder erforderlich noch normativ wünschenswert – ein solcher wäre im Gegenteil Indiz für eine Störung im demokratischen Gemeinwesen (vgl. Dahrendorf 1993: 45). Konsensansprüche an öffentliche Meinungsbildungsprozesse zu stellen muss im Rahmen eines solchen Ansatzes gleichfalls problematisch erscheinen, da dadurch die – jenseits von Grundsatzfragen liegenden – Chancen partieller Annäherung eher gefährdet erscheinen. Das liberale Gebot kommunikativer Selbstbeschränkung („conversational constraint"; Ackerman 1989) fordert von Kommunikationsteilnehmern, Dissense, die sich als fundamental erwiesen haben, aus der Anschlusskommunikation auszuklammern. Die liberale „Methode der Vermeidung" (Rawls 1994: 45) gründet auf der Einsicht, dass sich über Fragen des „guten Lebens" in den pluralistischen Gesellschaften des Westens keine Einigkeit erzielen lässt.

Welche politische Funktion kommt den Massenmedien im Rahmen einer solchen liberalen Konzeptualisierung von demokratischer Öffentlichkeit zu? Im Zentrum des liberalen Paradigmas steht der Gedanke der freien, aber verantwortlichen Medien (Presse/Rundfunk). Das geringste Anforderungsprofil für die Massenmedien ergibt sich aus elitendemokratischer Warte: Essentiell ist hier die „Wachhundfunktion" (Baker 2006: 114) der Medien gegenüber der Politik. Diese erfüllen sie, indem sie auf Inkompetenzen oder Verstöße von politischen Entscheidungsträgern aufmerksam machen. Den Bürgern eröffnet sich auf diese Weise die Möglichkeit, wohlinformiert zu wählen und gegebenenfalls bei Wahlen „schwarze Schafe" unter den Politikern abzustrafen. Damit diese Funktion durch die Massenmedien erfüllt werden kann, ist es zwingend erforderlich, die Freiheit der Medien gegenüber politischer Einflussnahme durch verfassungsmäßige Rechte zu garantieren. Liberale Demokratietheorien, die den unhintergehbaren Pluralismus von Meinungen in modernen Gesellschaften in Rechnung stellen, weisen den Massenmedien darüber hinaus die Aufgabe zu, die unterschiedlichen politischen Werte und Interessen zu repräsentieren. Hierfür bedarf es einer pluralen nicht-oligopolistischen Eigentümerstruktur im Mediensektor. Das liberale Ideal der „freien Presse" (das sich nicht nur auf die Printmedien, sondern auch auf Fernsehen und Radio bezieht) meint somit zunächst zweierlei: Zum einen wird es an die Bedingung der Freiheit von staatlicher Kontrolle geknüpft, zum anderen wird es mit der Idee des „freien Marktes" verbunden, welche auf einen Wettbewerb zwischen Medienunternehmern abzielt. Erst vor diesem Hintergrund wird – drittens – eine mediale Inhaltsstruktur möglich, die einen „freien Markt der Ideen" gewährleistet (vgl. Ferree et al. 2002: 210).

Das liberale Grundcredo der Freiheit der Medien hat weit zurückreichende ideengeschichtliche Wurzeln (hier insbesondere John Locke), die in zeitgenössischen liberalen Diskussionen reaktiviert werden. Dabei stellt sich die Frage, was die Forderung, dass die Massenmedien eine Vielfalt von Ansichten bereitstellen sollen, aktuell konkret bedeutet. Der Bürger ist in modernen Demokratien in der Regel darauf angewiesen, dass seiner Stimme stellvertretend von anderen in den Massenmedien Gehör verliehen wird, d. h. von den Sprechern politischer Interessengruppierungen, von Experten oder von professionellen Medienakteuren. Den Journalisten wird im Rahmen dieses Paradigmas durchaus eine Parteilichkeit bei der Berichterstattung über öffentliche Angelegenheiten zugebilligt, die aber offen gelegt werden sollte (vgl. Baker 2006: 118). Liberale Autoren plädieren für einen medialen Stil, der eher rational argumentierend denn emotional agitierend ausgerichtet ist – sofern die Medien der Populismus-Versuchung erliegen und komplexe Sachverhalte simplifizierend darstellen, schaden sie dem demokratischen Anliegen (vgl. Ferree et al. 2002: 208).

Die gegenwärtig stattfindenden strukturellen Wandlungsprozesse im Mediensektor („Medialisierung des Politischen") sind aus der Perspektive der liberalen Vorstellungen von der Rolle der Medien in der demokratischen Öffentlichkeit zunächst durchaus zu begrüßen. Denn die Dualisierung der Fernsehstruktur führt zur Optionensteigerung: Die Ausweitung des Medienangebots und die Ausdifferenzierung der Medienkanäle kann als Zuwachs an Pluralisierung und damit als tendenzielle Verbesserung der Chancen einer möglichst umfassenden Repräsentation heterogener Individualwillen positiv gewertet werden. Die größere Unabhängigkeit der kommerziellen Rundfunkanbieter von politischer Einflussnahme stärkt die vom liberalen Paradigma hervorgehobene „Wachhundfunktion" der Medien in der Demokratie. Aufgrund dieser relativen Autonomie gegenüber politischer Kontrolle in den privaten Anstalten besitzen die kleineren Parteien hier prinzipiell auch eine größere Chance zur Selbstdarstellung (vgl. Pfetsch 1991: 105). Die privaten Rundfunksender sind durch ihren Finanzierungsmodus über Werbeeinnahmen unmittelbar an die Einschaltquoten gekoppelt – damit wird eine nachfrageorientierte Ausrichtung ihrer Angebote forciert. Dieser Incentive lässt sich aus liberaler Perspektive als Demokratisierungsgewinn interpretieren, da die Programmgestaltung somit eine Bezugnahme auf die freien (Einschalt-)Entscheidungen der Bürger zur Grundlage hat. Mit einer solchen Argumentationsweise sympathisierend urteilt etwa Gerhards (1995: 172): „Die Zulassung privater Sendeanstalten und die Einführung des Marktes scheint mir demokratietheoretisch die einzig legitimierbare Strukturform zu sein."

Gefährdungen der Demokratie sind aus liberaler Sicht gegeben, wenn Monopolisierungstendenzen in der lokalen Öffentlichkeit (Stichwort „Zeitungssterben") zu Prozessen der „Entöffentlichung" führen, welche die Meinungsvielfalt in lokalen Räumen in Frage stellen könnten (vgl. Pfetsch 2006: 233-335). Die wachsende Bedeutung von Non-Governmental Organizations (NGOs) ist letztlich ambivalent zu werten: Zwar vergrößert sich das Spektrum medial präsenter Akteure, aber der Zuwachs kann auch als eine neue Form der „Oligarchiebildung" (Münkler 2002: 169) interpretiert werden, bei der eine kleine Gruppe nun das Interesse der gesamten Menschheit zu vertreten beansprucht. NGOs sehen sich außerdem mit dem Erfordernis konfrontiert, durch spektakuläre Aktionen die Medienaufmerksamkeit zu erregen – die dadurch strukturell bedingte Populismus-Versuchung muss in Anbetracht des liberalen Ideals der rational sachlichen Berichterstattung als bedenklich erscheinen. Schließlich finden sich in zeitgenössischen liberalen Diskursen auch Problematisierungen des tradierten Grundparadigmas der freien Presse. So gehen manche liberalen Kritiker davon aus, dass Marktanreize die Wächterrolle der Massenmedien unterminieren. Das Profitmotiv verhindere investigativen Journalismus aufgrund der damit verbundenen Kosten bei gleichzeitig verminderten Möglichkeiten zur Generierung von Werbeeinkünften (vgl. Curran 2000: 123 ff.). Darüber hinaus marginalisieren demnach die hohen Zugangskosten zur Sphäre der Massenmedien sowie Konzentrationstendenzen in der Eigentümerstruktur die angemessene Berücksichtigung von Konsumenteninteressen. Wenn der Wert von „News" nicht mehr unter dem Gesichtspunkt eines möglichen Beitrags zur Vergrößerung des Wissens und der Informiertheit des Publikums erfolgt, sondern sich nach seiner kommerziellen Warenförmigkeit bestimmt, dann wird dadurch der Beitrag der Medien zur Demokratie beeinträchtigt (vgl. Baker 2006: 123). In Anbetracht solcher Überlegungen votieren einige Autoren im Rahmen eines reformulierten liberalen Ansatzes für eine Begrenzung der Marktfreiheit im Mediensektor und eine politische Regulierung der Eigentumsverhältnisse in der Medienindustrie im Namen der Demokratie (vgl. Street 2001: 263).

In Bezug auf die Herausbildung des Internets als Plattform der Medienentwicklung konzentrieren liberale Demokratietheoretiker die Bemühungen darauf, die „Möglichkeiten der radialen Aufwärtskommunikation zu verbessern" (Geser 2000: 401) – entsprechende Reformansätze wurden bereits im Kontext des Konzepts der „Teledemokratie" diskutiert. Es geht dabei vor allem um eine Optimierung der Chancen für eine breit gefächerte Artikulation sowie bisweilen auch um die Nutzung neuer technischer Angebote zur Durchführung von häufigeren Bürgerbefragungen. Mögliche demokratiepolitische Gefährdungen liegen für Liberale hier im populistisch gewendeten Missbrauch des Instruments der Volksabstimmung – so könnten etwa Regierungen der Versuchung erliegen, sich auf diese Weise von der Kontrolle demokratisch gewählter Repräsentativorgane unabhängig machen zu wollen.

Was die Frage nach der Zu- bzw. Abnahme von pluralen Perspektiven im Netz betrifft, so fällt die Antwort ambivalent aus: Einerseits gibt es unzweifelhaft eine Zunahme an Heterogenität der prinzipiell verfügbaren politischen Informationen, andererseits scheint die mediumsspezifische Strukturierung von Kommunikation in Bezug auf die Akteursstruktur und die Deutung von Themen noch einseitiger und weniger pluralistisch als in den Printmedien (vgl. Gerhards/Schäfer 2007; Zimmermann 2007). Dieser unter demokratietheoretischer Perspektive ernüchternde Befund wird darauf zurückgeführt, dass die überbordende Informationsfülle den Nutzer zur Selektion zwingt, welche in der Regel über Suchmaschinen bewerkstelligt wird, die ihre Internetseiten allein aufgrund technischer Charakteristika (Zugriffshäufigkeit) erstellen.

Insgesamt sind bei Vertretern dieser Denktradition sowohl die Hoffnungen als auch die Befürchtungen in Bezug auf die – durch das Internet lancierten – Demokratiepotenziale eher gemäßigter Natur. Diese Reserviertheit dürfte darin begründet sein, dass das liberale Lager weitgehend die Erwartungen an die konventionellen Massenmedien fortschreibt und weniger auf die interaktiven Qualitäten des Netzes fokussiert, die seine medientechnische Innovativität ausmachen.

3.3 Das deliberative Paradigma

Während Wahlen im liberalen Ansatz das Kernstück demokratietheoretischer Überlegungen bilden, fokussiert ein alternatives Modell auf „Deliberation" mit den Entscheidungsmodi „Argumentieren" und „Verhandeln" als Gegenbegriff zum dezisionistisch grundierten Abstimmungsakt (vgl. Martinsen 2006: 54 ff.). Politische Meinungs- und Entscheidungsbildungsprozesse über konkrete Politiken sollen dabei nicht auf die professionelle Kommunikation zwischen Politikern beschränkt bleiben. Denn die theoretisch elaborierte Konzeption von Deliberation zielt darüber hinaus insbesondere auch auf die Kommunikation mit und zwischen den Bürgern, durch die eine kontinuierliche Rückbindung der gesellschaftlichen Interessen an die politischen Institutionen gewährleistet werden soll. Anstelle des Vorbringens von bloßen Behauptungen oder Ansprüchen erfordert Deliberation zwingend die Angabe von allgemein akzeptierten Gründen zur legitimatorischen Fundierung einer Position. Die solchermaßen ausgerichtete kommunikative Interaktion unter Anwesenden soll eine Transformation von Interessen bewirken, die eine Überführung von Konflikt in „Disput" (begründete Fürsprache) ermöglicht. Der Grundgedanke deliberativer Demokratie kann insofern auch konzeptualisiert werden als Idee einer durch Begründung regulierten sozialen Praxis (vgl. Feindt 2001).

In der Bundesrepublik wurde die Rezeption dieses Theoriezweigs stark geprägt von den politisch-philosophischen Reflexionen von Jürgen Habermas und der von ihm ausgearbeiteten „Diskurstheorie", welche auf universalistische Annahmen eines Rationalisierungspotenzials sprachlicher Verständigung zurückgreift.[20] Habermas hat seine normativ gehaltvolle Vorstellung deliberativer Demokratie in Abgrenzung gegenüber liberalen und republikanischen Demokratietheorien entwickelt[21] – Elemente beider Seiten werden dabei in einem dritten Modell integriert, das um den Begriff einer „idealen Prozedur für Beratung und Beschlußfassung" zentriert ist (Habermas 1992: 20). Politische Öffentlichkeit spielt eine essentielle Rolle im Rahmen deliberativer Politikkonzeptionen – sie soll sich durch eine enge und fortlaufende *Rückkopplung* zwischen den eher verständigungsorientiert ausgerichteten Kommunikationsprozessen einer kritisch räsonierenden Zivilgesellschaft und den vorwiegend strategisch orientierten Entscheidungsverfahren des ausdifferenzierten Politiksystems herstellen. Öffentliche Vernunft zielt solchermaßen auf einen kommunikativen „Rationalisierungsprozess", der sukzessive praktische Urteile von partikularistischen Einfärbungen „reinigt". Die individuellen Präferenzen der Bürger sind also weder per se valide noch gelten sie als „fix"; vielmehr sollen sie in den öffentlichen Kommunikationsarenen reflektiert und transformiert werden. Erst wenn ihnen die „Vermutung der Vernünftigkeit" (Habermas 1994: 365) zukommt, sind sie im Rahmen demokratischer Meinungsbildungsprozesse von Relevanz. Öffentliche Diskurse fungieren im deliberativen Demokratiekonzept als Medium und Forum einer (begründeten) Willensbildung und fingieren damit eine Figur der „Selbst-

---

20 Damit Deliberationen Verständigungsleistungen erbringen, müssen sie sich demnach auf die Form eines herrschaftsfreien „Diskurses" zubewegen, d. h. Behauptungen und Forderungen sind mit verallgemeinerungsfähigen Gründen zu rechtfertigen, eine Bezugnahme auf die Beiträge anderer im Rahmen einer informierten und komplexen Argumentation ist genauso erforderlich wie die Suche nach gemeinsamen Standpunkten (Konsens) (vgl. Habermas 1994: 370 ff.).

21 Habermas (1992) unterscheidet in seinem idealtypisch zugespitzten Vergleich zwischen einem interessenverkürzten liberalen sowie einem ethisch eng geführten republikanischen Politikverständnis – entsprechend einseitig stellen sich demnach jeweils die darauf aufbauenden Demokratievorstellungen dar: Das liberale Modell betone die Relevanz der verfassungsmäßigen Institutionalisierung von Entscheidungsprozessen, vernachlässige aber die Willensbildungsprozesse in der Zivilgesellschaft, während das republikanische Modell umgekehrt dem Volkswillen unmittelbar und ohne institutionelle Begrenzungen Geltung verschaffen möchte und damit keinen ausreichenden Minderheitenschutz gewährleiste.

bindung der Politik" (Saretzki 1995: 277). Die mit dieser institutionellen Selbstbeschränkung der Politik etablierten Prinzipien der Publizität und Diskursivität sollen indes zugleich die politischen Optionen vervielfältigen, da sie die Entwicklung kollektiver Lernprozesse ermöglichen und dem politischen Gemeinwesen erst demokratische Legitimität sichern.[22]

Da Habermas (1990) sein normatives Öffentlichkeitsmodell exemplarisch mit Bezug auf die sich im 18. Jahrhundert entwickelnde bürgerliche Öffentlichkeit als einer „Sphäre der zum Publikum versammelten Privatleute" (ebd.: 86) expliziert hat, stellt sich zunächst die Frage, inwiefern es unter den Bedingungen massenmedialer Öffentlichkeit noch tragfähig erscheint.[23] Habermas selbst hat in seiner klassischen Studie zum „Strukturwandel der Öffentlichkeit" Zerfallserscheinungen ausgemacht, die er als Privatisierung oder „Refeudalisierung" der Öffentlichkeit beschreibt – in der öffentlichen Sphäre sei demnach der ehemals staatskritische Impuls versiegt und es könnten nur noch Privatinteressen von Marktteilnehmern zur Geltung kommen. Die kommerzialisierte und konzernartig konzentrierte Presse erfährt in diesem Zusammenhang eine kritische Bewertung: Die modernen Massenmedien scheinen das Prinzip der Publizität manipulativ zu wenden, indem sie es in den „sanften Zwang stetigen Konsumtrainings" (Habermas 1990: 228) verwandeln. Die Staatsbürger werden dabei von aktiv beratenden Teilnehmern am Politikprozess auf die Rolle des passiv zuschauenden und bloß akklamierenden Publikums reduziert. Habermas selbst hat seine radikale Verfallsdiagnose der öffentlichen Sphäre später (vgl. Vorwort der Auflage von 1990) unter Verweis auf die ehemals unterschätzte Rolle von Bildung und politischer Kultur relativiert.

Welche normativen Anforderungen stellen sich also an die modernen Massenmedien, damit sie einen Beitrag zu einer funktionierenden demokratischen Öffentlichkeit leisten können? Die Ansprüche sind auf alle Fälle ambitionierter als in der liberalen Tradition, da deliberative Modelle eine Synthese aus liberalen und republikanischen Ideen darstellen. Neben der liberalen Forderung nach Parteilichkeit und Pluralismus als Normen massenmedialer Berichterstattung, die auf einem Verständnis von Politik als Austragung von Konflikten fußt, wird auch die republikanische Betonung des Gemeinwohlbezugs einer politischen Wertegemeinschaft und die daraus resultierende journalistische Norm der möglichst objektiv-ausgewogenen, nicht-polarisierenden Darstellung in ihrer partiellen Berechtigung anerkannt.[24] Die republikanischen Standards für guten

---

22 Rekurriert man auf die von Neidhardt (1994a: 8-9) entwickelte Typologie von Öffentlichkeitsfunktionen, so erhebt das deliberative Modell damit nicht nur – wie die liberale Variante – normative Ansprüche bezüglich der Transparenz-, sondern darüber hinaus auch im Hinblick auf die Validierungs- und Orientierungsfunktionen von Öffentlichkeit.
23 Misst man dem Kriterium der „Interaktion unter Anwesenden" den Status einer notwendigen Bedingung von Deliberativität zu, so ist davon auszugehen, dass sich deliberative Öffentlichkeit allenfalls noch durch Diskursverfahren (als Form einer Versammlungsöffentlichkeit), nicht aber mittels massenmedialer Kommunikation herstellen lässt (so etwa Daele 1997: 287).
24 Die Genesis der republikanischen Gütekriterien für Journalismus (v. a. Objektivität, soziale Verantwortung, aktiver Interventionismus) kann anhand von drei Entwicklungen im US-Mediensektor des 20. Jahrhunderts verfolgt werden (vgl. Baker 2006: 115 f.): der Herausbildung von „Professional Norms" in den frühen 20er Jahren, dem Einsetzen der Hutchins Commission 1947 sowie dem Eintreten für „Public" bzw. „Civic Journalism" in den 90er Jahren. Allerdings scheinen die damit in Zusammenhang stehenden journalistischen Standards offensichtlich nicht nur „hehren" demokratischen Idealen, sondern auch diversen ökonomischen Erwä-

Journalismus wirken zwar gesellschaftlich integrierend, aber sie könnten – wie kritische Stimmen einwenden – aufgrund ihrer „eintönigen" Ausgewogenheit auch das Desinteresse an Politik steigern sowie zur Verhinderung von Meinungsvielfalt beitragen (vgl. Baker 2006: 116). Aus einer komplexen deliberativen Perspektive existieren verschiedene mediale Teilöffentlichkeiten mit unterschiedlichen normativen Imperativen: Erforderlich sei eine mediale Heterogenität, die sowohl eher konfliktorientierte liberal-pluralistische Manifestationen aufweist als auch Segmente mit stärker konsensorientierten Zügen umfasst.[25] Das damit formulierte Gebot des medialen Pluralismus ist aber nicht gleichzusetzen mit einem Plädoyer für das freie Spiel der Marktkräfte. Der normativ gebotene strukturelle und finanzielle Pluralismus der Medien muss aufgrund der Unvollkommenheiten des Marktes vielmehr durch staatliche Eingriffe sichergestellt werden – denn der freie Markt unterstützt nicht alle Diskurstypen (investigative, inklusive, parteiische) gleichermaßen, disprivilegiert vielmehr kleine und marginalisierte Gruppen und bevorzugt eine anzeigenstarke Klientel. Ein solch vielschichtiges Modell, das unterschiedliche Aufgaben für die Medien vorsieht, soll auch weitere Vorteile aufweisen, wie etwa eine stärkere Korruptionsresistenz (vgl. Curran 2000). Die konkrete politische Ausgestaltung des Mediensektors sollte jeweils kontextabhängig erfolgen, d. h. je nachdem, welche Medienimpulse (konflikt- oder konsensorientierte) eine bestimmte Gesellschaft eher benötigt und was unter politisch-pragmatischen Gesichtspunkten machbar erscheint.

Der deliberative Ansatz betont im Unterschied zum liberalen Paradigma den Gesichtspunkt der Bürgerinklusion insofern er auch die Akteure der Peripherie als massenmediale Akteure und nicht nur als Zuschauer vorsieht (vgl. Habermas 2006). Die Teilnehmer an einer massenmedialen Debatte sollen sich an den Spielregeln der Deliberativität orientieren und sich in ihren Redebeiträgen gegenseitig Respekt erweisen[26] (vgl. Ferree et al. 2002: 218). Zielsetzung solcher in den Medien ausgetragenen Diskussionen ist die Erreichung eines Konsens. Anders als aus liberaler Sicht, wo die massenmediale Öffentlichkeit divergierende Standpunkte sichtbar macht, die kommunikative Auseinandersetzung aber mit der politischen Entscheidung beendet werden soll, und auch different zum republikanischen Ansinnen eines a priori postulierten gemeinsamen Wertestandpunktes ist der deliberativ erzielte Konsens erst durch ein an rationa-

---

gungen geschuldet. So könnte etwa die zunehmende Finanzierung von Zeitungen durch Werbeeinnahmen und der Wunsch nach einem möglichst breiten Absatzmarkt das liberale Ideal der Parteilichkeit disprivilegiert haben. Auch die Forderung nach einem Einbezug der Bürger in die öffentliche Sphäre lässt sich vor dem Hintergrund abnehmender politischer Beteiligung und schwindender Zeitungsauflagen als kommerzielle Strategie interpretieren.

25 Ein analog ausgerichteter Vorschlag fordert die Schaffung eines zivilen sowie eines professionellen Mediensektors, um sowohl mediale Anwaltschaft als auch Unparteilichkeit gewährleistet zu wissen (vgl. Curran 2000).

26 Stellt man in Rechnung (wie aus republikanischer bzw. kommunitaristischer Sicht betont), dass das personale Selbst nicht „unsituiert" existiert (vgl. Sandel 1994), sondern durch kommunikative Prozesse miterzeugt wird, so lässt sich der Gedanke des Kommunikationsschutzes nicht nur auf den Sender (Redefreiheit) beziehen, sondern auch auf den Empfänger ausdehnen: Denn (mediale) Rede ist mehr als Meinung, sie birgt auch ein Potenzial zur Beschädigung von Identitäten. Dies legt den Gedanken an ein demokratisches Gebot der Zensur nahe – falls der gegenseitige Respekt nicht erwiesen wird. Demnach setzt der deliberative Verweis auf das Respektgebot letztlich doch einen gemeinsamen Wertehorizont voraus.

len Grundsätzen ausgerichtetes argumentatives Verfahren zu erzielen. Die Funktion der Massenmedien besteht im deliberativen Modell nicht nur darin, Informationen bereitzustellen; vielmehr liefern sie auch Ressourcen für den kommunikativen Prozess, in dem die Bürger ihre Identitäten entdecken und sich ihrer Interessen bewusst werden (vgl. Street 2001: 270).

Habermas (2006: 417 f.) hebt in einem neueren Beitrag, in dem er der Frage nachgeht, inwiefern politische Kommunikation in der öffentlichen Sphäre zu einem deliberativ gestützten Legitimationsprozess beitragen könne,[27] das Kriterium der Reflexivität hervor: Die Kommunikationsteilnehmer können die vorherrschende öffentliche Meinung kritisch überdenken und ihr ein reflektiertes Statement entgegensetzen. Erst ein solcher Prozess wohlinformierter öffentlicher Meinungsbildung kann als Filtermechanismus in der öffentlichen Sphäre fungieren, durch den unvernünftige Kommunikationsbeiträge aussortiert werden. Aus Sicht der auf das Wählervotum angewiesenen Regierungen und der politischen Eliten steckt die wohlinformierte öffentliche Meinung den Handlungsspielraum ab für konkrete Entscheidungen, die von der Bürgeröffentlichkeit (noch) als legitim akzeptiert werden.

Der als Medialisierung beschriebene „zweite Strukturwandel der Öffentlichkeit" (Münch 1997) dürfte aus deliberativer Perspektive zunächst eher die bereits diagnostizierten Verfallserscheinungen des 20. Jahrhunderts fortsetzen. Als deliberativer (Teil-) Gewinn erscheint zwar zunächst der Umstand, dass die kommerziellen Anbieter den Akteuren aus der Zivilgesellschaft eine größere Rolle zur Beeinflussung des Agenda-Settings einräumen – allerdings trifft dies nur zu, sofern die zivilgesellschaftlichen Akteure ihr politisches Anliegen mediengerecht zu inszenieren vermögen. Der Trend zu einer stärkeren Orientierung der Berichterstattung an den so genannten „Nachrichtenfaktoren" insbesondere beim neuen Leitmedium Fernsehen erscheint darüber hinaus kaum geeignet, komplexe Argumentationslinien zu entwickeln und reflexives Wissen bereit zu stellen. Habermas (2006: 422) befürchtet, dass die gegenwärtig beobachtbare „Kolonialisierung" der öffentlichen Sphäre durch Markt-Imperative auch zu einer Re-Definition der Politik führen könnte: Die Issues politischer Diskurse werden in Form und Inhalt zunehmend am Kriterium „Unterhaltungswert" ausgerichtet. Die empirische Brauchbarkeit des Deliberationsmodells kann auf diesem gesellschaftsstrukturellen Entwicklungshintergrund gerade darin liegen, als Detektor zum Aufspüren möglicher Pathologien der politischen Kommunikation zu fungieren. Einige Autoren gingen – so Habermas – so weit zu postulieren, dass der politische Journalismus, wie wir ihn kennen, ein Auslaufmodell darstelle. Sollte diese Diagnose zutreffen, würde deliberativer Politik der essentielle Kern abhanden kommen (vgl. Habermas 2006: 423). Allerdings ist darauf zu verweisen, dass der Trend zum Politainment auch aus deliberativer Warte nicht vorschnell als normativ „problematisch" klassifiziert werden sollte – wenn Begriffe im kommunikativen Prozess stets neu ausgedeutet werden, dann ist auch die herkömmliche Trennung von Politik und Unterhaltung kontingent (vgl. Street 2001: 272).

---

27 Vergleiche hierzu auch die Entgegnungen in der Zeitschrift „Communication Theory", 2007, Vol. 17, Issue 4, insbesondere Bohman (2007), der den epistemischen Wert von Deliberation in der Mediengesellschaft nicht in einer über Verfahren herzustellenden Wahrheitssuche erblickt; vielmehr wird die essentielle Funktion von Deliberation in heterogen zusammengesetzten Gruppen in Begrifflichkeiten der „Irrtumsvermeidung" rekonzeptualisiert.

Weiter reichende Hoffnungen verbinden sich für deliberative Positionen häufig mit aktuellen Entwicklungen, die auch unter dem Stichwort „Mediendemokratie 2.0" (Bieber 2006: 79) diskutiert werden. Offensichtlich besteht eine Affinität des Netzes aufgrund seiner interaktiven und offenen Struktur zu deliberativen Politikvorstellungen.[28] In Bezug auf Diskussionen im Internet könnten die neuen Computernetze das Potenzial besitzen, polymorphe Kommunikationsprozesse zu unterstützen und durch das Wegfallen nonverbaler Störeinflüsse gesteigerte „Rationalisierungspotenziale" in Aussicht zu stellen (Geser 2000: 412). Es müssen indes bestimmte Bedingungen erfüllt sein, um das deliberative Potenzial realisieren zu können – politische Onlinekommunikationen (z. B. Planungszellen oder virtuelle Konfliktmediationen) bedürfen der Vor- und Nachbereitung, der adressatenspezifischen Verfügbarmachung und -anordnung des Materials sowie der kompetenten Moderation, um die Deliberationsfähigkeit demokratischer Öffentlichkeit wirklich zu verbessern (Grunwald et al. 2006: 75). Die Schnittstellen zwischen Onlineöffentlichkeit und politischem System scheinen eher schwach ausgeprägt zu sein (ebd.: 229). Um die aus deliberativer Sicht essentielle Verschränkung zwischen den zivilgesellschaftlichen Kommunikationsprozessen und den politischen Entscheidungsprozessen herbeizuführen muss deshalb in der Regel ein indirekter Weg beschritten werden: Die online generierten Themen sind darauf angewiesen, Aufmerksamkeit in den klassischen Massenmedien zu erwecken, um dort von den politischen Entscheidungsträgern wahrgenommen zu werden.[29]

Von Vertretern einer deliberativen Politiksicht werden jedoch auch Zweifel daran laut, ob das Internet tatsächlich geeignet sei, die Voraussetzungen einer dialogischen Form öffentlicher Meinungsbildung zu verbessern, denn das Publizitätsprinzip bedürfe der „Verankerung in der Idee rationaler Argumentation" (Schmalz-Bruns 2001: 115 f.). Durch das Wegfallen der traditionellen Gatekeeper-Funktion der klassischen Massenmedien in der digital vermittelten Demokratie kann es indes zu einer Beeinträchtigung der Normen der zivilen Integrität und des gegenseitigen Respekts im Umgang mit anderen kommen – so finden sich hier zahlreiche Gruppen mit extremistischer Ausrichtung (so genannten „hate groups"), die sich ohne das Risiko einer Zensur äußern können. Die Anonymität im Netz schütze vor der Preisgabe der eigenen Identität und ermutige zu einem Wettkampf verbaler Grausamkeiten im Cyberspace (so Buchstein 1996: 600 ff.).[30] Zwar gibt es im virtuellen Raum keine vorab durch professionelle

---

28 Habermas selbst sieht eindeutige Demokratisierungsverdienste des Internets allerdings auf spezifische politische Kontexte beschränkt: Netzkommunikation könne dazu beitragen, die Zensur in autoritären Regimen, in welchen öffentliche Meinungsäußerungen einer restriktiven Kontrolle unterliegen, zu untergraben. In liberalen Gesellschaften hingegen würden Online-Debatten eher Fragmentierungstendenzen politischer Öffentlichkeit Vorschub leisten und eine riesige Anzahl isolierter Issue-Öffentlichkeiten hervorbringen (vgl. Habermas 2006: 423, Fußnote 3).

29 Zwischen den beiden Medienbereichen scheint nach Geser (2000: 428) ein ausgeprägt komplementäres Funktionsverhältnis zu bestehen: Massenmediales „Broadcasting" mit einer zentripetalen, auf gesellschaftliche Interaktion ausgerichteten Wirkung sowie „Narrowcasting" der Computernetze, um eher Aspekte der sozialen Differenzierung und kulturellen Heterogenität moderner Gesellschaften zu artikulieren. Hier wird die weiter oben bereits ausgeführte deliberative Forderung nach medialer Pluralität als Aufgabenverteilung zwischen klassischen und neuen Medien konzeptualisiert.

30 Schmalz-Bruns (2001: 121 f.) hält die Vorstellung, Online-Kommunikation ließe sich allein

journalistische Standards gewährleistete Bewertung von Informationen, doch wird die Funktion einer kollektiven Qualitätssicherung ansatzweise dadurch erfüllt, dass Informationsangebote im Netz prinzipiell öffentlicher Kritik ausgesetzt sind.

3.4 Das partizipatorische Paradigma

Partizipatorische Demokratietheorien im engeren Sinne stehen eher am Rande des bundesdeutschen Demokratie-Diskussionsspektrums.[31] Obwohl sich auch Anhänger einer deliberativen Demokratietheorie die „Radikalisierung der partizipatorischen Komponente moderner Demokratien" (Schmalz-Bruns 1996: 56) auf die programmatischen Fahnen geschrieben haben, wird diese Theorierichtung hier gegenüber partizipatorischen Ansätzen im engeren Sinne abgegrenzt. Der Grund dafür liegt in der strikten Kopplung deliberativer Demokratievorstellungen an ein Erziehungsprojekt im Namen der Vernunft – zwischen den Zielgrößen „Partizipation" und „Vernünftigkeit" scheint ein Gefälle derart zu bestehen, dass im Konfliktfall letzterem prinzipiell die höhere Validität zugemessen wird. Autonomie kommt somit nicht dem empirischen Individuum zu, sondern dem Individuum, das seine Willensbildung erfolgreich an bestimmten – als universell gültig vorgestellten – Prinzipien ausgerichtet hat.

Im Rahmen partizipatorischer Argumentationen wird hingegen der individuellen Selbstbestimmung der Status eines Höchstwerts zugewiesen – entsprechend fungiert Fremdbestimmung als der negativ konnotierte Gegenbegriff (vgl. Martinsen 2006: 57 ff.). Das demokratietheoretische Kerncredo lautet, dass Adressaten und Autoren von Gesetzen identisch sein sollten. Das legitimatorische Grunddilemma von Demokratie in modernen Flächenstaaten besteht bekanntlich darin, dass sich Volksherrschaft nicht mehr allumfassend konzeptualisieren lässt, sondern nur noch punktuell, graduell oder kasuell, d. h. sie bleibt ergänzend auf die Ausdifferenzierung von repräsentativen Herrschaftsorganen angewiesen. „Direkte Demokratie" stellt insofern kein eigenständiges Organisationsprinzip vor, sondern eine demokratische Maxime (vgl. Pelinka 1974: 27). Partizipationstheoretiker trachten danach, die hegemonial vorherrschende „top-down"-Perspektive inklusive des damit verbundenen Misstrauens gegenüber dem „gemeinen" Volk zu ersetzen durch eine „bottom-up"-Perspektive, die vom Individuum ausgeht: „Democracy is ... the politics of the subject" (Touraine 1997: 12). Partizipation wird somit nicht nur als funktionale Größe betrachtet, sondern als Eigenwert, der sich keinem Dogma (dem Gegebenen, der Vernunft, dem Kollektiv usw.) zu unterwerfen hat. Das Spektrum partizipatorischer Ansätze reicht von stärker formal akzentuierten Varianten, bei denen die Stärkung direktdemokratischer Instrumente betont wird (z. B. Abromeit 2002) über – republikanisch unterfütterte – Konzepte zur Wiederlebung der

---

auf moralisch-ethischem Wege regeln, für eine Illusion – er plädiert demgegenüber für eine rechtliche Regelung des virtuellen Raums zur Gewährleistung von gesetzlich verbürgten Grundrechten auch im Netz.

31 Beim Mainstream der Politikwissenschaftler in Deutschland überwiegen offensichtlich seit jeher die Vorbehalte gegenüber partizipatorischen bzw. partizipativen Demokratietheorien – zur Standardschelte vergleiche beispielhaft Schmidt (1995). Dieser Ausgangsbefund veranlasst Maus (1994), die Frage nach dem demokratietheoretischen Gehalt der Demokratietheorien selbst aufzuwerfen.

Bürgerschaft (z. B. Barber 1994) bis hin zu konstruktionistischen Varianten,[32] die auf eine Ermächtigung („empowerment") von – marginalisierten Gruppen zugehörigen – Individuen fokussieren (z. B. Young 1993).

Die Funktion von Öffentlichkeit wird je nach demokratietheoretischem Paradigma unterschiedlich akzentuiert – im Kontext partizipatorischer Modelle kommt ihr insbesondere als Kontrollinstrument Bedeutung zu. Vertreter dieser Theorierichtung sind deshalb sehr kritisch eingestellt gegenüber der gegenwärtig empirisch feststellbaren Ausbreitung von Politiknetzwerken, in denen Akteure ohne demokratisches Mandat politische Aufgaben wahrnehmen und in nicht-öffentlichen Foren Verhandlungspakete schnüren. Sie beharren stattdessen auf dem Erfordernis der authentischen Repräsentanz des Volkswillens (Input-Perspektive von Demokratie), das nicht durch den – bei empirischen Theorien gängigen – Verweis auf Wohlfahrtsoptimierungseffekte (Output-Perspektive der Demokratie) ausgehebelt werden darf. In der konstruktionistischen Variante wird schließlich auch die tradierte (liberale) Grenzziehung zwischen öffentlich und privat als politische Strategie kenntlich gemacht und problematisiert.

Zunächst soll wiederum nach der Rolle der Massenmedien und den an sie formulierten Anforderungen im Rahmen eines partizipatorischen Demokratiemodells gefragt werden. Da dem partizipatorischen Leitbild zufolge so viele Bürger wie möglich bei allen Angelegenheiten, die sie persönlich betreffen, in den öffentlichen Entscheidungs-(findungs)prozess aktiv einbezogen werden sollten, ist auch bei massenmedialen Debatten eine entsprechende Beteiligung der Bürger anzustreben. Partizipation wird hier auch als expressiver Wert verstanden – somit kann es nicht lediglich um eine advokatorische Vertretung der Interessen der Bürger durch Journalisten gehen. Vielmehr wird fokussiert auf eine Erweiterung des Sprecherspektrums durch den Einbezug von Bürgern, die als Experten ihrer Lebenswelt fungieren. Insbesondere Akteure, die marginalisierten Gruppen oder (neuen) sozialen Bewegungen zugehörig sind, sollten nicht nur periodisch in öffentlichen Diskursen auftreten und wieder verschwinden, sondern kontinuierlich partizipieren (vgl. Ferree et al. 2002: 211). Diese „Graswurzelakteure" lernen dabei durch ihr Engagement die Kunst der Selbstregierung – denn Selbstbestimmung, so etwa die Überzeugung von Barber (1994) – muss erst gelernt werden. Das klassische Demokratieideal der Bildung wird hier partizipatorisch gewendet als Selbst-Bildung.[33]

---

32 Die Verwendung des Begriffs „Konstruktionismus" findet sich in der hier beschriebenen Bedeutung bei Ferree et al. (2002) – die Besonderheit dieses Labels gegenüber dem verbreiteteren Terminus „Konstruktivismus" gründet dabei auf dem dezidierten Parteilichkeitshabitus der Vertreter dieser Denkströmung, die maßgeblich durch den französische Poststrukturalisten Michel Foucault inspiriert wurde. In anderen Kontexten wird der Ausdruck „Konstruktionismus" indes alternativ zur Bezeichnung von „Laborstudien" verwandt, d. h. es geht um eine spezifisch konstruktivistische Variante, die insbesondere auf Naturordnung fokussiert und auf ethnographische Methodologien zurückgreift (vgl. Knorr-Cetina 1995: 111).

33 Street (2001: 267 f.) konzipiert die direktdemokratische Version der Mediendemokratie als bloßes („klassisches") Vorläufermodell deliberativer Demokratietheorien: Die Funktion der Massenmedien sei, Gemeinsinn durch Diskussion zu erzeugen, aber auch Abweichler zu disziplinieren. Um Formen kollektivistischer Propaganda zu vermeiden, müsse von einer „monolithischen" zu einer „pluralistischen" Variante der Volksherrschaft übergegangen werden – bei letzterer stünden Dialog und Deliberation im Zentrum. Street missinterpretiert m. E. Rousseaus Konzept des „Gemeinwillens": Denn dieses impliziert nicht notwendigerweise eine Gleich-

Angesichts der hohen massenmedialen Zugangshürden sind die Möglichkeiten von Laien, eigene Beiträge (z. B. Leserbriefe) in Massenmedien zu platzieren, äußerst begrenzt. Medien sollten die strukturellen Voraussetzungen schaffen, um auf vielfältige Weise die Handlungsfähigkeit von Bürgern zu stärken und ihrem Erfahrungswissen öffentliche Geltung zu verschaffen. Mit diesem partizipatorischen Medien-Leitbild einer geht auch eine Akzentverlagerung im Hinblick auf den adäquaten Stil medialer Berichterstattung: Anstelle vernunftfixierter begründungstheoretischer Deliberationen werden die irreduzibel affektiven Komponenten des „democratic talk" als Motivationsbasis bürgerschaftlichen Engagements aufgewertet. Die aus liberaler bzw. deliberativer Warte betonten Werte des zivilen Umgangs und des gegenseitigen Respekts sind aus der Perspektive partizipatorisch-konstruktionistischer Demokratietheorien kritisch daraufhin zu befragen, inwiefern solche Diskursregeln, die internalisierten sozialen und kulturellen Normen verpflichtet sind, nicht letztlich der Bestätigung des politischen Status quo dienen. Die Normen der Deliberation sind demzufolge nicht neutral, sondern kulturspezifisch bedingt und sie privilegieren bestimmte gesellschaftliche Gruppen (vgl. Young 1993); oder anders ausgedrückt: Außenseiter-Perspektiven werden auf diese Weise tendenziell zum Verstummen gebracht. Die Gegenüberstellung von (öffentlicher) Vernunft und (privater) Emotion ist deshalb durch Narrative zu unterlaufen, welche die untergründigen Verbindungen zwischen institutioneller Herrschaft und diffusen Machtbeziehungen im alltäglichen Leben enthüllen.

Die strukturellen Wandlungen der massenmedialen Landschaft weisen mögliche Einfallstore für eine Verstärkung partizipatorischer Normen auf. Die Ausdifferenzierung der Medienkanäle und -formate bietet eher die strukturelle Voraussetzung für die Schaffung multipler, unabhängiger öffentlicher Sphären. Die Ausbreitung von Talkshows, in denen sich Bürger zu den unterschiedlichsten Themen äußern, die verstärkte Repräsentanz von nicht-etablierten inszenierungsmächtigen Akteuren in den kommerziellen Rundfunkanstalten, die Entwicklung neuer Formen von Infotainment, die eine Aufwertung symbolischer Aktionen sowie des emotionalen Faktors inkludieren, bieten gleichfalls Anschlussmöglichkeiten für partizipatorische Forderungen an demokratische Medien. Ein einmaliges partizipatorisches Experiment findet derzeit in Portugal im Zuge der Restrukturierung des öffentlichen Fernsehens statt: Die Gestaltung des zweiten Kanals wurde in finanzieller und programmlicher Hinsicht zivilgesellschaftlichen Gruppen überantwortet (vgl. Sousa/Pinto 2006). In Abwandlung der berühmten Lincoln'schen Definition von Demokratie könnte man hier davon sprechen, dass TV durch, von und für das Publikum gemacht wird – der Vorgang ist indes derzeit noch zu aktuell, um ihn ausreichend wissenschaftlich beurteilen zu können oder gar als wegweisendes Modell vorzustellen. Allerdings lassen sich aus partizipatorischer Sicht auch problematische Defizite und Kehrseiten der gegenwärtig stattfindenden medialen Transformationsprozesse ausmachen: Die zivilgesellschaftlichen Akteure werden weiterhin in der Medienöffentlichkeit marginalisiert und spielen mit ihren heterogenen Erfahrungen in der Regel nur insoweit eine Rolle, als sie sich in die kommerziell orientierte Medienlogik einfügen.

---

schaltung aller Willen, sondern zielt vor allem darauf ab, dass jeder Einzelne direkt sein Votum abgibt – ohne Zwischenschaltung von Interessen aggregierenden intermediären und damit den Volkswillen potenziell „verfälschenden" Instanzen.

Partizipationsorientierte Demokratisierungserwartungen richten sich vor diesem Hintergrund verstärkt auf die so genannten neuen Medien. Das Internet bietet aufgrund seiner strukturellen Eigenschaften (niedrige Zugangshürden, geringe Kosten, ortsunabhängige Nutzbarkeit) neue Chancen für Bürgerbeteiligung[34] und insbesondere auch für mediale Aufwärtskommunikation. Es könnte dadurch den hierarchisch geführten Politikdiskurs herausfordern und Elemente direkter Demokratie in die etablierten Verfassungen westlicher Herrschaftssysteme einführen (vgl. Barber 1994, 2004). Die Formen der Umsetzung des Empowerments von Bürgern sind vielfältig: von kostengünstig durchzuführenden Online-Protesten und politischen e-Kampagnen, Internetauftritten von Akteuren der Peripherie mit Informationen aus „erster Hand", bürgerschaftlich organisierten Plattformen des Informations- und Kommunikationsaustausches, elektronischen Bürgerversammlungen („town hall meetings"), über politisch initiierte Formen der Bürgerbeteiligung im Netz (Planungszelle, Mediationsverfahren, Petitionendiskussionsforen usw.), e-Voting mit konsultativem Status bis hin zu Blog-Aktivitäten als experimenteller Form eines (politisch-persönlichen) Journalismus, bei der die herkömmliche Trennung öffentlich-privat brüchig wird.[35] Der von Internet-Skeptikern bisweilen vorgebrachte Hinweis auf die mangelnden Qualität der Kommentare und Deliberationen im Netz lässt sich aus kritisch-partizipatorischer Sicht auf die „lebensfremde Perspektive der Diskurstheorie" (Leggewie 1998: 39) zurückführen: Politisch-demokratische Kommunikation weist immer auch „schmutzige" Stammtisch-Elemente auf. Die von Kommunikations- und Politikwissenschaftlern des Öfteren geäußerte Befürchtung, die Vervielfältigung von Teil- und Gegenöffentlichkeiten im Netz könnte zu einer Fragmentierung des öffentlichen Raums mit negativen Folgen für die gesellschaftliche Integration führen, greift offensichtlich zu kurz. Zum einen hat die Medienwirkungsforschung auf das Phänomen des „Two-step-flows" hingewiesen, demzufolge mediale Information nicht direkt auf die Einstellung der Rezipienten wirkt, sondern häufig den Anlass für lebensweltliche Kommunikation in persönlichen Netzwerken bildet (vgl. Grunwald et al. 2006: 231); zum anderen bildet das Netz insofern ein zeitgemäßes politische Medium, als es Optionen für partielle Öffentlichkeiten, punktuelles Engagement und zeitweilige Gemeinschaften zwischen räumlich entfernten Netizens im Zeitalter der Globalisierung bietet. Plurale Öffentlichkeitsstrukturen korrelieren mit der weniger logozentrischen Fassung des Netzes (vgl. Martinsen 2007: 65 f.) und den strukturellen Transformationsprozessen in der Weltgesellschaft. Wenn als Kern von Öffentlichkeit das Verlangen nach informationeller Selbstbestimmung gilt, dann könnte das Internet die Schwelle zu einer neuen Ära des Bürger-Empowerments bedeuten, da es bezüglich der potenziell verfügbaren Fülle an (politischen) Informationen alle bisher gekannten Techniken in den Schatten stellt.

---

34 Vergleiche hierzu bereits Mambrey (2000). Eine neuere empirische Studie, die den Einfluss des Internets auf die politische Kommunikation untersucht, bestätigt die Wirkungsvermutung einer digitalen Mobilisierung: Aufgrund der veränderten Kosten-Nutzen-Relationen kommt es zu dem Phänomen, „dass mehr Bürger intensiver als früher über Politik kommunizieren" (Emmer/Vowe 2004: 209).

35 Die meisten innovativen Formen einer digitalen Demokratie finden sich in den USA; für interessante Beispiele interaktiver Demokratie vergleiche Leggewie/Bieber 2001; für Ausführungen zur Blogosphäre siehe Möller (2005: 132-134).

Dieser über weite Strecken relativ optimistische Befund zum demokratischen Potenzial der elektronisch gestützten neuen Medien ist indes in mehrerer Hinsicht zu problematisieren: Zum einen werden unter dem Etikett „digital divide"[36] (vgl. Siedschlag et al. 2002: 95-106) Phänomene diskutiert, die auf soziostrukturelle Partizipationsklüfte bezüglich des Zugangs zum Netz, der Art der Nutzung als auch der Auswahl politischer Informationen hinzuweisen scheinen. Zum anderen ist Informiertheit nicht durch einen Overload von Informationen zu erreichen – es gibt offenbar eine kritische Schwelle, ab der Informationszuwachs dysfunktionale Effekte hervorruft. Die erforderliche radikale Selektion der Informationsangebote durch Suchmaschinen disprivilegiert jedoch unorthodoxe Sichtweisen. Außerdem – so der Hinweis von Barber (2004) – birgt das vielversprechendste Zukunftspotenzial des Internets, die affektiv getragene Kommunikation via Bildern und Tönen, auf dem Hintergrund der durch Sprache und Argumentation geprägten westlichen Kultur zugleich die nicht unbeträchtliche Gefahr, für politische Manipulationszwecke und zum Schüren von Vorurteilen missbraucht zu werden. Schließlich stellt sich auch noch die Frage, inwiefern das rasante Wachstum des Netzes in den letzten Jahren eine fortschreitende Kommerzialisierung seiner Gebrauchs- und Nutzungsformen mit sich bringen wird, die zu einer „Verpreisung seiner Dienstleistungen anregen" (Schmalz-Bruns 2001: 119) – mit partizipationsabträglichen Folgen für politische Kommunikation.

4. Mediendemokratie aus der Warte einer Beobachtung zweiter Ordnung

Der schillernde Begriff der „Mediendemokratie" gewinnt durch die Beleuchtung aus der Sicht alternativer Demokratie- und Öffentlichkeitsmodelle vielschichtige Konturen. Die drei vorgestellten Theorieparadigmen (liberal, deliberativ, partizipatorisch) fokussieren auf jeweils spezifische Leitdifferenzen (Demokratie/Diktatur, Konsens/Dissens, Selbstbestimmung/Fremdbestimmung) – entsprechend unterschiedlich sind die zentralen Funktionszuweisungen für demokratische Öffentlichkeit (gesellschaftlicher Resonanzboden, Selbstbindung der Politik, Kontrolle öffentlicher Entscheidungen) sowie für die darauf aufbauenden Reflexionen zur Rolle der Massenmedien im Hinblick auf Fragen der Inklusion/Exklusion von Akteuren, der erforderlichen Stilstandards, der demokratischen Aufgaben sowie des erstrebten Legitimationsgewinns. Eine Bilanzierung der wesentlichen Ergebnisse der vorgenommenen Analysen der drei diskutierten Theorie-Paradigmen unter den Gesichtspunkten „Demokratiemodell", „Öffentlichkeitsmodell" sowie „Mediendemokratie" findet sich in tabellarischer Form auf der folgenden Seite (siehe Schaubild „Demokratische Öffentlichkeit in der Mediendemokratie – konkurrierende Deutungsangebote").

Die Frage nach der Qualität der Transformationsprozesse des Politischen durch Medialisierungstendenzen ergibt auf diesem mehrgliedrigen konzeptionellen Hintergrund ein differenziertes Bild. Aus liberaler Warte wird eher „Entwarnung" signalisiert: Der

---

36 Krotz (2006) erscheint die These der digitalen Spaltung empirisch und theoretisch fragwürdig – sie sei wohl zuvorderst ideologisch unterfüttert und diene der „Absatzförderung für PC-Hersteller und Telekomanbieter" (ebd.: 371). Angesichts des Wandels im Netz müsste Spaltung ohnehin als „dynamischer Begriff" konzeptualisiert werden.

Schaubild: Demokratische Öffentlichkeit in der Mediendemokratie – konkurrierende Deutungsangebote

Vergleichsdimension	Theorieansätze		
	Liberales Paradigma	**Deliberatives Paradigma**	**Partizipatorisches Paradigma**
Demokratiemodell			
Ansatzpunkt	Funktionsgesetze empirischer Demokratieformen	zivilgesellschaftliche Verständigungsprozesse	individuelle Selbstbestimmungsoptionen
Kernidee	Orientierung am Bewährten	durch Begründung regulierte Praxis	Beteiligung als Selbstzweck
Zielgröße	System(stabilität)	Vernunft(projekt)	(authentische) Partizipation
Leitdifferenz	Demokratie/Diktatur	Konsens/Dissens	Selbstbestimmung/ Fremdbestimmung
Öffentlichkeitsmodell			
Funktion von Öffentlichkeit	Resonanzboden	Selbstbindung	Kontrolle
Modi der Instrumentalisierung	Formen der repräsentativen Demokratie	Verschränkung gesellschaftlicher und politischer Kommunikationsprozesse	Formen direktdemokratischer bzw. republikanischer Demokratie
öffentliche Meinung	Mehrheitsmeinung (Majoritätsprinzip)	diskursiv ermittelter Konsens	Summe der Einzelmeinungen
politische Kommunikation – Fokus	Output (Zurechnebarkeit)	Throughput (Prozeduralität)	Input (Expressivität)
Mediendemokratie			
Akteure – Fokus	Stellvertreter von politisch-gesellschaftlichen Interessen (Journalisten, politische Elite, Experten)	Sprecher aus Zentrum und Peripherie	Bürger und (neue) soziale Bewegungen
Stil-Standards	sachlich-perspektivisch	vernünftig-universalistisch	emotional-erfahrungsbasiert
demokratische Rolle	Wächter-Funktion	Vermittlung zwischen Zentrum und Peripherie	Empowerment von marginalisierten Gruppen
demokratischer Zielwert	Transparenz bei politischen Entscheidungen	Rationalisierung des Willensbildungs- und Entscheidungsprozesses	fortlaufende Ermittlung des Gemeinwohls
massenmedialer Strukturwandel	Ausweitung des Medienangebots und stärkere Berücksichtigung der Publikumswünsche	Gefahr der Unterversorgung an reflexivem Wissen und vernunftorientierten Redebeiträgen	verbesserte mediale Zugangschancen für nicht-etablierte Akteure
„Neue Medien" – Fokus	erweitertes Informationsangebot	(moderierte) Online-Diskussionen	e-Campaigning und e-Voting, digitale Bürgerplattformen

Hinweis auf die „Entzauberung von Medialisierungseffekten" (Sarcinelli 2006) betont die institutionelle Perspektive in repräsentativen Demokratien. Demnach spiele die kommunikative Dimension zwar eine zunehmend wichtige Rolle in der politischen Sphäre, aber nichtsdestoweniger gehe die repräsentativ-parlamentarisch verfasste Demokratie nicht in der kommunikativen Demokratie auf. Da aus liberaler Sicht die demokratische Wertigkeit der massenmedial vermittelten Öffentlichkeit in der Sichtbarmachung divergierender Interessen und Meinungen liegt, wäre eine demokratische Gefährdung durch Medialisierungsprozesse nur dann gegeben, wenn sich relevante Gruppen in der öffentlichen Sphäre nicht angemessen vertreten finden sollten oder die Zurechenbarkeit von kollektiv verbindlichen Entscheidungen auf das politische Personal nicht ausreichend gewährleistet wäre. Ansonsten ist die gegenwärtig feststellbare Tendenz einer stärker nachfrageorientierten Ausrichtung an den Wünschen des Publikums (insbesondere bei den kommerziellen Rundfunkanbietern) für das liberale Lager eher als Demokratiegewinn zu verbuchen. Die Stärke des liberalen Paradigmas liegt im Verweis auf die Institutionenfixiertheit repräsentativer Demokratien und der gesellschaftlichen Beharrungskraft systemischer Imperative. Der dadurch bedingte Bias in Richtung Orientierung am „Bewährten" birgt andererseits die Gefahr einer Unterbelichtung der Dynamik von sozio-technischen Transformationsprozessen – dies zeigt sich zum einen hinsichtlich des liberalen Zugriffs auf netzbasierte Kommunikationen, bei dem in der Regel lediglich herkömmliche massenmediale Formate imitiert werden, zum anderen in den Schwierigkeiten, das nationalstaatlich fixierte Repräsentationskonzept auf die neuen Gegebenheiten einer sich globalisierenden Welt auszurichten.

Das deliberative Demokratiemodell verfügt demgegenüber über stärkere seismographische Antennen, um mögliche Gefährdungen demokratischer Entwicklungen auszumachen und transitive Aspekte in gesellschaftlichen Kommunikationsprozessen zu beleuchten; darüber hinaus scheint es eine stärkere Affinität zur Herausbildung von netzbasierten Formen politischer Öffentlichkeit und zu grenzüberschreitenden Kommunikationsprozessen in der Weltgesellschaft aufzuweisen. Aus deliberativer Perspektive wird die Bedeutung des „vorpolitischen" Raums der zivilgesellschaftlichen Meinungsbildung in der massenmedialen Öffentlichkeit hervorgehoben und mit dem normativen Anspruch demokratischer Legitimitätserzeugung aufgeladen.[37] Die Stärke deliberativer Konzeptionen liegt darin, dass nicht von fixen Interessen der Individuen ausgegangen wird, die es in den Massenmedien lediglich zu repräsentieren gilt; vielmehr wird der Prozess der Herausbildung von Identitäten im Prozess politischer Kommunikation betont und die Möglichkeit kollektiven Lernens in den Mittelpunkt der Überlegungen gestellt. Aufgrund der ambitionierten Rationalitätsansprüche an politische Kommunikationsprozesse überwiegt aus deliberativer Sicht die Skepsis im Hinblick auf die Demokratiequalität der massenmedial erzeugten Öffentlichkeit. Tendenzen der Medialisierung des Politischen bergen insofern verstärkt die Gefahr einer „Kolonialisierung der

---

37 Die in diesem Zusammenhang von Deliberationstheoretikern geforderte Rückkopplung zwischen gesellschaftlichen Meinungsbildungs- und politischen Entscheidungsprozessen wird allerdings kaum institutionell konkretisiert; eine zu enge Anbindung könnte darüber hinaus demokratietheoretisch problematisch erscheinen, da die zivilgesellschaftlichen Stimmen – anders als die formal gewählten politischen Repräsentanten – über kein demokratisches Mandat verfügen.

Lebenswelt". Hier ist allerdings kritisch nachzufragen, inwieweit die im deliberativen Paradigma vorausgesetzten universalistischen Prinzipien aller Kommunikationsteilnehmer der unhintergehbaren Pluralität von Wertperspektiven in modernen Gesellschaften noch angemessen erscheinen (vgl. hierzu Martinsen 2007a: 89-95). Modernitätskompatibler wäre eine demokratietheoretische Konzeptualisierung massenmedialer Öffentlichkeit, bei der die deliberative Konsensforderung durch das Postulat der kommunikativen Erzielung von „Konsensfiktionen" ersetzt wird.

Sowohl das liberale als auch das deliberative Demokratiekonzept ordnen das partizipative Moment den Rationalitätszumutungen moderner Politik unter – Buchstein (2004: 56 f.) erblickt in diesem Bedeutungsgewinn der Rationalitätsfrage beim politikwissenschaftlichen Mainstream der Demokratisierungstheoretiker ein ernst zu nehmendes Problem, da hierdurch die Versprechensdimension des Demokratiebegriffs ausgehöhlt würde. Die Stärke partizipatorischer Ansätze liegt demgegenüber im Insistieren auf dem intrinsischen Wert individueller Selbstbestimmung. Die tendenzielle Vergrößerung des Akteursspektrums sowie die Aufwertung emotional-erfahrungsbasierter Faktoren vor dem Hintergrund gegenwärtiger medialer Transformationsprozesse sind aus dieser Sicht als Demokratisierungsgewinn zu verbuchen. Insbesondere die verbesserten Optionen, die das Internet aufgrund seiner strukturellen Eigenschaften im Hinblick auf eine potenzielle Stärkung der Handlungsfähigkeit von Bürgern offeriert, ermöglichen eine Renaissance partizipatorischer Forderungen in modernisiertem Gewand. Außerdem bieten sich durch die Ausbildung neuer Medienformate („Politainment") Ansatzpunkte, die herkömmlichen Trennlinien klassischer Theorien zwischen öffentlicher und privater Sphäre zu problematisieren. Auch die Chancen einer punktuellen kommunikativen Vernetzung engagierter Netz-Bürger, die räumlich weit voneinander entfernt leben, sind im Zeitalter der Globalisierung als demokratisierungsträchtiges Potenzial in Rechnung zu stellen. Gefährdungen der Mediendemokratie könnten aus partizipatorischer Perspektive daraus erwachsen, dass der Bürger vor dem Hintergrund globaler Verursachung von Problemen immer weniger politisch mitgestalten kann – und stattdessen kompensatorisch das „Gefühl" der Partizipation kultiviert wird. In diesem Zusammenhang wäre die Frage nach den institutionellen Schnittstellen zwischen politisch relevanten Bürgeraktivitäten (im Netz) und politischem System von erhöhtem Interesse. Die Schwächen des partizipatorischen Modells liegen nicht zuletzt in der Unterbewertung systemischer Rationalitäten, die im liberalen Ansatz angemessen berücksichtigt werden sowie in der Unterschätzung der Bedeutung von medial vorgegebenen Frames für die authentische Willensbildung des Individuums,[38] auf die wiederum in der deliberativen Lehre der Herausbildung von Identitäten im politischen Kommunikationsprozess fokussiert wird.

Der Terminus „Mediendemokratie" signalisiert somit zunächst einmal einen Komplexitätszuwachs im Verhältnis zweier gesellschaftlicher Teilsysteme (Politik und Medien) – darüber hinaus bleibt die Bilanzierung möglicher Demokratisierungsgewinne bzw. -verluste in der (massen-)medial geprägten politischen Öffentlichkeit ambivalent. Jede der vorgestellten Demokratietheorien operiert mit einer spezifischen Leitunterscheidung und erzeugt dadurch unhintergehbar einen „blinden Fleck", der im Rahmen

---

[38] Diese Kritik trifft indes weniger für die konstruktionistisch orientierten Varianten der partizipatorischen Demokratietheorie zu.

des gewählten Ausgangsparadigmas aus theorietechnischen Gründen nicht mehr reflektiert werden kann. Nur eine „Demokratisierung der Demokratietheorien" erscheint insofern aus kognitiver Sicht anschlussfähig an den komplexen Gegenwartshorizont. Die Konkurrenz zwischen unterschiedlichen Deutungsansätzen wird dabei nicht mit den üblichen Techniken „gelöst", also weder durch die „Aufhebung" einer Theorie in einer anderen, noch durch die Ausbildung einer übergreifenden Synthese. Vielmehr muss eine *Demokratietheorie zweiter Ordnung* beschreiben, wie aus unterschiedlichen Perspektiven das multidimensionale Projekt Demokratie konzeptualisiert wird und inwiefern die sich widerstreitenden Theoriemodelle geeignet erscheinen, gegenseitig ihre blinden Flecken auszuleuchten.[39]

Demokratie bleibt eine fragile Konstruktion, Demokratisierung ein unabgeschlossen-offener Prozess, der in der „Mediendemokratie" neuen Herausforderungen ausgesetzt ist. Dabei ist grundsätzlich zu bedenken, dass die technischen Potenziale neuer (Massen-)Medien per se weder Demokratiegewinne noch -verluste implizieren. Erst im Verlauf der gesellschaftlichen Enkulturation neuer Technikoptionen erfolgen konkrete institutionelle Ausgestaltungen medialer Angebote, die normative Aussagen über Demokratisierungsperspektiven zulassen. Dabei wäre künftig verstärkt die politikwissenschaftliche Fragestellung zu untersuchen, inwiefern medienspezifische Entwicklungslinien unter demokratietheoretischen Gesichtspunkten sich ergänzen bzw. problematische Einseitigkeiten verstärken. Darüber hinaus muss die Demokratiefrage in der Mediengesellschaft spezifiziert werden im Hinblick auf unterschiedliche (nationale) politische Kulturen sowie auf sich herausbildende transnationale Räume (insbesondere in der EU). Gerade im Hinblick auf die erforderliche Kontextualisierung „mediendemokratischer" Reflexionen erweist sich die vorgestellte komplexe Demokratietheoriearchitektur als zielführender konzeptioneller Rahmen, da sie differenzierte Anschlussmöglichkeiten offeriert und das Moment der Evolution in die Theoriebildung integriert. Wenn das Prinzip der Demokratie letztlich „im Offenhalten der Zukunft für Entscheidungslagen mit neuen Gelegenheiten und neuen Beschränkungen" (Luhmann 2000: 301) liegt, dann ist diese Herausforderung künftig zu reflektieren im Hinblick auf die gestiegene Bedeutung der klassischen und neuen Medien für die politische Performanz. Jenseits kulturpessimistischer Bedrohungsszenarien liegt der konstruktive Sinn der Formel „Mediendemokratie" darin, für diese demokratiepolitische Aufgabe eine kommunikative Plattform anzubieten, die unterschiedliche politikwissenschaftliche Anschlussoptionen zulässt und die Debatte in Gang hält.

Literatur

Abromeit, Heidrun, 2002: Wozu braucht man Demokratie? Die postnationale Herausforderung der Demokratietheorie. Opladen: Leske + Budrich.
Ackerman, Bruce, 1989: Why Dialogue?, in: The Journal of Philosophy 86, 5-22.

---

[39] Eine solche „Perspektivenoptik" sich wechselseitig erhellender und relativierender Deutungsvorschläge wird bereits entwickelt in Martinsen (2004) und dort spezifiziert in Bezug auf politikwissenschaftliche Theorien des Gewissens.

ALM, 2005/2006: Fernsehen in Deutschland 2005 (bzw. 2006). Programmforschung und Programmdiskurs, hrsg. v. der Arbeitsgemeinschaft der Landesmedienanstalten in der Bundesrepublik Deutschland (ALM).

Baecker, Dirk, 1996: Oszillierende Öffentlichkeit, in: *Maresch, Rudolf* (Hrsg.), Medien und Öffentlichkeit. Positionierungen – Symptome – Simulationsbrüche. Berlin: Boer, 89-107.

Baker, C. Edwin, 2006: Journalist Performance, Media Policy, and Democracy, in: *Marcinkowski, Frank/Meier, Werner A./Trappel, Josef* (Hrsg.), Medien und Demokratie. Europäische Erfahrungen (Media and Democracy. Experiences from Europe). Bern/Stuttgart/Wien: Haupt, 113-126.

Barber, Benjamin, 1994: Starke Demokratie. Hamburg: Rotbuch.

Barber, Benjamin, 2004: Which Technology and Which Democracy?, in: *Jenkins, Henry/Thorburn, David* (Hrsg.), Democracy and New Media. Cambridge, Mass./London: The MIT Press, 33-48.

Beck, Ulrich/Bonß, Wolfgang (Hrsg.), 2001: Die Modernisierung der Moderne. Frankfurt a. M.: Suhrkamp.

Beierwaltes, Andreas, 2002: Demokratie und Medien. Der Begriff der Öffentlichkeit und seine Bedeutung für die Demokratie in Europa. 2. Aufl. Baden-Baden: Nomos.

Bieber, Christoph, 2006: Politik in der Mediendemokratie: Mehr Talkshows und TV-Duelle, in: politische bildung 39 (4): Politik im Politikunterricht, 66-83.

Bösch, Frank/Frei, Norbert, 2006: Die Ambivalenz der Medialisierung. Eine Einführung, in: *Bösch, Frank/Frei, Norbert* (Hrsg.), Medialisierung und Demokratie im 20. Jahrhundert. Göttingen: Wallstein, 7-23.

Bohman, James, 2007: Political Communication and the Epistemic Value of Diversity: Deliberation and Legitimation in Media Society, in: Communication Theory 17, 348-355.

Brodocz, André/Schaal, Gary S. (Hrsg.), 2006: Politische Theorien der Gegenwart. Eine Einführung, Bd. 1. 2. Aufl. Opladen/Farmington Hills: Barbara Budrich.

Buchstein, Hubertus, 1996: Bittere Bytes: Cyberbürger und Demokratietheorie, in: Deutsche Zeitschrift für Philosophie 44, 583-607.

Buchstein, Hubertus, 1996a: Demokratietheorie – Sammelbesprechung, in: Politische Vierteljahresschrift 37 (3), 129-148.

Buchstein, Hubertus, 2004: Demokratie, in: *Göhler, Gerhard/Iser, Matthias/Kerner, Ina* (Hrsg.), Politische Theorie. 22 umkämpfte Begriffe zur Einführung. Wiesbaden: VS Verlag für Sozialwissenschaften, 47-64.

Buchstein, Hubertus/Jörke, Dirk, 2003: Das Unbehagen an der Demokratietheorie, in: Leviathan 31 (4), 470-496.

Curran, James, 2000: Rethinking Media and Democracy, in: *Curran, James/Gurevitch, Michael* (Hrsg.), Mass Media and Society. 3. Aufl. London: Arnold, 120-154.

Daele, Wolfgang van den, 1997: Risikodiskussionen am „Runden Tisch". Partizipative Technikfolgenabschätzung zu gentechnisch erzeugten herbizidresistenten Pflanzen, in: *Martinsen, Renate* (Hrsg.), Politik und Biotechnologie. Die Zumutung der Zukunft. Baden-Baden: Nomos, 281-301.

Dahrendorf, Ralf, 1993: Aktive und passive Öffentlichkeit. Über Teilnahme und Initiative im politischen Prozess moderner Gesellschaften, in: *Langenbucher, Wolfgang R.* (Hrsg.), Politische Kommunikation. Grundlagen, Strukturen, Prozesse. 2. überarb. Aufl. Wien: Braunmüller, 42-51.

Emmer, Martin/Vowe, Gerhard, 2004: Mobilisierung durch das Internet? Ergebnisse einer empirischen Längsschnittuntersuchung zum Einfluss des Internets auf die politische Kommunikation der Bürger, in: Politische Vierteljahresschrift 45 (2), 191-212.

Feindt, Peter Henning, 2001: Regierung durch Diskussion? Diskurs- und Verhandlungsverfahren im Kontext von Demokratietheorie und Steuerungsdiskussion. Frankfurt a. M.: Peter Lang.

Ferree, Myra Marx/Gamson, William A./Gerhards, Jürgen/Rucht, Dieter, 2002: Shaping Abortion Discourse: Democracy and the Public Sphere in Germany and the United States. Cambridge: Cambridge University Press.

Gerhards, Jürgen, 1995: Welchen Einfluß haben die Massenmedien auf die Demokratie in der Bunderepublik Deutschland, in: *Göhler, Gerhard* (Hrsg.) Macht der Öffentlichkeit – Öffentlichkeit der Macht. Baden-Baden: Nomos, 149-177.
Gerhards, Jürgen, 1998: Konzeptionen von Öffentlichkeit unter den heutigen Medienbedingungen, in: *Jarren, Otfried/Krotz, Friedrich* (Hrsg.), Öffentlichkeit unter Viel-Kanal-Bedingungen. Baden-Baden/Hamburg: Nomos, 25-47.
Gerhards, Jürgen/Neidhardt, Friedhelm/Rucht, Dieter, 1998: Zwischen Palaver und Diskurs. Strukturen öffentlicher Meinungsbildung am Beispiel der deutschen Diskussion zur Abtreibung. Opladen/Wiesbaden: Westdeutscher Verlag.
Gerhards, Jürgen/Schäfer, Mike S., 2007: Demokratische Internet-Öffentlichkeit? Ein Vergleich der öffentlichen Kommunikation im Internet und in den Printmedien am Beispiel der Humangenomforschung, in: Publizistik 52 (2), 210-228.
Geser, Hans, 2000: Auf dem Weg zur Neuerfindung der politischen Öffentlichkeit. Das Internet als Plattform der Medienentwicklung und des sozio-politischen Wandels, in: *Martinsen, Renate/Simonis, Georg* (Hrsg.), Demokratie und Technik – (k)eine Wahlverwandtschaft? Opladen: Leske + Budrich, 401-429.
Gibbons, Michael/Limoges, C./Nowotny, H./Schwartzman, S./Scott, P./Trow, M., 1994: The New Production of Knowledge: The Dynamics of Science and Research in Contemporary Societes. London: Sage.
Göhler, Gerhard (Hrsg.), 1995: Macht der Öffentlichkeit – Öffentlichkeit der Macht. Baden-Baden: Nomos.
Grunwald, Armin/Banse, Gerhard/Coenen, Christopher/Hennen, Leonhard, 2006: Netzöffentlichkeit und digitale Demokratie. Tendenzen politischer Kommunikation im Internet. Berlin: sigma.
Guggenberger, Bernd, 1996: Artikel „Demokratie/Demokratietheorie", in: *Nohlen, Dieter* (Hrsg.), Wörterbuch Staat und Politik. 4. Aufl. München/Zürich: Piper, 80-90.
Habermas, Jürgen, 1990: Strukturwandel der Öffentlichkeit. Untersuchungen zu einer Kategorie der bürgerlichen Gesellschaft. 11. Aufl. Darmstadt/Neuwied: Luchterhand.
Habermas, Jürgen, 1992: Drei normative Modelle der Demokratie: Zum Begriff deliberativer Politik, in: *Münkler, Herfried* (Hrsg.), Die Chancen der Freiheit. Grundprobleme der Demokratie, 11-24.
Habermas, Jürgen, 1994: Faktizität und Geltung. Beiträge zur Diskurstheorie des Rechts und des demokratischen Rechtsstaats. 4. erw. Aufl. Frankfurt a. M.: Suhrkamp.
Habermas, Jürgen, 2006: Political Communication in Media Society: Does Democracy Still Enjoy an Epistemic Dimension? The Impact of Normative Theory on Empirical Research, in: Communication Theory 16, 414-426.
Häussler, Thomas, 2006: Die kritische Masse der Medien: Massenmedien und deliberative Demokratie. Skizze zu einer analytischen Umsetzung, in: *Imhof, Kurt/Blum, Roger/Bonfadelli, Heinz/Jarren, Otfried* (Hrsg.), Demokratie in der Mediengesellschaft. Wiesbaden: VS Verlag für Sozialwissenschaften, 304-318.
Honneth, Axel (Hrsg.), 1994: Kommunitarismus. Eine Debatte über die moralischen Grundlagen moderner Gesellschaften. 2. Aufl. Frankfurt a. M.: Campus.
Imhof, Kurt/Blum, Roger/Bonfadelli, Heinz/Jarren, Otfried (Hrsg.), 2006: Demokratie in der Mediengesellschaft. Wiesbaden: VS Verlag für Sozialwissenschaften.
Imhof, Kurt/Blum, Roger/Bonfadelli, Heinz/Jarren, Otfried, 2006a: Einleitung: Demokratie in der Mediengesellschaft, in: *Imhof, Kurt/Blum, Roger/Bonfadelli, Heinz/Jarren, Otfried* (Hrsg.), Demokratie in der Mediengesellschaft. Wiesbaden: VS Verlag für Sozialwissenschaften, 9-21.
Jäckel, Michael/Brosius, Hans-Bernd, 2005: Nach dem Feuerwerk: 20 Jahre duales Fernsehen in Deutschland. Erwartungen, Erfahrungen und Perspektiven. München: Fischer.
Jarren, Otfried/Donges, Patrick, 2006: Politische Kommunikation in der Mediengesellschaft. Eine Einführung. 2. überarb. Aufl. Wiesbaden: VS Verlag für Sozialwissenschaften.
Jarren, Otfried, 2007: Die Regulierung der öffentlichen Kommunikation. Medienpolitik zwischen Government und Governance, in: Zeitschrift für Literaturwissenschaft und Linguistik 146, hrsg. v. Ralf Schnell, 131-153.

Jarren, Otfried/Donges, Patrick/Weßler, Hartmut, 1996: Medien und politischer Prozeß. Eine Einleitung, in: *Jarren, Otfried/Schatz, Heribert/Weßler, Hartmut* (Hrsg.), Medien und politischer Prozeß. Politische Öffentlichkeit und massenmediale Politikvermittlung im Wandel. Wiesbaden: Westdeutscher Verlag.

Jörke, Dirk, 2005: Auf dem Weg zur Postdemokratie, in: Leviathan 33 (4), 482-491.

Kaase, Max 1998: Demokratisches System und die Mediatisierung von Politik, in: *Sarcinelli, Ulrich* (Hrsg.), Politikvermittlung und Demokratie in der Mediengesellschaft. Beiträge zur politischen Kommunikationskultur. Wiesbaden: Westdeutscher Verlag, 24-51.

Klein, Ansgar, 2002: Der Diskurs der Zivilgesellschaft, in: *Meyer/Thomas/Weil, Reinhard* (Hrsg.), Die Bürgergesellschaft. Perspektiven für Bürgerbeteiligung und Bürgerkommunikation. Bonn: J. H. W. Dietz, 37-64.

Knorr-Cetina, Karin, 1995: Laborstudien. Der kultursoziologische Ansatz in der Wissenschaftsforschung, in: *Martinsen, Renate* (Hrsg.), Das Auge der Wissenschaft. Zur Emergenz von Realität. Baden-Baden: Nomos, 101-135.

Koenen, Elmar J., 1996: Die Wiederkehr der Öffentlichkeit, in: Soziologische Revue 19, 36-41.

Korte, Karl-Rudolf/Fröhlich, Manuel, 2004: Politik und Regieren in Deutschland. Paderborn u. a.: Schöningh.

Krotz, Friedrich, 2006: Das Konzept „Digitale Spaltung" – ein modernisierungstheoretisch begründeter Ansatz, der an der Wirklichkeit vorbeigeht? Ein Kommentar zu den Beiträgen und eine Kritik des Konzepts, in: *Imhof, Kurt/Blum, Roger/Bonfadelli, Heinz/Jarren, Otfried* (Hrsg.), Demokratie in der Mediengesellschaft. Wiesbaden: VS Verlag für Sozialwissenschaften, 362-376.

Krüger, Udo Michael, 2005: Konsonanz – Konkurrenz – Konfusion? Programmprofile im Überblick, in: Communicatio Socialis 38 (1), 14-34.

Krüger, Udo Michael, 2008: InfoMonitor 2007: Unterschiedliche Nachrichtenkonzepte bei ARD, ZDF, RTL und SAT.1. Ergebnisse der kontinuierlichen Analyse der Fernsehnachrichten, in: Media Perspektiven 2, 58-90.

Krüger, Udo Michael/Zapf-Schramm, Thomas, 2007: Sparten, Sendungsformen und Inhalte im deutschen Fernsehangebot 2006. Programmanalyse von ARD/Das Erste, ZDF, RTL, SAT.1 und ProSieben, in: Media Perspektiven 4, 166-186.

Leggewie, Claus, 1998: Demokratie auf der Datenautobahn oder: Wie weit geht die Zivilisierung des Cyberspace?, in: *Leggewie, Claus/Maar, Christa* (Hrsg.), Internet & Politik. Von der Zuschauer- zur Beteiligungsdemokratie? Köln: Bollmann, 15-51.

Leggewie, Claus/Bieber Christoph, 2001: Interaktive Demokratie. Politische Online-Kommunikation und digitale Politikprozesse, in: Aus Politik und Zeitgeschichte B 41-42, 37-45.

Lenk, Kurt, 1993: Probleme der Demokratie, in: *Lieber, Hans-Joachim* (Hrsg.), Politische Theorien von der Antike bis zur Gegenwart. 2. Aufl. München: Olzog, 933-989.

Lucht, Jens, 2006: Der öffentlich-rechtliche Rundfunk: ein Auslaufmodell? Grundlagen – Analysen – Perspektiven. Wiesbaden: VS Verlag für Sozialwissenschaften.

Luhmann, Niklas, 2000: Die Politik der Gesellschaft. Frankfurt a. M.: Suhrkamp.

Luhmann, Niklas, 2004: Die Realität der Massenmedien. 3. Aufl. Wiesbaden: VS Verlag für Sozialwissenschaften.

Luhmann, Niklas, 2005: Gesellschaftliche Komplexität und öffentliche Meinung, in: *Luhmann, Niklas,* Soziologische Aufklärung 5: Konstruktivistische Perspektiven. 3. Aufl. Wiesbaden: VS Verlag für Sozialwissenschaften, 163-175.

Maletzke, Gerhard, 1976: Ziele und Wirkungen der Massenkommunikation. Grundlagen und Probleme einer zielorientierten Mediennutzung. Hamburg: Bredow-Institut.

Mambrey, Peter, 2000: Neue interaktive Medien eröffnen Potentiale für digitale politische Partizipation und neue Formen von Öffentlichkeit, in: *Martinsen, Renate/Simonis, Georg* (Hrsg.), Demokratie und Technik – (k)eine Wahlverwandtschaft? Opladen: Leske + Budrich, 335-361.

Marcinkowski, Frank, 2002: Politische Öffentlichkeit. Systemtheoretische Grundlagen und politikwissenschaftliche Konsequenzen, in: *Hellmann, Kai-Uwe/Schmalz-Bruns, Rainer* (Hrsg.), Theorie der Politik. Niklas Luhmanns politische Soziologie. Frankfurt a. M.: Suhrkamp, 85-108.

Marcinkowski, Frank/Meier, Werner A./Trappel, Josef (Hrsg.), 2006: Medien und Demokratie. Europäische Erfahrungen (Media and Democracy. Experiences from Europe). Bern/Stuttgart/Wien: Haupt.
Marcinkowski, Frank/Meier, Werner A./Trappel, Josef, 2006a: Medien und Demokratie: Einleitung, in: *Marcinkowski, Frank/Meier, Werner A./Trappel, Josef* (Hrsg.), Medien und Demokratie. Europäische Erfahrungen (Media and Democracy. Experiences from Europe). Bern/Stuttgart/Wien: Haupt, 7-20.
Marcinkowski, Frank/Steiner, Adrian, 2009: „Was heißt Medialisierung"? Autonomiebeschränkung oder Ermöglichung von Politik durch Massenmedien, in: *Arnold, Klaus/Classen, Christoph/Lersch, Edgar/Kinnebrock, Susanne/Wagner, Hans-Ulrich* (Hrsg.), Von der Politisierung der Medien zur Medialisierung des Politischen? Leipzig: Leipziger Universitätsverlag (im Druck).
Marschall, Stefan, 2001: Das Parlament in der Mediengesellschaft – Verschränkungen zwischen parlamentarischer und massenmedialer Arena, in: Politische Vierteljahresschrift 42 (3), 388-413.
Marschall, Stefan, 2007: Politik- und Gesellschaftsberatung in der „Mediendemokratie", in: *Leggewie, Claus* (Hrsg.), Von der Politk- zur Gesellschaftsberatung. Neue Wege gesellschaftlicher Konsultation. Frankfurt a. M./New York: Campus, 153-170.
Martinsen, Renate, 2004: Staat und Gewissen im technischen Zeitalter. Prolegomena einer politologischen Aufklärung. Weilerswist: Velbrück.
Martinsen, Renate, 2006: Demokratie und Diskurs. Organisierte Kommunikationsprozesse in der Wissensgesellschaft. Baden-Baden: Nomos.
Martinsen, Renate, 2007: Gesellschaftsberatung als „chinese whisper" – zur Rolle (medial vermittelter) Öffentlichkeit in Politikberatungsprozessen, in: *Leggewie, Claus* (Hrsg.), Von der Politk- zur Gesellschaftsberatung. Neue Wege gesellschaftlicher Konsultation. Frankfurt a. M./New York: Campus, 51-69.
Martinsen, Renate, 2007a: Politikberatung im Kontext der (Global) Governance-Diskussion: Regieren jenseits der Weltvernunftherrschaft, in: *Hellmann, Gunter* (Hrsg.), Forschung und Beratung in der Wissensgesellschaft. Das Feld der internationalen Beziehungen und der Außenpolitik. Baden-Baden: Nomos, 81-117.
Martinsen, Renate/Simonis, Georg (Hrsg.), 2000: Demokratie und Technik – (k)eine Wahlverwandtschaft? Opladen: Leske + Budrich.
Massing, Peter (Hrsg.), 2004: Politische Bildung, Jg. 36: Mediendemokratie. Grundlagen – Anspruch – Wirklichkeit. Schwalbach/Ts.: Wochenschau.
Maus, Ingeborg, 1994: Zur Aufklärung der Demokratietheorie. Rechts- und demokratietheoretische Überlegungen im Anschluß an Kant. Frankfurt a. M.: Suhrkamp.
Mazzoleni, Gianpietro/Schulz, Winfried, 1999: „Mediatization" of Politics: A Challenge for Democracy?, in: Political Communication 16, 247-261.
Meyer, Thomas, 2002: Mediokratie – Auf dem Weg in eine andere Demokratie, in: Aus Politik und Zeitgeschichte B 15/16, 7-14.
Meyer, Thomas, 2003: Die Theatralik der Politik in der Mediendemokratie, in: Aus Politik und Zeitgeschichte B 53, 12-19.
Meyer, Thomas, 2003a: Politik und Medien, in: *Nassehi, Armin/Schroer, Markus* (Hrsg.), Der Begriff des Politischen. Soziale Welt, Sonderband 14, 263-279.
Möller, Erik, 2005: Die heimliche Medienrevolution. Wie Weblogs, Wikis und freie Software die Welt verändern. Hannover: Heise.
Müller-Doohm, Stefan, 1998: Öffentlichkeit und die Ausdifferenzierung des Systems der Kommunikationsmedien, in: *Jarren, Otfried/Krotz, Friedrich* (Hrsg.), Öffentlichkeit unter Viel-Kanal-Bedingungen. Baden-Baden/Hamburg: Nomos.
Münch, Richard, 1997: Mediale Ereignisproduktion: Strukturwandel der politischen Macht, in: *Hradil, Stefan* (Hrsg.), Differenz und Integration. Die Zukunft moderner Gesellschaften. Verhandlungen des 28. Kongresses der Deutschen Gesellschaft für Soziologie in Dresden. Opladen: Westdeutscher Verlag, 696-709.

Münkler, Herfried, 2002: Neue Oligarchien? Über den jüngsten Wandel der Demokratie unter dem Einfluß von neuen Medien und veränderter Bürgerpartizipation, in: *Münkler, Herfried/Llanque, Marcus/Stepina, Clemens K.* (Hrsg.), Der demokratische Nationalstaat in den Zeiten der Globalisierung. Politische Leitbilder für das 21. Jahrhundert. Berlin: Akademie Verlag, 163-174.

Neidhardt, Friedhelm (Hrsg.), 1994: Öffentlichkeit, öffentliche Meinung, soziale Bewegungen. Kölner Zeitschrift für Soziologie und Sozialpsychologie, Sonderheft 34. Opladen: Westdeutscher Verlag.

Neidhardt, Friedhelm, 1994a: Öffentlichkeit, öffentliche Meinung, soziale Bewegungen, in: *Neidhardt, Friedhelm* (Hrsg.), Öffentlichkeit, öffentliche Meinung, soziale Bewegungen. Kölner Zeitschrift für Soziologie und Sozialpsychologie, Sonderheft 34. Opladen: Westdeutscher Verlag, 7-41.

Pelinka, Anton, 1974: Dynamische Demokratie. Zur konkreten Utopie gesellschaftlicher Gleichheit. Stuttgart u. a.: Kohlhammer.

Peters, Bernhard/Weßler, Hartmut, 2006: Transnationale Öffentlichkeiten – analytische Dimensionen, normative Standards, sozialkulturelle Produktionsstrukturen, in: *Imhof, Kurt/Blum, Roger/Bonfadelli, Heinz/Jarren, Otfried* (Hrsg.), Demokratie in der Mediengesellschaft. Wiesbaden: VS Verlag für Sozialwissenschaften, 125-144.

Pfetsch, Barbara, 1991: Politische Folgen der Dualisierung des Rundfunksystems in der Bundesrepublik Deutschland. Konzepte und Analysen zum Fernsehangebot und zum Publikumsverhalten. Baden-Baden: Nomos.

Pfetsch, Barbara, 2006: Wandlungsprozesse politischer Öffentlichkeit – Zur „Entgrenzung" lokaler, nationaler und alternativer Kommunikationsinfrastrukturen, in: *Imhof, Kurt/Blum, Roger/Bonfadelli, Heinz/Jarren, Otfried* (Hrsg.), Demokratie in der Mediengesellschaft. Wiesbaden: VS Verlag für Sozialwissenschaften, 228-236.

Plake, Klaus, 2004: Handbuch Fernsehforschung. Befunde und Perspektiven. Wiesbaden: VS Verlag für Sozialwissenschaften.

Rammert, Werner, 2004: The Rising Relevance of Non-Explicit Knowledge under a New Regime of Knowledge Production, in: *Stehr, Nico* (Hrsg.), The Governance of Knowledge. New Brunswick, N.J.: Transaction Publishers, 85-102.

Rucht, Dieter/Yang, Mundo/Zimmermann, Ann, 2008: Politische Diskurse im Internet und in Zeitungen: Das Beispiel Genfood. Wiesbaden: VS Verlag für Sozialwissenschaften.

Rawls, John, 1994, Gerechtigkeit als Fairneß: politisch und nicht metaphysisch, in: *Honneth, Axel* (Hrsg.), Kommunitarismus. Eine Debatte über die moralischen Grundlagen moderner Gesellschaften. 2. Aufl. Frankfurt a. M.: Campus, 36-67.

Sandel, Michael, 1994: Die verfahrensrechtliche Republik und das ungebundene Selbst, in: *Honneth, Axel* (Hrsg.), Kommunitarismus. Eine Debatte über die moralischen Grundlagen moderner Gesellschaften. 2. Aufl. Frankfurt a. M., 18-35.

Sarcinelli, Ulrich, 1998: Parteien und Politikvermittlung: Von der Parteien- zur Mediendemokratie?, in: *Sarcinelli, Ulrich* (Hrsg.), Politikvermittlung und Demokratie in der Mediengesellschaft. Beiträge zur politischen Kommunikationskultur. Wiesbaden: Westdeutscher Verlag, 273-296.

Sarcinelli, Ulrich, 2006: Zur Entzauberung von Medialisierungseffekten: Befunde zur Interdependenz von Politik und Medien im intermediären System, in: *Imhof, Kurt/Blum, Roger/Bonfadelli, Heinz/Jarren, Otfried* (Hrsg.), Demokratie in der Mediengesellschaft. Wiesbaden: VS Verlag für Sozialwissenschaften, 117-124.

Saretzki, Thomas, 1995: „Arguing" oder „Bargaining": Selbstbindung der Politik durch öffentliche Diskurse, in: *Göhler, Gerhard* (Hrsg.), Macht der Öffentlichkeit – Öffentlichkeit der Macht. Baden-Baden: Nomos, 277-311.

Saretzki, Thomas, 2000: Technologische Bürgerschaft? Anmerkungen zur Konstruktion von „citizenship" in einer technologischen „poliy", in: *Martinsen, Renate/Simonis, Georg* (Hrsg.), Demokratie und Technik – (k)eine Wahlverwandtschaft? Opladen: Leske + Budrich, 17-52.

Schäffner, Gerhard, 2000: Fernsehen, in: *Faulstich, Werner* (Hrsg.), Grundwissen Medien. 4. Aufl. München u. a.: Fink, 174-200.

Scharpf, Fritz W., 1970: Demokratietheorie zwischen Utopie und Anpassung. Konstanz: Universitätsverlag Konstanz.
Schatz, Heribert, 1992: Auf dem Prüfstand. Zur Weiterentwicklung der Konvergenzhypothese, in: Medium 1, 49-52.
Schatz, Heribert/Immer, Nikolaus/Marcinkowski, Frank, 1989: Der Vielfalt eine Chance? Empirische Befunde zu einem zentralen Argument für die „Dualisierung" des Rundfunks in der Bundesrepublik Deutschland, in: Rundfunk & Fernsehen 1, 5-24.
Schmalz-Bruns, Rainer, 1996: Demokratietheoretische Aspekte einer ökologischen Modernisierung der Politik, in: *Feindt, Peter Henning/Gessenharter, Wolfgang/Birzer, Markus/Fröchling, Helmut,* (Hrsg.), Konfliktregelung in der offenen Bürgergesellschaft. Dettelbach: Röll, 37-64.
Schmalz-Bruns, Rainer, 2001: Internet-Politik. Zum demokratischen Potenzial der neuen Informations- und Kommunikationstechnologien, in: *Simonis, Georg/Martinsen, Renate/Saretzki, Thomas* (Hrsg.), Politik und Technik. Analysen zum Verhältnis von techologischem, politischem und staatlichem Wandel am Anfang des 21. Jahrhunderts (PVS-Sonderheft 31). Wiesbaden: Westdeutscher Verlag, 108-131.
Schmidt, Manfred G., 1995: Demokratietheorien. Opladen: Leske + Budrich.
Schmidt, Manfred, G., 1997: Komplexität und Demokratie. Ergebnisse älterer und neuerer Debatten, in: *Klein, Ansgar/Schmalz-Bruns, Rainer* (Hrsg.), Politische Beteiligung und Bürgerengagement in Deutschland. Möglichkeiten und Grenzen. Baden-Baden: Nomos, 41-58.
Siedschlag, Alexander/Rogg, Arne/Welzel, Carolin, 2002: Digitale Demokratie. Willensbildung und Partizipation per Internet. Opladen: Leske + Budrich.
Sousa, Helena/Pinto, Manuel, 2006: Media Policy, Economics and Citizenship. A Peculiar Model for Participatory Public Service Television, in: *Marcinkowski, Frank/Meier, Werner A./Trappel, Josef* (Hrsg.), 2006: Medien und Demokratie. Europäische Erfahrungen (Media and Democracy. Experiences from Europe). Bern/Stuttgart/Wien: Haupt, 231-251.
Street, John, 2001: Mass Media, Politics and Democracy. Houndmills/Hew York, N.Y.: Palgrave.
Tobler, Stefan, 2006: Deliberation und transnationale Öffentlichkeit. Eine Prozessperspektive demokratischer Öffentlichkeit, in: *Imhof, Kurt/Blum, Roger/Bonfadelli, Heinz/Jarren, Otfried* (Hrsg.), Demokratie in der Mediengesellschaft. Wiesbaden: VS Verlag für Sozialwissenschaften, 161-181.
Touraine, Alain, 1997: What is Democracy? Bolder: Westview Press.
Vowe, Gerhard/Dohle, Marco, 2007: Politische Kommunikation im Umbruch – neue Forschung zu Akteuren, Medieninhalten und Wirkungen, in: Politische Vierteljahresschrift 48 (2), 338-359.
Wirth, Werner/Matthes, Jörg, 2006: Eine wundervolle Utopie? Möglichkeiten und Grenzen einer normativen Theorie der (medienbezogenen) Partizipation im Lichte der neueren Forschung zum Entscheidungs- und Informationshandeln, in: *Imhof, Kurt/Blum, Roger/Bonfadelli, Heinz/ Jarren, Otfried* (Hrsg.), Demokratie in der Mediengesellschaft. Wiesbaden: VS Verlag für Sozialwissenschaften, 341-361.
Young, Iris, 1993: Das politische Gemeinwesen und die Gruppendifferenz. Eine Kritik am Ideal des universalen Staatsbürgerstatus, in: *Nagl-Docekal, Herta/Pauer-Studer, Herlinde* (Hrsg.), Jenseits der Geschlechtermoral. Beiträge zur feministischen Ethik. Frankfurt a. M.: Fischer, 267-304.
Zimmermann, Ann, 2007: Online-Öffentlichkeiten als Gegenstand empirischer Forschung, in: Berliner Journal für Soziologie 2, 167-187.

Die Medien der Demokratie. Eine realistische Theorie der Wechselwirkung von Demokratisierung und Medialisierung

Claus Leggewie

1. Einleitung

Es gibt eine große Zahl medienhistorischer Überblicke und Darstellungen der „Wellen von Demokratisierung", bisher aber nur in Ansätzen eine Geschichtsschreibung, die die enge Wechselwirkung beider, also von Medienevolution und Demokratisierung, in den Blick nimmt. Zu einer solchen Geschichte kann ich hier nur einige wenige Elemente beitragen, wobei ich nicht chronologisch vorgehen werde, wie es eine Geschichte der Medien der Demokratie vielleicht nahelegt, sondern ausgehen möchte von den (heute) „neuen Medien", den digitalen Informations- und Kommunikationstechnologien. Diese weisen eine wesentliche Eigenschaft auf: Sie inkorporieren alle früheren Medienentwicklungen (und Medienumbrüche) von der mündlichen Rede in der Versammlungsöffentlichkeit über die Verbreitungs- und Mobilisierungsmöglichkeiten der elektronischen Massenmedien bis zur Telekommunikation im Cyberspace. Für das engere Thema ist dabei ausschlaggebend, dass sie ein in seiner Breite wie Tiefe weltweites Höchstmaß an politischer Information und Mitwirkung erlauben und diese Massenkommunikation zugleich individualisieren.

Diese Medienevolution rekonstruiere ich im Blick auf die Kategorien Inklusion, Öffentlichkeit und Partizipation, also demokratietheoretisch relevante Prozesse, wobei weder ein technikdeterministisches Konzept zum Tragen kommen soll (ein technisches Maximum garantiert nicht *per se* ein demokratisches Optimum) noch ein technikindifferentes Konzept (es ist nicht gleichgültig, welche technischen Medien demokratischer Kommunikation zugrunde liegen).

Generell geht man in den Geschichts-, Kommunikations- und Sozialwissenschaften von der Demokratieaffinität der Massenmedien in modernen Gesellschaften aus (Jarren et al. 1998; Bösch/Frei 2006), also von der wachsenden Chance der Nutzung von Medien für demokratische Prozesse resp. von der Transformation der Demokratie in eine (unter vielen Gesichtspunkten so zu nennende) „Mediendemokratie" (Bieber 2003). Diese Affinität hat, so meine These, in der Ära der Massendemokratie gar nicht speziell zugenommen, wie es ein emphatischer Begriff der Öffentlichkeit im Anschluss an Habermas (1962/1990) postuliert, vielmehr ist die Ambivalenz des Mediengebrauchs als „Dispositiv" (im Sinne Foucaults) demokratischer Herrschaftskontrolle *und* deren antidemokratischem Dementi von der allerältesten bis in die allerneueste Demokratie- und Medienepoche gegeben. Wenn man so will, ist dies eine demokratiepolitisch erweiterte Übernahme des Riepl'schen Gesetzes, das ja besagte, dass eingebürgerte Medien „niemals wieder gänzlich und dauernd verdrängt und außer Gebrauch gesetzt werden [...], sondern sich neben diesen erhalten, nur dass sie genötigt werden, andere Aufgaben und Verwertungsgebiete aufzusuchen" (Riepl 1972: 5).

Um dazu ein (vielleicht überraschendes) Eingangsbeispiel zu geben: Ein wichtiges Medium der antiken Demokratie war die Tonscherbe, das *ostrakon*, der „Notizzettel der Antike" (Kagan 1991: 35), auf den die Bürger schrieben, wer die Polis für zehn Jahre zu verlassen hatte. Das „Scherbengericht" *(ostrakismos)* war also eine ziemlich rüde Form der Vertrauensfrage, eingeführt vom Reformer Kleisthenes, um die Proto-Demokratie Athens vor dem drohenden Umsturz und dem stets möglichen Rückfall in die Tyrannei zu schützen. Die Scherbe zivilisierte Exklusionsprozesse, die bis dahin über Putsch, Mord und Vertreibung der ganzen Sippe verlaufen waren, und band ihre Wirksamkeit an demokratische Quoren: zunächst, ob überhaupt ein Ostrakismos abzuhalten war, dann, ob er die notwendige Zustimmung gefunden hatte. Insofern wurde das Instrument der politischen Exklusion zum Vorläufer des heutigen Wahlzettels, dessen Vergabe immer inklusiver geworden ist.

Wie in Demokratien bis heute üblich, kann das Scherbengericht leicht einen Falschen treffen, wie Plutarch am Beispiel von Aristides, dem Gerechten, demonstrierte, über den ein populistisches Verdikt unwissender Mitbürger verhängt wurde:

„... ein ganz unwissender Landmann, der nicht einmal die Buchstaben kannte ... (reichte) dem Aristides, den er für einen gemeinen Bürger ansah, seine Scherbe hin und bat ihn, den Namen des Aristides darauf zu schreiben. Dieser fragte ihn voll Verwunderung, ob ihm denn Aristides etwas zuleide getan hätte? ‚Gar nichts', antwortete er, ‚ich kenne den Mann nicht einmal, aber es ärgert mich, dass ich ihn überall den Gerechten nennen höre'" (Plutarch, Aristides, zit. nach Kagan 1991: 36).

Die Episode aus der Frühzeit der Demokratie zeigt, worum es bei ihr vor allem geht: um die Möglichkeit der „kleinen Leute", sich Herrschaft – und sei sie noch so gut und gerecht – auf unblutige und weniger riskante Weise vom Halse zu schaffen und dann eventuell eine neue einzusetzen.

Gemessen an dieser „abgespeckten" Minimalfunktion von Demokratie ging der emphatische Begriff deliberativer Öffentlichkeit, der modernen Theorien demokratischer Öffentlichkeit oft zugrunde liegt, von einem hochgesteckten, aber unhistorischen Polis-Ideal der rational agierenden und am Gemeinwohl orientierten Volksversammlung aus: James Bohman nennt Deliberation, in Exegese von Rawls und Habermas, „a dialogical process of exchanging reasons for the purpose of resolving problematic situations that cannot be settled without interpersonal coordination and cooperation" (1996: 27).

Diese grenzt er ab von strategischer Aktion und Verhandlung(sdemokratie), pluralistischer Interessenaggregation und Wählen, welche seit jeher im klassischen Liberalismus als Modalitäten und Prozeduren kollektiv verbindlicher Entscheidung im Vordergrund stehen. Als Unterscheidungsmerkmal der Deliberation von anderen Kommunikationsformen hebt auch John Dryzek hervor

„... the requirement that communication induce reflection upon preferences in non-coercive fashion. This requirement in turn rules out domination via the exercise of power, manipulation, indoctrination, propaganda, deception, expressions of mere self-interest, threats (of the sort that characterize bargaining), and attempts to impose ideological conformity" (2000: 2).

Der amerikanische Sozialphilosoph Michael Walzer setzt in seiner Kritik am Ideal der deliberativen Demokratie, das die Habermas'sche Theorie grundlegend beeinflusst hat, wieder tiefer in der Alltagswelt an und bestimmt Deliberation lebensnäher als

„... a particular way of thinking: quiet, reflective, open to a wide range of evidence, respectful of different views. It is a rational process of weighing the available data, considering alternative possibilities, arguing about relevance und worthiness, and then choosing the best policy or person" (1999: 58).

Wer diese kommunikative Alltagspraxis auf die Politik übertragen will, gibt Walzer zu bedenken, beschreibt *de facto* nur einen sehr geringen Teil des politischen Lebens, das seinem Wesen nach „pervasively nondeliberative" sei (1999: 59).

Die öffentliche Meinung wird demnach selten durch (herrschaftsfreie) Diskurse gestaltet, sie wird vielmehr durch mächtige Akteure besetzt und durch plebejische und populäre Gegenmobilisierung zersetzt und neu konstituiert. Wer öffentlich kommuniziert, tut das gelegentlich in diskursiven oder deliberativen Formaten, es dominieren aber andere, weniger noble, *per se* aber nicht weniger legitime Modalitäten und Strategien. Walzer betont in diesem Sinne die Höherrangigkeit *nicht*-deliberativer Aktivitäten in der Politik, die man in einem Schaubild zusammenfassen kann:

Abbildung 1: Politik und Kommunikation

Politische(s) ...	Art der Kommunikation	Ziel
Erziehung	Indoktrination	Identität
Organisation	Überredung	Schlagkraft
Mobilisierung	Slogans	Kampfkraft
Demonstration	Rhetorische Attacke	Polarisierung
Erklärung	Programmschrift	Homogenität
Debatte	Rhetorisches Duell	Überlegenheit
Verhandlung	Do-ut-des	Interessendurchsetzung
Lobbying	Werbung	Netzwerk
Kampagne	Versprechung	Stimmenmaximierung
Wählen	Mehrheit	Wahlsieg
Fund-raising	Werbung	Bindung
Korruption	Machtzuwachs	Klientelinteressen
Hilfsarbeiten	Logistik	–
Regieren	Anweisung	Herrschaft

Quelle: Nach Walzer (1999).

Wie stehen in dem so angedeuteten Spannungsfeld zwischen normativer und realistischer Demokratietheorie Medialisierung und Demokratisierung zueinander? Für „Medium" und „Demokratie" muss man zunächst grobe Arbeitsdefinitionen anbieten, wobei ich angesichts der ausufernden Semantik (und der zwischen Medien- und Kommunikationswissenschaft notorisch kontroversen Gegenstandsbestimmung!) zurückgreife auf eine Standarddefinition von Medien als komplexe institutionalisierte Systeme um organisierte Kommunikationskanäle von spezifischem Leistungsvermögen (Saxer 1999). Dieses Leistungsvermögen darf man in der Bereitstellung von Bedeutungsträgern und in der Überwindung räumlicher, zeitlicher wie sozialer Distanz sehen. Im Bezug auf Medienwandel bzw. Medienumbrüche können wir dann wieder eine Riepl'sche Konvergenz der Medien annehmen.

Ob dabei eine spezielle Affinität zwischen Medien und Demokratie und eventuell eine historische Konvergenz von Medien- und Demokratieentwicklung besteht, hängt von der Definition des zweiten Elements „Demokratie" ab, für die ich nach Dahl (1989) folgende Elemente voraussetze:

– Demokratie ist Volksherrschaft als Regimetype und Lebensform, sie zeichnet sich aus durch eine hohe Variabilität der Formen und Normen (direkt – repräsentativ; parlamentarisch – präsidial, Konkordanz – Wettbewerb etc.) und resultiert idealtypisch in der Kongruenz von Herrschern und Beherrschten.
– Grundprinzip ist die politische (also nicht notwendig: soziale) Gleichheit, die aber nur wirkt, wenn es eine entsprechende Rechtsstaatsgarantie gibt und demokratische Prozeduren grund- und menschenrechtlich eingebettet sind.
– Demokratie ist ein politisches Prinzip, das dazu neigt, auf andere Systeme, darunter so demokratieferne oder -averse Institutionen wie Militär, Unternehmen, Hochschulen und Familien überzugreifen. Daraus ergibt sich eine pathetische Futurisierung und Teleologie des Demokratiegedankens, ohne jede Bestandsgarantie auch stabiler Gemeinwesen.
– Zentraler und ingeniöser Mechanismus ist das Mehrheitsprinzip, das wiederum nicht ohne Minderheitenschutz funktionieren kann. Die damit verbundene Rationalitätsannahme ist, dass demokratische im Vergleich zu anderen Selektions- und Entscheidungsverfahren Präferenzen und Interessen in pluralistischen Konfliktgesellschaften am besten aggregieren, dass also verteilte Intelligenz auf diese Weise optimal genutzt wird.
– Demokratien verkörpern somit am ehesten die Entfernung moderner Gesellschaften von Hierarchien und die moralische Aversion gegen Arkanpolitik. Im Medium öffentlicher Debatte kann am ehesten der Bezug aufs (stets fiktive und ungewisse) Gemeinwohl unterstellt oder präsent gehalten werden.
– Demokratisierungsprozesse zeichnen sich in langer Dauer durch zwei Dynamiken aus: Dynamik I betrifft die Inklusion von immer mehr Bürgern und Bürgerinnen, also den Weg von der reinen Eliten- zur Massendemokratie; Dynamik II bezeichnet eine „Veredelung" im Sinne der *strong democracy* (Barber 1994), also einen Zuwachs an direkter öffentlicher Partizipation.

Auf vor allem drei Aspekte kommt es in einem (sicher nur heuristisch zulässigen!) Schnelldurchgang durch die Mediengeschichte unter dem Gesichtspunkt der Demokratieentwicklung an:

a) Inklusion:

Die Medialisierung von Politik schließt immer mehr Personengruppen ein, was sowohl den durch die Dynamik des allgemeinen Wahlrechts begünstigten Einschluss von Wahl- und Abstimmungsberechtigten umfasst als auch die Herausbildung überregionaler und transnationaler Agenden und neuerdings sogar „künftige Generationen" oder die „unbelebte Natur". Dadurch wächst der Anspruch auf Zugang zur politischen Sphäre, der in komplexen Gesellschaften zunehmend über Massenmedien erfolgt, das politisch- administrative Entscheidungssystem legitimationsempfindlicher und kommunikationsabhängiger macht (Sarcinelli 1998: 263 f.) und leicht eine Spannung zwischen öffentlicher Meinung und Wahlentscheidung erzeugt (Neidhardt 1996: 80).

b) Öffentlichkeit:

Medialisierung erlaubt die autonome Publikation, kritische Beobachtung und externe Kontrolle von Herrschaftsakten sowie die Selbst-Beobachtung der Gesellschaft; diese *per se* unabgeschlossene Sphäre muss prinzipiell allen offenstehen, im Blick auf eine pluralistische Meinungs- und Interessenstruktur (Detjen 1998: 281 ff.) (unter anderem, s. o.) diskursiv organisiert sein und einen (nicht näher als „vierte Gewalt" o. ä. fixier- und regelbaren) Einfluss auf das Entscheidungssystem besitzen (Gerhards/Neidhardt 1991).

c) Partizipation:

Medialisierung erlaubt der Gesamtbevölkerung, aber vornehmlich besonders aktiven demokratischen Eliten, die Mitwirkung an politischen Entscheidungen, wobei die Nutzung von Medien selbst nicht jene Beteiligung ist, die sie in „Mediendemokratien" vorgaukelt, sondern nur das Medium aktiven Engagements. Die über Medien erzeugte politische Kommunikation ist dabei nicht notwendig sozialstrukturell (im Sinne klassischer Abstammungs- und Bildungseliten) eingeschränkt, sondern kommt im Sinne des dargelegten Inklusions- und Offenheitsanspruchs am meisten jenen zugute, die professionell oder ehrenamtlich ohnehin im politischen Entscheidungsprozess tätig sind und sich durch Wahlen und Rechenschaftslegung legitimieren müssen, des Weiteren den „persuasiven Mediennutzern" (Gabriel/Brettschneider 1998: 289), die bei der Mediennutzung wie in der interpersonalen Kommunikation am stärksten an Politik interessiert sind und als „Meinungsführer" regelmäßig über politische Zusammenhänge kommunizieren.

2. Neueste Medien: Entwicklung und Konvergenz der Medien

Unter diesen systematischen Gesichtspunkten kann man hypothetisch die folgenden konvergenten Ko-Evolutionsschritte von Medien und Demokratie annehmen, die sich schematisch auf die historischen Epochen (a) der Vollversammlungs-Demokratie der attischen Polis, (b) die hochbürgerliche Öffentlichkeit der Salons, Flug- und Zeitschriften, (c) die durch Telekommunikation geprägte Massendemokratie und (d) die heutige, zunehmend durch Netzmedien charakterisierte Phase individualisierter Massenkommunikation beziehen (näher bei Leggewie 1997; Leggewie/Bieber 2002). Legt man die soziale Evolution zugrunde, dann verläuft die Geschichte der etwa zweieinhalbtausendjährigen Geschichte der westlichen Demokratie von (a) parochial-segmentären Dorf- und Stammesgemeinden über (b) staatlich-territorial ausgeprägte Nationalstaaten zu einer (c/d) transnational entgrenzten, durch Interdependenz- und Glokalisierungseffekte bestimmten Weltgesellschaft. Die politische Form dieser Gesellschaften entwickelte sich parallel aus (a) tribal-feudalen über (b) bürgerlich-elitäre in (c) massendemokratische Repräsentationsverhältnisse, die sich heute (d) populistisch ausfransen. Die primären Medien der Demokratie waren in dieser Linie (a) die Volksversammlung, in der sich Bürger direkt über öffentliche Angelegenheiten *(res publica)* austauschten, (b) die sich parlamentarisierende Salonöffentlichkeit, in der eine publizistische Elite räsonniert und deliberiert, und die (c) (vor allem elektronischen) Massenmedien, in der politische Ereignisse konsumiert werden, die zugleich aber auch als Instrumente der (Selbst-)Mobilisierung dienen können. Der Grad direkter Interaktion und Partizipation sinkt in diesem Prozess, dafür steigt der Inklusionsgrad und wächst die Öffentlichkeit.

Abbildung 2: Medien und Demokratie: Evolution und Konvergenz

Medium	Gesellschaft	Politik	Kommunikation	Partizipation
Versammlung	parochial-segmentär	tribal-feudal	oral, face-to-face	elitär (Charisma)
Buch, Zeitschrift, Salon	national-staatlich	repräsentativ-elitär	oral, Lektüre	Parlament (Bürokratie)
Fotografie, Telefonie, Radio, TV	international (Weltmarkt)	repräsentativ-massen-demokratisch	audiovisuelle Telekommunikation	allgemeine Wahlen, Medienaufmerksamkeit

Betrachten wir die Medienentwicklung von heute aus, da nunmehr digitale Medien *individualisierte Massenkommunikation* (Lindner-Braun 12007: 90 ff.) auch im politischen Bereich (Kersting 2008) erlauben, dann konvergieren im „Internet" alle historischen Medienangebote von uni-direktionaler Kommunikation in Echtzeit ohne Rückkoppelungs- und Interaktionsmöglichkeit (heute: digitales Fernsehen) bis zu rein interaktiven Formaten (heute: Telefonie, Chat, E-Mail, Blogs). Neu sind an diesen „neuen Medien" zunächst die transkontinentale Reichweite und die Möglichkeit der schnellen Übertragung sehr großer Datenmengen sowie ihre verlustfreie Reproduktion, auch immense Mobilitätsgewinne. Im World Wide Web, der geläufigsten Anwendungsweise digitaler Medien, bestehen individuelle und korporative Artikulationsmöglichkeiten in allen medialen Ausprägungen (Text, Bild, Bewegtbild und Ton), die mit Hilfe von Suchmaschinen auch eine individualisierte Selektion politischer Information erlauben. Neu ist vor allem aber auch das Interaktivitätspotenzial, d. h. der stets mögliche Rollentausch zwischen Sender und Empfänger durch permanente Zwei-/Mehrwegkommunikation; der entscheidende (und wie man sehen wird durchaus ambivalente) Schritt ist dabei die Entmachtung der herkömmlichen *gatekeeper* und die Relativierung der durch das Pressewesen etablierten Meinungsführer im Informations- und Kommunikationsprozess.

Der demokratiegeschichtliche Rückblick auf die Medienevolution von (a) oraler face-to-face-Kommunikation in kleinen, überschaubaren Volksversammlungen über (b) die Salon- und Schriftkommunikation des Stadtbürgertums bis zur (c) Massenkommunikation via elektronische Medien erlaubt uns, die damit abgeschrittenen Inklusionsschritte, die sich in der Ausdehnung des Wahlrechts auf immer breitere Schichten spiegelt, als Medialisierung von Demokratie aufzufassen, die somit ein zunehmend ausdifferenzierteres Set politischer Kommunikationsmittel bereithält. Aus der Antike sind die (a) für Demokratie konstitutiven Module der Mündlichkeit, also vor allem der öffentlichen Rede und des politischen Theaters, überliefert, die nach Christian Meier das elementare „Könnensbewusstsein" des Volkes beflügelt haben (Meier 1983: 435 ff.). Das ist keineswegs passé, denn es wird niemand leugnen, wie ausschlaggebend das gesprochene Wort im politischen Alltag nach wie vor ist und wie stark gerade Durchbrüche der Demokratie (genau wie deren Revision) von dieser Wortergreifung abhingen; und das performative Element der Inszenierung symbolischer Politik ist ja erst in den letzten beiden Jahrzehnten ins Bewusstsein getreten (und in der Linie McLuhans eher zu Unrecht als etwas dargestellt worden, was „neu" sei). Weiterhin bleibt diese visuelle Komponente des politischen Betriebs im Allgemeinen und der demokratischen Bewegungen unterbelichtet.

Der Grund dafür dürfte sein, dass als wesentlicher Schritt zur (b) modernen Demokratie der durch Alphabetisierung und Bildung verallgemeinerte Gebrauch der Schriftmedien gilt, deren wesentliche Leistung darin besteht, dass sie über temporale Indifferenz die generelle Zugänglichkeit von Information sicherten, also: Publizität von allem für alle. Die durch die Schrift verbürgte Authentizität eines Dokuments schuf die für demokratische Selbstherrschaft notwendige Intersubjektivität in politischen Kommunikationsakten (Wilke 2000; Giesecke 2007). Die (c) modernen Massenmedien haben den Adressatenkreis aktueller Mitteilungen massiv erweitert, deren Erscheinen aber zugleich der Logik des Mediensystems angepasst und unterworfen, das in regelmäßigen Abständen (periodisch) Nachrichtenwerte abfragt und benötigt (Luhmann 1995). Diese Logik bestimmt auch die informelle und private Kommunikation der Bürgerschaft, die politische Kommunikation über Meta-Medien reflexiv und über Meinungsführer selektiv gestaltet. Fiktionale und visuelle Elemente spielen dabei, wie gesagt, eine wesentliche Rolle als Gewissheitsverstärker.

3. Die Herrschaft des Gerüchts

Wie Demokratisierung und Medialisierung empirisch zusammenhängen, kann das zweite Fallbeispiel zeigen, das an die Flugschriften im 16./17. Jahrhundert anschließt und im Kommunikationssystem des 18. Jahrhunderts bereits jene Doppel-Struktur der Medien aufdeckt, die wir erst für die neuen Medien maßgeblich halten: die Möglichkeit der kleinen Leute, sich an offiziellen, in der einen der anderen Form zensurierten Informationsangeboten vorbei „tatsächliche" Neuigkeiten zu beschaffen, deren Zirkulation etablierte Herrschaft gelegentlich in Gefahr bringt. Wenn Massenmedien „der Erzeugung und Verarbeitung von Irritation" dienen (Luhmann 1995: 45 f.), dann sind die inoffiziellen Nachrichtenmedien der vorrevolutionären Zeit im Frankreich von Ludwig XV. und Ludwig XVI. eine anschauliche Illustration dieser These. Denn der wahre Impuls zur Kontrolle und Überwindung arkan-autokratischer Herrschaft geht vom populären Gerücht aus (Darnton 2000), und die wirkliche Delegitimation absoluter Herrschaft erfolgte demnach schon vor den aufständischen und verfassungsgebenden Proklamationen des Dritten Standes, nämlich mit der Zirkulation „inedierter" Information auf den Straßen von Paris, wozu zuvörderst Kolportagen aus dem Privatleben am Hofe und des Adels und nicht zuletzt pornografische Darstellungen von deren amourösen Eskapaden gehörten.

Im Übergang zur Massendemokratie und ihren Massenkommunikationsmitteln passiert unter diesem Blickwinkel, etwas frivol gesagt, nicht mehr viel Neues. Fotografie und Zeitschriften institutionalisieren die Schlüssellochperspektive der Beobachtung von „Eminenzen" und „Prominenten" (Bösch/Borutta 2006), Film und Massenblätter bringen Medien und Massen in Bewegung, Rundfunk und Fernsehen (Bösch/Frei 2006) – beide mit klaren Akzenten auf Unterhaltung bzw. Propaganda – bringen die emotionale Bewertung des sozialen und politischen Geschehens zur vollen Geltung und verpassen ihr dabei zugleich einen professionellen, rechtlichen und wirtschaftlichen Rahmen. Dieser zwingt die „Volksmassen" in ein gewisses Korsett und beschränkt den demokratischen Selbstgebrauch von Medien auf periodische Ausbrüche und Exzesse von Gegenöffentlichkeit.

Viele Darstellungen des medial-öffentlichen Strukturwandels, der (d) durch das World Wide Web verursacht worden ist, bewegen sich in Richtung mittlerweile ernüchterter Grassroots-Utopien, wie sie schon Bertolt Brecht und Hans Magnus Enzensberger formulierten. Exemplarisch war das Plädoyer Brechts, den „Rundfunk [...] aus einem Distributionsapparat in einen Kommunikationsapparat zu verwandeln" (1997: 147 f.), auch Enzensberger sah das „entscheidende politische Moment" der elektronischen Medien in ihrer mobilisierenden Kraft:

„Zum ersten Mal in der Geschichte machen die Medien die massenhafte Teilnahme an einem gesellschaftlichen und vergesellschafteten produktiven Prozeß möglich, dessen praktische Mittel sich in der Hand der Massen selbst befinden. Ein solcher Gebrauch brächte die Kommunikationsmedien, die diesen Namen bisher zu Unrecht tragen, zu sich selbst. In ihrer heutigen Gestalt dienen Apparate wie das Fernsehen oder der Film nämlich nicht der Kommunikation sondern ihrer Verhinderung. Sie lassen keine Wechselwirkung zwischen Sender und Empfänger zu: technisch gesprochen, reduzieren sie den feedback auf das systemtheoretisch mögliche Minimum.
Dieser Sachverhalt läßt sich aber nicht technisch begründen. Im Gegenteil: die elektronische Technik kennt keinen prinzipiellen Gegensatz von Sender und Empfänger. [...] Die Entwicklung vom bloßen Distributions- zum Kommunikationsmedium ist kein technisches Problem" (Enzensberger 1970: 160).

Solche Utopien beflügelten die politischen Nutzer des Internet (wie Al Gore, der als US-Vizepräsident bekanntlich einmal von einer elektronischen Weltagora und globanen Townhall Meetings träumte, und auch heute noch die Verfechter einer libertären Netzpolitik).[1] Woran diese Utopien immer schon krankten, ist die Tatsache, dass die meisten Menschen sich aus reiner Rezeptionstätigkeit ungern befreit sehen und den Status des Produzenten gar nicht anstreben, sondern lieber das konsumieren, was andere produzieren, und das Ergebnis einem gelegentlichen Geschmacksurteil alias Scherbengericht unterziehen. Insofern ist auch in Zeiten des für jeden offen stehenden Mediums Internet die „Massenzeitung, die von ihren Lesern geschrieben und verteilt wird" oder das „Videonetz politisch arbeitender Gruppen", wie sie Enzensberger prognostizierte, eine exotische Ausnahme.

---
1 Beispielhaft die zehn Thesen umfassende „Netz-Deklaration" von netzpolitik.org (De:Bug 123, Juni 2008, S. 35).

4. Allerneueste Medien: Nackte Konversationen im Netz

Diese Lethargie belegt das noch rezente Phänomen des Weblog (Boxer 2008). Blogs, wie sie kurz genannt werden, sind Nachfolger des privaten Tagebuchs, die auf Webseiten publiziert werden. Sie werden „online" geschrieben, gelesen und kommentiert. Blogs sind weder öffentlich noch privat; sie heben die herkömmliche Trennung zwischen einem Gespräch, das naturgemäß flüchtig ist und rasch verweht, und dem schriftlich Notierten auf, das Gedanken und Geschehnisse fixiert. Blogs lassen sich nicht in Buchrücken oder Zeitschrifteneinbände pressen, sie sind tendenziell unendlich und aufgrund ihrer Hyperlinks auch endlos verzweigt; gleichwohl kann man sie auf dieser Grundlage nachvollziehen, wobei Blogs in umgekehrter Reihenfolge angeordnet sind, also stets mit den jüngsten Einträgen beginnen. Es gibt reine Textblogs, viele sind aber eher Online-Magazine mit multimedialen Einträgen. Da Blogs technisch leicht zu machen sind und ein weit verbreitetes Schreib- und Artikulationsbedürfnis befriedigen, ist ihre Zahl überhaupt nicht abzuschätzen, vor allem, wenn man aufgegebene Blogs mitrechnet, die über Suchmaschinen zu finden und gegebenenfalls zu reaktivieren sind. Die wenigsten Blogs werden „bekannt" in dem Sinne, dass ihre Leserschaft eine Handvoll Personen (oder den Autor selbst) überschreitet; allerdings gibt es „berühmte" Blogger, deren Reputation ihnen eine zahlreiche Fangemeinde beschert, und hochfrequentierte Blogs, die meist spartenspezifisch aufgezogen sind und politische, religiöse, wissenschaftliche, sexuelle, lebenspraktische Themen behandeln und/oder „Szenen" ansprechen. Im Unterschied zu den üblichen journalistischen Formaten bieten sie nicht den vorgegebenen Rahmen für aktuelle Eventualereignisse, die nach Relevanz und Nachrichtenwertigkeit selektiert und für eine Personengruppe publiziert werden, vielmehr schaffen sich Ereignisse (Kriege, Katastrophen, Sportveranstaltungen, subkulturell generierte „Hypes" etc.) und Personengruppen (wie smart mobs) mediale Plattformen, die die übliche journalistische Berichtspraxis durch die Aktualität und Reichweite übertreffen (können) und sich ihnen gegenüber durch ein höheres Maß an (schwer überprüfbaren) Insiderinformationen und (für Außenstehende schwer nachvollziehbare) Detailversessenheit auszeichnen.

In der so entstandenen „Blogosphäre" können durch Hervorhebung in Print- und Rundfunkmedien auch durch eine Art virales Marketing immer wieder einzelne Weblogs massenhafte und kontinuierliche Aufmerksamkeit auf sich ziehen, da in ihnen auch eine erhebliche Menge an „ungehobener", also auf dem konventionellem Wege der Markt- und Umfrageforschung nicht erhältlicher Information über Personen, Trends und Präferenzen zu Tage tritt. Deswegen haben sich unterdessen viele Unternehmen, TV-, Hörfunk- und Zeitungsredaktionen und eigentlich alle denkbaren Institutionen entschlossen, Weblogs anzubieten und somit Teil der Blogosphäre zu werden, die sie auf diese Weise strukturieren und kontrollieren möchten, ohne ihr aber wirklich Herr werden zu können. Blogs behalten die Struktur ungelenkter Informationsströme und sind darin dem herkömmlichen Gerücht verwandt, auch wenn sie seine subkutane Struktur eigentlich enthüllen (Leggewie/Mertens 2008). Matt Drudge, der berühmt-berüchtigte Publizist des im Internet zirkulierenden *Drudge Report* und Auslöser der „Lewinsky-Affäre", war ein Vorläufer der heutigen Blogger, die ebenfalls selten eigenes Material produzieren, sondern lediglich Texte, Filme, Blogs, also Artefakte Anderer, entweder kolportieren, indem sie Artikel und Beiträge aus den klassischen Massenmedien kommentieren, oder Kommentare anderer Blogger kommentieren.

Diskutiert wird derzeit, ob Weblogs journalistische Qualität beanspruchen können (Neuberger et al. 2007), ob also jenseits des Nachrichtengewerbes eine nicht- und anti-institutionelle Sphäre des „Bürger-Journalismus" *(citizen journalism)* im Entstehen ist. Ein Berufsjournalist machte in einer viel diskutierten Kolumne seinem Ärger über die Amateure Luft.

„Sie zerfleddern – wie es gerne auch wir Zeitungsmenschen tun – jedes Thema. Sie tun dies aber oft anonym und noch öfter von keiner Sachkenntnis getrübt. Sie zetteln Debattenquickies an, pöbeln nach Gutsherrenart und rauschen dann zeternd weiter. Sie erschaffen wenig und machen vieles runter. Diese Diskutanten des Netzes sind der Diskurstod, getrieben von der Lust an Entrüstung" (Graff 2007; ähnlich Schirrmacher 2007; vgl. Leggewie 2006).

Halten Befürworter des Web 2.0 (in dem Blogs eine zentrale Anwendung sind) dieses für eine Befreiung der öffentlichen Meinung von den Einschränkungen durch redaktionelle Gatekeeper (Türsteher) und wirtschaftliche Oligopole, so bemängeln Kritiker den Qualitätsverlust der Informationsbranche durch „... ein Panoptikum an Rufschädigungen, Beleidigungen, Verleumdungen und übler Nachrede ..." (Graff 2007).

Dagegen identifiziert erstens ein aus der Frühzeit des Internet rührender Netz-Idealismus in der wildwuchernden „Blogosphäre" weiter die Ansprüche einer partizipativen Revolution, die deliberative Elemente kritisch-subversiv in ein hierarchisiertes, durch Herrschaftsinteressen deformiertes Informationswesen einführt und darin nicht nur journalismuskritische Akzente setzt, sondern auch Gegenmacht konstituiert.

„Die einfache Orientierung an klassischen Autoritäten bricht zusammen. Man nimmt Politikern ihr Besser-Wissen nicht länger ab. Auch bei Anwälten und Medizinern ist die Erosion ihrer Autorität unendlich weit fortgeschritten. Für Ärzte ist das eine Katastrophe: Ihre Patienten sind auf einmal bestens informiert, fragen und fordern. Überhaupt sind alle, die mit Wissen umgehen, diesem Erosionsprozess ausgesetzt. An die Stelle von Autorität tritt dieses eigentümliche, breit gestreute, selbstkontrollierte Netzwerkwissen" (Norbert Bolz, Spiegel-Special 26.6.2007).

Bewusst oder hinter dem eigenen Rücken stelle das Internet damit die Frage nach Autoritäten und Macht auf neue Weise, nun allerdings in einem Stadium massenhafter Internetanwendung.

Daran knüpft eine zweite Position an, die den Defensivreflex des professionell betriebenen Journalismus ebenso zurückweist wie die Demokratie-Emphase der frühen Jahre. Für den Netz-Kritiker Geert Lovink sind Blogs „nihilistisch", im Sinne von Michel Foucault „Technologien des Selbst" (1993).

„Das Entscheidende im Netz von heute sind nicht Nachrichten und Meinungen, sondern Selbstdarstellung und Selbstreflexion: Wer bin ich? Was mache ich? Wer befindet sich in meiner Gegend? Wobei man ergänzen sollte, dass es als Kommentar auf einem Link angefangen hat, einem Dokument, das anderswo im Netz gespeichert war. Es geht also um eigene Erfahrungen, die gespiegelt sind in der Konfrontation mit einem Text, einem Bild oder Video, das vorgefunden wurde. (...) Blogs fragen nicht mehr nach Alternativen, sie tragen keine Ziele vor sich her, auch keine revolutionären. Sie beschränken sich ganz auf den affektiven Raum, den sie flüchtig besetzen. Medienphilosophisch gesehen, handelt es sich um dekadente Artefakte, die den Schritt von der Wahrheit ins Nichts wagen" (Lovink 2007).

Blogs sind – mit bislang nur rudimentär ausgeloteten Folgen für die Inklusionsmechanismen, Öffentlichkeiten und Beteiligungsformate liberaler Demokratien – der so von kaum jemandem prognostizierte und auch von so gut wie niemandem erwünschte Ausdruck „individualisierter Massenkommunikation". Als Massenphänomen steuern sie dabei auf ein „Jenseits der Massenmedien" zu, das heißt: In Gestalt der „neuen Medien" implodieren nach den Großorganisationen der Arbeitsgesellschaft und der Massendemokratie nun womöglich auch die herkömmlichen Massenmedien.

5. Fazit: Wie man mit Hilfe der Medien Herrschaft los wird

Die demokratiepolitische Konsequenz in der hier dargelegten historischen Linie („Wie das Volk seine Herrscher los wird") ist ambivalent: Einerseits lassen sich über den Einsatz historisch prävalenter Medien (Tonscherbe, Flugschrift, Blog) auf relativ kostengünstige und unriskante Weise Elemente einer kritischen Gegenöffentlichkeit verwirklichen, wie vor allem professionsbezogene Blogs deutlich machen. Sie dienen als Medium zur Verbreitung von Nachrichten und Informationen, die in den herkömmlichen Massenmedien unterblieben sind oder zensiert wurden, formieren also – dem eigenen Anspruch nach „schwarmartig" – öffentliche Meinung. Einige sind wiederum massenmedienkritisch, wie das preisgekrönte Beispiel des *Bildblog* (www.bildblog.de), das Lügen und Fehlleistungen der Boulevardpresse desavouiert, andere sind herrschaftskritisch und im herkömmlichen Sinne demokratisierend, wenn man den (oft durch konventionelle Medien tradierten und zertifizierten!) Einfluss von Bloggern in autoritären Systemen und Bürgerkriegsregionen betrachtet. Eine ähnlich anti-autoritäre Wirkung hat ja auch der über Internet ermöglichte Austausch von Privatpersonen über Materien und Agenden, die tabuisiert und zensiert sind, hier vor allem Fragen der Sexualität und Religion. Diese Agenden spielen in der Internet-Sphäre vor allem dort eine Rolle (z. B. in der arabisch-islamischen Welt oder in der VR China), wo solche Fragen extrem tabuisiert sind und wirksam tabuisiert bzw. in anderen Medien auch leicht zensiert werden können.

Solche Leistungen revitalisieren Vorstellungen von der „vierten Gewalt", vor allem in der Fusionierung oder Allianz von Graswurzel- und Profijournalismus, in dem vielfach Berufsjournalisten zu Bloggern avanciert sind und auf diese Weise engeren Kontakt zur Leserschaft pflegen, als es durch Leserreaktionen bisher möglich und erwünscht war. Nur am Rande (und in sehr wohlwollender Betrachtung des Gesamtphänomens) stärken sie damit die deliberativen Komponenten demokratischer Öffentlichkeit, die sich – wie gesagt – auf eine schmale Informationselite beschränken dürfte. Typischer und relevanter, letztlich aber nicht weniger demokratierelevant ist der „kreative Nihilismus", den Geert Lovink der Blogosphäre zubilligt. Sie nimmt den populistischen Staffelstab auf, der vom *ostrakismos* der alten Griechen über die Schlüssellochgucker der späten französischen Monarchie und den elektronischen Populismus des Fernsehens bis zu Matt Drudges indiskretem Blick in das Oval Office reicht. Dissens und Manipulation sind hier auf eine kaum noch zu entwirrende Weise verbunden, die technisch gewonnene Meinungsfreiheit schlägt immer wieder um in charismatische Affekte. Diese Entwicklung kann man wieder in einem Schaubild resümieren und ver-

Abbildung 3: Medien und Demokratie: Evolution und Konvergenz

Medium	Gesellschaft	Politik	Kommunikation	Partizipation
Versammlung	parochial-segmentär	tribal-feudal	oral, face-to-face	elitär (Charisma)
Buch, Zeitschrift, Salon	national-staatlich	repräsentativ-elitär	oral, Lektüre	Parlament (Bürokratie)
Fotografie, Telefonie, Radio, TV	international (Weltmarkt)	repräsentativ-massen-demokratisch	audiovisuelle Telekommuni-kation	allgemeine Wahlen, Medien-aufmerksamkeit
Netz	glokale Weltgesellschaft	akephale Netzwerke	multimedial	populistisch

deutlichen, in dem nun auch die „neuen Medien" aufgenommen und in ihrer medien- und demokratiepolitischen Ambivalenz dargestellt sind.

Es ist im WWW ein Höchstmaß an Inklusion erreicht, doch um den Preis einer hochgradig dispersen, (im doppelten Sinne) „zerstreuten" Öffentlichkeit, die von den Fiktionen und Konsensen bürgerlicher Partizipation ausdrücklich Abschied genommen hat und insofern eine simulative Pseudo-Beteiligung erlaubt. Die historische Demokratisierung durch Medien ist damit (womöglich) an ein Ende gelangt: Ein historisches Höchstmaß an netzwerkartiger Inklusion und „Partizipation" geht einher mit der freiwilligen Außerkraftsetzung des Bürgerstatus im „User" (Nutzer) und qua Netzwerk der für westliche Demokratien typischen Repräsentation. Und Mediendemokratie zersetzt Herrschaft, ohne noch neue einsetzen zu können. Damit nähert man sich einem Zustand von Demokratie, den Colin Crouch (2008) mit dem Terminus „Postdemokratie" belegt hat: Sie lässt gewissermaßen die Idee der Herrschaft des Volkes hinter uns, um die Ideen der Herrschaft selbst in Frage zu stellen.

Literatur

Barber, Benjamin, 1984: Strong Democracy. Participatory Politics for a New Age. Berkeley.
Bieber, Christoph, 2003: Entwicklung und Grundlagen der Mediendemokratie, in: Politische Bildung. Sonderausgabe Mediendemokratie: Grundlagen – Anspruch – Wirklichkeit, Heft 4, 8-22.
Bösch, Frank/Borutta, Manuel (Hrsg.), 2006: Die Massen bewegen. Medien und Emotionen in der Moderne. Frankfurt a. M.
Bösch, Frank/Frei, Norbert (Hrsg.), 2006: Medialisierung und Demokratie im 20. Jahrhundert. Göttingen.
Bohman, James, 1996: Public Deliberation. Pluralism, Complexity, and Democracy. Cambridge, Mass./London.
Boxer, Sarah, 2008: Blogs (Review), in: The New York Review of Books 55 (2), zit. nach http://www.nybooks.com/articles/210113 (zuletzt gefunden 30.6.2008).
Brecht, Bertolt, 1997: Der Rundfunk als Kommunikationsapparat. Rede über die Funktion des Rundfunks, in: *Brecht, Bertolt,* Ausgewählte Werke in sechs Bänden, Bd. 6. Frankfurt a. M., 146-151.
Büffel, Stefan, 2006: Weblogs zwischen Deliberation und Meinungspublizistik – Gesellschaftsberatung als Perpetual Beta, in: *Leggewie, Claus* (Hrsg.), Von der Politik- zur Gesellschaftsberatung. Neue Wege öffentlicher Konsultation. Frankfurt a. M., 247-277.

Crouch, Colin, 2008: Postdemokratie. Frankfurt a. M.
Dahl, Robert, 1989: Democracy and Its Critics. New Haven.
Darnton, Robert, 2000: An Early Information Society. News and the Media in Eighteenth-Century Paris, in: The American Hitorical Review 105 (1) (Webfassung unter: www.historycoopera tive.org/journals/ahr/105.1/ah000001.html, zuletzt gefunden 30.6.2008).
Detjen, Joachim, 1998: Pluralismus, in: *Jarren, Otfried/Sarcinelli, Ulrich/Saxer, Ulrich* (Hrsg.), Politische Kommunikation in der demokratischen Gesellschaft. Ein Handbuch. Opladen, 275-284.
Dryzek, John S., 2000 Deliberative Democracy and Beyond. Liberals, Critics, Contestations. Oxford/New York.
Enzensberger, Hans Magnus, 1970: Baukasten zu einer Theorie der Medien, in: Kursbuch 20, 159-186.
Foucault, Michel, 1980: The Confession of the Flesh. Interview (1977), in: *Gordon, Colin* (Hrsg.), Power/Knowledge. Selected Interviews and Other Writings, 194-228.
Foucault, Michel, 1993: Technologien des Selbst. Frankfurt a. M.
Gabriel, Oscar W./Brettschneider, Frank, 1998: Politische Partizipation, in: *Jarren, Otfried/Sarcinelli, Ulrich/Saxer, Ulrich* (Hrsg.), Politische Kommunikation in der demokratischen Gesellschaft. Ein Handbuch. Opladen, 285-291.
Gerhards, Jürgen/Neidhardt, Friedhelm, 1991: Strukturen und Funktionen moderner Öffentlichkeit. Fragestellungen und Ansätze, in: *Müller-Doohm, Stefan/Neumann-Braun, Klaus* (Hrsg.), Öffentlichkeit, Kultur, Massenkommunikation. Oldenburg, 31-90.
Giesecke, Michael, 2007: Die Entdeckung der kommunikativen Welt. Studien zur vergleichenden Mediengeschichte. Frankfurt a. M.
Graf, Bernd, 2007: Web 0.0, in: Süddeustche Zeitung 8.12.2007.
Habermas, Jürgen, [1962] 1990: Strukturwandel der Öffentlichkeit. Untersuchungen zu einer Kategorie der bürgerlichen Gesellschaft. Neuwied/Berlin (ergänzte Neuauflage, Frankfurt a. M.).
Jarren, Otfried/Sarcinelli, Ulrich/Saxer, Ulrich (Hrsg.), 1998: Politische Kommunikation in der demokratischen Gesellschaft. Ein Handbuch. Opladen.
Kagan, Donald, 1991: Perikles. Die Geburt der Demokratie. Stuttgart.
Kersting, Norbert (Hrsg.), 2008: Politische Beteiligung. Einführung in dialogorientierte Instrumente politischer und gesellschaftlicher Partizipation. Wiesbaden.
Leggewie, Claus, 1997: Netizens oder: Der gut informierte Bürger heute, in: Trasit 13, 3-25.
Leggewie, Claus, 2002: Web oder weg – Internet für alle?, in: *Fohrmann, Jürgen/Orzessek, Arno* (Hrsg.), Zerstreute Öffentlichkeiten. Zur Programmierung des Gemeinsinns. München, 65-74.
Leggewie, Claus, 2006: Rampensäue, bitte zurücktreten! Vom Blogger-Narzissmus zum Paradigma Kollaboration, in: *Diemand, Vanessa/Mangold, Michael/Weibel, Peter* (Hrsg.), Weblogs, Podcasting & Videojournalismus. Neue Medien zwischen demokratischen und ökonomischen Potenzialen. Hannover, 42-58.
Leggewie, Claus/Bieber, Christoph, 2003: Demokratie 2.0. Wie tragen neue Medien zur demokratischen Erneuerung bei?, in: *Offe, Claus* (Hrsg.), Demokratisierung der Demokratie. Diagnosen und Reformvorschläge. Frankfurt a. M., 124-151.
Leggewie, Claus/Mertens, Mathias, 2008: Famanet. Das Internet als politische Gerüchteküche, in: *Brokoff, Jürgen/Fohrmann, Jürgen/Pompe, Hedwig* (Hrsg.), Die Kommunikation der Gerüchte. Göttingen, 191-204.
Lindner-Braun, Christa, 2007: Mediennutzung. Methodologische, methodische und theoretische Grundlagen. Münster.
Lovink, Geert, 2007: Ich blogge, also bin ich, in: Die Zeit, Nr. 52, 19.12.2007.
Luhmann, Niklas, 1995: Die Realität der Massenmedien. Opladen.
Meier, Christian, 1983: Die Entstehung des Politischen bei den Griechen. Frankfurt a. M.
Neidhart, Friedrich (Hrsg.), 1994: Öffentlichkeit, öffentliche Meinung, soziale Bewegungen. Opladen.
Neuberger, Christoph/Nuernbergk, Christian/Rischke, Melanie 2007: Weblogs und Journalismus: Konkurrenz, Ergänzung oder Integration?, in: media perspektiven 2, 96-112.
Riepl, Wolfgang, [1913] 1972: Das Nachrichtenwesen des Altertums. Hildesheim.

Sarcinelli, Ulrich, 1998: Legitimität, in: *Jarren, Otfried/Sarcinelli, Ulrich/Saxer, Ulrich* (Hrsg.), Politische Kommunikation in der demokratischen Gesellschaft. Ein Handbuch. Opladen, 253-267.
Saxer, Ulrich, 1999: Der Forschungsgegenstand der Medienwissenschaft, in: *Leonhard, Joachim-Felix/Ludwig, Hans-Werner* et al. (Hrsg.), Medienwissenschaft. Ein Handbuch zur Entwicklung der Medien- und Kommunikationsformen. Berlin/New York, 1-14.
Schirrmacher, Frank, 2007: Zeitung und Internet, in: Süddeutsche Zeitung 29.10.2007.
Walzer, Michael, 1999: Deliberation, and What Else?, in: *Macedo, Stephen* (Hrsg.), Deliberative Politics. Essays on Democracy and Disagreement. New York/Oxford, 58-69.
Wilke, Jürgen, 2000: Grundzüge der Medien- und Kommunikationsgeschichte. Köln/Weimar/Wien.

Power and the News Media: The Press and Democratic Accountability

W. Lance Bennett

Two interesting dimensions emerge from investigations of press-state relationships in the western democratic nations: consistently strong norms favoring press freedom and independence at the journalistic level, contrasted with markedly different media cultures defining the social responsibility of the press and its positioning vis-à-vis audiences and public officials (Hanitzsch 2007). These different dimensions of the public interest role of the press may explain why some observers (e. g. Deuze 2005) see marked similarities across democratic media systems, while others (Esser 1998; Donsbach/Patterson 2004; Hallin/Mancini 2004) tend to see important differences. Thus, Deuze (2005) concluded that journalists across many different systems embrace common norms of autonomy, fairness, and accuracy, while Donsbach (1995) compared U.S. and German newsrooms and concluded that they represent two very different worlds in terms of how reporters and editors approached stories.

Hanitzsch (2007) offers a useful typology for thinking about similarities and differences in journalism cultures. One prominent category in his framework involves how the market orientation within a media system affects how publics are addressed in news content. He contrasts two markedly different conceptions of news audiences:

"In journalism cultures that give priority to the public interest, the audience is clearly addressed in its role as citizenry. It is assumed that the primary purpose of journalism is to provide citizens with the information they need to be free and self-governing" (Hanitzsch 2007: 374).

"When market orientation is high journalism gives emphasis to what the audiences want to know at the expense of what they should know. Journalism cultures on this pole of the [market] dimension champion the values of consumerism; they focus on everyday life issues and individual needs. Audiences are not addressed in their role as citizens concerned with the social and political issues of the day but in their role as clients and consumers whose personal fears, aspirations, attitudes, and emotional experiences become the center of attention" (Hanitzsch 2007: 375).

These two ways of thinking about audiences are by no means exclusive. Indeed, they are easily combined and may be increasingly mixed together even in public service systems (Hanitzsch 2007). Many scholars and concerned journalists have concluded that news organizations in different nations may abuse their power to enhance popular debate and understanding, not because they typically take extreme or biased positions, but because they so often substitute diverse and critical news content for a thinner mix of drama, sensation, consumer features, and official spin (McChesney 2004; Patterson 1992, 1993; Petersson et al. 2007; Bennett 2009). The growing concern is that big corporate media treat news much as they regard entertainment programming: as a profitable product that generates greater revenues if it can be produced at low cost and aimed at the audience demographic segments that are most attractive to advertisers.

Nations such as the United Kingdom, Germany, and most northern European and Nordic countries have maintained commitments to public service broadcasting and relatively strong public interest regulations on the press. Yet even in these cases, market pressures take indirect paths, forcing public broadcasters to compete for audiences with commercial channels. As younger demographics become less interested in serious news, and large media corporations press governments to reduce unfair subsidies to their public competitors, the future of journalism is uncertain.

Whether in more heavily commercialized or mixed public service systems, the growing marketing logic that drives public affairs content may exclude large segments of the public who are either of little interest to mainstream advertisers (poor, immigrant and ethnic populations), or those, such as younger demographics, whose information tastes are changing and hard to adapt to conventional news formats. Meanwhile, prime advertising demographics (such as working women between the ages of 25 and 40) are targeted with more soft news features on fashion, celebrity, health and travel. The result is a narrowing and segmenting of the democratic public sphere (Hamilton 2004). In theory, there are good reasons to maintain a media sphere that is free of such restrictive commercial interests in order to maximize communication values such as being inclusive, open and appealing to all citizens (Habermas 1989).

The problems of a heavily commercialized public sphere are most pronounced in the United States, which undoubtedly has the most private, concentrated, and least regulated media sector among the top tier of OECD democracies. In the U.S. the commercialization of news has become so pronounced that daily content is driven by a mix of highly dramatized stories, while issue reporting and investigative journalism even in elite news organizations is increasingly displaced by official spin (Kovach/Rosenstiel 1999; Bennett et al. 2007). As profit demands rise, newsroom budgets have become so tight that investigative reporting is a luxury more often pursued to win awards and create prestige for brand-conscious news organizations than to routinely hold authorities accountable or to serve the interests of publics (Underwood 1993; Bennett/Serrin 2005). Perhaps the most common academic account of the erosion of the relationship between news and democratic responsibility is the difficulty of defining and implementing standards of public accountability when news is a market commodity protected by otherwise reasonable standards of press freedom (McChesney 2004).

1. Beyond the Market: The Democratic Dilemma of Public Accountability

There is little disagreement that freedom of the press is a necessary condition to provide publics with common communication spaces in which ideas can be exchanged and opinion independent of official spin can develop. However, the uneasy relationship between market forces and the public interest makes it equally clear that freedom to publish or broadcast is not a sufficient condition to hold media institutions accountable to some standards of the public interest, which are usually defined in terms of public affairs content reflecting a diverse range of voices (news sources) representing various public interests (Hallin/Mancini 2004). If press freedom is not sufficient to create public accountability, then some sort of (state) regulation and control becomes necessary to prevent media organizations from abusing their public responsibilities.

Yet, as McQuail (2003) has pointed out, press freedom and public accountability are curiously independent and poorly articulated ideals in democratic life. Without freedom, accountability is jeopardized, yet freedom does not guarantee that media organizations will advance the public interest or take adversarial and independent stances toward government, business, and other centers of power in society. The question of press responsibility becomes even more challenging because politicians who must create and enforce accountability standards may not easily see the public interest as separate from their own partisan goals. And even when press standards are imposed, the seemingly universal journalistic desire for autonomy, along with corporate-level market pressures favoring sensational content, often make those accountability schemes targets of political resistance. The result is an enduring democratic dilemma that often turns press freedom into a political shield against imposed standards of public accountability.

The United States may be the best example of why guarantees for press freedom do not necessarily produce felicitous outcomes in terms of content diversity or journalistic independence from political spin. Protections for the press in the United States are among the most developed in the world. A survey of journalists in 5 nations (Britain, Italy, Germany, Sweden and the United States) conducted by Donsbach and Patterson (2004) revealed that U.S. journalists claimed fewer restrictions on their approach to developing hypothetical stories, yet U.S. journalists also proposed using a more limited range of sources and story frames than those in other countries (Patterson 1992). Indeed, content analyses of U.S. news organizations indicate this often proclaimed "world's freest press" produces great homogeneity of output in terms of the range of sources and viewpoints on policies and political events (Political Communication 2006; Bennett et al. 2007).

A common explanation for the growth of soft news and features and the standardization of hard (policy) news content is that the U.S. press is governed by relatively few public responsibility standards. In the modern period since the rise of more conservative governments from the 1980s onward, the regulatory standards governing ownership concentration restriction and public service content have been continuously relaxed. This deregulatory trend is often cited as a prime reason for the continued deterioration of news quality measured in terms of investigative reporting, diversity of voices introduced as sources, and capacity to challenge suspect government policies (McChesney 2004).

The pressures of market forces on the public qualities of journalism are not new. Habermas (1989) traced the erosion of an independent media sphere to the rise of commercial media and advertising in the 19th Century. Indeed, those dilemmas of press independence led to the creation of public service broadcasting systems in most democracies. Yet public service systems do not fully resolve the problems of independence from commercial pressures. As noted above, they increasingly compete for audiences who are often attracted to commercial alternatives that often have little independent political content and effectively aim politics-free programming at younger viewers. Given these trends, the problem of how to engineer a vital public sphere from the standpoint of public accountability is far from obvious.

McQuail's (2003) survey of efforts to resolve the dilemma of freedom and accountability suggests that there may be no optimal solution among the many different approaches that have emerged across the democracies. According to Hallin and Mancini (2004: 66-86), the range of media systems suggests some clustering around partisan (France, Greece, Italy, Portugal, Spain), corporatist (Austria, Belgium, Denmark, Finland, Germany, Netherlands, Norway, Sweden, Switzerland), and liberal (Britain, United States, Canada, Ireland) models. Yet, by different criteria, various nations might jump from one category to another, and it is not clear whether leading news organizations in any of these systems have successfully developed journalistic standpoints that are resistant to official spin.

Thus, an important question for comparative media research is whether the outputs from different types of press systems vary in any systematic way in terms of capacity to challenge over-reaching governments when opposition factions fail to do their job. Put differently, do different arrangements for balancing freedom and accountability work in any predictable ways? For example, the claim above about uniformity of output in the U.S. press system does not mean that there is a consistent lack of controversy or debate. For example, a study of discourses on abortion in U.S. and German media found that the range of voices and viewpoints was considerably greater and more prominent in the U.S. media than in Germany (Feree et al. 2002). Thus, most mainstream U.S. news organizations may display similar content, but the range of sources and views in that news content expands when there is broad institutional debate on issues such as abortion, and shrinks when institutional debate narrows on issues such as the decision to invade Iraq.

Sometimes the levels of diverse or competing viewpoints in the mainstream U.S. press even vary in coverage of the same issue over time, as happened during the Reagan administration's mixed efforts to gain legal funding for its proxy wars in Central America during the 1980s. Not only did levels of reported challenges to administration military policies rise and fall as if driven by mysterious forces, but even the editorial direction of leading newspapers such as the *New York Times* varied over time as well (Bennett 1990). Those rising and falling levels of opposition in the news corresponded closely to levels of successful Democratic Party congressional resistance to Reagan administration Central America war policies. Even though the basic issues remained fairly constant over time, and even though there were plenty of organized anti-war groups in society to continue addressing the other side of the issue, when Democratic Party opposition retreated or failed to block government initiatives, the range of opposing viewpoints in both mainstream news and editorials narrowed as well. This pattern occurred even when the press knew that the Reagan White House drove many Democrats to silence by challenging the patriotism of opposition candidates during congressional elections.

One might think that during such moments of questionable restriction of the official opposition (e. g., suppression of the opposition party through electoral intimidation) a free and independent press would cover the other side of the story all the more prominently, yet that did not happen. As a result, the news often seems more a record of the ebb and flow of political power than a steady or independent discussion of the issues over which those power struggles are waged. What accounts for the counter-intuitive possibility that formal mechanisms for assuring press independence and information diversity may not often produce the desired results in the very moments when publics most need an independent press?

2. The Press and Power: Political Limits on Public Accountability

The most obvious answer to the question of when public accountability in the press is achieved is that it most often occurs when the formal institutions of politics (elected parties, legislatures, executives, courts) publicly engage and struggle over policy issues. Although it is often alleged (both by politicians and academics) that the press sets the public agenda, the opposite may more often be true:

a) Officials, whether behind the scenes or in public performances, in institutions of government generally make the news, and
b) Journalists in various national press systems have established norms that implicitly reference or "index" the sources and viewpoints in the news according to perceived power balances within political institutions.

The close alignment of a democratic press system to official institutional outputs makes a certain amount of sense at one level because reporting to the people on the governments they have elected is what publics generally expect the press do. In this process of providing daily updates on what politicians are doing, journalists become routinely exposed to officials and press handlers trying to get their daily spin into the news. Indeed, the importance of press coverage for politicians' capacity to dominate public debate makes the press an important institution of governing, although not in the sense that most democratic theorists think of it (Cook 1998). The question is: how do different news systems manage and negotiate this proximity of journalists to power?

It is tempting to conclude, as McQuail (2003) does, that, despite the many different solutions for addressing the freedom-accountability dilemma, most press systems in advanced democracies seem to be doing a reasonably good job. But what does it mean for the press to be doing a good job in routine times? When governments are pursuing their electoral mandates in relatively transparent fashion and the opposition is holding governing coalitions accountable on performance measures, the tendency of the press to filter and repackage the range of official (government and opposition) spin may offer a reasonably good public account of issues and events.

However, periods when democracy is functioning reasonably well do not really test the qualities of an independent press. *The key question about the press and the state is what happens when governing institutions fall to corruption, incompetence, political intimidation, deception, or deal making, and the range of official spin becomes a poor or misleading account of the events and issues in the news?* What happens in these moments when an official opposition fails to arise to hold government accountable?

The Bush administration has revealed a good deal about the precarious dependence of the U.S. press on the commitment of public officials, themselves, to democratic values such as public accountability and honesty. Consider, for example, an interview between a senior Bush advisor and Ron Suskind, a prominent journalist who was concerned about the truthfulness of administration claims about the war. The advisor, as if stepping from the pages of Baudrillard, dismissed the journalist and his colleagues as belonging to the "reality-based community." While journalists and academics were preoccupied with nagging matters of truth, the government was using its powers to create reality:

"We're an empire now, and when we act, we create our own reality. And while you're studying that reality – judiciously, as you will – we'll act again, creating other new realities, which you can study too, and that's how things will sort out. We're history's actors ... and you, all of you, will be left to just study what we do" (Bennett et al. 2007: 138).

Happily for democracy, not all governments seem as willing to sacrifice accountability for hegemonic power as the Bush administration, but the critical question for thinking about public accountability is: How does the press behave when governments do operate like this? In many cases, in their efforts to get the inside story about what the government is doing, journalists end up reporting the government spin intended to advance its projections of power (Entman 2004). The result is that the press (in this case, the U.S. press) becomes particularly vulnerable to not reporting other sides of big stories simply because an official opposition seems ineffective or nonexistent. In other words, the press becomes a communication arm of government – albeit one that may compete fiercely for getting inside interviews with the top sources spinning the story.

In other situations, the political power index in political decision circles that guides journalists may seem more balanced, and two or more official sides of a story can be reported. But here, again, what happens when one side of the story is almost certainly false? What should the press do? All too often, the mainstream U.S. press reports all sides in order to appear balanced, giving equal or more weight to official views anchored in deception, religious fervor, or sheer ignorance (Domke 2004). This has happened on numerous crucial policy issues in modern American politics, including the nature and causes of the AIDs epidemic, the controversy over teaching the theory of evolution (balanced by the dubious theory of "creationism") in school science classes, and the manufactured debate over likelihood of human causes of global climate change. In the latter case, the news headlined Bush administration doubts about human sources of climate change long after the scientific community and a majority of the opposition minority party had reached a different so-called "reality-based" consensus on the question (Bennett et al. 2007: 131-164).

Thus, despite the legally protected freedom for journalists to cover stories aggressively, and despite the strong sense of competition among news organizations for inside information, something less clearly articulated, but even more compelling drives reporting on many stories. This implicit news filter involves perceptions of power shared among the elite Washington press. Telling political stories as narratives of power often distorts, and even blocks evidence that may be crucial to public understanding and capacity for effective action in many situations. This power index underlying the U.S. press accountability system operates at several levels:

– Directly, through reporting practices and everyday journalism routines, journalists share similar understandings about institutionalized patterns of power that enable them to filter and weigh the sources and viewpoints appropriate in covering a particular story. In the U. S. for example, this implicit reporting rule has settled around journalistic perceptions of what factions in the policy-making processes have what likelihood to influence the outcome of a decision or affect the course of policy. Thus, much of the framing of news stories involves who is winning or losing policy battles, rather than independent assessments of the issues, evidence, and likely outcomes in those conflicts.

- Indirectly, behind the scenes, this indexing process is reinforced in numerous ways, including: the power of officials to give stories to journalists and news organizations that have given prominent placement to past spin; and the corresponding power to punish less compliant news organizations by denying them access to inside sources.
- Through the resulting formation of what Hallin (1986) has called the elite consensus that limits the range of publicly thinkable reality. The indexing theory predicts that this consensus persists until power balances shift once again. In this phase, journalists join elites in spreading "insider buzz" through the Washington social scene. Experts and officials write the spin into opinion pieces for elite papers. Journalists, experts and government officials appear on prominent television talk shows that are watched mainly by other journalists, experts, officials, and opinion leaders (Smith 2007).

In these ways, perceptions of power are reinforced and become the reality of Washington politics: the so-called "conventional wisdom." As with common sense or conventional wisdom in much of the rest of society, the issue is not whether it is correct or functional; indeed, it is often badly wrong. The issue is whether it creates a shared reality in which those who participate in its creation have meaningful roles to play. When the conventional wisdom proves mistaken or misleading, the participants can create other conventions to excuse their prior misguided convictions and adopt new ones. Thus, the majority of the press and leaders of both parties eventually blamed their exaggerated perceptions of the dangers posed by Iraq on failures by the U.S. national security agencies responsible for the intelligence process. This fig leaf was widely shared by many journalists and politicians who surely also understood that the intelligence process had been undermined by officials in the Bush administration – including the president – who were eager to fabricate a case for going to war. Yet fully developing that story (and subsequent stories about the conduct of that war) might have led to legal allegations against the president, the vice president, and other high officials. Such reporting is impossible for the mainstream U.S. press unless powerful officials provide an authoritative basis for it.

We now know that even the classic case of investigative reporting on the high crimes and misdemeanors of the Nixon administration, known as the Watergate affair, was based on inside leaks from no less an authority than the second in command at the FBI. In the more recent case of Iraq, evidence of malfeasance and incompetence against various officials in the Bush administration lay in plain sight, yet lacked the authoritative institutional opposition needed to advance a forceful challenge from the press.

3. The Case of Iraq

A classic case of the self-imposed limits of the mainstream American press involves news coverage of the official spinning of U. S. invasion of Iraq and its aftermath of torture, civil war, government corruption, and regional instability. From the beginning, poorly documented Bush administration stories about weapons of mass destruction were directly contradicted by United Nations weapons inspectors' accounts from inside

Iraq. Similarly, official allegations of cooperation between Saddam Hussein and Al Qaeda in the 9/11 terrorist attacks were contradicted by lack of evidence and even a minimal knowledge of the political agendas of the two alleged conspirators. Yet the headlines of the leading U.S. newspapers such as the *New York Times* and the *Washington Post* (and most of the thousands of daily television programs and local papers that those elite organizations influence) primarily contained Bush administration spin (Bennett et al. 2007). One can argue that the one-sided coverage simply reflected the political calculation by a weakened opposition party (the Democrats) to avoid publicly challenging a then popular president. This surely denied the press another side to the Iraq War story. However, the question remains as to why the other side of such an important news story with credible sources beyond U.S. officials should depend so completely on whether or not an official opposition is challenging the leading policy faction?

Following the invasion of Iraq and the failure of Bush administration claims to correspond to observable realities, both the *Washington Post* and the *New York Times* responded to reader pressure by issuing unusual apologies for letting the story become so dominated by administration sources that in retrospect seemed unreliable. For example, the *Times* published an editorial that included statements such as this:

"Over the last year this newspaper has shone the bright light of hindsight on decisions that led the United States into Iraq ... It is past time we turned the same light on ourselves.
In doing so – reviewing hundreds of articles written during the prelude to war and into the early stages of the occupation – we found an enormous amount of journalism that we are proud of ...
But we have found a number of instances of coverage that was not as rigorous as it should have been. In some cases, information that was controversial then, and seems questionable now, was insufficiently qualified or allowed to stand unchallenged. Looking back, we wish we had been more aggressive in re-examining the claims as new evidence emerged – or failed to emerge" (New York Times 2004).

The Washington Post published an unusual piece of investigative reporting on its own reporting. This report concluded that the paper frequently downplayed independent reports by its own journalists in favor of "front paging" stories based on administration spin:

"Days before the Iraq war began, veteran *Washington Post* reporter Walter Pincus put together a story questioning whether the Bush administration had proof that Saddam Hussein was hiding weapons of mass destruction."

"But he ran into resistance from the paper's editors, and his piece ran only after assistant managing editor Bob Woodward, who was researching a book about the drive toward war, 'helped sell the story,' Pincus recalled. 'Without him, it would have had a tough time getting into the paper.' Even so, the article was relegated to Page A17 ..."

"The paper was not front-paging stuff," said Pentagon correspondent Thomas Ricks. "Administration assertions were on the front page. Things that challenged the administration were on A18 on Sunday or A24 on Monday. There was an attitude among editors: Look, we're going to war, why do we even worry about all this contrary stuff?"

"In retrospect," said Executive Editor Leonard Downie Jr., "we were so focused on trying to figure out what the administration was doing that we were not giving the same play to people who said it wouldn't be a good idea to go to war and were questioning the administration's rationale. Not enough of those stories were put on the front page. That was a mistake on my part." ...

"People who were opposed to the war from the beginning and have been critical of the media's coverage in the period before the war have this belief that somehow the media should have crusaded against the war," Downie said. "They have the mistaken impression that somehow if the media's coverage had been different, there wouldn't have been a war" (Kurtz 2004: A1).

It is revealing that the editor of the *Post* missed the point about why it matters to tell another side to the story. Far from "crusading" in an effort to prevent war, the paper might simply have pursued its own public norms to balance one-sided coverage by getting another side of the story. His remarks suggest that even when he understood that his paper somehow missed important parts of the story, he still viewed the reality of the situation through the lens of power – the inevitability of war, and the inability of his paper to stop it. Which of course misses the point about the democratic role of the press in informing publics so they may act effectively.

Following these revealing comments, one might expect these news organizations to correct their mistakes and cover the next big story differently. Yet the indexing theory predicts that under the same conditions, the press will behave in the same ways. The next big story came shortly after these moments of journalistic self-reflection about failures in their coverage, providing something of a natural experiment through which to test the predictive capacity of the indexing theory.

3.1 The Press and Abu Ghraib

By any measure, the Abu Ghraib prison story that broke at the end of March, 2004, was among the biggest international news events of the war. The shocking photos of cruelty to Iraqi prisoners being held by the U.S. in one of Saddam's worst prisons created volumes of coverage and protest around the world. The images included a hooded man standing on a box with electrical wires coming from his body, dogs menacing naked prisoners, and scenes of sexual humiliation. U.S. news organizations, led by CBS television, and then, the *Washington Post*, ran thousands of stories as congressional investigations kept the situation in the news through the summer of 2004, just months before the presidential and congressional elections in November.

The Bush administration labeled the scenes as a case of unfortunate but isolated *abuse* of prisoners by low-level personnel who would be punished. Yet evidence existed from the Red Cross and other human rights organizations that a more systematic pattern of cruelty, and perhaps even torture, was occurring in U.S. detention facilities in Iraq, Afghanistan, Guantanamo, Cuba, and elsewhere. In addition, memos surfaced indicating that the White House legal counsel (later U.S. Attorney General) Alberto Gonzalez had participated in constructing a legal cover to exempt interrogation practices in the war against terror from domestic and international laws against torture. The fascinating question then became how would the press frame these various elements of the situation.

Recall that the key factor for making a prediction based on indexing theory is the power balance among factions involved in key policy debates in the political institutions. In the case of Abu Ghraib, the political calculations of the opposition party resembled the same position they took before the war: for a weak Democratic party, torture seemed a volatile issue to present to American voters on the eve of an election.

Even critics who would emerge later from within the Republican Party (e. g., Senator John McCain) remained quiet until after the election. The prediction under these circumstances is that the administration framing of a regrettable but isolated case of abuse (i. e., an isolated incident involving bad treatment) would dominate the news.

Along with colleagues Regina Lawrence and Steven Livingston, I gathered all *Washington Post* news articles and editorials on the scandal between April 1 (ahead of when the first photos appeared) and August 31, 2004 (when the official investigations and congressional hearings finished and the parties turned toward the election). This produced a sample of 242 news articles and 52 editorials, which were then coded for the news frames (torture, abuse, mistreatment, and scandal) used to describe the situation depicted in the photographs. The coding was done by trained coders and tested for reliability as reported in Bennett et al. (2007).[1] In addition, we gathered a LexisNexis sample of 895 articles and editorials from 10 national newspapers,[2] and 54 CBS News reports over the same time period. The latter two samples were machine coded based on confidence that the hand coded *Washington Post* sample produced reliable and meaningful results. The general findings from all samples indicated that the administration framing of the story overwhelmingly dominated news coverage.

The results of the analysis of Washington Post news reports and editorials are shown in *Table 1*. The findings make clear that the administration frame of abuse dominated the news reports, accounting for fully 81 percent of primary story frames (appearing in headlines and opening paragraphs of items), compared to just 3 percent for the torture frame. Filling out the news plots were mistreatment and scandal. Together, these four frames accounted for 99 percent of the leading frames found in all the news stories and editorials. While torture was more commonly introduced in editorials, even there, abuse was by far the dominant news theme. We also coded the news and editorials to allow for secondary frames to cover the possibility that torture might appear later in stories. Although the incidence of torture was slightly higher when multiple codes were permitted for each item, the administration spin still dominated the news (Bennett et al. 2007: 72-107).

Table 1: Primary labels used to describe Abu Ghraib, by type, *Washington Post*, April 1, 2004 – August 31, 2004

	"Abuse"	"Torture"	"Mistreatment"	"Scandal"
News (*n* = 242)	81% (188)	3% (9)	3% (7)	12% (29)
Editorials (*n* = 52)	61% (32)	17% (9)	3% (2)	13% (7)

* These data are based on the *first* label used in each article. Numbers in parentheses are the counts for each cell; percentages are not rounded.

Additional analysis showed that the relatively few uses of the term torture in Washington Post coverage mainly occurred in the first 2 weeks after the photos were published,

---

[1] For a detailed discussion of the coding methods and reliability statistics (which are very strong) see Bennett et al. (2007: 89-92, 208-209).
[2] Atlanta Journal and Constitution, Boston Globe, Chicago Sun-Times, Los Angeles Times, New York Times, Cleveland Plain Dealer, San Francisco Chronicle, Seattle Times, St. Petersburg Times, USA Today.

and then disappeared almost entirely as few officials in positions of power emerged to challenge the administration story. When I asked a prominent Post reporter why the paper was so timid about using the torture term and why it all but disappeared from the paper after the first couple of weeks, the reply was that there was no basis for continuing to frame the story in those terms when Democrats failed to step forward and echo that language.

As noted earlier, a great deal of work on the U.S. press system has observed the remarkable uniformity of content across different mainstream organizations (Political Communication 2006). This pattern is what the indexing model helps to explain, as it identifies a widely shared journalistic standpoint used by most mainstream news organizations in framing their reporting (and even their editorial opinion range). That standpoint is further reinforced by leading papers such as the *New York Times* and the *Washington Post*, which set much of the daily news agenda for other news organizations. Indeed, our national sample of big city papers indicates that they fell clearly in line with the consensus on Abu Ghraib. *Figure 1* shows the trends for different news frames in our national newspaper sample during the summer of 2004 for both news and editorial items. If we remove the editorial items, the mentions of torture in this mainstream press sample all but disappear.

Figure 1: Mentions of "torture" and other labels in connection with Abu Ghraib in news and editorial items, U.S. national newspaper sample, April 1, 2004 – January 19, 2005.

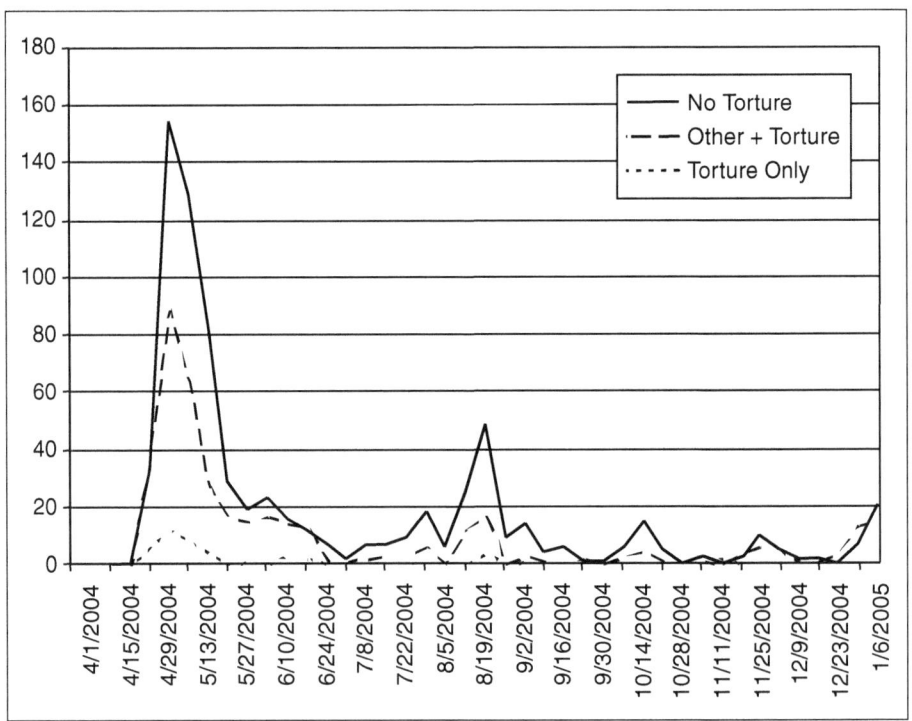

The pattern was the same for television news, including CBS, the news organization that broke the story. Of the 54 CBS stories on Abu Ghraib over the summer of 2004, abuse was either the first or the second label used in 50 (92 percent) of the stories, compared to torture appearing as either the first or second theme in just 10 (18 percent) of the stories. As with the newspaper analyses above, many of these few uses of torture fell into two interesting categories: general discussions that did not refer to activities at Abu Ghraib, or denials by administration officers that torture was being practiced anywhere under U.S. authorization. Thus even the few references to torture were further diluted by these considerations.

Our data indicate that despite thousands of news stories and repeated showing of disturbing photographs, the Bush administration succeeded in spinning the story as a case of isolated abuse. Only after the election did a credible official opposition emerge. Ironically, it came from within the president's own party. Republican Senator John McCain – himself a prisoner of war in Vietnam, and a victim of torture – organized enough votes in the Senate to require the president to conform to the law and abandon practices known to be occurring in various U.S. detention facilities. With this power shift in official decision circles, the news framing also shifted, and the term torture for the first time became more dominant than abuse. However, even in this coverage, most of those torture references were not applied to actual situations such as Abu Ghraib, but to the legislation that Senator McCain was seeking to pass in order to constrain the government.

The indexing theory thus explains how the mainstream U.S. press missed almost entirely some very important sides to the Iraq story. It missed those sides of the story not because they were hard to see. To the contrary, they were plainly visible, and connected to credible sources. Indeed, several alternative publications (such as *The New Yorker* and the *New York Review of Books*) carried well-documented reports from journalists such as Seymour Hersh and Mark Danner. One suspects that most members of the national press read these reports. They simply could not follow them up in their own papers and broadcasts. Thus, the majority of the (generally inattentive) public was deprived of hearing much beyond administration spin. Not surprisingly, public opinion reflected this daily flow of official spin from a mainstream media that had become an unwitting propaganda arm of government. Well into 2006, majorities or large pluralities continued to echo Bush administration claims about reality (belief that weapons of mass destruction had been found in Iraq, that Saddam Hussein was involved in the 9/11 attacks, etc.). When the Democrats finally won narrow control of Congress in the 2006 elections and used that power position to begin mounting challenges to the administration on the war, the news began to expand to include other points of view (for example, calling the situation in Iraq a civil war, which the administration had long denied). The combination of this opposition, along with daily scenes of mayhem and deteriorating conditions in Iraq finally tilted public opinion against both Bush and the war. The possibility that the news might have brought these realities to the public in more timely fashion was lost in this process.

4. Other Empirical Support for Indexing

Over the years, a number of scholars have submitted the indexing theory to various tests, and generally found that the press faithfully reflects the power balances among elites within policy decision circles. The most impressive study was done by Zaller and Chiu (1996), who looked at 39 cases of U.S. foreign policy crises spanning the years 1945 – 1991. They created two independent measures of official division of policy opinion based on legislative vote splits and speeches about the crises entered into the *Congressional Record*. They then coded the content of major news magazines in terms of the balance between hawks and doves, that is, whether reporting emphasized voices in Washington that favored or opposed military intervention in the crisis. They found impressive correlations ranging between .63 and .70 between the direction of congressional political sentiment and the corresponding press slant (Zaller/Chiu 1996: 389-391). They concluded that: "... the relationship between congressional opinion and press slant reflects a broad tendency within the data set as a whole" (Zaller/Chiu 1996: 392).

Jonathan Mermin (1999) drew similar conclusions in his examination of television and newspaper coverage of U.S. interventions in Haiti, Panama, Grenada, Libya, and the Gulf War of 1991. He concluded that in every case, press story lines closely followed the degree of public debate in Washington power circles, and seldom included other sources that held views outside the conventional Washington wisdom. This line of analysis follows from Daniel Hallin's (1986) original conclusion that press coverage during the early Vietnam era conformed closely to the official (and often highly suspect) consensus that the war was winnable and the South Vietnamese government and army were viable. Subsequent press criticism of the war occurred when that consensus broke down in the late 1960s.

Beyond the U.S. case, many press systems in the advanced democracies involve both highly professionalized official spin operations and the capacity of governments to reward and punish journalists and news organizations that are more or less cooperative. Add to this the growing dependence of public service broadcasting on government funding in increasingly market-oriented media environments, and the conditions seem ripe for some sort of political indexing to operate in different democracies.[3] The research agenda in press-politics would benefit from more comparative work. Preliminary evidence suggests that variations on indexing may exist in different nations.

5. Indexing in Other Press Systems

The U.S. press system may be unusually prone to the collapse of political oppositions due to the lack of proportional representation and the difficulty of maintaining party positions and discipline in an unwieldy two party system. However, this suggests that indexing may produce somewhat more extreme or volatile results in the U.S., but slightly different political indexing rules may be found in other systems. Hence, news

---

3 Even the venerable BBC was severely disciplined by the Blair government for a story that accurately reported government intelligence spinning activities, but failed to report it properly.

content across the mainstream press in many nations may be more similar that one might expect given the often substantial differences in media markets and the spectrum of partisan newspapers. For example, a study of British press coverage of several national policy issues showed that the mainstream press tended to follow the lines of party differences and cover party positions as the rough guide to the range of content in the news (Bennett/Alexseev 1995). In addition, the UK tradition of the "question time" ensures that some opposition voice is raised in public on most policy issues, providing news organizations with some range of story diversity as a result of routine newsgathering. Thus, even in this case of a political system with a relatively diverse press mixture (public service broadcasting, commercial broadcasting and papers, and a foundation operated partisan newspaper in the case of the *Guardian*), the basic news agenda still derives largely from official government activities and spin. For example, the party finance scandal that rocked the Brown government in 2007 was largely the result of an official investigation of party records, and spin from the opposition party (and, one suspects, the remaining Blair faction in the labor party) that kept the story in the news.

A similar party-based form of indexing appears to operate in the German press system. For example, a study of levels of criticism of U.S. policy in the Iraq war across German television channels found that while most news content was critical, there were remarkably even levels of criticism across 6 different channels (ARD, ZDF, Sat1, n-TV, N24, RTL), both public and private (Weiss/Trebbe 2005). There is a possibility that there may be some systematic German media bias against the U.S., but the even levels across such different channels suggest that some sort of shared reference system was more likely employed by different news organizations to establish their levels of criticism.

More evidence that the German press system tends to move in somewhat uniform patterns came from Maurer et al. (2008), who argue that comparative studies of different policy issues were needed to sort out whether such directional content biases are systematic, or whether levels and targets of policy criticism vary with specific political factors from issue to issue. They examined the levels, sources, and targets of policy criticism in news coverage on 4 television networks for three different wars: Kosovo, Afghanistan, and Iraq. Their finding that levels of policy criticism differed greatly from war to war, with the targets of the first two wars being primarily the German government, and the latter aimed mainly at the U.S. government. In all three cases, the sources of the critical commentaries were seldom journalists themselves. Here we have evidence that something like indexing is going on in the way that different news organizations in the same country establish the range and the nature of critical policy content in different situations.

An interesting comparative study of two leading German papers on the same three wars showed that journalists working for two papers with more pronounced political differences *(Frankfurter Allgemeine Zeitung, Süddeutsche Zeitung)* were more likely than their TV colleagues to introduce opinions without external sources into their reporting. However, even here, both papers tended to vary in similar ways from war to war in both the volume and direction of opinion. Kosovo invited the most journalistic opinion in the two papers (with 26 percent of opinions coming from journalists in each paper), and Iraq was next (with 14 percent in the SZ and 23 percent in the

FAZ). Most interesting, however, is that despite their political differences, the two papers shared similar and statistically significant directions in their views on Kosovo (positive) and Iraq (negative). The key finding was that the wars themselves, and not the political leanings of the papers were the significant factors in the opinion slant of the coverage. As the authors conclude: "The general political orientation of German newspapers had no influence on their evaluations of the three wars" (Vogelsang/ Fretwurst 2005; Maurer et al. 2008: 161).

Since it is unlikely that wars inherently tell journalists how to cover them, perhaps the intervening factor is how government and opposition line up in different cases. This is precisely what Weiss and Weiss (2005) proposed in their analysis of coverage of the 3 wars. They concluded that "… media coverage of international crises and wars … is closely linked to official national positions toward the respective wars." They note that Kosovo was supported across the entire political spectrum and that differences were resolved before military involvement began. As indexing would predict, Kosovo received the highest levels of positive (or pro government) news content both on TV and across the spectrum of mainstream papers. Afghanistan was in the middle of the critical content spectrum, reflecting divisions in government (many Greens and leftist Social Democrats expressed reservations) about military involvement. Finally, involvement in Iraq was opposed across the political spectrum, and news content reflected this generally negative view of the war across television and different papers. Thus, the conventional wisdom that a more diverse press system (measured in these studies by public vs. private television, and politically left and right papers) would reflect greater differences across news organizations did not prove true. Different news organizations were more similar than different because they reflected more the range of official positions in political institutions. Weiss and Weiss conclude that the indexing hypothesis "can be extended beyond its initial focus on press state relations in the U.S." Vowe and Dohle (2007) cite other studies supporting a similar conclusion.

6. Conclusion

While these studies do not answer all the questions about press systems and public accountability, they do suggest directions to look for answers. For example, if different press systems tend to look much the same under conditions of high consensus and low conflict among elected parties and other governing officials, an important hidden factor in press accountability may be power itself. In one sense this involves the power of officials to give or withhold important information to news organizations. At another level, power describes the capacity of decision-making institutions to create a reality that mainstream journalism may privilege above the norms of particular news organizations and above challenges from less powerful sources than those who command political decisions.

Does this mean that there are no differences among press systems when it comes to holding governments independently accountable for policy decisions? Such a broad claim seems unwarranted based on the evidence offered here. The tentative conclusion here is that high levels of political consensus (reached for whatever reason) may narrow the outputs of otherwise diverse press systems. At the same time, the routine daily news output of different systems may diverge along a number of important dimensions. For example, strong public service systems may offer greater levels of detailed coverage of more policy issues than commercial systems that increasingly neglect policy news. On another dimension, press systems arrayed along general party or ideological lines may cover more issue positions from more diverse points of view (at least until the point that power distributions in policy decisions seem clear). Politically diverse press systems may also introduce more opinion and analysis into routine reporting than homogeneous systems such as the U.S. that emphasize norms of neutrality and balance. Such differences may be very significant in generating interest and knowledge among citizens, and in making politicians aware that their everyday actions are subject to public discussion. Thus, public accountability may have multiple dimensions, and an important task is to identify more of them so that press systems can be observed in more refined ways.

The key for understanding how press systems operate is to look beyond often-idealized journalistic norms to actual practices – particularly to the daily newsgathering routines that mesh news production with government information production (Tuchman 1978; Bennett 1990; Cook 1998). Those practices reflect deeper political orientations on the part of news organization managers (editors, publishers, producers) who must somehow balance the often-conflicting pressures from reporters, owners, and powerful political institutions. The gap between norms and practices helps explain why seemingly diverse press systems may behave similarly when political consensus is reached among powerful elites on key policy questions. At the same time, during important periods when issues are developing on the public agenda, the range of content and sources is likely to be greater in some systems than others. Further research is required to sort out how much of these differences are due to the broader spectrum of parties in parliamentary systems providing diverse source material for news, and how much to the commitment of different types of news organizations to independent reporting.

This suggests that we may want to classify press systems less in terms of professional journalism norms or surface differences such as degree of commercialization vs. public service. Yet, scholars continue to analyze these surface qualities both because they are readily observable and because they offer an obvious means of categorizing different systems in formal terms. For example, Hanitzsch (2007) proposes categorizing press systems along a continuum of "power distance" ranging from adversarial or watchdog press found in the mythology of many liberal press systems, to a journalism of deference common in Asian systems such as the Japanese. He characterizes journalists who practice the liberal model as "relentless cross-examiners who provide an independent and radical critique of society and its institutions, and they are skeptical of or even hostile to every assertion made by those in power" (Hanitzsch 2007: 373). Yet "power distance" is precisely what deeper orientations such as indexing call into question, suggesting that, as in many other areas of social life, formal norms are often contradicted by practical realities.

While idealistic normative accounts of journalism often appear in textbooks and in the personal accounts of journalists, they hardly describe the actual behavior of the press systems in many critical situations. For example, the watchdog press norm becomes a misleading frame for thinking about the generally uncritical U.S. press acceptance of the Bush administration rationale for invading Iraq, and for understanding why so many American news organizations had so much trouble reporting the possibility that the government might have adopted a policy of torturing enemy combatants in the war on terror. Understanding these seeming contradictions between journalism norms and press system outputs requires illuminating how those who run news organizations routinely engage with the political power structures of the institutions they cover, and how they define their responsibilities to their audiences.

All of this said, there is considerable variation in news coverage that cannot be explained by indexing alone. Beyond the coverage of policy decisions, much of the reporting on spontaneous events, catastrophes, and cultural scenarios may involve journalists acting more independently to fashion narratives based on cultural themes, dramatic personalities, and sensational plots (Jones 2006). Even in coverage of policies and government decisions, commercial news values of drama, sensation, and personality may shape stories beyond the ways that officials try to spin them. Considerations of drama and narrative as independent journalism values may, in turn, affect the ways in which communication professionals engage with reporters. Indeed, spin becomes more attractive when it is packaged to appeal to news values of drama and sensation.

When comparing different systems, different types of political indexing are likely to be observed. Few democracies are as likely to marginalize opposition voices in policy debates (and, consequently, in the press) as is the U.S. political system. More common, as the above cases of Germany and the UK indicate, are parliamentary systems in which opposition parties routinely take positions on issues. The range of viewpoints in news coverage generally reflects the degree and intensity of that parliamentary opposition.

The mixture of public service, commercial, and partisan organizations in a press system may contribute to the diversity of content. However, as the German studies reported above suggest, the organizational diversity within a press system may not make as much difference as common sense would suggest. Indeed, it is more the diversity of views among parties and public officials than in the press that determines the balance of viewpoints in the news. This is why it is important to try to determine how news organizations locate themselves in relation to political power rather than simply focus on the more explicit norms that define the journalistic profession. It is the capacity of political power to shape journalistic content that is important to monitor as the *realpolitik* in every democratic system.

References

Bennett, W. Lance, 1990: Toward a Theory of Press-State Relations, in: Journal of Communication 40 (2), 103-125.
Bennett, W. Lance, 2009: News: The Politics of Illusion. 8th ed. New York.
Bennett, W. Lance/Alexseev, Mikhail, 1995: For Whom the Gates Open: News Reporting and Government Source Patterns in the United States, Great Britain, and Russia, in: Political Communication 12, 395-412.
Bennett, W. Lance/Lawrence, Regina G./Livingston, Steven, 2007: When the Press Fails: Political Power and the News Media from Iraq to Katrina. Chicago.

Bennett, W. Lance/Serrin, William, 2005: The Watchdog Role, in: *Overholser, Geneva/Hall Jamieson, Kathleen* (eds.), The Press. New York, 169-188.
Cook, Timothy, 1998: Governing with the News: The News Media as a Political Institution. Chicago.
Deuze, Mark, 2005: What is Journalism? Professional Identity and Ideology of Journalists Reconsidered, in: Journalism 6, 442-464.
Domke, David, 2004: God Willing? Political Fundamentalism in the White House, the War on Terror, and the Echoing Press. London.
Donsbach, Wolfgang, 1995: Lapdogs, Watchdogs, and Junkyard Dogs, in: Media Studies Journal 9, 17-30.
Donsbach, Wolfgang/Patterson, Thomas, 2004: Political News Journalists: Partisanship, Professionalism, and Political Roles in Five Countries, in: *Esser, Frank/Pfetsch, Barbara* (eds.), Comparing Political Communication: Theories, Cases, and Challenges. New York, 251-270.
Entman, Robert M., 2004: Projections of Power: Framing News, Public Opinion and U.S. Foreign Policy. Chicago.
Esser, Frank, 1998: Editorial Structures and Work Principles in British and German Newsrooms, in: European Journal of Communication 13, 375-405.
Feree, Myra Marx/Gamson, William A./Gerhards, Jürgen/Rucht, Dieter, 2002: Shaping Abortion Discourse: Democracy and the Public Sphere in Germany and the United States. New York.
Habermas, Jürgen, 1989: The Structural Transformation of the Public Sphere: An Inquiry into a Category of Bourgeois Society. Cambridge, UK.
Hallin, Daniel, 1986: The Uncensored War: The Media and Vietnam. Berkeley.
Hallin, Daniel/Mancini, Paolo, 2004: Comparing Media Systems: Three Models of Media and Politics. New York.
Hamilton, James T., 2004: All the News That's Fit to Sell: How the Market Transforms Information Into News. Princeton, NJ.
Hanitzsch, Thomas, 2007: Deconstructing Journalism Culture: Toward a Universal Theory, in: Communication Theory 17, 367-385.
Jones, Timothy M., 2006: Framing and Social Identity: A Cross-National News Analysis of the AbuGhraib Prison Scandal. Paper presented at the annual Meeting of the International Studies Association. San Diego, March 2-5.
Kovach, Bill/Rosenstiel, Tom, 1999. Warp Speed: America in the Age of Mixed Media. New York.
Kurtz, Howard, 2004: The Post on WMDs: An Inside Story. Prewar Articles Questioning Threat Often Didn't Make Front Page. Washington Post, August 12, A1.
Maurer, Torsten/Vogelgesang, Jens/Weiß, Moritz/Weiss, Jürgen, 2008: Aktive oder passive Berichterstatter? Die Rolle der Massenmedien während des Kosovo-, Afghanistan- und Irakkriegs, in: *Pfetsch, Barbara/Adam, Silke* (eds.), 2008, Massenmedien als politische Akteure. Wiesbaden, 144-167.
McChesney, Robert, 2004: The Problem of the Media: U.S. Communication Politics in the 21st Century. New York.
McQuail, Denis, 2003: Media Accountability and Freedom of Publication. New York.
Mermin, Jonathan, 1999: Debating War and Peace: Media Coverage of U.S. Intervention in the Post-Vietnam Era. Princeton, NJ.
New York Times, 2004: The Times and Iraq, in: http://www.nytimes.com/2004/05/26/international/middleeast/26FTE_NOTE.html?ex=1400990400&en=94c17fcffad92ca9&ei=5007&partner=USERLAND; 04/26/04.
Patterson, Thomas, 1992: Irony of the Free Press: Professional Journalism and News Diversity. Paper presented at the annual Meeting of the American Political Science Association, Chicago/IL, September 3. – 6.
Patterson, Thomas, 1993: Out of Order: How the Decline of Political Parties and the Growing Power of the News Media Undermine the American Way of Electing Presidents. New York.
Pettersson, Olof/Djerf-Pierre, Monika/Holmberg, Soren/Strombeck, Jesper/Weibull, Lennart, 2007: Media and Elections in Sweden. Report of the Democratic Audit of Sweden 2006. Stockholm.
Political Communication, 2006. Special Issue: New Institutionalism and the News. Vol 23, No 2. April – June.

Smith, Mark A., 2007: The Right Talk: How Conservatives Transformed the Great Society into the Economic Society. Princeton.
Tuchman, Gaye, 1978: Making News: A Study in the Construction of Reality. New York.
Underwood, Doug, 1993: When MBAs Rule the Newsroom: How the Marketers and Managers Are Reshaping Today's Media. New York.
Vogelsang, Jens/Fretwurst, Benjamin, 2005: Political Biases in German Press Coverage of Three Wars: Kosovo 1999, Afghanistan 2001, Iraq 2003. Paper presented at the annual Meeting of the International Communication Association. New York. May 27.
Vowe, Gerhard/Dohle, Marco, 2007: Politische Kommunikation im Umbruch. Neue Forschung zu Akteuren, Medieninhalten und Wirkungen, in: Politische Vierteljahrensschrift 48 (2), 338-359.
Weiss, Hans-Jürgen/Trebbe, Joachim, 2005: Implicit vs. Explicit Editorial Commentary: Political Biases of German TV Coverage of the Iraq War. Paper presented at the annual Meeting of the International Communication Association. New York. May 27.
Weiss, Moritz/Weiss, Hans-Jürgen, 2005: Indexing: A General Approach for Explaining Political Biases in War Coverage. Paper presented at the annual Meeting of the International Communication Association. New York. May 27.
Zaller, John/Chiu, Dennis, 1996: Government's Little Helper: U.S. Press Coverage of Foreign Policy Crises, 1945-1991, in: Political Communication 13, 385-405.

Politischer Medieneinfluss: Metamorphosen des Wirkungskonzepts

Winfried Schulz

1. Einleitung

Medieneinflüsse auf die Politik werden allgemein als selbstverständlich unterstellt. Unter welchen Bedingungen und mit welchen spezifischen Folgen diese eintreten, sind seit jeher zentrale kommunikationswissenschaftliche Forschungsthemen. In der Politikwissenschaft jedoch spielen diese Fragen nur eine vergleichsweise geringe Rolle. Max Kaase (1998) mutmaßt, dass dies möglicherweise auf die Allgegenwart der Massenmedien zurückzuführen sei, die „als soziale Selbstverständlichkeiten unterhalb der für Forschung notwendigen Aufmerksamkeitsschwelle" blieben. Wendet man das Argument, dann qualifiziert es zugleich das überragende Interesse der Kommunikationswissenschaft dahingehend, dass diese sich mit Selbstverständlichkeiten abgibt – und sich dabei auch noch ziemlich schwertut. Dass sie sich schwertut, bestimmt ihr Bild in der Laienöffentlichkeit wie auch in Teilen der wissenschaftlichen Literatur.

Die Situation scheint widersprüchlich zu sein. Auf der einen Seite beruht die Kommunikationsforschung zu weiten Teilen auf der Wirkungsvermutung (Katz/Lazarsfeld 1955: 18; McQuail 2005: 456). Die Erträge der Medienwirkungsforschung „sind reichhaltig, teilweise aber auch widersprüchlich" (Schenk 2002: 693); vor allem fehlt es, wie oft beklagt wird, an einer umfassenden Theorie der Medienwirkung (vgl. etwa Severin/Tankard 2001: 286). Auf der anderen Seite werden in der Politik und Nationalökonomie, in Marketing, Bildung und Kunst wie auch im Alltag der Menschen ganz selbstverständlich Medienwirkungen unterstellt und zur Prämisse praktischen Handelns gemacht. Um das mit nur einem Faktum zu illustrieren: Bei den Präsidentschaftswahlkämpfen in den USA geben die Kandidaten allein für Fernsehwerbung hohe dreistellige Dollar-Millionenbeträge aus. Wenn den Medien so viel Geld zufließt, sollte doch an ihrem politischen Einfluss etwas dran sein.

Das Bild der Medienwirkungsforschung beruht teils auf Vereinfachungen, überholten Vorstellungen und Legenden. Es stützt sich vielfach auf Ergebnissammlungen, die methoden-unkritisch und weitgehend theoriefrei empirische Befunde kompilieren. Dabei entsteht zwangsläufig der Eindruck eines fragmentierten und inkonsistenten Forschungsfeldes. Dass sich die Befunde nicht immer zu einem stimmigen Bild fügen lassen, resultiert allerdings auch aus der Inanspruchnahme der Medienwirkungsforschung in der Praxis. Mitunter werden Ergebnisse passend zu kommerziellen oder politischen Interessen „gesucht", interpretiert oder propagiert.[1] Schließlich gibt es *die* Wirkungsforschung schon seit langem nicht mehr. Das Wirkungskonzept wurde im Laufe von rund einem Jahrhundert empirischer Medienforschung vielfach diversifiziert und modifiziert.

---

1 Das gilt für Bereiche der Wahl- und PR-Forschung und vor allem für die Werbe- und Kampagnenforschung.

Die Metamorphose brachte eine Reihe spezifischer Konzepte hervor, denen man die Wirkungsaussage auf den ersten Blick nicht immer ansieht.

Am Wandel des Wirkungskonzepts lässt sich die Entwicklung der Forschung verfolgen. Der Blick richtet sich im Folgenden auf politische Einflüsse bzw. Wirkungen auf die Politik, geht aber zum Teil darüber hinaus. Dabei wird deutlich, dass es durchaus keinen Mangel an Theorie gibt. Die Vorstellung freilich, es könne eine Universaltheorie der Medienwirkung geben, gleichsam die „Weltformel" der Wirkung, ist wohl eine Art Kinderglaube.

2. Die Ambivalenz politischer Medienwirkungen

Nicht nur in der allgemeinen Öffentlichkeit, auch in Fachkreisen gibt es eine Neigung zum Alarmismus, wenn von Medienwirkungen die Rede ist. So veröffentlichen beispielsweise Blumler und Gurevitch (1995), zwei sehr einflussreiche Autoren der politischen Kommunikationsforschung, eine Sammlung ihrer Arbeiten unter dem Titel „*The crisis of public communication*". In der Einleitung schreiben sie (und begründen damit den Buchtitel), dass ihre Aufsatzsammlung in einer Zeit wachsender Besorgnis über die Entwicklung der öffentlichen Kommunikation erscheine. Politische Kampagnen würden immer unappetitlicher geführt, Argumente oft auf Slogans und Schmähungen reduziert, und übertriebene Personalisierung, Dramatisierung und Trivialisierung ersetze die Kritik- und Kontrollfunktion des Journalismus. Infolgedessen wachse die Politikverdrossenheit der Bevölkerung.

Erweitert man den Blick auf die einschlägige Literatur, so relativiert sich allerdings die düstere Diagnose. Es gibt durchaus auch optimistische, nicht nur pessimistische Annahmen zum politischen Medieneinfluss.[2] *Tabelle 1* versammelt einige der gängigen Hoffnungen und Befürchtungen (vgl. zu letzteren McLeod et al. 1994: 129).

Die Tabelle illustriert die Ambivalenz politischer Medienwirkungen. Auf der einen Seite gibt es Befürchtungen problematischer Folgen der Einflussnahme, auf der anderen Seite aber auch die Erwartung, ja Forderung politischer Einflussnahme durch die Medien. Letzteres wird allerdings meist nicht als Wirkung, sondern eher als *Funktion* der Medien etikettiert. Medienwirkungen in diesem Gewand gehören jedenfalls zu den demokratischen Normen, sie sind ein wesentlicher Aspekt der Demokratietheorie, auch wenn in der Öffentlichkeit eher über unerwünschte Wirkungen und über Wirkungs*verbote* diskutiert wird.

Die Ambivalenz von Medienwirkungen wird dadurch gesteigert, dass *erwünschte* Medienwirkungen zugleich *unerwünschte* Wirkungen bzw. Nebenwirkungen haben können. Mehr noch: Medienwirkungen, die aus einem Blickwinkel günstig erscheinen, werden in einer anderen Perspektive als ungünstig interpretiert. Decken die Medien beispielsweise politisches Fehlverhalten der Regierung auf, so wird die Regierung darüber wenig erfreut sein und die „Macht der Medien" beklagen, womöglich – wie in vielen Ländern leider üblich – zu Zensurmaßnahmen greifen. Die Opposition aber wird

---

2 Auf dieses Doppelgesicht der Wirkungen, das offenbar die Diskussion über Massenmedien seit Anbeginn bestimmt, weist schon Katz (1955: 15 f.) hin.

Tabelle 1: Annahmen zum politischen Medieneinfluss

	Einfluss auf den Bürger (Mikro-Perspektive)	Einfluss auf politische Organisationen und Systeme (Meso-, Makro-Perspektive)
optimistische Annahmen	• politisches Lernen anhand aktueller politischer Information • politische Meinungsbildung anhand von Argumenten im Mediendiskurs • politische Sozialisation durch Vermittlung politischer Werte und Verhaltensmodelle • politische Aktivierung, Förderung der politischen Beteiligung • politische Befähigung *(empowering)* unterprivilegierter Bürger (z. B. Frauen, Minderheiten)	• Erweiterung der Kanäle und Formate für politische Kommunikation • Konstitution einer politischen Öffentlichkeit und einer öffentlichen Meinung • Medien als *Intermediäre* im politischen System, „Politikvermittlung" durch Massenkommunikation • Selektion und Definition politisch relevanter Probleme (Agenda-Setting) • Kontrolle politischer Macht, Verhinderung von Machtmissbrauch
pessimistische Annahmen	• Rückgang des politischen Interesses und politischer Informiertheit, Zunahme politischer Apathie • Entideologisierung und Personalisierung des Wählerverhaltens • Schwund des Vertrauens in politische Institutionen • Kultivierung von politischer Entfremdung und *Malaise*, Politikverdrossenheit • *Mainstreaming* politischer Überzeugungen, Unterstützung des *Status quo*	• Entertainisierung und Trivialisierung politischer Kommunikation • Entsachlichung und Personalisierung von Wahlkampagnen • Fragmentierung der politischen Öffentlichkeit • Anpassung politischer Organisationen an Medienlogiken, *Medialisierung* der Politik • Autonomieverlust und *Entauthentisierung* der Politik • Wachsende Wissenskluft in der Gesellschaft

die investigativen Leistungen des Journalismus preisen und mit Freuden verfolgen, wie die Medien ihre Kritik- und Kontrollfunktion wahrnehmen.

3. Antriebe der Wirkungsforschung

Der Blick auf die Medienwirkungsforschung ist oft auf die pauschale Frage verengt, ob denn Medien überhaupt eine Wirkung hätten und, falls ja, ob eine *starke* oder nur eine *schwache* Wirkung. Das Echo dieser Fragen kann man in der wissenschaftlichen Literatur an Titeln ablesen wie „*The myth of massive media impact*" (McGuire 1986) oder „*Return to the concept of powerful mass media*" (Noelle-Neumann 1973b). Vielfach wird versucht, einen bestimmten Generalverdacht empirisch und konzeptionell zu untermauern. Seit längerem schon wird das Bild einer Entwicklung in Phasen kolportiert: In Phase eins der Medienwirkungsforschung, der Frühzeit bis etwa in die 1940er Jahre, habe ein *Stimulus-Response-Modell* und die Annahme starker Wirkungen dominiert; dem folgte eine Phase der Annahme schwacher oder „minimaler" Medienwirkungen. Daran habe sich seit den 1970er Jahren eine Renaissance der starken Wirkungsvermutung angeschlossen (vgl. etwa Severin/Tankard 2001: Chapter 13). Manche Autoren sehen in der Phasenabfolge einen Wechsel der „Paradigmen" (z. B. Schenk 2002: 57 ff.), andere sprechen in dem Zusammenhang von „Mythen" (z. B. Brosius/Esser 1998). Bei genauerem Hinsehen erweist sich jedenfalls das Phasenmuster als nachträgliche Vereinfachung des Entwicklungsverlaufs (vgl. die Übersicht bei Esser 2008a).

Aufschlussreicher als die Konstruktion eines bestimmten Generalverdachts ist es, nach den Antrieben der Entwicklung zu fragen und nach ihrem jeweiligen Einfluss auf Erkenntnisinteressen, Fragestellungen, Konzepte, Methoden und Modelle. Die Entwicklung stellt sich dann weniger als Periodenverlauf dar, sondern eher als Grenzerweiterung *(„expanding boundaries")*, wie es McLeod et al. (1994) ausdrücken. Ich greife deren Argumentation auf, strukturiere und detailliere sie aber anders. Dabei soll deutlich werden, dass die Ansätze der Wirkungsforschung mit ihrer Expansion und Entgrenzung zunehmend diversifiziert, spezifiziert und elaboriert wurden.

Wichtige Impulse erhielt die Wirkungsforschung durch (1) das Aufkommen neuer Medien, (2) durch neue Politikfelder und politische Probleme, (3) durch Transfers aus anderen Wissenschaften und Wissenschaftskulturen, (4) durch die Nachfrage nach und Anwendung von Forschungsergebnissen, (5) durch neue Methoden, und (6) durch neue Konzepte und Modelle.

(1) Jeweils mit dem Aufkommen neuer Medien wurden diesen bedenkliche Wirkungen zugeschrieben. Das begleitet die empirische (politische) Kommunikationsforschung seit ihrem Beginn Ende des 19. Jahrhunderts, als sie den Wirkungen der populären Penny Press nachging. Nacheinander gerieten der Kinofilm in den 1920er Jahren, das Radio in den 1930er und 1940er Jahren, das Fernsehen ab den 1950er Jahren, audiovisuelle Tonträger ab den 1980er Jahren und schließlich computer- und internetbasierte Kommunikation seit den 1990er Jahren unter Verdacht.

(2) Die zunehmende Politisierung moderner Gesellschaften und die Bearbeitung immer neuer Politikfelder durch die politischen Institutionen auf allen Ebenen – von den Kommunen bis zu den Vereinten Nationen – eröffneten zugleich neue Einflussmöglichkeiten der Medien; sie legten zumindest die Vermutung von Einflussmöglichkeiten nahe. Sobald sich neue soziale und politische Probleme aufdrängten, gerieten die Medien als mögliche Verursacher ins Blickfeld, etwa bei Problemen von Gewalt und Terrorismus, der Umwelt, der Gesundheit, der Migration, der Diskriminierung von Ausländern, des Verhaltens von Jugendlichen. Dies erwies sich nicht selten als Vorteil für die Wissenschaft, da Forschungsbudgets bereitgestellt wurden, um die Rolle der Medien bei der Problemwahrnehmung, der Problementstehung und -bewältigung zu untersuchen. Auf diese Weise wurden einige für die Wirkungsforschung besonders ertragreiche Programme aufgelegt, wie beispielsweise *„Television and Social Behavior"* in den USA (Comstock et al. 1972) und „Publizistische Medienwirkungen" in Deutschland (Schulz 1992).

(3) Viele ihrer Fragestellungen, Theorien und Methoden teilt die Kommunikationsforschung mit anderen Wissenschaften. Daher gehen von deren Entwicklung immer auch Impulse auf die Wirkungsforschung aus. Deutliche Spuren hinterließen beispielsweise verschiedene Systemtheorien (Kepplinger 1985), der Konstruktivismus in verschiedenen Facetten (Gehrau 2002), die „kognitive Revolution" in der Psychologie (Beniger/Gusek 1995). Erkennbar ist auch ein Einfluss nicht-amerikanischer Wissenschaftskulturen auf die stark US-amerikanisch geprägte Wirkungsforschung. Sie hat ihre Wurzeln zum Teil in der deutschen und österreichischen Sozialwissenschaft der Vor-Nazi-Ära (Lang 1996) und adaptierte in den letzten Jahrzehnten einiges von den britischen Cultural Studies, der Frankfurter Schule und der deutschen Öffentlichkeitssoziologie.

(4) Ein erheblicher Teil der Wirkungsforschung dient der praktischen Verwertung und der Durchsetzung partikularer – politischer oder kommerzieller – Interessen. Nicht zuletzt aus diesem Grund gibt es für die Untersuchung von Medienwirkungen im Wahlkampf, in der Öffentlichkeitsarbeit und Propaganda, in Informationskampagnen und Social Marketing die üppigsten Forschungsbudgets und die differenziertesten Befunde. Einige der Großprojekte, die als Meilensteine gefeiert werden, dienten zwar politischen bzw. militärischen Zwecken, trugen aber auch zur Grundlagenforschung bei, so beispielsweise das *American Soldier*-Projekt, das wesentliche Beiträge zur Persuasionsforschung leistete, oder das *Revere*-Projekt, aus dem wichtige Erkenntnisse zur Diffusionsforschung hervorgingen (vgl. Lowery/De Fleur 1983).

(5) Die Verfeinerung der Methoden und Designs empirischer Forschung steigerte die Evidenz ihrer Ergebnisse und eröffnete neue Untersuchungsmöglichkeiten. Erkennbar ist das vor allem an drei Entwicklungen:

– Dank der kontinuierlich anwachsenden Datenarchive verbessern sich zunehmend die Voraussetzungen für die Untersuchung langfristiger Wirkungen. Sie ermöglichen Trendanalysen, die inzwischen Jahrzehnte übergreifen (vgl. etwa Kepplinger 1998), ferner Zeitreihenanalysen, die Beziehungen zwischen Medieninhalten und der öffentlichen Meinung oder auch der Wirtschaftsentwicklung nachweisen (vgl. etwa Hagen 2005), sowie Kohortenanalysen, die Zusammenhänge zwischen der Medienentwicklung und dem gesellschaftlichen Wandel aufdecken (vgl. etwa Peiser 1999).
– Methodische Designs, die einen stringenteren Nachweis von Kausalbeziehungen ermöglichen, werden zunehmend häufiger verwendet. Das gilt zum einen für das Laborexperiment, das schon in den 1940er Jahren auf breiter Front eingesetzt wurde (Hovland et al. 1949), dann aber gegenüber Feldstudien mit (mehr oder weniger) repräsentativen Umfragen ins Hintertreffen geriet. Erst Jahrzehnte später erlebte das Laborexperiment eine Renaissance, beispielsweise in der Agenda-Setting-Forschung (Iyengar/Kinder 1987). Eine ähnliche Entwicklung ist für das Panel-Design zu konstatieren, das Lazarsfeld et al. (1944) schon 1940 in der legendären *Erie-County*-Studie in einer seitdem nur selten erreichten Fruchtbarkeit und Komplexität verwendeten. Erst gegen Ende des 20. Jahrhunderts ist eine deutliche Zunahme von Panelstudien zu erkennen. Designs mit mehr als zwei Erhebungswellen, die sogar mehrere Jahre übergreifen, wie z. B. die Deutsche Nationale Wahlstudie (Gabriel/Neller 2005) oder Maurers (2003) Untersuchung zur Politikverdrossenheit, sind allerdings nach wie vor selten.

– Nicht zuletzt haben geeignete statistische Verfahren und entsprechende Computersoftware die Auswertung von mehrfaktoriellen Experimenten, von Panelstudien und Längsschnittdaten (durch Zeitreihen- und Kohortenanalysen) entscheidend begünstigt. Selbst Querschnittdaten, die eigentlich für Wirkungsstudien relativ ungeeignet sind, lassen sich mit Hilfe von Strukturgleichungsmodellen und deren statistischer (z. B. LISREL-)Spezifikation für Kausal- bzw. Wirkungsanalysen nutzbar machen.

(6) Mit der Entwicklung neuer Konzepte und Modelle befassen sich ausführlicher die folgenden Abschnitte.

4. Wirkungskonzepte und -modelle

Die erwähnten Impulse kann man teils als exogen ansehen, obgleich sie zum Teil auch innerhalb des Forschungsfelds einen Ursprung haben, dort jedenfalls Resonanz und Verstärkung fanden. Beides gilt auch für die im Lauf der Jahrzehnte entwickelten Konzepte und Modelle der Wirkungsforschung. Medienwirkungen sind in der Frühzeit ein – wenn auch eher untergeordnetes – Forschungsthema der Psychologie und der Soziologie. Studien mit einem psychologischen Ansatz richten den Blick auf Veränderung an Individuen, auf Konzepte wie Wissen, Meinung und Einstellung. Natürlich hatten viele Studien der frühen Jahre nicht nur aufgrund noch beschränkter Instrumente und Ressourcen meist ein einfaches Design; auch das Wirkungskonzept war noch relativ schlicht und ziemlich nahe an Alltagsvorstellungen von Kausalität. Aber es gibt auch Beispiele für frühe Studien von hoher Komplexität und Qualität, die im Vergleich mit der heutigen Forschung bestehen können, etwa die *Payne Fund Studies,* die beginnend in den 1920er Jahren u. a. dem Einfluss von Kinofilmen auf das soziale Lernen und die normative Orientierung von Kindern nachgingen (Charters 1933).

Auch die soziologisch inspirierte Makro-Perspektive spielt schon seit Beginn des 20. Jahrhunderts eine Rolle, speziell unter Bezug auf die Konzepte Öffentlichkeit *(public)* und öffentliche Meinung *(public opinion)*. Schließlich explizieren Lazarsfeld/Merton (1948) in dem weitsichtigen Aufsatz „*Mass communication, popular taste and organized social action"* die Makro-, Meso- und Mikro-Perspektive, indem sie unterscheiden zwischen

1. Wirkungen der Existenz von Massenmedien in der Gesellschaft,
2. Wirkungen von bestimmten Organisationsformen der Medien und
3. Wirkungen bestimmter Medieninhalte.

Auch wenn sie – dem Geist der Zeit widersprechend – betonen, dass Medienwirkungen oft überschätzt würden, führen sie doch eine Reihe mächtiger Wirkungen auf, von ihnen teils als *Funktionen* etikettiert, so z. B. die Zuweisung von Status, Prestige und Prominenz (zu Themen, Personen, Organisationen, sozialen Bewegungen), die Erzeugung von Normkonformität durch mediale Publizität, von „Narkotisierung" und politischer Apathie durch Informationsüberlastung.

Die Autoren lenken den Blick auf nicht beabsichtigte Wirkungen und „Dysfunktionen" – wie sie es nennen. Damit ist eine wichtige Unterscheidung angesprochen. Untersuchungen von Propagandawirkungen wie auch viele der Untersuchungen von Wissens- und Einstellungsänderungen – der sogenannten *Persuasionsforschung* – konzentrieren sich in der Regel auf die *Wirksamkeit* von Kommunikation, d. h. auf die Erfolgskontrolle von *beabsichtigten* Wirkungen. Ähnlich ausgerichtet sind Untersuchungen zur Wirksamkeit von (politischer) Werbung und Public Relations, von „strategischer" Regierungskommunikation, von Social Marketing und von Kampagnen zur Information und Aufklärung der Bevölkerung.

Im Unterschied dazu und zur sprachlichen Verdeutlichung werden Wirkungen, die nicht auf ein bestimmtes, oft vorher definiertes Ergebnis abzielen, auch als *Folgen* oder – bei positiven Wirkungen – auch als *Funktionen* der Massenkommunikation bezeichnet.[3] Wie schon erwähnt, können sich hinter scheinbar unbeabsichtigten Folgen mitunter unerkannte Absichten verbergen, und beabsichtigte Funktionen können mitunter unbeabsichtigte negative oder problematische Folgen (Dysfunktionen) oder Nebenwirkungen haben. Vielleicht hat sich wegen solcher Unterscheidungsschwierigkeiten ein einigermaßen einheitliches Etikett für diese Perspektive nicht durchgesetzt. Stattdessen werden die (vermuteten und mehr oder weniger gut belegten) Folgen oder Funktionen – sei es für einzelne Bürger, für politische Organisationen oder für die Gesellschaft bzw. das politische System – mit einer Reihe von *spezifischen* Konzepten gekennzeichnet, beispielsweise *politische Aktivierung, Mainstreaming, Malaise* oder *wachsende Wissenskluft* (vgl. *Tabelle 1*).

Man kann zwei Typen von spezifischen Konzepten unterscheiden. Zum ersten Typ gehören Konzepte, die eine *allgemeine* Aussage zu den Folgen der Massenkommunikation machen, und zwar entweder zu positiven Folgen oder Funktionen (wie z. B. *Information, Orientierung* oder *Integration*) oder zu problematischen Folgen (z. B. *Dependenz, Kultivierung* oder *Medialisierung*). In diesen Fällen wird das Wirkungskonzept begrifflich substituiert oder auch (partiell) umgedeutet, teils wohl mit dem Ziel, den konnotativen Ballast des Wirkungsbegriffs loszuwerden. Zum zweiten Typ gehören Konzepte, die ein bestimmtes Wirkungsmodell beinhalten, z. B. *Agenda-Setting, Framing, Priming* oder das Modell der *Schweigespirale*. Sie illustrieren die Vielfalt begrifflicher Metamorphosen des Wirkungskonzepts, zeigen zugleich auch, dass sich die Vorstellungen davon, wie Massenmedien wirken, vom Stimulus-Response-Modell teils weit entfernt haben.

5. Erweiterungen der Kausalheuristik

Gleichwohl sind sie dem Kausalprinzip verpflichtet. Man kann dafür semantische und psychologische Gründe ins Feld führen. Zum einen umschließt nach allgemeinem Sprachverständnis der Begriff der sozialen Kommunikation die Vorstellung von Wirkung bzw. Wirksamkeit. Kommunikation ist als ein Prozess definiert, bei dem zwischen Kommunikationspartnern, zwischen Kommunikator und Publikum ein Mindestmaß an Gemeinsamkeit durch Mitteilung, Informationstransfer, Überredung, Überzeugung usw. entsteht. Auch wenn ein vom Kommunikator angestrebtes Kommunika-

---

3 In der Literatur wird z. T. von Folgen bzw. Konsequenzen dann gesprochen, wenn sozialer Wandel gemeint ist, also wenn nicht (nur) individuelle, sondern (auch) soziale – u. U. weitreichende und dauerhafte – Wirkungen eintreten; vgl. z. B. Schenk (2002: 32).

tionsziel nicht erreicht wird oder wenn andere Folgen als die angestrebten eintreten, konstituiert sich der Kommunikationsprozess über die angestrebten Ziele oder die eingetretenen Folgen wie Verständigung, Wissenszuwachs, Handlungsreaktion usw. Kommunikation, die nicht auf Wirkung aus ist oder keine Wirkung im weitesten Sinn – nicht einmal Aufmerksamkeit – erzielt, ist allenfalls ein Kommunikationsversuch.[4]

Die Kausalheuristik ist nicht nur in der Wissenschaft, sondern auch im Alltagsleben eine gebräuchliche Denkfigur, mit deren Hilfe wir viele Erscheinungen der physikalischen und der sozialen Welt zufriedenstellend erklären. Menschen neigen ganz allgemein dazu, Ereignisse durch die Zuschreibung von Ursachen zu verstehen, auch wenn es dafür keine oder nur vage Anhaltspunkte gibt (Försterling 2006). Die Beziehung zwischen einem Ereignis (oder Zustand) Y und einem beobachteten oder zugeschriebenen Ereignis (oder Faktor) X gilt dann als kausal, wenn X eine notwendige Voraussetzung für Y ist. Operationale Indikatoren, wie sie auch in der wissenschaftlichen Forschung verwendet werden, sind üblicherweise:

1. dass X und Y kovariieren bzw. miteinander korreliert sind, d. h. dass eine Veränderung von X in systematischer (nicht zufälliger) Weise mit einer Veränderung von Y einhergeht und
2. dass die Veränderung von X der Veränderung von Y zeitlich vorausgeht.

Diese Bedingungen lassen sich am besten im Experiment überprüfen, bei dem der Versuchsleiter einen Stimulus X unter kontrollierten Bedingungen zur Wirkung bringt, so dass er die eintretende Reaktion, Wirkung oder Folge beobachten bzw. messen kann. Aber auch andere Forschungsdesigns bieten relativ gute Annäherungen an das experimentelle Paradigma, so vor allem Zeitreihenanalysen und Panelstudien (weil sie die zeitliche Ordnung von X und Y bestimmbar machen) sowie Surveys mit möglichst vielen Kontrollvariablen (weil sie durch multivariate Analysen den Ausschluss von Alternativerklärungen zur Kausalhypothese ermöglichen).

In theoretischen Überlegungen und korrespondierend dazu in der empirischen Forschung gibt es eine Reihe von verschärfenden wie auch moderierenden Zusatzannahmen zum kausalen Grundmodell. Verschärfend sind zum Beispiel die Annahmen, dass die Beziehung zwischen X und Y linear, monokausal, raum-zeitlich indifferent oder geographisch bzw. sozial universell ist. Diese sind eher auf naturwissenschaftliche denn auf sozialwissenschaftliche Phänomene und daher auch nicht auf Prozesse der sozialen Kommunikation anwendbar. Ob dennoch in der frühen Medienwirkungsforschung eine verschärfte Kausalheuristik – auch als Stimulus-Response-(S-R-)Modell, *magic bullet model* oder *hypodermic needle model* bezeichnet – das *dominierende* Paradigma war, wird in der Fachgeschichtsschreibung kontrovers diskutiert (Brosius/Esser 1998; Bussemer 2003; Esser 2008b).

Tatsächlich hat die empirische Wirkungsforschung schon relativ früh, beginnend in den 1920er und 1930er Jahren, mit einer durch moderierende Annahmen veränderten und erweiterten Kausalheuristik gearbeitet – mit „*mediating factors*", wie es Klapper (1960) später genannt hat. In den 1940er Jahren konzentrierte sich die Aufmerksam-

---

4 Die (angestrebte) Wirkung muss nicht unbedingt ein Gegenüber bzw. ein Publikum betreffen. Sie kann auch beim Kommunikator selbst eintreten (zum Beispiel als emotionale Erleichterung oder als künstlerische Selbstverwirklichung).

keit der Forschung vollends auf bedingende und intervenierende Variablen, so in den Wahlstudien der Lazarsfeld-Gruppe (Lazarsfeld et al. 1944; Berelson et al. 1954) und in den Experimenten der Hovland-Gruppe mit US-amerikanischen Soldaten im Zweiten Weltkrieg (Hovland et al. 1949), schließlich auch in den ersten größeren Forschungsüberblicken (z. B. Waples et al. 1940; Klapper 1960). Auf die Laienfrage, ob und wie stark die Medien wirken, lautete die Antwort: Es kommt darauf an.

Eine von Janis und Hovland (1959) veröffentlichte Übersicht ebenso wie die Matrix von „Input-" und „Output"-Faktoren von McGuire (2001) katalogisieren und systematisieren die am Wirkungsprozess beteiligten Faktoren. Schenk (2002: 81) bezeichnet dieses relativ komplexe Faktorenschema als das „Grundmodell der Wirkungsforschung". Es erweitert die schlichte Kausalheuristik des S-R-Schemas zum O-S-O-R-Schema (Markus/Zajonc 1985; McLeod et al. 1991). Das erste „O" steht für die Vielzahl an strukturellen, kulturellen und kognitiven Bedingungen, die der „Organismus" des Rezipienten in die Kommunikationssituation einbringt, das zweite „O" für die vielfältigen intervenierenden Vorgänge, die sich im „Organismus" bei Kommunikationsprozessen abspielen. Beispiele dafür bietet die empirische Forschung *en masse*. So sind etwa medienvermittelte Realitätsvorstellungen (Agenda-Setting-Effekte) vielfach moderiert durch sozialstrukturelle Merkmale der Rezipienten, durch deren Primärerfahrung und persönliche Betroffenheit wie auch durch persönliche Gespräche in interpersonalen Netzwerken (Rössler 2006).

Dass sich Medienwirkungen mitunter erst durch interpersonale Kommunikation in einem „Zwei-Stufen-Fluss" *(two-step flow)* der Kommunikation entfalten, nahmen schon die Autoren der Erie-County-Studie an (Lazarsfeld et al. 1944: Chapter XVI). Die These wurde inzwischen vielfach weiterverfolgt und elaboriert (Weimann 2008). Um derartigen moderierenden Faktoren Rechnung zu tragen, schlagen Shah et al. (2007) vor, das Wirkungsmodell mit einem zusätzlichen „R" zum O-S-R-O-R-Schema zu erweitern. Das zusätzliche „R" (für *„reasoning"*) im Zentrum des Prozesses steht für intra- und interpersonale Prozesse der Konversation, Deliberation und Reflexion über mediale Mitteilungen.

Der Zwei-Stufen-Fluss der Kommunikation kann auch als *indirekter* Effekt gesehen werden, der vermittelt über „Meinungsführer" bzw. soziale Netzwerke bei Personen eintritt, die keinen direkten Kontakt mit den Medien bzw. mit den letztlich wirksamen Medieninhalten hatten (Maurer 2004; Krause/Gehrau 2007). Es lassen sich verschiedene Arten indirekter oder *sekundärer Effekte* der Massenkommunikation unterscheiden (Seymour-Ure 1974). Dazu gehören Wirkungen auf Akteure, Entscheidungsträger, Prominente usw., die Gegenstand der Medienberichterstattung sind und auf unterschiedliche Weise darauf reagieren, z. B. *proaktiv* (durch Medientraining, PR-Aktionen) oder *interaktiv* (z. B. durch Befangenheit oder auch mediengerechtes Verhalten vor der Fernsehkamera) oder *reaktiv*, d. h. durch Maßnahmen in Reaktion auf die Medienberichterstattung wie z. B. Beschwerden beim Presserat, Gesetzesinitiativen nach Berichten über Jugendgewalt (Kepplinger/Noelle-Neumann 2002; Kepplinger 2007).

Wirkungen sind also nicht immer unmittelbar zu beobachten, sie können auch – als sogenannter *Sleeper*-Effekt – mit zeitlicher Verzögerung eintreten (Hovland et al. 1949: Chapter 7). Sie können ferner als sogenannter *Third-Person*-Effekt entstehen, wenn Rezipienten die Wirkung der Medien auf andere Personen überschätzen und entsprechend dieser Wahrnehmungsverzerrung (weniger auf tatsächliche Medienwirkungen) reagieren (Davison 1983; Huck/Brosius 2007). Ganz allgemein liegt eine Besonderheit medialer Kommunikation darin, dass sie durch die Tatsache der Veröffentlichung reflexive Dynamiken in Gang setzen kann. Noelle-Neumann (1973a) hat dies als *Öffentlichkeitseffekt* bezeichnet. Von Lang und Lang (1953) stammt eine der bekanntesten (und ersten) Analysen dieser reflexiven Dynamik, von ihnen *reziproker Effekt* genannt. In einer Studie anlässlich der Parade in Chicago zu Ehren des Koreakriegsgenerals MacArthur beobachteten sie, wie die Zuschauer am Ort des Geschehens ihr Verhalten im Hinblick auf die Live-Berichterstattung des Fernsehens änderten (sie setzten sich u. a. durch Winken in Szene). Dadurch trat erstens eine indirekte (reziproke) Medienwirkung auf das berichtete Ereignis ein und zweitens eine direkte Wirkung auf die Zuschauer am Bildschirm, die das Winken als Begeisterung deuteten.

Angesichts der vielfältigen Erweiterungen und Abschwächungen des Wirkungskonzepts stellt sich die Frage, ob die Konzepte und Modelle überhaupt noch etwas mit der Kausalheuristik zu tun haben und ob sie noch als Wirkungsforschung zu kategorisieren sind. Eine verbindliche Antwort darauf gibt es nicht. Im Forschungsfeld ist die Begrifflichkeit teils unschärfer geworden, teils aber auch präziser, sofern nämlich postulierte bzw. untersuchte Medienwirkungen theoretisch spezifiziert werden. Das Kausalitätskonzept ist interpretationsbedürftig (Früh 2004), und das gilt auch für das Konzept der Medienwirkung.

6. Der Blick in die Black Box

Die Kataloge wirksamer Faktoren und Entwürfe von Wirkungstypologien erweitern die Kausalheuristik und sorgen für Übersicht im Forschungsfeld. Um aber zu verstehen, *wie* und *warum* Medien wirken, wie der Rezipient „tickt", wenn er mediale Mitteilungen wahrnimmt, verarbeitet und darauf reagiert, muss man die Prozesse aufklären, die S und R kausal verknüpfen. Dazu ist der Blick in die *Black Box* notwendig – wie schon von einigen Autoren gefordert und teils auch praktiziert (Früh/Wirth 1992; Geiger/Newhagen 1993). Die gebräuchlichen Erklärungen lassen sich grob danach unterscheiden, ob sie Medienwirkung primär als einen Prozess (1) des Lernens, (2) der Einstellungsänderung, (3) der Informationsverarbeitung oder (4) der Mediendependenz begreifen. Die verschiedenen Sichtweisen werden allerdings nicht selten auch kombiniert.

6.1 Modelle des Lernens

Medienwirkungen letztlich auf Lernprozesse zurückzuführen ist eine verbreitete, in der Forschungsentwicklung relativ früh vertretene Auffassung. Sie wird allerdings oft mit nur vagen Annahmen zur Akquisition von Wissen durch Medien erklärt. Der Lernansatz wurde vor allem von Hovland und der Yale-Gruppe begründet und verfolgt.[5] Eine

---

5 „We assume that opinions, like other habits, will tend to persist unless the individual undergoes some new learning experience. Exposure to a persuasive communication which success-

gewisse Popularität erlangte die Hypothese des *Beobachtungslernens* (oder auch des sozialen Lernens, des Lernens am Modell) durch US-amerikanische Untersuchungen zur Wirkung von Mediengewalt (Comstock et al. 1972). Stark vereinfacht besagt die These, die sich vor allem auf Arbeiten von Bandura (1965) beruft, dass Rezipienten Verhaltensmodelle in den Medien beobachten und in ihr eigenes Verhaltensrepertoire übernehmen. In den Medien beobachtetes Verhalten wird besonders dann imitiert, wenn es in der Mediendarstellung positiv sanktioniert wird.

Eine bekannte Ausdifferenzierung von Prozessen in der *Black Box,* die der Autor nach und nach in verschiedenen Veröffentlichungen auf schließlich 13 „Output"-Stufen erweiterte, stammt von McGuire (2001):

1. *Tuning in (exposure to the communication)*
2. *Attending to the communication*
3. *Liking it, maintaining interest in it*
4. *Comprehending its contents (learning what)*
5. *Generating related cognitions*
6. *Acquiring relevant skills (learning how)*
7. *Agreeing with the communication's position (attitude change)*
8. *Storing this new position in memory*
9. *Retrieval of the new position from memory when relevant*
10. *Decision to act on the basis of the retrieved position*
11. *Acting on it*
12. *Postaction cognitive integration of this behavior*
13. *Proselytizing others to behave likewise*

Das Modell ist explizit auf Persuasionsprozesse bezogen, also auf *beabsichtigte* Wirkungen beispielsweise in politischen Kampagnen. Es postuliert eine sukzessive Abhängigkeit der Stufen voneinander, wobei die Wahrscheinlichkeit, dass eine Stufe die jeweils folgende evoziert, allerdings auch sehr gering sein kann.

Eine andere stark beachtete Erklärung ist das *Elaboration-Likelyhood-(ELM-)*Modell von Petty und Cacioppo, das als moderierende Bedingung den mentalen Aufwand des Rezipienten einführt. Bestimmte Kommunikationssituationen bewältigt der Rezipient mit höherem Aufwand, beispielsweise wenn sie zentrale Werte, tief verankerte politische Überzeugungen berühren. In diesem Fall folgt der Wirkungsprozess einer „zentralen Route", d. h. der Rezipient bemüht sich darum, die Mitteilung gründlich auszuwerten, mit vorhandenen Wissensbeständen zu verknüpfen und zu einem fundierten Urteil zu kommen. Der häufigere Fall sind jedoch Kommunikationssituationen mit geringem *Involvement* (d. h. wenig persönlicher Betroffenheit), in die der Rezipient nur wenig Aufwand investiert. Dies passt zu der Vorstellung vom Menschen als „kognitivem Geizhals", der seine kognitiven Ressourcen ökonomisch einsetzt und dabei einfache Heuristiken verwendet. Er orientiert sich daher oft an leicht erkennbaren, akzidentellen Schlüsselreizen und kommt auf einer „peripheren Route" nur zu oberflächlichen Eindrücken, beiläufigem Lernen und flüchtigen Meinungen. Die beiden Routen des *ELM*-Modells sind nicht als Alternativen, sondern als Pole eines Kontinuums zwischen

---

fully induces the individual to accept a new opinion constitutes a learning experience in which a new verbal habit is acquired" (Hovland et al. 1953: 10).

sehr hohem und sehr geringem Engagement zu sehen (Petty/Wegener 1998). Im Übrigen ist das Modell nur eine Zusatzerklärung für Prozesse in der *Black Box*: Es formuliert die Bedingungen, unter denen die Prozesse – wie sie etwa McGuires „Output"-Stufen spezifizieren – unterschiedlich ablaufen.

6.2 Modelle der Einstellungsänderung

Neben Lernprozessen gehören Prozesse der Einstellungsänderung zu den häufigsten Erklärungen für Medienwirkungen (Potter/Riddle 2007). Dabei werden Einstellungsänderungen teils wiederum auf Lernprozesse zurückgeführt, wie das Zitat von Hovland et al.[6] und das Stufenmodell von McGuire zeigen (das *learning* und *attitude change* integriert). Die vorherrschende mehrdimensionale Einstellungsdefinition begreift neben kognitiven Elementen wie Vorstellungen oder Überzeugungen *(beliefs),* die gelernt bzw. durch Lernen veränderbar sind, vor allem wertende (affektive) und konative (d. h. handlungssteuernde) Komponenten als Bestandteile des Konzepts (vgl. etwa Eagly/Chaiken 1998). Das Einstellungskonzept dient oft als Indikator oder Proxi für (nicht beobachtete) Handlungs- bzw. Verhaltenseffekte. Dabei wird im Allgemeinen unterstellt, dass mediale Botschaften, die beispielsweise Personen oder Probleme bewerten (wie in politischen Diskursen üblich), auf bereits vorhandene Einstellungen zu Personen und Problemen treffen, die teils schon im Kindes- und Jugendalter erworben wurden und die mehr oder weniger fest im persönlichen Wertsystem verankert sind. Je mehr diese bereits verfestigt und je enger ihre Bezüge zu zentralen Werten und Überzeugungen sind, desto größer ist die Resistenz gegenüber Einstellungsänderungen und dementsprechend gegenüber Medieneinflüssen auf politisches Handeln.

In dieser Sichtweise sind Resistenz und Selektivität als Schutz vor Einstellungsänderungen zentral, sind Verstärkungs- und Nulleffekte die wahrscheinlichsten Medienwirkungen. Das gilt vor allem für inkonsistente, in ihrer Wertigkeit unbalancierte Situationen, wenn z. B. eine Person und eine von ihr positiv eingeschätzte Quelle dasselbe Problem unterschiedlich bewerten. Entsprechende Überlegungen zur Einstellungsdynamik gehen zurück auf Arbeiten von Heider (1946), an die eine Reihe von Konsistenz- bzw. Balancetheorien anknüpft (vgl. etwa Abelson 1968). Sie modellieren z. B. die wertenden Bezüge zwischen einer Person, einer personalen oder medialen Quelle und einem Sachverhalt, Thema, Problem (vgl. Schenk 2002: 141 ff.). Es lassen sich dann Hypothesen formulieren und Bedingungen spezifizieren (und empirisch überprüfen), unter denen die Person ihre Einstellung zum Problem oder zur Quelle ändert.

6.3 Modelle der Informationsverarbeitung

Seit den 1960er Jahren konzentriert sich die Erklärung von Medienwirkungen zunehmend auf kognitive Prozesse der Rezipienten – eine Folge der „kognitiven Revolution" in der Sozialpsychologie und in der Kommunikationsforschung (Markus/Zajonc 1985;

---

6 Vgl. Anmerkung 5; in dem Zitat werden, wie häufig in der frühen Literatur, Meinung *(opinion)* und Einstellung *(attitude)* synonym verwendet.

Beniger/Gusek 1995). Häufig wird dabei auf das *Schema*-Konzept zurückgegriffen. Als Schemata werden kognitive Strukturen des Rezipienten bezeichnet, die seine Erfahrungen und Beobachtungen in Form von Vorstellungen und Zuschreibungen repräsentieren, zum anderen die Verarbeitung von (z. B. medial vermittelter) Information und die daraus resultierenden kognitiven, affektiven und konativen Reaktionen steuern (Wicks 1992). Vom Schema-Konzept inspirierte Studien versuchen üblicherweise zu ergründen, wie Mediennutzer politische Medieninhalte auswerten und daraus Vorstellungen von der politischen Realität konstruieren (vgl. etwa Graber 1984). Nachhaltige Einflüsse auf die Wirkungsforschung gingen auch von den wiederentdeckten Arbeiten Lippmanns (1922) aus, der schon fast ein halbes Jahrhundert zuvor den Informationsverarbeitungsansatz in allen wesentlichen Elementen entwickelt hatte (vgl. Wilke 2007).[7]

Informationsverarbeitung wird als Interaktion von *Top-Down-* und *Bottom-Up-*Prozessen verstanden. Diese sind einerseits „top-down", d. h. vom Rezipienten (und seinen kognitiven Schemata) gesteuert, zugleich aber abhängig von den verfügbaren Umgebungsreizen bzw. Mitteilungen („bottom-up"). Im Unterschied (und oft auch in pointiertem Gegensatz) zum unidirektionalen, asymmetrischen S-R-Modell entwickelten verschiedene Autoren Interaktions- oder Transaktionsmodelle der Medienwirkung. Eine Vorlage dafür lieferten bereits Lazarsfeld et al. (1944: Chapter VIII) mit der Beschreibung des *„activation effect"*, den (positiven) Rückkopplungen zwischen politischem Interesse, Kampagnenkontakt, Mitteilungsverarbeitung und Wahlentscheidung. Früh und Schönbach (1982) haben das Konzept zum *dynamisch-transaktionalen Modell* weiterentwickelt, das Medienwirkungen als Oszillationen von Inter- und Intra-Transaktionen erklärt, die sich im Zeitverlauf kontinuierlich ändern. Norris (2000) gab der Wechselwirkungsdynamik ein der Makroökonomik entliehenes Etikett: *„virtuous circle"* (Tugendkreis).

Andere Modelle unterscheiden sich darin, dass sie entweder die Top-Down-Komponente betonen, also die internen Verarbeitungsprozesse, oder die Bottom-Up-Komponente, also die Inhalte und/oder Formate der verfügbaren Mitteilungen. Zu ersteren gehört beispielsweise das *Online-Modell* der politischen Urteilsbildung. Es geht davon aus, dass Informationen, beispielsweise über einen Politiker, von den Rezipienten unmittelbar im Arbeitsgedächtnis – also gleichsam „online" – ausgewertet und zu einer summarischen Beurteilung *(running tally)* „verrechnet" werden (Lodge et al. 1989). Demgegenüber rekurriert die *Verfügbarkeitsheuristik* auf Informationen, die der Rezipient relativ dauerhaft gespeichert hat und auf die er bei der Verarbeitung von Mitteilungen zurückgreift (Tversky/Kahneman 1973). Allerdings geschieht das nicht systematisch und rational, sondern nach dem Prinzip der leichten Verfügbarkeit. Daher greifen Rezipienten am wahrscheinlichsten auf die gespeicherte Information zurück, die ihnen spontan „in den Sinn kommt", und das ist oft die zuletzt abgespeicherte, jedenfalls nicht die insgesamt relevante Information. Speicher-basierte und Online-Verarbeitung kann man auch als einander ergänzende Modelle sehen, die jeweils unterschiedlichen Kommunikationssituationen adäquat sind (Kinder 1998: 813).

---

7 So auch das Schema-Konzept mit dem von ihm eingeführten Begriff „Stereotyp". Lippmann seinerseits orientierte sich an den Arbeiten von William James und John Dewey.

6.4 Modelle der Mediendependenz

Der zweiten Variante – Modellen also mit Betonung der Bottom-Up-Komponente – sind Erklärungen zuzurechnen, die von der Prämisse der *Mediendependenz* ausgehen (Ball-Rokeach/DeFleur 1976). Sie dominierten in den letzten Jahrzehnten die Wirkungsforschung. Dazu gehört die von Gerbner entwickelte *Kultivierungsthese* (Gerbner/Gross 1976), der zufolge Menschen seit der Ausbreitung des Fernsehens in einer „elektronischen Umwelt" leben, deren Merkmale sich von der realen Welt deutlich unterscheiden. Besonders Vielfernseher entwickeln daher, beginnend in der frühen Kindheit, anhand der Fernsehrealität nicht nur ihre Weltsicht, sondern auch Überzeugungen und Wertorientierungen. Die Sättigung der Fernsehrealität mit Gewalt und Verbrechen erzeugt eine misanthropische Weltsicht, Angst und Verdrossenheit. Diese Grundstimmung begünstigt eine *Law-and-Order*-Mentalität und die Festigung des politischen *Status quo*. Darüber hinaus führt intensives Fernsehen als unmittelbare politische Folge zu einem *„Mainstreaming"* politischer Überzeugungen; gemeint ist damit, dass die Vielnutzer dazu neigen, sich eher der Mitte des politischen Spektrums zuzurechnen als den extremeren Positionen (Gerbner 2000: 111).

Wie die Kultivierungsthese führt auch das *Agenda-Setting*-Modell Medienwirkungen auf Medieninhalte zurück, die den Rezipienten eine bestimmte Weltsicht vorgeben und damit die Bandbreite individueller Selektionsmöglichkeiten von vornherein beschränken. Die These wurde schon relativ früh von Lippmann (1922) und danach von einer Reihe anderer Autoren vertreten. Sie erlangte aber erst breite Aufmerksamkeit durch eine methodisch eher schlichte Wahlstudie von McCombs und Shaw (1972). Inzwischen ist es die – auch in Laienkreisen – wohl bekannteste Metamorphose des Wirkungsbegriffs. Agenda-Setting geschieht dadurch, dass die Medien ihre Aufmerksamkeit auf relativ wenige Themen und Probleme konzentrieren und diese relativ breit darstellen und groß aufmachen. Die Mediennutzer leiten daraus die Vorstellung ab, dass es sich um die besonders wichtigen und drängenden Probleme handelt. Auf diese Weise beeinflussen die Medien nicht nur direkt die Realitätsvorstellungen individueller politischer Akteure, sondern indirekt auch die *Policy-Agenda* des politischen Systems.

In Fortführung dieses Ansatzes wird Agenda-Setting außer für ganzheitliche Themen und Probleme auch für deren semantische Binnenstruktur, also für einzelne Themenaspekte und Themenattribute angenommen. Die These wird als *„Second-Level Agenda-Setting"* bezeichnet; sie stimmt mit Teilen des *Framing*-Konzepts überein. Framing kann zum einen auf Merkmale von Mitteilungen bezogen sein. Damit ist gemeint, dass diese ein Ereignis oder Problem in einem begrenzten (politischen) Rahmen behandeln, aus einer bestimmten Perspektive beleuchten und dabei einzelne Themenaspekte betonen. Das inhaltliche Framing, die Deutungsmuster der Medien bestimmen die Vorstellungen der Rezipienten, führen also zu einem entsprechenden kognitiven Framing (bzw. *Second-Level Agenda-Setting*). Framing gilt daher als eine „Theorie der Medienwirkung" (Scheufele 1999).

Das trifft auch auf andere Modelle der Mediendependenz zu, so auf das *Priming*-Konzept. Es nimmt an, dass vom thematischen Agenda-Setting ein Transfer auf die Beurteilung von Personen ausgeht (Iyengar/Kinder 1986). Damit bietet es eine Erklärung für die in der politischen Praxis verbreitete Annahme, dass ein politischer Akteur – etwa ein Kandidat im Wahlkampf – davon profitieren kann, dass die Medien ein Thema besonders beachten, für das er als kompetent gilt, das er „besetzen" kann. Allerdings kann das thematische Priming für einen Akteur auch nachteilig sein, etwa dann, wenn die Medien einen Skandal thematisieren, in den der Akteur verwickelt ist. Die Erklärung von Medienwirkungen durch Priming (wie auch durch Agenda-Setting und Framing) lässt sich vervollständigen, wenn man die Bottom-Up-Perspektive der Dependenzannahme durch die Top-Down-Perspektive der Verfügbarkeitsheuristik ergänzt: Die Medien bestimmen durch Auswahl und Betonung bestimmter Aspekte der politischen Realität die jeweils aktuell verfügbaren Realitätsvorstellungen; und vor allem diese sind es dann, auf die sich die Rezipienten stützen, wenn sie politische Meinungen äußern oder einem Kandidaten ihre Stimme geben.

Komplexer ist das von Noelle-Neumann (1980) entwickelte Erklärungsmodell für Medienwirkungen, das als *Theorie der Schweigespirale* firmiert. In dieser Sichtweise ist die Annahme der Mediendependenz dadurch verschärft, dass die selektive, mitunter „verzerrte" Realitätsdarstellung der Medien *konsonant* ist. Die Medien präsentieren ein weitgehend übereinstimmendes Bild der Wirklichkeit, u. a. weil sie sich alle an ähnlichen Nachrichtenwert-Kriterien und zudem noch wechselseitig aneinander orientieren. Die Medienrealität bestimmt die Realitätsvorstellungen der Rezipienten und ihre Annahmen zum vorherrschenden Meinungsklima. Diese erzeugen wiederum konformes Verhalten in der interpersonalen Kommunikation und bringen einen sich selbst verstärkenden Prozess in Gang, der zu einem Umschwung der tatsächlichen Meinungsverhältnisse in der Gesellschaft führen kann.

Modelle der Mediendependenz beziehen ihr Erklärungspotential nicht nur daraus, dass die Massenmedien ubiquitär verbreitet sind, intensiv genutzt werden und oft die einzige verfügbare Informationsquelle (insbesondere über politische Ereignisse) sind. Ein wichtiges Argument ist daneben, dass sich die von den Medien präsentierte Realität – sofern Vergleiche mit medienexternen Daten möglich sind – oft als verzerrt erweist (Schulz 2008: 65 ff.). Jedenfalls ist die „Medienlogik" der politischen Realitätskonstruktion nicht immer der Logik der Politik adäquat (Mazzoleni/Schulz 1999; Meyer 2001). Die Medien vermitteln ein Bild der Wirklichkeit, das sich an medienspezifischen Relevanzkriterien orientiert, u. a. an Kriterien wie Nähe des Geschehens, Negativismus, Elite-Bezug und Überraschung (Galtung/Ruge 1965). Darüber hinaus dient die Auswahl und Akzentuierung politischer Nachrichten den Medien auch als Mittel der *„instrumentellen Aktualisierung"* (Kepplinger et al. 1989). Indem sie in den Nachrichten über politische Kontroversen die Position begünstigen, die sie auch in Kommentaren vertreten (die also der Meinung der Redaktion, des Verlegers oder einzelner Journalisten entspricht), verletzen sie nicht nur das journalistische Gebot der Trennung von Nachricht und Meinung. Sie vermitteln auch ein einseitiges Bild der Politik.

7. Mikro- und Makro-Effekte

Prozesse des Lernens, der Einstellungsänderung und der Informationsverarbeitung erklären Medienwirkungen in der Mikro-Perspektive, d. h. unter Bezug auf Individuen. Annahmen über politische Einflüsse und Folgen der Massenkommunikation betreffen aber auch die Meso-Ebene politischer Organisationen sowie die Makro-Ebene der Gesellschaft und des politischen Systems (vgl. *Tabelle 1*). Folgt man dem methodologischen Individualismus der Sozialforschung (Coleman 1990), so sind einerseits die als kollektive Phänomene auf der Meso- oder Makro-Ebene zu beobachtenden Wirkungen das Ergebnis von Prozessen bei individuellen Akteuren; andererseits unterliegen aber auch deren Handlungen bzw. Reaktionen vielfältigen Restriktionen durch den sozialen Kontext und die Struktur der jeweiligen Situation. Den letztgenannten Aspekt berücksichtigen viele Modelle durch „Brückenannahmen" zur Verknüpfung von Makro- und Mikro-Ebenen der Medienwirkung (wie auch der Medienrezeption, vgl. Jäckel 2001). Solche Annahmen leiten in empirischen Untersuchungen oft die Auswahl von Kontextvariablen, bedingenden oder intervenierenden Variablen (den „O"-Komponenten im O-S-O-R-Modell).

Der erstgenannte Aspekt wird in der Medienwirkungsforschung zumeist durch *Aggregation* der Beobachtungen, die auf der Mikro-Ebene ansetzen, berücksichtigt. Damit werden Makro-Effekte aus individuellen Reaktionen abgeleitet. Ein typisches Beispiel ist der in der *Agenda-Setting-Forschung* verbreitete Ansatz, aus den Themenpräferenzen, die einzelne Befragte in Repräsentativumfragen äußern, eine Rangliste zu erstellen und diese als „Publikumsagenda" – d. h. als die Themenpräferenzen des politischen Kollektivs – zu interpretieren.[8] Ein zweites Beispiel ist die *Hypothese der wachsenden Wissenskluft*. Die Kluft als Makro-Phänomen wird an der gesellschaftlichen Verteilung individueller Wissensbestände gemessen. Die Hypothese postuliert einen Einfluss der verfügbaren Medieninformation auf die Wissenskluft (Tichenor et al. 1970). Schließlich kann man als weiteres Beispiel die Aggregationsannahme in der *Kultivierungsthese* von Gerbner und Gross (1976) erwähnen. Das hohe Ausmaß an Gewalt und Kriminalität im kommerziellen Fernsehen kultiviert unter den Zuschauern Angst und Misstrauen und das Bedürfnis nach *law and order*. Auf diese Weise begünstigt es die etablierte politische Ordnung und wirkt als Garant des Status quo.

Aggregation – im Sinne von additiver Zusammenfassung – ist immer dann ein angemessenes Verfahren, wenn die abhängigen Variablen in Hypothesen zur Medienwirkung als analytische oder strukturelle Merkmale eines Kollektivs definiert sind, die sich aus Individualmerkmalen herleiten lassen.[9] Das ist in der Medienwirkungsforschung häufig der Fall. Damit kann aber die Mikro-Makro-Transformation nicht immer zufriedenstellend erklärt werden. Am Modell der Schweigespirale diskutieren Pan und McLeod (1991) einige ungelöste Fragen der Aggregationsarithmetik, z. B. der Gewichtung von Beobachtungen an Individuen und Medien. Die eigentlichen Probleme gehen jedoch weit darüber hinaus. Das verdeutlicht Maurer (2004) an einem – wie er es nennt – „Paradox der Medienwirkungsforschung". Medieneffekte, die bei Individuen deutlich nachweisbar sind, können auf der Makro-Ebene unsichtbar bleiben, wenn die Effekte auf der Individualebene in unterschiedliche Richtungen gehen und sich bei aggregierter Betrachtung gegenseitig aufheben. Umgekehrt lassen sich bei Analysen auf der Makro-Ebene mitunter eindrucksvolle Medienwirkungen demonstrieren, während entsprechende Effekte auf der Individualebene nicht nachweisbar sind, auch und gerade dann, wenn man genau überprüft, wer welchen Medieninhalten ausgesetzt war. Me-

---

8 Ergänzt wird dies durch die ebenfalls durch Aggregation aus der Berichterstattung einzelner Medien gewonnene „Medienagenda".
9 Zur Spezifik von analytischen und strukturellen Merkmalen (im Unterschied zu Globalmerkmalen) vgl. Lazarsfeld/Menzel (1969).

dieneffekte lassen sich insbesondere dann nicht nachweisen, wenn die Inhalte aller Medien weitgehend übereinstimmen, so dass es – technisch gesprochen – der unabhängigen Variablen an Varianz mangelt. Überdies bleiben bei Analysen auf der Mikro-Ebene die indirekten Medieneinflüsse durch interpersonale Kommunikation unberücksichtigt, wenn die Wirkungsmessungen – wie meistens – in unmittelbarem Anschluss an Kommunikationsereignisse ansetzen (beispielsweise nach Fernsehdebatten im Wahlkampf). Aus der Anschlusskommunikation nach den Ereignissen können kumulativ deutlich messbare Makro-Effekte resultieren.[10]

Der Hinweis auf die Vernachlässigung der interpersonalen Kommunikation scheint eine plausible Ex-Post-Erklärung für Unterschiede zwischen Mikro- und Makro-Analysen zu sein. Besser noch ist es, den Effekt der interpersonalen Kommunikation theoretisch zu modellieren. In der Theorie der Schweigespirale beispielsweise spielt die interpersonale Kommunikation eine wichtige Rolle bei der Mikro-Makro-Transformation von Medieneffekten. Das Modell erklärt die postulierten Makro-Effekte der Medien mit Prozessen der *sozialen Reflexivität* (Merten 1994). Gemeint ist damit die wechselseitige Orientierung der Mitglieder eines Kollektivs am vermuteten oder antizipierten Verhalten der – beobachteten oder vorgestellten – Anderen. Konkret: Wer sich im Einklang mit dem Meinungsklima wähnt, nimmt aktiv an der interpersonalen Kommunikation teil, wer nicht, schweigt lieber. Sofern die Annahmen bzw. Reaktionen der Individuen in die gleiche Richtung gehen (z. B. weil sie durch konsonante Medienberichte angestoßen sind), verstärken sie sich wechselseitig, und es kommt zu Effekten auf der Makro-Ebene, die über Effekte auf der Mikro-Ebene und deren Aggregation weit hinausgehen. Die soziale Dynamik, die in diesem Fall die Mikro-Makro-Transformation herbeiführt, hat schon Merton (1957) in seiner berühmten Analyse der „sich selbst erfüllenden Prophezeiung" beschrieben.

Auf dieses Erklärungsmuster bezieht sich beispielsweise auch die These vom *Mitläufer-Effekt (bandwagon effect)*. Diese geht davon aus, dass Wähler ihre Präferenzen und schließlich ihr Wahlverhalten an Annahmen zu den politischen Mehrheitsverhältnissen ausrichten, also beispielsweise an Annahmen zu den (vermeintlich) in der allgemeinen Wählergunst führenden Kandidaten (Schmitt-Beck 2008). Wenn diese Annahmen auf verzerrte Medienberichte zurückgehen (die sich möglicherweise auf lancierte oder fehlerhafte Meinungsumfragen stützen), können sie einen politischen Umschwung, eine Änderung der politischen Machtverhältnisse in Gang setzen.

Auch das Konzept der *Medialisierung*, eine der neueren Metamorphosen des Wirkungsbegriffs, impliziert Mikro-Makro-Transformationen, die nicht einem einfachen Aggregationsmuster folgen. Als Medialisierung werden u. a. Veränderungen begriffen, die aus der Akkommodation der politischen Akteure an den Medienwandel resultieren (Schulz 2008: 36 f.). Auf (tatsächliche oder antizipierte) Anforderungen der medialen Kommunikation reagieren die Akteure mit strategischer Kommunikation, mit Ereignisinszenierungen und entsprechenden organisatorischen und personellen Vorkehrungen (z. B. mit der Rekrutierung von fernsehtauglichen Kandidaten, von Medienberatern, der Errichtung von PR-Abteilungen und anderen oben in Abschnitt 5 als *indirekte Effekte* beschriebenen Maßnahmen). Die Anpassung an die Medienlogik führt zu repripro-

---

10 Maurer diskutiert die Probleme in methodologischer Perspektive und plädiert für die Kombination von Individualdaten und Aggregatdatenanalysen in der Wirkungsforschung.

ken Meso- und Makro-Effekten, und zwar zu Veränderungen der politischen Realität und infolgedessen auch zum Wandel des Politikbildes der Medien, auf den wiederum die politischen Akteure strategisch reagieren. Die reflexive Dynamik der Medialisierung trägt auf diese Weise langfristig zum Wandel politischer Systeme bei.

8. Evaluation politischer Folgen und Funktionen

Medienwirkungen, insbesondere solche, die weitreichende politische Folgen vermuten lassen, sind Anlass für die verbreitete Attitüde des „Alarmismus" in der politischen Kommunikationsforschung. Das ist allerdings eine etwas unfreundliche Bezeichnung für eine lobenswerte Absicht, nämlich auf problematische Folgen politischer Kommunikation hinzuweisen und damit dazu beizutragen, dass sie vermieden oder abgestellt werden. Es ist dies das aufklärerische oder „kritische" Motiv (Lazarsfeld 1941), das Teile der Sozialwissenschaften wie auch des Journalismus für sich in Anspruch nehmen. Wie *Tabelle 1* oben illustriert, richtet sich der Blick der Forschung aber genauso auch auf Funktionen der Massenkommunikation – also auf *positive* Medienwirkungen.

Problematische Folgen und (günstige) Funktionen der Massenkommunikation werden dabei mehr oder weniger explizit auch an Bewertungsmaßstäben oder Normen gemessen. So ist die vielzitierte Funktionstrias von Lasswell (1948) offenbar von systemtheoretischen Konzepten der Biologie inspiriert (ohne dass der Autor allerdings Quellen nennt).[11] Gurevitch und Blumler (1990), die acht *„functions and services for the political system"* aufzählen, die teils mit denen von Lasswell übereinstimmen, orientieren sich an einem angelsächsisch geprägten demokratietheoretischen *Common Sense*.[12] McLeod et al. (1994) haben den ad hoc eingeführten Kriterien von Gurevitch und Blumler ausgewählte Thesen und Befunde der Wirkungsforschung zugeordnet. Die Zusammenstellung ist insofern interessant, als sie die Kriterien, die sie als *„democratic standards"* bezeichnen, zumindest sekundäranalytisch mit der empirischen Forschung konfrontieren. Allerdings verstellt ihnen offenbar die große Besorgnis um problematische Folgen (also das Alarmismus-Syndrom) den Blick für mögliche positive Medienwirkungen.

Es gibt inzwischen aber auch Beispiele für eine systematische Herleitung und gezielte Überprüfung von Medienfunktionen und Performanzkriterien. Wichtige Vorarbeiten dazu stammen von McQuail (1992). Ausgehend von der Idee des *„public interest"* und fundamentaler Werte demokratischer Gesellschaften wie Freiheit und Gleichheit begründete er die Maßstäbe zur Einschätzung von politischer Berichterstattung, wie u. a. Objektivität, Unparteilichkeit, Vielfalt und Fairness, die auch Bestandteil formeller und informeller Verhaltenskodizes für Journalisten sind. Andere Autoren haben teils zeitgleich, teils im Anschluss an McQuail ähnliche Entwürfe vorgelegt und zur

---

11 Der Autor nennt drei Funktionen von Massenkommunikation: „(1) the surveillance of the environment; (2) the correlation of the parts of society in responding to the environment; (3) the transmission of the social heritage from one generation to the next".
12 Gurevitch und Blumler nennen neben den Funktionen „surveillance", „platform", und „dialogue" u. a. auch „meaningful agenda setting", „incentives for citizens to learn, choose and become involved" und „holding officials to account for how they have excercised power".

Operationalisierung der Performanzkriterien beigetragen (z. B. Schatz/Schulz 1992; Hagen 1995).

Daran anknüpfend und unter Einbeziehung der Systemtheorie strukturfunktionalistischer Prägung hat Voltmer (1999) ein Kriteriensystem „demokratischer Performanz" entworfen, dessen oberster Wert die Herstellung einer demokratischen Medienöffentlichkeit ist. Sie ergänzt diesen durch einen Katalog von Strukturbedingungen (rechtlichen und publizistischen Regeln), die ein Mediensystem erfüllen sollte, um publizistische Qualität zu gewährleisten. Die Autorin beschränkt sich nicht auf die Begründung und Explikation von Performanzkriterien, sondern setzt sie auch zur empirischen Evaluation der Berichterstattung im Wahljahr 1990 ein. Auf eine empirische Evaluation sind auch die Untersuchungen zum Thema Abtreibung in Deutschland und den USA von Gerhards et al. (1998) und von Ferree et al. (2002) ausgerichtet. Die Autoren leiten normative Kriterien für den politischen Diskurs aus Theorien der Öffentlichkeit ab und messen daran die Berichterstattung ausgewählter Zeitungen. Zwar dient dies in erster Linie der empirischen Evaluation politischer Diskurse. Doch könnte man die Ergebnisse auch in einer anderen Perspektive aufbereiten, um nämlich die demokratische Performanz der Medien zu bewerten.[13] Insofern sind sie in dem hier behandelten Zusammenhang vor allem unter methodischen Aspekten relevant. Gleiches gilt für andere Untersuchungen zur Qualität und Rationalität *("deliberativeness")* politischer Diskurse (vgl. u. a. Wessler 2008).

Die Studien zur empirischen Evaluation politischer Medienfunktionen lassen erkennen, wie man einerseits politikwissenschaftlich begründete Anforderungen an die Medien empirisch prüfen, andererseits die Thesen der alarmistischen Medienwirkungsforschung demokratietheoretisch fundieren kann. Wirkungsstudien gewinnen erheblich an Relevanz, wenn sie nicht bloß Schlagwörter der Laiendiskussion aufgreifen (wie z. B. Politikverdrossenheit, Entpolitisierung, Fragmentierung, Entsachlichung), sondern sich an Kriterien demokratischer Performanz orientieren, die systematisch hergeleitet sind. Bemerkenswert an einigen neueren Studien ist, dass sie Medienwirkungen nicht nur im Kontext politischer Theorien bewerten, sondern auch mit den Methoden der Wirkungsforschung empirisch evaluieren. Sie sind Beispiele für eine Grenzerweiterung der Forschung, die zugleich problematische Folgen und günstige Funktionen der Massenkommunikation in den Blick nimmt, diese aber weder unbesehen unterstellt noch gar als soziale Selbstverständlichkeit übersieht.

Literatur

Abelson, Robert P. (Hrsg.), 1968: Theories of Cognitive Consistency. A Sourcebook. Chicago.
Ball-Rokeach, Sandra J./L. DeFleur, Melvin, 1976: A Dependency Model of Mass-media Effects, in: Communication Research 3, 3-21.
Bandura, Albert, 1965: Influence of Models' Reinforcement Contingencies on the Acquisition of Imitative Responses, in: Journal of Personality and Social Psychology 1, 589-595.

---

13 In den erwähnten Studien zur Abtreibungsdebatte geschieht das nur am Rande, in einer Untersuchung zur Debatte über die Humangenomforschung jedoch zentral, und zwar fokussiert auf die demokratische Qualität des Internets (vgl. Gerhards/Schäfer 2007).

Beniger, James R./Gusek, Jodi A., 1995: The Cognitive Revolution in Public Opinion and Communication Research, in: *Glasser, Theodore L./Salmon, Charles T.* (Hrsg.), Public Opinion and the Communication of Consent. New York, 217-248.

Berelson, Bernard R./Lazarsfeld, Paul F./McPhee, William N., 1954: Voting. A Study of Opinion Formation in a Presidential Campaign. Chicago.

Blumler, Jay G./Gurevitch, Michael, 1995: The Crisis of Public Communication. London.

Brosius, Hans-Bernd/Esser, Frank, 1998: Mythen in der Wirkungsforschung: Auf der Suche nach dem Stimulus-Response-Modell, in: Publizistik 43, 341-361.

Bussemer, Thymian, 2003: Gesucht und gefunden: Das Stimulus-Response-Modell in der Wirkungsforschung. Einige Anmerkungen und zwei Fallstudien zur frühen Kommunikationswissenschaft, in: Publizistik 48, 176-189.

Charters, Werrett W., 1933: Motion Pictures and Youth. A Summary. New York.

Coleman, James S., 1990: Foundations of Social Theory. Cambridge, Mass.

Comstock, George A./Rubinstein, Eli A. /Murray, John P. (Hrsg.), 1972: Television and Social Behavior. A Technical Report to the Surgeon General's Scientific Advisory Committee on Television and Social Behavior. Rockville.

Davison, W. Phillips, 1983: The Third-person Effect in Communication, in: Public Opinion Quarterly 47, 1-15.

Eagly, Alice H./Chaiken, Shelly, 1998: Attitude Structure and Function, in: *Gilbert, Daniel T.* et al. (Hrsg.), Handbook of Social Psychology, vol. 1. Boston, 269-322.

Esser, Frank, 2008a: Media Effects, History of, in: *Donsbach, Wolfgang* (Hrsg.), International Encyclopedia of Communication. Malden.

Esser, Frank, 2008b: Stimulus Response Model, in: *Donsbach, Wolfgang* (Hrsg.), International Encyclopedia of Communication. Malden.

Ferree, Myra Marx/Gamson, William Anthony/Gerhards, Jürgen/Rucht, Dieter, 2002: Shaping Abortion Discourse. Democracy and Public Sphere in Germany and the United States. Cambridge.

Försterling, Friedrich, 2006: Attributionstheorien, in: *Bierhoff, Hans-Werner/Frey, Dieter* (Hrsg.), Handbuch der Sozialpsychologie und Kommunikationspsychologie. Göttingen, 354-362.

Früh, Werner, 2004: Die Interpretationsbedürftigkeit von Kausalität oder: Woher kommen die Ursachen?, in: *Wirth, Werner* et al. (Hrsg.), Forschungslogik und -design in der Kommunikationswissenschaft. Einführung, Problematisierungen und Aspekte der Methodenlogik aus kommunikationswissenschaftlicher Perspektive. Köln, 13-38.

Früh, Werner/Schönbach, Klaus, 1982: Der dynamisch-transaktionale Ansatz. Ein neues Paradigma der Medienwirkungen, in: Publizistik 27, 74-88.

Früh, Werner/Wirth, Werner, 1992: Looking into the Black Box. Intolerance of Ambiguity and Dynamic-transactional Processes in the Development of Issue-related Images, in: European Journal of Communication 7, 541-569.

Gabriel, Oscar W./Neller, Katja, 2005: Kandidatenorientierungen und Wahlverhalten bei den Bundestagswahlen 1994-2002, in: *Falter, Jürgen W.* et al. (Hrsg.), Wahlen und Wähler. Analysen aus Anlass der Bundestagswahl 2002. Wiesbaden, 213-243.

Galtung, Johan/Ruge, Mari H., 1965: The Structure of Foreign News. The Presentation of the Congo, Cuba and Cyprus Crises in Four Norwegian Newspapers, in: Journal of Peace Research 2, 64-91.

Gehrau, Volker, 2002: Der Beitrag des Konstruktivismus zur neueren deutschen Medienwirkungsforschung, in: *Scholl, Armin* (Hrsg.), Systemtheorie und Konstruktivismus in der Kommunikationswissenschaft. Konstanz.

Geiger, Seth/Newhagen, John, 1993: Revealing the Black Box: Information Processing and Media Effects, in: Journal of Communication 43 (4), 42-50.

Gerbner, George, 2000: Die Kultivierungsperspektive. Medienwirkungen im Zeitalter von Monopolisierung und Globalisierung, in: *Schorr, Angela* (Hrsg.), Publikums- und Wirkungsforschung. Ein Reader. Wiesbaden, 101-121.

Gerbner, George/Gross, Larry, 1976: Living with Television. The Violence Profile, in: Journal of Communication 26 (2), 173-199.

Gerhards, Jürgen/Neidhardt, Friedhelm/Rucht, Dieter, 1998: Zwischen Palaver und Diskurs. Strukturen öffentlicher Meinungsbildung am Beispiel der deutschen Diskussion zur Abtreibung. Opladen/Wiesbaden.
Gerhards, Jürgen/Schäfer, Mike S., 2007: Demokratische Internet-Öffentlichkeit? Ein Vergleich der öffentlichen Kommunikation im Internet und in den Printmedien am Beispiel der Humangenomforschung, in: Publizistik 52, 210-228.
Graber, Doris A., 1984: Processing the News. How People Tame the Information Tide. New York.
Gurevitch, Michael/Blumler, Jay G., 1990: Political Communication Systems and Democratic Values, in: *Lichtenberg, Judith* (Hrsg.), Democracy and the Mass Media. A Collection of Essays. Cambridge, 269-289.
Hagen, Lutz M., 1995: Informationsqualität von Nachrichten. Messmethoden und ihre Anwendung auf die Dienste von Nachrichtenagenturen. Opladen.
Hagen, Lutz M., 2005: Konjunkturnachrichten, Konjunkturklima und Konjunktur. Wie sich die Wirtschaftsberichterstattung der Massenmedien, Stimmungen der Bevölkerung und die aktuelle Wirtschaftslage wechselseitig beeinflussen – eine transaktionale Analyse. Köln.
Heider, Fritz, 1946: Attitudes and Cognitive Organization, in: Journal of Psychology 21, 107-112.
Hovland, Carl I./Janis, Irving L./Kelley, Harold H., 1953: Communication and Persuasion. Psychological Studies of Opinion Change. New Haven.
Hovland, Carl I./Lumsdaine, Arthur A./Sheffield, Fred D., 1949: Experiments on Mass Communication. Princeton.
Huck, Inga/Brosius, Hans-Bernd, 2007: Der Third-Person-Effekt – Über den vermuteten Einfluss der Massenmedien, in: Publizistik 52, 355-374.
Iyengar, Shanto/Kinder, Donald R., 1986: More than Meets the Eye. Television News, Priming, and Public Evaluations of the President, in: *Comstock, George* (Hrsg.), Public Communication and Behavior 1, 135-171.
Iyengar, Shanto/Kinder, Donald R., 1987: News that Matters. Television and American Opinion. Chicago.
Jäckel, Michael/Reinhardt, Jan, 2001: Über welche Brücke muss man gehen? Die Mehr-Ebenen-Analyse und ihre Relevanz für die Rezeptionsforschung, in: *Rössler, Patrick* et al. (Hrsg.), Theoretische Perspektiven der Rezeptionsforschung. München, 35-58.
Janis, Irving L./Hovland, Carl I., 1959: An Overview of Persuasibility Research, in: *Janis, Irving L.* et al. (Hrsg.), Personality and Persuasibility. New Haven, 1-26.
Kaase, Max, 1998: Politische Kommunikation – Politikwissenschaftliche Perspektiven, in: *Jarren, Otfried* et al. (Hrsg.), Politische Kommunikation in der demokratischen Gesellschaft. Ein Handbuch mit Lexikonteil. Opladen/Wiesbaden, 97-113.
Katz, Elihu/Lazarsfeld, Paul F., 1955: Personal Influence. The Part Played by People in the Flow of Mass Communications. Glencoe.
Kepplinger, Hans M., 1985: Systemtheoretische Aspekte politischer Kommunikation, in: Publizistik 30, 247-264.
Kepplinger, Hans M., 1998: Die Demontage der Politik in der Informationsgesellschaft. Freiburg.
Kepplinger, Hans M., 2007: Politiker als Protagonisten der Medien, in: Zeitschrift für Politik 54, 272-295.
Kepplinger, Hans M./Brosius, Hans-Bernd/Staab, Joachim/Linke, Günter, 1989: Instrumentelle Aktualisierung. Grundlagen einer Theorie publizistischer Konflikte, in: *Kaase, Max/Schulz, Winfried* (Hrsg.), Massenkommunikation. Theorien, Methoden, Befunde. Opladen, 199-220.
Kepplinger, Hans M./Noelle-Neumann, Elisabeth, 2002: Wirkung der Massenmedien, in: *Noelle-Neumann, Elisabeth* et al. (Hrsg.), Das Fischer Lexikon Publizistik Massenkommunikation. Frankfurt a. M., 597-647.
Kinder, Donald R., 1998: Opinion and Action in the Realm of Politics, in: *Gilbert, Daniel T.* et al. (Hrsg.), Handbook of Social Psychology. Boston, 778-867.
Klapper, Joseph T., 1960: The Effects of Mass Communication. Glencoe.
Krause, Birgit/Gehrau, Volker, 2007: Das Paradox der Medienwirkung auf Nichtnutzer. Eine Zeitreihenanalyse auf Tagesbasis zu den kurzfristigen Agenda-Setting-Effekten von Fernsehnachrichten, in: Publizistik 52, 191-209.

Lang, Kurt, 1996: The European Roots, in: *Dennis, Everette E./Wartella, Ellen* (Hrsg.), American Communication Research. The Remembered History. Mahwah, S. 1-20.

Lang, Kurt/Lang, Gladys E., 1953: The Unique Perspective of Television and its Effect: A Pilot Study, in: American Sociological Review 18, 2-12.

Lasswell, Harold D., 1948: The Structure and Function of Communication in Society, in: *Bryson, Lyman* (Hrsg.), The Communication of Ideas: A Series of Addresses. New York, 37-51.

Lazarsfeld, Paul F., 1941: Remarks on Administrative and Critical Communication Research, in: Studies in Philosophy and Science 9, 3-16.

Lazarsfeld, Paul F./Berelson, Bernard R./Gaudet, Hazel, 1944: The People's Choice. How the Voter Makes Up his Mind in a Presidential Campaign. New York.

Lazarsfeld, Paul F./Menzel, Herbert, 1969: On the Relation Between Individual and Collective Properties, in: *Etzioni, Amitai* (Hrsg.), A Sociological Reader on Complex Organizations. 2. Auflage. New York, 499-516.

Lazarsfeld, Paul F./Merton, Robert K., 1948: Mass Communication, Popular Taste and Organized Social Action, in: *Bryson, Lyman* (Hrsg.), The Communication of Ideas: A Series of Addresses. New York, 95-118.

Lippmann, Walter, 1922: Public Opinion. New York.

Lodge, Milton/McGraw, Kathleen M./Stroh, Patrick, 1989: An Impression-driven Model of Candidate Evaluation, in: American Political Science Review 83, 401-419.

Lowery, Shearon/De Fleur, Melvin L., 1983: Milestones in Mass Communication Research: Media Effects. New York.

Markus, Hazel/Zajonc, R. B., 1985: The Cognitive Perspective in Social Psychology, in: *Lindzey, Gardner/Aronson, Elliott* (Hrsg.), Handbook of Social Psychology. New York, 137-230.

Maurer, Marcus, 2003: Politikverdrossenheit durch Medienberichte. Eine Paneluntersuchung. Konstanz.

Maurer, Marcus, 2004: Das Paradox der Medienwirkungsforschung. Verändern Massenmedien die Bevölkerungsmeinung, ohne Einzelne zu beeinflussen?, in: Publizistik 49, 405-422.

Mazzoleni, Gianpietro/Schulz, Winfried, 1999: „Mediatization" of Politics. A Challenge for Democracy?, in: Political Communication 16, 247-261.

McCombs, Maxwell E./Shaw, Donald L., 1972: The Agenda-setting Function of Mass Media, in: Public Opinion Quarterly 36, 176-187.

McGuire, William J., 1986: The Myth of Massive Media Impact: Savagings and Salvagings, in: *Comstock, George* (Hrsg.), Public Communication and Behavior, volume 1. Orlando, 173-257.

McGuire, William J., 2001: Input und Output Variables Currently Promising for Constructing Persuasive Communication, in: *Rice, Ronald E./Atkin, Charles K.* (Hrsg.), Public Communication Campaigns. 3. Auflage. Thousand Oaks, 22-48.

McLeod, Jack M./Kosicky, Gerald M./McLeod, Douglas M., 1994: The Expanding Boundaries of Political Communication Effects, in: *Bryant, Jennings/Zillmann, Dolf* (Hrsg.), Media Effects. Advances in Theory and Research. Hillsdale, 123-162.

McLeod, Jack M./Kosicky, Gerald M./Pan, Zhongdang, 1991: On Understanding and Misunderstanding Media Effects, in: *Curran, James/Gurevitch, Michael* (Hrsg.), Mass Media and Society. London, 235-266.

McQuail, Denis, 1992: Media Performance. Mass Communication and the Public Interest. London.

McQuail, Denis, 2005: McQuail's Mass Communication Theory. 5. Auflage. London.

Merten, Klaus, 1994: Wirkungen der Medien, in: *Merten, Klaus* et al. (Hrsg.), Die Wirklichkeit der Medien. Eine Einführung in die Kommunikationswissenschaft. Opladen, 291-328.

Merton, Robert K., 1957: The Self-fulfilling Prophecy, in: *Merton, Robert K.* (Hrsg.), Social Theory and Social Structure. Überarbeitete und erweiterte Auflage. Glencoe, 421-436.

Meyer, Thomas, 2001: Mediokratie. Die Kolonisierung der Politik durch das Mediensystem. Frankfurt a. M.

Noelle-Neumann, Elisabeth, 1973a: Kumulation, Konsonanz und Öffentlichkeitseffekt. Ein neuer Ansatz zur Analyse der Wirkung der Massenmedien, in: Publizistik 18, 26-55.

Noelle-Neumann, Elisabeth, 1973b: Return to the Concept of Powerful Mass Media, in: Studies of Broadcasting 9, 67-112.

Noelle-Neumann, Elisabeth, 1980: Die Schweigespirale. Öffentliche Meinung – unsere soziale Haut. München.
Norris, Pippa, 2000: A Virtuous Circle. Political Communications in Postindustrial Societies. Cambridge.
Pan, Zhongdang/McLeod, Jack M., 1991: Multilevel Analysis in Mass Communication Research, in: Communication Research 18, 140-173.
Peiser, Wolfgang, 1999: Die Verbreitung von Medien in der Gesellschaft: Langfristiger Wandel durch Kohortensukzession, in: Rundfunk und Fernsehen 47, 485-498.
Petty, Richard E./Wegener, Duane T., 1998: Attitude Change: Multiple Roles for Persuasion Variables, in: *Gilbert, Daniel T.* et al. (Hrsg.), Handbook of Social Psychology, vol. 1. Boston, 323-390.
Potter, W. James/Riddle, Karyn, 2007: A Content Analysis of the Media Effects Literature, in: Journalism & Mass Communication Quarterly 84, 90-104.
Rössler, Patrick, 2006: Zur Logik der Agenda-Setting-Forschung, in: *Wirth, Werner* et al. (Hrsg.), Forschungslogik und -design in der Kommunikationswissenschaft. Band 2: Anwendungsfelder in der Kommunikationswissenschaft. Köln, 139-167.
Schatz, Heribert/Schulz, Winfried, 1992: Qualität von Fernsehprogrammen, in: Media Perspektiven 9, 690-712.
Schenk, Michael, 2002: Medienwirkungsforschung. 2. Auflage. Tübingen.
Scheufele, Dietram A., 1999: Framing as a Theory of Media Effects, in: Journal of Communication 49 (1), 103-122.
Schmitt-Beck, Rüdiger, 2008: Bandwagon Effect, in: *Donsbach, Wolfgang* (Hrsg.), International Encyclopedia of Communication. Malden.
Schulz, Winfried (Hrsg.), 1992: Medienwirkungen. Einflüsse von Presse, Radio und Fernsehen auf Individuum und Gesellschaft. Untersuchungen im Schwerpunktprogramm „Publizistische Medienwirkungen". Weinheim.
Schulz, Winfried, 2008: Politische Kommunikation. Theoretische Ansätze und Ergebnisse empirischer Forschung. 2., vollständig überarbeitete und erweiterte Auflage. Wiesbaden.
Severin, Werner J./Tankard, James W. Jr., 2001: Communication Theories. Origins, Methods, and Uses in the Mass Media. 5. Auflage. New York.
Seymour-Ure, Colin, 1974: The Political Impact of Mass Media. London.
Shah, Dhavan V./Cho, Jaeho/Nah, Seungahn/Gottlieb, Melissa R./Hwang, Hyunseo/Lee, Nam-Jin/Scholl, Rosanne M./McLeod, Douglas M., 2007: Campaign Ads, Online Messaging, and Participation: Extending the Communication Mediation Model, in: Journal of Communication 57, 676-703.
Tichenor, Phillip P./Donohue, George A./Olien, Clarice N., 1970: Mass Media Flow and Differential Growth in Knowledge, in: Public Opinion Quarterly 34, 159-170.
Tversky, Amos/Kahneman, Daniel, 1973: Availability: A Heuristic for Judging Frequency and Probability, in: Cognitive Psychology 5, 207-232.
Voltmer, Katrin, 1999: Medienqualität und Demokratie. Eine empirische Analyse publizistischer Informations- und Orientierungsleistungen in der Wahlkampfkommunikation. Baden-Baden.
Waples, Douglas/Berelson, Bernard/Bradshaw, Franklin R., 1940: What Reading Does to People. A Summary of Evidence on the Social Effects of Reading and a Statement of Problems for Research. Chicago.
Weimann, Gabriel, 2008: Opinion Leaders, in: *Donsbach, Wolfgang* (Hrsg.), International Encyclopedia of Communication. Malden.
Wessler, Hartmut, 2008: Deliberativeness in Political Communication, in: *Donsbach, Wolfgang* (Hrsg.), International Encyclopedia of Communication. Malden.
Wicks, Robert H., 1992: Schema Theory and Measurement in Mass Communication Research: Theoretical and Methodological Issues in News Information Processing, in: *Deetz, Stanley A.* (Hrsg.), Communication Yearbook 15. Newbury Park, 115-145.
Wilke, Jürgen, 2007: Nicht nur ein Theoretiker der Öffentlichen Meinung: Walter Lippmann Revisited, in: Medien & Kommunikationswissenschaft 55, 595-612.

II.

Die Realität der Politik
in den Massenmedien

Fernsehen – als Quelle politischer Information überschätzt? Eine Bestandsaufnahme des Angebotes und der Nutzung des „politischen Leitmediums"

Torsten Maurer

1. Problemstellung

Seit seinen Anfängen wird dem Fernsehen eine überragende Bedeutung für die politische Informationsvermittlung zugeschrieben, was sowohl mit Hoffnungen als auch Befürchtungen verbunden war. Diese Bedeutungszuschreibung findet in Deutschland ihren Ausdruck auch in der Rechtsprechung des Bundesverfassungsgerichts und damit in der gesamten organisatorischen Entwicklung des Fernsehens. In der Literatur über politische Kommunikation wird die herausragende Stellung des Fernsehens als „Leitmedium" (Schulz 2008: 236-239) mit einer Fülle von Argumenten begründet. Dazu gehören z. B. die große Reichweite des Mediums, die Erreichbarkeit auch politisch wenig interessierter Menschen durch das Fernsehen, die dem Medium zugesprochene Glaubwürdigkeit, die Möglichkeit der Themensetzung und die damit verbundenen Priming-Effekte und schließlich auch das Potenzial, Images von politischen Kandidaten beim Wähler zu prägen. Die meisten Argumente zur politischen Bedeutung des Fernsehens betreffen die Wirkungen beim Rezipienten, die mit einer Reihe von demokratietheoretischen Überlegungen, z. B. über Politikverdrossenheit (vgl. Wolling 1999), Video- oder Unterhaltungsmalaise (vgl. Norris 2000: 255-278; Holtz-Bacha 1989, 1994) in Zusammenhang gebracht werden. Solch politische Wirkungen des Fernsehens werden vor allem im Kontext von Wahlen bedeutsam; daher ist es auch wenig überraschend, dass sich die Forschung stark auf die Wirkungen des Fernsehens im Wahlkampf konzentriert (vgl. z. B. Kepplinger/Maurer 2005; Schulz 1994, 2008). In dieser Diskussion wird leicht übersehen, dass die Nutzung des Fernsehens eine notwendige Voraussetzung seiner Wirkungen ist. Das Fernsehen kann seine Rolle als politisches Leitmedium eben nur dann spielen und nur dann politisch relevante Auswirkungen auf die Kognitionen, die Einstellungen oder das Verhalten der Bürger haben, wenn die Menschen bzw. bestimmte Bevölkerungsgruppen die Fernsehangebote und hier speziell die politisch relevanten Informationen und Berichte auch nutzen. So fließt üblicherweise bei der Untersuchung der politischen Wirkung des Fernsehens auch die Art der (politischen) Informationsnutzung als eine erklärende Größe mit ein (vgl. z. B. Wolling 1999; Tenscher in diesem Band).

Im Mittelpunkt des vorliegenden Beitrages steht die Nutzung politischer Informationen *außerhalb* von Wahlkampfzeiten. Damit werden nicht die Wirkungen des Fernsehens auf die politische Orientierung oder das politische Handeln in den Blick genommen, sondern eine vorgelagerte Frage geklärt: In welchem Umfang nutzen die Bürger das Fernsehen heute tatsächlich zur politischen Information? Ausgangspunkt ist die Feststellung, dass das Fernsehen – ebenso wie die Tagespresse – aktuelle politische Information, Hintergrundinformation, politische Analyse und Meinung vermitteln *kann.* Vom publizistischen Standpunkt her gesehen ist das Medium Fernsehen jedoch primär kein Informationsmedium, sondern zumindest ein *Mischmedium,* das sich ebenso an die Unterhaltungs- wie an die Informationsbedürfnisse der Fernsehzuschauer richtet. Will man also die politische Funktion des Fernsehens angemessen einschätzen, muss man empirisch prüfen, wie es um das Angebot an *und* die Nachfrage nach politischen Informationen bestellt ist.

Ziel des vorliegenden Beitrags ist – ausgehend von der dem Fernsehen unterstellten Rolle als politisches Leitmedium und ubiquitäre Quelle politischer Informationen – eine empirische Bestandsaufnahme des politischen Fernsehprogrammangebotes und dessen Nutzung in Deutschland. Die Analysen basieren zu einem wesentlichen Teil auf Daten einer stichprobenbasierten Langzeitstudie, in der seit 1998 die gesamte Programmentwicklung und in diesem Kontext die Entwicklung der politischen Informationsleistungen von acht national verbreiteten Fernsehvollprogrammen untersucht werden (vgl. zuletzt Weiß 2008). Darüber hinaus werden weitere Studien zu Fernsehprogrammangeboten und deren Nutzung herangezogen.

Bevor die politischen Informationsangebote des Fernsehens und deren Nutzung dargestellt werden, wird auf die strukturellen Rahmenbedingungen des Fernsehmarktes in Deutschland eingegangen (Kap. 2). Zur Diskussion steht die Frage, wie das Fernsehen in Konkurrenz mit anderen (Informations-)Medien genutzt wird. Zum anderen erfolgt eine Bestandsaufnahme, welche Programme in Deutschland überhaupt ausgestrahlt werden und welche Bedeutung ihnen auf dem Zuschauermarkt zukommt. Auf dieser Grundlage werden in den nachfolgenden Kapiteln das Angebot und die Nutzung konkreter Programminhalte analysiert. Die Darstellung konzentriert sich zunächst auf die Inhalte, die die Informationsfunktion im weitesten Sinne bedienen (Kap. 3). Im Weiteren widmet sich Kapitel 4 dem Kernaspekt des Beitrags: der Nutzung *politischer* Informationsangebote. Die Charakteristika des Angebots und der Nutzung politischer Berichterstattung werden schließlich unter dem Aspekt diskutiert, ob das Fernsehen als Quelle politischer Informationen nicht weithin überschätzt wird.

2. Die Nutzung des Fernsehangebots

2.1 Die Fernsehnutzung in der Medienkonkurrenz

Das Fernsehen ist verglichen mit dem Hörfunk und der Tageszeitung nach wie vor das Medium, das täglich die meisten Menschen erreicht. Nach der Erhebung der ARD/ZDF-Langzeitstudie „Massenkommunikation" im Jahre 2005 sehen täglich 85 Prozent der Bevölkerung (ab 14 Jahre) fern, 80 Prozent hören Radio und 63 Prozent lesen Zeitung (vgl. *Tabelle 1*). Mindestens mehrmals pro Woche nutzen gar 95 Prozent der Bundesbürger das Fernsehen (Ridder/Engel 2005: 424). Die Nutzungsdauer liegt bei dem genannten Personenkreis an einem durchschnittlichen Tag bei 220 Minuten[1] und ist damit nahezu doppelt so hoch wie im Jahre 1970 (113 Minuten pro Tag; van Eimeren/Ridder 2005: 496). Zu den Charakteristika des Fernsehens gehört, dass die

---

1 Für die geringfügig abweichenden Werte der AGF/GfK-Fernsehforschung vgl. z. B. Zubayr/Gerhard (2007).

Tabelle 1: Mediennutzung im Jahr 2005[1] (in Prozent, Mehrfachnennungen)

Mediennutzung (zumindest täglich)	Gesamt N = 4 498	Politikinteresse			Altersgruppen		
		Hoch N = 2 490	Mittel N = 1 217	Niedrig N = 791	14-29 N = 884	30-49 N = 1 583	50+ N = 2 031
Fernsehen	85,0	86,3	81,9	85,5	74,0	81,6	92,3
Tageszeitung	63,2	73,0	55,9	43,4	37,7	57,7	78,6
Radio	80,2	84,1	78,8	70,2	67,1	82,8	83,9
Internet	27,2	29,0	27,4	21,0	43,9	35,0	13,7

[1] Eigene Auswertungen basierend auf den Fragen 2, 17 und E des Datensatzes „Massenkommunikation 2005".

durchschnittliche Nutzungsdauer mit zunehmendem Alter ansteigt: Sind es im Jahre 2006 bei den 14- bis 19-Jährigen 109 Minuten täglich, so beträgt der Wert bei den über 60-Jährigen mehr als 280 Minuten (Gerhards/Klingler 2007: 299). Beim Hörfunk beträgt die durchschnittliche Nutzungsdauer 221 Minuten; die Tageszeitung wird durchschnittlich 28 Minuten pro Tag gelesen.

Die Funktionen, die den jeweiligen Medien zugeschrieben werden, sind unterschiedlich. So zeigt sich, dass der Hörfunk als „Tagesbegleiter mit der besonderen Eignung als Stimmungsmanager" (Ridder/Engel 2005: 431) fungiert, während die Tageszeitung ein eher „rationales" Informationsmedium ist. Das Internet hat seine Stärke ebenfalls mehr im Informationssektor als in den Bereichen des Stimmungsmanagements und des Eskapismus. Fernsehen ist dagegen ein multifunktionales Allroundmedium, das genutzt wird, um sich zu informieren[2] (Zustimmung: 90 Prozent), um Spaß zu haben (83 Prozent) oder um sich zu entspannen (79 Prozent).

Dass die Mediennutzungsstile sich je nach politischem Interesse deutlich unterscheiden, wird aber schon erkennbar, wenn man die Reichweiten der unterschiedlichen Medien analysiert. Betrachtet man nur das Fernsehen, so sind die Unterschiede zwischen denjenigen mit hohem politischen Interesse und denjenigen mit niedrigem politischen Interesse sehr gering. Das Radio und vor allem die Tageszeitung werden jedoch von den politisch hoch Interessierten deutlich häufiger genutzt als von den politisch niedrig Interessierten: 73 Prozent der Menschen mit hohem politischen Interesse lesen täglich eine Tageszeitung, während es bei den wenig Interessierten gerade einmal 43 Prozent sind.

Das Fernsehen ist demnach je nach politischem Interesse in unterschiedlicher Weise in die gesamte Mediennutzung (Fernsehen, Tageszeitung, Radio, Internet) eingebettet (vgl. *Tabelle 2*). Mehr als zwei Drittel der politisch hoch Interessierten nutzen mindestens 3 Medien pro Tag, während es bei den niedrig Interessierten nur knapp 40 Prozent sind. Umgekehrt tendieren die politisch niedrig Interessierten öfter dazu, allein das Fernsehen regelmäßig zu nutzen bzw. gegebenenfalls noch das Radio hinzuzunehmen.

Deutliche Unterschiede der Mediennutzungsstile gibt es auch in den Altersgruppen. Wenig überraschend erscheint hier, dass dem Internet bei den Jüngeren eine deutlich höhere Bedeutung zukommt als bei den Älteren – und genau umgekehrt verhält es sich

---

[2] Auf gruppenspezifische Unterschiede im Hinblick auf den Stellenwert der Informationsfunktion wird im Rahmen des dritten Kapitels noch näher eingegangen.

Tabelle 2: Überschneidungen der Mediennutzung[1] (in Prozent)

Überschneidung der Mediennutzung (zumindest täglich)	Gesamt N = 4 498	Politikinteresse			Altersgruppen		
		Hoch N = 2 490	Mittel N = 1 217	Niedrig N = 791	14-29 N = 884	30-49 N = 1 583	50+ N = 2 031
Alle vier Medien	11,7	14,7	9,0	6,6	11,1	15,5	9,1
Drei Medien	46,9	52,5	44,4	32,8	29,2	41,8	58,5
TV + Tageszeitung + Internet	1,9	2,4	1,1	1,4	3,5	2,0	1,1
TV + Tageszeitung + Radio	37,0	42,6	33,6	24,7	11,0	28,5	55,0
TV + Radio + Internet	6,0	5,1	7,6	6,1	12,0	8,3	1,5
Tageszeitung + Radio + Internet	2,0	2,4	2,1	0,6	2,7	3,0	0,9
Zwei Medien	28,7	24,6	30,8	38,2	35,9	29,8	24,8
TV + Tageszeitung	5,6	5,9	4,8	6,3	3,5	3,1	8,6
TV + Radio	15,3	11,5	16,9	24,6	18,6	17,4	12,4
TV + Internet	2,3	1,6	3,2	3,0	6,2	2,5	0,3
Zwei Medien ohne TV	5,5	5,6	5,9	4,3	7,6	6,8	3,5
Ein Medium	10,6	6,8	13,2	18,9	19,1	10,6	6,9
TV	5,1	2,4	5,7	12,8	8,1	4,5	4,2
Anderes Medium	5,5	4,4	7,5	6,1	11,0	6,1	2,7
Kein Medium	2,1	1,4	2,6	3,5	4,8	2,5	0,6
Gesamt	100,0	100,0	100,0	100,0	100,0	100,0	100,0
Durchschnittliche Anzahl der zumindest täglich genutzten Medien	2,6	2,7	2,4	2,2	2,2	2,6	2,7

[1] Eigene Auswertungen basierend auf den Fragen 2, 17 und E des Datensatzes „Massenkommunikation 2005".

bei Fernsehen, Radio und Tageszeitungen. Insbesondere bei der Tageszeitungsnutzung sind die Unterschiede eklatant: Nur 38 Prozent der 14- bis 29-Jährigen nutzen täglich eine Tageszeitung, während es bei den über 50-Jährigen 79 Prozent sind. Bemerkenswert ist, dass demnach das Spektrum der genutzten Medien bei den Jüngeren deutlich geringer ist als bei den Älteren. Dies lässt sich an den Prozentanteilen derjenigen ablesen, die täglich drei oder mehr Medien nutzen. Bei den unter 29-Jährigen sind es gerade einmal 40 Prozent, der Anteil bei den über 50-Jährigen beträgt 68 Prozent.

Obgleich an dieser Stelle noch nichts über die Nutzung konkreter Inhalte gesagt wird, lassen sich schon die Chancen bemessen, aus welchen Quellen politische Informationen überhaupt stammen können. Und hier bleibt zum einen festzuhalten, dass das Fernsehen bei den politisch wenig interessierten Bürgern einen deutlich größeren Stellenwert hat als bei denjenigen mit hohem politischem Interesse. Letztere stützen sich eben in stärkerem Maße auch auf andere Medienangebote. Zum anderen ist zu konstatieren, dass dem Fernsehen bei der jüngeren Altersgruppe – ebenso wie Radio und Zeitungen – eine geringere Bedeutung zukommt als bei den älteren Rezipienten.

2.2 Angebot und Nutzung einzelner Fernsehprogramme

Aufgrund der Heterogenität des Fernsehmarktes erfordert eine sinnvolle Interpretation der beschriebenen Mediennutzungsmuster, dass auf die Frage eingegangen wird, welche einzelnen Programme in Deutschland zur Verfügung stehen und welche von diesen Programmen stark und weniger stark genutzt werden. Im Frühjahr 2007 gab es in Deutschland insgesamt 459 private und öffentlich-rechtliche Fernsehprogramme.[3] Diese Zahl schließt sowohl Free-TV- als auch Pay-TV-Angebote[4] und nationale Programme ebenso wie regionale Programme ein.

Konzentriert man sich auf das Angebot des frei empfangbaren Fernsehens auf nationaler Ebene – dem unter dem Aspekt der Nutzung politischer Inhalte eine herausragende Bedeutung zukommt – so ist das Angebot deutlich überschaubarer. Von den 61 Programmen sind 51 private Anbieter. Ihnen stehen 10 öffentlich-rechtliche Programme gegenüber, sofern man ARTE und 3sat nicht berücksichtigt, die nicht allein in Deutschland verbreitet werden.[5] Bei 41 der 61 Programme handelt es sich um *Spartenprogramme*, wobei 33 von privaten Anbietern und 8 von öffentlich-rechtlichen Anbietern produziert werden. Die wenigsten dieser Spartenprogramme widmen sich der Information und Meinungsbildung. Sie bestreiten ihre Sendezeit vielmehr „aus unterschiedlichen Variationen von Unterhaltungs-, Spiel-, Lifestyle- und Lebenshilfe-Angeboten, die immer mehr in Verbindung mit neuen Geschäftsmodellen, jenseits der klassischen Einnahmequellen des privaten Fernsehens stehen" (Schwotzer/Weiß 2008: 22). Die Ausnahme bilden hier die Programme n-tv und N24, bei denen allein aufgrund

---
3 Vgl. dazu die TV-Sender-Datenbank der ALM (http://www.alm.de → Fernsehen → TV-Sender-Datenbank).
4 Von den 459 Programmen sind 415 Programme frei empfangbar.
5 Eine besondere Stellung kommt den sog. *Dritten Programmen* der ARD zu, die in der ALM-Datenbank als regionale Programme gelten, die aber in größerem Umfang, insbesondere per Kabel, auch außerhalb ihrer ursprünglichen Senderegion zu empfangen sind.

ihres umfassenden Nachrichtenangebots zu erwarten ist, dass sie in nennenswertem Umfang über gesellschaftlich relevante Themen berichten.

Verglichen mit den Spartenprogrammen ist die Zahl von *Fernsehvollprogrammen* mit insgesamt 17 (15 private und zwei öffentlich-rechtliche) Programmen deutlich geringer. Laut Rundfunkstaatsvertrag ist ein Vollprogramm ein „Rundfunkprogramm mit vielfältigen Inhalten, in welchem Information, Bildung, Beratung und Unterhaltung einen wesentlichen Teil des Gesamtprogramms bilden".[6] An die Vollprogramme werden normative Anforderungen im Hinblick auf (1) die strukturelle Vielfalt der Programmsparten und (2) die inhaltliche Vielfalt der in den Programmen vertretenen Meinungen sowie der zu Wort kommenden politischen, gesellschaftlichen und weltanschaulichen Gruppen gestellt.[7] Die national verbreiteten Fernsehvollprogramme in Deutschland sind auf der privaten Seite RTL, RTL II und VOX (RTL Group) und Sat.1, ProSieben und kabel eins (ProSiebenSat.1 Media AG) sowie das Erste Programm der ARD und das ZDF auf der öffentlich-rechtlichen Seite.

Die Bedeutung der Programme lässt sich an ihrem Erfolg auf dem Zuschauermarkt messen, wofür der so genannte „Marktanteil" als Maßzahl verwendet wird.[8] Betrachtet man diese Marktanteilswerte, so zeigt sich, dass der Zuschauermarkt in Deutschland von lediglich 20 Programmen dominiert wird, die nahezu 90 Prozent der Zuschauermarktanteile auf sich vereinigen (vgl. *Abbildung 1*). Es gibt also einen eklatanten Gegensatz zwischen der kleinen Zahl intensiv genutzter und der großen Zahl angebotener Programme (Schwotzer/Weiß 2008: 26-29).

Der größte Anteil am Zuschauermarkt kommt den *nationalen Fernsehvollprogrammen* zu, auf die über zwei Drittel der Fernsehnutzung entfallen. Dieser Wert ist nahezu identisch mit dem kumulierten Marktanteil von acht Programmen: Die beiden öffentlich-rechtlichen Programme ARD/Das Erste und ZDF und die beiden privaten Programme RTL und Sat.1 kommen zusammen auf einen Marktanteil von fast 50 Prozent. Auf die vier privaten Programme ProSieben und kabel eins sowie VOX und RTL II entfallen zusammen weitere 20 Prozent Marktanteil. Trotz einer immensen Zahl angebotener Spartenprogramme kann aus der Perspektive der Zuschauer damit kaum von einem eindeutigen Trend zur Verspartung gesprochen werden, da sich das Zuschauerinteresse immer noch auf wenige Programme und hier insbesondere die nationalen Fernsehvollprogramme konzentriert.

Angesichts der Angebotsstruktur wird deutlich, dass vor allem die Sender mit den größten Marktanteilen im Mittelpunkt stehen, wenn es darum geht, die Bedeutung des Fernsehens bei der Informationsvermittlung abzuschätzen. Bei diesen Kanälen ist die Chance nach wie vor am größten, dass eventuell vorhandene Informationsangebote auch tatsächlich Zuschauer finden.

---

6 § 2 Abs. 2 Satz 1 RStV 2007.
7 Vgl. dazu unter anderem § 25 Abs. 1 Satz 2 RStV 2007.
8 „Der Marktanteil gibt den relativen Anteil der Sehdauer einer Sendung/eines Werbeblocks/eines bestimmten Zeitintervalls an der Gesamtsehdauer aller Programme zum jeweiligen Zeitintervall an" (Arbeitsgemeinschaft Fernsehforschung 2002: 31).

Abbildung 1: Marktanteile der Free TV-Programme im ersten Halbjahr 2007[1]

Programme	MA	MA kumuliert	
ARD/Das Erste	13,5	13,5	
ZDF	12,9	26,4	4 Programme ≈ 50 %
RTL	12,6	39,0	
Sat.1	9,5	48,5	
ProSieben	6,6	55,1	
VOX	5,5	60,6	8 Programme = 68 %
RTL II	3,8	64,4	
kabel eins	3,6	68,0	
Super RTL	2,6	70,6	
KIKA	1,1	71,7	
DSF	1,1	72,8	20 Programme = 87 %
3sat	1,0	73,8	
Acht Dritte Programme der ARD	13,3	87,1	

[1] Anteile an der täglichen durchschnittlichen Sehdauer in Prozent, Zuschauer ab 3 Jahren, Montag bis Sonntag, 3 bis 3 Uhr.
Quelle: Schwotzer/Weiß (2008: 26).

3. Das Informationsangebot im Fernsehen und dessen Nutzung

Da im Fernsehen eine Vielzahl von Programmangeboten miteinander konkurriert und bei den Zuschauern unterschiedliche Bedürfnisse vorliegen, stellt sich die Frage, in welchem Maße das Fernsehen überhaupt zur Information herangezogen wird. Die Frage lässt sich aus zwei unterschiedlichen theoretischen und konzeptionellen Perspektiven beantworten: (1) einer rezeptions- und (2) einer angebotsorientierten Sichtweise. Die jeweilige Konzeption der Informationsfunktion verschiedener Medien beinhaltet einerseits eine spezifische theoretische Festlegung und determiniert andererseits auch, welche Art von Daten für die Analyse herangezogen werden.

Aus der Rezeptionsperspektive sind Information und Unterhaltung miteinander verbundene „Erlebnisqualitäten" des Publikums. In dieser Sicht bezieht sich die Informationsfunktion des Fernsehens auf die Einschätzung von Rezipienten, informiert zu sein. Medienrezeption wird hier als das Ergebnis des Zusammenspiels von Medienangebot, Merkmalen der Rezipienten und dem situativen/gesellschaftlichen Kontext begriffen (vgl. Früh 2002). In Bezug auf die Informationsfunktion des Fernsehens bedeutet dies, dass das „Informationserleben" sowohl aus der Zuwendung zu Unterhaltungsangeboten als auch zu Informationsangeboten resultieren kann. Die Einschätzung der Rolle des Fernsehens im Rahmen der gesamten Informationsnutzung ist folglich unabhängig vom tatsächlich genutzten Inhalt. Methodisch bedeutet dies, dass Grundlage der Analyse der Informationsfunktion von Medien Daten aus Bevölkerungs- bzw. Rezipientenbefragungen sind.

Aus einer angebotsorientierten Perspektive der Informationsfunktion der Medien geht es nicht um die durch Selbstauskünfte erfragte Wahrnehmung der Rezipienten, sondern um die beobachtbare Nutzung spezifischer Inhalte, denen man Informationsgehalt unterstellen oder nachweisen kann. In dieser Sicht erfordert die Analyse der Informationsfunktion der Medien eine Verknüpfung von Nutzungs- und Angebotsdaten. Eine kritische Frage ist hier, wie Informations*angebote* empirisch erfasst werden können, deren Nutzung analysiert wird.

3.1 Informationsnutzung aus einer rezeptionsorientierten Perspektive

Über die Rolle des Fernsehens als Medium der politischen Information in der Perspektive des rezipientenorientierten Ansatzes gibt die Langzeitstudie Massenkommunikation Auskunft (Ridder/Engel 2005: 428). Auf die Frage nach den Funktionen verschiedener Medien geben 90 Prozent der Befragten an, das Fernsehen zur Information zu nutzen. Weitergehende Befunde zur Fernsehnutzung zeigen, dass

- das Informationsmotiv bei den Jüngeren schwächer ausgeprägt ist als bei den Älteren;
- die Zustimmung zum Informationsmotiv umso ausgeprägter ist, je niedriger der formale Bildungsgrad ist;
- das Informationsmotiv bei den politisch niedrig Interessierten geringer ist als bei den politisch hoch Interessierten.[9]

Vergleicht man die unterschiedlichen Medien im Hinblick auf die Frage, welche am ehesten genutzt werden, wenn man sich informieren möchte, so steht die Tageszeitung mit 36 Prozent an der Spitze, dicht gefolgt vom Fernsehen (34 Prozent). Internet (18 Prozent) und Hörfunk (12 Prozent) kommen auf weitaus geringere Anteile (Ridder/ Engel 2005: 431). Deutlich treten aber Unterschiede je nach politischem Interesse zutage.[10] Während bei den politisch hoch Interessierten die Zeitung (39 Prozent) häufiger als das Fernsehen (34 Prozent) genannt wird, ist es bei den politisch niedrig Interessierten umgekehrt: Um sich zu informieren, wenden sich 40 Prozent der Befragten zuerst dem Fernsehen zu, nur für 27 Prozent ist die Tageszeitung das Informationsmedium erster Wahl. Auch in Bezug auf die Altersgruppen ergeben sich unterschiedliche Präferenzen: Bei den über 50-Jährigen geben 44 Prozent an, dass sie sich zuerst dem Fernsehen zuwenden, um sich zu informieren, 37 Prozent nennen die Tageszeitung und nur 6 Prozent das Internet. Bei den unter 30-Jährigen bietet sich dagegen ein völlig anderes Bild: Bei diesen Befragten ist das Internet die am stärksten präferierte Quelle von Informationen (36 Prozent), gefolgt von der Tageszeitung (33 Prozent) und dem Fernsehen (23 Prozent). Dies bedeutet, dass das Fernsehen seine Spitzenstellung als Informationsquelle gerade bei den Jüngeren verloren hat.

Betrachtet man nicht nur die zugeschriebene Funktion der verschiedenen Medien, sondern die tatsächliche Informationsnutzung, so gibt die Studie „Informationsverhalten der Deutschen 2006" Auskunft. Diese Daten zeigen, dass das Fernsehen immer noch eine Spitzenstellung in Bezug auf die aktuelle Information der Bevölkerung ein-

---

9 Zustimmung zum Informationsmotiv: politisch hoch Interessierte: 92 Prozent, mittel Interessierte: 89 Prozent, niedrig Interessierte: 85 Prozent (eigene Auswertungen basierend auf den Fragen 4b und 17 des Datensatzes „Massenkommunikation 2005").
10 Eigene Auswertungen basierend auf den Fragen 5b, 17 und E des Datensatzes „Massenkommunikation 2005".

nimmt (vgl. Blödorn et al. 2006). Auf die Frage nach dem Medium, aus dem sie gestern Informationen zu aktuellen Ereignissen in Deutschland und der Welt erhalten haben, gaben 52 Prozent der Befragten das Fernsehen, 34 Prozent die Tageszeitung, 31 Prozent das Radio und nur 3 Prozent das Internet an (Blödorn et al. 2006: 638). Bemerkenswert ist an diesen Befunden zunächst, dass die Online-Medien fast keine Rolle in Bezug auf die Information der Bevölkerung insgesamt spielen. Darüber hinaus wird deutlich, dass es eine klare Arbeitsteilung zwischen den Medien in Bezug auf die Art der Informationen gibt. Das Fernsehen ist demnach insbesondere für das überregionale Tagesgeschehen zuständig, während die Tageszeitung (37 Prozent) und das Radio (28 Prozent) für die aktuellen Ereignisse in der Region die am häufigsten genutzten Quellen sind. Das Fernsehen spielt im Hinblick auf lokale Informationen eine weniger wichtige Rolle (24 Prozent).

Weitergehende Unterscheidungen bezüglich der Programme, die zur Information genutzt werden, stehen nicht auf der Ebene von Einzelprogrammen, sondern nur auf der recht undifferenzierten Programmsystemebene zur Verfügung. Diese Befunde zeigen, dass sich die Menschen eher den öffentlich-rechtlichen Programmen zuwenden, wenn sie sich informieren möchten. Die Angebote der privaten Sender werden eher zur Entspannung und aus eskapistischen Motiven heraus genutzt (Ridder/Engel 2005: 434-436). Entsprechend sehen die Imageprofile der Sender aus. Generell wird das Fernsehen für glaubwürdiger als alle anderen Medien gehalten, wobei diese Eigenschaft im Direktvergleich eher den öffentlich-rechtlichen (76 Prozent) als den kommerziellen Programmen (14 Prozent) zugebilligt wird (Ridder/Engel 2005: 433).

Die referierten Ergebnisse, die den hohen Stellenwert des Fernsehens als Informationsquelle – insbesondere für Ältere und politisch wenig Interessierte – verdeutlicht haben, sind im Hinblick auf die Zielsetzung des vorliegenden Beitrags in zweifacher Hinsicht unbefriedigend. Zum einen handelt es sich um Daten, die im Rahmen von Befragungen erbracht wurden und damit möglichen Verzerrungen, z. B. durch „soziale Wünschbarkeit", unterworfen sind. Zum anderen handelt es sich um Fragen zum Informationsverhalten allgemein, die nicht zwischen politischer und nicht-politischer Information unterscheiden. Diesen Kritikpunkten begegnen Analysen, die in der angebotsorientierten Perspektive die tatsächliche Nutzung spezifischer Informationsangebote in den Mittelpunkt stellen.

3.2 Informationsnutzung aus einer angebotsorientierten Perspektive

Die Einschätzung der Rolle des Fernsehens für die politische Informiertheit der Bürger ist aus einer angebotsorientierten Perspektive nicht zuletzt deshalb schwierig, weil sich die Angebotsstruktur in den vergangenen Jahren stark geändert hat. Durch die zunehmende Hybridisierung von Programmformaten, Angebotsstilen und Präsentationsmustern des Fernsehens ist die Unterscheidung von Information und Unterhaltung problematisch und erklärungsbedürftig. Bei der Unterscheidung von Informations- und Unterhaltungsangeboten ist im vorliegenden Beitrag die Überlegung ausschlaggebend, dass eine spezifische Angebotskonstellation mit einer größeren Wahrscheinlichkeit beim Publikum für die Wahrnehmung sorgt, informiert zu sein als eine andere Angebotskonstellation (vgl. Brosius 2003). Aufgrund dieser Überlegung lassen sich manche Programmangebote relativ leicht und eindeutig dem Informationssegment oder dem Unterhaltungssegment zuordnen. Zu Ersterem gehören beispielsweise die Politikberichterstattung und die Berichterstattung über Themen wie Wirtschaft, Wissenschaft, Kultur oder Natur. Zum zweiten Bereich gehören dagegen unzweifelhaft fiktionale Programmgattungen (Filme und Serien) und die Sparte der nonfiktionalen Unterhaltungsangebote (Shows und Spiele). Darüber hinaus gibt es aber auch Angebote, bei denen eine eindeutige Zuordnung zu einem der beiden Segmente schwer fällt: so z. B. die Sportberichterstattung und Sendungen, die dem sog. Human-Touch-Bereich bzw. der „Boulevardisierung" des Fernsehens zugerechnet werden.

Den Schwierigkeiten bei der Unterscheidung und Zuordnung von Information und Nicht-Information müssen auch die Studien begegnen, die kontinuierliche Daten aus Programmstruktur- und Programminhaltsanalysen liefern. Die Programmleistungen, die im Rahmen der AGF-Fernsehprogrammanalyse, der ARD/ZDF-Fernsehprogrammanalyse und der Fernsehprogrammanalyse der Arbeitsgemeinschaft der Landesmedienanstalten (im Folgenden kurz „ALM-Studie") ausgewiesen werden, unterscheiden sich in ihren Ansätzen der Klassifizierung von „Information" beträchtlich.[11] Im Rahmen der ALM-Studie, deren Daten die zentrale Grundlage des vorliegenden Beitrags bilden, wird zunächst ein weiter Informationsbegriff bzw. ein weites Verständnis von „fernsehpublizistischen Sendungen" gewählt. Alle fernsehpublizistischen Sendungen werden anschließend vollständig inhaltlich-thematisch codiert. Somit kann hier zwischen politischen Informationen (Funktionsbereich: Information und Meinungsbildung), Sachpublizistik (Funktionsbereich: Information und Bildung), Lebensweltpublizistik (Funktionsbereich: Information und Beratung) und Unterhaltungspublizistik (Funktionsbereich: Information und Unterhaltung) unterschieden werden (vgl. Maurer/Trebbe 2006; Weiß 1998). Die aufgrund dieser Differenzierung ermittelten *politischen* Informationsleistungen des Fernsehens und die tatsächliche Nutzung dieser konkreten Angebote stehen im Mittelpunkt des folgenden Kapitels.

4. Das politische Informationsangebot und dessen Nutzung

4.1 Der Umfang der politischen Berichterstattung im Fernsehen

Die Thematisierung von Politik erfolgt im Fernsehen im Rahmen einer Vielzahl von Informationsformaten. Dazu gehören einige Sendungen, die sich ausschließlich mit politischen Ereignissen befassen, wie z. B. manche Reportagen/Dokumentationen oder Talk-Formate. In den meisten Sendungen ist Politik aber nur ein Themenbereich unter vielen. Dies gilt vor allem für Magazin- und Nachrichtenformate, in denen neben der Politik auch über Wirtschafts-, Ratgeber- oder auch Human-Touch-Themen berichtet wird. Will man jedoch den Umfang der Politikberichterstattung präzise bestimmen, müssen politische Inhalte unabhängig vom Format auf der Ebene der Einzelbeiträge gemessen werden.

---
11 Eine kritische Auseinandersetzung mit der Kategorie „Fernsehinformation" im Kontext von Fernsehprogrammanalysen findet sich bei Weiß/Trebbe (2001). Die Stichprobenkonzepte der kontinuierlichen Fernsehprogrammforschung werden thematisiert bei Trebbe (2005).

Im Mittelpunkt der folgenden Abschnitte stehen die deutschen Fernsehvollprogramme. Bei diesen Programmen ist aufgrund ihrer Reichweite davon auszugehen, dass sie fast ausschließlich für die politische Information des deutschen Fernsehpublikums verantwortlich sind. Den Spartenprogramme n-tv und N24 kann kaum eine wesentliche Rolle zugeschrieben werden, wenn es um die Analyse der politischen Fernsehnutzung in Deutschland geht. Zwar weisen beide Programme ein deutlich erkennbares Informationsangebot auf: Im Jahr 2007 war ein Anteil von etwa einem Viertel des Gesamtprogramms (n-tv: 28 Prozent, N24: 25 Prozent)[12] der Berichterstattung über Politik gewidmet (vgl. Krüger 2008). Jedoch haben die beiden Spartenprogramme einen sehr geringen Zuschauerzuspruch. Im Jahre 2007 hatte n-tv einen Zuschauer-Marktanteil von 0,7 Prozent und N24 kam auf 0,9 Prozent (Krüger 2008: 2).

Vergleicht man nun die Vollprogramme RTL, RTL II und VOX (RTL Group) sowie Sat.1, ProSieben und kabel eins (ProSiebenSat.1 Media AG) sowie die öffentlich-rechtlichen Angebote von ARD/Das Erste und ZDF im Hinblick auf den Umfang des politischen Angebots, so findet man im Frühjahr 2007[13] drei unterschiedliche Anbietergruppen: (1) Die Programme ARD und ZDF, die an einem durchschnittlichen Tag jeweils deutlich über zwei Stunden Sendezeit für politische Themen reservieren (ARD: 2 Stunden 27 Minuten; ZDF: 2 Stunden 17 Minuten). (2) Die Marktführer im privaten Sektor RTL und Sat.1, die 20 Minuten lang oder etwas mehr über Politik berichten (Sat.1: 26 Minuten; RTL: 20 Minuten). (3) Die restlichen privaten Vollprogramme, bei denen Politik kaum vorkommt (RTL II: 7 Minuten; ProSieben: 6 Minuten; kabel eins: 4 Minuten; VOX: 3 Minuten).

In diesen Zahlen spiegelt sich zum Teil die politische Ereignislage während der Untersuchungswoche wider, in der die Fernsehprogramme im Frühjahr 2007 aufgezeichnet wurden. Vor allem sind sie jedoch das Resultat der grundsätzlichen Formatierung des Programms, d. h. ihrer jeweiligen Programmstruktur, in der für die aktuelle Berichterstattung und für Hintergrundberichterstattung ein bestimmtes Volumen und bestimmte Sendeformen vorgesehen sind. Die unterschiedlichen Umfänge der politischen Berichterstattung in den drei Gruppen zeigen deutlich, dass ihr Umfang massiv von programmstrukturellen bzw. organisatorischen Faktoren beeinflusst ist:

- Der Gegensatz von mehr als zwei Stunden politischer Information bei den öffentlich-rechtlichen und weniger als einer halben Stunde politischer Information bei den privaten Programmen belegt eindeutig den Systemunterschied zwischen den Anbietergruppen, der immer wieder auch den medienpolitischen und wissenschaftlichen Programmdiskurs bestimmt (vgl. Schatz et al. 1989; Pfetsch 1996; Krüger 1998).
- Dazu kommen im privaten Fernsehsektor die Unterschiede innerhalb der Senderfamilien. Sowohl in der RTL Group als auch in der ProSiebenSat.1 Media AG wird Politikberichterstattung primär als Angelegenheit der Nachrichtenkanäle (n-tv bzw. N24) sowie der Vollprogramme RTL und Sat.1 angesehen. Die restlichen Vollpro-

---

12 In der Studie werden jedoch die Anteile der politischen Berichterstattung überschätzt, da die Analyse des Gesamtprogramms auf Sendungsebene stattfand und nur die Nachrichtenangebote auf Beitragsebene thematisch codiert wurden (Krüger 2008: 3).
13 Im Rahmen der ALM-Studie wurde im Frühjahr 2007 die 13. Kalenderwoche (26. März – 1. April) aufgezeichnet und analysiert.

gramme, die in den Senderfamilien hinter RTL und Sat.1 in Zweit- und Drittstellung positioniert sind, tragen dagegen kaum zur politischen Berichterstattung bei.

Diese Ergebnisse aus dem Frühjahr 2007 schreiben einen langanhaltenden Trend fort, denn seit der ersten ALM-Erhebung 1998 besteht ein drastischer Unterschied zwischen privaten und öffentlich-rechtlichen Programmen bei der politischen Berichterstattung. Danach unterscheiden sich ARD und ZDF im Umfang ihrer politischen Berichterstattung nur wenig. Im privaten Sektor weisen RTL und Sat.1 anhaltend niedrige Anteile politischer Information auf, wenngleich RTL und SAT.1 immer noch vor den quasi politikfreien Kanälen RTL II, ProSieben, kabel eins und VOX liegen (Maurer 2005a: 72-76).

4.2 Formate politischer Berichterstattung im Fernsehen

Die politischen Leistungen des Fernsehens sind nicht nur am Umfang der Politikberichterstattung festzumachen, sondern insbesondere auch an der Formatierung von Politik. Für die Spartensender n-tv und N24 zeigt Krüger (2008), dass sich das Programm hauptsächlich aus Nachrichten, Magazinen und Dokumentationen/Reportagen zusammensetzt. Bei n-tv entfallen ca. 78 Prozent des Gesamtprogramms auf diese Sendungsformen, bei N24 sind es 86 Prozent. Daten darüber, wie sich politische Inhalte auf die Formate verteilen, sind nicht verfügbar (vgl. Krüger 2008).

Bei den Vollprogrammen kann man indessen zeigen, dass die Anteile der Politik an den einzelnen Sendungen stark variieren. Über die thematischen Schwerpunktbildungen innerhalb der Sendungen hinaus können sich Unterschiede zwischen den Sendern auch dadurch ergeben, dass die Zuschauer in vielen oder in wenigen Sendungen auf politische Angebote stoßen. Der Blick auf den Umfang unterschiedlicher Formate und die Sendungsvielfalt zeigt drei herausragende Merkmale des politischen Informationsangebots in Vollprogrammen:

– Die politische Berichterstattung in den Vollprogrammen ist weitestgehend auf die tages- und wochenaktuellen Ereignisse fokussiert (vgl. dazu auch Fretwurst 2008). Von den insgesamt 5 Stunden 50 Minuten politischer Berichterstattung entfallen gerade einmal 1 Stunde 12 Minuten auf nicht-aktuelle Beiträge (vgl. *Abbildung 2*). Damit werden die Möglichkeiten des Mediums genutzt, auf Ereignisse schnell reagieren zu können. Dies bedeutet aber auch, dass die Thematisierung von Ereignissen jenseits der Aktualität stark vernachlässigt wird. Einzig bei ARD und ZDF wird überhaupt in nennenswertem Umfang auf nicht-aktuelle Politik eingegangen.
– Mit der Fokussierung auf die aktuelle Berichterstattung geht auch die Konzentration der Berichterstattung auf ein begrenztes Formatspektrum einher. So werden knapp drei Stunden der gesamten Politikberichterstattung im Rahmen von Nachrichtensendungen ausgestrahlt, ca. zwei Stunden stammen aus Magazinsendungen. Auf die anderen Formate entfallen damit nur noch ca. 50 Minuten Sendezeit eines durchschnittlichen Tages. Dieser Aspekt der Formatkonzentration wird auch deutlich, wenn man sich anschaut, in wie vielen Sendungen[14] Politik einen Platz findet. So

---
14 Zur Definition von „Sendung" vgl. *Tabelle 3*.

Abbildung 2: Formate und Aktualität der politischen Berichterstattung im Frühjahr 2007 (durchschnittlicher 24-Stunden-Tag, Zeitumfang in Std. Min.)

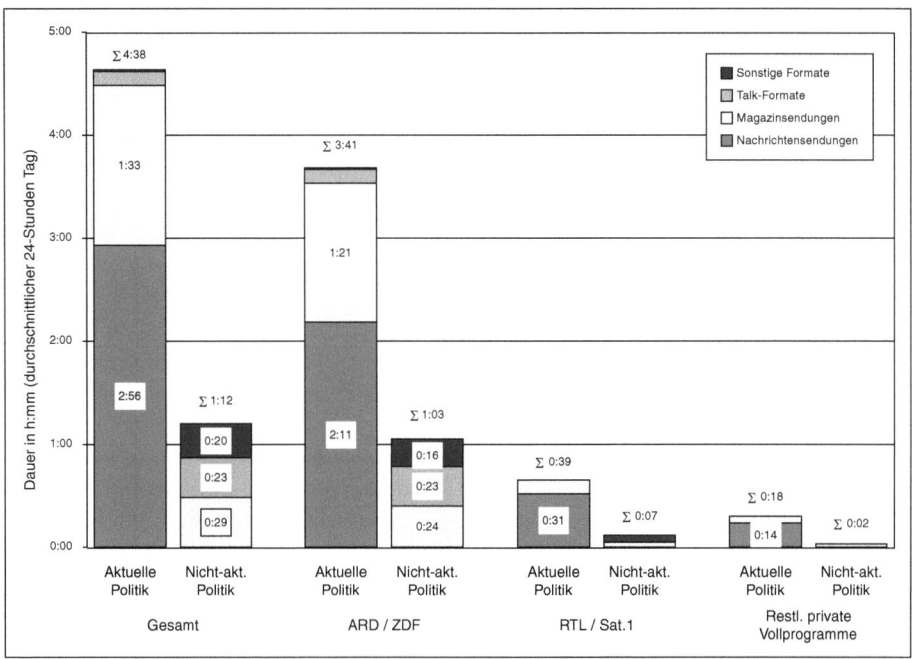

sind von insgesamt 74 Sendungen, die in der Untersuchungswoche Politik enthalten, 35 Nachrichten- und 31 Magazinsendungen (vgl. *Tabelle 3*).
– Die Unterschiede zwischen den drei Anbietergruppen sind eklatant. Die 20 Minuten, in denen die privaten Vollprogramme ProSieben, VOX, RTL II und kabel eins täglich über Politik berichten – nicht durchschnittlich, sondern aufaddiert – werden ausschließlich in Nachrichten und Magazinen ausgestrahlt. Jedes der vier Programme hat dabei zwei Nachrichtensendungen im Angebot, und darüber hinaus gibt es bei ProSieben drei und bei RTL II eine Magazinsendung, die Politik enthalten. RTL und Sat.1 als die Programme in Erststellung innerhalb ihrer Senderfamilie thematisieren ebenfalls nahezu ausschließlich aktuelle Ereignisse, wobei das Formatspektrum zusammengerechnet sieben Nachrichten-, sieben Magazinsendungen und ein sonstiges Format[15] umfasst. Nicht überraschend ist dagegen die Vielfalt der Formate bei ARD und ZDF. Von den täglich 4 Stunden und 45 Minuten, die die öffentlich-rechtlichen Programme über Politik berichten, entfällt mehr als eine Stunde auf Berichte ohne aktuellen Bezug. Nicht einmal die Hälfte des Gesamtvolumens der Politikberichterstattung wird im Rahmen von Nachrichten gesendet. Einen ähnlichen Stellenwert wie die Nachrichten haben die Magazinsendungen (1 Stunde und 45 Minuten). Schließlich wird auch in Talk-Formaten (31 Minuten) und sonstigen Sen-

---

15 „Weck up" auf Sat.1.

deformen[16] (17 Minuten) in maßgeblichem Umfang über Politik berichtet. Politik kommt bei ARD und ZDF in insgesamt 47 unterschiedlichen Sendungen[17] vor. Bei allen privaten Programmen zusammen beträgt die Zahl unterschiedlicher Sendungen über Politik gerade einmal 27.

Mit dem unterschiedlichen Formatspektrum des politischen Angebots sind im Übrigen auch die Möglichkeiten der Sender vorgegeben, auf außergewöhnliche (politische) Ereignisse reagieren zu können. So steigt der Umfang der politischen Berichterstattung im Fall von Kriegs- oder politischen Krisensituationen insbesondere bei jenen Programmen überproportional an, die bereits in Normalzeiten ein Gewicht auf die Politik legen (Trebbe 2004: 59-70; Weiß/Trebbe 2000: 105-116). Die Programmverantwortlichen nutzen vorwiegend die bestehenden Formate und schieben nur in Ausnahmesituationen Sondersendungen ein, um auf außergewöhnliche Ereignisse zu reagieren. So kann im Rahmen von Nachrichten- und Magazinsendungen – sofern diese Sendungen existieren – eine Betonung der Politik zu Lasten anderer Themenbereiche erfolgen. Dass eine Ausweitung der Politikberichterstattung innerhalb der Sendungen allemal möglich ist, zeigt der Blick auf die prozentualen Anteile der Politik an der Gesamtsendung. So entfällt beispielsweise in den Nachrichtensendungen „nur" zwischen 15 (vox-Nachrichten) und 60 Prozent (ARD-Tagesschau) der Sendezeit auf politische Themen.[18] Je nach Tagesabschnitt und Nachrichtenformat sind senderspezifische Schwerpunktbildungen möglich (vgl. Maurer 2005b, 2007), und diese Möglichkeiten werden von den privaten und öffentlich-rechtlichen Sendern in unterschiedlicher Weise wahrgenommen. Die privaten Programme tendieren gerade in den Hauptnachrichtensendungen zur zuschauerstärksten Zeit dazu, weniger über Politik zu berichten als in ihren übrigen Nachrichtensendungen. Bei den öffentlich-rechtlichen Anbietern ist es dagegen umgekehrt: Hier werden gerade in der Prime Time politische Themen und Ereignisse in den Vordergrund gerückt.

4.3 Die Nutzung politischer Informationsangebote im Fernsehen

Die Angebotssituation in Bezug auf die politischen Informationen des Fernsehens kann man in groben Zügen so zusammenfassen, dass aus einer Vielzahl von Programmen und Sendungen nur eine verhältnismäßig kleine Auswahl von Kanälen wirklich genutzt wird. In diesen wiederum ist der Korridor, der für politische Informationen reserviert wird, sehr schmal: In den acht Fernsehvollprogrammen sind es an einem durchschnittlichen Tag knapp sechs Stunden politische Information von insgesamt 192 Stunden Gesamtprogramm, mit anderen Worten gerade einmal drei Prozent. Die Frage, die nun zu diskutieren bleibt, ist, ob und in welchem Maße sich die Zuschauer diesem Ange-

---

16 Hierzu gehören beispielsweise Reportagen oder Dokumentationen.
17 Die im Rahmen des Gemeinsamen Vormittagsprogramms von ARD und ZDF ausgestrahlten Sendungen wurden dabei nur einmal gezählt.
18 Ein Umstand, der es, nebenbei bemerkt, auch diskussionswürdig erscheinen lässt, die Nutzung von Fernsehnachrichten generell als Indikator für politisches Informationsinteresse zu verwenden.

bot auch zuwenden oder ob sie lieber unterhaltende Parallelangebote nutzen.[19] Im Weiteren wird zunächst untersucht, wie die Sendungen, die Politik beinhalten, genutzt werden. Anschließend soll analysiert werden, welchen Einfluss das Vorhandensein von politischen Sendungsinhalten auf das Einschaltverhalten der Fernsehzuschauer hat. Die Analysen beziehen sich auf jene Fernsehvollprogramme, die die höchsten Zuschauer-Marktanteile haben.

Die Nutzungsanalyse der Programmangebote der Fernsehvollprogramme beruht auf einer Fusion von Angebotsdaten der ALM-Studie mit Zuschauerdaten der AGF/GfK-Fernsehforschung. Als Indikator für die Nutzung dient die durchschnittliche Sehbeteiligung in Prozent. Sie gibt an, „wie viele Personen während einer Sendung/eines Werbeblocks/eines bestimmten Zeitintervalls durchschnittlich ferngesehen haben. [...] Jede Person wird mit dem Anteil gezählt, der ihrer Sehdauer im Verhältnis zur Dauer der Sendung entspricht. Dieser Quotient aus Sehdauer zu Sendungsdauer wird mit dem Gewicht pro Person zur individuellen Sehbeteiligung verrechnet. Die Summe aller individuellen Sehbeteiligungen über alle Personen ist die durchschnittliche Sehbeteiligung der Sendung/des Werbeblocks."[20] Die Fallbasis für die Analyse sind die Untersuchungseinheiten der Programmanalyse. Dabei wird jedem Sendungsteil, der in der Inhaltsanalyse ermittelt wurde und für den damit Inhaltskategorisierungen vorliegen (z. B. Ausstrahlungszeitpunkt, Sender, Genre oder Anteil politischer Information), die durchschnittliche Sehbeteiligung als Nutzungswert zugeordnet.

Betrachtet man die Nutzungswerte der politischen Informationsangebote senderübergreifend im Vergleich mit anderen Programmangeboten, kann man feststellen, dass fiktionale und nonfiktionale Unterhaltungsangebote im Durchschnitt weitaus höhere Sehbeteiligungen aufweisen. Der Blick auf solch durchschnittliche Werte aller einschlägigen Sendungen ist jedoch nicht besonders informativ. Die Nutzungswerte unterscheiden sich deutlich je nach Ausstrahlungszeitpunkt, Sender oder auch der Programmplanung – wenn Angebote beispielsweise in der Nacht gezeigt werden und so die durchschnittliche Reichweite „gedrückt" wird. Aussagekräftiger ist der Blick auf die Nutzungswerte der einzelnen Sendungen, die Politik beinhalten (vgl. *Tabelle 3*).

Bei der Nutzung einzelner Sendungen fällt zunächst auf, dass weitaus mehr als die Hälfte aller Sendungen mit Politikbezügen Sehbeteiligungen von weniger als einer Million aufweisen (42 von 74 Sendungen). Unter diesen Sendungen mit sehr geringer Nutzung findet sich mehr als die Hälfte des Angebots von RTL und Sat.1 (8 von insgesamt 15 Sendungen). In diese Kategorie fällt auch das komplette Angebot der restlichen privaten Programme (12 Sendungen). Für ProSieben, VOX, RTL II und kabel eins gilt also nicht nur, dass sie Politik fast ignorieren, die wenigen Sendungen, die noch im Programm sind, werden auch nicht geschaut. Bei RTL und Sat.1 überschreiten als Sendungen mit nennenswerten Politikanteilen praktisch nur die Nachrichtensendungen RTL Aktuell (3,59 Millionen Zuschauer in der Untersuchungswoche), Sat.1 News (1,78 Mio.), RTL-Nachtjournal (1,14 Mio.) sowie die Magazinsendung Spiegel TV (1,63 Mio.) die Marke von einer Million Zuschauer (vgl. *Tabelle 4*). Darüber hin-

---

19 Vgl. dazu die Forschung zum „Uses and Gratifications Approach". Beispielhaft genannt sei hier der Forschungsüberblick bei Schenk (2002).
20 AGF/GfK-Fernsehforschung (o. J.): Glossar (URL: http://www.agf.de/glossar/?name=Sinus [10.1.2008]).

Tabelle 3: Nutzung von Sendungen mit politischer Berichterstattung im Frühjahr 2007[1] (Anzahl von Sendungen[2])

Nutzung	Gesamt	ARD/ZDF	RTL/Sat.1	Restl. Private Vollprogramme
Sendungen mit Sehbeteiligung > 3 Mio.	**8**	**7**	**1**	**–**
Nachrichtensendungen	4	3	1	–
Magazinsendungen	3	3	–	–
Talk-Formate	1	1	–	–
Sendungen mit Sehbeteiligung 2-3 Mio.	**7**	**7**	**–**	**–**
Nachrichtensendungen	1	1	–	–
Magazinsendungen	5	5	–	–
Talk-Formate	1	1	–	–
Sendungen mit Sehbeteiligung 1-2 Mio.	**17**	**11**	**6**	**–**
Nachrichtensendungen	6	4	2	–
Magazinsendungen	8	4	4	–
Talk-Formate	1	1	–	–
Sonstige Formate	2	2	–	–
Sendungen mit Sehbeteiligung < 1 Mio.	**42**	**22**	**8**	**12**
Nachrichtensendungen	24	12	4	8
Magazinsendungen	15	8	3	4
Sonstige Formate	3	2	1	–
Gesamt	**74**	**47**	**15**	**12**

[1] Untersuchungszeitraum: 13. Kalenderwoche 2007. Aufgeführt ist nicht die Anzahl von Einzelsendungen, sondern die Anzahl unterschiedlicher Sendungstitel bzw. Sendeplätze.
[2] Als Kriterien für die Definition von „Sendung" gilt im vorliegenden Kontext (1) der Sendungstitel und (2) ggf. darüber hinaus der Sendeplatz. Entsprechend des ersten Kriteriums wird beispielsweise „Frontal 21" ebenso als „Sendung" gezählt wie die Hauptausgabe der „Tagesschau" um 20 Uhr. Entsprechend des zweiten Kriteriums zählen die „Tagesschau" um 20 Uhr und diejenige um 17 Uhr als zwei „Sendungen".

aus werden in den beiden Programmen noch drei Magazinsendungen mit Sehbeteiligungen zwischen 1,4 und 1,6 Mio. gesendet. Deren Anteil der politischen Berichterstattung an der Gesamtsendungsdauer ist jedoch marginal (3 Prozent und weniger). Neben den genannten vier Sendungen bei den privaten Marktführern erreichen nur noch die Politikangebote der öffentlich-rechtlichen Programme nennenswerte Zuschaueranteile: Insgesamt 25 Sendungen von ARD und ZDF haben mehr als eine Million Zuschauer.

Vernachlässigt man den Senderkontext und betrachtet, welche Formate die größten Reichweiten erzielen, so zeigt sich, dass politische Information vor allem auf drei Wegen zu den Menschen gelangt:

– Nachrichtensendungen, insbesondere die Hauptnachrichten: Unter den 15 Sendungen mit Sehbeteiligungen über zwei Millionen Zuschauern finden sich drei Hauptnachrichtensendungen und zwei Nachrichtenmagazine;
– die (politischen) Magazinformate der öffentlich-rechtlichen Sender in den Abendstunden, wie „Frontal 21", „Plusminus", „Weltspiegel", „Kontraste", „Berlin direkt", „Fakt" oder „auslandsjournal": Alle sieben Magazine finden sich unter den 15 am meisten gesehenen Sendungen mit politischen Inhalten;

Tabelle 4: Angebot und Nutzung von Sendungen mit politischer Berichterstattung im Frühjahr 2007[1]

Sender	Sendungen	Format	Prime Time[2]	Prozentanteil Politik	Sehbeteiligung in Mio.[3]
ARD	Tagesschau (Hauptnachrichten)	Nachrichten	✓	56	5,21
ARD	Sabine Christiansen	Talk-Format	✓	99	3,72
RTL	RTL Aktuell (Hauptnachrichten)	Nachrichten	✓	19	3,59
ZDF	Frontal 21	Magazinsendung	✓	18	3,58
ARD	Plusminus	Magazinsendung	✓	44	3,51
ZDF	heute (Hauptnachrichten)	Nachrichten	✓	52	3,43
ZDF	heute-journal	Nachrichten	✓	54	3,17
ARD	Weltspiegel	Magazinsendung	✓	34	3,08
ARD	Kontraste	Magazinsendung	✓	61	2,96
ZDF	Berlin direkt	Magazinsendung	✓	94	2,68
ARD	FAKT	Magazinsendung	✓	39	2,63
ZDF	Maybrit Illner	Talk-Format	✓	99	2,54
ZDF	auslandsjournal	Magazinsendung	✓	45	2,53
ZDF	Leute heute	Magazinsendung	–	1	2,18
ARD	Tagesthemen	Nachrichten	✓	49	2,03
Sat.1	SAT.1 News (Hauptnachrichten)	Nachrichten	✓	34	1,78
ARD	Tagesschau um fünf	Nachrichten	–	45	1,71
ZDF	Politbarometer	Sonstiges	✓	90	1,68
ZDF	heute/Wetter	Nachrichten	–	47	1,66
RTL	Spiegel TV	Magazinsendung	✓	21	1,63
ARD	Bericht aus Berlin	Magazinsendung	✓	45	1,62
Sat.1	Sat.1 am Abend	Magazinsendung	–	2	1,57
ZDF	heute – in Europa	Nachrichten	–	51	1,53
Sat.1	BLITZ	Magazinsendung	✓	3	1,50
ZDF	ZDF-History	Sonstiges	–	97	1,48
RTL	Punkt Zwölf	Magazinsendung	–	1	1,43
ZDF	Länderspiegel	Magazinsendung	–	33	1,35
ZDF	ML Mona Lisa	Magazinsendung	✓	15	1,35
ARD	Tagesschau (am Nachmittag)	Nachrichten	–	60	1,26
ARD	ttt – titel thesen temperamente	Magazinsendung	–	9	1,20
RTL	RTL-Nachtjournal	Nachrichten	–	22	1,14
ARD	Presseclub	Talk-Format	–	57	[4]

[1] Untersuchungszeitraum: 13. Kalenderwoche 2007. Aufgeführt sind alle Sendungen, die in der Untersuchungswoche politische Berichterstattung enthalten haben und eine Sehbeteiligung von über 1 Million Zuschauer aufweisen konnten.
[2] Die mit einem Häkchen gekennzeichneten Sendungen werden im Rahmen der Prime Time (18-23 Uhr) ausgestrahlt.
[3] Bei Sendungen mit Erstsendung und Wiederholung wird nur die Sehbeteiligung der Erstsendung angegeben.
[4] Es liegt keine Quotenangabe für die Sendung in der Untersuchungswoche vor. Im Jahre 2006 hatte der Presseclub jedoch eine durchschnittliche Sehbeteiligung von 1,21 Millionen (vgl. Zubayr/Gerhard 2008: 115).

– die Talksendungen „Sabine Christiansen" und „Maybrit Illner": Herauszuheben ist dabei vor allem die ARD-Talksendung, die nach der ARD-Tageschau die meisten Zuschauer in der Rangfolge der Sendungen mit politischen Bezügen erreicht.

Der Blick auf die Sehbeteiligungen von politischen Sendungen ist wichtig, um Nutzungsmuster erkennen zu können. Eine Einordnung, ob es sich um hohe oder niedrige Reichweiten handelt, fällt nichtsdestotrotz schwer, da die Höhe eine relationale Größe ist. Daher soll im Folgenden geklärt werden, ob die Zuschauer politische Angebote eher suchen oder vermeiden. Dies geschieht mit einem Kausalmodell, bei dem der Einfluss der Programmcharakteristika auf das Einschaltverhalten untersucht wird. Die abhängige Variable der Analyse ist die Sehbeteiligung, wobei zusätzlich zur durchschnittlichen Sehbeteiligung aller Zuschauer ab 3 Jahren auch die Sehbeteiligung innerhalb von sechs Altersgruppen als abhängige Variable analysiert wird. Als *Einflussfaktoren* gehen die Angebotsmerkmale – konkret: die Programmkategorien der ALM-Studie – in das Modell ein (unabhängige Variablen). Dazu gehören zum einen Kategorisierungen auf der programmstrukturellen Ebene: vor allem die Frage, ob es sich um fiktionale oder nonfiktionale Angebote handelt. Zum anderen sind es im Fall der Fernsehpublizistik thematisch-inhaltliche Kategorisierungen, nämlich die Frage, ob Unterhaltungspublizistik (Human Touch-Themen), Sach- und Lebensweltthemen und/oder politische Inhalte in den Sendungen vorkommen.[21] Die besondere Bedeutung der Hauptnachrichtensendungen rechtfertigt es, diese Sendungen separat in das Modell einfließen zu lassen. Da die Sehbeteiligung maßgeblich von dem Ausstrahlungszeitpunkt und dem ausstrahlenden Programm abhängt, wird die Zuordnung einer Sendung zur Hauptsendezeit („Prime Time")[22] sowie die Platzierung eines Programms auf den ersten vier Rangplätzen der Marktanteilsskala („Hauptsender")[23] in das Analysemodell in Form von *Kontrollvariablen* einbezogen.

Mit dem ersten Modell, das sich auf alle Fernsehzuschauer ab 3 Jahre bezieht, können insgesamt 45 Prozent der Varianz der Sehbeteiligung an *allen* Programmangeboten erklärt werden (vgl. *Tabelle 5*). Den größten Einfluss auf die Zuschauerzahl haben die Sendezeit (standardisierter Regressionskoeffizient BETA = .56) und das ausstrahlende Programm (BETA = .32), d. h. Sendungen finden größeren Zuschauerzuspruch, wenn sie in der Zeit zwischen 18 und 23 Uhr und in einem der Hauptsender ausgestrahlt werden.

Von den strukturellen und inhaltlichen Angebotsmerkmalen sind es vor allem zwei Aspekte, die sich positiv auf die Sehbeteiligung auswirken: Danach suchen die Zuschauer Hauptnachrichtensendungen (BETA = .14) und fiktionale Unterhaltungsangebote (BETA = .12). Die Wahrscheinlichkeit mit bestimmten thematischen Angeboten die Quote zu steigern, sind dagegen weitaus geringer. In ganz besonderer Weise trifft dieses auf politische Themen zu, die in der Gesamttendenz sogar gemieden werden (BETA = −.10). Die Programmverantwortlichen müssen also damit rechnen, dass sie mit politischer Berichterstattung (außerhalb der Hauptnachrichten) weniger Zuschauer erreichen, als wenn sie andere Programminhalte anbieten.

---

21 Im Fall der Themenschwerpunkte der Fernsehpublizistik handelt es sich um dichotome Variablen (Mehrfachcodierung). Die Ausprägung 1 bedeutet, dass eine Sendung mindestens einen Beitrag zu dem entsprechenden Themenschwerpunkt aufweist – unabhängig davon, ob sie auch Beiträge zu anderen Schwerpunkten enthält.
22 Dichotome Variable, bei der eine Sendung die Ausprägung 1 zugewiesen bekommt, wenn sie in der Hauptsendezeit zwischen 18 und 23 Uhr ausgestrahlt wird.
23 Dichotome Variable, bei der eine Sendung die Ausprägung 1 zugewiesen bekommt, wenn sie bei ARD/Das Erste, ZDF, RTL oder Sat.1 ausgestrahlt wird.

Tabelle 5: Einflussgrößen auf die Programmnutzung im Frühjahr 2007[1]

Erklärende Variablen	Gesamt[2]	14-19	20-29	30-39	40-49	50-64	65+
Prime Time	.56	.36	.38	.46	.53	.54	.43
Hauptsender (RTL, Sat.1, ARD, ZDF)	.32	n.s.	n.s.	.09	.26	.38	.39
Fiktionale Unterhaltung	.12	.14	.11	.08	.11	.11	.10
Nonfiktionale Unterhaltung	.09	.16	.15	.12	.08	.05	.04
Hauptnachrichten	.14	.05	.06	.05	.08	.13	.17
Unterhaltungspublizistik	n.s.	.11	.11	.05	.04	n.s.	n.s.
Sach-, Lebensweltpublizistik	.05	n.s.	n.s.	n.s.	n.s.	.06	.08
Politische Publizistik	*–.10*	*–.13*	*–.17*	*–.15*	*–.16*	*–.07*	*n.s.*
Erklärte Varianz (Korr. R²)	**.45**	**.18**	**.20**	**.25**	**.38**	**.47**	**.39**

[1] Multiple Regression; BETA-Koeffizienten (p < .05; N = 3 816).
[2] Sehbeteiligung aller Fernsehzuschauer ab 3 Jahren.

Die Befunde der empirischen Analysen variieren je nach Altersgruppe.[24]

- Der Ausstrahlungszeitpunkt ist vor allem für die Altersgruppen zwischen 30 und 64 Jahren wichtig, da in dieser Gruppe der Anteil der Berufstätigen verhältnismäßig hoch ist.
- Die Zuordnung der Programmangebote zu einem der Hauptsender (RTL, Sat.1, ARD/Das Erste und ZDF) wird mit zunehmendem Alter immer wichtiger, für die Zuschauer unter 30 Jahren ist sie ohne Bedeutung.
- Nonfiktionale Programmangebote verlieren bei den Fernsehzuschauern mit zunehmendem Alter an Attraktivität.
- Unterhaltende Sendeformate werden von den Jüngeren gesucht, während sie bei den über 50-Jährigen ohne Einfluss sind. Bei Sach- und Lebensweltthemen sind die Zusammenhänge genau umgekehrt. Lebensweltthemen werden nur von den Altersgruppen über 50 Jahre nachgefragt.

In Bezug auf die Frage nach der politischen Leitfunktion des Fernsehens ergeben sich aus dem Kausalmodell zwei wesentliche Erkenntnisse, die eher ernüchternd wirken: (1) Die Sehbeteiligung und das politische Informationsverhalten des Publikums geht nicht über die habituelle Nachrichtennutzung hinaus. Die Hauptnachrichtensendungen werden von allen Altersgruppen genutzt, wobei sich die über 50-Jährigen diesem Format besonders stark zuwenden. (2) Darüber hinaus wird die politische Berichterstattung bei nahezu allen Altersgruppen – mit Ausnahme der 65-Jährigen – eher gemieden. Dies bedeutet, dass politische Sendungen bei entsprechenden Alternativen aus anderen Programmsparten gerade kein breites Publikum mehr erreichen, sondern vermutlich allenfalls eine Minderheit. Der umfassenden politischen Informationsfunktion des Fernsehens sind daher klare Grenzen gesetzt.

---

[24] Aufgrund der Datenlage sind Regressionsanalysen für Gruppen mit unterschiedlichem politischem Interesse nicht möglich.

5. Fazit

Die Verbreitung und Nutzungsdauer des Fernsehens ist unbestritten hoch. Inhaltlich bilden Informationsangebote im Fernsehen aber nur einen kleinen Teil des Gesamtprogramms, und so stellt sich die Frage, ob das Fernsehen immer noch die Quelle für politische Informationen ist. Fragt man die Menschen nach dem Stellenwert, den die Medien bei der Informationssuche allgemein haben, so zeigt sich, dass dem Fernsehen zusammen mit der Zeitung die größte Bedeutung zukommt – wenngleich bei den Jüngeren in geringerem Maße als bei den Älteren und bei den politisch hoch Interessierten in geringerem Maße als bei den politisch wenig Interessierten.

Verbindet man Angebots- und Nutzungsdaten, so bietet sich im Hinblick auf das Fernsehen als Quelle *politischer* Information ein ernüchterndes Bild. Die Fernsehnutzung konzentriert sich trotz der Vielzahl vorhandener Sender auf vergleichsweise wenige Anbieter, in denen – mit Ausnahme von ARD und ZDF – die politische Berichterstattung einen denkbar geringen Stellenwert hat. Wenn Politik thematisiert wird, dann sind es zumeist die aktuellen Geschehnisse im Rahmen von Nachrichtensendungen oder Magazinsendungen. Die weitergehenden Analysen zeigen, dass Politik nicht nur in geringem Maße vorkommt, sondern dass die politischen Angebote – im Gegensatz zu den Unterhaltungsangeboten – auch eher gemieden als gesucht werden. Diese Vermeidungsstrategie gilt vor allem für die jüngeren Zuschauer. Die Befragungsdaten zeigen aber, dass die jüngeren Rezipienten auf andere Quellen der (politischen) Information ausweichen.

Im Hinblick auf die Gestaltung von Fernsehprogrammen liegen die faktischen Rückwirkungen dieser „Mehrheitstendenz" in der Programmauswahl der Zuschauer auf der Hand. Sie betreffen vor allem diejenigen Programme, die – wie die privaten Fernsehvollprogramme in Deutschland – vorwiegend durch Werbung finanziert und damit wirtschaftlich am stärksten vom Zuschauerverhalten abhängig sind. Die Tendenz der Veranstalter dieser Programme, Angebote zu vermeiden, die weniger nachgefragt werden, ist leicht zu belegen und mag wirtschaftlich funktional sein. Das Ziel der Einnahmenmaximierung steht jedoch in direktem Widerspruch zum Informationsauftrag.

Legt man normativ demokratietheoretische Maßstäbe an, so erscheint es bedenklich, wenn die wenig vorhandenen politischen Informationsangebote grundsätzlich gemieden und – zugegebenermaßen sehr überspitzt formuliert – nur im Rahmen von Hauptnachrichten als Teil eines bunten Themenpotpourris akzeptiert werden. Jedenfalls verträgt sich der empirisch belegbare (geringe) Stellenwert des Fernsehens für die politische Informationsvermittlung kaum mit der Rede vom Fernsehen als politischem Leitmedium. Vielmehr legt die vorliegende Bestandsaufnahme von Angebot und Nutzung des Fernsehens nahe, dass seine Qualitäten als Quelle politischer Information deutliche begrenzt sind. Die Ergebnisse geben einerseits Anlass zu einer umfassenden Diskussion darüber, wie der Umfang und die Art der politischen Informationsvermittlung im Fernsehen verbessert werden kann. Denn obwohl eine Mehrheit der Bevölkerung mit politischen Themen in Berührung kommt, bleibt es – angesichts der Aufmachung und Konzeption von Nachrichtensendungen – bei kurzen Schnappschüssen über tagesaktuelle Ereignisse. Daher stellt sich anhaltend die Frage, ob die gelieferte politische Information tatsächlich zur politischen Informiertheit der Bürger beiträgt. Die Ergebnisse geben anderseits auch Anlass, über die politische Wirkung des Fernsehens zu reflektieren. Denn die Zweifel an der politischen Funktion des Fernsehens erscheinen noch stärker, wenn man über die Wirkungen der Art und des Umfangs der politischen Botschaften auf die Bürger in der „Mediendemokratie" nachdenkt.

Literatur

Arbeitsgemeinschaft Fernsehforschung, 2002: Fernsehzuschauerforschung in Deutschland. Frankfurt a. M.
AGF/GfK-Fernsehforschung, ohne Jahr: Glossar, in: http://www.agf.de/glossar/?name=Sinus; 10.1. 2008.
Blödorn, Sascha/Gerhards, Maria/Klingler, Walter, 2006: Informationsnutzung und Medienauswahl 2006. Ergebnisse einer Repräsentativbefragung zum Informationsverhalten der Deutschen, in: Media Perspektiven 12, 630-638.
Brosius, Hans-Bernd, 2003: Unterhaltung als isoliertes Medienverhalten. Psychologische und kommunikationswissenschaftliche Perspektiven, in: *Früh, Werner/Stiehler, Hans-Jörg* (Hrsg.), Theorie der Unterhaltung. Ein interdisziplinärer Diskurs. Köln, 74-88.
Fretwurst, Benjamin, 2008: Nachrichten im Interesse der Zuschauer. Eine konzeptionelle und empirische Neubestimmung der Nachrichtenwerttheorie. Konstanz.
Früh, Werner, 2002: Unterhaltung durch das Fernsehen. Eine molare Theorie. Konstanz.
Gerhards, Maria/Klingler, Walter, 2007: Mediennutzung der Zukunft. Eine Trendanalyse auf der Basis heutiger Datenquellen, in: Media Perspektiven 6, 295-309.
Holtz-Bacha, Christina, 1989: Verleidet uns das Fernsehen die Politik? Auf den Spuren der „Videomalaise", in: *Kaase, Max/Schulz, Winfried* (Hrsg.), Massenkommunikation. Theorien, Methoden, Befunde (Kölner Zeitschrift für Soziologie und Sozialpsychologie, Sonderband 30). Opladen, 239-252.
Holtz-Bacha, Christina, 1994: Massenmedien und Politikvermittlung – Ist die Videomalaise-Hypothese ein adäquates Konzept?, in: *Jäckel, Michael/Winterhoff-Spurk, Peter* (Hrsg.), Politik und Medien. Analysen zur Entwicklung der politischen Kommunikation. Berlin, 181-191.
Kepplinger, Hans Mathias/Maurer, Marcus, 2005: Abschied vom rationalen Wähler. Warum Wahlen im Fernsehen entschieden werden. Freiburg.
Krüger, Udo Michael, 1998: Zum Stand der Konvergenzforschung im dualen Rundfunksystem, in: *Klingler, Walter/Roters, Gunnar/Zöllner, Oliver* (Hrsg.), Fernsehforschung in Deutschland. Themen – Akteure – Methoden. Baden-Baden, 151-184 (Südwestrundfunk-Schriftenreihe: Medienforschung; Bd. 1).
Krüger, Udo Michael, 2008: Programmprofile von n-tv und N24. Entwicklung und Positionierung der beiden privaten Nachrichtenkanäle im deutschen Fernsehmarkt, in: Media Perspektiven 1, 2-14.
Maurer, Torsten, 2005a: Marktversagen: Politische Information im privaten und öffentlich-rechtlichen Fernsehen, in: ALM Programmbericht 2005. Berlin, 62-78.
Maurer, Torsten, 2005b: Fernsehnachrichten und Nachrichtenqualität. Eine Längsschnittstudie zur Nachrichtenentwicklung in Deutschland. München.
Maurer, Torsten, 2007: Das Nachrichtenangebot deutscher Fernsehvollprogramme im Tagesverlauf, in: ALM Programmbericht 2006. Berlin, 60-81.
Maurer, Torsten/Trebbe, Joachim, 2006: Fernsehqualität aus der Perspektive des Rundfunkprogrammrechts, in: *Weischenberg, Siegfried/Loosen, Wiebke/Beuthner, Michael* (Hrsg.), Medien-Qualitäten. Öffentliche Kommunikation zwischen Kalkül und Sozialverantwortung (Schriftenreihe der Deutschen Gesellschaft für Publizistik- und Kommunikationswissenschaft, Bd. 33). Konstanz, 37-52.
Norris, Pippa, 2000: A Virtuous Circle. Political Communications in Postindustrial Societies. Cambridge.

Pfetsch, Barbara, 1996: Konvergente Fernsehformate in der Politikberichterstattung? Eine vergleichende Analyse öffentlich-rechtlicher und privater Programme 1985/86 und 1993, in: Rundfunk und Fernsehen 44, 479-498.

Ridder, Christa-Maria/Engel, Bernhard, 2005: Massenkommunikation 2005: Images und Funktionen der Massenmedien im Vergleich. Ergebnisse der 9. Welle der ARD/ZDF-Langzeitstudie zur Mediennutzung und -bewertung, in: Media Perspektiven 9, 422-448.

Schatz, Heribert/Immer, Nikolaus/Marcinkowski, Frank, 1989: Der Vielfalt eine Chance? Empirische Befunde zu einem zentralen Argument für die „Dualisierung" des Rundfunks in der Bundesrepublik Deutschland, in: Rundfunk und Fernsehen 37 (1), 5-24.

Schenk, Michael, 2002: Medienwirkungsforschung. Tübingen.

Schulz, Winfried, 1994: Wird die Wahl im Fernsehen entschieden? Der „getarnte Elefant" im Lichte der neueren Forschung, in: Media Perspektiven 7, 318-327.

Schulz, Winfried, 2008: Politische Kommunikation. Theoretische Ansätze und Ergebnisse empirischer Forschung. Wiesbaden.

Schwotzer, Bertil/Weiß, Hans-Jürgen, 2008: Verspartung und Entgrenzung – Fernsehen in Deutschland 2006/2007, in: ALM Programmbericht 2007. Berlin, 11-30.

Trebbe, Joachim, 2004: Fernsehen in Deutschland 2003-2004. Programmstrukturen – Programminhalte – Programmentwicklungen (Schriftenreihe der Landesmedienanstalten, Bd. 31). Berlin.

Trebbe, Joachim, 2005: Stichprobenkonzepte der kontinuierlichen Fernsehprogrammforschung in Deutschland. Forschungslogische Probleme und forschungspraktische Lösungen, in: *Gehrau, Volker/Fretwurst, Benjamin/Krause, Birgit/Daschmann, Gregor* (Hrsg.), Auswahlverfahren der Kommunikationswissenschaft. Köln, 117-137.

Van Eimeren, Birgit/Ridder, Christa-Maria, 2005: Trends in der Nutzung und Bewertung der Medien 1970 bis 2005. Ergebnisse der ARD/ZDF-Langzeitstudie Massenkommunikation, in: Media Perspektiven 10, 490-504.

Weiß, Hans-Jürgen, 1998: Auf dem Weg zu einer kontinuierlichen Fernsehprogrammforschung der Landesmedienanstalten: eine Evaluations- und Machbarkeitsstudie (Schriftenreihe der Landesmedienanstalten, Bd. 12). Berlin.

Weiß, Hans-Jürgen, 2008: Konzeption, Methode und Basisdaten der ALM-Studie 2006/2007, in: ALM Programmbericht 2007. Berlin, 211-224.

Weiß, Hans-Jürgen/Trebbe, Joachim, 2000: Fernsehen in Deutschland 1998-1999. Programmstrukturen – Programminhalte – Programmentwicklungen (Schriftenreihe der Landesmedienanstalten, Bd. 18). Berlin.

Weiß, Hans-Jürgen/Trebbe, Joachim, 2001: Fernsehinformation. Zur Methode kontinuierlicher Programmanalysen in einem medienpolitisch aufgeladenen Forschungsfeld, in: *Wirth, Werner/Lauf, Edmund* (Hrsg.), Inhaltsanalyse – Perspektiven, Probleme, Potentiale. Köln, 49-71.

Wolling, Jens, 1999: Politikverdrossenheit durch Massenmedien? Der Einfluss der Medien auf die Einstellungen der Bürger zur Politik. Opladen/Wiesbaden.

Zubayr, Camille/Gerhard, Heinz, 2007: Tendenzen im Zuschauerverhalten. Fernsehgewohnheiten und Fernsehreichweiten im Jahr 2006, in: Media Perspektiven 4, 187-199.

Zubayr, Camille/Gerhard, Heinz, 2008: Tendenzen im Zuschauerverhalten. Fernsehgewohnheiten und Fernsehreichweiten im Jahr 2007, in: Media Perspektiven 3, 106-119.

Wissensvermittlung in der Mediendemokratie. Wie Medien und politische Akteure die Inhalte von Wahlprogrammen kommunizieren

Marcus Maurer

In Wahlkämpfen haben die Wähler viele Möglichkeiten, sich über die Kandidaten, die Ziele der Parteien und die Bilanzen der amtierenden Regierung zu informieren. Hierbei kann man grundsätzlich drei Arten von Informationsquellen unterscheiden: Erstens stehen den Wählern *direkte Parteiquellen* zur Verfügung. Allerdings bieten Wahlplakate, Anzeigen, TV-Spots und Postwurfsendungen nur wenig Raum für substanzielle Informationen und sollen vor allem Aufmerksamkeit generieren. Die Internetseiten der Parteien, Infostände und Wahlkampfveranstaltungen mit führenden Politikern bieten zwar Raum für substanzielle Informationen, verlangen von den Wählern aber eine aktive und relativ aufwändige Informationssuche. Im Bundestagswahlkampf 2005 haben deshalb nur 10 Prozent der Wähler zumindest eines der Wahlprogramme der Parteien gelesen (Maurer 2007a; zu ähnlichen Befunden für vergangene Bundes- und Landtagswahlen siehe Schmitt-Beck/Pfetsch 1994; Ohr/Schrott 2001; Kepplinger/Maurer 2005: 58 ff.). Kaum jemand hat eine Parteiveranstaltung besucht. Wahlplakate und Wahlwerbespots sind den Wählern zwar aufgefallen, wurden jedoch nicht als informativ wahrgenommen.

Mit deutlich geringerem Aufwand können sich die Wähler aus der aktuellen *Politikberichterstattung der Massenmedien* informieren. Deshalb haben im Bundestagswahlkampf 2005 fast alle (85 %) aus den Fernsehnachrichten Informationen über die Wahl erhalten. Viele haben sich auch aus Radionachrichten (53 %) und regionalen Tageszeitungen (43 %) informiert (Maurer 2007a). Die Parteien müssen hier allerdings die Kontrolle über ihre Botschaften weitgehend abgeben, weil zwischen sie und die Wähler Journalisten mit ihren spezifischen Kriterien der Nachrichtenauswahl treten. Seit einigen Jahren gewinnt deshalb eine dritte Art von Informationsquellen an Bedeutung, die die Vorteile von direkten Parteiquellen (Kontrolle über die Botschaft) mit den Vorteilen der Medienberichterstattung (große Reichweite) verbindet: Bei *Politikerauftritten in den Massenmedien* erreichen die Parteien einerseits viele Wähler. So haben sich im Bundestagswahlkampf 2005 41 Prozent aus politischen Talkshows über die Wahl informiert, fast zwei Drittel haben das TV-Duell zwischen Gerhard Schröder und Angela Merkel gesehen (ebd.). Andererseits können sich die Politiker bei diesen Auftritten mehr oder weniger direkt an die Wähler wenden – auch wenn sie auf die Fragen und Nachfragen der Moderatoren reagieren müssen.

Man kann die Informationskanäle in Wahlkämpfen folglich danach unterscheiden, wie groß der Einfluss von politischen Akteuren einerseits und der Einfluss von Journalisten andererseits auf die Botschaften ist, die in einem Kanal vermittelt werden. Im vorliegenden Beitrag soll es um die Frage gehen, welche Konsequenzen dies für die Wissensvermittlung in Wahlkämpfen hat. Untersucht wird, wie sich die Wissensvermittlung von Massenmedien und politischen Akteuren unterscheidet. Diese Frage soll durch einen Vergleich der Vermittlung von Informationen über die Ziele der Parteien im Bundestagswahlkampf 2005 in der Politikberichterstattung der Massenmedien (Tageszeitungen, Fernsehnachrichten), in Politikerauftritten in den Massenmedien (politische Talkshows, Wahlsondersendungen) und in direkten Parteiquellen (Wahlkampfreden) beantwortet werden.

Wissensvermittlung in der Mediendemokratie

Was die Wähler über Politik wissen

Folgt man normativen Demokratietheorien, sollten Wahlentscheidungen vor allem auf dem Wissen der Wähler basieren (z. B. Habermas 1981). Diese sollten wissen, welche Maßnahmen die Parteien im Falle eines Wahlsieges planen und welche Folgen diese Entscheidungen hätten. Sie sollten die Bilanzen der amtierenden Regierung kennen, weil man daraus zumindest mit einer gewissen Wahrscheinlichkeit auf zukünftige Entwicklungen schließen kann. Sie sollten sich anhand dieser Fakten Urteile über die Sachkompetenz von Parteien und Politikern bilden und schließlich ihre Wahlentscheidungen auf Basis dieser Kenntnisse treffen (Bartels 1996; Kuklinski/Quirk 2000; zu einer gegensätzlichen Position siehe Popkin 1991). Verschiedene Theorien zur Erklärung des Wahlverhaltens legen zudem nahe, dass die Wähler ihre Entscheidung durch einen Vergleich ihrer eigenen politischen Position mit den unterschiedlichen Zielen der Parteien treffen. Diese Theorien stellen jedoch zugleich in Rechnung, dass die meisten Wähler relativ wenig über die Ziele der Parteien wissen (z. B. Downs 1957). Im Bundestagswahlkampf 2005 wussten zwar fast alle, dass die Union die Mehrwertsteuer erhöhen wollte und die SPD dagegen war (93 bzw. 85 %). Andere Ziele, wie die von der Union geplante Rücknahme des Atomausstiegs oder die Pläne der SPD, eine Bürgerversicherung einzuführen, kannte aber nur etwa die Hälfte der Wähler (57 bzw. 47 %). Vollkommen unbekannt waren z. B. die Pläne der SPD zur Reformierung der Körperschaftssteuer oder die von Grünen und Linkspartei geplante Einführung eines Mindestlohns (Maurer 2007a). Untersuchungen aus früheren Wahlkämpfen (Klein 2005; Vetter/Maier 2005) kommen zu ähnlichen Ergebnissen und zeigen zudem, dass die meisten Wähler auch nicht in der Lage sind, die politischen Parteien grundsätzlich auf einem Rechts-Links-Kontinuum zu verorten. Schließlich irren sich die Wähler häufig über die Entwicklung der Wirtschaftslage und ähnlicher Kennwerte, die als Indikatoren für die Leistungsfähigkeit einer Regierung gelten (z. B. Quiring 2004; Maurer 2007a).

Die Tatsache, dass die Wähler trotz intensiver Mediennutzung nur über wenig wahlrelevantes Wissen verfügen, lässt sich grundsätzlich auf zwei Arten erklären: Die Ursachen können entweder bei den Wählern liegen oder bei den Quellen, aus denen sie sich hauptsächlich informieren. In der Regel werden die Ursachen bei den Wählern gesucht. Sie nehmen politische Informationen selektiv wahr, verarbeiten sie unvollständig und vergessen Detailinformationen relativ bald wieder. Zu diesem Ergebnis kommen zumindest experimentelle Untersuchungen, die sich mit der Frage beschäftigt haben, wie umfassend und wie lange sich die Rezipienten an einzelne Informationen erinnern (z. B. Früh 1994; Lodge et al. 1995; Kepplinger/Daschmann 1997). Träfe dies grundsätzlich zu, könnte man allerdings nicht erklären, warum die Wähler einige Parteiziele kennen, andere aber nicht. Diese Unterschiede lassen sich vermutlich dadurch erklären, dass es beim Wissenserwerb nicht auf die Erinnerung an einmal vermittelte Detailinformationen ankommt, sondern darauf, dass die Rezipienten die wichtigsten Informationen so oft erhalten, dass sie aktualisiert werden, bevor sie in Vergessenheit geraten. Die Wähler lernen folglich erst dann etwas über Politik, wenn sie die Informationen regelmäßig vermittelt bekommen (Cacioppo/Petty 1979; Norris/Sanders 2003; Maurer 2007a). Demnach können die Ursachen für das geringe politische Wissen der Wähler auch darin liegen, dass die Quellen, die sie nutzen, um sich zu informieren, die entsprechenden Informationen nur selten oder unvollständig enthalten. Die Frage, ob Massenmedien und politische Akteure die Wähler umfassend und sachlich richtig informieren, ist folglich von erheblicher Bedeutung.

Mediale Politikdarstellung

Betrachtet man, wie Massenmedien Politik darstellen und wie sich ihre Politikdarstellung in den letzten Jahrzehnten verändert hat (zusammenfassend Maurer/Reinemann 2006a: 107 ff.), sprechen zumindest vier Befunde dafür, dass die Wähler von den Medien nicht umfassend informiert werden: Erstens berichten die Medien über komplexe politische Sachverhalte in stark vereinfachter Form *(Boulevardisierung)*. Politik wird zunehmend unterhaltsam präsentiert, Koalitionsdiskussionen und Umfragewerte ersetzen die Berichterstattung über Sachthemen, die Rezipienten erfahren nur wenig über die Standpunkte der Parteien, weil der Wettbewerb verschiedener politischer Konzepte auf die Frage reduziert wird, wer sich in welchem „Streit" durchgesetzt hat (z. B. Donsbach/Büttner 2005). Zweitens ist die Politikberichterstattung in der Regel personenzentriert *(Personalisierung)*. Dies zeigt sich z. B. daran, dass die Medien in Wahlkämpfen immer häufiger über Personen berichten, während Sachthemen immer mehr in den Hintergrund treten (z. B. Schulz/Zeh 2006; Wilke/Reinemann 2006). Zugleich wird in den Berichten über Politiker deren Persönlichkeit deutlich häufiger thematisiert als ihre Sachkompetenz (z. B. Kepplinger et al. 1994; Kepplinger/Maurer 2005). Drittens überwiegen in der Politikdarstellung der Massenmedien die negativen Botschaften die positiven bei Weitem *(Negativismus)*. Die Medien berichten zunehmend über negative und konflikthaltige Ereignisse, stellen Politiker und Parteien zunehmend negativ dar und präsentieren die Politik zunehmend als Verursacher von Problemen, anstatt ihre Problemlösungsvorschläge zu thematisieren (Kepplinger/Weißbecker 1991; Bruns/Marcinkowski 1997; Kepplinger 1998; Semetko/Schönbach 2003). Viertens vermitteln die Medien häufig falsche Vorstellungen von der Realität *(Realitätsverzerrung)*. Die Berichterstattung über die Wirtschaftslage, die Lage am Arbeitsmarkt, die Kriminalität, Umweltschäden oder andere politische Probleme hat oft wenig mit der tatsächlichen Lage zu tun. Dies gilt sowohl für die Intensität als auch für die Tendenz der Berichterstattung. Selbst wenn Fakten vermittelt werden, geben sie den Rezipienten folglich oft einen falschen Eindruck von der Lage des Landes (z. B. Best 2000; Quiring 2004; Hagen 2005).

In der Regel werden die Ursachen für diese Defizite im Journalismus gesucht: Journalisten vereinfachen komplexe Sachverhalte und verkürzen detaillierte Standpunkte politischer Parteien, weil ihnen für die Berichterstattung nur begrenzter Platz zur Verfügung steht und sie die Informationen für die Rezipienten unterhaltsam aufbereiten wollen (z. B. Waldman/Jamieson 2003). Journalistische Selektionskriterien führen dazu, dass die Medien vorwiegend über Ereignisse berichten, an denen prominente Personen beteiligt sind (Nachrichtenfaktoren Prominenz und Personalisierung). Weil sich viele politische Journalisten als Kritiker und Kontrolleure der Regierenden betrachten, berichten sie eher über negative und konflikthaltige als über positive und konfliktlose Ereignisse (Nachrichtenfaktoren Negativismus und Konflikt) (z. B. Ruhrmann et al. 2003). Die Realitätsverzerrungen kann man schließlich als Folge der Nachrichtenauswahl anhand dieser Selektionskriterien betrachten. Zudem werden sie durch persönliche Einstellungen der Journalisten, z. B. ihre politischen Präferenzen, verursacht (z. B. Donsbach/Patterson 2003). Dies legt den Schluss nahe, dass die Wähler umfangreicher und substanzieller informiert würden, wenn sie direkte Parteiquellen nutzten. Dies kann man allerdings bezweifeln, wenn man die Strategien betrachtet, mit denen sich politische Akteure an die Wähler wenden.

Politische Kommunikationsstrategien

Die Annahme, dass politische Akteure grundsätzlich ein Interesse daran haben, die Wähler umfassend zu informieren, ist vermutlich falsch. Politiker wollen in erster Linie möglichst viele Wähler auf ihre Seite ziehen. Zwar schließt eine strategische Wahlkampfkommunikation die Vermittlung von substanziellen Informationen nicht grundsätzlich aus (z. B. Walton 1992). Allerdings ist das Risiko, durch konkrete Ankündigungen oder Entscheidungen Wählerstimmen zu verlieren, deutlich größer als die Wahrscheinlichkeit, durch entsprechende Ankündigungen oder Entscheidungen Wähler zu gewinnen (Shepsle 1972; Diamond 2001). Das kann man z. B. daran erkennen, dass die Unterstützung für die Regierung immer dann sinkt, wenn sie Entscheidungen getroffen hat, von denen ein Großteil der Bevölkerung direkt betroffen ist – völlig unabhängig davon, um welche Entscheidungen es sich handelt (Durr et al. 1997). Die Ursache hierfür ist, dass von politischen Entscheidungen selten alle profitieren. Wird z. B. angekündigt, die Renten nicht erhöhen zu wollen, sind die Rentner unzufrieden. Werden Rentenerhöhungen angekündigt, sind diejenigen unzufrieden, die dies bezahlen müssen. Die Lösung dieses Problems besteht darin, konkrete Festlegungen zu vermeiden und sich auf vage Gemeinplätze zu beschränken, denen quasi niemand widersprechen kann („Wir treten für Generationengerechtigkeit ein"). Dies bringt zugleich den Vorteil mit sich, dass man in einem Wahlkampf für den politischen Gegner und die Medien weniger angreifbar ist und im Falle eines Wahlsieges auf nichts festgelegt werden kann. Politische Akteure profitieren folglich davon, wenn sie sich in der Öffentlichkeit vage ausdrücken und konkrete Festlegungen vermeiden (Page 1976; Campbell 1983). Zudem setzen die Wahlkampfstrategen der Parteien meist auf emotionalisierende Botschaften, weil komplexe Sachargumente die Wähler eher abschrecken und Glaubwürdigkeit eher über eine emotionale Wähleransprache vermittelt wird (Kroeber-Riel/Esch 2000: 225). Personalisierung gilt als geeignete Wahlkampfstrategie, weil sich Personen besser vermitteln lassen als komplexe Sachthemen (zusammenfassend Brettschneider 2002: 14 ff.). Den politischen Gegner zu attackieren (Negative Campaigning), statt die Vorzüge der eigenen Partei herauszustreichen, gilt als besonders wirksam (z. B. Johnson-Cartee/Copeland 1997). Schließlich kann es für Politiker hilfreich sein,

Fakten selektiv zu präsentieren oder komplett zu verschweigen, wenn sie für sie unangenehm sind. Deshalb neigen Amtsinhaber dazu, die Lage des Landes positiver zu charakterisieren als sie ist, während Herausforderer vor allem negative Entwicklungen herausstreichen (Maurer/Reinemann 2006b; Maurer et al. 2007).

Dass sich diese Überlegungen in den Kommunikationsstrategien politischer Parteien niederschlagen, haben zuletzt Inhaltsanalysen von Politikerauftritten in Talkshows (Schultz 2006), Fernsehdebatten (Müller 2003; Maurer/Reinemann 2003; Maurer et al. 2007), Wahlwerbespots (Holtz-Bacha 2000; Maurer 2007b), Wahlanzeigen (Keil 2004) und Internetauftritten der Parteien (Schweitzer 2003) gezeigt. Demnach verwenden Politiker in Kommunikationskanälen, in denen sie sich weitgehend unbeeinflusst von journalistischen Selektionskriterien direkt an die Wähler wenden können, zwar durchaus Sachargumente. Sie argumentieren jedoch überwiegend vage und kritisieren ihre politischen Gegner häufiger als sie ihre eigenen Ziele und Fähigkeiten herausstellen.

Journalistische Darstellungsweisen und politische Kommunikationsstrategien im Vergleich

Will man untersuchen, ob die politische Wissensvermittlung eher an journalistischen Selektionskriterien oder eher an politischen Kommunikationsstrategien scheitert, stehen bislang zwei unterschiedliche Untersuchungsdesigns zur Verfügung: Weil die Politikberichterstattung der Massenmedien in erheblicher Weise von Stellungnahmen politischer Akteure geprägt ist, kann man erstens die Aussagen von journalistischen und politischen Urhebern in der Medienberichterstattung miteinander vergleichen. Solche Vergleiche deuten z. B. darauf hin, dass der Negativismus eher von Politikern (Kepplinger 1998: 198), die Personalisierung dagegen eher von den Journalisten (Wirth/Voigt 1999; Reinemann/Wilke 2003) ausgeht. Der Nachteil dieser Vorgehensweise besteht allerdings darin, dass man im Grunde nichts über politische Kommunikationsstrategien sagen kann, weil zwischen diesen und den Medieninhalten wiederum die journalistischen Selektionskriterien stehen. Es ist also möglich, dass die Journalisten bestimmte Aussagen von Politikern für die Berichterstattung ausgewählt haben, obwohl die meisten Politiker ganz anders argumentiert haben.

Geeigneter sind deshalb Studien, die die Politikberichterstattung der Massenmedien direkt mit der Parteienkommunikation vergleichen. Solche Vergleichsmöglichkeiten ergeben sich bislang fast ausschließlich aus Untersuchungen, die die Inhalte von Pressemitteilungen der Parteien mit der Medienberichterstattung verglichen haben. Ihre Ergebnisse zeigen grundsätzlich, dass sich Kommunikationsstrategien politischer Akteure in den Medien kaum durchsetzen (Knoche/Lindgens 1988; Donsbach/Wenzel 2002; Kepplinger/Maurer 2004). Im Detail weisen sie jedoch in unterschiedliche Richtungen: Pressemitteilungen liefern nur selten Begründungen für politisches Handeln. Von den Medien werden diese Begründungen allerdings noch seltener transportiert. Zugleich sind die Begründungen in beiden Kommunikationskanälen eher spezifisch als unspezifisch (Kuhlmann 1999). In den Pressemitteilungen dominieren Sachthemen, während es in den Medien vor allem um den Wahlkampf und um Personen geht. Andererseits sind die Pressemitteilungen aber deutlich negativer als die Medienberichterstattung

(Mathes/Freisens 1990; Donsbach/Jandura 2005). Der Nachteil dieser Vorgehensweise besteht darin, dass Pressemitteilungen für einen Vergleich der medialen Politikvermittlung mit der Politikvermittlung politischer Akteure nur bedingt geeignet sind, weil sie sich nicht an die Wähler richten, sondern vielmehr das Ziel haben, die Medienberichterstattung für politische Zwecke zu instrumentalisieren. Dementsprechend orientieren sie sich zwangsläufig eher an den Selektionskriterien der Journalisten als an den Bedürfnissen der Wähler.

Die Frage, ob die Wähler in journalistisch dominierten Kommunikationskanälen mehr oder weniger wahlrelevante Informationen erhalten als in Kommunikationskanälen, die von politischen Akteuren dominiert werden, ist folglich noch weitgehend ungeklärt. Ihre Beantwortung kann am ehesten gelingen, wenn man die Vermittlung ein und desselben Ereignisses oder Sachverhaltes durch die Politikberichterstattung der Massenmedien einerseits und verschiedene Kommunikationskanäle der Parteien andererseits vergleichend untersucht. Dabei sollte das Ereignis bzw. der Sachverhalt so bedeutsam sein, dass man sowohl den Medien als auch den politischen Akteuren ein Interesse an seiner Vermittlung unterstellen kann. Hierfür eignen sich vor allem die Ziele der politischen Parteien, die in ihren Wahlprogrammen zusammengefasst werden.

Bedeutung und Inhalte von Wahlprogrammen

Wahlprogramme sind demokratietheoretisch relevant, weil ihre Inhalte eine ideale Grundlage für die Wahlentscheidung darstellen. In den Wahlprogrammen werden die programmatische Ausrichtung einer Partei, ihre grundsätzlichen Ziele und konkrete Maßnahmen, die im Fall eines Wahlsiegs geplant sind, zusammengefasst. Neben der Information der Wähler haben sie noch eine weitere Funktion: Sie dienen zur innerparteilichen Mobilisierung und sind Grundlage für die Werbebotschaften im Wahlkampf (z. B. Keil 2004). Fasst man beide Funktionen zusammen, kann man davon ausgehen, dass die Wahlprogramme ziemlich zuverlässig das wiedergeben, was die Parteien im Falle eines Wahlsiegs planen. Zugleich trifft die landläufige Meinung, dass das spätere politische Handeln oft nicht mit den im Wahlprogramm angekündigten Maßnahmen übereinstimmt, nicht zu. Im Gegenteil: Empirische Untersuchungen zeigen, dass die Parteien im Falle eines Wahlsieges ihr Programm in der Regel auch umsetzen (z. B. Hofferbert/Klingemann 1990; Rölle 2001). Schließlich wünschen sich auch die Wähler im Wahlkampf vor allem Informationen über die Ziele der Parteien (Rudolf/Wicker 2002: 37). Sowohl die politischen Akteure als auch die Medien sollten folglich ein Interesse daran haben, die Parteiziele an die Wähler zu vermitteln.

Die Inhalte der Wahlprogramme sind in einem vergleichsweise langen Zeitraum von Bedeutung. Sie werden in der Regel mehrere Monate vor dem Wahltag veröffentlicht und bleiben bis zu diesem relevant. Man kann folglich sowohl die Medienberichterstattung über die Programme als auch die Vermittlung der Parteiziele durch politische Akteure in einem längeren Zeitraum beobachten. Die Analyse der Vermittlung von Parteizielen an die Wähler knüpft schließlich an die Überlegungen zur Boulevardisierung und Personalisierung der politischen Kommunikation an und präzisiert sie zugleich. Der Unterscheidung in sachthemenorientierte und nicht-sachthemenorientierte Kommunikation liegt in der Regel zumindest implizit die Annahme zugrunde, dass die sachthemenorientierte Kommunikation demokratietheoretisch wünschenswerter ist. Dies muss aber nicht zutreffen, weil – wie gezeigt wurde – Sachinformationen auch so vage und unkonkret vermittelt werden können, dass sie den Wählern ebenso wenig bei ihrer Wahlentscheidung helfen wie personen- oder wahlkampforientierte Informationen. Untersucht man, wie vage bzw. konkret Massenmedien und politische Akteure die Parteiziele aus den Wahlprogrammen vermitteln, kommt man der Frage nach der Substanz der Informationsvermittlung deutlich näher.

Obwohl die Parteiziele in Wahlkämpfen eine wichtige Rolle spielen, wurden die Inhalte von Wahlprogrammen und ihre Vermittlung durch Politik und Medien bislang nur selten untersucht (Rölle 2002). In der Regel werden Inhaltsanalysen von Wahlprogrammen durchgeführt, um die ideologische Ausrichtung der Parteien zu ermitteln (zuletzt z. B. Klingemann et al. 2006). Diese Analysen bleiben jedoch meist auf die thematische Struktur der Programme beschränkt, weil sie davon ausgehen, dass die Parteien grundsätzlich nur solche Ziele in ihr Wahlprogramm aufnehmen, die von allen Wählern geteilt werden (Valenz-Issues). Die ideologische Ausrichtung einer Partei ergibt sich demnach allein daraus, welche Themen sie akzentuiert. Vergleiche zwischen Wahlprogrammen und anderen Kommunikationskanälen in Wahlkämpfen sind bislang nur punktuell durchgeführt worden und folgen in der Regel dieser Annahme. Sie zeigen zum Beispiel, dass zwischen den Themenschwerpunkten in den Wahlprogrammen und den *Wahlanzeigen* der Parteien seit den 1950er Jahren jeweils ein relativ großer Zusammenhang bestand (Keil 2004). Studien aus den 1970er Jahren zeigen, dass Politiker auch in ihren *Wahlkampfreden* in etwa dieselben Themen aufgreifen, die in den Wahlprogrammen ihrer Parteien dominieren. Deutlich geringer waren die thematischen Übereinstimmungen zwischen den Wahlprogrammen und Reden einerseits sowie der Themengewichtung in den Kommentaren der *überregionalen Qualitätszeitungen* andererseits (Schönbach 1977; Schönbach/Wildenmann 1978; siehe auch Asp 1983). Diese Befunde deuten bereits darauf hin, dass sich die Informationsvermittlung durch Massenmedien und politische Akteure unterscheidet. Allerdings scheint eine Begrenzung auf die Themenstruktur der Information nicht sinnvoll. Schon bei oberflächlicher Betrachtung des letzten Bundestagswahlkampfs ist erkennbar, dass z. B. alle Parteien die Steuerpolitik akzentuiert, dabei aber vollkommen unterschiedliche Positionen vertreten haben.

Im vorliegenden Beitrag sollen deshalb die verschiedenen hier präsentierten Forschungstraditionen aufgegriffen und in ein neues Untersuchungsdesign überführt werden, das sich an Input-Output-Analysen zur Übernahme von Pressemitteilungen in der Medienberichterstattung orientiert. Im Mittelpunkt steht die Frage, wie Massenmedien und politische Akteure in Wahlkämpfen Wissen über die Ziele der politischen Parteien vermitteln. Den Schwerpunkt bildet dabei die Informationsvermittlung über die Parteiziele zu den beiden zentralen Themen im Bundestagswahlkampf 2005, Arbeit und Steuern (dazu Krüger et al. 2005). Um Aussagen darüber treffen zu können, wie typisch diese Befunde sind, werden gelegentlich Ergebnisse aus anderen Wahlkämpfen, in denen identische Untersuchungen durchgeführt wurden, zum Vergleich herangezogen. Die Basis der Untersuchung bildet jeweils eine Inhaltsanalyse der Wahlprogramme der Parteien (Input). Dabei wird jedes einzelne Parteiziel detailliert erfasst und im Hinblick darauf kategorisiert, wie vage bzw. konkret es formuliert ist. Im zweiten Schritt wird untersucht, wie diese Parteiziele in a) Kommunikationskanälen, deren Inhalte im Wesentlichen von journalistischen Selektionskriterien bestimmt werden (Tageszeitungen, Fernsehnachrichten) und b) Kommunikationskanälen, deren Inhalte im Wesentlichen von politischen Kommunikationsstrategien bestimmt werden (Politikerauftritte in Talkshows und Wahlsondersendungen, Wahlkampfreden) vermittelt werden (Output).

Methode

Im ersten Schritt (Input-Analyse) wurden die Wahlprogramme der fünf Bundestagsparteien (SPD, CDU/CSU, Bündnis90/Grüne, FDP, Linkspartei/PDS) in einzelne, inhaltlich unterschiedliche Aussagen zu den Themen Arbeit und Steuern zerlegt. Die einzelnen Aussagen aus den Programmen wurden durchnummeriert und in einem Aussagenkatalog festgehalten. Um erfassen zu können, wie konkret die Informationen sind, die die Wähler erhalten, wurde zwischen konkreten Maßnahmen, allgemeinen Zielen und Gemeinplätzen/Floskeln unterschieden:

- *Konkrete Maßnahmen* sind Aussagen, die den größtmöglichen Informationsgehalt aufweisen, für die Wähler also keine Fragen offen lassen. Dies kann z. B. dann der Fall sein, wenn alle relevanten Zahlen präzise genannt werden („Erhöhung der Mehrwertsteuer von 16 auf 18 Prozent") oder deutlich wird, dass der Status quo unverändert beibehalten werden soll („Wir lehnen eine Erhöhung der Mehrwertsteuer ab").
- *Allgemeine Ziele* sind Aussagen, die zwar eine politische Richtungsentscheidung beinhalten, jedoch nicht genau deutlich machen, wie das genannte Ziel erreicht werden soll. Ein Beispiel wäre die Aussage „Begrenzung des europäischen Standortwettbewerbs über Steuern". Hier bleibt die Frage offen, was genau unternommen werden soll, um die geforderte Begrenzung zu erreichen.
- *Gemeinplätze* bzw. *Floskeln* sind Aussagen, die entweder so vage gehalten sind, dass sie keine politische Richtungsentscheidung beinhalten („Wir wollen einen ausgewogenen Mix aus Angebots- und Nachfragepolitik") oder so selbstverständlich sind, dass sie von nahezu allen Parteien und Wählern geteilt werden („Wir wollen ein gerechtes Steuersystem").

Entscheidend für die Klassifikation war nicht die Formulierung einer Aussage, sondern ihr Sinngehalt. Folglich wurden sinngleiche Aussagen nur einmal – und zwar in ihrer konkretesten Form – erfasst. Die Klassifikation erfolgte in einem Team aus zehn Codierern, in dem strittige Fälle diskutiert wurden.

Im zweiten Schritt (Output-Analyse) wurde untersucht, inwieweit sich die Aussagen aus den Wahlprogrammen der Parteien in der Berichterstattung von vier Tageszeitungen *(Süddeutsche Zeitung, Frankfurter Allgemeine Zeitung, Bild, Mainzer Allgemeine Zeitung)*, vier Fernsehnachrichtensendungen *(Tagesschau, Tagesthemen, Heute, Heute-Journal)*, fünf politischen Talkshows und Wahlsondersendungen *(Sabine Christiansen, Berlin Mitte, Hart aber fair, Wahlcheck, Nachtduell)* und 14 Wahlkampfreden von führenden Politikern der fünf Parteien wiederfinden. Der Untersuchungszeitraum reichte vom 27. Juni bis zum 17. September 2005. Er beginnt eine Woche vor Veröffentlichung des ersten Wahlprogramms (SPD am 3. Juli) und endet am Tag vor der Bundestagswahl. In diesem Zeitraum wurde eine Vollerhebung der Fernsehnachrichtensendungen sowie

Talkshows und Wahlsondersendungen durchgeführt. Die beiden Wahlsondersendungen *(Wahlcheck* und *Nachtduell)* wurden nur in den letzten Wochen vor der Wahl, *Hart aber fair* nur in den ersten Wochen des Untersuchungszeitraums ausgestrahlt. Bei den Tageszeitungen wurde jeweils jede zweite Ausgabe analysiert. Dabei wurde das Stichprobenverfahren der rollenden Woche so angewandt, dass die Untersuchungstage für alle fünf Programme im selben Abstand zur Veröffentlichung des Wahlprogramms liegen. Die Stichprobe enthält also jeweils den Tag der Veröffentlichung, den übernächsten Tag usw. Für die Analyse der Wahlkampfreden wurden je vier Reden von Politikern der beiden größeren und je zwei Reden von Politikern der drei kleineren Parteien ausgewählt. Dies entspricht dem Proporz, mit dem die Vertreter dieser Parteien in die untersuchten Talkshows eingeladen wurden. Um unterschiedliche Arten von Reden in die Untersuchung einzubeziehen, stammten sechs der 14 Reden aus der abschließenden Generaldebatte im Bundestag, die kurz vor der Wahl abgehalten wurde. Die übrigen Reden wurden auf den Parteitagen wenige Wochen vor der Wahl gehalten. Da die Grünen 2005 keinen Wahlparteitag abgehalten haben, wurden stattdessen zwei Reden in die Untersuchung einbezogen, die mehrfach in ähnlicher Form bei Wahlkampfveranstaltungen gehalten wurden. Die Reden stammten durchweg von führenden Politikern der Parteien (Gerhard Schröder, Hans Eichel, Angela Merkel, Edmund Stoiber, Joschka Fischer, Jürgen Trittin, Guido Westerwelle, Oskar Lafontaine und Gregor Gysi). Weil sich Bundestags- und Wahlkampfreden in keinem der untersuchten Merkmale deutlich unterschieden, werden sie im Folgenden gemeinsam betrachtet.

Im Unterschied zu einer vorherigen Publikation (Maurer 2007c) geht es hier vor allem um den Vergleich der Informationsvermittlung in den unterschiedlichen Kommunikationskanälen. Um diesen Vergleich zu ermöglichen, wurden alle vier Formate mit einem identischen Codebuch auf Aussagenebene analysiert. Neben den Aussagen aus den Wahlprogrammen wurden auch alle übrigen Aussagen über die Themen Arbeit und Steuern in den Zeitungen, Fernsehnachrichten, Talkshows und Reden erfasst. Hierbei kann es sich erstens um Aussagen über die Programmatik der Parteien handeln, die nicht im Wahlprogramm stehen. Ein Beispiel wäre das Steuerkonzept des CDU-Finanzexperten Paul Kirchhof (Flat-Tax), das ausdrücklich nicht als Maßnahme für diese Legislaturperiode angekündigt, aber dennoch im Wahlkampf häufig thematisiert wurde. Zweitens kann es sich um – meist unbelegte – Behauptungen über die Sachkompetenz von Politikern und Parteien in den Bereichen Arbeit und Steuern handeln. Drittens kann auch die Lage am Arbeitsmarkt oder der Zustand des Steuersystems thematisiert werden. Über das reine Vorkommen der Aussagen hinaus wurde u. a. auch erfasst, wer der Urheber einer Aussage war, ob die Aussagen aus den Wahlprogrammen vollständig übernommen wurden und wie die Kompetenz von Politikern oder die Lage des Landes bewertet wurde.

Ergebnisse

Die Aussagen über Arbeit und Steuern in den Wahlprogrammen

Die Wahlprogramme der fünf Parteien im Bundestagswahlkampf 2005 enthielten 566 inhaltlich verschiedene Aussagen zu den Themen Arbeit und Steuern. Konkrete Maßnahmen machten nur 28 Prozent aller Aussagen aus. Bei etwa der Hälfte der Aussagen (51 %) handelte es sich um die Formulierung allgemeiner Ziele – also Aussagen, in denen ein politischer Standpunkt formuliert wurde, der nicht zwangsläufig von allen Parteien und Wählern geteilt wird, ohne dass konkrete Maßnahmen genannt wurden. 22 Prozent der Aussagen waren Gemeinplätze oder Floskeln. Die Wahlprogramme enthielten folglich in einem relativ ausgewogenen Verhältnis konkrete Aussagen und Ziele, in denen sich die Parteien unterschieden, und vage und unumstrittene Forderungen, denen sich zweifellos die meisten Wähler anschließen konnten. Dies spiegelt die beiden Funktionen der Programme wider – einerseits innerparteiliche Festlegung, andererseits Wähleransprache. Allerdings zeigten sich auch Unterschiede zwischen den Parteien: Die Programme der Regierungsparteien SPD und Bündnis90/Grüne enthielten deutlich mehr Gemeinplätze als konkrete Aussagen, während die Programme der Oppositionsparteien deutlich mehr konkrete Aussagen als Gemeinplätze enthielten *(Tabelle 1)*.

Tabelle 1: Die Aussagen über Arbeit und Steuern in den Wahlprogrammen zur Bundestagswahl 2005

	SPD (n = 112) %	Bündnis90/ Grüne (n = 172) %	CDU/CSU (n = 100) %	FDP (n = 108) %	Linkspartei/ PDS (n = 74) %	Alle Parteien (n = 566) %
konkrete Maßnahmen	21	12	41	47	27	28
allgemeine Ziele	45	63	42	42	58	51
Gemeinplätze	34	26	17	11	15	22
Summe	100	101	100	100	100	101

Sehr ähnlich sahen die Wahlprogramme der Parteien bereits in früheren Wahlkämpfen aus. Im Bundestagswahlkampf 1998 wurden ebenfalls in nur 28 Prozent aller Aussagen aus den Wahlprogrammen konkrete Maßnahmen angekündigt. 60 Prozent waren allgemeine Ziele, 12 Prozent Gemeinplätze. Zugenommen hat seit 1998 folglich der Anteil der Gemeinplätze, was man als Resultat der zunehmenden Professionalisierung der Politik betrachten kann (vgl. dazu Ekholm 2007).

Die Informationen über Arbeit und Steuern in unterschiedlichen Kommunikationskanälen

Die meisten Aussagen zu den Themen Arbeit und Steuern enthielten die vier untersuchten Tageszeitungen. Hochgerechnet aus der halben Stichprobe erschienen hier in den letzten zwölf Wochen vor der Wahl 3 398 Aussagen – die meisten in der *Süddeutschen Zeitung* (1 240), die wenigsten in der *Bild* (268). Die fünf untersuchten Talkshows und Wahlsondersendungen enthielten insgesamt 1 791 Aussagen, wobei *Wahlcheck* (481), *Berlin Mitte* (469) und *Sabine Christiansen* (431) deutlich mehr Aussagen enthielten als die übrigen beiden Sendungen. Die vier Fernsehnachrichtensendungen vermittelten zusammen 1 199 Aussagen. Dabei brachten die beiden Nachrichtenmagazine *Heute-Journal* (349) und *Tagesthemen* (306) naturgemäß etwas mehr Aussagen als die kürzeren Nachrichtensendungen. Die für die Analyse ausgewählten Reden enthielten insgesamt 783 Aussagen.

Die Frage, welchen Stellenwert die Parteiziele in den unterschiedlichen Kommunikationskanälen haben, kann man untersuchen, indem man den Anteil der Aussagen aus den Wahlprogrammen an allen Aussagen über Arbeit und Steuern betrachtet *(Determinationsquote)*. Hierbei zeigen sich erhebliche Unterschiede zwischen den beiden journalistisch dominierten und den beiden politisch dominierten Kommunikationskanälen: Tageszeitungen und Fernsehnachrichten berichteten bei weitem überwiegend über die Ziele der Parteien (73 bzw. 84 % aller Aussagen). In den Politikeraussagen war dies nur zu weniger als einem Drittel der Fall. Dabei unterschieden sich Talkshows (28 %) und Reden (31 %) nur marginal *(Tabelle 2)*.

Tabelle 2: Die Struktur der Informationen über Arbeit und Steuern in unterschiedlichen Kommunikationskanälen

	Tageszeitungen (n = 3 398*) %	Fernseh- nachrichten (n = 1 199) %	Talkshows (n = 1 791) %	Politikerreden (n = 783) %
Aussagen aus den Wahlprogrammen	73	84	28	31
Aussagen über politische Ziele, die nicht in den Programmen stehen	12	11	6	6
Aussagen über die Kompetenz von Politikern/Parteien	7	2	44	45
Aussagen über die Lage des Landes	9	4	21	17
Gesamt	101	101	99	99

Basis: Inhaltsanalyse der genannten Medien im Zeitraum vom 27. Juni bis 17. September 2005.
* Aus halber Stichprobe hochgerechnet.

Offensichtlich liegen den Politikerstatements generelle Argumentationsmuster zugrunde, die unabhängig davon angewandt werden, ob die Politiker vor einem heterogenen Millionenpublikum auftreten (Talkshows) oder sich an eine relativ kleine Gruppe eigener Anhänger wenden (Wahlkampfreden). In Talkshows und Reden dominierten Behauptungen über die Sachkompetenz von Politikern und Parteien, die fast die Hälfte aller Politikerstatements ausmachten. Hinzu kamen etwa 20 Prozent Aussagen über die Lage des Landes, die man als indirekte Bilanzierung der Leistungen der amtierenden Regierung betrachten kann. Dabei ging es in den seltensten Fällen um die eigene politische Kompetenz oder um die eigenen politischen Leistungen. Sowohl in politischen Talkshows als auch in Wahlkampfreden beschäftigten sich rund 80 Prozent der Aussagen mit der Kompetenz anderer Parteien – in der Regel der des politischen Gegners. Dementsprechend waren rund drei Viertel aller Aussagen über die Kompetenz von Politikern und Parteien oder über die Lage des Landes negativ. Politische Akteure nutzen Formate, in denen sie sich in Wahlkämpfen mehr oder weniger direkt an die Wähler wenden können, folglich vor allem dazu, den politischen Gegner zu kritisieren. Die Politikberichterstattung der Massenmedien dreht sich dagegen nur relativ selten um die Kompetenz von Politikern und Parteien. Wenn dies der Fall war, wurde den Politikern dort die Kompetenz allerdings noch häufiger abgesprochen als in Talkshows und Wahlkampfreden *(Tabelle 3)*.

Tabelle 3: Tendenz der Aussagen über die Kompetenz von Politikern/Parteien und über die Lage des Landes

	Tageszeitungen (n = 428*) %	Fernsehnachrichten (n = 45) %	Talkshows (n = 1 167) %	Politikerreden (n = 490) %
positiv	18	16	23	25
ambivalent	1	–	6	2
negativ	81	84	71	74
Gesamt	100	100	100	101

Basis: Inhaltsanalyse der genannten Medien im Zeitraum vom 27. Juni bis 17. September 2005.
* Aus halber Stichprobe hochgerechnet.

Die grundsätzlichen Unterschiede in der Informationsvermittlung durch Massenmedien und Politiker zeigen sich in abgeschwächter Form auch innerhalb der Medienberichterstattung: So waren die Aussagen journalistischer Urheber in den Printmedien zu 80 Prozent Aussagen aus den Wahlprogrammen, die der politischen Urheber nur zu 65 Prozent. Die Aussagen von Journalisten und Politikern in den Medien unterschieden sich folglich zwar – jedoch deutlich weniger als Politikeraussagen in den Medienberichten und Politikeraussagen in Talkshows und Reden. Diese Befunde sprechen dafür, dass die Massenmedien überwiegend nicht das vermitteln, was die dort zitierten Politiker vermitteln wollen. Dies führt allerdings dazu, dass die Wähler aus den Medienberichten deutlich mehr substanzielle Informationen erhalten.

Die Parteiziele in unterschiedlichen Kommunikationskanälen

Immer mehr Wähler treffen ihre Wahlentscheidungen erst in den letzten Wochen vor der Wahl (McAllister 2002). Deshalb ist es eine wichtige Frage, zu welchem Zeitpunkt Medien und politische Akteure über die Parteiziele informieren. In dieser Betrachtung bleiben die Wahlkampfreden außen vor, weil sie nicht über den gesamten Untersuchungszeitraum analysiert wurden. Vergleicht man Tageszeitungen und Fernsehnachrichten einerseits und Talkshows andererseits, zeigen sich deutliche Unterschiede in der Intensität der Informationen über die Parteiziele im Zeitverlauf. Presse und Fernsehen berichteten vor allem etwa zehn bis elf Wochen vor der Wahl über die Parteiziele. Dies lässt sich darauf zurückführen, dass zu dieser Zeit die meisten Wahlprogramme veröffentlicht wurden – insbesondere das der CDU/CSU, um das sich im Bundestagswahlkampf 2005 deutlich mehr als die Hälfte der Medienberichterstattung drehte (Maurer 2007c). Einen zweiten Anstieg verzeichnete die Medienberichterstattung drei Wochen vor der Wahl infolge der Veröffentlichung des gemeinsamen „Regierungsprogramms" von Union und FDP, in dem weite Teile der Wahlprogramme beider Parteien wiederholt wurden, und infolge der Wahlparteitage, die fast alle Parteien zu dieser Zeit abhielten. Die tagesaktuellen Medien berichten folglich nicht kontinuierlich, sondern stark ereignisabhängig über die Parteiziele. Parteien, die ihre Ziele in den letzten Wochen vor der Wahl in den Massenmedien platzieren wollen, müssen folglich Ereignisse inszenieren, die die medialen Selektionskriterien erfüllen. Die Talkshows und Wahlson-

Abbildung 1: Parteiziele in unterschiedlichen Kommunikationskanälen im Zeitverlauf

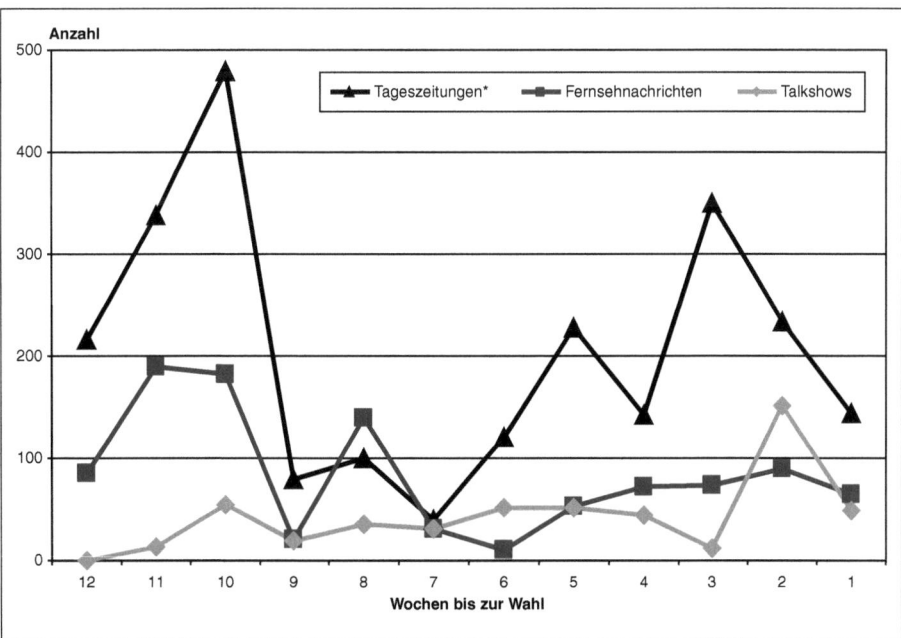

Basis: Inhaltsanalyse der genannten Medien im Zeitraum vom 27. Juni bis 17. September 2005.
* aus halber Stichprobe hochgerechnet.

dersendungen enthielten dagegen kurz vor der Wahl die meisten Informationen über die Parteiziele. Dies lag erstens daran, dass die Wahlsondersendungen erst ab dann ausgestrahlt wurden. Zweitens widmeten sich zu dieser Zeit viele Diskussionen den Themen Arbeit und Steuern. In jedem Fall war es nicht darauf zurückzuführen, dass die Politiker kurz vor der Wahl besonders häufig über ihre Ziele gesprochen hätten. Auch zu dieser Zeit dominierten in den Talkshows Aussagen über die Kompetenz von Politikern und Parteien deutlich *(Abbildung 1).*

Betrachtet man, welche Aussagen aus den Wahlprogrammen vermittelt wurden, zeigt sich ein weiterer bemerkenswerter Befund: Tageszeitungen (68 %) und Fernsehnachrichten (61 %) enthielten deutlich häufiger konkrete Aussagen als Talkshows (38 %) und Politikerreden (27 %). Je größer der journalistische Einfluss in einem Kommunikationskanal ist, desto eher werden folglich konkrete Maßnahmen aus den Wahlprogrammen vermittelt. Während es die Massenmedien vermeiden, die vagen Aussagen aus den Wahlprogrammen der Parteien zu transportieren, vermeiden es Politiker bei öffentlichen Auftritten vor allem, konkrete Festlegungen aus den Wahlprogrammen zu erwähnen. Die Unterschiede zwischen Talkshows und Reden lassen sich vermutlich dadurch erklären, dass die Moderatoren der Sendungen die Politiker zumindest gelegentlich zu konkreten Aussagen bewegen können. Diese Befunde sprechen erneut dafür, dass Politiker die Wähler noch unzureichender über ihre Ziele informieren, als dies die Medien tun *(Tabelle 4).*

Tabelle 4: Parteiziele in unterschiedlichen Kommunikationskanälen

	Tageszeitungen (n = 2 472*) %	Fernsehnachrichten (n = 1 010) %	Talkshows (n = 510) %	Politikerreden (n = 242) %
konkrete Maßnahmen	68	61	38	27
allgemeine Ziele	26	29	39	37
Gemeinplätze	6	10	22	37
Gesamt	100	100	99	101

Basis: Inhaltsanalyse der genannten Medien im Zeitraum vom 27. Juni bis 17. September 2005.
* Aus halber Stichprobe hochgerechnet.

Die Tatsache, dass Politiker oder Journalisten konkrete Aussagen aus den Wahlprogrammen aufgreifen, bedeutet jedoch noch nicht zwangsläufig, dass diese auch vollständig übermittelt werden. Vielmehr wurden in allen vier Kommunikationskanälen konkrete Aussagen aus den Wahlprogrammen meist nur unvollständig wiedergegeben. Dies ist zum Beispiel der Fall, wenn der Plan, die Mehrwertsteuer um zwei Prozent zu erhöhen, zu „wir wollen die Mehrwertsteuer erhöhen" (etwas geringerer Informationsgehalt) oder „wir müssen über eine Veränderung der Mehrwertsteuer nachdenken" (viel geringerer Informationsgehalt) verkürzt wird. Besonders häufig geschah dies in Fernsehnachrichten (68 %), in denen sich Politiker und Journalisten am kürzesten fassen müssen. Aber auch in den anderen drei Formaten (etwa 60 %) wurden die konkreten Parteiziele meist nur unvollständig vermittelt *(Tabelle 5).*

Berechnet man auf Basis dieser Analysen den Anteil der konkreten Aussagen aus den Wahlprogrammen, die zudem vollständig vermittelt wurden, an allen Aussagen

Tabelle 5: Vermittlung konkreter Parteiziele in unterschiedlichen
Kommunikationskanälen

	Tageszeitungen (n = 1 684*) %	Fernseh-nachrichten (n = 619) %	Talkshows (n = 196) %	Politikerreden (n = 66) %
vollständiger Informationsgehalt	41	32	40	39
etwas geringerer Informationsgehalt	30	20	28	26
viel geringerer Informationsgehalt	29	48	32	35
Gesamt	100	100	100	100

Basis: Inhaltsanalyse der genannten Medien im Zeitraum vom 27. Juni bis 17. September 2005.
* Aus halber Stichprobe hochgerechnet.

über Arbeit und Steuern in den vier Kommunikationskanälen, ergeben sich zum Teil verschwindend geringe Werte: In den Tageszeitungen und Fernsehnachrichten war immerhin jede fünfte Aussage über Arbeit und Steuern (20 bzw. 17 %) die exakte Wiedergabe eines konkreten Parteiziels. Solche Aussagen fanden sich überwiegend in umfangreichen Berichten kurz vor und kurz nach Erscheinen der Wahlprogramme, in denen die Parteiziele oft wörtlich zitiert wurden. Konnten Politiker dagegen in Talkshows und Reden frei argumentieren, nutzten sie ihre Redezeit praktisch nie (4 bzw. 3 %), um den Wählern deutlich zu machen, was genau sie im Falle eines Wahlsieges vorhatten. Bei dieser Prozentuierung ist zudem noch nicht berücksichtigt, dass sich ein Großteil der Wahlkampfkommunikation überhaupt nicht mit Sachthemen beschäftigt. Man kann folglich davon ausgehen, dass sich die genannten Werte – bezogen auf alle Aussagen – mindestens noch einmal halbieren würden.

Die Resonanz der Parteiziele in unterschiedlichen Kommunikationskanälen

Neben der Frage, wie groß der Anteil der Aussagen aus den Wahlprogrammen an der Gesamtberichterstattung ist, kann man umgekehrt auch die Frage stellen, wie viele der Informationen aus den Wahlprogrammen überhaupt vermittelt werden *(Resonanzquote)*. Dabei sollen hier zwei Teilfragen unterschieden werden. Die erste ist, wie viele der Aussagen aus den Wahlprogrammen in den verschiedenen Kommunikationskanälen wenigstens einmal vermittelt wurden. Da man davon ausgehen kann, dass die einmalige Vermittlung einer Aussage nicht ausreicht, damit die Wähler diese Aussage erinnern, ist die zweite Frage, wie viele der Aussagen so oft vermittelt wurden, dass sie zumindest von aufmerksamen Wählern erinnert werden konnten. Weil die meisten Wähler nicht mehrere Tageszeitungen, Nachrichtensendungen und Talkshows nutzen, soll hier die Resonanz der Parteiziele in den einzelnen Zeitungen und Sendungen getrennt untersucht werden. Die Politikerreden werden bei dieser Analyse wiederum nicht betrachtet.

Betrachtet man zunächst, wie viele der Parteiziele in den einzelnen Zeitungen und Sendungen wenigstens einmal vermittelt wurden, zeigt sich, dass die überregionalen Qualitätszeitungen am vielfältigsten über die Parteiziele berichtet haben. Etwa jede vierte Aussage aus den Wahlprogrammen wurde hier zumindest einmal erwähnt. Die tatsächlichen Werte liegen vermutlich noch etwas höher, weil hier nur eine halbe Stichprobe untersucht wurde und folglich etwa jede zweite Aussage, die nur ein einziges Mal erwähnt wurde, nicht erfasst wird. In der *Mainzer Allgemeinen Zeitung*, die hier stellvertretend für die Vielzahl von Regionalzeitungen untersucht wurde, wurde immerhin fast jede fünfte Aussage aus den Wahlprogrammen zumindest einmal vermittelt. Die vier Fernsehnachrichtensendungen und die beiden im Untersuchungszeitraum kontinuierlich ausgestrahlten Talkshows *Sabine Christiansen* und *Berlin Mitte* vermittelten rund 15 Prozent aller Aussagen mindestens einmal. Die übrigen drei Talkshows und Wahlsondersendungen, die nicht kontinuierlich ausgestrahlt wurden, sowie die *Bild* vermittelten nur rund 10 Prozent der Parteiziele. Man kann folglich festhalten, dass die Wähler in allen untersuchten Kommunikationskanälen den bei weitem überwiegenden Teil der Parteiziele, selbst wenn sie alle Ausgaben gelesen bzw. gesehen haben, kein einziges Mal vermittelt bekamen. Dabei handelte es sich keineswegs nur um Nebensächlichkeiten. Selbst in den überregionalen Qualitätszeitungen blieben mehr als ein Drittel aller konkret formulierten Parteiziele, die in den Wahlprogrammen enthalten waren, vollständig unerwähnt.

Um sich der Frage zu nähern, wie viele der Parteiziele so häufig vermittelt wurden, dass sie ein aufmerksamer Rezipient am Wahltag erinnern konnte, soll einmal angenommen werden, dass dies der Fall ist, wenn ein Ziel im Verlauf der zwölf Untersuchungswochen durchschnittlich mindestens einmal pro Woche vermittelt wurde. Diese Annahme ist zwar nicht empirisch abgesichert, dürfte aber einigermaßen realistisch sein und die Erinnerungsleistung der Rezipienten eher über- als unterschätzen. Die Analysen zeigen, dass selbst ein regelmäßiger und aufmerksamer Leser der *Süddeutschen Zeitung* nur rund 20 Parteiziele häufig genug vermittelt bekam, um sie erinnern zu können. Dies entspricht vier Prozent aller Aussagen aus den Wahlprogrammen bzw. fünf Prozent, wenn man die Gemeinplätze nicht einbezieht. Ähnliche Vermittlungsleistungen erbrachten nur noch die *FAZ* und mit Einschränkungen die *Mainzer Allgemeine Zeitung*. Die *Bild* und die vier Nachrichtensendungen erwähnten nur zwischen zwei und vier Parteiziele häufig genug. Die Massenmedien berichten folglich über wenige Parteiziele relativ häufig. In der Regel handelt es sich dabei um Maßnahmen, die für einen Großteil der Bevölkerung negative Konsequenzen hätten oder von den Journalisten aus anderen Gründen als ungerecht empfunden werden. Im Bundestagswahlkampf 2005 waren dies vor allem die von der Union geplante Mehrwertsteuererhöhung und die von ihr vermeintlich geplante Einführung einer Flat-Tax (dazu ausführlicher Maurer 2007c). Im Bundestagswahlkampf 1998 war es vor allem der Beschluss von Bündnis90/Die Grünen, aus Umweltschutzgründen den Benzinpreis drastisch zu erhöhen (Ekholm 2007). Andere Parteiziele werden dagegen gar nicht oder so selten berichtet, dass die Wähler kaum eine Chance haben, sich am Wahltag daran zu erinnern. Darunter waren im Bundestagswahlkampf 2005 auch viele konkret formulierte Ziele, die die Wähler direkt betroffen hätten, beispielsweise die Pläne von Grünen und Linkspartei, einen Mindestlohn einzuführen und die Tatsache, dass die Unionspläne zur Mehrwertsteuer vorsahen, dass der reduzierte Mehrwertsteuersatz, der für eine Reihe lebenswichtiger Produkte gilt, unverändert bleiben soll.

Dennoch übertrifft die Vermittlungsleistung der Medien die der Politik bei Weitem. In den Talkshows und Wahlsondersendungen wurde nicht ein einziges Ziel oft genug erwähnt, um langfristig erinnert zu werden. Wenn die Politiker Aussagen aus ihren Wahlprogrammen aufgriffen, ging es zudem meist nicht um konkrete Pläne. Besonders häufig wurden allgemeine Ziele und Floskeln wiederholt („Vorfahrt für Arbeit"; „Senkung der Lohnzusatzkosten"; „wir wollen ein einfaches und gerechtes Steuersystem"; „Eintreten für soziale Gerechtigkeit" usw.). Allein Kirchhofs Pläne zur Einführung einer Flat-Tax wurden auch hier überdurchschnittlich oft erwähnt. Politiker halten sich folglich gerade in Wahlsondersendungen, die vorgeblich das Ziel haben, die Wähler über die Parteiziele zu informieren, mit klaren Aussagen über ihr Wahlprogramm zurück *(Tabelle 6)*.

Tabelle 6: Resonanz der Parteiziele in unterschiedlichen Kommunikationskanälen

	Anteil der Aussagen, die *wenigstens einmal* vermittelt wurden %	Anteil der Aussagen, die durchschnittlich *wenigstens einmal pro Woche* vermittelt wurden* %
Tageszeitungen		
Süddeutsche Zeitung	26	4
FAZ	23	3
Allgemeine Zeitung Mainz	19	2
Bild	9	0,5
Fernsehnachrichten		
Tagesschau	15	0,4
Tagesthemen	15	0,4
Heute	16	0,4
Heute-Journal	13	0,7
Talkshows/Wahlsondersendungen		
Sabine Christiansen	14	–
Berlin Mitte	15	–
Hart aber fair	7	–
Wahlcheck	11	–
Nachtduell	8	–

Basis: Inhaltsanalyse der genannten Medien im Zeitraum vom 27. Juni bis 17. September 2005.
* Bei den Tageszeitungen aus halber Stichprobe hochgerechnet.

Zusammenfassung und Diskussion

Ausgangspunkt des vorliegenden Beitrags war der Befund, dass die meisten Wähler nur wenig über die Ziele der politischen Parteien in Wahlkämpfen wissen. Studien, die sich bislang mit den Ursachen hierfür befasst haben, legen nahe, dass dies – neben der eingeschränkten Informationsverarbeitungskapazität der Wähler – auch daran liegen kann, dass Massenmedien und politische Akteure die Ziele der Parteien nur unzureichend vermitteln. Mit Hilfe einer Input-Output-Analyse der Vermittlung der Parteiziele in den Bereichen Arbeit und Steuern im Bundestagswahlkampf 2005 in der tagesaktuellen Politikberichterstattung der Massenmedien (Tageszeitungen, Fernsehnachrichten) und in Kommunikationskanälen, in denen sich Politiker weitgehend direkt an die Wähler wenden können (Talkshowauftritte, Wahlkampfreden), sollte vergleichend untersucht werden, wie Massenmedien und politische Akteure wahlrelevantes Wissen an die Wähler vermitteln. Die Ergebnisse zeigen eine Reihe von Gemeinsamkeiten und eine Reihe von Unterschieden zwischen der Medienberichterstattung über Politik und den Kommunikationsstrategien politischer Akteure. Die wichtigsten Gemeinsamkeiten sind:

– Massenmedien und politische Akteure vermitteln den bei Weitem überwiegenden Teil der Parteiziele im Verlauf des Wahlkampfs überhaupt nicht. Zugleich vermitteln beide nur ausgesprochen wenige Ziele so oft, dass die Wähler sie längerfristig erinnern können.
– Wenn Massenmedien und politische Akteure konkrete Parteiziele aufgreifen, werden sie in der Regel verkürzt wiedergegeben. In nur etwas mehr als einem Drittel aller Fälle werden konkret formulierte Parteiziele aus den Wahlprogrammen vollständig übermittelt.
– Sowohl in der Medienberichterstattung als auch in den Talkshowauftritten und Wahlkampfreden von Politikern dominiert die negative Darstellung der Sachkompetenz politischer Konkurrenten. Die eigene Kompetenz wird weit seltener herausgestellt. Dies ist in der Politikberichterstattung der Medien sogar noch etwas häufiger der Fall als in den Politikerstatements.

Die wichtigsten Unterschiede sind:

– Die Massenmedien vermitteln die Ziele der politischen Parteien deutlich häufiger als die Politiker. Die meisten Aussagen von Politikern in Talkshows und Wahlkampfreden sind unbelegte Behauptungen über die Kompetenz anderer Politiker oder Parteien. In der Regel wird diesen dabei die Kompetenz abgesprochen.
– Wenn die Ziele der Parteien angesprochen werden, vermitteln die Massenmedien deutlich häufiger konkrete Ziele der Parteien als die Politiker. In der Regel handelt es sich dabei um Ziele, die zwischen den Parteien umstritten sind und für einen Großteil der Wähler Nachteile mit sich bringen. Politiker ziehen sich dagegen häufig auf vage und unstrittige Gemeinplätze zurück.
– Die Massenmedien vermitteln deutlich mehr Parteiziele als die Politiker. Zugleich vermitteln sie mehr Ziele so häufig, dass die Wähler die Möglichkeit haben, sie längerfristig zu erinnern.

Anhand der Vermittlung von Parteizielen in Wahlkämpfen lassen sich folglich zwei sehr unterschiedliche Kommunikationslogiken aufzeigen: Eine politische Kommunikationslogik, die immer dann zum Tragen kommt, wenn politische Akteure Inhalte und Kommunikationsstrategien überwiegend selbst bestimmen können, und die durch den weitgehenden Verzicht auf konkrete Aussagen über die Ziele der Parteien gekennzeichnet ist, und eine mediale Kommunikationslogik, die dann zum Tragen kommt, wenn Journalisten Inhalte und Darstellungsweisen kontrollieren, und die dazu führt, dass den Wählern überwiegend konkrete Parteiziele vermittelt werden. Diese unterschiedlichen

Abbildung 2: Politikvermittlung durch Massenmedien und politische Akteure im Vergleich

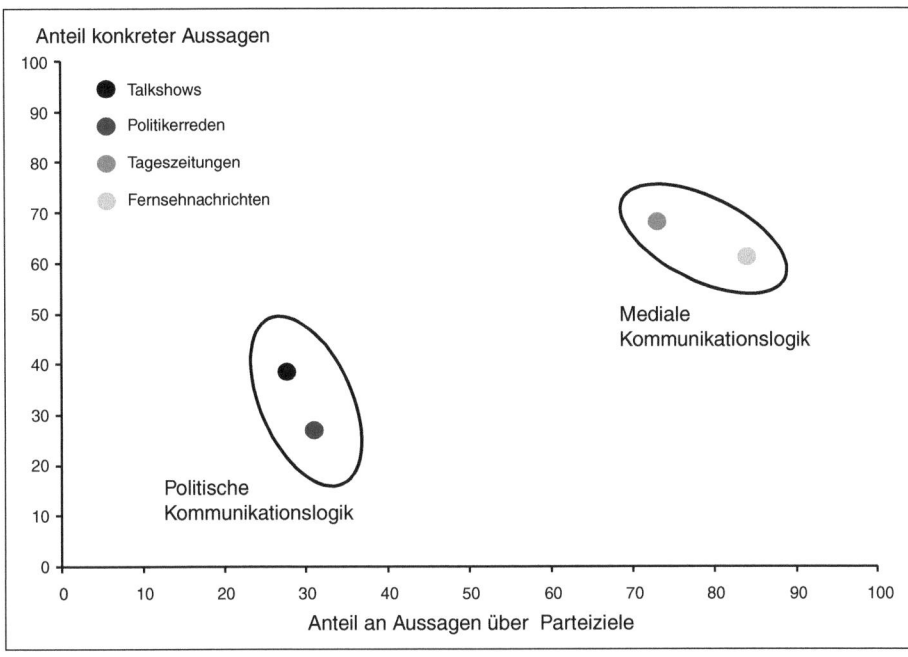

Kommunikationslogiken sind in *Abbildung 2* noch einmal auf einen Blick dargestellt *(Abbildung 2)*.

Nachwahlbefragungen, die seit einigen Jahren vom Meinungsforschungsinstitut Infratest-dimap durchgeführt werden, zeigen, dass ein Großteil der Wähler in Deutschland glaubt, dass er seine Wahlentscheidungen aufgrund der Wahlprogramme der Parteien trifft (www.infratest-dimap.de). Tatsächlich können die meisten Wähler Wahlentscheidungen aber nur aufgrund vollkommen unvollständiger Vorstellungen von den Parteizielen treffen. Umfassend informiert werden sie weder durch die Politikberichterstattung der Massenmedien noch durch die Wahlkampfauftritte führender Politiker. Allerdings erbringen die Massenmedien im Vergleich noch die deutlich substanziellere Vermittlungsleistung. Dies widerspricht in bemerkenswerter Weise einigen Grundannahmen der Medialisierungshypothese. Dies betrifft erstens die Annahme, dass die Tatsache, dass Politik heute überwiegend medienvermittelt ist, dazu führt, dass viele für die Wähler relevante Informationen verloren gehen, weil Politikern in den Medien nicht genügend Zeit bleibt, ihre Ziele ausführlich zu kommunizieren. Dies trifft zwar zu. Tatsächlich gingen aber weitaus mehr Informationen verloren, wenn Politik nicht medienvermittelt wäre, weil Politiker die ihnen zur Verfügung stehende Redezeit in der Regel überhaupt nicht dazu nutzen, ihre Ziele zu kommunizieren. Es betrifft zweitens die Annahme, dass politische Akteure ihre öffentliche Kommunikation grundsätzlich an die Gesetzmäßigkeiten der Massenmedien anpassen. Sie tun dies vielmehr nur dann, wenn es sich mit ihren eigenen Kommunikationsstrategien vereinbaren lässt. Sie vereinfachen ihre Botschaften, weil sie wissen, dass in den Medien nur für kurze Statements

Zeit bleibt, und kritisieren einander, weil dies die Wahrscheinlichkeit erhöht, dass ihre Auftritte und Reden am nächsten Tag in den Medien diskutiert werden. Sie versuchen aber, so gut dies möglich ist, konkrete Festlegungen zu vermeiden, obwohl die Massenmedien solche Statements mit geringer Wahrscheinlichkeit aufgreifen. Die Motivation, sich vage auszudrücken, rührt folglich nicht aus dem Wunsch nach Medienpräsenz, sondern aus der Befürchtung, Wählerstimmen zu verlieren, wenn Ziele und Vorschläge präzise kommuniziert werden. Umgekehrt betrachtet, zeigt die Tatsache, dass die von den Politikern häufig geäußerten vagen Aussagen von den Medien weitgehend ignoriert werden, wie gering die Chancen politischer Akteure sind, ihre Kommunikationsstrategien in den Medien durchzusetzen, wenn sie journalistischen Selektionskriterien widersprechen. Dies widerlegt die gelegentlich geäußerte Annahme, die Politikberichterstattung der Massenmedien werde von politischen Akteuren determiniert.

Für die Wähler besteht die einzige Möglichkeit, sich umfassend über die Parteiziele zu informieren, darin, die Wahlprogramme aller Parteien vergleichend zu lesen. Dies ist nicht nur mit einem hohen Aufwand verbunden, den die meisten Wähler scheuen. Es wird auch dadurch erschwert, dass bereits die Wahlprogramme viele vage Aussagen und inhaltsleere Füllsätze enthalten, die es den Wählern erschweren, substanzielle Informationen herauszufiltern und zu behalten. Deshalb kann man annehmen, dass selbst aufmerksame, politisch interessierte Wähler auch in zukünftigen Wahlkämpfen nur einen Bruchteil der Parteiziele kennen werden. Sie glauben zwar, dass sie informiert sind, verfügen in Wirklichkeit aber nur über vollkommen oberflächliche Vorstellungen von den Wahlprogrammen der Parteien und sind in diesem Sinne *pseudo-informiert*. Den Parteien kommt dies durchaus entgegen: Idealerweise gelingt es ihnen, den Wählern das Gefühl zu geben, dass sie z. B. die Arbeitslosigkeit senken können, ohne ihnen detailliert erklären zu müssen, wie dies gelingen kann. Wie viele Detailinformationen die Wähler erinnern würden, wenn sie häufiger vermittelt würden, ist eine andere Frage, die hier nicht beantwortet werden kann. Sie ist zudem möglicherweise irrelevant, weil neuere Modelle der Informationsverarbeitung die Annahme nahe legen, dass sich die Wähler bereits während der Rezeption von Informationen über die Parteiziele Urteile über die Parteien bilden, die auch dann noch bestehen bleiben, wenn sie die Detailinformationen über die Ziele längst vergessen haben (Lodge et al. 1995).

Literatur

Asp, Kent, 1983: The Struggle for the Agenda. Party Agenda, Media Agenda, and Voter Agenda in the 1979 Swedish Election Campaign, in: Communication Research 10, 333-355.
Bartels, Larry M., 1996: Uninformed Votes: Information Effects in Presidential Elections, in: American Journal of Political Science 40, 194-230.
Best, Stefanie, 2000: Der Intra-Extra-Media-Vergleich – Ein wenig genutztes Analyseinstrument und seine methodischen Anforderungen, in: Publizistik 45, 51-69.
Brettschneider, Frank, 2002: Spitzenkandidaten und Wahlerfolg. Personalisierung – Kompetenz – Parteien. Ein internationaler Vergleich. Wiesbaden.
Bruns, Thomas/Marcinkowski, Frank, 1997: Politische Informationen im Fernsehen. Eine Längsschnittstudie zur Veränderung der Politikvermittlung in Nachrichtensendungen und politischen Informationssendungen. Opladen.
Cacioppo, John T./Petty, Richard E., 1979: Effects of Message Repetition and Position on Cognitive Response, Recall, and Persuasion, in: Journal of Personality and Social Psychology 37, 97-109.

Campbell, James E., 1983: Ambiguity in the Issue Positions of Presidential Candidates: A Causal Analysis, in: American Journal of Political Science 27, 284-293.

Diamond, Gregory A., 2001: Implications of a Latitude-theory Model of Citizen Attitudes for Political Campaigning, Debate, and Representation, in: *Kuklinski, James A.* (Hrsg.), Citizens and Politics. Perspectives from Political Psychology. Cambridge, 289-312.

Donsbach, Wolfgang/Büttner, Karin, 2005: Boulevardisierungstrends in deutschen Fernsehnachrichten. Darstellungsmerkmale und Politikberichterstattung vor den Bundestagswahlen 1983, 1990 und 1998, in: Publizistik 50, 21-38.

Donsbach, Wolfgang/Jandura, Olaf, 2005: Auf verlorenem Posten. Selbstdarstellung der Parteien in Pressemitteilungen und ihre Darstellung in den Medien, in: *Noelle-Neumann, Elisabeth/Donsbach, Wolfgang/Kepplinger, Hans Mathias* (Hrsg.), Wählerstimmungen in der Mediendemokratie. Analysen auf der Basis des Bundestagswahlkampfs 2002. Freiburg/München, 44-68.

Donsbach, Wolfgang/Patterson, Thomas E., 2003: Journalisten in der politischen Kommunikation: Professionelle Orientierungen von Nachrichtenredakteuren im internationalen Vergleich, in: *Esser, Frank/Pfetsch, Barbara* (Hrsg.), Politische Kommunikation im internationalen Vergleich. Grundlagen, Anwendungen, Perspektiven. Wiesbaden, 281-304.

Donsbach, Wolfgang/Wenzel, Arnd, 2002: Aktivität und Passivität von Journalisten gegenüber parlamentarischer Pressearbeit. Inhaltsanalysen von Pressemitteilungen und Presseberichterstattung am Beispiel der Fraktionen des Sächsischen Landtags, in: Publizistik 47, 373-387.

Downs, Anthony, 1957: An Economic Theory of Democracy. New York.

Durr, Robert H./Gilmour, John B./Wolbrecht, Christina, 1997: Explaining Congressional Approval, in: American Journal of Political Science 41, 175-207.

Ekholm, Katrin, 2007: Die Darstellung der Partei-Wahlprogramme in der Presse in den Bundestagswahlkämpfen 1998 und 2005. Eine Input-Output-Analyse. Unveröffentlichte Magisterarbeit. Mainz.

Früh, Werner, 1994: Realitätsvermittlung durch Massenmedien. Die permanente Transformation der Wirklichkeit. Opladen.

Habermas, Jürgen, 1981: Theorie des kommunikativen Handelns. Frankfurt a. M.

Hagen, Lutz, 2005: Konjunkturnachrichten, Konjunkturklima und Konjunktur. Wie sich die Wirtschaftsberichterstattung der Massenmedien, Stimmungen der Bevölkerung und die aktuelle Wirtschaftslage wechselseitig beeinflussen. Eine transaktionale Analyse. Köln.

Hofferbert, Richard E./Klingemann, Hans-Dieter, 1990: The Policy Impact of Party Programmes and Government Declarations in the Federal Republic of Germany, in: European Journal of Political Research 18, 277-304.

Holtz-Bacha, Christina, 2000: Wahlwerbung als politische Kultur. Parteienspots im Fernsehen 1957-1998. Wiesbaden.

Johnson-Cartee, Karen S./Copeland, Gary A., 1997: Manipulation of the American Voter. Political Campaign Commercials. New York.

Keil, Silke I., 2004: Parteiprogrammatik in Wahlkampfanzeigen und Wahlprogrammen 1957-2002: Und es gibt ihn doch – den (kleinen) Unterschied, in: *Brettschneider, Frank/van Deth, Jan/Roller, Edeltraud* (Hrsg.), Die Bundestagswahl 2002. Analysen der Wahlergebnisse und des Wahlkampfes. Wiesbaden, 353-388.

Kepplinger, Hans Mathias, 1998: Die Demontage der Politik in der Informationsgesellschaft. Freiburg/München.

Kepplinger, Hans Mathias/Brosius, Hans-Bernd/Dahlem, Stefan, 1994: Wie das Fernsehen Wahlen beeinflusst. Theoretische Modelle und empirische Analysen. München.

Kepplinger, Hans Mathias/Daschmann, Gregor, 1997: Today's News, Tomorrow's Context: A Dynamic Model of News Processing, in: Journal of Broadcasting & Electronic Media 41, 548-565.

Kepplinger, Hans Mathias/Maurer, Marcus, 2004: Der Einfluss der Pressemitteilungen der Bundesparteien auf die Berichterstattung im Bundestagswahlkampf 2002, in: *Raupp, Juliana/Klewes, Joachim* (Hrsg.), Quo vadis Public Relations? Auf dem Weg zum Kommunikationsmanagement: Bestandsaufnahmen und Entwicklungen. Wiesbaden, 113-124.

Kepplinger, Hans Mathias/Maurer, Marcus, 2005: Abschied vom rationalen Wähler. Warum Wahlen im Fernsehen entschieden werden. Freiburg/München.

Kepplinger, Hans Mathias/Weißbecker, Helga, 1991: Negativität als Nachrichtenideologie, in: Publizistik 36, 330-342.
Klein, Markus, 2005: Die Wahlprogramme: Wahrnehmung und Bewertung durch die Bevölkerung, in: *Güllner, Manfred* et al. (Hrsg.), Die Bundestagswahl 2002. Eine Untersuchung im Zeichen hoher politischer Dynamik. Wiesbaden, 67-84.
Klingemann, Hans-Dieter/Volkens, Andrea/Bara, Judith/Budge, Ian/MacDonald, Michael, 2006: Mapping Policy Preferences II. Estimates for Parties, Electors, and Governments in Eastern Europe, the European Union and the OECD, 1990-2003. Oxford.
Knoche, Manfred/Lindgens, Monika, 1988: Selektion, Konsonanz und Wirkungspotential der deutschen Tagespresse. Politikvermittlung am Beispiel der Agentur- und Presseberichterstattung über die GRÜNEN zur Bundestagswahl 1987, in: Media Perspektiven, 490-510.
Kroeber-Riel, Werner/Esch, Franz Rudolf, 2000: Strategie und Technik der Werbung. Verhaltenswissenschaftliche Ansätze. Stuttgart.
Krüger, Udo Michael/Müller-Sachse, Karl H./Zapf-Schramm, Thomas, 2005: Thematisierung der Bundestagswahl 2005 im öffentlich-rechtlichen und privaten Fernsehen, in: Media Perspektiven, 598-612.
Kuhlmann, Christoph, 1999: Die öffentliche Begründung politischen Handelns. Zur Argumentationsrationalität in der politischen Massenkommunikation. Opladen/Wiesbaden.
Kuklinski, James H./Quirk, Paul J., 2000: Reconsidering the Rational Public: Cognition, Heuristics, and Mass Opinion, in: *Lupia, Arthur/McCubbins, Mathew D./Popkin, Samuel L.* (Hrsg.), Elements of Reason. Cognition, Choice, and the Bounds of Rationality. Cambridge, 153-182.
Lodge, Milton/Steenbergen, Marco R./Brau, Shawn, 1995: The Responsive Voter: Campaign Information and the Dynamics of Candidate Evaluation, in: American Political Science Review 89, 309-326.
Mathes, Rainer/Freisens, Uwe, 1990: Kommunikationsstrategien der Parteien und ihr Erfolg. Eine Analyse der aktuellen Berichterstattung in den Nachrichtenmagazinen der öffentlich-rechtlichen und privaten Rundfunkanstalten im Bundestagswahlkampf 1987, in: *Kaase, Max/Klingemann, Hans-Dieter* (Hrsg.), Wahlen und Wähler. Analysen aus Anlass der Bundestagwahl 1987. Opladen, 531-568.
Maurer, Marcus, 2007a: Wissensvermittlung im Wahlkampf – Ursachen und Folgen politischen Wissenserwerbs im Bundestagswahlkampf 2005, in: *Wünsch, Carsten/Früh, Werner/Gehrau, Volker* (Hrsg.), Integrative Modelle in der Rezeptions- und Wirkungsforschung: Dynamische und transaktionale Perspektiven. München, 65-80.
Maurer, Marcus, 2007b: Überzeugen oder überreden? Argumentationsstrategien in den Wahlwerbespots der Bundestagsparteien 1994 bis 2005, in: *Dörner, Andreas/Schicha, Christian* (Hrsg.), Politik im Spot-Format. Zur Semantik, Pragmatik und Ästhetik politischer Werbung in Deutschland. Wiesbaden, 129-145.
Maurer, Marcus, 2007c: Fakten oder Floskeln? Die Inhalte der Wahlprogramme im Bundestagswahlkampf 2005 in der Tagespresse, in: Publizistik 52, 174-190.
Maurer, Marcus/Reinemann, Carsten, 2003: Schröder gegen Stoiber. Nutzung, Wahrnehmung und Wirkung der TV-Duelle. Wiesbaden.
Maurer, Marcus/Reinemann, Carsten, 2006a: Medieninhalte. Eine Einführung. Wiesbaden.
Maurer, Marcus/Reinemann, Carsten, 2006b: Learning versus Knowing. Effects of Misinformation in Televised Debates, in: Communication Research 33, 489-506.
Maurer, Marcus/Reinemann, Carsten/Maier, Jürgen/Maier, Michaela, 2007: Schröder gegen Merkel. Wahrnehmung und Wirkung des TV-Duells 2005 im Ost-West-Vergleich. Wiesbaden.
McAllister, Ian, 2002: Calculating or Capricious? The New Politics of Late Deciding Voters, in: *Farrell, David M./Schmitt-Beck, Rüdiger* (Hrsg.), Do Political Campaigns Matter? London/New York, 22-40.
Müller, Markus F., 2003: „Der oder ich!" Eine Analyse der Kandidatenduelle im Bundestagswahlkampf 2002, in: *Wüst, Andreas M.* (Hrsg.), Politbarometer. Opladen, 295-315.
Norris, Pippa/Sanders, David, 2003: Message or Medium? Campaign Learning during the 2001 British General Election, in: Political Communication 20, 233-262.
Ohr, Dieter/Schrott, Peter R., 2001: Campaigns and Information Seeking. Evidence from a German State Election, in: European Journal of Communication 16, 419-449.

Quiring, Oliver, 2004: Wirtschaftsberichterstattung und Wahlen. Konstanz.
Page, Benjamin I., 1976: The Theory of Political Ambiguity, in: American Political Science Review 70, 742-752.
Popkin, Samuel L., 1991: The Reasoning Voter: Communication and Persuasion in Presidential Campaigns. Chicago.
Reinemann, Carsten/Wilke, Jürgen, 2003: Journalisten oder politische Akteure? Wer prägt die Bewertung von Kanzlerkandidaten in der Wahlkampfberichterstattung?, in: *Donsbach, Wolfgang/ Jandura, Olaf* (Hrsg.), Chancen und Gefahren der Mediendemokratie. Konstanz, 188-200.
Rölle, Daniel, 2001: Wahlprogramme und parlamentarisches Handeln, in: *Rölle, Daniel/Müller, Petra/Steinbach, Ulrich* (Hrsg.), Politik und Fernsehen. Empirische Inhaltsanalysen. Wiesbaden, 5-90.
Rölle, Daniel, 2002: Nichts Genaues weiß man nicht!? Über die Perzeption von Wahlprogrammen in der Öffentlichkeit, in: Kölner Zeitschrift für Soziologie und Sozialpsychologie 54, 264-280.
Rudolf, Karsten/Wicker, Alexander, 2002: Politische Bildung und Wahlkampf: Der Bürger im Visier der Kampagnenmacher, in: *Berg, Thomas* (Hrsg.), Moderner Wahlkampf. Blick hinter die Kulissen. Opladen, 25-48.
Ruhrmann, Georg/Woelke, Jens/Maier, Michaela/Diehlmann, Nicole, 2003: Der Wert von Nachrichten im deutschen Fernsehen. Opladen.
Schmitt-Beck, Rüdiger/Pfetsch, Barbara, 1994: Zur Generierung von Öffentlichkeit in Wahlkämpfen, in: *Neidhardt, Friedhelm* (Hrsg.), Öffentlichkeit, öffentliche Meinung, soziale Bewegung. Opladen, 106-138.
Schönbach, Klaus, 1977: Wahlprogramme und Wählermeinung 1976, in: Politische Vierteljahresschrift 18, 360-407.
Schönbach, Klaus/Wildenmann, Rudolf, 1978: Election Themes and the Prestige Newspapers, in: *Cerny, Karl H.* (Hrsg.), Germany at the Polls. The Bundestag Election of 1976. Washington, 169-193.
Schultz, Tanjev, 2006: Geschwätz oder Diskurs? Die Rationalität politischer Talkshows im Fernsehen. Köln.
Schulz, Winfried/Zeh, Reimar, 2006: Die Kampagne im Fernsehen – Agent und Indikator des Wandels. Ein Vergleich der Kandidatendarstellung, in: *Holtz-Bacha, Christina* (Hrsg.), Die Massenmedien im Wahlkampf. Die Bundestagswahl 2005. Wiesbaden, 277-305.
Schweitzer, Eva, 2003: Wahlkampf im Internet – Eine Analyse der Internetauftritte von SPD, CDU, Bündnis'90/Die Grünen und FDP zur Bundestagswahl 2002, in: *Holtz-Bacha, Christina* (Hrsg.), Die Massenmedien im Wahlkampf. Die Bundestagswahl 2002. Wiesbaden, 194-215.
Semetko, Hollie A./Schönbach, Klaus, 2003: News and Elections. German Bundestag Campaigns in the Bild, 1990-2002, in: Harvard Journal of Press/Politics 8(3), 54-69.
Shepsle, Kenneth A., 1972: The Strategy of Ambiguity: Uncertainty and Electoral Competition, in: American Political Science Review 66, 555-568.
Vetter, Angelika/Maier, Jürgen, 2005: Mittendrin statt nur dabei? Politisches Wissen, politisches Interesse und politisches Kompetenzgefühl in Deutschland, 1994-2002, in: *Gabriel, Oscar W./ Falter, Jürgen W./Rattinger, Hans* (Hrsg.), Wächst zusammen, was zusammen gehört? Stabilität und Wandel politischer Einstellungen im wiedervereinigten Deutschland. Baden-Baden, 51-90.
Waldman, Paul/Jamieson, Kathleen Hall, 2003: Rhetorical Convergence and Issue Knowledge in the 2000 Presidential Election, in: Presidential Studies Quarterly 33, 145-163.
Walton, Douglas, 1992: The Place of Emotion in Argument. University Park, Pa.
Wilke, Jürgen/Reinemann, Carsten, 2006: Die Normalisierung des Sonderfalls? Die Darstellung der Kanzlerkandidaten in der Presse 1949-2005, in: *Holtz-Bacha, Christina* (Hrsg.), Die Massenmedien im Wahlkampf. Die Bundestagswahl 2005. Wiesbaden, 306-337.
Wirth, Werner/Voigt, Ronald, 1999: Der Aufschwung ist meiner! Personalisierung von Spitzenkandidaten im Fernsehen zur Bundestagswahl 1998, in: *Holtz-Bacha, Christina* (Hrsg.), Wahlkampf in den Medien – Wahlkampf mit den Medien. Ein Reader zum Wahljahr 1998. Opladen, 133-158.

Die (trans-)nationale Nachrichtenlogik in Mediendemokratien – Politischer TV-Journalismus im Wahlkampf zwischen transatlantischer Konvergenz und nationaler Divergenz

Fritz Plasser / Günther Pallaver / Günther Lengauer

1. Einleitung

Politische und soziale Realitäten stellen sich im Zeitalter multimedialer Informationsgesellschaften als überwiegend massenmedial selektiv vermittelt und konstruiert dar. Dabei rückt die redaktionelle Nachrichtenlogik mit ihren professionellen Selektions-, Präsentations- und Deutungsregeln zunehmend in das Zentrum postindustrieller Mediendemokratien und das Fernsehen ist die dominierende Arena für öffentliche politische Kommunikation. Zu den am intensivsten diskutierten Trendmustern dieses „*third age of political communication*" (Blumler/Kavanagh 1999) zählen die Phänomene der Personalisierung, der Entsachlichung und *Game*-Zentrierung, des konfrontativen Negativismus sowie der JournalistInnen-Zentrierung in der medialen Politik- und Wahlkampfvermittlung (Bennett 2006; Cappella/Jamieson 1997; Hallin 1992; Patterson 1993, 2000a; Steele/Barnhurst 1996; Swanson/Mancini 1996). Im Zuge der Transformation und Professionalisierung der Wahlkampflogik der politischen Protagonisten, die sich im Wettstreit mit den Medien um Aufmerksamkeit (WählerInnen bzw. Quoten) bemühen, transformiert sich offensichtlich auch die Medienlogik. Konzeptionelle Erklärungsmodelle ordnen diese Transformationsphänomene in ein Spektrum, das sich von „Amerikanisierung" (Holtz-Bacha 1999; Schulz 2008), „globaler Ökonomisierung und Technologisierung" (Jameson 1998; McChesney 1999), über „Modernisierung" (Hallin/Mancini 2003; Blumler/Kavanagh 1999), bis hin zu „Postmodernisierung" (Inglehart 1997) erstreckt. Dabei reichen die wissenschaftlichen analytischen Interpretationen von transnationaler Harmonisierung und Standardisierung über adaptive Hybridisierungsprozesse bis zu nationaler Resistenz und strukturbedingten Exzeptionalismus-Ansätzen (Schudson 1999), je nachdem welcher konstitutive Stellenwert länder- und kulturspezifischen Rahmenbedingungen und Wettbewerbsregeln eingeräumt wird (Kamps 2000; Pfetsch 2001; Pfetsch/Maurer 2007; Plasser 2003). Meist werden diese Deutungen als faktisch vorausgesetzt dargestellt und sind empirisch – besonders in Bezug auf die mediale Nachrichtenvermittlung – kaum validiert. Insgesamt kann die Dichte der empirisch-komparativen und transnationalen Forschung im Feld der politischen Kommunikation – trotz einer Reihe bemerkenswerter Impulse in den vergangenen Jahren (z. B. Benson/Hallin 2007; Esser/D'Angelo 2006; Esser/Pfetsch 2003; Hallin/Mancini 2004; Melischek et al. 2007; De Vreese 2003; Strömbäck/Dimitrova 2006) – als noch immer gering bezeichnet werden.

Im Zentrum des Forschungsinteresses dieser Studie steht, ob und in welchem Ausmaß diese postmodernen Faktoren der politischen Kommunikation (Norris 2000; Plasser 2007) die Logik der TV-Politikvermittlung in Wahlkampfendphasen in ausgewählten Ländern mit durchaus unterschiedlichen systemisch-institutionellen Rahmenbedingungen dominieren, ob dabei transnationale Konvergenz-Phänomene erkennbar sind bzw. in welchem Ausmaß sich systemisch-divergente Kontextfaktoren in der redaktionellen Nachrichtenlogik und folglich dem Medien-Output reflektieren und manifestieren. Die wenigen bisher durchgeführten transnational-komparativen Studien auf diesem Gebiet kommen grundlegend und relativ übereinstimmend zu dem Schluss, dass die Strukturen, Kanäle, Konventionen und Rollen innerhalb der nationalen politischen Kommunikationssysteme weiterhin – trotz allgemein anerkannter und beschriebener punktueller Transnationalisierungstendenzen – wesentlich von system-immanenten Charakteristika geprägt sind (vgl. dazu Benson/Hallin 2007; Semetko 1996; Semetko et al. 1991; Strömbäck/Dimitrova 2006). Nur wenige Studien identifizieren demgegenüber zumindest punktuell länder- und system-übergreifende Muster bzw. Trends (z. B. Genz et al. 2001; Lengauer 2007).

2. Drei Beziehungsmodelle zwischen Politik und Medien

Ziel dieser Untersuchung ist es, die TV-Politikberichterstattung in nationalen Wahlkampfendphasen in verschiedenen europäischen *Settings* und Rahmenbedingungen der politischen Kommunikationskulturen dem US-amerikanischen *Role Model* gegenüberzustellen (vgl. dazu Pfetsch 2001). Blumler und Gurevitch (1995) entwickelten dazu einen systematischen Überblick der wichtigsten kontextuellen Einflussfaktoren (siehe ebenso Blumler/Kavanagh 1999; Norris 2000). Dazu zählen etwa die politisch-regulativen Rahmenbedingungen, die gesetzlichen Regulierungen von Wahlkämpfen, der Parteienwettbewerb oder auch das Mediensystem. Hallin und Mancini (2004) differenzieren darauf aufbauend drei Beziehungsmodelle zwischen Politik und Medien, die sich auf westliche Mediendemokratien beziehen. Sie unterscheiden dabei zwischen dem „Mediterranean or Polarized Pluralist Model" (Italien, Frankreich, Griechenland, Portugal, Spanien), dem „Northern European or Democratic Corporatist Model" (Österreich, Deutschland, Schweiz, Belgien, Niederlande, Dänemark, Finnland, Schweden, Norwegen) sowie dem „North Atlantic or Liberal Model" (USA, Kanada, Großbritannien, Irland). Dabei sind die Struktur der Mediennutzung (TV- vs. Print-Zentrierung), der Grad des politischen Parallelismus (ideologische und relationale Bindung zwischen Politik und Journalismus), die Rolle und der Einfluss des Staates auf das Mediensystem (gesetzlicher Rahmen), das politische System (Konsens- vs. Konflikt-Kultur) als auch die gesellschaftliche Rolle des Staates (Wohlfahrtstaatlichkeit) die wichtigsten prägenden Charakteristika. Das „Mediterranean or Polarized Pluralist Model" zeichnet sich dabei durch im Vergleich niedrigere Print-Reichweiten, eine ausgeprägte Konzentration auf elektronische Medien, einen hohen Grad an politischem Parallelismus, starken staatlichen Einfluss auf das Mediensystem, limitierte journalistische Autonomie, polarisierten ideologischen Pluralismus und große Bedeutung der Parteien, sowie großen staatlichen Einfluss auf Wirtschaft und einen ausgeprägten Sozialstaat aus. Das „Northern European or Democratic Corporatist Model" ist vor allem von im Vergleich hohen Zeitungsreichweiten, traditionell ausgeprägtem, aber stark rückgängigem politischen Parallelismus mit zunehmender Autonomie der Medien, starkem staatlichen Einfluss auf das Mediensystem, moderatem ideologischen Pluralismus bei einem weiterhin ausgeprägtem Sozialstaat und politischer Regulation der Wirtschaft geprägt. Das „North

Atlantic or Liberal Model" basiert demgegenüber auf vergleichsweise mäßigen Reichweiten der Presse und hoher TV-Zentrierung, einer ausgeprägten Autonomie von professionellem Informationsjournalismus in einem hochgradig kommerziell-organisierten und deregulierten Mediensystem, einem moderaten ideologischen Pluralismus und gesellschaftlichem sowie politischem Liberalismus mit geringem staatlichen Einfluss auf Wirtschaft und einem wenig ausgeprägten Sozialstaat. Als exemplarische Prototypen dieser Modelle wurden für diese Analyse die USA („Liberal Model"), Italien („Polarized Pluralist Model"), sowie Deutschland und Österreich („Democratic Corporatist Model") zur empirischen Prüfung herangezogen.

Der hier verfolgte Ansatz folgt somit auf der Primär-Ebene dem „most different system design"-Ansatz (Przeworski/Teune 1970: 34; Wirth/Kolb 2003: 116), in dem Nationen aus allen drei von Hallin und Mancini (2004) vorgestellten *Media-Politics*-Modellen vertreten sind, um die Varianz der systemischen Rahmenbedingungen und Beziehungsstrukturen zwischen Politik und Medien in westlichen *postmodernen* Mediendemokratien abzubilden.

Für diese Studie dienen somit Hallin und Mancinis Kategorisierungen als Ausgangspunkte für die empirische Prüfung (trans-)nationaler Phänomene in Bezug auf die journalistische Nachrichtenlogik. Diese Modelle bieten einige Ansatzpunkte und Indikatoren, entlang derer systemische Differenzierungen formuliert und deren Signifikanz im Medien-Output empirisch geprüft werden können: politischer Parallelismus im Politikjournalismus, politischer Einfluss und Regulierung sowie Grad der Kommerzialisierung des TV-Systems, präsidentielle vs. parlamentarische politische Systeme oder personalisiertes Mehrheitswahlrecht vs. parteienzentriertes Listenwahlrecht. Anhand einer empirischen Untersuchung der Politikberichterstattung in den wichtigsten TV-Hauptnachrichten soll gezeigt werden, ob Zusammenhänge zwischen diesen *Media-Politics*-Modellen und der Art der journalistischen Politikvermittlung erkennbar werden.

2.1 Kommerzialisierungsgrad der Mediensysteme

Vor allem was die Ausdifferenzierungen des „dualen Systems" und somit den Kommerzialisierungsgrad im transatlantischen Vergleich betrifft, ergeben sich markante Unterschiede (Thomaß 2007). Der US-amerikanische TV-Markt gilt als *Role Model* eines deregulierten, kommerzialisierten Marktes. Während sich in den Vereinigten Staaten ein von öffentlichen Subventionen und privaten Spenden getragenes nichtkommerzielles Sendernetz *(PBS)* erst 1967 etablierte und bisher nur einstellige Reichweiten- und Markt-Anteile erreicht, zeigt sich in Europa ein anderes Bild. Die ausgewählten Länder sind von relativ starken – wenn auch in den letzten Jahrzehnten stark rückläufigen – Marktanteilen der öffentlich-rechtlichen Sender geprägt. In Italien existieren bereits seit den 1970er Jahren private Lokal-Fernsehsender. Die politische Deregulierung und Privatisierung wurde in den 1980er Jahren vor allem durch den Medien-Mogul Silvio Berlusconi weiter vorangetrieben und nationale Privat-Sender entstanden. Auch in Deutschland folgte Mitte der 1980er Jahre die Zulassung privater TV-Anbieter und das deutsche Rundfunksystem wandelte sich so zu einem *dualen*. Österreich ist dabei das letzte europäische Land, das 2001 seinen TV-Markt für private Anbieter geöffnet hat.

Der *ORF* (Österreichische Rundfunk) liegt mit einem Marktanteil von 48 Prozent im Jahr 2006 im westeuropäischen Vergleich nur hinter Dänemark (69 %), was die Dominanz öffentlich-rechtlicher TV-Segmente betrifft. Italien liegt dahinter an dritter Stelle mit einem Marktanteil der öffentlich-rechtlichen *RAI* von 44 Prozent (IP 2006). Die deutschen öffentlich-rechtlichen Sender erreichten im Wahljahr 2005 gemeinsam einen Marktanteil von 42 Prozent (Zubayr/Gerhard 2006: 129). Deutschland liegt damit im westeuropäischen Ranking an zehnter Stelle, was die Marktanteile öffentlich-rechtlicher TV-Stationen betrifft. Somit ergeben sich auf dieser Ebene starke Kommerzialisierungs-Unterschiede, zumindest was die Struktur in den USA und den hier untersuchten europäischen Ländern betrifft. Deshalb soll eine Differenzierung zwischen öffentlich-rechtlichen und privat-kommerziellen Rahmenbedingungen der Sendungen zeigen, ob sich über nationale Rahmenbedingungen hinausgehend, transnationale Medien-Output-Strukturen erkennen lassen, die in Zusammenhang mit dem Kommerzialisierungsgrad des TV-Systems stehen können.

Obwohl in der bisherigen Forschung mit der Konvergenzhypothese (Schatz et al. 1989) und dabei meist in Kombination mit den Schlagwörtern „Boulevardisierung" (Krüger 1992: 217) oder „Infotaiment" (Bennett 2006; Postman 1985) angedeutet wird, dass sich die Nachrichtenlogik in öffentlich-rechtlichen und privaten TV-Medien annähert, fehlen bisher weitgehend empirische Befunde auf einer transnationalen Ebene, die die Konvergenz nicht nur auf der Ebene der Programmstruktur, sondern vor allem innerhalb der Politik-Berichterstattung auf der inhaltlichen Ebene von *Media Frames* (Scheufele 2003) darlegen. Donsbach und Büttner (2005) etwa zeigen, dass offensichtlich Tendenzen einer stärker boulevardesken Darstellung von Politik in Wahlkampfphasen in den deutschen TV-Nachrichten über die letzten Jahrzehnte erkennbar sind – zum Beispiel im Hinblick auf die Personalisierung der Politikdarstellung in den TV-Nachrichten. Sie verweisen allerdings auch darauf, dass privat-kommerzielle Sendungen stärker boulevardisieren als öffentlich-rechtliche, auch wenn sich besonders im *ZDF* partiell Annäherungen an die private Nachrichtenlogik erkennen lassen. In ähnlicher Weise attestiert die Inhaltsanalyse von Maier (2003: 84) auf der Ebene der Nachrichtenwerte, dass die Konflikt-Fokussierung in der Politik-Berichterstattung zwischen 1992 und 2001 in den deutschen TV-Nachrichten zugenommen hat. Allerdings manifestiert sich auch hier ein Niveau-Unterschied zwischen privaten und öffentlich-rechtlichen Sendungen. Private TV-Hauptnachrichten berichten noch deutlicher konfliktzentriert. Auf dieser Basis soll hier empirisch geprüft werden, ob sich die Politik-Berichterstattung in Wahlkampfendphasen auf einer transnationalen Vergleichsebene in privaten und öffentlich-rechtlichen *Primetime News* im Hinblick auf das inhaltliche *Framing* der politischen Nachrichten signifikant unterscheidet.

2.2 Politischer Parallelismus

Hallin und Mancini (2004) kategorisieren das italienische TV-System von den hier komparativ gegenübergestellten Ländern als das am stärksten politisch geprägte. Sie subsumieren das Verhältnis zwischen Politik und Fernsehen als „politics-over-broadcasting system" (67) und sehen eine Dominanz der politischen Logik über der medialen Logik. Der italienische Exzeptionalismus in der TV-Struktur besteht in erster Linie darin, dass sich der seit 1994 in der Politik befindliche Medienunternehmer Silvio Berlusconi als Eigentümer von drei landesweiten privaten Fernsehsendern *(Canale 5, Rete 4* und *Italia 1)* in einem kommunikativen Wettbewerbsvorteil und sich als Regierungschef in einem Interessenskonflikt befindet, weil sich der staatliche Einfluss zusätzlich auf die drei staatlichen *RAI*-Sender ausdehnt, wie dies unter anderem das Europäische Parlament feststellt (Europäisches Parlament 2004; Mazzoleni/Vigevani 2005). Hinzu kommt in Italien der gesetzliche Rahmen *par condicio,* der die politische Ausgewogenheit der politischen Berichterstattung in Wahlkampfendphasen garantieren soll.

Ausgeglichener und etwas autonomer beschreiben sie die Situation in Deutschland und Österreich. Dort folgt der staatliche bzw. politische Einfluss auf TV-Systeme zwar der „politischen Repräsentation", die Distanz zwischen Politik und öffentlich-rechtlichem Fernsehen ist größer und wird als „politics-in-broadcasting system" bezeichnet. Demgegenüber wird das US-amerikanische Verhältnis zwischen Politik und Fernsehen als „professional model of broadcasting governance" und folglich als formell autonomes System kategorisiert. Die Distanz zwischen Politik und Fernsehen ist somit im System der USA am größten, während diese in Italien am wenigsten stark ausgeprägt ist.

2.3 Politik-, Parteien- und Wahlsysteme

Auf der Ebene der Politik-, Parteien und Wahlsysteme lassen sich in den hier untersuchten Ländern durchaus bedeutende Unterschiede feststellen und erläutern. Während das US-amerikanische Regierungssystem ein präsidentielles ist, stellen sich die westeuropäischen Systeme als parlamentarische dar. Österreich ist eine parlamentarische, parteienzentrierte Demokratie, ebenso wie Italien und Deutschland. Während das US-amerikanische Parteiensystem ein Zweiparteiensystem darstellt, sind die Parteiensysteme in Deutschland und Österreich dem gemäßigten Pluralismus zuzuordnen, während das italienische Parteiensystem lange als polarisiert pluralistisch (Sartori 1976) galt und heute als fragmentiert bipolar (Chiaramonte/Di Virgilio 2006) kategorisiert wird. Auch die Wahlsysteme differenzieren sich. Während in den USA ein kandidatinnen-zentriertes Mehrheitswahlsystem vorherrscht, sind in Deutschland, Österreich und Italien grundsätzlich parteienzentrierte Verhältniswahlsysteme installiert. Das Wahlsystem in Deutschland ist ein personalisiertes Verhältniswahlrecht, in dem einzelne KandidatInnen eine größere Rolle spielen als in Österreich oder Italien, da mit der Erststimme WahlkreiskandidatInnen gewählt werden. Das italienische Verhältniswahlsystem ist zudem mit einer mehrheitsverstärkenden Mechanik ausgestattet – einem Mehrheitsbonus für die stimmenstärkste Parteienkoalition (D'Alimonte/Vassallo 2006). Das amerikanische Wahlsystem steht in der britischen Tradition des relativen Mehrheitswahlsystems in Einer-Wahlkreisen und ist somit kandidatInnen-zentriert. Diese hier beschriebenen systemischen Differenzierungen werden als Erklärungsvariablen potenzieller Nationen- bzw. Modell-Varianzen *(Media-Politics)* in den Berichterstattungsmustern in Wahlkampfendphasen herangezogen.

3. Media Framing – konzeptionelle und methodische Basis

Als konzeptioneller und methodischer Ausgangspunkt wird ein auf mehreren Ebenen integratives Konzept des *Framing*-Ansatzes als Erweiterung des *Agenda-Setting*-Paradigmas herangezogen. Urs Dahinden (2006) beschreibt den *Framing*-Ansatz als „Theorieansatz, der für alle Phasen von massenmedialen Kommunikationsprozessen" (16) und somit auf „PR, Journalismus, Medieninhalte und Publikum" (59) anwendbar sei. Des Weiteren kann der *Framing*-Ansatz als Konzept beurteilt werden, das sowohl *First-Level Agenda-Setting*-Prozesse und -Effekte (Objekt-Ebene) als auch *Second-Level Agenda-Setting*-Prozesse und -Effekte auf der Attributs-Ebene (McCombs et al. 1997) umfasst. Dieser hier skizzierte integrative Ansatz geht davon aus, dass es sich bei *First- und Second-Level Agenda-Setting* nicht um kongruente oder gar konkurrierende Konzepte handelt, sondern um eine komplementäre Struktur aus formalen und inhaltlichen Dimensionen (in diesem Fall Berichterstattungs-Charakteristika), die als *Framing*-Mechanismen und -Indikatoren im Ansatz des *Framings* gebündelt werden können. Aus definitorisch-konzeptioneller und operationaler Sicht wird folglich *Agenda-Setting* als Teil eines umfassenderen und tiefer greifenden *Framing*-Prozesses und *Framing* als modifiziertes Meta-Konzept angesehen (vgl. dazu Lengauer 2007). Medien spannen dabei durch Präsentations-, Definitions- und Interpretationsleistungen, durch formale und inhaltliche Mechanismen der Betonung bzw. auch der Exklusion, einen Deutungsrahmen zu bestimmten Objekten bzw. Objekt-Clustern (in diesem Fall der Politik-Berichterstattung in Wahlkampfendphasen) auf, der übergeordnet als *Media Frame* bezeichnet werden kann (Lengauer 2007: 95). Präsentations- (Wiederholung, Aufmachung, Platzierung etc.), Definitions- und Interpretationsrahmen (Konflikt, *Game*-Zentrierung, negative und positive Tonalität etc.) ergeben im Zusammenspiel diesen entsprechenden Deutungsrahmen. Dass solche sich herausbildende *Media Frames* nicht nur den Medien-Output determinieren, sondern in der Folge substanzielle Auswirkungen auf die Wahrnehmung und Einstellungen der RezipientInnen haben können, auch wenn diese Wirkungsbeziehungsstrukturen von komplexer und eingeschränkter Natur sind, zeigen aktuelle Studien, die Inhaltsanalysen der Medien-Berichterstattung zu bestimmten Sachthemen komparativ begleitenden Befragungen gegenüberstellen (vgl. dazu Edy/Meirick 2007; Matthes 2007).

Obwohl *Framing*-Prozesse, -Strukturen und -Effekte somit auf allen Ebenen der politischen Kommunikation (Politik, Medien, Bevölkerung etc.) erkennbar und wirksam sind, beschränkt sich diese Untersuchung auf die empirische Analyse von *Media Frames* in der TV-Information im Sinne des Medien-Outputs. In diesem soziologischen Kontext tritt der Journalismus als tragender, vermittelnder und konstituierender Akteur sozialer Rahmen (Bonfadelli 2002) auf. Diese Nachrichtenlogik in medienzentrierten Informationsgesellschaften lässt sich aus einer Reihe empirisch-validierter Phänomene, die bisher vor allem für die Vereinigten Staaten diagnostiziert wurden, bündeln. Dabei herrscht wissenschaftlich mit einigen Einschränkungen Übereinstimmung zwischen dieser US-amerikanischen Praxis und dem, was man als Trends des „third age of political communication" in medienzentrierten Demokratien beschreibt (vgl. dazu Blumler/Kavanagh 1999; Hallin/Mancini 2003; Swanson 2003).

4. Forschungsfragen und Hypothesen

Das Ziel dieser Untersuchung ist es folglich, diese empirisch etablierten journalistischen Trends heranzuziehen, um die Phänomene der Personalisierung, der Entsachlichung und *Game*-Zentrierung, des konfrontativen Negativismus und der JournalistInnen-Zentrierung sowie deren Signifikanz für die TV-Nachrichten auf internationaler Vergleichsebene in Wahlkampfendphasen zu prüfen. Die deduktiv-selektiv festgelegten *Frame*-Indikatoren sind als *generic* zu betrachten (deVreese et al. 2001). Das heißt, sie werden themenunabhängig definiert und sind somit für die politische Berichterstattung als Untersuchungsobjekt auf einer thematischen Meta-Ebene anwendbar. So können unterschiedliche nationale Wahlkämpfe mit divergierenden Nachrichten- und Ereignislagen direkt komparativ gegenübergestellt werden (Livingstone 2003).

In dieser Untersuchung wird die Nachrichtenlogik des politischen TV-Journalismus in entwickelten Mediendemokratien anhand einer direkt-komparativen Indikatoren-Matrix systematisch entlang der Modelle von Hallin und Mancini (2004) empirisch aufgetragen und somit in komprimierter Form sichtbar gemacht. Die Analyse soll zeigen, ob bzw. inwieweit sich die unterschiedlichen Charakteristika der Politik- und Mediensysteme auch im Medien-Output manifestieren und ob die Beziehungsmodelle von Hallin und Mancini im *Framing* der Politik-Berichterstattung in Wahlkampfendphasen reflektiert werden. Ein besonderer Fokus wird dabei auf den Kommerzialisierungsgrad der TV-Systeme bzw. der einzelnen Sendungen gelegt und es wird validiert, ob sich auf einer transnationalen Ebene unterschiedliche *Media Frames* in privaten und öffentlich-rechtlichen Nachrichtensendungen erkennen lassen.

Die Entsachlichung und *Game*-Zentrierung in der Politikberichterstattung kann in zwei Dimensionen erfasst werden: zum einen im Ausmaß der Marginalisierung von politisch-relevanten Themen und Berichten, zum anderen in der inhaltlichen Entsachlichung der Politikdarstellung. Zunehmende ökonomische Imperative und Unterhaltungsorientierung führen zu einem direkten und verstärkten Wettbewerb zwischen politisch-relevanten und unpolitischen, chronikalen Nachrichtenangeboten. Für die deutsche Politik-Berichterstattung in den TV-Abendnachrichten stellen etwa Ruhrmann et al. (2003) fest, dass in privaten Sendungen im Jahr 2001 unpolitische Meldungen stärker vertreten waren als politische. Der Kommerzialisierungsgrad ist hier eine erklärende Variable. Daraus ergeben sich folgende Hypothesen:

Hypothese 1: Öffentlich-rechtliche Nachrichtensendungen berichten mehr über Politik als privat-kommerzielle Nachrichtensendungen.

Hypothese 2: Im „Liberal Model" und somit den USA wird stärker über Unpolitisches berichtet als es in Westeuropa und im „Polarized Model" und dem „Corporatist Model" der Fall ist.

Auf einer stärker inhaltlich-zentrierten Ebene innerhalb der Politik- und Wahlkampfberichterstattung lässt sich ebenfalls ein Entsachlichungs-Indikator identifizieren. Bei der so genannten *Game*-Zentrierung steht die zunehmende Abkehr von sachpolitisch-relevanter Information im Mittelpunkt der journalistischen Politik-Darstellung. Elemente der sportiven Dramaturgie, des Wettkampfs, der strategischen Kommentierung von politischer Taktik und Kalkül, sowie die Gewinn- und Verlustchancen politischer Parteien und Akteure stehen im Vordergrund der Politikvermittlung. Inhaltliche Diskussionen und programmatische Standpunkte werden durch Berichte zu Wahlkampftaktik und -strategien, der Tele-Performance der KandidatInnen, Koalitionsspekulationen oder Wahlkampfstilfragen sowie sportlichen Metaphern des Gewinnens und Verlierens verdrängt (Patterson 1993). Dabei besagt das Konzept der Meta-Kommunikation, dass sich die Medien zunehmend von der Realität der Parteiendemokratie autonomisieren, was zu einer „selbstreferentiellen Selbstkonditionierung" (Hohlfeld 2006: 11) führt. Darstellungen der *Politics*-Ebene (politischer Prozess) treten zunehmend in den medialen Vordergrund in der Politik- und Wahlkampfvermittlung und verdrängen die *Policy*-Ebene (politische Sachthemen). Zur *Politics*-Berichterstattung zählen vor allem Umfragen, die dabei eingesetzten Metaphern des Wettkampfs, Duells oder des *Horse Races*, ebenso wie die selbstreferentielle Berichterstattung über Medien-Ereignisse (TV-Duelle etc.) und über die Medien-Berichterstattung *(meta coverage)* an sich. Der politische Journalismus sowie die JournalistInnen selbst werden zum zentralen Akteur und Ankerpunkt in der Wahlkampfvermittlung der Medien (vgl. dazu Esser 2007; Esser/ D'Angelo 2006; Esser et al. 2001). Vor allem für Präsidentschaftswahlkämpfe in den USA wird dabei eine Zunahme der entpolitisierten Inhalte in der medialen Darstellung konstatiert (Farnsworth/Lichter 2007; Patterson 1993). „Of the many effects of commercialism on news content, none is more consequential than the media's tendency to report politics not as an issue but as a game in which individual politicians vie for power" (Patterson 2000b: 253-254). Patterson begründet die Zunahme des *Game*-Fokus folglich vor allem mit der starken Kommerzialisierung des Mediensystems und dem exzeptionellen Status des US-amerikanischen Wahlsystems. Da durch das Vorwahlsystem der offizielle Wahlkampfzeitraum weit länger ist als etwa in Europa, müssen JournalistInnen stärker auf den *Game*-Aspekt zurückgreifen, um Unterhaltung und Neuigkeitswert zu liefern, so Patterson.

Hypothese 3: Privat-kommerzielle TV-Nachrichten berichten stärker *game*-zentriert und somit gleichzeitig weniger *policy*-zentriert als ihre öffentlich-rechtlichen Pendants.

Hypothese 4: Die Berichterstattung im „Liberal Model" der USA ist stärker von der *Game*-Zentrierung geprägt als es in Italien, Deutschland und Österreich der Fall ist. Dies begründet sich vor allem durch den Kommerzialisierungsgrad des TV-Systems und die Länge des Wahlkampfes.

Der Eindruck einer zunehmenden Personalisierung der Berichterstattung ist einer der am häufigsten zitierten Verweise auf die Diffusion einer transnationalen Nachrichtenlogik als deren Ausgangspunkt der politische Journalismus in den USA angesehen wird. Eine Dimension der Personalisierung manifestiert sich dabei auf der Ebene der Individualisierung der Politikvermittlung in den TV-Nachrichten. Darunter ist zu verstehen, dass einzelne KandidatInnen und SpitzenrepräsentantInnen als Träger und Subjekt der Politik- und Wahlkampfberichterstattung zunehmend ihre dahinter stehenden institutionellen Akteursgruppen und Parteiapparate aus der Medien-Öffentlichkeit verdrängen. Dabei stehen nicht die politische Sachdebatte, Parteiprogramme oder die kollektiven Akteursgruppen im Vordergrund der Politikvermittlung, sondern vielmehr die Person, deren Image und Persönlichkeitsmerkmale an sich. Das US-amerikanische Politik-

und Wahlsystem ist präsidentiell und kandidatInnen-zentriert. Die Politik- und Wahlsysteme der anderen hier untersuchten Länder sind parlamentarisch, sowie listenwahlsystem und somit parteien-orientiert. Daher ist davon auszugehen, dass die TV-Politikberichterstattung in den USA stärker auf die Einzelakteure und die SpitzenkandidatInnen fokussiert als auf nicht-personalisierte, kollektive, parteien- oder institutionen-zentrierte Berichterstattung. Daneben bestätigen Studien, dass privat-kommerzielle Sender grundsätzlich stärker visualisieren als öffentlich-rechtliche TV-Nachrichten (Ruhrmann et al. 2003). Daraus müsste folglich eine stärkere Personalisierung in privat-kommerziellen Sendungen sowie in den USA resultieren.

Hypothese 5: KandidatInnen-zentrierte Politik- und Wahlsysteme führen auch in der redaktionellen Politikberichterstattung von TV-Nachrichten in Wahlkampfendphasen zu stärker personen-zentrierten Darstellungs- und Vermittlungsstilen.

Hypothese 6: Personalisierung und Visualisierung entsprechen vor allem der kommerziellen Logik, deshalb berichten private TV-Nachrichten stärker personen-zentriert.

Vor allem die US-amerikanische politische Kommunikationsforschung beschreibt über die letzten Jahrzehnte die sich verstärkende wissenschaftliche Einschätzung, dass der politische Journalismus von einem intensivierten elitenkritischen Reflex *(anti-elitist populism)* geprägt wird (Blumler/Kavanagh 1999: 219). Dabei bündeln sich die zunehmende Negativität und Konfrontativität in der politischen Wahlkampfführung mit journalistisch attraktiven negativ-konfrontativen Nachrichtenwerten (vgl. dazu Galtung/Ruge 1965; Schulz 2008). JournalistInnen beschränken sich nicht mehr auf die deskriptive Wiedergabe von Nachrichten, sondern bringen sich als kritische Analytiker in den politischen Prozess ein. Ihre dabei entwickelte *Fighting-Back-Strategy* (Blumler 1997: 399) kann auch als Reaktion auf die Instrumentalisierungsversuche durch *Spin Doctors* und *News Management* angesehen werden (Lengauer et al. 2007: 118). Die Professionalisierung sowie das Interaktions- und Abhängigkeitsverhältnis zwischen journalistischen, strategischen und politischen Eliten zum einen und der Erfolgsdruck für Medien auf dem Publikumsmarkt und für politische Akteure und Berater auf dem Wählermarkt intensivieren sich. Dies führt zu einem tendenziell negativ-konfrontativen *adversarial spirit* (Bennett 2006; Blumler/Kavanagh 1999). Diese Entwicklung manifestiert sich in einer journalistischen Reflexion, die von negativen und konfliktreichen Inhalten bis zu verstärkter politischer Inkompetenz- und Versagens-Darstellung reicht. Neben den USA weisen auch jüngere empirische Befunde für die Politik-Berichterstattung in Deutschland und Österreich darauf hin, dass Elemente des konfrontativen Negativismus zu den dominierenden Faktoren der Politik-Berichterstattung in Print- und TV-Medien zählen (Lengauer 2007; Plasser 2004). Studien zeigen ebenso, dass privatkommerzielle Sender tendenziell stärker konflikt-zentriert berichten als öffentlich-rechtliche (Ruhrmann et al. 2003).

In diesem Kontext kann die These aufgestellt werden, dass der öffentlich-rechtliche Status und dessen „public-service Ethos" gepaart ist mit einem erhöhten politischen Parallelismus, der sich aus der starken formellen und informellen Verquickung von Politik und Medien ergibt. Deshalb ist in diesen Sendungen die journalistische Autonomie eingeschränkt und äußert sich durch einen geringeren konfrontativen und negativen Charakter. Zusätzlich sind öffentlich-rechtliche Sendungen weniger an publikumsmaximierende Aufladungen mit Nachrichtenfaktoren gebunden. Dies äußert sich in einer grundsätzlich weniger negativen, weniger konflikt-zentrierten und weniger inkompetenz-vermittelnden Berichterstattungs-Struktur. Es kann weiterhin die These aufgestellt werden, dass sich die lange Tradition des *Negative Campaignings* in der US-amerikanischen Wahlkampfführung auch in der TV-Berichterstattung widerspiegelt, die folglich stärker negativ-zentriert sein könnte als in Westeuropa. Die stärkere Polarisierung des Parteiensystems in den USA führt möglicherweise auch zu einer intensivierten Konflikt-Zentrierung in der Darstellung. Dafür könnte auch das Mehrheitswahlsystem verantwortlich zeichnen. Auf potenzielle Koalitionspartner muss im Wahlkampf keine Rücksicht genommen werden. Politische Attacken des jeweiligen Gegners könnten somit auch häufiger Gegenstand der TV-Berichterstattung sein. Die öffentlich-rechtliche Struktur in Europa und die staatliche Regulierung führen zu einer größeren Nähe zu den politischen Akteuren, daraus kann abgeleitet werden, dass die europäischen Medien weniger als „watchdog" auftreten als die US-amerikanischen und somit weniger negativ und konfrontativ berichten könnten. Hallin und Mancini folgend sollte sich im Vergleich zu den Ländern aus den anderen *Media-Politics*-Modellen aufgrund des größten politischen Parallelismus und staatlichen Einflusses in Italien dort die am wenigsten konfrontative und eliten-kritische Politikberichterstattung zum Regierungschef zeigen.

Hypothese 7: Öffentlich-rechtliche TV-Nachrichten berichten positiver, eher konsens- und kompetenz-orientiert über Politik in Wahlkampf-Endphasen als privat-kommerzielle TV-Sendungen, die stärker auf negative Nachrichten, Konflikte und politische Inkompetenz fokussieren.

Hypothese 8: Die Politik-Berichterstattung im „Liberal Model" zeigt sich aufgrund der systemischen Rahmenbedingungen des Wahlkampfes und wegen des geringsten staatlichen Einflusses und politischen Parallelismus stärker negativ-konfrontativ als es in Österreich, Deutschland oder Italien der Fall ist. Da nach Hallin und Mancini der politische Parallelismus und der staatliche Einfluss auf das Mediensystem im „Polarized Model" am stärksten ausgeprägt ist, ist zu erwarten, dass die Berichterstattung zum Regierungschef Berlusconi weniger kritisch ausfällt, als es zu den Regierungschefs im „Corporatist" und „Liberal Model" der Fall ist. Diese Hypothese wird für Italien zusätzlich durch den großen persönlichen Einfluss von Ministerpräsident Silvio Berlusconi auf das Mediensystem Italiens verstärkt. Da zudem die hier untersuchte private Nachrichtensendung zum Medien-Imperium Berlusconis gehört, kann somit ein weniger kritischer Tenor zum Regierungschef im italienischen Fernsehen erwartet werden, der über die öffentlich-rechtlichen Sender hinausgeht und sich von den anderen untersuchten Modell-Ländern abhebt.

Analysen über die US-Wahlkampfberichterstattung haben nachgewiesen, dass sich diese zunehmend von einer *kandidatInnen-* zu einer *journalistInnen*-zentrierten Darstellungsweise entwickelt (Hallin 1992; Steele/Barnhurst 1996). Diese journalistische Autonomisierung geht in zwei Richtungen: Zum einen rücken sich die JournalistInnen selbst stärker in den Mittelpunkt ihrer Berichterstattung. Belegt wird dieser Trend dadurch, dass den politischen Akteuren für ihre Botschaften immer weniger Platz zur Selbstdarstellung *(air time* bzw. *shrinking soundbites)* eingeräumt wird (Marcinkowski/Greger 2000). Diese Entwicklung geht nicht so sehr auf kürzere Formate zurück, sondern auf die bewusste Entkoppelung des Journalismus von politischen Instrumentalisierungsversuchen. Zum anderen hängt damit auch die zunehmende *Interpretativität* zusammen. Die journalistische Frageachse verschiebt sich vom *„was passiert"* auf *„warum es passiert"*. Dadurch bevorzugen die JournalistInnen in ihren Darstellungen vermehrt spekulative Interpretationen und strategische Kommentierungen gegenüber der deskriptiven Berichterstattung (Dalton et al. 1998; Semetko/Schönbach 2003) und greifen immer wieder kritisierend und beratend selbst in den Wahlkampf ein (Paletz/Vinson 1994; Kovach/Rosenstiel 2001). Die journalistisch kritische Auseinandersetzung mit politischem Kalkül wird als *strategy coverage* (Cappella/Jamieson 1997) bezeichnet. Patterson (2000a, 2000b) macht vor allem die zunehmende Kommerzialisierung und Quoten-Orientierung für das Ansteigen des interpretativen Journalismus verantwortlich.

Hypothese 9: Privat-kommerzielle TV-Nachrichtensendungen berichten stärker interpretativ über Politik, während öffentlich-rechtliche Sendungen aufgrund eines erhöhten politischen Parallelismus und eines geringeren Kommerzialisierungsgrades stärker deskriptiv geprägt sind.

Hypothese 10: Der politische Journalismus im „Liberal Model" berichtet aufgrund größerer Autonomie gegenüber dem politischen System und dem traditionell geringerem politischen Parallelismus sowie höherem kommunikativen Professionalismus auf beiden Akteursseiten stärker interpretativ als das „Polarized Model" oder das „Corporatist Model". Innerhalb der westeuropäischen Modelle lässt sich aufgrund der unterschiedlichen Niveaus des politischen Parallelismus in Österreich und Deutschland eine höhere Interpretativität im Sinne einer höheren journalistischen Autonomie erwarten als in Italien.

5. Studiendesign und Methode

Operationalisiert werden diese Hypothesen durch eine quantifizierende Inhaltsanalyse. Untersuchungsgegenstand sind dabei die jeweils reichweitenstärksten und national ausgestrahlten öffentlich-rechtlichen als auch privaten TV-Abendnachrichten während des Präsidentschaftswahlkampfes 2004 in den USA und den Parlamentswahlen in Deutschland (2005), Italien und Österreich (2006). Für Österreich wurden folglich die Hauptnachrichten des öffentlich-rechtlichen Senders *ORF* sowie die Abendnachrichtensendung des einzigen terrestrischen privaten TV-Senders *ATV* analysiert. In Italien wurden korrespondierend dazu die Sendung *Telegiornale 1* des öffentlich-rechtlichen Senders *RAI* sowie die Nachrichtensendung *Telegiornale 5* vom Privat-Sender *Canale 5* ausgewählt. Für Deutschland sind die meistgesehenen Abendnachrichten im öffentlichen TV-Sektor die *ARD-Tagesschau* und im privaten Bereich *RTL-aktuell* (Zubayr/Gerhard

2007: 194). Da die Dualität des TV-Systems in den Vereinigten Staaten nur äußerst rudimentär ausgeprägt ist (der öffentliche Sender *PBS* erreicht nur knapp 1,5 Prozent der *Primetime*-Reichweiten), wurde für die USA auf diese Differenzierung verzichtet und die *NBC Nightly News* stellvertretend für das US-amerikanische TV-System als die meistgesehenen terrestrischen *Network*-Abendnachrichten in die Untersuchung aufgenommen (Project for Excellence in Journalism 2007).[1]

Untersuchungszeitraum sind jeweils die letzten sechs Wahlkampfwochen (42 Tage) vor dem jeweils nationalen Wahlgang. Dabei wird eine Vollerhebung der TV-Nachrichtensendungen vorgenommen. Insgesamt wurden so knapp einhundert Sendestunden analysiert. Die erste Analyse-Ebene betrifft die gesamte Sendung und folglich alle Beiträge (von der Begrüßung bis zur Verabschiedung der ModeratorInnen). Auf dieser Ebene werden die formalen und rein quantitativen Parameter erhoben (z. B. Beitragslänge, Darstellungsform etc.). Auf dieser Ebene werden auch unpolitische Berichte in die quantitative Analyse einbezogen. Die zweite und zentrale Analyse-Ebene bilden „landespolitisch-relevante" Beiträge. Als solche wurden jene Berichte definiert, die sich inhaltlich auf Kommunal-, Regional-, Innen- und Außenpolitik beziehen.[2] Somit bilden nicht nur explizit wahlkampf-bezogene Themen und Berichte die Grundlage dieser detaillierten Analyse, sondern alle „landespolitisch-relevanten" Beiträge der jeweiligen Sendung (z. B. Berichte über Arbeitslosigkeit, Inflationsentwicklung etc.). Die Summe der analysierten Sendungsbeiträge beläuft sich auf 4 078[3]. Exakt ein Drittel davon konnte als landespolitisch-relevant identifiziert und in die eingehende Inhaltsanalyse aufgenommen werden (N = 1 358). Die Analysen zur Präsenz der SpitzenkandidatInnen und deren Parteien bzw. Bündnisse sowie die politische Themenkategorisierungen als auch die Untersuchung der *Frame*-Indikatoren basieren auf diesen Landespolitik-Beiträgen. Analyse- und Coding-Einheit ist dabei jeweils der Sendungsbeitrag (inhaltliche und formale Einheit inklusive An- und Abmoderationen), wobei in einer integrativen Vorgangsweise sowohl visuelle als auch textliche Elemente gleichermaßen und komplementär zur Beurteilung der Codierentscheidungen herangezogen werden.

Auf Grundlage des Untersuchungsmaterials werden umfassende Frequenz- und Valenzanalysen durchgeführt (vgl. dazu Bonfadelli 2002). Die Hypothesen werden statistisch unter der Heranziehung des chi-quadrat-basierten Assoziationsmaßes *Cramer's V* statistisch geprüft. Dabei wird die Stärke des Zusammenhangs bzw. der Unabhängigkeit jeweils zweier dichotomer Variablen ermittelt (vgl. dazu Esser/D'Angelo 2006; Strömbäck/Dimitrova 2006).

In einer *Frame*-Strukturanalyse werden anschließend jene ausgewählten Charakteristika der Berichterstattungsstruktur festgehalten und zusammengeführt, die potenziell

---

[1] Hinzu kommt, dass sich das Format der populärsten öffentlichen Abendnachrichtensendung *NewsHour with Jim Lehrer* durch ihre Länge (eine Stunde) und ihr Format (ausgedehnte Diskussions- und Interviewstrecken) deutlich von allen anderen Hauptnachrichtensendungen unterscheidet und somit die unmittelbare Vergleichbarkeit der Indikatoren nicht gewährleistet wäre.

[2] Zur Vereinfachung werden diese Berichte in der Folge auch als „Landespolitik" bezeichnet und zusammengefasst. Die thematischen Kategorien, die die Landespolitik definieren, können dem Codebook entnommen werden, welches bei den Autoren bezogen werden kann.

[3] NBC (N = 461); RAI (N = 782); Canale 5 (N = 718); ARD (N = 514); RTL (N = 571); ORF (N = 547); ATV (N = 485).

einen Interpretations- und Deutungsrahmen der Politikberichterstattung und somit einen dominierenden *Media Frame* definieren.[4] Die abschließende *Frame*-Korrelationsanalyse verdeutlicht den statistischen Grad der Divergenz bzw. Konvergenz der inhaltlichen *Frame*-Struktur in den verschiedenen Sendungen. Im Rahmen von Codier-Pretests wurden anhand einer zweiprozentigen Zufallsstichprobe der Grundgesamtheit (n = 80 Beiträge) Validitäts- und Reliabilitätstests durchgeführt. Für die Codierung ergibt sich dabei eine durchschnittliche Intercoder-Reliabilität von 0,852[5] (Minimalübereinstimmung 0,765 – Maximalübereinstimmung 1,000), was einer verlässlichen und zufrieden stellenden Codier-Übereinstimmung entspricht (vgl. dazu Früh 2001; Merten 1995). Im selben Prozess wurde die Validität der Codierung[6] geprüft, wobei sich eine durchschnittliche Übereinstimmung von 0,882 ergab, was ebenfalls einer hohen positiven Übereinstimmung entspricht.[7]

6. Forschungsergebnisse

6.1 Politikgehalt und *Game*-Zentrierung

Analysen der Wahlkampfberichterstattung in den TV-Hauptnachrichtensendungen Deutschlands (Krüger/Zapf-Schramm 2005; Brettschneider 2005; Hohlfeld 2006), Österreichs (Lengauer et al. 2007), Italiens (Legnante 2006), Großbritanniens (Deacon et al. 2005), der USA (Farnsworth/Lichter 2007) und Brasiliens (Porto 2007) verweisen auf *transnationale* Muster der redaktionellen Vermittlung des Wahlkampfgeschehens: die Tendenz, Prozessthemen, die sich auf Strategien, Taktiken und Motive der Wahlkampfakteure beziehen, stärkere Beachtung zu widmen als genuinen Sachthemen, inhaltlichen Positionen und programmatischen Lösungsvorschlägen. Die Schärfe der Befunde ist aber teilweise auf das analytische Design rückführbar. Inhaltsanalytische Studien, die sich ausschließlich auf wahl(kampf-)reflektierende Beiträge in TV-Nachrichtensendungen konzentrieren, zeichnen ein problematischeres Bild der redaktionellen Wahlkampfberichterstattung als Studien, die sich auf politische Beiträge im weiteren Sinn beziehen. Letzterer Zugang liegt den vorliegenden Befunden zugrunde, die sich auf eine Analyse innen- und außenpolitischer Nachrichtenbeiträge während des Intensivwahlkampfes in vier Ländern stützt.

Die vorliegenden Vergleichsdaten bestätigen zum Teil selektive Beobachtungen einer Marginalisierung genuiner Politikberichterstattung bzw. Entpolitisierung der abendlichen TV-Hauptnachrichten. Mit Ausnahme der *NBC Nightly News* stehen in allen

---

[4] In diese Analyse wurden nur jene Indikatoren aufgenommen, die entlang einer einheitlichen Skalierung codiert wurden.
[5] Der hier angegebene Reliabilitätskoeffizient stellt einen Durchschnittswert zu allen Variablen der Untersuchung und zu allen skalenniveau-spezifischen Reliabilitätswerten (Scott's Pi – nominal-skalierte Variablen; Spearman's Rho – ordinal-skalierte Variablen; Prozentübereinstimmung – ratio-skalierte Variablen) dar.
[6] Hierbei wurde die Übereinstimmung zwischen der Codierung der Forscher – in diesem Fall Günther Lengauer – und des Codierteams geprüft (Durchschnittswert der Übereinstimmung).
[7] An dieser Stelle gebührt unser besonderer und expliziter Dank dem engagierten multilingualen Codierteam, das Mag. Iris Höller, Josef Kofler und Christoph Tauber bildeten.

Sendungen mehrheitlich unpolitische Berichte im Fokus der Nachrichtenvermittlung. Besonders deutlich wird der Überhang von unpolitischen Meldungen in den privat-kommerziellen Sendungen Italiens, Deutschlands und Österreichs. Es zeigt sich nur eine marginale Differenzierung zwischen öffentlich-rechtlicher und privater Logik (alle Sendungen eingeschlossen), die sich statistisch als signifikant bestätigt (Cramer's V = ,056; p = ,000)[8]. Beschränkt man den Vergleich auf die untersuchten westeuropäischen Sendungen, dann ergibt sich ein etwas deutlicherer Zusammenhang zwischen Status (öffentlich-rechtlich vs. privat) und Politik-Anteil der Sendungen (Cramer's V = ,130; p = ,000). Es bestätigt sich somit ein moderater Zusammenhang zwischen dem Status der Sendung und dem Grad der thematischen „Entpolitisierung" der Sendungsformate. Das *NBC*-Nachrichtenangebot weist im direkten Vergleich mit den westeuropäischen TV-Angeboten allerdings einen deutlich höheren Politikberichterstattungs-Anteil auf, der sogar die der öffentlich-rechtlichen Anbieter in Italien, Deutschland und Österreich übersteigt. Obwohl privatwirtschaftlich organisiert, fühlen sich die abendlichen Nachrichtensendungen der US-*Networks* einem professionellen Informationsjournalismus verpflichtet. *Infotainment* mit Schwerpunkt auf Chronikales, Katastrophen und Sensationalismus ist in den USA vorwiegend die Domäne regionaler *Local News*-Programme, während die Nachrichtenredaktionen von *NBC*, *ABC* und *CBS* trotz veritabler Seherverluste auf eine faktengestützte Berichterstattung setzen (vgl. dazu Committee of Concerned Journalists 2006, 2007). Sind die Anteile von Politischem und Unpolitischem in den öffentlich-rechtlichen Sendungen aller westeuropäischen Länder relativ ausgeglichen, wenden demgegenüber die Nachrichtensendungen ihrer privaten Pendants *RTL*, *Canale 5* und *ATV* rund zwei Drittel und mehr ihrer jeweiligen Sendezeit für unpolitische, chronikale, service-orientierte Nachrichten auf. Der Grad der Depolitisierung der abendlichen TV-Hauptnachrichten ist somit zumindest in Deutschland, Österreich und Italien stark mit dem Organisationsstatus der TV-Anstalt und den daraus resultierenden journalistischen Rollenverständnissen verknüpft.

Tabelle 1: Politik-Gehalt der TV-Hauptnachrichten – in Prozent der Beiträge (N = 4 078)

	NBC (N = 461)	RAI (N = 782)	Canale 5 (N = 718)	ARD (N = 514)	RTL (N = 571)	ORF (N = 547)	ATV (N = 485)
politische Beiträge	66	43	37	45	28	45	27
unpolitische Beiträge	34	57	63	55	72	55	73

Anmerkung: Politisches bezieht sich auf die Beitrags-Kategorien Kommunal-, Regional-, Innen-, Außen-, EU- und internationale Politik. Unpolitisches bezieht sich auf Wirtschaft, Kultur, Technik, Religion, Medien, Lifestyle, Gesundheit, Katastrophen, Unfälle, Kriminelles, Chronikales, Wetter, Sport und Tiere.

Prüft man den Zusammenhang zwischen den Politik-Anteilen der Sendungen und ihrer *Media-Politics*-Modell-Zuordnung nach Hallin und Mancini, dann zeigen sich keine hoch signifikanten Unterschiede zwischen Sendungen des „Corporatist Models" und des „Polarized Models" (Cramer's V = ,036; p = 0,030). Demgegenüber differenziert

---

[8] Grundsätzlich wird dem Hypothesen-Test das 1-Prozent-Signifikanzniveau zugrunde gelegt.

sich auf dieser Ebene das „Liberal Model" auf signifikante Art und Weise vom „Corporatist Model" (Cramer's V = ,228; p = ,000) und vom „Polarized Model" (Cramer's V = ,220; p = ,000). Kumuliert auf dieser Modell-Ebene wird im „Corporatist Model" und dem „Polarized Model" in Summe weniger über Politik berichtet, als es in der US-Sendung als Vertreter des „Liberal Models" der Fall ist, während es innereuropäisch keine signifikanten Unterschiede gibt. Auf der europäischen Vergleichsebene ist vielmehr der Zusammenhang zwischen dem Status der Sendung und dem Politik-Anteil signifikant. Die hier identifizierten und deutlich unterschiedlichen Muster in der deutschen TV-Berichterstattung entlang der Differenzierung zwischen öffentlich-rechtlich und privat bestätigen sich – in sich abschwächender Form – auch außerhalb von Wahlkämpfen in der Langzeitbeobachtung seit den 1990er Jahren (Maier 2003: 69). Die Hypothese 1, dass öffentlich-rechtliche Sendungen stärker über Politisches berichten, bestätigt sich damit auf der europäischen Ebene, während Hypothese 2, dass das „Liberal Model" stärker unpolitisch-zentriert ist, am Beispiel *NBC* nicht bestätigt werden kann. Dies begründet sich allerdings nur zum Teil darin, dass der Irak-Krieg in der US-amerikanischen TV-Berichterstattung im untersuchten Wahlkampf 2004 einen außergewöhnlich hohen Stellenwert einnimmt. Einen deutlich höheren Politik-Anteil in der US-amerikanischen TV-Berichterstattung bestätigt ebenso eine Untersuchung, die die Wahlkampf-Berichterstattung von *ABC World News* zu den Präsidentschaftswahlen 2000, jener in deutschen und österreichischen Nachrichtensendungen zu den Wahlkämpfen 1998 und 1999 gegenüberstellt (Lengauer 2007). Die Modell-Strukturen von Hallin und Mancini reflektieren sich im Fokus auf Unpolitisches nicht im erwarteten Maße, da zum einen zwischen dem „Corporatist Model" und dem „Polarized Model" keine signifikanten Unterschiede erkennbar sind und da zum anderen das „Liberal Model" den Annahmen widersprechend am stärksten über Politisches berichtet.

Aussagekräftiger als formale Charakteristika der Nachrichtenthemen und Sendungsbeiträge ist die inhaltliche *Frame*-Ebene. Dabei kann zwischen eher *game*-zentrierten und eher *policy*-zentrierten Darstellungen differenziert werden. Bei *game*-zentrierten Darstellungen liegt der Fokus eines Beitrags auf der Darstellung von Gewinnern und Verlierern, dem offengelegten Eigeninteresse der politischen Akteure, dem *Horse-Race*, der spekulativen und strategischen Kommentierung, Koalitionsspekulationen, dem nicht sachpolitischen Erscheinungsbild von Parteien und KandidatInnen, dem Wahlkampfstil oder dem Kräftespiel zwischen Parteien bzw. KandidatInnen. *Policy*-zentrierte Darstellungen konzentrieren sich hingegen auf politische Sachdebatten, stellen Fakten und Hintergründe politischer Sachverhalte dar und rücken die inhaltliche Auseinandersetzung mit den relevanten tagespolitischen Themen und Problemlagen in den Vordergrund.

Inklusive der abendlichen *NBC*-Hauptnachrichten, die der redaktionellen Praxis öffentlich-rechtlicher Sendeanstalten in Europa näher stehen als dem redaktionellen Rollenverständnis europäischer Privat-TV-Anstalten, tendieren öffentlich-rechtliche TV-Nachrichtensendungen bei der Vermittlung innen- und außenpolitischer Ereignisse stärker in Richtung *Policy*-Perspektive als private Nachrichtenprogramme. Auf *NBC* kommt zudem die im Vergleich zum Vorwahlkampf 2000 außergewöhnlich hohe Konzentration auf die Irak- und Terror-Berichterstattung zum Tragen. Ein Überhang an *Policy*-Zentrierung als auch deren Zunahme gegenüber 2000 wird auch von Studien des *Centers for Media and Public Affairs* für die Wahlkampfberichterstattung 2004 der

Tabelle 2: Game- vs. Policy-Zentrierung in den TV-Hauptnachrichten – in Prozent der Landespolitik-Beiträge (N = 1 358)

	NBC (N = 280)	RAI (N = 285)	Canale 5 (N = 205)	ARD (N = 169)	RTL (N = 110)	ORF (N = 206)	ATV (N = 103)
game-zentriert	35,4	42,1	42,4	30,8	47,3	44,2	64,1
ambivalent	4,6	4,9	11,2	1,8	7,3	1,0	1,0
policy-zentriert	59,6	51,9	42,0	65,1	42,7	53,4	34,0
nicht erkennbar	0,4	1,1	4,4	2,3	2,7	1,4	0,9

US-amerikanischen TV-Nachrichten insgesamt bestätigt (CMPA 2004: 5; Farnsworth/ Lichter 2007: 52). Überwiegt bei 65 Prozent der *ARD*-Nachrichtenbeiträge eine sachliche, faktenorientierte Darstellung und fokussieren ebenso knapp 60 Prozent der *NBC*-Nachrichtenbeiträge auf eine *Policy*-Perspektive, weisen die Beiträge der öffentlich-rechtlichen *RAI* wie *ORF*-Hauptnachrichten einen höheren Anteil *game*-zentrierter Darstellungen auf. Nahezu ausgeglichen ist das Verhältnis zwischen *policy*- und *game*-zentrierten Beiträgen bei den privaten Nachrichtenprogrammen von *RTL* und *Canale 5*. Deutlich aus der *Game*-Perspektive nähern sich nur die Nachrichten des österreichischen Privatsenders *ATV*, der sich aber – anders als die deutschen und italienischen Privatanstalten – als zielgruppenorientiertes Nischenprogramm versteht.

Unter *Frame*-Gesichtspunkten widerspiegelt die Datenlage somit ein differenziertes Bild: Weder orientieren sich die Nachrichtensendungen öffentlich-rechtlicher TV-Anstalten bei der redaktionellen Gestaltung der Beiträge ausschließlich an einer vorrangig faktengestützten Politik-Berichterstattung, noch setzen private TV-Nachrichten exklusiv auf *game*-zentrierte Nachrichtenkonstruktionen. Hypothese 3, die besagt, dass privat-kommerzielle Sendungen stärker *game*-zentriert berichten, bestätigt sich kumuliert über alle Sendungen statistisch nicht (Cramer's V = ,077; p = ,094). Zum einen sind privat-kommerzielle Sendungen (etwa *NBC*) auch *policy*-zentriert und zum anderen sind öffentlich-rechtliche Sendungen zum Teil von einem starken *Game*-Fokus geprägt (wie *RAI* oder der *ORF*). Beschränkt man auch auf dieser Ebene den Vergleich auf die westeuropäischen Formate, dann ergeben sich jedoch moderate Differenzierungen zwischen privaten und öffentlichen Sendern, was den *Game*-Anteil betrifft (Cramer's V = 0,160; p = ,000). Statt auf breite und durchgängige Differenz verweisen die Strukturen insgesamt allerdings auf eine tendenzielle Konvergenz öffentlich-rechtlicher und privater Nachrichtenlogiken, die sich in Österreich und Italien deutlicher abzeichnet als bei den deutschen Nachrichtensendungen. Langzeitstudien verweisen allerdings auch für Deutschland auf einen Trend zur stärkeren *Game*- bzw. *Politics*-Zentrierung sowohl bei privaten als auch öffentlich-rechtlichen TV-Nachrichten (Schulz/Zeh 2007: 8). Auch Hypothese 4 als Annahme, dass das „Liberal Model", basierend auf einer stärkeren Kommerzialisierung, auch deutlicher *game*-zentriert wäre, kann statistisch nicht bestätigt werden. Es zeigt sich vielmehr, dass die Berichterstattung des „Corporatist Models" (Cramer's V = ,190; p = ,000), als auch die des „Polarized Models" (Cramer's V = ,134; p = ,003) in Summe stärker *game*-zentriert ist als die des „Liberal Models". Auch hier entsprechen die systemischen Rahmenbedingungen (Grad der Kommerzialisierung, Wahlkampflänge) und der daraus antizipierte *Game*-Anteil in der Berichterstattung nicht den zu erwartenden Ergebnissen. Eine Untersuchung zur US-amerikanischen und französischen Presse zeigt bestätigend, dass zunehmende *Game*-Zentrierung jedenfalls kein genuin US-amerikanisches Phänomen darstellt (Benson/Hallin 2007: 40). Die systemischen Hintergründe und Voraussetzungen manifestieren sich demnach auf dieser Analyse-Ebene nicht in den angenommenen und entsprechenden Charakteristika des Medien-Outputs.

6.2 Personalisierung

Der Personalisierungs- und Individualisierungsgrad wird hier operationalisiert, indem differenziert wird, ob inhaltlich die Person, deren Image und Persönlichkeitsmerkmale im Mittelpunkt stehen oder ob ein kollektiver, institutionen- oder *issue*-zentrierter Fokus im Vordergrund der medialen Berichterstattung steht. Es zeigt sich, dass die Politikberichterstattung in Wahlkampfendphasen in allen untersuchten Sendungen mehrheitlich auf kollektive/institutionelle bzw. *issue*-zentrierte Darstellungen fokussiert. In den Personalisierungs- und Individualisierungsanteilen zeigen sich jedoch markante Differenzierungen, auch innerhalb der nationalen Ebene. So berichten *NBC, Canale 5, RTL* und *ATV* deutlich personen-zentrierter als es in ihren untersuchten öffentlich-rechtlichen Pendants der Fall ist.

Tabelle 3: Personalisierung in den TV-Hauptnachrichten – in Prozent der Landespolitik-Beiträge (N = 1 358)

	NBC (N = 280)	RAI (N = 285)	Canale 5 (N = 205)	ARD (N = 169)	RTL (N = 110)	ORF (N = 206)	ATV (N = 103)
personen-zentriert	36,4	15,4	30,2	10,1	22,7	17,0	35,9
ambivalent	5,0	3,5	2,9	5,3	16,4	3,4	7,8
kollektiv/ *issue*-zentriert	58,6	81,1	66,9	84,6	60,9	79,6	56,3

Offensichtlich determiniert nicht nur die institutionelle Struktur des politischen Wettbewerbs die journalistischen Perspektiven auf das Wahlkampfgeschehen, sondern der Personalisierungsgrad der Berichterstattung hängt auch von mediensystem-spezifischen Faktoren – öffentlich-rechtliche versus privatwirtschaftlich operierende TV-Anstalten – ab. Der höchste Anteil vorrangig personenzentrierter Beiträge findet sich erwartungsgemäß in den TV-Nachrichten der amerikanischen *NBC,* wobei hier zum privatwirtschaftlichen Status des Senders die institutionelle Logik amerikanischer Präsidentschafts- und Kongresswahlkämpfe kommt, die ausschließlich kandidatInnen-zentriert angelegt sind. Diese institutionellen Rahmenbedingungen gelten allerdings für die ebenfalls hochgradig personalisierten Sendungen von *Canale 5, ATV* und *RTL* nicht in dieser Form. Mit Blick auf die institutionelle Wettbewerbslogik sollten in parteienzentrierten Wettbewerbs- und Wahlsystemen wie sie in Italien, Deutschland und Österreich vorherrschen, Personen und individuelle Perspektiven eine untergeordnete, parteien-zentrierte und kollektiv-institutionelle Perspektiven hingegen eine deutlich prominentere Rolle spielen. Dies trifft in eindeutiger Weise aber nur auf die öffentlich-rechtlichen TV-Nachrichtensendungen der drei Länder zu. Nachrichtenprogramme privater TV-Sender weisen einen ungleich höheren Personalisierungs- und Individualisierungsgrad der Berichterstattung auf. Öffentlich-rechtliche Sendungen stützen sich zwar ebenfalls auf ein transnationales Set von Nachrichtenwerten, wenn sie sich redaktionell dem Kern des Wahlkampfgeschehens annähern, berücksichtigen bei der Beitragsgestaltung aber ungleich stärker die institutionellen Imperative von Parteiendemokratien, an die sich private Nachrichtenredaktionen offenbar weniger gebunden fühlen. Hypothese 5 besagt, dass es einen Zusammenhang entlang der KandidatInnen-Orientierung des Wahlsystems der Länder (Mehrheitswahlrecht und präsidentielles System in den USA vs. Verhältniswahlrecht und Parteien-Zentrierung in Italien, Deutschland und Österreich) und der Personalisierung der Berichterstattung gibt. Eine solche Differenzierung entlang dem amerikanischen Modell und den westeuropäischen Modellen und dem Personalisierungsgrad bestätigt sich moderat zwar auf statistisch signifikante Weise (Cramer's V = ,148; p = ,000), die Unterscheidung zwischen öffentlich-rechtlichen und privaten Sendungen spielt im Zusammenhang mit der Personalisierung statistisch gesehen aber eine bedeutendere Rolle (Cramer's V = ,214; p = ,000) als die wahlsystem-basierte Differenzierung zwischen den USA und den untersuchten europäischen Ländern. Dass die Personalisierung stärker in den privaten Sendungen reflektiert wird als in den öffentlich-rechtlichen (Hypothese 6), bestätigt sich somit auf einem statistisch hohen Signifikanz-Niveau. Auf der Vergleichsebene der Hallin-Mancini-Modelle zeigt sich vor allem zwischen „Corporatist Model" und „Polarized Model" kein signifikanter Unterschied (Cramer's V = ,047; p = ,418). Das „Liberal Model" stellt sich wenig überraschend als tendenziell personalisierter dar als das „Corporatist Model" (Cramer's V = ,146; p = ,002) bzw. das „Polarized Model" (Cramer's V = ,172; p = ,000).

6.3 Konfrontativer Negativismus

Die Tendenz zum konfrontativen Negativismus wird bei der Analyse der TV-Hauptnachrichten der vier Länder bestätigt. Die negative Tonalität der Berichterstattung betrifft überall rund die Hälfte der Landespolitik-Beiträge. Die positive Berichterstattung fällt im Vergleich dazu sehr bescheiden aus und bewegt sich mit der Ausnahme der italienischen Sender klar unter der Zehn-Prozent-Marke. Der im Vergleich leicht erhöhte Anteil an Positiv-Berichterstattung zur Politik in Italien begründet sich vor allem in der aktuellen Nachrichtenlage. Er manifestiert sich in Berichten zur guten Sicherheitslage während der Olympischen Spiele in Turin, in Beiträgen zur positiven Bilanz der Regierung zu Wirtschafts-, Arbeitsmarkt- und Inflationsentwicklung in Italien. Daneben sorgen Meldungen für positive Medienresonanz, dass ein Terroranschlag auf Italien erfolgreich vereitelt worden wäre. Dies ändert jedoch nichts am Gesamtbild, dass auch die italienische Politikberichterstattung während der Wahlkampf-Endphase deutlich von negativen Nachrichten geprägt ist. Dabei unterscheiden sich öffentlich-rechtliche und

Tabelle 4: Negative vs. positive Tonalität in den TV-Hauptnachrichten – in Prozent der Landespolitik-Beiträge (N = 1 358)

	NBC (N = 280)	RAI (N = 285)	Canale 5 (N = 205)	ARD (N = 169)	RTL (N = 110)	ORF (N = 206)	ATV (N = 103)
negative Tonalität	47,9	46,0	47,8	53,8	45,5	51,0	59,2
ambivalent	12,1	13,3	7,3	8,3	6,4	4,9	8,7
positive Tonalität	5,4	17,9	10,2	7,1	3,6	6,8	4,9
neutral	34,6	22,8	34,7	30,8	44,5	37,3	27,2

Anmerkung: Hier wird differenziert, ob der Beitrag insgesamt eher in einer negativen oder eher positiven Tonalität dargestellt wird. Streit, Kritik, Konfliktdarstellung, Misserfolg, Scheitern etc. werden als negative Tonalität gewertet. Problemlösungen, Konsensfindungen, gute Wirtschaftsdaten, optimistische Ausblicke und Beurteilungen, Erfolg etc. werden als positive Tonalität kategorisiert. Hier wird grundsätzlich unterschieden, ob der Bericht in die Kategorie „Good News" oder „Bad News" einzuordnen ist.

privatrechtliche TV-Anstalten kaum. Länderspezifische Schwankungen mögen somit vor allem auf die aktuelle Nachrichtenlage zurückzuführen sein.

Hypothese 7, die besagt, dass der Status der Sendung (öffentlich-rechtlich vs. privat) einen bestimmenden Einfluss auf die Tonalität der Politikberichterstattung hat, bestätigt sich statistisch nur schwach signifikant (Cramer's V = ,108; p = ,006). Während öffentlich-rechtliche Sendungen ähnlich negativ berichten, sind ihre Positiv-Anteile etwas ausgeprägter als bei ihren privaten Pendants. Hypothese 8 („Liberal Model" mit stärkerer Negativ-Berichterstattung) bestätigt sich ebenfalls nicht auf statistisch-signifikantem Niveau. Dies gilt ebenso für die redaktionellen Wertungsstrukturen zu den Regierungschefs in den einzelnen *Media-Politics*-Modellen. So ist kein statistisch signifikanter Zusammenhang zwischen den Berichterstattungsmustern entlang der Modelle von Hallin und Mancini und der Tonalität der Berichterstattung zu den Regierungschefs erkennbar. In allen untersuchten Modell-Ländern werden die Regierungschefs überwiegend negativ vermittelt. Dies gilt für Italien im selben Ausmaß wie für die anderen Länder. Auch in der Berichterstattung zu den Oppositionsführern zeigt sich kein signifikanter Zusammenhang in Bezug auf die Hallin-Mancini-Modelle. Diese Kategorisierungen stellen im Zusammenhang mit der Tonalität der medialen Darstellung der Regierungschefs in dieser Untersuchung somit keinen erklärenden Faktor dar. Auch die Gegenüberstellung von öffentlich-rechtlichen und privaten Berichterstattungsmustern ergibt in diesem Kontext keine signifikanten Differenzierungen.

Somit verdeutlicht sich, dass die negative Konfrontativität in der Politik-Berichterstattung weniger entlang der hier angeführten systemischen Rahmenbedingungen (staatlicher Einfluss, politischer Parallelismus, *Negative Campaigning*, Kommerzialisierungsgrad des TV-Systems, journalistische Autonomie) variiert, sondern offenbar ein eher universelles Muster darstellt. Die negativen Grundmuster in der Politikberichterstattung bleiben in allen untersuchten Ländern klar dominierend.

Damit korrespondierend stehen Konflikt, Disput oder Streit zwischen Problemlösungsstrategien, Parteien oder Personen ebenso bei allen Sendern wesentlich stärker im Mittelpunkt als Konsens-Darstellungen (Problemlösungen, Übereinkommen, Verhandlungsaufnahmen und -fortschritte, Kompromissfähigkeit etc.). In den italienischen

Nachrichten ist dieser *Frame*-Indikator insgesamt tendenziell stärker aktiviert. Dort ist die Berichterstattung sowohl auf *RAI* als auch auf *Canale 5* stärker konflikt- als auch tendenziell stärker konsens-orientiert. Die beiden bundesdeutschen TV-Anstalten zeichnen sich demgegenüber durch die höchsten Prozentsätze an weder konflikt- noch konsens-orientierter Berichterstattung aus.

Tabelle 5: Konflikt- vs. Konsens-Darstellung in den TV-Hauptnachrichten – in Prozent der Landespolitik-Beiträge (N = 1 358)

	NBC (N = 280)	RAI (N = 285)	Canale 5 (N = 205)	ARD (N = 169)	RTL (N = 110)	ORF (N = 206)	ATV (N = 103)
konflikt-zentriert	38,6	56,8	53,2	39,1	34,5	42,2	42,7
ambivalent	3,2	3,9	3,9	1,2	0,0	0,0	1,9
konsens-zentriert	6,1	15,8	8,3	3,0	1,0	4,9	1,9
nicht erkennbar	52,1	23,5	34,6	56,7	64,5	52,9	53,5

Die Hypothese, dass das „Liberal Model" stärker konflikt-zentriert berichtet, bestätigt sich nicht. So gibt es etwa zwischen dem „Liberal Model" und dem „Corporatist Model" kaum signifikante Unterschiede, was die Konflikt-Zentrierung betrifft (Cramer's V = ,110; p =,067). Öffentlich-rechtliche Sender aktivieren diesen *Frame*-Indikator zwar stärker als privat-kommerzielle Sendungen, dies aber in beide Richtungen (sowohl was die Konflikt- als auch die Konsens-Orientierung betrifft).

Die überwiegend negative Tonalität und Konfliktorientiertheit der medialen Politikvermittlung setzt sich in der Inkompetenz-Darstellung fort, wenngleich nicht in diesem Ausmaß. Mit einer Ausnahme (24 % bei *ATV*) liegen hier die Inkompetenz-Darstellungen zwischen 12 und 18 Prozent der Landespolitik-Beiträge. Die kompetenz-vermittelnde Berichterstattung weist größere Schwankungen auf: Während *NBC* (15 %), *RAI* (12%) und *Canale 5* (12 %) ein ähnliches Muster präsentieren, liegen die Prozentsätze bei den anderen untersuchten TV-Sendern stark darunter (*ARD* und *ORF* 2 %, *ATV* 3 %, *RTL* 6 %). Wirklich eindeutige und klare Bruchlinien sind auch in dieser Dimension weder zwischen privaten und öffentlich-rechtlichen Anbietern noch auf Länderebene zu erkennen, wenngleich in den USA und Italien nicht nur überwiegend die Inkompetenz – wie in Deutschland und Österreich – sondern dort stärker und somit ausbalancierend ebenfalls die Kompetenz von PolitikerInnen dargestellt wird. Was die Inkompetenz- bzw. Kompetenz-Vermittlung der TV-Nachrichten betrifft, lassen sich kaum signifikante Unterscheidungen entlang des Status der Sendungen (öffentlich-rechtlich vs. privat) erkennen (Cramer's V = ,086; p = ,047). Ebenso ergeben sich keine signifikanten Differenzierungen auf der Hallin-Mancini-Modellebene und den damit verbundenen divergierenden systemischen Rahmenbedingungen, was die negative Konfrontativität in der TV-Berichterstattung betrifft.

6.4 JournalistInnen-Zentrierung

Die Analyse der Hauptnachrichten im Vier-Länder-Vergleich weist grundsätzlich einen deutlichen Überhang des deskriptiven Journalismus aus, sieht man von *ATV* in Österreich ab, wo sich mit 52 zu 42 Prozent fast eine Parität zwischen deskriptivem und interpretativem Journalismus ergibt. Von *ATV* abgesehen weist *NBC* mit knapp 24 Prozent einen im Vergleich zu den europäischen TV-Anstalten weit größeren interpretativen Anteil auf, der sich tendenziell nur noch auf *RTL* abgeschwächt erkennen lässt. Jedenfalls sind die öffentlich-rechtlichen Sendungen in Italien, Deutschland und Österreich von einer ausgesprochen geringen Interpretativität gekennzeichnet. Die öffentlich-rechtliche Tradition sowie die nach wie vor zentrale Stellung dieses Marktsegmentes auf den untersuchten europäischen TV-Märkten scheint sich somit als ein wichtiger Faktor in Bezug auf das Interpretativitätsniveau herauszukristallisieren.

Tabelle 6: Journalistische Interpretativität in den TV-Hauptnachrichten – in Prozent der Landespolitik-Beiträge (N = 1 358)

	NBC (N = 280)	RAI (N = 285)	Canale 5 (N = 205)	ARD (N = 169)	RTL (N = 110)	ORF (N = 206)	ATV (N = 103)
interpretativ	23,6	2,8	5,9	1,2	12,7	4,4	41,7
ambivalent	12,8	1,4	1,4	4,7	6,4	1,0	5,8
deskriptiv	63,6	95,8	92,7	94,1	80,9	94,6	52,5

Die Hypothese (9), dass der Status der TV-Nachrichten (öffentlich-rechtlich vs. privat) auf statistisch-signifikantem Niveau mit der Interpretativität der Politikberichterstattung zusammenhängt, bestätigt sich (Cramer's V = ,308; p = ,000). Private Nachrichten berichten deutlich interpretativer über Politik im Wahlkampf als öffentlich-rechtliche. Somit scheint die politische Nähe und Durchdringung öffentlich-rechtlicher Sendungen sowie der geringere Kommerzialisierungsgrad, hier eine prägende Rolle zu spielen. Zusätzlich zeigt sich die Berichterstattung im „Liberal Model" deutlich interpretativer als es in den europäischen Sendungen der Fall ist (Cramer's V = ,310; p = ,000). Aber auch innerhalb der westeuropäischen Länder zeigen sich statistisch signifikante Unterschiede entlang der Hallin-Mancini-Modelle (Hypothese 10). So lässt sich der Grad der Interpretativität in der Berichterstattung entlang der Modelle „Corporatist" und „Polarized" statistisch signifikant differenzieren. In Italien wird weniger interpretativ im Wahlkampf berichterstattet als es in Österreich und Deutschland der Fall ist (Cramer's V = ,223; p = ,000).

6.5 Frame-Strukturen und -Korrelationen

Die folgende Analyse-Ebene ist ein Versuch, die *Frame*-Struktur der TV-Nachrichten entlang der deduktiv definierten *Frame*-Indikatoren (*Game*-Zentrierung, Interpretativität, Personalisierung, Tonalität, Konflikt-Zentrierung, Kompetenz-Darstellung) zu bündeln und in einer Matrix aufzutragen. Dazu werden diese in der Inhaltsanalyse methodisch-kongruent erhobenen *Frame*-Indikatoren komparativ für alle Sendungen darge-

Abbildung 1: Frame-Struktur in den TV-Hauptnachrichten – Prozentpunkte-Differenz der bipolaren Frame-Indikatoren

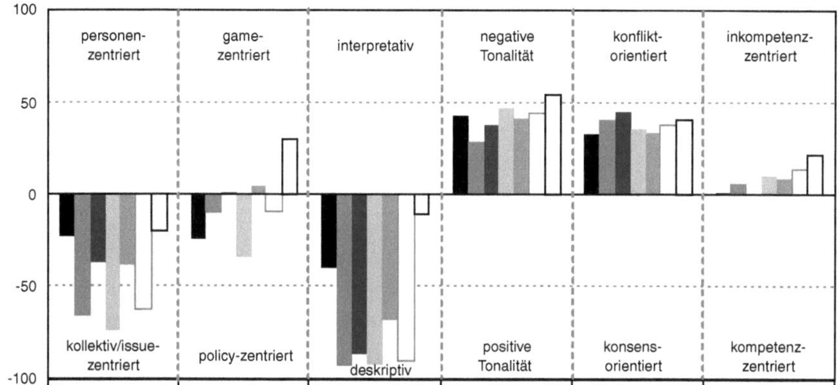

	Personalisierungs-Index	Game-Index	Interpretativitäts-Index	Negativitäts-Index	Konflikt-Index	Inkompetenz-Index
■ NBC	-22,2	-24,3	-40,0	42,5	32,5	0,7
■ RAI 1	-65,7	-9,8	-93,0	28,1	41,1	6,0
■ Canale 5	-36,6	-0,5	-86,8	37,6	44,9	0,0
▨ ARD	-74,6	-34,3	-92,9	46,7	36,1	10,1
▨ RTL	-38,2	4,5	-68,2	41,8	33,5	8,2
□ ORF	-62,6	-9,2	-90,2	44,2	37,3	13,6
□ ATV	-20,4	30,1	-10,8	54,3	40,8	21,4

Anmerkung: Die horizontale Achse beschreibt die einzelnen bipolaren *Frame*-Indikatoren. Die Werte der vertikalen Achse beschreiben die Prozentpunkte-Differenz der Pole (z. B. negativ vs. positiv) als Index dargestellt. Dazu werden alle Beiträge herangezogen, deren *Frame*-Ausprägungen eindeutig den Polen zuordenbar sind.

stellt *(Abbildung 1)*. Dabei wird auf Basis der Prozentpunkte-Differenz der polaren *Frame*-Indikatoren (z. B. „eher negativ" und „eher positiv") ein Index zur Verdeutlichung der jeweiligen *Frame*-Mechanismen und -Aktivierungen ermittelt.[9]

Betrachtet man die sendungsbezogenen *Frame*-Strukturen und -Aktivierungen, erkennt man deutlich, dass sich nicht nur die Grundmuster der Berichterstattung in den Wahlkampfendphasen transnational auffällig gleichen, sondern dass auch die Prozentpunkte-Differenzen nur relativ gering abweichen. Eine Ausnahme stellt dabei der Indikator *„Game-* vs. *Policy*-Zentrierung" dar. Hier kommt es zumindest zwischen den westeuropäischen Sendungen und den Marktsegmenten der nationalen TV-Systeme zu Differenzierungen. Was die Grundausrichtung der TV-Berichterstattung betrifft, kann wahlkampf-unabhängig festgestellt werden, dass in allen Sendungen und somit auch in

---

[9] Der Personalisierungs-Index von *NBC* ergibt sich somit folgendermaßen: 36,4 Prozent aller *NBC*-Beiträge vermitteln Personen-Zentrierung, 58,6 Prozent vermitteln hingegen eine nicht-personalisierte Darstellung der Landespolitik. Der hier angelegte Index reicht von –100 (alle Beiträge sind kollektiv/*issue*-zentriert und somit nicht personalisiert) bis +100 (alle Beiträge sind personen-zentriert). Die Prozentpunkte-Differenz beläuft sich in diesem Fall auf –22,2 und bedeutet, dass *NBC*-Beiträge knapp aber doch überwiegend kollektiv-*issue*-zentriert sind.

allen untersuchten Ländern, etwa die kollektiv/issue-zentrierte Perspektive über der personalisierten steht und dass die deskriptive Fakten-Darstellung gegenüber der journalistischen Interpretativität dominiert. Daneben überwiegt sendungsübergreifend die negative Tonalität *(„bad news")*, ebenso wie die Konflikt-Darstellung und die Inkompetenz-Vermittlung zur Politik. Stärker ausdifferenziert ist dieses Muster im Hinblick auf die *Game-* vs. *Policy*-Zentrierung. Am stärksten und eindeutigsten sachpolitikorientiert ist dabei die *ARD-Tagesschau*, gefolgt von *NBC Nightly News, Telegiornale 1* der *RAI* und der *ORF ZiB 1*. In den TV-Nachrichten der privaten Stationen in Österreich, Deutschland und Italien überwiegt jeweils ein *game*-zentrierter Fokus auf das landespolitisch-relevante Geschehen. Berücksichtigt man dabei, dass jeweils im nationalen Kontext der Berichterstattung derselbe Zeitraum als auch dieselben Nachrichten- und Ereignislagen zugrunde liegen, dann scheint es durchaus gerechtfertigt, in dieser Dimension von divergierenden Darstellungslogiken in öffentlich-rechtlichen und privaten Formaten zu sprechen – allerdings nur im inner-europäischen Vergleich der Sendungen. *NBC Nightly News* ist zwar eine privat-kommerzielle Sendung, berichtet allerdings konträr zu ihren europäischen Pendants häufiger aus einer *Policy*-Perspektive über Politik – auf ähnlichem Niveau wie die öffentlich-rechtliche *ARD-Tagesschau*.

Der Kontext der personen-zentrierten Präsidentschaftswahl in den USA im Vergleich zu den Parlaments- und Listenwahlen in den anderen Ländern scheint nur eingeschränkt die Personalisierungsniveaus in der Berichterstattung erklären zu können. Eine bedeutende Rolle spielt dabei offenbar der Status (öffentlich-rechtlich vs. privat) der Sendung. Insgesamt berichten private und die US-amerikanischen Nachrichten stärker interpretativ über Politik als die öffentlich-rechtlichen. Was die Inkompetenz-Darstellung betrifft, ist diese in den österreichischen Nachrichten am deutlichsten ausgeprägt. Dies mag vor allem durch die aktuelle Themenlage – Skandal rund um die Bank für Arbeit und Wirtschaft (BAWAG) – begründet sein, da in diese Affäre auch politische Parteien sowie deren Repräsentanten und der Österreichische Gewerkschaftsbund (ÖGB) direkt involviert waren. Mit Ausnahme von *Canale 5,* der eine ausgewogene Bilanz in dieser Dimension aufweist, überwiegen jedoch in allen Sendungen leicht die Inkompetenz- gegenüber den politischen Kompetenz-Darstellungen. Die Konfrontativität spielt somit die prägendste Rolle und zeigt sich auf transnationaler Ebene in ähnlicher Weise. Zudem gibt es in diesen konfrontativen Dimensionen kaum Unterschiede zwischen öffentlich-rechtlichen und privaten Sendungen bzw. zwischen den *Media-Politics*-Modellen von Hallin und Mancini.

Wie hoch der Grad der Übereinstimmung der Rahmungsmuster ist, verdeutlicht eine Korrelationsanalyse zu den *Frame*-Aktivierungen. Die Rang-Korrelationsanalyse[10] ergibt für alle Sendungen einen äußerst hohen Grad an Konvergenz in Bezug auf die Bedeutung der einzelnen Pole der *Frame*-Indikatoren im Berichterstattungsmuster zur Politik im Wahlkampf. Diese Analyse vergleicht die Bedeutung der einzelnen Indikato-

---

10 Dabei werden die Prozentwerte der polaren Ausprägungen der sechs *Frame*-Indikatoren (z. B. „eher negativ" und „eher positiv") in eine Rangfolge gebracht, die die Bedeutung jedes einzelnen *Frame*-Indikatoren-Pols im Sendungsspektrum abbilden soll. Da es sich um eine Rangliste handelt, wird als Korrelationskoeffizient Spearman's Rho herangezogen. Ein Korrelationskoeffizient von +1,000 würde eine absolute Übereinstimmung der Indikatoren-Rangfolge bedeuten. Bei der Dateninterpretation ist die geringe Fall-Anzahl durch diese Kumulierung zu beachten.

ren (z. B. negative, personalisierte Berichterstattung), berücksichtigt dabei allerdings zusätzlich, dass es durch divergierende nationale Kontexte der Wahlkämpfe und Nachrichtenlagen durchaus zu unterschiedlichen Aktivierungsniveaus der einzelnen Indikatoren kommen kann. Deshalb wird hier die Rangfolge als Grundlage herangezogen. Am stärksten aus dem transnationalen Rahmen fällt dabei *ATV-aktuell*. Diese Sendung weist gegenüber allen anderen TV-Nachrichten die geringste Übereinstimmung in Bezug auf ihre *Frame*-Struktur auf (höchste Übereinstimmung mit *RTL* (0,860[11]) und *Canale 5* (0,715)). Bei allen anderen Sendungen liegen die Korrelationskoeffizienten und Übereinstimmungsgrade über 0,750. Besonders auffällig sind die fast perfekten Übereinstimmungen der öffentlich-rechtlichen TV-Sendungen *Telegiornale 1* der *RAI*, der *ARD-Tagesschau* und der *ORF-ZiB 1* (Übereinstimmungen zwischen 0,979 – ARD/ORF und 0,909 – ORF/RAI 1). Die höchste Konvergenz in der *Frame*-Struktur lässt sich zwischen *ARD-Tagesschau* und *ORF-ZiB 1* feststellen. Die *Frame*-Struktur von *NBC* korreliert am stärksten mit *RTL* (0,888). Die geringste Übereinstimmung zu *NBC* findet sich abgesehen von *ATV* (0,664[12]) zu *RAI 1* (0,762). Auf Länder-Ebene ergibt sich mit 0,965 zwischen Österreich und Deutschland die höchste Übereinstimmung, während zwischen den USA und Italien (mit einem immer noch sehr hohen positiven Korrelationskoeffizienten von 0,860) die vergleichsweise geringste Konvergenz erkennbar ist. Auf dieser Ebene reflektieren sich die *Media-Politics*-Modelle von Hallin und Mancini zumindest in Ansätzen. Auffallend ist, dass die *inter*-nationale Übereinstimmung als höher einzustufen ist, als die *intra*-nationale Konvergenz vor demselben kontextuellen und nationalen Hintergrund. So stimmt die Struktur von *ARD* stärker mit jener von *RAI 1* oder *ORF* überein als mit *RTL*. Dasselbe gilt für *ORF* und *RAI 1* im Vergleich zu ihren privat-kommerziellen Länder-Pendants. Dieser Befund unterstreicht den prägenden Stellenwert der Differenzierung entlang des Status (öffentlich-rechtlich vs. privat) der Sendung auf transnationaler Ebene.

7. Resümee

Die hier präsentierten Ergebnisse weisen – auch wenn sie nur einen selektiven Ausschnitt der journalistischen Nachrichtenlogik abbilden können und nur stellvertretend auf wenige Länder und Wahlkämpfe konzentriert sind – in mehrfacher Weise darauf hin, dass systemisch-institutionelle Differenzierungen offensichtlich nur beschränkt einer Transnationalisierung der Medien-Logik entgegenwirken. Selbst der öffentlich-rechtliche Status wird im Medien-Output nur teilweise sichtbar. Vor allem was den konfrontativen Tenor in der Berichterstattung betrifft, gibt es kaum Unterschiede zwischen den öffentlich-rechtlichen und privaten Sendungen auf transnationaler Ebene. Zudem sind die hier untersuchten Phänomene des konfrontativen Negativismus, der Personalisierung, der *Game*-Zentrierung oder der journalistischen Interpretativität keinesfalls als genuin US-amerikanische Phänomene zu beurteilen, sondern sind vielmehr ebenso prägende Bestandteile der europäischen TV-Nachrichtenlogik. So finden sich

---

11 Alle im Text verarbeiteten und nicht gesondert gekennzeichneten Korrelationskoeffizienten sind auf dem 0,01-Niveau signifikant.
12 Diese Korrelation ist auf dem 0,05-Niveau signifikant.

kaum Indikatoren, in denen die *NBC*-Berichterstattung als Extremwert beurteilt werden könnte.

Kumuliert auf Länder-Ebene ist der Grad der Personalisierung in der Berichterstattung in den USA am stärksten, was darauf hindeutet, dass das politische bzw. Wahlsystem einen beschränkten Einfluss auf das mediale Produkt haben dürfte. Auf der anderen Seite weist die deutsche Berichterstattung den geringsten Personalisierungsgrad auf, was aufgrund des zweistufigen und durchaus mit Persönlichkeits-Elementen ausgestatteten Wahlsystems diesen Befund wiederum abschwächt. Der Grad der Kommerzialisierung der TV-Systeme (im Sinne öffentlich-rechtlich vs. privat) zeigt im direkten Vergleich punktuelle Anknüpfungspunkte zur Erklärung von Differenzen, vor allem in Bezug auf den Personalisierungsgrad, die Interpretativität und die *Game*-Zentrierung – letztere allerdings nur im innereuropäischen Vergleich. Institutionelle und systemische Spezifika können so die Aktivierung bestimmter *Frame*-Indikatoren in gewissem Ausmaß offenbar nivellieren, jedoch setzt dies nicht das Auftreten transnationaler und in diesem Fall transatlantischer Grundmuster außer Kraft. Punktuelle Differenzierungen lassen sich noch am deutlichsten entlang der Unterscheidung zwischen öffentlich-rechtlicher und privat-kommerzieller Logik erkennen und dies auf transnationaler Ebene.

Was sich entwickelt, sind offenbar Hybrid-Typen einer transnationalen Logik, die unterschiedliche (grundsätzlich allerdings offensichtlich hohe) Konvergenzgrade herausbilden. Eine Kombination aus endogenen und exogenen Transformationskräften bildet diese Nachrichtenlogik im „*third age of political communication*" heraus, für die eine gerichtete „Amerikanisierung" als Erklärungsmodell zu kurz greift. Dies gilt offenbar zumindest für jene hoch entwickelten westlichen Mediendemokratien, die in dieser Studie analysiert wurden. Obwohl stabile systemisch-institutionelle Spezifika, die Hallin und Mancini (2004) in ihren drei Modellen beschreiben, gegeben sind, spiegeln sich diese nur moderat und partiell auch im Medien-Output wider. Es scheint somit im Kern zuzutreffen, was die Autoren selbst resümieren: „(...) the media system increasingly operates according to a distinctive logic of its own" (253).

Literatur

Barnhurst, Kevin G./Mutz, Diana, 1997: American Journalism and the Decline in Event-Centered Reporting, in: Journal of Communication 47 (4), 27-53.
Bennett, Lance W., 2006: News: The Politics of Illusion. New York.
Benson, Rodney/Hallin, Daniel C., 2007: How States, Markets and Globalization Shape the News: The French and US National Press, 1965-97, in: European Journal of Communication 22 (1), 27-48.
Blumler, Jay G., 1997: Origins of the Crisis of Communication for Citizenship, in: Political Communication 14, 395-404.
Blumler, Jay G./Gurevitch, Michael, 1995: The Crisis of Public Communication. London.
Blumler, Jay G./Kavanagh, Denis, 1999: The Third Age of Political Communication: Influences and Features, in: Political Communication 16(3), 209-230.
Bonfadelli, Heinz, 2002: Medieninhaltsforschung. Grundlagen, Methoden, Anwendungen. Konstanz.
Brettschneider, Frank, 2005: Bundestagswahlkampf und Medienberichterstattung, in: Aus Politik und Zeitgeschichte 51-52, 19-26.

Cappella, Joseph N./Jamieson, Kathleen H., 1997: Spiral of Cynicism: The Press and the Public Good. New York.
Center for Media and Public Affairs (CMPA), 2004: Election Newswatch Campaign 2004: The Media Agenda. Washington.
Chiaramonte, Alessandro/Di Virgilio, Aldo, 2006: Da una riforma elettorale all'altra: Partiti, coalizioni e processi di apprendimento, in: Rivista Italiana di Scienza Politica 3, 363-391.
Committee of Concerned Journalists, 2006: The State of the News Media 2006. Washington.
Committee of Concerned Journalists, 2007: The State of the News Media 2007. Washington.
D'Alimonte, Roberto/Vassallo, Salvatore, 2006: Chi è arrivato primo?, in: *Italian National Election Studies* (Hrsg.), Dov'è la vittoria? Il voto del 2006 raccontato dagli italiani. Bologna, 13-33.
Dahinden, Urs, 2006: Framing. Eine integrative Theorie der Massenkommunikation. Konstanz.
Dalton, Russel J./Beck, Paul A./Huckfeldt, Robert, 1998: Partisan Cues and the Media: Information Flows in the 1992 Presidential Election, in: American Political Science Review 92 (1), 111-126.
Deacon, David/Wring, Dominic/Billing, Michael/Downey, John/Golding, Peter/Davidson, Scott, August 2005: Reporting the 2005 U.K. General Election. Loughborough.
Donsbach, Wolfgang/Büttner, Katrin, 2005: Boulevardisierungstrend in deutschen Nachrichten, in: Publizistik 50(1), 21-38.
Edy, Jill A./Meirick, Patrick C., 2007: Wanted, Dead or Alive: Media Frames, Frame Adoption, and Support for the War in Afghanistan, in: Journal of Communication 57, 119-141.
Esser, Frank, 2007: Metaberichterstattung: Medienselbstthematisierung und Publicity-Thematisierung in amerikanischen, britischen und deutschen Wahlkämpfen, in: *Melischek, Gabriele/Seethaler, Josef/Wilke, Jürgen* (Hrsg.), Medien & Kommunikationsforschung im Vergleich. Grundlagen, Gegenstandsbereiche, Verfahrensweisen. Wiesbaden, 121-156.
Esser, Frank/D'Angelo, Paul, 2006: Framing the Press and Publicity Process in U.S., British, and German General Election Campaigns: A Comparative Study of Metacoverage, in: The Harvard International Journal of Press/Politics 11 (3), 44-66.
Esser, Frank/Pfetsch, Barbara (Hrsg.), 2003: Politische Kommunikation im internationalen Vergleich. Grundlagen, Anwendungen, Perspektiven. Wiesbaden.
Esser, Frank/Reinemann, Carsten/Fan, David, 2001: Spin Doctors in the United States, Great Britain, and Germany, in: The Harvard International Journal of Press/Politics 6 (1), 16-45.
Europäisches Parlament, 2004: Bericht A5 – 0230/2004, über Gefahren der Verletzung des Rechts auf freie Meinungsäußerung und Informationsfreiheit (Artikel 11 Absatz 2 der Charta der Grundrechte) in der EU, vor allem in Italien (2003/2237(INI). Ausschuss für die Freiheiten und Rechte der Bürger, Justiz und innere Angelegenheiten. Brüssel.
Farnsworth, Stephen J./Lichter, Robert S., 2007: The Nightly News Nightmare. Television's Coverage of U.S. Presidential Elections, 1988-2004. Lanham.
Früh, Werner, 2001: Inhaltsanalyse. Theorie und Praxis. 5. Ausgabe. Konstanz.
Galtung, Johan/Ruge, Marie, 1965: The Structure of Foreign News: The Presentation of the Congo, Cuba and Cyprus Crisis in four Norwegian Newspapers, in: Journal of Peace Research 2, 65-91.
Geese, Stefan/Zubayr, Camille/Gerhard, Heinz, 2005: Berichterstattung zur Bundestagswahl 2005 aus Sicht der Zuschauer, in: Media-Perspektiven 12, 613-626.
Genz, Andreas/Schönbach, Klaus/Semetko, Holli A., 2001: „Amerikanisierung"? Politik in den Fernsehnachrichten während der Bundestagswahlkämpfe 1990-1998, in: *Klingemann, Hans-Dieter/Kaase, Max* (Hrsg.), Wahlen und Wähler: Analysen aus Anlass der Bundestagswahl 1998. Wiesbaden, 401-413.
Gurevitch, Michael, 1989: Comparative Research on Television News. Problems and Challenges, in: American Behavioral Scientist 33 (2), 221-229.
Hallin, Daniel C., 1992: Sound Bite News: Television Coverage of Elections, 1968-1988, in: Journal of Communication 42 (2), 5-24.
Hallin, Daniel C./Mancini, Paolo, 2003: Amerikanisierung, Globalisierung und Säkularisierung: Zur Konvergenz von Mediensystemen und politischer Kommunikation in westlichen Demokratien, in: *Esser, Frank/Pfetsch, Barbara* (Hrsg.), Politische Kommunikation im internationalen Vergleich. Wiesbaden, 35-55.

Hallin, Daniel C./Mancini, Paul, 2004: Comparing Media Systems. Three Models of Media and Politics. Cambridge.
Hohlfeld, Ralf, 2006: Bundestagswahlkampf 2005 in den Nachrichtensendungen, in: Aus Politik und Zeitgeschichte 38, 11-17.
Holtz-Bacha, Christina (Hrsg.), 1999: Wahlkampf in den Medien – Wahlkampf mit den Medien. Ein Reader zum Wahljahr 1998. Opladen.
Inglehart, Ronald, 1997: Modernization and Postmodernization: Cultural, Economic, and Political Change in 43 Societies. Princeton.
IP-Deutschland GmbH, 2006: Television 2006 – International Key Facts. Köln
Jameson, Fredric, 1998: Notes on Globalization as a Philosophical Issue, in: *Jameson, Fredric/Miyoshi, Masao* (Hrsg.), Cultures of Globalization. London, 54-77.
Kamps, Klaus (Hrsg.), 2000: Trans-Atlantik – Trans-Portabel? Die Amerikanisierungsthese in der politischen Kommunikation. Wiesbaden.
Kovach, Bill/Rosenstiel, Tom, 2001: Campaign Lite. Why Reporters Won't Tell Us what We Need to Know, in: Washington Monthly, 1.
Krüger, Udo Michael/Zapf-Schramm, Thomas, 2005: Thematisierung der Bundestagswahl 2005 im öffentlich-rechtlichen und privaten Fernsehen, in: Media Perspektiven 12, 598-612.
Krüger, Udo-Michael, 1992: Programmprofile im dualen Fernsehsystem 1985-1990. Eine Studie der ARD/ZDF-Medienkommission. Baden-Baden.
Legnante, Guido, 2006: Comunicazione, elettori allineati e una campagna di mobilitazione, in: Rivista Italiana di Scienza Politica 3, 431-453.
Lengauer, Günther, 2007: Postmoderne Nachrichtenlogik. Redaktionelle Politikvermittlung in medienzentrierten Demokratien. Wiesbaden.
Lengauer, Günther/Pallaver, Günther/Pig, Clemens, 2004: Redaktionelle Politikvermittlung in der Mediendemokratie, in: *Plasser, Fritz* (Hrsg.), Politische Kommunikation in Österreich. Ein praxisnahes Handbuch. Wien, 149-236.
Lengauer, Günther/Pallaver, Günther/Pig, Clemens, 2007: Redaktionelle Politikvermittlung in österreichischen Wahlkämpfen, 1999-2006, in: *Plasser, Fritz/Ulram, Peter A.* (Hrsg.), Wechselwahlen. Analysen zur Nationalratswahl 2006. Wien, 103-151.
Livingstone, Sonia, 2003: On the Challenges of Cross-National Comparative Media Research, in: European Journal of Communication 18 (4), 477-500.
Maier, Michaela, 2003: Analysen deutscher Fernsehnachrichten 1992-2001, in: *Ruhrmann, Georg/Woelke, Jens/Maier, Michaela/Diehlmann, Nicole* (Hrsg.), Der Wert von Nachrichten im deutschen Fernsehen. Opladen, 61-98.
Marcinkowski, Frank/Greger, Volker, 2000: Die Personalisierung politischer Kommunikation im Fernsehen, in: *Kamps, Klaus* (Hrsg.), Trans-Atlantik – Trans-Portabel? Die Amerikanisierungsthese in der politischen Kommunikation. Wiesbaden, 179-197.
Matthes, Jörg, 2007: Framing-Effekte. Zum Einfluss der Politikberichterstattung auf die Einstellungen der Rezipienten. München.
Mazzoleni, Gianpietro/Vigevani, Giulio Enea, 2005: La televisione in Europa: regolamentazione, politiche e indipendenza. Italia, in: *Open Society Institute* (Hrsg.), La televisione in Europa: regolamentazione, politiche e indipendenza. Rapporto di analisi 2005. Budapest, 188-280.
McChesney, Robert, 1999: Rich Media, Poor Democracy. Communication Politics in Dubious Times. Chicago.
McCombs, Maxwell/Shaw, Donald L./Weaver, David (Hrsg.), 1997: Communication and Democracy: Exploring the Intellectual Frontiers in Agenda-Setting Theory. London.
Melischek, Gabriele/Seethaler, Josef/Wilke, Jürgen (Hrsg.), 2007: Medien & Kommunikationsforschung im Vergleich. Grundlagen, Gegenstandsbereiche, Verfahrensweisen. Wiesbaden.
Merten, Klaus, 1995: Inhaltsanalyse. Einführung in Theorie, Methode und Praxis. 2. Auflage. Opladen.
Norris, Pippa, 2000: A Virtuous Circle: Political Communications in Postindustrial Societies. Cambridge.
Paletz, David L./Vinson, Danielle C., 1994: Mediatisierung von Wahlkämpfen, in: Media Perspektiven 7, 362-368.
Patterson, Thomas E., 1993: Out of Order. New York.

Patterson, Thomas E., 2000a: Doing Well and Doing Good: How Soft News and Critical Journalism are Shrinking the News Audience and Weakening Democracy – and what News Outlets Can Do about It. Joan Shorenstein Center on the Press, Politics and Public Policy. Cambridge.

Patterson, Thomas E., 2000b: The United States: News in a Free-Market Society, in: *Gunther, Richard/Mughan, Anthony* (Hrsg.), Democracy and the Media. A Comparative Perspective. New York, 241-265.

Pfetsch, Barbara, 2001: Political Communication Culture in the United States and Germany, in: Harvard International Journal of Press/Politics 6 (19), 46-67.

Pfetsch, Barbara, 2003: Politische Kommunikationskultur. Politische Sprecher und Journalisten in der Bundesrepublik und den USA im Vergleich. Wiesbaden.

Pfetsch, Barbara/Maurer, Peter, 2007: Mediensysteme und politische Kommunikationsmilieus im internationalen Vergleich: Theoretische Überlegungen zur Untersuchung ihres Zusammenhangs, in: *Melischek, Gabriele/Seethaler, Josef/Wilke, Jürgen* (Hrsg.), Medien & Kommunikationsforschung im Vergleich. Grundlagen, Gegenstandsbereiche, Verfahrensweisen. Wiesbaden, 99-120.

Plasser, Fritz (Hrsg.), 2004: Politische Kommunikation in Österreich. Ein praxisnahes Handbuch. Wien.

Plasser, Fritz (mit *Gunda Plasser*), 2003: Globalisierung der Wahlkämpfe. Wien.

Plasser, Fritz, 2007: Wahlkommunikation in den USA und Europa: Par et impar, in: *Melischek, Gabriele/Seethaler, Josef/Wilke, Jürgen* (Hrsg.), Medien & Kommunikationsforschung im Vergleich. Grundlagen, Gegenstandsbereiche, Verfahrensweisen. Wiesbaden, 157-177.

Porto, Mauro P., 2007: Trends in Brazilian Election News Coverage. Paper präsentiert auf der Annual Conference of the International Communication Association (ICA) vom 24.-28. Mai 2007. San Francisco.

Postman, Neil, 1985: Wir amüsieren uns zu Tode. Frankfurt a. M.

Project for Excellence in Journalism, 2007: The State of the News Media 2007. Washington.

Przeworski, Adam/Teune, Henry, 1970: The Logic of Comparative Social Inquiry. New York.

Ruhrmann, Georg/Woelke, Jens/Maier, Michaela/Diehlmann, Nicole, 2003: Der Wert von Nachrichten im deutschen Fernsehen. Opladen.

Sartori, Giovanni, 1976: Parties and Party Systems: A Framework of Analysis. Cambridge.

Scammell, Margaret, 1998: The Wisdom of the War Room: US Campaigning and Americanization, in: Media, Culture and Society 20 (2), 251-275.

Schatz, Heribert/Immer, Nikolaus/Marcinkowski, Frank, 1989: Der Vielfalt eine Chance? Empirische Befunde zu einem zentralen Argument für die „Dualisierung" des Rundfunks in der Bundesrepublik Deutschland, in: Rundfunk und Fernsehen 37, 5-24.

Scheufele, Bertram, 2003: Frames – Framing – Framing-Effekt. Wiesbaden.

Schudson, Michael, 1999: Social Origins of Press Cynicism in Portraying Politics, in: A Behavioral Scientist 42 (6), 998-1008.

Schulz, Winfried, 2008: Politische Kommunikation: Theoretische Ansätze und Ergebnisse empirischer Forschung. Wiesbaden.

Schulz, Winfried/Zeh, Reinmar, 2006: Die Kampagne im Fernsehen – Agens und Indikator des Wandels. Ein Vergleich der Kandidatendarstellung, in: *Holtz-Bacha, Christina* (Hrsg.), Die Massenmedien im Wahlkampf. Die Bundestagswahl 2005. Wiesbaden, 277-305.

Schulz, Winfried/Zeh, Reinmar, 2007: Changing Campaign Coverage of German Television. A Comparison of Five Elections 1990-2005. Paper präsentiert auf der Annual Conference of the International Communication Association (ICA) vom 24.-28. Mai 2007. San Francisco.

Semetko, Holli A., 1996: Political Balance on Television: Campaigns in the United States, Britain and Germany, in: The Harvard International Journal of Press/Politics 1 (1), 51-71.

Semetko, Holli A./Blumler, Jay G./Gurevitch, Michael/Weaver, David H., 1991: The Formation of Campaign Agendas: A Comparative Analysis of Party and Media Roles in recent American and British Elections. Hillsdale.

Semetko, Holli A./Schönbach, Klaus, 2003: News and Elections. German Bundestag Campaigns in the Bild, 1990-2002, in: The Harvard International Journal of Press/Politics 8 (3), 54-69.

Steele, Catherine A./Barnhurst, Kevin, 1996: The Journalism of Opinion: Network Coverage in U.S. Presidential Campaigns, 1968-1988, in: Critical Studies in Mass Communication 13 (3), 187-209.

Strömbäck, Jesper/Dimitrova, Daniela V., 2006: Political and Media Systems Matter: A Comparison of Election News Coverage in Sweden and the United States, in: Harvard International Journal of Press/Politics 11 (4), 131-147.

Swanson, David L., 2003: Transnationale politische Kommunikation: Konventionelle Sichtweisen und neue Realitäten, in: *Esser, Frank/Pfetsch, Barbara* (Hrsg.), Politische Kommunikation im internationalen Vergleich. Grundlagen, Anwendungen, Perspektiven. Wiesbaden, 56-77.

Swanson, David L./Mancini, Paolo (Hrsg.), 1996: Politics, Media, and Modern Democracy: An International Study of Innovations in Electoral Campaigning and their Consequences. Westport.

Tesfamariam Berhane, Pietro, 2005: Agenda dei emdia e leader di colazione. Un'analisi della campagna elettorale 2006. Dissertation. Milano.

The Pew Research Center for the People & the Press, 24. Oktober 2004: Voters Impressed with Campaign. Washington.

Thomaß, Barbara (Hrsg.), 2007: Mediensysteme im internationalen Vergleichen. Konstanz.

Vreese de, Claes H., 2003: Framing Europe. Television News and European Integration. Amsterdam.

Vreese de, Claes H./Peter, Jochen/Semetko, Holli A., 2001: Framing Politics at the Launch of the Euro: A Cross-National Comparative Study of Frames in the News, in: Political Communication 18, 107-122.

Wattenberg, Michael P., 1998: The Decline of American Political Parties, 1952-1996. 6. Ausgabe. Cambridge.

Wilke, Jürgen/Reinemann, Carsten, 2006: Die Normalisierung des Sonderfalls? Die Wahlkampfberichterstattung der Presse 2005 im Langzeitvergleich, in: *Holtz-Bacha, Christina* (Hrsg.), Die Massenmedien im Wahlkampf. Die Bundestagswahl 2005. Wiesbaden, 306-337.

Wirth, Werner/Kolb, Steffen, 2003: Äquivalenz als Problem: Forschungsstrategien und Designs der komparativen Kommunikationswissenschaft, in: *Esser, Frank/Pfetsch, Barbara* (Hrsg.), Politische Kommunikation im internationalen Vergleich. Wiesbaden, 104-131.

Zubayr, Camille/Gerhard, Heinz, 2006: Tendenzen im Zuschauerverhalten. Fernsehgewohnheiten und Fernsehreichweiten im Jahr 2005, in: Media-Perspektiven 3, 125-137.

Zubayr, Camille/Gerhard, Heinz, 2007: Tendenzen im Zuschauerverhalten. Fernsehgewohnheiten und Fernsehreichweiten im Jahr 2006, in: Media-Perspektiven 4, 187-199.

III.

Medienlogik und Politische Institutionen unter Stress

Medialisierung komplexer politischer Akteure – Indikatoren und Hypothesen am Beispiel von Parlamenten

Stefan Marschall

1. Einleitung

Wie wirken sich die Bedingungen einer Mediengesellschaft auf diejenigen Institutionen und Organisationen aus, die an der Produktion und Implementation allgemein verbindlicher Entscheidungen beteiligt sind? Wie schlägt sich die Funktionslogik mediendemokratischer Strukturen bei komplexen politischen Akteuren nieder? Wie spiegeln sich wiederum die Komplexität der Akteure sowie ihre institutionelle Idee in Ausmaß und Form ihrer Medialisierung?

Diesen Fragen möchte sich der folgende Beitrag zuwenden. Exemplarisch wird ein Organisationstypus im Mittelpunkt stehen, dessen Analyse entlang dieser Fragestellungen gleich in mehrfacher Hinsicht lohnend zu sein scheint: Parlamente. Sich mit parlamentarischen Körperschaften und ihrem medieninduzierten Wandel auseinanderzusetzen, kann heuristisch ergiebig sein, weil

1. Parlamente mit zu den besterforschten politischen Körperschaften gehören – und damit auf umfangreiche sowohl theoretisch als auch empirisch ausgerichtete Vorarbeiten zurückgegriffen werden kann,
2. Parlamentarismus eine besonders dichte Beziehung zum Konzept der Öffentlichkeit aufweist – und folglich Parlamente „hard cases" in einem Medialisierungsdesign sein müssten, also Fälle, in denen sich der Medieneinfluss am leichtesten nachweisen lässt,
3. mit den Parlamenten eine (wenn nicht: *die*) Schlüsselinstitution zeitgenössischer Demokratien in den Blickpunkt gerät – und damit die Qualität und der Wandel des institutionellen Arrangements demokratischer Systeme insgesamt angesprochen wird.

Dabei kann eine Analyse der Medialisierung von Parlamenten auch in demokratiekritischen Schlussfolgerungen münden: Die Medialisierung der Politik wird von einigen Analytikern als Faktor einer zumeist normativ beklagten Entparlamentarisierung des politischen Prozesses begriffen; die zunehmende Durchdringung der Gesellschaft und der Politik durch die Medien führe zu einem Funktionsverlust parlamentarischer Körperschaften. Losgelöst von einer solchen parlamentarismusfokussierten Perspektive, die an das „decline of parliament"-Motiv anknüpft, wie es schon James Bryce 1921 formuliert hat (Bryce 1971/Original 1921), verspricht eine Analyse der Beziehung zwischen Parlamenten und Medien eine über die spezifische Körperschaft hinausweisende Aussagekraft zu entfalten. Erlaubt sie doch differenzierte und differenzierende Aussagen über die Funktionsmechanismen von Medialisierungsprozessen bei politischen Organisationen generell.

Die Generalisierbarkeit von Analysebefunden rund um die Medialisierung von Parlamenten pendelt freilich in einer Spannung zwischen der Unvergleichbarkeit und Vergleichbarkeit dieses Akteurstyps mit anderen Organisationsformen. Denn zum einen sind Parlamente Körperschaften *sui generis* aufgrund bestimmter monopolhafter Facetten, die sie in dieser spezifischen Kombination mit keinem anderen politischen Akteurstyp teilen (vgl. Polsby 1975: 261): Parlamente unterscheiden sich beispielsweise von den vielen anderen politischen Organisationen dadurch, dass ihre Mitglieder direkt gewählt und regelmäßig wiedergewählt werden; mit den Volksvertretungen haben wir zudem Vielpersonenrepräsentationskörperschaften vor uns, deren Zusammensetzung einer besonderen Vertretungslogik folgt; desgleichen ist eine Reihe der parlamentarischen Arbeitsmodi unverwechselbar, zum Beispiel die Pflicht zur Debatte vor der Entscheidungsfindung oder das freie und gleichberechtigte Mandat der einzelnen Parlamentsmitglieder. Allemal kommt Parlamenten in modernen Demokratien eine einzigartige systemunterstützende institutionelle Aufgabe zu: „Legitimation durch Repräsentation" (Schüttemeyer 1998: 23).

Jenseits ihrer funktionalen und strukturellen Alleinstellungsmerkmale sind Parlamente zum anderen politische Organisationen wie viele andere auch. Sie bewegen sich gemeinsam mit anderen Akteuren in einem gesellschaftlichen Subsystem, das von typischen, bei seinen Teilelementen Konvergenz erzeugenden Handlungslogiken, Spielräumen und „constraints" geprägt ist. Abstrahiert man die Beobachtungen und Hypothesen rund um die Medialisierung von Parlamenten nur hoch genug, dann lassen sich – *ceteris paribus* – über diesen Körperschaftstyp hinausreichende Aussagen generieren.

Im Folgenden soll dabei eine grundlegende Hypothese über die Medialisierung von Organisationen leitend sein:

Der spezifische Akteurscharakter einer Organisation sowie ihre institutionelle Idee bestimmen Ausmaß und Form ihrer Medialisierung.

Zwei Grundannahmen sind in dieser Hypothese implizit: zum einen, dass sich Akteure in bestimmen Hinsichten maßgeblich unterscheiden und typologisieren lassen. Zum anderen, dass die Medialisierung diese Unterschiede nicht nivelliert, sondern sich die organisatorischen Eigenheiten in der konkreten Medialisierung niederschlagen. Übersetzt auf parlamentarische Körperschaften und ihre Medialisierung bedeutet dies:

In der Medialisierung von Parlamenten spiegeln sich die typischen Akteurseigenschaften und die funktionale Bestimmung parlamentarischer Körperschaften.

Wie gehe ich bei der Bearbeitung dieser Punkte vor? In einem ersten Schritt werden Analyseinstrumente vorgestellt, die zur Vermessung von Medialisierungseffekten bei Organisationen herangezogen werden können. Dann wird der Akteurscharakter von Parlamenten mithilfe einer gängigen Typologie herausgearbeitet. Daran anschließend sind die normativen Bezüge zwischen Öffentlichkeit und Parlamentarismus zu umreißen, die sich aus der institutionellen Idee von Parlamenten ableiten. Im Anschluss skizziere ich entlang der im Abschnitt 2 entwickelten Dimensionen Forschungsbefunde zur Medialisierung parlamentarischer Körperschaften. Diese Ergebnisse werden dann diskutiert und auf ihre Generalisierbarkeit für andere Körperschaften hin untersucht. Besonderes Gewicht ist dabei auf die Frage zu legen, wie sich die spezifische Struktureigenschaft, i. e. in sich heterogene Organisationen zu sein, sowie die institutionelle Idee von Parlamenten, i. e. repräsentative „öffentliche" Körperschaften zu sein, auf die Medialisierung dieser Organisationsform auswirkt und ihren Anpassungsmöglichkeiten an die „Gesetze" der Mediendemokratie Grenzen setzt.

2. Medialisierung politischer Organisationen – Konzeptionelle Herangehensweisen und Analysedimensionen

Wie kann die Medialisierung politischer Organisationen konzeptionell verstanden und methodisch eingefangen werden? Für unseren Zusammenhang ist aufschlussreich, an welcher Stelle in vorliegenden Medialisierungskonzepten die komplexen Akteursgruppen und die Mechanismen ihres medieninduzierten Wandels zur Sprache kommen.

So findet in einem vielzitierten Aufsatz aus der Zeitschrift *Political Communication,* in dem Gianpietro Mazzoleni und Winfried Schulz den Begriff „mediatization" analytisch reflektieren, in einer Aufzählung der Facetten von Medialisierung neben dem Wandel politischer Diskurse und Ereignisse auch der medieninduzierte Wandel politischer *Akteure* Erwähnung (Mazzoleni/Schulz 1999). Die Wirkungen der Medienbeobachtung auf politische „Kommunikatoren" beschreiben die beiden Autoren wie folgt: „Because of the power of the media, political communicators are forced to respond to the media's rules, aims, production logics and constraints" (Mazzoleni/Schulz 1999: 249). Winfried Schulz hat daran anschließend ein mehrdimensionales und komplexes Konzept der Medialisierung entwickelt (Schulz 2004). Als Ausgangspunkt hält er fest: „Clearly, mediatization relates to changes associated with communication media and their development" (Schulz 2004: 88). Medieninduzierte Prozesse des gesellschaftlichen Wandels lassen sich ihm zufolge in folgenden Ausprägungsdimensionen verorten: „extension", „substitution", „amalgamation" und „accomodation". Für den organisationsbezogenen Prozess spielt die letzte Dimension eine besondere Rolle. Akkomodation beinhaltet für die im politischen System handelnden Einheiten folgendes: „Political actors adapt to the rules of the media system trying to increase their publicity and at the same time accepting a loss of autonomy" (2004: 89). Die Akteure des politischen Systems passen sich also den medialen Gesetzen an, sie akkomodieren sich. Diesen Vorgang sieht Schulz beispielsweise dann als gegeben, wenn Politiker und politische Parteien die „media logic" berücksichtigen. Diese Berücksichtigung manifestiere sich im politischen Handeln und den politischen Prozessen: „the modes of political action and of political processes change" (2004: 89). Eine Differenzierung entlang unterschiedlicher Akteurstypen wird bei Schulz nicht vorgenommen.

Gerhard Vowe (2006) wiederum unterscheidet drei Perspektiven, mit denen man sich der Medialisierung der Politik nähern kann. In einem dieser Ansätze stehen die politischen Akteure im Mittelpunkt. Zur Unterscheidung der Blickwinkel zieht er die Frage heran, welche zu untersuchende gesellschaftliche Aggregatsebene in den analytischen Brennpunkt einer Medialisierungsanalyse genommen wird und macht dabei drei „Skope" aus: Mit dem (1) „Mikroskop" können Medialisierungseffekte auf der Ebene des Individuums herausgearbeitet werden. Dabei geraten die einzelnen Rezipienten mit ihren Einstellungen und Verhaltensweisen in den Untersuchungsbrennpunkt. Die entsprechende Analysefrage lautet, in welchem Maße individuelle Veränderungen nachweislich auf Medieneinflüsse zurückzuführen sind. Auf der höchsten Aggregatsebene, der gesamtsystemischen, kommt das (2) „Makroskop" zum Einsatz. Aus der „Vogelperspektive" kann untersucht werden, inwieweit strukturelle Veränderungen im politischen System medial verursacht sind. Für unseren Zusammenhang ist die dritte Perspektive von Belang, bei der mit einem (3) „Mesoskop" gemessen wird. Auf dieser Ebene kommen nun die komplexen politischen Akteure ins Spiel, wenn Vowe fragt: „In welchem Maße sind Veränderungen bei politischen Organisationen auf Medieneinflüsse zurückzuführen?" Bei der Beantwortung der Frage auf der Grundlage vorliegender empirischer Arbeit verweist der Autor nicht auf Veränderungen von bestehenden Organisationen, sondern auf den Wandel der „Organisationslandschaft" in Form der Etablierung professioneller Dienstleister für politische Kommunikation außerhalb des politischen Institutionensystems (2006: 446). Andernorts spricht sich Vowe für eine differenzierte Sichtweise auf die Medialisierung von Organisationen aus: „Die Herausforderung durch die ‚Mediengesellschaft' erweist sich für einige politische Organisationen als Chance, für andere als Risiko. Die Organisationen antworten unterschiedlich auf diese Herausforderung, z. B. in Form veränderter Organisationsgliederungen oder neuer Strategien" (Vowe 2003: 544).

Ausführlich beschäftigt sich Patrick Donges in seiner Habilitationsschrift mit der Theorie und Praxis der Medialisierung von Organisationen, exemplarisch veranschaulicht an den Parteien (Donges 2008). Auch Donges verortet die Organisationen auf der Meso-Ebene und versteht unter der Medialisierung von Organisationen eine Reaktion in Form struktureller Veränderungen angesichts der Bedeutungszunahme der Medien in der institutionellen Umwelt (2008: 217; s. auch Donges 2005). Er zieht „Reaktion" dem Begriff der „Anpassung" vor, „um deutlich zu machen, dass es außer den Medien noch andere relevante institutionelle Umwelten für politische Organisationen gibt und Organisationen ferner einen Handlungsspielraum haben, wie sie mit den Anforderungen der Mediengesellschaft umgehen" (2008: 218).

Die dargestellten ausgewählten Annäherungen an die Medialisierung politischer Organisationen stehen in enger konzeptioneller Verbindung mit Theorien des institutionellen oder kollektiven Lernens (vgl. u. a. Bandelow 2005), die – jenseits ihrer Unterschiedlichkeiten im Detail – davon ausgehen, dass Organisationen aus dem Ergebnis (Erfolg oder Misserfolg) der Interaktion mit ihrem Umfeld Schlüsse ziehen, dass sie sich „weiterbilden". Lernen in Form der „Medialisierung" bedeutet, dass politische Akteure versuchen ihre Interaktionsressourcen und -strategien einer Umwelt gegenüber anzupassen, in der die Medien eine bedeutsame Rolle eingenommen haben; die Anpassungsvorgänge reflektieren die Auswertung von Erfolgs- und Misserfolgserfahrungen, die aus der Interaktion mit dem Mediensystem gewonnen wurden. Damit spiegeln sie zugleich die internen Verarbeitungsstrukturen wider, innerhalb derer die Lernprozesse ablaufen.

Wie lassen sich konkrete Spuren der „Anpassung", der „Antwort" oder der „Reaktion" von Organisationen auf den Wandel ihrer (Medien-)Umwelt ausmachen? Wie genau kann man Medialisierungswirkungen nachweisen und somit auch Unterschiede zwischen verschiedenen Akteurstypen markieren?

Dabei steht man vor einer grundlegenden Herausforderung: Ein spezifischer Organisationswandel müsste möglichst isoliert und eindeutig auf die Wirkung von Medien zurückgeführt werden können. Modelliert bedeutet das: Bei Organisationen beobachtet man zwischen den Zeitpunkten t_0 und t_1 eine signifikante Veränderung und vermutet, dass die Struktur des Mediensystems die unabhängige Variable ist, die eine entsprechende Veränderung bei der abhängigen Variable, der Organisationsstruktur und dem Organisationsverhalten, herbeigeführt hat (vgl. Vowe 2006).

Ein vermuteter medienbezogener Wandel von Organisationen kann jedoch aufgrund weiterer oder alternativer externer respektive interner Impulse initiiert worden sein, selbst dann, wenn es phänomenlogisch plausibel ist, eine *Medien*wirkung zu unterstellen. Beispielsweise kann die Einrichtung eines Pressereferats innerhalb einer bestehenden administrativen Struktur durchaus Gründe haben, die in den externen Anforderungen an die Organisation (hier der Interpenetration durch die Medien) wurzeln und eine Reaktion auf diese darstellen. Freilich können hinter der Etablierung einer neuen Administrationseinheit aber auch vergleichsweise banale und endogene personalpolitische Gründe stehen.

Die Identifikation eines *kausalen* Zusammenhangs zwischen Medieneinwirkung und Organisationswandel erfordert damit jenseits der Beobachtung von überzufälligen Zusammenhängen noch eine genaue Einzelfallanalyse, methodisch in Form der Prozessanalyse, des „process tracing" (vgl. Schimmelfennig 2006), in der Entscheidungsvorgänge und die hinter ihnen stehenden Akteurslogiken in ihrer fallspezifischen Komplexität und approximativen Kausalität erfasst werden können.

Zugleich spricht forschungsprogrammatisch vieles dafür, zunächst einen über die Einzelfallperspektive hinausreichenden Analyseansatz zu wählen. Dies erscheint ohnehin als Vorstufe erforderlich, um einzelne Entscheidungssituationen zu identifizieren, die in einem zweiten Schritt einer Prozess- und Kausaluntersuchung unterzogen werden können.

Bei einer Messung von Medialisierungseffekten in Organisationen kann die Public-Relations-Forschung weiterhelfen, weil sich die PR-Wissenschaft von Hause aus mit dem Kommunikationsmanagement von komplexen Akteuren und der Schnittstelle zwischen Organisation und (Medien-)Umwelt auseinandersetzt und damit den Bereich in das Blickfeld nimmt, in dem sich entsprechende Medialisierungseffekte leicht messen lassen müssten (Bentele u. a. 2005; Röttger 2000; Tenscher 2003). Das Kommunikationsmanagement ist bereits das Ergebnis des institutionellen Lernprozesses mit der dabei gewonnenen Erkenntnis, dass sich Organisationen ihre Umwelt auch über die Arbeit mit den Medien erschließen müssen.

Günter Bentele bietet mit seiner Unterscheidung zwischen funktionaler PR und organisatorischer PR einen ersten Ausgangspunkt für eine systematische Erarbeitung von Medialisierungsfolgen bei komplexen Akteuren an (Bentele 1998). Mit „funktionaler" Public Relations bezeichnet er die Änderungen im öffentlichen „Auftreten" politischer Akteure, das Teil des Kommunikationsmanagements ist. Als entsprechende Analysefrage leitet sich daraus ab: Inwiefern verändert der politische Akteur welche Verfahren zur organisationsbezogenen Funktionserfüllung mit Blick auf seine mediengeprägte Handlungs- und Kommunikationsumwelt?

Unter „organisatorischer" PR versteht Bentele Manifestationen des Medieneinflusses, die sich in den administrativen Strukturen der politischen Akteure und ihrem Wandel niederschlagen. Die entsprechenden Fragen müssen lauten: Inwiefern verändert der politische Akteur seine Handlungsstrukturen und die interne Verteilung seiner Ressourcen aufgrund des Medieneinflusses? Wie verändert sich sein Kommunikationsmanagement angesichts der (unterstellten[1]) Etablierung einer „Mediengesellschaft" oder

„Mediendemokratie"? Als leicht messbare Indikatoren einer Medialisierung werden hier die Einrichtung von Organisationseinheiten für die Presse- und Öffentlichkeitsarbeit herangezogen sowie die Verschiebung von personellen und finanziellen Ressourcen in diesen Bereich (so auch Donges 2005: 332, 2008: 152-155) und all das, was unter der „Professionalisierung" oder „Modernisierung" der politischen Kommunikationsvermittlung subsumiert wird (vgl. Tenscher 2003: 55-64).

Generell gilt: Die Veränderungen in den Verfahren und in den Strukturen müssten die Entwicklungen im Mediensystem spiegeln, um auf diese zurückgeführt werden zu können. Zum Beispiel sollte sich die Etablierung „neuer Medien" entsprechend in der parlamentarischen Organisation und Kommunikation reflektieren. Von der methodischen Logik her liefe dies auf eine Zeitreihenanalyse hinaus, die versucht den Wandel im Organisationssystem in zeitlicher Relation zu entsprechenden Veränderungen im Mediensystem zu betrachten und so auf kausale Beziehungen zu schließen.

Die Reaktionsmuster sowohl in Form der funktionalen als auch der organisatorischen PR hängen entscheidend von den Struktureigenschaften sowie von der institutionellen Idee der jeweiligen Akteure ab. Beides bestimmt über die Handlungsressourcen und die Handlungsorientierungen, die in den Anpassungs- und Lernprozessen der Organisationen angesichts eines (wahrgenommenen) Bedeutungszuwachses der Medien in ihren Umwelten zum Tragen kommen.

3. Akteurseigenschaft und institutionelle Idee von Parlamenten

Mit welchen Akteurseigenschaften und institutionellen Ideen reagieren parlamentarische Körperschaften auf den Medieneinfluss? Parlamente sind repräsentative Vielpersonenkörperschaften. Damit ist sowohl etwas über ihre Organisationscharakteristika als auch über ihre funktionale Idee gesagt.

3.1 Akteurstypologie – Parlamente als „Clubs"

„Akteure" werden – dem in den Sozialwissenschaften etablierten „akteurzentrierten Institutionalismus" von Renate Mayntz und Fritz W. Scharpf folgend – als handelnde Einheiten verstanden, die sich durch bestimmte Fähigkeiten und Wahrnehmungen auszeichnen sowie über spezifische Handlungsressourcen und Handlungsorientierungen verfügen und sich entlang dieser Dimensionen typologisieren lassen (Mayntz/Scharpf 1995; Scharpf 2000). Auf der Grundlage einer Präferenzbildung und mit Rückgriff auf ein spezifisches Interessendurchsetzungspotenzial interagieren Akteure mit ihrer Umwelt – auch mit ihrer massenmedialen.

Betrachtet man die entscheidenden Instanzen im politischen Prozess, sieht man sich in der Regel „komplexen Akteuren" gegenüber, also Mehr- oder Vielpersonenkörperschaften. Nichtsdestoweniger muss sich das sozialwissenschaftliche Analyseinstrumentarium auch auf individuelle Akteure innerhalb der komplexen Akteurstypen (z. B. auf

---

1 Entsprechende Anpassungsprozesse werden durch „Wahrnehmungen" angestoßen, die nicht notwendigerweise materielle Entsprechungen haben müssen.

einzelne Abgeordnete in Parlamenten) respektive auf individuelle Akteure mit dem Status einer Institution (z. B. auf Präsidenten) einstellen lassen.

Fritz W. Scharpf unterteilt die komplexen Akteure nochmals in die kollektiven und die korporativen (2000: 101-107): „Sinnvollerweise sollte man weiter unterscheiden zwischen ‚kollektiven Akteuren', die von den Präferenzen ihrer Mitglieder abhängig sind und von diesen kontrolliert werden, und ‚korporativen Akteuren', die über ein hohes Maß an Unabhängigkeit von den letztendlichen Nutznießern ihres Handelns verfügen" (Scharpf 2000: 101).

Zwar lassen sich Parlamente im Sinne von Fritz W. Scharpf prima vista durchaus als „korporative" Akteure typologisieren. Einiges spricht freilich dafür, sie als „kollektive Akteure" zu begreifen, in denen eine hohe Autonomie der Teileinheiten vorherrscht.

Innerhalb der Gruppe der kollektiven Akteure sind Differenzierungen möglich, je nachdem, welcher Grad an Zentralisierung der Handlungsressourcen und an Kohärenz der Handlungsziele vorliegt. Scharpf untergliedert die „kollektiven Akteure" noch einmal in vier Typen (vgl. Tabelle 1): (1) Koalitionen: Dabei handelt es sich um „relativ dauerhafte Arrangements zwischen Akteuren", die miteinander vereinbarte, aber durchaus sehr heterogene Ziele verfolgen. (2) Clubs: Die Mitglieder verfügen über eine Austrittsoption; sie sind allerdings verpflichtet, einen Beitrag zu den Ressourcen beizusteuern; Entscheidungen werden auf dem Abstimmungswege getroffen. (3) Soziale Bewegungen: Diese basieren auf einer freiwilligen Mitgliedschaft und verfolgen ein kollektiv bestimmtes Ziel; sie haben keine Führungsstrukturen und die Ressourcen werden dezentral verwaltet. (4) Verbände: In diesem Organisationstyp laufen die Meinungsbildungsprozesse von unten nach oben ab; die Handlungsressourcen und -orientierungen sind kollektiviert; Mitgliederpräferenzen haben allerdings Vorrang vor den Zielsetzungen der Verbandsführung.

Tabelle 1: Typen und Eigenschaften komplexer Akteure nach Fritz W. Scharpf

	Aggregierte Akteure	Kollektive Akteure				Korporative Akteure
		Koalition	Club	Soziale Bewegung	Verband	
Handlung	individuell	gemeinsam	gemeinsam	gemeinsam	gemeinsam	Organisation
Ziel	individuell	individuell	individuell	kollektiv	kollektiv	Organisation
Ressourcen	individuell	individuell	kollektiv	individuell	kollektiv	Organisation
Entscheidungen	individuell	Vereinbarung	Abstimmung	Konsens	Abstimmung	hierarchisch

Quelle: Scharpf (2000: 105).

Von diesen vier Typen kollektiver Akteure passt keiner exakt auf parlamentarische Körperschaften. In den meisten Hinsichten kommt das „Club"-Modell dem Charakter von Parlamenten am nächsten (Scharpf 2000: 102).[2] Denn wie in einem „Club" werden in Parlamenten gemeinsame Handlungen durch Abstimmung beschlossen, die formal als Handlungen der Gesamtorganisation wahrgenommen werden können. Wie in einem „Club" sind die Ziele der parlamentarischen Akteure individuell bestimmt, denn die Untereinheiten des parlamentarischen Gesamtsystems (Fraktionen, einzelne Abgeordne-

---

2 Die Club-Analogie stößt bei Parlamenten dort an Grenzen, wo Scharpf davon ausgeht, dass bei einer typischen Club-Konstellation die Austrittskosten für die Mitglieder gering sind.

te) sind formal und faktisch ausgesprochen autonom. Wie „Clubs" verfügen Parlamente über kollektive Ressourcen in Form eines Mitarbeiterstabs und eines Haushalts.[3]

Dieser spezielle Akteurscharakter von Parlamenten, i. e. dass parlamentarische Körperschaften aus teilautonomen Einheiten bestehen, aber dennoch als ganzes handeln, müsste sich plausiblerweise in der Form der Medialisierung widerspiegeln.

3.2 Institutionelle Idee – Parlamente als „öffentliche" Organe

Die „institutionelle Idee" (Göhler 1994) von Parlamenten, ihre funktionale Bestimmung, zeigt sich in der besonderen Beziehung, die die Konzepte Parlamentarismus und Öffentlichkeit pflegen (vgl. u. a. Linck 1992; Loewenberg 2007; Marschall 1999; Martenson 1989; Oberreuter 1979; Patzelt 1998b; Sarcinelli 1998b). Die Parlamentarisierung von Gesellschaften war eng verbunden mit der Vorstellung, bis dato arkane Prozesse exekutiver Entscheidungsfindung einer allgemeinen gesamtgesellschaftlichen Wahrnehmung gegenüber zu öffnen. Parlamente waren und sind von ihrer Idee her Institutionalisierungsformen eines sich ausweitenden politischen Kommunikationsraums.

Gerade hier liegt eine der funktionalen Leistungen parlamentarischer Körperschaften im Rahmen von Demokratisierungsprozessen. Neben der Kontrolle der Regierung und anderer staatlicher Stellen („checks and balances"), der Beteiligung von Volksvertretern an der Gesetzgebung („legislatures") und in parlamentarischen Systemen auch an der Wahl der Regierungsakteure („parlamentarische Regierungen") ist es die Ausweitung der Publizität staatlichen Handelns, die als ein parlamentarischer Beitrag zur liberal-pluralistischen Demokratievariante wahrgenommen werden kann.

Folgerichtig taucht bereits frühzeitig in den parlamentarischen Funktionskatalogen die Erzeugung von Öffentlichkeit als eine, wenn nicht *die* institutionelle Idee von Volksvertretungen auf. Beispielsweise sieht John Stuart Mill in der öffentlichen Diskussion die primäre Bestimmung parlamentarischer Körperschaften. Es sei die Rolle von Parlamenten „ein Ort kontroverser Diskussion über alle großen und kleinen öffentlichen Angelegenheiten zu sein" (Mill 1971: 102). Aber auch Walter Bagehot, der Vater moderner Parlamentsanalysen, erwähnt 1867 in seinem Epochenwerk „The English Constitution" neben den klassischen Aufgaben wie der Wahl der Regierung, ihrer Kontrolle und der Gesetzgebung solche Funktionen parlamentarischer Körperschaften – genauer gesagt des britischen Unterhauses, dem Gegenstand seiner Betrachtungen –, die auf eine öffentlich-kommunikative Dimension verweisen. Er listet drei kommunikative Aufgaben von Parlamenten auf (vgl. Bagehot 1971):

a) *expressive function:* Die Parlamenten sind dazu bestimmt, so Bagehot, die Präferenzen der Nation zum öffentlich wahrnehmbaren Ausdruck zu bringen.
b) *informing function:* Hierunter versteht Bagehot die Aufgabe von Parlamenten, den „Souverän" darüber zu informieren, wenn „etwas nicht stimmte".

---

3 Insofern trifft auf Parlamente das zu, was Patrick Donges als generelles Analysedesiderat aufstellt: dass Organisationen nicht als „geschlossene und zielorientierte Akteure", sondern vielmehr als „offene und lose verkoppelte Handlungssysteme" zu begreifen sind (Donges 2008: 144).

c) *teaching function:* Parlamentarische Körperschaften sollten die Nation „lehren", was sie noch nicht weiß, und damit das Gemeinwesen zum Besseren verändern.

Es kann nicht der Prägekraft von Bagehots *opus magnum* alleine geschuldet werden, dass kommunikative Aufgaben mittlerweile zu den unverzichtbaren Bestandteilen parlamentarischer Funktionskataloge gehören. Allein in den Funktionslisten der deutschen Parlamentarismusforschung hat sich eine Phalanx an unterschiedlichen Konzepten aufgereiht, die auf die institutionelle Funktionalität der parlamentarischen Außenkommunikation verweisen, wie „Artikulation", „Forumsbildung", „Integration", „Kommunikation", „Darstellung der Volksmeinung", „Politische Willensbildung", „Öffentlichkeitsfunktion" (vgl. Marschall 2005: 139-141).

In diesen funktionalen Bestimmungen parlamentarischer Körperschaften tauchen mehr oder weniger ausdrücklich kommunikative Facetten auf, die sich mit den beiden Hauptsträngen der Repräsentationstheorie verbinden lassen (vgl. Patzelt 1998b). In der klassischen Repräsentationsforschung werden zwei Dimensionen der Vertretung analytisch unterschieden, „Führung" und „Responsivität" (Pitkin 1967), die unterschiedliche kommunikative Anforderungen mit sich bringen. Politische Führung erfordert die Vermittlung von Informationen über getroffene Entscheidungen, über ihre Begründungen und die unterschiedlichen Sichtweisen zur Sache – eine entscheidende Informationsgrundlage nicht nur, aber auch im Vorfeld von Wahlen (vgl. Dahl 1956: 70). Responsivität wiederum setzt die dichte Kommunikation zwischen Repräsentanten und Repräsentierten, also effektive Vermittlungsprozesse voraus, damit die Vertreter die Präferenzen des Repräsentandums wahrnehmen und in den politischen Entscheidungsgang einspeisen können.

Parlamente leiten ihre Leistungsfähigkeit und Legitimität zu einem entscheidenden Teil aus ihrer Kapazität zur öffentlichen Kommunikation ab (Sarcinelli 1998a).[4] Deswegen werden, wie eingangs erwähnt, parlamentarische Kommunikationsprobleme als ein Ursachenfaktor der Entparlamentarisierung gesehen. Sind Parlamente von einer funktionierenden Außenkommunikation abhängig, dann müssen die jeweiligen Strukturen der Öffentlichkeit und ihr Wandel Auswirkungen auf die Machtpotenziale der Parlamente und ihre Stellung im politischen Prozess zeitigen. Aufgrund dieser Logik liegt es nahe, dass Parlamente hochsensibel auf Veränderungen ihres kommunikativen Umfelds reagieren.

---

4 Nicht nur in der theoretischen, oft normativ durchsetzten Funktionsdebatte, sondern auch in der Empirie parlamentarischer Körperschaften schlägt sich die Bedeutung des Konzepts Öffentlichkeit im Parlamentarismus nieder. Beispielsweise gehört zu den typisierenden Organisationseigenschaften von Parlamenten, dass sie ihre Verhandlungen „vor den Augen der Öffentlichkeit" durchführen. Entsprechend finden sich in allen parlamentarischen Sitzungsräumen – auch in den Jahrhunderte alten – Besuchertribünen („Galerien"), die es ermöglichen, das Geschehen im Parlament zu verfolgen. Derartige Beobachtungsoptionen bieten beispielsweise Kabinettssäle – weder die alten noch die neuen – in der Regel nicht.

4. Die Medialisierung der Parlamente – Forschungsergebnisse

Wenngleich Parlamente mit zu den besterforschten Organisationen im politischen System gezählt werden können (vgl. von Beyme 1999; Döring 1995; Marschall 2005), steht eine systematische sowie vergleichende Analyse der Medialisierungsvorgänge bei dieser Körperschaftsform noch aus. Insofern ist eine Darstellung von Forschungsergebnissen zugleich auch ein Aufdecken von Forschungsdefiziten. Welche Befunde und welche Fragestellungen lassen sich hinsichtlich der Medialisierung von Parlamenten auffinden und was tragen sie zu einer organisationsspezifischen Auslotung von Medialisierungseffekten bei?

4.1 Änderungen in der parlamentarischen Arbeit

Hinsichtlich der Verfahrensweisen von Volksvertretungen hat insbesondere die Öffnung parlamentarischer Prozeduren für die Beobachtung durch die Medien wissenschaftliche Aufmerksamkeit erhalten. Insbesondere die Frage, inwieweit Parlamente eine Beobachtung durch das Fernsehen gestatten, ist Gegenstand einer Reihe von Untersuchungen (vgl. Bhardwaj 1998; Crain/Goff 1988; Franklin 1992; Parliament and Television 1996; Schiller 2001, 2002). So thematisiert beispielsweise Schiller in einer komparativen Analyse, wie sich der Bundestag und das britische Unterhaus der Fernsehberichterstattung gegenüber verhalten haben (Schiller 2001, 2002). Der britische Fall ist besonders instruktiv, da erst vergleichsweise spät, nämlich in den achtziger Jahren, eine Bildberichterstattung aus dem House of Commons zugelassen worden ist. Bereits einige Jahre zuvor hat sich Gregor Mayntz in seiner Dissertation sowie in Anschlusspublikationen mit der Fernsehberichterstattung aus dem Bundestag auseinandergesetzt (Mayntz 1992, 1993, 2001). Die Studien verdeutlichen eine klare Tendenz zur Öffnung der parlamentarischen Beratung für die Beobachtung durch TV-Medien. Dort, wo parlamentarische Öffentlichkeit als Präsenzöffentlichkeit realisiert worden ist, ist sie faktisch zur „Medien-", genauer gesagt: zur „Fernsehöffentlichkeit" geworden. Wie sich die konkreten parlamentarischen Beratungsverfahren unter dem Einfluss der Medien wandeln, darauf weist eine Studie hin, in der die Einführung einer neuen Plenarprozedur im Bundestag („Kernzeitdebatte") anhand von Redebeiträgen und Dokumenten als konkrete Reaktion auf die Medienberichterstattung identifiziert werden kann (Marschall 2001a).

Überhaupt steht der Wandel der Plenardebatte im Mittelpunkt von Analysen. Hier ist normativ getränkt die Rede von dem medieninduzierten „Schaufensterparlamentarismus" (Burkhardt 1995) oder analytischer von dem Wandel von einem repräsentativen zu einem „präsentativen Parlamentarismus" (Sarcinelli/Tenscher 2000). Von einer Verfallsthese gleichermaßen geprägt ist die sprach- und kulturwissenschaftliche Analyse parlamentarischer Plenar-„Diskurse" (vgl. Dörner/Vogt 1995).

Die Wirkung der Medien auf die Plenardebatte wird auch auf der Ebene der Äußerungen individueller Abgeordneter vermessen. Anhand von Trouvaillen illustriert zum Beispiel Heinz Bäuerlein, dass sich die individuellen Parlamentarier der Medienbeobachtung bewusst sind und dieses Bewusstsein auch in ihre Redebeiträge einfließt (Bäuerlein 1992). Systematischer untersucht Gerhard Vowe die kognitiven Referenzmuster der Parlamentarier, indem er an zwei Zeitpunkten vergleicht, mit welcher Häufigkeit die Abgeordneten in ihren Debattenbeiträgen auf die Medien Bezug nehmen (Vowe 2006: 447-451).[5] Der Anteil an Medienreferenzen in den Redebeiträgen der Parlamentarier ist erheblich. Die ausdrücklichen Verweise auf die Medien bilden den relativ größten Referenzposten. Eine Veränderung über die Zeit hinweg – im Sinne der Medialisierung: eine Zunahme – lässt sich gleichwohl nicht ohne weiteres nachweisen.

Kurzum: Die Befunde liefern Hinweise auf eine deutliche Anpassung parlamentarischer Arbeitsweisen und Interaktionsformen (sowohl formaler als auch informaler Art) an die Strukturen des Mediensystems. Strukturveränderungen im Medienbereich (z. B. die Etablierung des Fernsehens) werden von den parlamentarischen Körperschaften aufgegriffen und in der Ausgestaltung ihres Arbeitsmodus berücksichtigt. Die Abgeordneten preisen die Rolle der Medien in ihrem parlamentarischen Verhalten und Handeln ein. Allerdings ist es aufschlussreich, dass diese Facette der Medialisierung ungleichzeitig zwischen unterschiedlichen Systemen abläuft.

4.2 Änderungen im Kommunikationsmanagement von Parlamenten

Parlamente haben in den vergangenen Jahrzehnten ihr Kommunikationsmanagement „modernisiert". Dies ist Tenor der Untersuchungen, die sich mit der Frage der „organisatorischen PR" von Parlamenten und der Änderung der Beziehungsqualität zwischen parlamentarischen Akteuren und Medien auseinandersetzen.

Eine frühe Studie zur parlamentarischen Öffentlichkeitsarbeit hat Norbert Tiemann bereits in den achtziger Jahren vorgelegt (Tiemann 1984). Die Öffentlichkeitsarbeit der Fraktionen ist von Uwe Kranenpohl zum Gegenstand einer Untersuchung gemacht worden (Kranenpohl 2001). Eine weitere Analyse illustriert den rasanten Ausbau der Parlaments-PR mit Blick auf den Bundestag und weiteren 22 Volksvertretungen und zugleich die innerorganisatorischen Spannungen, die ein einheitliches Kommunikationsmanagement beeinträchtigen können (Marschall 1999; s. auch Sarcinelli 1994, 2005: 222-229). Entsprechende Untersuchungen liegen auch zum Europäischen Parlament vor. Peter Bender vergleicht beispielsweise die Öffentlichkeitsarbeit des EP mit der Europäischen Kommission und den Regierungen ausgewählter Mitgliedstaaten (Bender 1997; siehe auch Anderson/McLeod 2004). Ein theoretisch wie praxeologisch aufschlussreiches Feld ist der Bereich der „Parlamentskanäle" (vgl. für den deutschen Fall Jäger 1992, als international vergleichendes Policy-Paper Mizrahi 2003).

Besondere Aufmerksamkeit hat seit geraumer Zeit die Frage erhalten, wie sich die Parlamente in ihrem Kommunikationsmanagement auf die „neuen Medien", hier insbesondere auf das Internet, eingestellt haben. Hierzu sind diverse Publikationen erschienen, in denen primär anhand von Fallstudien thematisiert wird, welche „Antworten" Parlamente auf diesen spezifischen Wandel des Mediensystems gegeben haben (Coleman et al. 1999; auch Coleman 1999; Filzmair/Winkel 2003; Filzmair et al. 2006; Norris 2001; Zittel 2007). Die Befunde sind deutlich: Systematisch haben die Parlamente ihre Außenkommunikation um die Online-Komponente erweitert, d. h. das Internet als Medium für sich entdeckt. Es liegt auch eine Reihe von Analysen vor, die

---

5 Vgl. auch den Beitrag von Gerhard Vowe und Marco Dohle in diesem Band.

auf die Ebene der individuellen Abgeordneten und deren „Internetisierung" abstellen (u. a. Müller 2007). Darunter finden sich auch zahlreiche „benchmarking"- und „best practice"-Studien aus dem Bereich der Politik- und Kommunikationsberatung.

Kurzum: Die Befunde indizieren eine deutliche Professionalisierung und Modernisierung parlamentarischer Öffentlichkeitsarbeit, eine Akkomodation des Kommunikationsmanagements an den Wandel des Mediensystems auf allen Arbeitsebenen von Parlamenten.

4.3 Die Marginalisierung von Parlamenten in der politischen Kommunikation?

Die Rolle von Parlamenten in der Mediendemokratie wird – wie eingangs erwähnt – nicht selten in den Frame „Entparlamentarisierung" gestellt. Parlamente seien trotz ihrer Anpassungsanstrengungen im Spiel mit den Medien auf der Verliererseite. Sie würden marginalisiert und verlören damit eine wichtige Facette ihrer institutionellen Bestimmung. Dieser zumeist impressionistische Befund ist nicht zuletzt die Motivation für die parlamentarischen Akteure, die Professionalisierung und Modernisierung ihrer Öffentlichkeitsarbeit zu intensivieren, mit der Hoffnung, auf diesem Wege die vermuteten Defizite hinsichtlich der Präsenz der Parlamente in den Medien heilen zu können.

Erste Hinweise auf einen Öffentlichkeitsverlust (genauer: ein „Öffentlichkeitsdefizit") parlamentarischer Körperschaften liegen vor. In einem Beitrag aus dem Jahr 2000 untersucht beispielsweise Frank Marcinkowski in einem Zeitvergleich der Jahre 1986 und 1996 die Berichterstattung über den Bundestag in Presse und Fernsehen (Marcinkowski 2000). Dieser Ansatz – der Vergleich der Medienberichterstattung über Parlamente zwischen zwei voneinander entfernten Zeitpunkten – findet sich auch in einer parallelen Studie von Ralph Negrine (1998, 1999). Dort werden neben dem deutschen noch der britische und französische Fall auf ein „decline in media coverage" hin untersucht. Die Studien können kein völlig klares Bild liefern – nur soviel, dass die Medienberichterstattung zu einer spezifischen Wahrnehmung des Parlamentarismus und der Arbeitsweise von Parlamenten beiträgt, in der das Plenargeschehen im Mittelpunkt steht (vgl. auch Bruns/Greger/Marcinkowski 2000). Dass und wie sich die Art der Darstellung bei den Rezipienten manifestiert, dokumentiert Werner J. Patzelt mit seinen Umfragewerten zur Wahrnehmung von Parlament und Parlamentarismus in der Bevölkerung (Patzelt 1998a).

Jüngere Auswertungen des MedienTenors, die sich auf mehrere Parlamente (Bundestag, US-Kongress, Europäisches Parlament) erstrecken, indizieren eine deutliche mediale Unterrepräsentanz parlamentarischer Akteure in der journalistischen Arbeit (MedienTenor 2007). Gemäß dieser Analyse nehmen Artikel mit Bezug auf Parlamente nur einen Bruchteil der gesamten politischen Berichterstattung ein. Andere politische Akteure sind in den Medien erheblich stärker vertreten. Dabei gibt es freilich in Bezug auf ihre mediale Sichtbarkeit aufschlussreiche Unterschiede zwischen den einzelnen parlamentarischen Körperschaften. Der US-amerikanische Kongress ist signifikant präsenter in der Medienberichterstattung als der Deutsche Bundestag, allemal als das Europäische Parlament. Nicht ganz überraschend zeigen die MedienTenor-Daten, dass die mediale Präsenz von Parlamenten auch über die Zeit hinweg stark schwankt und ereignisabhängig ist. So stieg die Anzahl der Referenzen auf das Europäische Parlament im Zeitraum der Europawahlen 2004 erheblich an. Auch die Turbulenzen rund um die Zustimmung zur Barroso-Kommission führten zu einem deutlichen Boom in der Berichterstattung über das Europäische Parlament.

Kurzum: Die vorliegenden Studien indizieren eine Marginalisierung des Parlaments in der Medienberichterstattung, allerdings system-, medien- und ereignisabhängig unterschiedlich ausgeprägt.

5. Diskussion der Befunde und ihre Generalisierbarkeit

Soweit einschlägige Forschungsergebnisse vorliegen, bestätigen sie die eingangs angeführten Vermutungen zur akteursspezifischen Medialisierung von Parlamenten. In der Form und dem Ausmaß der Medialisierung spiegeln sich die Struktureigenschaften und die funktionale Bestimmung parlamentarischer Körperschaften.

Allerdings besteht noch Forschungsbedarf. Zwar fangen die vorliegenden Studien das Kommunikationsmanagement entlang der unterschiedlichen parlamentarischen Ebenen ein; inwiefern jedoch der parlamentarische „Club"-Charakter die Medialisierung von Parlamenten prägt, bleibt letzten Endes unterforscht. Die Unterstellung, dass die polyarchische Struktur von Parlamenten sich in ihrer Medialisierung niederschlägt, findet sich in der wissenschaftlichen Debatte immer dann, wenn bei diesem Akteurstyp das Fehlen einer organisationseinheitlichen Kommunikationsstrategie vermutet wird (vgl. Czerwick 1998; Donges/Jarren 2006: 246-248; Sarcinelli 1994). Ansatzweise indizieren Untersuchungen zum Kommunikationsmanagement von Parlamenten die Bruchstellen zwischen den verschiedenen parlamentarischen Arbeitsebenen (Plenum, Fraktion, Abgeordnete) sowie die Konflikte, die zwischen ihnen beim Management der Außenkommunikation auftauchen können (vgl. Marschall 1999). Auch die empirischen Hinweise auf eine Marginalisierung von Parlamenten in der Medienberichterstattung zeigen an, dass es Effektivitätsgrenzen, eventuell auch Effizienzgrenzen im parlamentarischen Kommunikationsmanagement zu geben scheint.

Plausiblerweise sind die Möglichkeiten, auf die von außen kommenden Medialisierungseinflüsse zu reagieren, bei parlamentarischen Körperschaften von vornherein begrenzt. So kann auch bei den „kollektiv" organisierten Parlamenten kein tatsächliches Kommunikations*management* vorausgesetzt werden, da das Managementkonzept „stark an das Verständnis von Organisationen als korporative Akteure und rationale Systeme verkoppelt" ist (Donges 2008: 72). Eine Reihe von Medialisierungseffekten in heterogenen und offenen Organisationen wie Parlamenten lässt sich womöglich treffender mit „garbage can"-Ansätzen verfolgen, denen zufolge Organisationshandeln nicht durchweg strategisch geplant ist, sondern auch aus „chaotischen" Entwicklungen und nicht-rationalen Entscheidungsprozessen heraus angestoßen wird (Cohen u. a. 1972).

Über die Parlamente hinausreichend lässt sich jedenfalls die Erwartung formulieren, dass der Grad des Binnenpluralismus und der Autonomie innerorganisatorischer Einheiten Auswirkungen auf die Medialisierung von politischen Akteuren zeitigt und dass die Varianz organisatorischer Kohärenz ein Explanans für den variierenden Medialisierungsgrad von komplexen Akteuren darstellt. In geschlossenen hierarchischen Organisationen wie Ministerien lässt sich eher eine einheitliche strategische Antwort auf den Medieneinfluss erwarten.

Bestätigt wird seitens der Forschung die hohe Sensibilität von Parlamenten gegenüber dem Wandel von Öffentlichkeitsstrukturen, die auf ihre institutionelle Idee zurückgeführt werden kann. Medialisierung findet – soweit die Forschungsbefunde – bei parlamentarischen Körperschaften in Form der „Modernisierung" und „Professionalisierung" des Kommunikationsmanagements, i. e. dem Ausbau der Presse- und Öffentlichkeitsarbeit sowie der Ausdifferenzierung interner Außenkommunikationseinheiten, statt. Der spezifische Medienwandel, z. B. das Aufkommen des Fernsehens oder jüngst die Etablierung von Online-Medien, reflektiert sich sehr gut in Struktur und Output parlamentarischer Kommunikation. Parlamente reagieren auf allen Ebenen umfassend auf den Wandel des Mediensystems, sowohl in ihren Organisationsstrukturen als auch in ihren Verfahrensweisen. Vergleichbare Reaktionsmechanismen lassen sich auch bei anderen Organisationen unterstellen und finden – *mutatis mutandis* (vgl. Donges/Jarren 2006; speziell für Parteien: Alemann/Marschall 2002; Donges 2008).[6]

Es steht generell zu vermuten, dass Körperschaften, die wie Parlamente aufgrund ihrer institutionellen Idee unter einem stärkeren Öffentlichkeitsdruck stehen, eine höhere Sensibilität für das Mediensystem und seinen Wandel entwickeln. Dies legt die Erwartung nahe, dass beispielsweise Gerichte mit ihrer hohen eigenständigen Legitimationsgrundlage weniger stark auf Wandlungen im Mediensektor reagieren als Parteien, die durch ein strategisches „going public" Machtvorteile im Wettbewerb mit ihren Konkurrenten zu erzielen hoffen (vgl. dazu Marcinkowski 2005; Marcinkowski/Steiner 2009).

Dass die parlamentarische Legitimationsressource „Öffentlichkeit" letzten Endes brüchig ist, zeigen die referierten Studien, die die Marginalisierung parlamentarischer Körperschaften in der Medienberichterstattung zum Thema haben. Sie verweisen auf das Problem von Parlamenten, Aspekte ihrer institutionellen Idee (i. e. die Herstellung von repräsentativer Öffentlichkeit) nicht mehr aktualisieren zu können.

6. Forschungsbedarf

Wenngleich eine Reihe von Studien zum Thema „Parlamente in der Mediendemokratie" zu finden ist, handelt es sich in der Gesamtschau um ein noch unterforschtes Themengebiet. Wo sind die Lücken, die durch weitere Forschungsanstrengungen geschlossen werden sollten, deren Ergebnisse dann zur Beantwortung der eingangs aufgestellten Fragestellungen beitragen können?

Die skizzierte Komplexität parlamentarischer Körperschaften, ihre innere Heterogenität, ihr Club-Charakter, taucht durchaus in dem Gesamtbild der Forschung auf,

---

6 Eine medienbedingte Transformation von organisationsinternen Verfahren lässt sich bei Parlamenten wohl deswegen vergleichsweise gut nachweisen, weil die jeweiligen Verfahrensreformen üblicherweise im öffentlichen parlamentarischen Rechtsetzungsrahmen ablaufen und folglich mit dokumentierten Debatten verbunden sind. Mit deren Hilfe ist die Kausalität der Verfahrensänderungen leicht(er) zu analysieren. Es steht zu vermuten, dass eine solche Durchsichtigkeit bei der Selbstreform anderer Körperschaften wie Regierungen oder Parteien nicht zu finden ist.

wenn isoliert Plenum, Fraktionen oder einzelne Abgeordnete als mediatisierte Akteure im Fokus von Untersuchungen stehen. Hier bedarf es weiterer, breiter ansetzender Analysen, die sich mit der Schwierigkeit des Kommunikationsmanagements in Organisationen auseinandersetzen, die polyarchisch aufgebaut sind. Analysen der Medialisierung von Parlamenten können dabei auf differenzierende Handlungsraummodelle zurückgreifen, zum Beispiel auf das „parlamentarische Arenenmodell" von Ulrich Sarcinelli und Jens Tenscher (Sarcinelli/Tenscher 2000; Sarcinelli 2005: 236-246), und somit auf Ansätze, die verschiedene Ebenen parlamentarischen Agierens und Interagierens unterscheiden, welche variierenden Kommunikations- und Handlungslogiken folgen. Ziel muss es sein, die Medialisierung der verschiedenen parlamentarischen Teilakteure in ein komplexes Gesamtbild zu bringen.

Zudem liegt ein Mangel an systematisch vergleichenden Studien vor, die die kontext- und akteursbedingten Varianzen im Club-Charakter und in der institutionellen Idee von Parlamenten mit Blick auf die Medialisierung erfassen. Zwar findet sich der komparative Ansatz in einigen Designs, jedoch selten geleitet von Hypothesen, die Anschlussmöglichkeiten an die Theoriedebatten der Akteurstheorie und der vergleichenden Politikwissenschaft bieten. An dieser Stelle wäre eine stärkere Verknüpfung der politischen Kommunikationsforschung mit der komparativen Parlamentarismusforschung angezeigt. Unabhängige Variabeln können dabei zum Beispiel Parlamentstypologien bieten, die sowohl die Akteursqualität als auch die institutionelle Idee variieren (z. B. bikamerale oder uni-kamerale Struktur, „präsidentielle" vs. „parlamentarische Parlamente" (Steffani 1979), Arbeits- vs. Redeparlamente, „arena" vs. „transformative legislatures" (Polsby 1975) oder Mezeys (1979) Unterscheidung zwischen „active", „marginal", „reactive", „minimal" und „vulnerable legislatures").

Ein weiterer Forschungsbedarf besteht hinsichtlich der Analyse der Leistungen parlamentarischer Öffentlichkeitsarbeit und dem Kommunikationsmanagement von Parlamenten. Hinter den Aktivitäten parlamentarischer Public Relations stehen stets Wirkungsunterstellungen seitens derer, die diese Aktivitäten in Auftrag geben respektive durchführen. An Wirkungsstudien zur parlamentarischen Öffentlichkeitsarbeit mangelt es freilich. Hier könnten Einzelfallstudien ansetzen, in denen prozessanalytisch auch die Schwierigkeit des Managements von Kommunikation in club-förmigen Organisationen herausgearbeitet werden könnte. Schließlich bedarf es weiterer Analysen, was die Berichterstattung über Parlamente und die Rezeption dieser Berichterstattung betrifft. Die These vom „decline of media coverage" steht noch vergleichsweise ungeprüft im Raum. Hierbei gilt es zu berücksichtigen, inwieweit eigene Parlaments- und Nachrichtenkanäle in der Lage sind, den „decline" aufzuhalten oder in die gegenläufige Richtung umzulenken.

7. Fazit

Die Etablierung der Mediendemokratie schlägt sich deutlich in einem Wandel der Parlamente und des Parlamentarismus nieder. Als leicht erfassbar haben sich dabei medieninduzierte Veränderungen im Rahmen der Öffentlichkeitsarbeit erwiesen. Auch im Verfahrensbereich lassen sich entsprechende Reaktionen parlamentarischer Körperschaften festhalten, die deutlich an das Hineinwirken der Medienbeobachtung gekoppelt sind. Dass Parlamente messbar medialisiert werden, kann auf ihre spezifische „institutionelle Idee" und insbesondere auf die Bedeutung der Öffentlichkeit für die Körperschaft selbst, aber auch für die parlamentarische Demokratie zurückgeführt werden. Eine geschlossene organisatorische Antwort auf die Medienbeobachtung wird durch den „Club"-Charakter von parlamentarischen Körperschaften, i. e. die Autonomie ihrer Teileinheiten, jedoch erheblich eingeschränkt.

Um Genaueres sagen zu können, bedarf es weiterer, vergleichend angelegter Forschung zur Medialisierung von Parlamenten und zur Medialisierung komplexer politischer Akteure generell. Zukünftige Forschungsbemühungen können an folgende generelle Erwartungen hinsichtlich der Medialisierung komplexer politischer Akteure anknüpfen:

– Je mehr Gewicht die außenkommunikative Dimension für einen politischen Akteur hat, desto stärker wird sich der Einfluss der Medien im Kommunikationsmanagement und den Verfahren manifestieren.
– Je mehr Körperschaften ihre Legitimation aus der Fähigkeit zur Außenkommunikation ableiten, desto deutlicher wird ihre Medialisierung ausfallen.
– Je ausgeprägter sich Organisationen in einem Wettbewerb mit anderen befinden, desto stärker werden sie auf das Machtmittel des „going public" zurückgreifen und die Medienbeobachtung als Machtressource zu erschließen versuchen.
– Je geschlossener eine Organisation ist, desto strategisch kohärenter antwortet sie auf die Medienbeobachtung.

Die Medialisierung komplexer Akteure ist jedenfalls ein Vorgang, der selbst hochkomplex ist und differenzierende Analysen erfordert.

Literatur

Alemann, Ulrich von/Marschall, Stefan (Hrsg.), 2002: Parteien in der Mediendemokratie. Wiesbaden.
Anderson, Peter J./McLeod, Aileen, 2004: The Great Non-Communicator? The Mass Communication Deficit of the European Parliament and its Press Directorate, in: Journal of Common Market Studies 42, 897-917.
Bagehot, Walter, 1971: Die englische Verfassung (Original 1867). Herausgegeben und eingeleitet von Klaus Steifthau. Neuwied/Berlin.
Bandelow, Nils C., 2005: Kollektives Lernen durch Vetospieler? Konzepte britischer und deutscher Kernexekutiven zur europäischen Verfassungs- und Währungspolitik. Baden-Baden.
Bäuerlein, Heinz, 1992: Damit sich der Bürger ein Bild machen kann. Wie sich der Deutsche Bundestag auf Fernsehübertragungen einstellt, in: Zeitschrift für Parlamentsfragen 23, 216-230.
Bender, Peter, 1997: Europa als Gegenstand der politischen Kommunikation – eine vergleichende Untersuchung der Informations- und Öffentlichkeitsarbeit von Europäischer Kommission, Europäischen Parlament und Regierungen ausgewählter EU-Mitgliedsstaaten. Freiburg i. Br.
Bentele, Günter, 1998: Vertrauen/Glaubwürdigkeit, in: *Jarren, Otfried/Sarcinelli, Ulrich/Saxer, Ulrich* (Hrsg.), Politische Kommunikation in der demokratischen Gesellschaft. Ein Handbuch mit Lexikonteil. Wiesbaden, 305-311.
Bentele, Günter/Fröhlich, Romy/Szyszka, Peter (Hrsg.), 2005: Handbuch der Public Relations. Wissenschaftliche Grundlagen und berufliches Handeln. Wiesbaden.
Beyme, Klaus von, 1999: Die parlamentarische Demokratie. Entstehung und Funktionsweise 1789-1999. Opladen.

Bhardwaj, R. C., 1998: Televising Parliaments, in: *Kurian, George Thomas* (Hrsg.), World Encyclopaedia of Parliaments and Legislatures, Vol. II. Washington, 859-864.
Bruns, Thomas/Greger, Volker/Marcinkowski, Frank, 2000: Das Bild der Politik im Fernsehen. Duisburg.
Bryce, James, 1971: The Decline of Legislatures, in: *Loewenberg, Gerhard* (Hrsg.), Modern Parliaments. Change or Decline? Chicago/New York, 21-140.
Burkhardt, Armin, 1995: Zwischen Diskussions- und Schaufensterparlamentarismus. Zur Diagnose und Kritik parlamentarischer Kommunikation – am Beispiel von Zwischenfragen und Kurzdialogen, in: *Dörner, Andreas/Vogt, Ludgera* (Hrsg.), Sprache des Parlaments und Semiotik der Demokratie. Studien zur politischen Kommunikation in der Moderne. Berlin/New York, 73-106.
Cohen, Michael/March, James/Olson, Johan P., 1972: A Garbage Can Model of Organizational Choice, in: Administrative Science Quarterly 17, 1-25.
Coleman, Stephen, 1999: Electronic Media, Parliament and the People: Making Democracy Visible. London.
Coleman, Stephen/Donk, Wim van de/Taylor, J. A. (Hrsg.), 1999: Parliament in the Age of the Internet. Oxford.
Crain, W. Mark/Goff, Brian L., 1988: Televised Legislatures: Political Information Technology and Public Choice. Boston.
Czerwick, Edwin, 1998: Parlamentarische Politikvermittlung – zwischen „Basisbezug" und „Systembezug", in: *Sarcinelli, Ulrich* (Hrsg.), Politikvermittlung und Demokratie in der Mediengesellschaft. Beiträge zur politischen Kommunikationskultur. Bonn, 253-272.
Dahl, Robert A., 1956: A Preface to Democratic Theory. Chicago/London.
Donges, Patrick, 2005: Mediatisierung der Politik – Vorschlag einer Differenzierung, in: *Rössler, Patrick/Krotz, Friedrich* (Hrsg.), Mythen der Mediengesellschaft – The Media Society and its Myths. Konstanz, 321-339.
Donges, Patrick, 2008: Medialisierung politischer Organisationen. Parteien in der Mediengesellschaft. Wiesbaden.
Donges, Patrick/Jarren, Otfried, 2006: Politische Kommunikation in der Mediengesellschaft. Eine Einführung. Wiesbaden.
Döring, Herbert (Hrsg.), 1995: Parliaments and Majority Rule in Western Europe. Frankfurt a. M.
Dörner, Andreas/Vogt, Ludgera (Hrsg.), 1995: Sprache des Parlaments und Semiotik der Demokratie. Studien zur politischen Kommunikation in der Moderne. Berlin/New York.
Filzmaier, Peter/Ingruber, Daniela/Stainer-Hämmerle, Kathrin, 2006: Parlamentskommunikation und neue Medien: Fallbeispiele aus Österreich im europäischen Vergleich, in: *Filzmaier, Peter/Karmasin, Matthias/Klepp, Cornelia* (Hrsg.), Politik und Medien – Medien und Politik. Wien, 149-174.
Filzmaier, Peter/Winkel, Birgit, 2003: Parlamente im Netz: Internetseiten im EU-Vergleich, in: Aus Politik und Zeitgeschichte 49-50, 37-46.
Franklin, Bob (Hrsg.), 1992: Televising Democracies, London/New York.
Göhler, Gerhard, 1994: Politische Institutionen und ihr Kontext. Begriffliche und konzeptionelle Überlegungen zur Theorie politischer Institutionen, in: *Göhler, Gerhard* (Hrsg.), Die Eigenart der Institutionen. Zum Profil politischer Institutionentheorie. Baden-Baden, 19-46.
Jäger, Wolfgang, 1992: Fernsehen und Demokratie. München.
Kepplinger, Hans Mathias/Fritsch, Jürgen, 1981: Unter Ausschluss der Öffentlichkeit. Abgeordnete des 8. Deutschen Bundestages berichten über ihre Erfahrungen im Umgang mit Journalisten, in: Publizistik 26, 33-55.
Kranenpohl, Uwe, 2001: „Die ewige Fahrt zwischen Scylla und Charybdis": Die Öffentlichkeitsarbeit der Fraktionen zwischen parlamentarischer und medialer Funktionslogik, in: *Oberreuter, Heinrich/Kranenpohl, Uwe/Sebaldt, Martin* (Hrsg.), Der Deutsche Bundestag im Wandel. Ergebnisse neuerer Parlamentarismusforschung. Wiesbaden, 187-199.
Linck, Joachim, 1992: Die Parlamentsöffentlichkeit, in: Zeitschrift für Parlamentsfragen 23, 643-708.

Loewenberg, Gerhard, 2007: Paradoxien des Parlamentarismus. Historische und aktuelle Gründe für Fehlverständnisse in Wissenschaft und Öffentlichkeit, in: Zeitschrift für Parlamentsfragen 38, 816-827.

Marcinkowski, Frank, 2000: Die Medien-Öffentlichkeit des Parlaments in der „Verhandlungsdemokratie". Theoretische Überlegungen und empirische Befunde zur Parlamentsberichterstattung von Presse und Fernsehen, in: *Jarren, Otfried/Imhof, Kurt/Blum, Roger* (Hrsg.), Zerfall der Öffentlichkeit? Wiesbaden, 49-73.

Marcinkowski, Frank, 2005: Die Medialisierbarkeit politischer Institutionen, in: *Rössler, Patrick/ Krotz, Friedrich* (Hrsg.), Mythen der Mediengesellschaft – The Media Society and its Myths. Konstanz, 341-370.

Marcinkowski, Frank/Steiner, Adrian, 2009: „Was heißt Medialisierung"? Autonomiebeschränkung oder Ermöglichung von Politik durch Massenmedien, in: *Arnold, Klaus/Classen, Christoph/ Lersch, Edgar/Kinnebrock, Susanne/Wagner, Hans-Ulrich* (Hrsg.), Von der Politisierung der Medien zur Medialisierung des Politischen? Leipzig: Leipziger Universitätsverlag (im Druck).

Marschall, Stefan, 1997: TV-Berichterstattung aus dem Parlament: in neuer Form, auch mit neuem Format?, in: Zeitschrift für Parlamentsfragen 28, 279-294.

Marschall, Stefan, 1999: Öffentlichkeit und Volksvertretung. Theorie und Praxis der Public Relations von Parlamenten. Opladen.

Marschall, Stefan, 2001a: Das Parlament in der Mediengesellschaft – Verschränkungen zwischen parlamentarischer und massenmedialer Arena, in: Politische Vierteljahresschrift 42, 388-413.

Marschall, Stefan, 2001b: Parlamentarische Öffentlichkeit – eine Feldskizze, in: *Oberreuter, Heinrich/Kranenpohl, Uwe/Sebaldt, Martin* (Hrsg.), Der Deutsche Bundestag im Wandel. Ergebnisse neuerer Parlamentarismusforschung. Wiesbaden, 168-186.

Marschall, Stefan, 2005: Parlamentarismus. Eine Einführung. Baden-Baden.

Martenson, Sten, 1989: Parlament, Öffentlichkeit und Medien, in: *Schneider, Hans-Peter/Zeh, Wolfgang* (Hrsg.), Parlamentsrecht und Parlamentspraxis in der Bundesrepublik Deutschland. Ein Handbuch. Berlin/New York, 261-288.

Mayntz, Gregor, 1992: Zwischen Volk und Volksvertretung: Entwicklung, Probleme und Perspektiven der Parlamentsberichterstattung unter besonderer Berücksichtigung von Fernsehen und Deutschem Bundestag. Bonn.

Mayntz, Gregor, 1993: Die Fernsehberichterstattung über den Deutschen Bundestag: eine Bilanz, in: Zeitschrift für Parlamentsfragen 24, 351-366.

Mayntz, Gregor, 2001: Der unbekannte Star: Die Präsenz des Bundestages in den Medien, in: *Oberreuter, Heinrich/Kranenpohl, Uwe/Sebaldt, Martin* (Hrsg.), Der Deutsche Bundestag im Wandel. Ergebnisse neuerer Parlamentarismusforschung. Wiesbaden, 200-214.

Mayntz, Renate/Scharpf, Fritz W., 1995: Der Ansatz des akteurzentrierten Institutionalismus, in: *Mayntz, Renate/Scharpf, Fritz W.* (Hrsg.), Gesellschaftliche Selbstregulung und politische Steuerung, Frankfurt a. M./New York, 39-72.

Mazzoleni, Gianpietro/Schulz, Winfried, 1999: „Mediatization" of Politics: A Challenge for Democracy?, in: Political Communication 16, 247-262.

MedienTenor, 2007: Media Representation of National Parliaments' Role in European Policy Making. Präsentation auf der Konferenz „Fifty Years of Interparliamentary Cooperation". Berlin.

Mezey, Michael L., 1979: Comparative Legislatures. Durham.

Mill, John Stuart, 1971: Betrachtungen über die repräsentative Demokratie (Original 1861). Paderborn.

Mizrahi, Michael Tabebian, 2003: Television Channels that Broadcast from Parliaments in the World. Comparative Survey, Manuskript. Tel Aviv.

Müller, Klaus Dieter, 2007: WWW.Internet-Abgeordnete.de. Die digitale Welt und das Rollenverständnis von Abgeordneten. Berlin.

Negrine, Ralph, 1998: Parliament and the Media. A Study of Britain, Germany and France. London/New York.

Negrine, Ralph, 1999: Parliaments and Media, in: European Journal of Communication 14, 325-352.

Norris, Pippa, 2001: Digital Divide. Digital Divide: Civic Engagement, Information Poverty, and the Internet Worldwide. Cambridge.
Oberreuter, Heinrich, 1979: Parlament und Öffentlichkeit, in: *Langenbucher, Wolfgang* (Hrsg.), Politik und Kommunikation. Über die öffentliche Meinungsbildung. München/Zürich, 62-78.
Parliament and Television, 1996, in: Constitutional and Parliamentary Information, Nr. 172, 103-181.
Patzelt, Werner J., 1998a: Ein latenter Verfassungskonflikt? Die Deutschen und ihr parlamentarisches Regierungssystem, in: Politische Vierteljahresschrift 39, 725-757.
Patzelt, Werner J., 1998b: Parlamentskommunikation, in: *Jarren, Otfried/Sarcinelli, Ulrich/Saxer, Ulrich* (Hrsg.), Politische Kommunikation in der demokratischen Gesellschaft. Ein Handbuch mit Lexikonteil. Wiesbaden, 431-441.
Pitkin, Hanna F., 1967: The Concept of Representation. Berkeley.
Polsby, Nelson W., 1975: Legislatures, in: *Greenstein, Fred I./Polsby, Nelson W.* (Hrsg.), Handbook of Political Science. Reading-Wesley, 257-319.
Rössler, Patrick/Krotz, Friedrich (Hrsg.), 2005: Mythen der Mediengesellschaft – The Media Society and its Myths. Konstanz.
Röttger, Ulrike, 2000: Public Relations – Organisation und Profession. Öffentlichkeitsarbeit als Organisationsfunktion. Eine Berufsfeldstudie. Wiesbaden.
Sarcinelli, Ulrich (Hrsg.), 1994: Öffentlichkeitsarbeit der Parlamente. Baden-Baden.
Sarcinelli, Ulrich, 1998a: Legitimität, in: *Jarren, Otfried/Sarcinelli, Ulrich/Saxer, Ulrich* (Hrsg.), Politische Kommunikation in der demokratischen Gesellschaft. Ein Handbuch mit Lexikonteil. Wiesbaden, 253-267.
Sarcinelli, Ulrich, 1998b: Repräsentation oder Diskurs. Zu Legitimität und Legitimitätswandel durch politische Kommunikation, in: Zeitschrift für Politikwissenschaft 8, 549-569.
Sarcinelli, Ulrich, 2005: Politische Kommunikation in Deutschland. Zur Politikvermittlung im demokratischen System. Wiesbaden.
Sarcinelli, Ulrich/Tenscher, Jens, 2000: Vom repräsentativen Parlamentarismus? Entwurf eines Arenenmodells parlamentarischer Kommunikation, in: *Jarren, Otfried/Imhof, Kurt/Blum, Roger* (Hrsg.), Zerfall der Öffentlichkeit? Wiesbaden, 74-93.
Schiller, Dietmar, 2001: Nachrichtenfaktor Parlament: Deutscher Bundestag und britisches House of Commons im Fernsehen, in: *Oberreuter, Heinrich/Kranenpohl, Uwe/Sebaldt, Martin* (Hrsg.), Der Deutsche Bundestag im Wandel. Ergebnisse neuerer Parlamentarismusforschung. Wiesbaden, 215-240.
Schiller, Dietmar, 2002: Brennpunkt Plenum. Die Präsentation von Parlamenten im Fernsehen. Britisches House of Commons und Deutscher Bundestag im Vergleich. Wiesbaden.
Schimmelfennig, Frank, 2006: Prozessanalyse, in: *Behnke, Joachim/Gschwend, Thomas/Schindler, Delia/Schnapp, Kai-Uwe* (Hrsg.), Methoden der Politikwissenschaft. Neue qualitative und quantitative Analyseverfahren. Baden-Baden, 263-271.
Schulz, Winfried, 2004: Reconstructing Mediatization as an Analytical Concept, in: European Journal of Communication 19, 87-101.
Schüttemeyer, Suzanne S., 1998: Fraktionen im Deutschen Bundestag. Empirische Befunde und theoretische Schlussfolgerungen. Opladen.
Steffani, Winfried, 1979: Das präsidentielle System der USA und die parlamentarischen Systeme Großbritanniens und Deutschlands im Vergleich, in: *Steffani, Winfried* (Hrsg.), Parlamentarische und präsidentielle Demokratie. Strukturelle Aspekte westlicher Demokratien. Opladen, 61-104.
Tenscher, Jens, 2003: Professionalisierung der Politikvermittlung? Politikvermittlungsexperten im Spannungsfeld von Politik und Massenmedien. Wiesbaden.
Tiemann, Norbert, 1984: Parlamentarische Öffentlichkeitsarbeit im vertikalen Kommunikationsprozess zwischen Parlament und Publikum. Münster.
Vowe, Gerhard, 2003: Politische Kommunikation, in: *Münkler, Herfried* (Hrsg.), Politikwissenschaft. Ein Grundkurs. Reinbek, 519-552.
Vowe, Gerhard, 2006: Mediatisierung der Politik?, in: Publizistik 51, 437-455.
Zittel, Thomas, 2007: Demokratie und Internet. Mehr Responsivität durch neue digitale Medien? Habilitationsschrift. Mannheim.

Weltsicht und Medienbild des Parlaments im Wandel.
Eine Inhaltsanalyse von Bundestagsdebatten aus 50 Jahren

Gerhard Vowe / Marco Dohle

1. Fragestellung: Wie sieht das Parlament seine Umwelt?*

Den Haushaltsplan für 1956 begründete der Bundesfinanzminister Fritz Schäffer vor dem Bundestag recht schlicht: Die Budgetplanung sei solide, weil *„(...) die Bundesregierung glaubt, daß die deutsche Wirtschaft stark genug ist, ihre Stellung innerhalb der gesamten Weltwirtschaft zu behaupten."*[1] Ihm schien es ausreichend für die Debatte zu sein, die Finanzpolitik mit seinem Glauben an die Wirtschaftskraft zu rechtfertigen. 50 Jahre oder 13 Legislaturperioden später tritt einer seiner Nachfolger der Kritik der Opposition an seiner Finanzpolitik in der Haushaltsdebatte mit den Worten entgegen: *„Meine Kollegen Finanzminister, die auch die deutsche Presse lesen, fragen mich – wie auch Jean-Claude Juncker – bei Treffen immer: Was ist eigentlich bei euch los?"*[2] Hans Eichel hält es offensichtlich für notwendig, die Unterstützung der Opposition durch die Medien dadurch zu entkräften, indem er Zeugen anruft und das Unverständnis kompetenter ausländischer Beobachter für die Medienkritik ins Feld führt. Hier der feste Glaube – dort das Urteil der Welt: Zwischen den beiden Beiträgen zeigt sich eine Kluft im Hinblick auf die Komplexität von Begründungen und auf die Vielfalt von Bezügen, die in einer politischen Debatte für erforderlich gehalten werden.

Dieser Kontrast wirft ein Schlaglicht auf unsere *Fragestellung*: Wie wird im Parlament die Umwelt gesehen und wie hat sich diese Sicht verändert? Anders herum gefragt: Wem in der Außenwelt gelingt es, vom Parlament wahrgenommen und herangezogen zu werden? Dabei geht es nicht darum, wie die einzelnen Parlamentarier denken, sondern welches Weltbild sich in der parlamentarischen Kommunikation insgesamt entfaltet – und damit die Schnittstelle von Herstellung und Darstellung von Politik prägt.

Wer oder was sticht *insgesamt* in der Wahrnehmung des Außen hervor? Wen nimmt ein Parlament scharf, wen verschwommen wahr? Wie gerechtfertigt ist die Vermutung, dass die Medien mehr Aufmerksamkeit des Parlaments auf sich ziehen als andere außerparlamentarische Instanzen wie Experten oder Verbände? Wie oft und wie weit geht der parlamentarische Blick über die nationalen Grenzen hinaus?

Genauer gefragt – zunächst in *sozialer* Hinsicht: Wie unterschiedlich fallen die Wahrnehmungen innerhalb eines Parlaments aus? Beobachten die Regierungsfraktionen oder die Oppositionsfraktionen intensiver die Medien oder die Bürger? Und in *sachli-*

---

* Die Autoren danken den Herausgebern, Michael Jäckel, Otfried Jarren, Stefan Marschall, Ulrich Sarcinelli, Winfried Schulz und Jens Wolling für hilfreiche Kommentare zu einer früheren Fassung des Aufsatzes sowie Kristina Jakubek, René Michalski und Tobias Nolting für die Unterstützung bei der Kodierung.
1 Haushaltsdebatte im Bundestag, 2. Wahlperiode (WP), 117. Sitzung, 08.12.1955, S. 6245.
2 Hans Eichel, Haushaltsdebatte im Bundestag, 15. WP, 121. Sitzung, 07.09.2004, S. 1099.

cher Hinsicht: Unterscheiden sich die Sichtweisen des Außen zwischen den Politikfeldern? Herrscht in der Innenpolitik ein anderes Weltbild als in der Europapolitik – gerade auch was die Medien angeht? In *zeitlicher* Hinsicht fragt sich: Wie hat sich die Sichtweise in den letzten fünfzig Jahren verändert? Wann hat es Umschwünge und Wechsel in den Dominanzen gegeben? Haben sich die Medien in der Wahrnehmung nach vorne geschoben, und wenn ja: Verlief die Entwicklung eher kontinuierlich oder eher schubweise?

Im Rahmen des Weltbilds ist speziell nach dem *Medienbild* eines Parlaments zu fragen: Welche Medien werden intensiv beobachtet, welche nur am Rande? Welche Eigenschaften werden ihnen zugeschrieben? Wie hat sich das Medienbild verändert und wie unterscheidet es sich zwischen den Akteuren und zwischen den Politikfeldern?

Ziel ist es, mit Hilfe dieser Unterscheidungen die Parlamentskommunikation daraufhin zu untersuchen, welche Sicht der Außenwelt und speziell welche Sicht der Medien ihr zu entnehmen ist. Es soll durch eine *quantitative Inhaltsanalyse* von Parlamentsdebatten mit dem Anspruch auf intersubjektive Gültigkeit festgestellt werden, wie die Wahrnehmung des Parlaments strukturiert ist und wie sich diese Strukturen verändert haben. Welche *Ursachen* diese Veränderungen haben, kann abschließend erörtert, mit unserem Vorgehen aber nicht empirisch erschlossen werden. Auch die *Folgen* dieser Veränderungen für die Herstellung und die Darstellung von Politik insgesamt, z. B. für die Inhalte politischer Entscheidungen oder für die Wahrnehmung der Politik, können im Rahmen dieses Aufsatzes nur angedeutet, nicht aber untersucht und eingeschätzt werden. Wir prüfen also keine Kausalhypothesen, sondern beantworten *deskriptive Forschungsfragen* – im Querschnitt und im Längsschnitt. Auch dies ist für die Erforschung politischer Kommunikation von Belang; nicht nur weil Parlamentsdebatten, ein Herzstück politischer Kommunikation, als Material dienen, sondern auch deshalb, weil die Wahrnehmung von Instanzen in der Außenwelt eine notwendige Voraussetzung dafür ist, dass diese Instanzen über Information Einfluss auf die parlamentarische Auseinandersetzung nehmen können. Sich auf den Standpunkt des Parlaments zu versetzen und die Welt mit dessen Augen zu sehen, ist eine conditio sine qua non für strategische politische Kommunikation und für deren Untersuchung.

Wir gehen in vier *Schritten* vor: Zunächst wird der *systemtheoretische Hintergrund* der Studie ausgeleuchtet, um Frage und Antwort einordnen zu können. Dann wird das *methodische Design* erläutert, mit dem die Frage nach dem parlamentarischen Welt- und Medienbild empirisch beantwortet werden soll. Schließlich werden die *Befunde der Inhaltsanalyse* von Parlamentsdebatten präsentiert und in einem *Fazit* Schlussfolgerungen in theoretischer Hinsicht gezogen.

2. Theoretischer Hintergrund: Das Parlament als ein organisatorischer Kern des politischen Kommunikationssystems

2.1 Das Parlament in systemtheoretischer Sicht

Die Fragestellung mit ihrer Unterscheidung von System und Umwelt verweist bereits darauf, dass die *Theorie autopoietischer Systeme* den Bezugsrahmen für die Studie bildet (Luhmann 1984, 1997; Schimank 1996; Baraldi et al. 1997; Krause 1999). Es ist nicht beabsichtigt, den systemtheoretischen Ansatz zu prüfen, indem daraus Hypothesen abgeleitet und empirisch getestet werden; vielmehr dient das begriffliche Instrumentarium heuristischen Zwecken und als ein kognitives Muster, auf dem die empirischen Befunde verortet werden können.

Als „autopoietisch" werden diejenigen Systeme bezeichnet, die ihre Reproduktion selbst regeln und nicht von außen gesteuert werden. Sie erzeugen eigenständig die *Elemente*, aus denen sie bestehen, und das sind wie bei allen sozialen Systemen *Kommunikationen*. Soziale Systeme reproduzieren sich, indem sie fortlaufend Kommunikation an Kommunikation anschließen (Luhmann 1984: 191ff; Baecker 2005; Willke 2005). In der *Evolution* moderner Gesellschaften hat sich eine bestimmte Ausprägung dieses Systemtyps als vorteilhaft erwiesen – *Funktionssysteme,* die darauf spezialisiert sind, exklusiv für ein bestimmtes gesellschaftliches Problem spezifische Lösungen auf Dauer bereitzustellen. Eines davon ist das *politische System.* Es steht nicht über, sondern gleichrangig neben anderen Funktionssystemen wie Wirtschaft, Wissenschaft, Erziehung, Recht, Religion, Kunst und „Massenmedien" (Marcinkowski 1993; Blöbaum 1994; Luhmann 1996). Maßgeblich für die politische Kommunikation ist die *Funktion* des politischen Systems, kollektiv bindende Entscheidungen zu setzen und durchzusetzen, dass diese Entscheidungen allgemein als Prämissen aller weiteren Entscheidungen akzeptiert werden. Im Bezug auf diese Funktion differenziert sich ein Politiksystem aus, es bilden sich spezifische *Strukturen,* selektive dauerhafte Relationen von Elementen in Form von Prozeduren, Segmenten und Rollen; ein Beispiel von besonderer Bedeutung sind die territorial definierten Nationalstaaten. Vor allem kristallisiert sich ein eigenes „Medium" heraus, in dem innerhalb des Systems kommuniziert wird. Im Politiksystem ist es das „Medium" der Macht. Unter Macht werden alle Mittel verstanden, die eine Akzeptanz von Entscheidungen als Prämisse weiterer Entscheidungen wahrscheinlicher machen. Alles, was in die politische Kommunikation eingeht, wird unter dem Gesichtspunkt der Macht behandelt und verhandelt; von allen anderen Merkmalen wird dabei abstrahiert. In dem Maße, wie ein Funktionssystem sein „Medium" ausbildet, gewinnt die jeweilige Kommunikation an interner Leistungsfähigkeit und verliert zugleich an externer Anschlussmöglichkeit. In die Kommunikation des Politiksystems ist jede Person, jede Gruppe und jede Organisation so lange eingewoben, wie sie im „Medium" der Macht kommuniziert und damit den systemspezifischen *Code* nutzt. Dieser hat die Form einer Leitdifferenz, die bei der Politik die Werte *Macht und Nicht-Macht* opponiert (anders: Luhmann 2000: 88). Alles was mittels dieses Codes in systeminterne Kommunikation überführbar ist, wird für die Reproduktion genutzt und ist für das Politiksystem von Belang. Anderenfalls verbleibt die jeweilige Botschaft im Rauschen von jenseits der Grenze der Politik. Denn wie alle autopoietischen Systeme ist es operativ geschlossen; das bedeutet, es hält die *Grenze zur Umwelt* und damit zu den anderen funktionalen Teilsystemen aufrecht, indem es ausschließlich politisch kommuniziert und lediglich das zur Kenntnis nimmt, was in seinem Code ausgedrückt wird. Mit dem Code wird also die Grenze zwischen außen und innen markiert.

Aber aus der Eigentümlichkeit seiner Operationsweise folgt nicht, dass das Politiksystem keine *Beziehungen* zu den Systemen in der Umwelt unterhielte. Es ist kognitiv offen und tastet die Systeme in der Umwelt auf Signale ab, die mittels seines Codes in *Informationen* übersetzt und damit in seine spezifische Operationsweise überführt werden können. Analog scannen auch die anderen hochspezialisierten Funktionssysteme ihre jeweilige Umwelt, die aus ihrer Sicht die Politik einschließt: Signale der Politik (und anderer Systeme) werden mit Hilfe des jeweiligen Codes übersetzt und auf systemspezifische Informativität geprüft. Unterschiede in der Beziehung zwischen Systemen können mit dem Begriff der *Kopplung* erfasst werden.[3] Darunter ist ein Maß für die Verbindung zwischen Systemen zu verstehen, das man sich als Achse mit den Eckpunkten enge und lose Kopplung veranschaulichen kann.

Je näher die Verbindung am Pol der *losen Kopplung* liegt, desto weniger Merkmale der Systeme sind einbezogen, desto geringer ist die Wahrscheinlichkeit, dass Veränderungen in dem einen System Veränderungen in dem anderen System nach sich ziehen, desto schwächer ist ihr Verhalten korreliert, desto größer ist ihr Spielraum. Die Beziehungen des politischen Systems mit anderen Funktionssystemen sind unterschiedlich ausgebildet (vgl. Luhmann 2000); von besonderer Bedeutung sind die Beziehungen, über die Leistungen der Wirtschaft (in Form von Steuern), des Rechts (in Form von Verfassungen), der Wissenschaft (in Form von Expertisen) und der „Massenmedien" (in Form von öffentlicher Meinung) genutzt werden. Diese Kopplungen werden funktional vom Politiksystem genutzt, sie können aber auch dysfunktional wirken, wenn Irritationen zu große Resonanz erzeugen und Entscheidungen nicht mehr getroffen werden können. Umgekehrt werden politische Entscheidungen aus Sicht der anderen Systeme ebenfalls als funktional oder dysfunktional wahrgenommen. Diese Folgen für andere Systeme werden aber nur dann im politischen System registriert, wenn sie als politisch relevant auf seinem Radarschirm auftauchen.

In der Systemtheorie wird das *Parlament* als eines der *Organisationssysteme* gesehen, die sich im Zuge der Evolution des politischen Systems für spezifische *Funktionen* innerhalb des politischen Systems ausdifferenziert haben.[4] In liberal-demokratischen Staaten bildet das Parlament einen zentralen Knoten politischer Kommunikation. Denn dort werden im Zusammentreffen von Regierung und Opposition die Chancen kollektiver Verbindlichkeit von Entscheidungen ausgelotet. Zugleich wird die Kontingenz von politischer Herrschaft deutlich gemacht, weil die Alternativen in Form von Opposition(en) präsent gehalten werden. Für diese Leistung hat das Parlament *Strukturen* ausgebildet, spezifische Rollen, Prozeduren und Segmente wie einzelne Kammern, Fraktionen und Ausschüsse, deren Interdependenz und Dynamik eine hohe innere Unruhe erzeugen. Im Rahmen des politischen Codes hat es zudem *eigene Operationen* ausgebildet, mit denen es die *Grenze zur Umwelt* markiert und stabilisiert – auch zu anderen Organisationen, die ebenfalls in erster Linie dem politischen System zuzurechnen sind wie Parteien oder Regierungen. Das Parlament ist in unterschiedlicher Weise an

---

[3] Der Begriff kommt ursprünglich aus der Theorie biologischer Systeme (Glassman 1973: 163: persistence and loose coupling), hat aber dann rasche Verbreitung in anderen Disziplinen gefunden, so in der Organisationstheorie (Weick 1985), in der Techniktheorie und in der Staatstheorie (Benz 2001a: 175 ff., 2001b). Zur „strukturellen Kopplung" (der Beziehung des Systems zu den Voraussetzungen für seine Reproduktion in seiner Umwelt, z. B. den Gedanken als Voraussetzung für Kommunikationen) in der soziologischen Theorie autopoietischer Systeme siehe Luhmann (2000: 372 ff.). Zur „Interpenetration" als einer spezifischen Form der „strukturellen Kopplung" siehe Luhmann (1984: 286).

[4] Zur systemtheoretischen Sicht von Organisationen siehe Luhmann (1968, 1994) und Weick (1985). Einen Überblick über die parlamentstheoretische Literatur bieten Marschall (2005), Sarcinelli (2005).

die Systeme in seiner Umwelt *gekoppelt;* in parlamentarischen Regierungssystemen geschieht dies anders als in präsidentiellen. Das Parlament tastet seine Umwelt nach Information ab, d. h., es beobachtet die Systeme in seiner Umwelt und unterscheidet, welche Impulse in Informationen konvertiert werden und welche im Rauschen verbleiben. Diese Beobachtung wird vom Parlament in Form von spezialisierten *Subsystemen* organisiert, z. B. durch einen wissenschaftlichen Dienst, eine Pressestelle, eine Haushaltsabteilung, einen Besucherdienst. Dabei ergeben sich unterschiedliche Grade an Kopplung, und dieser Grad kann sich mit der Zeit ändern. Auf diese Unterschiede in der Kopplung und ihre Veränderungen zielt unsere Frage nach dem *Weltbild* des Parlaments. Wie sind die informativen Verbindungen des Parlaments zu seiner Umwelt beschaffen? Der Zusammenhang wird noch deutlicher, wenn man einen erhöhten Standort wählt. Dann geraten Parlament *und* seine Umwelt in den Blick; es wird deutlich, wie zahlreiche Systeme ihrerseits den Zugang zur parlamentarischen Kommunikation suchen und sich auf deren Selektivität einzustellen versuchen. Dies steigert weiter die Irritation durch eine komplexer werdende Systemumwelt und damit die Notwendigkeit erhöhter Selektivität auf Seiten des Parlaments.

2.2 Medien als Umwelt des Parlaments: Stand der empirischen Forschung

Die Frage, wie das Parlament seine Umwelt sieht, ist in der Literatur unter verschiedenen Aspekten behandelt worden, allerdings zumeist unter anderen theoretischen Vorzeichen. So ist z. B. intensiv untersucht worden, wie das *Informationsverhalten* der Abgeordneten strukturiert ist (vgl. Hirscher/Korte 2004; Zittel 2007). Auch die Interdependenz von Parlament und *Wissenschaft* ist breit erörtert worden (siehe zuletzt Weingart 2001; Bogner/Torgersen 2005; Brown et al. 2005). Zum Verhältnis von Parlament und *Interessenvertretern* findet sich eine mittlerweile unüberschaubare Literatur (siehe zuletzt Leif/Speth 2006; Winter/Willems 2007).

Von besonderer Bedeutung ist in unserem Zusammenhang die Forschung zu der Frage, inwieweit sich die Wahrnehmung der *Medien* durch das Parlament verändert hat. Parlamente und Medien sind als tragende Säulen der politischen Öffentlichkeit historisch und systematisch eng miteinander verbunden (Habermas 1962; Sarcinelli 2005); umso mehr ist zu erwarten, dass das Parlament besonders enge Beziehungen zu Medien unterhält (Marschall 2007: 156). In der Literatur wird das Verhältnis von Parlament und Medien vor allem unter fünf Aspekten behandelt:

– Ein gewichtiger Teil der Literatur beleuchtet das Verhältnis von den Medien her und beschäftigt sich mit den Veränderungen der *Berichterstattung über das Parlament,* insbesondere seit der grundlegenden Umstrukturierung der deutschen Medienlandschaft in den 80er Jahren (z. B. Negrine 1998, 1999; Marcinkowski 2000; Schiller 2002; Oberreuter 2005). Dabei steht die Frage im Vordergrund, ob das Parlament in der politischen Berichterstattung an den Rand gedrängt wird und deshalb in der öffentlichen Wahrnehmung nicht den Rang einnimmt, der ihm gebührt. Und/oder es wird gefragt, inwieweit in der medialen Spiegelung die parlamentarische Arbeit verzerrt wiedergegeben wird und dadurch das Image des Parlaments beschädigt wird.

Dahinter steht die Vermutung, dass dies zu einer Parlaments- bzw. Parteienverdrossenheit beitragen kann (vgl. Sarcinelli/Tenscher 2000).
– Daran knüpfen Arbeiten an, die fragen, in welchem Maße das Parlament Einfluss auf die Medien nehmen kann, z. B. durch eine Professionalisierung der *parlamentarischen Öffentlichkeitsarbeit* (Sarcinelli 1994, 2005; Marschall 1999; Anderson/McLeod 2004). Ein Teil der Aufmerksamkeit richtet sich auf die Frage, ob und wie das Parlament durch höhere Transparenz attraktiver für die Medien werden kann – eines der erklärten Ziele der deutschen Parlamentsreformen 1969 und 1995 (Marschall 2003: 430). Ein anderer Teil gilt der Frage, wie die jeweils neuen Medien für die mediale Spiegelung der parlamentarischen Arbeit genutzt werden können – früher Fernsehübertragungen (Franklin 1992, darin insbesondere Schatz 1992) und heute Internetauftritte (Filzmeier/Winkel 2003; Holler/Wolsing 2008).
– Dem schließt sich die Frage an, in welchem Maße sich die *parlamentarische Kommunikation selbst durch die Medien verändert.* Stichworte hierfür sind: Fensterreden, Übernahme medialer Themen, Betonung von Konkurrenz und Konflikt (Sarcinelli 2005).
– Ein für unsere Fragestellung besonders relevanter Teil der Forschung nutzt die parlamentarische Auseinandersetzung als einen *Gradmesser für den Medieneinfluss auf die Politik:* Bei Kepplinger (2002) werden Veränderungen der parlamentarischen Kommunikation darauf zurückgeführt, dass sich z. B. der Bundestag in seiner Arbeitsweise stärker auf die Medien ausrichte als früher. Schneider (1996) sowie Scherer und Baumann (2002) haben Parlamentsdebatten unter dem Aspekt ausgewertet, inwieweit Medien als „opportune Zeugen" (Hagen 1992) in der parlamentarischen Auseinandersetzung herangezogen werden (vgl. dazu bereits Tönnies 1916). Insbesondere daran knüpft die vorliegende Untersuchung an.
– Noch weiter gehen Arbeiten, die fragen, ob die *Medien an die Stelle des Parlaments* treten – ob Politiker mit einem „medienattraktiven Populismus" (Sarcinelli 2005: 283) das Parlament umgehen, indem die Suche nach parlamentarischen Mehrheiten ersetzt wird durch Plebiszite, die durch Medien und Demoskopie organisiert werden.

2.3 Forschungslücken

Die Literaturdecke ist dicht gestrickt, aber mit Blick auf die Forschungsfrage werden Lücken im Forschungsstand unter zeitlichem, räumlichem, sachlichem und sozialem Aspekt deutlich:

– Es mangelt an Beobachtungen von *langfristigen Veränderungen der Wahrnehmung* des Parlaments. Obgleich sehr oft davon die Rede ist, dass die Medien „immer mehr" Einfluss gewinnen oder „zunehmend" beachtet werden, sind die Untersuchungen zumeist als Querschnittanalysen angelegt oder verbleiben im Bereich der Fallstudien. Insbesondere strukturelle Veränderungen auf Organisations- und Systemebene sind empirisch erst im Ansatz untersucht.
– Zumeist bleibt die Forschung auf eine einzige Arena beschränkt, ihre Ergebnisse werden aber verallgemeinert. Es mangelt an Studien, in denen mit Blick auf die

Wahrnehmung der Umwelt *unterschiedliche Arenen verglichen* werden, z. B. unterschiedliche Parlamente im nationalen oder internationalen Rahmen.
– Es liegen zwar zahlreiche Studien vor, in denen jeweils die Beziehungen zwischen Interessengruppen oder Wissenschaft oder Medien zum Parlament untersucht wird, aber bislang wurde nicht vergleichend geprüft, wie sich das *relative Gewicht der verschiedenen Umweltsegmente* in der Wahrnehmung verändert hat.
– Wie in der Politik die Medien wahrgenommen werden, ist für *spektakuläre politische Konstellationen* empirisch vielfach untersucht worden, vor allem für Wahlkämpfe und für Skandale. Für diese Höhepunkte politischer Kommunikation konnte gezeigt werden, wie intensiv die Medien in der Politik wahrgenommen werden und wie sie das politische Geschehen beeinflussen, also maßgeblich dafür verantwortlich sind, wie sich die Wähler zwischen Parteien bzw. Kandidaten entscheiden oder ob ein Amtsinhaber zurücktreten muss (zu Wahlen: Brettschneider 2005; zu Skandalen: Marcinkowski/Pfetsch 2005). Wahlkämpfe und öffentliche Debatten um Normverstöße sind in weiten Teilen einer Medienlogik und vor allem einer Fernsehlogik unterworfen (Marcinkowski/Nieland 2002). Zumindest bei Wahlentscheidungen ist es auch gelungen, den Medieneinfluss in Relation zu anderen Faktoren wie der interpersonalen politischen Kommunikation und der Parteiidentifikation empirisch zu testen (Schmitt-Beck 2004). Jenseits dieser öffentlichkeitswirksamen politischen Auseinandersetzungen geht die Forschung jedoch davon aus, dass die Wahrnehmung der Medien einen begrenzten Stellenwert hat. In Anlehnung an eine Formulierung bei Klaus von Beyme lässt sich der Tenor dieses Stranges der Forschung in der These zusammenfassen: „Je wichtiger die Entscheidung, desto unwichtiger die Medien" (vgl. Beyme 1997: 87; Beyme/Weßler 1998). Deshalb wäre es sinnvoll, wenn Wahrnehmung und Einfluss der Medien für den *Normalfall politischer Auseinandersetzungen* geprüft werden könnten: Inwieweit sind auch die Niederungen des Ringens um kollektiv bindende Entscheidungen von Medien durchdrungen? Welche Bedeutung hat die Wahrnehmung der Medien für „sachpolitische Detailarbeit, arbeitsteilige Routine, unspektakuläres politisches Klein-Klein" (Sarcinelli 2005: 227)?

3. Untersuchungsdesign: Inhaltsanalyse von Referenzen in Haushaltsdebatten im Längsschnitt

3.1 Screening statt Fallstudie

Unsere Studie soll dazu beitragen, diese Lücken zu schließen. Sie soll ermitteln, wie sich die parlamentarische Wahrnehmung von Medien verändert, und zwar im Vergleich zu der Wahrnehmung anderer Umweltsysteme.[5] Die Ermittlung der Beobachtungsmuster soll dazu dienen, die Kopplung des Parlaments an unterschiedliche Umweltsegmente in ihrer Varietät und Dynamik zu untersuchen. Die Veränderungen des Weltbildes sollen nicht theoretisch erörtert, sondern *empirisch gemessen* werden, und zwar auf eine Weise, die es erlaubt, *langfristige* Veränderungen zu ermitteln. Folglich haben wir uns

---
5 Der Vergleich von Parlamenten kann hier nicht geleistet werden. Dies bleibt weiteren Studien vorbehalten.

gegen ein Design entschieden, bei dem wenige Fälle auf viele Variablen hin untersucht werden, und für ein Design, bei dem viele Fälle, die in ihrer Gesamtheit einen langen Zeitraum abdecken, auf wenige Variablen hin untersucht werden (vgl. Przeworsky/ Teune 1970).

3.2 Indikator für die Wahrnehmung der parlamentarischen Umwelt: Referenzen in Haushaltsdebatten

Dreh- und Angelpunkt dafür ist die *Auswahl der Variablen*. Um die langfristige Veränderung der Sichtweise erfassen zu können, bedarf es effizienter Indikatoren, die mit vertretbarem Messaufwand valide Aufschlüsse über den Stellenwert insbesondere der Medien in der Sicht des Parlaments bieten. Da alle bislang genutzten Indikatoren Vor- und Nachteile aufweisen, wäre grundsätzlich ein Netz von Indikatoren sinnvoll. Wir haben uns für einen einzelnen Indikator entschieden, um einen flächendeckenden Überblick zu gewinnen, und zwar für die argumentativen Bezüge auf externe Instanzen in Parlamentsdebatten.

Für unsere Studie bilden Parlamentsdebatten das *Untersuchungsmaterial*. Die Reden im Plenum sind Teil der Sitzungsöffentlichkeit des Parlaments – also Teil derjenigen politischen Arena, die sowohl zur Herstellung als auch zur Darstellung politischer Entscheidungen genutzt wird (Sarcinelli 2005: 237). Mit einer Rede im Plenum wollen sich Redner vor der eigenen Fraktion, vor den anderen Parlamentariern und vor der weiteren Öffentlichkeit profilieren. Man will den politischen Gegner mit der Rede nicht überzeugen, aber man will seine Position überzeugend präsentieren, also argumentiert man.

Als *Indikator* für die Wahrnehmung der Außenwelt sollen die Bezüge dienen, die Redner in Parlamentsdebatten machen, um ihre Position zu untermauern: Wen zitieren sie, wenn sie im Plenum ihre Position begründen oder die Position des politischen Gegners angreifen? Zentrale Bedeutung in diesem Geflecht kommt den *internen Akteuren* zu, die das unmittelbare politische Umfeld der Parlamentarier bilden, also Akteure der eigenen Partei und des politischen Gegners. Redner beziehen sich in erster Linie auf Äußerungen der Vertreter des anderen Lagers, in der Regel, um sich davon abzusetzen, oder auf Äußerungen aus dem eigenen Lager, in der Regel, um sich dahinter zu stellen. In zweiter Linie beziehen sich Redner auf *externe Akteure*, also auf Akteure außerhalb des engeren Kreises von Regierung, Parteien und Fraktionen. In Parlamentsreden finden sich Verweise auf Medien,[6] auf Interessenverbände,[7] auf Experten[8] und auf

---

[6] „Die Bild-Zeitung schreibt: ‚Eichel will Büromöbel für 96 000 Euro'. Ist das sparen?" (Jochen-Konrad Fromme, Haushaltsdebatte im Bundestag, 15. WP, 121. Sitzung, 07.09.2004, S. 11001).

[7] „Die Notwendigkeit des technischen Fortschritts, auch der Rationalisierung, ist insbesondere von der deutschen Gewerkschaftsbewegung seit jeher anerkannt worden (...). Diese Bereitschaft hat der DGB-Vorsitzende kürzlich ausdrücklich hervorgehoben. Aber er hat natürlich auch – und zwar mit Recht – betont, dass die Leistungskraft der Wirtschaft nicht auf Kosten der Arbeitnehmer gestärkt werden darf" (Hans Matthöfer, Haushaltsdebatte im Bundestag, 8. WP, 103. Sitzung, 20.09.1978, S. 8816).

[8] „Im Übrigen wissen ja auch Sie, dass der Sachverständigenrat, die Bundesbank und alle Wirt-

andere externe Instanzen. Diese Referenzen in Reden zeigen an, auf wen sich die Parlamentarier meinen stützen zu können und wie sich diese Meinung im Laufe der Zeit verändert hat. Wenn also z. B. ein Oppositionspolitiker in einer Plenarrede die Gesundheitspolitik der Regierung angreift, dann kann er sein Argument auf Äußerungen des Vertreters der Ärzteschaft oder auf Erfahrungen in Großbritannien oder auf die Voten von Gesundheitsökonomen oder auf Kommentare in der FAZ stützen. Er kann sie positiv argumentativ nutzen, indem er sie zur Untermauerung der eigenen Position einsetzt; oder er kann sie negativ nutzen, indem er sie zur Unterminierung der gegnerischen Position einsetzt.

Methodisch wird folglich auf individuelle Äußerungen eines Teils der Parlamentarier zurückgegriffen; die Aggregation im Längsschnitt erlaubt aber Schlussfolgerungen zur Kognition der Organisation. Die Gesamtheit dieser Referenzen erlaubt ein *dichtes Bild*, wie präsent die verschiedenen Instanzen im Parlament sind, z. B. welche Medien von wem stärker als andere herangezogen werden.[9] Dieser Indikator erlaubt differenzierte und empirisch fundierte Thesen dazu, wie das Parlament seine Umwelt wahrnimmt – wovon sich Parlamentarier und Parlament mehr und wovon sie sich weniger irritieren lassen.[10] Diese Thesen können dann mit anderen methodischen Verfahren genauer geprüft werden, z. B. mit der Rekonstruktion einzelner Entscheidungsprozesse.

Der entscheidende Vorteil unseres Designs ist, dass die *Veränderungen* in der Wahrnehmung externer Instanzen messbar gemacht werden, und zwar durch die Veränderung eines kontinuierlich auftretenden Elements des zentralen parlamentarischen Kommunikationsforums, der Plenumsdebatte. Das Geflecht der Instanzen ist in mehrerer Hinsicht veränderlich. Der Stellenwert einzelner Instanzen, auf die sich Redner beziehen, kann mit der Zeit geringer werden, der von anderen zunehmen. Eine plausible Vermutung über die Richtung der Veränderungen wäre, dass die intersystemische Kopplung generell enger wird (Münch 1984; Willke 2005) und dass vor allem die Kopplung des Parlaments an das Mediensystem enger wird, wie es das Etikett „Mediendemokratie" nahe legt. Ein Anstieg der Referenzen auf Medien würde somit als Beleg dafür genommen, dass der Stellenwert der Medien für die parlamentarische Wahrnehmung steigt. Das Design erlaubt es zugleich, andere Veränderungen der parlamentarischen Wahrnehmung zu untersuchen: Ein Anstieg der Verweise auf Experten würde die These stützen, dass Wissenschaft in der Wahrnehmung des Parlaments an Boden gewönne; ein Anstieg der Verweise auf Interessengruppen wäre ein Beleg für die These, dass die parlamentarische Weltsicht stärker als früher von Lobbyismus geprägt wäre. Der Indikator der expliziten Referenz bietet somit den Vorteil, dass er ein gefä-

---

schaftsforschungsinstitute davon reden, dass die Steuersubventionen weg müssen" (Hans Eichel, Haushaltsdebatte im Bundestag, 15. WP, 121. Sitzung, 07.09.2004, S. 10961).

9 Grundsätzlich wäre auch eine Unterscheidung nach Politikfeldern möglich. Dies konnte jedoch bei der Datenerhebung, die dieser Analyse zugrunde lag, nicht berücksichtigt werden.

10 In präziser Formulierung sind die empirischen Befunde Ausdruck von Beobachtungen dritter Ordnung: Inhaltsanalytisch wird registriert, dass ein Redner sich auf eine Äußerung in den Medien bezieht, die sich wiederum auf die Politik bezieht. Wenn also die FAZ die Arbeitsmarktpolitik kritisiert und dies in der Rede zitiert wird, dann ist die Aufnahme dieser Referenz eine Beobachtung dritter Ordnung. Es gibt allerdings auch Fälle, in denen die Inhaltsanalyse eine Beobachtung zweiter Ordnung ist, weil sie eine Beobachtung erster Ordnung aufgreift: Das ist der Fall, wenn z. B. ein Redner auf die Verhältnisse in England verweist.

chertes Bild von den Veränderungen der Wahrnehmung über einen langen Zeitraum hinweg erlaubt.

Und dieses Bild kann sich auf den *Normalfall der parlamentarischen Sachpolitik* beziehen. Denn es sollen nicht die „Hohen Festtage" (vgl. Dayan/Katz 1992) politischer Kommunikation untersucht werden, die Wahlkämpfe, Skandale, „Jahrhundertentscheidungen" und Katastrophen; stattdessen wird der Zugang über die parlamentarische Routine gewählt. In deren Mittelpunkt steht die Ausübung des parlamentarischen Budgetrechts. Der Haushalt ist das Rückgrat der Politik und das entscheidende Scharnier der Auseinandersetzung zwischen Parlament, Regierung und Interessengruppen. Die Haushaltsverhandlungen sind politisch von zentraler Bedeutung, aber nicht sonderlich spektakulär. Insofern bieten die Haushaltsdebatten die Gelegenheit, Auseinandersetzungen mit einer mittleren Konfliktlage zu analysieren, in denen es weder um Weichenstellungen geht (z. B. Hauptstadtentscheidung) noch um das Aushandeln von Lösungen für sehr spezifische Probleme (z. B. Details der Verkehrswegeplanung). An Haushaltsdebatten müsste sich zeigen, wie groß der Stellenwert der Medien für den Kernbereich parlamentarischer Arbeit geworden ist.

Wie *valide* ist dieser Indikator? Kann damit die Wahrnehmung der Umwelt durch das Parlament gemessen werden? Durch die Verweise in Haushaltsdebatten wird das Geflecht der Instanzen sichtbar, auf das sich die Parlamentarier in ihren Äußerungen beziehen und das sie durch ihre Äußerungen fortschreiben. In den Reden kommt zum Ausdruck, welches Netz an externen Instanzen die Sichtweise der einzelnen Parlamentarier und in aggregierter Form auch die der Parlamentariergruppen und des Parlaments insgesamt prägt.[11] Dieses mentale Akteursnetz ist Teil der parlamentarischen Sichtweise auf die Welt und maßgeblich auch für die politischen Auseinandersetzungen und das politische Handeln. Es ließe sich einwenden, Veränderungen in der parlamentarischen Redeweise seien von vielen Faktoren abhängig und spiegelten nicht die Veränderungen in der „eigentlichen" Kognition der Parlamentarier wider. Hinter diesem Einwand steht eine weder theoretisch noch empirisch begründbare strikte Trennung von Sprechen und Denken. Plausibler ist es, von einer Interdependenz zwischen Sprechen und Denken auszugehen: Veränderungen im Reden sind Ausdruck von Veränderungen im Denken und prägen wiederum das Denken (Whorf 1963; Donnellon 1986; Weick/Bougon 1986). Wenn ein Abgeordneter in seinen Reden mehr als früher auf die Presse verweist, ist die Wahrscheinlichkeit hoch, dass er sie auch stärker wahrnimmt als früher. Entsprechendes gilt für die anderen externen Instanzen. Sicher ist eine Referenz auch Ergebnis rhetorischer Kalküle: Womit kann man die eigene Position stützen und die des Gegners erschüttern?[12] Aber eben in solchen strategischen Überlegungen wird

---

11 Sozialpsychologische Ansatzpunkte zu einer kognitionsbasierten Organisationstheorie finden sich bei Fiske und Taylor (1991).
12 Zur rhetorischen Funktion derartiger Referenzen siehe Ecker-Erhardt (in diesem Band). Eine Behauptung nicht durch Begründung zu stützen, sondern dadurch, dass man sich auf eine Autorität beruft, die diese Behauptung ebenfalls vertritt, wird in der Rhetorik zu den Scheinargumenten gezählt, denn auch Autoritäten können irren. Die Wirkung dieser Figur beruht auf der Übertragung von allgemein anerkannter Glaubwürdigkeit und Kompetenz der Autorität auf den Sprecher (vgl. Ueding/Steinbrink 2005: 269; mit Verweis auf Cicero und Quintilian). Schopenhauer (1983) nennt als mögliche Autoritäten, die man als Redner „nach Maßgabe der Kenntnisse des Gegners" (S. 57) anführen kann: Berühmtheiten, Fachleute, Titelträger, allgemeine Vorurteile, altsprachliche Floskeln oder die allgemeine Meinung.

deutlich, wen Parlamentarier für seriös und glaubwürdig halten, ob z. B. Medien mehr als andere Bezugsinstanzen zur Argumentationsstütze taugen. Gerade die Einschätzung, welche Referenz der Rede mehr Überzeugungskraft verleiht, wird durch den Indikator abgebildet. Denn wenn sich in öffentlichen Auseinandersetzungen weniger auf Medien bezogen wird, weil die Glaubwürdigkeit der Medien sinkt, so würde dies ja den Schluss nahe legen, dass die Relevanz von Medien als generelle Bezugsinstanz für Politik nachlässt. Entsprechend gilt dies für einen Anstieg der Bezüge auf Medien und für die Veränderung der Bezüge auf andere Instanzen.[13]

3.3 Materialkorpus

In der Analyse werden die publizierten stenographischen Protokolle *der Haushaltsdebatten des Deutschen Bundestages* ausgewertet, und zwar aus den letzten 14 abgeschlossenen Legislaturperioden, also von *1953 bis 2005*.[14] Die Beschränkung auf Haushaltsdebatten erlaubt Vergleiche über die Zeit hinweg, denn eine Haushaltsdebatte findet alljährlich statt und die Wahrscheinlichkeit ist hoch, dass Entscheidungen etwa die gleiche politische Bedeutung haben.

Als *Stichprobe* wurde die Haushaltsdebatte im mittleren Jahr einer Legislaturperiode ausgewählt, da hier der Abstand zum Wahlkampf vermutlich am größten ist. Es wurde die *Erste Beratung des von der Bundesregierung eingebrachten Entwurfs eines Gesetzes über die Feststellung des Bundeshaushaltsplans* für das jeweilige Haushaltsjahr vollständig ausgewertet. Diese Debatte gibt der Opposition traditionell Gelegenheit zur grundlegenden Abrechnung mit der Regierungspolitik (Guggenberger 2003). Folglich tritt dann auch politische Prominenz ans Rednerpult; vor Bundestagswahlen kommt es zu diesem Anlass zu Redeuellen der Spitzenkandidaten (Zeh 2005: 155).

3.4 Datenerhebung

Für die Ermittlung und die Analyse der Bezüge auf externe Instanzen wurde ein *Codebuch* mit insgesamt 24 standardisierten Variablen entwickelt.[15] Als zentrale *Analyseeinheit* wurde die „*Referenz*" bestimmt. Eine Referenz ist immer dann gegeben, wenn ein Parlamentarier in seiner Rede einen *expliziten* Bezug auf eine Instanz *außerhalb* des

---

13 Im Gegenzug kann gefragt werden: Wie anders sollen vergangene Sichtweisen einer Organisation rekonstruiert werden, wenn nicht über Dokumente? Interviews mit Beteiligten über frühere Wahrnehmungen sind eine sehr zweifelhafte Quelle. Die Protokolle der Parlamentsdebatten sind nicht nur deshalb besonders vorteilhaft, weil sie lückenlos greifbar sind, sondern auch deshalb, weil der Wortlaut der Reden nur behutsam bearbeitet wird.
14 In der ersten Legislaturperiode (1949-1953) hatten die Haushaltsberatungen einen lediglich technischen Charakter. Die Auseinandersetzungen waren vollständig in den Ausschuss verlagert. Die Protokolle der Plenumsberatungen zum Haushalt der Jahre 1952 und 1953 umfassen nur wenige Seiten und enthalten kaum Referenzen, weil nicht argumentiert wird. Deshalb wurde die 1. Legislaturperiode aus der Auswertung herausgenommen. Die Auswertung beginnt mit einer Debatte aus der zweiten Legislaturperiode.
15 Siehe www.phil-fak.uni-duesseldorf.de/kmw-vowe/forschung/mediatisierung-der-politik.

inneren politischen Akteurszirkels nimmt. Eine Referenz auf Medien liegt dann vor, wenn ein Redner explizit Bezug auf die Medien allgemein, auf einzelne Medien oder auf mediale Inhalte nimmt.[16] Als weitere externe Bezugsinstanzen wurden Verbände/Lobbyisten, Bürger, Experten, Gerichte, supra- und internationale Organisationen, ausländische Politiker, Religion/Kirche, Öffentlichkeit/öffentliche Meinung, deutsche staatliche Einrichtungen, die nicht zum inneren politischen Akteurszirkel gehören (z. B. Arbeitsämter, Bundespost, Gemeinden) sowie „Dichter und Denker" und „Elder Statesmen" erfasst.[17]

Die Datenerhebung war getrennt zwischen *Identifikation* der Referenzen einerseits und *Codierung* der aufgefundenen Referenzen andererseits. Die Identifikation wurde durch drei Personen vorgenommen, die Codierung von einer vierten Person. Der Untersuchung waren Pretests vorgeschaltet.

An zwei Stellen der Untersuchung wurden *Reliabilitätstests* durchgeführt. Ein erster Test zu Beginn der Untersuchung ergab für die Identifikation der Referenzen einen Intercoderreliabilitätswert von .74 (vgl. Rössler 2005: 189) und für die Codierung einen Intracoderreliabilitätswert im Durchschnitt aller Variablen von .94 (vgl. Rössler 2005: 189). Der Wert für die Identifikation wurde nicht als zufrieden stellend angesehen, deshalb wurden eine Konkretion der Aufgreifkriterien und eine Nachschulung durchgeführt. Ein anschließender zweiter Test ergab für die Identifikation wesentlich verbesserte Ergebnisse (.89).

4. Ergebnisse: Wie haben sich Weltbild und Medienbild des Parlaments verändert?

Die Inhaltsanalyse erbrachte insgesamt 6 876 Fälle: So oft bezog sich ein Redner in einer der Debatten der Stichprobe aus 50 Jahren auf eine externe Instanz. Diese Datenbasis erlaubt ein dichtes Bild des Bildes, das sich das Parlament von seiner Umwelt macht. Wir gehen zunächst auf das Weltbild des Parlaments insgesamt ein, und zwar im Querschnitt (4.1) und im Längsschnitt (4.2). Dann zeichnen wir die Entwicklung einzelner Umweltsegmente nach, zunächst für die Medien (4.3), dann für die anderen Umweltbezüge (4.4). Das Weltbild wird dann nach verschiedenen parlamentarischen Akteuren differenziert (4.5). Abschließend rekonstruieren wir das Medienbild des Parlaments (4.6).

---

16 Wurden z. B. ein Verweis auf Medien und ein Verweis auf Experten in unmittelbarer Folge genannt (z. B. „Der FAZ konnte man entnehmen, dass der Sachverständigenrat ..."), so wurde beides als einzelner Fall codiert.
17 Die Beobachtung der „öffentlichen Meinung", auf die Fuchs und Pfetsch (1996: 114) ihre Analyse abstellen, wurde von uns differenziert in Bezüge auf die „Medien", auf die „Öffentlichkeit" und auf die „Bürger". Bei der „Öffentlichkeit" wurde nicht unterschieden zwischen der Zitierung demoskopischer Daten und dem pauschalen Verweis auf „Öffentlichkeit".

4.1 Wie ist das Weltbild des Parlaments insgesamt strukturiert? Segmentierte Umwelt

Auf welche externen Instanzen beziehen sich Politiker? Wem in der Außenwelt gelingt es, vom Parlament in welcher Intensität wahrgenommen zu werden? *Abbildung 1* zeigt die zusammengefassten Ergebnisse aller ausgewerteten Bundestagsdebatten.

Abbildung 1: Weltbild des Parlaments – Anteile der Referenzen aus allen Debatten von 1955 bis 2004 (in %; n = 6 876)

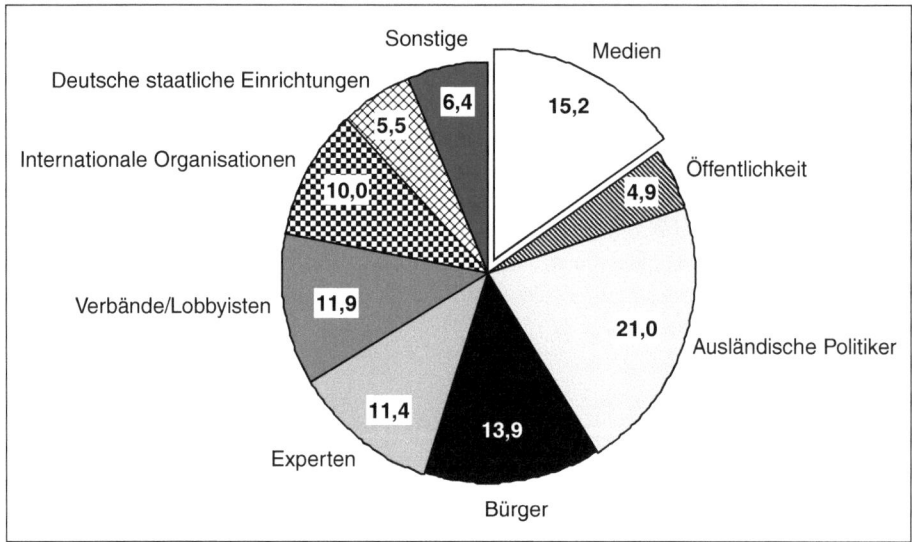

Die Umwelt des Parlaments gliedert sich in eine Vielzahl einzelner Segmente. Politik wird von vielen beobachtet, und die Politik beobachtet, wie diese vielen sie beobachten. Die Aufmerksamkeit verteilt sich auf acht Umweltsegmente, die sich zu vier Größenordnungen gruppieren lassen:

- drei *große Segmente,* die insgesamt etwa die Hälfte aller Bezüge ausmachen: ausländische Politiker, Medien, Bürger;
- drei *mittlere Segmente* mit insgesamt etwa einem Drittel aller Bezüge: Verbände, Experten, internationale Organisationen;
- zwei *kleine Segmente:* deutsche staatliche Einrichtungen und Öffentlichkeit;
- in der Restkategorie sind *unbedeutende Umweltsegmente* mit 3 Prozent oder weniger der Bezüge. Sie spielen im Untersuchungszeitraum keine Rolle und werden sozusagen aus dem Augenwinkel beobachtet.

Medienreferenzen bilden die zweitgrößte Gruppe der Referenzen insgesamt. Nur auf *ausländische Politiker* wurde öfter verwiesen. Allerdings ist deren Vorsprung recht groß. Nimmt man die Verweise auf internationale Organisationen (10 %) noch hinzu, wird die starke Stellung der internationalen Bezüge deutlich. Auf die *Bürger* wird fast genau

Abbildung 2: Entwicklung des Weltbildes – Anteile der Referenzen

Debatten von 1974 bis 1989 (in %; n = 2 299)

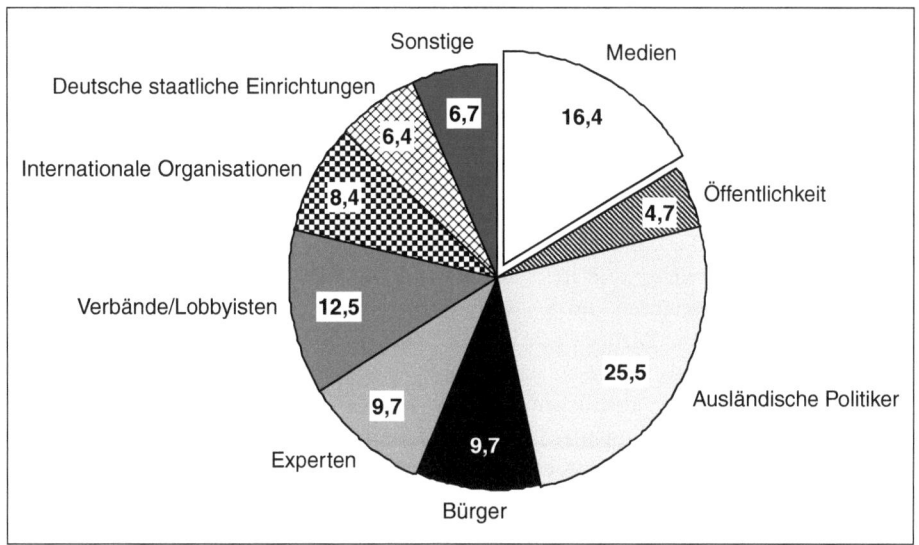

Debatten von 1992 bis 2004 (in %; n = 3 444)

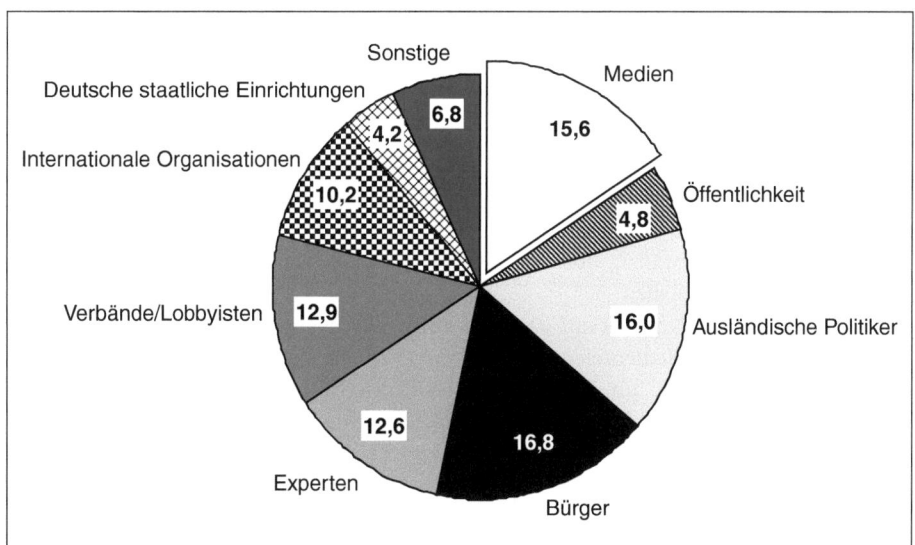

so oft verwiesen wie auf die Medien. Referenzen auf Medien spielen also insgesamt eine bedeutende, aber keine überragende Rolle.

4.2 Wie hat sich das Weltbild entwickelt? Entropie

Der Umfang der Debatten nahm stark zu. Er schwoll von 58 Protokollseiten im Jahre 1955 auf über 400 in den Jahren 2000 und 2004 an. Die Haushaltsdebatte veränderte mit der Zeit ihren Charakter, sie wurde erst nach und nach zum Anlass für einen grundsätzlichen Schlagabtausch zwischen Regierung und Opposition. Durch die Ausweitung stieg auch die Zahl der Referenzen, aber in der Entwicklung des Verhältnisses zwischen Debattenumfang und Referenzzahl ist keine Regelmäßigkeit festzustellen: Weder nahmen die Referenzen pro Seite kontinuierlich ab noch zu. Weder wurden die Reden früher mit mehr Bezügen gespickt als heute, noch wird die Umwelt heute sensibler wahrgenommen als früher.

Veränderungen treten deutlicher hervor, wenn man den Untersuchungszeitraum in drei etwa gleich lange Perioden teilt: die Bundesrepublik der Nachkriegszeit (fünf Debatten bis 1971), die modernisierte Bundesrepublik (fünf Debatten von 1974 bis 1989) und die Bundesrepublik nach der Wiedervereinigung (vier Debatten ab 1992). Ein Vergleich der Weltbilder in der zweiten und der dritten Periode zeigt, dass sich die Anteile der einzelnen Umweltsegmente einander annähern (siehe *Abbildung 2*).

Kein Segment gelangt in eine dominante Position für die Wahrnehmung der Umwelt; im Gegenteil: Die Unterschiede in den Anteilen der Segmente werden kleiner.[18] Es zeigt sich eine Tendenz zur Gleichverteilung, es wächst die Entropie.

4.3 Wie haben sich die Medienreferenzen in den Debatten entwickelt? Wellenförmige Entwicklung statt linearem Wachstum

Wichtiger noch als der Anteil an den Bezügen insgesamt ist die Frage, ob die Medien in den letzten zehn, zwanzig oder fünfzig Jahren in der Wahrnehmung des Parlaments an Boden gewonnen haben.

Aus *Abbildung 3* geht hervor, dass dies nicht durchgängig der Fall ist. Auffällig ist ein Höhepunkt der Medienreferenz im Jahre 1978, in dem jede vierte Referenz den Medien galt. Davor sind im Durchschnitt niedrigere Werte zu beobachten, als sie danach zu verzeichnen sind. Insgesamt deuten die Resultate seit den achtziger Jahren eher auf eine Stabilität des Anteils auf hohem Niveau bei Medienreferenzen hin als auf weitere Steigerung. Deutlich wird bei den Medienbezügen, dass die Entwicklung *Wellenform* annimmt. Auf eine Aufwärts- folgt rasch eine Abwärtsbewegung. Dies wird besonders deutlich, wenn man sich die relativen Veränderungen des Anteils der Medienreferenzen anschaut (siehe *Abbildung 4*).

---

18 Bei den sechs größten Segmenten, die zusammen durchgängig mehr als 80 Prozent der Anteile ausmachen, sinkt die durchschnittliche Abweichung von Mittelwerten der Anteile dieser Segmente in der jeweiligen Periode von 4,83 (1974-1989) auf 2,12 Prozentpunkte (1992-2004).

Abbildung 3: Entwicklung des Anteils der Medienreferenzen in den Debatten von 1955 bis 2004 (in %; n = 1 044)

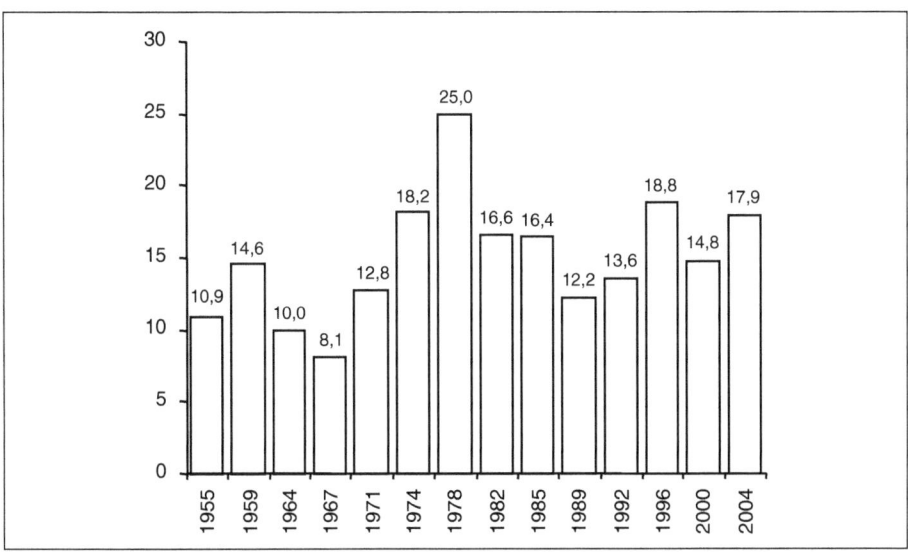

Abbildung 4: Gewinne und Verluste im Anteil der Medienreferenzen in den Debatten von 1955 bis 2004 (in %, n = 1 044); 0 = Gesamtmittelwert über alle Medienreferenzen

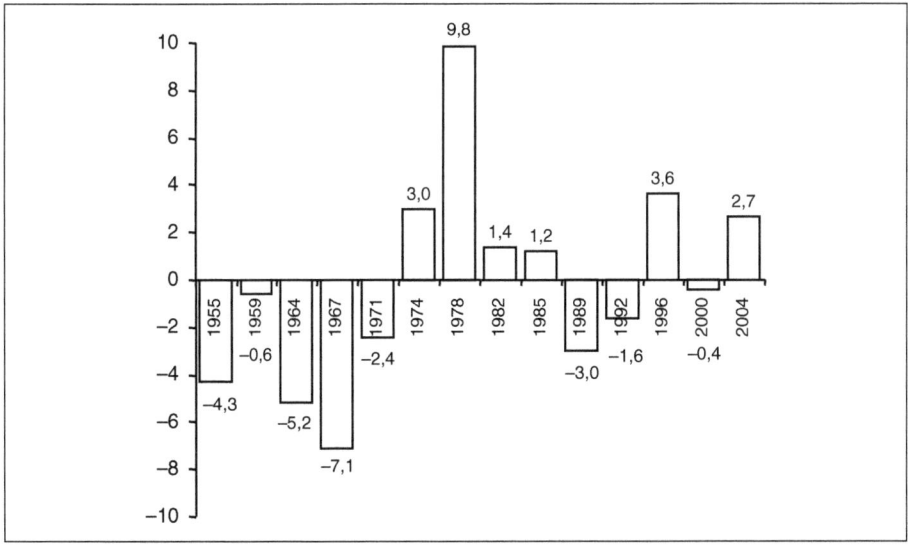

Die Wahrnehmung der Medien schwingt sich ein, dadurch gewinnt sie keine Dominanz gegenüber anderen Bezügen. Die Medienbezüge gehören zu den drei am intensivsten beobachteten Umweltsegmenten, sie dominieren aber ebenso wenig die Wahrnehmung, wie es die anderen beiden Segmente tun.

Durch den Vergleich im Längsschnitt kann auch überprüft werden, ob *Sprünge in der Entwicklung* aufgetreten sind, z. B. im Anschluss an die Sicherung eines Spielraums für die Presse („Spiegel-Affäre" 1961), an die Zulassung privater Fernsehanbieter (1984) und an den Übergang von der „Bonner" zur „Berliner Republik" (1999). Die Daten zeigen aber, dass entgegen der Erwartungen im Anschluss an diese Zäsuren eher Abschwünge der Medienbezüge zu verzeichnen sind.

4.4 Wie haben sich die Referenzen auf andere Instanzen entwickelt? Gedämpfte Schwingungen

Auch die Beobachtung der anderen Segmente nimmt nicht linear zu, sondern entwickelt sich jeweils wellenförmig. Bei allen Wellen ergibt sich eine hohe Spitze, die durch ein tiefes Tal kompensiert wird. Im weiteren Verlauf nehmen die Amplituden der Schwingung dann ab. Man kann diese Form der Entwicklung mit einer Anleihe aus der Mechanik als „gedämpfte Schwingung" beschreiben. Die Beobachtung eines Umweltsegments schwingt sich ein. Eine mögliche Erklärung dafür verbindet sich mit der psychologischen Kategorie der „Reaktanz" (Dickenberger et al. 1993). Wenn ein Umweltsegment sehr intensiv beobachtet wird, dann vergrößert sich in der Folge mit hoher Wahrscheinlichkeit die Distanz zu diesem Umweltsegment. Im Rahmen dieses Grundmusters zeigen sich Unterschiede zwischen den Umweltsegmenten:

– Die *internationalen Bezüge* sind das wichtigste Segment. Es bildet die Umwelt im räumlich-politischen Sinne ab. Auf der Rednertribüne des Parlaments wird sich vor allem gefragt, wie wohl die ausländischen Politiker die deutsche Politik sehen. Dies bezieht sich nicht nur auf die Außenpolitik; auch andere Politikbereiche wurden im Rahmen der Haushaltsdebatten über lange Zeit sehr häufig in einen doppelten internationalen Bezugsrahmen gestellt: Westintegration und Ost-West-Konfrontation. Wie *Abbildung 5* – in der die Bezüge auf ausländische Politiker und internationale Organisationen zusammengefasst wurden – zeigt, nimmt der Anteil der internationalen Bezüge mit der Zeit ab. Wir finden aber auch hier keine lineare Zu- oder Abnahme, sondern eine Wellenbewegung mit zunächst hohen Ausschlägen. Mit der Zeit normalisiert sich langsam der überragende Anteil internationaler Bezüge aus früheren Jahrzehnten. Dies widerspricht scheinbar den Gewissheiten aus der Globalisierungsdiskussion, dass internationale Bezüge an Bedeutung rapide zu- und nicht etwa langsam abnehmen. Plausibel wird der Befund einer Abnahme der internationalen Bezüge, wenn man sich vergegenwärtigt, wie sehr z. B. der Ost-Westkonflikt das politische Denken vor 20 Jahren beherrscht hat. Die Lösung aus der ständigen Referenz auf das Ausland zeigt in gewisser Weise ein erstarktes Selbstbewusstsein.
– Auch bei den Verweisen auf *Experten,* unter die vor allem Wissenschaftler und wissenschaftliche Einrichtungen fallen, finden wir eine Wellenbewegung, wobei gegenwärtig eine Aufwärtsphase zu verzeichnen ist (siehe *Abbildung 6).* Der Planungseuphorie der sechziger Jahre und der anschließenden Problematisierung von Wissenschaft ist offensichtlich ein neues Vertrauen auf die Überzeugungskraft von Experten gefolgt.

Abbildung 5: Entwicklung des Anteils der internationalen Bezüge (Referenzen auf ausländische Politiker und internationale Organisationen) in den Debatten von 1955 bis 2004 (in %; n = 2 130)

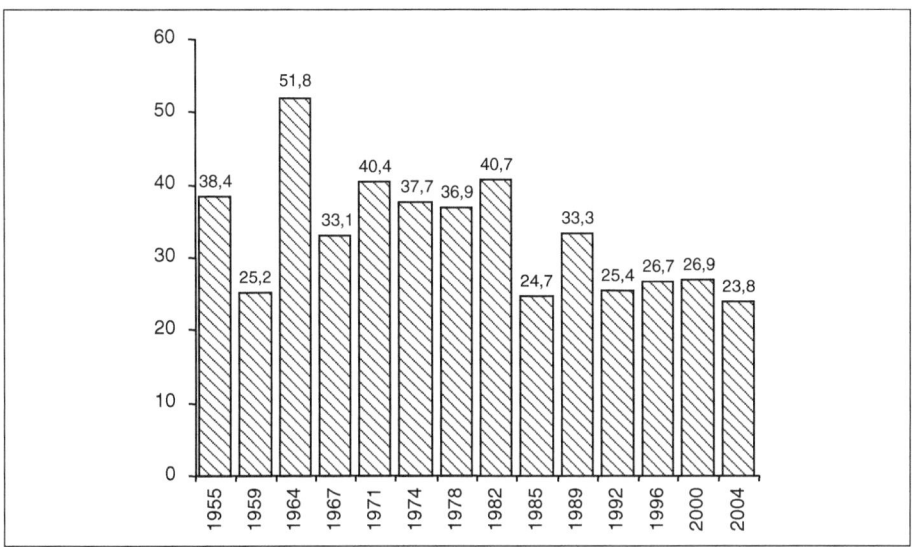

Abbildung 6: Entwicklung des Anteils der Referenzen auf Experten in den Debatten von 1955 bis 2004 (in %; n = 786)

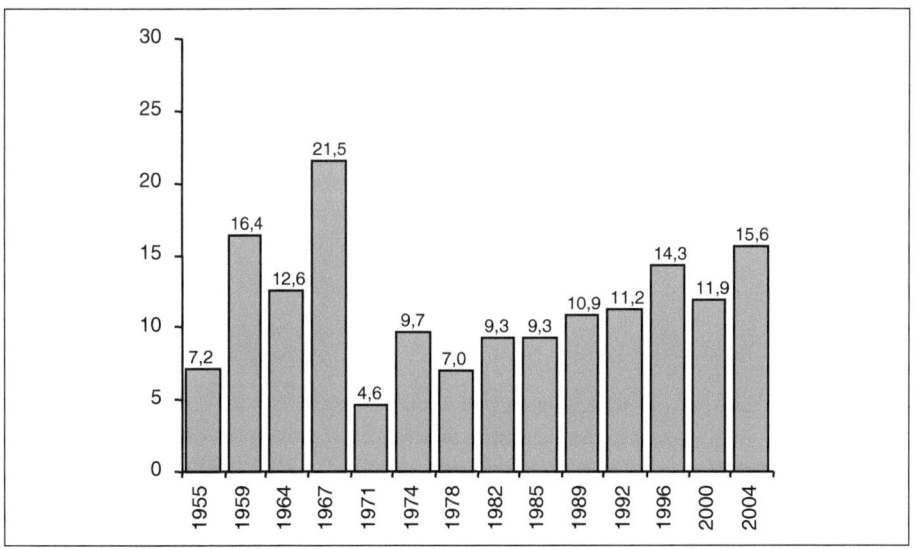

Abbildung 7: Entwicklung des Anteils der Referenzen auf Bürger in den Debatten von 1955 bis 2004 (in %; n = 956)

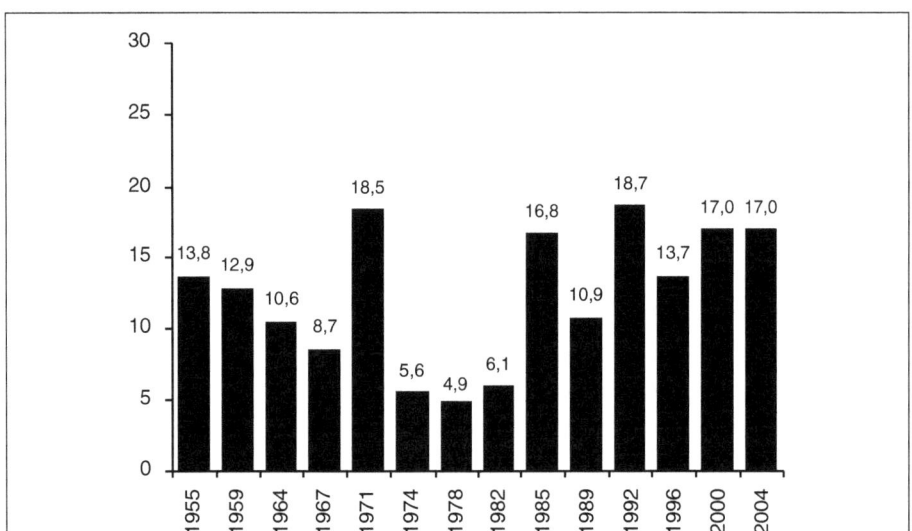

- Auch die Verweise auf *Verbände und Lobbying* entwickeln sich in Wellenform. Der Anteil schwingt sich ein: seit 1985 liegt der Anteil der Referenzen auf diese Gruppe über der Marke von 10 Prozent. Die häufig geäußerte Annahme, dass der Einfluss von Lobbyisten auf die Politik beständig zunehme, kann anhand der Referenzen nicht bestätigt werden.
- Im Segment *Bürger* werden die Referenzen zusammengefasst, bei denen die Redner einzelne Aussagen von Bürgern zitieren. Diese Fallbeispiele spielen eine viel größere Rolle in den Reden als Verweise auf Öffentlichkeit – sei es durch die Nennung der Öffentlichkeit als pauschale Größe oder durch die Zitierung von Meinungsumfragen (anders: Fuchs/Pfetsch 1996: 117). Auch bei den Verweisen auf Bürger zeigt sich deutlich ein Wellenbild (siehe *Abbildung 7*), das zudem noch komplementär zum Verlauf der Verweise auf Medien ist.

4.5 Wer referiert wie im Bundestag? Facettierung des Parlaments

Die unterschiedlichen Gruppenzugehörigkeiten der Sprecher lassen unterschiedliche Referenzstrukturen erwarten. Die Ergebnisse zeigen ein sehr heterogenes Bild:

- Unterschiede zwischen den Sichtweisen von *Regierung und Opposition* finden sich in folgender Hinsicht: Auf *ausländische Politiker* verweisen Regierungsvertreter sehr viel häufiger als Parlamentarier, die den Fraktionen der Regierungspartei angehören, und die wiederum häufiger als Parlamentarier, die Oppositionsfraktionen angehören (28,4 % aller Verweise in Reden von Regierungsvertretern gegenüber 20,8 % bzw. 16,3 %). Bei *internationalen Organisationen* zeigt sich das gleiche Bild (Regierungsvertreter: 15,3 % aller Verweise gegenüber 8,1 % Prozent bzw. ebenfalls 8,1 %). Auf

Medien verweisen hingegen Regierungsvertreter deutlich seltener als Parlamentarier aus den Regierungsfraktionen oder aus den Oppositionsfraktionen (8,8 % aller Referenzen gegenüber 16,3 % bzw. 18,3 %). Die gleiche Tendenz zeigt sich bei den Verweisen auf *Bürger* (Regierungsvertreter: 10,2 % aller Verweise gegenüber 14,3 % bzw. 16,0 %). Die Regierung gibt sich weltläufig und verweist auf internationale Notwendigkeiten; die Parlamentarier und insbesondere diejenigen in der Opposition beziehen sich auf Stimmen aus dem eigenen Lande.
– Hingegen finden sich kaum Unterschiede zwischen den Sichtweisen von *linken und rechten Parteien,* also unabhängig davon, ob sie in der Regierung oder in der Opposition sind.
– *Rednerinnen* verweisen mehr auf Bürger und Verbände und deutlich weniger auf ausländische Politiker als *Redner*. Dies ist aber dadurch bedingt, dass der Frauenanteil bei Bündnis 90/Die Grünen und bei der PDS sehr viel höher ist. Deshalb sind die geschlechtsspezifischen Unterschiede in den Verweisen zum größten Teil bedingt durch Unterschiede, die durch Zeitpunkt und parlamentarischen Status hervorgerufen werden.

4.6 Wie ist das Medienbild des Parlaments? Medien als gedruckte Informationsquelle

Die Datenbasis erlaubt spezielle Aussagen über die Medienreferenzen (n = 1 044) und damit eine Rekonstruktion des Bildes, das sich das Parlament von den Medien macht.

So wurde erhoben, auf *welches Medium* referiert wurde. Dabei weisen die Ergebnisse auf eine deutliche Dominanz der Presse hin. 74,0 Prozent aller Medienreferenzen beziehen sich auf Zeitungen und Zeitschriften. Der insgesamt hohe Wert mag zum einen mit dem guten Image der national verbreiteten Qualitätszeitungen in Deutschland zu tun haben; am häufigsten wird explizit Bezug auf die Süddeutsche Zeitung (n = 58) und die FAZ (n = 56) genommen. Ein weiterer Grund dürfte sein, dass die Abgeordneten vor allem diejenigen Pressemeldungen zur Kenntnis nehmen, die ihnen ihr Mitarbeiterstab zusammengestellt hat – dazu dürften auch Meldungen aus den Regionalzeitungen der jeweiligen Wahlkreise der Abgeordneten gehören, auf die sich auch immer wieder bezogen wird.[19] Verweise auf das Fernsehen sind durchgängig sehr selten (insgesamt 6,9 %); öfter noch wird auf „die Medien" Bezug genommen (insgesamt 14,3 %). Bei diesem Pauschalverweis lässt sich in den letzten Jahrzehnten sogar ein – wenn auch nicht linearer – Anstieg auf zuletzt 18,0 Prozent (2000) bzw. 17,3 Prozent (2004) feststellen. Dafür ist der Anteil der Presse für die beiden letzten Erhebungszeiträume mit 69,5 Prozent (Jahr 2000) bzw. 68,0 Prozent (Jahr 2004) etwas gesunken: Wir haben hier demnach leichte Verschiebungen im Medienbild. Printmedien verlieren an Boden, „die Medien" gewinnen. Auf „Neue Medien" wie Internet oder WWW wird insgesamt

---
19 Dies deutet auf einen gewichtigen Unterschied: Die Beobachtung der Politik durch die Bürger wird in professionalisierter Weise durch die Demoskopie erfasst. Die Beobachtung durch die Medien wird eher sporadisch und in kleinen Ausschnitten erfasst. Eine der Demoskopie vergleichbare Technologie zur Beobachtung der (ver-)öffentlichten Meinung steht erst in Ansätzen zur Verfügung (vgl. Pfetsch 1997: 51).

nur in drei Fällen verwiesen. Sie sind im Medienbild des Parlaments noch nicht präsent.

Darüber hinaus wurde als weitere Variable erhoben, *welche Funktion* die Verwendung einer Medienreferenz erfüllen sollte. Dabei wurde unterschieden, ob eine Referenz auf Medien den Zweck hatte, sich auf eine Quelle zu berufen, ob eine Referenz als argumentative Stütze für die eigenen Ausführungen diente, ob die Referenz als Drohung verwendet wurde (z. B. „Wenn Sie das so beschließen, wird man Ihnen in den Medien schon die Quittung präsentieren!") oder ob ein Appell an die Medien selbst gerichtet wurde. Die Ergebnisse zeigen, dass knapp zwei Drittel der Medienreferenzen (62,3 %) eine Quellenfunktion erfüllten. In 35,9 Prozent der Fälle wurden sie als Stütze gebraucht. Nur äußerst selten finden sich Drohungen mit (0,4 %) oder Appelle an die Medien (1,4 %). Im Zeitverlauf zeigt sich, dass in den ersten Debatten bis 1967 (bei allerdings jeweils niedriger Fallzahl) das Verhältnis von Medien als Quelle oder als Stütze weitaus ausgeglichener war als in den anschließenden Debatten, in denen Medienreferenzen mit Quellenfunktion fast durchgehend einen deutlichen Vorsprung vor den Stützreferenzen hatten.

Insgesamt zeigt sich in diesen Befunden ein bestimmtes *Medienbild* des Parlaments: die Medien sind vor allem eine gedruckte Quelle, der aktuelle Information zu entnehmen sind, insbesondere über Verlautbarungen anderer Politiker. Im Bundestag werden die Medien also noch als Überbringer von Neuigkeiten gesehen. Der Pressespiegel dürfte die Inkarnation des Medienbegriffs sein. Dieses Medienbild hat sich relativ wenig verändert und ist im Übrigen auch über die innerparlamentarischen Gräben hinweg recht einheitlich ausgeprägt.

5. Fazit: Wie verändert sich die parlamentarische Weltsicht?

Was hat die Studie unter dem Strich erbracht? In einem Satz: Man sieht, wie das Parlament die Welt sieht und wie es die Medien sieht. Und man sieht, wie sich diese Sicht entwickelt hat, wie die Sichtachse wechselt und die Aufmerksamkeit schwankt. Auf den ersten Blick zeigt sich in den Daten kein klares Bild. Auf den zweiten Blick fügt sich aber die verwirrende Vielzahl von Verweisen zu einem Muster aus vier substanziellen Ergebnissen:

- Wir konnten erstens zeigen, wie die *Sicht des Parlaments insgesamt* strukturiert ist – wenn man zeitliche, sachliche und soziale Differenzierungen außer Acht lässt und von einzelnen Phasen, Akteuren und Politikfeldern abstrahiert. Aus der Vogelperspektive wird deutlich, dass die Umwelt *stark segmentiert* ist und dass insbesondere drei Segmente die Wahrnehmung des Parlaments prägen: ausländische Politiker, Medien und Bürger. Ergänzt wird dies durch Experten, Verbände und internationale Organisationen. Das macht deutlich, dass die Responsivität des Parlaments von vielen Seiten aus gefordert ist (Etzioni 1968; Brettschneider 1995; Fuchs/Pfetsch 1996: 128). Denn hinter jedem Umweltsegment verbergen sich Anspruchsgruppen, die ihre Interessen geltend zu machen versuchen.
- Zweitens wurde deutlich, dass und wie die Aufmerksamkeit für die *einzelnen Segmente* schwankt. Dieses Auf und Ab verringert sich aber mit der Zeit, so dass sich

für die einzelnen Segmente im Regelfalle eine *gedämpfte Schwingung* ergibt. Es verringern sich die Unterschiede in der Aufmerksamkeit, mit der die verschiedenen Umweltsegmente beobachtet werden.
– Drittens zeigt sich, wie *unterschiedlich* die Umwelt *innerhalb des Parlaments* gesehen wird. Vertreter der Regierung beziehen sich bevorzugt auf ausländische Politiker, Vertreter der Oppositionsfraktionen auf Medien und Bürger.
– Das *Medienbild* ist – weitgehend einheitlich im Parlament – geprägt von der Quellenfunktion der Printmedien. Dieses beginnt sich in letzter Zeit zu wandeln.

Mit der Untersuchung konnten die genannten Lücken im Forschungsstand bei weitem nicht geschlossen werden. Ein Grund sind die engen *Grenzen,* die der Untersuchung in mehrerer Hinsicht gesteckt waren: Zwar erlaubt das Design den gewünschten Überblick über die Entwicklung, aber zur Prüfung und Verfeinerung des Schwingungsverlaufs müssten die Messpunkte verdichtet werden. Erst eine Analyse aller Haushaltsdebatten würde es ermögliche, Entwicklungen genauer nachzuzeichnen und statistisch zu prüfen Dies gilt ebenso im Hinblick auf die Differenzierung nach Akteuren und nach Politikfeldern. Auch der Vergleich mit anderen Parlamenten würde neue Einblicke in Struktur und Dynamik der Wahrnehmung erlauben.

Unser Indikator kann nur einer von *vielen möglichen Indikatoren* für die Feststellung sein, wie sich das Weltbild des Parlaments verändert hat. Aber dieses Vorgehen bietet eine belastbare Basis für weitere Studien mit anderen Indikatoren und Methoden. So ist es nun möglich, die neuralgischen Punkte der Entwicklung zu identifizieren und in einem vertiefenden Schritt die impliziten Referenzen zu analysieren, z. B. ein Aufgreifen von medial gesetzten Themen oder eine Übernahme medialer Deutungsmuster, ohne dass explizit auf Medien Bezug genommen würde. Erst durch das Zusammenspiel mehrerer Indikatoren und mehrerer Methoden wird es möglich sein, Aufschlüsse darüber zu gewinnen, an welchen Punkten Kausalhypothesen anknüpfen könnten: Wo bieten der zeitliche Verlauf und die Unterscheidung von Akteuren und Politikfeldern Hinweise, warum die Weltsicht so wurde und ist, wie sie ist?

Dennoch können auch die bereits vorliegenden Befunde der Studie dafür genutzt werden, empirisch zu prüfen, wie belastbar großrahmige Thesen zur Veränderung von Politik sind, z. B. die Vermutung einer Verwissenschaftlichung der Politik oder einer *Medialisierung der Politik* (Altheide/Snow 1988; Kepplinger 2002; Marcinkowski 2005; Imhof 2006; Vowe 2006; Schulz 2008). Systemtheoretisch formuliert wird mit „Medialisierung" eine Beobachtung dritter Ordnung auf den Begriff gebracht: Die Wissenschaft stellt fest, Politik verändere sich, da sie registriere, dass sie von den Medien beobachtet wird. Um dies an einem Beispiel deutlich zu machen: Die Medien greifen in ihrer Spiegelung des politischen Geschehens Sachfragen dann besonders intensiv auf, wenn sie mit Konflikten innerhalb der Regierung oder einer Partei einhergehen. Politiker lernen daraus, dass sie höhere Chance auf Publizität haben, wenn sie in einer Sachfrage den Konflikt herausstellen. Die Forschung registriert in der Folge einen Anstieg der Konfliktintensität der Politik. In den Funktionssystemen (Politik, Sport, Wirtschaft usw.) wird also beobachtet, wie sie von den Medien beobachtet werden. Dies zieht Veränderungen nach sich, so wie sich jeder anders verhält, wenn er gewahr wird, dass er beobachtet wird. Entsprechend gilt dies für einzelne Organisationen, die in erster Linie dem politischen System zuzurechnen sind: Medialisierung bedeutet für das Parlament, es verändere die zeitlichen, sachlichen und sozialen Strukturen seiner Kommunikation mit Blick auf Erfordernisse der Medien. So orientiere es sein Timing in erster Linie an den Rhythmen, Terminen und Fristen der Medien; es präferiere in seiner Agenda die Themenfelder und Arbeitsformen nach Maßgabe der Nachrichtenwerte, um höhere Chancen auf Publizität zu bekommen; und es orientiere seine Rollenvorgaben an den Vorstellungen der professionellen Kommunikatoren.

Welche Schlussfolgerungen zur Medialisierung der Politik erlauben die Befunde der Studie? Die Wahrnehmung der Medien durch das Parlament kann auch als Indikator für Medialisierung dienen, weil sie eine zwingend erforderliche Voraussetzung für Medialisierung ist. Eine Verstärkung der Wahrnehmung z. B. von Medien ist Voraussetzung für eine stärkere Orientierung an den Medien. Durch die Reden wird signalisiert, wer von den externen Instanzen mehr und wer weniger wahrgenommen wird. Das ist Voraussetzung dafür, dass sich durch die Wahrnehmung Veränderungen vollziehen können. Insofern sind die Referenzen ein Indiz, welche externen Akteure die parlamentarischen Auseinandersetzungen mehr und welche sie weniger prägen können.[20] Im Längsschnitt wird sichtbar, wie sich die Wahrnehmung der Medien entwickelt hat – wie sich also eine Voraussetzung dafür entwickelt hat, dass sich das Parlament stärker an den Medien orientiert als früher.[21] Wenn die Veränderung der Wahrnehmung ein Indiz für Medialisierung ist, dann kann festgehalten werden: Die Auswertung hat die Vermutungen der Medialisierungsthese nur zu einem Teil bestätigt. Wie soll der Medieneinfluss steigen, wenn noch nicht einmal die Wahrnehmung zunimmt? Es zeigt sich, dass neben den Medien auch andere Faktoren ihren Stellenwert für die Politik behalten und zum Teil ausbauen. Auf Basis dieser Befunde könnte man mit ebenso großer Berechtigung von einer Verwissenschaftlichung der parlamentarischen Auseinandersetzung wie von ihrer Medialisierung sprechen. Die Untersuchung zeigt ein differenziertes Bild, das die Erklärungskraft des Medialisierungsansatzes nicht negiert, aber relativiert. Die Ergebnisse stützen eher die These, dass die Mediengewinne überschätzt werden. Ob sie aber geeignet sind, der „Unterschätzung der Eigenlogik des Politischen" (Sarcinelli 2005: 24) entgegenzutreten, muss dahin gestellt bleiben. Aber auch die anderen vermuteten Tendenzen werden nicht einfach bestätigt.

---

20 Es ist sehr unwahrscheinlich, dass z. B. die prägende Kraft bestimmter Interessenverbände, etwa von Gewerkschaften, steigt und sich dies nicht auch daran zeigt, dass diese Interessenverbände vermehrt wahrgenommen und z. B. als Stütze von Argumenten in der parlamentarischen Debatte herangezogen werden. Umgekehrt ist ebenso unwahrscheinlich, dass sich Parlamentarier in ihren Reden vermehrt auf eine bestimmte Instanz beziehen, das „Messinstrument" also eine Steigerung anzeigt, aber der Einfluss dieser Instanz auf das Parlament sich gar nicht verändert hat.

21 Querschnittsdaten würden wenige Schlüsse auf den relativen Einfluss der externen Instanzen erlauben, denn dabei könnte verdeckt bleiben, dass Politiker ihre Abhängigkeit von einer bestimmten Instanz verbergen wollen und deshalb andere Bezüge deutlicher zeigen. Der „subkutane" Medieneinfluss könnte wesentlich größer sein, als es der Indikator zeigt. Aber es müsste plausibel erklärt werden, warum sich die Differenz zwischen expliziten Referenzen und dem Einfluss von Medien mit der Zeit vergrößert haben soll. Angenommen, es wird weniger in Reden auf Medien verwiesen als früher: wie wäre dann zu erklären, dass zugleich ihr substantieller Einfluss größer geworden sein soll als früher? Warum sollte also die Einflusszunahme geheimer verlaufen als früher? Und umgekehrt: Wenn mehr auf Medien verwiesen wird als früher – wie ließe sich das vereinbaren mit einer Abnahme des Einflusses?

Selbstverständlich gilt es, die Validität des Indikators kritisch zu prüfen. Dies geschieht am besten dadurch, dass man andere Indikatoren sucht, die ebenfalls Zeitreihen erlauben. Damit wäre dann folgende Vermutung zu überprüfen, die sich aus der Langzeitbeobachtung der Parlamentsdebatten ergibt: Medialisierung hat eine andere Prozessstruktur als gemeinhin angenommen. In der einschlägigen Literatur herrscht die Vorstellung vor, dass Medialisierung linear ansteige. Die Entwicklung hin zur Mediengesellschaft wird veranschaulicht mit einem linearen, ab und zu sogar mit einem exponenziellen Wachstum – der Kommunikatoren, der Medienanzahl, der Medienangebote, der Mediennutzung, der Medienwirkungen u. a. m. Unsere Untersuchung legt nahe, und das macht den heuristischen Wert des Indikators deutlich, dass diese Vermutung eines linearen oder gar exponenziellen Wachstums eine Zuschreibung ist, die von der Realität allenfalls für kurze Phasen gedeckt ist. Journalisten sind oft dahingehend kritisiert worden, dass sie Aussagen über Tendenzen treffen, ohne dies durch Daten unterlegen zu können. Dies ist „Immer-Mehrismus" genannt worden.[22] Aber auch die Medienforschung selbst neigt aus verschiedenen Gründen zu solchen Simplifizierungen: Forschungsergebnisse lassen sich besser vermitteln, Kontraste werden geschärft, die eigene Rolle wird gestärkt. Alles das sind aber keine vernünftigen Gründe, warum der „Immer-Mehrismus" auch in der Wissenschaft um sich greifen sollte. Gegenüber der Annahme, Medialisierung nehme kontinuierlich zu, ist Skepsis geboten. Denn es ist denkbar unwahrscheinlich, dass wir es in einem so zentralen Strang der kulturellen Evolution mit simplen Zeitmustern wie linearen Prozessen zu tun haben. Vieles spricht dafür, dass sich dabei positive Rückkopplungen ergeben, durch die sich Entwicklungen aufschaukeln, aber auch negative Rückkopplungen, durch die Entwicklungen gedämpft werden. In Medialisierung sind Reaktanzen, Lernprozesse und Überlagerungen mit anderen Entwicklungen eingebaut. Medialisierung sollte folglich als Regelkreis modelliert werden.

Gerade im Bereich der politischen Kommunikation sollte man bei der Deutung der Entwicklung durch weit ausgreifende Tendenzaussagen besonders vorsichtig sein. Denn was Rita Süssmuth als Bundestagspräsidentin den Abgeordneten ans Herz legte, das gilt erst recht für Beobachter dritter Ordnung, die mit „Medialisierung" oder „Verwissenschaftlichung" sehr komplexe Prozesse auf einen einzigen Begriff zu bringen versuchen: „Denken Sie daran: Unser Tun wird draußen sorgfältig beobachtet."[23]

---

22 Der Begriff ist ursprünglich von dem Wissenschaftsjournalisten Thomas von Randow geprägt worden. Brosius et al. (1991) haben dies aufgegriffen und die Wirkung dieser journalistischen Strategie experimentell überprüft. Aktuelle Beispiele für diese journalistische Figur finden sich unter http://immermehr.twoday.net.
23 Rita Süßmuth, Haushaltsdebatte des Bundestages, 13. WP, 120. Sitzung, 10.09.1996, S. 10701.

Literatur

Altheide, David L./Snow, Robert P., 1988: Toward a Theory of Mediation, in: Communication Yearbook 11, 194-223.
Anderson, Peter J./McLeod, Aileen, 2004: The Great Non-Communicator? The Mass Communication Deficit of the European Parliament and its Press Directorate, in: Journal of Common Market Studies 42, 897-917.
Baecker, Dirk, 2005: Form und Formen der Kommunikation. Frankfurt a. M.
Baraldi, Claudio/Corsi, Giancarlo/Esposito, Elena, 1997: GLU. Glossar zu Niklas Luhmanns Theorie sozialer Systeme. Frankfurt a. M.
Benz, Arthur, 2001a: Der moderne Staat. Grundlagen der politologischen Analyse. München.
Benz, Arthur, 2001b: Postparlamentarische Demokratie und kooperativer Staat, in: *Leggewie, Claus/Münch, Richard* (Hrsg.), Politik im 21. Jahrhundert. Frankfurt a. M., 263-280.
Beyme, Klaus von, 2002: Der Gesetzgeber. Der Bundestag als Entscheidungszentrum. Wiesbaden.
Beyme, Klaus von/Weßler, Hartmut, 1998: Politische Kommunikation als Entscheidungskommunikation, in: *Jarren, Otfried/Sarcinelli, Ulrich/Saxer, Ulrich* (Hrsg.), Politische Kommunikation in der demokratischen Gesellschaft. Opladen, 312-323.
Blöbaum, Bernd, 1994: Journalismus als soziales System. Geschichte, Ausdifferenzierung und Verselbständigung. Opladen.
Bogner, Alexander/Torgersen, Helge (Hrsg.), 2005: Wozu Experten? Wiesbaden.
Brettschneider, Frank, 1995: Öffentliche Meinung und Politik. Eine empirische Studie zur Responsivität des Deutschen Bundestages zwischen 1949 und 1990. Opladen.
Brettschneider, Frank, 2005: Massenmedien und Wählerverhalten, in: *Falter, Jürgen/Schoen, Harald* (Hrsg.), Handbuch Wahlforschung. Wiesbaden, 473-500.
Brosius, Hans-Bernd/Breinker, Carsten/Esser, Frank, 1991: Der „Immermehrismus": Journalistisches Stilmittel oder Realitätsverzerrung?, in: Publizistik 36, 407-427.
Brown, Mark B./Lentsch, Justus/Weingart, Peter, 2005: Politikberatung und Parlament. Opladen.
Dayan, Daniel/Katz, Elihu, 1992: Media Events. The Live Broadcasting of History. Cambridge, MA/London.
Dickenberger, Dorothee/Gniech, Gisela/Grabitz, Hans-Joachim, 1993: Die Theorie der psychologischen Reaktanz, in: *Frey, Dieter/Irle, Martin* (Hrsg.), Theorien der Sozialpsychologie. Band 1: Kognitive Theorien. 2. Aufl. Bern, 243-273.
Donnellon, Anne, 1986: Language and Communication in Organization: Bridging Cognition and Behavior, in: *Sims, Jr., Henry P./Gioia, Dennis A.* (Hrsg.), The Thinking Organization. San Francisco, CA/London, 136-164.
Etzioni, Amitai, 1968: The Active Society. A Theory of Societal and Political Processes. London/New York.
Filzmeier, Peter/Winkel, Birgit, 2003: Parlamente im Netz. Internetseiten im EU-Vergleich, in: Aus Politik und Zeitgeschichte 49/50, 37-46.
Fiske, Susan T./Taylor, Shelley E., 1991: Social Cognition. 2. Aufl. New York.
Franklin, Bob (Hrsg.), 1992: Televising Democracies. London/New York.
Fuchs, Dieter/Pfetsch, Barbara, 1996: Die Beobachtung der öffentlichen Meinung durch das Regierungssystem, in: *Daele, Wolfgang van den/Neidhardt, Friedhelm* (Hrsg.), Kommunikation und Entscheidung. Politische Funktionen öffentlicher Meinungsbildung und diskursiver Verfahren. Berlin, 103-135.
Glassman, Robert B., 1973: Persistence and Loose Coupling in Living Systems, in: Behavioral Science 18, 83-95.
Guggenheimer, Bernd, 2003: Regierungserklärung, in: *Andersen, Uwe/Woyke, Wichard* (Hrsg.), Handwörterbuch des politischen Systems der Bundesrepublik Deutschland. 5. Aufl. Opladen, 538-540.
Habermas, Jürgen, 1962: Strukturwandel der Öffentlichkeit. Untersuchungen zu einer Kategorie der bürgerlichen Gesellschaft. Neuwied am Rhein.
Hagen, Lutz, 1992: Die opportunen Zeugen. Konstruktionsmechanismen von Bias in der Zeitungsberichterstattung über die Volkszählungsdiskussion, in: Publizistik 37, 444-460.

Hirscher, Gerhard/Korte, Karl-Rudolf (Hrsg.), 2004: Information und Entscheidung – Kommunikationsmanagement der politischen Führung. Wiesbaden.
Holler, Sebastian/Wolsing, Ansgar, 2008: Hallo und herzlich Willkommen auf meiner Homepage. Direktkandidaten und ihre Internetauftritte im nordrhein-westfälischen Landtagswahlkampf 2005, in: *Aydin, Esra/Begenat, Matthias/Michalek, Christian/Schemann, Jasmin/Stefes, Ingo* (Hrsg.), Düsseldorfer Forum Politische Kommunikation. Schriftenreihe DFPK. Band 3. Münster, 99-124.
Imhof, Kurt, 2006: Mediengesellschaft und Medialisierung, in: Medien und Kommunikationswissenschaft 54, 191-215.
Kepplinger, Hans Mathias, 2002: Mediatization of Politics. Theory and Data, in: Journal of Communication 52, 972-986.
Krause, Detlef, 1999: Luhmann-Lexikon. Eine Einführung in das Gesamtwerk von Niklas Luhmann. 2. überarb. Aufl. Stuttgart.
Leif, Thomas/Speth, Rudolf (Hrsg.), 2006: Die fünfte Gewalt. Lobbyismus in Deutschland. Wiesbaden.
Luhmann, Niklas, 1968: Zweckbegriff und Systemrationalität. Über die Funktion von Zwecken in sozialen Systemen. Tübingen.
Luhmann, Niklas, 1984: Soziale Systeme. Grundriß einer allgemeinen Theorie. Frankfurt a. M.
Luhmann, Niklas, 1994: Die Gesellschaft und ihre Organisationen, in: *Derlien, Hans-Ulrich/Gerhardt, Uta/Scharpf, Fritz W.* (Hrsg.), Systemrationalität und Partialinteresse. Baden-Baden, 189-201.
Luhmann, Niklas, 1996: Die Realität der Massenmedien. 2., erw. Aufl. Opladen.
Luhmann, Niklas, 1997: Die Gesellschaft der Gesellschaft. Frankfurt a. M.
Luhmann, Niklas, 2000: Die Politik der Gesellschaft. Frankfurt a. M.
Marcinkowski, Frank, 1993: Publizistik als autopoietisches System. Politik und Massenmedien. Opladen.
Marcinkowski, Frank, 2000: Die Medien-Öffentlichkeit des Parlaments in der „Verhandlungsdemokratie". Theoretische Überlegungen und empirische Befunde zur Parlamentsberichterstattung von Presse und Fernsehen, in: *Jarren, Otfried/Imhof, Kurt/Blum, Roger* (Hrsg.), Zerfall der Öffentlichkeit? Wiesbaden, 49-73.
Marcinkowski, Frank, 2005: Die „Medialisierbarkeit" politischer Institutionen, in: *Rössler, Patrick/Krotz, Friedrich* (Hrsg.), Mythen der Mediengesellschaft – The Media Society and its Myths. Konstanz, 341-369.
Marcinkowski, Frank/Nieland, Jörg-Uwe, 2002: Medialisierung im politischen Mehrebenensystem. Eine Spurensuche im nordrhein-westfälischen Landtagswahlkampf, in: *Alemann, Ulrich von/Marschall, Stefan* (Hrsg.), Parteien in der Mediendemokratie, Wiesbaden, 81-115.
Marcinkowski, Frank/Pfetsch, Barbara, 2005: Die Öffentlichkeit der Korruption – Zur Rolle der Medien zwischen Wächteramt, Skandalisierung und Instrumentalisierbarkeit, in: *Alemann, Ulrich von* (Hrsg.), Dimensionen politischer Korruption, PVS-Sonderheft 35. Wiesbaden, 287-308.
Marschall, Stefan, 1999: Öffentlichkeit und Volksvertretung. Theorie und Praxis der Public Relations von Parlamenten. Opladen.
Marschall, Stefan, 2003: Strukturwandel der parlamentarischen Öffentlichkeit, in: Zeitschrift für Parlamentsfragen 50, 423-437.
Marschall, Stefan, 2005: Parlamentarismus. Baden-Baden.
Marschall, Stefan, 2007: Politik- und Gesellschaftsberatung in der „Mediendemokratie", in: *Leggewie, Claus* (Hrsg.), Von der Politik- zur Gesellschaftsberatung. Neue Wege öffentlicher Konsultation. Frankfurt a. M./New York, 153-170.
Münch, Richard, 1984: Die Struktur der Moderne. Grundmuster und differentielle Gestaltung des institutionellen Aufbaus der modernen Gesellschaften. Frankfurt a. M.
Negrine, Ralph, 1998: Parliament and the Media. A Study of Britain, Germany and France. London/New York.
Negrine, Ralph, 1999: Parliaments and the Media. A Changing Relationship?, in: European Journal of Communication 14, 325-352.

Oberreuter, Heinrich, 2005: Parlamentarismus in der Talkshow-Gesellschaft: Wichtigtuer und Wichtiges tun, in: Zeitschrift für Parlamentsfragen 36, 508-516.
Pfetsch, Barbara, 1997: Zur Beobachtung und Beeinflussung politischer Meinung in der Mediendemokratie. Bausteine einer politikwissenschaftlichen Kommunikationsforschung, in: *Rohe, Karl* (Hrsg.), Politik und Demokratie in der Informationsgesellschaft. Baden-Baden, 45-54.
Przeworski, Adam/Teune, Henry, 1970: The Logic of Comparative Social Enquiry. New York.
Rössler, Patrick, 2005: Inhaltsanalyse. Konstanz.
Sarcinelli, Ulrich (Hrsg.), 1994: Öffentlichkeitsarbeit der Parlamente. Politikvermittlung zwischen Public Relations und Parlamentsdidaktik. Baden-Baden.
Sarcinelli, Ulrich, 2005: Politische Kommunikation in Deutschland. Zur Politikvermittlung im demokratischen System. Wiesbaden.
Sarcinelli, Ulrich/Tenscher, Jens, 2000: Vom repräsentativen zum präsentativen Parlamentarismus? Entwurf eines Arenenmodells parlamentarischer Kommunikation, in: *Jarren, Otfried/Imhof, Kurt/Blum, Roger* (Hrsg.), Zerfall der Öffentlichkeit? Wiesbaden, 74-93.
Schatz, Heribert, 1992: Televising the Bundestag, in: *Franklin, Bob* (Hrsg.), Televising Democracies. London/New York, 234-253.
Scherer, Helmut/Baumann, Eva, 2002: Medien in der parlamentarischen Debatte, in: *Imhof, Kurt/Jarren, Otfried/Blum, Roger* (Hrsg.), Integration und Medien. Wiesbaden, 201-218.
Schiller, Dietmar, 2002: Brennpunkt Plenum. Die Präsentation von Parlamenten im Fernsehen. British House of Commons und Deutscher Bundestag im Vergleich. Wiesbaden.
Schimank, Uwe, 1996: Theorien gesellschaftlicher Differenzierung. Opladen.
Schmitt-Beck, Rüdiger, 2004: Political Communication Effects: The Impact of Mass Media and Personal Conversations on Voting, in: *Esser, Frank/Pfetsch, Barbara* (Hrsg.), Comparing Political Communication. Theories, Cases, and Challenges. Cambridge, 293-322.
Schneider, Beate, 1996: Zur Funktion des Medienzitats in der politischen Rede. Eine Inhaltsanalyse von Debatten des Deutschen Bundestages 1949-1984, in: *Presse- und Informationsamt der Bundesregierung* (Hrsg.), Kommunikationspolitische und kommunikationswissenschaftliche Forschungsprojekte der Bundesregierung (1985-1994). Bonn, 309-315.
Schopenhauer, Arthur, 1983: Eristische Dialektik oder Die Kunst, Recht zu behalten in 38 Kunstgriffen dargestellt. Zürich.
Schulz, Winfried, 2008: Politische Kommunikation. Theoretische Ansätze und Ergebnisse empirischer Forschung. 2., vollständig überarb. und aktualisierte Aufl. Wiesbaden.
Tönnies, Ferdinand, 1916: Zur Theorie der öffentlichen Meinung, in: Schmollers Jahrbuch für Gesetzgebung, Verwaltung und Volkswirtschaft 40, 393-422.
Ueding, Gert/Steinbrink, Bernd (Hrsg.), 2005: Grundriß der Rhetorik. Geschichte. Technik. Methode. 4., akt. Aufl. Stuttgart.
Vowe, Gerhard, 2006: Mediatisierung der Politik? Ein theoretischer Ansatz auf dem Prüfstand, in: Publizistik 51, 437-455.
Weick, Karl E., 1985: Der Prozeß des Organisierens. Frankfurt a. M.
Weick, Karl E./Bougon, Michel G., 1986: Organizations as Cognitive Maps: Charting Ways to Success and Failure, in: *Sims, Jr., Henry P./Gioia, Dennis A.* (Hrsg.), The Thinking Organization. San Francisco, CA/London, 102-135.
Weingart, Peter, 2001: Die Stunde der Wahrheit? Zum Verhältnis der Wissenschaft zu Politik, Wirtschaft und Medien in der Wissensgesellschaft. Weilerswist.
Whorf, Benjamin Lee, 1963: Sprache, Denken, Wirklichkeit. Beiträge zu Metalinguistik und Sprachphilosophie. Reinbek bei Hamburg.
Willke, Helmut, 2005: Symbolische Systeme. Grundriss einer soziologischen Theorie. Weilerswist.
Winter, Thomas von/Willems, Ulrich (Hrsg.), 2007: Interessenverbände in Deutschland. Wiesbaden.
Zeh, Reimar, 2005: Kanzlerkandidaten im Fernsehen. Eine Analyse der Berichterstattung der Hauptabendnachrichten in der heißen Phase der Bundestagswahlkämpfe 1994 und 1998. München.
Zittel, Thomas, 2007: Demokratie und Internet. Mehr Responsivität durch neue digitale Medien? Habilitationsschrift, Universität Mannheim.

Intermediäre Organisationen unter Medieneinfluss?
Zum Wandel der politischen Kommunikation von Parteien, Verbänden und Bewegungen

Adrian Steiner / Otfried Jarren

1. Einleitung

Die zentrale Bedeutung von Parteien, Verbänden und Bewegungen als intermediäre Instanzen moderner Demokratien ist unbestritten. Wie anders als über die vielfältigen Vermittlungsleistungen von Parteien, Verbänden und Bewegungen wäre demokratische Meinungs- und Willensbildung in modernen Massendemokratien möglich? Parteien, Verbände und Bewegungen stehen als intermediäre Organisationen zwischen Staat und Bürgerschaft und leisten die Vermittlung dieser für Demokratien konstitutiven Differenz. Sie tun dies indem sie kommunizieren: Sie fördern die politische Interessenbildung an der Basis, sie mobilisieren Unterstützung für politische Interessen, sie nehmen politische Interessen auf, artikulieren und aggregieren sie in Richtung Staat, sie wirken an staatlicher Entscheidungspolitik mit und vermitteln staatliche Entscheidungen an die Basis zurück. Seit einiger Zeit scheint die Vermittlungsfunktion intermediärer Organisationen jedoch bedroht und es wird von einer „Krise der Intermediären" gesprochen. Parteien macht das politische Desinteresse einer volatilen Wählerschaft zu schaffen (vgl. Wiesendahl 1991; Alemann 1996), Verbände leiden unter der allmählichen Auflösung korporatistischer Strukturen und dem „Aussterben" ihrer Stammkundschaft (vgl. Streeck 1987). Auch soziale Bewegungen, ehemals Profiteure dieser Veränderungen, haben scheinbar an Mobilisierungskraft und an Resonanz in den Medien eingebüßt (vgl. Imhof 1996).

Als Ursache für die schwindenden Einflusschancen Intermediärer dominiert in der Forschung immer wieder die Ansicht, dass die Ausdifferenzierung und Entfesselung eines eigensinnigen Mediensystems dem politischen Prozess seine eigenen Regeln der Aufmerksamkeitserzeugung aufzwingt und die Intermediäre massiv beeinflusst. Die Massenmedien werden sowohl als Ursache wie als Lösung der Probleme gesehen: gelingt es den Intermediären, sich an die medialen Spielregeln anzupassen und diese zu ihren eigenen Gunsten zu wenden („Medialisierung"), dann ist der Erfolg sicher, gelingt dies nicht, droht der Niedergang. Die politische Kommunikation von Parteien, Verbänden und Bewegungen erscheint vor dem Hintergrund dieser Problematik, ihr Wandel als ein direkter Ausdruck der Dominanz der „media logic". „Mediendemokratie" (Sarcinelli 1998) oder „Mediokratie" (Meyer 2001) sind, mit jeweils unterschiedlicher Bewertungstendenz, die Leittitel für diese Veränderungen.

Der vorliegende Beitrag beschäftigt sich mit dem Wandel der politischen Kommunikation intermediärer Organisationen. Er wirft einen kritischen Blick auf die gängigen Krisendiagnosen und Ursachenbeschreibungen, und versucht, die Bedeutung und den Wandel der politischen Kommunikation aus der besonderen Strukturform dieser Organisationen zu beschreiben und zu erklären. Dabei werden einseitige akteur- und medienzentrierte Ansätze und Ursachenzuschreibungen aufgegeben und es wird ein komplexeres theoretisches Erklärungsangebot vorgeschlagen, das den Wandel der politischen Kommunikation intermediärer Organisationen vor dem Hintergrund unterschiedlicher interner wie externer Umweltfaktoren beleuchtet. Im ersten Schritt wird der Forschungsstand zur politischen Kommunikation von Parteien, Verbänden und Bewegungen aufgezeigt (Kap. 2). Im zweiten Schritt wird ein theoretischer Ansatz vorgestellt, der Parteien, Verbände und Bewegungen als einen spezifischen Organisationstyp begreift, der sich dadurch auszeichnet, dass er zugleich Inklusionsverhältnisse gegenüber einer internen und externen Umwelt aufrechterhalten muss und zu diesem Zweck auf politische Kommunikation zugreift (Kap. 3). Der Wandel der politischen Kommunikation erschließt sich aus den Veränderungen dieser Umwelten. Die Zusammenhänge von Umweltwandel und politischem Kommunikationswandel werden abschließend in Form von Thesen aufgezeigt (Kap. 4).

2. Forschungsstand: Parteien, Verbände und Bewegungen in der „Mediendemokratie"

Die politische Kommunikation von Parteien, Verbänden und Bewegungen ist seit längerer Zeit Gegenstand sozialwissenschaftlicher Forschung. Die Forschungsbemühungen haben sich seit den 1990er Jahren intensiviert, wobei aber die Forschung zur Wahlkampfkommunikation von Parteien und zur Protestkommunikation von sozialen Bewegungen bzw. deren Darstellungen in der Medienberichterstattung klar dominiert. Die Forschung zur politischen Kommunikation intermediärer Organisationen, sofern sie sich nicht ausschließlich in der Analyse der Medienberichterstattung über diese Organisationen erschöpft, ist insgesamt einseitig, denn es wird bevorzugt auf bestimmte Akteure (z. B. Parteien) und singuläre Anlässe der politischen Kommunikation (z. B. Wahlkämpfe oder Kampagnen) fokussiert.

Im Fall von *Parteien* wird eine generelle Bedeutungszunahme der Massenmedien für die Parteikommunikation postuliert und damit einhergehend die steigende Relevanz der medienöffentlichen Arena für Parteien betont: paradigmatisch hierfür der Begriff der „Mediendemokratie" (vgl. Sarcinelli 1998). Demzufolge sehen sich Parteien mehr denn ja dazu gezwungen, in der Medienöffentlichkeit präsent zu sein, die Medien mittels politischer Kommunikation zu bedienen, um auf diese Weise ihre Klientel zu binden bzw. Bindungsverluste zu kompensieren. Zu diesem Zweck wird die (externe, mediale) Parteikommunikation kontinuierlich ausgebaut und professionalisiert (vgl. Jun 2002; Ladner 2007). Die Bedeutungszunahme medienorientierter Parteikommunikation findet in Thesen wie der vom Übergang von der traditionellen Massenpartei zur „professionalisierten Wähler- oder Medienkommunikationspartei" ihren Ausdruck (vgl. Beyme 2000; Kitschelt 2000; Jun 2004; Römmele 2007). Beobachtet und erforscht wird dies bevorzugt im Zusammenhang mit Wahlen: Parteien setzen vermehrt auf medienwirksame Wahlkampagnen, passen sich dabei medialen Kriterien der Aufmerksamkeitserzeugung (Personalisierung, Negativismus etc.) an, setzen verstärkt Marketingtechniken (z. B. Wählerbefragungen, Direct Mailing) ein und kaufen zur Planung und Durchführung von Kampagnen vermehrt externe Kommunikationsdienstleister ein. Veränderungen dieser Art werden in der Literatur als Professionalisierung, Amerikanisierung oder auch als Modernisierung beschrieben (vgl. Swanson/Mancini 1996; Plasser/Plasser 2002; Pfetsch 2001). Mit der These vom „permanenten Wahlkampf" (vgl. Römmele 2007: 94) wird zudem angedeutet, dass diese Veränderungen in verstärktem Maße auch unabhängig von Wahlen anzutreffen sind. Für diese allgemeinen Veränderungen werden in der Forschungsliteratur primär zwei Gründe in Anschlag gebracht: auf der einen Seite handelt es sich um die aus der politologischen Parteiforschung bekannte These der Aufweichung traditioneller Parteibindungen, der Erosion von Mitgliedschaft und der zunehmenden Volatilität der Wählerschaft (vgl. Jun 2004: 99 ff.). Auf der anderen Seite wird mit dem Niedergang der Parteipresse und der Ausdifferenzierung und Ökonomisierung der Massenmedien argumentiert, welche die Parteien zur Anpassung an die Medienlogik zwingen (vgl. Jarren 1998; Ladner 2007).

Was die politische Kommunikation von politischen *Interessenverbänden* angeht, so ist die empirische Forschung im Vergleich zu den Parteien bescheiden zu nennen. Generalisierungen sind in Anbetracht der großen Vielfalt von Verbandsformen zudem problematisch (vgl. Armingeon 2007: 108). Die Vernachlässigung kommunikationswissenschaftlicher Fragestellungen ergibt sich aus dem klassischen Fokus auf pluralistische bzw. korporatistische Formen verbandlicher Formen der Interessenvertretung im Sinne kollektiven Handelns (vgl. Reutter 2001). Beobachtet wird in diesem Zusammenhang eine verstärkte Hinwendung zu partikularen, informellen Formen der Interessenvertretung, so insbesondere zu Lobbying, aber auch zu medienbezogenen Formen kommunikativer Einflussnahme. Hierfür steht beispielhaft die These vom „Korporatismus zum Lobbyismus" (vgl. Alemann 2000; Winter 2003). Dies umfasst explizit auch die Bedeutungszunahme von Öffentlichkeitsarbeit, „medialer Inszenierung" und die Darstellung von Handlungsfähigkeit (vgl. Straßner/Sebaldt 2007: 125 f.; Winter 2003: 39 f.), was sich auch in einer zunehmenden Verschränkung von öffentlichen und nichtöffentlichen verbandlichen Kommunikationsmaßnahmen ausdrückt (vgl. Lahusen/Jauß 2001: 99; Köppl 2002: 221 f.). Damit einher geht vielfach eine Professionalisierung und Verselbstständigung von verbandlichem Lobbying und Öffentlichkeitsarbeit, sowie die vermehrte Auslagerung von Kommunikationsaktivitäten an externe Dienstleister, allen voran an Public-Affairs-Berater oder PR-Agenturen (vgl. Lahusen/Jauß 2001: 56 ff.; Köppl 1998; Berg 2003; Leif/Speth 2003). Als dominante Ursachenzuschreibung dient hier die Auflösung traditioneller korporatistischer Arrangements und eine damit einhergehende Individualisierung der Interessenvertretung (vgl. Mayer/Naji 2000: 39 f.; Winter 2003). Die formellen, institutionellen Zugangsmöglichkeiten verlieren an Bedeutung, was den etablierten Verbänden das Geschäft der kollektiven Interessenvertretung erschwert und umgekehrt die Relevanz informeller und auch öffentlichkeitsbezogener Formen der Kommunikation aufwertet. Die Autonomisierung eines eigenlogischen Mediensystems wird dagegen eher implizit in Anschlag gebracht, in dem Sinne, dass Verbänden in der Medienöffentlichkeit eine zusätzliche Option der Interessenvertretung zur Verfügung steht, die zwar nicht genutzt werden muss, aber kann und zunehmend auch wird. Eine Medialisierung der Verbandskommunikation wird generell in dem Maße wichtiger, als formelle Zugangsmöglichkeiten fehlen (vgl. Hackenbroch 1998: 484 f.).

Die Kommunikationsaktivitäten und -strategien von *sozialen Bewegungen* stehen seit längerer Zeit im Blickpunkt der Forschung, allerdings dominieren typischerweise Einzelfallstudien zu spezifischen Kommunikationsmaßnahmen und -strategien einzelner Bewegungsorganisationen oder NGOs sowie zur medialen Berichterstattung darüber.

Allgemein wird festgestellt, dass Bewegungen aufgrund fehlender bzw. schwach ausgeprägter institutioneller Zugangsmöglichkeiten und Ressourcen in hohem Maße auf Medienöffentlichkeit angewiesen sind, um Anhängerschaft mobilisieren und politischen Druck ausüben zu können (vgl. Schmitt-Beck 1990; Rucht/Neidhardt 2003; Kriesi 2007: 146). Sie haben sich in ihren Kommunikationsformen deshalb früh auf die mediale Vermittlungslogik eingestellt und verfügen gegenüber Parteien und Verbänden über einen „Standortvorteil" (vgl. McCarthy 1996; Gais/Walker 1991). So wird gesagt, dass die von Bewegungen bevorzugte Form öffentlichen Protests von Natur aus den medialen Kriterien der Aufmerksamkeitserzeugung besonders gut entgegen kommt (vgl. Koopmans 1995: 149 ff.; Tarrow 1994; Kriesi 2007: 152 f.), was sich in den hohen medialen Resonanzchancen von Protestaktionen und entsprechenden Frames zeigt (vgl. für viele Holmes Cooper 2002; Kolb 2005). Seit einiger Zeit werden jedoch Resonanzrückgänge von Bewegungen und Protesten beobachtet (vgl. Imhof 1996), und parallel dazu eine generelle Bedeutungszunahme von „Informationspolitik" und strategischer Öffentlichkeitsarbeit für soziale Bewegungen (vgl. Keck/Sikkink 1998: 228; Kriesi 2007: 148 ff.). Verlorene Resonanzchancen müssen durch eine „medialisierte" Öffentlichkeitsarbeit kompensiert werden. Gründe für diese Veränderungen werden zum einen in der Ausdifferenzierung und Ökonomisierung der Massenmedien und einem damit einhergehenden Strukturwandel der Öffentlichkeit gesehen, im Zuge dessen etablierte Akteure wieder an medialem Einfluss und Resonanz gewinnen (vgl. Donges/Imhof 2005: 166 f.), dies mitunter auch deshalb, weil sich diese erfolgreich an die Medien wie auch an Thematisierungsstrategien von Bewegungen angepasst haben (vgl. McCarthy 1996: 305; Eisenegger 2004). Zum anderen wird die Verstetigung und Institutionalisierung von Bewegungen hin zu organisierten Akteuren (z. B. als Parteien, NGOs) als Grund dafür gesehen, dass diese sich vermehrt von der Protestlogik verabschieden und auf Informations- und Lobbyingstrategien setzen (vgl. Frantz 2007).

Dieser kurze Überblick über die Forschung macht zunächst deutlich, dass es – trotz vieler Gemeinsamkeiten – keinen übergreifenden Forschungsstand zur politischen Kommunikation intermediärer Organisationen gibt. Die Forschung ist stark akteursspezifisch geprägt und befasst sich entweder mit Parteien, mit Verbänden oder mit Bewegungen, wobei man sich innerhalb der Forschung zudem einseitig an den jeweiligen teildisziplinären Traditionen und Ansätzen orientiert. Übergreifende Beziehungen und Gemeinsamkeiten stehen nicht oder nur selten im Blickpunkt. Die Zugriffe auf politische Kommunikation sind überdies hochgradig selektiv, fokussieren entweder auf Wahlkämpfe und Kampagnen, auf Interessenvertretung gegenüber staatlichen Instanzen und Behörden oder auf Proteste und Protestberichterstattung. Politische Kommunikation wird dabei vorrangig auf medienbezogene bzw. medialisierte Formen der Kommunikation reduziert – andere Formen der Kommunikation geraten aus dem Blick oder werden nicht als Kommunikationsformen betrachtet (z. B. Verhandlung, Deliberation, Lobbying etc.). Durchweg wird davon ausgegangen, dass die Massenmedien im Zuge ihrer Ausdifferenzierung und Autonomisierung für die Intermediäre wichtiger geworden sind und demzufolge Formen medienbezogener Kommunikation massiv an Bedeutung gewonnen haben. Die Massenmedien sind, so die verbreitete Ansicht, zur zentralen, unberechenbaren und unhintergehbaren Bezugsgröße geworden, sie zwingen die Intermediäre zur Anpassung an ihre Logik und stellen einerseits die Ursache für die Probleme dar und geben andererseits die Richtung der Problemlösung in der „Mediendemokratie" an. Hinzu kommen dann weitere, akteurspezifische Ursachenmomente, die das Bild der dominanten Medien vervollständigen – die Auflösung traditioneller Parteimilieus, der Niedergang des Korporatismus oder die Verstetigung von Bewegungen.

3. Theoretischer Ansatz: Funktion und Form intermediärer Organisationen

Im Folgenden möchten wir eine komplexere theoretische Beschreibung und Erklärung intermediärer Organisationen und ihrer Kommunikation anbieten, die die übergreifenden Gemeinsamkeiten sichtbar macht und die gängigen Engführungen auf einzelne Akteurtypen oder auf singuläre Erklärungsfaktoren wie Medialisierung vermeidet und diese in einen größeren Erklärungsrahmen stellt. Der Wandel der politischen Kommunikation intermediärer Organisationen soll im Rekurs auf unterschiedliche, interne wie externe Umweltanforderungen, denen sich die Organisationen aufgrund ihrer allgemeinen Funktion und Form ausgesetzt sehen, erklärbar werden. Parteien, Verbände und Bewegungen werden in funktionaler und formaler Hinsicht dem Typus der „intermediären Organisation" (vgl. Streeck 1987) zugeordnet und somit gerade nicht in ihrer Verschiedenheit resp. Einzigartigkeit betrachtet, sondern in ihren „typischen" Gemeinsamkeiten, in ihrer Identität (vgl. auch Rucht 1991: 1). Diese Abstraktion ist nötig, um die akteurspezifischen Engführungen und Latenzen zu vermeiden und darüber hinausgehende Vergleichsmöglichkeiten zu schaffen und nutzen zu können.

3.1 Die Funktion und Form intermediärer Organisationen

Der Begriff des Intermediären macht auf übergreifende Bestimmungsmomente der Organisationen aufmerksam. Das Lateinische *intermedius* kombiniert die Begriffe „zwischen" und „mitten" und meint „das Dazwischenliegende". Die Semantik des Begriffs betont, dass der *Intermediatus* die Vermittlung des Differenten vollzieht. Diese, ursprünglich in einem theologischen Kontext geprägte Semantik, findet sich in zeitgenössischen, demokratietheoretischen Ansätzen rund um das „intermediäre System" moderner Demokratien wieder (vgl. Rucht 1991; Neidhardt 1994). Intermediäre werden hier als Organisationen oder organisationsähnliche Gebilde (Parteien, Verbände, Bewegungen) aufgefasst, welche zwischen der privaten Sphäre der Bürger, Gruppen, sozialen Milieus auf der einen und dem politisch-administrativen System auf der anderen Seite vermitteln (vgl. Rucht 1991: 5). Die Vermittlung des Differenten vollzieht sich im Zuge der Generierung, Aggregation und Artikulation politischer Interessen aus der privaten Sphäre in Richtung politisch-administratives System und deren kommunikative Rückvermittlung. „Ort" der Intermediation ist der „öffentliche Raum", in den Parteien, Verbände und Bewegungen eingelagert sind (vgl. Rucht 1991: 7 f.; Gerhards/Neidhardt 1993: 54; Neidhardt 1994). Die politische Öffentlichkeit ist das Medium der Vermittlung von Staat und Bürgerschaft. Eine Sonderstellung nehmen die Massenmedien als „intermediäre Systeme der Informationsvermittlung" ein, deren Aufgabe darin besteht, den artikulierten Interessen öffentliche Resonanz zu verleihen, jedoch nicht selbst unmittelbar politische Interessen zu vertreten (vgl. Rucht 1991: 8; Neidhardt 2007: 33 f.).

Diese demokratietheoretische Lesart hat zunächst den Vorteil, politische Organisationen wie Parteien, Verbände und Bewegungen innerhalb eines übergreifenden Bezugsrahmens funktional beschreiben, erklären und vergleichen zu können. Der Funktionsbezug ist die Vermittlung des Differenten, wobei verschiedene Organisationen der Vermittlung in Betracht kommen, die in unterschiedlicher Weise zur Lösung dieses demokratietheoretischen Problems beitragen. Der Nachteil dieser Lesart besteht in charakteristischen Latenzen, die unmittelbarer Ausdruck der implizit normativen Ausrichtung bzw. der dahinterliegenden Leitidee der demokratischen Anbindung des Herrschers (Staat) an seinen Souverän (Volk) sind und die eine weitergehende funktionale Bestimmung von Intermediären behindern (vgl. Jarren 2007b: 335). So wird das „Eigeninteresse" intermediärer Organisationen jenseits ihrer demokratischen Vermittlungsfunktion ausgeblendet, indem diese nicht als politische Unternehmungen mit durchaus partikularen (politischen wie ökonomischen) Zielen gesehen werden. Die strukturellen Besonderheiten der Organisationsform der Intermediären, die dieses Eigeninteresse wesentlich ausmachen, bleiben unberücksichtigt. Und die Medien ihrerseits werden lediglich als neutrale Vermittlungsinstanzen betrachtet. Ihr Stellenwert als politische oder ökonomische, aufmerksamkeitsorientierte Unternehmungen wird nicht gewürdigt, mit der Folge, dass eine Medienlogik jenseits der politischen Informationsfunktion und damit auch eine wie immer geartete Medialisierung unberücksichtigt bleibt oder als Defekt verbucht werden muss. Schließlich fällt es schwer, Phänomene der nationalstaatlichen Entgrenzung und Transnationalisierung angemessen zu würdigen, da sie nicht ins normativ-demokratietheoretische Raster fallen. Der Weg zu einer allgemeinen Bestimmung intermediärer Organisationen ist durch die Arbeiten von Rucht vorgezeichnet. Eine angemessene Beschreibung und Erklärung intermediärer Organisationen und ihrer politischen Kommunikation erfordert jedoch die Ausleuchtung der Latenzen und macht weiterführende Revisionen funktionaler und formaler Art notwendig. Wir greifen hierzu auf die allgemeine Theorie des politischen Systems (vgl. Luhmann 2000) zurück, um vor diesem Hintergrund die Funktion intermediärer Organisationen zu bestimmen, um im Anschluss daran eine an Streeck (1987) orientierte Bestimmung der Form intermediärer Organisationen vorzunehmen.

Was also ist die allgemeine *Funktion* intermediärer Organisationen? Da es sich bei Intermediären im vorliegenden Zusammenhang um politische Organisationen handelt, müssen wir uns bei der Funktionsbestimmung zunächst an die allgemeine Funktion des politischen Systems halten. Diese besteht nach gängiger Lehrmeinung in der Herstellung kollektiv bindender Entscheidungen (vgl. Luhmann 1991: 159; Nassehi 2003: 146). Als Prozess umfasst dies neben dem eigentlichen Entscheidungsakt im engeren Sinne auch die Anmeldung des Bedarfs nach und die Vorbereitung von kollektiv bindenden Entscheidungen, sowie deren Durchsetzung und kommunikative Nachbereitung. Der Aspekt der Bindung macht die Legitimationsbedürftigkeit politischer Entscheidungen als zentrales politisches Funktionserfordernis deutlich. Entscheidungen, die nicht als legitim betrachtet werden, können keine kollektive Bindung entfalten. Demokratien lösen dieses Problem durch den verfahrensmäßigen Einbezug der Betroffenen (des Publikums) in den politischen Entscheidungsprozess (vgl. Willke 2003: 545). Diese Inklusion steigert nicht nur das Legitimationspotenzial, sie bedeutet gleichzeitig eine immense Steigerung der politischen Komplexität, der Vielheit und Verschiedenheit politischer Interessen und Ansprüche. Diese Komplexität muss zum Zweck *effektiver* und *legitimer* Funktionserfüllung zugelassen, zugleich aber auch reduziert werden, wofür im System entsprechende Strukturen und Teilsysteme ausgebildet werden. Dies ist die Problemstelle, an der intermediäre Organisationen wie Parteien, Verbände und Bewegungen ins Spiel kommen. Diese tragen in der Form von Organisationen zur Bewältigung der durch Demokratisierung verschärften Selektionslasten im politischen System bei. Es geht somit nicht um „Vermittlung" im normativen Sinne einer Ermöglichung von Partizipation oder der Rückbindung des Staates an den Willen des Publikums (demokratietheoretische Lesart), sondern vielmehr um Zulassung und Selektion von politischen Themen und Interessen. Intermediäre sind somit organisierte Sozialsysteme mit der Funktion der Reduktion von politischer Komplexität, angesiedelt im Zwischenbereich von politischer Peripherie (Publikum) und Zentrum (Staat).

Die besondere *Form* intermediärer Organisationen ergibt sich aus dieser Zwischenstellung. Sie zeichnen sich durch eine strukturelle Offenheit gegenüber der politischen Peripherie und dem politischen Zentrum aus und stehen zu beiden Umwelten in einem Verhältnis der Inklusion. Es handelt sich, mit Streeck gesprochen, um Organisationen, die sowohl Mitglieder integrieren als auch als Mitglieder integriert sind (vgl. Streeck 1987: 472). Im Gegensatz zum unscharfen Begriff der Integration sprechen wir von politischer Inklusion, die sowohl die passive Teilhabe im Sinn der Betroffenheit und Akzeptanz von Entscheidungen, als auch die aktive Teilnahme der Betroffenen an politischen Entscheidungsprozessen umfasst (vgl. Kneer 2003: 152). Intermediäre Organisationen lassen also Publika aus der Peripherie an ihren Prozessen passiv teilhaben wie auch aktiv daran teilnehmen, und machen dies zu einer zentralen Bedingung ihres Fortbestehens. Gleichzeitig sind sie selbst von den Entscheidungen des politischen Zentrums passiv betroffen, müssen diese akzeptieren, und nehmen gerade deshalb aktiv im Sinne effektiver Beeinflussung daran teil. Intermediäre sind somit formal gesehen selbst demokratische politische Systeme *en miniature:* Sie lassen intern Komplexität zu und reduzieren diese im Zuge formeller und informeller Verfahren auf wenige komplexe Entscheidungsalternativen, um dadurch effektiv Einfluss nehmen zu können. Die Funktionserfüllung intermediärer Organisationen ist auf diese Weise formal abgesichert, sie erfolgt jedoch kaum bewusst und strategisch, sondern ereignet sich gewissermaßen „unbewusst" als Nebeneffekt formaler Zielerreichung, nämlich der erfolgreichen Inklusion von Mitgliedschaft zum Zweck effektiver Einflussnahme.

Im Hinblick auf die beiden angesprochenen Inklusionsverhältnisse lassen sich aus der Sicht der intermediären Organisation zwei relevante Umwelten unterscheiden, die jeweils spezifische Inklusionsanforderungen stellen (vgl. auch Streeck 1987):

– Die *interne Umwelt* der intermediären Organisation besteht aus ihren aktuellen wie potenziellen Mitgliedern in der Peripherie. Die Organisation strebt eine möglichst breite Inklusion von Mitgliedern im Hinblick auf externe Einflussnahme an. Zu diesem Zweck muss sie sich an die besonderen Unterstützungs- und Zustimmungsbereitschaften dieser Mitglieder anpassen. Unterschiede zwischen intermediären Organisationen (Parteien, Verbände, Bewegungen) ergeben sich durch die unterschiedlichen Mitgliedschaftsrollen (z. B. Wähler, Verbandsmitglieder oder Anhänger etc.),

auf die hin sich die interne Inklusion vollzieht, und dadurch, ob diese sich primär auf aktuelle oder aber potenzielle Mitglieder bezieht.
- Die *externe Umwelt* bildet das politische Entscheidungszentrum bzw. die staatlichen Entscheidungsinstanzen (Parlament, Regierung, Verwaltung), auf die die intermediäre Organisation einzuwirken sucht. Die Organisation strebt eine möglichst aktive und effektive Inklusion an, um auf diese Weise Entscheidungen im Sinne eigener (Mitglieder-) Interessen zu beeinflussen. Zu diesem Zweck muss sie sich an die spezifischen Anschlussbedingungen der relevanten externen Einflusskontexte anpassen. Unterschiede zwischen Intermediären ergeben sich hier durch die unterschiedlichen Kontexte der Einflussnahme (direkt: Parlament, Gesetzgebung, Verwaltung, oder indirekt: Medienöffentlichkeit), und dem Ausmaß institutionalisierter Zugangsmöglichkeiten.

Die besondere Herausforderung für die intermediäre Organisation besteht darin, dass sie gleichzeitig beiden Inklusionsanforderungen, einer „Mitgliedschaftslogik" und einer „Einflusslogik", gerecht werden muss (vgl. Streeck 1987). Dies ergibt sich dadurch, dass die Umwelten in einem Verhältnis der Interdependenz stehen: Erfolgreiche Inklusion von Mitgliedern erhöht den externen Einfluss, erfolgreiche Beeinflussung wiederum erhöht die Unterstützungsbereitschaft auf Seiten der Mitglieder (vgl. Straßner/Sebaldt 2007: 124). Gelungene oder misslungene Inklusion kann so schnell in positive Erfolgs- oder negative Misserfolgsspiralen münden (vgl. Streeck 1987: 492).

3.2 Politische Kommunikation als Medium der Inklusion

Zur Sicherstellung und Aufrechterhaltung der Inklusion sind intermediäre Organisationen auf politische Kommunikation angewiesen. Politische Kommunikation muss als zentrales Medium der Inklusion begriffen werden, von daher ist ihre Relevanz für intermediäre Organisationen kaum hoch genug einzuschätzen. Sie lässt sich bei weitem nicht auf medialisierte Politikdarstellung im Rahmen etwa von Wahlen oder Protesten reduzieren. Wir fassen politische Kommunikation bewusst weit und verstehen darunter jede Form der Kommunikation, die dazu dient, kollektiv bindende Entscheidungen vorzubereiten, herzustellen und durchzusetzen. Darunter fällt ebenso bereits die Anmeldung von politischem Entscheidungsbedarf, wie die vielfältigen kommunikativen Maßnahmen, die der Generierung, Aggregation und Artikulation von politischen Ansprüchen und Interessen sowie der Mobilisierung von Unterstützung dafür dienen. Politische Kommunikation ist demzufolge genuiner Bestandteil von Politik (vgl. Jarren/Donges 2006: 22) und nicht bloß deren symbolische Duplikation oder Verschleierung.

Mit Blick auf intermediäre Organisationen kann gesagt werden, dass Inklusion kommunikativ – und nur kommunikativ – hergestellt werden muss und kann. Es handelt sich hierbei um *politische* Kommunikationen, die sich an der politischen Funktion orientieren und auf die (vorbereitende) Beeinflussung des politischen Entscheidungsprozesses abzielen. Auf der einen Seite müssen die aktuellen wie potenziellen Mitglieder dazu veranlasst werden, die intermediäre Organisation zu unterstützen, sich an ihren Entscheidungsprozessen zu beteiligen und sich an ihre Beschlüsse zu halten *(interne Inklusion)*. Dazu muss die Organisation zunächst gewünschte Aufmerksamkeit und Zustimmung auf Seiten der Mitglieder erzeugen. Dies geschieht wesentlich durch die Politisierung, d. h. das politische Aufbereiten und Deuten von Themen der gesellschaftlichen Kommunikation: Man wählt aufmerksamkeitsträchtige Themen aus und macht daran politische Interessen und Entscheidungsbedarf sichtbar, für die die Organisation einsteht und für die man sie unterstützen soll. Diese Form der Politisierung von Themen orientiert sich in besonderer Weise an der medialen Themenagenda, bedient sich bevorzugt medialen Kriterien der Aufmerksamkeitserzeugung und ist entsprechend „empfänglich" für eine Medialisierung (z. B. politisches Marketing in Wahlkämpfen oder Abstimmungen, politische PR). Im Gegensatz zu diesen symbolbezogenen, medienöffentlichen Kommunikationsformen stehen die eher diskreten, sachbezogenen und wenig öffentlichen Formen der kommunikativen Aggregation und Verdichtung bestehender Interessen (z. B. der Diskussion und Verhandlung), die weitestgehend innerhalb der intermediären Organisation ablaufen. Je nachdem, ob eine Organisation auf die Inklusion einer potentiellen, politisch (noch) wenig interessierten Mitgliedschaft abzielt (z. B. „professionalisierte Wählerparteien", „Issue-Bewegungen") oder aber ihre aktuellen Mitglieder zur politischen Formation bringen will (z. B. „Interessen- bzw. Kartellparteien", Interessenverbände), wird sie eher auf aufmerksamkeitswirksame, medienöffentliche Politisierung oder aber eher auf sach- und interessenbezogene Kommunikationsformen der Aus- und Verhandlungen setzen.

Auch die Einflussnahme auf externe Umwelten setzt politische Kommunikation voraus *(externe Inklusion)*. Es geht hier primär um die kommunikative Vertretung politischer Interessen und Entscheidungsalternativen der Organisation gegenüber relevanten Einflusskontexten. Die Organisation muss gegenüber diesen Kontexten als politisch interessierter und einflussreicher *Akteur* kommunikativ in Erscheinung treten, Präsenz zeigen und Profil haben. Die Themen und Interessen müssen als kompromisstauglich, unterstützungswürdig, prestigeträchtig, sachlich geboten etc., vor allem aber als mehrheitsfähig und prinzipiell durchsetzbar dargestellt werden. Je nach Kontext und institutionalisierten Zugangsmöglichkeiten werden typischerweise andere Formen der Kommunikation angewählt. Bei gegeben Zugangsmöglichkeiten in parlamentarische oder exekutive Entscheidungssysteme, so bspw. im Fall direkter Vertretung oder Einsitz in parlamentarischen Arbeitsgruppen und Kommissionen, können nicht-öffentliche, formalisierte und stärker sachbezogene Kommunikationsformen (z. B. der Deliberation, der Verhandlung oder des Lobbying) genutzt, bei fehlenden Zugängen muss eher auf öffentlichkeitsorientierte, symbolbezogene Formen der Druckausübung (z. B. Kampagnen oder Protestkommunikation) zurückgegriffen werden. Während also etablierte Organisationen (z. B. „Eliteparteien", „Dachverbände") eher zu sachbezogenen, nichtöffentlichen Formen tendieren, gehen schwach etablierte Organisationen (z. B. „Bewegungsparteien", „Protestbewegungen") eher den Weg einer stark symbolbezogenen und konfrontativen Beeinflussung der Medienöffentlichkeit.

Aus den oben angesprochenen Interdependenzen zwischen interner und externer Umwelt ergeben sich ferner besondere Anforderungen an die kommunikative Darstellung der Organisation *als Akteur* nach Innen wie Außen. Nach Innen muss die Organisation als politischer Akteur erscheinen, der sich für die Interessen seiner Mitglieder einsetzt und diese effektiv und erfolgreich nach Außen vertritt. Nach Außen muss sie sich als integrationsfähiger kollektiver Akteur darstellen, der über eine machtvolle Basis verfügt und diese kontrollieren kann. In beiden Richtungen erweist sich Komplexität als kritische Variable: je komplexer und unübersichtlicher die internen und externen Umweltverhältnisse sind, desto wichtiger und zugleich anforderungsreicher wird die kommunikative Reduktion dieser Komplexität und die gleichzeitige Wiedergabe eines einheitlichen, konsistenten Bildes der Organisation als Akteur nach Innen wie nach Außen. Dies erhöht den Aufwand an Koordination und Abstimmung der verschiedenartigen, medialen wie nichtmedialen Kommunikationsmaßnahmen beträchtlich und bleibt nicht ohne Folgen für die strukturelle Ausgestaltung der Organisation (vgl. unten).

4. Umwelt als Problem? Thesen zum Wandel der politischen Kommunikation intermediärer Organisationen

Die obigen Ausführungen machen die herausragende Bedeutung von politischer Kommunikation für intermediäre Organisationen deutlich. Politische Kommunikation entspricht dem zentralen Medium der internen wie externen Inklusion. Sie kann dementsprechend nicht angemessen gewürdigt werden, wenn man sie einseitig auf medienorientierte oder gar auf medienvermittelte Kommunikation reduziert. Ebenso kurz greift die einseitige Fokussierung auf bestimmte Umweltfaktoren, sei es auf die Massenmedien, auf parteipolitische Milieus oder auf korporatistische Strukturen. In ihrer Allgemeinheit beanspruchen die Ausführungen ferner, gleichermaßen auf Parteien, Verbände wie Bewegungen zuzutreffen, ohne jedoch maßgebliche Unterschiede zu leugnen. Unterschiede ergeben sich jedoch nicht dadurch, dass es sich bei den Organisationen nun mal um Parteien, Verbände oder Bewegungen handelt, sondern dadurch, dass diese auf andere Mitglieder (Rollen) und Einflusskontexte zugreifen, über unterschiedliche Zugangsmöglichkeiten und Inklusionsbedingungen verfügen, und sich deshalb für andere Formen der politischen Kommunikation entscheiden müssen. Was den Wandel der politischen Kommunikation intermediärer Organisationen angeht, so erschließt sich dieser erst mit Blick auf die Veränderungen in der internen und externen Umwelt intermediärer Organisationen. Die folgenden Thesen zum Wandel sollen diese Zusammenhänge verdeutlichen, sie sind theoretisch hergeleitet und rekurrieren illustrativ auf Befunde aus der empirischen Akteurforschung.

Die erste These bringt den allgemeinen Zusammenhang von Inklusion und politischer Kommunikation zum Ausdruck:

1. These: Je komplexer die interne und externe Umwelt einer intermediären Organisation, desto unsicherer und problematischer die Inklusion und desto wichtiger politische Kommunikation.

Politische Kommunikation ist kein Selbstzweck, sondern sie dient der Sicherung und Aufrechterhaltung der internen und externen Inklusion. Solange diese unproblematisch ist und als gegeben vorausgesetzt werden kann, braucht die Organisation sich nicht über Gebühr um politische Kommunikation zu kümmern. Dies ändert sich dann, wenn die Umwelten zusehends komplex, unsicher und dynamisch werden und die Inklusion damit prekär wird. Die allseitig wahrgenommene Bedeutungszunahme von politischer Kommunikation, die sich im Ausbau entsprechender Stellen und Abteilungen zeigt, erklärt sich vor diesem Hintergrund durch gesellschaftliche und politische Differenzierung in Richtung auf höhere Komplexität, die auch die Umwelten von intermediären Umwelten tangieren. Die Ausdifferenzierung der Massenmedien sind hier *ein* Bestandteil, jedoch keineswegs der einzige. Diese allgemeine These gilt es im Folgenden mit Blick auf die interne und externe Umwelt weiter zu differenzieren.

4.1 Interne Umwelt: Individualisierung und nachlassende Inklusivität

Komplexitätssteigerung meint hier die Zunahme der Vielheit und Verschiedenartigkeit aktueller und potenzieller Mitglieder intermediärer Organisationen. Die Parteien- und Verbändeforschung beobachtet seit längerer Zeit Individualisierungstendenzen, die auf eine solche Komplexitätssteigerung hinauslaufen. Auf der einen Seite wird eine Individualisierung des politischen Publikums im Zusammenhang mit der Auflösung traditioneller Parteimilieus konstatiert (vgl. Ladner 2007: 81), auf der anderen Seite wird eine Individualisierung der Interessenvertretung infolge der Pluralisierung gesellschaftlicher Interessen beobachtet (vgl. Mayer/Naji 2000; Winter 2003). Direkter Ausdruck dieser Individualisierung ist in beiden Fällen die nachlassende Bereitschaft von Mitgliedern, sich dauerhaft auf bestimmte Organisationszusammenhänge einzulassen und sich daran zu beteiligen (vgl. Neidhardt 2007: 24). Inklusion wird zusehends prekär, die Mitglieder treten in ein instrumentell-pragmatisches Verhältnis zu intermediären Organisationen, das sich nicht mehr auf Dauer gründet, sondern auf fallweise Zustimmung und Unterstützung. Es zeigt sich hier ein allgemeiner Wandel weg von *aktueller* hin zu *potenzieller* Mitgliedschaft, der für intermediäre Organisationen mit erheblichen kommunikativen Anstrengungen verbunden ist: man muss um die Gunst der Mitglieder werben und kann sie nicht mehr voraussetzen (vgl. Jun 2004: 122 f.). Damit geht eine generelle Aufwertung von Außenkommunikation einher, die auf eine aufmerksamkeitswirksame Politisierung von Themen setzt, Themen aus der Medienöffentlichkeit aufgreift und entsprechend deutet, um themenspezifisch Zustimmung zu erwirken. Dies zeigt sich deutlich im Ausbau von Kommunikationsstellen und -abteilungen für Medienarbeit innerhalb von Organisationen (vgl. Donges 2008) sowie im vermehrten Zugriff auf externe Kommunikations- und Kampagnendienstleister (vgl. Hoffmann 2007b).

2. These: Je vielfältiger die Mitgliedschaft und schwächer die Inklusivität (potenzielle Mitglieder), desto wichtiger wird aufmerksamkeitswirksame Außenkommunikation, die auf eine fallweise Mobilisierung von Interessen und Zustimmung durch Politisierung von Themen setzt.

Nachlassende Bindungsfähigkeit verschärft grundsätzlich die Konkurrenz zwischen intermediären Organisationen um Aufmerksamkeit und Zustimmung der Mitglieder sowie Unterstützer (vgl. Rucht 1993: 251; Neidhardt 2007: 35 f.). Neue bzw. schwach etablierte Organisationen wie soziale Bewegungen erhalten die Gelegenheit, sich durch eine themen- und personenspezifische Protest- und Informationskommunikation in Szene zu setzen und *fallweise* Anhängerschaft zu mobilisieren. Innerhalb gleicher Organisationsfelder konkurrieren intermediäre Organisationen um ein und dieselbe potenzielle Mitgliedschaft, und sehen sich im Zuge dessen zur wechselseitigen Beobachtung und Anpassung veranlasst (vgl. Jarren 2007b: 343). Beispielhaft zu nennen ist der

Kampf von Parteien um die gleiche Wechselwählerschaft, von Verbänden um zahlungskräftige Unternehmen oder von NGOs um Spendengelder. Die Konkurrenz kann sich aber auch zwischen verschiedenen Organisationstypen verschärfen, so etwa der Stimmenwettbewerb zwischen Mitgliederverbänden, Bewegungen und Parteien. Erfolgreiche Strategien der Aufmerksamkeitserzeugung haben daher gute Chancen, kopiert bzw. adaptiert zu werden (vgl. Roller/Wessels 1996: 21; Reutter 2001: 18). Dies fördert insgesamt die Tendenz zur politisierenden Außenkommunikation, sie führt aber auch zu einer stärkeren organisationsinternen Dienstleistungsausrichtung (vgl. bereits Streeck 1987). Der Ausbau binnenkommunikativer Mitgliedschaftspflege wird wichtig, damit die aktuellen Mitglieder nicht zur Konkurrenz überlaufen, die in der Medienöffentlichkeit stärker sichtbar ist und um Mitgliedschaft und Unterstützung wirbt (vgl. Jun 2004: 116 f.; Reutter 2001: 16 f.).

3. These: Nachlassende Inklusivität verschärft die wechselseitige Konkurrenz um potenzielle Mitgliedschaft. Je größer die Konkurrenz, desto stärker der Zwang zur Außenkommunikation und desto schärfer der Wettbewerb um öffentliche Aufmerksamkeit, desto wichtiger aber auch die binnenkommunikative Mitgliedschaftspflege.

Die Massenmedien und die Medienöffentlichkeit werden insofern in mehrfacher Weise zu einer wichtigeren Bezugsgröße. Intermediäre Organisationen setzen zunehmend auf die Politisierung, das Aufgreifen und politische Deuten von Themen, wobei die Massenmedien anzeigen, über welche Themen man mit Aussicht auf Gehör kommunizieren kann. Diese machen zudem vor, wie man aufmerksamkeitswirksam kommuniziert. Die dauerhafte Beobachtung der Massenmedien (vgl. Tenscher 2003) sowie anderer Repräsentanten öffentlicher Meinung (z. B. Demoskopie, vgl. Raupp 2007), werden daher wichtiger. Denn über den Eingang in die Medienberichterstattung lässt sich die angewachsene potenzielle Mitgliedschaft am effizientesten und effektivsten erreichen.

Die Thesen 2 und 3 machen auf die Probleme intermediärer Organisationen innerhalb einer komplexeren internen Umwelt aufmerksam und zeigen die Konsequenzen für die politische Kommunikation auf. Wir gehen davon aus, dass die postulierten Zusammenhänge für alle intermediären Organisationen gelten. Sie geben Erklärungen, weshalb politische Kommunikation und insbesondere (aber nicht nur!) massenmedial vermittelte Außenkommunikation – gegenüber nichtmedialer „Aggregationskommunikation" – für intermediäre Organisationen wichtiger wird. Die Gründe liegen demnach also nicht allein und vorrangig in der Entkoppelung der Massenmedien von ihren intermediären Trägern (so Jarren 1998; Ladner 2007: 82). Die Gründe liegen vielmehr im grundsätzlich gestiegenen öffentlichen Aufmerksamkeitsbedarf, den die Organisationen im Zuge nachlassender Inklusivität und gestiegener Konkurrenz sichern müssen, um die Bindung einer zusehends heterogenen und nurmehr potenziell gegebenen Mitgliedschaft zu gewährleisten.

4.2 Externe Umwelt: Staatswandel und Mehr-Ebenen-Systeme

Die Komplexitätssteigerung der externen Umwelt zeigt sich an der Vielheit und Verschiedenartigkeit von politischen Entscheidungssystemen, deren Outputs die intermediären Organisationen und deren Mitglieder betreffen. Tendenzen externer Komplexitätssteigerung sind für intermediäre Organisationen vor allem mit der Pluralisierung von Entscheidungssystemen im Zuge des Wandels von Staatlichkeit angezeigt (vgl. Grande 2007: 265 f.): Intermediäre Organisationen sind vermehrt mit neuen Formen des Regierens konfrontiert, die im Zeichen eines nicht-hierarchischen Staatsverständnisses stehen und auf Koordination und Steuerung unter Beteiligung von staatlichen und nicht-staatlichen Organisationen jenseits etablierter korporatistischer Einflusssysteme setzen (vgl. Schuppert 2007: 290 f.). Durch die dadurch bedingte institutionelle Öffnung können (etablierte) Intermediäre nicht mehr allein auf die hergebrachten Einflusswege vertrauen, sie müssen neue Einflussmöglichkeiten gezielt suchen und nutzen, um ihre partikularen Anliegen durchzubringen. Aufgewertet werden dadurch insbesondere partikulare Formen der informellen kommunikativen Druckausübung, insbesondere des Lobbying, aber auch der politischen Öffentlichkeitsarbeit (vgl. Kriesi 2007: 149 f.; Straßner/Sebaldt 2007: 129 ff.). Diese treten neben die formellen Kommunikationsformen der Verhandlung und der Deliberation und ergänzen oder ersetzen diese partiell. Durch das Hinzutreten neuer, bislang wenig etablierter Akteure verschärft sich die Konkurrenz um Einfluss erheblich (vgl. Winter 2003; Czerwick 1999). Die institutionelle Öffnung verstärkt zudem die Tendenz von Mitgliederorganisationen (z. B. Unternehmen), ihre eigenen Partikularinteressen selbst zu vertreten oder dies im Sinne einer multi-voice-Strategie zusätzlich neben der Mitgliedschaft in einer intermediären Organisation (Verband) zu tun (vgl. Lahusen 2002: 701; Buholzer 2007). Gefördert werden dadurch auch öffentlichkeitsorientierte Formen der Interessenvertretung, da Mitgliederverbände oder Unternehmen wenig kollektive Vetomacht haben und daher stärker auf Medienöffentlichkeit angewiesen sind (vgl. Hoffmann 2007b: 431 f.).

4. These: Je vielfältiger und heterogener die Einflusskontexte, desto mehr Möglichkeiten und Gelegenheiten kommunikativer Einflussnahme bestehen. Durch die institutionelle Öffnung steigt die Konkurrenz um Einfluss und nimmt die Bedeutung partikularer, öffentlicher wie nichtöffentlicher Formen kommunikativer Interessenvertretung zu.

Die Komplexität der externen Umwelt wird zusätzlich dadurch erhöht, dass im Zuge von Europäisierung und Transnationalisierung, durch das Entstehen von Mehr-Ebenen-Systemen, neue politische Einflussebenen jenseits des Nationalstaats hinzukommen, die die Intermediäre betreffen, diesen aber auch neue Einflussmöglichkeiten eröffnen (vgl. Straßner/Sebaldt 2007: 128 f.; Jarren 2007b). Dies gilt in besonderer Weise für politische Mehr-Ebenen-Systeme wie das der EU, die transnational aufgestellten intermediären Organisationen (Bewegungen, NGOs) – im Vergleich zu nationalstaatlich geprägten Intermediären – bessere Einflusschancen eröffnen. Diese werden zum Zweck der Kompensation von Legitimations- und Demokratiedefiziten auch gezielt in Entscheidungssysteme (so in Konsultationsverfahren) einbezogen (vgl. Brunnengräber 2001). Die Einflusschancen dieser „neuen" Intermediären, z. B. internationale NGOs, resultieren aus ihrer transnationalen Vernetzung und daran gebundener Informations- und Wissensvorsprüngen. Aufgrund der verbesserten Zugangschancen sind diese „neuen" Intermediäre weniger auf öffentliche Einflussstrategien angewiesen und können ihren Einfluss über ausgebaute Konsultationsverfahren im Sinne der Verhandlung, Beratung und Expertise geltend machen. Die „traditionellen" Intermediäre sehen sich demgegenüber zur Anpassung gezwungen und müssen sich transnational aufstellen, um nicht an Einfluss zu verlieren, sehen sich aufgrund fehlender Ressourcen, ungenügender Vernetzung und nationalstaatlich bedingter, historisch-kultureller Gegensätze nur begrenzt dazu in der Lage (vgl. Niedermayer 2002: 430 f.; Eising/Kohler-Koch 2005: 14 f., 30 f.; Jarren 2007b: 356 f.).

5. These: Transnationalisierung und die Entstehung politischer Mehr-Ebenen-Systeme eröffnen transnationalen Intermediären neue Einflussmöglichkeiten jenseits öffentlicher, pressure-orientierter Kommunikationsformen. Etablierte Intermediäre sehen sich demgegenüber zu Anpassungen gezwungen, doch sie sind aus strukturellen Gründen schwer dazu in der Lage.

Intermediäre Organisationen erhalten durch die veränderten Einflussbedingungen zwar mehr und neue Möglichkeiten der kommunikativen Einflussnahme (These 4), sie müssen ihre politische Kommunikation jedoch den veränderten Einflusskontexten anpassen. Die Einflusslogiken sind vielfältig und verlangen von den Organisationen ebenso vielfältige Kommunikationsinstrumente wie ein flexibles und koordiniertes Kommunikationsmanagement. Während transnationale Einflusskontexte eher der Logik der Verhandlung und Expertise (und partiell des Lobbying) folgen, stehen nationalstaatliche Entscheidungssysteme zunehmend nicht-öffentlichem Lobbying- und öffentlicher Informations- und Protestpolitik offen (vgl. Kriesi 2007: 149 f.). Je nach politischer Ebene und Einflusskontext müssen intermediäre Organisationen andere Kommunikationsstrategien beherrschen und zur Anwendung bringen. Dadurch erhöht sich der kommunikative Koordinationsaufwand beträchtlich. Insgesamt steigt damit die Relevanz von politischen Kommunikationsstrategien, die in Abhängigkeit der Kontexte und Ebenen sowohl öffentliche wie nicht-öffentliche, nationalstaatliche wie transnationale Kommunikationsmaßnahmen flexibel kombinieren können, was sich deutlich in der vermehrten Inanspruchnahme externer Public-Affairs-Dienstleister zeigt (vgl. Lahusen/Jauß 2001: 56 ff.; Lederer 2005).

Das besondere Problem für intermediäre Organisationen besteht schließlich darin, dass sie *gleichzeitig* interdependenten Inklusionsanforderungen aus ihrer internen und externen Umwelt ausgesetzt sind. Diese Interdependenzen müssen bewältigt werden, was unter verschärften Komplexitätsbedingungen erwartbar schwieriger wird, denn die Anforderungen geraten mit zunehmender Komplexität in Konflikt zueinander: so lässt z. B. die komplexe Einflusslogik der EU-Verhandlungssysteme wenig zeitlichen und sachlichen Spielraum für langwierige interne Aushandlungs- und Aggregationsprozesse, und umgekehrt. Die Organisation gerät so von beiden Seiten unter Druck, was problematische Folgen haben kann: Die exklusive Bedienung einer Umwelt führt zu Inklusionsverlusten in der anderen Umwelt („Austrocknung des Binnenlebens" vs. „Einflussverlust"), die getrennte Bedienung beider Umwelten dagegen führt zur Entkopplung und zur Desintegration der Organisation. In beiden Fällen droht die Misserfolgsspirale. Für die intermediäre Organisation bedeutet dies, dass sie beide Umweltanforderungen kommunikativ vermitteln, die vielfältigen Kommunikationsmaßnahmen koordinieren und aufeinander abstimmen können muss. Ein koordiniertes Kommunikationsmanagement im Sinne einer „integrierten" politischen Kommunikation wird zu einer wichtigen Aufgabe, die am ehesten an zentraler Stelle geplant werden kann. Strukturell wird dies durch eine Hierarchisierung und durch die zentrale Verortung der Kommunikationsfunktion erreicht. Dies wiederum fördert die bekannten Oligarchisierungs- und Personalisierungstendenzen, was nicht ohne Folgen für die demokratische Verfasstheit der Intermediäre bleibt.

5. Zusammenfassung

Parteien, Verbände und Bewegungen wurden im vorliegenden Beitrag als intermediäre Organisationen betrachtet, die sich in funktionaler und formaler Hinsicht gleichen. Gefragt wurde nach dem Stellenwert von politischer Kommunikation und den wesentlichen Determinanten ihres Wandels. Vor dem Hintergrund der theoretischen Ausführungen zur Funktion und Form intermediärer Organisationen wurde politische Kommunikation als zentrales Medium der Umweltinklusion postuliert. Der Wandel der politischen Kommunikation dieser Organisationen wurde dementsprechend im Rückgriff auf Veränderungen in der internen und externen Umwelt beschrieben und erklärt. Komplexitätssteigerung in der internen Umwelt, so insbesondere die Individualisierung und eine dadurch bedingte nachlassende Inklusivität, führt zu einer generellen Aufwertung der politischen Kommunikation, so insbesondere der „politisierenden" Außenkommunikation, aber auch der binnenkommunikativen Mitgliedschaftspflege. Die gestiegene Konkurrenz um *potenzielle* Mitgliedschaft macht die Massenmedien zu einem wichtigeren Orientierungs- und Kommunikationsmedium. Komplexitätssteigerung in der externen Umwelt, so insbesondere durch Staatswandel und die Herausbildung von Mehr-Ebenen-Systemen, wertet neben partikularen, öffentlichen wie nichtöffentlichen Formen der politischen Kommunikation auch formelle Formen der Konsultation und Verhandlung auf. Insgesamt führt sie zu einer Diversifizierung der Kommunikation und verstärkt die Notwendigkeit der flexiblen Kombination unterschiedlicher Kommunikationsformen (bspw. integrierte Kommunikation im Sinne der Public Affairs). Die zunehmend widersprüchlichen Interdependenzen zwischen interner und externer Umwelt sind ferner Ursache für die feststellbaren und häufig beklagten Hierarchisierungs- und Zentralisierungstendenzen bei Intermediären.

Der theoretische Rahmen, der für diesen Beitrag gewählt wurde, macht insofern unterschiedliche kommunikative Veränderungstendenzen bei intermediären Organisationen sichtbar. Die Bedeutungszunahme medien- und öffentlichkeitsorientierter Kommunikationsformen ist dabei lediglich ein – wenn auch wichtiger und augenscheinlicher – Aspekt neben anderen. Nichtöffentliche, formelle wie informelle Formen der Kommunikation (von Lobbying über Verhandlung bis zur Beratung) müssen ebenfalls in Rechnung gestellt werden. Der theoretische Ansatz macht ferner auf unterschiedliche, umweltbedingte Einflussfaktoren aufmerksam, die den Wandel politischer Kommunikation intermediärer Organisationen beeinflussen. Die Ausdifferenzierung und Autonomisierung eines eigenständigen Mediensystems ist ein solcher Faktor, der allerdings weniger direkt, sondern vielmehr indirekt, vermittelt über die internen und externen Inklusionsprobleme im Zuge der Komplexitätssteigerung, kommunikationsrelevant wird.

Die Beschreibung und Erklärung der politischen Kommunikation intermediärer Organisationen muss daher unterschiedliche Umweltfaktoren in Betracht ziehen und kann diese weder einseitig auf Individualisierung noch auf Medialisierung zurechnen.

Ziel künftiger Forschung sollte deshalb die vergleichende Beschreibung und Erklärung intermediärer Organisationen und ihrer vielfältigen politischen Kommunikationsbemühungen innerhalb dynamischer Umwelten zumal unter Mehr-Ebenen-Bedingungen sein. Die hier vorgelegten Thesen müssen hierzu weiter differenziert und operationalisiert werden. Zum einen im Hinblick auf die Umwelten intermediärer Organisationen, insbesondere auf die kritische Variable „Komplexität". Zum anderen mit Blick auf die organisationstypspezifischen Unterschiede zwischen Parteien, Verbänden und Bewegungen, wie sie sich aus der unterschiedlichen Stellung dieser Organisationen im politischen System (zwischen Zentrum und Peripherie), ihrer institutionalisierten Zugangsmöglichkeiten, der vorhandenen materiellen und personellen Ressourcen, sowie ihrer unterschiedlichen Umweltkontexte (Mitgliederrollen, Einflusskontexte) ergeben. Erst dann kann etwas über normative Implikationen der Veränderungen, über das Ausmaß vermeintlicher Krisen und Demokratiegefährdungen, gesagt werden.

Literatur

Alemann, Ulrich von, 1996: Parteien in den Wechseljahren? Zum Wandel des deutschen Parteiensystems, in: Aus Politik und Zeitgeschichte B 6/96, 3-8.
Alemann, Ulrich von, 2000: Vom Korporatismus zum Lobbyismus? Die Zukunft der Verbände zwischen Globalisierung, Europäisierung und Berlinisierung, in: Aus Politik und Zeitgeschichte B 26-27, 3-6.
Armingeon, Klaus, 2007: Die politische Rolle der Verbände in modernen Demokratien. Fünf Thesen, in: *Jarren, Otfried/Lachenmeier, Dominik/Steiner, Adrian* (Hrsg.), Entgrenzte Demokratie? Herausforderungen für die politische Interessenvermittlung. Baden-Baden, 107-122.
Berg, Nicola, 2003: Public-Affairs-Management. Ergebnisse einer empirischen Untersuchung in multinationalen Unternehmen. Wiesbaden.
Beyme, Klaus von, 2000: Parteien im Wandel. Von den Volksparteien zu den professionalisierten Wählerparteien. Wiesbaden.
Brunnengräber, Achim/Walk, Heike/Klein, Ansgar, 2001: NGOs als Legitimationsressource. Opladen.
Buholzer, René P., 2007: Herausforderungen und Lösungsansätze der politischen Unternehmenskommunikation im internationalisierten Umfeld, in: *Jarren, Otfried/Lachenmeier, Dominik/Steiner, Adrian* (Hrsg.), Entgrenzte Demokratie? Herausforderungen für die politische Interessenvermittlung. Baden-Baden, 199-220.
Czerwick, Edwin, 1999: Verhandlungsdemokratie – ein Politikstil zur Überwindung von Politikblockaden, in: Zeitschrift für Politikwissenschaft 9 (2), 415-438.
Donges, Patrick/Imhof, Kurt, 2005: Öffentlichkeit im Wandel, in: *Bonfadelli, Heinz/Jarren, Otfried/Siegert, Gabriele* (Hrsg.), Einführung in die Publizistikwissenschaft. Konstanz, 147-175.
Donges, Patrick, 2008: Medialisierung politischer Organisationen: Parteien in der Mediengesellschaft. Wiesbaden.
Eisenegger, Mark, 2004: Reputation in der Mediengesellschaft. Konstitution – Issues Monitoring – Issues Management. Wiesbaden.
Eising, Rainer/Kohler-Koch, Beate, 2005: Interessenpolitik im europäischen Mehrebenensystem, in: *Eising, Rainer/Kohler-Koch, Beate* (Hrsg.), Interessenpolitik in Europa. Baden-Baden, 11-75.
Frantz, Christiane, 2007: NGOs als transnationale Interessenvertreter und Agenda Setter, in: *Jarren, Otfried/Lachenmeier, Dominik/Steiner, Adrian* (Hrsg.), Entgrenzte Demokratie? Herausforderungen für die politische Interessenvermittlung. Baden-Baden, 181-197.
Furtak, Florian, 2005: Nichtregierungsorganisationen (NGOs) im politischen System der Europäischen Union. Strukturen, Beteiligungsmöglichkeiten, Einfluss. München.

Gais, Thomas L./Walker, Jack L., 1991: Pathways to Influence in American Politics, in: *Walker, Jack L.* (Hrsg.), Mobilizing Interest Groups in America. Patrons, Professions, and Social Movements. Ann Arbor, 103-122.

Gerhards, Jürgen/Neidhardt, Friedhelm, 1993: Strukturen und Funktionen moderner Öffentlichkeit. Fragestellungen und Ansätze, in: *Langenbucher, Wolfgang R.* (Hrsg.), Politische Kommunikation. Grundlagen, Strukturen, Prozesse. Wien, 52-88.

Grande, Edgar, 2007: Staatlichkeit im Wandel – Der Regulierungsstaat im Europäischen Mehrebenensystem, in: *Jarren, Otfried/Lachenmeier, Dominik/Steiner, Adrian* (Hrsg.), Entgrenzte Demokratie? Herausforderungen für die politische Interessenvermittlung. Baden-Baden, 265-286.

Hackenbroch, Rolf, 1998: Verbändekommunikation, in: *Jarren, Otfried/Sarcinelli, Ulrich/Saxer, Ulrich* (Hrsg.), Politische Kommunikation in der demokratischen Gesellschaft. Ein Handbuch mit Lexikonteil. Opladen, 482-488.

Hoffmann, Jochen/Steiner, Adrian/Vogel, Martina, 2007a: Moderne Public Affairs versus traditionelle Interessenvertretung? Agenturen, Unternehmen und Verbände in der politischen Kommunikation, in: Österreichische Zeitschrift für Politikwissenschaft 36 (4), 425-444.

Hoffmann, Jochen/Steiner, Adrian/Jarren, Otfried, 2007b: Politische Kommunikation als Dienstleistung. Public-Affairs-Berater in der Schweiz. Konstanz.

Holmes Cooper, Alice, 2002: Media Framing and Social Movement Mobilization. German Peace Protest against INF Missiles, the Gulf War, and NATO Peace Enforcement in Bosnia, in: European Journal of Political Research 41, 37-80.

Imhof, Kurt, 1996: Eine Symbiose: Soziale Bewegungen und Medien, in: *Imhof, Kurt/Schulz, Peter* (Hrsg.), Politisches Raisonnement in der Informationsgesellschaft (= Reihe Mediensymposium Luzern, Bd. 2). Zürich, 165-186.

Imig, Doug/Tarrow, Sidney, 1999: The Europeanization of Movements? Contentious Politics and the European Union, in: *della Porta, Donatella/Kriesi, Hanspeter/Rucht, Dieter* (Hrsg.), Social Movements in a Globalizing World. New York, 112-133.

Jarren, Otfried, 1998: Medien, Mediensystem und politische Öffentlichkeit im Wandel, in: *Sarcinelli, Ulrich* (Hrsg.), Politikvermittlung und Demokratie in der Mediengesellschaft. Beiträge zur politischen Kommunikationskultur. Opladen/Wiesbaden, 74-94.

Jarren, Otfried/Donges, Patrick, 2006: Politische Kommunikation in der Mediengesellschaft. Eine Einführung. Wiesbaden.

Jarren, Otfried/Steiner, Adrian/Lachenmeier, Dominik, 2007a: Politische Interessenvermittlung im Wandel. Eine Einleitung, in: *Jarren, Otfried/Lachenmeier, Dominik/Steiner, Adrian* (Hrsg.), Entgrenzte Demokratie? Herausforderungen für die politische Interessenvermittlung. Baden-Baden, 7-15.

Jarren, Otfried/Steiner, Adrian/Lachenmeier, Dominik, 2007b: Entgrenzte Demokratie? Politische Interessenvermittlung im Mehrebenensystem, in: *Jarren, Otfried/Lachenmeier, Dominik/Steiner, Adrian* (Hrsg.), Entgrenzte Demokratie? Herausforderungen für die politische Interessenvermittlung. Baden-Baden, 333-365.

Jun, Uwe, 2002: Professionalisierung, medialisiert und etatisiert. Zur Lage der deutschen Großparteien am Beginn des 21. Jahrhunderts, in: Zeitschrift für Parlamentsfragen 33 (4), 770-789.

Jun, Uwe, 2004: Der Wandel von Parteien in der Mediendemokratie. SPD und Labour Party im Vergleich. Frankfurt a. M.

Keck, Margaret E./Sikkink, Kathryn, 1998: Transnational Advocacy Networks in the Movement Society, in: *Meyer, David S./Tarrow, Sidney* (Hrsg.), The Social Movement Society. Contentious Politics for a New Century. Boulder, 217-238.

Kitschelt, Herbert, 2000: Citizens, Politicians, and Party Cartellization: Political Representation and State Failure in Post-Industrial Democracies, in: European Journal of Political Research 37 (2), 149-179.

Kneer, Georg, 2003: Politische Inklusion korporativer Personen, in: *Hellmann, Kai-Uwe/Fischer, Karsten/Bluhm, Harald* (Hrsg.), Das System der Politik. Niklas Luhmanns politische Theorie. Wiesbaden, 150-162.

Kolb, Felix, 2005: The Impact of Transnational Protest on Social Movement Organizations: Mass Media and the Making of ATTAC Germany, in: *della Porta, Donatella/Tarrow, Sidney* (Hrsg.), Transnational Protest and Global Activist. Lanham, 95-120.

Koopmans, Ruud, 1995: Democracy from Below. New Social Movements and the Political System in West Germany. Boulder.

Köppl, Peter, 1998: Contract Lobbying. Beeinflussung als Dienstleistungen, in: *Scheff, Josef/Gutschelhofer, Alfred* (Hrsg.), Lobby Management. Chancen und Risiken vernetzter Machtstrukturen im Wirtschaftsgefüge. Wien, 77-89.

Köppl, Peter, 2002: Die Macht der Argumente. Lobbying als strategisches Interessenmanagement, in: *Althaus, Marco* (Hrsg.), Kampagne! Neue Strategien für Wahlkampf, PR und Lobbying. Münster, 215-225.

Kriesi, Hanspeter, 2001: Die Rolle der Öffentlichkeit im politischen Entscheidungsprozess (= WZB-Paper P 01-701). Berlin.

Kriesi, Hanspeter, 2007: Die politische Kommunikation sozialer Bewegungen, in: *Jarren, Otfried/Lachenmeier, Dominik/Steiner, Adrian* (Hrsg.), Entgrenzte Demokratie? Herausforderungen für die politische Interessenvermittlung. Baden-Baden, 145-161.

Ladner, Andreas, 2007: Die Rolle der Parteien in der Mediengesellschaft, in: *Jarren, Otfried/Lachenmeier, Dominik/Steiner, Adrian* (Hrsg.), Entgrenzte Demokratie? Herausforderungen für die politische Interessenvermittlung. Baden-Baden, 75-92.

Lahusen, Christian/Jauß, Claudia, 2001: Lobbying als Beruf. Interessengruppen in der Europäischen Union. Baden-Baden.

Lahusen, Christian, 2002: Commercial Consultancies in the European Union. The Shape and Structure of Professional Interest Intermediation, in: Journal of European Public Policy 9 (5), 695-714.

Lederer, Andreas/Lomba, Niombo/Scheucher, Christian, 2005: Emerging Markets. Public Affairs in Germany and Austria, in: *Harris, Phil/Fleisher, Craig S.* (Hrsg.), The Handbook of Public Affairs. London, 361-378.

Leif, Thomas/Speth, Rudolf (Hrsg.), 2003: Die stille Macht. Lobbyismus in Deutschland. Wiesbaden.

Luhmann, Niklas, 1991: Soziologie des politischen Systems, in: *Luhmann, Niklas*, Soziologische Aufklärung. Bd. 1. Aufsätze zur Theorie sozialer Systeme. Opladen, 154-177.

Luhmann, Niklas, 2000: Die Politik der Gesellschaft. Frankfurt a. M.

Mayer, Klaus/Naji, Natalie, 2000: Die Lobbyingaktivitäten der deutschen Wirtschaft, in: Recht und Politik 36, 31-43.

McCarthy, John D./McPhail, Clark/Smith, Jackie, 1996: Images of Protest. Dimensions of Selection Bias in Media Coverage of Washington Demonstrations, 1982 and 1991, in: American Sociological Review 61 (3), 478-99.

Meyer, Thomas, 2001: Mediokratie. Die Kolonisierung der Politik durch die Medien. Frankfurt a. M.

Nassehi, Armin, 2003: Der Begriff des Politischen und die doppelte Normativität der „soziologischen Moderne", in: *Nassehi, Armin/Schroer, Markus* (Hrsg.), Der Begriff des Politischen (= Soziale Welt, Sonderband 14). Baden-Baden, 133-169.

Neidhardt, Friedhelm, 1994: Öffentlichkeit, öffentliche Meinung, soziale Bewegungen, in: *Neidhardt, Friedhelm* (Hrsg.), Öffentlichkeit, öffentliche Meinung, soziale Bewegungen (= Kölner Zeitschrift für Soziologie und Sozialpsychologie, Sonderheft 34). Opladen, 7-41.

Neidhardt, Friedhelm, 2007: Massenmedien im intermediären System moderner Demokratien, in: *Jarren, Otfried/Lachenmeier, Dominik/Steiner, Adrian* (Hrsg.), Entgrenzte Demokratie? Herausforderungen für die politische Interessenvermittlung. Baden-Baden, 33-47.

Niedermayer, Oskar, 2002: Die europäischen Parteibünde, in: *Gabriel, Oscar W./Niedermayer, Oskar/Stöss, Richard* (Hrsg.), Parteiendemokratie in Deutschland. Wiesbaden, 428-446.

Pfetsch, Barbara, 2001: Amerikanisierung der politischen Kommunikation? Politik und Medien in Deutschland und den USA, in: Aus Politik und Zeitgeschichte 41-42, 27-36.

Plasser, Fritz/Plasser, Gunda, 2002: Global Political Campaigning. A Worldwide Analysis of Campaign Professionals and Their Practices. Westport.

Raupp, Juliana, 2007: Demoskopie als Instrument der Interessenvermittlung, in: *Jarren, Otfried/ Lachenmeier, Dominik/Steiner, Adrian* (Hrsg.), Entgrenzte Demokratie? Herausforderungen für die politische Interessenvermittlung. Baden-Baden, 247-261.
Reutter, Werner, 2001: Korporatismus, Pluralismus und Demokratie, in: *Reutter, Werner/Rütters, Peter* (Hrsg.), Verbände und Verbandssysteme in Westeuropa. Opladen, 9-30.
Römmele, Andrea, 2007: Parteien als Akteure der politischen Kommunikation auf europäischer Ebene, in: *Jarren, Otfried/Lachenmeier, Dominik/Steiner, Adrian* (Hrsg.), Entgrenzte Demokratie? Herausforderungen für die politische Interessenvermittlung. Baden-Baden, 93-106.
Roller, Edeltraut/Wessels, Bernhard, 1996: Contexts of Political Protest Western Democracies. Political Organization and Modernity (= WZB Discussion Paper FS 96-202). Berlin.
Rucht, Dieter, 1991: Parteien, Verbände und Bewegungen als Systeme politischer Interessenvermittlung (= WZB Discussion Paper FS III 91-107). Berlin.
Rucht, Dieter, 1993: Parteien, Verbände und Bewegungen als Systeme politischer Interessenvermittlung, in: *Niedermayer, Oskar/Stöss, Richard* (Hrsg.), Stand und Perspektiven der Parteienforschung. Opladen, 251-277.
Rucht, Dieter/Neidhardt, Friedhelm, 2003: Soziale Bewegungen und kollektive Aktionen, in: *Joas, Hans* (Hrsg.), Lehrbuch der Soziologie. Frankfurt a. M./New York, 534-556.
Rucht, Dieter, 2007: Das intermediäre System politischer Interessenvermittlung, in: *Jarren, Otfried/ Lachenmeier, Dominik/Steiner, Adrian* (Hrsg.), Entgrenzte Demokratie? Herausforderungen für die politische Interessenvermittlung. Baden-Baden, 19-32.
Sarcinelli, Ulrich, 1998: Parteien und Politikvermittlung. Von der Parteien- zur Mediendemokratie?, in: *Sarcinelli, Ulrich* (Hrsg.), Politikvermittlung und Demokratie in der Mediengesellschaft. Beiträge zur politischen Kommunikationskultur. Bonn, 273-296.
Schmitt-Beck, Rüdiger, 1990: Über die Bedeutung der Massenmedien für soziale Bewegungen, in: Kölner Zeitschrift für Soziologie und Sozialpsychologie 42 (4), 642-662.
Schuppert, Gunnar Folke, 2007: Governance as Communication. Das Beispiel von European Governance, in: *Jarren, Otfried/Lachenmeier, Dominik/Steiner, Adrian* (Hrsg.), Entgrenzte Demokratie? Herausforderungen für die politische Interessenvermittlung. Baden-Baden, 287-308.
Straßner, Alexander/Sebaldt, Martin, 2007: Die Europäisierung von Verbandsarbeit. Verbandsfunktionen, Wandlungsmuster, Konsequenzen, in: *Jarren, Otfried/Lachenmeier, Dominik/Steiner, Adrian* (Hrsg.), Entgrenzte Demokratie? Herausforderungen für die politische Interessenvermittlung. Baden-Baden, 123-144.
Streeck, Wolfgang, 1987: Vielfalt und Interdependenz. Überlegungen zur Rolle von intermediären Organisationen in sich ändernden Umwelten, in: Kölner Zeitschrift für Soziologie und Sozialpsychologie 39 (3), 470-495.
Swanson, David L./Mancini, Paolo, 1996: Patterns of Modern Electoral Campaigning and Theoretical Consequences, in: *Swanson, David L./Mancini, Paolo* (Hrsg.), Politics, Media, and Modern Democracy. An International Study of Innovations in Electoral Campaigning and Theoretical Consequences. Westport CT, 247-270.
Tarrow, Sidney, 1994: Power in Movement. Social Movements, Collective Action and Politics. Cambridge.
Tenscher, Jens, 2003: Professionalisierung der Politikvermittlung? Politikvermittlungsexperten im Spannungsfeld von Politik und Massenmedien. Wiesbaden.
Wiesendahl, Elmar, 1991: Volksparteien im Abstieg, in: Aus Politik und Zeitgeschichte B 34-35/ 92, 3-14.
Willke, Helmut, 2003: Politik und Demokratie, in: *Nassehi, Armin/Schroer, Markus* (Hrsg.), Der Begriff des Politischen (= Soziale Welt, Sonderband 14). Baden-Baden, 537-553.
Winter, Thomas von, 2003: Vom Korporatismus zum Lobbyismus. Forschungsstand und politische Realität, in: Forschungsjournal Neue Soziale Bewegungen. Lobbyismus in Deutschland. Fünfte Gewalt: unkontrolliert und einflussreich? 1 (3), 37-44.

Parteien, Politik und Medien. Wandel der Politikvermittlung unter den Bedingungen der Mediendemokratie

Uwe Jun

1. Einleitung: *Die professionalisierte Medienkommunikationspartei in der Diskussion*

Die politikwissenschaftliche Diskussion hat sich in den vergangenen Jahren ausführlich mit der Medialisierung und Professionalisierung von politischen Parteien in Westeuropa befasst. In dieser Auseinandersetzung ist das Modell der professionalisierten Medienkommunikationspartei (Jun 2004: 113 ff.)[1] entstanden, das in einzelnen Studien empirische Bestätigung fand (vgl. Pontzen 2006). Die Entstehung von professionalisierten Medienkommunikationsparteien wird als eine Reaktion von politischen Parteien auf grundlegende Veränderungen ihrer politischen, gesellschaftlichen und medialen Umwelten gesehen. Die Bezeichnung als neuer Parteientyp stellt den Versuch dar, die Konsequenzen dieser Veränderungsprozesse zu erfassen und mit einem typologischen Ansatz der Parteienforschung zu verbinden. Damit wird freilich nicht der Anspruch erhoben, eine Entwicklung zu beschreiben, die allumfassend, zwangsläufig und unausweichlich ist.

Der Typ der professionalisierten Medienkommunikationspartei ist häufig missverständlich und verkürzt als Medienpartei bezeichnet sowie als Abkehr von der Mitgliederpartei dargestellt worden. Diese Interpretation ist insofern unzutreffend, als der neue Parteityp dezidiert an bisherige Typen anknüpft. Zum einen sehen sich Kommunikationsparteien ausdrücklich nicht als Abkehr von der Mitgliederpartei (vgl. Meyer et. al. 1994: 129). Zum anderen steht der Parteientyp in direkter Kontinuität zur vorherigen Entwicklung hin zur Volkspartei (vgl. Kirchheimer 1965; Hofmann 2004).

Der vorliegende Beitrag versucht eine Bestandsaufnahme über die Entwicklungslinien und den Wandel von politischen Parteien als Anpassung an veränderte Umwelten. Zu den gewandelten Handlungsbedingungen gehören einerseits gesellschaftliche Prozesse der Individualisierung und der Pluralisierung sozialer Lebenswelten sowie die zunehmende Professionalisierung von Politik und politischer Kommunikation. Dazu zählen aber auch Prozesse der Ausdifferenzierung der Massenmedien und die Pluralisierung des Kommunikationsverhaltens des Publikums. Durch die Erosion ihrer sozial-moralischen Milieus und damit einhergehend ihrer Mitgliederbasis haben politische Parteien partiell die Chance zu direkter, personaler Kommunikation eingebüßt. Sie sind mehr als in der Vergangenheit auf medienvermittelte Kommunikation angewiesen. Der Kampf um Aufmerksamkeit in den Medien und um Zustimmung des Publikums gehört für politische Parteien inzwischen zum Alltagsgeschäft. Bedingt durch die nachlassende Kraft der formellen Kanäle ihrer Organisation erreichen politische Parteien heute nur noch einen Bruchteil ihrer Wählerschaft aus eigener Kraft (vgl. Poguntke 2000, 2006). Die Bezeichnung als Medienkommunikationspartei signalisiert, dass Medienauf-

---

[1] Zur Rezeption vgl. Rüb (2005); Wiesendahl (2006: 103 ff.).

merksamkeit und Kommunikationskompetenz zu entscheidenden Kriterien des Erfolges von Parteien geworden sind. Daher wird im ersten Teil des Beitrages der Prozess der Medialisierung der Politik als zentrale Rahmenbedingung des Parteienwandels diskutiert.

Eine weitere wesentliche Entwicklung in westlichen Demokratien ist die Professionalisierung von Politik, die inzwischen in vielen Studien empirisch belegt ist (vgl. Webb/Kolodny 2006: 343; Farrell 2006: 128). Prozesse der Professionalisierung kennzeichnen die Arbeit in den Parteizentralen auf nationalstaatlicher Ebene, den Fraktionen in nationalen und regionalen Parlamenten sowie die Strategieplanung und Implementation der Parteienkommunikation. Auf Prozesse der Professionalisierung der Parteienkommunikation wird im dritten Abschnitt dieses Beitrags ausführlicher eingegangen. Sie sind ein ganz wesentlicher Bestandteil des Modells der professionalisierten Medienkommunikationspartei und können als Antwort der Parteien auf die steigenden kommunikativen Umweltanforderungen interpretiert werden. Die wesentlichen Folgen der Medialisierung und Professionalisierung der Politik für politische Parteien werden erörtert und im Typ der professionellen Medienkommunikationspartei zusammengefasst, wobei neuere Entwicklungen überdacht und eingearbeitet werden. Der Typus soll gegenüber vorherigen Entwürfen auch einer Überprüfung unterzogen werden.

2. Die Medialisierung der Politik

Seit einigen Jahren wird in unterschiedlichen wissenschaftlichen Disziplinen über die Medialisierung der Politik diskutiert.[2] Das facettenreiche Konzept kann als Versuch angesehen werden, den Bedeutungsgewinn der Medien in der komplexen Beziehung zwischen Politik, Medien und Öffentlichkeit in der modernen Demokratie zu analysieren. Das Gefüge dieser drei Akteure oder Subsysteme (mit Blick auf Medien kann der Journalismus als Subsystem gelten) hat in den vergangenen 25 Jahren aufgrund neuer Technologien und des dadurch bewirkten Medienwandels sowie aufgrund politischer und gesellschaftlicher Veränderungsprozesse eine deutliche Wandlung erfahren. Während sich die meisten Autoren darüber einig sind, dass eine Medialisierung der Politik festzustellen ist, wird über den Umfang, das Ausmaß, die Bedeutung und die Auswirkungen dieser Entwicklung kontrovers diskutiert.

Die Einschätzungen der Stärke des Bedeutungszuwaches der Medien variieren erheblich (vgl. Mazzoleni/Schulz 1999; vgl. Street 2005). Sie reichen vom Modell der Mediokratie, das die Kolonisierung der Politik durch die Medien und eine Unterwerfung der Politik gegenüber der Medienlogik postuliert (Meyer 2001), bis zur Ansicht, dass die Medienlogik nur als ein weiteres Orientierungssystem der politischen und gesellschaftlichen Akteure zu den bereits bestehenden Institutionen und Regelsystemen in einem politischen System hinzutritt (Marcinkowski 2005: 349).

Obwohl Meyers zugespitztes Mediokratiekonzept empirisch kaum haltbar ist und auch theoretisch kritisch diskutiert wurde (vgl. Street 2005), tendieren die meisten Stu-

---
2 Siehe zum historischen Verständnis Bösch/Frei (2006); zum kommunikationswissenschaftlichen Schulz (2004), Donges (2005), Marcinkowski (2005); zum politikwissenschaftlichen Verständnis Louw (2005), Pontzen (2006), Jun (2008).

dien eher zu einem Bedeutungszuwachs der Massenmedien in politischen Systemen westlicher Demokratien aus als nur von einer Ergänzung der bisherigen Politikinstrumente zu sprechen. Für einen Bedeutungsgewinn sprechen eine Reihe von Faktoren, die den Prozess der Medialisierung der Politik im engeren Sinne charakterisieren. Vor diesem Hintergrund soll auf zentrale Indikatoren der Medialisierung von Politik im Folgenden näher eingegangen werden. Der Begriff der Medialisierung ist sehr vielschichtig und umfasst die im Folgenden zu konstatierenden Phänomene.

2.1 Massenmedien als zentraler Informationsvermittler von und in politischen Prozessen

Aus der Sicht von politischen Akteuren sind die Massenmedien eine zentrale Voraussetzung, um größere Aufmerksamkeit zu gewinnen, um die öffentliche Meinung zu beeinflussen und Zustimmung und Legitimation für Politik herzustellen. Ein politisches Ereignis, über das die Massenmedien nicht berichten, hat für eine breitere Öffentlichkeit nicht stattgefunden. Erst die Massenmedien stellen die Arena her, in dem die öffentliche Auseinandersetzung stattfindet. Sie sind das Instrument zur Informationsgewinnung und der zentrale Wahrnehmungsfilter der politischen Öffentlichkeit (vgl. Glaab 2000: 108). Um ihre politischen Positionen, Inhalte und Images öffentlich werden zu lassen, sind politische Akteure auf deren Übermittlung durch Massenmedien angewiesen. Denn Politik wird von weiten teilen der Öffentlichkeit zunehmend als medienvermittelte Erfahrung wahrgenommen, wesentlich bestimmt von einzelnen Spitzenpolitikern (vgl. Hickethier 2003: 85). Zu konstatieren ist daher für politische Akteure eine Notwendigkeit der Medienpräsenz, um im Parteienwettbewerb bestehen zu können (vgl. Plasser 1987: 72). Durch die in den letzten beiden Jahrzehnten zu beobachtende stärkere Medienkonkurrenz und -vielfalt steigen sowohl die Medienbeobachtung als auch der Zwang zur Nachrichtenproduktion. Dies eröffnet den etablierten politischen Akteuren die Chance, bestimmte Informationen gezielt an einzelne Medien weiterzuleiten und dabei die Konkurrenzbeziehungen der Medien untereinander strategisch für sich zu nutzen. Denn nicht nur die Politik braucht die Medien zur Informationsvermittlung, sondern auch die Medien die Politik zur Informationsgewinnung. Folge dieser Konstellation ist eine zunehmende Interdependenz politischer Prozesse und medialer Kommunikation. Da die Nachfrage nach politischen Informationen trotz rückläufiger Tendenz noch als hoch eingestuft wird, sind die Medien auf Informationen der politischen Akteure angewiesen. Diese nehmen für die Medien primär die Rolle von Informationslieferanten wahr. Es decken sich letztlich die Interessen der Politik, Öffentlichkeit herzustellen und ihre Themen zu lancieren, und die der Journalisten, Informationen zu erhalten, um Sendezeiten und Seiten inhaltlich zu füllen. Einzelne politische Akteure haben daher Raum, um ihre Problemdefinition und -interpretation zu präsentieren, sofern sie Aufmerksamkeitspotenzial haben und die Nachfrage von Journalisten nach relevanten Informationen befriedigen können. Die politischen Akteure können darüber hinaus die zunehmende Konkurrenz der Medien für sich instrumentalisieren und den arbeits- und produktionstechnischen Bedingungen der Medien entgegenkommen. Dies ist insofern chancenreich, weil die Medien durch finanzielle Ressourcen und damit einhergehend durch relativ eng festgelegte personale und technische Ressourcen in ihrer Handlungsautonomie begrenzt sind. Bei den öffentlich-rechtlichen Rundfunkanstalten sind es die Gebühreneinnahmen und bei den privaten Anbietern wirken Rentabilitätsprinzipien.

Wie vielfältige Beispiele zeigen, sind aber direkten politischen Einflussversuchen Grenzen gesetzt, da Journalisten auf ihre Autonomie achten und auf Instrumentalisierungsversuche abweisend reagieren. Daher gehen politische Akteure den Weg der strategischen Planung und subtilen Steuerung zur Einflussnahme auf Medieninhalte: „Because journalists do not like to believe they are being, or can be, manipulated a crucial element of spin-doctoring is hiding one's own spin" (Louw 2005: 165; vgl. Esser et. al. 2001). Die früheren Medienberater der von Labour Party geführten britischen Regierung unter Tony Blair (1997 – 2007) wie Alastair Campbell haben genau diesen Grundsatz zu wenig beachtet. Medien gehen deutlich über die Vermittlerrolle hinaus und sind durch ihre Deutungen, Interpretationen und Selektion politischer Ereignisse als eigenständiger Akteur der politischen Kommunikation zu betrachten, was wiederum die Politik bei ihren Versuchen der Inszenierung und direkten Beeinflussung zu beachten hat (vgl. Pfetsch/Adam 2008).

Ein weiteres Merkmal der Bedeutungszunahme der Medien ist, dass der Kommunikationsprozess selbst zwischen den politischen Akteuren medienvermittelt stattfindet. Insbesondere im Vorfeld von Entscheidungen werden Positionen, Meinungen und Auffassungen zu einzelnen politischen Sachfragen über die Medien erörtert, oftmals ohne direkten persönlichen Kontakt der Akteure. Selbst die Binnenkommunikation von politischen Parteien ist nicht selten medienvermittelt und wird über die Medien ausgetragen. Die aktuelle Auseinandersetzung innerhalb der SPD um ihr Verhältnis zur Linkspartei ist ein prägnantes Beispiel dafür: Der Parteivorsitzende Kurt Beck gab seine Haltung zunächst in einem Hintergrundgespräch den Medien preis, bevor er die Gremien der Partei informierte. Anschließend wurden die verschiedenen Positionen über die Medien ausgetauscht, ohne dass es zu direkten Gesprächen zwischen anderen hochrangigen Parteirepräsentanten und Beck oder auch zwischen den einzelnen Parteivertretern kam.

2.2 Massenmedien als politische Bühne und selbständiger Akteur

Der Zugang zu Massenmedien und eine positive Medienberichterstattung gelten in dieser Sichtweise als eine nicht zu unterschätzende Machtressource für politische Akteure. Ihr Ziel ist es, die medialen Formen und Foren der Darstellung für sich zu nutzen. Dies gilt in besonderer Weise in Wahlkämpfen. Häufigste Form der Selbstdarstellung ist die Inszenierung politischer Ereignisse mit dem Ziel einer akzeptanz- und legitimationswirksamen Darstellung der eigenen Position (vgl. Grande 2000). Das Ziel inszenierter Politik besteht zunächst in der Angleichung der Realitätsdeutungen von politischen Akteuren, den Medien und den Wählern bzw. Bürgern. Für politische Akteure bedeutet dies, die Massenmedien und deren Nachrichtenfaktoren, Formate und Produktionsbedingungen im politischen Prozess mit zu berücksichtigen, wenn sie sich mit ihren Realitätsdeutungen durchsetzen wollen. Die Medien folgen bei ihrer Berichterstattung nicht nur den Bedingungen der Ereignisse, sondern sie konstruieren durch ihre Selektion, durch ihre Aufbereitung, Formatzwänge und Produktionsroutinen sowie

Interpretationen der Ereignisse ihre eigene Realität. Dies geschieht oftmals in einer für die Rezipienten kaum nachvollziehbaren Weise.

Politische Akteure haben bei ihren Inszenierungen das Risiko zu kalkulieren, dass reine Inszenierungen ohne politische Substanz durchschaut werden könnten. Der Unterhaltungsbranche entlehnte oder nur die Privatsphäre behandelnde Inszenierungen des Politischen haben die von ihm zu erwartenden Rollen des politischen Akteurs zu bedenken: erwartet wird von ihm ein politischer Inhalt, eine politische Substanz: „Die Differenz zwischen beiden Rollen darf nicht zu groß werden, um nicht das Image, das durch die alte Rolle (die des politischen Akteurs, U. J.) entstanden ist, zu beschädigen" (Hickethier 2003: 93). Ein Beispiel für die Ambivalenz von Inszenierungen ist die Eheschließung des französischen Staatspräsidenten Nicolas Sarkozy mit der Sängerin Carla Bruni, die zwar den Stoff für einen Hollywoodfilm hergab, politische Inhalte aber völlig ausblendete. Der Wechsel eines politischen Akteurs von der politischen Bühne in die Unterhaltungsöffentlichkeit erwies sich in diesem Fall als imageschädigend. Allgemeiner kann festgestellt werden: Wenn Inszenierungen nicht im Einklang mit den dargestellten Sachverhalten sind, wirken sie unglaubwürdig und sind dysfunktional, da sie den Erwartungen des Publikums an die Politik nicht entsprechen. Der Rezipient muss dem Gezeigten einen Realitätsgehalt zuschreiben, der seinem Erwartungshorizont an Politik entspricht. Denn kommunikatives Gelingen und die Herstellung von Deutungsmacht ist dann wahrscheinlicher, wenn der Kommunikator sich in Übereinstimmung mit dem Erwartungshorizont des Publikums befindet.

Deutungsmacht entsteht in einem Interaktionsgefüge zwischen Politik, Medien und Publikum/Wählern. Die Medien stellen dabei nicht nur Öffentlichkeit her und vermögen diese indirekt zu beeinflussen. Sie nehmen auch Einfluss auf den politischen Prozess, etwa in dem sie nicht selten politische Probleme definieren und die öffentliche Agenda mitbestimmen. Auf die Themen der öffentlichen Diskussion haben sie einen erheblichen, wenn nicht sogar dominanten Einfluss. Das betrifft sowohl die Rangordnung der Themen in der politischen Öffentlichkeit als auch der politischen Akteure selbst. Das Agenda-Setting geht zwar in vielen Fällen auf die Kommunikationsleistungen der politischen Akteure zurück, die Themenauswahl und die „Inszenierungshoheit" liegen letztlich aber bei den Medien. Diese verstehen sich gegenüber der Politik als eigenständige Akteure, was den Handlungsspielraum der Politik mit Blick auf die Thematisierungshoheit stark einschränkt. Des Weiteren wirken sie auf den zeitlichen Ablauf von politischen Prozessen ein. All das wiederum hat zur Folge, dass die politischen Akteure der Medienlogik – von der Problemdefinition bis zur Evaluation politischer Handlungen – eine erhebliche Bedeutung zusprechen. So folgert Pontzen (2006: 94-95) aufgrund einer Befragung unter Bundestagsabgeordneten, dass „eine zunehmende Zahl politischer Akteure das Verhalten den Selektions- und Präsentationsregeln der Medien anpasst".

2.3 Permanentes Streben nach Öffentlichkeit mit dem Fernsehen als Leitmedium politischer Kommunikation

Gezielte Inszenierung von Politik beschränkt sich keineswegs auf Wahlkämpfe, sondern ist in Mediendemokratien mit mit ihren visuellen Kulturen ein stets anzutreffendes

Phänomen. Die Haltung der Politik hin zum permanenten Streben nach Öffentlichkeit wurde durch das Fernsehen als Leitmedium politischer Kommunikation beschleunigt. In keinem anderen Medium werden die Besonderheiten massenmedialer Darstellung wie Aktualität, Vereinfachung von komplexen Sachverhalten, Neigung zur Dramatisierung und zum Negativismus, zur Personalisierung und zur Schematisierung deutlicher erkennbar als im Fernsehen: „Da sich der politische Diskurs wiederum – zumindest der öffentliche politische Diskurs – weitgehend in das Forum der elektronischen Medien verlagert hat, ist Politik in der Gegenwartsgesellschaft zu einer Art Dauerwerbesendung geworden. Politische Produkte werden rund um die Uhr angeboten" (Dörner/Vogt 2002: 22). Mag diese Formulierung überspitzt sein, so lässt sich zumindest konstatieren, dass inszenierte Politik den Zwängen des Fernsehens entgegenkommt, weil Fernsehen stark auf Visualisierung und auf das Erzeugen von Bildern setzt. Sie erhält durch Bilder eine besondere Wirkungsmacht, da sie durch ihre scheinbar abbildgetreue Suggestion nicht erkennen lässt, dass sie absichtsvoll inszeniertes Kunstprodukt sein kann. Das Fernsehen ist das Medium, „das wie kein zweites Spielraum für Selbst- und Fremdinszenierungen bietet" (Sarcinelli 2000: 20).

Die Medienexpansion der letzten beiden Jahrzehnte eröffnet den politischen Akteuren nicht nur zunehmende Kommunikations- und Darstellungsmöglichkeiten, gleichzeitig steigen die Anforderungen an und der Aufwand für die strategische Planung. Das Fernsehen ist aufgrund seiner hohen Reichweite, seiner starken Nutzung und aufgrund der visualisierenden Vermittlung das Leitmedium politischer Kommunikation und hat gleichzeitig die höchste Glaubwürdigkeit (vgl. Hickethier 2003; Wehmeier 1998; Jandura 2007: 39). Aufgrund seiner Stellung als Hauptinformationsquelle sind alle sozialen Gruppen durch das Medium Fernsehen erreichbar. Mit der Dualisierung der Rundfunklandschaft hat sich die Nutzung des Fernsehens weiter erhöht. Dadurch wurde seine Schlüsselrolle bei der Politikvermittlung verstärkt. Fernsehen ist aber auch deshalb ein Leitmedium, weil es die Politikdarstellung in den Medien insgesamt verändert hat: Da das Fernsehen primär ein Unterhaltungsmedium ist, werden dort Sachverhalte anhand unterhaltsamer Bilder und Geschichten inszeniert. Diese Eigenschaft des Fernsehens überformt „alle Angebote innerhalb seines Programmspektrums" (Hickethier 2003: 91). Bildkommunikation wird zur entscheidenden Informationsgrundlage und der sprachlichen Information übergeordnet. Das Fernsehen ist das beste Darstellungsinstrument für die Politik, um auch die wenig an Politik interessierten Teile der Bevölkerung, die eher Unterhaltungsware bevorzugen, zu erreichen (Schulz et al. 2000: 423). Da gerade der Anteil der unterhaltungsorientierten Fernsehzuschauer zugenommen und der Anteil der informationsorientierten Nutzer abgenommen hat (Berens et al. 1997; Saxer 2007: 178 ff.), sind die politischen Akteure gezwungen, sich auf die unterhaltungsorientierten Gewohnheiten des Publikums einzustellen (siehe Saxer 2007). Der Unterhaltungsorientierung der Zuschauer wird von Seiten der Fernsehstationen Rechnung getragen, indem Informationssendungen mit unterhaltsamen Elementen angereichert werden, vormals separate Genres vermischt werden, aus Information und Entertainment wird Infotainment.

Zusammenfassend lässt sich konstatieren, dass die Prozesse der Medialisierung der Politik die Struktur der politischen Kommunikation deutlich verändert haben. Ziel der Kommunikation von politischen Akteuren ist die unmittelbare oder mittelbare Einflussnahme, um für ihre politischen Überzeugungen, Ansichten, Zielvorstellungen, Interessen, Handlungspläne und Aktionen Gehör, Zustimmung und Unterstützung zu finden. Bei nach außen gerichteter Kommunikation zielt die Zustimmung und Unterstützung zwar in erster Linie auf die Bürger. Diese sind in den vergangenen Jahrzehnten zunehmend medienorientiert; selbst die Wahrnehmungen der eigenen Wirklichkeit der politischen Akteure geschieht inzwischen in erheblichem Maße über die allgemeinen Massenmedien (Sarcinelli 2000: 24). Herstellung von medialer Aufmerksamkeit gehört für alle politische Akteure zum politischen Alltag. Auf diesen zentralen Aspekt möchte der Typus der professionalisierten Medienkommunikationspartei mit Nachdruck hinweisen. Gleichzeitig gilt, dass neben der Medienorientierung weitere Gesichtspunkte zu betrachten sind, wenn es um die Selbstdarstellung von politischen Parteien geht. Wie Frank Marcinkowski (2005) zutreffend feststellt, ist die Berücksichtigung der Medienlogik nur ein von den politischen Akteuren zu beachtender Aspekt neben anderen handlungsregulierenden Institutionen.

3. Professionalisierung der Politik im Bereich der politischen Kommunikation

Die Medialisierung der Politik geht einher mit der Professionalisierung der politischen Kommunikation (vgl. hierzu schon Jun 2008 als Basis des Abschnitts). Viele politische Akteure sind inzwischen der Auffassung, in höherem Maße als in der Vergangenheit auf Ressourcen und Expertise zur Beeinflussung der öffentlichen Agenda und der Medienagenda zurückgreifen zu müssen. Zu diesem Zweck bedienen sie sich seit einigen Jahren zunehmend der Dienste von PR- und Medienberatern, Pressesprechern, Marketing-Spezialisten, Meinungsforschern und anderen Politikvermittlungsexperten (vgl. beispielhaft Tenscher 2003, Kamps 2007, Negrine 2007a). Eine Intensivierung der Politik- und Kommunikationsberatung ist die Folge in nahezu allen westlichen Demokratien (vgl. Negrine et al. (2007a), explizit Erwähnung finden sollten die einwohnerstärksten Staaten Westeuropas Deutschland (siehe Michalski/Wolf 2005; Focke 2007: 358; Juknat/Römmele 2008: 171; Jun 2002b), Großbritannien (Norris et al. 1999; Franklin 2001; Jun 2008: 186 ff.; Negrine 2007b; Heffernan 2006; Harrop 2001), Frankreich (Seggelke 2007: 306; Maarek 2007), Italien (Helms 2002; Mancini 2007) und Spanien (Ramiro/Morales 2004). Zwar lässt sich eine Professionalisierung der Kommunikation am deutlichsten für Wahlkämpfe nachweisen. Andererseits ist zu erkennen, dass politische Akteure auch zwischen den Wahlen die professionelle Unterstützung von Kommunikationsexperten suchen, um die Kommunikation mit der Wählerschaft zu verbessern. „Today it is clear that election campaigns are run continuously" (Webb/Kolodny 2006: 337; siehe auch Farrell 2006: 125; Esmark 2007: 11). Im Vergleich zu 20 Jahren zuvor gibt es nicht nur eine größere Anzahl von Kommunikationsexperten, inzwischen legen Abgeordnete und Parteiführungen auch deutlich mehr Wert auf professionelle Kommunikationsberatung (vgl. Michalski/Wolf 2005; Quinn 2005; Louw 2005; Heffernan 1999; Swanson/Mancini 1996). Inwieweit diese Einfluss ausüben, wird etwa daran erkennbar, dass oftmals politische Entscheidungen der Parteien von einer „Medien-Logik" gekennzeichnet sind, beispielsweise durch visuelle, für das Fernsehen inszenierte Veranstaltungen, durch eine Zeitplanung, die sich an den Redaktionsschlüssen der Medien neu orientiert und durch die Schulung telegener Fähigkeiten.

Die Parteien in den parlamentarischen Regierungssystemen Europas reagieren mit diesen unterschiedlichen Formen der Professionalisierung auf die veränderten gesellschaftlichen und medialen Herausforderungen (siehe Jun 2004, Farrell/Webb 2000: 117). Diese beschränkt sich keineswegs auf politische Kommunikation, sondern umfasst alle Handlungsbereiche der Parteien wie die Regierungsarbeit, die Parlamentsarbeit oder das alltägliche Management der landesweiten, außerparlamentarischen Organisation der Parteistrukturen. Als professionelle Mitarbeiter von politischen Parteien können daher nicht nur die unmittelbar in den Parteien Angestellten, sondern auch die Mitarbeiter der Parlamentsfraktionen und die aufgrund ihrer Parteinähe oder -zugehörigkeit rekrutierten Mitarbeiter der jeweiligen Exekutiven unterhalb der Ministerialebene (vgl. Webb/Kolodny 2006: 338) gelten. Hinzu kommen noch politische Berater, die entweder nur für eine begrenzte Zeit und/oder auf Honorarbasis ihre Dienstleistung einer Partei zur Verfügung stellen. Bei Professionalisierung in diesem Kontext handelt es sich zunächst um einen institutionellen Prozess, bei dem hauptberufliche Mitarbeiter oder externe Berater einen Bedeutungsgewinn innerhalb einer Organisation erfahren zulasten der freiwilligen Mitarbeit der Mitglieder (siehe Webb/Kolodny 2006: 339 ff.).

Wenngleich die Professionalisierung viele Bereiche der Parteiarbeit umfasst, so steht die politische Kommunikation im Vordergrund der Aktivitäten, sie ist das wesentliche Charakteristikum der sogenannten Professionalisierten Medienkommunikationspartei: „Professionalisation and its concomitant orientation of strategic vote management (...) probably represents one of the most momentous reaction strategies of political parties in the long run" (Plasser/Plasser 2002: 310; siehe auch Webb/Kolodny 2006: 342). Die von den Parteien beauftragten Medien- und Kommunikationsberater, Meinungsforscher und Werbespezialisten werden entweder als externe Experten temporär beschäftigt oder intern in dauerhaft eingerichteten Positionen der Presse- und Öffentlichkeitsarbeit angestellt. Professionalisierung der politischen Kommunikation bedeutet also, dass strategisch geplante Vorhaben mit Hilfe externer und interner Experten umgesetzt werden und dass die interne und externe Kommunikation von politischen Akteuren nach wissens- und evidenzbasierten Erkenntnissen und mit Hilfe spezifischer Instrumente und Methoden entwickelt, ausgeführt und evaluiert werden. Diese Form der Professionalisierung findet sich bei unterschiedlichen Institutionen bzw. Organisationen wie Regierungen, Parlamentsfraktionen, Verbänden und „clearly been most pronounced within political parties" (Esmark 2007: 1). Unterschiedliche, miteinander zusammen hängende Ausprägungen der Professionalisierung der politischen Kommunikation können ausgemacht werden (siehe auch Negrine 2007a):

– ein professioneller Stil bzw. eine professionelle Form der Kommunikation im Sine einer wissens- und evidenzbasierten sowie strategischen Kommunikation (etwa Medienberatung und -training; strategisches Informationsmanagement, meinungsforschungsbasierte Zielgruppenwerbung; Erarbeitung und Implementierung konkreter Kommunikationsstrategien);
– eine professionelle Organisation bzw. Struktur der kommunikativen Aktivitäten im Hinblick auf das Erkennen einer hohen Relevanz von Kommunikation für politische Prozesse, das heißt Kommunikation als eigene Organisationsaufgabe mit gewachsenem Einfluss von Kommunikations- bzw. Öffentlichkeitsarbeitsabteilungen (bei-

spielsweise Einrichtung von Kommunikationsabteilungen; zentrale Koordination der internen und externen Kommunikation);
- ein stärkeres Hineinwirken von extern ausgebildeten Kommunikationsspezialisten in politische Institutionen und Organisationen mit konkreter Umsetzung von externer Beratungsexpertise (beispielsweise Zusammenarbeit der politischen Akteure mit Agenturen aus unterschiedlichen Bereichen wie PR, Marketing, Meinungsforschung, Ereignisplanung etc.);
- eine steigende Nachfrage der politischen Institutionen nach eigenen Vermittlungsexperten mit verbesserten Beschäftigungschancen von Medien- und Kommunikationsberatern innerhalb der politischen Institutionen und Organisationen und deren Zunahme.

Aus diesen Ausprägungen der Professionalisierung politischer Kommunikation dürfte deutlich geworden sein, dass damit nicht der klassische Professionsbegriff gemeint ist, denn weder ist der Zugang zum Beruf des Medien- oder Kommunikationsberaters innerhalb der politischen Kommunikation durch bestimmte formale Studienabschlüsse geregelt, noch gibt es eine normierte Zugangskontrolle und auch keinen klar definierten ethischen Code oder eine Berufung auf das Allgemeinwohl. In den USA sind Schritte in diese Richtung der dort im Vergleich zu Europa stärker professionalisierten Beraterzunft deutlicher sichtbar (vgl. Dulio 2006) im Sinne einer geregelten Ausbildung und einer autonomen Regelung. In den europäischen Demokratien kann man lediglich erkennen, dass eine Wissens- und Erfahrungsbasis über die medialen Gesetzmäßigkeiten und kommunikativen Grundlagen bzw. Methoden in Verbindung mit Kenntnissen der Funktionsweise von Politik vorliegen. Dies gilt hauptsächlich für die Generalisten innerhalb der Medien- oder Kommunikationsberater, die allgemeine Strategien entwerfen, kommunikative Leitlinien und Konzeptionen entwickeln, implementieren und evaluieren. Den Generalisten kommt innerhalb von politischen Organisationen auch ein gewisses Maß an Autonomie zu, da sie nicht selten durch ihre strukturelle Verortung in der Nähe der Führung der Organisation bzw. Institution oder zumindest im engen Kontakt mit dieser erhebliche (auch politische) Mitwirkungsrechte verfügen. Generalisten sind von den Spezialisten zu unterscheiden, die eher einzelne Aufgaben innerhalb des gesamten Kommunikationsapparates von Wahlkämpfen oder alltäglicher politischer Kommunikation übernehmen, wie etwa quantitative und qualitative Meinungsforschung, Werbemaßnahmen, Veranstaltungsplanung oder den Internetauftritt. Die Spezialisten sind in vielen Fällen nicht eindeutig parteipolitisch gebunden und ihr Dienstleistungsangebot beschränkt sich zumeist auch nicht exklusiv auf die Politik (siehe Michalski/Wolf 2005). Sie bekommen vor allem solche Aufträge, die sie kostengünstiger und effizienter als die politischen Akteure selbst erbringen (vgl. Kamps 2007: 70 ff.). In der Ausdifferenzierung der Kommunikationsberatung im Sinne einer zunehmenden Aufgabenübertragung an Spezialisten (Spezialisierung), die häufig extern rekrutiert werden und dabei Aufgaben übernehmen, die bislang von Parteimitgliedern erbracht wurden, sind die qualitativ gewichtigsten Aspekte moderner Formen der Professionalisierung politischer Kommunikation zu sehen (siehe auch Scammell 1998: 256).

Professionalisierung der politischen Kommunikation möchte aus Sicht der Berater im Ergebnis auch eine erhöhte Bereitschaft aller politischen Akteure erreichen, den Anforderungen der Massenmedien nachzukommen und somit mehr Medienkompetenz auf Seiten der Politik durchzusetzen, um die Arbeit effizienter und nachdrücklicher zu gestalten. Die dauerhafte Verbesserung der Kommunikationskompetenzen der politischen Akteure wurden zu einem zentralen Teil der kommunikativen Strategien.

4. Auswirkungen der Medialisierung und der Professionalisierung der Kommunikation: Das Modell der professionalisierten Medienkommunikationspartei[3]

Betrachtet man die in den vergangenen Jahren publizierten Studien zum Wandel von politischen Parteien und Parteiensystemen im internationalen Vergleich,[4] so wird die Professionalisierung und die Medialisierung durchgängig als wesentliches Charakteristikum der Entwicklung der Parteien dargelegt: „Trying to adapt to an increasingly fragmented social environment and deprived of formerly stable anchorage in society, parties may have changed from aggregating interersts to merely ‚collecting' them, thereby relying ever more on modern communication and market research techniques" (Poguntke 2004: 1). Auf die gestiegene Bedeutung der Professionalisierung von Parteien hat bereits Angelo Panebianco (1988) in seiner viel beachteten und rezipierten Konstruktion des Typs der „Electoral professional party" mit Nachdruck hingewiesen.

In diesem Abschnitt soll der Wandel von politischen Parteien in Folge der oben dargestellten Prozesse der Medialisierung und Professionalisierung systematisiert und im Modell der professionalisierten Kommunikationspartei synthetisiert werden. Ausgangspunkt der Modernisierungsstrategien der politischen Parteien ist neben den soziostrukturellen Veränderungen und der geänderten Ausgangslage für die Durchsetzung von Politikinhalten auf der nationalstaatlichen Ebene die Wahrnehmung, dass Massenmedien einen kontinuierlichen Einfluss auf die politischen Einstellungen und das politische Verhalten des Publikums ausüben (siehe etwa Buchanan 2001): Entscheidend ist dabei weniger, ob Medien tatsächlich eine erhebliche Wirkung auf ihre Rezipienten haben,[5] sondern vielmehr die ihnen von den politischen Akteuren zugeschriebene Wirkung (siehe Flowers et al. 2003). Für die politischen Parteien ergab sich daraus als unmittelbare Folgerung, der Medienkommunikation deutlich mehr Beachtung zu schenken als in der Vergangenheit (siehe auch Kamps 2006). Konstatiert wurde in der Parteienforschung, dass politische Parteien ein großes Anpassungspotenzial an sich verändernde Umwelten haben, diese wiederum strategisch mit beeinflusst haben und sich gegen alle Untergangs- und Krisenszenarien erfolgreich behaupten können (siehe beispielhaft Jun 2004; Harmel 2002). Ferner wird ein weiteres Ergebnis politikwissen-

---

[3] Wie in der Einleitung bereits erwähnt, sind die zentralen Elemente dieses Parteientyps schon an anderer Stelle ausführlich dargelegt (Jun 2004). Sie sind hier durch neuere empirische Ergebnisse und Literatur aktualisiert, wesentlich ergänzt und einer kritischen Überprüfung unterzogen worden.

[4] Beispielhaft Erwähnung finden sollen v. a. die Bände von Mair/Müller/Plasser (1999); von Beyme (2000); Detterbeck (2002); Lawson/Poguntke (2004); Bosco/Morlino (2007); Grabow/Köllner (2008).

[5] Vgl. etwa die Position Newtons (2006) zu dem seiner Meinung nach vielfach überschätzten Medieneinfluss, wobei aber auch Newton darauf hinweist, dass aufgrund methodischer Probleme es nicht möglich ist, den Medieneinfluss auf gesellschaftliches und politisches Verhalten exakt zu bestimmen.

schaftlicher Forschung aufgenommen, nach dem ein organisatorischer Konvergenzprozess der Großparteien Westeuropas auszumachen ist, ohne dass Unterschiede zwischen den Parteien in verschiedenen Systemen gänzlich nivelliert worden wären.[6] Bei der Annahme eines Konvergenzprozesses werden die Unterschiede zwischen den nationalen politischen Arenen, den kulturellen Traditionen, gesellschaftlichen Strukturen und historischen Pfaden keinesfalls in Abrede gestellt.

Wesentliche Auswirkungen bzw. Reaktionsmuster der Medialisierung und Professionalisierung für politische Parteien sind

– professionelles Kommunikationsmanagement;
– Anpassung von Themen und Personal an die vorherrschende Medienlogik;
– vermehrte Orientierung an einzelnen Issues anstatt an kohärenten programmatischen oder sinnstiftenden Entwürfen;
– Wahrnehmung von wesentlichen Kompetenzen durch ein strategisches Machtzentrum;
– Bedeutungsrückgang der aktiven Mitgliedschaft als Ressource, ohne Abkehr vom Modell der Mitgliederpartei.

Bei aller gebotenen Vorsicht gegenüber Verallgemeinerungen sollen diese im Folgenden kurz charakterisiert und zu einem Typus zusammengefasst werden.

4.1 Professionelles Kommunikationsmanagement

Die politischen Parteien betreiben seit den 1980er Jahren ein zunehmend professionelleres Kommunikationsmanagement mit dem Ziel einer Optimierung ihrer Kommunikationskompetenz und der Stimmenmaximierung. „Whereas once electoral strategy was determined by party leaders, it is now increasingly influenced by media professionals" (Scammell 1995: 288; siehe auch Sarcinelli 2007: 111; Esmark 2007: 15). Kommunikationsexperten gestalten im wesentlichen das Image von politischen Parteien, während über die Kommunikationsstrategien selbst nach wie vor in den Parteiführungen entschieden wird (vgl. Focke 2007: 351; Michalski/Wolf 2005: 164). Werbung, Veranstaltungsmarketing, Mediaplanung und -analyse, Internetauftritte oder die ständige Beobachtung der politischen Mitbewerber sowie quantitative wie qualitative Meinungsforschung gehören zu den primären Aufgaben der professionellen Berater, die sich als Dienstleister für die Politik verstehen. In jüngster Zeit hat neben dem politischen Marketing und der Gegnerbeobachtung insbesondere die qualitative Meinungsforschung an Bedeutung gewonnen. Dabei steht die Meinungsforschung durch sogenannte Fokus-Gruppen im Vordergrund (vgl. ausführlicher Savigny 2007). Durch Fokusgruppen wollen die Parteien einerseits umfassende Informationen über Meinungen und Werthaltungen ihrer potenziellen Wähler gewinnen, anderseits nach außen den Eindruck vermitteln, das Ohr beim Wähler zu haben. Die gemeinsame Organisation des Kommunika-

---

6 Vgl. Mair (1997); Detterbeck (2002: 286 f.), wobei Detterbeck besonders auf die zunehmende Ähnlichkeit von Großparteien *innerhalb* eines politischen Systems hinweist (Hervorhebung durch den Verfasser), jedoch gleichzeitig konstatiert, dass Prozesse der Konvergenz stärker wirksam waren als Prozesse der Divergenz.

tionsmanagements einer Partei durch Berater von außerhalb und Spezialisten in den Parteizentralen hat den Begriff der „doppelten Professionalisierung" (Detterbeck 2002: 124) aufkommen lassen.

Das Initiieren ständiger Kommunikationsleistungen, das Entwickeln politischer Neuigkeiten ist längst als ein permanenter Prozess zu sehen, der nicht nur in Wahlkämpfen, sondern die Kommunikationsaktivitäten politischer Parteien kontinuierlich prägt. Im Rahmen des sog. „permanent campaigning" werden Kommunikationslinien fortwährend über einen langen Zeitraum entwickelt und fortgeschrieben. Die fernsehgerechte Planung und Inszenierung politischer Ereignisse und Akteure und die Schaffung größtmöglicher Medienpräsenz sind wichtige Aufgaben der Kommunikationsstrategen. Fritz Plasser (1989: 214) sieht darin „den professionellen Versuch der Instrumentalisierung der Fernsehberichterstattung als Distributionsmittel werblich komponierter Images, thematischer Leistungsversprechen und wohlkalkulierter, hochgradig emotionalisierter Mobilisierungsappelle".

Auch die interne Kommunikation zwischen den horizontalen und vertikalen Ebenen einer politischen Partei wird mit Hilfe modernster Kommunikationstechnologie gesteuert. Festmachen lässt sich die von den nationalen Geschäftsstellen vorangetriebene Professionalisierung an einer „drastischen Vermehrung der bezahlten Parteiarbeiter" (von Beyme 2000: 151; siehe auch Wiesendahl 2000: 281) und an einer stetigen Zunahme der Ausgaben der Parteien für Öffentlichkeitsarbeit und Wahlkampffinanzierung. Peter Mair (1997: 138) konstatierte schon vor zehn Jahren auf der Basis quantitativer Erhebungen: „There has been a near universal growth in the overall resources of the various parties for which comparable data are available. The numbers of party staff increased everywhere".[7] Durch ihre Nähe zur Parteiführung haben diese professionellen Berater im Vergleich zu den Parteimitgliedern oftmals weitreichendere Einflusschancen und Entscheidungsspielräume auf Kommunikations- und Wahlkampfstrategien (vgl. Heffernan 2006).

4.2 Anpassung von Themen und Personal an die vorherrschende Medienlogik

Wie weiter oben schon konstatiert, ist es zentrales Ziel von Parteien im Prozess der Meinungs- und Willensbildung die öffentliche und mediale Agenda mitzubestimmen, um entscheidende Vorteile gegenüber den Mitkonkurrenten zu erlangen und die eigene Position gegenüber den Wählern besser verdeutlichen zu können. Die Meinungsführerschaft in den Medien durch strategische Auswahl und Besetzung von Themen tritt eindeutiger als in der Vergangenheit in den Vordergrund. Parteien passen sich also der Medienlogik an, um den Prozess der Bildung der öffentlichen Meinung effektiver bestimmen oder kontrollieren zu können (Louw 2005: 143 ff.). Die Antizipation medialer Vermittelbarkeit von Themen und Personal ist eine entscheidende Voraussetzung für den Erfolg dieser Strategie und wird von Beobachtern als „Kern der Professionalisierung (Vowe/Dohle 2007: 341) betrachtet.

---

7 Quantitative Daten dazu bei Farrell (2006: 129). Dieses Ergebnis findet sich auch bei Detterbeck (2002: 144).

Angesichts der Zunahme von Unterhaltungsformaten in den Medien und der Dominanz von visuellen Eindrücken sowie einer zunehmend fragmentierten und situativ entscheidenden Wählerschaft ist im Prozess der Politikvermittlung der Aspekt der Personalisierung bedeutsamer geworden, ohne zu bestreiten, dass eine medienorientierte Personalisierung weit in die politische Geschichte zurückreicht und etwa alle deutschen Bundeskanzler ihrer medialen Darstellung nicht unerhebliche Beachtung schenkten (vgl. Rosumek 2007). Über Personen sollen komplexe Sachverhalte und Entscheidungsprozesse vermittelt werden. Personen sollen in diesem Zusammenhang komplexitätsreduzierend wirken. Der Visualisierungszwang des Fernsehens begünstigt Personen in besonderer Weise, dabei vornehmlich einzelne Spitzenpolitiker. Medienkompetenz der Spitzenpolitiker und deren Fähigkeiten massenmedialer Präsentation gelten in dieser Sichtweise als wichtige Vorteile im Parteienwettbewerb: „Erst mit der medialen Ausstrahlung dieser Inszenierung erreicht das ‚Charisma' der Politiker die größtmögliche Wirkung" (Focke 2007: 353). Die strategisch inszenierte Hervorhebung von Spitzenpolitikern gehört ebenso dazu wie den Spitzenkandidaten oder Parteivorsitzenden als zentrale Figur des Parteienwettbewerbs, als Symbol der Gesamtpartei darzustellen. Auch Techniken der Selbstinszenierung von einzelnen Spitzenpolitikern und -kandidaten, die mehr Unabhängigkeit von ihrer Partei gewinnen wollen und können, gehören dazu, wie wir es etwa bei Gerhard Schröder, Tony Blair oder Nicolas Sarkozy erlebt haben: „Indeed leaders use the media to further ‚stretch' themselves away from their parties" (Heffernan 2006: 597).

Doch nicht nur Spitzenpolitiker, sondern auch weniger bekannte Kandidaten werden inzwischen durch Teletraining, Kleidungsratschläge und Interviewsimulierung für Medienauftritte geschult. Medienkompetenz gehört inzwischen zu den wichtigen Eigenschaften bei der Gestaltung von politischen Karrieren (siehe auch Focke 2007: 354; Louw 2005: 151).

Zur Anpassung von Personal und Inhalten an die Medienlogik bedienen sich politische Akteure auch des Ereignis- und Themenmanagements. Entscheidend ist die Zusammenführung von Themen, Personen und Präsentationsformen zu einer Einheit: „In einer personalisierenden Kommunikationslandschaft müssen Image des Kandidaten, Wertorientierung des Kandidaten und die programmatischen Aussagen in Übereinstimmung sein", schreibt Matthias Machnig (1999: 10), der frühere Wahlkampfmanager der SPD. Die Arbeit an medialen Präsentationsformen ist längst zu einem zentralen Bestandteil der Parteienstrategien geworden. Am markantesten sichtbar wurde dies bei der britischen Labour Party in der Ära Tony Blairs, wie es Eric Louw (2005: 159) stellvertretend für alle Beobachter pointiert formulierte: „Mandelson's (zentraler Kommunikationsberater Blairs, U. J.) team transformed not just the Labour Party, but British politics by introducing ‚political marketing' and ‚professionalized' communication into the heart of the party machine" (vgl. etwa auch Jun 2004; Scammell 2000, Kuhn 2005; Quinn 2005; Wring 2005 und 2006).

4.3 Orientierung an einzelnen Issues anstatt an kohärenten programmatischen oder sinnstiftenden Entwürfen

Ideologische Gesamtkonzepte in Form kohärenter Programmatik treten bei wählerorientierten Großparteien, die eine Mehrheitsfähigkeit anstreben, im öffentlich wahrnehmbaren Bild in den Hintergrund. Diese schon im Modell der „Catch all Party" (Kirchheimer 1965) zu beobachtende Tendenz hat sich durch die Globalisierung der Kapital-, Produktions- und Finanzmärkte mit ihrer häufig als alternativlos betrachteten eher angebotsorientierten Wirtschaftspolitik und notwendigen Veränderungen des Wohlfahrtsstaates weiter verstärkt. Insbesondere sozialdemokratische Großparteien sehen sich zunehmend zu Anpassungszwängen gedrängt oder adaptieren liberalere Wirtschaftspolitiken aus Einsicht in Notwendigkeiten (siehe Merkel et al. 2006).

Auch die Anpassung an die Medienlogik hat zu der Tendenz der partiellen Abkehr von kohärenten Programmen im öffentlichen Erscheinungsbild beigetragen. Louw (2005: 280) beobachtet, dass „by the turn of the century, Western political processes had become so contrived, spin-doctored and steered that it became difficult to distinguish between some Western political parties claiming to be opposed to each other". Elmar Wiesendahl (2001: 612) spricht in diesem Kontext von „entideologisierender Konvergenz". Die fraglos vorhandenen bzw. neu entwickelten Grundsatzprogramme der Parteien dienen häufiger eher der Selbstvergewisserung und weniger ihrer öffentlichen Positionierung. Die Medien tragen den Programmen kaum in ihrer Gesamtheit Rechnung, sondern stellen einzelne politische Themen oder Slogans in den Vordergrund.

Die Parteien befördern diese Wahrnehmung, indem sie Strategien zu einer mediengerechten Aufbereitung erarbeiten und selbst ihre Programme im jeweils passenden gesellschaftlichen Kontext unterschiedlich interpretieren. Gründe sind sowohl die punktuelle und kurzfristig orientierte Nachfrage der Medien und zunehmender Teile der Wählerschaft nach Problemlösungen für einzelne Issues wie deren Nachfrage nach Variation und Innovation politischer Lösungen. Die Orientierung an der zunehmenden Zahl der parteiungebundenen Wechselwähler, die keine ideologisch fixierten Positionen haben, deren Werte selbst als inkonsistent zu gelten haben, und an der medialen Darstellbarkeit ist Ursache für die programmatische Flexibilität moderner Großparteien. Es hat sich die Erkenntnis durchgesetzt, dass nicht ideologisch untermauerte Gesamtkonzepte oder programmatische Grundsatzentwürfe für Wahlerfolge entscheidend sind, sondern zugeschriebene Images und Kompetenzen, denn „der Wettbewerb zwischen den Parteien um die Stimmen der Wähler wird im Bereich der Wahrnehmungen und nicht direkt im Bereich der Präferenzen entschieden" (Pappi 2000: 104).

Problemorientiertes, temporäres politisches Engagement gilt als erfolgsträchtiger auf einem von Stimmungen geprägten Wähler- und Medienmarkt, der kaum mehr nach Traditionen und ideologisch festgelegten Positionen fragt. Das Konzept des politischen Marketing sorgt für eine Anpassung der Programmatik der politischen Parteien an die Wünsche, Bedürfnisse und Meinungen der Wähler (vgl. Lees-Marshment 2001; Focke 2007; Dombrowski 1997). Das Marketingkonzept impliziert auch eine gezielte Segmentierung der Wählerschaft und die jeweils unterschiedliche strategische zielgruppenorientierte Ansprache der verschiedenen Wählergruppen mit Hilfe unterschiedlicher, je-

weils zugeschnittener Botschaften und neuester technologischer Instrumente (siehe Focke 2007).
Gleichzeitig herrscht bei Kommunikationsberatern die Erkenntnis vor, dass eine Anpassung an die von Meinungsforschern ermittelten Positionen der Wählermehrheit zu bestimmten Themen vorteilhaft sein kann, um Kompetenz und Nähe zu den Bürgern demonstrieren zu können. Die Programmatik muss entsprechend flexibel gehandhabt werden, je nach Mehrheits- und Medienstandpunkt. Inhalte werden in dieser Sicht mehr als Mittel zum Zweck der Mehrheitsgewinnung betrachtet denn als überzeugende Standpunkte zur inhaltlichen Argumentation. Es gilt vielmehr Kompetenz in den Bereichen zu zeigen, denen von den Wählern besondere Aufmerksamkeit gewidmet wird und denen entsprechend auf dem Wählermarkt eine hohe Priorität zukommt.
Wähler- und Wettbewerbsorientierung und das Aufzeigen von Problemlösungskompetenz bei einzeln hervorgehobenen Issues treten an die Stelle programmatischer Visionen: „There is a constant search for the median voter, an avoidance not just of clear political positions, but of any position that might alienate minorities" (Newton 1996: 23; siehe auch Pontzen 2006: 60; Wiesendahl 2000: 285). Diese Einschätzung sorgt dafür, dass besonders Themen und Politikfelder, bei denen der jeweiligen Partei eine Problemlösungskompetenz zugesprochen wird oder die in der öffentlichen Agenda Priorität genießen, im Vordergrund der Parteienkommunikation stehen.
Damit soll zwar nicht in Abrede gestellt werden, dass politische Parteien nach wie vor auf der Basis von Werten und Haltungen ihrer Mitglieder und Sympathisanten operieren und diese auch die Grundlage ihrer programmatischen Standpunkte bilden. Parteien setzen im Wettbewerb selbstverständlich auf Unterscheidbarkeit ihrer Wahlprogramme von den Mitkonkurrenten. Flexibilität stößt an Grenzen, denn Parteien können dabei nicht wahllos Positionen besetzen und Akzente setzen. Traditionelle Konfliktlinien und sich daran anlehnende politische Ideologien, sich wiederum daraus ergebende Grundthemen, spezifische soziale Interessen und Identitäten können nicht einfach ignoriert werden und bleiben wirksam für die programmatisch-inhaltliche Grundhaltung der Parteien. Wähler verbinden mit einzelnen Parteien nach wie vor feste Assoziationen und Wertvorstellungen, die sich in über einen langen Zeitraum tradierten Images im Gedächtnis der Wähler wiederfinden (siehe Sarcinelli 2007: 118). Dass diese die Grenze des Wandels markieren, musste etwa die SPD mit ihrer Politik der Agenda 2010 erfahren, die aus Sicht vieler Wähler dem tradierten Image der Sozialdemokratie als Partei der sozialen Gerechtigkeit zuwiderlief (ausführlicher siehe Jun 2007). Der SPD ist es nicht gelungen diese Widersprüchlichkeit durch eine überzeugende Kommunikationsstrategie, in der sie normative mit kognitiven Argumentationen verbindet, zu kompensieren (Schmidt 2007). Dabei gilt der Grundsatz, dass zentrale Issues entsprechend medialer Erfordernisse kommuniziert werden sollten, wozu auch eine emotionale Seite und wertebasierte Ansprache gegenüber der Öffentlichkeit gehören. Ein kohärentes Wertegefüge ist zwar im medialen Wettbewerb um Wählerstimmen von untergeordneter Bedeutung, jedoch kommt es entscheidend darauf an, „Ideen mit guten kognitiven und normativen Argumenten zu unterfüttern" (Schmidt 2007: 38) und diese glaubwürdig zu vermitteln. Der Faktor Glaubwürdigkeit ist dabei für die nachhaltige Imagepflege von politischen Akteuren hoch zu gewichten (vgl. dazu Althoff 2007). Glaubwürdigkeitsverluste ziehen zumeist Imageschäden nach sich, wie es bspw.

zur Zeit der SPD-Parteivorsitzende Kurt Beck im Zusammenhang mit dem Umgang seiner Partei mit der Partei „Die Linke" erleben kann. Beck hatte lange Zeit, auch noch unmittelbar nach der hessischen Landtagswahl im Januar 2008, einen Kurs der strikten Abgrenzung in den alten Bundesländern öffentlich favorisiert, diesen aber wenige Wochen später aufgegeben, ohne in den Augen der Öffentlichkeit überzeugende normative Argumente für diesen Schritt anzugeben.

4.4 Wahrnehmung von wesentlichen Kompetenzen durch ein strategisches Machtzentrum

Politische Parteien als „lose verkoppelte Anarchien" (Wiesendahl 1998) bedürfen zur effizienten Steuerungsfähigkeit ihrer Organisation und der Beziehungen zu ihren Umwelten ein strategisches Zentrum (vgl. Raschke/Tils 2007: 282 ff.). Dahinter steht der Gedanke, dass Parteien mit einer starken strategischen Führung handlungs- und kampagnenfähiger sind als pluralistisch-basisdemokratisch organisierte Parteien. Dieses Zentrum entwickelt und implementiert Strategien zur Politiksteuerung und Kommunikation. Im strategischen Zentrum befinden sich führende Akteure der Partei aus Fraktions- und Parteiführung sowie gegebenenfalls aus der Regierung. Diese stehen in den Medien für getroffene Entscheidungen, sie beanspruchen daher auch zu weiten Teilen die Themensetzungs- und Themenvertretungsmacht für sich. Das stetige Verlangen der Medien nach sofortiger Reaktion der Parteien bei auftretenden politischen Problemen und tagesaktuellen Themen gibt der Parteiführung einen klaren Reaktions- und Handlungsvorsprung gegenüber der Parteiorganisation, den sie im Zusammenwirken mit ihrem ohnehin schon vorhandenen Informationsvorsprung in der Vergangenheit genutzt hat, mit der Folge, dass Macht und Kompetenzen im Zentrum verankert sind und die Partei als Massenorganisation weniger bedeutsam wird (vgl. Gunter/Mughan 2000: 417).[8]

Das strategische Zentrum nutzt seinerseits seinen exklusiven Medienzugang zu einem Macht-, Informations- und Handlungsvorteil, indem es nahezu alle relevanten politischen Aktionen und Initiativen beeinflusst. Der Führungszirkel kann damit auf Darstellung und Deutung von Themen in großem Maße einwirken. Selbst von der Basis eingebrachte Initiativen kann das Zentrum durch Stellungnahme in den Medien mit bestimmen, häufig sogar steuern. Zwischen dem Zentrum und der Basis bestehen nur lose Koppelungen, die lediglich temporär verdichtet werden. Dies hat zu einer Auseinanderentwicklung geführt, zu einem Kommunikationsgefälle zwischen der professionalisierten Parteispitze und der auf Freiwilligkeit beruhenden Organisation auf lokaler Ebene (vgl. Sarcinelli 2007: 111). Die Einwirkungsmöglichkeiten der Parteibasis *nach* Beschlüssen des strategischen Zentrums sind relativ gering. Ihre Kontroll- und Widerstandsmöglichkeiten lassen aber erwarten, dass die Parteiführung Forderungen und

---

[8] Ähnlich auch Schmitt-Beck (2002: 115), Wiesendahl (2002: 370 f.) und Newton (1996: 24). Detterbecks (2002: 121) Studie kommt zu dem Resultat, dass ein zunehmend professionalisierter und führungsdominierter Entscheidungsprozess die Oberhand gewonnen hat: „Damit kann tatsächlich eine vermehrte Dominanz der führenden Berufspolitiker aus der ‚party in public office' festgestellt werden" (S. 121).

Vorstellungen der Basis in ihrer strategischen Konzeption und beim Ansteuern von Gestaltungszielen zumindest beachtet, wenn nicht berücksichtigt. Weder das Zentrum noch die Basis wollen bei ihren Handlungen der Gefahr aussetzen, parteischädigend zu wirken. Bei erheblichen Differenzen innerhalb von Parteien konstruieren die Medien nämlich das Bild der Zerstrittenheit. Dies gilt etwa in der politischen Kultur der Bundesrepublik und im Parteienwettbewerb als nachteilig. Kommunikationskompetenz setzt daher auch Kommunikationsdisziplin innerhalb von Parteien voraus (vgl. Raschke/Tils 2007: 416 ff.).

Effizienz- und Kommunikationserfordernisse tragen indessen zum Machtgewinn der Parteiführung bei. Nach Einschätzung von Kommunikationsexperten sichert nur die Bündelung der Macht in den Händen der wählerorientierten Parteiführung die effiziente Nutzung der parteieigenen Ressourcen.[9] Zudem sind koordinatorische Fähigkeiten notwendig, um moderne Großparteien zu führen. In ihrer vergleichenden Studie über Entwicklungstendenzen von Parteien in westlichen Demokratien kommen Mair et al. (1999: 395) zu dem Ergebis, dass Parteien „heute noch mehr als früher von ihrer Führung bestimmte Organisationen" sind. Das strategische Zentrum innerhalb der Partei versucht die öffentliche Selbstpräsentation der Partei zu bestimmen, was insbesondere im Wahlkampf sehr deutlich zum Ausdruck kommt. Umgekehrt bedeutet dies, dass je wichtiger die Kommunikationsfunktion einer Partei ist, umso hierarchischer ist ihre Organisation.

Dass sich aus diesem Kommunikationsgefälle zwei Seiten der Partei ergeben, in der „kommerzieller unternehmerischer Geist" (Wiesendahl 2001: 616) der Parteispitze und programmorientierte, an Traditionen und Solidargemeinschaft gebundene Teile der Mitgliedschaft sich mehr gegenüberstehen als miteinander zu agieren, mag überspitzt formuliert sein, kennzeichnet aber Parteien als lose verkoppelte Anarchien.

4.5 Bedeutungsrückgang der aktiven Mitgliedschaft als Ressource, insbesondere in Wahlkämpfen

Medialisierung und Professionalisierung der Politik bewirken einen Bedeutungsrückgang der Massenmitgliedschaft. Dieses Resultat steht im Einklang mit einer in der internationalen Politikwissenschaft kaum noch strittigen Entwicklung – einem allgemeinen Niedergang der Mitgliederpartei (vgl. Allern/Pedersen 2007). Keineswegs ist aber die Rede von einem gänzlichen Bedeutungsverlust der Mitglieder, noch von einer expliziten Abkehr der meisten etablierten Parteien von der Mitgliederpartei. Auch in Zeiten der Mediendominanz ist eine aktive Massenmitgliedschaft für den Erfolg einer Partei notwendig. Gleichwohl hat die Relevanz der Mitglieder in den vergangenen 30 Jahren insgesamt abgenommen. Die Parteiführung bzw. deren Mitarbeiter kommunizieren inner- und außerhalb von Wahlkämpfen via Medien oder durch professionalisierte For-

---

9 So betrachtet es auch Machnig (2001: 132) als zentrale Notwendigkeit für den Erfolg der SPD bei der Bundestagswahl 1998, dass es gelungen sei, dass Präsidium der SPD wieder zum „zentralen Koordinations- und Entscheidungsgremium" zu machen. Mit der engen und intensiven Koordination aller wesentlichen politischen Entscheidungsprozesse der Partei im Präsidium wurde eine Autorität für die öffentliche und parteiinterne Kommunikation aufgebaut.

men direkter Kommunikation (direct mailing, sms oder eigens eingerichtete call center) mit ihren Mitgliedern und Wählern. Daher verlieren Formen der inter-personalen Kommunikation, die lange Zeit die wichtigsten Kanäle politischer Sozialisation waren, an Bedeutung. Lediglich in Bezug auf spezielle Situationen der Mobilisierung spielen Formen der Mitglieder- und Basiskommunikation, wie etwa beim Konzept des sogenannten „grass roots campaigning", eine wichtige Rolle (siehe Juknat/Römmele 2008; Voigt/Hahn 2008; Graber 2006). Als Mobilisatoren, Multiplikatoren, interpersonale Kommunikatoren und Unterstützer von Wahlkämpfen, als potenzielle Kandidaten für öffentliche Ämter und als Repräsentanten bleiben Mitglieder ein wichtiger Bestandteil auch der Außendarstellung von Parteien. Nach wie vor kommt ihnen eine nicht unerhebliche Bedeutung bei der Kandidatenauswahl oder bei der Legitimierung von Programmen und der Parteispitze zu (vgl. etwa Scarrow 2000: 79 ff.). Insofern zählen Parteimitglieder tatsächlich noch.

Die Professionalisierung der Kommunikation mit ihren inszenierten Darstellungs-, Präsentations- und Vermittlungsformen sowie ihrer starken Stellung von internen und externen Beratern hat jedoch ein Zurücktreten parteiorganisatorischer gegenüber massenmedialen Vermittlungsformen zur Folge. Hinzu tritt das Erfordernis der steten Präsenz in den Massenmedien und die von Medien nachgefragte sofortige Reaktion auf politische Ereignisse, welche die Parteiführung begünstigt und die Partei als Diskurs- und Integrationsorganisation in den Hintergrund weichen lässt, da diese nicht dem Zeittakt des stetigen Aktualitätsgebotes und Präsentismus-Prinzips der Medienkommunikation folgen können (vgl. auch Meyer 2001: 160 ff.). Diese Entwicklungen haben zu einer Funktionsverringerung der Parteibasis *im kommunikativen* Handeln der Parteien geführt.[10] Am gravierendsten ist der Bedeutungsverlust der Gruppe der sogenannten Aktivisten (von Beyme 2000: 37; Grabow 2000: 297; Römmele 2002: 36). Sie spielen funktional betrachtet für die nationale Ebene lediglich zur Rekrutierung politischer Mandatsträger und als Aktive in Mobilisierungskampagnen noch eine wesentliche Rolle.

Um Missverständnissen entgegenzuwirken, *Mitglieder sind weiterhin bedeutsam*, doch ihre Relevanz für inner- und außerparteiliche Kommunikationsprozesse sinkt und ihre Bedeutung für die Außendarstellung der Partei insgesamt damit ebenfalls. Das zuletzt von den politischen Parteien favorisierte „grass roots campaigning" bringt in kommunikativer Hinsicht von seiner Struktur her betrachtet denn auch eine eher symbolische Aufwertung der Mitglieder zum Ausdruck; bei dieser Kampagnenform knüpfen die Parteiführungen an frühere Mobilisierungsaktionen ihrer Mitglieder in Wahlkämpfen an. Es soll darum gehen durch direkte Ansprache von Wählern vor Ort eine „dialogorientierte lokale Wahlkreiskommunikation" (Juknat/Römmele 2008: 171) wieder vermehrt zu etablieren. Sympathisanten einer Partei und deren Mitglieder vor Ort sollen potenzielle Wähler ansprechen und mobilisieren, um somit das Wählerpotenzial effektiver ausschöpfen zu können, da angesichts der Informationsflut in den Medien von einem steigenden Desinteresse an medial vermittelter Politik ausgegangen wird und die

---

10 Niedermayer (2000: 192 ff.) sieht zustimmend als eine Folge der Modernisierung von Wahlkämpfen eine „Funktionsentleerung der Parteibasis"; Meyer (2002a: 134) konstatiert eine „Marginalisierung der Parteimitgliedschaft", die nicht „unter *allen Umständen* mit ihrer politischen Bedeutungslosigkeit gleichzusetzen" sei (Hervorhebung durch den Verfasser).

Parteizentralen sich von personaler Kommunikation ein stärkeres Durchdringen ihrer Botschaften versprechen. Dahinter steht die zwar oft zu hörende, aber kaum überprüfte und schon gar nicht abschließend bestätigte Auffassung, Wahlkämpfe all*zusehr* auf Massenmedien *hin auszurichten*, sei eine Sackgasse (so etwa der SPD Koordinator im Bundestagswahlkampf 2005 Kajo Wasserhövel in Politik & Kommunikation, Wahlkampf Special 3, S. 15).

Die Planung und Koordinierung dieser „lokalisierten", aus den USA importierten Kampagnenform erfolgt aber weitgehend zentral durch die nationale Partei und deren Kampagnenteam unter Federführung des strategischen Zentrums und mit Hilfe von virtuellen, im Internet eingerichteten Wahlkampfplattformen. Die Anhänger vor Ort sollen lediglich im von der Parteiführung vorgegebenen Rahmen als Unterstützer fungieren. Mit Blick auf den ähnlich gelagerten Präsidentschaftswahlkampf der Republikaner 2004 formulieren die ansonsten den Ideen eher enthusiastisch gegenüberstehenden Voigt und Hahn: „In dieser Struktur spiegelte sich die Illusion von unabhängigem Engagement wider, welchem in der Realität jedoch Uniformität und Loyalität gegenüberstanden" (Voigt/Hahn 2008: 218). Kann bei dieser Form der Wahlkampfunterstützung tatsächlich von einer substanziellen Aufwertung der Mitgliedschaft gesprochen werden? Oder ist nicht eher von instrumenteller Nutzung auszugehen?

Verbunden waren Hoffnungen der vermehrten innerparteilichen Mitwirkung der Mitglieder und allgemeiner der politischen Partizipation mit Hilfe des Internets seit dessen Aufkommen (vgl. Margetts 2006). Doch selbst wenn dieses Medium ins Zentrum moderner Wahlkampagnen rückt und wichtiger noch dessen Rückkanäle vermehrt zur Aktivierung und Stärkung der Mitglieder genutzt werden sollten, so lassen bisherige Erfahrungen aber Skepsis gegenüber allzu großem Optimismus im Hinblick auf die Wahrnehmung weitergehender Partizipationsrechte nur allzu angebracht erscheinen (vgl. Semetko 2006: 522 f.; optimistischer Voigt/Hahn 2008). Zu bedenken ist zudem, dass das Internet als sogenanntes „Pull Medium" in erster Linie nur solche Wählergruppen mobilisiert, die ohnehin schon ein relativ starkes politisches Interesse aufweisen und in der Regel mit einer bestimmten Partei sympathisieren (siehe Norris 2001: 195 ff.), was seine Kapazitäten als Kommunikationsinstrument zur Erreichung breiter Wählergruppen, insbesondere der zahlenmäßig großen Gruppe der politikfernen Wähler nicht unerheblich einschränkt.

5. Fazit

Die Medialisierung der Politik und die Professionalisierung der politischen Kommunikation sind Reaktionen und Anpassungsprozesse der politischen Parteien an Veränderungen in ihren Umwelten. Diese gesellschaftlichen, ökonomischen und medialen Wandlungsprozesse umfassen sinkende Mitgliederzahlen, geringere Mobilisierungskraft politischer Ideologien, nachlassende Parteiloyalitäten, erhöhte Volatilität der Wählerschaft sowie die steigende Nutzung von Medien und deren zunehmende Unterhaltungsorientierung. Ein Wandel der Parteien ist zu beobachten, der als Weiterentwicklung des Modells der „Catch All Party" von Otto Kirchheimer auf die Herausbildung des Typus der professionalisierten Medienkommunikationspartei hindeutet. Zahlreiche neuere Einzelstudien zu politischen Parteien belegen diese allgemeine Entwicklung.[11] Der vor einigen Jahren durch Selektion und Abstraktion von Eigenschaften komplexer realer Phänomene konstruierte Typus der professionalisierten Medienkommunikationspartei ist durch neuere Entwicklungen weithin bestätigt und kaum widerlegt worden. Ein Typus wie dieser kann Tendenzen aufzeigen und diese interpretieren, was im Lichte der Entwicklung seit seiner Konstruktion durch diesen Beitrag geleistet werden sollte. Damit ist gleichwohl nicht die Behauptung verbunden, dass nunmehr viele oder gar alle Parteien in westeuropäischen Parteiensystemen diesem Modell entsprechen oder sich hin zu professionalisierten Medienkommunikationsparteien entwickeln. Schon in einem nationalen Parteiensystem können verschiedene Parteitypen nebeneinander existieren, lassen sich Entwicklungen nicht auf einen Parteientypus reduzieren und sollen auch die Besonderheiten und Differenzierungen nicht durch das Aufzeigen eines Parteientypus eingeebnet werden.

Die unterschiedlichen institutionellen, politisch-kulturellen und historischen Bedingungen politischer Systeme, der einzelnen Parteiensysteme und jeder individuellen Partei prägen nach wie vor das Handeln, die Struktur und die Zielbestimmungen von politischen Parteien. In kaum einem politischen System Europas hat sich etwa eine Medienorientierung einer Partei in Reinform durchgesetzt, wenn auch bei den Parteien der Regierungskoalition von Silvio Berlusconi in Italien eine sehr weitgehende Annäherung an das Modell der professionalisierten Medienkommunikationspartei erkennbar ist (vgl. etwa Seißelberg 1996; Hopkin 2004). In Europa verbinden Parteien die für sie bedeutsamer gewordenen Aspekte der Medialisierung der Politik und der Professionalisierung der politischen Kommunikation mit nach wie vor vorhandenen traditionellen Strukturmerkmalen ihrer Organisation und innerparteilichen programmatischen Diskursen, weshalb sie eben als professionalisierte Medienkommunikationsparteien gelten und nicht als professionalisierte Medienparteien.

Die Begrenzung der Medialisierung von Politik und der Professionalisierung der Parteienkommunikation liegt darin begründet, dass politische Interaktionen, Handlungen und Ergebnisse nach wie vor durch die institutionellen Strukturen des jeweiligen politischen Systems geprägt werden. Politische Akteure handeln im institutionellen Kontext, dessen Ausgestaltung sie beeinflussen können, gleichzeitig werden ihren Präferenzen, Handlungsmöglichkeiten und Durchsetzungschancen von den Institutionen Grenzen gesetzt. Schließlich gilt auch, dass die öffentliche Wahrnehmung von politischen Parteien nicht nur an ihrer medialen Performanz hängt, sondern zu großen Tei-

---

11 Verwiesen werden soll anstatt vieler noch auf einzelne Beiträge, so etwa mit Blick auf spanische Parteien etwa auf Ramiro/Morales (2004) oder Lago (2007), mit Blick auf skandinavische Parteien auf Aylott (2004), für dänische Parteien weist Esmark (2007: 15) darauf hin, dass „the Liberal Party and the Danish People's Party (...) are seen as parties that owe a large part of their success to the professionalization of political communication". Unzweifelhaft aufgenommen werden in die lange Liste derjenigen politischen Parteien, die sich auf den Idealtypus der professionalisierten Medienkommunikationspartei zu bewegen oder ihm in weiten Teilen entsprechen, können insbesondere die britische Labour Party, mit Abstrichen auch die Konservativen, die französische UMP, die italienische Forza Italia, die österreichischen Großparteien SPÖ und ÖVP. Wie Focke (2007), Pontzen (2006) oder Jun (2004, 2002b) aufzeigen, lassen sich auch bei den beiden deutschen Großparteien CDU und SPD eindeutige Tendenzen in diese Richtung ausmachen.

len auch an tradierten Images und zugeschriebenen Kompetenzen. Erfolg oder Misserfolg von Parten sind daher nicht zuletzt auch von ihren politischen Leistungen, ihrem Output und ihrer Performanz in Regierungs- und Oppositionsrollen abhängig.

Literatur

Allern, Ellin H./Pedersen, Karina, 2007: The Impact of Party Organisational Changes on Democracy, in: West European Politics 30 (1), 68-92.
Althoff, Jens, 2007: Der Faktor Glaubwürdigkeit: Voraussetzung wirkungsvoller Reformkommunikation, in: *Weidenfeld, Werner* (Hrsg.), Reformen kommunizieren, Herausforderungen an die Politik. Gütersloh, 206-222.
Aylott, Nicholas, 2004: From People's Movements to Electoral Machines? Interest Aggregation and Social Democratic Parties of Scandinavia, in: *Lawson, Kay/Poguntke, Thomas* (Hrsg.), How Parties Respond to Voters: Interest Aggregation Revisited. London, 61-85.
Berens, Harald/Kiefer, Marie-Luise/Meder, Arne, 1997: Spezialisierung der Mediennutzung im dualen Rundfunksystem. Sonderauswertungen zur Langzeitstudie Massenkommunikation, in: Media Perspektiven 2, 80-91.
Beyme, Klaus von, 2000: Parteien im Wandel. Von den Volksparteien zu den professionalisierten Wählerparteien. Wiesbaden.
Bösch, Frank/Frei, Norbert, 2006: Die Ambivalenz der Medialisierung. Eine Einführung, in: *Bösch, Frank/Frei, Nobert* (Hrsg.), Medialisierung und Demokratie im 20. Jahrhundert. Göttingen, 7-23.
Bosco, Anna/Morlino, Leonardo, 2007: Party Change in Southern Europe. London.
Buchanan, Bruce I., 2001: Mediated Electoral Democracy: Campaigns, Incentives, and Reform, in: *Bennett, Lance W./Entman, Robert M.* (Hrsg.), Mediated Politics. Communication in the Future of Democracy. Cambridge, 362-379.
Detterbeck, Klaus, 2002: Der Wandel politischer Parteien in Westeuropa. Opladen.
Dombrowski, Ines, 1997: Politisches Marketing in den Massenmedien. Wiesbaden.
Donges, Patrick, 2005: Medialisierung der Politik – Vorschlag einer Differenzierung, in: *Rössler, Patrick/Krotz, Friedrich* (Hrsg.), Mythen der Mediengesellschaft. Konstanz, 321-339.
Dörner, Andreas/Vogt, Ludgera, 2002: Der Wahlkampf als Ritual. Zur Inszenierung der Demokratie in der Multioptionsgesellschaft, in: Aus Politik und Zeitgeschichte B 15-16, 15-22.
Dulio, David A., 2006: Party Crashers? The Relationship between Political Consultants and Political Parties, in: *Katz, Richard S./Crotty, William* (Hrsg.), Handbook of Party Politics. London: Sage, 348-358.
Esmark, Anders, 2007: A Functional Public Sphere? A Systems Theoretical Look at the Professionalization of Political Communication, in: World Political Science Review 3 (3), Article 4.
Esser, Frank/Reinemann, Carsten/Fan, David, 2001: Spin Doctors in the United Stares, Great Britain, and Germany. Metacommunication about Media Manipulation, in: Press/Politics 6 (1), 16-45.
Farrell, David M./Webb, Paul, 2000: Political Parties as Campaign Organizations, in: *Dalton, Russell J./Wattenberg, Martin P.* (Hrsg.), Parties without Partisans: Political Change in Advanced Industrial Democracies. Oxford, 102-128.
Farrell, David M., 2006: Political Parties in a Changing Campaign Environment, in: *Katz, Richard S./Crotty, William* (Hrsg.), Handbook of Party Politics. London, 122-133.
Fielding, Steven, 2005: Labour's Campaign: Neither forward nor back, in: *Geddes, Andrew/Tonge, Jonathan* (Hrsg.), Britain Decides. The UK General Election 2005. Houndmills, 27-45.
Flowers, Julianne/Haynes, Audrey A./Crespin, Michael H., 2003: The Media, the Campaign, and the Message, in: American Journal of Political Science 47 (2), 259-273.
Focke, Sandra, 2007: „Politik-Marketing". Die Marketing-Strategien der beiden großen Volksparteien (CDU, SPD) im Bundestagswahlkampf 2002 mit Schwerpunkt auf Materialien der CDU. Frankfurt a. M.

Franklin, Bob, 2001: The Hand of History: New Labour, News Management and Governance, in: *Ludlam, Steve/Smith, Martin J.* (Hrsg.), New Labour in Government. Houndmills, 130-144.

Glaab, Manuela, 2000: Mediatisierung als Machtquelle von Regierungschefs, in: *Korte, Karl-Rudolf/Hirscher, Gerhard* (Hrsg.), Darstellungs- oder Entscheidungspolitik. Über den Wandel von Politikstilen in westlichen Demokratien. München, 106-121.

Graber, Ivor, 2006: 'Dislocated and Distracted': Media, Parties, and the Voters in the 2005 General Election Campaign, in: British Politics 1 (3), 344-366.

Grabow, Karsten, 2000: Abschied von der Massenpartei. Die Entwicklung der Organisationsmuster von SPD und CDU seit der deutschen Vereinigung. Wiesbaden.

Grande, Edgar, 2000: Charisma und Komplexität. Verhandlungsdemokratie, Mediendemokratie und der Funktionswandel politischer Eliten, in: Leviathan 28 (1), 122-141.

Gunther, Richard/Mughan, Anthony, 2000: The Political Impact of the Media: A Reassessment, in: *Gunther, Richard/Mughan, Anthony* (Hrsg.), Democracy and the Media, A Comparative Perspective. Cambridge, 402-447.

Harmel, Robert, 2002: Party Organizational Change: Competing Explanations?, in: *Luther, Kurt Richard/Müller-Rommel, Ferdinand* (Hrsg.), Political Parties in the New Europe: Political and Analytical Challenges. Oxford, 119-142.

Harrop, Martin, 2001: The Rise of Campaign Professionalism, in: *Bartle, J./Griffiths, D.* (Hrsg.), Political Communications Transformed. From Morrison to Mandelson. Houndmills, 53-70.

Heffernan, Richard, 1999: Media Management: Labour's Political Communications Strategy, in: *Taylor, Gerald R.* (Hrsg.), The Impact of New Labour. Houndmills, 50-67.

Heffernan, Richard, 2006: The Prime Minister and the News Media: Political Communication as a Leadership Resource, in: Parliamentary Affairs 59 (4), 582-598.

Helms, Ludger, 2002: Parteien, Medien und der Wandel politischer Kommunikation in Italien, in: *Alemann, Ulrich von/Marschall, Stefan* (Hrsg.), Parteien in der Mediendemokratie. Wiesbaden, 256-277.

Hickethier, Knut, 2003: Der politische Blick im Dispositiv Fernsehen. Der Unterhaltungswert der Politik in der medialen Republik, in: *Weisbrod, Bernd* (Hrsg.), Die Politik der Öffentlichkeit – die Öffentlichkeit der Politik, Politische Medialisierung in der Geschichte der Bundesrepublik Deutschland. Göttingen, 79-96.

Hofmann, Bernd, 2004: Annäherung an die Volkspartei. Eine typologische und parteiensoziologische Studie. Wiesbaden.

Hopkin, Jonathan, 2004: Paying for Party Response: Parties of the Centre-right in Post-war Italy, in: *Lawson, Kay/Poguntke, Thomas* (Hrsg.), How Political Parties respond. Interest Aggregation Revisited. London 175-197.

Jandura, Olaf, 2007: Kleinparteien in der Mediendemokratie. Wiesbaden.

Jucknat, Kim/Römmele, Andrea, 2008: Professionalisierung des Wahlkampfes in Deutschland – wie sprachen und sprechen Parteien ihre Wählerinnen und Wähler an?, in: *Grabow, Karsten/Köllner, Patrick* (Hrsg.), Parteien und ihre Wähler, Gesellschaftliche Konfliktlinien und Wählermobilisierung im internationalen Vergleich. Berlin, 167-176.

Jun, Uwe, 2002a: Politische Parteien und Kommunikation in Großbritannien. Labour Party und Konservative als professionalisierte Medienkommunikationsparteien?, in: *Alemann, Ulrich von/Marschall, Stefan* (Hrsg.), Parteien in der Mediendemokratie. Wiesbaden, 278-309.

Jun, Uwe, 2002b: Professionalisiert, medialisiert und etatisiert. Zur Lage der deutschen Großparteien am Beginn des 21. Jahrhunderts, in: Zeitschrift für Parlamentsfragen 33 (4), 770-789.

Jun, Uwe, 2004: Der Wandel von Parteien in der Mediendemokratie. SPD und Labour Party im Vergleich. Frankfurt a. M./New York.

Jun, Uwe, 2007: Efficiency in Political Communication and Public Management: A Comparative Analysis of New Labour and the SPD, in: *Blühdorn, Ingolfur/Jun, Uwe* (Hrsg.), Economic Efficiency – Democratic Empowerment. Contested Modernization in Britain and Germany. Lanham/New York, 191-216.

Jun, Uwe, 2008: Professionalisierung der politischen Kommunikation in Großbritannien, in: *Grabow, Karsten/Köllner, Patrick* (Hrsg.), Parteien und ihre Wähler, Gesellschaftliche Konfliktlinien und Wählermobilisierung im internationalen Vergleich. Berlin, 177-206.

Kamps, Klaus, 2006: Regierung, Partei, Medien. Meinungsfindung in der Mediengesellschaft, in: *Kamps, Klaus/Nieland, Jörg-Uwe* (Hrsg.), Regieren und Kommunikation, Meinungsbildung, Entscheidungsfindung, Kommunikationsmanagement. Köln, 110-138.

Kamps, Klaus, 2007: Politisches Kommunikationsmanagement. Grundlagen und Professionalisierung moderner Politikvermittlung. Wiesbaden.

Kellner, Peter, 2005: Clearing the Fog: What Really Happened in the 2005 Election Campaign, in: The Political Quarterly 3, 323-332.

Kirchheimer, Otto, 1965: Der Wandel des westeuropäischen Parteiensystems, in: Politische Vierteljahresschrift 6 (1), 20-41.

Kuhn, Raymond, 2005: Media Management, in: *Seldon, Anthony/Kavanagh, Dennis* (Hrsg.), The Blair Effect 2001-2005. Cambridge, 94-111.

Lees-Marshment, Jennifer, 2001: Political Marketing and British Political Parties. The Party's just Begun. Manchester.

Lilleker, Darren G., 2005: The Impact of Political Marketing on Internal Party Democracy, in: Parliamentary Affairs 58 (4), 570-584.

Lilleker, Darren G./Lees-Marshment, Jennifer, 2005: Conclusion: Towards a Comparative Model of Party Marketing, in: *Lilleker, Darren G./Lees-Marshment, Jennifer* (Hrsg.), Political Marketing, A Comparative Perspective. Manchester, 205-228.

Louw, P. Eric, 2005: The Media and Political Process. London.

Luhmann, Niklas, 1970: Öffentliche Meinung, in: Politische Vierteljahresschrift 11 (1), 2-28.

Maarek, Philippe J., 2007: The Evolution of French Political Communication. Reaching the Limits of Professionalisation?, in: *Negrine, Ralph/Mancini Paolo/Holtz-Bacha, Christina/Papathanassopoulos, Stylianos* (Hrsg.), The Professionalisation of Political Communication. Bristol, 145-160.

Machnig, Matthias, 1999: Die Kampa als SPD-Wahlkampfzentrale bei der Bundestagswahl '98, in: Forschungsjournal Neue Soziale Bewegungen 12 (3), 20-39.

Machnig, Matthias, 2001: Von der „Kampa" zur Netzwerkpartei – politisches Themenmanagement und Kampagnenarbeit der SPD, in: *Albrecht, Werner/Lange, Claudia* (Hrsg.), Kommunikationsstrategien für Non-Profit Organisationen. Gütersloh, 125-144.

Mair, Peter, 1997: Party System Change. Approaches and Interpretations. Oxford.

Mancini, Paolo, 1999: New Frontiers in Political Professionalism, in: Political Communication 16 (3), 231-245.

Mancini, Paolo, 2007: Political Professionalism in Italy, in: *Negrine, Ralph/Mancini, Paolo/Holtz-Bacha, Christina/Papathanassopoulos, Stylianos* (Hrsg.), The Professionalisation of Political Communication. Bristol, 111-125.

Marcinkowski, Frank, 2005: Die „Medialisierbarkeit" politischer Institutionen, in: *Rössler, Patrik/Krotz, Friedrich* (Hrsg.), Mythen der Mediengesellschaft. Konstanz, 341-369.

Margetts, Helen, 2006: Cyber Parties, in: *Katz, R./Crotty, W.* (Hrsg.), Handbook of Party Politics. London, 528-535.

Mazzoleni, Gianpietro/Schulz, Winfried, 1999: Mediatization of Politics: A Challenge for Democracy?, in: Political Communication 16 (3), 247-261.

Meckel, Miriam/Kamps, Klaus, 2006: Regierungskommunikation und Marketing. Differenzen und Schnittstellen, in: *Kamps, Klaus/Nieland, Jörg-Uwe* (Hrsg.), Regieren und Kommunikation, Meinungsbildung, Entscheidungsfindung, Kommunikationsmanagement. Köln, 54 ff.

Méndez Lago, Mónica, 2007: Turning the Page: Crisis and Transformation of the Spanish Socialist Party, in: *Bosco, Anna/Morlino, Leonardo* (Hrsg.), Party Change in Southern Europe. London, 86-104.

Merkel, Wolfgang/Egle, Christoph/Henkes, Christian/Ostheim, Tobias/Petring, Alexander, 2006: Die Reformfähigkeit der Sozialdemokratie. Herausforderungen und Bilanz der Regierungspolitik in Westeuropa. Wiesbaden.

Meyer, Thomas, 2001: Mediokratie. Die Kolonisierung der Politik durch die Medien. Frankfurt a. M.

Meyer, Thomas, 2002: Mediokratie – Auf dem Weg in eine andere Demokratie?, in: Aus Politik und Zeitgeschichte B 15-16, 7-14.

Meyer, Thomas/Scherer, Klaus-Jürgen/Zöpel, Christoph, 1994: Parteien in der Defensive? Plädoyer für eine Öffnung der Volkspartei. Köln.
Michalski, René/Wolf, Christian, 2005: Die Rolle von PR- und Werbeagenturen im Politikvermittlungsprozess von Parteien, in: *Hofer, Lutz/Schemann Jasmin/Stollen, Torsten/Wolf, Christian* (Hrsg.), Düsseldorfer Forum Politische Kommunikation – Akteure, Prozesse, Strukturen. Berlin, 147-167.
Negrine, Ralph, 2007a: The Professionalisation of Political Communication in Europe, in: *Negrine, Ralph/Mancini, Paolo/Holtz-Bacha, Christina/Papathanassopoulos, Stylianos* (Hrsg.), The Professionalisation of Political Communication. Bristol, 27-45.
Negrine, Ralph, 2007b: Professionalisation in the British Electoral and Political Context, in: *Negrine, Ralph/Mancini, Paolo/Holtz-Bacha, Christina/Papathanassopoulos, Stylianos* (Hrsg.), The Professionalisation of Political Communication. Bristol, 47-62.
Newton, Kenneth, 1996: The Mass Media and Modern Government, in: Veröffentlichungsreihe des Forschungsschwerpunktes Sozialer Wandel, Institutionen und Vermittlungsprozesse des WZB Berlin für Sozialforschung, FS III, 96-301.
Newton, Kenneth, 2000: Versagt Politisches Marketing?, in: *Niedermayer, Oskar/Westle, Bettina* (Hrsg.), Demokratie und Partizipation. Wiesbaden, 177-191.
Newton, Kenneth, 2006: May the Weak Force Be with You: The Power of the Mass Media in Modern Politics, in: European Journal of Political Research 45, 209-234.
Niedermayer, Oskar, 2000: Modernisierung von Wahlkämpfen als Funktionsentleerung der Parteibasis, in: *Niedermayer, Oskar/Westle, Bettina* (Hrsg.), Demokratie und Partizipation, Festschrift für Max Kasse. Wiesbaden, 192-210.
Norris, Pippa/Curtis, John/Sanders, David/Scammell, Margaret/Semetko, Holli, 1999: On Message. Communicating the Campaign. London/Thousand Oaks/New Delhi.
Norris, Pippa, 2001: Digital Divide. Civic Engagement, Information Poverty, and the Internet Worldwide. Cambridge.
Panebianco, Angelo, 1988: Political Parties: Organization and Power. Cambridge.
Pappi, Franz U., 2000: Zur Theorie des Parteienwettbewerbs, in: *Klein, Markus/Jagodzinski, Wolfgang/Mochmann, Ekkehard/Ohr, Dieter* (Hrsg.), 50 Jahre empirische Wahlforschung in Deutschland, Entwicklung, Befunde, Perspektiven, Daten. Wiesbaden, 86-105.
Pfetsch, Barbara/Adam, Silke, 2008: Die Akteursperspektive in der politischen Kommunikationsforschung – Fragestellungen, Forschungsparadigmen und Problemlagen, in: *Pfetsch, Barbara/Adam, Silke* (Hrsg.), Massenmedien als politische Akteure, Konzepte und Analysen. Wiesbaden, 9-26.
Plasser, Fritz, 1987: Parteien unter Streß. Zur Dynamik der Parteiensysteme in Österreich, der Bundesrepublik Deutschland und den Vereinigten Staaten. Wien.
Plasser, Fritz, 1989: Medienlogik und Parteienwettbewerb, in: *Böckelmann, Frank* (Hrsg.), Medienmacht und Politik, Medialisierte Politik und politischer Wertewandel. Berlin, 207-218.
Plasser, Fritz/Plasser, Gunda, 2002: Global Political Campaigning. London.
Poguntke, Thomas, 2000: Parteiorganisation im Wandel. Gesellschaftliche Verankerung und organisatorische Anpassung im europäischen Vergleich. Wiesbaden.
Poguntke, Thomas, 2004: Do Parties Respond? Challenges to Political Parties and their Consequences, in: *Lawson, Kay/Poguntke, Thomas* (Hrsg.), How Political Parties Respond. Interest Aggregation revisited. London, 1-14.
Poguntke, Thomas, 2006: Political Parties and other Organizations, in: *Katz, Richard S./Crotty, William* (Hrsg.), Handbook of Party Politics. London, 396-405.
Pontzen, Daniel, 2006: Nur Bild, BamS und Glotze? Medialisierung der Politik. Hamburg.
Quinn, Thomas, 2005: Modernising the Labour Party. Organisational Change since 1983. Houndmills.
Ramiro, Luis/Morales, Laura, 2004: Latecomers but 'Early-adapters': The Adaptation and Response of Spanish Parties to Social Changes, in: *Lawson, Kay/Poguntke, Thomas* (Hrsg.), How Parties Respond to Voters: Interest Aggregation Revisited. London, 198-226.
Raschke, Joachim/Tils, Ralf, 2007: Politische Strategie. Eine Grundlegung. Wiesbaden.

Römmele, Andrea, 2002: Konvergenzen durch professionalisierte Wahlkampfkommunikation? Parteien auf dem Prüfstand, in: *Alemann, Ulrich von/Marschall, Stefan* (Hrsg.), Parteien in der Mediendemokratie. Wiesbaden, 328-346.
Rosumek, Lars, 2007: Die Kanzler und die Medien. Acht Porträts von Adenauer bis Merkel. Frankfurt a. M.
Rüb, Friedbert W., 2005: Sind die Parteien noch zu retten? Zum Stand der gegenwärtigen Parteien- und Parteiensystemforschung, in: Neue Politische Literatur 50, 397-421.
Sarcinelli, Ulrich, 2000: Politikvermittlung und Wahlen – Sonderfall oder Normalität des politischen Prozesses? Essayistische Anmerkungen und Anregungen für die Forschung, in: *Bohrmann, Hans/Jarren, Otfried/Melischek, Gabriele/Seethaler, Josef* (Hrsg.), Wahlen und Politikvermittlung durch Massenmedien. Wiesbaden, 19-30.
Sarcinelli, Ulrich, 2007: Parteienkommunikation in Deutschland: zwischen Reformagentur und Reformblockade, in: *Weidenfeld, Werner* (Hrsg.), Reformen kommunizieren, Herausforderungen an die Politik. Gütersloh, 109-145.
Savigny, Heather, 2007: Focus Groups and Political Marketing: Science and Democracy as Axiomatic?, in: British Journal of Politics and International Relations 9, 122-137.
Saxer, Ulrich, 2007: Politik als Unterhaltung. Zum Wandel politischer Öffentlichkeit in der Mediengesellschaft. Konstanz.
Scammell, Margaret, 1995: Designer Politics. How Elections are Won. London.
Scammell, Margaret, 1998: The Wisdom of the War Room: US Campaigning and Americanisation, in: Media Culture and Society 20 (2), 251-276.
Scammell, Margaret, 2000: The Media and Media Management, in: *Seldon, Anthony* (Hrsg.), The Blair Effect 1997-2001. London, 509-533.
Scarrow, Susan E., 2000: Parties without Members? Party Organizations in a Changing Electoral Environment, in: *Dalton, Russell J./Wattenberg, Martin P.* (Hrsg.), Parties without Partisans, Political Change in Advanced Democracies. Oxford, 79-101.
Schmid, Josef/Zolleis, Udo (Hrsg.), 2005: Zwischen Anarchie und Strategie. Der Erfolg von Parteiorganisationen. Wiesbaden.
Schmidt, Vivien A., 2007: Die Bedeutung des öffentlichen Diskurses für sozialdemokratische Reformvorhaben in Europa, in: *Becker, Frans/Duffek, Karl/Mörschel, Tobias* (Hrsg.), Sozialdemokratische Reformpolitik und Öffentlichkeit. Wiesbaden, 11-40.
Schmitt-Beck, Rüdiger, 2002: Laufen, um auf der Stelle zu bleiben: „Postmoderne" Kampagnenpolitik in Deutschland, in: *Nullmeier, Frank/Saretzki, Thomas* (Hrsg.), Jenseits des Regierungsalltags, Strategiefähigkeit politischer Parteien. Frankfurt a. M., 109-129.
Schulz, Winfried/Zeh, Reimar/Quiring, Oliver, 2000: Wählerverhalten in der Mediendemokratie, in: *Klein, Markus/Jagodzinski, Wolfgang/Mochmann, Ekkehard/Ohr, Dieter* (Hrsg.), 50 Jahre empirische Wahlforschung in Deutschland, Entwicklung, Befunde, Perspektiven, Daten. Wiesbaden, 413-443.
Seggelke, Sabine, 2007: Frankreichs Staatspräsident in der politischen Kommunikation. Öffentlichkeitsarbeit in der V. Republik. Berlin.
Seißelberg, Jörg, 1996: Conditions of Success and Political Problems of a 'Media-Mediated Personality Party': The Case of Forza Italia, in: West European Politics 19 (4), 715-743.
Semetko, Holli A., 2006: Parties in the Media Age, in: *Katz, Richard S./Crotty, William* (Hrsg.), Handbook of Party Politics. London, 515-527.
Stanyer, James, 2004: Politics and the Media: A Crisis of Trust?, in: Parliamentary Affairs 57 (2), 420-434.
Street, John, 2005: Politics Lost, Politics Transformed, Politics Colonised? Theories of the Impact of Mass Media, in: Political Studies Review 3, 17-33.
Strohmeier, Gerd, 2004: Politik und Massenmedien. Eine Einführung. Baden-Baden.
Swanson, David L./Mancini, Paolo, 1996: Patterns of Modern Electoral Campaigning and Their Consequences, in: *Swanson. David L./Manicini, Paolo* (Hrsg.), Politics, Media, and Modern Democracy. An International Study of Innovations in Electoral Campaigning and Their Consequences. Westport, 247-276.
Tenscher, Jens, 2003: Professionalisierung der Politikvermittlung? Politikvermittlungsexperten im Spannungsfeld von Politik und Massenmedien. Wiesbaden.

Voigt, Mario/Hahn, Andreas, 2008: Mobilisierung und moderne Kampagnetechniken – Die US-amerikanischen Präsidentschaftswahlkämpfe, in: *Grabow, Karsten/Köllner, Patrick* (Hrsg.), Parteien und ihre Wähler, Gesellschaftliche Konfliktlinien und Wählermobilisierung im internationalen Vergleich. Berlin, 207-223.

Vowe, Gerhard/Dohle, Marco, 2007: Politische Kommunikation im Umbruch – neue Forschung zu Akteuren, Medieninhalten und -wirkungen, in: Politische Vierteljahresschrift 48 (2), 338-359.

Webb, Paul, 2000: Political Parties: Adapting to the Electoral Market, in: *Dunleavy, Patrick/Gamble, Andrew/Holliday, Ian/Peele, Gillian* (Hrsg.), Developments in British Politics 6. New York, 151-168.

Webb, Paul/Kolodny, Robin, 2006: Professional Staff in Political Parties, in: *Katz, Richard S./Crotty, William* (Hrsg.), Handbook of Party Politics. London, 337-347.

Wehmeier, Stefan, 1998: Fernsehen im Wandel. Differenzierung und Ökonomisierung eines Mediums. Konstanz.

Wiesendahl, Elmar, 1998: Parteien in Perspektive. Theoretische Ansichten der Organisationswirklichkeit politischer Parteien. Wiesbaden.

Wiesendahl, Elmar, 2000: Identitätsauflösung. Anschlusssuche der Großparteien an die postindustrielle Gesellschaft, in: *Hettlage, Robert/Vogt, Ludgera* (Hrsg.), Identitäten in der modernen Welt. Wiesbaden, 275-295.

Wiesendahl, Elmar, 2001: Die Zukunft der Parteien, in: *Gabriel, Oscar W./Niedermayer, Oskar/Stöß, Richard* (Hrsg.), Parteiendemokratie in Deutschland. Bonn, 592-619.

Wiesendahl, Elmar, 2002: Parteienkommunikation parochial – Hindernisse beim Übergang in das Online-Parteienzeitalter, in: *Alemann, Ulrich von/Marschall, Stefan* (Hrsg.), Parteien in der Mediendemokratie. Wiesbaden, 364-389.

Wiesendahl, Elmar, 2006: Mitgliederparteien am Ende? Eine Kritik der Niedergangsdiskussion, Wiesbaden.

Wring, Dominic, 2005: The Politics of Marketing of the Labour Party. Houndmills/New York.

Wring, Dominic, 2006: The News Media and the Public Relations State, in: *Dunleavy, Patrick/Heffernan, Rcihard/Cowley, Philip/Hay, Colin* (Hrsg.), Developments in British Politics 8. Houndmills, 231-250.

IV.

Medialisierte Problemverarbeitung

Policy matters – Medien im politischen Entscheidungsprozess in unterschiedlichen Politikfeldern

Sigrid Koch-Baumgarten / Katrin Voltmer

1. Einleitung: Medien und Politik – Plädoyer für einen policyspezifischen Zugang

Seit den 1990er Jahren sind Medien in der Politikwissenschaft en vogue. Termini wie Mediengesellschaft, Mediendemokratie oder gar Mediokratie (Meyer 2001, 2002) verweisen auf den neuen prominenten Platz, den Medien auf der politikwissenschaftlichen Agenda nach Jahrzehnten eher randständiger Positionierung errungen haben. Seit nunmehr einem guten Jahrzehnt wird wissenschaftlich über eine Rekonzeptualisierung des Verhältnisses von Medien und Politik gestritten. Anfängliche starre interpretative Fronten zwischen der Medien- und Kommunikationsforschung mit der Betonung einer neuen Medienübermacht auf der einen Seite und einem weitgehend desinteressiert-distanzierten politikwissenschaftlichen Mainstream insbesondere der (neo-)institutionalistischen Politische-System-Forschung mit ihrer skeptischen Betonung der Medienohnmacht auf der anderen Seite befinden sich in Auflösung. „Überzeichnungen" und „kategorische Sichtweisen" (Sarcinelli 1998b: 275; Sarcinelli/Schatz 2002: 9-32; Pfetsch 1995) werden heute zugunsten der Einforderung fundierter empirischer Forschungen über die konkreten Bedingungen von Medienmacht und -ohnmacht zurückgewiesen. Zum einen wird die Überbetonung einer die Politik vorgeblich „kolonisierenden" Medienlogik (vgl. Meyer 2001, 2002) durch eine Anerkennung des Gewichts der „Eigenlogik des Politischen" (Sarcinelli 2004) relativiert. Zum anderen entdecken vormals eher medienskeptische Kerngebiete der Politikwissenschaft – von den Internationalen Beziehungen (Nacos et al. 2000; Robinson 2001; Segbers 2007) über die Policy-Analyse (vgl. Koch-Baumgarten/Mez 2007a) bis zur Regierungslehre (Patzelt 2003b: 389-401, 221) – die Bedeutung einer massenmedialen Öffentlichkeit als Herausforderung für die Steuerungsfähigkeit politischer Institutionen und erkennen das Mediensystem zunehmend als relevanten Umweltfaktor politischer Entscheidungsfindung an.

Bislang hat sich die empirische Forschung weitgehend auf die Untersuchung von Medienwirkungen auf politische Einstellungen und Partizipation auf der Mikroebene einerseits und auf die Politikdarstellung insbesondere im Wahlkampf andererseits konzentriert. In einer Fülle von Einzelstudien konnten Medieneinflüsse etwa auf Themenpräferenzen, auf Partizipationsbereitschaft und Wahlverhalten des Publikums, auf den Wahlkampf der Parteien (u. a. Brettschneider 2002; Maurer/Reinemann 2003; Sarcinelli/Schatz 2002), auf die Professionalisierung und Entertainerisierung der Öffentlichkeitsarbeit politischer Akteure (etwa Dörner 2000; Holtz-Bacha 2000), auf die Entstehung neuer Gruppen, der Medienberater und „spin doctors", in der parteiinternen Willensbildung (Alemann/Marshall 2002; Holtz-Bacha 2002) nachgewiesen werden.

Hingegen ist bislang kaum systematisch und empirisch fundiert nach den Rückwirkungen der Medien auf die Politikentscheidung gefragt worden (vgl. den Literaturüberblick in Voltmer 2007). Hier will unser Artikel ansetzen und die Wechselwirkung zwischen Medien und Politik im Policyprozess untersuchen. Unsere zentrale Fragestellung lautet, ob, wie und unter welchen Bedingungen Medien Einfluss auf die Politikentscheidung nehmen. Unter Medieneinfluss verstehen wir zunächst ganz allgemein medieninduzierte Veränderungen, also Medialisierung im Sinne von Veränderungen im Policyprozess, die durch die Medien bewirkt werden. Welche Bedingungen befördern, welche Bedingungen begrenzen Medienpräsenz im Policyprozess? Und über welche Mechanismen können Medien Einfluss nehmen? Wie lassen sich Medienwirkungen im politischen Entscheidungsprozess charakterisieren?

Wir schlagen dafür einen *policyspezifischen* bzw. *policyvergleichenden* Untersuchungsansatz vor. Bisher wurde der Zusammenhang zwischen Medien und Politikentscheidung vor allem im Rahmen der Agendaforschung untersucht, wobei die Themenprioritäten auf den jeweiligen Gesamtagenden von Medien und Politik verglichen werden (vgl. etwa Pfetsch 1994; Walgrave/van Aelst 2006). Jedoch handelt es sich bei der Agendabildung nur um eine frühe Phase des gesamten Policyprozesses, der sich komplexe, oftmals langwierige Verhandlungs- und Entscheidungsprozesse anschließen. Ferner wird durch einen politikfeldübergreifenden Agendavergleich verdeckt, dass sich die Rolle der Medien im Policyprozess signifikant unterscheidet, je nachdem um welches Politikfeld es sich handelt. Denn konkrete Politikfelder bilden je eigene komplexe Politikarenen mit spezifischen Strukturen und Dynamiken, so dass generalisierende Annahmen zum Einfluss der Medien im Policyprozess der Komplexität der zugrunde liegenden Prozesse kaum gerecht werden. Der von uns vorgeschlagene policyspezifische Ansatz ermöglicht hingegen eine *Kontextualisierung,* die Medieneinfluss in einem multikausalen Bedingungsgefüge unter Abwägung verschiedener Einflussfaktoren auf den Politikprozess zu interpretieren sucht (vgl. Koch-Baumgarten/Mez 2007b). Mit diesem Ansatz lassen sich auch lineare Annahmen hinsichtlich eines allgemein zunehmenden Medialisierungsprozesses empirisch fundiert differenzieren und gegebenenfalls infrage stellen. So mögen Entwicklungen, wie sie beispielsweise der These der Kolonisierung der Politik durch die Medienlogik (Meyer 2001, 2002) oder der Durchsetzung der Mediendemokratie als neuem Demokratietyp mit einem Übergewicht der Medien bei gleichzeitiger Einschränkung der Handlungsmacht klassischer intermediärer und institutioneller Akteure (Jarren 1994; Sarcinelli 1998b) zugrunde liegen, nur auf bestimmte Politikfelder zutreffen und durchaus umkehrbar sein.

Bisher allerdings ist ein policyspezifischer oder policyvergleichender Forschungsansatz noch Forschungsprogramm geblieben. Das liegt auch daran, dass die klassische Politikfeldanalyse der Rolle der Medien im Policyzyklus wenig Aufmerksamkeit geschenkt hat (vgl. etwa den Überblick in Mayntz 1993). Hier dominierte das Konzept der bundesdeutschen „Verhandlungsdemokratie" (Czada/Schmidt 1993; Lehmbruch 2003). Insofern können die folgenden Überlegungen nur vorläufige Ergebnisse präsentieren, die weiterer empirischer Forschung bedürfen. Sie stützen sich abgesehen von der Auswertung der vorhandenen Sekundärliteratur (vgl. Voltmer 2007) insbesondere auf erste Studien zum Medieneinfluss in ausgewählten Politikfeldern (Koch-Baumgarten/Mez 2007a) und Beiträge, die auf einem von uns im Mai 2007 in Helsinki organisierten ECPR-Workshop vorgestellt wurden (Koch-Baumgarten/Voltmer 2008).[1]

---

[1] Alle hier zitierten Workshopbeiträge sind über die ECPR-Webseite zugänglich: www.essex.ac.uk/ecpr/onlineservices/paperarchive/index.aspx.

2. Medien im politischen Entscheidungsprozess – Mechanismen der Einflussnahme

Ein wesentlicher Anstoß zur Beschäftigung mit den Medien als Einflussfaktor im politischen Entscheidungsprozess ging von der sogenannten CNN-Effekt-Hypothese aus, die im Kontext des Irakkrieges im Jahre 1991 formuliert wurde (Robinson 2001). Der Verlauf der Intervention schien darauf hinzudeuten, dass die Medien, allen voran der Nachrichtensender CNN, einen nicht unerheblichen Einfluss auf die strategischen Entscheidungen der U.S.-amerikanischen Führung hatten (vgl. dazu den Beitrag von Bennett in diesem Band). Die CNN-Effekt-Hypothese erklärt den beobachteten Machtzuwachs der Medien mit Innovationen im Bereich der Kommunikationstechnologien, die eine ununterbrochene und weltweite Live-Übertragung der Ereignisse ermöglichte. Gleichzeitig war es nach dem Ende des Kalten Krieges zu einer Erosion des globalen Machtgefüges gekommen, wodurch eingefahrene Politikkonzepte ihre Gültigkeit verloren hatten. Die öffentliche Kommunikation der militärischen Intervention zur Befreiung Kuweits fand also unter ausgesprochen dynamischen und politisch hochgradig fragilen Bedingungen statt.

Auch wenn die internationale Politik spezifischen strukturellen Gesetzmäßigkeiten unterliegt (vgl. dazu den Beitrag von Brüggemann/Wessler in diesem Band), lassen sich die Kernargumente der CNN-Effekt-Hypothese auch auf die sich wandelnde Rolle der Medien auf nationalstaatlicher Ebene übertragen. Hier haben neue Technologien und eine umfassende Kommerzialisierung zu einem deutlichen Anstieg der Konkurrenz unter den Nachrichtenmedien geführt. Die Folge ist eine weitere Verstärkung der „Medienlogik" (Mazzoleni/Schulz 1999) in der politischen Berichterstattung mit der täglichen Jagd nach exklusiver Information, Sensationalisierung und Trivialisierung. So erscheinen die Medien immer mehr als allgegenwärtiger Bestandteil des politischen Prozesses, der das öffentliche Erscheinungsbild der Politik prägt (Imhof et al. 2004). Damit haben sich die Umweltbedingungen für politische Entscheidungsträger verändert, deren Handlungsrahmen abgesehen von institutionellen Regelwerken, rechtlichen Rahmenbedingungen, der Gegenmacht einflussreicher Verbände zunehmend auch von den Massenmedien bestimmt wird. Gleichzeitig vollzieht sich auch in der Politik ein weitreichender Wandel, der politische Entscheidungen möglicherweise anfälliger und empfänglicher für Medialisierungstendenzen macht. Zu nennen wären die Erosion von Massenloyalitäten, die Entstehung einer Vielfalt neuer am Policyprozess beteiligter Akteure mit zum Teil neuen Aktionsformen sowie die Unterhöhlung politischer Gestaltungsmacht durch Supranationalisierung und Globalisierung. Festzuhalten ist, dass eine Analyse der Medieneinflüsse auf den Policyprozess beide Seiten, also sowohl die Strukturen und Dynamiken des Policysystems als auch diejenigen des Mediensystems mit ihren vielfältigen Wechselbeziehungen beinhalten muss. Im folgenden Abschnitt wenden wir uns zunächst der Medienseite zu.

3. Massenmedien und die öffentliche Konstruktion von Wirklichkeit: discourse matters!

Medieneinfluss im Politikprozess moderner Demokratien dürfte nur selten aus intendierten Interventionen zur Einflussnahme entstehen. Dazu zählt vor allem investigativer Journalismus, der im Selbstverständnis von Journalisten zwar identitätsstiftend ist, in der täglichen Redaktionspraxis jedoch eine eher randständige Rolle spielt. Einzelne Kampagnen können dann aber durchaus weitreichende Folgen haben (Protess et al. 1992). Ferner stellt die Berichterstattung zur Medienpolitik einen Sonderfall dar, da hier Journalisten oder Verleger sich als aktive Mitspieler in das politische Verfahren einmischen, um ihre eigenen Interessen durchzusetzen (Pfetsch 2003a; Schäfer 1999). Medieneinfluss entsteht in der Regel vielmehr vielfach vermittelt als nicht-intendierte Folge der von der Berichterstattung ausgelösten Dynamik in der öffentlichen Wahrnehmung politischer Probleme. Insbesondere kommt es durch die Art und Weise, wie die Medien politische Themen auswählen und darstellen, zu diskursiven Verengungen politischer Handlungsoptionen und möglicherweise sogar zu Veränderungen von Akteurs- und Machtkonstellationen.

In der Sekundärliteratur lassen sich unterschiedliche Perspektiven auf den Medieneinfluss herausarbeiten. So machen sich neue diskursanalytische Zugänge (vgl. Keller 2004; Kerchner/Schneider 2006) und die konstruktivistische Wende in den Sozialwissenschaften bemerkbar (vgl. Hejl 1994; Holstein/Miller 1993). Auch in der Politikwissenschaft wird stärker wahrgenommen, dass Politik mit der Herstellung und Darstellung (Sarcinelli 1998a) allgemeinverbindlicher Entscheidungen zwei Seiten hat (vgl. Edelman 1990). Damit hat sich das klassische Verständnis von Politik als auf Machterwerb und Interessendurchsetzung zielendes *Verfahrens*handeln, wie es von Max Weber (1993: 62 f.) begründet wurde, erweitert. Politik ist auch *Diskurs*handeln (Habermas 1992),[2] ein Deutungskampf, in dem es um die Auseinandersetzung unterschiedlicher Realitätsinterpretationen und Deutungsmuster geht – mithin um die Legitimation von Politik, die gerade auch im responsiven und kooperativen Staat (Benz 1997) eine zentrale Rolle spielt (vgl. dazu auch den Beitrag von Gerhards und Rose in diesem Band). Politikherstellung in Verfahren und Politikdarstellung im Diskurs sind untrennbar miteinander verwoben.

Im Diskurs geht es einerseits um die *Konstruktion von Realität,* weil aus der Vielzahl aktueller Ereignisse nur eine begrenzte Anzahl ausgewählt, dargestellt und als existent wahrgenommen wird. Hier findet unter Beteiligung der Medien, aber auch von Verbänden und Experten, eine Selektion von Ereignissen, Fakten und damit auch Problemen statt, die überhaupt ins öffentliche Bewusstsein und auf die politische Agenda zur Problembearbeitung und -lösung gelangen. Damit wird Realität nicht einfach reflektiert, sondern im Diskurs neu konstituiert. Dabei folgen die Realitätskonstruktionen nicht unbedingt „objektiven" Relevanzkriterien, sondern differenten Handlungslogiken und Selektionskriterien, die sich aus den organisatorischen Umwelten oder professionellen Regelsystemen der beteiligten Akteure ergeben. Während sich Problemthematisierungen und Faktenauswahl etwa bei Verbänden aus den Mitgliederinteressen erklären, folgen die Medien ihrer eigenen professionellen Logik, die von Nachrichtenfaktoren, journalistischen Normen und Marktinteressen geprägt ist (Schulz 1976; Kepp-

---

2 In der folgenden Darstellung folgen wir weder dem Diskursbegriff Habermas' noch Foucaults (vgl. Kerchner/Schneider 2006), sondern verwenden den Begriff weit gefasst als Synonym für „(mehr oder weniger) öffentliche, geplante und organisierte Diskussionsprozesse", an denen verschiedene Akteure beteiligt sind und um „verbindliche Deutungen für soziale und politische Ereigniszusammenhänge" konkurrieren (Keller et al. 2001: 7-27; Zitate: 7, 22). Auf die in diesem Zusammenhang wichtigen Konzepte des „framing" und „second level agenda setting" gehen wir weiter unten ein.

linger/Ehmig 2006). Nur bestimmte Probleme werden sichtbar, darunter nicht zwangsläufig solche, die für die politischen Entscheidungsträger Priorität haben. Gleichzeitig werden andere Probleme von den Medien systematisch ignoriert, da es ihnen an Nachrichtenwert mangelt. Staab (1990) hat aber auch darauf hingewiesen, dass der Nachrichtenwert einer Meldung sich nicht nur aus den objektiven Merkmalen ihres Gegenstandes ergibt, sondern Ereignissen und Problemen auch zugeschrieben wird, um sie den journalistischen Kriterien anzupassen. Für den Policyprozess bedeutet dies, dass Probleme dramatisiert („Die Deutschen sterben aus"), personalisiert (Herausgreifen von Einzelschicksalen) und skandalisiert („Versagen der Politik") werden (Kepplinger 1998). Meinungsverschiedenheiten zwischen den am Entscheidungsprozess beteiligten Akteuren werden häufig zu fundamentalen Konflikten hochgespielt, die das Bild einer „konfrontativen Negativität" (Sauer 2007: 108 f.) erzeugen. Auf diese Weise können Erwartungen an durchgreifende und schnelle Problemlösungen geschürt werden, während Handlungsspielräume für Kompromisse eingeschränkt werden (vgl. im Überblick Voltmer 2007: 16 f.). Baumgartner/Jones (1993) haben des weiteren gezeigt, dass in den Medien extreme (Minderheiten- oder Außenseiter-)Positionen überbetont werden. Diese erhalten dadurch einen Zugewinn an Legitimität und öffentliche Zustimmung, die ihnen in Mainstreamzirkeln verwehrt blieben.

Anders als Wahlkämpfe, die mittlerweile im Hinblick auf ihre Medientauglichkeit maßgeschneidert sind, besteht eine offenkundige Inkompatibilität zwischen Medienlogik und Policyprozess. Medienberichterstattung ist ereigniszentriert, personalisiert und vereinfachend. Politische Entscheidungen sind langfristig, verfahrenszentriert und komplex. Im konkreten Wechselspiel zwischen Politik und Medien entsprechen bestimmte Politikfelder eher den Selektionskriterien der Medien als andere. Zum Beispiel findet Kriminalität regelmäßig hohe Medienresonanz, da sie mit Tat, Täter und Opfer einen klaren Handlungsfokus aufweist. Strukturelle Probleme wie Armut und selbst die von den Bürgern als wichtig wahrgenommene Themen Wirtschaft und Arbeitslosigkeit sind dagegen oftmals unterrepräsentiert. Eine empirische Studie am Wissenschaftszentrum Berlin hat für die 1990er Jahre ein Ranking innenpolitischer Themenschwerpunkte für die (Qualitäts-)Printmedien erstellt, bei dem Innere Sicherheit, Deutsche Einheit, Ausländerfrage, Steuern, Bildung und Umwelt auf den ersten Plätzen rangierten. Arbeitslosigkeit und Löhne folgten erst auf den Plätzen neun und zehn. Gleichzeitig wurde herausgestellt, dass es erhebliche Abweichungen in den Themenpräferenzen zwischen den untersuchten Zeitungen gab (Neidhardt 2004: 113). Besonderes Medieninteresse findet auch die Außenpolitik (vgl. Eilders 2004: 209).

Von Beyme (1994) hat auf den Zusammenhang zwischen Thementyp und Medieninteresse verwiesen und insbesondere innovative, distributive und konfliktorische Themen als medienrelevant herausgestellt. Für die internationale Politik ließe sich die Kurzatmigkeit von Ereignissen hinzufügen und die Fragmentierung von Diskursen, denen eine einheitliche Narrative fehlt (Segbers 2007: 2007). Für die Umweltpolitik ist die „Wahrnehmbarkeit" und „Sichtbarkeit" eines Themas hervorgehoben worden (Jänicke 2007: 65); schleichende Degeneration oder „Nachhaltigkeit" hingegen sind kaum darstellbar und daher nicht medientauglich (Ragaly 2007: 69). Ebenfalls nicht mit den Nachrichtenfaktoren kompatibel sind insbesondere alle technischen, routinisierten, langwierigen und komplexen Themen. Ein gutes Beispiel dafür liefert die „normale" Tarifpolitik außerhalb des Arbeitskampfes, deren detaillierte und komplizierte Regelungsmaterie die Medien genauso wenig interessiert wie die ritualisierten kooperativen Verhandlungsprozesse (Koch-Baumgarten 2007). Ähnlich technisch und komplex sind die in der Rentenpolitik (Strünck 2007), partiell der Gentechnologiepolitik (Maeseele 2007) oder in der Agrarpolitik behandelten Probleme (Feindt/Kleinschmit 2007: 121). Hinzu kommen Querschnittsthemen, wie die Gleichstellungs- und Genderproblematik, die keine oder nur schwer zurechenbare Akteure aufweisen und insofern schwer personalisierbar sind (Sauer 2007: 109).

Medienresonanz kann also durch die spezifischen Merkmale eines Problems systematisch begrenzt werden, so dass die Positionen der politischen Akteure eher routiniert wiedergegeben werden. Im Normalfall öffentlicher Debatten verfügen entweder Wissenschaft oder Politik – von Interessengruppen bis zur Exekutive (Feindt/Kleinschmit 2007: 122, 141; Koch-Baumgarten 2007; Mez 2007: 99) – über die Definitionsmacht, so dass die Medien bestenfalls eine Rolle als „Verstärker" spielen (Bennett 1990; ebenfalls der Trend der Befunde in Koch-Baumgarten/Mez 2007a). Erst im Konflikt, in der Krise oder anlässlich eines Skandals werden auch in diesen Politikfeldern Medieninteressen geweckt.

Darüber hinaus wird in den Debatten nicht nur eine Auswahl aktueller Ereignisse und Probleme getroffen, sondern auch unter konkurrierenden Interpretationsangeboten ausgewählt, die Medien und andere Akteure, wie Wissenschaftler, Interessengruppen, soziale Bewegungen oder Parteien für Ereignisse bereit halten. In der Kommunikationswissenschaft wird dieser Zusammenhang im einflussreichen Konzept des *„framing"* thematisiert: Medien binden Ereignisse in sinnstiftende Deutungspakete, sogenannte *frames* ein, die den berichteten Fakten Sinn und Relevanz verleihen. Sie enthalten etwa Verweise auf die Vergangenheit als Entstehungskontext des Ereignisses, Annahmen über dessen Folgen sowie normative Bewertungen (Entman 1993; siehe auch Bennett/ Livingston 2003). Auf der Diskursebene konkurrieren die Medien mit anderen Akteuren – von Parteien über Experten bis zu Verbänden – um Deutungsmacht, so dass sie nicht die dominanten, aber mithin wichtige Mitspieler sind. Inhaltsanalysen haben gezeigt, dass auch die Auswahl von *frames* in hohem Maße von der Medienlogik geprägt ist (Iyengar 1991; Scheufele 2003), so dass die Interpretationen und Deutungen der Medien durch wiederkehrende Muster und Stereotypisierungen geprägt sein können. Das soll nicht heißen, dass die Medien immer mit einer Stimme sprechen, wie empirische Untersuchungen zu Themen- und Meinungsprofilen von Zeitungen gezeigt haben (Eilders 2004). Printmedien fokussieren zwar häufig zeitgleich dieselben Themen („Fokussierung"), inhaltlicher Konsens bei der Thematisierung von Problemen einerseits und der Artikulation von Politikpräferenzen andererseits (übereinstimmende Meinung oder „Konsonanz") ist seltener. Der Handlungsrahmen für politische Entscheidungen wird jedoch in beiden Fällen verändert: Fokussierung führt zu „einem Problembearbeitungsdruck im Politischen System", Konsonanz hingegen beeinflusst die Richtung dieser Bearbeitung (Eilders 2004: 222). Zumindest werden die öffentlich legitimierbaren Handlungsoptionen begrenzt. Es entsteht ein „tonal environment for policy making" (Jones/Wolfe 2007: 11), welches den machtpolitischen Handlungsrahmen ergänzt.

Am Beispiel der öffentlichen Debatte zur Kernenergie in den USA wurde argumentiert, dass die Medien einen wesentlichen Anteil daran hatten, einen Fortschrittsframe sukzessive durch einen Risikoframe zu ersetzen. Damit soll nicht behauptet werden, dass die Medien diese Umorientierung initiierten. Da Risiken und Gefahren jedoch die

Tendenz der Medienlogik zur Negativität bedienen, breitete sich – ausgelöst durch den Unfall im Atommeiler Three Miles Island und befördert durch Umweltgruppen – eine kritische Bewertung dieser Energieform in der öffentlichen Wahrnehmung schnell aus und etablierte sich als die dominante Interpretation – mit erheblichen Auswirkungen auf die Politikgestaltung (Gamson/Modigliani 1989). In Politikfeldern wie der Geschichtspolitik, wo es ausschließlich um eine interpretative oder diskursive Auseinandersetzung, letztlich um die politische Verwertbarkeit von Geschichte geht, haben die Medien ein Übergewicht gewonnen und etwa Zeithistoriker als professionelle Interpreten verdrängt. Medien bestimmen hier inzwischen den Rahmen öffentlicher zeithistorischer Debatten und unterwerfen diese der medialen Verwertungslogik – mit der Folge einer Entkontextualisierung und Simplifizierung historischer Ereignisse (Arendes 2007: 184, 192).

Neue Themen und neue Deutungsmuster können zu einer Neuformierung eines Politikfeldes führen. Sie ermöglichen neuen Akteuren – wenn sie denn die sich eröffnende Gelegenheit nutzen – sich zu etablieren und Zugang zu bis dahin geschlossenen Entscheidungszirkeln zu erobern. Dies ist beispielsweise in der Agrarpolitik geschehen, wo heute Verbraucherorganisationen in den Entscheidungsprozess einbezogen sind, oder in der Umwelt- und Geschlechterpolitik, wo Medienaufmerksamkeit es sozialen Bewegungen erlaubt hat, sich in den etablierten Strukturen des politischen Systems zu verankern, aber auch in der internationalen Politik, wo sich ähnliche Entwicklungen im Hinblick auf Nichtregierungsorganisationen beobachten lassen (Ecker-Ehrhardt 2007). Umgekehrt können neue oder veränderte Diskurse bestehende Machtallianzen aufbrechen oder zu einem Austausch des Führungspersonals führen (Feindt/Kleinschmit 2007: 12). Kurz: Medien verfügen über diskursive Macht, die auf die Politikgestaltung zurückwirken kann. Darauf haben die politischen Akteure mit einem Ausbau ihrer strategischen politischen Kommunikation inzwischen längst reagiert (vgl. Kriesi 2003). Um diese Dynamik in Gang zu setzen, bedarf es nicht einmal langanhaltender Medienaufmerksamkeit. Schlüsselereignisse, Skandale oder die gelungene Formulierung eines emotionshaltigen Begriffs, der im Gedächtnis haften bleibt und sich nicht mehr aus der Debatte entfernen lässt, sind relativ kurzfristige Medienereignisse mit potenziell langfristigen Folgen. Auf der Basis einer Langzeituntersuchung unterschiedlicher Politikfelder kommen Baumgartner/Jones (1993: 84) zu der Schlussfolgerung, dass „short periods of [media] attention affected outcomes and government policies for decades".

Langfristige Medienwirkungen entstehen aber nicht nur im Prozess der Formierung der politischen Agenda, wo mediengestützte Themen mehr Aufmerksamkeit erringen, als ihnen eventuell unter Relevanzgesichtspunkten zustünde oder ihnen in der machtpolitischen Auseinandersetzung zwischen gesellschaftlichen Interessen zukäme. Unter bestimmten Umständen (die wir weiter unten diskutieren) kann Medieneinfluss auch in anderen (öffentlichen) Phasen des Politikprozesses, etwa während der eigentlichen institutionellen Problembearbeitung und -entscheidung, virulent werden. Dann kann sich einerseits die Zeitperspektive für politisches Handeln ändern, wenn die Massenmedien ihre auf Aktualität bezogene Kurzzeitperspektive ins Spiel bringen. Es entsteht Handlungsdruck und die Erwartung eines schnellen Policyoutputs, was die Entstehung symbolischer (Meyer 1992) und kurzatmiger (Strünck 2007: 17) Politik, eine „Adhocisierung" der Politik (Segbers 2007: 207) begünstigen kann. Auch wird erneut eine Verengung von Handlungsoptionen möglich, wenn sich das inhaltliche Gravitationszentrum der Debatte verschiebt. Für die Tarifpolitik macht es etwa einen Unterschied, ob politische Forderungen der Akteure in einen Wettbewerbs- oder Gerechtigkeitsdiskurs eingebunden werden. Es wäre zwar übertrieben, daraus generell auf eine Entmachtung politischer Institutionen und intermediärer Instanzen und eine neue „mediokratische" Machtkonzentration im Kartell exekutiver Spitzenpolitiker und Medieneliten zu schließen (Jarren 1994: 23 f.; Meyer 2002: 11 f.). Aber die Grenzen legitimierbarer und öffentlich vermittelbarer politischer Optionen ändern sich unter Medieneinfluss genauso wie die Durchsetzungsfähigkeit der beteiligten Akteure.

4. Öffentliche Meinung als Machtressource

Wenn Verfahren (Politikherstellung) und Diskurs (Politikdarstellung) die beiden Seiten eines politischen Entscheidungsprozesses bilden, dann konzentrieren Verbände und Parteien Verfahrensmacht auf sich, weil sie über einen „privilegierten Zugang" zum institutionellen Entscheidungszentrum (von Beyme 1997: 212) und mit Expertise, Konflikt- und Organisationsfähigkeit über zentrale Durchsetzungsinstrumente verfügen (vgl. Koch-Baumgarten 2003, 2005). Bei den Medien hingegen konzentriert sich Diskursmacht, weil sie über einen privilegierten Zugang zum Publikum und über die Machtressource Öffentlichkeit verfügen. Informationen über Politik bezieht das Publikum heute vorrangig aus den Massenmedien, die damit einen Einfluss auf Themenpräferenzen öffentlicher Debatten erhalten und langfristig Einstellungsveränderungen beim Publikum bewirken können. Legitimationsabhängige Politiker können und wollen angesichts der allgemeinen Sanktionsdrohung eines (individuellen oder kollektiven) Popularitäts- oder sogar zukünftigen Wahlverlusts nicht gegen die „öffentliche Meinung" verstoßen. Und Massenmedien werden als Substitut für genau diese angesehen (Pfetsch 1997). Deswegen orientieren sich politische Entscheidungsträger strategisch an Mediendiskursen und den ihnen innewohnenden Realitätskonstruktionen und Bewertungen, die sie antizipierend in ihre Problemthematisierung und Programmformulierung einbeziehen. Die viel zitierte Bemerkung des ehemaligen Bundeskanzlers Gerhard Schröder, er brauche zum Regieren nur BamS, Bild und Glotze, illustriert deutlich, wie hoch der massenmediale Zugang zur öffentlichen Meinung als zentrale Machtressource eingeschätzt wird (vgl. auch Hoffmann-Riem 2000).

Auch für den Erfolg von Verbänden und Interessengruppen ist neben Konflikt- und Organisationsfähigkeit die Verfügung über diskursive Macht zunehmend wichtig (Koch-Baumgarten 2003, 2005). Diese kann gegen Verfahrensmacht ausgespielt werden, etwa von der Exekutive gegen einflussreiche Verbände, von einer Interessengruppe gegen einen oder mehrere Gegenverbände, von politischen Newcomern gegen Insider oder traditionell eingespielte Machtallianzen. Für die USA ist darauf hingewiesen worden, dass amerikanische Präsidenten zunehmend die Strategie des *going public* langfristigen und mühevollen Verhandlungen mit unterschiedlichen Gruppen vorziehen (Kernell 1997). Mittlerweile reicht bereits die Drohung, an die Öffentlichkeit zu gehen, um schwierige Verhandlungspartner und Opponenten zu disziplinieren. Allerdings ist der Erfolg von Öffentlichkeitsstrategien von den Strukturen des Policyprozesses und vorherrschenden Politikstilen abhängig, die sowohl zwischen Ländern als auch zwischen Politikfeldern variieren (für einen Vergleich Deutschland-USA siehe Pfetsch 2003b).

Und natürlich ist der Erfolg von Öffentlichkeitsstrategien von den Medien abhängig und ihrer Bereitschaft, sich für politische Zwecke instrumentalisieren zu lassen. Dies ist durchaus nicht immer der Fall. Im Gegenteil, das Verhältnis zwischen Medien und Politik ist in den vergangenen Jahren deutlich aggressiver geworden. Die Medien reagieren auf die Professionalisierung von politischem Marketing mit zunehmendem Misstrauen und ergänzen häufig eine Meldung mit Hinweisen auf die dahinter stehenden Manipulationsabsichten der beteiligten politischen Akteure (Esser 2004). Insofern sind die Medien eher eine Ungewissheitsquelle im Politikprozess (Pfetsch 1995: 69), und De-Thematisierung ist ein ebenso wichtiges Element einer erfolgreichen Kommunikationsstrategie wie die geschickte Platzierung von Themen und Begriffen.

5. Medien als Informationsressource

Ein weiterer möglicher Mechanismus, durch den Medien Einfluss ausüben können, liegt darin begründet, dass Politiker selbst exzessive Mediennutzer sind und täglich einen erheblichen Teil ihrer Arbeitszeit mit der Verfolgung der aktuellen Nachrichtenlage verbringen. Sie tun dies nicht nur, um – wie oben erwähnt – Entwicklungen der öffentlichen Meinung zu beobachten, sondern auch, um sich über die Positionen und Strategien anderer, insbesondere konkurrierender Akteure zu informieren. Ob und inwieweit politische Entscheidungsträger dabei auch die medialen Realitätskonstruktionen für ihre eigenen Problemwahrnehmungen und -bewertungen übernehmen, ist allerdings eine offene Frage. Zum einen verfügen politische Profis über elaborierte Informationsverarbeitungsstrategien, die sie gegenüber Medieneinflüssen im Sinne von Einstellungsveränderungen weitgehend immunisieren dürften (Emmer 2007). Ferner verfügen politische Eliten mit ihrer Einbindung in vielfältige Kanäle direkter Kommunikation und dem Zugang zu Insiderdokumenten über eine Vielfalt alternativer Informationsquellen (Brown 2007). Die besondere Funktion der Medien besteht hier in ihrer Fähigkeit, unterschiedliche Kommunikationsflüsse zusammenzubinden und, jenseits der hochspezialisierten Kommunikationsnetzwerke der Experten, ein Bild der Gesamtsituation zu vermitteln. Für politische Eliten sind sie deswegen ein wichtiges Instrument „to identify, characterize and prioritize complex multiple information streams" (Jones/Wolfe 2007: 1).

6. Bedingungen des Medieneinflusses: Policy matters!

Politikfelder weisen größere oder kleinere Medienpräsenz und Medieneinflüsse auf Politikverfahren auf. Klaus von Beyme (1994) hat darauf verwiesen, dass in der Routinepolitik, also im Großteil politischer Entscheidungsprozesse, Medien keine Rolle spielen. Nur innovative und konfliktorische Politikfelder schienen ihm anfällig für Medieneinflüsse. Auch erste policyvergleichende Studien zeichnen ein uneinheitliches Bild: In Belgien etwa variierte die Verschränkung von Medien und Politik erheblich zwischen Politikfeldern: hoch war sie beispielsweise in der Sicherheits-, Arbeitsmarkt- und Entwicklungspolitik, niedrig in der Gesundheits-, Verteidigungs- und Außenpolitik (Dandoy/Nuytemans 2007). Es existieren Politikfelder, in denen weder die Medien ein journalistisches Interesse entwickeln, noch politische Entscheidungsträger trotz einer übergreifenden Legitimationsabhängigkeit der Politik eine Strategie des *going public* oder einer individuellen Profilierung über mediale Inszenierungen verfolgen. Jede Schattierung medialer Einflussnahme zwischen „inexistent" und „hoch" ist möglich (vgl. Koch-Baumgarten/Mez 2007a; Voltmer 2007). Zudem wechseln selbst innerhalb eines Politikfeldes lange Perioden der Intransparenz politischer Verfahren mit plötzlichen Unterbrechungen kurzer Medienaufmerksamkeit ab.

Insofern sind lineare Medialisierungsprozesse genauso unwahrscheinlich wie politikfeldübergreifende generelle Bedingungen für Medieneinflüsse. Alles deutet darauf, dass das Politikfeld für die Tiefe und die Verlaufsform von Medialisierungsprozessen entscheidend ist. Es sind gleichermaßen *strukturelle* Kontexte, wie sie sich in einzelnen Politikfeldern zeigen, und *situative* Faktoren, die einen Unterschied begründen. *Strukturell* bilden Politikfelder unterschiedliche Politikarenen mit komplexen Mustern der Politikverflechtung aus. Politische Entscheidungsfindung vollzieht sich in je spezifischen Multiakteurskonstellationen und in unterschiedlich zusammengesetzten Mehrebenen-Systemen, die von der kommunalen bis zur internationalen Politikarena reichen. Daraus ergeben sich policyspezifische Unterschiede – nicht nur in Akteurskonstellationen, Institutionengefüge und Entscheidungsebenen, sondern zudem in Interessensstrukturen, Verhandlungskulturen, Politikinhalten, Pfadabhängigkeiten und involvierten Teilöffentlichkeiten. Ereignisse und ihre nicht voraussehbaren Folgen stellen den *situativen* Kontext politischen Handelns dar. Jänicke (2007: 64) spricht in diesem Zusammenhang von der „objektiven Seite" von Politik: Regierungen wechseln, Unfälle geschehen, Prognosen werden erarbeitet. So entstehen „Gelegenheitsfenster" für politische Akteure und Medien gleichermaßen.

7. Institutionen, intermediäre Instanzen und Medien in Mehrebenen-Systemen der Politikentscheidung

Zu den wesentlichen strukturellen Kontextbedingungen für Medieneinflüsse gehören Akteurskonstellationen. In der Regel ist heute jeder politische Entscheidungsprozess von komplexen und heterogenen Multiakteurskonstellationen geprägt. Das trifft für die internationale Politik im Zeitalter multipolarer statt bipolarer Interessenkonstellationen mit einer größeren Instabilität und Konfliktanfälligkeit genauso zu (Segbers 2007) wie für die meisten Politikfelder auf der Ebene des Nationalstaats. In der Bundesrepublik Deutschland sind bereits auf der institutionellen Ebene fünf Verfassungsorgane – Parlament, Regierung, Bundesrat, Bundesverfassungsgericht und Bundespräsident – mit diffizilen Interessenlagen in der Politikentscheidung präsent. Dabei sind weder die Institutionen als Einheiten zu verstehen, noch vertreten sie eindeutige und einseitige Interessen. Der Bundesrat etwa besteht aus partei- und koalitionspolitisch unterschiedlichen Länderregierungen, die einen jeweils spezifischen Interessenmix aus Partei-, Länder-, Koalitions- oder Wahlinteressen repräsentieren. In vielen Policyprozessen sind heute mehrere Ministerien mit unterschiedlichen Politikoptionen und -interessen beteiligt, zu schweigen von den parlamentarischen Fraktionen und ihren komplizierten Vernetzungen. Dazu zählen die vielfältigen gesellschaftlichen Verwurzelungen, die etwa der Bundestag in Parteien und Interessengruppen und Wahlbezirken aufweist (Patzelt 1995).

Parteien und Interessengruppen als Akteure werden noch wichtiger, wenn man berücksichtigt, dass sich der Politikprozess heute aus den formell-institutionellen in informelle Verfahren und Strukturen verlagert hat: in diverse Gremien der Kanzler-, Parteien-, Koalitions- und Verhandlungsdemokratie (vgl. Korte/Fröhlich 2004: 71-79; Rudzio 2003: 283-3004), darunter an zentraler Stelle Netzwerke (vgl. Mayntz 1993). Noch komplexer wird die Akteurskonstellation, wenn die Europäische Union und ihr Institutionensystem unter Einschluss der europäischen intermediären Organisationen einbezogen werden. Immerhin wird heute etwa ein Fünftel der Entscheidungen des bundesdeutschen Gesetzgebungsprozesses auf Vorgaben der EU zurückgeführt; in einzelnen Politikfeldern wie der Agrar- oder Telekommunikationspolitik liegt dieser Anteil wesentlich höher (Rudzio 2003).

Immer wieder findet sich in kommunikationswissenschaftlichen Arbeiten die Annahme, dass die Politik angesichts gestiegener Legitimationsabhängigkeit und unter ständiger medialer Beobachtung zum Dauerwahlkampf tendiert, so dass eigentlich jede politische Problembearbeitung und jeder politische Entscheidungsprozess medial orchestriert werden müsste. Dadurch entsteht der Eindruck, als öffne sich generell indirekt ein Einfallstor für Medieneinflüsse im Policyprozess (vgl. Voltmer 2007: 24 f.), das sich angesichts von Multiakteurskonstellationen zusätzlich weitet. Plausibel erscheint, dass mit der Zahl der Akteure auch die Konfliktanfälligkeit eines Verfahrens steigt, da sich Interessendivergenzen, Machtkonkurrenz zwischen Organisationen und Institutionen, Profilierungswünsche einzelner Politiker multiplizieren und Durchsetzungsstrategien begünstigen, die eine Mobilisierung der Öffentlichkeit als Machtressource im Verhandlungsprozess oder Konflikt beinhalten. Allerdings wird gleichzeitig mit der Komplexität des Aushandlungsprozesses – zu dem die Länge von Verfahren, die Zahl der beteiligten Akteure und auch die Kompliziertheit der Verhandlungsmaterie gehören – ein Medieninteresse an der Berichterstattung immer unwahrscheinlicher. Komplexe Akteurskonstellationen sind weder personalisier- und damit darstellbar noch korrespondieren sie mit anderen Nachrichtenfaktoren. Dies könnte erklären, warum viele Politikverfahren auch ohne Medienpräsenz ablaufen.

Vor diesem Hintergrund sind weder die Legitimationsabhängigkeit der Politik noch multiple und plurale Akteurskonstellationen ein hinreichender Grund für Medieneinflüsse. Hinzu kommen müssen weitere *situative* und *strukturelle* Faktoren. *Strukturell* scheint eher die Zusammensetzung (Abhängigkeit von Wahlprozessen, Zugang zu Informationskanälen jenseits der Medien) und insbesondere die Fragmentierung des Entscheidungszentrums für die Anfälligkeit eines Politikfeldes für Medieneinflüsse eine Rolle zu spielen. Kleine, kohärente und informelle Entscheidungszentren, wie sie sich in der Verhandlungsdemokratie insbesondere in Netzwerken oder korporatistischen Elitenkartellen herausgebildet haben, bilden hingegen eine klare Medialisierungsgrenze (vgl. auch Koch-Baumgarten 2004, 2007). *Situativ* spielen Elitenkonflikt und Politikunsicherheit eine zentrale Rolle (Robinson 2001). Sie sind fragmentierten Strukturen sozusagen immanent; denn Fragmentierungen können sich aufgrund der Existenz neuer, vom privilegierten Zugang zu institutionellen Verfahren noch ausgeschlossener Akteure oder infolge des Zusammenbruchs tragfähiger konsensualer Politikregime bzw. austarierter Machtkonstellationen ergeben.

8. Netzwerke und korporatistische Steuerungskartelle als Medialisierungsgrenze

Kleine, kohärente und informelle Entscheidungszentren – wie Netzwerke und korporatistische Elitenkartelle – sind in der Verhandlungsdemokratie in vielen Politikfeldern (etwa in der Tarif-, Agrar-, Gesundheitspolitik) prägend. Dass sie in der Regel kaum offen für Medieneinflüsse sind, hat mehrere Gründe. In Netzwerken und korporatistischen Steuerungskartellen dominieren ausgewählte Repräsentanten der Exekutive und machtvoller Verbände. Es handelt sich um exklusive Elitenkartelle, die sich als strategische Allianzen und kooperative Dauerbeziehungen etabliert haben. Erstens folgen sie der Logik von Verhandlungssystemen, d. h. sie sind auf langfristige Kooperation zur gemeinsamen Problemlösung orientiert, also auf Kompromissbildung und Konsensfähigkeit. Sie basieren auf einem Grundkonsens, einem gemeinsamen Regelwerk, auf der Akzeptanz jeweiliger Einflusssphären und der Legitimität repräsentierter (also auch divergenter Konkurrenz-) Interessen (vgl. Mayntz 1993: 45-52). Nicht selten können sich so Pfadabhängigkeiten im Politikfeld bilden. Auf jeden Fall haben Netzwerkakteure kein Interesse an einer Strategie des *going public*. Zwar könnte theoretisch jeder Akteur im Konfliktfall den Weg in die Medienöffentlichkeit suchen, um als Verbandsrepräsentant Medienmacht zur Durchsetzung der eigenen Forderungen oder als Regierungsvertreter zur Eindämmung des gesellschaftlichen Druckpotenzials von Interessengruppen zu mobilisieren, oder um sich als Spitzenpolitiker zu profilieren. Aber faktisch werden Mitglieder exklusiver Elitenkartelle kaum das Risiko eingehen, mit der Mobilisierung der Medienöffentlichkeit gegen einen Mitspieler leichtfertig und zur Erreichung eines nur kurzfristigen Vorteils eine langfristige und eingespielte Kooperationsbeziehung für die Zukunft aufs Spiel zu setzen (Koch-Baumgarten 2003).

Hinzu kommt zweitens, dass die zentralen Netzwerkakteure eher medienfern agieren. So haben Studien gezeigt, dass die Medienagenda weniger mit der Agenda der Exekutive als der Legislative übereinstimmt (Dandoy/Nuytemans 2007). Das könnte daran liegen, dass funktional (vgl. dazu Patzelt 2003a) die Politikentscheidung und Problembearbeitung längst in der Exekutive konzentriert ist, während Parlamente mit sukzessiven Machteinbußen ihre Öffentlichkeitsfunktion ausgebaut haben. Beispiele aus Politikfeldern wie der Agrarpolitik zeigen, dass jenseits von kurzfristigen Krisensituationen auch weniger die Medien die politische Agenda beeinflussen, sondern umgekehrt die exekutiven Zentralakteure den Mediendiskurs dominieren (Feindt/Kleinschmit 2007: 134, 141). Das ist erst recht der Fall, wenn eine Politikarena betroffen ist, in der eine strukturelle Hegemonie exekutiver Akteure vorherrscht. Dies gilt beispielsweise für die EU und die Europapolitik, bei der eher ein Verlautbarungsjournalismus vorherrscht (Kantner 2007: 220). Auch etablierte Verbände präferieren generell diskrete Strategien der Interessenpolitik. Im Selbstverständnis der Verbandseliten insgesamt bleibt das Leitbild der „lautlosen Effizienz" vorherrschend (Sebaldt 1997: 68, 254, 360).

Drittens sind informelle Elitenkartelle exklusiv, begrenzt auf einen kleinen, ausgesuchten Teilnehmerkreis, der sich gegen Newcomer abschließt. Insofern besteht auch kein Interesse daran, mit den Medien einen neuen Mitspieler zuzulassen, der schwer zu kontrollieren ist und zudem möglicherweise politikferne Deutungsmuster in die Debatte einbringt mit schwer zu kalkulierenden Rückwirkungen.

Viertens bilden Netzwerke nicht nur Entscheidungszirkel, es sind auch Kommunikationsnetze von hoher Dichte und Effizienz (Brown 2007). Jenseits der medialisierten

Politikvermittlung haben sich alternative direkte Kommunikationswege zwischen politischen Entscheidungsträgern innerhalb und zwischen Institutionen und Organisationen erhalten. In den Ministerien gibt es den interministeriellen Dienstweg und direkte Beziehungen zu Experten und Verbänden. Diese gelten noch immer für mehr als 40 Prozent der Ministerialbürokratie als die wichtigsten Ansprechpartner im politischen Entscheidungsprozess. Ebenfalls direkte Kontakte bestehen zwischen Parlamenten, Parteien und Ministerien (Ismayr 2000: 87). Politische Akteure – und dies gilt für Parteien wie für Verbände, für Gewerkschaften wie für Arbeitgeberverbände – verfügen über eine Vielzahl direkter Informations- und Kommunikationskanäle. So sorgen eigene Print- und Online-Medien für interpersonale Kommunikationskreise und Vernetzungen zwischen betrieblichen, regionalen bzw. lokalen Organisationsstrukturen (Arlt 1998; Prott 2003). Dadurch sind Verbände relativ unabhängig von medialer Politikvermittlung. In der verbandlichen Binnenkommunikation wirken die eigenen Medien als Mobilisierungs- und Legitimationsinstrumente und als Multiplikatoren exekutiver Strategien und Positionen. Insofern erweisen sich gerade auch korporatistische Gremien trotz der inkorporierten Interessendivergenz zwischen Kapital und Arbeit als eher resistent gegenüber Medieneinflüssen (Koch-Baumgarten 2007).

Fünftens sind Ministerialbürokratien und auch die meisten Verbände relativ unabhängig von Wahlen, daher auch nicht unmittelbar an einer Legitimation ihrer Politik gegenüber einem allgemeinen Elektorat interessiert. Verbände sind hierarchische, demokratisch eher defizitäre Organisationen, deren Führungen sich bestenfalls vor Teilöffentlichkeiten und insbesondere einem kleinen Kreis politisch aktiver Mitglieder zu verantworten haben. Ihre Führungspersönlichkeiten profilieren sich verbandsintern für die Wiederwahl, kaum über Mediencharisma und öffentliches Auftreten als vielmehr durch Expertise und Verhandlungsgeschick. Als notwendige „Tugenden" für den politischen Prozess gelten daher im Selbstverständnis von Verbandseliten auch nicht Medien- und Inszenierungskompetenz, sondern Sachkompetenz, Diskretion und Kontaktfähigkeit (Sebaldt 1997: 68, 254, 360). Vergleicht man die Themen und Inhalte, dann erweisen sich bereits die Übereinstimmungen zwischen Medienagenda und *Partei*programmen als moderat (Kleinnijenhuis/Rietberg 1995). Da eine entsprechende Untersuchung für Verbände noch aussteht, bleibt zu vermuten, dass Verbandsprogramme und Mediendiskurse noch weniger – und vor allem auch nur taktische – Verbindungen aufweisen.

Die bisherigen Befunde aus der Policyforschung zeigen insofern in langanhaltenden Perioden der Routinepolitik einen eher medienfernen Politikprozess. Allerdings ändert sich das in dem Moment, in dem infolge einer Krise neue Akteure eingespielte Politikkartelle herausfordern. Oder in dem Moment, in dem ein policybezogener Grundkonsens im etablierten Politiknetzwerk erodiert und Politikunsicherheit entsteht, bis ein neuer Konsens – eventuell sogar konfliktorisch – hergestellt worden ist. In diesen Fällen werden auch vormals eingespielte Machtarrangements destabilisiert und müssen neu austariert werden (Koch-Baumgarten 2007). Anders ausgedrückt: Ein Einfallstor für Medieneinflüsse entsteht, wenn sich kohärente Entscheidungszentren in fragmentierte oder zumindest instabile Akteurskonstellationen verwandeln.

9. Fragmentierte Akteurskonstellationen, Konflikt und policy uncertainty als Grundlage für Medialisierungsprozesse

Für bundesdeutsche Verhältnisse sind Fragmentierungen und Konfliktorientierung als Grundlage für Medialisierungsprozesse eher selten. Sie treten entweder bei der Etablierung eines neuen Politikfeldes oder als Folge krisenhafter Zuspitzung in routinisierten Politikfeldern auf, in denen vormals lange Kontinuitäten, Phasen großer institutioneller und politischer Stabilität und ausgeprägte Pfadabhängigkeiten vorherrschten. Turbulenzen können entstehen, wenn neue Herausforderungen, kumulierte Krisen oder plötzliche Katastrophen virulent werden – wie in der Umweltpolitik die Unfälle in Seveso, Bophal oder Tschernobyl (vgl. Jänicke 2007: 64), in der Agrarpolitik die BSE-Krise (vgl. Feindt/Kleinschmit 2007: 121) oder Terroranschläge in der Innen- und Sicherheitspolitik. Genauso kann schleichender, langfristig wirkender Wandel neue Probleme generieren, die in plötzlichen Strukturkrisen kumulieren. In diesen Krisensituationen kann vormals vorhandener Elitenkonsens, der meist auch die Medien einbindet, aufbrechen. So kann entweder Politikunsicherheit entstehen, so dass ein intensiver Diskurs über Politikalternativen entbrennt. Oder es können sich vormals akzeptierte Interessendivergenzen und der Dissens über Lösungswege so vertiefen, dass ein latenter Konflikt manifest wird und keinen stillen Kompromiss mehr zulässt. In diesem Fall entwickeln Akteure ein Interesse an der Mobilisierung der Medien als Instrument gegen Konkurrenzinteressen. Minderheiten können sich zu Wort melden, Opposition kann bei einzelnen Netzwerkakteuren in deren Interessenklientel gegen den Verhandlungskurs oder -kompromiss aufbegehren und eine Allianz mit den Medien eingehen, wie etwa in einem Tarifkonflikt in der Metallindustrie 2003 (Koch-Baumgarten 2007) .

Häufig ist eine solche Strukturkrise mit der Einmischung neuer Akteure im Politikfeld verbunden, die nun Einfluss nehmen wollen. Bis zu diesem Zeitpunkt waren solche Newcomer nicht in die etablierten Entscheidungszirkel integriert und hatten (noch) keine privilegierten Beziehungen zu institutionellen Verfahren und politischen Entscheidungsträgern aufgebaut. In Großbritannien etwa meldeten sich Konsumentengruppen gegen genmanipulierte Nahrungsproduktion in der Agrarpolitik zu Wort und bildeten eine Allianz mit den Medien gegen die etablierten Interessen im Politikfeld (Howarth 2007). Andere Beispiele verweisen auf wissenschaftliche Experten, die mit öffentlich inszenierten Gutachten einen politischen Schock oder eine intensive Debatte auslösten, die in die politische Elite zurückwirkte: In der Umweltpolitik gilt das Gutachten des Club of Rome als ein Beispiel (Jänicke 2007: 65), und in der Bildungspolitik ist immer noch der „Pisa-Schock" im Gedächtnis. In Phasen eines größeren Medieneinflusses in der Rentenpolitik meldeten sich nach der Einführung der Teilprivatisierung der Altersversorgung in Deutschland erstmals Banken und Versicherungen im Politikfeld zu Wort (Strünck 2007). In der Familien- und „Frauen"politik war es die neue Frauenbewegung, die Ansprüche an die Politikgestaltung formulierte. Bereits von Beyme (1994) hat darauf verwiesen, dass nichtetablierte Akteure ohne direkte und privilegierte Beziehungen zum politischen Entscheidungszentrum und ohne Zugang zu den formellen Einflusskanälen in Ministerien und Parlamentsausschüssen, die Interessengruppen und Insidern als „stiller Macht" offen stehen, auf die Möglichkeit zurückgreifen müssen, ihr Anliegen über die Medien an die Politik zu kommunizieren. Sie sind auf die Massenmedien als Mediator ihrer Forderungen und auf öffentlichen Druck als einzige Machtressource angewiesen. Deshalb gehen sie strategische Allianzen mit den Medien ein, um sich im Politikfeld zu etablieren und ihre Handlungsalternativen auf die Agenda zu setzen.

10. Fazit

Medien im Politikprozess machen einen feinen Unterschied. Sie können auf politische Verfahren, Inhalte und Akteurskonstellationen zurückwirken. Bisher vorliegende policyspezifische Befunde legen allerdings den Schluss nahe, dass es keine linearen, kontinuierlichen und übergreifenden Medialisierungsprozesse gibt. Medienwirkungen variieren nach Politikfeldern und politikfeldspezifischen Zeitphasen, sie sind diskontinuierlich und uneinheitlich. Es lässt sich systematisch am ehesten von einer „volatilen Medialisierung" sprechen (vgl. Sauer 2007: 104), die übergreifend vor allem Politikunsicherheit verstärkt.

Politische Entscheidungsfindung kann in einzelnen Politikfeldern und über lange Phasen medienfern verlaufen, so dass die Politikherstellung vorrangig der Eigenlogik des Politischen folgt. Selbst in der Politikdarstellung werden die Diskurshegemonien der Exekutive und etablierter Interessen nicht herausgefordert. Medien wirken hier allenfalls als „Verstärker"; sie brechen nicht aus dem Elitenkonsens im Politikfeld aus, der sich auf normative Deutungsmuster, auf pfadabhängige Lösungswege oder auch De-Thematisierungen beziehen kann. Das kann sich jedoch unter spezifischen strukturellen und situativen Bedingungen ändern, die Medieneinflüsse bestärken. Dazu gehören strukturell insbesondere fragmentierte Akteurskonstellationen, ein fehlender oder aufbrechender Grundkonsens, die Exklusion gesellschaftlicher Akteure im Politikfeld und die Kompatibilität von Politikinhalten und Medienlogik. Situativ sind es insbesondere Krisen und Konfliktsituationen, die ein Gelegenheitsfenster für Medien öffnen und ihnen Zugang zum Politikprozess verschaffen. Sie können bewirken, dass sich *Politikverfahren* ändern: Medien können als Beschleunigungsfaktor wirken, so dass Politikentscheidungen hastig, kurzatmig, ad hoc getroffen werden. Medien können als Konfliktverstärker durch die medialen Stilmittel der Skandalisierung und konfrontativen Negativität genauso wie durch die Mediation und Überbetonung von Außenseiter- und Extrempositionen wirken, so dass Meinungsdifferenzen überbetont und Kompromisse in Verhandlungen erschwert, eventuell sogar irrationale Überreaktionen gefördert werden (Gaber 2007; Voltmer 2007: 16 f.). Schließlich kann sich mit der Verfügung über diskursive Macht die Durchsetzungsfähigkeit von Akteuren wandeln. *Inhaltlich* kann sich das Gravitationszentrum einer Problemwahrnehmung und -thematisierung verändern, wenn etwa in der Tarifpolitik Tarifforderungen nicht unter dem Aspekt von sozialer Gerechtigkeit oder aus der unitaristischen Perspektive der Gleichheit der Lebensverhältnisse, sondern aus der Sicht globaler Konkurrenz bewertet werden (Koch-Baumgarten 2007). In der Umweltpolitik verliert sich die Aufmerksamkeit für die schleichende und schwer wahrnehmbare Degeneration der Umwelt, Konzepte der Nachhaltigkeit verlieren an Bedeutung. In der Geschlechterpolitik wird die Frage der Gleichstellung von Frauen und Männern durch das Problem der Gewalt von Männern gegen Frauen verdrängt, denn: „Sex sells, gender does not" (Sauer 2007: 114). Dadurch werden Diskursräume und Handlungskorridore gegebenenfalls entschieden verengt.

Diese Veränderungen können wiederum auf Akteurskonstellationen zurückwirken. Medien können genauso dazu beitragen, Außenseitern oder Minderheiteninteressen Gehör zu verschaffen, neuen Akteuren zur Etablierung zu verhelfen, wie auch etablierten Interessen Diskursmacht gegen Newcomer oder Konkurrenzinteressen bzw. der Exekutive gegen die Blockademacht mächtiger Interessengruppen zu verschaffen. Sie können dazu beitragen, Politikblockaden aufzubrechen und neuen Konsens durchzusetzen. In der Tarifpolitik etwa verstärken die Medien den Wechsel zu einem wettbewerbsstaatlichen Elitenkonsens und damit eine Neujustierung der tripartistischen Akteurskonstellation zu Lasten der Gewerkschaften (Koch-Baumgarten 2007: 151). In der Rentenpolitik haben sie in Deutschland dazu beigetragen, den „self-referential political cycle" aus Experten, Exekutive und Interessengruppen aufzubrechen. In der Energiepolitik wirken sie in „Komplizenschaft" mit den etablierten Interessen (Mez 2007: 99). In der Agrarpolitik fordern sie die Deutungshegemonie der Exekutive nicht heraus und lassen peripheren Akteuren in langer Sicht keine Chance (Feindt/Kleinschmit 2007: 122, 134). In der Geschlechterpolitik nehmen sie Teil an einer „patriarchale[n] Konsensmanipulation" (Huhnke zit. nach Sauer 2007: 102), die zur Marginalisierung von Frauen in der Politik, zur Prekarisierung von Gleichstellungspolitik und zu ihrer Identifizierung mit Familienpolitik beiträgt (Sauer 2007: 111 ff.).

Da die Forschung zum Themenkomplex erst in den Anfängen steckt, bleiben weitere Ergebnisse systematischer empirischer Forschungen abzuwarten. Medien und Policy ist noch eine wissenschaftliche Baustelle, auf der weiterzuarbeiten lohnt.

Literatur

Alemann, Ulrich von/Marshall, Stefan (Hrsg.), 2002: Parteien in der Mediendemokratie. Wiesbaden.
Arendes, Cord, 2007: Zwischen Erinnerungslast und Erinnerungslust – Die geschichtspolitische Selektionsfunktion der Medien in zeitgeschichtlichen Debatten, in: *Koch-Baumgarten, Sigrid/ Mez, Lutz* (Hrsg.), Medien und Policy. Neue Machtkonstellationen in ausgewählten Politikfeldern. Frankfurt a. M., 177-196.
Arlt, Hans-Jürgen, 1998: Kommunikation, Öffentlichkeit, Öffentlichkeitsarbeit. PR von gestern, PR für morgen – Das Beispiel Gewerkschaft. Opladen/Wiesbaden.
Baumgartner, Frank R./Jones, Brian D., 1993: Agendas and Instability in American Politics. Chicago/London.
Bennett, Lance, 1990: Toward a Theory of Press-State Relations in the United States, in: Journal of Communication 40 (2), 103-125.
Bennett, Lance/Livingston, Steven (Hrsg.), 2003: Sonderheft zu „Framing". Political Communication 20 (4).
Benz, Arthur, 1997: Kooperativer Staat? Gesellschaftliche Einflussnahme auf staatliche Steuerung, in: *Klein, Ansgar/Schmalz-Bruns, Rainer* (Hrsg.), Politische Beteiligung und Bürgerengagement in Deutschland. Möglichkeiten und Grenzen. Bonn, 88-113.
Bergsdorf, Wolfgang, 1980: Die Vierte Gewalt. Einführung in die politische Massenkommunikation. Mainz.
Beyme, Klaus von, 1994: Die Massenmedien und die politische Agenda des parlamentarischen Systems, in: *Neidhardt, Friedhelm* (Hrsg.), Öffentlichkeit, öffentliche Meinung, soziale Bewegungen [Kölner Zeitschrift für Soziologie und Sozialpsychologie, Sonderheft 34]. Opladen, 320-336.
Beyme, Klaus von, 1997: Der Gesetzgeber. Der Bundestag als Entscheidungszentrum. Opladen.

Bieber, Christoph, 2004: Bausteine der Mediendemokratie. Ein Werkstattbericht, in: *Massing, Peter* (Hrsg.), Mediendemokratie. Eine Einführung. Schwalbach/Ts., 10-33.

Brettschneider, Frank, 2002: Wahlen in der Mediengesellschaft. Der Einfluss der Massenmedien auf die Parteipräferenz, in: *Alemann, Ulrich von/Marshall, Stefan* (Hrsg.), Parteien in der Mediendemokratie. Wiesbaden, 57-80.

Brown, Robin, 2007: Mass Media and the Policy Process: A Policy Centric Perspective. Konferenzpapier für: ECPR 2007.

Czada, Rainer/Schmidt, Manfred G. (Hrsg.), 1993: Verhandlungsdemokratie, Interessenvermittlung, Regierbarkeit. Festschrift für Gerhard Lehmbruch. Opladen.

Dahlem, Stefan, 2001: Wahlentscheidung in der Mediengesellschaft. Theoretische und empirische Grundlagen der interdisziplinären Wahlforschung. München.

Dandoy, Regis/Nuytemans, Michiel, 2007: Media and Public Policy in Belgium: Empirical Evidence from Quantitative Thematic Analysis. Konferenzpapier für: ECPR 2007.

Donsbach, Wolfgang/Jarren, Otfried/Kepplinger, Hans Mathias/Pfetsch, Barbara, 1993: Beziehungsspiele. Medien und Politik in der öffentlichen Diskussion. Gütersloh.

Dörner, Andreas, 2000: Politainment. Politik in der medialen Erlebnisgesellschaft. Frankfurt a. M.

Ecker-Erhardt, Matthias, 2007: Complex Emergencies and Symbolic Authority: The Double Role of Media Actors in a Multi-Centric World. Konferenzpapier für: ECPR 2007.

ECPR 2007: European Consortium for Political Research. Joint Session of Workshops. Workshop 15: „Public Policy and the Mass Media. Influences and Interactions". Helsinki, 7-12. Mai, 2007.

Edelman, Murray, 1990: Politik als Ritual. Die symbolische Funktion staatlicher Institutionen und politischen Handelns. Frankfurt a. M./New York.

Eilders, Christiane, 2004: Fokussierung und Konsonanz im Mediensystem. Zu den Voraussetzungen politischer Medienwirkungen, in: *Eilders, Christiane/Neidhardt, Friedhelm/Pfetsch, Barbara* (Hrsg.), Die Stimme der Medien. Pressekommentare und politische Öffentlichkeit in der Bundesrepublik. Wiesbaden, 196-226.

Eilders, Christiane/Neidhardt, Friedhelm/Pfetsch, Barbara (Hrsg.), 2004: Die Stimme der Medien. Pressekommentare und politische Öffentlichkeit in der Bundesrepublik, Wiesbaden.

Emmer, Martin, 2007: The Communication of Social Reforms in Germany – Reception and Evaluation of the Unemployment Assistance Reform in 2004/05. ECPR. Joint Session of Workshops. Workshop 15: „Public Policy and the Mass Media. Influences and Interactions". Helsinki, 11. Mai, 2007.

Entman, Robert M., 1993: Framing: Toward Clarification of a Fractured Paradigm, in: Journal of Communication 43 (1), 51-58.

Esser, Frank, 2004: Metaberichterstattung. Begründung eines Konzepts der Medienselbstthematisierung und Publicity-Thematisierung in internationalen Wahlkämpfen, in: *Imhof, Kurt/Blum, Roger/Bonfadelli, Heinz/Jarren, Otfried* (Hrsg.), Mediengesellschaft. Strukturen, Merkmale, Entwicklungsdynamiken. Wiesbaden, 314-346.

Feindt, Peter H./Kleinschmit, Daniela, 2007: Medialisierung der Agrarpolitik? Die Rolle der Medien in der deutschen BSE-Krise, in: *Koch-Baumgarten, Sigrid/Mez, Lutz* (Hrsg.), Medien und Policy. Neue Machtkonstellationen in ausgewählten Politikfeldern. Frankfurt a. M., 121-142.

Fischer, Jochen, 2007: Medienpolitik im Mediendiskurs: Zur Relevanz der Medien im Politikfeld Medienpolitik, in: *Koch-Baumgarten, Sigrid/Mez, Lutz* (Hrsg.), Medien und Policy. Neue Machtkonstellationen in ausgewählten Politikfeldern. Frankfurt a. M., 161-176.

Gaber, Ivor, 2007: Hearing Voices: The Role of the Media in Misinforming the Policy Debate. Konferenzpapier für: ECPR 2007.

Gamson, William A./Modigliani, Andre, 1989: Media Discourse and Public Opinion on Nuclear Power: A Constructionist Approach, in: American Journal of Sociology 95 (1), 1-37.

Habermas, Jürgen, 1992: Faktizität und Geltung. Beiträge zur Diskurstheorie des Rechts und des demokratischen Rechtsstaats. Frankfurt a. M.

Hackenbroch, Rolf, 1999: Verbände und Massenmedien. Wiesbaden.

Hejl, Peter M., 1994: Soziale Konstruktion von Wirklichkeit, in: *Merten, Klaus/Schmidt, Siegfried J. /Weischenberg, Siegfried* (Hrsg.), Die Wirklichkeit der Medien. Eine Einführung in die Kommunikationswissenschaft. Opladen, 43-59.

Hoffmann-Riem, Wolfgang, 2000: Politiker in den Fesseln der Mediengesellschaft, in: Politische Vierteljahresschrift 41 (1), 107-127.
Holstein, James A./Miller, Gale (Hrsg.), 1993: Reconsidering Social Constructivism: Debates in Social Problem Theory. New York.
Holtz-Bacha, Christina, 2000: Die Entertainisierung der Politik, in: Zeitschrift für Parlamentsfragen 28 (1), 156-166.
Holtz-Bacha, Christina, 2002: Massenmedien und Wahlen: Die Professionalisierung der Kampagnen, in: Aus Politik und Zeitgeschichte B 15-16, 23-28.
Howarth, Anita, 2007: Contested Processes, Contested Influence. British Government Policy on GM Food and Crops. Konferenzpapier für: ECPR 2007.
Iyengar, Shanto, 1991: Is Anyone Responsible? How Television Frames Political Issues. Chicago.
Imhof, Kurt/Blum, Roger/Bonfadelli, Heinz/Jarren, Otfried (Hrsg.), 2004: Mediengesellschaft. Strukturen, Merkmale, Entwicklungsdynamiken. Wiesbaden.
Ismayr, Wolfgang, 2000: Der Deutsche Bundestag im politischen System der Bundesrepublik Deutschland. Opladen.
Jänicke, Martin, 2007: Medien in der Umweltpolitik aus Sicht der Policy-Forschung in: *Koch-Baumgarten, Sigrid/Mez, Lutz* (Hrsg.), Medien und Policy. Neue Machtkonstellationen in ausgewählten Politikfeldern. Frankfurt a. M.
Jarren, Otfried, 1994: Medien-Gewinne und Institutionen-Verluste? Zum Wandel des intermediären Systems in der Mediengesellschaft, in: *Jarren, Otfried* (Hrsg.), Politische Kommunikation in Hörfunk und Fernsehen. Opladen, 23-34.
Jones, Brian/Wolfe, Michelle, 2007: Public Policy and the Mass Media: An Information Processing Approach. Konferenzpapier für: ECPR 2007.
Kaase, Max, 1998: Demokratisches System und die Mediatisierung von Politik, in: *Sarcinelli, Ulrich* (Hrsg.), Politikvermittlung und Demokratie in der Mediengesellschaft. Beiträge zur politischen Kommunikationskultur. Bonn, 24-52.
Kantner, Cathleen, 2007: Europäische Medienöffentlichkeit: Folgenlose Debatten?, in: *Koch-Baumgarten, Sigrid/Mez, Lutz* (Hrsg.), Medien und Policy. Neue Machtkonstellationen in ausgewählten Politikfeldern. Frankfurt a. M., 225-224.
Keller, Rainer, 2004: Diskursforschung. Eine Einführung für SozialwissenschaftlerInnen. Opladen.
Keller, Reiner/Hirseland, Andreas/Schneider, Werner/Viehöver, Willy, 2001: Zur Aktualität sozialwissenschaftlicher Diskursanalyse – Eine Einführung, in: *Keller, Reiner/Hirseland, Andreas/Schneider, Werner/Viehöver, Willy* (Hrsg.), Handbuch sozialwissenschaftliche Diskursanalyse. Bd. 1: Theorien und Methoden. Opladen, 7-29.
Kepplinger, Hans M., 1998: Die Demontage der Politik in der Informationsgesellschaft. München.
Kepplinger, Hans M./Ehmig, Simone C., 2006: Predicting News Decisions. An Empirical Test of the Two-Component Theory of News Selection, in: Communications 31, 25-43.
Kernell, Samuel, 1997: Going Public. New Strategies of Presidential Leadership. Washington.
Kerchner, Brigitte/Schneider, Silke (Hrsg.), 2006: Foucault: Diskursanalyse der Politik. Eine Einführung. Wiesbaden.
Kleinnijenhuis, Jan/Rietberg, Ewald M., 1995: Parties, Media, the Public, and the Economy. Patterns of Societal Agenda-Setting, in: European Journal of Political Research 28, 95-118.
Koch-Baumgarten, Sigrid, 2004: Verbände und Medien – „Widerständiges" in der Debatte um die Mediendemokratie, in: *Massing, Peter* (Hrsg.), Mediendemokratie. Eine Einführung. Schwalbach/Ts., 67-93.
Koch-Baumgarten, Sigrid, 2005: Zum Verhältnis von Medien und Verbänden in der Mediengesellschaft, in: *Massing, Peter/Roy, Klaus-B.* (Hrsg.), Politik – Politische Bildung – Demokratie. Festschrift für Gotthard Breit, Schwalbach/Ts., 39-49.
Koch-Baumgarten, Sigrid, 2007: Das Ende der Geheimdiplomatie? Zur Medialisierung der Tarifpolitik, in: *Koch-Baumgarten, Sigrid/Mez, Lutz* (Hrsg.), Medien und Policy. Neue Machtkonstellationen in ausgewählten Politikfeldern. Frankfurt a. M., 143-161.
Koch-Baumgarten, Sigrid/Mez, Lutz (Hrsg.), 2007a: Medien und Policy. Neue Machtkonstellationen in ausgewählten Politikfeldern. Frankfurt a. M.

Koch-Baumgarten, Sigrid/Mez, Lutz, 2007b: Einleitung: Neue Medienmacht im Politikprozess – Fragen, Gedanken und Kontroversen auf einer wissenschaftlichen Baustelle, in: *Koch-Baumgarten, Sigrid/Mez, Lutz* (Hrsg.), Medien und Policy. Neue Machtkonstellationen in ausgewählten Politikfeldern. Frankfurt a. M., 7-16.
Koch-Baumgarten, Sigrid/Voltmer, Katrin (Hrsg.), 2008: Public Policy and the Mass Media. The Interplay of Mass Communication and Political Decisionmaking. London/New York (i. E.).
Korte, Karl-Rudolf, 2005: Wahlen in der Bundesrepublik Deutschland. Bonn.
Korte, Karl-Rudolf/Fröhlich, Manuel, 2004: Politik und Regieren in Deutschland. Strukturen, Prozesse, Entscheidungen. Paderborn.
Kriesi, Hanspeter, 2003: Strategische politische Kommunikation: Bedingungen und Chancen der Mobilisierung öffentlicher Meinung im internationalen Vergleich, in: *Esser, Frank/Pfetsch, Barbara* (Hrsg.), Politische Kommunikation im internationalen Vergleich. Wiesbaden, 208-239.
Lehmbruch, Gerhard, 2003: Verhandlungsdemokratie. Beiträge zur vergleichenden Regierungslehre. Wiesbaden.
Maeseele, Pieter, 2007: Public Perceptions Versus the Popular Press on Biotechnology. Konferenzpapier für: ECPR 2007.
Maurer, Marcus/Reinemann, Carsten, 2003: Schröder gegen Stoiber – Nutzung, Wahrnehmung und Wirkung der TV-Duelle. Wiesbaden.
Mayntz, Renate, 1993: Policy-Netzwerke und die Logik von Verhandlungssystemen, in: *Héritier, Arienne* (Hrsg.), Policy-Analyse. Kritik und Neuorientierung. Opladen, 39-56.
Mazzoleni, Gianpietro/Schulz, Wilfried, 1999: „Mediatization" of Politics: A Challenge for Democracy?, in: Political Communication 16 (3), 247-261.
Meyer, Thomas, 1992: Die Inszenierung des Scheins. Voraussetzungen und Folgen symbolischer Politik. Frankfurt a. M.
Meyer, Thomas, 2001: Mediokratie. Die Kolonisierung der Politik durch die Medien. Frankfurt a. M.
Meyer, Thomas, 2002: Mediokratie – Auf dem Weg in eine andere Demokratie?, in: Aus Politik und Zeitgeschichte B 15-16, 7-14.
Mez, Lutz, 2007: Zur Rolle der Medien in der deutschen Energiepolitik, in: *Koch-Baumgarten, Sigrid/Mez, Lutz* (Hrsg.), Medien und Policy. Neue Machtkonstellationen in ausgewählten Politikfeldern. Frankfurt a. M., 85-100.
Nacos, Brigitte L./Shapiro, Robert Y./Isernia, Pierangelo (Hrsg.), 2000: Decisionmaking in a Glass House. Mass Media, Public Opinion, and American and European Foreign Policy in the 21st Century. Lanham, MD.
Narr, Wolf-Dieter, 2007: Politik in der Zeit ihrer notwendigen medialen Reproduktion, in: *Koch-Baumgarten, Sigrid/Mez, Lutz* (Hrsg.), Medien und Policy. Neue Machtkonstellationen in ausgewählten Politikfeldern. Frankfurt a. M., 39-58.
Neidhardt, Friedhelm, 2004: Kommentarthemen – Die mediale Policy-Agenda, in: *Eilders, Christiane/Neidhardt, Friedhelm/Pfetsch, Barbara* (Hrsg.), Die Stimme der Medien. Pressekommentare und politische Öffentlichkeit in der Bundesrepublik. Wiesbaden, 106-128.
Patzelt, Werner J., 1995: Abgeordnete und ihr Beruf. Interviews, Umfragen, Analysen. Berlin.
Patzelt, Werner J., 2003a: Parlamente und ihre Funktionen, in: *Patzelt, Werner J.* (Hrsg.), Parlamente und ihre Funktionen. Institutionelle Mechanismen und institutionelles Lernen im Vergleich. Wiesbaden, 13-49.
Patzelt, Werner J., 2003b: Einführung in die Politikwissenschaft. Grundriss des Faches und studiumbegleitende Orientierung. Passau.
Pfetsch, Barbara, 1994: Themenkarrieren und politische Kommunikation: Zum Verhältnis von Politik und Medien bei der Entstehung der politischen Agenda, in: Aus Politik und Zeitgeschichte B 39, 11-20.
Pfetsch, Barbara, 1995: Chancen und Risiken der medialen Politikvermittlung. Strategien der Öffentlichkeitsarbeit bei politischen Sachfragen, in: *Armingeon, Klaus/Blum, Roger* (Hrsg.), Das öffentliche Theater. Politik und Medien in der Demokratie. Bern/Stuttgart/Wien, 65-90.
Pfetsch, Barbara, 1997: Zur Beobachtung und Beeinflussung öffentlicher Meinung in der Mediendemokratie. Bausteine einer politikwissenschaftlichen Kommunikationsforschung, in: *Rohe, Karl* (Hrsg.), Politik und Demokratie in der Informationsgesellschaft. Baden-Baden, 45-54.

Pfetsch, Barbara, 2003a: Symbolische Geräusche über die Anderen – Die Öffentlichkeit über Medienpolitik in Pressekommentaren, in: Medien & Kommunikationswissenschaft 51 (2), 232-249.

Pfetsch, Barbara, 2003b: Politische Kommunikationskultur. Politische Sprecher und Journalisten in der Bundesrepublik und den USA im Vergleich. Wiesbaden.

Protess, David L./Cook, Fay L./Doppelt, Jack C./Etterna, James S./Gordon Margaret T./Leff, Donna R./ Miller, Peter, 1992: The Journalism of Outrage. Investigative Reporting and Agenda Building in America. New York/London.

Prott, Jürgen, 2003: Öffentlichkeit und Gewerkschaften. Theoretische Ansätze und empirische Erkenntnisse. Münster.

Ragaly, Sandor, 2007: Der Einfluss der Medien auf die Umweltpolitik aus Sicht der Nachrichtenwerttheorie, in: *Koch-Baumgarten, Sigrid/Mez, Lutz* (Hrsg.), Medien und Policy. Neue Machtkonstellationen in ausgewählten Politikfeldern. Frankfurt a. M., 69-83.

Robinson, Piers, 2001: Theorizing the Influence of Media on World Politics, in: European Journal of Communication 16 (4), 523-544.

Rudzio, Wolfgang, 2003: Das politische System der Bundesrepublik Deutschland. Opladen.

Sarcinelli, Ulrich, 1993: Mediale Politikdarstellung und politisches Handeln: analytische Anmerkungen zu einer notwendigerweise spannungsreichen Beziehung, in: Gegenwartskunde, Sonderheft 1993, 35-50.

Sarcinelli, Ulrich, 1997: Demokratiewandel im Zeichen medialen Wandels? Politische Beteiligung und politische Kommunikation, in: *Klein, Ansgar/Schmalz-Bruns, Rainer* (Hrsg.), Politische Beteiligung und Bürgerengagement in Deutschland. Möglichkeiten und Grenzen. Bonn, 314-341.

Sarcinelli, Ulrich (Hrsg.), 1998a: Politikvermittlung und Demokratie in der Mediengesellschaft. Beiträge zur politischen Kommunikationskultur. Bonn.

Sarcinelli, Ulrich, 1998b: Parteien und Politikvermittlung. Von der Parteien- zur Mediendemokratie?, in: *Sarcinelli, Ulrich* (Hrsg.), Politikvermittlung und Demokratie in der Mediengesellschaft. Beiträge zur politischen Kommunikationskultur. Bonn, 273-296.

Sarcinelli, Ulrich, 1998c: Politische Inszenierung im Kontext des aktuellen Politikvermittlungsgeschäfts, in: *Arnold, Sabine/Fuhrmeister, Christian/Schiller, Dietmar* (Hrsg.), Politische Inszenierung im 20. Jahrhundert. Zur Sinnlichkeit der Macht. Wien/Köln/Weimar, 146-157.

Sarcinelli, Ulrich, 1998d: Symbolische Politik – zur Bedeutung symbolischen Handelns in der Wahlkampfkommunikation der Bundesrepublik Deutschland. Opladen.

Sarcinelli, Ulrich, 2004: Zur Unterschätzung der Eigenlogik des Politischen: Plädoyer für eine Rekontextualisierung der politischen Kommunikationsforschung, in: *Imhof, Kurt/Blum, Roger/ Bonfadelli, Heinz/Jarren, Otfried* (Hrsg.), Mediengesellschaft. Strukturen, Merkmale, Entwicklungsdynamiken. Wiesbaden, 400-409.

Sarcinelli, Ulrich/Schatz, Heribert, 2002: Von der Parteien zur Mediendemokratie – eine These auf dem Prüfstand, in: *Sarcinelli, Ulrich/Schatz, Heribert* (Hrsg.), Medienland? Inszenierungen und Themensetzungsstrategien im Spannungsfeld von Medien und Parteieliten am Beispiel der NRW Landtagswahl im Jahr 2000. Opladen, 9-32.

Sauer, Birgit, 2007: Soll das Private öffentlich werden? Überlegungen zur Präsentation von Frauen- und Gleichstellungspolitik in den Medien, in: *Koch-Baumgarten, Sigrid/Mez, Lutz* (Hrsg.), Medien und Policy. Neue Machtkonstellationen in ausgewählten Politikfeldern. Frankfurt a. M., 101-120.

Schäfer, Matthias, 1999: Medienmacht macht Medienpolitik: die Durchsetzungsfähigkeit der Interessen von Medienkonzernen – eine Analyse am Beispiel der Genese des Dritten Rundfunkstaatsvertrages. Baden-Baden.

Scheufele, Bertram, 2003: Frames – Framing – Framing-Effekte. Theoretische und methodische Grundlegung des Framing-Ansatzes sowie empirische Befunde zur Nachrichtenproduktion. Wiesbaden.

Schmitt-Beck, Rainer, 2000: Alle reden davon, doch was ist dran? Medieneinflüsse auf Wahlentscheidungen im internationalen Vergleich, in: *Deth, Jan van/Rattinger, Hans/Roller, Edeltraut* (Hrsg.), Die Republik auf dem Weg zur Normalität? Wahlverhalten und politische Einstellungen nach 8 Jahren Einheit. Opladen, 251-281.

Schulz, Winfried, 1976: Die Konstruktion von Realität in den Nachrichtenmedien. Analyse der aktuellen Berichterstattung. Freiburg/München.
Sebaldt, Martin, 1997: Organisierter Pluralismus. Kräftefeld, Selbstverständnis und politische Arbeit deutscher Interessengruppen. Opladen.
Segbers, Klaus, 2007: Medien und internationale (globale) Politik, in: *Koch-Baumgarten, Sigrid/Mez, Lutz* (Hrsg.), Medien und Policy. Neue Machtkonstellationen in ausgewählten Politikfeldern. Frankfurt a. M., 199-208.
Staab, Joachim Friedrich, 1990: Nachrichtenwert-Theorie. Formale Struktur und empirischer Gehalt. München.
Strünck, Christoph, 2007: Public Pushing for Pension Reform? Short-term Incidents and Longterm Policy-making in the US, Britain and Germany. Konferenzpapier für: ECPR 2007.
Voltmer, Katrin, 2007: Massenmedien und politische Entscheidungen – mediale Einflussfaktoren im Policyprozess, in: *Koch-Baumgarten, Sigrid/Mez, Lutz* (Hrsg.), Medien und Policy. Neue Machtkonstellationen in ausgewählten Politikfeldern. Frankfurt a. M., 19-38.
Walgrave, Stefaan/van Aelst, Peter, 2006: The Contingency of the Mass Media's Political Agenda Setting Power: Toward a Preliminary Theory, in: Journal of Communication 56, 88-109.
Walgrave, Stefaan/Lefevere, Jonas, 2007: Do the Media Shape Parties' Preferences? An Empirical Study of Party Manifestoes and Government Agreements in Belgium (1997-2004). Konferenzpapier für: ECPR 2007.
Weber, Max, 1993: Politik als Beruf. Stuttgart.

Media Coverage of Government Policies and Citizen Satisfaction with Information Provision and Policy Results

Jan Kleinnijenhuis / Anita M. J. van Hoof

1. Introduction

This study poses the question of how public information contributes to citizen satisfaction or dissatisfaction with government policies. Public information efforts, "irrespective of their importance for the public's welfare, do not make it onto the radar screens of social science researchers", according to a recent review of Graber (Graber/Smith 2005: 482, 497). Remarkably enough, satisfaction with government policies is nevertheless believed to be one of the key determinants not only of electoral choices but also of public participation (Mueller 2003).

Governments in Western democracies use the Internet, public libraries, press releases, and parliamentary debates to disclose policy information. To further specific policy aims, governments occasionally use advertisements (e. g. reducing cigarette smoking, firework risks, energy consumption) or direct mail (e. g. information pamphlets about the EU constitutional treaty referendum). Since most citizens obtain their information on policies from the news media, however, most public information efforts are targeted directly or indirectly at the media. Politicians and public information officials spend time and effort to influence citizen perceptions and citizen satisfaction by framing the issues for journalists (Jacobs/Shapiro 2000). Hence, our study investigates how the news on government policies influences satisfaction with government policies.

2. "Voorlichting": public information in the Netherlands

From the point of view of the government, public information provision is the key to opening the gateways to the general public. Governments 'subsidize' the news industry with all types of facilities (press rooms, press meetings, interviews, press releases, leaking of confidential information) to get their information in the press (Cook 1998). Without such facilities, daily news gathering would become far less efficient, which

---

* The authors would like to thank the Dutch Governmental Information Office RVD, which commissioned the data collection on which this paper is based. The authors are much indebted to Dr. Dirk Oegema (Dept. of Communication Science Vrije Universiteit) and Dr. Jan A. de Ridder (University of Amsterdam, Dept. of Communication Science) who participated in the research project on which this paper is based, as well as to Wouter van Atteveldt MSc and Dr. Nel Ruigrok, whose contributions to the research project were also invaluable. And last but not least, our thanks go to the coders in the research project.

means that even critical news outlets will use the government as a major information source. Journalists will even restrict the range of alternative views expressed in the news to the range of views expressed in mainstream political debates (Bennett 1990). "Regular press conferences, briefings and social events provide fertile ground for stabilizing the 'working relationship', even if both groups have a critical relationship as regards their professional norms and political objectives" (Pfetsch 2007: 74). New information technologies – the Blackberry, blogs, social networking sites, videoconferencing – serve to shorten the information channels between politicians and journalists even further.

In addition to general news subsidies to steer the range of alternative views expressed in the news, government information may attempt to manage the news proactively. News management attempts, conceived as a strategic variant of public information provision by governments, have been studied in a number of Western democracies. On the basis of a comparative study of emerging press-state relationships in the United States, the United Kingdom and Germany, Pfetsch (2007) observes that in all three countries functionally equivalent news management practices emerged during recent decades, despite variations in national constitutions, media systems and media cultures. In all three countries, the same kinds of experts were hired to frame the issues, to deal with the press so as to set the media agenda. UK prime ministers from Margaret Thatchter to Tony Blair, for example, enlarged the Government Information and Comunication Services to about twelve hundred civil servants, with an advertisement budget rising from about $40 to about $295 million pound.

In this article we will concentrate on the Netherlands, a country that has enjoyed freedom of expression since the sixteenth century. In the Dutch language, the old word "voorlichting" – to be translated as "enlightenment before you", – is used to denote government information, as opposed to business information, which is denoted with the US term "public relations". The word "voorlichting" captures the promise of the familiar biblical sentence "Thy word is a lamp to my feet and a light for my path" (Psalms 119: 105), which emphasizes the notion that "voorlichting" highlights the range of feasible options to the benefit of autonomous pathfinders. "Voorlichting" clearly excludes selective information provision, political marketing, and public relations massaging. When the first Dutch government after World War II wanted to use the radio to communicate directly with citizens, following the examples of Theodore Roosevelt's radio speeches, and Queen Wilhelmina's Free Orange radio messages from London during the German occupation, a government committee headed by Van Heuven Goedhart was installed which set out the lines for the next decades: public information should just aim at the proliferation of policy knowledge, and not at political persuasion. Political judgments should be left to the coalition parties and the opposition parties in Parliament and to the Press (cf. Vogelaar 1955). Nevertheless, the converging tendencies observed by Pfetsch (2007) could be observed in the Netherlands as well. A government committee, which was based on a number of studies by publication administration and communication scholars, paved the way in the early 2000s for a greater use of the new means of the information society to reach citizens directly as well as for a much more pro-active relationship with the press. "The media are not only a channel through which policy information reaches citizens, but actually also a platform to gain or lose credits for government policy" (Commissie Toekomst Overheidscommunicatie 2001). However, attempts to centralize the information of the various ministries were never quite successful (Wagenaar 1997), at least not hardly as successful as in the US or the UK (cf. Pfetsch 2007). In addition to the Dutch Governmental Information Office (Rijksvoorlichtingsdienst), the various ministries empowered their own communication departments.

Pfetsch (2007) makes a broad distinction between news management attempts to arrive at a more favorable news coverage of persons (e. g. the Prime Minister, ministers) and attempts to arrive at a more favorable news coverage of policy issues (Pfetsch 2007). Here we will concentrate on the latter, since effects on citizen satisfaction of policy-oriented news is one of the least studied topics in political communication research. Our point of departure is the policy information about 55 policy issues that were prioritized by the coalition government of CDA, VVD and D66 headed by CDA prime minister Jan-Peter Balkenende, which governed the country from May 2003 until the following elections of November 2006. We will focus on the midterm policy news from the year 2004, plus some attention for the news during the end game in the election campaign preceding the 2006 elections.

2.1 The political communication cycle

Representative democracy with periodic elections assumes that citizens will judge the performance of the government (or the coalition parties that make up the government) on the basis of public information. Numerous studies from the Public Choice literature show indeed that citizens will reward or punish the incumbent parties, depending on the state of the economy in the election year (Mueller 2003). Many authors have suggested the existence of a political business cycle. After years of scrimping and saving, governments tend to increase expenditures during election years (Alesina et al. 1997). Scholarly attention for economic cycles in real-world phenomena appears to have somewhat distracted the attention from a far more obvious *political communication cycle*, however.

The columns of *Table 1* below refer to the definition of the real-world situation towards which government policies are directed. A fresh government typically starts out from the promises of the parties during the previous election campaign. Fresh governments typically start with *ambition communication*. The first column in *Table 1* below shows that the essence of ambition communication is the proposition that the real-world situation is negative. Citizens have every reason to believe that there is much room for improvement.

However, at some point in their midterm governments have to shift towards *success communication,* thus towards the last column of *Table 1*. The essence of success communication is the proposition that real-world conditions are actually fairly good. It is unwise to merge ambition communication with success communication for a single issue, since claims that the real-world meets the standards of citizens while it actually falls short of the standards will typically result in citizen dissatisfaction with the quality of government information. It is also unwise for a government to miss out the phase of ambition communication. If a government misses out the ambition communication phase, then citizens will easily become politically indifferent, but if a government fails

Table 1: A fourfold typology of communication strategies

		Direction of real-world conditions	
Regulatory focus		Negative (ambition communication)	Positive (success communication)
	Positive: promotion focus targeted at the Good	Strive for improvement (1)	Claim the positive results that were achieved (2)
	Double negative: prevention focus targeted at the Bad	Strive for nullification of evil practices and dangers (3)	Claim that evil practices were prevented from occurring (4)

to shift toward success communication, then the incumbent parties will probably lose at the following elections.

The rows of *Table 1* refer to the distinction between a positive promotion focus and a prevention focus (Higgins et al. 1997). Whereas promotion communication is concerned with non-gains versus gains, prevention communication is concerned with losses as compared to non-losses. The bottom row of *Table 1* indicates that governments may make the shift from ambition communication towards success communication not only through a promotion focus, but also by means of a more subtle double-negative prevention focus. A government which adopts a prevention focus will claim during its last year that the government prevented a variety of imaginable problems from occurring. The burden of proof for opposition parties and a critical press that such problems could not have occurred at all is usually harder than the enumeration of a few problems that still remain in the real-world in spite of government achievements. Here we will not concentrate on the choice of focus but rather on the shift from ambition communication towards success communication.

The switch from ambition communication to success communication may be rather difficult as a result of the omnipresence of media in public information provision. Since citizens have got acquainted to the daily appearance of politicians on their television screens, it is not easy to step away for a while, without losing political momentum. Without a period of silence in between statements that real-world conditions are poor and statements that real-world conditions have improved, a government easily becomes implausible, however. When ministries do not coordinate their periods of silence, or their timing of success communication, mistrust of the government rather than increased citizen satisfaction may result.

In our study, we aim to link midterm satisfaction with governmental policy with the two rivaling approaches to communication strategies in our model. But first we will present a model of news effects on policy satisfaction and government trust.

2.2 Policy news and policy satisfaction: towards hypotheses

A number of reasons may explain why hypotheses with regard to news effects on policy satisfaction have not often been put to a test before. Typically, midterm government information, midterm news and midterm public opinion are considered to be less spectacular and less important than news during election campaigns (Graber/Smith

2005; Walgrave/van Aelst 2006). Data gathered by marketing research companies for the sake of government communication efforts more often deal with the popularity of the president, the chancellor or prime minister and their ministers than with the precise ins and outs of government policy. The fear experienced by journalists and media organizations of being held accountable for their negative effects on citizen satisfaction typically enhances their eagerness to attribute shifts in public opinion post hoc to whims of the public, to exogenous dramatic events, or to mysterious "spin doctors" behind the political stage, rather than to their own news coverage. Assessments of average news effects are typically clouded also by differential effects on a variety of news consumers. Some will only retain the endlessly repeated highlights of the news, whereas others will develop a detailed cognitive map of the political landscape. Satisfaction with government policies may be based on a superficial impression of government policy or on detailed knowledge about it. Nevertheless, average citizen satisfaction or dissatisfaction with government policies is an important variable because it will eventually influence the overall evaluation of the government.

Furthermore, the measurement of policy satisfaction is not straightforward since it is not a one-dimensional concept. We propose a threefold distinction that differentiates between (a) awareness of the importance of the issues addressed by government policies, (b) satisfaction with the information provided by the government in the news, and (c) satisfaction with the outcomes of government policies according to the news. In the next sections, hypotheses will be derived about news effects on these aspects of satisfaction.

2.2.1 Perceived issue importance as a precondition for satisfaction

Before citizens will evaluate the government policy regarding an issue as either satisfactory or unsatisfactory, they have to start thinking about the issue. They have to be provided with information which enables them to put the issue on their agenda. Thus, a policy issue has to attract news attention in order to enable policy satisfaction – or policy dissatisfaction.

Agenda setting theory in its elementary form simply states that objects or issues that appear frequently in the news tend to become the objects or issues which voters deem important (McCombs/Shaw 1972).

H1   Agenda setting: The more attention an issue receives in the news, the more citizens will deem that issue important.

Numerous later studies add to the basic 'first order' agenda setting hypothesis that agenda setting holds also at a second level when sub-issues, attributes and specific perspectives (or 'frames') of more general issues are at stake (McCombs 2004; Rogers et al. 1993). Issues that attract only marginal news attention will only play a role in the opinion of highly aware, well-informed citizens (Zaller 1992). Since a political game which is played for empty galleries will in the long run give rise to public apathy and indifference, even non-democratic governments feel obliged to raise attention for prioritized issues to ensure political legitimacy.

2.2.2 Satisfaction with government information

From the point of view of public information provision, satisfaction with government information is an important dependent variable. Even in the traditional conception of public information as "voorlichting", public information officers should be held accountable for a lack of satisfaction with government information, albeit not for a lack of policy satisfaction.

Satisfaction with government information is contingent on the availability of such information through easily accessible mass media. In longer campaigns, voters typically arrive at a better understanding of real-world conditions (Stevenson/Vavreck 2000). We assume that voters themselves will be aware of the beneficial effects of available information on their personal knowledge.

H2 News learning: The more attention an issue receives in the news, the more satisfied citizens will be with the government information regarding that issue.

Attention for an issue will be the sine qua non for citizens to become satisfied with government's information, even if the news media did not base the news on government information. Conversely, citizens will remain dissatisfied with government information if the mass media do not pick up on an issue, in spite of an abundance of available government information. Citizens will blame the government, rather than their personal media for their lack of knowledge.

The dark side of much attention for a policy issue is that citizens will easily get irritated when the information provided by the government is pointless or ambiguous, for example when the policy is contingent upon future events or on the policy of other actors, which occurs easily with risk prevention communication, or with compromises in coalition governments in multi-party systems. Ongoing negotiations and negotiation outcomes often result in ambiguous and contradictory statements from the parties involved. News consumers will be aware that they know nothing more, in spite of the time which was spent to learn more. Politicians that can be labeled as charismatic politicians typically distinguish themselves from backbenchers by their ability to express outspoken issue positions in an unambiguous language (Sheafer 2001).

H3 Ambiguity: The less ambiguous the news regarding policy plans of the government with respect to an issue is, the more satisfied citizens will be with the government information regarding that issue.

The basic idea behind the ambiguity hypothesis, is that citizens – and journalists alike – will get irritated by a Prime Minister or minister who appears often in the news as a talking head, but who nevertheless only gives neutral, ambiguous or contradictory signals or even no signals at all of his/her policy direction regarding an issue. News consumers want distinctive policy ambitions. The reason for the latter is not only that voters prefer rather extreme viewpoints instead of almost neutral issue positions (Rabinowitz/McDonald 1989), but also that it is very hard to assess one's personal proximity to governmental issue positions when the latter are expressed ambiguously or inconsistently.

2.2.3 Satisfaction with the results of government policies

Policy satisfaction is related to the political ideology of individual citizens, but also to the attention for the viewpoints of mainstream and opposition viewpoints in the news (Zaller 1992). According to Zaller, many issues start as issues that are of interest only to the political elite. When the amount of publicity regarding such an issue is fairly low, most citizens will not care about the issue (agenda setting hypothesis H1). With low profile issues, the press is not inclined to lend the microphone to possible opponents of government policies (Bennett 1990; Zaller 1992). Increasing the amount of one-sided news typically increases policy satisfaction, since such news does not give enough fuel for thoughts and reflection. Therefore, citizens usually will be satisfied with the direction of government policy.

H4 Direction: The more attention is paid in the news to the direction of the government's position on policy issues, the more satisfied citizens will be with the results of the government policy regarding that issue.

In the long run, prolonged attention in the news for an issue will however result in more space for the viewpoints of possible opponents of the government policy. Journalists will devote part of the space and the time devoted to the issue by seeking actively for both sides of a story. They will pay attention to criticasters and criticisms that were invisible earlier on. Since citizens did not have very deep thoughts about the issue, these opposing viewpoints will also be greeted with approval. Hypothesis H5 implies that news about a lack of a social base will diminish satisfaction with the government policy. Therefore we will refer to H5 as the Social Base Hypothesis.

H5 Social base: The more attention is paid in the news to issue positions of other actors that are in line with government policy, the more satisfied citizens will be with the government policy regarding that issue.

Taken together, hypotheses H4 and H5 imply that satisfaction with government policies increases when other actors endorse the policy plans of the government, but decreases when newsworthy actors oppose the direction of the policy plans of the government. The awareness of hypothesis H5 will lead public information officers to engage in networking efforts to bring about contacts between journalists and 'experts' or 'stakeholders' who deliver relatively friendly comments on government policies.

Recent studies show that not only may economic states of affairs (Mueller 2003), or the news about economic affairs (Hetherington 1996) play an important role, but also the news about real-world developments with respect to other issues such as immigration, health care, and numbers of visible body bags in foreign intervention (Johnston/Pattie 2001; Kleinnijenhuis et al. 2007a).

H6 Success: The more the direction of news about real-world developments with respect to an issue *corresponds* with the direction of the policy aims of the government in the news, the higher citizen satisfaction with the results of government policy will be.

Hypothesis H6 assumes that government popularity depends on the communication of successes. Ambition hypothesis H6' is simply a reversal of the 'success' hypothesis H6.

H6' Ambition: The more the direction of news about real-world developments with respect to an issue *contradicts* the direction of the policy aims of the government in the news, the higher citizen satisfaction with the results of government policy will be.

Hypotheses H6 and H6' are mutually exclusive. We will let the data speak for itself to answer the question of whether satisfaction with midterm government policy actually depends on H6 or on H6'.

2.2.4 Satisfaction with government and trust in government

The impact of the news on satisfaction with government policies – i. e. satisfaction with perceived issue importance, satisfaction with government information, and satisfaction with government results – will ultimately influence the overall evaluation of the government. We regard the overall evaluation of the government as trust (Putnam 2000; Norris 2002). Here we will test the hypothesis that trust depends in a predictable way on policy satisfaction, rather than in 'charismatic' qualities of the Prime Minister or the ministers.

H7 Trust. Trust in government depends on satisfaction with government policies.

Not every single issue will bear an equal impact on government trust. Because of the media attention for the Irangate issue, voters tended to evaluate President Reagan with respect to his Irangate policy rather than with regard to his social policies (Krosnick/Kinder 1990). In the literature, this is known as *priming* (Iyengar/Kinder 1987). Priming in the context of news effects research entails that news consumers base the criteria that guide their evaluations and decisions on the relative media attention for various issues in the recent past. In the context of satisfaction with government policies, priming entails that trust in government will especially be based on the satisfaction or dissatisfaction of citizens with the issues that attracted the highest amount of media attention.

H8 Priming: The higher the media attention for an issue, the greater the impact will be of the satisfaction or dissatisfaction with the government policy regarding that issue upon trust in the government.

It should be noted that from a methodological point of view the priming effect entails an interaction effect between the amount of news for each issue and a respondent's satisfaction or dissatisfaction with government policy regarding these issues.

2.3 An overview of hypotheses to be tested

Figure 1 presents an overview of the hypotheses to be tested in this paper.

The figure shows a model with three dependent policy perception variables as mediators between the news and trust in government: perceived issue importance, satisfaction with government information, and satisfaction with the results of government policy. Perceived issue importance is expected to be dependent on the amount of news (H1, agenda setting). Satisfaction with government information is expected to be de-

Figure 1: Overview

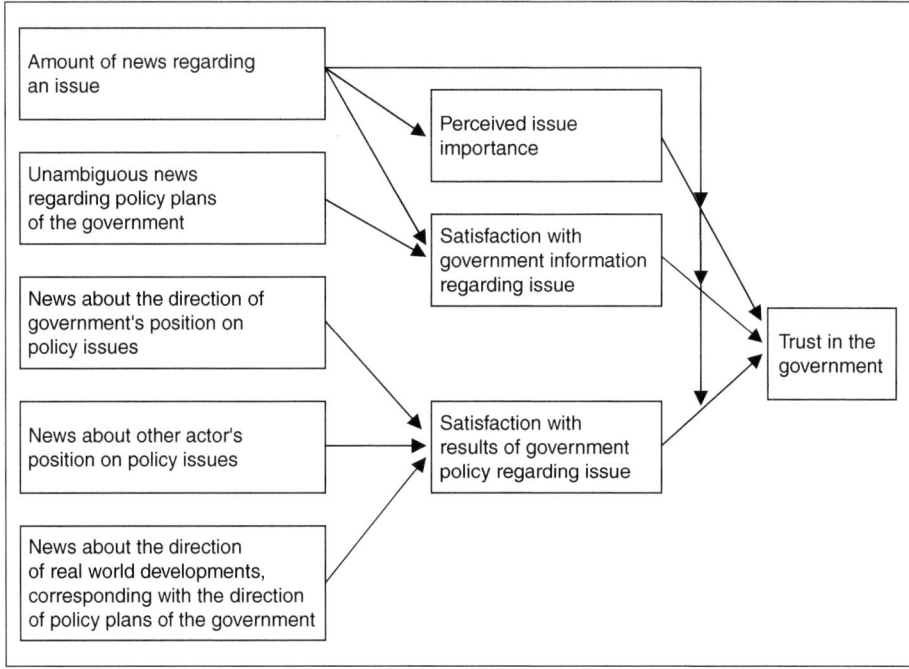

pendent on the amount of news as well (H2, learning), but also on the unambiguity of the news about government ambitions (H3, ambiguity). Satisfaction with the outcomes of government policies is expected to be dependent on news about the direction of government policy (H4 direction) and on its social base according to the news (H5). Satisfaction may increase when real-world conditions correspond with the direction of issue positions (H6, success communication), but also when real-world conditions have to be improved to match government intentions (H6', ambition communication). Trust in government is expected to increase when the issues prioritized by the government are deemed important, and also when satisfaction with information provision and with the actual results increases (H7). The weight of the satisfaction with regard to a specific issue to explain trust in government increases when that issue is deemed more important (H8 priming).

3. Method

Testing the hypotheses demands a content analysis of news content on the one hand and survey data about satisfaction with government policies on the other hand. The Dutch Governmental Information Office RVD commissioned the collection of such data for the year 2004, the midterm year of the coalition government of CDA, VVD and D66. In the proportional Dutch multiparty system with an electoral threshold of only 0.667 percent to get a seat in the 150-seat Parliament, the government is always a coalition of two or more parties. In May 2003 a coalition government of Christian Democrats (CDA), right-wing liberals (VVD) and left-wing liberals (D66) took office. In addition to the data to test the hypotheses, content analysis data will be presented to show how the news changed when elections approached. The content analysis data were collected at the Vrije Universiteit Amsterdam. The survey data for 2004 were collected by MarketResponse Inc.

3.1 Surveys to Measure Public Opinion

Commissioned by the Dutch Governmental Information Office, MarketResponse Inc. conducted a random sample survey every three months in 2004, to measure public satisfaction for prioritized policy issues of the government. Each survey had somewhat more or less than a thousand respondents ($n = 910$, $n = 1\ 093$, $n = 1\ 035$, $n = 1\ 039$ respondents respectively). The policy issues were related to eleven policy domains: economic affairs, financial affairs, social welfare, health care, agriculture and environment, Europe and foreign affairs, traffic and transportation, crime, (im)migration and integration, public safety, and education. These policy domains correspond roughly, but not completely, with demarcation lines between the ministries in the Netherlands. For each policy domain, five issues were distinguished that were designated as policy priorities by the Dutch coalition government. To reduce the length of the interviews, only five policy domains were addressed in the first and third waves, whereas the other six policy domains were included in the second and fourth waves, thus giving rise to two measurements for each policy issue within one year. For each of the eleven policy domains, the respondents were asked whether they were satisfied with government policy.

3.1.1 Operationalization

Five-point scales (completely unimportant – unimportant – neutral, do not know – important – very unimportant) were used throughout to measure the dependent variables satisfaction with government policy and trust in government.

To operationalise the *perceived (satisfaction with) issue importance*, three questions were asked. "How important is <this issue> for you personally?", "How important is <this issue> for the country?" and "Should the government pay more or less attention to <this issue>?". These three issues build up a weak scale (Cronbach's alpha = .65, $n = 57\ 887$ respondent-issue combinations). The weakness of the issue importance scale can be explained in part by question wordings that also tap satisfaction with the direction of government policy.[1]

---

[1] The three questions do not tap precisely the same concept. Generally speaking, respondents deem issues less important for themselves than for others and for government policy. Moreover, personal importance is influenced by personal predispositions, whereas importance for the government is influenced most by one's awareness of government policy (it is indeed important for the government to achieve this, although in my personal opinion this should not have been important for them). To put it another way, the weakness of the scale may result from the intermingling of issue importance with approval of the direction of government policy. Citizens who

Satisfaction with the information regarding the government policy with respect to an issue was measured with one direct question: "How satisfied or dissatisfied are you with the information from the government with respect to <this issue>?".

Three questions were used to operationalise *satisfaction with results of government policy regarding an issue* for most of the issues. One broad question asked "How satisfied or dissatisfied are you with the government policy with respect to <this issue>?". In addition, two more specific questions were asked. "How satisfied or dissatisfied are you with the decisiveness of the government with respect to <this issue>?" and "How satisfied or dissatisfied are you with the results of government policy with respect to <this issue>?". The three issues built a strong scale (Cronbach's alpha = .85, n = 49 442 issue-respondent pairs). Unfortunately, the third item, which is most suited to test the hypothesis regarding the influence of the news on government satisfaction with policy results, was not posed in every wave for every issue. Cronbach's alpha justifies the computation of an unweighted mean from the three items. The respondent-specific mean of the measured indicators was substituted in the case of missing values on the three indicators.

To operationalize *trust in government,* one question was used to assess trust in government directly.

3.2 Content Analysis to Measure News Variables

All Dutch newspapers that were electronically available at the Vrije Universiteit on April 1, 2004 were included in the research. The 24 newspapers that were analyzed include most national newspapers[2] and all regional newspapers that are distributed in eight of the twelve provinces of the Netherlands. Regional newspapers were included in the research because of their focus on specific issues such as local crime or regional traffic jams. Television news was excluded from the research on the basis of the assumption that most television news will appear also in newspapers (Kleinnijenhuis et al. 2007b), although television news may have a larger impact For the same reason, websites were not included in the content analysis.

An article was selected if it referred to the government in its headline or lead or to one of the 55 prioritized issues. A stratified sample of articles was drawn from this population of relevant newspaper articles for each of the eleven policy domains. 12 987 articles were coded in total.

A relational content analysis using the NET method (Kleinnijenhuis et al. 1997; Kriesi et al. 2006; Popping 2000; van Cuilenburg et al. 1986), a method for 'semantic

---

disagreed with the policy of the government towards Islamic women, for example, could indicate that the issue was not important for them, and especially not important for them personally. Especially for polarized issues, answers to detailed questions with respect to the importance of these issues may have actually tapped dissatisfaction with the agenda or with the direction of government policy. Unfortunately, questions concerning agreement or disagreement with the direction of government policy that could have been used to arrive at a controlled measure of issue importance were not posed in the quarterly surveys.

2 All national newspapers except for two small Protestant newspapers and two newspapers that are distributed free in railway stations (Sp!ts, Metro).

network analysis' (Krippendorff 2004; van Atteveldt 2008) was used to record the attention and the direction of policy issues in the news. Semantic Network Analysis starts with a hierarchically structured 'ontology' of actors and issues to tap the attention and the direction devoted to the policy issues in the news (van Atteveldt 2008). Actors were divided into seven groups: the government, parliament and political parties, the judiciary, public administration, the media, societal actors, and foreign actors. Each group of actors was subdivided into a more detailed list of actors in order to facilitate the coding procedure. For instance, governmental actors were subdivided into the ministries from the Netherlands and the royal family. The ministers and assistant Secretaries of State were classified according to their ministry. All Members of Parliament (first and second Chamber in the Netherlands) were listed, as well as other party politicians such as former leaders and party chairmen. The complete list of actors consisted of 314 governmental actors and about 500 other actors.

Issues were subdivided into the eleven policy domains that were used in the survey. For each policy domain, five issues were distinguished that were designated as policy priorities by the Dutch government. These 55 issues were split up further in concrete (sub)topics, and aspects. For each policy domain, many more issues appeared in the news than those designated by the government as policy priorities. A few issues, such as terrorism prevention, which actually received quite a lot of government attention according to the news, were not included in the official list of 55 issues that were prioritized by the government. Some prioritized issues were very broad (e. g. decreasing the gap between the government and its citizens), whereas other issues were very specific to the degree of receiving almost no media attention (e. g. the promotion of volunteer work). The complete list of issues consisted of 1 553 sub-issues.

This ontology of issues and actors was used in an automated content analysis, but here we will focus on a manual content analysis. Coders used this detailed list of (sub-)issues and (sub)actors to extract statements – protocol statements, or 'nuclear sentences' from the headlines and leads from the newspaper articles that were characterized by a subject / predicate / direction of the predicate / object-relationships, either or not attributed to quoted or paraphrased news sources. Each sentence from a newspaper article could contain one or more nuclear sentences. Coders extracted 53 978 statements in total.

Two types of statements are especially interesting for the purpose of this article: statements regarding policy positions of actors with respect to issues (e. g. "Minister Peijs / wants to increase (+1) / traffic safety") and factual statements in the news regarding the actual developments of these issues, (e. g. "Increase in 2003 of (+) / traffic safety"). The (+)-sign in both sentences denotes that 'increase' is an instance of a positive predicate. A 'decrease' would have resulted in a negative sign. In the first type of statement, an actor takes a position in a certain policy issue or policy plan. For the purpose of this article, we simply divided actors into governmental actors from the Netherlands and in other actors. We will refer to these sentences as news on policy positions. We distinguish between news on policy positions by the government, and news on policy positions by other actors. In the second type of statement, a 'factual' statement about a policy issue is made, without specifying who or what holds this position. These kinds of sentences present real-world developments with regard to issues as bare facts, without an attribution of their development to a specific cause or a specific causator. We will refer to them as news on real-world developments.

3.2.1 Operationalization

The fine-grained content analysis enables us to distinguish between the amount of news regarding an issue and the direction of the news toward an issue. The direction of issue positions was measured per issue position statement on a $-1 \ldots +1$ scale. The direction of issue positions would correspond to the direction of government plans, which corresponded in every instance with the 'valence' of issues according to (the majority of) Dutch voters. +1 would indicate that an actor succeeded in presenting a newsworthy statement indicating that the actor strives for what the Dutch government – and the majority of the Dutch population – wanted to achieve also (e. g. employment rather than unemployment). For issues on which the public is divided (e. g. whether asylum seekers should be sent back to their former countries) the majority opinion was considered to be +1. The value -1 would indicate that an actor strives for something which is negatively evaluated by Dutch citizens.

The amount of news regarding an issue is the independent variable in hypotheses 1 and 2. The amount of news regarding an issue was measured as the square root of the number of nuclear sentences with regard to a policy issue. The nuclear sentences that deal with a policy issue can either be sentences with news on policy positions by the government or by other actors, or sentences regarding real-world developments. The square root was taken both on the basis of common sense (whether 0 or 2 stories deal with an issue makes more of a difference than whether 90 or 92 stories deal with it) and on the basis of statistical tests (preventing outliers, but not throwing away interesting variations to a similar degree as with a log transformation (van Noije 2007).

Unambiguous news regarding policy plans of the government is the independent variable in hypothesis 3. The amount of unambiguous news regarding policy issues was measured as the square of the direction of a policy. Taking the square from a $-1 \ldots +1$ scale implies that both negative and positive statements will lead to values near one, whereas neutral statements as well as ambiguous and contradictory statements (that amount to near-zero values on the average), will give rise to a value near zero. So the closer the square of the direction of the amount of news approaches one, the more unambiguous the direction of the news is.

The direction of the government's position on policy issues is the independent variable in hypothesis 4. The amount of news regarding the direction of policy plans toward an issue is measured as the sum of the directions from separate statements.

The direction of other actors' positions on policy issues is the independent variable in hypothesis 5. The amount of news about other actors supporting the policy plans of the government was measured as the square root of the number of nuclear sentences with regard to news on policy positions held by actors other than the government. Since the direction of policy positions of other actors was coded equivalently as the direction of government policy positions, we can infer support for the government policy by other actors simply from a positive sign of the policy positions of other actors.

The direction of real-world developments, is the dependent variable in hypothesis 6. The amount of news regarding the direction of real-world developments was measured as the sum of the directions from separate statements about real-world developments, which were measured also on a –1 ... +1 scale. The positive or negative sign of the news on real-world developments was coded in the same direction as the news on issue positions, which enables us to infer the results of government policy according to the press from the direction of the news about real-world developments. This operationalization discounts the possibility that real-world developments could be attributed to something other than government policy.

3.3 Data analysis

Media content about an issue and a respondent's satisfaction with the government policy regarding that issue were connected at the level of individual respondents so as to take into account the personal news in the newspapers consumed by each single respondent. Thus, content variables with respect to the content of the media used by a single respondent were assigned as values on contextual variables to that respondent. It should be noticed that this is a major step forward as compared to the majority of studies that do not take into account the selective exposure to specific media by single respondents. It should be noted that most newspaper readers use the Internet and watch television also. Since television news and even Internet discussions reflect newspapers to a large extent, we assumed that respondents who did not read a newspaper would nevertheless be surrounded by the news climate as defined by the average newspaper. Therefore, respondents who did not read a newspaper were assigned the average values of the various newspapers, weighted with their circulation.

The hypotheses to be tested in this article center on issues and citizens, thus raising the question of whether citizens, issues, or citizen-issue combinations should be used as the units of analysis, or whether a multilevel analysis should be employed. Aggregation to the level of citizens is impractical because we would then have to test the hypotheses for each of the 55 issues involved. Aggregation to the level of issues would result in high correlations, but would completely neglect the jerkiness in individual responses to the news. For the purpose of this article, a pooled analysis with citizen-issue combinations as the units of analysis is presented.

4. Results

Table 2 gives a description of media coverage and public satisfaction at the level of eleven policy domains that were included in the research.

4.1 The news about government policy

The first column displays the amount of news the eleven different policy domains received in the news. The amount of news attention that is presented here does not show the total attention in the news for this policy domains, but rather the news attention of a policy domain as far as it deals with the five policy priorities as defined by the government.

The second column displays the amount of unambiguous news regarding policy plans of the government. In general, the news presents a rather ambiguous image of the policy plans of the government (on average 0.31 on a 0 ... 1 scale). The reason simply is that newsworthy politicians will remain newsworthy by allowing a great number of exceptions to policy principles. The policy domain of Social Welfare may serve as an example. On average, the minister of social affairs succeeded in presenting fairly unambiguous policy proposals (+0.42), but negotiations about the issues of pensions for the elderly and the issue of minimum wages inspired the minister to present contradictory statements with regard to his policy ambitions in successive phases of the negotiations.

The third and fourth columns present the mean direction of the position of the government and other actors on policy issues. In general, the position of government on policy issues as presented in the news is positive (0.17). In general, the statements of others are almost neutral (0.07). Thus, the social base of the policy plans of the government is not very solid, according to the news in 2004, but only in the case of Financial Affairs support is it more often lacking. The mean direction of the real-world developments is even less positive (0.02 last row column five). In the midterm year, the direction of real-world developments corresponded only weakly with the ambitions of the government.

All in all, the news is not expected to shape a very favorable overall image of government performance. The government's intention toward policy plans or their ability to claim success is rather modest, leading to a rather ambiguous overall image of the policy plans of the government. The social base for the policy plans of the government and the real-world developments are not very helpful either in clarifying this diffuse overall image of the policy issues. In line with this overall image, the public opinion variables show dissatisfaction with information provided by the government and with results of the government policy regarding issues (–0.10 and –0.19 respectively).

Most of the policy domains follow this overall pattern, with some notable characteristics. The policy domain 'economic affairs' does not receive too much attention in the news. The government tries to improve economic affairs in a modest way (0.19), but lacks a clear social base in this respect (0.05). However, the real-world conditions are developing clearly in the desired direction. According to the news, the economy is recovering from the recession (+0.17). Moreover, the news indicates that the minister, Laurens-Jan Brinkhorst, really succeeded in implementing his privatization plans.

For the policy domain 'justice (no crime)' and '(im)migration and integration', the ambiguity of the policy plans in the news is very high (0.14 for immigration and integration and 0.20 for justice). To the indignation of Parliamentarians and the press, Minister of Justice Mr. Donner continued to present nuanced statements on the rights of criminals and the impossibility to rule out crime and the risk of terrorist attacks completely. The real-world developments for these policy domains – somewhat less crime, a somewhat more tough policy on immigrants – are much in line with Mr. Donner's ambition level of policy plans. A prevention approach was adopted, rather than ambitious policy plans.

Table 2: Media coverage and public satisfaction per policy domain

	News variables					Public opinion variables		
	Amount of news on issue	Unambiguous news policy of government	Mean direction of government's position on policy issues	Mean direction of other actor's position on policy issues	Mean direction real-world developments	Perceived issue importance	Satisfaction with government information	Satisfaction with policy results
	(0 … ∞)	(0 … 1)	(−1 … +1)	(−1 … +1)	(−1 … +1)	(−1 … +1)	(−1 … +1)	(−1 … +1)
Economic affairs	1.5	0.34	0.19	0.05	0.17	0.71	−0.13	−0.24
Financial affairs	2.0	0.43	0.19	−0.02	0.00	0.76	−0.17	−0.32
Social welfare	2.5	0.42	0.14	0.06	0.06	0.70	−0.11	−0.23
Health care	2.7	0.37	0.20	0.14	−0.12	0.76	−0.08	−0.19
Agriculture and environment	1.7	0.44	0.24	0.14	0.00	0.70	−0.06	−0.12
European/foreign affairs	1.9	0.25	0.17	0.12	−0.09	0.63	−0.07	−0.14
Traffic and transportation	3.5	0.35	0.25	0.06	0.00	0.75	−0.03	−0.16
Justice (no crime)	1.8	0.20	0.05	0.08	0.09	0.78	−0.16	−0.18
(Im)Migration and integration	1.5	0.14	0.12	0.14	0.09	0.69	−0.10	−0.30
Public safety	1.4	0.19	0.09	0.01	0.00	0.74	−0.03	−0.06
Education	2.3	0.28	0.21	0.02	0.06	0.72	−0.11	−0.16
Total	2.1	0.31	0.17	0.07	0.02	0.73	−0.10	−0.19

4.2 Public opinion

The last columns in *Table 2* refer to the public opinion variables that measure perceived issue performance, information satisfaction, and policy satisfaction.

As is known from previous research, citizens will usually say that many things are important when specifically asked about (they will be much more selective with free recall). This expected pattern can be observed here also: European and foreign affairs are deemed the least important (+0.63) and financial affairs the most important (+0.76).

The most remarkable finding from *Table 2* is presumably that the Dutch citizens of 2004 are quite dissatisfied, without a clear origin of this dissatisfaction in real-world indicators of the Dutch economy or the crime rate in the Netherlands. In 2004 Dutch citizens thought that the information from their government was poor, especially with respect to justice and crime (–0.16). But also in the realm of socio-economic policy (financial affairs –0.17, economic affairs –0.13 and social welfare –0.11) citizens are far from confident that the information presented to them is satisfactory.

Citizens are dissatisfied with the results of government policy also. The Dutch were especially displeased with the results of the financial policy of the Dutch government (especially with respect to the purchasing power of ordinary citizens). In the aftermath of the murders of politician Pim Fortuyn, school teacher Hans van Wieren and filmmaker Theo van Gogh, the Dutch are seriously dissatisfied with the actual results of the policies with respect to immigration and integration also (–0.30).

4.3 Tests of the hypothesis

Table 3 presents standardized regression coefficients, their significance levels, and the R^2 to test the hypotheses. For each hypothesis, the independent variable and dependent variable are listed, followed by the standardized regression coefficient, and an indication of the level of significance of the latter.

The table shows that most of the hypotheses are confirmed. By and large, the news does have the expected effects on policy satisfaction and trust. Standardized regression coefficients and explained variances are low, however. This means that it is impossible to predict whether specific citizens will be influenced by the news in the expected direction. It is also impossible to predict for each specific issue whether citizens will be influenced, which may not come as a surprise, since the model did not include sociodemographic variables and predispositions as additional variables at the level of citizens.[3]

---

3 The significant results of *Table 3* remain significant in a random intercept multilevel model which assumes, in addition to the model assumptions from *Table 3*, that the levels of perceived issue importance, satisfaction with information, and satisfaction with results vary randomly between respondents.

Table 3: Tests of the hypotheses

Hypothesis	Independent variable	Dependent variable	beta	R^2
H1 (agenda setting)	Amount of news regarding an issue	Perceived issue importance	0.05***	.00
H2 (learning)	Amount of news regarding an issue		–ns	
H3 (ambiguity)	Unambiguous news regarding policy plans of the government	Satisfaction with government information	0.02***	.00
H4 (direction)	News about the direction of government's position on policy issues		–ns	
H5 (social base)	News about other actor's position on policy issues	Satisfaction with the results of government policy	0.05***	
H6 (results)	News about direction of real-world developments corresponding with direction of policy plans (interaction effect)		–0.03***	.01
H7" (trust)	Satisfaction with perceived issue importance	Trust in the government	0.03***	
H7" (trust)	Satisfaction with government information		0.15***	
H7" (trust)	Satisfaction with results of government policy		0.17***	.10
H8 (priming)	Interaction perceived issue importance* satisfaction with results of government policy		0.04*	

Note: n = 57,887 issue-respondent combinations. Some tests at other levels of aggregation give confidence in the results (cf. *Table 4*).
*** $p < 0.001$; ** $p < 0.01$; * $p < 0.05$, *ns* non-significant.

4.3.1 Issue importance and satisfaction with government information

Media attention indeed has an agenda setting effect on public attention (H1). Citizens tend to regard issues as important when these issues attract much attention in the news. The small size of the regression coefficient, although highly significant at the aggregate level, comes down to an almost negligible R^2, which means that the predictive power of the agenda setting hypothesis is low at the level of separate issues and individual respondents.

The amount of news does not play a significant role in subjective learning about government policies. Hypothesis H2, which states that satisfaction with government information will increase already if the media provide more news about an issue, is rejected (H2 rejected). Satisfaction with government information will decrease when the ambiguity of government proposals as reported in the news increases. Thus, hypothesis H3 is accepted. Media attention for unambiguous statements about government policy may influence the satisfaction with the information provision. The sheer amount of statements in the news from the Minister of Social Affairs about minimum wages may serve as an example: according to the news in July 2004, the minister wanted to enable working below the statutory minimum wage, but in October 2004 he wanted to maintain the minimum wage, and in December 2004 the news was once more that the minister wanted to enable working below the minimum.

4.3.2 Satisfaction with policy results

News about the direction of government policy plans did not increase by itself the satisfaction with policy results, but attention for statements of actors who endorsed the government plans did increase satisfaction with results. Thus, hypothesis H4 was rejected, whereas hypothesis H5 was accepted. The likelihood that citizens will be satisfied with the results of government policy increases when other actors have the same policy direction as the government (interaction effect of policy direction of the government and policy direction of others). The opposite side of the coin of hypothesis H5 is that news about actors who disagreed with the government on the direction of policy plans will diminish satisfaction with the results of government policy.

Hypothesis H6 relates most directly to the question of whether citizens were satisfied or dissatisfied due to the communication of ambitions, or due to the communication of results. Hypothesis H6 maintains that news in the media about real-world developments that correspond to the policy plans of the government will lead to satisfaction about policy results. Hypothesis H6 assumes that satisfaction is due to success communication, whereas the reverse hypothesis H6' maintains that satisfaction with results is highest if the news indicates that there are still many problems to solve. H6' reflects ambition communication. By and large, hypothesis H6' rather than H6 is confirmed, as indicated by the negative regression coefficient. The negative sign of the standardized regression coefficient of the direction of real-world developments according to the news indicates that citizens will be more satisfied with government policy, when the *discrepancy* increases between government plans and government results. A large discrepancy between plans and results is to be expected when the government sticks to the communication of ambitions (the country is a mess, but we want to do something about it), rather than to the communication of results (the country is in a good shape, due to us). The negative regression coefficient for hypothesis H6 means that citizens were more satisfied with results, when actually the real-world situation differed strongly from the policy plans of the government.

We will elaborate further on the sign of the regression coefficient for hypothesis H6, thus on the remarkable outcome that policy satisfaction with policy results during the midterm of the coalition government rested more on the communication of ambitions than on the communication of success. *Table 4* presents the correlation coefficient between the direction of real-world conditions according to the news with citizen satisfaction for each of the eleven policy domains separately. To interpret the results, one should be aware that the direction of real-world developments was coded as positive when this direction corresponded with the direction of the policy positions of the government. A negative correlation coefficient means therefore that news about real-world developments that is not in line with what the government wants coincides with satisfaction about the results of government policy. A significantly negative correlation coefficient can be interpreted as a sign that policy satisfaction is high because the government demonstrates the ambition to cure the real-world problems. A significantly positive correlation coefficient can be interpreted as a sign that the government is approved because the news indicates that the policy goals have been realized already. The left-hand side of *Table 4* lists the policy areas for which citizen satisfaction and dissatisfaction was apparently brought about by ambition communication or a lack of it. The right-hand side of *Table 4* lists the policy areas for which citizen satisfaction and dissatisfaction was apparently brought about by success communication or a lack of it. Not included in the table are policy domains that did not raise satisfaction with either of these two communication strategies.

The right-hand side of the table shows that results communication is only the rule in the policy domains of financial affairs and economic affairs. Citizen satisfaction increases when news reports indicate that the economy is indeed improving.
The left-hand side of the table shows that the communication of ambitions was most strongly represented in the domain of health care. For this policy domain, this is a logical choice, since the Minister for Health Care, Hans Hoogervorst, strove for a system change in health from 2006 onward, which included the privatization of all health care insurance. For health care, the point at which to switch from the communication of ambitions to the communication of results was only possible after January 2006. Until January 2006, the government had every reason to create news about problems in the old health care system. Citizen satisfaction appears to rely on ambition communication not only for health care, but also for five out of eleven other policy fields.

4.3.3 Trust in government as a result of policy satisfaction

Next, we turn to the explanation of trust in the government as a function of policy satisfaction. Although trust in government may also be explained in part by trust in government leaders – e. g. by crisis performance – this study shows that trust in the government is also a matter of satisfaction with government policy. Trust in government depends on the perception that the issues addressed by the government are important ones (beta = 0.03), on satisfaction with government information (beta = 0.15),

Table 4: Satisfaction due to ambition communication or due to success communication

Positive effects on satisfaction due to communication of ambitions	r	Positive effects on satisfaction due to the communication of success	r
Health care	−0.21***	Financial affairs	0.16***
Justice (no crime)	−0.18***	Economic affairs	0.03*
Education	−0.10***		
Public safety	−0.06***		
Social welfare	−0.05***		
Agriculture and environment	−0.04**		

Note: coefficients are ordinary Pearson correlation coefficients between satisfaction with government policy and the interaction effect between the direction of government policy and the direction real-world conditions, both according to the news.

*** $p < 0.001$; ** $p < 0.01$; * $p < 0.05$, *ns* non-significant.

on satisfaction with the results of government policy (beta = 0.17). The results of government policy play an even bigger role in the case of issues that are perceived as important (beta interaction effect 0.04; priming hypothesis H8). The original hypothesis, stating that the amount of news rather than perceived importance was responsible for the priming effect, was weakly confirmed as well, but the priming effect of perceived issue importance is somewhat stronger. Ten percent of the variance of trust is accounted for by these variables.

4.4 Epilogue: the shift towards success communication

Did the Dutch coalition government that took office in 2003 eventually succeed in making the shift in communication strategy from the communication of ambitions towards the communication of success? In November 2006, parliamentary elections were held in the Netherlands. As this case study has shown, the point of departure for the coalition government in 2004 was not very positive for winning an election. When, in September 2005, the government parties announced in their State of the Union for the Parliamentary Year 2005-2006 that the government's plans had turned out to be successful and that the economy had improved greatly, scepticism and disbelief dominated the media.

However, the government still managed to successfully negotiate the shift from communication of ambition to communication of success, albeit only six months before the elections. According to the press, real-world conditions in every domain had improved, or at least not deteriorated, with the exception of the policy domain of education (Kleinnijenhuis et. al. 2007b). The Christian Democrats (CDA) managed to claim these positive economic conditions as policy results. They succeeded in bringing all their ministers into the top-30 of newsworthy politicians, except for two ministers who could be considered a risk because of their political vulnerability. The other coalition party (the VVD, right-wing Liberals) did not succeed in claiming their share of this result. Actually two VVD-ministers held the ministries of Health Care and Financial Affairs, which showed extreme ambition communication and extreme success communication in 2004, but in the VVD election campaign of 2006 these two ministers – Hoogervorst and Zalm – did not play a significant role. Both had decided already to put an end to their political career. Their successes could easily be claimed by the CDA as the party of Prime Minister Jan-Peter Balkenende. The third coalition party (D66, left-wing Liberals) had caused the fall of the coalition government in June 2006 and subsequently became an opposition party. D66 were unable to claim results either and the party lost half its seats. The Labour Party PvdA, which was the largest opposition party, could bring only three politicians into the top-30. All three turned out to be vulnerable for the focused and persistent attacks launched by the Christian-Democrats especially. Both the VVD, the PvdA and D66 lost enormously at the elections, whereas the CDA, as the largest incumbent party, was able to remain the largest party in the Netherlands.

5. Discussion

In this study, seven interrelated hypotheses were tested with respect to the effects of public information on policy satisfaction. Public information has not gained much attention in the literature on political communication, although its importance is beyond discussion (Graber/Smith 2005). The study showed that well-known hypotheses of agenda setting and priming apply to public information also. A number of specific hypotheses withstood a test also. Ambiguous government policies, at the least ambiguous news about these policies, will lead to a decreased satisfaction with the information provision by the government. A solid social base for a policy, that is to say, stakeholders who endorse the policy in the news, increases the satisfaction with the outcomes of government policies. Remarkable results were found with respect to the question of whether news on real-world conditions that are evaluated negatively by the majority of the population (e. g. unemployment, more serial criminals, high health care costs) is always detrimental for the satisfaction with results. That is not the case. Policy satisfaction during the midterm year of the government was much more consistent with satisfaction due to the communication of ambitions (i. e. it's a mess, and we want to do something about it) than with the communication of results (i. e. everything under control, due to us). In their midterm, the government continued to rely on the type of ambition communication that is used by a new government to increase societal support for its new policies.

This exploratory study clearly has limits. Presumably some effects of the news on policy satisfaction would have shown to be stronger if television news had been taken into account also. In this study we used only issue news to explain trust in the government, whereas trust in government is also dependent on conflict news and horserace news (Patterson 1993). In the present study, the effects of personality and charisma on trust were neglected. Even more importantly, we did not include citizen characteristics in the model to see how different categories of citizens react to the news about government policies.

Nevertheless, the research results show a consistent pattern. From the point of view of communication research, the encouraging finding is that almost all hypotheses –

which were derived from theories that were developed outside the context of public information provision – appeared to apply to public information as well.

From the point of view of democratic theory, the research results are both encouraging and worrying. The research results are encouraging, because they show that citizens' trust in government is not merely a whim of fashion, but based on the news that citizens were able to obtain from the media about the issues, the policy plans of the government, the social base for it, as well as on the results of government policies. The research results give evidence for the existence of a 'rational public'. The research results show that citizens fulfill the role they are expected to fulfill from the point of view of democratic theories: they evaluate the government on the basis of its policy performance. Whereas pessimists like Schumpeter (1944) and Downs (1957) assumed that voters would only look retrospectively at the state of the economy, this study shows that citizens take a much broader range of issues into account (Johnston/Pattie 2001). Moreover, citizens appear to look also prospectively, for example to see whether government plans are unambiguous.

However, the research results are worrying also. Satisfaction with government policy is not simply a plaything for governments and political parties, but an end in itself. The data show citizens who are dissatisfied with government policy on most of the 55 issues addressed in this study. Emphasizing real-world problems to increase the social base for ambitious plans is not a viable strategy in the longer run. Uneasiness about real-world problems and doubts about government policy may enhance a lack of trust in other areas, such as xenophobia and a lack of consumer trust, thereby contributing to ethnic tensions and a faltering economy. The research results show that attention in the press for negative real-world developments combined with attention for ambiguous, contradictory, complex, and extremely vague and contingent government plans shaped dissatisfaction with government policies.

Widespread dissatisfaction with government policies raises the question of how dissatisfaction can occur notwithstanding the growing number of communication advisers in government offices and the growing number of television stations and political journalists. One clue is given in an essay by Roderick Hart (1996). Governments have to shift from an emphasis on socio-economic problems that are supposed to increase the social base for newly-developed, but painful, government plans, toward an emphasis on socio-economic successes, which are usually attributed to the government in office. Whereas in the age of newspapers, ministries and ministers could easily escape from the news in the years in between election campaigns, a media silence is no real option with communication advisers and journalists omnipresent. In the age of publicity, governments seem to have forgotten when "speech is silver, but silence is gold". Journalists immediately hunt for scandals when the honeymoon weeks of a new government have passed. The result is often an abrupt and uncoordinated shift from the message that serious problems exist that need to be cured by future government policy, toward the message that the problems have been solved already.

References

Alesina, Alberto/Roubini, Nouriel/Cohen, Gerald D., 1997: Political Cycles and the Macroeconomy. Cambridge.
Bennett, W. Lance, 1990: Toward a Theory of Press-State Relations in the United States, in: Journal of Communication 40, 103-125.
Commissie Toekomst Overheidscommunicatie, 2001: In Dienst van de Democratie. Den Haag.
Cook, Timothy, 1998: Governing with the News. Chicago.
Downs, Anthony, 1957: An Economic Theory of Democracy. New York.
Graber, Doris A./Smith, James M., 2005: Political Communication Faces the 21st Century, in: Journal of Communication 55 (3), 479-507.
Hart, Roderick P., 1996: Easy Citizenship: Television's Curious Legacy, in: The Annals of the American Academy of Political and Social Sciences 546, 109-119.
Hetherington, Marc J., 1996: The Media's Role in Forming Voters' National Economic Evaluations in 1992, in: American Journal of Political Science 40(2), 372-395.
Higgins, E. Tory/Shah, James/Friedman, Ronald, 1997: Emotional Responses to Goal Attainment: Strength of Regulatory Focus as Moderator, in: Journal of Personality and Social Psychology 72, 515-525.
Iyengar, Shanto/Kinder, Donald R., 1987: News that Matters. Chicago.
Jacobs, Lawrence/Shapiro, Robert Y., 2000: Politicians Don't Pander. Chicago.
Johnston, Ron/Pattie, Charles, 2001: Dimensions of Retrospective Voting. Economic Performance, Public Service Standards and Conservative Party Support at the 1997 British General Election, in: Party Politics 7 (4), 469-490.
Kleinnijenhuis, Jan/de Ridder, Jan A./Rietberg, Ewald M., 1997: Reasoning in Economic Discourse: An Application of the Network Approach to the Dutch Press, in: Carl W. Roberts (ed.), Text Analysis for the Social Sciences: Methods for Drawing Statistical Inferences from Texts and Transcripts. New York, 191-207.
Kleinnijenhuis, Jan/van Hoof, Anita M. J./Oegema, Dirk/de Ridder, Jan A., 2007a: A Test of Rivaling Hypotheses to Explain News Effects: News on Issue Positions of Parties, Real-world Developments, Support and Criticism, and Success and Failure, in: Journal of Communication 57 (2), 366-384.
Kleinnijenhuis, Jan/Scholten, Otto/van Atteveldt, Wouter H./van Hoof, Anita M. J./Krouwel, Andre P./Oegema, Dirk/de Ridder, Jan A./Ruigrok, Nel/Takens, Janet, 2007b: Nederland vijfstromenland: de rol van media en stemwijzers bij de verkiezingen in 2006. Amsterdam.
Kriesi, Hanspeter/Grande, Edgar/Lachat, Romain/Dolezal, Martin/Bornschier, Simon/Frey, Tim, 2006: Globalization and the Transformation of the National Political Space: Six European Countries Compared, in: European Journal of Political Research 45 (6), 921-956.
Krippendorff, Klaus, 2004: Content Analysis. Thousand Oaks.
Krosnick, Jon A./Kinder, Donald R., 1990: Altering the Foundations of Support for the President through Priming, in: American Political Science Review 84, 497-512.
McCombs, Maxwell E., 2004: Setting the Agenda: The Mass Media and Public Opinion. Cambridge.
McCombs, Maxwell E./Shaw, Donald L., 1972: The Agenda-setting Function of Mass Media, in: Public Opinion Quarterly 36, 176-187.
Mueller, Dennis C., 2003: Public Choice III. Cambridge.
Norris, Pippa, 2002: Democratic Phoenix. Reinventing Political Activism. New York.
Patterson, Thomas E., 1993: Out of Order. New York.
Pfetsch, Barbara, 2007: Government News Management: Institutional Approaches and Strategies in Three Western Democracies Reconsidered, in: Graber, Doris A./McQuail, D. (eds.), The Politics of News: The News of Politics. Washington, 71-97.
Popping, Roel, 2000: Computer-assisted Text Analysis. Newbury Park/London.
Putnam, Robert D., 2000: Bowling Alone: The Collapse and Revival of American Community. New York.

Rabinowitz, George/McDonald, Stuart E., 1989: A Directional Theory of Issue Voting, in: American Political Science Review 83, 93-122.

Rogers, Everett M./Dearing, James W./Bregman, Dorine, 1993: The Anatomy of Agenda-Setting Research, in: Journal of Communication 43 (2), 68-84.

Schumpeter, Josef, 1944: Capitalism, Socialism and Democracy. New York.

Sheafer, Tamir, 2001: Charismatic Skill and Media Legitimacy: An Actor-Centered Approach to Understand the Political Communication Competition, in: Communication Research 28 (6), 711-736.

Stevenson, Randolph T./Vavreck, Lynn, 2000: Does Campaign Length Matter? Testing for Cross-national Effects, in: British Journal of Political Science 30, 217-235.

van Atteveldt, Wouter, 2008: Semantic Network Analysis: Techniques for Extracting, Representing and Querying Media Content. Amsterdam (PhD dissertation, Vrije Universiteit Amsterdam).

van Cuilenburg, Jan J./Kleinnijenhuis, Jan/de Ridder, Jan A., 1986: Towards a Graph Theory of Journalistic Texts, in: European Journal of Communication 1, 65-96.

van Noije, Lonnecke L. J., 2007: The Democratic Deficit Closer to Home: Agenda Building Relations between Parliament and the Press, and the Impact of European Integration, in the United Kingdom, the Netherlands and France. Amsterdam (PhD dissertation, Vrije Universiteit Amsterdam).

Vogelaar, George A. M., 1955: Systematiek en Spelregels van de Overheidsvoorlichting. Utrecht. Martinus Nijhoff (PhD dissertation Utrecht University).

Wagenaar, Marja, 1997: De Rijksvoorlichtingsdienst: Geheimhouden, Toedekken en Openbaren. Leiden.

Walgrave, Stefaan/van Aelst, Peter, 2006: The Contingency of the Mass Media's Political Agenda Setting Power: Towards a Preliminary Theory, in: Journal of Communication 56 (1), 88-109.

Zaller, John R., 1992: The Nature and Origins of Mass Opinion. Cambridge.

The Politics of Campaigning – Dimensions of Strategic Action

Hanspeter Kriesi / Laurent Bernhard / Regula Hänggli

Introduction

The study of campaigning activities has long been neglected in political science (Farrell 1996; Schmitt-Beck/Farrell 2002). The disregard of campaigning can be explained by the fact that it has long been taken for granted that campaigns only have minimal effects. More recent studies have challenged this 'minimal effect' view of campaign effects. Indeed, Iyengar and Simon (2000) maintain that campaigns do matter and can be pivotal. Similarly, several recent studies (Nadeau et al. 2001; Lachat/Sciarini 2002; Fournier et al. 2004 or Holbrook/McGlurg 2005) provide evidence for substantial and systematic campaign effects on citizens' voting behaviour. Increasingly, campaigns are viewed as playing a key role for the information processing of the citizens, providing voters with the necessary information for making a choice in line with their preexisting preferences (Finkel 1993; Gelman/King 1993; Stimson 2004; Arceneaux 2005). However, the analysis of campaigns by political scientists has been focusing on the voters, while little attention has so far been paid to the campaign strategies of political actors. The field of campaigning has been left to political consultants and political marketing specialists. In this paper, we would like to make a contribution to the conceptualization of the campaign strategies of political actors.

Strategic action is a variant of instrumental (teleological) action that includes in the actor's calculation of success the expectations about the decisions of at least one other goal-oriented actor (Habermas 1981: 127). In game theory the term strategy denotes a plan for a player to play a game (Morrow 1994: 352). In elaborating their action plans, the actors are taking into account and exploiting the rules of the game as well as the possible reactions of their adversaries. That is, strategic action is strategic *interaction*, "in which you face other players who regard you strategically, just as you do them, and engage in a series of actions in response to others, anticipating their reactions in turn" (Jasper 2006: 6). Conceptualization of strategic action is particularly difficult, since in strategic action, as Jasper (2006: 171) points out, "there are few rules [...] but many choices". Our approach to the study of campaign strategies starts from a simple heuristic framework with three types of actors who are all involved in the communication processes constituted by a political campaign – political actors, the media and the public. We consider the interaction of these three types of actors in a political campaign from the vantage point of the *political actors,* who attempt to control their fellow politicians, the media, and the public in order to impose their messages in the course of the campaign. Our focus is on the political actors, i. e. on those actors who usually initiate campaign events, and who provide the key informational input into the campaign.

The campaigning of the political actors is embedded in a specific *political context,* which determines to a large extent the configuration of actors who participate in the campaign, their action repertoire as well as their chances of success. In other words, the campaign and its possible outcome is highly prestructured by the institutional setting (including the media system), by the "discursive field" (Steinberg 1999) or the "discursive opportunity structure" (Koopmans/Statham 1999), by the public "mood" (Marcus et al. 2000), by the characteristics of the issues at stake, and by the short-term events (exogenous shocks) intervening during the campaign. Most immediately, the context determines the configuration of actors, who get involved in the campaign, their goals and the distribution of resources among them. In an electoral campaign, for example, political parties are the key actors, which is not necessarily the case in a direct-democratic campaign, where the field of participants is much larger and where interest associations and NGO's may play the key part. In unconventional campaigns, such as campaigns organized by social movement organizations, the protagonists are likely to be different once again. In addition to the movement organizations, their allies in the political system and the media, they may also include the police, counter-movements, and bystanders.

In the course of the campaign, the actors involved form coalitions, who then craft and communicate their messages (appeals) with the purpose of activating, mobilizing and persuading the public. Their ultimate goal is to not only get the attention of the media and the general public, but to mobilize their support for their own cause. *Figure 1* summarizes the general causal structure of our argument. Our paper discusses the conceptualization of the different aspects of the actors' strategies, against the background of context conditions and the configuration of actors, their goals/beliefs and resources. For the purposes of this presentation, we distinguish between two sets of strategic choices – one related to mobilizing and one related to the crafting of the message.

Figure 1: General causal structure of the approach

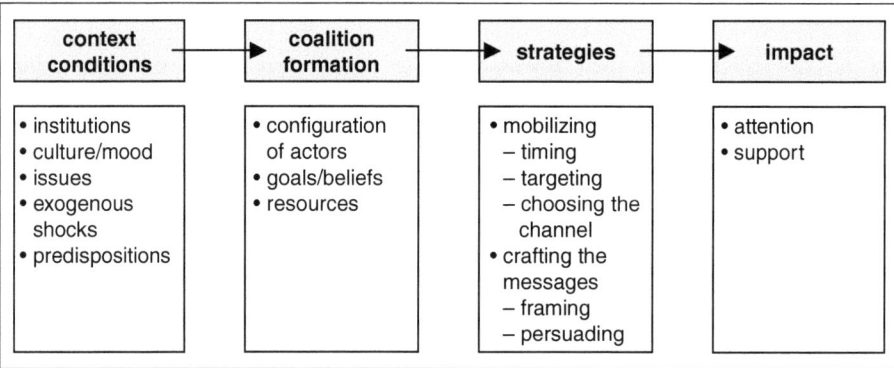

Mobilizing

Overall, a campaign can be characterized by its intensity and its direction. The *intensity* of the campaign depends, first of all, on the extent to which the election or the issue in question is contested in the political elite. If there is an elite consensus with respect to a given proposal or if the election is not contested, there will be no campaign of any significance at all (Kriesi 2005). If there is a contest, the *expected success* becomes crucial for the intensity of the involvement of strategic actors. As is observed by Przeworski (1986: 55) in the context of democratic transitions, although interested in the outcome of a campaign, strategic actors only mobilize, if they can expect a certain amount of success. Strategic actors do not need to mobilize, when their success is guaranteed, and they will not be ready to mobilize when they stand no chance of success. This implies that the intensity of the actors' participation in the campaign depends on the *expected closeness of the outcome* of the decision the campaign is designed to influence: the closer the expected outcome, the more intense the mobilization of the actors involved (Cox 1999). Note, however, that the expected success becomes less important, when we are dealing with principled, value-rational actors. They tend to mobilize whatever their chances of success. Or, they may define their success in terms which have nothing to do with the expected closeness of the outcome of the vote.

Both the intensity of the mobilization and its direction are constrained by the amount of resources available. Resource-rich coalitions may be able to dominate the campaign, bias the information processing in their own favor, and obtain support for their own position. In other words, depending on the resource distribution among the actors involved, the *direction* of the campaign may be rather asymmetric and its outcome a foregone conclusion.

More specifically, mobilizing choices include a number of more detailed decisions about timing, targeting and choosing the appropriate communication channels.

Timing

Campaigns tend to last longer than they used to. Among other things, the extension of campaigns in time results from the increasing *professionalization of campaigning*. For effective political marketing, it is crucial to operate in a long term perspective. As a result, "permanent campaigning" has become a feature of politics in many countries. Perron (2007) shows that, compared to their respective opponents in electoral contests, successful challengers launch longer and more intense campaigns than unsuccessful ones.

It is important to *start early* to be able to set the agenda of the campaign. The citizens who originally lack attention for and information about the issues and candidates at stake have most to learn in the early phases of the campaign. The more there is to learn, the more important the occasion. This is how Stimson (2004: 129) explains the very important effect of party nominating conventions on the outcome of American presidential elections. His bottom line on the conventions is that they are times of intense political learning: "A public that is nearly always tuned out tunes in for a few days, and those are opportunities to learn about people and programs, times to change views." The same reasoning explains why TV-campaigns between the presidential candidates barely have an impact on the outcome of these elections: the debates occur so late in the process that most voters have already decided, and the audience they attract will consist mainly of loyalists to each side (Stimson 2004: 133).

There are also counter-examples, however. Thus, in the 2006 Italian elections, the incumbent Prime Minister, Silvio Berlusconi, launched his campaign very early and his was a very intensive campaign. For a long time, its effectiveness proved to be rather limited, however. Only in the very last phase of the campaign, Berlusconi was able to shed his loser-image. His chances started improving when he finally succeeded in putting the question of the taxes on the agenda and in suggesting that the centre-left coalition was the "party of higher taxes", which apparently allowed him to create uncertainty in an important part of the public and to draw many people into his own camp (Campus 2006).

The timing is also influenced by *exogenous shocks,* i. e. by events which occur in the course of the campaign, and which cannot be influenced by the campaigners, but which can be picked up by them and used to their own advantage. Well known examples of such events include the bombing attack on a suburban train in Madrid during the Spanish election campaign in 2004, as well as the East German flood and the Iraq-conflict in the German election campaign in 2002. In the Spanish case, the incumbent government lost the elections largely as a result of its mishandling of the communication related to the Madrid attack. In the German case, the incumbent government decided the election in its own favor thanks to the fact that the two events allowed to deflect attention from the economic problems, and to mobilize and integrate part of its own skeptical constituency. Exogenous shocks may also have preceded the campaign. They may have created a *"general mood"* that lends itself to being exploited by campaigners. A case in point is the Swiss referendum against the liberalization of the electricity market, where the challengers benefited from the widely publicized previous policy failures of liberalizing reforms in the UK (train accidents) and California (electricity blackouts), and of a spectacular failure in the Swiss economy (the 'grounding' of Swissair) (Kriesi et al. 2003).

Finally, choices about timing may be constrained by the *legal framework* of the campaign. With respect to electoral campaigns, there are legal limits for their temporal extension in some countries (Swanson/Mancini 1996: 259 f.). Countries that define 'official' campaign periods typically have chosen for about one month's duration. The unexpected consequence of such official limitations of campaigning has, however, been to lengthen the actual campaign. That is, as Swanson and Mancini (1996: 297) observe, campaign activities are initiated earlier so that desired techniques can be employed in the unregulated period before the official campaign begins.

Targeting

Target groups can be defined according to political, socioeconomic or geographical criteria. A key distinction in this respect is that between targeting one's own constituency, and targeting the public at large. Rohrschneider (2002) calls the former strategy *"mobilizing",* and the latter *"chasing".* Chasing strategies (as opposed to mobilizing strategies) involve the maximization of the vote share, the focus on unaligned voters, the use of modern technology, the emphasis on leaders, and organizational innovations. While electoral campaigns may either involve 'mobilizing' or 'chasing', depending on the parties' strategies – which can either be vote-seeking, office-seeking or oligopolistic (see, e. g. Kitschelt 1994), direct-democratic campaigning typically involves 'chasing', since its goal is to gain a majority of the votes. This should apply even to principled actors, who may be above all focusing on the mobilization of their own constituency, but who still are likely to make an attempt to mobilize the public at large, too.

Given that campaigns mainly serve to activate existing political predispositions and to make them electorally relevant, the *distribution of the predispositions* is a crucial determinant of the targeting strategies. In this respect, we should distinguish between general political and issue-specific predispositions (see *Table 1*). Based on the general political predispositions, we can categorize the public into one's own constituency, the adversaries' constituency and the scorekeepers – those non-ideological pragmatists who do not belong to either camp (see Stimson 2004: 163-165). Adopting the "classic" perspective on partisan predispositions of the Michigan model, these constituencies can be defined in terms of *party identifications*. Given the loosening of these identifications in many countries, the group of scorekeepers tends to increase with corresponding opportunities for targeting.

With regard to *issue-specific predispositions,* we can classify the citizens into those who hold predispositions favorable to the campaigner's position, those who hold unfavorable predispositions, and those whose issue-specific predispositions are ambivalent, weak or non-existent. Predispositions may be ambivalent because one is torn between the positions of opposing camps; they may be weak or non-existent, because one is not concerned by the issues at stake, or because one has never thought about them, or both. The campaigner's *core constituency* is composed of those who are generally attached to his camp, and who hold favorable issue-specific predispositions. Similarly, the adversary's core constituency is composed of those generally attached to the opposite camp and holding issue-specific predispositions that are unfavorable to the actor in question.

Although general and issue-specific predispositions tend to go together, their correlation need not be very close. To the extent that general and issue-specific predispositions are not aligned, voters are *ambivalent* or *cross-pressured*. Reviewing a considerable amount of literature, Sniderman and Levendusky (2007: 451) suggest that voters strive for consistency and that the way they resolve cross-pressures will, more often than not, be guided by party loyalty. As implied by the "classic" Michigan model, party identification serves as the anchor, and the issue-specific views follow in tow. The larger the shares of voters with ambivalent and cross-pressured predispositions, the greater the maneuvering space of the campaigners.

Based on these considerations, we expect the targeting strategies to differ according to the distribution of the predispositions: evidently, the larger one's core constituency, the less chasing is needed. All the mobilizing actors need to do, is to target their own constituencies in order to activate their relevant predispositions, and to bring out their vote. Inversely, the larger the adversaries' core constituency, the less the mobilizing actor is able to do. Chasing primarily makes sense for mobilizing the cross-pressured, the

Table 1: Classification of the public according to general and issue-specific predispositions

Issue-specific predispositions	General political predispositions		
	Own constituency	Scorekeepers	Adversaries
Favorable	Core constituency	Favorable scorekeepers	Cross-pressured adversaries
Ambiguous/weak or non-existent	Ambiguous/ weak constituency	Ambiguous/ weak scorekeepers	Ambiguous/ weak adversaries
Unfavorable	Cross-pressured constituency	Unfavorable scorekeepers	Core adversaries

ambivalent and the weakly predisposed. The larger their number and/or the closer the expected race, the more sense it makes to target the general public.

Choosing the communication channels

The study of social movements has shown the usefulness of the concept of the *action repertoire* of challengers. Social movements in a given context tend to use more or less standardized repertoires of action (Tilly 1978, 1986, 1995). In an analogous way, we propose the concept of the *communication repertoire* to characterize the standardized ways and means that are used to conduct a given type of campaign. In a given context, campaigners have learnt how to use a well defined set of communication routines which they apply in a standardized way. Such routines may be legally prescribed, but more often they are the result of informal rules that have been established over the course of the years. While fairly institutionalized, such routines are also subject to change as new channels become available thanks to technological change, or as new actors enter the fray, who experiment with new techniques and who, if successful, are imitated by their competitors.

Generally, campaigners can reach out to the public either via the media or via their own organization (see *Figure 2*). In either case, there is a direct and an indirect channel. With respect to their *own organizational channels* (or the channels of their allies, which may also be open to them), political actors are likely to increasingly rely on *direct* communications (e. g. by 'direct mail') with the members of their constituencies, given that the activists among their members are increasingly rare. To establish direct contact, the organization can use the various communication media available: direct mail, e-mail, SMS, own electronic media, newspapers and magazines, personal contact and so on. The second option is *indirect* contact, in which the messages are transmitted to members by activists who serve as middlemen in the communications process. In this case, the organization needs to contact only a small number of persons, each of whom can pass the information on to comparatively large number of recipients. To facilitate this kind of contact, a communication network can be established in which communication flows are regularized between the organization and its activists, and between the activists and particular sets of members (Moe 1980: 44).

Figure 2: Communication repertoire

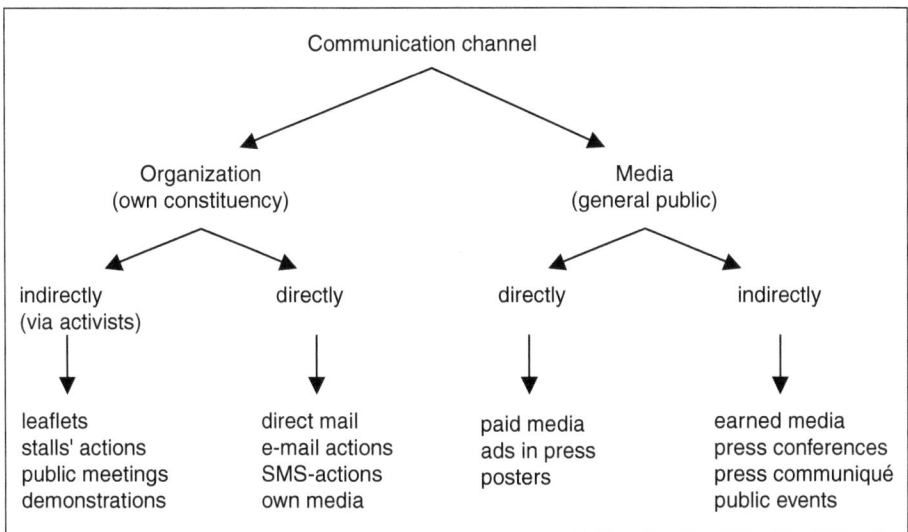

Alternatively, the campaigners can try to reach out to the public via the *media*. In an audience democracy (Manin 1995), the political actors increasingly depend on the media and the modern model of campaigning has been described as a *'media-centered model of campaigning'* (Swanson/Mancini 1996). *Directly*, political actors can reach out through paying for *ads* in the media or for *posters* in the public sphere. In reaction to negative publicity in the media, political actors have learnt how to deal with the media in an ever more sophisticated way. That is they try to find ways to reach the public directly without passing through the media (Swanson/Mancini 1996: 252): one possibility to do so is 'the news news' – popular interview programs or the use of unorthodox tv-channels such as the appearance in music channels on cable-TV. Another possibility is *political marketing* – paid political advertizing. Advertising provides a direct route to the mind of the voters, but there is, as Iyengar and McGrady (2007: 137) point out, a significant trade-off: advertising is also a much less credible messenger than news reports are. These authors provide an overview over the strategies in designing advertising campaigns. Another possibility to circumvent the media is the political communication by *internet*. Based on an analysis of on-line communication in U.S. elections, Bimber and Davis (2003) conclude that Web sites and e-mail communication serve as supplemental tools rather than as replacements for traditional campaigning (p. 143): "The effect is an integrative one: Campaigns fold the Internet's functions into traditional campaign activities." The internet mainly serves to mobilize and reinforce the actor's own constituency.

Indirectly, political actors can get into the media by *producing events* (e. g. press conferences, press releases, public assemblies, demonstrations) that the media find attractive, and on which they are going to report and comment (earned media coverage). Some of these events are explicitly staged (so called *'pseudo-events'*) for the purpose of attracting the media's attention and eventually influencing the voters' decisions. As

Iyengar and McGrady (2007: 132) point out, "the 'nuts and bolts' of press management is the strategic scheduling of events. Put simply, events must be designed and scheduled to attract maximal news coverage". The actors' strategies have to take into account the media's limited carrying capacity (Hilgartner/Bosk 1988), as well as their logic of selecting and presenting information (Mazzoleni/Schulz 1999).

Paid media coverage constitutes a particularly popular element of the action repertoire of political actors. In many countries, it does, however, have to obey regulations. The most common approach is to prohibit or regulate in some way television advertising, while allowing advertising in other media and providing free television time for longer party broadcasts during campaigns (Swanson/Mancini 1996: 258). Based on their survey of modern electoral campaigning, Swanson and Mancini (1996: 259) conclude that "control of advertising may well contain some of the elements of the contemporary model of campaigning while intensifying others". In particular, as news becomes more important when political advertising is restricted, politicians are more likely to try to manipulate journalists in order to win coverage of their campaigns.

The communication strategy of a given actor crucially depends on his *resources*. If paid media provide a very attractive communication channel for campaigners, they are expensive, and access to this channel is limited by the financial resources available. Campaigners lacking funds may depend more on their organization's own channels. They may also choose to run a more *personnel-intensive* instead of a *capital-intensive* campaign. And they may rely more heavily on the production of events with news-value, which earn them media-access.

Crafting the message

The essential element of the campaign is its *message*. Morris (1999) advises that message is more important than money, and he suggests that the key to winning any race is to come up with an affirmative message that outdistances the opponent's message. We distinguish between two kinds of strategies to bring the actors' message across – emphasis and evaluation strategies. On the one hand, the strategic campaigners may appeal to the public by selectively emphasizing the salience of certain aspects of the candidates or the issues at stake. In this case, the campaigner does not attempt to influence the public's predispositions (beliefs, considerations, values), but tries to selectively draw the public's attention to those aspects which favor his position, given the targeted public's predispositions. On the other hand, the actor may use rhetorical strategies to shape or modify the predispositions, i. e. the substantive beliefs or considerations of some targeted part of the public. This distinction between changing the evaluative content (position) of one's beliefs and changing the weight (salience) assigned to different beliefs in one's overall attitude builds on the conventional expectancy-value conception of attitudes that views an attitude toward an object (e. g. a political issue or a candidate) as the weighted sum of a series of evaluative beliefs about that object (Eagly/Chaiken 1993: 106-114). Emphasis strategies attempt to modify the weights, while evaluation strategies attempt to modify the evaluative beliefs.

While useful analytically, this distinction is, of course, difficult to maintain in the real world. As Chong and Druckman (2007: 115 f.) point out, many attitudes are fragmentary and consist of vague or ambivalent beliefs/considerations that do not form a consistent attitude. In addition to highlighting existing beliefs, messages communicated by political elites therefore often introduce considerations about a subject which are new for the public. Thus, elite communications may simultaneously constitute messages that increase the weight given to a particular issue attribute (e. g. the abuse of asylum rights) and messages that modify the evaluative content of this attribute (e. g. the existing policy is not sufficiently strict with respect to the abuse of asylum rights). For expository purposes, we shall nevertheless stick to this analytical distinction and discuss emphasis appeals first before turning to the evaluative appeals.

Emphasis appeals: crafting framing messages

We start from the assumption that information is not a scarce good, but that the scarce factor is given by the *attention* for particular information. At any given moment, the attention of the public can only be focused on a limited number of political problems. Accordingly, the *struggle for attention* among the actors in the political elite constitutes a key element of campaigning and of democratic politics more generally (Burstein 1998: vi), and *attention shifts* (Baumgartner/Jones 2002; Jones 1994) become a crucial mechanism in campaigning. In political science, Schattschneider (1988: 66) believed that "the definition of the alternatives is the supreme instrument of power". He thought that the actor who is able to define what politics is about runs the country, 'because the definition of the alternatives is the choice of conflicts, and the choice of conflict allocates power'. Riker (1984, 1986, 1996) introduced the notion of *'heresthetics'* to refer to the *art of agenda manipulation,* i. e. to the structuring of the choice situation so that the actor can win, regardless of whether or not the other participants are persuaded.

The art of agenda manipulation not only applies to electoral campaigns, but also to issue-specific campaigns, since issue-specific political decisions are typically *multi-dimensional* and often touch on so many relevant aspects that it is usually not possible to take into account all of them. In fact, most decision-makers and the general public in particular only consider a limited number of aspects. People are 'cognitive misers', whose attention is highly selective, and who ordinarily prefer heuristics when making their judgments. When asked to make a political decision, people do not consider everything they know, but only what comes to their mind, what is accessible in their memory or, according to Zaller's (1992) preferred phrase, what is 'on top of their head'. This means that strategically minded political actors can have a dramatic impact on public debates by shifting the point of reference of the debate from one aspect to the other.

In communication science, the strategy of selectively emphasizing certain aspects of an issue (i. e. 'heresthetics') has come to be known under various labels: agenda-setting, priming, or framing. *Agenda-setting* is either concerned with the salience of a given issue compared to other issues, or with the salience of issue-specific attributes (second-level agenda setting). Attribute agenda-setting posits that campaigning may not just influence what issues are covered in the media, but also how these issues are portrayed and ultimately how they are perceived and interpreted in public opinion (e. g. Kiousis et al. 2006). Similarly, *priming* refers to the determination of the standards (the issues or attributes of issues) that people use to make political choices (Iyengar/Kinder 1987: 63). Priming occurs when a campaign actor's emphasis on an issue causes voters to base their evaluations on that issue. Similarly again, *framing* refers to selecting some aspects of a perceived reality and to making them more salient in a communicating text, "in such a way as to promote a particular problem definition, causal interpretation, moral evaluation and/or treatment recommendation" (Entman 1993: 52). The frames applied in the framing process are key organizing ideas which are used for the interpretation and evaluation of different issues; frames are not identical with issues, but rather resemble belief systems that allow the actor to link different issues to each other and to give coherence to a set of idea elements (Ferree et al. 2002: 105; Dahinden 2006: 87). Assuming that framing and priming share common psychological processes – that they both increase the importance of a consideration for the actor's decision-making, the two terms can be used interchangeably (Chong/Druckman 2007: 115).

Riker (1996) had maintained that we have very little knowledge about the rhetorical content of campaigns. As Druckman and Miller (2004: 502) observe, the political psychological approach, with its focus on issue emphasis has changed this state of affairs. Compelling evidence of priming effects in the course of campaigns comes, for example, from the Canadian election study of 1988. Johnston et al. (1992) show how the free trade agreement between Canada and the US as a result of the candidates' and parties rhetorical posturing came to the forefront of the public agenda. As the campaign progressed, voters' preferences on the issue increasingly came to influence their vote choice. Rhetoric "does play an important role in campaigning, but not just by persuading people. Rhetoric also plays a role – possibly its biggest role – by directing voters towards a specific agenda and considerations surrounding that agenda" (Johnston et al. 1992: 249). Another example of a priming effect comes from a study by Sniderman et al. (2004). Their survey experiments dealing with opposition to immigrant minorities in Western Europe, focusing on the Netherlands, indicate that what they call *'situational triggers'*, i. e. essentially priming devices, mobilize support beyond the core constituency already predisposed to oppose immigration. Such 'situational triggers' point to a mechanism for 'flash' politics which are illustrated by the meteoric rise of Pim Fortuyn in the Dutch elections of 2002.

What kind of factors guides the priming and framing strategies of political actors? Riker (1996) has formulated two principles of heresthetics: The *'dominance principle'* states that 'when one side has an advantage on an issue, the other side ignores it'. According to the *'dispersion principle'*, both sides seek new and advantageous issues, when neither side has an advantage. As is observed by Sides (2006: 411), this formulation of the two principles begs the question of what provides actors with an advantage on any given issue. In order to answer this question, Sides connects the two principles to the theory of *issue ownership* which states that the advantage arises from *reputations* the actors (the parties in the case of this theory) have developed for effective policy making on certain issues. The actors (parties) have what Petrocik (1996) describes as a history of attention, initiative and innovation toward these problems, which leads voters to believe that one of them is more sincere and committed to doing something about them. Thus, 'issue ownership' appears to provide parties with the kind of advantage that Riker would describe as 'dominance'. The crucial mechanism behind this advantage is *credibility,* which is created by the accumulated historical evidence of the party activities related to the issue in question. As Scammel (1999: 729) observes: "Reputation, based on record and credible promises, is the only thing of substance that a party can promote to potential voters."

However, as Sides (2006) points out for the case of issue-ownership, instead of focusing on *different* issues, parties may also focus on a *common* set of issues that are highly salient to the public. In other words, actors may have an incentive to *'trespass'* on the opposing camp's preferred territory. Sides refers to this alternative strategy as *'riding the wave'*. The motivation for such an alternative strategy may be to appear responsive to the public's concern, regardless of a reputation or claim to 'ownership'. Actors may trespass in two different ways: either by talking about the issue in only the vaguest possible terms, or by focusing on an attribute of the issue on which they have an advantage. Sides shows in his analysis of the 1998 American presidential campaign that party ownership's impact is weak, while 'trespassing' in one or the other of these two forms is widespread. Similarly, Gilland Lutz and Marquis (2006) show that, at least in Swiss direct-democratic campaigns on European policy, the dominance principle (issue-ownership) does not play a role.

Accepting that each issue has different aspects, we can generalize the notion of 'issue ownership' to the idea of *'issue attribute ownership'*. This opens up the possibility that, depending on the attribute of the issue that becomes salient, a given issue may be owned by different actors, i. e. the dominance principle can also be applied to issue attributes. In the case of an issue-specific campaign, the two 'trespassing' strategies might then be combined: a trespasser may endorse an attribute of the issue that is widely shared in the public without becoming more specific, even if the opposing side usually has an advantage on this attribute.

To meet the challenge of adversaries, political actors may *try to avoid certain issues* altogether. As Schattschneider (1988: 69) famously observed, *'organization is the mobilization of bias*. Some issues are organized into politics while others are organized out'. Avoidance strategies include the displacement of problems, the shifting of the debate to secondary arenas, endless talking without substance and the transformation of substantive conflicts into moral ones. Such strategies may be adopted as a reaction to the strategies of the media and challengers or as an attempt to avoid issues that risk to split one's own party, coalition or elite relations. They are not limited to electoral campaigns. In addition to the basic repertoire ('stone walling', 'half-answering', 'not-remembering', 'disclosing drop by drop' or 'suddenly and overwhelmingly') the strategy of displacing problems includes also more targeted strategies attempting to undermine exclusive reports by disliked newspapers or to dilute the effect of investigative journalists' research. Direct intimidations of such journalists and complaints about them lodged with their superiors belong to such strategies as does their targeted discrediting (Esser 2000: 22). Among the techniques of issue-avoidance, we also find *actor-centered strategies* (see below), especially personalizing and negative publicity ('negative campaigning'). *Personalizing* strategies allow to distract attention from political issues. Pfetsch (1993: 100) suggests that personalizing strategies used by opponents are quite apt to thwart the intended communication effects of political actors, because such strategies correspond to the selection criteria of the media and are readily picked up.

Under which *conditions* is issue management by elites able to influence the citizens' attention, their frames and, ultimately, their attitudes? Studies of framing effects have addressed this question and typically shown that elites may impose a dominant way of thinking on the public. However, as Sniderman and Theriault (2004: 141 f.) observe, such studies suffer from unrealistic experimental settings, having 'neglected the fact that frames are themselves contestable. They have instead restricted attention to situations in which citizens are artificially sequestered, restricted to hearing only one way of thinking about a political issue'. Sniderman and Theriault's own experiments take into account that politics in a democratic society is competitive and that the framing by one actor is contested by others: they expose their interviewees to competing frames and are able to show that, rather than citizens being easily blown off course by political debate, the clash of political argument increases the chances that they will anchor their specific choices in underlying principles. They conclude that the whole body of framing studies has gone terribly wrong by overlooking politics itself, and add that, in a properly democratic polity, the clash of arguments between opposing camps has a clarifying effect on the citizens. Their point of view is supported by a series of experiments conducted by Druckman and collaborators (Druckman/Nelson 2003; Druckman 2004; Chong/Druckman 2007a).

Of particular importance for our purposes is Chong and Druckman's (2007a) finding that *the relative strength of a frame* is the most important dimension of influence, both in one-sided and in competitive conditions. Individuals are influenced to a greater degree by the stronger frame in the debate. In uncompetitive situations, individuals are prone to use whatever considerations are made accessible by the messages they receive. In contrast, in competitive contexts, the strength of the opposition frame determines the distance voters are pulled away from their values even when the frame that is congruent with those values is represented in the debate. Each side has the potential to draw voters away from its opponents using frames for its own position that may also appeal to the other side's voters. Competition increases the accessibility of a broader sample of underlying considerations and motivates individuals to deliberate on the merits of alternative interpretations. In other words, the quality of the electorate's judgments depends on the nature of political competition and, more generally, on political institutions such as the party system and the media that shape political debate.

From the strategic actor's point of view, the key question is, of course, what determines the strength of a frame. Chong and Druckman (2007b: 110) argue that we have little knowledge in this respect. They suggest that, in addition to the *credibility of its source* (Druckman 2001; Chong/Druckman 2007: 112), which we have already discussed in relation to issue ownership, the strength of a frame depends on its *resonance/ congruence with central cultural themes*. Similarly, Entman (2004: 14) maintains that the most inherently powerful frames are those 'fully congruent with schemas habitually used by most members of society', that ambiguous contested matters are more difficult to frame, and that frames incongruent with dominant schemas are blocked from spreading by common culture. More specifically, Snow and Benford (1988) have argued, that resonance is a function of the *empirical credibility* (does the framing correspond to events in the real world?), the *experiential commensurability* (does the framing correspond to the everyday experience and the common sense of the average voter?), and the *narrative fidelity* (does the framing correspond to the existing cultural models?). In other words, the resonance of a frame is expected to be greater, the greater its empirical credibility, experiential commensurability and narrative fidelity. This may explain why populist frames appealing to the sentiments of anxiety, disenchantment and ressentiment of the 'common man' and his allegedly superior common sense have an advantage over more sophisticated frames. This may also explain why introducing considerations that appeal to widespread *stereotypes* as well as to the *received wisdom* in a given society is likely to have a strong effect, while innovative, unconventional or unexpected framing is likely to have little effect at all.

In addition, the effectiveness/strength of arguments is also a function of the political sophistication of the public, which, in turn, depends on the familiarity of the issues at stake: the more familiar a project, the greater the effectiveness of argument-based reasoning. Moreover, the intensity of the campaign, i. e. argument repetition has also been shown to increase the effectiveness of arguments (Kriesi 2005: 184 ff.).

Evaluative appeals: crafting persuading messages

Strategies attempting to influence the evaluative positioning of the public can be defined as the instrumental use of rhetorical devices to persuade others of one's own claims. Such strategies can either appeal to *systematic* or to *peripheral information processing*. As is well known, persuasion is either mediated by detailed processing of arguments, or it works through processes of classical conditioning or mere exposure. Dual-process theories integrate both systematic processing and persuasion processes that are not based on systematic analysis of message arguments (Stroebe 2007). In addition to the distinction between argument-based and heuristic strategies, it is useful to distinguish between *positive and negative persuasive appeals*. The combination of these two distinctions leads to the classification of rhetorical appeals presented in *Table 2*. Arguments are the most elaborated form of appeals, followed by emotions and endorsements.

Let us first look at systematic appeals, i. e. at the use of *arguments*. In his analysis of the ratification campaign for the American Constitution in 1787/88, Riker (1996) observed that much of the arguments exchanged between the Federalists and the Antifederalists were *negative*, which he tried to explain by making reference to theories of decision making under risk. To appeal negatively is to point out the danger implicit in

Table 2: Classification of rhetorical appeals

General direction	Degree of elaboration			
	Systematic appeals (central): arguments	Emotional appeals	Heuristic appeals (peripheral)	
			Actor-centered	Decision-rules
Positive	In support of one's own position	Enthusiasm	Endorsing	Trust heuristic
Negative	Against adversary's position	Anxiety/fear	Stigmatising/ discrediting/ blaming	Distrust heuristic, populist anti-elitism

the opponent's program, while not emphasizing the advantages of the campaigner's own program. Riker's idea is that 'an important element of campaigning consists of exploiting voters' attitudes toward risk' (p. 66). Speakers emphasize dangers rather than advantages because they believe some voters to be extremely risk averse. The emphasis on negative arguments, he believes, speaks to three groups of voters, and is, therefore attractive to the campaigner: It encourages the uninvolved to think about the choice to be made and to be activated into voting; it encourages the serious, but uninformed (part of the scorekeepers) to choose by the criterion of minimizing maximum regret (i. e. to vote against the implied risks of the adversary's position), and it is also appropriate for the utility maximizers in the group of scorekeepers: negative appeals increase the cost of the adversary's position, whereas positive appeals are likely to reach only the irrelevant audience already committed to the speaker. Accordingly, Riker (1996: 74) states: 'Given potential marginal voters who are uncertain or indifferent, rhetors emphasize extreme and objectively improbable dangers in the opponents' program'.

In this respect, we should, however, distinguish between the defenders of the status quo (SQ) and the reformers (Riker 1996: 68 f.). The camp defending the SQ has typically nothing to defend positively. The SQ is visible to all and not subject to transformation by rhetorical reinterpretation. Defenders of the SQ thus may devote almost all of their effort to negative arguments against the reformers. They typically use what Hirschman (1991) has called the *rhetoric of reaction*, which makes three types of negative arguments against reform: it points out the danger ('jeopardy'), futility and even perversity of the reform. It does not make a difference, whether the defenders of the SQ are on the right or on the left; the structural setting of the campaign induces them to use this kind of negative rhetorical strategy.

The reformers offer an alternative to the SQ that is not completely understood and is vulnerable, therefore, to deliberate distortion by the defenders of the SQ. Although the reformers' campaign may be mostly negative, it must also contain some positive elements. The SQ-modifying-campaigns of reformers have, on the one hand, to point out the deficiencies of the SQ, and, on the other hand, to maintain that the reform proposal constitutes an opportunity to do something about these deficiencies and that the proposed reforms will be effective. They find themselves in a similar situation as a protest movement that has to provoke a change in consciousness in its constituency. As Piven and Cloward (1977: 3 f.) argue, such a change in consciousness involves a loss of legitimacy of the SQ, a sense that change is necessary, as well as a sense of efficacy, i. e. a sense that one can do something about the unsatisfactory state of affairs. Accordingly, the reformers typically use the *rhetoric of change* (Gamson/Meyer 1996), which also makes three types of arguments: it points out the *urgency* of reform (i. e. it attacks the deficiencies of the SQ), the *opportunity for 'agency'* (i. e. the window of opportunity), and the *'new possibilities'* (i. e. the available solution).

In addition to being positive or negative, arguments can be of three types: they can be pragmatic, ethical, or moral (Habermas 1991: 100-118; 1992: 196 ff.). *Pragmatic* arguments justify an actor's position with reference to the expected output. They refer to the standard of efficiency. In an *ethical* argument, justification relies on a particular conception of the collective identity and a particular idea of the values (the 'good life') represented by a specific community. *Moral* arguments rely on universal standards of justice, mutually recognized rights, regardless of the utility for a given actor or the specific values or the perceptions of the 'good life' embedded in the community in question. The utilitarian argument has much in common with the logic of consequence, while the ethical and moral arguments are related to the logic of appropriateness (March/Olson 1989). Actors of different ideological persuasion are likely to make different use of these three types of arguments: we expect governmental coalitions and moderates to privilege pragmatic arguments, the left to argue in universalistic, moralistic terms, and the conservatives and the new populist right to reason in ethical terms, i. e. in terms of collective (national) identity and community values.

Just as in the case of issue-framing, the effectiveness/strength of arguments depends on their resonance with the predispositions of the general public and we need not repeat what we have said in the previous section.

Surprisingly, the role of *emotional appeals* in political campaigns has largely been ignored by political scientists so far. Emotional appeals are communications intended to elicit an emotional response from the public. Such appeals can elicit either positive or negative emotional responses – either enthusiasm, hope, pride or fear, anxiety, disgust, anger, hatred, resentment and contempt. The distinction between cognitive arguments or frames and emotional appeals is not as clear-cut as it may seem at first sight. On the one hand, arguments are often making implicit emotional appeals. Thus, pointing out the danger of the opponent's proposals is not only designed to appeal to systematic thinking, but to arouse negative emotions as well. Or, as Goodwin et al. (2001: 6) suggest, certain kinds of arguments (frames) attempt to mobilize the public, which seems to have a great deal to do with emotions. On the other hand, emotional appeals may incite actors to process information more systematically. Psychologists have found that positive emotions reinforce habitual commitments, while fear interrupts persons' habits, increases their motivation to learn, to know more about the issues and candidates, and makes them more likely objects of persuasion (Marcus et al. 2000: 61). Campaigners must weave together a cognitive and emotional package of appeals (Goodwin et al. 2001: 16).

Appeals to *positive emotions* seem to be particularly instrumental for the mobilization of one's own constituency. They increase the interest in the campaign and the willingness to vote, and they activate pre-existing preferences. This is, for example, shown by Brader's (2005) experimental study of the effects of campaign ads which use images and music to manipulate emotions. Appeals to *negative emotions,* by contrast, seem to be well suited to sway the uncommitted scorekeepers and the adversaries' constituency. In this respect, the important point is that the quality of the voters' judgment does not depend so much on whether they feel themselves to be threatened but whether they feel their standing decisions are threatened (Marcus et al. 2000: 118). In other words, partisans of one's own constituency who find the candidate/the issue-specific position of the adversary's camp dangerous tend to experience emotions of 'politics as usual', i. e. their standing decisions are not threatened. When they are disturbed by the candidate or the issue-specific position of their own camp, however, their emotions signal a need for closer scrutiny and a more conscious political decision. Therefore, undermining the credibility of the adversaries' position seems to be a strategy particularly well suited to destabilize and eventually win over members of their constituency.

The distinction between argument-based and *heuristic appeals* is also not as clear-cut as is generally assumed. Some arguments are so simplistic as to come close to heuristic decision-rules (e. g. 'the proposal is too expensive'). We need to develop a measure for the degree of elaboration (the 'quality') of an argument. Such a measure could take into account features of the argument such as its length (number of words), whether or not it is supported by examples and statistics (including graphical presentation of statistics), whether or not it is illustrated by pictures, whether or not it gives qualified justifications (see Steiner et al. 2004: 43-73).

Heuristic appeals proper may be *actor-centered* or *rule-based*. Both can again either be negative or positive. Endorsements by prominent and prestigious actors are examples of positive actor-centered appeals, stigmatization or discrediting illustrate negative actor-centered appeals. Rule-based heuristic appeals invoke the expertise, competence or trustworthiness of the authorities and the decision-making procedures they apply, or, by contrast, criticize the authorities and the decision-making procedures for their lack of trustworthiness. Negative rule-based appeals are typical for populist challengers. As Mény and Surel (2002: 11 f.) have observed, the common denominator of populist movements puts an emphasis on the fundamental role of the people, claims that the people have been betrayed by those in charge, i. e. the elites are accused of abusing their position of power, and that the primacy of the people has to be restored. Negative campaigning in which one side directly attacks or seeks to discredit its opponents is becoming increasingly widespread. Since the credibility of the actors is an important determinant of the strength of their framing, undermining their credibility becomes an important strategy. In turn, as Iyengar and Simon (2000: 161) observe, 'practitioners generally acknowledge that it is the response of the attacked candidate that is more important. Generally, the attacked candidate is thought to suffer if he or she fails to rebut or otherwise discredit the attack'.

Commercial media create powerful new techniques of representation and audience creation. One of the most important of these techniques is *personalization*. By highlighting the role of personalities, the media enhance the focus on party leaders and chief executives – a focus that is further reinforced by other structural changes in contemporary politics (the internationalization of politics and the need for coordination of the institutional fragments of the state). Moreover, dominant frames of politics in contemporary journalism are strongly biased towards *negativism* (Newton 1999: 318). They stress struggle rather than compromise, division rather than unity, bad news (about costs, defeats, failures, dangers, crises, sex and scandal, death and disaster, political incompetence and corruption, anything else that is sensational) rather than good news (benefits, triumphs, success-stories, opportunities, solutions). Mass media contribute to the 'spectacularization' of political communication formats, and they marry the language of politics with that of advertising, PR and show business (Mazzoleni/Schulz 1999).

Given their dependence on the mass media for reaching the public, and given that personalization and negativism – whether in terms of systematic arguments, emotional appeals (Jerit 2004: 567) or actor-centered cues – have become a selling option for the news media, we can expect that both positive and negative actor-centered cues and negative appeals more generally are widely used by campaigners. More specifically, since the reformers must provide some positive appeals to make their case, we suggest that they are particularly likely to rely on (positive) endorsements by key political personalities. By contrast, since defenders of the SQ do not have to provide any positive arguments, they are more likely to go negative systematically, as well as emotionally and heuristically. Finally, actors may adapt their rhetorical strategies according to the communication channel or the public they target.

Both positive and negative rhetoric may tend to *overselling* (Lowi 1969: 174-186): the negative version of oversell exaggerates the threat: it 'is essentially the attempt to create the moral equivalent of war. It is the conversion of interactions into incidents, incidents into challenges, challenges into threats and threats into crises'. Overselling implies the escalation of meanings. The danger of this kind of action is that it may be turned on at will, but cannot so easily be turned off. In its positive version, oversell exaggerates the qualities of the remedy. The danger of this kind of oversell is that when experiments are sold as sure things and specialized solutions are sold as cure-alls, frustration and failure are inevitable. An experiment may be partially successful, but after oversell partial success seems like a failure. Failure leads to distrust and frustration, which lead to more oversell and to further verbal excesses, as superlatives become ordinary through use. The worst possible abuse of oversell, Lowi (1969: 180) maintained, is the rhetoric of victory. 'It is the last stage before the end of politics', he wrote gloomily – several decades before the time of George W. Bush.

Conclusion

We have made an attempt to provide a framework for the analysis of the political actors' strategies in political campaigns, whether electoral, direct-democratic or altogether unconventional. This framework is based on three assumptions that need to be tested empirically. One, it assumes that the citizen public normally does not pay much attention to politics and knows little about it, but that large parts of the public are ready to learn about the candidates and issues submitted to the vote, once the voting date approaches. Two, our framework assumes that the political actors heavily rely on the media to reach the citizen public, i. e. to get its attention for their messages and eventually to win its support. Three, we assume that the political actors who make the strategic choices are embedded in a context with institutional, cultural, issue-specific, and actor-specific aspects, which all are decisive for the choices they are likely to make.

Against this background, we have conceptually divided the possible strategic choices into two subsets – concerned with mobilizing and with crafting of the message. Mobilizing choices include decisions about timing, targeting and choosing the communication channels. Crafting the message refers to decisions about agenda-building (priming, framing) and the choice of persuasive rhetorical strategies. Since we regard the message as the key component of the campaign strategy, we spent more time on the second set of choices. We have formulated a number of hypotheses about the possible determinants, and the likely effects of the various choices involved in mobilizing and crafting of the message, at the level of the public sphere as well as at the level of the citizen public. Given that little is known yet about the interdependence of these various choices, we have formulated our hypotheses for each one of them separately.

References

Arceneaux, Kevin, 2005: Do Campaigns Help Voters Learn? A Cross-National Analysis, in: British Journal of Political Science 36, 159-173.
Baumgartner, Frank R./Jones, Bryan D., 2002: Policy Dynamics. Chicago.
Bimber, Bruce/Davis, Richard, 2003: Campaigning Online. The Internet in U.S. Elections. Oxford.
Brader, Ted, 2005: Striking a Responsive Chord: How Political Ads Motivate and Persuade Voters by Appealing to Emotions, in: American Journal of Political Science 49, 388-405.
Burstein, Paul, 1985: Discrimination, Jobs, and Politics: The Struggle for Equal Employment Opportunity in the United States in the New Deal. Chicago.
Campus, Donatella, 2006: The 2006 Election: More than Ever, a Berlusconi-centered Campaign, in: Journal of Modern Italian Studies 11, 516-531.
Chong, Dennis/Druckman, James N., 2007: Framing Theory, in: Annual Review of Political Science 10, 103-26.
Chong, Dennis/Druckman, James N., 2007a: Framing Public Opinion in Competitive Democracies, in: American Political Science Review 101, 637-656.
Chong, Dennis/Druckman, James N., 2007b: A Theory of Framing and Opinoin Formation in Competitive Elite Environments, in: Journal of Communication 57, 99-118.
Cox, Gary W., 1999: Electoral Rules and the Calculus of Mobilization, in: Legislative Studies Quarterly 24, 387-420.
Dahinden, Urs, 2006: Framing. Eine integrative Theorie der Massenkommunikation. Konstanz.
Druckman, James N., 2001: On the Limits of Framing Effects: Who Can Frame?, in: The Journal of Politics 63, 1041-1066.
Druckman, James N., 2004: Political Preference Formation: Competition, Deliberation, and the (Ir)relevance of Framing Effects, in: American Political Science Review 98, 671-686.
Druckman, James N./Miller, Joanne M., 2004: The Political Psychology of Electoral Campaigns: Introduction to the Symposium, in: Political Psychology 25 (4), 501-506.
Druckman, James N./Nelson, Kjersten R., 2003: Framing and Deliberation: How Citizens' Conversations Limit Elite Influence, in: American Journal of Political Science 47, 729-745.
Eagly, Alice H./Chaiken, Shelly, 1993: The Psychology of Attitudes. New York.
Entman, Robert M., 1993: Framing: Toward Clarification of a Fractured Paradigm, in: Journal of Communication 43, 51-58.
Entman, Robert M., 2004: Projections of Power. Framing News, Public Opinion, and U.S. Foreign Policy. Chicago.
Esser, Frank, 2000: Spin doctoring. Rüstungsspirale zwischen politischer PR und politischem Journalismus, in: Forschungsjournal Neue Soziale Bewegungen 13, 17-24.
Farrell, David M., 1996: Campaign Strategies and Tactics, in: LeDuc, Lawrence/Niemi, Richard G./Norris, Pippa (Eds.), Comparing Democracies: Elections and Voting in Global Perspective. Thousand Oaks, 160-183.
Ferree, Myra M./Gamson, William A./Gerhards, Jürgen/Rucht, Dieter, 2002: Shaping Abortion Discourse. Democracy and the Public Sphere in Germany and the United States. Cambridge.
Finkel, Steven E., 1993: Re-examining the 'Minimal Effects' Model in Recent Presidential Campaigns, in: Journal of Politics 55, 1-21.
Fournier, Patrick/Cutler, Fred/Soroka, Stuart/Lyle, Greg, 2004: Who Responds to Election Campaigns? The Two-Mediator Model Revisited. Montréal.
Gamson, William A./Meyer, David S., 1996: Framing Political Opportunity, in: McAdam, Doug/McCarthy, John D./Zald, Mayer N. (Eds.), Comparative Perspectives on Social Movements. Political Opportunities, Mobilizing Structures, and Cultural Framings. Cambridge, 275-290.
Gelman, Andrew/King, Gary, 1993: Why are American Presidential Election Campaign Polls So Variable When Votes are So predictable?, in: British Journal of Political Science 23, 409-51.
Gilland Lutz/Marquis, Karin/Marquis, Lionel, 2006: Campaigning in a Direct Democracy: Three Case Studies, in: Swiss Political Science Review 12, 63-81.
Giugni, Marco G., 1998: Was it Worth the Effort? The Outcomes and Consequences of Social Movements, in: Annual Review of Sociology 24, 371-393.

Goodwin, Jeff/Jasper, James M./Polletta, Francesca, 2001: Why Emotions Matter, in: *Goodwin, Jeff/Jasper, James M./Polletta, Francesca* (Eds.), Passionate Politics. Emotions and Social Movements. Chicago, 1-24.
Habermas, Jürgen, 1981: Theorie kommunikativen Handelns, Band 1. Frankfurt a. M.
Habermas, Jürgen, 1991: Erläuterungen zur Diskursethik. Frankfurt a. M.
Habermas, Jürgen, 1992: Faktizität und Geltung. Beiträge zur Diskurstheorie des Rechts und des demokratischen Rechtsstaats. Frankfurt a. M.
Hilgartner, Stephen/Bosk, Charles L., 1988: The Rise and Fall of Social Problems: A Public Arenas Model, in: American Journal of Sociology 94, 53-78.
Hirschman, Albert O., 1991: The Rhetoric of Reaction. Cambridge.
Iyengar, Shanto/Kinder, Donald R., 1987: News that Matter. Chicago.
Iyengar, Shanto/McGrady, Jennifer A., 2007: Media Politics. A Citizen's Guide. New York.
Iyengar, Shanto/Simon, Adam F., 2000: New Perspectives and Evidence on Political Communication and Campaign Effects, in: Annual Review of Psychology 31: 149-169.
Jasper, James M., 2004: A Strategic Approach to Collective Action: Looking for Agency in Social-Movement Choices, in: Mobilization 9, 1-16.
Jasper, James M., 2006: Getting Your Way. Strategic Dilemmas in the Real World. Chicago.
Jerit, Jennifer, 2004: Survival of the Fittest: Rhetoric During the Course of an Election Campaign, in: Political Psychology 25, 563-575.
Johnston, Richard/Blais, Andre/Brady, Henry E./Cret, Jean, 1992: Letting the People Decide: Dynamics of a Canadian Election. Standford.
Jones, Bryan D./Baumgartner, Frank R., 2005: The Politics of Attention. How Government Prioritizes Problems. Chicago.
Kiousis, Spiro/Mitrook, Michael/Wu, Xu/Seltzer, Trent, 2006: First- and Second-Level Agenda-Building and Agenda-Setting Effects: Exploring the Linkages Among Candidate News Releases, Media Coverage, and Public Opinion During the 2002 Florida Gubernatorial Election, in: Journal of Public Relations Research 18, 265-285.
Kitschelt, Herbert, 1994: The Transformation of European Social Democracy. Cambridge.
Koopmans, Ruud/Statham, Paul, 1999: Ethnic and Civic Conceptions of Nationhood and the Differential Success of the Extreme Right in Germany and Italy, in: *Giugni, Marco/McAdam, Doug/Tilly, Charles* (Eds.), How Social Movements Matter. Minneapolis, 225-51.
Kriesi, Hanspeter, 2005: Direct Democratic Choice: The Swiss Experience. Lanham.
Kriesi, Hanspeter/Frey, Tim/Milic, Thomas/Rüegg, Erwin, 2003: Analyse des Meinungsbildungs- und Entscheidungsprozesses zum EMG. Bern.
Lachat, Romain/Sciarini, Pascal, 2002: When do Election Campaigns Matter, and to Whom? Results from the 1999 Swiss Election Panel Study, in: *Farrel, David M./Schmitt-Beck, Rüdiger* (Eds.), Do Political Campaigns Matter? London, 41-57.
Lowi, Theodore J., 1969: The End of Liberalism. Ideology, Policy, and the Crisis of Public Authority. New York.
Manin, Bernard, 1995: Principes du gouvernement représentatif. Paris.
March, James G./Olson, Johan P., 1989: Rediscovering Institutions. New York.
Marcus, George E./Neuman, W. Russell/MacKuen, Michael, 2000: Affective Intelligence and Political Judgments. Chicago.
Mazzoleni, Gianpietro/Schulz, Winfried, 1999: Mediatization of Politics: A Challenge for Democracy?, in: Political Communication 16, 247-261.
Mény, Yves/Surel, Yves, 2000: Par le peuple, pour le peuple. Le populisme et les démocraties. Paris.
Moe, Terry M., 1980: The Organization of Interests. Incentives and the Internal Dynamics of Political Interest Groups. The University of Chicago Press.
Morrow, James D., 1994: Game Theory for Political Scientists. Princeton: Princeton University Press.
Nadeau, Richard/Nevitte, Neil/Gidengil, Elisabeth/Blais, André, 2001: Election Campaigns as Information Campaigns: Who Learns What and with What Effect? Montréal.
Newton, Ken, 1999: Mass Media Effects: Mobilization or Media Malaise?, in: British Journal of Politics 29, 577-599.

Perron, Louis, 2007: How to Overcome the Power of Incumbency in Election Campaigns. Unpubl. PhD-thesis, Dept. of Political Science, University of Zurich.
Petrocik, John R., 1996: Issue Ownership in Presidential Elections, with a 1980 Case Study, in: American Journal of Political Science 40, 825-850.
Pfetsch, Barbara, 1993: Strategien und Gegenstrategien – Politische Kommunikation bei Sachfragen. Eine Fallstudie aus Baden-Württemberg, in: *Donsbach, Wolfgang* et al. (Eds.), Beziehungsspiele – Medien und Politik in der öffentlichen Diskussion. Fallstudien und Analysen. Gütersloh, 45-110.
Piven, Frances F./Cloward, Richard A., 1977: Poor People's Movements. Why They Succeed, How They Fail. New York.
Przeworski, Adam, 1986: Some Problems in the Study of the Transition to Democracy, in: *O'Donnell, Guillermo/Schmitter, Philippe C./Whitehead, Laurence* (Eds.), Transition from Authoritarian Rule. Comparative Perspectives. Baltimore, 47-63.
Riker, William H., 1984: The Heresthetics of Constitution-Making: The Presidency in 1787, with Comments on Determinism and Rational Choice, in: American Political Science Review 78, 1-16.
Riker, William H., 1986: The Art of Political Manipulation. New Haven.
Riker, William H., 1993: Rhetorical Interaction in the Ratification Campaigns, in: *Riker, William H.* (Ed.), Agenda Formation. Ann Arbor, 81-123.
Riker, William H., 1996: The Strategy of Rhetoric. Campaigning for the American Constitution. New Haven.
Rohrschneider, Robert, 2002: Mobilizing versus Chasing: How Do Parties Target Voters in Election Campaigns?, in: Electoral Studies 21, 367-382.
Scammel, Margret, 1999: Political Marketing: Lessons for Political Science, in: Political Studies 47, 718-739.
Schattschneider, E. E., 1988 (1960): The Semisovereign People. A Realist's View of Democracy in America. London.
Schmitt-Beck, Rüdiger/Farrel, David M., 2002: Studying Political Campaigns and their Effects, in: *Farrel, David M./Schmitt-Beck, Rüdiger* (Eds.), Do Political Campaigns Matter? London, 1-21.
Sides, John, 2006: The Origins of Campaign Agendas, in: British Journal of Political Science 36, 407-436.
Sniderman Paul M./Levendusky M., 2007: An Institutional Theory of Political Choice, in: *Dalton, Russell/Klingemann, Hans-Dieter* (Eds.), Oxford Handbook of Political Behavior. Oxford, 437-456.
Sniderman, Paul M./Hagendoorn, Louk/Prior, Markus, 2004: Predisposing Factors and Situational Triggers: Exclusionary Reactions to Immigrant Minorities, in: American Political Science Review 98, 35-50.
Sniderman, Paul M./Theriault, Sean, 2004: The Structure of Political Argument and the Logic of Issue Framing, in: *Saris, Willem E./Sniderman, Paul M.* (Eds.), Studies in Public Opinion: Attitudes, Nonattitudes, Measurement Error, and Change. Princeton.
Steinberg, Marc W., 1999: The Talk and Back Talk of Collective Action: A Dialogic Analysis of Repertoires of Discourse among Nineteenth-Century English Cotton-Spinners, in: American Journal of Sociology 105, 736-80.
Steiner, Jürg/Bächtiger, André/Spörndli, Markus/Steenbergen, Marco R., 2004: Deliberative Politics in Action. Analyzing Parliamentary Discourse. Cambridge.
Stimson, James A., 2004: Tides of Consent. How Public Opinion Shapes American Politics. Cambridge.
Stroebe, Wolfgang, 2007: Strategies of Attitude and Behavior Change, in: *Jonas, Klaus/Stroebe, Wolfgang/Hewstone, Miles* (Eds.), Sozialpsychologie. 5. Auflage, Berlin, 225-264.
Swanson, David L./Mancini, Paolo, 1996: Patterns of Modern Electoral Campaigning and Their Consequences, in: *Swanson, David L./Mancini, Paolo* (Eds.), Politics, Media and Modern Democracy: An International Study of Innovations in Electoral Campaigning and Their Consequences. London, 247-276.
Tilly, Charles, 1978: From Mobilization to Revolution. Addison-Wesley.
Tilly, Charles, 1986: The Contentious French. Cambridge.

Tilly, Charles, 1995: Popular Contention in Great Britain. 1758-1834. Cambridge.
Tversky, Amos/Kahneman, Daniel, 1981: The Framing of Decisions and the Psychology of Choice, in: Science 211, 453-458.
Tversky, Amos/Kahneman, Daniel, 1987: Rational Choice and the Framing of Decisions, in: Hogarth, Robin M./Reder, Melvin W. (Eds.), Rational Choice. Chicago.
Zaller, John R., 1992: The Nature and Origin of Public Opinion. Cambridge.

Entmedialisierung durch Neue Digitale Medien?
Direkte Wählerkommunikation im WWW aus der Sicht von Abgeordneten des Deutschen Bundestages*

Thomas Zittel

Neue digitale Medien wie das World Wide Web (WWW) eröffnen weitreichende Chancen zur direkten Kommunikation zwischen Wählern und Gewählten. Die Massenmedien können durch das WWW in ihrer Rolle als zentrale Instanzen in der Politikvermittlung umgangen werden. Der vorliegende Beitrag argumentiert, dass die neuen medientechnischen Gelegenheiten eine notwendige aber keine hinreichende Voraussetzung für entsprechende Nutzungsentscheide auf Seiten der Gewählten darstellen. Vielmehr gehe ich davon aus, dass Abgeordnete die neuen Medien im Zuge strategischer Kommunikation zur Anwendung bringen. Ich gehe weiter davon aus, dass die strategischen Kalküle von Abgeordneten sowohl durch medientechnische wie durch wahlsystemische Anreize bestimmt sind.

Der vorliegende Aufsatz untersucht die Kommunikationsstrategien von Abgeordneten im WWW aus der Akteursperspektive. Als Grundlage für die empirische Analyse dienen 27 Interviews, die im August und September des Jahres 2004 im Deutschen Bundestag durchgeführt wurden. Die relativ geringe Fallzahl lässt keine generalisierbaren Aussagen zu den Formen der Mediennutzung und ihren Bestimmungsgründen zu. Das kann als Nachteil der gewählten Methode im Vergleich zu einer quantifizierenden Analyse der Inhalte der elektronischen Wählerkommunikation gesehen werden. Die gewählte Methode besitzt jedoch auch relative Vorteile und Stärken, die sich an zwei Punkten festmachen lassen. Erstens können über Akteurswahrnehmungen solche *Wirkungsprozesse und -mechanismen* rekonstruiert und differenziert beschrieben werden, die zwischen Struktur- und Handlungsebene vermitteln. Die Zusammenhänge zwischen spezifischen medientechnischen Gelegenheiten, wahlsystemischen Anreizen und Nutzungsentscheidungen können auf diese Weise genauer in ihrer Kausalität untersucht werden. Zweitens kann über die qualitative, akteursbezogene Analyse das neue Phänomen der Wählerkommunikation im WWW in seiner *Bedeutung* besser erfasst werden als dies bei quantifizierende Ansätzen möglich wäre, die alleine auf die Ebene der Medieninhalte zielen.

Aus den vorausgehenden Bemerkungen folgt, dass es in der vorliegenden Untersuchung nicht vorrangig um die Frage der objektiven Nutzung des WWW in der Wählerkommunikation geht. Vielmehr wird es um die Fragen gehen, welche Motivationen

---

* Die empirischen Daten für diese Analyse wurden im Rahmen des DFG geförderten Projekts „Repräsentation und Repräsentative Demokratie in der vernetzten Gesellschaft" erhoben (ZI 608/3-1). Das Projekt war am Mannheimer Zentrum für Europäische Sozialforschung (MZES) angesiedelt. Ich bedanke mich bei der DFG und dem MZES für die gewährte Unterstützung. Ich bin auch den vielen Abgeordneten im Deutschen Bundestag zu Dank verpflichtet, die mir ihre knappe Zeit zur Verfügung gestellt haben.

und Ziele dem Nutzungsverhalten von Abgeordneten zugrunde liegen, welche Prozesse der Technikwirkung sich in diesen Motivationen spiegeln, und welche Bedeutung das Internet als Medium der Wählerkommunikation für die Abgeordneten besitzt. Der Zeitpunkt der Befragung, der einige Jahre zurück liegt, stellt im Licht des genannten Erkenntnisinteresses kein Problem dar. In der vorliegenden Analyse geht es nicht um die Dokumentation kurzfristiger Moden in der Internetnutzung. Es geht vielmehr um die Identifikation langfristig wirksamer Faktoren, die sich mit der Nutzung von Online-Medien im parlamentarischen Raum verbinden, und die sowohl zur Prognose der weiteren Entwicklung beitragen können, wie zu ihrem genaueren Verständnis.

Der vorliegende Beitrag ist in vier Teile gegliedert: ich werde erstens das Konzept der direkten digitalisierten Wählerkommunikation in den Rahmen der Debatte um die Medialisierung der Politik einordnen; in einem zweiten Schritt werde ich ein Modell direkter digitaler Wählerkommunikation entwerfen, durch das die Handlungsoptionen von Abgeordneten und ihre zentralen Bestimmungsfaktoren systematisch beschrieben werden sollen; in einem dritten Schritt werde ich die Befunde meiner Abgeordnetenbefragung auf der Grundlage meiner theoretischen Überlegungen vorstellen; der Beitrag schließt viertens mit einem kurzen Fazit zu der aufgeworfenen Frage, ob neue digitale Medien zu einer Entmedialisierung der Wählerkommunikation beitragen.

Direkte Wählerkommunikation im WWW und Medialisierung

Das Konzept der Medialisierung bezeichnet nach Mazzoleni und Schulz (1999: 259) die Adaption der Strukturen und Funktionsweisen der Politik an die Bedürfnisse der Massenmedien.[1] Es basiert laut Kepplinger (2002: 972) auf einer ebenso realen wie dramatischen Entwicklung im Bereich der Strukturen der Politikvermittlung. Den Massenmedien wird hier eine zunehmende Dominanz bescheinigt bei einem gleichzeitigen Bedeutungsverlust direkter Mechanismen der Vermittlung zwischen Wählern und Gewählten. Kepplinger stützt seine These für die Bundesrepublik Deutschland u. a. auf die Beobachtung, dass sich die Auflage der Tageszeitungen seit 1949 verdreifacht hat und dass die Zahl der Fernsehgeräte im gleichen Zeitraum auf 35 bis 40 Millionen angestiegen ist. Den gleichzeitigen Zerfall direkter Kommunikationskanäle wie der Parteipresse oder der kirchlich gebundenen Presse interpretiert der Autor als Entwicklung, die komplementär zu dem Bedeutungszugewinn der Massenmedien verläuft. Die Befunde der Parteienforschung, die auch für die Bundesrepublik ein stetiges Absinken der Zahl an Parteimitgliedern dokumentieren (vgl. z. B. Mair/van Bienzen 2001), ergänzen das Bild einer zunehmenden monopolartigen Stellung der Massenmedien in der Vermittlung zwischen Wählern und Gewählten.

Die gesteigerte Rolle der Massenmedien in der Politikvermittlung hat aufgrund ihrer spezifischen Funktionsweisen Bedeutung für politische Öffentlichkeit und damit für

---

1 Die Begriffe der Medialisierung und der Mediatisierung werden in der einschlägigen Literatur synonym für den gleichen Sachverhalt genutzt, nämlich die zunehmende Bedeutung einer massenmedial induzierten Handlungslogik für den Bereich des politischen Handelns. Da die Massenmedien jedoch keineswegs die einzige intermediäre Struktur darstellen, die gesellschaftliche Interessen mediatisiert, erscheint mir der Begriff der Medialisierung treffender.

Demokratie. Die Demokratie wird zur Mediendemokratie, weil sich die Massenmedien im Prozess der Politikvermittlung nicht neutral zu ihr verhalten. In den einschlägigen Deutungsangeboten überwiegt dabei das kritische Moment. Wassermann (1986) beklagt in seiner These von der Zuschauerdemokratie z. B. die mangelnde Interaktivität der massenmedialen Kommunikation, die den Bürger zunehmend zum Konsumenten von Politik werden lässt, statt zu einem aktiven Teilnehmer. Damit verbunden sieht er die Tendenz zur Personalisierung und zur „Boulevardisierung von Politik", die auch Postman (1985) zu einem zentralen Gegenstand seiner Medienkritik macht. Edelman (1988: 12-36) argumentiert, dass die Massenmedien vorrangig an Konflikten interessiert sind und Meldungen entweder nach ihrem entsprechenden Nachrichtenwert selegieren, oder aber Nachrichten in entsprechender Form darbieten bzw. konstruieren. Blumler und Gurevitch (1995) sehen die „Krise der politischen Kommunikation" durch die Tendenz der Massenmedien bedingt, immer mehr Themen für eine immer kürzere Zeitspanne aufzugreifen, und in immer oberflächlicherer Weise darüber zu berichten.

Der „Clou" der Medialisierungsthese liegt in der Annahme, dass die spezifischen Aufmerksamkeitsregeln der Massenmedien nicht nur das Handeln von Medienorganisationen in der genannten Weise prägen, und auf diesem Wege den Prozess der Politikvermittlung. Vielmehr argumentiert die Medialisierungsthese darüber hinausgehend, dass die Struktur- und Handlungslogiken der Politik im Zuge der Suche nach Medienpräsenz durch die Aufmerksamkeitsregeln der Massenmedien kontaminiert werden. Das Konzept der Medialisierung rückt damit das Konzept der Mediendemokratie in eine neues Licht. In seiner optimistischen Lesart, die von Autoren wie Page (1996: 6 f.) vertreten wird, stellen politische Eliten als Akteure politischer Kommunikation ein Gegengewicht zu den Massenmedien und den in diesem Zusammenhang dominanten Aufmerksamkeitsregeln dar. Das Medialisierungskonzept in der Variante von Mazzoleni/ Schuz (1999) nimmt dahingegen eine pessimistische Sichtweise ein. Die eigenständige Rolle politischer Eliten geht aus dieser Perspektive im Zuge des Medialisierungsprozesses verloren. Dies geschieht durch die konsequente Übernahme der Aufmerksamkeitsregeln der Massenmedien durch die Politik. Eine solche Entwicklung hat konkrete, empirisch erfahrbare Folgen auf der Ebene der Inhalte wie die Strukturen politischer Kommunikation.[2]

Die Veränderung politischer Kommunikation im Zuge von Medialisierung wird von Sarcinelli (1994) oder später von Korte und Hirscher (2000) mit dem Begriffspaar der Darstellungs- und der Entscheidungspolitik erfasst. Politische Eliten bilden in ihrem Kommunikationsverhalten aus der Sicht dieser Autoren vermehrt Strategien der Außendarstellung aus, die in ihren Inhalten erstens den Bedürfnissen der Massenmedien nach Personalisierung gerecht werden wollen, und die zweitens wenig mit der Realität politischer Entscheidungsprozesse und den damit verbundenen Politikinhalten zu tun haben. Sarcinelli (1994: 43) sieht politische Kommunikation in diesem Zusammenhang zunehmend durch „unpolitische Sympathiewettbewerbe zwischen politischen Stars" im Gegensatz zu sachbezogenen Auseinandersetzungen um politische Themen bestimmt.

---

2 Für eine optimistischere Deutung des Konzepts der Medialisierung siehe Marcinkowski/Steiner (2009).

Die Veränderung der Strukturen politischer Kommunikation durch Medialisierung berührt u. a. die konkreten Kommunikationsstrategien von Abgeordneten. Kepplinger (2002) geht in diesem Zusammenhang davon aus, dass Parlamentarier in ihren Verhaltensformen und Kontaktmustern in gesteigerter Weise auf die Massenmedien konzentriert sind, und dass so genannte „Information Activities" an die Stelle von „Decision Making Activities" treten. Mit dem Begriff der „Information Activities" verbindet der Autor in seiner Studie zu den Kommunikationsstrategien deutscher Abgeordneter konkret das Instrument der Anfrage an die Regierung, das er als Mittel zur Generierung von Medienaufmerksamkeit interpretiert. Wir wissen allerdings aus der Parlamentsforschung, dass diese Deutung nicht wirklich durch die Empirie bestätigt werden kann (z. B. Ismayr 2000: 333 ff.). Abgeordnete verfolgen mit großen und kleinen Anfragen vielfältige Zwecke, die nicht alle mit der Kategorie der „Information Activities" in Einklang zu bringen sind. Der Blick auf die Motivationen von Abgeordneten, die sich mit spezifischen Strategien politischer Kommunikation verbinden, darf somit nicht außer Acht gelassen werden.

Die Angleichung der Kommunikationsmuster der Politik an die Aufmerksamkeitsregeln der Massenmedien hat im Licht der medienkritischen Literatur auch Folgen auf der Wählerebene. Für die einschlägige Literatur ist der Einfluss der Massenmedien für sich genommen bereits mehr als problematisch. Robinson (1976) argumentiert im Rahmen seiner „Videomalaise-These", dass die Tendenz der Medien zur Selektion konflikthafter und negativ besetzter Themen zu steigendem Zynismus und negativen Einstellungen der Bevölkerung zur Politik führt. Cappela und Jamieson (1997) sprechen in diesem Zusammenhang von einer „Spirale des Zynismus", die auf die Berichterstattung der Massenmedien zurückgeführt werden kann. Holtz-Bacha (1994: 190) setzt andere Akzente, indem sie durch die Berichterstattung der Massenmedien eine „Unterhaltungsmalaise" in Gang gesetzt sieht. Die Autorin konstatiert für das Fernsehen ein Überangebot an Unterhaltungsprogrammen, das zu einer gesteigerten Nachfrage nach Unterhaltung auf Seiten der Wähler und langfristig zu einer Abkehr von politischen Programmen führt.

Der proklamierte Einfluss der Massenmedien auf die Wähler potenziert sich über den Prozess der Medialisierung. Mit Postmann (1985) kann hier argumentiert werden, dass die benannten Effekte dann an Reichweite gewinnen, wenn die Politik und nicht alleine die Massenmedien zum Ausgangspunkt ihrer angenommenen Ursachen werden. Das Problem sind demzufolge nicht Unterhaltungsprogramme an sich, sondern politische Formate, die die Logiken von Unterhaltungsprogrammen übernehmen. Anders gesagt sind nicht Serienfiguren wie Landärzte oder Winzerkönige das Problem, sondern politische Akteure, die den Habitus dieser Serienfiguren in ihrer öffentlichen Darstellung annehmen, und die in entsprechenden Sendeformaten die Kommunikation mit ihren Wählern suchen.

Die Bedeutung und Relevanz direkter Kommunikation zwischen Bürger und Staat ergibt sich aus der skizzierten Kritik an den Massenmedien. Sie wird in ihren Formen, Inhalten und Effekten als Gegengewicht zur massenmedial bestimmten politischen Kommunikation begriffen. Dabei sind mit dem Begriff der direkten Kommunikation keineswegs interpersonale Formen der Kommunikation gemeint. Vielmehr erfasst dieser Begriff einen Typus der Massenkommunikation, bei der die Massenmedien bzw. traditionelle Medienorganisationen systematisch umgangen werden, und bei der ein direkter Kommunikationsfluss zwischen Bürger und Staat entsteht (Römmele 2005). Thelen (1996) hat in einer Fallstudie zur Iran-Contra Debatte in den USA das Konstrukt der direkten Wählerkommunikation konkretisiert und in seinen demokratietheoretischen Implikationen erläutert. Die Autorin kennzeichnet die direkte Ausstrahlung der Ausschussanhörungen zum Thema im Parlamentsfernsehen und die darauf bezogene direkte Kommunikation zwischen Abgeordneten und ihren Wählern via E-Mail als empirische Formen der Wählerkommunikation. Sie interpretiert die Vorgänge als einen „Partizipativen Moment" in der politischen Kommunikation der USA, der sich durch eine vergleichsweise hohe Sachbezogenheit und Authentizität auszeichnet, und der sich von der personalisierenden und dramatisierenden Berichterstattung der Massenmedien unterschied.

Neue digitale Medien wie das Internet werden im Rahmen des normativ aufgeladenen Konzepts der elektronischen Demokratie als Faktor begriffen, der die Ausbildung direkter Formen der Wählerkommunikation stützt und befördert. Diese These ist keineswegs neu und keineswegs ausschließlich auf das Internet bezogen. Sie wird so in der medien- und demokratiekritischen Debatte bereits seit den frühen 70er Jahren vertreten und ist dabei von den verschiedenartigsten medientechnischen Innovationen inspiriert. Der deutsche Systemtheoretiker Helmut Krauch (1972) thematisierte Anfang der 70er Jahre die Chance direkter Wählerkommunikation durch das Fernsehen im Zusammenspiel mit digitalen Telefonnetzen. In einem Experiment, das eine live gesendete Fernsehdiskussion zum Thema Umweltschutz in Verbindung mit telefonischen Abstimmungen einschloss, sollte der breite Graben, der in der Wahrnehmung Krauchs zwischen dem repräsentativ organisierten Entscheidungssystem und den Bürgern klafft, und der aus Sicht des Autors auch nicht durch die Massenmedien überwunden werden kann, durch direkte Wählerkommunikation überbrückt werden. Iain McLean (1989) verweist in den 80er Jahren auf so genannte Direct-Mail Systeme und elektronische Umfragen als Mittel zur verbesserten direkten Kommunikation zwischen Politik und Bürger unter Umgehung der Massenmedien.

Die Ausbildung und Verbreitung des World Wide Web (WWW) hat die Debatte um die Chancen direkter Wählerkommunikation ab Mitte der 90er Jahre auf eine neue medientechnische Grundlage gestellt und den damit verbundenen Zukunftsvisionen neue Dringlichkeit verliehen. Die Arbeiten von Stephen Colemann, dem ersten Inhaber eines Lehrstuhls für E-Democracy am Jesus College in Oxford, demonstrieren den Erwartungshorizont, der sich mit dem Internet verbindet, in exemplarischer Form. Colemann (1999, 2000) wertet die neuere technische Entwicklung als Hinweis dafür, dass sich der Prozess der Entmedialisierung durch neue digitale Medien in vollem Gange befindet. Angesichts der vorhandenen technischen Möglichkeiten geht er davon aus, dass Abgeordnete in Zukunft unter Umgehung der Massenmedien Webseiten zur direkten sachbezogenen *Information* ihrer Wähler konsequent nutzen werden. Colemann streicht in seinem Szenario auch die Potentiale des Mediums zur *Interaktion* mit den Wählern heraus. Er geht davon aus, dass Abgeordnete durch E-Mail den direkten Zugang für die Bürger verbessern werden, und dass das Internet als Grundlage von Bürgerversammlungen und -befragungen genutzt werden wird. Für Colemann steht außer Frage, dass durch solche Kommunikationsstrategien eine Rationalisierung des politischen Diskurses erreicht werden kann, der in seiner Sachbezogenheit und Authentizität ein Gegengewicht zu massenmedial orientierten Formen der Wählerkommunikation darstellt. Neue digitale Medien führen in dieser Vorstellung dazu, dass die Wähler als Adressaten politischer Kommunikation an Bedeutung gewinnen, und dass die Inhalte politischer Kommunikation durch größeren Sachbezug und durch höhere Rationalität gekennzeichnet sind.

Direkte Wählerkommunikation als Form strategischer Kommunikation

Die Tragik der Debatte um das Konzept der elektronischen Demokratie äußert sich in ihrer kurzfristigen und fallbezogenen Fixierung auf medientechnische Phänomene. Sie muss in Teilen als theoretisch naiv bezeichnet werden, weil sie einerseits nur an Ad-hoc-Erklärungen interessiert ist, und dabei systematische und regelgeleitete Zusammenhänge zwischen spezifischen institutionellen Anreizstrukturen und spezifischen Nutzungsformen bzw. -motivationen verkennt. Andererseits bleiben im Kontext der Debatte vielfältig auch die Mikroprozesse unbeachtet, die zwischen Struktur- und Handlungsebene vermitteln, und durch die sich Mediennutzung und -wirkung erst langfristig und stetig in dem angenommenen Sinne entfalten kann.

In diesem Abschnitt untersuche ich im Spiegel verschiedenartiger Literaturzusammenhänge relevante Rahmenbedingungen, die in einen systematischen Zusammenhang zu den Mediennutzungsentscheidungen von Abgeordneten und den Veränderungen in ihrem medientechnischen Kontext gebracht werden können. Es geht dabei nicht um die umfassende Auflistung möglicher Einflussfaktoren, sondern um die Identifikation solcher Faktoren, denen im Spiegel der einschlägigen Literatur eine besondere Bedeutung zugebilligt werden kann. Ich argumentiere in diesem Zusammenhang, dass Abgeordnete die neuen Medien im Zuge strategischer Kommunikation zur Anwendung bringen werden. Die strategischen Kalküle werden dabei erstens von dem gegebenen Interesse der Wiederwahl und von wahlsystemischen Anreizen bestimmt sein. Abgeordnete stellen keine beliebige Nutzergruppe dar. Sie agieren vielmehr in einem sehr spezifischen Handlungskontext, der in hohem Maße durch das jeweilige Wahlsystem beeinflusst ist. Die strategischen Kalküle von Parlamentariern werden zweiten auch durch Prozesse des sozialen Wandels bestimmt sein, die von den neuen Medien ausgehen, und die neue medientechnische Gelegenheiten für Abgeordnete individuell erfahrbar machen. Beide Annahmen können aus unterschiedlichen Literaturzusammenhängen abgeleitet werden, die im Folgenden systematisch umrissen und in empirischer Absicht entwickelt werden.

Die medienwissenschaftliche Debatte thematisiert die Wirkung neuer medientechnischer Gelegenheiten auf Politik und Gesellschaft in unterschiedlicher Weise. Dabei bleiben die konkreten empirischen Wirkungen einer veränderten Medieninfrastruktur sowie die zugrundeliegenden Wirkungsmechanismen, die zwischen Struktur- und Handlungsebene vermitteln, zumeist jedoch mehr als undeutlich. Der medienphilosophische Ansatz nach Marshal McLuhan bringt auf der Basis einer technikdeterministischen Grundannahme spezifische Zäsuren der Medienentwicklung in einen kausalen Zusammenhang mit spezifischen kulturellen Entwicklungsstufen. Während der Buchdruck aus der Sicht McLuhans (1995, 1992) eine rationalistisch geprägte Kultur beförderte, die durch Distanz und Individualität ausgezeichnet ist, legt das elektronische Medium des Fernsehens die Grundlagen für Interdependenz, Gleichzeitigkeit und Vernetzung. Das Internet kann in der Tradition McLuhans als nächste Entwicklungsstufe der elektronischen visuellen Medien gedeutet werden. Es trägt in dieser Lesart zu einem immer dichter werdenden Netz von Kommunikationsbeziehungen zwischen Wählern und Gewählten bei. McLuhan selbst verzichtet jedoch auf systematische und differenzierte Überlegungen zur institutionellen Ausgestaltung der neuen Interdependenz in der Medienkultur. Für den Autor geht damit auch nicht notwendigerweise eine Rationalisierung der Kommunikation in dem oben beschriebenen Sinn einher. McLuhan verbindet mit den elektronischen Medien vielmehr eine Tendenz zur Steigerung der Passivität auf Seiten des Publikums, die ganz im Gegensatz zu der Idee einer sachbezogenen und rationalisierten Wählerkommunikation steht.

Medienwissenschaftler wie Negroponte (1995) sehen im Internet ein neuartiges Medium, das einen qualitativen Sprung zum Fernsehzeitalter markiert. Solche Autoren argumentieren ganz im Sinne McLuhans, dass den neuen Medien ein Telos zueigen ist, der in ihren technischen Eigenschaften wurzelt, und der spezifische soziale und politische Wirkungen zwingend zur Folge hat. Die in diesem Zusammenhang geführte Debatte um die sozialen Wirkungen des Internet geht insoweit über McLuhan hinaus, als die neuen digitalen Medien nicht lediglich als Weiterentwicklung des Fernsehens begriffen werden, sondern als medientechnische Zäsur, durch die neuartige Formen politischer Kommunikation entstehen. Der Hinweis auf neue technische Eigenschaften wie die dramatisch gesteigerte Bandbreite, die verbesserte Interaktivität, sowie die neuartige Dezentralität des Internet dient als Grundlage für diese These. Die neuen Medien führen aus dieser Sicht in einem deterministischen Wirkungszusammenhang zu vergleichsweise dezentralen und direkten Kommunikationsformen (Dutton et al. 1987: 13 f.), unabhängig von den spezifischen Kontexten, in denen sie genutzt werden. Sie werden in dieser Deutung vor allem auch mit einer Steigerung der Rationalität der politischen Kommunikation in Verbindung gebracht.

Bei den skizzierten technikdeterministischen Positionen handelt es sich um makrotheoretische Entwürfe, die voraussetzungsreich sind. Sie gehen von zwingend positiven Nutzungsentscheiden auf der Mikroebene aus, ohne dass die damit verbundenen Prozesse und Wirkmechanismen weiter ausgeführt werden. Hier sehe ich eine wesentliche Lücke in der Debatte um die politischen und sozialen Folgen der neuen digitalen Medien. Ich gehe in den vorliegenden Überlegungen davon aus, dass Theorien zur politischen Wirkung des Internet auf individuelles Handeln zurückgeführt werden sollten, damit ihnen Erklärungskraft zugebilligt werden kann. In diesem Sinne weiterführende Überlegungen finden sich in der Technikgeschichte und der Theorie der Informationsgesellschaft.

Die Technikgeschichte sieht die soziale Wirkung von Technik durch das Konzept der Technikgenerationen bestimmt. Sackmann und Weymann (1994) gehen davon aus, dass Personen in ihrer formativen Phase in besonderem Maße offen für gesellschaftliche Veränderungen sind. Wenn diese Phase mit einem technischen Durchbruch zusammenfällt, dann bildet sich den Autoren zufolge ein Generationenbewusstsein aus, das auf die neue Technik bezogen ist, und das auf der empirischen Ebene durch hohe Bedienungskompetenz und positive Bewertungs- und Nutzenkriterien geprägt ist. Auf der Grundlage eines solchen Bewusstseins werden die Betroffenen zu Innovationsträgern, die die Ausbreitung und Anwendung der jeweiligen neuen technischen Entwicklung in besonderer Weise befördern. In diesem Sinne sprechen Sackmann und Weymann

(1994) von einer Computergeneration, die Mitte der 60er Jahre geboren wurde, und die in ihrer formativen Phase von der neuen Informations- und Kommunikationstechnik geprägt ist. Wenn wir das Konzept der Computergeneration auf den Bereich der direkten Wählerkommunikation anwenden, dann kann davon ausgegangen werden, dass die junge, in den 60er Jahren geborene Generation von Abgeordneten durch positive Nutzungsentscheidungen den Prozess der Entmedialisierung in Gang bringt, und dass er im Zuge von Generationenwandel im Parlament an Dynamik und Durchschlagskraft gewinnt.

Die Theorie der Informationsgesellschaft sieht die soziale Wirkung von Technik vorrangig durch die gesellschaftliche Verbreitung von Informationstechnik bestimmt. Dem Bereich der Ökonomie kommt dabei eine wichtige Schlüsselstellung zu. Für Bell (1973) führen die technischen Innovationen der Gegenwart zu einer Ausbildung eines dritten Sektors der Ökonomie, des Dienstleistungssektors, der ursächlich für eine weitere Ausbreitung von Informationstechnik und für weitergehenden sozialen Wandel ist. Castells (1996) betont die konsequente Informatisierung aller Bereiche der Produktion und die Dominanz neuer Berufsgruppen im Bereich der „Informations- und Wissensarbeit" als Kennzeichen der Informationsgesellschaft.

Das gesellschaftliche Nachfrageverhalten nach Kommunikationsleistungen von Abgeordneten muss im Licht der Theorie der Informationsgesellschaft als wichtige Voraussetzung für die Wirkung der neuen medientechnischen Gelegenheiten auf das Nutzungsverhalten von politischen Eliten gesehen werden. Der von der Theorie der elektronischen Demokratie angenommene Wandel in der politischen Kommunikation setzt im Licht der Theorie der Informationsgesellschaft sozialen Wandel voraus. Die neuen medientechnischen Gelegenheiten sind letztendlich nur dann von politischem Interesse für Abgeordnete, wenn dadurch auch eine kritische Masse von Wählern erreicht werden kann.

Welche Rolle spielen politische Wirkfaktoren als Grundlage der Erklärung der Kommunikationsbeziehungen politischer Eliten? William Dutton et al. (1987) sehen im Rahmen einer konstruktivistisch orientierten Medientheorie, die sich explizit gegen technikdeterministische Sichtweisen wendet, die Wirkungen des Internet durch soziale Kontexte bestimmt. Dutton et al. (1987) vertreten in diesem Zusammenhang allerdings die These, dass die Beziehung zwischen sozialen Kontexten, Medientechnik und Nutzungsentscheidungen theoretisch nicht modelliert werden kann. Das heißt, dass keine relevanten Kontextbedingungen ex ante definiert werden können, und dass keine regelhaften Wirkungszusammenhänge bestehen, die erkannt und zum Zweck der systematischen Erklärung und Prognose nutzbar gemacht werden können. Folgerichtig bleibt dem Betrachter lediglich die Beschreibung von Nutzungsmustern mit dem Ziel der Generierung von ad-hoc Erklärungen. Diese Perspektive hat bis dato keine belastbaren Erkenntnisse für den Bereich der elektronischen Wählerkommunikation hervorgebracht. Sie erschöpft sich in explorativen fallbezogenen Studien, die ohne generelle Bedeutung bleiben.

Die politische Kommunikationsforschung umfasst auch eine mikro-fundierte institutionalistische Perspektive, an der die vorliegenden Überlegungen anknüpfen. Sie geht insoweit über das skizzierte konstruktivistische Paradigma hinaus, als hier relevante Kontextfaktoren auf der Ebene der politischen Institutionen ex ante bestimmt und in ihren Wirkungen auf individuelle Kommunikationsstrategien „getestet" werden. Pfetsch

(1998) unterstreicht in ihren Arbeiten z. B. die Bedeutung des Regierungstypus für die Regierungskommunikation bzw. die Strategien politischer Öffentlichkeitsarbeit, die von Regierungen gewählt werden. Ihrer Analyse zufolge verfolgen Regierungen in Präsidialsystemen andere Kommunikationsstrategien als solche Regierungen, die in Parlamentarischen Systemen verankert sind.

Die vorliegende Untersuchung argumentiert auf der Grundlage einer mikro-fundierten institutionalistischen Perspektive, dass das Wahlsystem eine zentrale Kontextvariable darstellt, die auf die Kommunikationsstrategien von Abgeordneten Einfluss nimmt. Diese These lässt sich aus der empirischen Repräsentationstheorie ableiten. Vertreter der empirischen Repräsentationstheorie wie Mayhew (1974) sehen das Repräsentationshandeln von Abgeordneten durch das Ziel der Wiederwahl bestimmt, das unter dem Einfluss wahlsystemischer Anreize im Zuge strategischen Handelns verfolgt wird. Konkret stellt der Grad der Personalisierung des Wahlsystems die entscheidende Stellschraube im Blick auf die Ausgestaltung der Beziehung zwischen Wählern und Gewählten dar. Der Grad der Personalisierung bemisst sich dabei vor allem am Gegenstand der Wahl, also an der Frage, ob Personen oder Parteien zur Wahl stehen (Zittel/Gschwend 2007). Wahlsysteme, die dem Wähler die Chance zur Personenwahl geben, besitzen ein hohes Personalisierungspotential, und bieten so Anreize für eine möglichst direkte Beziehung zwischen Wählern und Gewählten. Die politische Kommunikation von Abgeordneten kann als eine Form des strategischen Repräsentationshandelns begriffen und somit durchaus in diesem theoretischen Rahmen betrachtet werden.

Medien bzw. medientechnische Gelegenheiten werden in der empirischen Repräsentationstheorie nur am Rande als relevante Anreizstrukturen für Repräsentationshandeln wahrgenommen. Bei Katz (1986) oder Müller (2000) finden sich theoretische Überlegungen zur Rolle von Medien als Mechanismen zur Reduktion von Transaktionskosten in der Parteiendemokratie, die jedoch nicht weiter konkretisiert sind. Die Debatte um die Einführung des Parlamentsfernsehens (Franklin 1992) führt umgekehrt zu spezifischen empirischen Untersuchungen, die jedoch nicht in einem weitergehenden theoretischen Rahmen verortet sind. Die vorliegende Analyse zielt zum einen auf eben diesen blinden Fleck in der empirischen Repräsentationstheorie, indem sie argumentiert, dass die medientechnische Infrastruktur einen wichtigen Anreizfaktor für Wählerkommunikation darstellt, und indem sie untersucht, wie und warum medientechnische Gelegenheiten auf diese Form des strategischen Repräsentationshandelns wirken. Zum anderen zielt die vorliegende Analyse aber auch auf einen blinden Fleck in der politischen Kommunikationsforschung, indem sie darauf hinweist, dass Wahlsysteme einen wichtigen Kontext für Wählerkommunikation darstellen, und indem sie die Frage thematisiert, wie und warum welche Wahlsysteme auf diese spezifische Form der politischen Kommunikation einwirken.

Die oben skizzierten Theorien heben jeweils unterschiedliche Wirkfaktoren zur Erklärung der Mediennutzungsentscheidungen von Parlamentariern hervor. Die Frage, die sich im Blick auf die nachfolgende empirische Analyse stellt, ist erstens die, ob die theoretisch begründeten Überlegungen in der Realität nachgewiesen werden können. Dabei kann auf der Grundlage der vorausgegangenen Überlegungen eine Reihe von konkreten empirischen Hypothesen formuliert werden, die in *Abbildung 1* schematisch zusammengefasst sind.

Abbildung 1: Direkte Wählerkommunikation im WWW:
Handlungsoptionen und Bestimmungsgründe

	Nullhypothese	Digitale direkte Wählerkommunikation	
		Information	Interaktion
Wahlsystemische Anreize & Soziale Vermittlungsmechanismen		Wähler als Adressaten Umfassende Sachinformation	Interaktion mit Wählern
Wahlsystemische Anreize		Wähler als Adressaten Umfassende Sachinformation	
Soziale Vermittlungsmechanismen		Wähler als Adressaten Umfassende Sachinformation	
Medientechnische Gelegenheiten	Keine Webseite		

Abbildung 1 zeigt, dass Abgeordnete im Blick auf die neue Medientechniken zwei grundsätzliche Handlungsoptionen besitzen. Sie können sich gegen jedwede Nutzung aussprechen (Nullhypothese) oder sie können die neuen medientechnischen Gelegenheiten zum Zweck der direkten Wählerkommunikation anwenden. Im letzteren Fall stellt sich weiter die Frage, ob dies sowohl im Blick auf die Funktion der Informationsverbreitung als auch im Blick auf die Funktion der Wählerinteraktion geschieht. Mit dem Internet sind wie Rössler (1998) richtig betont eine Reihe unterschiedlicher Kommunikationsmodi verbunden, die grob in interaktive Anwendungen (Diskussionsforen, Online-Surveys) und informationsbezogenen Anwendungen (Verbreitung von gespeicherten Informationen über Webseiten) unterschieden werden können.

Das Eintreten der Nullhypothese kann bei Abwesenheit jedweder Anreize erwarten werden. Ein zweites Szenario tritt im Fall der selektiven Wirkung der identifizierten Anreizsysteme ein. Rein medieninduzierte Prozesse, die sich alleine über die Existenz sozialer Vermittlungsmechanismen entfalten, werden dazu führen, dass Abgeordnete das Internet in eingeschränkter Weise zur Wählerkommunikation nutzen. Ein rein wahlsystemisch induzierter Prozess deutet ebenfalls tendenziell in die Richtung einer abgeschwächten Nutzung des WWW, die sich auf den Bereich der Wählerinformation beschränkt. Die zentrale Annahme der vorliegenden Überlegungen ist die, dass umfassende Formen der elektronischen Wählerkommunikation durch die gleichzeitige Wirkung der diskutierten Anreizsysteme erklärt sind. Abgeordnete werden das Internet sowohl zur Wählerinformation wie zur Wählerinteraktion nur dann nutzen, wenn sowohl wahlsystemische Anreize wie soziale Vermittlungsmechanismen wirksam werden.

Mit der vorausgegangenen Spezifizierung wichtiger Anreizstrukturen, die Einfluss auf die Nutzungsentscheide von Abgeordneten nehmen, sind noch nicht die konkreten Wirkprozesse benannt, die zwischen der Struktur- und Handlungsebene vermitteln. Die zweite Frage, die sich in der folgenden empirischen Analyse stellt, zielt deshalb auf die konkreten empirischen Prozesse, die mit den im Voraus spezifizierten Kontextfaktoren zusammenhängen. Wie werden die spezifizierten Wirkfaktoren von den Abgeordneten wahrgenommen und im Zuge welcher konkreten Nutzungsentscheidungen werden sie verarbeitet? Welche Akteure, Kalküle und Mechanismen werden in diesem Zusammenhang sichtbar? Welche Bedeutung nimmt direkte Wählerkommunikation auf der Grundlage dieser Wahrnehmungen im Prozess der Mediennutzung an? Diese Fragen nach der Mikropolitik der direkten Wählerkommunikation im Internet stehen im Mittelpunkt der nachfolgenden empirischen Analyse.

Direkte Wählerkommunikation im WWW als Gegenstand empirischer Forschung

In der Folge werden die vorausgegangenen modellhaften Überlegungen an einem konkreten Fall und auf der Grundlage einer Befragung von Abgeordneten empirisch angereichert. Als Fall dient die Bundesrepublik Deutschland, deren Mischwahlsystem einerseits die Personalisierung der Wählerstimme ermöglicht, und die sich andererseits in die Richtung einer Informationsgesellschaft entwickelt hat. Ungefähr die Hälfte der deutschen Abgeordneten wird in Einer-Wahlkreisen nach relativer Mehrheitswahl gewählt. Auf diesen Abgeordnetenteil wirken aufgrund der Personalisierung der Wahlentscheidung moderate Anreize zur Intensivierung direkter Wählerkommunikation (Klingemann/Wessels 2001). Der Rest der Abgeordneten wird über Parteilisten nach dem Prinzip der Verhältniswahl gewählt. Bei diesem Teil der Abgeordneten kann ein vergleichsweise starker Parteibezug vorausgesetzt werden, und damit abgeschwächte Anreize zur direkten Wählerkommunikation. Die Bundesrepublik Deutschland ist gleichzeitig ein beträchtliches Stück auf dem Weg zur Informationsgesellschaft vorangeschritten. Die damit verbundenen Entwicklungen (Ausbildung einer Computergeneration im Zuge von Techniksozialisation; gesellschaftliche Verbreitung des Mediums) werden sich je nach der Struktur des Wahlkreises und je nach der Generationenzugehörigkeit der Abgeordneten in unterschiedlicher Intensität auf die Nutzungsentscheidungen der Abgeordneten auswirken.

Die Kommunikationsstrategien von Abgeordneten im Netz sind in der Vergangenheit von Zittel (2003, 2007, 2008), Lusoli/Ward (2004) oder Jackson/Lilleker (2004) auf der Grundlage von inhaltsanalytischen Ansätzen untersucht worden. Die Vorteile eines solchen Ansatzes sind offensichtlich. Sie liegen in den niedrigen Zugangsschwellen zu den relevanten Daten, in ihrer „Objektivität" und in dem Umstand, dass auf diese Weise die Fallzahl von Untersuchungen zum Zweck der statistischen Analyse hoch gehalten werden kann. Mit der hier gewählten Methode des Leitfadeninterviews verbinden sich auf der Grundlage des ausgewählten Falls zwei Vorteile im Vergleich zur Methode der quantitativen Inhaltsanalyse.

Die Nutzungsentscheidungen der Abgeordneten können durch die gewählte Methode erstens differenziert in ihrer *Bedeutung* für Wählerkommunikation erfasst werden. Die Analyse des inhaltlichen Angebots im Netz wird in einen Zusammenhang zu den Kommunikationspraktiken und den Einstellungen der Anbieter gesetzt; sie bleibt nicht ausschließlich auf die „Oberfläche" des Medienangebotes beschränkt, wie dies bei inhaltsanalytischen Verfahren der Fall ist. Das ist deshalb bedeutsam, weil der Zusammenhang zwischen spezifischen Medieninhalten und dem Konstrukt der direkten Wählerkommunikation keineswegs zwingend ist. Eine E-Mail Adresse wird z. B. erst dann zu einem bedeutsamen Angebot in der Wählerkommunikation, wenn die eingehenden E-Mails von den Abgeordneten auch gelesen und beantwortet werden, und wenn den Äußerungen der Wähler gleichzeitig Aufmerksamkeit auf Seiten der Abgeordneten zuteil wird.

Die konkreten Vermittlungsprozesse, die die theoretisch identifizierten Anreizstrukturen einerseits und die Nutzungsentscheidungen der Abgeordneten andererseits verknüpfen, können zweitens über die gewählte Methode differenziert erfasst und beschrieben werden. Zum Beispiel lässt sich so die Frage klären, durch welche Akteure und Prozesse sich die Nachfrage der Wähler nach elektronischer Wählerkommunikation konkret in den politischen Raum vermittelt. Auch die konkrete Wirkungsweise des Mischwahlsystems der Bundesrepublik Deutschland auf die Kalküle der Akteure lässt sich auf diese Weise genauer untersuchen und validieren.

Direkte Wählerkommunikation aus der Sicht von Abgeordneten des Deutschen Bundestages

Das WWW hat sich im Deutschen Bundestag als Mittel der direkten Wählerkommunikation etabliert. Das wird zum einen in dem Umstand deutlich, dass von den 27 befragten Abgeordneten 26 über eine persönliche Webseite verfügen.[3] Die Bedeutung des neuen Mediums wird zum anderen auch in den Motivationen sichtbar, die den positiven Nutzungsentscheidungen zugrunde liegen, und die auf eine entsprechende offene Frage hin von den Abgeordneten zum Ausdruck gebracht werden. Die nachstehende Äußerung illustriert in exemplarischer Weise, dass die Befragten das WWW ganz im Sinne der theoretischen Erwartungen als Chance wahrnehmen, die Massenmedien zu umgehen, und so ein höheres Maß an Kontrolle über die Inhalte ihrer öffentlichen Kommunikation auszuüben.

[Die Webseite] bietet für mich ein Forum, bei dem ich nicht auf Journalisten angewiesen bin, bei dem ich nicht hoffen muss, kommt das nach außen, wird es kommuniziert, wie wird es kommuniziert, wird es verstückelt, wird es gefiltert, werden nur einzelne Aussagen gebracht. Das ist für mich das Medium, mit dem ich klar, offen, direkt nach außen kommunizieren kann.
(Interview DMP0416)

Die Bedeutung des WWW als Instrument direkter Wählerkommunikation zeigt sich auch im vorherrschenden Fokus der digitalen Kommunikationsangebote. Die Abgeordneten sehen vor allem zwei Personengruppen als zentrale Adressaten ihrer Webseiten: die Wähler im Wahlkreis und die Fachöffentlichkeit der interessierten Verbände. Viele der befragten Abgeordneten nehmen, wie die nachstehende Äußerung illustriert, eine ausdrückliche Gewichtung zwischen diesen beiden Adressatengruppen vor. Dabei definieren Abgeordnete vielfach entweder die eine oder die andere Gruppe als zentralen Fokus ihres Angebots und sehen sich damit entweder als Wahlkreisvertreter oder als Fachpolitiker.

---
3 Im April 2004 unterbreiteten fast 90 Prozent der Bundestagsabgeordneten ein personalisiertes Angebot im WWW. Die Stichprobe entspricht somit durchaus der Grundgesamtheit (eigene Erhebung; siehe Zittel 2007, 2008).

Die Webseite lesen die [Wähler im Wahlkreis] und die ist für die [Wähler im Wahlkreis]. Daraufhin wird das auch getrimmt [...] es geht darum, den Endverbraucher zu erreichen und ihm klarzumachen wofür sich [XY] vor Ort einsetzt. Wenn er sich für einen Ortsumgehung einsetzt, wird er eine Diskussion machen vor Ort, er wird in Veranstaltungen gehen, er wird Pressemitteilungen schreiben, er wird Pressegespräche machen und dann haben sie wieder die ganze Gatekeeper Geschichte. Und dann wird er eben auch diese Pressemitteilungen einstellen, in der er sagt, ich bin dafür, dass das endlich jetzt kommt. Das können die Leute dann [...] nachlesen [...] Es ist so, dass die Internet Seite integraler Bestandteil der Wahlkreisarbeit ist [...]. (Interview DMP0410)

Die Bedeutung der Angebote wird auch in den inhaltlichen Ansprüchen deutlich, die sich mit ihnen verbinden. Die persönlichen Webseiten werden von den Abgeordneten ausdrücklich als Plattformen zur verbesserten Information der Wähler begriffen. Das zeigt sich exemplarisch an den Zielsetzungen, die sich mit spezifischen Angeboten wie elektronischen Newslettern verbinden.

Elektronische Newsletter können über die Webseiten via E-Mail oder Webmail abonniert werden und sind unter den befragten Abgeordneten durchaus verbreitet.[4] In der Regel handelt es sich um Zusammenstellungen vorhandener Texte, die aus den unterschiedlichsten Quellen stammen, und die in mehr oder weniger regelmäßigen Abständen an die Abonnenten verschickt werden. Die Newsletter der Fraktionen, die in den Sitzungswochen über das Geschehen im Parlament aus parteipolitischer Sicht berichten, stellen in vielen Fällen einen wichtigen inhaltlichen Grundpfeiler der Angebote dar. Sie werden aber in der Regel für die persönlichen Webseiten aufbereitet und wie im nachfolgenden Beispiel in *Abbildung 2* in der Form individualisiert. Die Bedeutung solcher Angebote liegt aus der Sicht der Wähler zunächst darin, dass sie eine Zusammenstellung von auch anderweitig verfügbaren Informationen bieten, die über die Newsletter leichter zugänglich gemacht werden.

Die Abgeordneten bemühen sich in ihren elektronischen Newslettern fallweise allerdings auch um die Bereitstellung originärer und neuartiger Informationen. Sie fügen eigene Texte zu, die sich entweder mit lokalen Themen beschäftigen, oder die sich um eine Darstellung von bundespolitischen Themen aus der lokalen oder regionalen Sicht bemühen. In diesem Zusammenhang entstehen auch Texte, die eigens für die Newsletter geschrieben werden. In der nachstehenden Äußerung führt eine Abgeordnete aus, dass sie in ihrem Newsletter ab und an Sachverhalte oder Meinungen thematisiert, die in dieser Weise nicht an anderer Stelle nachgelesen werden können. Durch solche Formen der Textauswahl und Textgestaltung gewinnen elektronische Newsletter ein eigenständiges inhaltliches Profil. Sie stellen für den Wähler eine neue Informationsquelle dar, die sich von massenmedialen Erzeugnissen an diesem Punkt substantiell unterscheidet.

[Die Auswahl der Texte zielt] eigentlich immer [auf] Synergien, also [die Nutzung] bestehender Texte. Aber [das] wird für die Homepage immer zurechtfrisiert, zurechtgemacht. [Ich habe einen] regelmäßigen Newsletter, [...] Der Newsletter soll Wahlkreis bezogen sein. Die Themen bespreche ich mit meinem Team hier in [xy] und das sind Sachen, die nicht unbedingt gleich in der Zeitung stehen, Hintergrundinformationen, etwas wo ich [...] weiß, dass die Kreisverbände Interesse haben [...] und wo ich dann bestimmte Informationen auch mal ungeschützt rausgebe, also noch nicht

---

4 Im April 2004 nutzten 114 Abgeordnete des Bundestages (18,9 %) einen elektronischen Newsletter (eigene Erhebung; siehe Zittel 2007, 2008).

Abbildung 2: Elektronische Newsletter als Mittel der direkten Wählerkommunikation im WWW

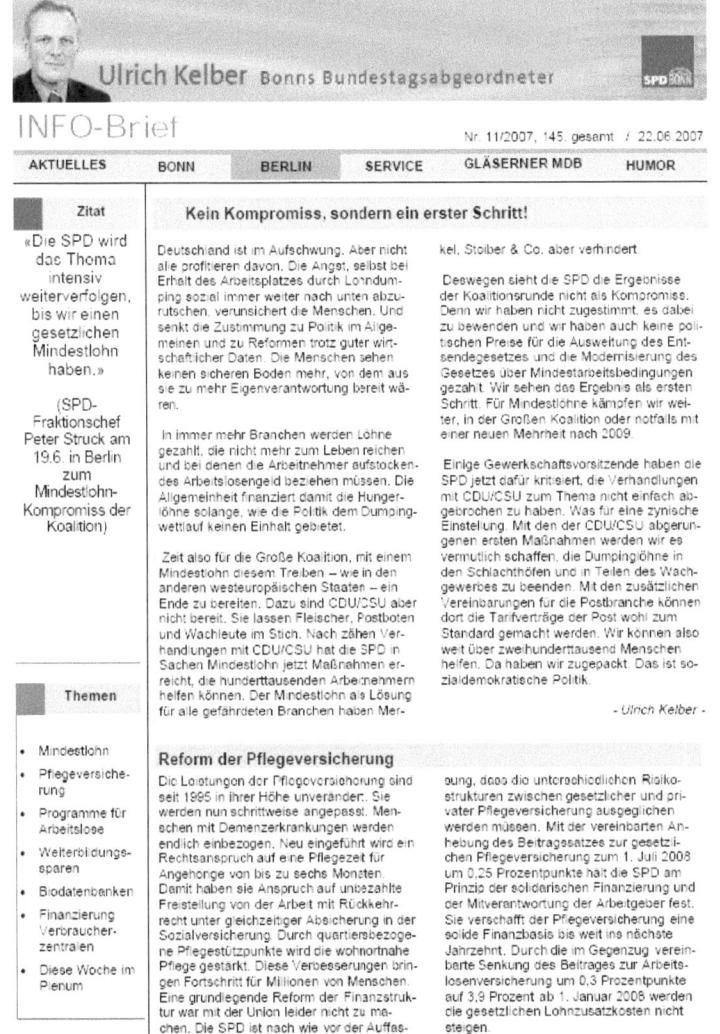

abgesegnete Informationen, Vermutungen oder Interpretationen, was ich eben so noch nicht in die Presse geben würde. (Interview DMP0403)

Bürgerverträge stellen ein weiteres Beispiel dafür dar, dass die persönlichen Webseiten von den Abgeordneten als durchaus bedeutendes Mittel direkter Wählerkommunikation wahrgenommen werden. Einer der Befragten hatte einen solchen Vertrag mit seinen Wählern zu Beginn der Legislaturperiode abgeschlossen. In diesem Vertrag ging der betroffene Abgeordnete die folgenden drei Pflichten ein: die Offenlegung der jährlichen Einkünfte, die unabhängige Vertretung der Wähler, das Eintreten für den Abbau der steuerlichen Belastung der Bürger. Der Vertrag konnte von den Wählern unterzeichnet und an den Abgeordneten zurückgesandt werden. Jedem Unterzeichner wurde die Zusendung eines jährlichen Tätigkeitsberichts zugesagt, in dem die Vertragstreue des Abgeordneten überprüft werden konnte. Solche Verträge können natürlich auch ohne das WWW in die Realität umgesetzt werden. Das Internet wird aber wie die nachstehende Äußerung erläutert als Plattform genutzt, um den jährlichen Rechenschaftsbericht zu veröffentlichen und das politische Handeln des Abgeordneten auch im Jahresverlauf stetig zu dokumentieren. Das WWW wird somit als ein Mittel begriffen, das die Durchführung solcher Kommunikationsangebote maßgeblich erleichtert und in diesem Sinn auch befördert.

[...] ich habe [im Wahlkampf] auch so einen Bürgervertrag allen Bürgern angeboten im [Wahlkreis]. Da wurden auch Einkünfte von mir veröffentlicht [...] da gibt es auch einen regelmäßigen Jahresbericht, der gedruckt wird, und da war Internet von vornherein ein wichtiges Element, um diese Offenheit, diesen gläsernen Abgeordneten letztendlich dann auch transportieren zu können.
(Interview DMP0426)

Die vorausgehende Analyse beschreibt das Glas aus Sicht der Entmedialisierungsthese als halb voll. Tatsächlich kann es im Licht der durchgeführten Interviews aber auch als halbleer begriffen werden, was im Folgenden näher zu erläutern sein wird. Die Nutzungsmotivationen der deutschen Abgeordneten sind im Spiegel der Interviews nicht ausschließlich durch das Ziel der direkten Wählerkommunikation bestimmt. In ihnen deutet sich auch das Bestreben an, das WWW als Instrument zur Verbesserung von Öffentlichkeitsarbeit zu nutzen. Das zeigt sich zum einen in dem Umstand, dass die Massenmedien von einzelnen Abgeordneten als wichtige Adressaten ihrer Angebote im WWW wahrgenommen werden. Die nachstehende Äußerung illustriert, dass mit dieser Wahrnehmung zugleich konkrete Vorstellungen über die mediengerechte Ausgestaltung von Inhalten verbunden sind.

Ich schätze das schon so ein, dass ein Internet Angebot, wo die Journalisten mal schnell was über einem finden können, wo Texte eingestellt sind, wo man dann auch mal ein griffiges Zitat finden kann, das spielt schon eine Rolle. Wenn ein Journalist sich erst mühsam informieren muss, wie ist eigentlich genau das Profil von dem politisch, ob der nette Polemiken bringt, die ich auch mal nutzen kann, wenn ein Journalist da erst lange rumtelephonieren muss, vor allem in den Lokalredaktionen, dann lässt er das vielleicht auch eher. Da hilft schon ein Angebot im Internet.
(Interview DMP0427)

In den durchgeführten Interviews werden auch Bestrebungen zur Personalisierung der elektronischen Angebote sichtbar. Abgeordnete, die nicht der Führungsebene ihrer Partei angehören, haben durch das neue Medium erstmals die Gelegenheit, eine eigene personenbezogene Imagearbeit zu leisten. Vielfach geht die Darstellung dabei weit in den privaten Bereich hinein und schließt die Familie und den Freundeskreis mit ein. Damit wird eine Kommunikationsstrategie übernommen, die im Allgemeinen als Reaktion auf die Selektionskriterien der Massenmedien und als Merkmal von Medialisierung interpretiert wird. Solche Entscheidungen bei der Selektion von Inhalten werden nicht ausschließlich mit dem Blick auf die Massenmedien getroffen. Wie die nachstehende Äußerung illustriert, geht es dabei auch um die Generierung von Aufmerksamkeit auf Seiten der Wähler. Im Zentrum steht hier die Annahme, dass durch Personen eine höhere Aufmerksamkeit beim Wähler erzeugt werden kann als dies mit politischen Themen möglich ist. Aus dieser Sicht sind nicht die Massenmedien der Urheber der Personalisierung, sondern schlichtweg die Bedürfnisse des Publikums selbst.

Wir haben bisher ein Gemisch aus Information in der Breite und eigenen Informationen wie Pressemitteilungen. Wir denken, dass wir hier den Fokus etwas verschieben müssen in Richtung „Personality". Jetzt nicht in der Form, dass man jetzt Bilder von seinem Haus, seiner Wohnung oder seinem Garten ins Internet hängt. Aber die Sache bunter gestalten. Ich habe Zweifel, dass die Leute die [XY] im Internet anwählen in erster Linie wissen wollen wie die Union über den Kosovo Einsatz denkt oder über Hartz IV. Die wollen erstmal [XY] sehen, wer ist das wofür engagiert der sich, in welchen Familienverhältnissen lebt der, ist er verheiratet hat er Kinder, gehen die Kinder zur Schule ist er im Elternbeirat, also diesen Abgeordneten zum Anfassen.   (Interview DMP0420)

Warum geben Abgeordnete die neue Chance zur direkten, unverfälschten Wählerkommunikation aus der Hand? Warum richtet sich ihr Blick auf die Massenmedien, obwohl das neue Medium potentiell einen direkten Draht zum Wähler darstellt? Ein Teil der Antwort findet sich in der geäußerten Erkenntnis, dass auch die politische Kommunikation im Internet auf das Kriterium der Publizität, und damit auf die Generierung von Aufmerksamkeit zielt. Die Massenmedien stellen in der Wahrnehmung der Abgeordneten ein Instrument dar, durch das dieses Ziel in der effektivsten Weise erreicht werden kann, und das aus diesem Grund in keinem Fall durch persönliche Webseiten zu ersetzen ist. Die Zugriffszahlen auf die persönlichen Webseiten, die in der Regel im Hunderterbereich pro Woche liegen, dokumentieren aus der Sicht der Abgeordneten die begrenzte Reichweite des WWW als Aufmerksamkeitsressource, und die weiterhin bestehende Abhängigkeit von den Massenmedien.

Wir sind ja nicht Michael Schumacher [...] Die Leute gehen zur Seite von [XY] nicht [regelmäßig] übers Jahr, sondern das sind immer Leute, Besuchergruppen, die sagen, ach da gucken wir uns jetzt mal [die Webseite] an, und wenn dann Wahlkampf ist und sein Bild da hängt, dann sagen die jetzt gucken wir mal was der für eine Webseite hat. Das sind immer event bezogene Geschichten. Wenn er in einen Skandal verwickelt werden würde, dann würden alle Leute auf seine Webseite gehen und sagen, wer ist das überhaupt. Aber, dass jetzt der Durchschnitts User sagt, ich will mich informieren auf der Seite von [XY], das ist wohl eher weniger der Fall.   (Interview DMP0410)

Die vorausgangenen Äußerungen unterstreichen, dass Öffentlichkeitsarbeit und direkte Wählerkommunikation in einem komplementären statt in einem gegensätzlichen Verhältnis gedacht werden müssen. Dabei werden zwei verschiedenartige Formen des Zusammenhangs sichtbar. Das individuelle Angebot im WWW dient erstens als Mittel zur vertiefenden Wählerinformation, während die Massenmedien als Impulsgeber fungieren, durch den Aufmerksamkeit für die persönliche Webseite generiert werden kann. Die Praxis einer befragten Abgeordneten, ihr personalisiertes Angebot im Netz wöchentlich im Wechsel in zwei großen Tageszeitungen zu bewerben, macht sich die Massenmedien in dieser Rolle als Aufmerksamkeitsressource gezielt zu Nutze. In der zweiten Form des Zusammenhangs nutzen Abgeordnete nach wie vor jede Gelegenheit, in die Massenmedien zu gelangen. Das WWW bzw. persönliche Webseiten stellen ein zusätzliches Instrument bei der Umsetzung dieser Zielsetzung dar. Es wird in diesem Zusammenhang ausschließlich zu einem Instrument der politischen Öffentlichkeitsarbeit.

Direkte digitale Wählerkommunikation stellt zum gegenwärtigen Zeitpunkt eine Einbahnstraße dar. Die elektronische Interaktion via E-Mail ist zwar durchaus verbreitet. Aber erweiterte Formen der Interaktion, die etwa über Diskussionsforen oder auch Online-Surveys organisiert werden können, bleiben von den befragten Abgeordneten zumeist ungenutzt. Bestehende Angebote in diesen Bereichen sind im Spiegel der geführten Interviews vielfach ohne konkrete Bedeutung für die Willensbildung von Abgeordneten. Die Einträge in Diskussionsforen oder Gästebücher werden entweder nur von Mitarbeitern gelesen oder bleiben gänzlich unbeachtet. Für diese Zurückhaltung gibt es eine Reihe von Gründen. Die Skepsis gegenüber interaktiven Anwendungen speist sich zum einen aus dem Bedarf der Anbieter an aggregierten und strukturierten Meinungen und Informationen. Die Aufnahme- und Verarbeitungskapazität von Parlamentariern ist wie die nachstehende Äußerung thematisiert durch die Vielzahl von Einzelmeinungen, die in solchen Kontexten geäußert werden, schlichtweg überfordert. Aus diesem Grund stehen viele Befragte den neuen Gelegenheiten zur interaktiven Kommunikation im WWW eher ratlos gegenüber.

Ein Diskussionsforum könnte natürlich dazu führen, dass [ich] auch mal [...] eine andere Perspektive bekomme. Aber [...] meinungsbildende, strukturierende Diskurse können [...] da nicht stattfinden. Diskussionen finden dann besser in so genannten e-circles, also in so genannten Verteilergruppen statt, die es auch zu Hauf gibt, die dann fachspezifisch organisiert sind, dann auch nicht öffentlich oder verteileröffentlich sind, das ist schon sinnvoller. Und selbst da wird es mir manchmal zuviel. Das ist schwer, das alles noch vernünftig, sinnvoll zu filtern. (Interview DMP0427)

Die Skepsis gegenüber interaktiven Formen der Wählerkommunikation im WWW speist sich auch aus negativen Erfahrungen hinsichtlich der Quantität und Qualität der Nachfrage. Der nachstehend zitierte Abgeordnete gehört zu der Minderheit derjenigen, die mit einem Diskussionsforum in ernsthafter Weise experimentiert.[5] Wie die Äußerung verdeutlicht, sieht er das Experiment aufgrund der mangelnden Aktivität des Forums und der geringen Qualität der Debatte als gescheitert an.

Von 3600 Einträgen sind 900 von mir, 900 von noch jemand, den Rest teilen sich andere und das sind auch welche dabei mit mehr als 100 Einträgen. Das ist also ein sehr kleiner Kreis. Die meisten sind read onlys [...]. Das ist auch für mich ein gescheitertes und schmerzlich gescheitertes Experiment [...] Ich hatte mir eine breitere Diskussion erhofft. Ich hatte auch gehofft, dass Personen aus meiner eigenen lokalen Partei mitwirken an der Diskussion. Da ist gar nichts passiert. Und ich hatte vor allem etwas mehr Disziplin auch von den Bürgern erwartet, also dass nicht diese extremen Formen stattfinden, beschimpfen, beleidigen, unterstellen, discussion-threats auch absichtlich immer wieder stören. Da hatte ich mir sehr viel mehr Disziplin und demokratisches Verhalten erhofft. (Interview DMP0424)

Die Frage der Kontrolle über die Inhalte der persönlichen Webseite stellt eine dritte wichtige Ursache für die Skepsis der Abgeordneten gegenüber interaktiven Anwendungen dar. Die nachstehende Äußerung demonstriert, dass die eigenen Webseiten auch als Plattform zur politischen Werbung betrachtet werden. Die politischen Überzeugungen und das politische Handeln der Anbieter sollen in diesem Zusammenhang in ei-

---

5 Im April 2004 nutzten 93 Bundestagsabgeordnete (15,5 %) ein Diskussionsforum oder ein Gästebuch auf ihrer persönlichen Webseite (eigene Erhebung; siehe Zittel 2007, 2008).

nem möglichst positiven Licht dargestellt werden. Weitergehende Formen der Interaktion im Netz wie Diskussionsforen verringern die Kontrolle der Abgeordneten über die Inhalte ihrer Angebote und gefährden damit den Zweck der Eigenwerbung. In dem Maß, in dem die werbende Funktion der persönlichen Webseiten im Vordergrund steht, werden interaktive Anwendungen, die über E-Mail hinausgehen, eher negativ bewertet.

[Ich habe kein Diskussionsforum], weil für mich meine Homepage als solche erstmal ein Werbemittel ist, für mich und meine Partei. [Sie] hat schon eine klare Aussage, aber es ist kein offenes Diskussionsforum, dafür gibt es andere Stellen im Internet. Da müsste ich mir Mühe machen die [kritischen Stimmen] rauszulöschen, hätte aber in gewisser Weise auch ein schlechtes Gewissen, weil ich in einem Gästebuch [oder einem Forum] erstmal alle einlade, mir zu schreiben. Das ist ein Zwiespalt und ich müsste lange überlegen, lösche ich die jetzt raus oder lösche ich die jetzt nicht raus. (Interview DMP0401)

In den vorausgehenden Bemerkungen wurde die Bedeutung der direkten digitalen Wählerkommunikation im Spiegel der geführten Interviews untersucht. Wie aber sieht es mit den Ursachen der direkten Wählerkommunikation im Internet aus? Die von den Befragten geäußerten Interessen und Motivationen zeigen im Blick auf diese Frage, dass die Angebote sowohl durch wahlstrategische wie durch medientechnische Anreize begründet sind. Die Generationszugehörigkeit der Abgeordneten und die damit verbundene Nutzungskompetenz werden dabei – wie erwartet – als wichtiger Mechanismus in der Vermittlung der medientechnischen Gelegenheiten deutlich. Für die Mehrzahl der jüngeren Abgeordneten ist die Einrichtung einer Webseite wie die nachstehende Äußerung illustriert eine Selbstverständlichkeit, unabhängig von dem konkreten Nutzen, der daraus entsteht.

[Eine Webseite einzurichten war] nicht die Frage, das ist selbstverständlich. [Das ist] so wie morgens Zähne putzen. Als ich den Bundestag gewählt wurde war klar, ich brauche eine Homepage. [...] Vorteil ja oder nein, wenn ich Abgeordnete werde lasse ich mir Visitenkarten machen und ich mach eine Homepage. Ob Vorteil oder nein, das ist einfach Standard [...]. Ich finde [...], dass es zum Standard einer Abgeordneten gehört, dass man ein Wahlkreisbüro hat, dass man eine Visitenkarte hat, dass man eine Homepage hat. Es gibt so ein paar to-do's die muss man machen, ob sie Ressourcen binden oder nicht. (Interview DMP0409)

Die sozialstrukturelle Basis im Wahlkreis und die Initiative gesellschaftlicher Trägergruppen stellen weitere wichtige Mechanismen in der Vermittlung zwischen Medienwandel und Kommunikationsstrategie dar. Im Blick auf den zweiten der beiden genannten Wirkfaktoren treten im Besonderen Werbagenturen und andere Dienstleister in den Blick. Dabei dienen Wahlkämpfe als Rekrutierungsfeld, weil in dieser Phase bei den Abgeordneten das stärkste Interesse an politischer Kommunikation gegeben ist. Da Kandidaten ohne Mandat in der Regel über beschränkte Ressourcen verfügen, werden Dienstleister an diesem Punkt, wie die nachstehende Äußerung illustriert, vielfach in kreativer Weise unternehmerisch tätig.

[Ich] hatte das große Glück, dass [...] ich von einer Webagentur hier in Berlin das Angebot gekriegt habe, dass sie mir kostenlos ein Content Management System zur Verfügung stellen, und dass, falls ich gewählt werden sollte, ich denen halt einen bestimmten Betrag zurückzahle. Die Da-

men und Herren der Agentur hatten dann Glück, ich bin gewählt worden, und zahle an die immer noch sehr viel Geld, na ja, was heißt viel, aber zahle halt den üblichen Betrag.
(Interview DMP0421)

Die nachstehende Äußerung macht die Vielfalt der gesellschaftlichen Interessen deutlich, die sich aus der Sicht von Abgeordneten um die neue Medientechnik mobilisieren, und die auf positive Nutzungsentscheide in der Wählerkommunikation hinwirken. Von besonderer Bedeutung ist im nachstehenden Fall der Hinweis auf den Online-Informationsdienst *Politikerscreen*,[6] der die Webseiten der Abgeordneten in der Vergangenheit jährlich bewertet hat, und der von einigen Befragten als Anreiz zur Verbesserung ihrer Angebote genannt wurde. Damit ist eine neuartige Akteursgruppe identifiziert, die das Interesse an direkter Wählerkommunikation aktiv artikuliert und in den politischen Raum vermittelt, und zu der auch Politik-Digital (http://www.politik-digital.de/) oder Abgeordnetenwatch (http://www.abgeordnetenwatch.de/) zu zählen sind.

Zum einen [wird das Gefühl, eine Webseite haben zu müssen] über *Kollegen* [erzeugt], die sagen, hier guck mal meine Homepage, und wenn man dann sagt, ich habe keine Homepage, wie steht man dann da. Dann [sind da] viele aus der *Jungen Union, diese Technikbegeisterten,* die sagen, was sie haben keine Homepage, was ist das? Und dann versteht es natürlich auch mein *Webmaster* ausgezeichnet, mir die Notwendigkeit dieser Homepage und den immer wieder erfolgenden Ausbau dieser Homepage mir zu vermitteln. Das ist so die Kombination, aus der der Druck entsteht. Dann gibt es dieses *Politikerscreen*, wo man ja weiß, da werden Dinge bewertet, da wird ein Test gemacht, und da hat man natürlich auch immer wieder die Hoffnung, ja vielleicht ist man vorne mit dabei und kann daraus eine Meldung generieren [...]. Das ist dann wieder ein Nutzen [Hervorhebungen vom Autor].
(Interview DMP0416)

Mitunter verfügen Abgeordneten auch über klare Wahrnehmungen zur Sozialstruktur ihrer Wahlkreise, aus denen Schlüsse für die eigene Kommunikationsstrategie gezogen werden. Ein hohes Bildungs- und Einkommensniveau in Verbindung mit der Dominanz spezifischer Berufsgruppen und Lebensstile führt, wie die nachstehende Äußerung illustriert, zu der Annahme, dass die Wähler durch digitalisierte Wählerkommunikation in besonderer Weise erreichbar sind, bzw. dass solche Angebote von Seiten der Wähler erwartet werden.

[Bei] meinem ersten Wahlkampf [im Jahr 1998], da hat mich ein wohlmeinender Genosse, der hat mich fürchterlich zusammengestaucht und hat mir gesagt, du hast ja überhaupt keine Homepage. Das war aber ein Homepagespezialist und der hat mir aus reiner Freundlichkeit und Verbundenheit, hat der mir eine ziemlich gute Homepage erstellt, für lau. [Das hat mir eingeleuchtet] weil es eine bestimmte Zielgruppe gibt in der Bevölkerung für die die Homepage sehr wichtig ist. Ich bin aus [xy], das ist eine IT Stadt, wir haben jede Menge Singles und Dinks, und Akademiker, und also sehr sehr gebildet, wir haben die Universität, also ich denke mal eher so die Gebildeten und jüngeren Menschen die gehen eher auf so eine Homepage.
(Interview DMP0422)

Die Altersstruktur der Wahlkreise darf als weiterer wichtiger Bezugspunkt in der Wahrnehmung der Abgeordneten gelten. Das Interesse von Abgeordneten an direkter Wäh-

---

6 Der Informationsdienst *Politikerscreen* besteht in dieser Form nicht mehr. Er wird unter einem anderen Namen als Internetportal weitergeführt; siehe http://www.polixea-portal.de/.

lerkommunikation im Internet ist in ganz außerordentlicher Weise von der Annahme geprägt, das Mitglieder der jüngeren Generationen über andere Kommunikationskanäle nicht mehr erreichbar sind. Die nachstehende Äußerung demonstriert, dass die persönliche Webseite als Königsweg in der Anpassung an veränderte Kommunikationspraktiken in der Wählerschaft betrachtet wird.

Der Zusatznutzen ist eventuell, dass es eine ganze Reihe von Leuten gibt, vor allem junge Leute, die dieses Medium als primäres Informationsmedium nutzen. Viele junge Leute lesen keine Zeitung mehr.
(Interview DMP0420)

Wahlsystemische Anreize wirken aus der Sicht der Abgeordneten in sehr differenzierter Weise auf die Motivation zur digitalisierten Wählerinformation. Zunächst bestätigt sich die theoretische Annahme, dass der Modus der Direktwahl nicht ohne Wirkung auf die Kommunikationsstrategien der Parlamentarier bleibt. Direkt gewählte Abgeordnete betonen wie das nachstehende Beispiel illustriert, dass der Wettbewerb um Wählerstimmen im Wahlkreis zur Nutzung eines jeden verfügbaren Kommunikationsinstruments drängt. Dabei wird nicht unbedingt angenommen, dass die Webseite tatsächlich einen zählbaren Nutzen in Form von Wählerstimmen und Prozentpunkten stiftet. Es wird aber sehr wohl angenommen, dass der Verzicht auf das Medium negativ zu Buche schlägt, dass der Verzicht auf direkte Wählerkommunikation im WWW also schaden würde.

Im Wahlkampf war für mich das Internet ein sehr sehr wichtiges Medium [...]. Der Wahlkreis ist sicher, es ist ein sehr schöner Wahlkreis mit ordentlichen CSU Ergebnissen. Da war natürlich auch zu Beginn des Wahlkampfes relativ sicher, dass ich dann das Direktmandat bekomme. Aber man darf sich nie zu sicher sein. Ich hatte damals als Gegenkandidat einen amtierenden Abgeordneten der SPD, der durchaus auch mit Erfahrung ins Rennen gegangen ist, auch mit dem entsprechenden Background. Der war mit Sicherheit nicht zu unterschätzen. Da war es wirklich auch gerade in der Hektik des Wahlkampfes für mich wichtig, jede sich bietende Gelegenheit zu nutzen.
(Interview DMP0412)

Das Kommunikationsverhalten von Abgeordneten ist von der Konkurrenz um die Erststimme auch dann berührt, wenn die Chancen auf ein Direktmandat gleich Null sind. Die Ursache für diesen Kontaminationseffekt ist u. a. in der Doppelkandidatur zu sehen, die in der Bundesrepublik eine verbreitete Praxis gefunden hat. Laut Manow (2007: 202) haben in der jüngeren Vergangenheit im Durchschnitt 80 Prozent aller Abgeordneten sowohl auf einer Parteiliste wie in einem Wahlkreis kandidiert. Das Ergebnis der Erststimmenkonkurrenz dient unter den Bedingungen der Doppelkandidatur in der Partei als Signal für die Qualität der Kandidatur und als Kriterium bei der zukünftigen Vergabe von Listenplätzen. Je höher das Erststimmenergebnis im Vergleich zum Zweitstimmenergebnis, desto erfolgreicher war die Kandidatur, desto besser die Chancen der betroffenen Abgeordneten auf einen aussichtsreichen Listenplatz in der Zukunft. Damit erhält die Erststimmenkonkurrenz aus Abgeordnetensicht eine strategische Bedeutung für das Ziel der Wiederwahl über die Zweitstimme. Genau aus diesem Grund haben auch Kandidaten ohne Chancen auf ein Direktmandat Anreize, die direkte Kommunikation mit den Wählern über eine personalisierte Webseite zu suchen.

Ich möchte als einzelner Kandidat gewählt werden. Ich weiß, dass wir eigentlich keine Direktmandate kriegen werden. Trotzdem ist natürlich mein Ehrgeiz gewesen, dass ich in meinem Wahlkreis bekannt bin, und dass Leute auch die Chance nutzen mich persönlich zu wählen. Das ist auch gelungen übrigens, ich habe mehr Erst- als Zweitstimmen, was nicht ganz gewöhnlich für die FDP ist. Also es ist gelungen, diesen Profilierungsprozess im Wahlkreis zu machen. Aber natürlich nicht nur durch das Internet, das ist an diesem Punkt eine marginale Erscheinung.
(Interview DMP0420)

In den Äußerungen der Befragten wird auch deutlich, dass den innerparteilichen Wettbewerbskonstellationen in der Phase der Nominierung der Kandidaten eine wichtige Anreizfunktion zur direkten Wählerkommunikation zukommt. Die untenstehende Äußerung illustriert, dass die Bedeutung von Webseiten aus der Sicht der Abgeordneten bei knappen, konfliktträchtigen Nominierungsentscheidungen steigt. In diesen Zusammenhängen fungieren die Webseiten als wichtige Mittel der innerparteilichen Profilbildung und der Mobilisierung von innerparteilicher Aufmerksamkeit. Die Parteiöffentlichkeit ist in diesen Fällen der wichtigste Adressat der Webseiten. Dieser Mechanismus wird sowohl bei Nominierungsentscheidungen für Parteilisten wie für Direktmandate herausgestrichen. Er strahlt auf die Nutzungsentscheidungen von Abgeordneten aus, weil die Zeit nach der Nominierung auch die Zeit vor der Nominierung ist, weil eine positive Öffentlichkeit in der eigenen Partei gepflegt werden will, und weil prospektive Herausforderer abgeschreckt werden müssen.

Ich habe [die Webseite] bei der Nominierung [eingerichtet], das war ja bei uns eine richtige Nominierungsschlacht, wir waren sechs Kandidaten für dieses Mandat [Die Zahl] hatte was mit dem neuen Wahlkreis zu tun. Der alte Abgeordnete hat aus Altersgründen aufgehört und dann hat sich eine recht große Anzahl, nämlich sechs darum beworben. Da wusste man von Anfang an, das wird knapp bei den Entscheidungen. Das war 2001, und da gehört das Internet [dazu], das musste man haben [...].
(Interview DMP0416)

Entmedialisierung durch neue digitale Medien?

Die vorausgehende Analyse legt nahe, dass direkte Wählerkommunikation im WWW nicht alleine und nicht zwingend durch die Existenz neuer medientechnischer Gelegenheiten bestimmt ist. Aus den Äußerungen der befragten Abgeordneten wird deutlich, dass sich frühe Sozialisationserfahrungen mit den neuen Medien, die vor allem von jüngeren Abgeordneten gemacht werden konnten, positiv auf die Nutzungsbereitschaft auswirken. Das Verhalten der handelnden Akteure ist weiterhin durch wahlsystemische Anreize und durch das gesellschaftliche Nachfrageverhalten berührt.

Die differenzierte Untersuchung der Wirkung der Anreizmechanismen zeigt für die wahlsystemische Ebene ein komplexes Beziehungsgeflecht. Wie erwartet spielt die Direktwahl im Wahlkreis eine Rolle im Kalkül der Abgeordneten. In der vorausgegangenen Analyse deuten sich aber auch Kontaminationseffekte zwischen den beiden Wahlmodi an sowie Effekte, die von der Phase der Kandidatennominierung ausgehen und die alle Abgeordneten betreffen: Abgeordnete, die sowohl auf der Liste wie im Wahlkreis kandidiert haben, bemühen sich um ein möglichst hohes Maß an Kommunikation mit ihren Wählern, weil sie durch ein gutes Erststimmenergebnis ihre Chancen auf einen sicheren Listenplatz maximieren wollen; Abgeordnete, die knappe Nominierungsentscheidungen zu befürchten haben, nutzen persönliche Webseiten vor allem im Blick auf das Selektorat, also auf die Parteiöffentlichkeit, die über ihre Nominierung entscheidet.

Die differenzierte Betrachtung der Wählernachfrage zeigt erstens, dass Abgeordnete über eine recht genaue Wahrnehmung hinsichtlich der Struktur ihres Wahlkreises verfügen, und dass diese Wahrnehmung ihre Kommunikationsstrategien berührt. Zweitens wird in den Interviews eine ganze Reihe von Akteuren thematisiert, die als Trägergruppen für die Idee der elektronischen direkten Wählerkommunikation fungieren und die so Einfluss auf die Wahrnehmung der Abgeordneten nehmen. Dabei ist zwischen ideell-weltanschaulichen Gruppen wie www.abgeordnetenwatch.de einerseits und kommerziell motivierten Gruppen wie die Vielzahl der Webagenturen, die Kommunikationslösungen an die Abgeordneten herantragen, andererseits zu unterscheiden. Grundsätzlich muss festgehalten werden, dass im deutschen Fall die verschiedenartigen Anreizwirkungen so nachhaltig sind, dass sich keiner der befragten Abgeordneten den neuen medientechnischen Gelegenheiten gänzlich entziehen kann, und dass die Nullhypothese, also die Entscheidung zum Verzicht jedweder Nutzung im Deutschen Bundestag, keine wirkliche Option mehr darstellt.

Führen die thematisierten Wirkfaktoren zu einer konsequenten Nutzung des WWW als Mittel der direkten Wählerkommunikation und wird damit ein Substitutionseffekt plausibel? Die Frage muss auf der Folie der vorliegenden Analyse mit einem Nein beantwortet werden. Die Massenmedien mobilisieren die Aufmerksamkeit der Wähler in effektiver Weise und bleiben in dieser Funktion für die Abgeordneten unverzichtbar. Die direkte Wählerkommunikation im Internet bietet hier keine funktionale Entsprechung.

Die Abgeordneten nutzen das WWW in ihrer Suche nach Aufmerksamkeit auch als Instrument von Öffentlichkeitsarbeit. Sie begreifen die Massenmedien in diesem Zusammenhang erstens als wichtige Adressaten ihres Angebots. Zweitens richten sie die inhaltliche Ausgestaltung des Angebots an den Selektionskriterien der Massenmedien aus. Drittens Verzichten die Abgeordneten auf die Ausschöpfung der interaktiven Potentiale des Internet. Die in *Abbildung 1* unterschiedenen Nutzungsoptionen müssen somit ausdifferenziert werden. Das WWW dient Abgeordneten auch zum Zweck der Öffentlichkeitsarbeit, die vorrangig auf die Massenmedien und deren Berichterstattung zielt. Die Wählerschaft tritt in diesem Zusammenhang als Adressat des Angebots in ihrer Bedeutung zurück. Das Internet wird in diesem Zusammenhang zu einem Faktor der weitergehenden Medialisierung von Politik, anstatt ihr entgegenzuwirken. Die Funktion der politischen Werbung, die vor allem durch digitale Broschüren umgesetzt wird, stellt eine dritte Nutzungsmotivation dar, die in den durchgeführten Interviews sichtbar wird.

Muss die Ausgangsfrage angesichts der beobachteten Tendenzen zur digitalisierten Öffentlichkeitsarbeit und zur digitalisierten politischen Werbung negativ beantwortet werden? Diese Schlussfolgerung ginge im Spiegel der vorausgehend berichteten Befunde aus zwei Gründen zu weit. Die Angebote im Netz stellen erstens den Intentionen und den Strategien der Abgeordneten zufolge *auch* einen Beitrag zu einer rationalisierten Form der Wählerkommunikation dar. Das WWW kann in diesem Sinne als ein Hybridmedium bezeichnet werden, das verschiedene Funktionen in der politischen

Kommunikation erfüllt und das die Frage nach dem relativen Gewicht dieser verschiedenen Funktionen in den Raum stellt.

Die hier durchgeführte Untersuchung muss zweitens als Momentaufnahme in einem dynamischen Entwicklungsprozess betrachtet werden. Das WWW ist ein neues Medium mit einer kurzen Nutzungsgeschichte, die von einem komplexen Zusammenspiel von technischen Kapazitäten, sozialen Vermittlungsmechanismen und institutionellen Anreizen vorangetrieben wird. Mit einer weiteren Verbesserung der medientechnischen Kapazitäten und mit einer Steigerung ihrer sozialen Niederschläge wächst der Innovationsdruckdruck auf die Abgeordneten weiter an. Die hier referierten Befunde müssen deshalb als Zwischenergebnis betrachtet werden, das im Zeitverlauf bestätigt, fortgeschrieben und über quantitative Ansätze breiter untersucht werden muss.

Literatur

Bell, Daniel, 1973: The Coming of Postindustrial Society. A Venture in Social Forecasting. New York.
Blumler, Jay G./Gurevitch, Michael, 1995: The Crisis of Political Communication. London/New York.
Cappella, Joseph N./Jamieson, Kathleen H., 1997: Spirals of Cynicism. The Press and the Public Good. New York.
Castells, Manuel, 1996: The Rise of the Network Society, Volume 1. The Information Age: Economy, Society and Culture. Malden.
Coleman, Stephen, 1999: Cutting out the Middle Man: From Virtual Representation to Direct Deliberation, in: *Hague, Barry N./Loader Brian D.* (Hrsg.), Digital Democracy. Discourse and Decision Making in the Information Age. London/New York.
Coleman, Stephen, 2000: E-Guide for Parliamentarians. How to Be an Online-Representative. London.
Dutton, William H./Blumler, Jay G./Kramer, Kenneth L. (Hrsg.), 1987: Wired Cities. Shaping the Future of Communications. New York.
Edelmann, Murray, 1988: Constructing the Political Spectacle. Chicago.
Franklin, Bob, 1992: Televising the British House of Commons, in: *Franklin, Bob* (Hrsg.), Televising Democracies. New York, 3-28.
Holtz-Bacha, Christina, 1994: Massenmedien und Politikvermittlung – Ist die Videomalaise-Hypothese ein adäquates Konzept?, in: *Jäckel, Michael/Winterhoff-Spurk, Peter* (Hrsg.), Politik und Medien. Analysen zur Entwicklung der politischen Kommunikation. Berlin, 181-191.
Ismayr, Wolfgang, 2000: Der Deutsche Bundestag. Opladen.
Jackson, Nigel A./Lilleker, Darren G., 2004: Just Public Relations or an Attempt at Interaction?, in: European Journal of Communication 19, 507-533.
Katz, Richard S., 1986: Party Government: A Rationalistic Conception, in: *Wildenmann, Rudolf/ Castles, Francis G.* (Hrsg.), The Future of Party Government. Berlin, 31-71.
Kepplinger, Hans M., 2002: Mediatization of Politics: Theory and Data, in: Journal of Communication 52, 972-986.
Klingemann, Hans-Dieter/Wessels, Bernhard, 2001: The Political Consequences of Germany's Mixed-Member System: Personalization at the Grass Roots?, in: *Shugart, Mathew S./Wattenberg, Martin P.* (Hrsg.), Mixed-Member Electoral Systems. The Best of Both Worlds. Oxford, 279-296.
Korte, Karl-Ruldolf/Hirscher, Gerhard (Hrsg.), 2000: Darstellungspolitik oder Entscheidungspolitik. Über den Wandel von Politikstilen in westlichen Demokratien. München.
Krauch, Helmut, 1972: Die Computer-Demokratie. Hilft uns die Technik entscheiden? Düsseldorf.

Lusoli, Wainer/Ward, Stephen, 2004: From Weird to Wired: MPs, the Internet and Representative Politics in the UK. Paper presented to the Annual Conference of the Political Studies Association, University of Lincoln, 5-8 April.

Mair, Peter/Bienzen, Ingrid Van, 2001: Party Membership in Twenty European Democracies, 1980-2000, in: Party Politics 7, 5-21.

Manow, Philip, 2007: Electoral Rules and Legislative Turnover. Evidence from Germany's Mixed Electoral System, in: West European Politics 30, 195-207.

Marcinkowski, Frank/Steiner, Adrian, 2009: „Was heißt Medialisierung"? Autonomiebeschränkung oder Ermöglichung von Politik durch Massenmedien, in: *Arnold, Klaus/Classen, Christoph/Lersch, Edgar/Kinnebrock, Susanne/Wagner, Hans-Ulrich* (Hrsg.), Von der Politisierung der Medien zur Medialisierung des Politischen? Leipzig: Leipziger Universitätsverlag (im Druck).

Mayhew, David, 1974: Congress: The Electoral Connection. New Haven.

Mazzoleni, Gianpietro/Schulz, Winfried, 1999: Mediatization of Politics: A Challenge for Democracy?, in: Political Communication 16, 247-261.

McLean, Ian, 1989: Democracy and New Technology. Cambridge.

McLuhan, Marshall, 1992: Die magischen Kanäle. Understanding Media. Düsseldorf.

McLuhan, Marshall, 1995: Die Gutenberg-Galaxis. Bonn.

Müller, Wolfgang C., 2000: Political Parties in Parliamentary Democracies: Making Delegation and Accountability Work, in: European Journal of Political Research 37, 309-333.

Negroponte, Nicholas, 1995: Being Digital. New York.

Page, Benjamin I., 1996: Who Deliberates. Mass Media in Modern Democracy. Chicago.

Pfetsch, Barbara, 1998: Government News Management, in: *Graber, Doris A./McQuail, Dennis/Norris, Pippa* (Hrsg.), The Politics of News. The News of Politics. Washington, 70-93.

Postman, Neil, 1985: Wir amüsieren uns zu Tode. Urteilsbildung im Zeitalter der Unterhaltungsindustrie. Frankfurt a. M.

Robinson, Michael J., 1976: Public Affairs Television and the Growth of Political Malaise: The Case of „The Selling of the Pentagon", in: American Political Science Review 70, 409-432.

Römmele, Andrea, 2005²: Direkte Kommunikation zwischen Parteien und Wählern. Wiesbaden.

Rössler, Patrick, 1998: Medienabhängigkeit und Politische Orientierung. Die Erklärungskraft des Dependenzkonzepts in einem veränderten Kommunikationsgefüge, in: *Gellner, Winand/Korff, Fritz von* (Hrsg.), Demokratie und Internet. Baden-Baden, 205-218.

Sackmann, Reinhard/Weymann, Ansgar, 1994: Die Technisierung des Alltags. Generationen und technische Innovation. New York.

Sarcinelli, Ulrich, 1994: Mediale Politikdarstellung und politisches Handeln und: Analytische Anmerkungen zu einer notwendigerweise spannungsreichen Beziehung, in: *Jarren, Otfried* (Hrsg.), Politische Kommunikation in Hörfunk und Fernsehen. Opladen, 35-50.

Thelen, David, 1996: Becoming Citizens in the Age of Television. Chicago.

Wassermann, Rudolf, 1989: Die Zuschauerdemokratie. München/Zürich.

Zittel, Thomas, 2003: Political Representation in the Networked Society: The Americanisation of European Systems of Responsible Party Government, in: The Journal of Legislative Studies 9, 1-22.

Zittel, Thomas, 2007: Demokratie und Internet – Mehr Responsivität durch Neue Digitale Medien? Mannheim: Unveröffentlichtes Habilitationsmanuskript.

Zittel, Thomas, 2008: Neue Formen der digitalen Wählerkommunikation im gemischten Wahlsystem? – Eine quantitative und qualitative Untersuchung persönlicher Webseiten im Deutschen Bundestag, in: Zeitschrift für Politikwissenschaft (im Erscheinen).

Zittel, Thomas/Gschwend, Thomas, 2007: Individualisierte Wahlkämpfe im Wahlkreis. Eine Analyse am Beispiel des Bundestagswahlkampfes von 2005, in: Politische Vierteljahresschrift 48, 293-321.

V.

Politische Kultur und individuelle Medienwirkungen

Was die Bürger über Politik (nicht) wissen – und was die Massenmedien damit zu tun haben – ein Forschungsüberblick

Jürgen Maier

1. Einleitung: Bürger, Massenmedien und politisches Wissen

Demokratien rücken ihre Bürger in das Zentrum des politischen Prozesses, denn von ihnen geht alle Staatsgewalt aus. Selbst wenn moderne demokratische Systeme repräsentativ organisiert sind und die Bürger nur wenige Gelegenheiten haben, ihren Einfluss in Wahlen und Abstimmungen direkt gelten zu machen, erfordert die ihnen zugedachte Rolle doch, dass sie sich mental mit politischen Fragen beschäftigen.

Empirische Untersuchungen zeigen jedoch, dass das vorhandene Interesse an und die vorliegenden Kenntnisse über Politik weit hinter den an die Bürger gestellten Erwartungen zurückbleiben. So etwa kommen Berelson et al. (1954: 308) zu folgendem Ergebnis: „The democratic citizen is expected to be well informed about political affairs. He is supposed to know what the issues are, what their history is, what the relevant facts are, what alternatives are proposed, what the party stands for, what the likely consequences are. By such standards the voter falls short". Da zahlreiche, insbesondere in den Vereinigten Staaten durchgeführte Nachfolgestudien zu ähnlichen Ergebnissen kommen, gilt der allgemein niedrige Informationsstand der Bürger spätestens Ende der 1980er Jahre als eine der am besten gesicherteste Erkenntnis der empirischen Politikforschung (vgl. z. B. Converse 1990; Page/Shapiro 1992: 9) – eine Feststellung, die bestens zu dem weitaus früher beobachteten Sachverhalt passt, dass das Stimmverhalten der meisten Wähler keineswegs „rational" ist. Denn anstatt ihre politischen Entscheidungen auf die Abwägung von Fakten zu stützen, greifen Wähler viel lieber auf wesentlich leichter verfügbare Heuristiken wie etwa die Zugehörigkeit zu sozialen Gruppen oder die Parteiidentifikation zurück (vgl. z. B. Campbell et al. 1960; Lazarsfeld et al. 1944).

Auf die Massenmedien wirft der Befund, dass Bürger über weite Strecken als „know-nothings" (Hyman/Sheatsley 1947: 413), „cognitive misers" (Fiske/Taylor 1984) oder „politische Ignoranten" (vgl. z. B. Bennett 1988) charakterisiert werden können, ein schlechtes Bild. Denn in modernen Gesellschaften erfahren Bürger vorzugsweise aus den Medien – also Presse und Rundfunk sowie neuerdings auch dem Internet – über Politik. Insbesondere außerhalb von Wahlkampfzeiten haben die Bürger nur selten die Möglichkeit, direkt mit Akteuren aus der „Arena der Politik" in Kontakt zu kommen. Dies gilt in verstärktem Maße, wenn es um Akteure geht, die auf Politikebenen oberhalb der Kommune – etwa in nationalen oder supranationalen Kontexten – agieren (vgl. z. B. Norris 2000). Den Massenmedien kommt also eine entscheidende Funktion zu, wenn es darum geht, Bürgern Kenntnisse über Politik zu vermitteln. Nicht zuletzt von der Qualität ihrer Berichterstattung hängt es also ab, ob Bürger in der Lage sind, Wissen über politische Strukturen, politische Akteure, zentrale politischen Themen und die zur Beurteilung von politischen Resultaten relevanten Zusammenhänge zu erwerben, ihre politischen Präferenzen kognitiv zu untermauern, und auf diese Weise „rationale" Entscheidungen zu treffen. Stellt man allerdings fest, dass Bürger nicht die Kenntnisse über Politik aufweisen, die sie haben sollten, und ihre politischen Vorlieben bzw. die von ihnen getroffenen Entscheidungen nicht oder nur sehr begrenzt kognitiv begründen können, wirft dies Zweifel an der Effektivität der massenmedialen Informationsvermittlung auf.

Für die Vereinigten Staaten liegt zwischenzeitlich eine Vielzahl an Studien zu diesem Themenkomplex vor. In einschlägigen Lehr- oder Handbüchern zur Politischen Soziologie oder zur Öffentlichen Meinung eigene Kapitel über politisches Wissen zu finden, ist keine Seltenheit. Anders stellt sich die Lage für die Bundesrepublik dar. Hier gibt es nur einige wenige Untersuchungen, die sich dezidiert mit der Verteilung, der Struktur, den Determinanten und den Konsequenzen (fehlender) politischer Kenntnisse auseinandersetzen. Diese Studien fokussieren dabei zumeist auf Zeitpunkte oder -abschnitte nach der deutschen Einheit; das Wissen der Deutschen über Politik vor 1990 ist bislang hingegen kaum erforscht. Die meisten Untersuchungen verwenden dabei Daten, die im Umfeld von Bundestagswahlen – also Phasen, in denen Bürger vergleichsweise stark politisch involviert sind – erhoben wurden. Ebenfalls besteht ein Mangel an Studien, die den Zusammenhang zwischen der Rezeption von Massenmedien und dem Umfang bzw. dem Erwerb von Politikwissen thematisieren. Auch in deutschsprachigen Standardwerken zur Wahl- und Einstellungsforschung oder zur Politischen Kommunikation fehlen eigenständige Beiträge zum politischen Wissen; oftmals sind nicht einmal im Stichwortverzeichnis Hinweise auf entsprechende Textstellen im Buch zu finden.

Vor diesem Hintergrund setzt sich der vorliegende Beitrag das Ziel, den Forschungsstand zu diesem Thema zusammenzufassen. Mangels deutscher Studien werden dabei vor allem Erkenntnisse der US-Forschung zusammengetragen und – wenn sinnvoll – mit Befunden für die Bundesrepublik ergänzt. Dabei wird wie folgt vorgegangen. Zunächst wird die Frage diskutiert, was man unter politischem Wissen versteht und wie man es messen kann. Danach wird dargestellt, was Bürger eigentlich über Politik wissen – und was sie nicht wissen. Im Anschluss werden die Determinanten politischen Wissens in den Mittelpunkt gerückt – mit besonderem Augenmerk auf die Rolle der Massenmedien. Abschließend werden die wichtigsten Ergebnisse des Literaturüberblicks zusammengefasst und ein Vorschlag für die grundsätzliche Stoßrichtung zukünftiger Forschungsanstrengungen formuliert.

2. Wie lässt sich politisches Wissen messen?

Delli Carpini und Keeter (1996: 10) definieren das Wissen der Bürger über Politik als „the range of factual information about politics that is stored in long-term memory". Trotz der hier vorgenommenen und weitgehend akzeptierten Reduzierung von Politikkenntnissen auf reines Faktenwissen (eine kritische Position hierzu nimmt z. B. Graber 1997: 208 ein) ist es keineswegs trivial, den Grad der politischen Versiertheit von Bürgern zu bestimmen. Ein Grund hierfür ist, dass in der Literatur keine Einigkeit darüber besteht, welche Kenntnisse unverzichtbar sind, um sich in der Welt der Politik zurechtzufinden. Mit anderen Worten: Es ist unklar, welche Kriterien anlegt werden sollen, wenn es darum geht zu beurteilen, über welches Politikwissen Bürger verfügen. Eine der brauchbarsten Versuche, dies zu definieren, geht zurück auf Barber (1972: 44), der der Auffassung ist, dass Bürger wissen sollten, „what the government is and does". Neuman (1986: 196) expliziert dies und subsumiert unter dem erstgenannten Aspekt demokratische Grundwerte und Spielregeln sowie zentrale institutionelle und politische Strukturen. Dem letztgenannten Aspekt ordnet er einerseits konkrete Aufgaben, derer sich die Politik annimmt, sowie andererseits die zentralen politischen Akteuren zu (ähnlich auch Berelson et al. 1954: 308). Delli Carpini und Keeter (1996) schlagen hingegen vor, Sachfragen von Akteuren zu trennen. Bürger sollten also auch wissen, „who the government is" (Delli Carpini/Keeter 1996: 65). Problematisch an dieser durchaus plausiblen Dreiteilung ist, dass sie nach Auffassung der Autoren das Wissen der Bürger über *nationale* Politik systematisieren soll. Politische Systeme sind aber viel komplexer und weisen – insbesondere in europäischen Demokratien – mehrere miteinander verflochtene Politikebenen auf, die zum Teil überaus unterschiedliche institutionelle Strukturen aufweisen. In Multiparteiensysteme ist die Bestimmung der relevanten politischen Akteure zu dem sehr schwierig, da nicht nur die zentralen Führungspositionen auf jeder Ebene von anderen Personen besetzt werden, sondern die Bedeutung der verschiedenen Parteien variiert. Schließlich gibt es Wissensbereiche, die nicht unmittelbar den drei vorgeschlagenen Kategorien zugeordnet werden können, die aber für Bürger von enormer Bedeutung sein können (z. B. zeitgeschichtliches Wissen, Kenntnisse über politische Geografie, Wissen über intermediäre Gruppen der Interessenvermittlung).

Der Versuch, Bereiche auf dem weiten Feld der Politik zu identifizieren, in denen sich Bürger auskennen sollten, ist eine Voraussetzung dafür, dass individuelles Wissen über Politik gemessen werden kann. Die drei vorgestellten Kategorien – Wissen über Strukturen, Wissen über Themen und Wissen über Akteure – sind jedoch sehr breit und die Zahl der in ihnen enthaltenen Objekten, die man zur Messung von Politikkenntnissen heranziehen kann, unüberschaubar groß. Die Folge ist, dass es keinen allgemein akzeptierten Satz von Indikatoren gibt, mit dem politisches Wissen gemessen wird.[1] Häufig wird deshalb der Grad der politischen Versiertheit von Befragten aus den Antworten abgeleitet, die sie auf gerade verfügbare Wissensfragen erteilen. In der Konsequenz sind Wissensüberprüfungen verschiedener Untersuchungen somit nicht oder nur schwer miteinander vergleichbar (Fiske et al. 1990: 32-33). Da die meisten Untersuchungen, die sich mit politischen Kenntnissen befassen, Sekundäranalysen von Bevölkerungsumfragen sind, in deren Zentrum nicht die Erhebung von Politikwissen, sondern zumeist völlig andere Fragestellungen stehen, ist die Basis, auf der das Wissen von Bürgern beurteilt wird, zudem in aller Regel sehr schmal (Converse 1975: 101; Erskine 1963a: 133; Luskin 1987: 882; Neuman 1986: 9, 57; Smith 1989: 160). Selten gibt es hingegen Befragungen, in denen Wissensfragen mehr Bedeutung eingeräumt wird (vgl. z. B. Mondak 2001), oder in denen politischen Kenntnisse im Zentrum des Forschungsinteresses stehen (vgl. z. B. Delli Carpini/Keeter 1991, 1996: 291-293).[2] Für Deutschland fehlen solche Umfragen sogar völlig.[3] Die zumeist stark limi-

---
1 Einen Vorschlag für die Vereinigten Staaten unterbreiten Delli Carpini/Keeter (1996: 304-306).
2 Ein Grund hierfür ist nicht zuletzt die weit verbreitete Annahme unter Sozialforschern, dass es Befragten unangenehm ist, einer detaillierten Überprüfung ihres Wissens unterzogen zu wer-

tierten Möglichkeiten, politisches Wissen zu erfassen, werden aus methodischer Sicht allerdings nicht als Hindernis gesehen, um individuelle politische Kenntnisstände zu messen: „Researchers developing national or general political knowledge scales need not to be overly concerned with the mix of specific topics covered by individual items. Scales made up of items tapping only knowledge of institutions and processes, substantive issues, or public figures are likely to serve as reasonable measures of the overarching construct" (Delli Carpini/Keeter 1996: 174). Dennoch wird die inferioren Datenlage als einer der Hauptgründe angesehen, dass bislang kaum systematische Untersuchungen über die Strukturen, die Determinanten und die politischen Konsequenzen (fehlender) individueller Politikkenntnisse vorliegen (Delli Carpini/Keeter 1996: 63; Neuman 1986: 8-9).

Auch bei der Frage, wie Wissensfragen genau zu operationalisieren sind, besteht in der Literatur kein Konsens. Im Einklang mit der oben vorgestellten Definition von Delli Carpini und Keeter (1996: 10) werden politische Kenntnisse am häufigsten mit Fragen zu politischem Faktenwissen gemessen (vgl. Chaffee/Kanihan 1997; Delli Carpini/Keeter 1993). Fragen dieser Art haben den Vorteil, dass in aller Regel objektiv nachprüfbar ist, ob eine erteilte Antwort richtig oder falsch ist.[4] Skalen, die den Kenntnisstand über Politik messen sollen, zählen typischerweise die Anzahl der richtigen Antworten. Über die Angemessenheit dieses Vorgehens wird jedoch lebhaft diskutiert. Inhaltlich wird angezweifelt, ob mit der Abfrage von Faktenwissen[5] Rückschlüsse auf die politischen Kompetenzen der Bürger – also das Verstehen politischer Zusammenhänge und das Erkennen politischer Optionen („integriertes Wissen", „konzeptuelles Wissen", „Prozesswissen") – möglich sind (Graber 1997: 208; Neuman 1981; Neu-

---

den. Um sich daraus ergebende Verweigerungen und Interviewabbrüche zu vermeiden, werden in der Literatur deshalb häufig Konzepte zur Messung von Wissen herangezogen, die empirisch in halbwegs konsistenter Weise mit politischen Kenntnisständen zusammenhängen, aber unproblematischer zu erheben sind (vor allem Bildung, aber auch politisches Interesse oder Mediennutzung; vgl. z. B. Price 1997: 598). Delli Carpini und Keeter (1996: 295) können jedoch keinen Beleg dafür finden, dass eine umfassende Abfrage von politischen Kenntnisständen negative Auswirkungen auf die Bereitschaft hat, an solchen Befragungen teilzunehmen. Dennoch kann das Stellen von Wissensfragen negative Konsequenzen haben. Bishop et al. (1984) weisen in einem Experiment nach, dass Befragte, die Fragen zum Faktenwissen nicht beantworten können, ein signifikant niedrigeres Politikinteresse vorgeben, als Befragte, denen dies gelingt. Solche Kontexteffekte können überaus stabil sein: Der Erfolg bei der Beantwortung von Wissensfragen beeinflusst auch dann die Selbsteinschätzung des eigenen politischen Interesses signifikant, wenn zwischen der Erfassung von Politikkenntnissen und Politikinteresse zahlreiche andere Fragen gestellt werden (vgl. Bishop 1987; Schwarz/Schuman 1997; Sudman et al. 1996: 91).

3 Breit angelegte Wissenstests wie etwa zur „Bildung der Deutschen" (ZA-Nr 2834 und 2835) helfen nicht weiter, da hier zumeist Informationen über politische Einstellungen und Verhaltensweise fehlen.

4 Allerdings ist dies auch nicht immer möglich (vgl. hierzu die Beispiele von Delli Carpini/Keeter 1996: 95). Über die Erfassung von „objektivem Wissen" hinaus gibt es auch Versuche, aus Faktenkenntnissen den Umfang „subjektiven Wissens" – also Kenntnisse, über die Bürger zu verfügen glauben – zu ermitteln. Hierbei werden – mit Ausnahme der „weiß-nicht"-Kategorie – alle auf eine Wissensfrage erteilten (richtigen und falschen) Antworten zusammengefasst. Im Ergebnis zeigt sich, dass das subjektive Wissen wesentlich ausgeprägter ist als das tatsächlich vorhandene objektive Wissen (vgl. Keeter/Zukin 1983; Maier 2000; Vetter/Maier 2005; Westle 2005).

5 Synonym hierzu wird in der Literatur häufig auch von „objektivem" oder „differenziertem" Wissen gesprochen.

man et al. 1992). Aus methodischer Sicht geht es erstens um die Frage, ob es gerechtfertigt ist, Befragte, die mit „weiß nicht" antworten, mit Interviewten gleichzusetzen, die eine falsche Antwort erteilen. Zweitens wird darüber gestritten, welche Konsequenzen sich für die Validität der Messung von politischen Kenntnissen ergeben, wenn Befragte, die die korrekte Antwort auf eine Wissensfrage nicht kennen, dazu ermutigt werden, die „weiß nicht"-Kategorie zu wählen. Drittens wird über die Vor- und Nachteile von offenen und geschlossenen Fragen bei der Messung von politischem Wissen debattiert (vgl. Mondak 1999, 2001; Mondak/Davis 2001; Sturgis et al. 2008) – und in diesem Zusammenhang, welches die optimale Anzahl von Antwortkategorien in geschlossenen Fragen ist (vgl. z. B. Kenski 2003). Viertens besteht eine Kontroverse darüber, ob politisches Wissen als eindimensionales Konzept aufgefasst werden kann (in diesem Sinne Delli Carpini/Keeter 1996), oder ob ein an das Konzept der Themenpublika (Converse 1964) angelehnter multidimensionaler Ansatz nicht angemessener ist (vgl. z. B. McGraw/Pinney 1990). Schließlich werden Zweifel angemeldet, ob mit dem vorherrschenden Format der standardisierten Befragung der Grad der in der Bevölkerung vorhandenen Politikkenntnisse nicht erheblich unterschätzt wird. Methodenexperimente weisen jedenfalls darauf hin, dass bestimmte Anreize (Geld, Zeit) das Erinnern von Faktenwissen erheblich fördern (Prior/Lupia 2008).

Neben Fragen zum Faktenwissen gibt es auch Ansätze, politisches Wissen auf indirektem Weg zu erfassen. Ein insbesondere im Rahmen der American National Election Studies beliebtes Vorgehen ist es, spontane Assoziationen von guten und schlechten Eigenschaften von Parteien und Politikern zu erheben. Die dahinter stehende Annahme ist, dass Personen, die viele Assoziationen zu politischen Akteuren haben, viel über Politik wissen (vgl. z. B. Graber 1988: 82). Solche Skalen weisen erstaunliche Korrelationen mit Faktenwissen auf. Allerdings merkt Price (1997: 598) an, dass hier weniger politische Kenntnisse, sondern eher eine Kombination aus Politikinteresse und Kommunikationsbereitschaft gemessen werden. Andere Ansätze messen die korrekte Positionierung von Parteien und Politikern auf politischen Sachfragen oder auf dem Links-rechts- bzw. Liberal-Conservative-Kontinuum (vgl. z. B. Delli Carpini/Keeter 1996; Luskin 1987; Zaller 1992). Zudem gibt es Indikatoren, die den subjektiv wahrgenommenen Grad politischer Informiertheit erfassen (vgl. z. B. Delli Carpini/Keeter 1996: 66; Graham 1988; Keeter/Zukin 1983: 74-88). Hier besteht jedoch das Problem, dass die Messung von politischen Kenntnissen auf der extern nicht validierbaren Selbsteinstufung von Individuen basiert.

3. Was wissen Bürger über Politik?

Die Befürchtung, dass Bürger nur wenig über Politik wissen, wird in der sozialwissenschaftlichen Literatur schon recht lange geäußert (vgl. z. B. Bryce 1888: 8; Lippmann 1922, 1925). Mit der Entwicklung der Umfragetechnik zu einem Instrument, mit dem auf der Basis vergleichsweise weniger Befragter relativ zuverlässige Rückschlüsse auf die Gesamtbevölkerung gezogen werden können, wurden diese Vorbehalte empirisch bestätigt. Erste, in den USA durchgeführte Studien identifizierten anhand der Abfrage von Faktenwissen deutliche Informationslücken der Amerikaner in der Außen- und Innenpolitik sowie hinsichtlich der Kenntnis institutioneller Strukturen (Erskine 1962,

1963a, 1963b, 1963c). Spätere Untersuchungen kommen zu weitgehend ähnlichen Befunden (vgl. z. B. Bennett 1988, 1989; Bennett et al. 1996; Converse 1964, 1975; Delli Carpini/Keeter 1996; Ferejohn 1990; Glenn 1972; Lane/Sears 1964; Neuman 1986; Smith 1989). Insbesondere die Studie von Delli Carpini und Keeter (1996) liefert einen umfassenden Beleg für die fehlenden Politikkenntnisse der Amerikaner. So etwa zeigen sie, dass nur 41 Prozent der mehr als 2000 von ihnen untersuchten Wissensfragen von der mindestens Hälfte der Befragten korrekt beantwortet werden konnten. Der Anteil der Fragen, auf die drei Viertel oder mehr der Befragten eine richtige Antwort wussten, lag sogar nur bei 13 Prozent. Unter den Fakten, die die Befragten nicht präsent hatten, waren zahlreiche Aspekte, die von durchaus großer Bedeutung sind, um Politik verstehen bzw. um effektiv in der Welt der Politik agieren zu können: fundamentale demokratische Spielregeln, klassische Bürgerrechte, Grundbegriffe der Wirtschaftspolitik, Namen von Inhabern wichtiger öffentlicher Ämter, zentrale Positionen der politischen Parteien und ihrer Repräsentanten, Basisindikatoren zu Politik und Gesellschaft (Delli Carpini/Keeter 1996: 101-102).

Das für die USA gezeichnete Bild ist dabei kein ungewöhnliches. Zwar zeigen internationale Vergleiche, dass US-Bürger in aller Regel über geringere Politikkenntnisse verfügen als Einwohner anderer westlicher Demokratien (vgl. z. B. Almond/Verba 1963; Bennett et al. 1996; Delli Carpini/Keeter 1996; Dimock/Popkin 1997). Allerdings ist das politische Wissen auch in anderen Ländern stark limitiert (für Dänemark vgl. Paldam/Nannestad 2000; für Neuseeland vgl. Karp 2006; für die Niederlande vgl. Vettehen et al. 2004). In Deutschland etwa kannten im Umfeld der Bundestagswahl 2002 nur etwas mehr als die Hälfte der Bundesbürger die korrekte Anzahl der Bundesländer; weniger als 50 Prozent wussten, dass der Zweitstimme im deutschen Wahlsystem eine größere Bedeutung zukommt als der Erststimme (vgl. z. B. Schmitt-Beck 1993; Vetter/Maier 2005: 58).[6]

Wenngleich einige Studien zu dem Ergebnis kamen, dass das zu beobachtende Wählerverhalten durchaus kognitiv fundiert, an Sachfragen orientiert und somit rational sei (vgl. z. B. Key 1966; Nie et al. 1979), bestand zu Beginn der 1990er Jahre weitgehend Konsens darüber, dass die Wissensstände der Bürger über Politik gering sind (vgl. z. B. Page/Shapiro 1992: 9). Genauere Betrachtungen zeigen jedoch, dass diese Einschätzung zu undifferenziert ist: „Although citizens are not fully informed, they are not fully ignorant" (Delli Carpini/Keeter 1996: 98). So ist es zwar richtig, dass die Kenntnisstände im Mittel gering sind. Andererseits lassen sich in Umfragen auch mühelos Beispiele für Themen finden, mit denen sich nahezu alle auskennen. So etwa weiß praktisch jeder Amerikaner, wie der aktuelle US-Präsident heißt (99 % korrekte Antworten) oder dass die Vereinigten Staaten Mitglied der UNO sind (96 %; vgl. Delli Carpini/Keeter 1996: 70, 74). Umgekehrt gibt es Bereiche, zu denen fast keine Kenntnisse vorliegen – etwa wenn Detailwissen über Rüstungskontrolle und Nuklear-

---

6 Signifikante Ost-West-Differenzen bestehen hier nicht, wohl aber bei anderen Wissensfragen. Direkt nach der Einheit fielen die Kenntnisstände in Westdeutschland in aller Regel höher aus als in der ehemaligen DDR, was mit der mangelnden Vertrautheit der ostdeutschen Bürger mit den Institutionen, Akteuren und Themen des neuen politischen Systems erklärt werden kann (Schmitt-Beck 1993). Diese grundsätzliche Systematik ist zwischenzeitlich weitgehend verschwunden. Vielmehr scheinen Wissensunterschiede zwischen den alten und den neuen Bundesländern nun eher thematisch bedingt zu sein.

waffen gefragt ist (Graham 1988). Ganz allgemein kann man konstatieren, dass Wissen über politische Institutionen noch am weitesten verbreitet ist. Dies hat einerseits damit zu tun, dass dieser Bereich vergleichsweise intensiv in der Schule thematisiert wird. Andererseits sind institutionellen Strukturen vergleichsweise stabil, so dass einmal Erlerntes mit hoher Wahrscheinlichkeit über längere Zeiträume seine Gültigkeit behält. Deutlich seltener sind Kenntnisse über politische Akteure und Sachfragen. Grundsätzlich nimmt das Wissen über Politik rapide ab, wenn man Details beleuchtet oder Fakten über Personen, Organisationen oder Institutionen erfragt, die vom Bürger in keinem unmittelbarem Zusammenhang zu Fragen der nationalen Politik gesehen werden (Delli Carpini/Keeter 1991, 1996: 68-69).

Betrachtet man das Wissen der Bürger im Zeitverlauf, zeigt sich auf der Aggregatebene ein erstaunliches Maß an Stabilität. Die politischen Kenntnisse der Amerikaner haben sich seit dem Zweiten Weltkrieg nahezu nicht verändert: „The evidence strongly suggests that Americans are about as informed about politics today as they were 50 years ago" (Delli Carpini 2005: 30; vgl. in diesem Sinne z. B. auch Bennett 1988, 1989; Delli Carpini/Keeter 1991, 1996; Neuman 1986; Smith 1989). Dieser Befund lässt sich auch in anderen Ländern wie z. B. in Deutschland beobachten (Karp 2006). Gerade vor dem Hintergrund sich dramatisch verändernder sozialer, politischer, medialer und technologischer Rahmenbedingungen wird die Aggregatstabilität politischen Wissens in aller Regel positiv bewertet. Vereinzelt auftretende größere Veränderungen der Kenntnisstände können dabei mit herausragenden politischen Ereignissen oder grundlegenden Veränderungen der politischen Lage erklärt werden, die sich in einer entsprechenden Medienberichterstattung widerspiegelt (Delli Carpini/Keeter 1996: 123-130, 134). Hierin wird von einigen Autoren ein Beleg für die Aufmerksamkeit und „Rationalität" der Bürger gesehen (vgl. z. B. Page/Shapiro 1992).

Ergebnisse neuerer Untersuchungen indizieren jedoch, dass sich die politische Versiertheit der Amerikaner stärker verändert hat, als dies das Bild auf der Makroebene nahe legt. Zum einen weist Prior (2005, 2007) darauf hin, dass mit der Verbreitung neuer Medien das Lernen politischer Fakten als „Nebenprodukt" der alltäglichen Medienrezeption in politikfernen Bevölkerungssegmenten abgenommen hat: Rezipienten, die sich nicht für Politik interessieren, haben durch die Vielfalt der Medienangebote heute deutlich mehr Möglichkeiten als in früheren Jahren, sich von politischen Inhalten ab- und Unterhaltungssendungen zuzuwenden. Gleichzeitig können sich politikaffine Bürger nun effizienter mit Nachrichten versorgen als vor der flächendeckenden Verfügbarkeit von Kabelfernsehen und Internet. Im Aggregat heben sich diese gegenläufigen Effekte jedoch nahezu auf, so dass hier ein hoher Grad an Stabilität zu beobachten ist. Zum anderen weisen Längsschnittstudien kurzfristige Lerneffekte nach. Phasen, in denen Wissen über neue Themen oder Akteure erworben wird, werden demnach von Perioden abgelöst, in denen die Kenntnisstände stagnieren oder erodieren (etwa wenn durch Wahlen das politische Personal ausgetauscht wird und Wissen über die neuen Eliten erst erworben werden muss). In der Langfristbetrachtung – insbesondere wenn Umfragen im Vorfeld von Wahlen miteinander verglichen werden – sind solche Zyklen kaum zu identifizieren (Delli Carpini/Keeter 1996: 120-121). Schließlich belegen Wiederholungsbefragungen ein erhebliches Maß an Instabilität politischer Kenntnisse auf der Individualebene. So etwa haben zwischen den Bundestagswahlen 1998 und 2002 nur vier von zehn Befragte ein stabiles Wissen vorzuweisen. Ein Drittel hat in diesem

Zeitraum Wissen hinzugewonnen; ein weiteres Drittel hat seine Kenntnisse eingebüßt (Vetter/Maier 2005: 65-66; vgl. auch Schmitt-Beck 1993 für die Bundestagswahl 1990). Auch zeigen Kurzfristpanels bzw. Vergleiche zwischen vor und nach Wahlen erhobenen Bevölkerungsquerschnitten, dass Wahlkämpfe politisches Wissen generieren: Kenntnisstände wachsen im Laufe eines Wahlkampfs an und liegen nach einer Wahl über den zu Beginn des Wahlkampfs ermittelten Werten (Conway et al. 1981; Karp 2006; Maier 2000; Schmitt-Beck 1993; Schönbach 1983).

4. Welche Faktoren begünstigen politisches Wissen?

Die Determinanten von politischem Wissen bzw. dem Erlernen von politischen Fakten sind zwar vielfältig, lassen sich aber mit Hilfe von drei Kategorien gut systematisieren (vgl. Bennett et al. 1996; Delli Carpini/Keeter 1996: 106-116; Luskin 1990; Prior 2007: 28): Gelegenheitsstrukturen („opportunities"), individuelle Fähigkeiten („abilities") und persönliche Motivationen („motivations"). Für das Erlernen von politischen Kenntnissen ist die Präsenz aller drei Faktoren unumgänglich: „Learning about politics requires the ability, motivation, and opportunity to do so" (Delli Carpini/Keeter 1996: 106).

Unter der Rubrik *„Gelegenheitsstrukturen"* wird in erster Linie die Beschaffenheit der medialen Umwelt – also etwa die Möglichkeiten, auf Kommunikationstechnologien (z. B. Zeitungen, Rundfunkgeräte, Internet) zuzugreifen, oder der Umfang und die Aufbereitung der über die Medien verbreiteten Informationen zu einem Thema – subsumiert. Tatsächlich zeigen empirische Untersuchungen, dass die Beschaffenheit der Medienumwelt einen Einfluss auf den Umfang der Politikkenntnisse hat. Bürger, die in Regionen mit einer hohen Mediendichte leben, sind in der Lage mehr politische Probleme zu benennen bzw. verfügen über mehr Wahlkampfinformationen als Bürger in Regionen, die sich durch einen schwachen Medienwettbewerb auszeichnen (Chaffee/Wilson 1977; Clarke/Fredin 1978). Auch wissen US-Bürger mehr über Staat und Politik, wenn sie im Verbreitungsgebiet von Zeitungen leben, die – da sie in der Hauptstadt eines Bundesstaates erscheinen – stark auf die politischen Ereignisse in diesem Staat eingehen. Bürger, die hingegen außerhalb des Einzugsgebietes solcher Medien leben, sind von der diesbezüglichen Berichterstattung der Lokalpresse oder von Medien abhängig, die in anderen Bundesstaaten erscheinen. Da diese weniger über landespolitische Themen, dafür aber mehr über die Geschehnisse in Landkreis und Kommunen bzw. in anderen Staaten berichten, haben Rezipienten weniger Chancen, etwas über die Politik des eigenen Bundesstaates zu erfahren – was sich wiederum in geringeren Kenntnisständen niederschlägt (Delli Carpini/Keeter 1996: 211-213; Delli Carpini et al. 1994; Keeter/Wilson 1986; Zukin/Snyder 1994). Zweifel an der Wirkung unterschiedlicher Medienumwelten meldet jedoch eine Experimentalstudie an, die das Wissen von Bürgern in zwei amerikanischen Landkreisen miteinander vergleicht. Während ein Teil der Bürger acht Monate auf die Lokalzeitung verzichten musste, da diese aufgrund eines Streiks nicht erschien, konnten die Bürger des anderen Landkreises wie gewohnt die lokale Tageszeitung nutzen. Die Bürger der beiden Landkreise unterschieden sich jedoch hinsichtlich ihrer lokalpolitischen Kenntnisstände nicht (vgl. Mondak 1995). Ebenfalls keinen wesentlichen Einfluss auf das Wissen über Kandidaten scheinen Vorwahlkämpfe zu haben: Bürger in Staaten mit und Bürger in Staaten ohne primaries weisen keine signifikanten Unterschiede im Wissen über die Bewerber für die Präsidentschaftskandidaten auf: „Thus [...] it is hard to argue that the campaign itself contributed to citizen learning" (Keeter/Zukin 1983: 103).

Die zum Erwerb von Wissen notwendigen *individuellen Fähigkeiten* umfassen „a fairly wide range of skills, talents, and attributes, from physical (the ability to see and hear, for example) to the cognitive (the ability to process and retain information) to the social (the ability of read and write)" (Delli Carpini/Keeter 1996: 106). Unter den erlernten Fähigkeiten ist die formale Bildung von besonders großer Bedeutung. Für sie werden in empirischen Untersuchungen nahezu immer starke direkte sowie indirekte (d. h. vor allem über andere Sozialstrukturmerkmale wie beispielsweise das Geschlecht vermittelte) Effekte auf politisches Wissen nachgewiesen. So etwa finden Hyman et al. (1975) bei ihrer Analyse von 55 Umfragen aus den Jahren 1949 bis 1971 fast durchweg signifikante Wissensunterschiede zwischen hoch und niedrig gebildeten Bevölkerungsgruppen. Im Einklang mit vielen anderen Untersuchungen (vgl. z. B. Patterson 1980, Patterson/McClure 1976; Price/Czilli 1996; Price/Zaller 1993; Robinson 1976) zeigen auch die Untersuchungsergebnisse von Delli Carpini und Keeter (1996), dass die Präsenz und der Erwerb von Wissen eine Funktion der Bildung ist: Nach Kontrolle zahlreicher relevanter Erklärungsgrößen konstatieren sie nach der Analyse mehrerer Querschnittbefragungen, dass „most of the variables remain as significant predictors of knowledge levels. Education and attention to politics emerged as the most important factors [...]" (Delli Carpini/Keeter 1996: 184). Die exponierte Bedeutung der Bildung ist auch im deutschen Kontext zu erkennen – etwa im Umfeld der Bundestagswahlen 1998 und 2002 (Vetter/Maier 2005: 72). Die Studie von Westle (2006: 226) belegt die Wirkung des formalen Bildungsgrades recht eindrucksvoll im Rahmen einer Befragung von 3 500 fränkischen Schülern. Nach Kontrolle von Alter und Geschlecht konnten Gymnasiasten in einem aus 13 Fragen bestehenden Wissenstest im Mittel knapp zwei Fragen mehr beantworten als Haupt- und Realschüler. Gleichzeitig gaben sie seltener eine falsche Antwort bzw. wählten weniger häufig die „weiß nicht"-Kategorie.

Diese sehr robusten Zusammenhänge zwischen Bildung und politischer Versiertheit lassen sich damit erklären, dass die formale Bildung mit Merkmalen aus allen drei Gruppen von Einflussgrößen – „opportunities", „abilities" und „motivations" – interagiert (vgl. Delli Carpini/Keeter 1996: 190). Im Hinblick auf die Gelegenheitsstrukturen begünstigt eine hohe Bildung einen effizienten Umgang mit denen durch die Medienumwelt bereitgestellten Informationen. Zudem strukturiert Bildung einige für die Versorgung mit Politikwissen relevante Aspekte der sozialen Umwelt von Bürgern wie z. B. die Komposition von sozialen Netzwerken. Bildung stimuliert auch motivationale Faktoren wie z. B. das politische Interesse, das wiederum in engem Zusammenhang mit dem politischen Wissen steht. Schließlich nimmt die formale Bildung Einfluss auf eine ganze Reihe von kognitiven und sozialen Fähigkeiten, die eine angemessene Verarbeitung von politischen Informationen unterstützen – und zwar selbst dann, wenn die Neigung, sich aus eigenem Antrieb mit Politik zu beschäftigen, gering ist: „If people have the ability required to understand this information, they learn even when their interest is low" (Prior 2007: 30). Der Einfluss kognitiver Ressourcen auf die Informationsverarbeitung wird in der Literatur im Rahmen der Wissensklufthypothese untersucht (vgl. Tichenor et al. 1970). Diese besagt zum einen, dass statushöhere Bevölkerungssegmente über einen besseren Informationsstand verfügen als statusniedrigere Bevölkerungsgruppen.[7] Zum anderen prognostiziert die Wissenskluftypothese aber auch ein weiteres Anwachsen ungleich verteilter Kenntnisständen, wenn die Informationsaufnahme vorzugsweise über die Massenmedien erfolgt. Dies sollte vor allem dann der Fall sein, wenn Printmedien genutzt werden, da die hier gepflegte Präsentation von Nachrichten in erster Linie den Informationsverarbeitungsmustern kognitiv gut Ausgestatteter entgegenkommt. Das Fernsehen wird hingegen als „knowledge leveler" (Neuman 1976: 122) gesehen, „because it presents information in less cognitively demanding ways" (Prior 2007: 136; vgl. ähnlich auch Neuman et al. 1992; Singer 1980). Informationen werden hier nicht nur anders – vor allem visualisiert und weniger komplex (vgl. z. B. Graber 1988, 1990) – angeboten, sondern es werden auch andere Nachrichten präsentiert als in den Printmedien (vgl. z. B. Dalrymple/Scheufele 2007: 100). Die Untersuchungsergebnisse zur Wissenskluftypothese sind jedoch uneinheitlich (für einen Überblick vgl. z. B. Gaziano 1997; Viswanath/Finnegan 1996). Ob ein Anwachsen oder eine Nivellierung von Wissensklüften festgestellt wird, hängt nicht zuletzt davon ab, welche Wissensfragen gestellt werden (vgl. Viswanath/Finnegan 1996).

Als *motivationale Faktoren* werden alle Erklärungsgrößen aufgefasst, die einen Hinweis auf die individuelle Bereitschaft geben, sich mental mit Politik auseinanderzusetzen (Prior 2007: 28). Insbesondere Merkmale wie das politische Interesse, das subjektive politische Kompetenzgefühl, internalisierte Bürgerpflichten aber auch die Häufigkeit der interpersonalen Kommunikation über Politik sowie die Rezeption der Politikberichterstattung in den Massenmedien sind dieser Kategorie zuzuordnen (vgl. Delli Carpini/Keeter 1996: 114). Ob und wie stark Beiträge über politische Inhalte in Presse, Fernsehen, Radio und Internet Einfluss auf die politischen Kenntnisstände von Rezipienten nehmen, ist in der Literatur allerdings höchst umstritten. Dennoch herrscht insgesamt die Auffassung vor, dass die Rezeption der politischen Berichterstattung der Massenmedien in aller Regel positive Effekte auf politische Kenntnisstände hat (Chaffee/Frank 1996). Kontrolliert man für andere relevante Erklärungsfaktoren zeigt sich jedoch, dass „reported attention to the mass media is a relatively weak predictor of an individual's level of political knowledge – even for observed knowledge that could not have been learned in school" (Delli Carpini/Keeter 1996: 185).

Dies gilt insbesondere für das Fernsehen, das in zahlreichen westlichen Demokratien nicht nur die wichtigste Quelle darstellt, aus der sich Bürger über Politik informieren, sondern das häufig auch als das glaubwürdigste Medium angesehen wird (vgl. z. B. Chaffee/Frank 1996; Mayer 1993). Berichte über durch die Rezeption von TV-Nachrichten induzierte positive Effekte auf politische Kenntnisstände sind eher Mangelware (vgl. aber z. B. Becker/Dunwoody 1982; Liu/Eveland 2005; Neuman et al. 1992; Norris 2000: 222; Zaoh/Chaffee 1995). Dass der Konsum von politischen Beiträgen im Fernsehen sich in einem höheren Politikwissen niederschlägt, wird in diesen Untersuchungen zum einen durch die eingeschränkte Möglichkeit der selektiven Wahrnehmung erklärt. Zum anderen wird die visuelle Präsentation von Informationen als Vorteil gesehen, da sie eine längerfristige Aufmerksamkeit des Rezipienten gegenüber der kommunizierten Nachricht gewährleistet (Neuman et al. 1992: 79). Auch wird der vor allem für bildungsfernere Schichten leichter verständliche Duktus der Berichterstat-

---

7 In aller Regel wird der soziale Status über den formalen Bildungsgrad operationalisiert.

tung hervorgehoben (vgl. z. B. Weaver 1975). Schließlich werden TV-Signale doppelt codiert – einmal als verbale und einmal als visuelle Information („Semantic Overlap-Hypothese"; vgl. z. B. Walma van der Molen/Klijn 2004; Walma van der Molen/van der Voort 2000), was sich wiederum günstig auf die Abrufbarkeit von Informationen niederschlägt. Obwohl es also Belege und Erklärungen für kognitive Effekte des Fernsehens gibt, wird hingegen wesentlich häufiger darauf hingewiesen, dass Fernsehnutzung und Politikkenntnisse nicht miteinander assoziiert sind (vgl. z. B. Chaffee/Frank 1996; Dalrymple/Scheufele 2007: 104-105; Liu/Eveland 2005; Patterson 1980; Patterson/McClure 1976). In einigen Fällen werden sogar negative Beziehungen berichtet, d. h. dass Rezipienten durch den Konsum von Fernsehnachrichten an Wissen einbüßen (Delli Carpini/Keeter 1996: 145-146; Fiske et al. 1990: 43; Keeter/Zukin 1983: 104).

Für Printmedien kann in aller Regel nachgewiesen werden, dass eine höhere Nutzungsfrequenz mit signifikant höheren Kenntnisständen korrespondiert – wenngleich sich diese Zusammenhänge im Vergleich zu anderen Einflussgrößen häufig als schwach erweisen (vgl. z. B. Becker/Dunwoody 1982; Chaffee/Frank 1996; Delli Carpini/Keeter 1996: 145-146; Fiske et al. 1990: 43; Keeter/Zukin 1983; Lui/Eveland 2005; Patterson 1980; Pettey 1988). Die – insbesondere im direkten Vergleich mit der Fernsehen – diagnostizierte Effektivität von Zeitungen und Zeitschriften bei der Vermittlung von Politikkenntnissen wird dabei auf verschiedene Faktoren zurückgeführt: Erstens wird auf die große Informationsdichte von Zeitungen und die damit verbundene hohe Wahrscheinlichkeit hingewiesen, mit relevanten Informationen in Kontakt zu kommen (vgl. z. B. Davis 1992; Graber 1997). Zweitens wird angeführt, dass im Unterschied zum Fernsehen keine bewegten Bilder präsentiert werden, die von den zentralen Fakten einer Nachricht ablenken – wie dies etwa von einigen Untersuchungen zur Erinnerbarkeit von TV-Nachrichten gezeigt wird (vgl. z. B. Gunter 1987; Neuman 1976, 1986: 137). Drittens wird hervorgehoben, dass Zeitung lesen ein „selbstgesteuerter" Prozess ist, bei dem sich die Rezeption eines Berichts nicht nur soviel Zeit nehmen können, wie sie möchten, sondern auch in der Lage sind, zwischen den einzelnen Beiträgen hin und her zu springen (vgl. Mondak 1995: 9). Neben den zahlreichen eher günstigen Bewertung zur Wissensvermittlungsleistung der Printmedien findet sich allerdings auch eine Reihe von Berichten, die zwischen der allgemeinen Nutzung der Politikberichterstattung in der Presse und politischem Wissen keine Zusammenhänge finden (vgl. z. B. Drew/Weaver 1991; Just/Crigler 1989; Neuman et al. 1992; Price/Zaller 1993; Robinson/Levy 1986). Einige Untersuchungen belegen jedoch, dass eine allgemeine positive oder negative Bewertung des von Printmedien geleisteten Beitrags, Wissen über die Welt der Politik zu erlangen, zu undifferenziert ist. Dalrymple/Scheufele (2007: 104-105) etwa können zeigen, dass die Rezeption von Zeitungsbeiträgen zwar das Lernen von Faktenwissen begünstigt, nicht aber den Erwerb „integrativen Wissens" – also das Verstehen von politischen Prozessen und Zusammenhängen (zu in beiden Fällen positiven Befunden kommen jedoch Lambert et al. 1988). Norris (2000: 222) zeigt für die EU, dass die Nutzungshäufigkeit von Printmedien zwar stark mit Wissen über institutionelle Strukturen, nicht aber mit Kenntnissen zu speziellen Politikfeldern zusammenhängt. Für Deutschland ist zu beobachten, dass von der Rezeption von Qualitäts- und Boulevardmedien unterschiedliche Effekte ausgehen. Während für Qualitätsmedien eher positive Beziehungen berichtet werden, schlägt sich der Konsum von

Boulevardmedien negativ auf politische Kenntnisstände nieder (vgl. Maier 2000; Schmitt-Beck 1993; Vetter/Maier 2005; Westle 2005).

Vergleichsweise wenige Erkenntnisse liegen über den Zusammenhang von Radio- und Internetnutzung und politischem Wissen vor. Untersuchungen zur Effektivität der Politikberichterstattung im Radio weisen tendenziell darauf hin, dass diese das Lernen von politischem Faktenwissen fördern (vgl. z. B. Delli Carpini/Keeter 1996: 145-146; Just/Crigler 1989; Neuman et al. 1992). Karp (2006) kann für Neuseeland hingegen keinen signifikanten Effekt des Radios auf den Umfang politischer Kenntnisse erkennen; Norris' (2000: 222) Analyse zum Wissen über die EU kommt zu gemischten Ergebnissen. Die Nutzung politischer Seiten im Internet unterstützt neben dem Erwerb von Faktenwissen (Dalrymple/Scheufele 2007) vor allem die Aneignung von „integrativem Wissen" (Dalrymple/Scheufele 2007; Eveland et al. 2004). Die Vorzüge des Internet werden in der Hyperlinkstruktur sowie dem Mix aus Text- und Bildelementen gesehen: „As a result, users can efficiently seek out additional information, compare different news outlets, and see connections between issues and political actors that may seem unconnected if presented in a more linear fashion in traditional news outlets, such as a television newscast. In addition, online newspapers [...] allow users to watch visual news clips, listen to audio broadcasts, and utilize interactive graphs and polls as well as many other information sources" (Dalrymple/Scheufele 2007: 102).

Neben den Eigenschaften des Senders sowie den Faktoren, die die Informationsaufnahme auf der Seite des Rezipienten steuern, finden sich in der Literatur einige Hinweise, welche Merkmale einer Nachricht dazu beitragen, um diese zu verinnerlichen. So etwa haben lebhaft dargestellte Informationen eine größere Chance als „langweilige" Nachrichten, vom Rezipienten erinnert zu werden (Fiske/Taylor 1984: 256). Diese Lebhaftigkeit kann unter anderem durch das Herausstellen von Emotionen, Humor, Realitätsnähe oder die Personalisierung von Sachverhalten erzeugt werden (vgl. z. B. Entman 1989; Graber 2001). Allerdings nähren neuere Studien Zweifel, ob Rezipienten tatsächlich von „Soft News"-Formaten lernen, in denen solche Aspekte gerne herausgestellt werden (Prior 2003). Ebenfalls eine bessere Verarbeitungschance haben negative Nachrichten (vgl. z. B. Pratto/John 1991) – insbesondere dann, wenn sie als Bedrohung für das eigene Leben wahrgenommen werden (Jerit/Barabas 2006: 281). Analog hierzu wird auch die Darstellung von Aggressionen oder Konflikten tendenziell erfolgreicher erinnert als konfliktarme Beiträge (Woelke 2003). Schließlich werden Berichte über innenpolitische Ereignisse in aller Regel besser memoriert als Beiträge über außenpolitische Ereignisse (Katz et al. 1977).

Die insgesamt höchst inkonsistenten Ergebnisse über die kognitiven Folgen der Rezeption von massenmedial vermittelten Politikinhalten haben mehrere Ursachen. Zum einen sind dies natürlich die weiter oben beschriebenen Schwierigkeiten, die bei der Messung politischer Kenntnisse auftreten. Unterschiedliche Operationalisierungen erschweren eindeutig die Vergleichbarkeit verschiedener Befunde. Zum anderen bereitet aber auch die Erfassung der Medienrezeption enorme Probleme. Die hängt erstens damit zusammen, dass sich die meisten Indikatoren zur Erhebung der Mediennutzung auf individuelle Selbsteinstufungen stützen. Untersuchungen, die den tatsächlichen Medienkonsum mit der berichteten Rezeptionsfrequenz vergleichen, finden zwischen beiden Maßen deutliche Diskrepanzen (vgl. z. B. Ettema 1985; Williams et al. 1988).

Zweitens gibt der Umfang der Mediennutzung über Politik (auch wenn er nach verschiedenen Medien oder gar Sendungen differenziert abgefragt wird) keinen Aufschluss über den konsumierten Inhalt, den objektiv feststellbaren Tenor der Berichterstattung und – viel wichtiger – den durch den Rezipienten wahrgenommenen Tenor der rezipierten Beiträge. Dass diese Informationen aber einen enormen Beitrag zur Erklärung von Medienwirkungen leisten, kann empirisch eindeutig belegt werden (vgl. z. B. Maier 2007a). Drittens verwendet die Mehrzahl der Studien Daten aus Querschnittbefragungen. Technisch gesehen können hier jedoch nur korrelative Aussagen über die Beziehung von Mediennutzung und politischem Wissen getroffen werden. Diesbezüglich wesentlich aussagekräftigere Wiederholungsbefragungen werden hingegen nur relativ selten eingesetzt (vgl. z. B. Eveland et al. 2003). Da statistische Beziehungen zwischen Medienkonsum und dem Umfang von politischen Kenntnissen in Panaldesigns zwar ein starker, aber kein absolut sicherer Hinweis auf eine Kausalbeziehung sind, erbringen letztlich nur Experimentaluntersuchungen völlige Gewissheit (vgl. Behnke et al. 2006: 81; Putnam 2000: 218) – ein Forschungsdesign, dessen Bedeutung in der Politikwissenschaft zwar stark zunimmt (vgl. z. B. Druckman et al. 2006), dass aber vor allem aufgrund seiner limitierten externen Validität in der Disziplin nach wie vor um seine Anerkennung ringen muss.

Untersuchungen, die diesen Anforderungen – klar definierter medialer Stimulus, Sicherheit darüber, dass der präsentierte Reiz auch rezipiert wird, Einsatz von non-ex-post-facto-Designs wie etwa Experimenten zur zweifelsfreien Identifikation von Kausalbeziehungen – genügen, liegen zum Beispiel im Bereich der Debattenforschung vor. Im Unterschied zu Studien, die sich der Untersuchung des Zusammenhang zwischen der allgemeinen Nutzung von TV-Nachrichten und politischen Wissen widmen, belegt hier die weit überwiegende Anzahl von Arbeiten, dass Rezipienten solcher TV-Duelle ihre politischen Kenntnisse erweitern können (vgl. z. B. Becker et al. 1979; Benoit et al. 1998; Bishop et al. 1978; Chaffee 1978; Delli Carpini et al. 1997; Drew/Weaver 1991; Holbrook 1999; Jamieson/Adasiewicz 2000; Just et al. 1990; Katz/Feldman 1962; Lemert 1993; Miller/McKuen 1979; Sears/Chaffee 1979; Zhu et al. 1994; für Deutschland: Maier 2007b; Maurer/Reinemann 2003: 202; 2006).[8] Berichte über das Fehlen kognitiver Effekte oder eine negative Wirkung der Debattenrezeption auf politisches Wissen sind demgegenüber seltener (vgl. z. B. Drew/Weaver 1998; Graber/Kim 1978; Kennamer 1987; 1990; Weaver/Drew 1995; 2001; Weaver et al. 1998; für Deutschland: Maier 2007b). Wenn Debattenzuschauer lernen, erfahren sie dabei vor allem etwas Neues über weniger bekannte Kandidaten und ihre politischen Positionen (Rose 1979; Zhu et al. 1994). Vor diesem Hintergrund ist es plausibel, warum die durch *primary debates* induzierten Lerneffekte meist besonders stark ausfallen (vgl. z. B.

---

8 Weniger positiv fällt das Ergebnis aus, wenn man Debattenzuschauer befragt, ob sie aus der Diskussion etwas Neues gelernt haben. Der Anteil derjenigen, die subjektiv wahrgenommene Lerneffekte berichten, liegt, in den USA zwischen einem Zehntel und einem Drittel (vgl. z. B. Chaffee 1978: 333; Kaid et al. 2000: 171; Rose 1979: 214), in Deutschland zwischen 15 (zweites Duell 2002) und 33 Prozent (TV-Duell 2005; vgl. Dehm 2002: 604, 2005: 629 ff.). Dass diese Werte nicht höher ausfallen, liegt daran, dass solche Sendungen genau genommen „Wahlkämpfe im Miniaturformat" (Faas/Maier 2004: 56) sind. Daraus ergibt sich, dass die dort diskutierten Themen ebenso wie die hierzu von den Kandidaten eingenommenen Positionen im Wahlkampf bereits ausführlich dargestellt wurden und für die Zuschauer nicht neu sind.

Benoit et al. 2002; Holbrook 1999; Lemert et al. 1983; Pfau 1987). Zudem wird aufgrund der selektiven Verarbeitung von Informationen mehr über den „eigenen" als über den gegnerischen Kandidaten gelernt (vgl. z. B. Abramowitz 1978; Jacoby et al. 1986). Gerade dieser Sachverhalt führt allerdings nicht immer dazu, dass Wissen erworben wird. In solchen Diskussionen werden nämlich durchaus objektiv falsche Behauptungen aufgestellt. Dies führt unter Umständen dazu, dass Rezipienten nicht korrekte Informationen aufnehmen und damit bereits erworbenes Wissen wieder „verlernen" (vgl. z. B. Jacoby et al. 1986; für Deutschland vgl. Maier 2007b; Maurer/Reinemann 2006). Schließlich gibt es Belege, dass auch visuelle Effekte Wirkung auf politische Kognitionen ausüben – und zwar insbesondere bei Rezipienten mit formal geringer Bildung (Druckman 2003).

5. Fazit

Die im vorliegenden Beitrag durchgesehenen, zumeist US-amerikanischen Untersuchungen zum Thema „politischen Wissen" bzw. zum Zusammenhang von Medienkonsum und politischen Kenntnisse lassen sich in sieben Hauptpunkten zusammenfassen:

1. Es besteht in der Literatur kein Konsens darüber, was Bürger über Politik wissen sollten und wie politische Kenntnisse empirisch zu messen sind.
2. Empirische Untersuchungen zum politischen Wissen zeigen immer wieder, dass die Bürger alles in allem nur über relativ wenige Politikkenntnisse verfügen – auch wenn sie (gemessen am Grad ihres „subjektiven Wissens") in aller Regel stark davon überzeugt sind, die korrekten Antworten auf Wissensfragen zu kennen. Tendenziell zeichnen sich US-Bürger im Vergleich zu anderen Demokratien durch ein unterdurchschnittliches Maß an Faktenwissen aus. Dennoch scheint es verfehlt, Bürger als politische Ignoranten zu sehen, da es auch zahlreiche Themen gibt, zu denen fast jeder die Fakten kennt.
3. In der Aggregatbetrachtung verändern sich die politischen Kenntnisstände der Bürger kaum. Differenziertere Analysen zeigen jedoch ein erhebliches Maß an Dynamik auf der Individualebene, die einerseits auf kampagneninduzierte Lerneffekte, andererseits auf eine relativ geringe Verankerung von politischem Wissen hinweist.
4. Die Determinanten von politischem Wissen lassen sich nach den Kategorien Gelegenheitsstrukturen („opportunities"), individuelle Fähigkeiten („abilities") oder Motivationen („motivations") unterscheiden. Um Wissen erwerben zu können, ist ein Zusammenspiel aller drei Gruppen von Faktoren unerlässlich.
5. Hinsichtlich der Gelegenheitsstrukturen gibt es Indizien, dass die Ausweitung des Medienangebots mit der Einführung von Kabelfernsehen und Internet differenzielle Effekte auf das Politikwissen der Bürger hat: Während politiknahe Bevölkerungsschichten nun eine günstigere Medienumwelt vorfinden, um sich über Politik zu informieren, lernen unterhaltungsorientierte Bevölkerungssegmente nun weniger über Politik, da sie sich nun gezielt politischen Inhalten entziehen können.
6. Unter den individuellen Fähigkeiten spielt vor allem die formale Bildung eine bedeutsame Rolle bei der Erklärung politischen Wissens. Höhere Bildungsabschlüsse ermöglichen nicht nur eine effiziente Verarbeitung der durch die Medienumwelt be-

reitgestellten politischen Informationen, sondern sie stimulieren auch die Beschäftigung mit Politik – wie z. B. die aktive Suche nach Informationen in Presse, Rundfunk und Internet.
7. Eine im Bereich der motivationalen Faktoren zentrale Größe ist die Mediennutzung. Dass die Rezeption politischer Medieninhalte positive Wirkungen auf den Umfang der individuellen Politikkenntnisse hat, ist allerdings nicht eindeutig belegt. Dies ist nicht zuletzt auch auf Schwierigkeiten bei der Messung von Umfang, Inhalt und Tenor der genutzten Politikberichterstattung zurückzuführen, denn wenn es – wie etwa im Rahmen der TV-Duell-Forschung – gelingt, den rezipierten medialen Reiz zu kontrollieren, verdichten sich die Hinweise für eine kognitive Wirkung der Massenmedien. Insgesamt wird politischen Beiträgen in Zeitungen und Zeitschriften gemeinhin noch die stärkste kognitive Wirkung zugebilligt. Kontroversen bestehen vor allem hinsichtlich des Fernsehens, da hier häufig gezeigt wird, dass eine hohe Nutzungsfrequenz keine oder sogar negative Konsequenzen für den Grad des politischen Wissens hat. Eine interessante Rolle scheint dem Internet zuzukommen. Seine Organisationsstruktur trägt offenbar dazu bei, dass Nutzer nicht nur Faktenwissen, sondern vor allem auch Kenntnisse über politische Zusammenhänge erwerben.

Die bislang für Deutschland vorliegenden Befunde passen weitgehend zu den Befunden der amerikanischen Literatur. Da es in der Bundesrepublik jedoch eine ganze Reihe von Abweichungen in der Gesellschaftsstruktur (z. B. die nach wie vor durchaus vorhandenen Unterschiede in den politischen Orientierungen von Ost- und Westdeutschen), der Ausgestaltung des politischen Systems (z. B. das Multiparteiensystem oder die EU als supranationale Politikebene) und der Beschaffenheit des Mediensystems gibt (z. B. die Differenzierung in öffentlich-rechtlich und privat-kommerzielle Fernsehsender), ist es aufgrund der wenigen vorliegenden Ergebnisse aber keinesfalls sicher, dass sich die in Übersee beobachteten Zusammenhänge tatsächlich unmodifiziert auf die Situation in Deutschland übertragen lassen.

Es versteht sich von selbst, dass die weitgehende Unkenntnis über die Verteilung, die Strukturen, die Determinanten und die Konsequenzen politischen Wissens in Deutschland kein akzeptabler Zustand sind. Dies gilt umso mehr als dieser Themenkomplex in ein theoretisch und methodisch eigentlich sehr weit entwickeltes Gebiet der Politikwissenschaft, die Wahl- und Einstellungsforschung, fällt. Dies gilt aber auch vor dem Hintergrund, dass die in den klassischen Wahlstudien genannten Heuristiken – soziale Großgruppen und langfristig stabile politische Grundüberzeugungen – eine zunehmend geringere Bedeutung spielen, wenn es für den Bürger darum geht, sich politisch zu positionieren und Entscheidungen über sein politischen Verhalten zu treffen. Spätestens hier stellt sich also die spannende Frage, wie Bürger die – zumeist massenmedial vermittelten – politischen Informationen verarbeiten, wenn ihnen „kognitive Abkürzungen" nicht zur Verfügung stehen. Um diese Frage zu beantworten, erscheint es zum einen sinnvoll, Modelle aus der politischen Kommunikation in traditionelle Ansätze der Wahlforschung zu integrieren – und damit die vorhandenen wahlsoziologischen Erklärungsmuster um den bislang weitgehend ignorierten Faktor „Kommunikation" zu erweitern (vgl. hierzu ausführlich Brettschneider 2005). Zum anderen erscheint es dringend geboten, nicht nur die Theorien der Sozialpsychologie, sondern auch die Konzepte der kognitiven Psychologie für die empirische Wahl- und Einstellungsforschung zu nutzen und damit die Bedeutung von politischen Kenntnissen für die Herausbildung, die Stabilität und die Veränderung politischer Orientierungen und politischen Verhaltens besser bestimmen zu können. Diese „kognitive Wende" wird in der US-amerikanischen Wahlforschung schon seit den 1970er Jahren betrieben und hat dem Feld einige wichtige Erkenntnisse zur Verarbeitung von politischen Informationen eingebracht (vgl. zusammenfassend Price 1997). Eine Adaption psychologischer Theorien bei gleichzeitiger Fokussierung auf die Rolle der Kommunikation würde aber auch mit der Ergänzung des methodischen Spektrums einer bislang weitgehend auf Standardrepräsentativbefragungen fixierten Disziplin einhergehen müssen. Experimentelle Designs, physiologische Messungen, Ergebnisse kognitiver Interviews oder die Verknüpfung von Befragungsdaten mit Medieninhalten können hier Erkenntnisse zutage fördern, die mit Umfragedaten nicht zu gewinnen sind.

Insgesamt kann sich also die wissenschaftliche Beschäftigung mit der wichtigen Frage, was Bürger über Politik wissen (und was nicht), nicht auf den puren Bericht von Verteilungen und die normative Beurteilung beschränken, wie stark Art und Umfang der gemessenen Kenntnisse von den an die Bürger gerichteten Erwartungen abweichen. Wesentlich sinnvoller erscheint es, das Thema unter der viel breiteren Fragestellung zu bearbeiten, wie Bürger politische Informationen verarbeiten. Dies impliziert aber nicht nur eine Offenheit für die in den Nachbardisziplinen verwendeten Theorien, sondern auch für die dort praktizierten Methoden. In Deutschland stehen wir hier bei allen genannten Aspekten eigentlich noch am Anfang. Vor uns liegt also ein langer Weg mit zahlreichen Kurven – und noch lauert hinter jeder Wegbiegung eine neue Überraschung.

Literatur

Abramowitz, Alan, 1978: The Impact of a Presidential Debate on Voter Rationality, in: American Journal of Political Science 22, 680-690.
Almond, Gabriel A./Verba, Sidney, 1963: The Civic Culture. Political Attitudes and Democracy in Five Nations. Boston.
Barber, James D., 1972: Citizen Politics. An Introduction to Political Behavior. 2. Auflage. Chicago.
Becker, Lee B./Dunwoody, Sharon, 1982: Media Use, Public Affairs Knowledge, and Voting in a Local Election, in: Journalism Quarterly 59, 212-218.
Becker, Lee B./Sobowale, Idowu A./Cobbey, Robin E./Eyal, Chaim H., 1979: Debates' Effects on Voters' Understanding of Candidates and Issues, in: *Bishop, George F./Meadow, Robert G./Jackson-Beeck, Marilyn* (Hrsg.), The Presidential Debates. Media, Electoral, and Policy Perspectives. New York, 126-139.
Behnke, Joachim/Baur, Nina/Behnke, Nathalie, 2006: Empirische Methoden der Politikwissenschaft. Paderborn.
Bennett, Stephen E., 1988: Know-Nothings Revisited: The Meaning of Political Ignorance Today, in: Social Science Quarterly 69, 476-490.
Bennett, Stephen E., 1989: Trends in Americans' Political Information, 1967-1987, in: American Politics Quarterly 17, 422-435.
Bennett, Stephen E./Flickinger, Richard S./Baker, John R./Rhine, Stacy L./Bennett, Linda L. M., 1996: Citizens' Knowledge of Foreign Affairs, in: Harvard International Journal of Press/Politics 1, 10-29.

Benoit, William L./McKinney, Mitchell S./Stephenson, Michael T., 2002: Effects of Watching Primary Debates in the 2000 U.S. Presidential Campaign, in: Journal of Communication 52, 316-331.
Benoit, William L./Webber, David J./Berman, Julie, 1998: Effects of Presidential Debate Watching and Ideology on Attitudes and Knowledge, in: Argumentation and Advocacy 34, 163-172.
Berelson, Bernard R./Lazarsfeld, Paul F./McPhee, William N., 1954: Voting. A Study of Opinion Formation in a Presidential Campaign. Chicago.
Bishop, George F., 1987: Context Effects on Self-Perceptions of Interest in Government and Public Affairs, in: *Hippler, Hans-J./Schwarz, Norbert/Sudman, Seymour* (Hrsg.), Social Information Processing and Survey Methodology. New York, 179-199.
Bishop, George F./Oldendick, Robert W./Tuchfarber, Alfred J., 1978: Debate Watching and the Acquisition of Political Knowledge, in: Journal of Communication 28, 99-113.
Bishop, George F./Oldendick, Robert W./Tuchfarber, Alfred J., 1984: What Must My Interest in Politics Be If I Just Told You „I Don't Know"?, in: Public Opinion Quarterly 48, 510-519.
Brettschneider, Frank, 2005: Massenmedien und Wahlverhalten, in: *Falter, Jürgen W./Schoen, Harald* (Hrsg.), Handbuch Wahlforschung. Wiesbaden, 473-500.
Bryce, James, 1888: The American Commonwealth, Vol. 3. London.
Campbell, Angus/Converse, Philip E./Miller, Warren E./Stokes, Donald E., 1960: The American Voter. New York.
Chaffee, Steven H., 1978: Presidential Debates – Are They Helpful to Voters?, in: Communication Monographs 45, 330-346.
Chaffee, Steven H./Frank, Stacey, 1996: How Americans Get Political Information. Print versus Broadcast News, in: *Jamieson, Kathleen H.* (Hrsg.), The Media and Politics. Thousand Oaks, 48-58.
Chaffee, Steven H./Kanihan, Stacey F., 1997: Learning from the Mass Media, in: Human Communication Research 13, 76-107.
Chaffee, Stephen H./Wilson, Donna G., 1977: Media Rich, Media Poor: Two Studies of Diversity in Agenda Holding, in: Journalism Quarterly 54, 466-476.
Clarke, Peter/Fredin, Eric, 1978: Newspaper, Television, and Political Reasoning, in: Public Opinion Quarterly 42, 143-160.
Converse, Philip E., 1964: The Nature of Belief Systems in Mass Publics, in: *Apter, David E.* (Hrsg.), Ideology and Discontent. New York, 206-261.
Converse, Philip E., 1975: Public Opinion and Voting Behavior, in: *Greenstein, Fred I./Polsby, Nelson W.* (Hrsg.), Handbook of Political Science, Vol. 4. Reading, MA, 75-169.
Converse, Philip E., 1990: Popular Representation and the Distribution of Political Information, in: *Ferejohn, John A./Kuklinski, James H.* (Hrsg.), Information and Democratic Processes. Urbana, 369-388.
Conway, M. Margeret/Ahern, David/Wyckhoff, Mike L., 1981: The Mass Median and Changes in Adolescents' Political Knowledge During an Election Cycle, in: Political Behavior 3, 69-80.
Dalrymple, Kajsa E./Scheufele, Dietram A., 2007: Finally Informing the Electorate? How the Internet Got People Thinking about Presidential Politics in 2004, in: Harvard International Journal of Press/Politics 12 (3), 96-111.
Davis, Richard, 1992: The Press and American Politics. The New Mediator. New York.
Dehm, Ursula, 2002: Fernsehduell im Urteil der Zuschauer. Eine Befragung des ZDF zu einem neuen Sendungsformat bei der Bundestagswahl 2002, in: Media Perspektiven 12/2002, 600-609.
Dehm, Ursula, 2005: Das TV-Duell 2005 aus Zuschauersicht: Eine Befragung des ZDF zum Wahlduell zwischen Herausforderin Angela Merkel und Kanzler Gerhard Schröder, in: Media Perspektiven 12/2005, 627-637.
Delli Carpini, Michael X., 2005: An Overview of the State of Citizens' Knowledge About Politics, in: *McKinney, Mitchell S./Kaid, Lynda L./Bystrom, Dianne G./Carlin, Diana B.* (Hrsg.), Communicating Politics. Engaging the Public in Democratic Life. New York, 27-40.
Delli Carpini, Michael X./Keeter, Scott, 1991: Stability and Change in the U.S. Public's Knowledge of Politics, in: Public Opinion Quarterly 55, 583-612.

Delli Carpini, Michael X./Keeter, Scott, 1993: Measuring Political Knowledge: Putting First Things First, in: American Political Science Review 37, 1179-1206.
Delli Carpini, Michael X./Keeter, Scott, 1996: What Americans Know About Politics and Why It Matters. New Haven.
Delli Carpini, Michael X./Keeter, Scott/Kennamer, J. David, 1994: Effects of the News Media Environment on Citizen Knowledge of State Politics and Government, in: Journalism Quarterly 71, 443-456.
Delli Carpini, Michael X./Keeter, Scott/Webb, Sharon, 1997: The Impact of Presidential Debates, in: *Norris, Pippa* (Hrsg.), Politics and the Press: The News Media and Their Influences. Bolder, 145-164.
Dimock, Michael A./Popkin, Samuel L., 1997: Political Knowledge in Comparative Perspective, in: *Iyengar, Shanto/Reeves, Richard* (Hrsg.), Do the Media Govern? Politicians, Voters, and Reporters in America. Thousand Oaks, 217-224.
Drew, Dan/Weaver, David, 1991: Voter Learning in the 1988 Presidential Election: Did the Debates and the Media Matter?, in: Journalism Quarterly 68, 27-37.
Drew, Dan/Weaver, David, 1998: Voter Learning in the 1996 Presidential Election. Did the Media Matter?, in: Journalism and Mass Communication Quarterly 75, 292-301.
Druckman, James N., 2003: The Power of Television Images: The First Kennedy-Nixon Debate Revisited, in: Journal of Politics 65, 559-571.
Druckman, James N./Green, Donald P./Kuklinski, James H./Lupia, Arthur, 2006: The Growth and Development of Experimental Research in Political Science, in: American Political Science Review 100, 627-635.
Entman, Robert M., 1989: Democracy Without Citizens. Media and the Decay of American Politics. New York.
Erskine, Hazel G., 1962: The Polls: The Informed Public, in: Public Opinion Quarterly 26, 668-677.
Erskine, Hazel G., 1963a: The Polls: Textbook Knowledge, in: Public Opinion Quarterly 27, 133-141.
Erskine, Hazel G., 1963b: The Polls: Exposure to Domestic Information, in: Public Opinion Quarterly 27, 491-500.
Erskine, Hazel G., 1963c: The Polls: Exposure to International Information, in: Public Opinion Quarterly 27, 658-662.
Ettema, James S., 1985: Explaining Information System Use With System-Monitored vs. Self-Reported Use Measures, in: Public Opinion Quarterly 49, 381-387.
Eveland, William P./Cortese, Juliann/Park, Heesun/Dunwoody, Sharon, 2004: How Web Site Organization Influences Free Recall, Factual Knowledge, and Knowledge Structure Density, in: Human Communication Research 30, 208-233.
Eveland, William P./Shah, Dhavan V./Kwak, Nojin, 2003: Assessing Causality in the Cognitive Mediation Model. A Panel Study of Motivations, Information Processing, and Learning During Campaign 2000, in: Communication Research 30, 359-386.
Faas, Thorsten/Maier, Jürgen, 2004: Mobilisierung, Verstärkung, Konversion? Ergebnisse eines Experiments zur Wahrnehmung der Fernsehduelle im Vorfeld der Bundestagswahl 2002, in: Politische Vierteljahresschrift 45, 55-72.
Ferejohn, John A., 1990: Information and the Electoral Process, in: *Ferejohn, John A./Kuklinski, James H.* (Hrsg.), Information and Democratic Processes. Urbana, 1-19.
Fiske, Susan T./Lau, Richard R./Smith, Richard A., 1990: On the Varieties and Utilities of Political Expertise, in: Social Cognition 8, 31-48.
Fiske, Susan T./Taylor, Shelley E., 1984: Social Cognition. New York.
Gaziano, Cecilie, 1997: Forecast 2000: Widening Knowledge Gaps, in: Journalism and Mass Communication Quarterly 74, 237-264.
Glenn, Norval, 1972: The Distribution of Political Knowledge in the United States, in: *Nimmo, Dan N./Bonjean, Charles M.* (Hrsg.), Political Attitudes and Public Opinion. New York, 273-283.
Graber, Doris A., 1988: Processing the News. How People Tame the Information Tide. 2. Auflage. New York.

Graber, Doris A., 1990: Seeing is Remembering: How Viuals Contribute to Learning from Television News, in: Journal of Communication 40 (3), 134-155.
Graber, Doris A., 1997: Mass Media and American Politics. 5. Auflage. Washington.
Graber, Doris A., 2001: Processing Politics. Learning from Television in the Internet Age. Chicago.
Graber, Doris A./Kim, Young, 1978: Why John Q. Voter Did Not Learn Much from the 1976 Presidential Debates, in: *Ruben, Brent D.* (Hrsg.), Communication Yearbook 2. New Brunswick, 407-421.
Graham, Thomas W., 1988: The Pattern and Importance of Public Knowledge in the Nuclear Age, in: Journal of Conflict Resolution 32, 319-334.
Gunter, Barrie, 1987: Poor Reception. Misunderstanding and Forgetting Broadcast News. Hillsdale.
Holbrook, Thomas M., 1999: Political Learning from Presidential Debates, in: Political Behavior 21, 67-89.
Hyman, Herbert H./Sheatsley, Paul B., 1947: Some Reasons Why Information Campaigns Fail, in: Public Opinion Quarterly 11, 412-423.
Hyman, Herbert H./Wright, Charles R./Reed, John S., 1975: The Enduring Effects of Education. Chicago.
Jacoby, Jacob/Troutman, Tracy R./Whittler, Tommy E., 1986: Viewer Miscomprehension of the 1980 Presidential Debate. A Research Note, in: Political Psychology 7, 297-308.
Jamieson, Kathleen H./Adasiewicz, Christopher, 2000: What Can Voters Learn from Election Debates?, in: *Coleman, Stephen* (Hrsg.), Televised Election Debates. International Perspectives. New York, 25-42.
Jerit, Jennifer/Barabas, Jason, 2006: Bankrupt Rhetoric: How Misleading Information Affects Knowledge about Social Security, in: Public Opinion Quarterly 70, 278-303.
Just, Marion R./Crigler, Ann N., 1989: Learning for the News: Experiments in Media, Modality, and Reporting about Star Wars, in: Political Communication and Persuasion 6, 109-127.
Just, Marion R./Crigler, Ann N./Wallach, Lori, 1990: Thirty Seconds or Thirty Minutes. What Viewers Learn from Spot Advertisement and Candidate Debates, in: Journal of Communication 40, 120-133.
Kaid, Lynda L./McKinney, Mitchell S./Tedesco, John C., 2000: Civic Dialogue in the 1996 Presidential Campaign. Candidates, Media, and Public Voices. Creskill.
Karp, Jeffrey A., 2006: Political Knowledge and Electoral Rules: Comparing Mixed Member Proportional Systems in Germany and New Zealand, in: Electoral Studies 25, 714-730.
Katz, Elihu/Adoni, Hanna/Parness, Pnina, 1977: Remembering the News: What the Picture Adds to the Recall, in: Journalism Quarterly 54, 231-239.
Katz, Elihu/Feldman, Jacob J., 1962: The Debates in the Light of Research. A Survey of Surveys, in: *Kraus, Sidney* (Hrsg.), The Great Debates. Kennedy vs. Nixon, 1960. Bloomington, 173-223.
Keeter, Scott/Wilson, Harry, 1986: Natural Treatment and Control Settings for Research on the Effects of Television, in: Communication Research 13, 37-53.
Keeter, Scott/Zukin, Cliff, 1983: Uninformed Choice. The Failure of the New Presidential Nominating System. New York.
Kennamer, J. David, 1987: Debate Viewing and Debate Discussion as Predictors of Campaign Cognition, in: Journalism Quarterly 64, 114-118.
Kennamer, J. David, 1990: Political Discussion and Cognition: A 1988 Look, in: Journalism Quarterly 67, 348-352.
Kenski, Kate, 2003: Testing Political Knowledge: Should Knowledge Questions Use Two Response Categories or Four?, in: International Journal of Public Opinion Research 15, 192-200.
Key, Vladimir O., 1966: The Responsible Electorate. Rationality in Presidential Leadership. Washington.
Lane, Robert E./Sears, David O., 1964: Public Opinion. Englewood Cliffs.
Lambert, R. D./Curtis, J. E./Kay, B. J./Brown, S. D., 1988: The Sources of Political Knowledge, in: Canadian Journal of Political Science 21, 359-374.
Lazarsfeld, Paul F./Berelson, Bernard R./Gaudet, Hazel, 1944: The People's Choice. How the Voter Makes Up His Mind in a Presidential Campaign. New York.

Lemert, James B., 1993: Do Televised Presidential Debates Help Inform Voters?, in: Journal of Broadcasting & Electronic Media 37, 83-94.
Lemert, James B./Elliott, William R./Nestvold, Karl J./Rarick, Galen R., 1983: Effects of Viewing a Presidential Primary Debate. An Experiment, in: Communication Research 10, 155-173.
Lippmann, Walter, 1922: Public Opinion. New York.
Lippmann, Walter, 1925: The Phantom Public. New York.
Liu, Yung/Eveland, William P., 2005: Education, Need for Cognition, and Campaign Interest as Moderators of News Effects on Political Knowledge: An Analysis of the Knowledge Gap, in: Journalism & Mass Communication Quarterly 82, 910-929.
Luskin, Robert C., 1987: Measuring Political Sophistication, in: American Journal of Political Science 31, 856-899.
Luskin, Robert C., 1990: Explaining Political Sophistication, in: Political Behavior 12, 331-361.
Maier, Jürgen, 2000: Politisches Interesse und politisches Wissen in Ost- und Westdeutschland, in: Falter, Jürgen W./Gabriel, Oscar W./Rattinger, Hans (Hrsg.), Wirklich ein Volk? Die politischen Orientierungen von Ost- und Westdeutschen im Vergleich. Opladen, 141-171.
Maier, Jürgen, 2007a: Wahlkampfkommunikation und Wahlverhalten, in: Rattinger, Hans/Gabriel, Oscar W./Falter, Jürgen W. (Hrsg.), Der gesamtdeutsche Wähler. Stabilität und Wandel des Wählerverhaltens im wiedervereinigten Deutschland. Baden-Baden, 385-411.
Maier, Jürgen, 2007b: Eine Basis für rationale Wahlentscheidungen? Die Wirkungen des TV-Duells auf politische Kenntnisse, in: Maurer, Marcus/Reinemann, Carsten/Maier, Jürgen/Maier, Michaela: Schröder gegen Merkel. Wahrnehmung und Wirkung des TV-Duells 2005 im Ost-West-Vergleich. Wiesbaden, 129-143.
Maurer, Marcus/Reinemann, Carsten, 2003: Schröder gegen Stoiber. Nutzung, Wahrnehmung und Wirkung der TV-Duelle. Wiesbaden.
Maurer, Marcus/Reinemann, Carsten, 2006: Learning versus Knowing: Effects of Misinformation in Televised Debates, in: Communication Research 33, 489-506.
Mayer, William G., 1993: Trends in Media Usage, in: Public Opinion Quarterly 57, 593-611.
McGraw, Kathleen M./Pinney, Neil, 1990: The Effects of General and Domain-Specific Expertise on Political Memory and Judgment, in: Social Cognition 8, 9-30.
Miller, Arthur H./MacKuen, Michael, 1979: Learning About the Candidates: The 1976 Presidential Debate, in: Public Opinion Quarterly 43, 326-346.
Mondak, Jeffery J., 1995: Nothing to Read. Newspapers and Elections in a Social Experiment. Ann Arbor, MI.
Mondak, Jeffery J., 1999: Reconsidering the Measurement of Political Knowledge, in: Political Analysis 8, 57-82.
Mondak, Jeffery J., 2001: Developing Valid Knowledge Scales, in: American Journal of Political Sciences 45, 224-238.
Mondak, Jeffery J./Davis, Belinda C., 2001: Asked and Answered: Knowledge Levels When We Will Not Take „Don't Know" for an Answer, in: Political Behavior 23, 199-224.
Neuman, W. Russell, 1976: Patterns of Recall Among Television News Viewers, in: Public Opinion Quarterly 40, 115-123.
Neuman, W. Russell, 1986: The Paradox of Mass Politics. Knowledge and Opinion in the American Electorate. Cambridge.
Neuman, W. Russell/Just, Marion R./Crigler, Ann N., 1992: Common Knowledge. News and the Construction of Political Meaning. Chicago.
Nie, Norman H./Verba, Sidney/Petrocik, John R., 1979: The Changing American Voter. Cambridge.
Norris, Pippa, 2000: A Virtuous Circle? Political Communication in Post-Industrial Democracies. Cambridge.
Page, Benjamin I./Shapiro, Robert Y., 1992: The Rational Public. Fifty Years of Trends in Americans' Policy Preferences. Chicago.
Paldam, Martin/Nannestad, Peter, 2000: What Do Voters Know About the Economy? A Study of Danish Data, 1990-1993, in: Electoral Studies 19, 363-391.
Patterson, Thomas E., 1980: The Mass Media Election. How American Choose Their President. New York.

Patterson, Thomas E./McClure, Robert D., 1976: The Unseeing Eye. The Myth of Television Power in National Politics. New York.
Pettey, Gary R., 1988: The Interaction of the Individual's Social Environment, Attention and Interest, and Public Affairs Media Use on Political Knowledge Holding, in: Communication Research 15, 265-281.
Pfau, Michael, 1987: The Influence of Intraparty Debates on Candidate Preference, in: Communication Research 14, 687-697.
Pratto, Felicia/John, Oliver P., 1991: Automatic Vigilance: The Attention-Grabbing Power of Negative Social Information, in: Journal of Personality and Social Psychology 61, 380-391.
Price, Vincent, 1997: Political Information, in: *Robinson, John P./Shaver, Phillip R./Wrightsman, Lawrence S.* (Hrsg.), Measures of Political Attitudes. San Diego, 591-639.
Price, Vincent/Czilli, Edward J., 1996: Modeling Patterns of News Recognition and Recall, in: Journal of Communication 46, 55-78.
Price, Vincent/Zaller, John, 1993: Who gets the News? An Examination of News Reception and Its Implications for Research, in: Public Opinion Quarterly 57, 133-164.
Prior, Markus, 2003: Any Good News in Soft News? The Impact of Soft News Preference on Political Knowledge, in: Political Communication 20, 149-171.
Prior, Markus, 2005: News vs. Entertainment: How Increasing Media Choice Widens Gaps in Political Knowledge and Turnout, in: American Journal of Political Science 49, 577-592.
Prior, Markus, 2007: Post-Broadcast Democracy. How Media Choice Increases Inequality in Political Involvement and Polarizes Elections. Cambridge.
Prior, Markus/Lupia, Arthur, 2008: Money, Time, and Political Knowledge: Distinguishing Quick Recall and Political Learning Skills, in: American Journal of Political Science 52, 169-183.
Putnam, Robert D., 2000: Bowling Alone. The Collapse and Revival of American Community. New York.
Robinson, Michael J., 1976: Public Affairs Television and the Growth of Political Malaise: The Case of „The Selling of the Pentagon", in: American Political Science Review 70, 409-442.
Robinson, John P./Levy, Mark R., 1986: The Main Source. Learning for Television News. Newbury Park.
Rose, Douglas D., 1979: Citizens Uses of the Ford-Carter Debates, in: Journal of Politics 41, 214-221.
Schmitt-Beck, Rüdiger, 1993: Denn sie wissen nicht, was sie tun... Zum Verständnis des Verfahrens der Bundestagswahl bei westdeutschen und ostdeutschen Wählern, in: Zeitschrift für Parlamentsfragen 24, 393-414.
Schönbach, K., 1983: What and How Voters Learned, in: *Blumler, J. G.* (Hrsg.), Communicating to Voters. Television in the First European Parliamentary Elections, London, 299-318.
Sears, David O./Chaffee, Steven H., 1979: Uses and Effects of the 1976 Debates. An Overview of Empirical Studies, in: *Kraus, Sidney* (Hrsg.), The Great Debates. Carter vs. Ford, 1976. Bloomington, 223-261.
Smith, Eric R. A. N., 1989: The Unchanging American Voter. Berkeley, CA.
Schwarz, Norbert/Schuman, Howard, 1997: Political Knowledge, Attribution, and Inferred Interest in Politics: The Operation of Buffer Items, in: International Journal of Public Opinion Research 9, 191-195.
Singer, Jerome L., 1980: The Power and Limitations of Television: A Cognitive-Affective Analysis, in: *Tannenbaum, Percy H.* (Hrsg.), The Entertainment Functions of Television. Hillsdale, 31-66.
Sudman, Seymour/Bradburn, Norman M./Schwarz, Norbert, 1996: Thinking About Answers: The Application of Cognitive Processes to Survey Methodology. San Francisco.
Sturgis, Patrick/Allum, Nick/Smith, Patten, 2008: An Experiment on the Measurement of Political Knowledge in Surveys, in: Public Opinion Quarterly 85, 90-102.
Tichenor, Phillip J./Donohue, George A./Olien, Clarice N., 1970: Mass Media Flow and Differential Growth in Knowledge, in: Public Opinion Quarterly 34, 159-170.
Vettehen, P. G. J. Hendriks/Hagemann, Carlo P. M./Van Snippenburg, Leo B., 2004: Political Knowledge and Media Use in the Netherlands, in: European Sociological Review 20, 415-424.

Vetter, Angelika/Maier, Jürgen, 2005: Mittendrin statt nur dabei? Politisches Wissen, politisches Interesse und politisches Kompetenzgefühl in Deutschland, 1994-2002, in: *Gabriel, Oscar W./Falter, Jürgen W./Rattinger, Hans* (Hrsg.), Wächst zusammen, was zusammengehört? Stabilität und Wandel politischer Einstellungen im wiedervereinigten Deutschland. Baden-Baden, 51-90.

Viswanath, Kasisomayajula/Finnegan, John R., 1996: The Knowledge Gap Hypothesis: Twenty-Five Years Later, in: *Burleson, Brant R.* (Hrsg.), Communication Yearbook. Thousand Oaks, 187-227.

Walma van der Molen, Juliette H./Klijn, Marlies E., 2004: Recall of Television Versus Print News: Retesting the Semantic Overlap Hypothesis, in: Journal of Broadcasting & Electronic Media 48, 89-107.

Walma van der Molen, Juliette H./van der Voort, Tom H. A., 2000: Children's and Adults' Recall of Television and Print News in Children's and Adult News Formats, in: Communication Research 27, 159-170.

Weaver, Paul H., 1975: Newspaper News and Television News, in: *Cater, Duglass/Adler, Richard* (Hrsg.), Television as a Social Force. New York, 81-94.

Weaver, David/Drew, Dan, 1995: Voter Learning in the 1992 Presidential Election. Did the „Nontraditional" Media and Debates Matter?, in: Journalism & Mass Communication Quarterly 72, 7-17.

Weaver, David/Drew, Dan, 2001: Voter Learning and Interest in the 2000 Presidential Election. Did the Media Matter?, in: Journalism & Mass Communication Quarterly 78, 787-798.

Weaver, David/Drew, Dan/Wu, Wei, 1998: Voter Interest and Participation in the 1996 Presidential Election. Did the Debates Matter?, in: *Johnson, Thomas J./Hays, Carol E./Hays, Scott P.* (Hrsg.), Engaging the Public. How Government and the Media Can Reinvigorate American Democracy. Lanham, 87-95.

Westle, Bettina, 2005: Politisches Wissen und Wahlen, in: *Falter, Jürgen W./Gabriel, Oscar W./Weßels, Bernhard* (Hrsg.), Wahlen und Wähler. Analysen aus Anlass der Bundestagswahl 2002. Wiesbaden, 484-512.

Westle, Bettina, 2006: Politisches Interesse, subjektive politische Kompetenz und politisches Wissen – eine Fallstudie mit Jugendlichen im Raum Nürnberg, in: *Roller, Edeltraut/Brettschneider, Frank/van Deth, Jan W.* (Hrsg.), Jugend und Politik: „Voll normal!". Der Beitrag der politischen Soziologie zur Jugendforschung. Wiesbaden, 209-240.

Williams, Frederick/Rice, Ronald E./Rogers, Everett M., 1988: Research Methods and the New Media. New York.

Woelke, Jens, 2003: Rezeption von Fernsehnachrichten – Befunde zum Nachrichtenwert und zur Relevanz von Nachrichtenfaktoren, in: *Ruhrmann, Georg/Woelke, Jens/Maier, Michaela/Diehlmann, Nicole* (Hrsg.), Der Wert von Nachrichten im deutschen Fernsehen. Ein Modell zur Validierung von Nachrichtenfaktoren. Opladen, 163-199.

Zaller, John, 1992: The Nature and Origins of Mass Opinion. New York.

Zaoh, Xinshu/Chaffee, Steven H., 1995: Campaign Advertisements Versus Television News as Sources of Political Issue Information, in: Public Opinion Quarterly 59, 41-65.

Zhu, Jjan-Hua/Milavsky, Ronald J./Biswas, Rahul, 1994: Do Televised Debates Affect Image Perception More than Issue Knowledge? A Study of the First 1992 Presidential Debate, in: Human Communication Research 20, 302-333.

Zukin, Cliff/Snyder, Robin, 1994: Passive Learning: When the Media Environment is the Message, in: Public Opinion Quarterly 48, 629-638.

Politikvermittlung durch Massenmedien bei der Bundestagswahl 2005: Nutzungsintensität und Einflüsse auf Einstellungen und Wahlverhalten*

Rüdiger Schmitt-Beck / Christian Mackenrodt

1. Einleitung

Dass die politische Berichterstattung der Massenmedien für die Unterstützung von Parteien und Politikern in der Bevölkerung maßgebliche Bedeutung besitzt, ist für viele Akteure der deutschen Politik eine fraglos feststehende Gewissheit. In den 1970er Jahren stand die seinerzeit vor allem von Politikern der CDU/CSU vertretene Überzeugung vom wahlentscheidenden Einfluss des „getarnten Elefanten" Fernsehen (Noelle-Neumann 1970) sogar an der Wiege der fundamentalen medienpolitischen Weichenstellung in Richtung eines dualen Rundfunksystems (Schulz 2008: 236). Zum geflügelten Wort wurde in jüngerer Zeit das dem „Medienkanzler" Gerhard Schröder nachgesagte Diktum, mit „Bild, BamS und Glotze" könne man die Bundesrepublik Deutschland regieren (Pontzen 2006). Doch haben die Praktiker der Politik mit solch weit reichenden Wirkungsvermutungen Recht? Die in Deutschland verfügbare wissenschaftliche Evidenz zur Bedeutung von Medien für das Wahlverhalten ist fragmentarisch. Und selbst auf den vorhandenen Evidenzen kann sich die Forschung nicht ausruhen, denn beständig voranschreitender Medienwandel zwingt unablässig zur erneuten Überprüfung der Gültigkeit etablierter Wissensbestände.

Seit Einführung des privaten Rundfunks hat sich das Medium Fernsehen nachhaltig verändert. Herkömmliche Formate der audiovisuellen Politikvermittlung haben sich gewandelt, und neue sind an ihre Seite getreten. Insgesamt wurde die Politikdarstellung vielfältiger und bunter. Neben traditionellen, an nüchterner Faktendarbietung orientierten Formaten finden sich nicht nur im Rundfunk, sondern auch in der Presse vermehrt Angebote, die neben dem Informations- gleichzeitig auch das Unterhaltungsinteresse des Publikums ansprechen. Schlagworte wie „Boulevardisierung", „Entertainisierung" (Holtz-Bacha 2000) oder „Talkshowisierung" (Tenscher 2002) wurden geprägt, um Aspekte dieses Trends zu kennzeichnen. Was hieraus für das Einflusspotenzial der Medien auf die politischen Orientierungen des Publikums folgt, ist freilich nicht klar. Viele Fragen sind auch noch offen im Hinblick auf die Bedeutung des Internet als dem jüngsten „neuen Medium" für die Politikvermittlung bei Wahlen. Die Parteien scheinen ihm ein beachtliches Wirkungspotenzial zuzuschreiben und legen großen Wert auf ausgefeilte Webpräsenzen, doch mangelt es an wissenschaftlichen Belegen für die Gültigkeit dieser Vermutung.

Vor dem Hintergrund dieser Entwicklungen verfolgt der vorliegende Beitrag das Ziel, am Beispiel der Bundestagswahl 2005 einige Aspekte der Bedeutung unterschied-

---

* Die Autoren sind Thorsten Faas und Barbara Pfetsch für konstruktive Kommentare zu einer früheren Fassung dieses Beitrages zu Dank verpflichtet.

licher medialer Informationsangebote (Medien bzw. für das Fernsehen Genres), darunter traditionelle, aber auch neue Medien, und „seriös" faktenorientierte ebenso wie „Infotainment"-orientierte Formate, für Einstellungen und Verhaltensorientierungen der Wähler empirisch zu beleuchten. Diese betreffen sowohl Einflüsse auf die Einbindung der Wähler in den wahlpolitischen Prozess (Mobilisierung) als auch auf die Richtung ihrer Einstellungen und wahlpolitischen Präferenzen (Persuasion). Folgende Fragen werden im Einzelnen untersucht: War es für die Wahlbeteiligung bei der Bundestagswahl 2005 von Belang, welche Medienangebote die Wahlberechtigten nutzten? Falls das der Fall war, in welcher Weise – hatten Medienkontakte mobilisierende oder demobilisierende Effekte? Gab es bei der Bundestagswahl 2005 darüber hinaus auch Zusammenhänge zwischen der Zuwendung zu bestimmten Medienangeboten und den Einstellungen der Wähler zu den Parteien und ihren Kandidaten? Lassen sich gar Indizien für Medieneinflüsse auf die Parteipräferenzen und die letztlich getroffenen Wahlentscheidungen entdecken? Sowohl für mobilisierende als auch persuasive Effekte ist darüber hinaus von Interesse, inwieweit sie konditionaler Natur waren: Variierte die Stärke von Medieneinflüssen nach dem politischen Interesse des Publikums oder dem Zeitpunkt des Wahlkampfes? Eine Voraussetzung von Medienwirkungen ist der direkte Kontakt von Wählern mit ihren politischen Inhalten. Daher fragt die nachfolgende Untersuchung überdies auch nach der Reichweite verschiedener Medienangebote und ihrer Entwicklung im Verlauf des Wahlkampfes. Welche erreichten Wähler in großer Zahl, welche wurden nur von kleineren Publika zur Kenntnis genommen? Und wie verlief die Zuwendung während des Wahlkampfes, verharrte sie auf stabilem Niveau oder war sie variabel?

In modernen Demokratien sind die Massenmedien zwar die wichtigste, aber nicht die einzige Institution der Politikvermittlung bei Wahlen. Daneben stehen den Wählern weitere Quellen zur Verfügung, aus denen sie ebenfalls Orientierungswissen über das aktuelle politische Geschehen beziehen können (Gunther et al. 2007). Dazu gehören Gespräche über Politik im privaten Umfeld; auch sie verbinden die Wähler mit dem politischen Prozess und vermitteln ihnen potenziell entscheidungsrelevante politische Information (Schmitt-Beck 2000). Aber auch die direkte Kommunikation der Parteien im Rahmen ihrer Wahlkampagnen, etwa in Form von Werbeaktivitäten lokaler Parteiorganisationen vor Ort oder mittels der Wahlwerbung (für welche freilich die Massenmedien als Träger fungieren) sollte nicht übersehen werden (Schmitt-Beck 2007). Soweit auf der Grundlage der verfügbaren Daten realisierbar, schließen die nachfolgend präsentierten Analysen der Bedeutung von Medien bei der Bundestagswahl 2005 daher den breiteren Kontext dieser alternativen Informationsquellen in die Betrachtung ein. Die Analyse der Reichweiten verschiedener Medienangebote berücksichtigt auch politische Diskussionen und die direkte Kampagnenkommunikation der Parteien, die Untersuchung von Effekten auf die Wahlbeteiligung fokussiert auf Medien im Vergleich zu politischen Konversationen. Die Modellierung von Effekten auf politische Einstellungen und Präferenzen konzentriert sich schließlich allein auf Massenmedien.

Der nachfolgende zweite Abschnitt des Beitrages präsentiert eine Diskussion des Forschungsstandes (a) zur Reichweite von Medien und anderen politischen Informationsquellen und ihrer Entwicklung im Verlauf von Wahlkämpfen, (b) zur Bedeutung von Medien und politischen Diskussionen für die politische Mobilisierung der Wähler,

(c) zu Medieneffekten auf politische Einstellungen und Präferenzen sowie (d) zur möglichen Moderatorwirkung des politischen Interesses und der zeitlichen Variabilität von Effektstärken. Hieraus werden Hypothesen für die späteren Analysen abgeleitet. Im dritten Abschnitt werden die Besonderheiten der benutzten Datenbasis beschrieben. Die Untersuchung stützt sich auf eine Wahlumfrage, die auf der Grundlage eines innovativen, bei der Bundestagswahl 2005 erstmals in Deutschland eingesetzten Designs durchgeführt wurde – eine Vorwahl-Nachwahl-Panelstudie, deren erste Welle als Rolling Cross-Section-Erhebung realisiert wurde. Mittels dieses Designs erhobene Daten sind in idealer Weise geeignet, um dynamische Prozesse im Wahlkampf zu untersuchen. Der vierte Abschnitt präsentiert schließlich die Ergebnisse der Analysen.

2. Forschungsstand und Hypothesen

2.1 Reichweite der Massenmedien und anderer Informationsquellen im Wahlkampf

Ohne politische Information sind die Wähler nicht in der Lage, Wahlentscheidungen zu treffen, die sich auf aktuelles politisches Geschehen beziehen (Schmitt-Beck 2000: 30-44). Vor Wahlen sind Massenmedien eine wichtige, aber nicht die einzige Quelle solcher Information. Die verschiedenen Instrumente, welche die Parteien im Rahmen ihrer Wahlkämpfe zur direkten Kommunikation mit den Wählern einsetzen, sind eine Alternative, können aber auch als ergänzende Informationsquellen genutzt werden (Holtz-Bacha 2006). Überdies sollte die interpersonale Kommunikation über Politik nicht ignoriert werden. Die politischen Gespräche, welche die Wähler im Alltag miteinander führen, können nicht nur als weiterer Primärlieferant politischer Information fungieren, sondern dienen auch der Funktion der Metakommunikation, um aus anderen Quellen erhaltene Information einzuordnen und zu bewerten (Schmitt-Beck 2003a). Ohne unmittelbaren Kontakt können diese politischen Informationsquellen freilich keine Wirkungen entfalten; nur wer mit den von ihnen transportierten Bedeutungsgehalten in Berührung kommt, kann von ihnen beeinflusst werden.

Untersuchungen zu früheren Bundestagswahlen deuteten darauf hin, dass vor allem die Nachrichtensendungen des Fernsehens, insbesondere diejenigen der öffentlich-rechtlichen Anbieter, dazu beitrugen, Wähler in Wahlkämpfen mit politischer Information zu versorgen, während andere Informationsquellen weniger Personen erreichten. Mit der direkten Kommunikation der Parteiorganisationen kamen Wähler in der Vergangenheit nur in sehr geringer Zahl in Kontakt; lediglich der Wahlwerbung wurde eine größere Reichweite bescheinigt (Schmitt-Beck/Pfetsch 1994; Schmitt-Beck 2000: 161-195; Schulz 2008: 21-29, 236-243, 289-291). Daran hat sich vermutlich wenig geändert. In jüngster Zeit von größerem Interesse ist die Frage, wie viele Wähler von neueren Formaten wie Talkshows erreicht werden, und wie viele das Internet nutzen, um sich politisch zu informieren. Frühere Studien bescheinigten dem Internet nur eine sehr begrenzte Bedeutung als Medium der wahlpolitischen Informationsvermittlung (Schmitt-Beck et al. 2005; Huber 2007). Doch hat sich dies möglicherweise als Konsequenz der fortschreitenden Diffusion der Internetnutzung in der deutschen Bevölkerung bei der Bundestagswahl 2005 geändert.

Während aus früheren Analysen bereits vergleichbare Befunde zur Reichweite einiger Medienangebote und anderer Formen der politischen Informationsvermittlung in Wahlkämpfen vorliegen, die lediglich der Aktualisierung und Fortschreibung bedürfen, wissen wir in Bezug auf alle Formen der Informationsvermittlung wenig darüber, ob und in welcher Weise sich die Zuwendung im Verlauf von Kampagnenperioden verändert. Lazarsfeld et al. (1968: 73-104) folgend kann vermutet werden, dass die Wähler in Wahlkämpfen ein erhöhtes Bedürfnis nach politischer Orientierung entwickeln und sich infolgedessen mit höherer Intensität Quellen potenziell entscheidungsrelevanter Information zuwenden. Es ist also damit zu rechnen, dass die Nutzung politischer Informationsquellen im Verlauf von Wahlkämpfen ansteigt, so dass am Ende größere Anteile der Wählerschaft von ihnen erreicht werden. Die nachfolgenden Analysen werden diese Annahme, zu der mangels geeigneter Daten für Bundestagswahlen noch keine Erkenntnisse vorliegen, empirisch prüfen.

2.2 Politische Mobilisierung im Wahlkampf

Leisten die Massenmedien einen Beitrag zur Involvierung der Bürger in den politischen Prozess bei Wahlen? Mobilisieren sie gar Wähler zur Stimmabgabe? Seit Lazarsfeld und Mertons Überlegungen zur „narkotisierenden Dysfunktion" der Medien (Lazarsfeld/ Merton 1964) werden solche Fragen häufig negativ beantwortet. In den vergangenen Jahrzehnten entstand ein umfangreiches Schrifttum, in dem in unterschiedlicher Facettierung Spielarten der globalen These vertreten werden, dass die Massenmedien die wesentliche Ursache einer in Demokratien um sich greifenden politischen „Malaise" seien. Durch umfassenden Negativismus in der Politikberichterstattung, durch Darstellungsweisen, welche die gesamte Innenpolitik als taktisches Spiel machthungriger Eliten erscheinen ließen oder durch Ablenkung von der Politik mittels immer stärkerer Konzentration auf „Infotainment" würden die Medien, besonders aber das Fernsehen, bei seinem Publikum Zynismus, Entfremdung, Misstrauen und schließlich Demobilisierung bewirken (Robinson 1976; Cappella/Jamieson 1997; Kepplinger 1998). Freilich blieb diese kritische Sicht der Medien nicht unwidersprochen. In jüngerer Zeit wurde der „Malaise"-These eine „Mobilisierungs"-These entgegen gehalten, die annimmt, dass von den Medien positive Wirkungen auf die politische Involvierung der Bürger ausgehen. Dabei wird der Informationsfunktion der Medien ein besonderes Gewicht zuerkannt. Durch die Vermittlung politischer Information – so die These – ziehen die Medien ihr Publikum in den politischen Prozess hinein und machen es politisch handlungsfähiger. Vorstellbar ist überdies auch, dass die Medien normative Leitbilder aktiven politischen Engagements transportieren, die ebenfalls dazu angetan sind, Bürger politisch zu mobilisieren (Knack/Kropf 1998). Auch dem Internet wird gelegentlich eine mobilisierende Wirkung zugesprochen (Emmer/Vowe 2004).

Die verfügbare empirische Evidenz ist nicht eindeutig und für Deutschland sehr beschränkt (Wolling 1999; Maurer 2003). Einige Studien bestätigen negative Effekte von Medienkontakten auf politische Grundorientierungen (Cappella/Jamieson 1997; Maurer 2003). Andere deuten hingegen darauf hin, dass Kontakte mit der politischen Berichterstattung der Medien vorteilhafte Wirkungen nach sich ziehen, etwa auf das politische Interesse und den politischen Sachverstand, aber auch das politische Selbstvertrauen und damit die Handlungsfähigkeit (Newton 1999; Norris 2000). Positive Zusammenhänge wurden vor allem für Medien mit höherer Informationsqualität festgestellt, etwa die seriöse Qualitäts- und Regionalpresse sowie Angebote des öffentlich-rechtlichen Fernsehens. Medienformate mit besonderem Akzent auf „Infotainment" lassen demgegenüber häufig keine, gelegentlich aber auch negative Effekte erkennen. Einige Studien belegen dies auch speziell für die Wahlbeteiligung und andere Formen der politischen Partizipation (Holtz-Bacha 1990; Aarts/Semetko 2003; de Vreese/Boomgaarden 2006; Schmitt-Beck/Voltmer 2007). Während die undifferenzierte Malaise-Hypothese somit generell negative Effekte der Nutzung politischer Informationsangebote der Medien auf die Wahlbeteiligung erwarten lässt, führt die gleichermaßen undifferenzierte Variante der Mobilisierungs-Hypothese zur gegenteiligen Erwartung global positiver Zusammenhänge. Differenzierteren Hypothesen zufolge ist für traditionell informationsorientierte Medien, etwa Nachrichtensendungen des öffentlich-rechtlichen Fernsehens oder die seriöse Tagespresse, ein mobilisierender Effekt, für eher unterhaltungsorientierte Formate hingegen ein negativer Zusammenhang zu erwarten.

Neben den Massenmedien wird auch in der persönlichen Kommunikation von Wählern ein wichtiger Einflussfaktor im Hinblick auf ihre politische Involvierung gesehen. Es wird angenommen, dass politische Gespräche sowohl durch die Vermittlung direkt entscheidungsrelevanter politischer Information, als auch durch die Konfrontation mit sozial verankerten Normen angemessenen politischen Verhaltens Effekte auf die politische Beteiligung und andere Formen der Involvierung von Wählern in den politischen Prozess ausüben können (Leighley 1990). Dabei besteht keine Einigkeit, in welcher Richtung solche Wirkungen zu erwarten sind. Manche Studien sehen in politischen Diskussionen im privaten Umfeld ein wichtiges Agens der politischen Mobilisierung (Knack 1992). Verschiedene empirische Befunde scheinen diese Sicht zu bestätigen; sie deuten darauf hin, dass eine große Intensität politischer Gespräche der Beteiligung förderlich ist (Knoke 1990; McClurg 2003). Andere Arbeiten behaupten jedoch eher demobilisierende Wirkungen politischer Unterhaltungen. Sie vermuten, dass politischen Alltagskonversationen eine Tendenz inhärent sei, im Austausch zynischer Ansichten über Politik und Politiker zu konvergieren, weil sich Personen in Ermangelung genauerer politischer Kenntnisse hierauf stets am leichtesten einigen könnten (Gamson 1992). Aus der Literatur lassen sich somit nicht nur für die Massenmedien, sondern auch für die interpersonale politische Kommunikation im Hinblick auf ihre Bedeutung für die politische Mobilisierung bei Wahlen gegensätzliche Hypothesen ableiten, und es bedarf empirischer Prüfung, welche davon eher zutrifft. In jedem Fall ist aber zu erwarten, dass politische Konversationen im Rahmen „starker" Primärbeziehungen einflussreicher sind als diejenigen zwischen bloßen Bekannten, die nur durch „schwache" Beziehungen miteinander verbunden sind (Schmitt-Beck 2000: 85-88).

2.3 Politische Persuasion durch Massenmedien im Wahlkampf

Die Idee, dass eine für die politische Realitätserfahrung der Wähler so zentrale Institution wie die Massenmedien imstande sei, deren Einstellungen oder sogar Verhaltensweisen zu prägen, wird im Rahmen der politischen Kommunikationsforschung in jüngerer Zeit verstärkt diskutiert (Zaller 1996; Kinder 1998; Schmitt-Beck 2000: 321-

330). Schon in den ersten Jahrzehnten des 20. Jahrhunderts stand die Vorstellung, dass die Massenmedien durch die Vermittlung werthaltiger Botschaften Orientierungen und Verhalten von Wählern prägen und somit persuasive Wirkungen ausüben könnten, im Zentrum des Interesses. Doch ging die im „Propaganda-Modell" verdichtete These von der Einflusskraft „mächtiger" Medien im Lichte der ersten systematischen empirischen Studien ihrer Überzeugungskraft weitgehend verlustig und wurde von der gegenteiligen „minimal effects"-Perspektive verdrängt (Klapper 1960). Ein scharfer Paradigmenwechsel führte in den 1960er und 1970er Jahren stattdessen zu einem verstärkten Interesse an kognitiven Effekten der Massenmedien. Prominentestes Beispiel hierfür ist die Forschung zum Agenda-Setting, die nachgewiesen hat, dass und wie die Medien durch die thematische Schwerpunktsetzung ihrer Berichterstattung prägen, welche Probleme die Bürger für die wichtigsten politischen Herausforderungen halten (McCombs 2004). Darauf aufbauende komplexere Konzepte und Hypothesen führten jedoch dazu, dass der Gegenstand der politischen Persuasion in jüngerer Zeit gleichsam durch die Hintertür allmählich wieder auf die Forschungsagenda gelangte. Diese Ansätze plausibilisieren, wie die Berichterstattung der Massenmedien auf indirektem, über die Vorstellungen der Wähler vermitteltem Wege durch Prozesse des Priming und Framing subtile Auswirkungen auf deren politischen Einstellungen und Entscheidungen nach sich ziehen kann (Ansolabehere et al. 1993).

In jüngster Zeit melden sich aber auch vermehrt Stimmen zu Wort, die für eine Neubelebung des Interesses an Vorgängen direkter politischer Persuasion durch die Massenmedien plädieren. Diese gehen davon aus, dass die Medien durch wertgeladene Beiträge unmittelbare Einflüsse auf die Orientierungen der Wähler ausüben können. Ausdrücklich wird die These vertreten, dass die politische Richtung, die in der Berichterstattung akzentuiert wird, in Einstellungen und Verhalten des Publikums einen Niederschlag finden kann. Insbesondere das „Receive-Accept-Sample"-Modell hat sich hierfür als fruchtbare theoretische Grundlage erwiesen (Zaller 1992, 1996; Schmitt-Beck 2000: 44-62; Denemark 2002).

Auch empirisch erscheint die Erwartung von Einflüssen der Medien auf Einstellungen und Verhalten der Wähler gerechtfertigt. So signalisieren mehrere Studien, dass Issueeinstellungen (Page et al. 1987; Maier et al. 2003; Maier/Rittberger 2008), vor allem aber auch Kandidatenbewertungen für die Berichterstattung der Medien sensitiv zu sein scheinen (Bartels 1993; Kepplinger et al. 1994; Kindelmann 1994; Schmitt-Beck 1998a; Dalton et al. 1998; Schulz et al. 2005). Bezüglich der zentralen Frage, ob die Medien auch imstande sind, das Wahlverhalten selbst zu beeinflussen, ist der Kenntnisstand allerdings nach wie vor relativ gering: „Do the media have a direct effect on the vote? Fifty years of research on electoral behavior have left this question basically unanswered. [...] [T]he search for direct conversion effects has been largely neglected" (Dobrzynska et al. 2003: 27). Parteipräferenzen und Wahlentscheidungen blieben als abhängige Variablen lange Zeit praktisch unbeachtet, auch wenn abseits des Mainstream der politischen Kommunikationsforschung gelegentlich zumindest punktuelle und fragmentarische Evidenzen vorgelegt wurden, die darauf hindeuteten, dass Massenmedien durchaus ein Potenzial besitzen könnten, Einflüsse auf Parteienbewertungen (Semetko/Schönbach 1994: 107-124) oder gar Entscheidungen der Wähler auszuüben (vgl. den Überblick bei Schmitt-Beck 2000: 326-329). Seit wenigen Jahren ist jedoch ein Anstieg des Interesses an dieser Art von Forschung zu verzeichnen, und mittlerweile ist ein kleiner Fundus an Arbeiten entstanden, in denen sich Belege für Medieneffekte auch auf Wahlentscheidungen finden und die dadurch anzeigen, dass es sich lohnt, dieser Problemstellung weiter nachzugehen (Schmitt-Beck 2000: 330-368; Denemark 2002; Dobrzynska et al. 2003; Lawson/McCann 2004; White et al. 2005; Barker/Lawrence 2006; Beltrán 2007; DellaVigna/Kaplan 2007). Insgesamt rechtfertigt die Literatur zu persuasiven Medienwirkungen bei Wahlen die vorsichtige Erwartung, dass der Kontakt mit Massenmedien, die in der Berichterstattung bestimmte Parteien und Kandidaten favorisieren, bei Wählern Orientierungen zugunsten dieser politischen Akteure begünstigt, während bei negativer Berichterstattung mit entgegen gesetzten Zusammenhängen zu rechnen ist.

2.4 Konditionalität von Effekten

Einflüsse von Massenmedien und anderen politischen Informationsquellen können alle diejenigen, die von ihnen erreicht werden, in gleicher Weise betreffen. Wahrscheinlicher aber ist, dass sie in komplexer Weise durch Moderatorvariablen konditioniert werden, also durch bestimmte „contingent" oder „contributory conditions" (McLeod/Reeves 1981) erst ermöglicht oder zumindest gefördert werden. Sowohl für die politische Mobilisierung als auch für persuasive Wirkungen ist beispielsweise an die Möglichkeit sogenannter „Fallen"-Effekte des Kontaktes mit politischen Informationsquellen zu denken (Schönbach/Lauf 2002; Zaller 1992, 1996). Diese betreffen die politische Kompetenz und Motivation der Wähler und sind vor allem für solche Informationsquellen zu erwarten, die eher beiläufig, d. h. nicht politisch gezielt in Anspruch genommen werden, wie z. B. das Fernsehen, aber auch Unterhaltungen im engsten persönlichen Umfeld. Diese könnten wie „Fallen" funktionieren, in die politisch wenig oder gar nicht interessierte Wähler unabsichtlich hineingeraten, mit der Folge, dass bei ihnen besonders starke Mobilisierungs- oder auch persuasive Effekte ausgelöst werden. Darüber hinaus muss die Möglichkeit in Rechnung gestellt werden, dass die Stärke von Effekten in zeitlicher Hinsicht nicht konstant, sondern variabel ist. Seit Jahrzehnten wachsen die Anteile derjenigen Wähler, die erst kurz vor der Wahl ihre Entscheidung treffen (McAllister 2002; Schmitt-Beck 2003b). Diese Personen haben sich in mehreren Studien als besonders beeinflussbar erwiesen (Denemark 2002; Dobrzynska et al. 2003; Fournier et al. 2004; Lachat 2007), und es ist zu erwarten, dass sich dies auch bei den Effekten der Zuwendung zu Medien und politischen Gesprächen zeigt. Diese sollten nur oder zumindest verstärkt bei Spät-Entscheidern eintreten.

3. Datenbasis

Grundlage der nachfolgend vorgestellten Analysen ist eine anlässlich der Bundestagswahl am 18. September 2005 durchgeführte, für die wahlberechtigte Bevölkerung Deutschlands repräsentative Panelumfrage. Die erste Welle wurde während des Wahlkampfes als Vorwahlumfrage durchgeführt und weist eine wichtige Besonderheit auf: Es handelt sich um die erste in Deutschland realisierte Rolling Cross-Section-Studie (RCS). Das Grundprinzip von RCS-Erhebungen besteht darin, die Durchführung einer auf einer Zufallsstichprobe basierenden Querschnittsbefragung in strikt kontrollierter Weise so über einen vorab definierten Zeitraum zu spreizen, dass nicht nur alle Befragten zusammen, sondern auch die Befragten jedes einzelnen Erhebungstages jeweils in sich eine Zufallsstichprobe aus der Grundgesamtheit konstituieren; überdies wird versucht, die Zahl der an den einzelnen Erhebungstagen realisierten Interviews möglichst gleichmäßig zu halten (Johnston/Brady 2002; Romer et al. 2004). RCS-Studien erlauben es, durch Vergleich der Tagesstichproben Veränderungen in Wahrnehmungen, Einstellungen oder Verhaltensorientierungen der Wähler in sehr feinkörniger Weise nachzuzeichnen. Daher eignen sie sich vorzüglich zur Analyse dynamischer Prozesse im Verlauf von Wahlkämpfen. Da es sich hierbei um einen Aggregatvergleich handelt, bietet es sich an, solche Studien durch eine nach der Wahl durchgeführte Wiederholungsbefragung zu ergänzen, um auch Änderungen auf der individuellen Ebene sichtbar zu machen (Johnston 2001). Dieses kombinierte Design wurde auch bei unserer Bundestagswahlstudie angewandt. Die zweite Welle wurde als Nachwahlstudie realisiert und gibt Aufschluss über das tatsächliche Wahlverhalten der Befragten. Die RCS-Studie wurde in der Zeit vom 8. August bis zum 17. September 2005 durchgeführt. Sie deckte damit die letzten sechs Wochen vor der Bundestagswahl mit täglichen Interviews ab und endete am Vorwahltag. Sie wurde als CATI-Erhebung realisiert und umfasst 3 583 zufällig ausgewählte Befragte aus der Grundgesamtheit der wahlberechtigten, in Privathaushalten mit mindestens einem Festnetzanschluss lebenden Bevölkerung der Bundesrepublik Deutschland. Die Zahl der durchschnittlich pro Tag realisierten Interviews betrug 87,4. Die zweite Panelwelle startete unmittelbar nach der Bundestagswahl, insgesamt konnten 2 420 Personen erneut befragt werden.[1]

4. Massenmedien im Wahlkampf zur Bundestagswahl 2005: empirische Befunde

4.1 Zuwendungsintensität und ihre Entwicklung im Wahlkampf

Aus welchen Quellen bezogen die stimmberechtigten Bürger im Wahlkampf 2005 politische Information? Wie breit wurden diese Quellen genutzt, und welchen Stellenwert hatten dabei die Massenmedien? Und wie entwickelte sich die Zuwendung im Verlauf des Wahlkampfes? Diese Fragen werden im vorliegenden Abschnitt beantwortet. Er untersucht die Exposition der Wähler gegenüber Massenmedien im Vergleich zu anderen Quellen politischer Information. Das Interesse gilt dabei nicht nur den Reichweitenunterschieden, sondern auch Trends der Zuwendung im Verlauf des Wahlkampfes, geleitet von der Vermutung steigender Reichweiten als Konsequenz eines erhöhten Orientierungsbedürfnisses der Wähler. Die Ergebnisse dieser Analyse finden sich in *Abbildung 1*. Sie zeigt auf der Basis täglicher Messungen, wie sich die Anteile der Befragungspersonen entwickelt haben, die in der RCS-Umfrage eine zumindest geringfügige

---

[1] Die Studie wurde im Rahmen des vom Erstautor geleiteten DFG-Projektes „Kampagnendynamik 2005" durchgeführt. Die Feldarbeit oblag dem Institut Ipsos GmbH (Mölln). Für methodische Details der Studie siehe Schmitt-Beck et al. (2006). Für die in *Abbildung 1* dargestellte deskriptive Analyse wurden die Daten tageweise nach Bildung gewichtet. Bei den nachfolgenden multivariaten Analysen wurde keine Gewichtung vorgenommen.

Exposition gegenüber Medien und anderen Informationsquellen[2] zu Protokoll gegeben haben.[3]

Die deutsche Medienlandschaft hat sich in den letzten Jahren so stark ausdifferenziert (Schulz et al. 2005), dass es unmöglich ist, im Rahmen einer einzelnen Wahlstudie die Fülle der Angebote vollständig abzubilden, die der Medienmarkt heute für das Publikum bereithält. Wir konzentrieren uns daher auf die wichtigsten Kategorien von Massenmedien. Bezüglich der Tageszeitungen wird dabei nach Informationsqualität im Sinne der Menge, Differenziertheit und Komplexität der angebotenen Information unterschieden (vgl. Schmitt-Beck 1998b). Wir präsentieren daher getrennte Analysen der *Qualitätspresse*, der Regional- und Lokalpresse (im Folgenden kurz: *Regionalpresse*) und der stärker unterhaltungsorientierten Boulevardpresse, repräsentiert durch die *„Bild"-Zeitung* als in diesem Marktsegment dominantem und einzigem bundesweit vertriebenem Titel. Analog separieren wir *Nachrichtensendungen öffentlich-rechtlicher* und *privatwirtschaftlich verfasster Programmanbieter*, wobei ersteren eine höhere und letzteren eine geringere Informationsqualität bei ebenfalls stärker ausgeprägtem „Infotainment"-Charakter unterstellt werden kann (Pfetsch 1996). In den letzten Jahren haben politische *Talkshows* als neue, ebenfalls nicht nur informations-, sondern auch unterhaltungsorientierte Angebotsform im Fernsehen großen Zuspruch gefunden, so dass es angezeigt scheint, auch dieses Format fernsehvermittelter Politik zu beachten. Es zeichnet sich im Vergleich zu Nachrichten und anderen redaktionell geprägten Formaten dadurch aus, dass politische Akteure hier die Gelegenheit erhalten, sich selbst und ihre Positionen vergleichsweise unvermittelt darzustellen. Dasselbe gilt zumindest teilweise auch für die formal eher traditionell, d. h. puristisch informationsorientierten *Sondersendungen*, die das Fernsehen in Wahlkampfphasen sendet. Darüber hinaus berücksichtigt unsere Analyse auch das neue Medium *Internet*, das bei Wahlen eine Fülle politischer Informationsangebote bereithält.

Um einen umfassenden Eindruck vom Stellenwert der Massenmedien im Gesamtensemble unterschiedlicher Quellen politischer Information bei Wahlen zu gewinnen, beachten wir im Folgenden in vergleichender Perspektive auch politischen Gespräche sowie die Kampagnenkommunikation der Parteien. Im Hinblick auf politische Konversationen im privaten Umfeld der Wähler wird den unterschiedlichen Rollen große Bedeutung beigemessen, in denen die Gesprächspartner miteinander interagieren, insbesondere dem Unterschied zwischen *„starken"* Primär- und *„schwachen"* Sekundärbeziehungen (Granovetter 1973). Die Beziehungen zwischen Ehe- und Lebenspartnern sowie Verwandten, aber auch Freunden sind typische Beispiele für Primärbeziehungen, die funktional diffus, durch gemeinsame Werte bestimmt, positiv emotional aufgeladen,

---

2 Mindestens einmal pro Woche bei tagesaktuellen Medien, Internet, politischen Gesprächen und Wahlwerbung, zumindest „selten" bei den anderen Informationsquellen.

3 Aufgrund der relativ geringen täglichen Fallzahlen sind die Daten mit einem erheblichen Zufallsfehler behaftet; daher müssen Verfahren der Datenglättung eingesetzt werden, um Entwicklungstrends besser erkennbar zu machen (Romer et al. 2004: 71-79). Hierfür haben wir das Verfahren der robusten LOWESS-Glättung mit einer Bandbreite von 0,5 gewählt (vgl. Cleveland 1994: 168-180). Da die an den ersten Tagen von RCS-Erhebungen gewonnenen Daten noch keine Zufallsstichproben darstellen, weil schwer erreichbare Befragte noch unterproportional vertreten sind, werden diese aus der graphischen Analyse ausgeschlossen. Diese setzt daher erst am 12. August 2005 ein.

Abbildung 1: Entwicklung der Reichweiten von Informationsquellen im Wahlkampf 2005 (Anteile der Befragten mit mindestens minimaler Exposition)

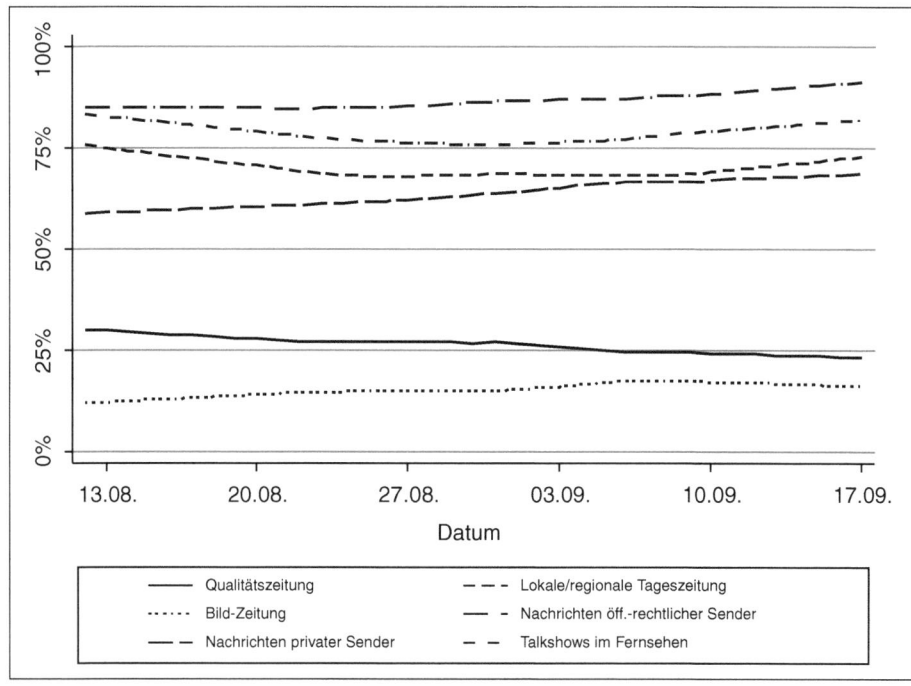

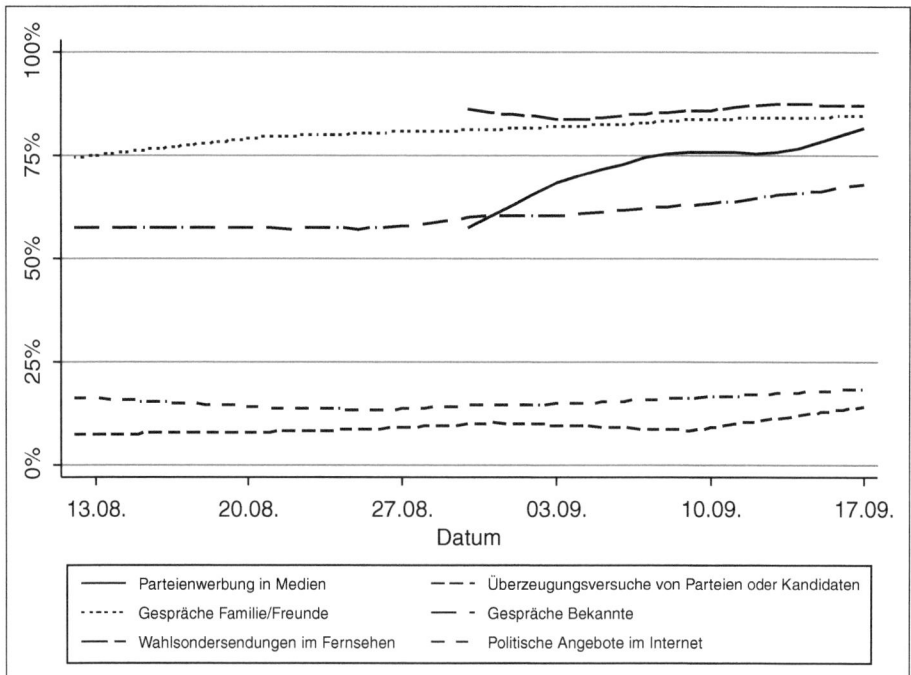

dauerhaft stabil und von hohem wechselseitigem Vertrauen geprägt sind. Beispiele für funktional spezifische und nicht gleichermaßen durch persönliche Nähe geprägte Sekundärbeziehungen sind diejenigen zwischen Nachbarn oder Arbeitskollegen (Schmitt-Beck 2000: 85-88). Auch heute noch schlägt im Wahlkampf die Stunde der Parteiorganisation (Schmitt-Beck 2007), wenn Politiker, Funktionäre und einfache Parteimitglieder im Straßenwahlkampf versuchen, Wähler im *persönlichen Kontakt* von ihrer Sache zu überzeugen. Dieses Kernelement „prämoderner" Wahlkämpfe (Norris 2000) wurde jedoch schon vor Jahrzehnten ergänzt durch das moderne Instrument der *Wahlwerbung* in der Presse und den audiovisuellen Medien (Kaid/Holtz-Bacha 2006).

Abbildung 1 attestiert den Nachrichtensendungen des öffentlich-rechtlichen Fernsehens eine nach wie vor nahezu konkurrenzlose Reichweite, die im Verlauf des Wahlkampfes 2005 sogar noch deutlich zunahm (um ca. 10 Prozentpunkte). Das Publikum der Nachrichtenprogramme von Privatsendern war zwar deutlich schmäler (um ca. 20 Prozentpunkte), wuchs aber während des Wahlkampfes ebenfalls kräftig. Aber auch Talkshows wurden von sehr vielen Wählern – im Schnitt etwa vier von fünf – zumindest selten gesehen, doch ein klarer Entwicklungstrend ist für dieses Format nicht feststellbar. Analoges gilt auf noch höherem Niveau für die Sondersendungen, die das Fernsehen in der Endphase des Wahlkampfes ausstrahlte. Diese besaßen von Anfang an ein außerordentlich breites, aber gleichfalls konstantes Publikum. Die Tagespresse erreichte nicht so viele Wähler wie die besonders publikumsattraktiven Angebote des Fernsehens. Immerhin wurden Regionalzeitungen aber von mehr Wählern zur Kenntnis genommen als die Nachrichtensendungen des Privatfernsehens (durchschnittlich rund 70 Prozent). Die „Bild"-Zeitung wurde von jedem sechsten Wähler zumindest selten beachtet, die Titel der nationalen Qualitätspresse erreichten einen von vier Wählern. Die Reichweite des Internet als neuem wahlpolitischem Informationsmedium war auch bei der Bundestagswahl 2005 vergleichsweise gering. Auf einen Anstieg seit der Vorwahl deuten unsere Daten nicht hin (vgl. Schmitt-Beck et al. 2005), allenfalls jeder fünfte Wähler nutzte zumindest selten die Möglichkeiten des Online-Mediums. In auffälligem Unterschied zu den tagesaktuellen Angeboten des Fernsehens ist weder bei der Tagespresse noch beim Internet ein Zuwachs der Reichweite mit fortschreitendem Wahlkampf feststellbar.

Bemerkenswert ist, wie viele Wähler durch die persönliche Kommunikation im privaten Umfeld von politischer Information erreicht wurden. Die große Mehrzahl der Bürger nahm im Rahmen ihrer Primärbeziehungen an politischen Konversationen teil, bei deutlich steigender Tendenz mit herannahendem Wahltermin. Unmittelbar vor der Wahl lag ihr Anteil bei fast 90 Prozent und damit gleichauf mit den öffentlich-rechtlichen Nachrichtenangeboten. Auf deutlich geringerem Niveau ist dieselbe Tendenz zunehmender Beachtung der Politik in der Alltagskommunikation der Bürger auch innerhalb der Sekundärbeziehungen erkennbar. Am Ende des Wahlkampfes beteiligten sich immerhin zwei von drei Wählern an politischen Unterhaltungen in der Nachbarschaft oder am Arbeitsplatz. Von den verschiedenen Kommunikationsformen, welche die Parteien im Wahlkampf nutzten, erreichte nur die Wahlwerbung in Presse und Rundfunk Wähler in ähnlicher Größenordnung wie die reichweitenstärksten Angebote des Fernsehens oder auch die interpersonale Kommunikation im privaten Raum. Überdies wuchs dieser Anteil im Verlauf des Wahlkampfes kräftig. Unmittelbar vor der Bundestagswahl waren schließlich ca. 80 Prozent der Wähler mit Anzeigen oder Fernsehspots in Berührung gekommen. Aber mit den Parteiorganisationen selbst kamen nur relativ wenige Personen in persönlichen Kontakt. Der Anteil der Wähler, die Überzeugungsversuchen durch Parteien oder Kandidaten ausgesetzt waren, nahm zwar mit fortschreitender Kampagnendauer kontinuierlich zu, wobei ebenso wie bei der Wahlwerbung gerade in den letzten Tagen des Wahlkampfes ein kräftiges Wachstum zu verzeichnen war. Aber bis zur Wahl wurden trotzdem nicht mehr als knapp 20 Prozent der Wähler erreicht.

Damit ist festzuhalten, dass die Führungsrolle des Fernsehens als mediale Quelle politischer Information bei Wahlen auch bei der Bundestagswahl 2005 ungebrochen war. Insbesondere die Fernsehnachrichten öffentlich-rechtlicher Sender, aber auch Wahlsondersendungen sowie politische Talkshows als jüngeres, Information mit Unterhaltungselementen verbindendes Format der Politikvermittlung wurden von der großen Mehrzahl der Wähler zumindest gelegentlich beachtet. Aber auch die Wahlwerbung der Parteien wurde breit zur Kenntnis genommen. Viele Wähler empfingen politische Information auch im Rahmen politischer Konversationen im Kreise von Familie oder Freunden. Eine eher marginale Rolle spielten demgegenüber direkte Kontakte mit Parteiorganisationen und Kandidaten sowie nach wie vor die politische Nutzung des Internet. In dynamischer Perspektive bestätigen unsere Befunde für mehrere Quellen politischer Information die Erwartung wachsender Zuwendung mit fortschreitendem Wahlkampf. Je „heißer" der Wahlkampf, desto mehr Wähler wurden von den Nachrichtensendungen sowohl öffentlich-rechtlicher als auch privater Programmanbieter, von politischen Gesprächen und von der direkten Kommunikation der Parteien erreicht.[4] Konstant auf demselben Niveau verharrte die Zuwendung hingegen für alle anderen Medienangebote, d. h. Talkshows und Wahlsondersendungen des Fernsehens – also zwei Formate, die ohnehin ein sehr breites Publikum erreichen –, das Internet, dessen politischen Inhalten durchgängig nur relativ wenige Wähler Beachtung schenkten, insbesondere aber auch alle Arten von Tageszeitungen. Bei der Qualitäts- und Regionalpresse dürfte dies zumindest zum Teil eine Implikation des Abonnements als dominanter Vertriebsform sein, die stärker routinisiertes, von situativen Zuwendungsentscheidungen weniger stark gesteuertes Konsumverhalten erwarten lässt.

4.2 Effekte auf die Wahlbeteiligung

4.2.1 Methodische Vorbemerkungen

Hatte die Intensität der Nutzung von Massenmedien und der Teilnahme an politischen Gesprächen bei der Bundestagswahl 2005 Konsequenzen für die Wahlbeteiligung? Falls ja, welche – positive oder negative? Grundsätzlich stehen zwei Strategien zur Verfügung, um derartige Fragestellungen zu analysieren (Dobrzynska et al. 2003). Der „linkage"-Ansatz bringt Orientierungen der Wähler als abhängige Variable in direkten Zusammenhang mit inhaltsanalytischen Messungen des Bedeutungsgehaltes der von ihnen empfangenen Aussagen. Die Alternativstrategie des „attentiveness"-Ansatzes prüft, ob Einstellungen und Verhaltensorientierungen von Wählern in Abhängigkeit von der In-

---
4 Alle berichteten Trends wurden durch eine multivariate Analyse unter Einbezug einer Reihe demographischer und motivationaler Kontrollvariablen inferenzstatistisch abgesichert.

tensität, mit der sie sich bestimmten Informationsquellen zuwenden, systematisch variieren. Die meisten vorliegenden Studien zur medienbezogenen „Malaise- vs. Mobilisierungs"-Thematik haben sich dieser Vorgehensweise bedient (Wolling 2006).[5] Noch ausgeprägter gilt dasselbe für Studien zur Mobilisierungswirkung interpersonaler Kommunikation. Mangels inhaltsanalytischer Evidenzen über diejenigen Dimensionen des Bedeutungsgehaltes medial oder interpersonal vermittelter Aussagen, die in der Literatur als mögliche Ursachen für Mobilisierungs- oder Demobilisierungseffekte diskutiert werden, orientiert sich auch die nachfolgende Analyse an der Logik des „attentiveness"-Ansatzes.

Die Untersuchung ist nicht nur an möglichen Haupteffekten von Medienkontakten oder politischen Gesprächen auf die Wahlbeteiligung interessiert, sondern verfolgt das Ziel, darüber hinaus auch zu ermitteln, ob und in welcher Weise solche Wirkungen durch Moderatorvariablen konditioniert werden. Zu modellieren ist dies durch die Spezifikation von Interaktionseffekten (Brambor et al. 2006). Mehrere Möglichkeiten der Konditionierung von Expositionseffekten auf die politische Mobilisierung werden betrachtet. Erstens soll die Vermutung geprüft werden, dass im Sinne sog. „Fallen"-Effekte (Schönbach/Lauf 2002) kommunikationsbedingte Mobilisierungswirkungen besonders bei politisch gering motivierten und wenig kompetenten Personen zu erwarten sind. Als Operationalisierung wird dabei auf das politische Interesse zurückgegriffen. Zweitens ist die Annahme zu prüfen, dass solche Einflüsse bei Personen, die ihre Entscheidungen in der Spätphase des Wahlkampfes trafen, besonders stark ausfielen. Das ist operationalisierbar anhand der in der Nachwahlbefragung erhobenen Selbsteinschätzung der Befragten zum Zeitpunkt ihrer Wahlentscheidung, aber auch über den Befragungszeitpunkt innerhalb der RCS-Umfrage. Je näher der Wahltermin rückte, desto kürzer war die verbliebene Bedenkzeit und desto größer wurde infolgedessen der – mutmaßlich subjektiv empfundene – Druck auf noch unschlüssige Wahlberechtigte, zu einer Entscheidung zu gelangen. Infolgedessen sollten Expositionseffekte bei Befragten, die an späteren Terminen interviewt wurden, stärker ausfallen als bei früher befragten Personen.

Alle in diesem und im nächsten Abschnitt präsentierten Analysen folgen einer einheitlichen Vorgehensweise, die jedoch aus Platzgründen nur am Beispiel der Wahlbeteiligung ausführlich dokumentiert werden kann. Als Analyseverfahren wird stets die multiple Regressionsanalyse eingesetzt, im Falle der Wahlbeteiligung aufgrund des dichotomen Charakters dieser abhängigen Variablen in der Variante der logistischen Regression. Modelliert werden stets auf Basis der Vorwahlwelle unserer Umfrage die Wählerorientierungen während des Wahlkampfes. In diesem Abschnitt ist dies beispielsweise die Absicht, zur Wahl zu gehen. Diese anhand der RCS-Daten dynamisierten Querschnittsanalysen werden durch Panelanalysen ergänzt, die intraindividuelle Veränderungen zwischen der Vorwahl- und der Nachwahlwelle modellieren. Im gegebenen Fall betrifft das die faktische Wahlbeteiligung, die von den Befragten in der zweiten Welle zu Protokoll gegeben wurde. In der RCS-Analyse differenziert die abhängige Variable zwischen Befragten, die vor der Bundestagswahl angaben, sicher an der Wahl teilnehmen zu wollen oder schon postalisch gewählt zu haben, und Befragten, die sich ihrer Wahl-

---

5 Für Ausnahmen siehe Miller et al. (1979), Cappella/Jamieson (1997), Wolling (1999), Maurer (2003).

entscheidung nicht sicher waren oder erwogen, gar nicht zur Wahl zu gehen. Die abhängige Variable der Panelanalyse unterscheidet Befragte, die nach der Wahl angaben, sich an der Wahl beteiligt zu haben, von denjenigen, die sich nach eigenem Bekunden enthalten hatten.

Um Selektivitätseffekte der Zuwendung zu den untersuchten politischen Informationsquellen zu kontrollieren, beginnen wir unsere Auswertung mit analogen Basismodellen für die RCS- und die Panelanalyse, die eine Reihe bekannter Prädiktoren der politischen Involvierung beinhalten (vgl. Steinbrecher et al. 2007), welche auch für die Mediennutzung und politische Gespräche relevant sind (Reitze/Ridder 2006): demographische Merkmale wie Alter und Geschlecht, das Bildungsniveau und die Wohnre-

Tabelle 1: Mediennutzung, politische Gespräche und Wahlbeteiligung (odds ratios)

RCS-Analyse (Wahlbeteiligungsabsicht)	Baseline-Modell	+ Mediennutzung und politische Gespräche	+ Mediennutzung und politische Gespräche mit Interaktionseffekten
Erhebungstag (0-40)	1.026***	1.024***	1.019***
Alter (in Jahren)	1.016***	1.007	1.003
Geschlecht (1 = m/0 = w)	1.45^{-1}***	1.51^{-1}***	1.79^{-1}***
Bildung (1 = Abitur/0 = weniger)	1.50***	1.38**	1.47*
Region (1 = West/0 = Ost)	1.22	1.15	1.01
Politisches Interesse (0-4)	2.22***	1.82***	2.88***
Parteiidentifikation (1 = PId/0 = keine PId)	2.14***	2.10***	1.77***
Zeitpunkt der Wahlentscheidung (1 = in den letzten Wochen vor der Wahl oder am Wahltag selbst/ 0 = früher)			1.98^{-1}***
Regionale/Qualitätszeitung (0-14)		1.06**	1.06*
Bild-Zeitung (0-7)		1.01^{-1}	1.26
Bild-Zeitung × Zeitpunkt der Wahlentscheidung			1.35^{-1}*
Nachrichten öff.-rechtl. TV (0-7)		1.06**	1.28**
Nachrichten öff.-rechtl. TV × Pol. Interesse			1.07^{-1}*
Nachrichten privates TV (0-7)		1.03^{-1}	1.03^{-1}
Talkshows (0-3)		1.13	1.10
Pol. Information im Internet (0-7)		1.00	1.00
Pol. Gespräche Familie/Freunde (0-7)		1.05	1.31*
Pol. Gespräche Familie/Freunde × Pol. Interesse			1.07^{-1}*
Pol. Gespräche Bekannte (0-7)		1.03	1.03
M&Z-R² Kontrollvariablen	.27		
M&Z-R² Zuwachs Kommunikationsvariablen		.02	.02
(N)	(3424)	(3376)	(2286)

Fortsetzung *Tabelle 1:*

Panelanalyse (Tatsächliche Wahlbeteiligung)	Baseline-Modell	+ Mediennutzung und politische Gespräche
Beabsichtigte Wahlbeteiligung 1. Welle (1 = sicher/0 = keine, unsicher)	30.20***	30.84***
Erhebungstag (0-40)	1.002^{-1}	1.000
Alter (in Jahren)	1.005	1.001
Geschlecht (1 = m/0 = f)	1.10^{-1}	1.09^{-1}
Bildung (1 = Abitur/0 = weniger)	2.02**	2.12**
Region (1 = West/0 = Ost)	1.26^{-1}	1.25^{-1}
Politisches Interesse (0-4)	1.35**	1.36*
Parteiidentifikation (1 = PId/0 = keine PId)	1.43	1.41
Regionale/Qualitätszeitung (0-14)		1.08
Bild-Zeitung (0-7)		1.08^{-1}
Nachrichten öff.-rechtl. TV (0-7)		1.07^{-1}
Nachrichten privates TV (0-7)		1.04^{-1}
Talkshows (0-3)		1.11
Politische Infos im Internet (0-7)		1.17^{-1}*
Pol. Gespräche Familie/Freunde (0-7)		1.04^{-1}
Pol. Gespräche Bekannte (0-7)		1.10
M&Z-R² Kontrollvariablen	.37	
M&Z-R² Zuwachs Kommunikationsvariablen		.04
(N)	(2319)	(2296)

*** p < .001, ** p < .01, * p < .05.

gion (Ost- oder Westdeutschland) sowie das politische Interesse und die Parteiidentifikation als motivationale Faktoren (erste Spalte in *Tabelle 1*). Um Trends wachsender Mobilisierung im Verlauf des Wahlkampfes abzubilden, wird außerdem berücksichtigt, an welchem Erhebungstag die Interviews der Vorwahlwelle jeweils durchgeführt wurden, d. h. zu welchem Zeitpunkt im Wahlkampf die Befragungspersonen in die Studie einbezogen wurden. Die Panelanalyse der tatsächlichen Wahlbeteiligung wird als „conditional change"-Modell umgesetzt und berücksichtigt im Basismodell zusätzlich auch die in der Vorwahlwelle geäußerte Wahlbeteiligungsabsicht als Kontrollvariable (Bartels 2006). Die für die anderen Prädiktoren geschätzten Koeffizienten sind infolgedessen als Effekte auf den Wandel der abhängigen Variablen zwischen der ersten und der zweiten Panelwelle zu interpretieren.

Im nächsten Schritt werden diese Modelle um Messungen der Mediennutzung und der Intensität politische Gespräche ergänzt, die weitgehend den in Abschnitt 4.1 diskutierten Variablen entsprechen (zweite Spalte in *Tabelle 1*). Lediglich die Zuwendung zur Regional- und zur Qualitätspresse haben wir für diese und alle nachfolgenden Analysen aus Gründen der Vereinfachung in einem additiven Index zusammengefasst; wir modellieren also nur die Unterscheidung zwischen seriösen Tageszeitungen und der unterhaltungsorientierten Boulevardpresse am Beispiel der „Bild"-Zeitung. Diese Modelle zeigen lediglich Haupteffekte politischer Kommunikation auf die beabsichtigte oder tatsächliche Wahlbeteiligung. Das endgültige Modell der RCS-Analyse findet sich in der dritten Spalte von *Tabelle 1*. Es basiert auf einer Serie von Tests, bei denen systematisch geprüft wurde, ob Effekte der Zuwendung zu Informationsquellen konditionalen Charakter trugen, d. h. ob ihre Stärke nach dem Erhebungstag, dem politischen Interesse oder dem Zeitpunkt der Wahlentscheidung variierte. Während die RCS-Analyse deutlich den konditionalen Charakter vieler Effekte aufzeigt, werden bei der Panelanalyse keine weiteren Interaktionseffekte sichtbar, so dass hier bereits das reine Haupteffekte-Modell den letzten Schritt der Analyse bildet.

4.2.2 Befunde

Die RCS-Analyse zeigt, dass Wähler umso eher beabsichtigten, sich an der Bundestagswahl 2005 zu beteiligen, je häufiger sie eine seriöse Tageszeitung lasen, je regelmäßiger sie Nachrichten öffentlich-rechtlicher Sender verfolgten und je häufiger sie im Rahmen von Primärbeziehungen über politische Themen diskutierten – und zwar unabhängig von den soziodemographischen und motivationalen Kontrollvariablen. Häufige Lektüre der „Infotainment"-orientierten „Bild"-Zeitung ging jedoch mit einer verringerten Neigung einher, zur Wahl zu gehen. Allerdings waren die meisten dieser Zusammenhänge konditionaler Natur. Für die Nachrichtensendungen der öffentlich-rechtlichen Anbieter sowie politische Konversationen im Familien- und Freundeskreis zeigen sich klare Zusammenhangsmuster im Sinne des „Fallen"-Effektes. Kontakte mit diesen Informationsquellen erhöhten vor allem bei politisch wenig interessierten Wahlberechtigten die Neigung, zur Wahl zu gehen. *Abbildung 2* visualisiert die substanziellen Implikationen dieser Befunde am Beispiel von Wählern, die sich sehr stark für Politik interessierten, im Vergleich zu Personen ohne politisches Interesse.[6] Die Wahrscheinlichkeit, dass erstere vor der Wahl beabsichtigten, zur Urne zu gehen, war von vornherein so hoch, dass kein Raum für Einflüsse des Kontaktes zu politischen Informationsquellen blieb – ein typischer „ceiling"-Effekt. Bei den Uninteressierten hingegen bewirkte intensive Zuwendung zu jeder der beiden Informationsquellen jeweils einen beachtlichen Zuwachs des Anteils derjenigen, die zur Wahl gehen wollten, in Höhe von ca. 20 Prozentpunkten. Die mit der Lektüre der „Bild"-Zeitung einher gehende leichte Demobilisierung beschränkte sich hingegen auf die Spät-Entscheider. Die Panelanalyse zeigt nur einen einzigen Medieneffekt, der ebenfalls negativ ausfällt: bei intensiven Nutzern politischer Angebote des Internet nahm die Bereitschaft zur Wahlbeteiligung zwischen der ersten und der zweiten Panelwelle ab.

Die Zuwendung zu Massenmedien, aber auch Gespräche über Politik hatten also bei der Bundestagswahl 2005 Konsequenzen für die Wahlbeteiligung, und zwar in gegensätzlichen Richtungen. Die seriöse Presse und die Nachrichten öffentlich-rechtlicher Sender, aber auch politische Gespräche – und zwar erwartungskonsistent im Rahmen von Primärbeziehungen, nicht jedoch von Sekundärbeziehungen – wirkten im Wahlkampf mobilisierend, letztere allerdings in erster Linie bei politisch eher desinteressierten Wählern, die dadurch, dass sie sich diesen Informationsquellen zuwandten, unbe-

---

6 Die Darstellung wurde aus der Gleichung generiert, deren Effektkoeffizienten in der dritten Spalte von *Tabelle 1* ausgewiesen sind. Die Werte aller anderen Prädiktoren wurden auf den Mittelwert fixiert. Bei allen nachfolgend präsentierten Abbildungen wird analog verfahren.

Abbildung 2: Effekte des Sehens von Nachrichten im öffentlich-rechtlichen Fernsehen und politischer Gespräche mit Familienmitgliedern und Freunden auf die beabsichtigte Wahlbeteiligung (vorhergesagte Wahrscheinlichkeiten)

Nachrichten im öffentlich-rechtlichen Fernsehen

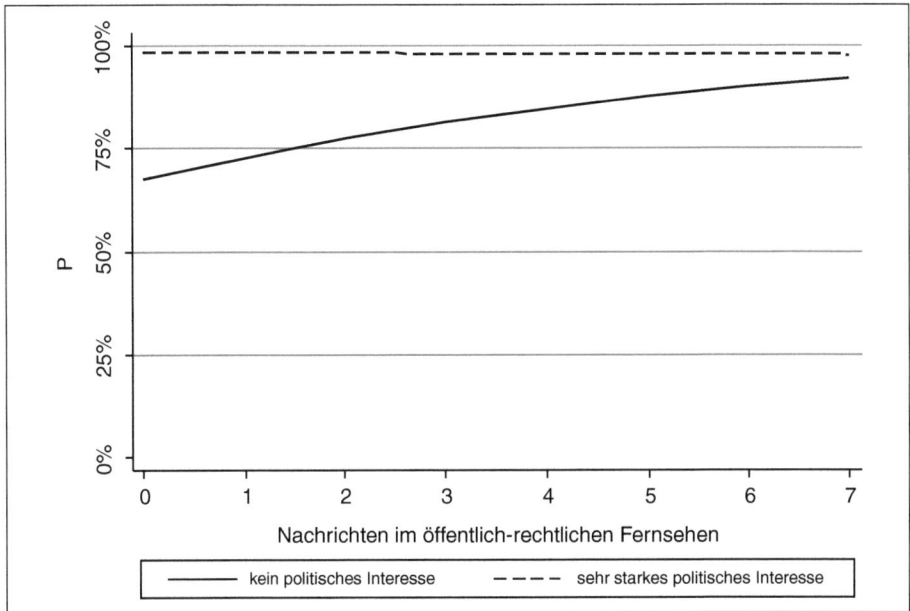

Politische Gespräche mit Familienmitgliedern und Freunden

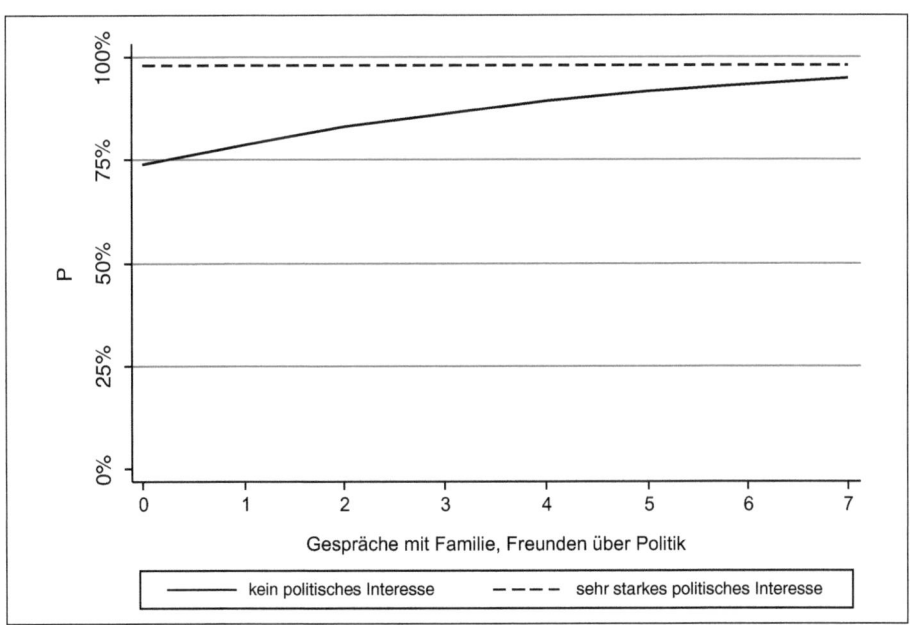

absichtigt gleichsam in eine Mobilisierungs-„Falle" gerieten. Das Lesen der „Bild"-Zeitung ging hingegen zumindest in der Endphase des Wahlkampfes mit einer leichten Demobilisierung einher. Diese Befunde decken sich mit unseren Erwartungen. Allerdings ist der Zuwachs an Erklärungskraft, der im Vergleich zu den Basismodellen erzielt wird, wenn bei der Modellierung auch Kommunikationsvariablen berücksichtigt werden, sowohl in der RCS- als auch in der Panelanalyse relativ gering; andere Wirkungszusammenhänge waren für die Wahlbeteiligung 2005 wichtiger.

4.3 Effekte auf politische Einstellungen und Wahlverhalten

4.3.1 Methodische Vorbemerkungen

Der letzte Absatz hat gezeigt, dass bei Wahlen sowohl Massenmedien als auch politische Gespräche positive, bisweilen aber auch negative Einflüsse auf die politische Involvierung von Bürgern ausüben können. Im Hinblick auf die Wahlbeteiligung bei der Bundestagswahl 2005 zeigten sich mobilisierende, teilweise aber auch demobilisierende Effekte des Kontaktes zu bestimmten Quellen politischer Information. Doch prägen diese auch die Richtung der Einstellungen zu den Parteien und Kandidaten, die bei dieser Wahl um die Stimmen der Wähler konkurrierten? Hatten sie gar Effekte auf das Wählerverhalten selbst? Zwar kann als erwiesen gelten, dass politische Gespräche erhebliche Einflüsse auf Einstellungen und Wahlverhalten ausüben (Schmitt-Beck 2000: 257-320, 369-404; Zuckerman et al. 2007). Doch setzt ihre Analyse Instrumente voraus, die in den hier ausgewerteten Daten nicht zur Verfügung stehen.[7] Die Auswertungen konzentrieren sich daher auf die Frage, ob und in welcher Weise die Nutzung von Massenmedien bei der Bundestagswahl 2005 mit Einstellungen der Wähler zu den Parteien und ihren Spitzenkandidaten verknüpft war. Anschließend wird geprüft, ob es auch Effekte auf die während des Wahlkampfes entwickelten Parteipräferenzen der Wähler und schließlich auf das Wahlverhalten selbst gab. Aus Gründen der Übersichtlichkeit beschränken wir diese Analysen auf die beiden großen Parteien SPD und CDU/CSU und ihre führenden Kandidaten.

Als abhängige Variablen der Einstellungsanalyse werden Sympathieskalometer benutzt, die allgemeine Bewertungen der Kandidaten bzw. Parteien auf einer Skala von –5 bis +5 erfassen; dementsprechend stützt sich die Modellierung auf das Verfahren der OLS-Regression. Die RCS-Analyse der Wahlabsichten basiert auf der in der Vorwahlwelle bekundeten Intention, die SPD bzw. die CDU/CSU wählen zu wollen; die Referenzkategorie umfasst jeweils die Präferenzen für eine der anderen Parteien oder die

---

7 Aufgrund des dispersen Charakters dieser Kommunikationsform erlauben globale Indikatoren der politischen Gesprächsintensität wie diejenigen, die hier nur zur Verfügung stehen, keinen Rückschluss auf die Inhalte, mit denen Wähler in Berührung kommen, wenn sie sich an solchen Konversationen beteiligen. Vielmehr muss davon ausgegangen werden, dass in diesen Gesprächen vielfältige Inhalte unterschiedlichster Richtungen zum Ausdruck gebracht werden, deren Effekte sich im Aggregat wechselseitig aufheben. Nur wenn die Gesprächsaktivitäten der Wähler entsprechend der Bewertungsrichtung der dabei vermittelten Inhalte bei der Analyse disaggregiert werden können, ist feststellbar, welche Einflüsse von ihnen ausgehen (Schmitt-Beck 2000: 216-231). Das lassen die für unsere Analyse verfügbaren Daten jedoch nicht zu.

Wahlenthaltung sowie Bekenntnisse, sich noch nicht für eine Partei entschieden zu haben. In der Panelanalyse werden die tatsächlichen Wähler der SPD bzw. der CDU/CSU jeweils mit den Wählern aller anderen Parteien kontrastiert. Da diese abhängigen Variablen dichotom sind, wird für diese Analysen die binäre logistische Regression eingesetzt.

Persuasionswirkungen politischer Kommunikation hängen entscheidend von der Bewertungsrichtung ab, die der vermittelten politischen Information innewohnt (Zaller 1992, 1996). Idealerweise sollte man daher für eine Analyse der hier angestrebten Art über differenzierte Kenntnisse des gesamten individuellen Portfolios an Medien verfügen, das jeder Befragte nutzte, einschließlich inhaltsanalytisch ermittelter Daten zur vorherrschenden Wertungsrichtung der von diesen Medien vermittelten Botschaften (vgl. z. B. Dalton et al. 1998). Nur so können Erwartungen über die Richtung ihrer Einflüsse formuliert werden. Eine solche Datenbasis aufzubauen, ist freilich aufgrund der hochgradigen und ständig weiter zunehmenden Differenziertheit des deutschen Mediensystems äußerst aufwendig. Fehlen solchen Daten, kann sich die Analyse nur auf die weniger robuste Evidenzbasis von post hoc-Interpretationen empirisch festgestellter korrelativer Zusammenhänge zwischen der Nutzung bestimmter Medien und politischen Orientierungen stützen.

Unsere Indikatoren der Mediennutzung schließen lediglich eine Variable ein, die sich auf ein bestimmtes Medium bezieht, nämlich die Lektüre der „Bild"-Zeitung. Sie kann daher problemlos als Einzelmedium analysiert werden. Eine Inhaltsanalyse hat ermittelt, dass „Bild" seit der Regierungsübernahme 1998 die SPD und ihren Bundeskanzler Schröder besonders negativ dargestellt hat (Semetko/Schönbach 2003). Dies setzte sich auch bei der Bundestagswahl 2005 fort und wurde überdies mit einer impliziten Wahlempfehlung für CDU/CSU und FDP und die von diesen Parteien angestrebte Schwarz-gelbe Koalition verbunden (Wagner 2007). Die Erwartung erscheint daher plausibel, dass die Lektüre von „Bild" bei dieser Wahl mit positiven Effekten für Einstellungen und Verhaltensorientierungen bezüglich der Union und ihrer Spitzenkandidaten sowie mit korrespondierenden negativen Effekten bezüglich der SPD und ihres Führungspersonals einhergeht.

Die anderen unabhängigen Variablen beziehen sich auf Sammelkategorien von Medien, für die das Risiko nicht ausgeschlossen werden kann, dass die Analyse die Nullhypothese bestätigt, weil sich die von den verschiedenen Medien innerhalb einer Kategorie publizierten Bewertungen wechselseitig neutralisieren (Zaller 1996). Dass sich unter diesen Voraussetzungen Effekte der Mediennutzung zeigen, ist nur dann zu erwarten, wenn ein relativ konsonantes Medienbild unterstellt werden kann (Noelle-Neumann 1973), d. h. wenn die Berichterstattung bei der Bundestagswahl 2005 innerhalb der von uns betrachteten Sammelkategorien von Medien eine deutliche zentrale Tendenz zugunsten einer Partei aufwies. Fernsehzuschauern wird der emotionale Ausbruch des knapp abgewählten Bundeskanzlers Schröder vor laufenden Kameras am Wahlabend unvergesslich bleiben, als er den deutschen Medien in toto vorwarf, im Wahlkampf versucht zu haben, seine rot-grüne Regierung mit publizistischen Mitteln aus dem Amt zu befördern (vgl. Tagesschau 2005). Auch politische Beobachter bezichtigten die Medien einer „Verschwörung der Journaille zu Berlin" (Hofmann 2007). Die sporadischen bislang publizierten Befunde von Inhaltsanalysen der tagesaktuellen Berichterstattung im Wahlkampf rechtfertigen derart dramatische Verdikte nicht, deuten aber durchaus auf eine etwas günstigere Bewertung der Unionsparteien im Vergleich zur SPD hin (Brettschneider 2005: 23; Schulz/Zeh 2006; Wilke/Reinemann 2006). Vor diesem Hintergrund kann die vorsichtige Vermutung formuliert werden, dass sowohl die Nachrichtensendungen des Fernsehens als auch die seriöse Tagespresse die Wähler zugunsten der Union und ihrer Kandidaten beeinflusst haben, während für die Sozialdemokraten korrespondierende negative Effekte angenommen werden können.

Einen noch schwierigeren Fall stellen Talkshows dar, weil in diesem Format Vertreter verschiedener Parteien im O-Ton miteinander diskutieren, so dass eindeutige Gesamtrichtungen der publizierten Aussagen noch weniger wahrscheinlich sind als bei den tagesaktuellen Informationsangeboten von Presse und Fernsehen. Allerdings erscheint zumindest nicht völlig ausgeschlossen, dass es Repräsentanten bestimmter Parteien besser als anderen gelingen könnte, im Fernsehen „gut auszusehen", so dass die Vermutung systematischer Effekte auf Einstellungen und Verhalten auch bei Talkshows nicht gänzlich unplausibel erscheint. Mangels entsprechender Inhaltsanalysen ist es jedoch nicht möglich, eine Erwartung hinsichtlich der Richtung dieser Effekte zu formulieren. Unlösbar erscheint das Problem der verborgenen Vielstimmigkeit hingegen für das Internet. Die online verfügbaren politischen Informationsangebote sind aufgrund ihrer dezentralen Struktur äußerst vielfältig und müssen überdies von den Nutzern gezielt angewählt werden; beiläufige Nutzung ist hier nicht möglich. Daher können Nettoeffekte der Nutzung politischer Angebote des Internet zugunsten oder ungunsten bestimmter Parteien plausiblerweise kaum erwartet werden. Wir schließen daher das Internet aus der nachfolgenden Analyse aus. Auch diese Exploration beinhaltet eine Prüfung des direkten bzw. konditionalen Charakters der gefundenen Effekte. Wiederum wird getestet, ob die Stärke von Effekten aufgrund des wachsenden Orientierungsbedürfnisses der Wähler mit herannahendem Wahltermin wuchs bzw. bei Spät-Entscheidern, die sich erst kurz vor dem Wahltermin festlegten, besonders prägnant war und ob Medienwirkungen eher bei politisch desinteressierten Wählern auftraten (Zaller 1992, 1996).

Die Logik der im Folgenden präsentierten Analysen entspricht derjenigen, die in Abschnitt 4.2.1 bereits vorgestellt wurde. Allerdings wird von einem anderen Basismodell ausgegangen, da es hier nicht um die politische Involvierung, sondern um gegensätzliche richtungspolitische Orientierungen geht. Es enthält wiederum den Erhebungstag, um etwaige Trends einzufangen, sowie die demographischen Merkmale Alter, Geschlecht, Bildung und Region. An die Stelle der für die Analyse politischer Mobilisierung wichtigen motivationalen Faktoren treten jedoch Indikatoren politischer Prädispositionen, von denen aus vielen Studien bekannt ist, dass sie für Einstellungen und Wahlverhalten der deutschen Wähler relevant sind: die Häufigkeit des Kirchgangs und die Mitgliedschaft in einer Gewerkschaft sowie die nach Parteien ausdifferenzierte Parteiidentifikation (Falter/Schoen 2005). Die Panelmodelle berücksichtigen außerdem die Vorwahlmessungen der abhängigen Variablen als zusätzliche Kontrollvariablen, so dass sich die Medieneffekte, die bei diesen Analysen sichtbar werden, auf Veränderungen zwischen der ersten und zweiten Panelwelle beziehen.[8]

---

8 Bei der Analyse politischer Einstellungen ist überdies die Möglichkeit in Betracht zu ziehen, dass diese sich unter dem Eindruck des aktuellen politischen Geschehens auch nach der Wahl verändert haben könnten; deswegen wird in den Panelmodellen zusätzlich der Erhebungszeit-

4.3.2 Befunde

Tabelle 2 zeigt die Zusammenhänge zwischen Mediennutzung und Kandidatensympathien bei der Bundestagswahl 2005. Aus Gründen der Komplexitätsreduktion und Platzersparnis weist diese Tabelle – ebenso wie alle nachfolgenden – nur die Endmodelle aus und verzichtet auf die Wiedergabe der Parameterschätzungen für die Kontrollvariablen. Die Analyse bezieht sich auf die Kanzlerkandidaten Gerhard Schröder (SPD) und Angela Merkel (CDU/CSU) und berücksichtigt außerdem Paul Kirchhof, den früheren Verfassungsrichter, der von der CDU/CSU während des Wahlkampfes in einem Überraschungscoup als Experte für Finanzpolitik präsentiert wurde, dann aber in kürzester Zeit zu einer äußerst umstrittenen Figur in diesem auch insgesamt sehr polarisierten Wahlkampf avancierte (Schmitt-Beck/Faas 2006). Es wäre nahe liegend, für die Bewertung Kirchhofs besonders starke Medieneffekte zu erwarten, weil er für die meisten Wähler ein unbeschriebenes Blatt war und plausiblerweise vermutet werden kann, dass Medien bei der erstmaligen Entstehung von Orientierungen zu Neulingen auf der politischen Bühne markantere Einflüsse ausüben als bei bereits bestehenden Einstellungen zu Kandidaten, die schon lange im Zentrum der öffentlichen Aufmerksamkeit standen. Das zeigt sich in *Tabelle 2* jedoch nicht. Sowohl in den RCS- als auch den Panelmodellen bewirkt die Medienzuwendung insgesamt nur geringfügige Zuwächse an Erklärungskraft, und das gilt für Kirchhof ebenso wie für den amtierenden Bundeskanzler und seine Herausforderin.

Mit der Häufigkeit der Lektüre von Regional- oder Qualitätszeitungen verbesserten sich vor der Bundestagswahl 2005 die Bewertungen Gerhard Schröders, allerdings nur – im Sinne eines „Fallen"-Effektes – bei politisch eher desinteressierten Lesern. Weitere Effekte sind für dieses Medium nicht zu verzeichnen. Das Publikum öffentlich-rechtlicher Nachrichtensendungen neigte ebenfalls zu besseren Noten für Schröder, während für die Nachrichten der privaten Anbieter ein negativer Effekt zu verzeichnen ist, der vor allem zu Beginn des Wahlkampfes auftrat. „Bild"-Leser bewerteten sowohl Angela Merkel als auch Paul Kirchhof günstiger als Nicht-Leser. Häufiger Konsum von „Bild" ging auch mit einer weiteren Verbesserung des Ansehens der Unionskandidatin im Übergang von der Vorwahl- zur Nachwahlwelle einher. Für Talkshows ist ein komplexes Muster von Zusammenhängen zu beobachten. Schröder wurde vom Talkshow-Publikum positiver gesehen als von Wählern, die diese wenig oder gar nicht verfolgten. Die Panelanalyse belegt aber auch einen Ansehensgewinn seiner Herausforderin bei den Zuschauern von Talkshows, der sich jedoch auf die weniger Interessierten beschränkte. Bei stark Interessierten kam es hingegen sogar eher zu einer Verschlechterung ihrer Bewertungen. Besonders interessant sind die Effekte, die für Bewertungen Paul Kirchhofs zutage treten. In der frühen Phase seiner Präsenz auf der Wahlkampfbühne bewirkten Talkshows einen enormen Zuwachs seines Ansehens (regelmäßige Zuschauer bewerteten ihn um 3,4 Skalenpunkte besser als Personen, die nie Talkshows verfolgten) – ein

---

punkt der 2. Welle berücksichtigt. Da sich die Erhebung der Nachwahlwelle nicht am RCS-Design orientierte und daher der Erhebungstag nicht zufällig variierte, sondern u. a. eine Funktion der Erreichbarkeit der Befragten war, wird außerdem die Erwerbstätigkeit in die Modelle aufgenommen, die ein wichtiger Prädiktor der Erreichbarkeit für Umfragen ist (Schmitt-Beck et al. 2006: 30-31).

Tabelle 2: Mediennutzung und Kandidatenbewertungen (unstandardisierte Regressionskoeffizienten)

	RCS-Analyse			Panelanalyse		
	Schröder	Merkel	Kirchhof (ab 1.9.05)	Schröder	Merkel	Kirchhof
Regionale/Qualitätszeitung (0-14)	.13**	-.01	-.01	-.00	.00	-.01
Regionale/Qualitätszeitung × Pol. Interesse	-.03**					
Bild-Zeitung (0-7)	.02	.10***	.10*	-.01	.05*	.07
Nachrichten öff.-rechtl. TV (0-7)	.06**	-.00	-.00	-.01	.03	-.02
Nachrichten privates TV (0-7)	-.11**	.02	-.04	.02	.01	.02
Nachrichten privates TV × Erhebungstag	.003*					
Talkshows (0-3)	.12*	.06	1.18*	-.02	.40**	-1.03***
Talkshows × Erhebungstag			-.033*			
Talkshows × Pol. Interesse					-.12***	.24**
Adj. R² Kontrollvariablen	.22	.23	.22	.55	.54	.48
Adj. R² Zuwachs Informationsquellen	.01	≤.005	≤.005	≤.005	≤.005	.01
(N)	(3381)	(3382)	(1210)	(2298)	(2296)	(782)

*** $p < .001$, ** $p < .01$, * $p < .05$. Kontrollvariablen und Konstanten nicht wiedergegeben.

Tabelle 3: Mediennutzung und Parteienbewertungen (unstandardisierte Regressionskoeffizienten)

	RCS-Analyse			Panelanalyse		
	SPD	CDU	CSU	SPD	CDU	CSU
Regionale/Qualitätszeitung (0-14)	-.00	.00	-.01	.01	.00	.00
Bild-Zeitung (0-7)	-.01	.18**	.14***	.20	.07*	.05
Bild-Zeitung × Erhebungstag		-.005*				
Bild-Zeitung × Pol. Interesse				-.07*		
Nachrichten öff.-rechtl. TV (0-7)	.03	-.00	.01	.02	.02	.00
Nachrichten privates TV (0-7)	-.03*	.04*	.04*	-.01	.01	.02
Talkshows (0-3)	.50***	.07	.07	.04	-.03	-.05
Talkshows × Pol. Interesse	-.12**					
Adj. R² Kontrollvariablen	.30	.33	.36	.54	.55	.62
Adj. R² Zuwachs Kommunikationsvariablen	≤.005	≤.005	.01	≤.005	≤.005	≤.005
(N)	(3372)	(3375)	(3294)	(2296)	(2297)	(2226)

*** p < .001, ** p < .01, * p < .05. Kontrollvariablen und Konstanten nicht wiedergegeben.

Effekt, der sich jedoch mit fortschreitendem Wahlkampf verflüchtigte. Die Panelanalyse zeigt überdies, dass sich Kirchhofs Beurteilungen im Übergang von der Vorwahl- zur Nachwahlwelle vor allem bei den schwach interessierten Mitgliedern des Talkshow-Publikums rapide verschlechterten.

Eine nahe liegende Annahme ist, dass Personeneindrücke eher durch Mediendarstellungen beeinflussbar sind als solche von den Parteiorganisationen. Hierfür erbringt unsere Analyse jedoch keinen Hinweis. Vielmehr entfaltete die Mediennutzung sowohl bei Kandidaten- als auch Parteienbewertungen nur eine gleichermaßen geringe Erklärungskraft *(Tabelle 3)*. Allerdings fällt auf, dass insgesamt für die Parteienbewertungen weniger Zusammenhänge mit der Nutzung bestimmter Medien zu erkennen sind als für die Kandidatenbewertungen. Die Regional- und Qualitätspresse spielte für die Einschätzungen der Parteien keine Rolle, wohl aber wiederum die „Bild"-Zeitung. Leser der größten deutschen Tageszeitung bewerteten nicht nur die Kanzlerkandidatin der CDU/CSU, sondern auch die beiden Unionsparteien selbst vorteilhafter als andere Personen. Je intensiver die Lektüre von „Bild", desto günstiger die Bewertung der CDU, allerdings zu Beginn des Wahlkampfes deutlicher ausgeprägt als in der Endphase. Die Panelanalyse zeigt darüber hinaus, dass beim Publikum von „Bild" auch eher mit einer Verbesserung der Einschätzungen der CDU zwischen der Vorwahl- und der Nachwahlwelle zu rechnen war. Für die CSU finden sich ebenfalls sowohl in der RCS- als auch in der Panelanalyse positive Effekte, wenngleich der in der Panelanalyse gefundene Zusammenhang knapp die kritische Schwelle statistischer Signifikanz verfehlt. Der Panelanalyse zufolge verschlechterten sich unter den „Bild"-Lesern gleichzeitig die Urteile über die Sozialdemokraten, jedoch nur bei den stärker politisch Interessierten. Für Nachrichtensendungen öffentlich-rechtlicher Sender sind keine Zusammenhänge zu entdecken, wohl aber für Informationsprogramme privater Anbieter. Je häufiger diese gesehen wurden, desto positiver die Einschätzungen beider Unionsparteien und desto negativer die Bewertungen der SPD. Von Talkshow-Sehern freundlicher beurteilt wurde nicht nur der amtierende Kanzler Gerhard Schröder, sondern auch seine Partei, vor allem wenn diese politisch weniger interessiert waren.

Insgesamt offenbaren diese Einstellungsanalysen die eindeutigsten Befunde für dasjenige Medium, für das diese – aufgrund der gezielten Messung und der guten inhaltsanalytischen Evidenz – auch am ehesten erwartet werden konnten, nämlich die „Bild"-Zeitung. Leser dieses Blattes bewerteten mit hoher Konsistenz über die verschiedenen Modelle hinweg sowohl die Unionsparteien als auch ihre Spitzenkandidaten günstiger und die SPD ungünstiger als andere Wähler. Die weniger solide fundierte Erwartung, dass die anderen tagesaktuellen Medien ebenfalls Effekte in derselben Richtung ausüben würden, deckt sich hingegen nur teilweise, nämlich bezogen auf die Nachrichtensendungen privater Anbieter, mit unseren Befunden. Für die konkurrierenden Programme der öffentlich-rechtlichen Sender, aber auch die seriöse Presse finden wir jedoch positive Effekte auf Bewertungen Gerhard Schröders, die freilich nur seiner Person, aber nicht gleichermaßen seiner Partei gelten. Das widerspricht der Erwartung, die sich allerdings auch nur auf anekdotische Evidenz stützen konnte. Sehr komplexe und partiell gegenläufige Zusammenhänge sind für Talkshows zu beobachten, die jedoch in Ermangelung von Kenntnissen der Inhalte dieser Sendungen nicht vor dem Hintergrund expliziter Erwartungen bewertet werden können. Besonders bemerkenswert sind die Befunde für den CDU/CSU-Politiker Paul Kirchhof, dessen Stern zu-

Tabelle 4: Mediennutzung und Wahlabsicht bzw. Wahlentscheidung (odds ratios)

	RCS-Analyse (Wahlabsicht)		Panelanalyse (Wahlentscheidung)	
	SPD	CDU/CSU	SPD	CDU/CSU
Regionale/Qualitätszeitung (0-14)	1.04	1.03	1.03	1.01^{-1}
Bild-Zeitung (0-7)	1.11^{-1}*	1.11**	1.00	1.00
Nachrichten öff.-rechtl. TV (0-7)	1.08*	1.00	1.03^{-1}	1.29**
Nachrichten öff.-rechtl. TV × Pol. Interesse				1.08^{-1}**
Nachrichten öff.-rechtl. TV × Zeitpunkt der Wahlentscheidung	1.14^{-1}*			
Nachrichten privates TV (0-7)	1.01^{-1}	1.03	1.03^{-1}	1.05^{-1}
Talkshows (0-3)	1.08	1.22**	1.03	1.16
Talkshows × Zeitpunkt der Wahlentscheidung				1.43^{-1}*
M&Z-R² Kontrollvariablen	.52	.54	.55	.56
M&Z-R² Zuwachs Kommunikationsvariablen	.01	.01	≤.005	.01
(N)	(2184)	(3205)	(2167)	(2143)

*** p < .001, ** p < .01, * p < .05. Kontrollvariablen nicht wiedergegeben.

nächst steil empor stieg, um im weiteren Verlauf des Wahlkampfes dramatisch zu fallen (vgl. Schmitt-Beck 2008). Das stark zeitlich akzentuierte Muster der Zusammenhänge zwischen der Zuwendung zu Talkshows und den Wählerurteilen über diesen Politiker spricht für die Vermutung, dass diese Sendungen erheblichen Anteil an dieser dynamischen Entwicklung hatten. Freilich ist dies eine post hoc-Interpretation, die der Erhärtung durch Inhaltsanalysen der im Wahlkampf gesendeten Talkshows bedarf. Die Befunde enthalten auch einige Hinweise auf moderierende Wirkungen des politischen Interesses, die überwiegend im Sinne des „Fallen"-Effektes ausfielen und sich vorwiegend bei gering interessierten Personen zeigten.

Im letzten Schritt unserer Analyse geht es um die Frage, ob und inwieweit Medien bei der Bundestagswahl 2005 nicht nur Einstellungen, sondern auch das Wahlverhalten selbst beeinflussten. *Tabelle 4* zeigt die durch eine logistische Regressionsanalyse ermittelten Zusammenhänge. Der Konsum der „Bild"-Zeitung kovariierte offenkundig nicht nur mit Einstellungen, sondern auch mit Verhaltensorientierungen. Vor der Wahl war die Neigung, für die Union stimmen zu wollen, umso höher, je öfter „Bild" gelesen wurde, während gleichzeitig die Bereitschaft abnahm, für die SPD zu votieren. *Abbildung 3* visualisiert die durchaus beachtlichen substanziellen Implikationen dieser Effekte. Nachrichtensendungen öffentlich-rechtlicher Sender zu verfolgen, erhöhte hingegen die Wahrscheinlichkeit einer Präferenz für die SPD, jedoch nur bei Befragten, die schon vor dem Wahlkampf ihre Wahlentscheidung gefällt hatten. Die Panelanalyse deckt daneben aber auch einen positiven Effekt öffentlich-rechtlicher Nachrichten auf die Wahrscheinlichkeit auf, zur CDU/CSU zu wechseln; dieser hing jedoch vom politischen Interesse ab und beschränkte sich auf gering interessierte Wähler – dem Anschein nach ein weiterer „Fallen"-Effekt. Talkshows zu sehen, erhöhte ebenfalls die

Abbildung 3: Effekte des Lesens der „Bild"-Zeitung auf die Wahlabsicht (vorhergesagte Wahrscheinlichkeiten)

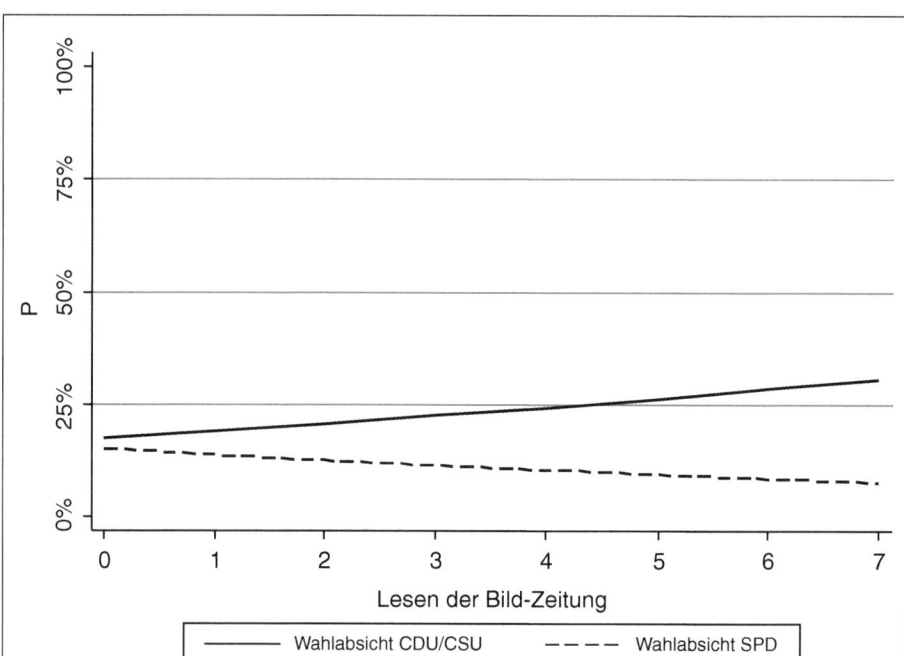

Wahrscheinlichkeit, vor der Wahl die Union zu präferieren. Insoweit korrespondieren die Befunde der Erwartung von Effekten zugunsten der Union aufgrund für sie vorteilhafter Politikdarstellung von Medien während des Wahlkampfes 2005. Die Neigung, kurzfristig – zwischen der ersten und zweiten Panelwelle – zur Union zu wechseln, wurde jedoch zumindest bei Spät-Entscheidern durch Talkshows verringert.

Wenngleich die Erklärungskraft von Medienkontakten für Wahlabsicht und Parteiwahl ebenfalls sehr gering ist, zeigen sich in der Analyse von Parteipräferenzen und Wählerverhalten doch einige interessante Detailbefunde. Insbesondere legen unsere Ergebnisse den Schluss nahe, dass die einseitige Berichterstattung der „Bild"-Zeitung nicht nur in den Einstellungen der Wähler, sondern auch an der Urne einen Niederschlag fand. Nachrichten des öffentlich-rechtlichen Fernsehens scheinen zunächst für die SPD, später jedoch – so wie aufgrund anekdotischer Evidenz bezüglich des Medientenors im Wahlkampf 2005 erwartet – für die Unionsparteien vorteilhaft gewesen zu sein. Talkshow-Seher präferierten ebenfalls eher die CDU/CSU, aber offenbar in der Endphase des Wahlkampfes nur noch eingeschränkt. Diese Befunde korrespondieren nur partiell den für Parteien- und Kandidatenbewertungen gefundenen Mustern.

5. Resümee

Anhand eines innovativen Datensatzes analysierte der vorliegende Beitrag die Bedeutung von Fernsehen, Tagespresse und Internet für die Politikvermittlung bei der Bundestagswahl 2005. Vor dem Hintergrund des Medienwandels der letzten Jahre standen dabei zwei Aspekte im Fokus – die Reichweite verschiedener Medienangebote und deren Entwicklung im Wahlkampf sowie die von diesen Medien ausgehenden Einflüsse auf die Einbindung der Wähler in den wahlpolitischen Prozess (Mobilisierung) und auf die Richtung ihrer Einstellungen und wahlpolitischen Präferenzen (Persuasion). Soweit anhand der verfügbaren Daten möglich, wurden zum Vergleich auch alternative Quellen politischer Information in die Betrachtung aufgenommen.

Die Führungsrolle des Fernsehens als mediale Quelle politischer Information bei Wahlen war bei der Bundestagswahl 2005 ungebrochen. Ausgeprägt informationsorientierte Angebote des Fernsehens wie die Nachrichtensendungen der öffentlich-rechtlichen Anbieter sowie Wahlsondersendungen erreichten nach wie vor das größte Publikum, aber auch das neuere, nicht nur informations- sondern auch unterhaltungsbetonte Format der politischen Talkshow fand vor der Bundestagswahl 2005 breite Beachtung. Die Reichweiten anderer Medienangebote waren zum Teil erheblich geringer. Das neue Medium Internet fand keinen größeren Zuspruch als bei der Vorwahl, seine Möglichkeiten als reichhaltige Quelle politischer Information machte sich nur eine kleine Minderheit der Wähler zunutze. Allerdings besaß das Fernsehen für die breite Wählerschaft dennoch kein Monopol als Lieferant politischer Information. Der größte Teil der Wähler beteiligte sich auch an politischen Gesprächen, insbesondere im Rahmen von Primärbeziehungen. Aber auch die Wahlwerbung als Form direkter Kampagnenkommunikation der Parteien erreichte sehr viele Stimmbürger.

Wahlkämpfe gelten als Perioden intensivierter gesellschaftlicher Informationsflüsse, doch betraf das bei der Bundestagswahl 2005 nicht alle Formen der Politikvermittlung gleichermaßen. Die Erwartung wachsender Zuwendung mit fortschreitendem Wahlkampf bestätigte sich für die Nachrichtensendungen sowohl öffentlich-rechtlicher als auch privater Programme, nicht jedoch für die anderen Medienangebote. Talkshows und Wahlsondersendungen als Formate, die ohnehin sehr viele Zuschauer finden, aber auch das Internet erreichten am Ende des Wahlkampfes keine größeren Publika als zu Beginn. Auf konstantem Niveau verharrte insbesondere aber auch die Leserschaft aller Arten von Tageszeitungen. Deutliche Zuwächse der Reichweiten waren demgegenüber für alle Formen direkter Parteienkommunikation, aber auch für politische Gespräche im Alltag zu verzeichnen.

Die Analyse erbrachte klare Belege für Einflüsse von Medien auf Einstellungen und Verhaltensorientierungen von Wählern. Allerdings sollten die politischen Implikationen dieser Befunde nicht überschätzt werden; weit reichende Wirkungsvermutungen wie diejenigen, die in der Einleitung dieses Beitrages zitiert wurden, rechtfertigen sie nicht. Eine wahlentscheidende Rolle kam den Medien bei der Bundestagswahl 2005 nicht zu. Globale „Malaise"- bzw. „Mobilisierungs"-Thesen erhielten durch die Analysen keine Bestätigung, wohl aber eine der Komplexität des heutigen deutschen Mediensystems besser Rechnung tragende differenzierte Vermutung, die in Abhängigkeit von der Informations- bzw. Unterhaltungsorientierung der betreffenden Medien mobilisierende oder aber demobilisierende Effekte erwartete. Die seriöse Presse und die Nachrichten öffentlich-rechtlicher Sender wirkten bei der Bundestagswahl 2005 mobilisierend und trugen zu einer Erhöhung der Wahlbeteiligung bei, letztere allerdings – ganz im Sinne des für das Fernsehen erwarteten „Fallen"-Effektes – in erster Linie bei politisch eher desinteressierten Wählern, die sich seinen tagesaktuellen Informationsangeboten nur beiläufig zuwandten. Das Lesen der „Infotainment"-orientierten „Bild"-Zeitung ging hingegen vor allem im unmittelbaren Vorfeld der Wahl mit einer leichten Demobilisierung einher. Für die politische Mobilisierung der Wähler waren aber auch Diskussionen im Rahmen von Primärbeziehungen von Bedeutung; ihr Effekt war demjenigen der öffentlich-rechtlichen Nachrichtensendungen bemerkenswert ähnlich – wie jene trugen sie vor allem bei wenig interessierten Wählern zu einer deutlichen Erhöhung der Wahlbeteiligung bei. Auch Gespräche in der Familie und mit Freunden bringen Personen auf eher beiläufige Weise mit politischer Information in Kontakt, so dass sie ebenfalls „Fallen"-Effekte begünstigen.

Positive oder negative Wirkungen politischer Informationsquellen auf die Wahlbeteiligung müssen jedem bedeutsam erscheinen, dem es um die Qualität der politischen Willensbildung in der Demokratie zu tun ist. Politische Akteure interessieren sich aus nachvollziehbarem kurzfristigem Eigeninteresse jedoch zumeist stärker für das Ausmaß, in dem Medien Einstellungen oder gar Wahlentscheidungen beeinflussen. Diesbezüglich verdient vor allem die Rolle der „Bild"-Zeitung Hervorhebung. Sie unterstützte vor der Bundestagswahl 2005 die CDU/CSU (Wagner 2007), und unsere Befunde deuten mit bemerkenswerter Konsistenz darauf hin, dass dies in den Einstellungen und Präferenzen ihrer Leser einen Niederschlag gefunden hat. Wer die Berichterstattung der größten deutschen Tageszeitung verfolgte, tendierte dazu, die CDU/CSU und ihr Spitzenpersonal positiver zu bewerten und auch eher an der Urne zu unterstützen, während die Sozialdemokraten eher negativ bewertet und mit geringerer Wahrscheinlichkeit gewählt wurden. Weniger konsistent traten Hinweise auf persuasive Wirkungen im Wahlkampf 2005 auch für andere Medien zutage, darunter sowohl traditionell informationsorientierte als auch stärker unterhaltungsorientierte. Diese für die Rolle der Medien als Faktoren der Mobilisierung oder Demobilisierung bei Wahlen wesentliche Differenzierung scheint für ihre persuasiven Wirkungen nicht bedeutsam zu sein. In vielen Fällen handelte es sich bei den gefundenen Effekten um konditionale Zusammenhänge, die erwartungsgemäß auf eine größere Beeinflussbarkeit politisch gering Interessierter hindeuten. Insgesamt nicht bestätigt wurde demgegenüber die Hypothese verstärkter Wirkungen in der Endphase des Wahlkampfes.

Literatur

Aarts, Kees/Semetko, Holli A., 2003: The Divided Electorate: Media Use and Political Involvement, in: Journal of Politics 65, 759-784.
Ansolabehere, Stephen/Behr, Roy/Iyengar, Shanto, 1993: The Media Game. American Politics in the Television Age. New York.
Barker, David C./Lawrence, Adam B., 2006: Media Favoritism and Presidential Nominations: Reviving the Direct Effects Model, in: Political Communication 23, 41-59.
Bartels, Larry M., 1993: Messages Received: The Political Impact of Media Exposure, in: American Political Science Review 87, 267-285.

Bartels, Larry M., 2006: Three Virtues of Panel Data for the Analysis of Campaign Effects, in: *Brady, Henry E./Johnston, Richard* (Hrsg.), Capturing Campaign Effects. Ann Arbor, 134-163.
Beltrán, Ulises, 2007: The Combined Effect of Advertising and News Coverage in the Mexican Presidential Election Campaign of 2000, in: Political Communication 24, 37-63.
Brambor, Thomas/Clark, William R./Golder, Matt, 2006: Understanding Interaction Models: Improving Empirical Analyses, in: Political Analysis 14, 63-82.
Brettschneider, Frank, 2005: Bundestagswahlkampf und Medienberichterstattung, in: Aus Politik und Zeitgeschichte B51-52, 19-26.
Cappella, Joseph N./Jamieson, Kathleen H., 1997: Spiral of Cynicism. The Press and the Public Good. New York/Oxford.
Cleveland, William S., 1994: The Elements of Graphing Data. Murray Hill.
Dalton, Russell J./Beck, Paul A./Huckfeldt, Robert, 1998: Partisan Cues and the Media: Information Flows in the 1992 Presidential Election, in: American Political Science Review 92, 111-126.
De Vreese, Claes H./Boomgaarden, Hajo, 2006: News, Political Knowledge and Participation: The Differential Effects of News Media Exposure on Political Knowledge and Participation, in: Acta Politica 41, 317-341.
DellaVigna, Stefano/Kaplan, Ethan, 2007: The Fox News Effect: Media Bias and Voting, in: Quarterly Journal of Economics 122, 1187-1234.
Denemark, David, 2002: Television Effects and Voter Decision Making in Australia: A Re-Examination of the Converse Model, in: British Journal of Political Science 32, 663-690.
Dobrzynska, Agnieska/Blais, André/Nadeau, Richard, 2003: Do the Media Have a Direct Impact on the Vote? The Case of the 1997 Canadian Election, in: International Journal of Public Opinion Research 15, 27-43.
Emmer, Martin/Vowe, Gerhard, 2004: Mobilisierung durch das Internet?, in: Politische Vierteljahresschrift 45, 191-211.
Falter, Jürgen W./Schoen, Harald (Hrsg.), 2005: Handbuch Wahlforschung. Wiesbaden.
Fournier, Patrick/Nadeau, Richard/Blais, André/Gidengil, Elisabeth/Nevitte, Neil, 2004: Time-of-Voting Decision and Susceptibility to Campaign Effects, in: Electoral Studies 23, 661-681.
Gamson, William A., 1992: Talking Politics. Cambridge.
Granovetter, Mark S., 1973: The Strength of Weak Ties, in: American Journal of Sociology 78, 1360-1380.
Gunther, Richard/Montero, José R./Puhle, Hans-Jürgen (Hrsg.), 2007: Democracy, Intermediation, and Voting on Four Continents. Oxford.
Hofmann, Gerhard, 2007: Die Verschwörung der Journaille zu Berlin. Bonn.
Holtz-Bacha, Christina, 1990: Ablenkung oder Abkehr von der Politik? Mediennutzung im Geflecht politischer Orientierungen. Opladen.
Holtz-Bacha, Christina, 2000: Entertainisierung der Politik, in: Zeitschrift für Parlamentsfragen 31, 156-166.
Holtz-Bacha, Christina (Hrsg.), 2006: Die Massenmedien im Wahlkampf. Die Bundestagswahl 2005. Wiesbaden.
Huber, Sandra, 2007: Nutzung politischer Internetangebote bei den Bundestagswahlen 2002 und 2005, in: *Rattinger, Hans/Gabriel, Oscar W./Falter, Jürgen W.* (Hrsg.), Der gesamtdeutsche Wähler. Baden-Baden, 413-435.
Johnston, Richard, 2001: Capturing Campaigns in National Election Studies, in: *Katz, Elihu/Warshel, Yael* (Hrsg.), Election Studies. What's Their Use? Boulder/Col., 149-172.
Johnston, Richard/Brady, Henry E., 2002: The Rolling Cross-Section Design, in: Electoral Studies 21, 283-295.
Kaid, Lynda Lee/Holtz-Bacha, Christina (Hrsg.), 2006: The Sage Handbook of Political Advertising. Thousand Oaks, CA.
Kepplinger, Hans Mathias, 1998: Die Demontage der Politik in der Informationsgesellschaft. Freiburg/München.
Kepplinger, Hans Mathias/Brosius, Hans Bernd/Dahlem, Stefan, 1994: Wie das Fernsehen Wahlen beeinflußt. Theoretische Modelle und empirische Analysen. München.
Kindelmann, Klaus, 1994: Kanzlerkandidaten in den Medien. Eine Analyse des Wahljahres 1990. Opladen.

Kinder, Donald R., 1998: Communication and Opinion, in: Annual Review of Political Science 1, 167-197.
Klapper, Joseph T., 1960: The Effects of Mass Communication. New York.
Knack, Stephen, 1992: Civic Norms, Social Sanctions, and Voter Turnout, in: Rationality and Society 4, 133-156.
Knack, Stephen/Kropf, Martha E., 1998: For Shame! The Effect of Community Cooperative Context on the Probability of Voting, in: Political Psychology 19, 585-599.
Knoke, David, 1990: Networks of Political Action: Toward Theory Construction, in: Social Forces 68, 1041-1063.
Lachat, Romain, 2007: A Heterogenous Electorate. Political Sophistication, Predisposition Strength, and the Voting Process. Baden-Baden.
Lawson, Chappell/McCann, James A., 2004: Television News, Mexico's 2000 Elections and Media Effects in Emerging Democracies, in: British Journal of Political Science 35, 1-30.
Lazarsfeld, Paul F./Berelson, Bernard/Gaudet, Hazel, 1968: The People's Choice. How the Voter Makes up his Mind in a Presidential Campaign. New York/London.
Lazarsfeld, Paul F./Merton, Robert K., 1964: Mass Communication, Popular Taste, and Organized Social Action, in: *Bryson, Lyman* (Hrsg.), The Communication of Ideas. New York, 95-118.
Leighley, Jan E., 1990: Social Interaction and Contextual Influence on Political Participation, in: American Politics Quarterly 18, 459-475.
Maier, Jürgen/Brettschneider, Frank/Maier, Michaela, 2003: Medienberichterstattung, Mediennutzung und die Bevölkerungseinstellungen zum Euro in Ost- und Westdeutschland, in: *Brettschneider, Frank/van Deth, Jan/Roller, Edeltraud* (Hrsg.), Europäische Integration in der öffentlichen Meinung. Opladen, 213-233.
Maier, Jürgen/Rittberger, Berthold, 2008: Shifting Europe's Boundaries: Mass Media, Public Opinion, and the Enlargement of the EU, in: European Union Politics 9, 243-267.
Maurer, Marcus, 2003: Politikverdrossenheit durch Medienberichte. Konstanz.
McAllister, Ian, 2002: Calculating or Capricious? The New Politics of Late Deciding Voters, in: *Farrell, David M./Schmitt-Beck, Rüdiger* (Hrsg.), Do Political Campaigns Matter? Campaign Effects in Elections and Referendums. London/New York, 22-40.
McClurg, Scott D., 2003: Social Networks and Political Participation: The Role of Social Interaction in Explaining Political Participation, in: Political Research Quarterly 56, 448-464.
McCombs, Maxwell, 2004: Setting the Agenda. The Mass Media and Public Opinion. Cambridge.
McLeod, Jack M./Reeves, Byron, 1981: On the Nature of Mass Media Effects, in: *Wilhoit, G. Cleveland/de Bock, Harold* (Hrsg.), Mass Communication Review Yearbook. Beverly Hills u. a., 245-282.
Miller, Arthur H./Goldenberg, Edie N./Erbring, Lutz, 1979: Type-Set Politics: Impact of Newspapers on Public Confidence, in: American Political Science Review 73, 67-84.
Newton, Ken, 1999: Mass Media Effects: Mobilization or Media Malaise?, in: British Journal of Political Science 29, 577-599.
Noelle-Neumann, Elisabeth, 1970: Der getarnte Elefant: Über die Wirkung des Fernsehens, in: *Stolte, Dieter* (Hrsg.), Fernsehkritik. Die gesellschaftliche Funktion des Fernsehens, Mainz, 79-90.
Noelle-Neumann, Elisabeth, 1973: Kumulation, Konsonanz und Öffentlichkeitseffekt, in: Publizistik 18, 26-55.
Norris, Pippa, 2000: A Virtuous Circle: Political Communications in Postindustrial Societies. Cambridge.
Page, Benjamin I./Shapiro, Robert Y./Dempsey, Glenn R., 1987: What Moves Public Opinion?, in: American Political Science Review 81, 23-43.
Pfetsch, Barbara, 1996: Konvergente Fernsehformate in der Politikberichterstattung? Eine vergleichende Analyse öffentlich-rechtlicher und privater Programme 1985/86 und 1993, in: Rundfunk und Fernsehen 44, 479-498.
Pontzen, Daniel, 2006: Nur Bild, BamS und Glotze? Medialisierung der Politik aus Sicht der Akteure. Münster.
Reitze, Helmut/Ridder, Christa-Maria (Hrsg.), 2006: Massenkommunikation VII. Baden-Baden.
Robinson, Michael J., 1976: Public Affairs Television and the Growth of Political Malaise: The Case of „The Selling of the Pentagon", in: American Political Science Review 70, 409-432.

Romer, Daniel/Kenski, Kate/Waldman, Paul/Adasiewicz, Christopher/Jamieson, Kathleen H., 2004: Capturing Campaign Dynamics: The National Annenberg Election Survey. Design, Method, and Data. New York/Oxford.
Schmitt-Beck, Rüdiger, 1998a: Medieneinflüsse auf Kandidatenbewertungen. Eine vergleichende Analyse deutscher und spanischer Wähler, in: *Kaase, Max/Klingemann, Hans-Dieter* (Hrsg.), Wahlen und Wähler. Analysen aus Anlaß der Bundestagswahl1994. Opladen, 599-622.
Schmitt-Beck, Rüdiger, 1998b: Of Readers, Viewers, and Cat-Dogs, in: *van Deth, Jan W.* (Hrsg.), Comparative Politics: The Problem of Equivalence. London/New York, 222-246.
Schmitt-Beck, Rüdiger, 2000: Politische Kommunikation und Wählerverhalten. Ein internationaler Vergleich. Wiesbaden.
Schmitt-Beck, Rüdiger, 2003a: Mass Communication, Personal Communication and Vote Choice, The Filter Hypothesis of Media Influence in Comparative Perspective, in: British Journal of Political Science 33, 233-259.
Schmitt-Beck, Rüdiger, 2003b: Kampagnenwandel und Wählerwandel. „Fenster der Gelegenheit" für einflussreichere Wahlkämpfe, in: *Sarcinelli, Ulrich/Tenscher, Jens* (Hrsg.), Machtdarstellung und Darstellungsmacht. Beiträge zu Theorie und Praxis moderner Politikvermittlung. Baden-Baden, 199-218.
Schmitt-Beck, Rüdiger, 2007: New Modes of Campaigning, in: *Dalton, Russell J./Klingemann, Hans-Dieter* (Hrsg.), Oxford Handbook on Political Behavior. Oxford, 744-764.
Schmitt-Beck, Rüdiger, 2008: Kampagnendynamik im Bundestagswahlkampf 2005, erscheint in: *Falter, Jürgen W./Gabriel, Oscar W./Weßels, Bernhard* (Hrsg.), Wahlen und Wähler. Analysen aus Anlass der Bundestagswahl 2005. Wiesbaden.
Schmitt-Beck, Rüdiger/Faas, Thorsten, 2006: The Campaign and its Dynamics at the 2005 German General Election, in: German Politics 15, 393-419.
Schmitt-Beck, Rüdiger/Faas, Thorsten/Holst, Christian, 2006: Der Rolling Cross-Section Survey – ein Instrument zur Analyse dynamischer Prozesse der Einstellungsentwicklung. Bericht zur ersten deutschen RCS-Studie anlässlich der Bundestagswahl 2005, in: ZUMA-Nachrichten 58, 13-49.
Schmitt-Beck, Rüdiger/Pfetsch, Barbara, 1994: Politische Akteure und die Medien der Massenkommunikation. Zur Generierung von Öffentlichkeit in Wahlkämpfen, in: *Neidhardt, Friedhelm* (Hrsg.), Öffentlichkeit und soziale Bewegungen (Sonderheft 35 der Kölner Zeitschrift für Soziologie und Sozialpsychologie), Opladen, 106-138.
Schmitt-Beck, Rüdiger/Schwarz, Frank/Abbaszadeh, Cyrus/Winter, Stephan, 2005: Wahlkommunikation im Internet. Eine Exploration zur Nutzung von „Informationslotsen" am Beispiel des „WählerInformationsSystems" zur Europawahl 2004, in: Zeitschrift für Parlamentsfragen 36, 839-853.
Schmitt-Beck, Rüdiger/Voltmer, Katrin, 2007: The Mass Media in Third-Wave Democracies: Gravediggers or Seedsmen of Democratic Consolidation?, in: *Gunther, Richard/Montero, José R./Puhle, Hand-Jürgen* (Hrsg.), Democracy, Intermediation, and Voting on Four Continents. Oxford, 75-134.
Schönbach, Klaus/Lauf, Edmund, 2002: The 'Trap' Effect of Television and Its Competitors, in: Communication Research 29, 564-583.
Schulz, Winfried, 2008: Politische Kommunikation. Wiesbaden.
Schulz, Winfried/Zeh, Reimar, 2006: Die Kampagne im Fernsehen – Agens und Indikator des Wandels. Ein Vergleich der Kandidatendarstellung, in: *Holtz-Bacha, Christina* (Hrsg.), Die Massenmedien im Wahlkampf. Die Bundestagswahl 2005. Wiesbaden, 277-305.
Schulz, Winfried/Zeh, Reimar/Quiring, Oliver, 2005: Voters in a Changing Media Environment. A Data-Based Retrospective on Consequences of Media Change in Germany, in: European Journal of Communication 20, 55-88.
Semetko, Holli A./Schönbach, Klaus, 1994: Germany's 'Unity Election'. Voters and the Media. Cresskill, NJ.
Semetko, Holli A./Schönbach, Klaus, 2003: News and Elections: German Bundestag Campaigns in the Bild, 1990-2002, in: Harvard International Journal of Press/Politics 8, 54-69.
Steinbrecher, Markus/Huber, Sandra/Rattinger, Hans, 2007: Turnout in Germany. Citizen Participation in State, Federal, and European Elections since 1979. Baden-Baden.

Tagesschau.de, 2005: Berliner Runde – Wahl 05, in: http://www.tagesschau.de/multimedia/video/video99552.html; 30.07.2008.

Tenscher, Jens, 2002: Talkshowisierung als Element moderner Politikvermittlung, in: *Tenscher, Jens/Christian Schicha* (Hrsg.), Talk auf allen Kanälen. Akteure, Angebote und Nutzer von Fernsehgesprächssendungen. Wiesbaden, 55-71.

Wagner, Bettina, 2007: „Bild – unabhängig, überparteilich"? Die Wahlberichterstattung der erfolgreichsten Boulevardzeitung Deutschlands, in: *Brettschneider, Frank/Niedermayer, Oskar/Wessels, Bernhard* (Hrsg.), Die Bundestagswahl 2005. Analysen des Wahlkampfes und der Wahlergebnisse. Wiesbaden, 147-170.

White, Stephen/Oates, Sarah/McAllister, Ian, 2005: Media Effects and Russian Elections, 1999-2000, in: British Journal of Political Science 35, 191-208.

Wilke, Jürgen/Reinemann, Carsten, 2006: Die Normalisierung des Sonderfalls? Die Wahlkampfberichterstattung der Presse 2005 im Langzeitvergleich, in: *Holtz-Bacha, Christina* (Hrsg.), Die Massenmedien im Wahlkampf. Die Bundestagswahl 2005. Wiesbaden, 306-337.

Wolling, Jens, 1999: Politikverdrossenheit durch Massenmedien? Der Einfluß der Medien auf die Einstellungen der Bürger zur Politik. Wiesbaden.

Wolling, Jens, 2006: Zur Logik der Mediamalaise-Forschung, in: *Wirth, Werner/Fahr, Andreas/Lauf, Edmund* (Hrsg.), Forschungslogik und -design in der Kommunikationswissenschaft, Band 2: Anwendungsfelder in der Kommunikationswissenschaft. Köln, 243-263.

Zaller, John R., 1992: The Nature and Origins of Mass Opinion. Cambridge.

Zaller, John R., 1996: The Myth of Massive Media Impact Revived: New Support for a Discredited Idea, in: *Mutz, Diana C./Sniderman, Paul M./Brody, Richard A.* (Hrsg.), Political Persuasion and Attitude Change. Ann Arbor, 17-78.

Zuckerman, Alan S./Dasovic, Josip/Fitzgerald, Jennifer, 2007: Partisan Families. The Social Logic of Bounded Partisanship in Germany and Britain. Cambridge.

Onlinenutzung und Einstellungen zur Politik.
Ergebnisse einer repräsentativen Panelstudie

Jens Wolling

Beeinflussen die Medien die Einstellungen zur Politik?

Haben die Inhalte der Massenmedien und deren Nutzung einen Einfluss darauf, welche Einstellungen die Bürger zum demokratischen System, den politischen Institutionen und den Politikern entwickeln? Beeinflusst die Mediennutzung, wie die Partizipationsmöglichkeiten und die Chancen zur politischen Einflussnahme eingeschätzt werden? Die Beantwortung dieser Fragen ist in den zurückliegenden Jahrzehnten ein wichtiges Forschungsthema der Kommunikationswissenschaft gewesen. Zunächst wurde dabei der Vermutung nachgegangen, dass das Fernsehen generell einen negativen Einfluss (Videomalaise) auf die politischen Orientierungen der Bürger hat (Robinson 1976), später wurde dann die Wirkung bestimmter Darstellungsweisen (z. B. der Anteil negativer Aussagen über politische Akteure und Institutionen) analysiert. Dabei ist die Untersuchung auf andere Massenmedien ausgedehnt worden, insbesondere auf Tageszeitungen (Miller et al. 1979). Darüber hinaus wurde auch der Effekt, den die Nutzung politischer Radioprogramme hat, analysiert (Moy/Scheufele 2000). Die Wirkungsvermutungen beschränken sich jedoch nicht allein auf politische Informationsangebote, sondern die Effekte der Nutzung unterhaltender Medienangebote wurden ebenfalls berücksichtigt (Holtz-Bacha 1990). Des Weiteren war die Wirkung strategischer Kommunikation im Rahmen von politischen Kampagnen (de Vreese/Semetko 2002) oder politischen Events (de Vreese 2005) Gegenstand empirischer Forschung. Aber auch die ursprüngliche Frage, nach der negativen Wirkung des Fernsehens auf die Einstellungen zur Politik ist ein Thema der Forschung geblieben (Bowen et al. 2000).

Hintergrund für fast alle Untersuchungen in diesem Forschungsfeld war die Befürchtung, dass die Medien die Grundfesten unserer Gesellschaft untergraben und die Demokratie „demontieren" (Kepplinger 1998), indem sie entweder durch die spezifische Art der Berichterstattung oder aber durch die Ablenkung von der Politik die Politikverdrossenheit der Bürger befördern. Dieses Szenario verleiht dem Forschungsfeld seine Relevanz weit über die Fachöffentlichkeit hinaus. Es sind vor allem solche negativen, für das politische System prinzipiell dysfunktionalen Wirkungen, die die Forschung und die Debatte geprägt haben. Aus demokratietheoretischer Sicht gibt es aber gewichtige Gegenargumente, die eine solche pessimistische These in Frage stellen. Gegen diese Befürchtungen sprechen insbesondere die normativ geprägten Erwartungen hinsichtlich der Bedeutung freier Medien und einer unabhängigen Berichterstattung für das Funktionieren der Demokratie. Nicht zuletzt die höchstrichterlichen Entscheidungen des Bundesverfassungsgerichts beziehen sich bei der Verteidigung der Medienfreiheit auf den vermuteten positiven Einfluss, d. h. die „schlechthin konstituierende Rolle" der Medien für die freiheitliche Demokratie. Die empirischen Befunde, die in diesem Forschungsfeld vorliegen, sprechen – insgesamt betrachtet – für differentielle

Medienwirkungen. Je nachdem welche Medien untersucht werden und welche Inhalte dabei berücksichtigt werden, lassen sich unterschiedliche Zusammenhänge feststellen (im Überblick: Wolling 1999: 57 ff.; Maurer 2003: 65 ff.)

In den zurückliegenden Jahren hat sich das zur Verfügung stehende Medienensemble deutlich verändert. Insbesondere das Internet hat – auch als eine politische Kommunikationsplattform – an Bedeutung gewonnen. Das Internet stellt nicht nur eine Vielzahl weiterer Quellen der (politischen) Information bereit, sondern bietet darüber hinaus auch Gelegenheiten am (politischen) Diskurs teilzuhaben und schafft Möglichkeiten zur politischen Partizipation (Emmer 2005). Mit der zunehmenden Verbreitung onlinebasierter Kommunikationsformen stellt sich deswegen die Frage, ob die Nutzung des Internets auch ein relevanter neuer Einflussfaktor auf die *Einstellungen zur Politik* sein könnte. Es lässt sich plausibel argumentieren, dass auch die Erfahrungen, die die User bei der Nutzung der vielfältigen Informations-, Kommunikations- und Partizipationsangebote des Internets machen, Auswirkungen auf ihre *Einstellungen zur Politik* haben können. Die Vermutungen über die Richtung dieser Effekte fallen dabei ganz unterschiedlich aus: Ebenso wie bei der Berichterstattung der traditioneller Massenmedien lassen sich auch im Zusammenhang mit der Nutzung internetbasierter Kommunikationsangebote negative Wirkung auf die *Einstellungen der Bürger zur Politik* vermuten. Es ist zum einen zu erwarten, dass die Auswahllogik des Onlinejournalismus auf den gleichen Nachrichtenfaktoren beruht wie die des traditionellen Journalismus und somit auch im Netz ein ausgeprägter Negativismus in der Politikberichterstattung zu erwarten ist. Zum anderen bietet das Netz auch solchen Meinungen ein Forum, die in den traditionellen Medien keine Rolle spielen. Dies gilt insbesondere für radikale und systemkritische Positionen.

Auch wenn solche negativen Effekte durchaus plausibel erscheinen, werden mit dem Internet aber vor allem positive Auswirkungen auf die Demokratie in Verbindung gebracht, selbst wenn eine technikdeterministische Sicht durchaus kritisch eigeschätzt wird (Polat 2005). Insbesondere wird die Erwartung formuliert, dass durch die Onlinekommunikation die politische Diskussionskultur und Partizipation gefördert sowie das bürgerliche Engagement gestärkt wird (vgl. die Sammelrezension von Bieber 2008). Die vorliegenden Daten bestätigen diese Vermutung tendenziell (Shah et al. 2005; Emmer/Vowe 2004). Damit verbunden ist auch die Vermutung, dass das *Generalisierte Soziale Vertrauen* durch die Internetnutzung positiv beeinflusst werden könnte. Die empirischen Ergebnisse sind in dieser Hinsicht widersprüchlich (Shah et al. 2001). Mittlerweile wurden zudem einige Studien durchgeführt, in denen untersucht wurde, wie sich die Internetnutzung auf verschiedene Dimensionen der Einstellungen zur Politik auswirken (u. a. Norris 2000). Dabei wurden allerdings nicht nur positive Zusammenhänge ermittelt. Johnson und Kaye (2003) fanden beispielsweise heraus, dass Personen, die sich auf das Web als wichtigste Informationsquelle verlassen, weniger Vertrauen in die Regierung hatten und eher geringe Einflussüberzeugung besitzen. Nisbet und Scheufele (2004) konnten hingegen einen positiven Effekt des Internetzugangs und der Nutzung von Kampagneninformationen im Internet auf Political Efficacy feststellen. Ähnliche Befunde erzielten Kenski und Stroud (2006), die zu dem Ergebnis kamen, dass sowohl die interne als auch die externe Efficacy bei Personen mit Internetzugang etwas höher ausfallen. Im Unterschied dazu hat Lee (2006) bei Studierenden gegenläufige Effekte ermittelt: Während die Internal Efficacy mit mehreren Nutzungsformen des Internets positiv zusammenhing, wurde die External Efficacy durch die Nutzung von Public Websites negativ beeinflusst. Insgesamt erweist sich der Forschungsstand als uneinheitlich, was aber angesichts der verschiedenen Einstellungsindikatoren und unterschiedlichen Messungen der Internetnutzung kaum überraschen kann. Durch die systematische Analyse methodischer Spezifika in der Anlage verschiedener Studien konnte bereits bei der Wirkung der traditionellen Massenmedien die Bedeutung solcher Unterschiede verdeutlicht werden (Wolling 1999).

Ein wesentliches Defizit der bisherigen Forschung in diesem Feld besteht darin, dass sie überwiegend auf der Auswertung von Querschnittdaten beruht (z. B. bei Brettschneider/Vetter 1998; Wolling 1999; Best/Krueger 2005) bzw. dass kurzfristige Effekte im Rahmen von experimentellen Untersuchungen analysiert wurden (z. B. bei Cappella/Hall Jamieson 1997). Obwohl die theoretischen Annahmen eher auf langfristige, kumulative Effekte der Berichterstattung verweisen, wurden erst wenige Längsschnittuntersuchungen durchgeführt (Semetko/Valkenburg 1997; de Vreese/Semetko 2002). Noch seltener sind Studien in denen Inhaltsanalyse und Befragungsdaten im Rahmen von Panelstudien kombiniert wurden (Maurer 2003; de Vreese 2005). Bei der Beurteilung des Forschungsstandes ist darüber hinaus zu berücksichtigen, dass Befunde aus anderen Staaten mit unterschiedlichen Mediensystemen und politischen Rahmenbedingungen nur sehr eingeschränkt übertragen werden können. Aktuelle Studien, die die Situation in Deutschland in methodisch angemessener Weise analysieren, gibt es nur sehr wenige, und speziell der Einfluss der Internetnutzung wurde bisher völlig ausgeblendet.

Was sind Einstellungen zur Politik?

Um die Frage, ob die Internetnutzung einen Einfluss auf die Einstellungen zur Politik hat und wie dieser beschaffen ist, beantworten zu können, ist es notwendig zu erläutern, was mit dem Begriff *Einstellungen zur Politik* gemeint ist: *Einstellungen zur Politik* sind ein mehrdimensionales theoretisches Konstrukt, das einen konzeptionellen Ordnungsrahmen für die verschiedenen, in der Literatur diskutierten politikbezogenen Einstellungskonzepte bereitstellt und auf diese Weise die Interpretation empirischer Befunde erleichtert (Wolling 1999: 33 ff.). Das Konzept basiert auf der Unterscheidung der drei Grunddimensionen des Politischen: Polity (Strukturen), Politics (Prozesse) und Policy (Inhalte). Die Politics-Dimension kann in die Phasen Willensbildung, Entscheidungsfindung und Implementation unterteilt werden. Drei in der Forschung häufig verwendete Konzepte lassen sich den ersten beiden Phasen zuordnen. Die Beurteilung von Implementationsleistungen der Politiker durch die Bevölkerung wurde bislang in der Forschung kaum Beachtung geschenkt *(Abbildung 1)*.

Die Polity-Dimension kann in Anlehnung an das Schema von Fuchs (1989), der damit auf der Einteilung von Easton (1972) aufbaut, in drei Orientierungsobjekte und drei Orientierungsmodi unterteilt werden. Auch in diesem Ordnungssystem lassen sich zahlreiche Konzepte mit langer Forschungstradition verorten. Das Schema erleichtert die Orientierung, indem es verdeutlicht welche Gemeinsamkeiten und Unterschiede zwischen den Konzepten bestehen. Damit bietet es zudem eine Handhabe, um empirische Befunde richtig einordnen und interpretieren zu können *(Abbildung 2)*.

Abbildung 1: Einstellungen zur Politik (Politics-Dimension)

Phasen:	Willensbildung	Entscheidungsfindung	Implementation
Konzepte:	Einflussüberzeugung (Efficacy)	Responsivität und Integrität politischer Akteure (Cynicism)	Durchsetzung und Umsetzung politischer Entscheidungen

Quelle: Eigene Darstellung.

Abbildung 2: Einstellungen zur Politik (Polity-Dimension)

	amtierende Regierung	Regierungssystem	politische Gemeinschaft
Instrumentell:	Effektivität der Regierung	Effektivität des Regierungssystems (Demokratiezufriedenheit)	Leistungsbeurteilung der Nation (in Bereichen wie Sport, Kultur, Wissenschaft ...)
Normativ:	Legitimität der Regierung	Legitimität des Regierungssystems (Unterstützung der demokratischen Idee)	Haltung gegenüber Mitbürgern: Generalisiertes Soziales Vertrauen
Expressiv:	Regierungsvertrauen und -unterstützung	Vertrauen in politiknahe Institutionen (Parlamente, Parteien ...), Parteiidentifikation	Vertrauen in politikferne Institutionen, Identifikation mit der politischen Gemeinschaft

Quelle: Eigene Darstellung.

Auch durch Einstellungen, die sich auf bestimmte Politikfelder beziehen (Policy-Dimension), können grundlegende Einstellungen zur Politik erfasst und operationalisiert werden. Ein wichtiger Indikator hierfür ist die Einschätzung, ob die Bürger der politischen Klasse im jeweiligen Politikfeld hinreichende Handlungsmöglichkeiten zugestehen, oder ob sie vermuten, dass sich politische Lage und Entwicklung den Einflussmöglichkeiten der Politik entziehen. Vor allem dann, wenn die Bürger glauben, dass weder die amtierende Regierung noch die Opposition fähig ist die Probleme in den Politikfeldern zu lösen, ist dies ein politikfeldbezogener Indikator für negative Einstellungen zur Politik (Wolling 1999).[1]

In vielen Studien, in denen die Wirkung der klassischen Massenmedien auf unterschiedliche Einstellungsdimensionen untersucht wurde, hat sich gezeigt, dass die verschiedenen Einstellungskomponenten in unterschiedlicher Weise mit der Nutzung spezifischer Medienangebote zusammenhängen (im Überblick Wolling 1999). Für eine angemessene Untersuchung müssen diese Einstellungsdimensionen deswegen differenziert untersucht werden. Diese Notwendigkeit wird unmittelbar einsichtig, wenn man versucht die möglichen Wirkungen der Internetnutzung zu plausibilisieren: Einen negativen Effekt auf bestimmte Einstellungen zur Politik könnte die Onlinenutzung möglicherweise deswegen haben, weil im Internet Kommunikationsangebote, in denen radi-

---

[1] Im Rahmen der vorliegenden Studie kann dieser Ansatz allerdings nicht verfolgt werden, weil geeignete Indikatoren in den Daten fehlen.

kale Ansichten und fundamentalistische und systemkritische politische Positionen vertreten werden, weit verbreitet und vor allem wesentlich einfacher zugänglich sind als in den klassischen Medien. Die Rezeption solcher Inhalte könnte dazu beitragen, dass die Bürger an der *Effektivität und Legitimität des politischen Systems* zu zweifeln beginnen.

Bei anderen Einstellungsdimensionen sind hingegen gegenläufige Effekte denkbar: Da das Internet zahlreiche Möglichkeiten der politischen Teilhabe bietet, könnte dies dazu führen, dass die *Einflussüberzeugung* der Bürger gestärkt wird. Wenn die Menschen zudem die Erfahrungen machen, dass auf ihre Aktivitäten von politischer Seite unmittelbar reagiert wird, könnte auch der Glauben an die *Responsivität* der Politik gestärkt werden. Demnach könnten also zwischen der Onlinenutzung und den Einstellungen zu den Objekten der *Polity-Dimension* völlig andere Zusammenhänge erwartet werden als zwischen Onlinenutzung und den Indikatoren der *Politics-Dimension*. Ziel der nachfolgend präsentierten Untersuchung ist es zu prüfen, ob sich solche differentiellen Effekte der Onlinenutzung auf die verschiedenen Dimensionen der Einstellungen zur Politik nachweisen lassen. Dominieren die befürchteten negativen Auswirkungen der Onlinenutzung oder lassen sich doch eher die erhofften positiven Effekte feststellen?

Datengrundlage und Operationalisierungen

Um diese Frage zu beantworten, wurde eine Sekundäranalyse von Daten einer bundesweiten vierwelligen bevölkerungsrepräsentativen Panelstudie (2002-2005) durchgeführt.[2] Die Studie wurde von der Deutsche Forschungsgemeinschaft gefördert. Das Ziel der Primärforscher war es, den Effekt der Onlinenutzung auf verschiedene Formen politischer Kommunikationsaktivitäten zu bestimmen (Emmer 2005; Emmer/Vowe 2004). Die Erhebung von *Einstellungen zur Politik* stand dabei nicht im Mittelpunkt. Die Indikatoren, mit denen die Einstellungen zur Politik erhoben wurden, hatten für die Primäranalysen allein die Funktion von Kontrollvariablen (Emmer 2005). Bei den Einstellungsvariablen handelt es sich um je einen Indikator für die *Einflussüberzeugung,* die *Responsivitätswahrnehmung,* die *Demokratiezufriedenheit* und für das *Generalisierte Soziale Vertrauen,* die durchgängig in allen vier Wellen erhoben wurden. Auf der empirischen Grundlage dieser Daten wird der Einfluss der Mediennutzung auf die Einstellungen zur Politik untersucht und dabei die Internetnutzung besonders berücksichtigt.[3]

---

[2] Es handelt sich um eine Telefonbefragung. Grundgesamtheit bildet die deutschsprachige Wohnbevölkerung der Bundesrepublik Deutschland in Privathaushalten mit Telefonanschluss in einem Alter ab 16 Jahre.

[3] Die vier abhängigen Variablen wurden folgendermaßen operationalisiert. 1. *Einflussüberzeugung:* Als einfacher Bürger hat man sowieso keinen Einfluss darauf, was die Regierung tut! 2. *Responsivität:* Die Politiker kümmern sich nicht viel drum, was die Leute denken! (bei beiden Items: 3 = stimme eher nicht zu, 2 = stimme teilweise zu, 1 = stimme voll zu). 3. *Demokratiezufriedenheit:* Wie zufrieden sind Sie – insgesamt betrachtet – mit der Demokratie in unserem Land? Welche Schulnote von eins bis sechs würden Sie für die Demokratie vergeben? (Skala wurde für die Auswertungen gedreht) 4. *Generalisiertes Soziales Vertrauen:* „Würden Sie eher sagen, dass man den meisten Menschen trauen kann oder dass man gar nicht vorsichtig genug sein kann im Umgang mit den Menschen?" (1 = man kann nicht vorsichtig genug sein, 2 = unentschieden, 3 = man kann vertrauen).

Im Hinblick auf die unabhängigen Variablen wird in der Studie davon ausgegangen, dass Einstellungen durch die *Erfahrungen,* die Menschen in ihrem Leben gemacht haben, entscheidend beeinflusst werden. Dabei sind verschiedene Erfahrungsbereiche zu unterscheiden: Unter dem Begriff der Sozialisationserfahrungen werden Aspekte zusammengefasst, die die Menschen im Lauf ihres Lebens geprägt haben. Da es schwierig ist, solche – zum Teil lange zurückliegenden Erfahrungen – differenziert empirisch zu erheben, können hierfür nur einige relativ allgemeine Indikatoren herangezogen werden. Dabei handelt es sich im Wesentlichen um soziodemografische Faktoren. Um die gegenwärtige Erfahrungswelt der Befragten zu ermitteln, sind neben den *unmittelbar erlebten* und den *interpersonal vermittelten* Erfahrungen vor allem die *medial vermittelten* Erfahrungen von Bedeutung. In der Studie wird besonderes Augenmerk darauf gelegt, solchen Einflüssen nachzugehen, die durch die Nutzung von Onlineangeboten hervorgerufen werden. Da die Nutzung von *Onlinemedien* jedoch nicht isoliert betrachtet werden darf, müssen auch weitere Indikatoren für die Wirkfaktoren aus anderen Erfahrungsbereichen berücksichtigt werden.

Das Grundmodell der Untersuchung besteht somit aus sechs Variablenkomplexen. Die abhängigen Variablen bilden die verschiedenen Dimensionen der Einstellungen zur Politik, die unabhängigen Variable setzt sich aus den Indikatoren der Onlinenutzung zusammen und als Kontrollvariablen fungieren die vier genannten Erfahrungsbereiche *(Abbildung 3).*

Abbildung 3: Das Variablenmodell

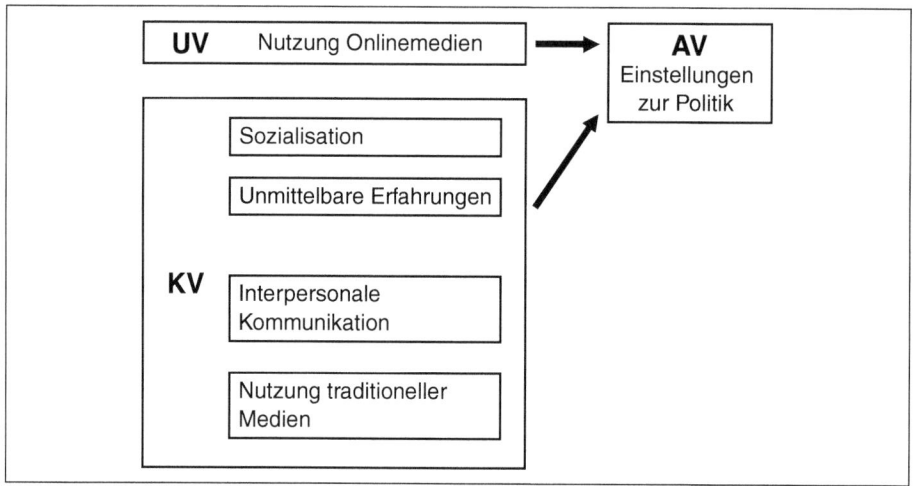

Quelle: Eigene Darstellung.

Insgesamt vier Sozialisationsindikatoren werden in den Modellen berücksichtigt, dabei handelt es sich um das *Alter,* die *Formale Bildung* (eingeteilt in vier Stufen), das *Geschlecht* sowie das *Politische Interesse* (gemessen mit einer Dreier-Skala: wenig, mittel, stark).

Auch wenn sich in früheren Studien gezeigt hat, dass einzelne Sozialisationsindikatoren einen Einfluss auf bestimmte Einstellungsdimensionen haben, wird erwartet, dass diese Effekte bei Kontrolle der direkten, interpersonalen und medialen Erfahrungen nur sehr schwach ausfallen oder gar nicht nachzuweisen sind. Wenn sich allerdings zeigen sollte, dass sie im multivariaten Modell einen Einfluss auf die Einstellungen zur Politik haben, dann deutet dies auf soziale Verwerfungen hin. Demnach würden bestimmte Lebensumstände (und nicht individuelle Entscheidungen, z. B. bei der Rezeption politischer Medienangebote, oder bei der politischen Partizipation) dazu führen, dass unterschiedliche Erfahrungen mit der Politik gemacht werden, die sich auf das Politikbild auswirken.

Für die Operationalisierung der unmittelbar selbst gemachten Erfahrungen sowie der interpersonal vermittelten Erfahrungen stehen insgesamt vier Indikatoren zur Verfügung: Zum einen werden die Angaben über die *Mitgliedschaft und aktive Mitarbeit* in Parteien und vorpolitischen Organisationen ausgewertet und zum anderen wird die Häufigkeit der Realisation verschiedener *Politischer Partizipationsformen* berücksichtigt. Der dritte Indikator in diesem Bereich ist die Wahrnehmung der *Wirtschaftslage*. Empirische Befunde zeigen, dass nicht nur die Unterstützung der jeweiligen Regierung von der wahrgenommen Wirtschaftslage abhängt (Anderson 1996), auch die Demokratiezufriedenheit wird hiervon deutlich beeinflusst (Greiffenhagen/Greiffenhagen 1997: 230). Zur *interpersonalen Kommunikation* wurde in der Studie nur eine Frage erhoben.[4] Es wird erwartet, dass alle vier Faktoren überwiegend positive Effekte haben: Personen, die sich politisch und gesellschaftlich engagieren, haben vermutlich sowohl größere Einflussüberzeugung als auch ein positiveres Bild vom politischen System. Eine positive Wahrnehmung der wirtschaftlichen Lage wirkt sich hingegen vermutlich vor allem auf die Beurteilung des Systems aus, intensive Gespräche hingegen eher auf die Einflussüberzeugung.

Bei den medial vermittelten Erfahrungen stehen Indikatoren aus drei Bereichen zur Verfügung: Indikatoren für die Nutzung von Informationsprogrammen im Fernsehen, Fragen zur Printmediennutzung sowie eine umfangreiche Palette von Items, mit denen die politikbezogene Onlinenutzung ermittelt wurde: Um den Einfluss des Fernsehens zu erfassen wurden die Nutzung von zwei Angebotsformen erhoben: Zum einen wurde in relativ allgemeiner Form die *Nutzung von politischen Magazinen* erfragt und zum anderen wurde die Nachrichtennutzung berücksichtigt. Bei den Nachrichten wurde nicht nur die generelle *Nutzungshäufigkeit der Nachrichten* ermittelt, sondern auch welche

---

4 *Organisationsmitgliedschaft:* Bei den berücksichtigten Organisationen handelt es sich um Gewerkschaften, Parteien, Bürgerinitiativen und Umweltschutzorganisationen. Ermittelt wurde nicht nur, ob die Befragten Mitglied sind (Skalenwert = 1), sondern auch, ob sie aktiv mitarbeiten (Skalenwert 3). Durch Addition der vier Messungen entstand so eine Skala von 0 bis 12. *Politische Partizipationsformen:* Erfragt wurde die Beteiligungsintensität im letzten Jahr bei insgesamt sieben Partizipationsformen (Leserbriefschreiben, Anstecker/Aufkleber verwenden, Demonstrationsteilnahme, Unterschriftensammlung, Versammlungsteilnahme, Wortmeldung bei Versammlungen, Spenden). Gemessen wurde die Beteiligungshäufigkeit (0 = nie, 1 = einmal, 2 = zweimal, 3 = öfter, bei Anstecker/Aufkleber verwenden und Spenden wurde nicht die Häufigkeit erfasst, sondern nur die Tatsache, ob die Möglichkeit überhaupt genutzt wurde (0 = nein, 2 = ja). Durch Addition der sieben Messungen entstand eine Skala von 0 bis 19. *Wirtschaftslage:* „Wie beurteilen Sie ganz allgemein die wirtschaftliche Lage in Deutschland?" (1 = sehr gut, 4 = ganz schlecht). *Interpersonale Kommunikation:* „Wie oft unterhalten Sie sich am Arbeitsplatz oder mit Freunden über Themen, die sie politisch für wichtig halten?" (1 = gar nicht, 4 = oft).

Sendungen die Befragten vorziehen. Auf dieser Basis konnte nicht nur festgestellt werden, wie häufig die Befragten sich generell Nachrichten anschauen, sondern es konnte auch die *TV-Systempräferenz* errechnet werden, d. h. ob sie bei der Nachrichtennutzung eher öffentlich-rechtliche oder eher private Anbieter präferieren. Somit stehen für die Fernsehnutzung insgesamt drei Indikatoren zur Verfügung.[5]

Auch für die Printmediennutzung konnten drei Indikatorvariablen berücksichtigt werden. Als erstes handelt es sich dabei um die generelle *Nutzungshäufigkeit der Tageszeitung*, als zweites wurde die Nutzungshäufigkeit mit dem Interesse am Politik- und Wirtschaftsteil gewichtet, um auf diese Weise einen besseren Indikator für das Interesse an Hardnews und somit für die *politikbezogene Tageszeitungsnutzung* zu bekommen. Schließlich wurde ermittelt, ob die Befragten ein Nachrichtenmagazin oder eine Wochenzeitung lesen. Die Nennung von Spiegel, Focus und/oder Zeit wurden als Indikatoren für die *Nachrichtenmagazinnutzung* verwendet.[6]

Der dritte Bereich der medial vermittelten Erfahrungen basiert auf der Onlinenutzung. Sie stehen im Rahmen dieses Beitrags im Mittelpunkt des Interesses. Zwei der vier verwendeten Indikatoren beziehen sich auf die allgemeine, zwei weitere speziell auf die politikbezogene Onlinenutzung. Zunächst wurde ermittelt, ob die Befragten überhaupt über einen *Onlinezugang* verfügen, anschließend wurde dann die generelle *Internetnutzungsdauer* ermittelt. Hinsichtlich der politikbezogenen Formen der Nutzung wurde zum einen erfragt, ob das Internet für den interpersonalen Austausch über politische Themen verwendet wurde. Gemessen wurde die *Häufigkeit von Onlinegesprächen über Politik*. Zum anderen wurde – ähnlich wie bei den offline realisierten Formen politischer Beteiligung – die Partizipationsintensität bei insgesamt acht Beteiligungsformen erhoben. Aus diesen Indikatorfragen wurde ein Index berechnet, der die *generelle Intensität politischer Kommunikation im Internet* anzeigt.[7] Abschließend wurden auch

---

5 *TV Politische Magazinnutzung:* „Wie oft sehen Sie sich im Fernsehen politische Magazine an, also Sendungen, in denen über politische Ereignisse und deren Hintergründe berichtet wird?" (3 = mehrmals pro Woche, 2 = mehrmals pro Monat, 1 = seltener). *TV Nachrichtennutzung:* „Wie oft sehen Sie sich im Fernsehen Nachrichten an?" (5 = täglich, 1 = seltener als mehrmals pro Monat). *TV-Systempräferenz:* Welche Nachrichtensendungen sehen Sie am häufigsten? Nennung von RTL, SAT1, PRO7 und/oder RTL2 = Indikator für Private, Nennung von ARD, ZDF und oder Dritte Programme = Indikator für Öffentlich-Rechtliche. Um die Systempräferenz zu ermitteln wurde von der Anzahl der genannten Sendungen der Privaten die Anzahl der genannten öffentlich-rechtlichen Sendungen abgezogen. Dadurch wurde eine Acht-Punkte-Skala gebildet (–3 = nur die 3 öffentlich-rechtlichen bis +4 = nur die 4 privaten Programme).

6 *Nutzungshäufigkeit der Tageszeitung:* „An wie vielen Tagen in der Woche lesen Sie eine Tageszeitung?" *Politikbezogene Tageszeitungsnutzung:* „Ich nenne Ihnen jetzt eine Reihe von Themenbereichen aus der Tageszeitung, bitte sagen Sie mir jeweils, wie sehr Sie sich dafür im allgemeinen interessieren." Vorlagen: Politik, Wirtschaft (1 = eher weniger, 3 = stark). Mit dem Durchschnittswert des Interesses für die beiden Bereiche wurde die Nutzungshäufigkeit der Tageszeitung multipliziert. *Wochenmagazinnutzung:* „Welche Nachrichtenmagazine oder Wochenzeitungen lesen Sie?" (Vier-Punkte-Skala: 0 = keine, 3 = Spiegel, Focus und Zeit).

7 *Onlinezugang:* Haben Sie die Möglichkeit ins Internet zu gehen? (0 = nein, 1 = ja). *Internetnutzungsdauer:* „Und wie lange, grob gerechnet, nutzen Sie durchschnittlich pro Woche das Internet?" *Onlinegespräche über Politik:* Wie oft unterhalten Sie sich im Internet über Themen, die Sie politisch für wichtig halten, etwa in einem Chat, einer Newsgroup oder über E-Mail? (Vier-Punkte-Skala: 1 = gar nicht, 4 = oft). *Intensität politischer Kommunikation im Internet:* Index aus folgenden acht Aktivitäten: Suche nach politischen Informationen, Bestellung von poli-

noch die traditionellen Formen der politischen Partizipationskommunikation mit den onlinebasierten Formen der politischen Partizipationskommunikation zum Gesamtindex *Partizipation On- und Offline* zusammengefasst, da es denkbar erscheint, dass beide Erfahrungsbereiche erst in Kombination wirken.

Das Analysemodell besteht somit auf der abhängigen Seite aus vier Indikatoren für die Einstellungen zur Politik und auf der unabhängigen Seite aus vier Indikatoren der Onlinenutzung sowie einem Index der On- und Offlineaktivitäten integriert. Als Kontrollvariablen werden insgesamt 14 Indikatoren aus den vier genannten Einflusssphären berücksichtigt.

Auch wenn die Wirkung der traditionellen Massenmedien auf die Einstellungen zur Politik ein Forschungsgebiet mit zahlreichen ungeklärten Fragen bleibt, das weiterhin kontinuierlicher Forschung bedarf, wird im Rahmen der vorliegenden Studie der Einfluss der Nutzung solcher Medien nur am Rande thematisiert und dient vor allem der statistischen Absicherung der eigentlich interessierenden Zusammenhänge zwischen Onlinenutzung und Einstellungen. Die vermuteten Zusammenhänge zwischen den verschiedenen Indikatoren der Onlinenutzung und den vier Einstellungsdimensionen sind in *Abbildung 4* dargestellt und sollen nun erläutert und begründet werden. Ein „+" in den Feldern bedeutet, dass erwartet wird, dass die jeweils spezifizierte Form der (intensiven) Onlinenutzung einen positiven Effekt hat, ein „–" zeigt an, dass mit einer negativen Wirkung gerechnet wird, während ein „?" zum Ausdruck bringt, dass keine begründeten Hypothesen formuliert werden können.

Die Möglichkeiten, die sich den Bürgern durch einen Internetzugang eröffnen, sind vielfältiger Natur: Der Onlinezugang eröffnet den Zugriff auf ganz unterschiedliche Angebote, die zur Verbesserung der persönlichen Lebenssituation beitragen können. Es ist bekannt, dass insbesondere die *Demokratiezufriedenheit* – als instrumentelle Einstellungsdimension – durch Faktoren der allgemeinen Lebenslage – die nicht unmittelbar etwas mit Politik zu tun haben müssen – positiv beeinflusst wird. Ähnlich verhält es sich auch mit der normativ geprägten Dimension des *Generalisierten Sozialen Vertrauens*. Die vielfältigen Möglichkeiten, mit anderen Menschen in Kontakt treten zu können, sollten zur Erhöhung des Sozialkapitals beitragen und von daher auch das *Generalisierte Soziale Vertrauen* stärken. Anzunehmen ist weiterhin, dass das Potenzial des Internets politischen Einfluss nehmen zu können, von den meisten Personen erkannt wird und deswegen die *Einflussüberzeugung* tendenziell gestärkt wird. Ob hingegen auch die *Responsivitätswahrnehmung* beeinflusst wird erscheint fraglich, dies hängt vermutlich stärker von den jeweiligen Erfahrungen der Befragten ab, ob auf ihre politischen Aktivitäten tatsächlich reagiert wurde.

Oben wurde argumentiert, dass im Internet eher mit negativ geprägten und systemkritischen politischen Inhalten zu rechnen ist. Eine hohe Nutzungsdauer – die die Wahrscheinlichkeit erhöht, mit solchen Inhalten konfrontiert zu werden – könnte deswegen einen negativen Effekt auf die *Demokratiezufriedenheit* und gegebenenfalls auch

---

tischem Informationsmaterial, Nutzung von Politikerhomepages, E-Mail an Politiker schreiben, Nutzung der eigenen Homepage für politische Meinungsäußerung, Nutzung von Emailanhängen für politische Meinungsäußerung, Teilnahme Onlineunterschriftensammlung, Schreiben eines Onlineleserbriefs. Die Kommunikationsformen 1, 2, 4, 5 und 6 wurden als Vier-Punkte-Skalen (0 = nie, 3 = öfter als zwei Mal) und die Formen 3, 7 und 8 als Dummyvariablen mit den Werten (0 = nein, 2 = ja) codiert. Daraus errechnet sich eine Gesamtskala von 0 bis 21.

Abbildung 4: Die erwarteten Zusammenhänge zwischen Indikatoren der Internetnutzung und den Einstellungsdimensionen

	Einfluss-überzeugung	Responsivität	Demokratie-zufriedenheit	Generalisiertes Soziales Vertrauen
Online-zugang	+	?	+	+
Online-nutzungsdauer	?	(−)	−	?
Onlinegespräche über Politik	+	(+)	?	(+)
Intensität politischer Kommunikation im Internet	+	?	?	?

Quelle: Eigene Darstellung.

auf die *Responsivitätswahrnehmung* haben. Auswirkungen der Nutzungsdauer auf die *Einflussüberzeugung* oder das *Generalisierte Soziale Vertrauen* sind nicht zu erwarten.

Im Hinblick auf die Wirkung intensiver interpersonalen Kommunikation wird prognostiziert, dass vor allem die Einflussüberzeugung positiv beeinflusst wird und gegebenenfalls auch die *Responsivitätswahrnehmung* und das *Generalisierte Soziale Vertrauen*. Während sich vermutlich allein schon das wahrgenommene Gesprächs*potential* positiv auf die *Einflussüberzeugung* auswirken dürfte, sind solche Effekte bei der *Responsivität* und dem *Generalisierten Sozialen Vertrauen*, mit hoher Wahrscheinlichkeit stark von den jeweiligen Erfahrungen abhängig. Einen Einfluss auf die *Demokratiezufriedenheit* – als eine instrumentelle Leistungsdimension – ist nicht zu erwarten.

Unter dem Label *Intensität politischer Kommunikation* sind verschiedene Formen der Onlinepartizipation zusammengefasst. Solche Nutzungserfahrungen sollten sich plausiblerweise auf die Einflussüberzeugung auswirken. Effekte auf die anderen drei Dimensionen sind nicht zu erwarten.

Ergebnisse der Datenanalyse

Zunächst werden einige deskriptive Befunde zur Entwicklung der Einstellungen auf den genannten vier Dimensionen präsentiert. Bei der weiteren Datenauswertung werden dann zwei Analysestrategien verfolgt: Zunächst werden jeweils innerhalb der einzelnen Wellen der Panelstudie multivariate Regressionsanalysen auf die vier Indikatoren der *Einstellungen zur Politik* durchgeführt. Schrittweise wird geprüft, welche Variablen einen signifikanten Effekt haben. Nicht signifikante Variablen werden aus den Modellen entfernt, um Probleme der Multikollinearität zu vermeiden. In den unten präsentierten Tabellen (2 bis 5) werden nur die Einflussfaktoren ausgewiesen, die sich in mindestens drei der vier Wellen als signifikante Prädiktoren erwiesen hatten. Bei allen diesen Modellen wird von der Annahme ausgegangen, dass die Erfahrungen die Einstellungen beeinflussen und nicht umgekehrt.

Anschließend wird diese Annahme dann jedoch in Frage gestellt: Es wird untersucht, ob sich die theoretisch postulierte Wirkungsrichtung – die besagt, dass die Erfahrungen die Einstellungen beeinflussen – empirisch bestätigen lässt. Dafür werden im zweiten Schritt Erhebungswellen übergreifende Analysen durchgeführt, in denen geprüft wird, ob die Einstellungen zur Politik tatsächlich von den Erfahrungen beeinflusst werden, oder ob die Wirkungsrichtung umgekehrt verläuft. Theoretisch wäre es möglich diese Kausalitätsprüfungen auch für die meisten anderen Kontrollvariablen durchzuführen; da im Rahmen dieses Beitrags jedoch die Effekte der Onlinenutzung im Mittelpunkt stehen, wird dieser Test auf die ausgewählten Indikatoren der Onlinenutzung beschränkt.

Die Entwicklungen der Einstellungen zur Politik zwischen 2002 und 2005

Tabelle 1 zeigt, wie sich die Mittelwerte der vier untersuchten Einstellungsdimensionen im Laufe des Untersuchungszeitraums entwickelt haben.[8] Die Ausprägungen der Mittelwerte verdeutlichen eine überwiegend skeptische Haltung gegenüber der Politik. Bei der *Einflussüberzeugung,* der *Responsivitätseinschätzung* und dem *Generalisierten Sozialen Vertrauen* sind die gemessenen Werte in allen vier Wellen unterhalb des Skalenmittelwerts. Nur bei der *Demokratiezufriedenheit* ist der erhobene Wert durchgängig leicht im positiven Bereich. Fokussiert man die Aufmerksamkeit auf die Veränderungen, dann zeigt sich, dass bei keinem der vier Indikatoren ein dramatischer Wandel zu beobachten ist. Dennoch sind einige Tendenzen festzustellen: Am auffälligsten ist die Entwicklung bei der *Einflussüberzeugung,* die sich im Laufe der Jahre um einen viertel Skalenpunkt verbessert hat. In die gleiche positive Richtung weisen die Zahlen beim *Generalisierten Sozialen Vertrauen* wenn auch weniger ausgeprägt. Bei der *Responsivität* und der *Demokratiezufriedenheit* sind keine klaren Entwicklungstendenzen festzustellen. Alles in allem haben sich die Einstellungen zur Politik im Untersuchungszeitraum auf niedrigem Niveau etwas zum Positiven entwickelt.

Für solche Veränderungen im Aggregat können theoretisch ganz unterschiedliche Ursachen verantwortlich sein – hierzu gehören beispielsweise bevorstehende Wahlen, Verbesserungen in der gegenwärtigen oder erwarteten allgemeinen Wirtschaftslage, positiv bewertete politische Entscheidungen, optimistische Tendenzen in der politischen Berichterstattung etc. Im Rahmen dieses Beitrags werden diese allgemeinen strukturellen Erklärungsfaktoren für die beobachteten Entwicklungen im Aggregat ausgeblendet, stattdessen geht es um die Erklärung der interindividuellen Unterschiede (Querschnitt) sowie die intraindividuellen Veränderungen (Längsschnitt).

---
8 Die Berechnungen der in Tabelle ausgewiesenen Werte sind jeweils mit den kompletten Daten der jeweiligen Welle durchgeführt worden, d. h. sowohl den Panelzugehörigen als auch allen Personen, die zum Ausgleich der Panelmortalität im Zuge der Nachziehung rekrutiert worden sind. Dadurch ergeben sich die variierenden Fallzahlen.

Tabelle 1: Die Entwicklung der Einstellungen zur Politik (Mittelwerte)

Jahr der Befragung n	2002 ≥ 1412	2003 ≥ 1380	2004 ≥ 1540	2005 ≥ 1628
Einflussüberzeugung (Skala: 1–3)[9]	1,74	1,72	1,88	1,96
Responsivität (Skala: 1–3)	1,67	1,64	1,66	1,74
Demokratiezufriedenheit (Skala: 1–6)	3,79	3,75	3,60	3,74
Generalisiertes Soziales Vertrauen (Skala: 1–3)	1,77	1,79	1,85	1,88

Quelle: Eigene Berechnungen.

Einflussfaktoren auf die Einstellungen zur Politik im Querschnitt

Zunächst werden die Befunde zu den beiden Politics- und anschließend die zu den beiden Polity-Dimensionen präsentiert. Der Fokus der Interpretation liegt auf der Frage, welche Effekte die onlinebasierten Erfahrungen haben. Die Wirkungen der anderen relevanten Einflussfaktoren sind ebenfalls in den Tabellen (2 bis 5) ausgewiesen, werden aber nur knapp erläutert und nicht weiter diskutiert.

Es zeigt sich, dass die Intensität der *politischen On- und Offline Partizipation* in allen vier Wellen einen signifikant positiven Effekt auf die *Einflussüberzeugung* hat. Dieser Effekt geht konform mit der oben formulierten Hypothese, die postuliert, dass das durch die Onlineoptionen erweiterte Repertoire an Partizipationsmöglichkeiten einen positiven Effekt auf die Einflussüberzeugung haben könnte. Die vermuteten positiven Effekte des Zugangs und der Onlinegespräche konnten nicht bestätigt werden. Die festgestellten Effektstärken der politischen Onlinekommunikation sind in allen Jahren zwar nur moderat, diesbezüglich aber mit denen der anderen Einflussfaktoren in den Modellen vergleichbar *(Tabelle 2)*. Neben der *politischen On- und Offline Partizipation* erweist sich aus dem Medienbereich nur die Nachrichtenmagazinnutzung als relevant. Diejenigen, die zu den Nutzern dieser Printmedien zählen, haben eine höhere Einflussüberzeugung. Einen positiven Effekt auf die Einflussüberzeugung hat zudem die positive Wahrnehmung der allgemeinen wirtschaftlichen Lage. Schließlich erweisen sich auch drei Indikatoren der Sozialisation als bedeutsam: Jüngere Personen, höher Gebildete und politisch Interessierte haben eine stärkere Einflussüberzeugung. Somit zeigt sich, dass diese Einstellungsdimension sowohl durch die Lebenslage der Befragten als auch durch ihre jeweiligen aktuellen Erfahrungen geprägt wird. Die erklärte Varianz bewegt sich in den vier Modellen zwischen 12 und 15 Prozent.

Auf die Einschätzungen der *Responsivität der politischen Akteure* hat die Onlinenutzung keine Wirkung, keiner der fünf Indikatoren hat einen signifikanten Effekt *(Tabelle 3)*. Da es nicht möglich war, gerichtete Hypothesen über den zu erwartenden Effekt eindeutig zu begründen, kann dieser Befund wenig überraschen. Die Printmediennutzung erweist sich ebenfalls als einflusslos. Dafür zeigt sich, dass diejenigen, die die öffentlich-rechtlichen Nachrichten vorziehen, einen stärkeren Glauben an die *Responsivität* der Politiker haben als die Nutzer der privaten Programme. Zudem hat eine opti-

---

[9] Hohe Werte zeigen bei allen vier Indikatoren positive Einstellungen zur Politik an, d. h. hohe Einflussüberzeugung, große Demokratiezufriedenheit etc.)

Tabelle 2: Erklärungsmodelle für die Einflussüberzeugung

Jahr der Befragung	2002		2003		2004		2005	
n =	1411		1378		1547		1182	
R² =	.15		.12		.12		.13	
	beta	sig.	beta	sig.	beta	sig.	beta	sig.
Bildung (hoch)	.06	*	.08	**	.09	**	.07	*
Alter (jung)	.12	***	.11	***	.09	**	.12	***
politisches Interesse (hoch)	.16	***	.12	***	.05	n.s.	.13	***
Wirtschaftslage (positiv)	.13	***	.08	**	.16	***	.13	***
Nachrichtenmagazinnutzung (ja)	.07	**	.08	**	.05	n.s.	.08	**
Partizipation Off- u. Online (hoch)	.14	***	.12	***	.13	***	.12	***

Lesebeispiel: Hohe Bildung führt zu stärkerer Einflussüberzeugung.
* p ≤ .05; ** p ≤ .01; *** p ≤ .001. In die Endmodelle wurden nur die Variablen aufgenommen, die in mindestens drei Wellen einen signifikanten Einfluss hatten.

Quelle: Eigene Berechnungen.

mistische Einschätzung der Wirtschaftslage auch hier ihre Wirkung: Die Effekte weisen in die gleiche Richtung und sind sogar noch etwas ausgeprägter als bei der Einflussüberzeugung. Schlussendlich haben auch beim zweiten Indikator der Politics-Dimension die strukturellen Variablen wieder einen nicht zu vernachlässigenden Einfluss: Höher Gebildete und jüngere Befragte sind von der *Responsivität* der Politiker stärker überzeugt als die Älteren und Personen mit einem niedrigeren Bildungsabschluss. Insgesamt ist das Erklärungspotential der betrachteten Variablen bei der *Responsivität* etwas geringer als bei der Einflussüberzeugung. Maximal zehn Prozent der Varianz können erklärt werden.

Betrachtet man die Befunde zu den beiden Politics-Dimension im Zusammenhang, dann zeigt sich, dass Personen, die das Potential der Onlinepartizipation als zusätzliche Möglichkeit nutzen, um politisch aktiv zu werden, zu einer positiveren Einschätzung ihrer Einflussmöglichkeiten neigen, die Aktivitäten aber zu keiner besseren Einschätzung der *Responsivität* führen. Eine Erklärung hierfür könnte sein, dass die Politiker in der Wahrnehmung dieser Bürger die Feedbackmöglichkeiten der Onlinemedien offenbar wenig nutzen. Auf der anderen Seite bedeutet der positive Effekt auf die Einflussüberzeugung aber auch, dass der wahrgenommene eigene Einfluss nicht unbedingt davon abhängt, dass eine direkte Reaktion der Politiker stattfindet. Die partizipativen Aktivitäten können auf dieser Dimension offenbar auch dann wirken, wenn niemand unmittelbar darauf reagiert.

Die beiden Indikatoren der Polity-Dimension – die *Demokratiezufriedenheit* und das *Generalsierte soziale Vertrauen* – werden beide durch die Tatsache, dass die befragten Personen über einen Onlinezugang verfügen, *positiv* beeinflusst. Die Möglichkeit schnell und problemlos ins Internet gehen zu können, führt zu einer größeren Systemzufriedenheit und zu einem positiveren Bild von der politischen Gemeinschaft. Diese Zusammenhänge entsprechen den oben formulierten Vermutungen. Die Effekte sind in allen Modellen nachzuweisen, allerdings sind die beta-Werte in den meisten Modellen nur sehr gering. Der vorhergesagte negative Effekte der Onlinenutzungsdauer auf die *Demokratiezufriedenheit* und der für möglich erachtete positive Effekte der Onlinege-

Tabelle 3: Erklärungsmodelle für die Responsivitätseinschätzung

Jahr der Befragung	2002		2003		2004		2005	
n =	1402		1380		1538		1627	
R² =	.08		.10		.08		.09	
	beta	sig.	beta	sig.	beta	sig.	beta	sig.
Bildung (hoch)	.12	***	.13	***	.08	**	.09	***
Alter (jung)	.13	***	.10	**	.10	***	.13	***
Wirtschaftslage (positiv)	.14	***	.24	***	.21	***	.21	***
TV-Systempräferenz (öffentlich)	.10	***	.03	n.s.	.06	*	.10	***

Lesebeispiel: Hohe Bildung führt zu einer positiven Responsivitätseinschätzung.

* p ≤ .05; ** p ≤ .01; *** p ≤ .001. In die Endmodelle wurden nur die Variablen aufgenommen, die in mindestens drei Wellen einen signifikanten Einfluss hatten.

Quelle: Eigene Berechnungen.

spräche auf das *Generalisierte Soziale Vertrauen* lassen sich hingegen nicht nachweisen. Neben dem Onlinezugang gibt es noch drei weitere Variablen, die übereinstimmend einen positiven Effekt auf die Einstellungen haben: Dabei handelt es wieder um die Bildung, um die Einschätzung der Wirtschaftslage, sowie um die Nachrichtenpräferenz. Erneut sind es die höher Gebildeten sowie diejenigen, die die ökonomische Situation als günstiger erleben, die ein positiveres Bild von der Politik haben. Insbesondere die *Demokratiezufriedenheit* wird stark durch die Wahrnehmung der Wirtschaftslage beeinflusst. Darüber hinaus ist auch hier erneut festzustellen, dass jene Personen, die eher die öffentlich-rechtlichen Nachrichtenangebote präferieren, ein positiveres Politikbild haben: Sie sind generell stärker mit der Demokratie zufrieden und Vertrauen ihren Mitbürgern mehr als die Nutzer der Nachrichten von privaten Kanäle (*Tabellen 4* und *5*).

Die *Demokratiezufriedenheit* wird zudem durch zwei weitere Medienvariablen beeinflusst, und zwar handelt es sich dabei in beiden Fällen um Indikatoren aus dem Bereich der Printmedien. Erneut zeigt sich, dass sich die Printmediennutzung positiv auf die Einstellungen zur Politik auswirken. Die Lektüre von Nachrichtenmagazinen sowie eine intensive politikbezogene Nutzung der Tageszeitung haben einen positiven Effekt auf die *Demokratiezufriedenheit*. Insgesamt betrachtet kann die *Demokratiezufriedenheit* durch die vorhandenen Indikatoren recht gut erklärt werden. Die Varianzaufklärung beträgt hier bis zu 20 Prozent *(Tabelle 4)*.

Das *Generalisierte soziale Vertrauen* wird hingegen nicht durch die Nutzung von Printmedien beeinflusst. Ein höheres Vertrauen in die Mitmenschen entwickelt sich stattdessen offenbar durch die Realisation gemeinsamer politischer Aktivitäten. Diejenigen, die politisch aktiv sind, haben ein größeres Vertrauen in die Integrität der anderen Menschen. Onlineaktivitäten erweisen sich hier bemerkenswerter Weise nicht als förderlich. Im Vergleich zur *Demokratiezufriedenheit* lässt sich das generalisierte soziale Vertrauen schlechter erklären. Die Varianzaufklärung beläuft sich im Durchschnitt auf rund zehn Prozent *(Tabelle 4)*.

Die an der Querschnittsperspektive orientierten Datenanalysen verdeutlichen somit, dass die Nutzung des Internets – auch bei Kontrolle weiterer wichtiger Einflussfaktoren

Tabelle 4: Erklärungsmodelle für die Demokratiezufriedenheit

Jahr der Befragung	2002		2003		2004		2005	
n =	1403		1373		1538		1623	
R² =	.13		.17		.20		.16	
	beta	sig.	beta	sig.	beta	sig.	beta	sig.
Bildung (hoch)	.10	***	.10	**	.09	**	.07	**
Wirtschaftslage (positiv)	.23	***	.28	***	.34	***	.31	***
TV-Systempräferenz (öffentlich)	.10	***	.09	**	.07	**	.01	n.s.
Politikbez. Zeitungsnutzung (hoch)	.07	**	.06	*	.06	**	.08	**
Nachrichtenmagazinnutzung (ja)	.09	**	.09	**	.05	*	.06	*
Onlinezugang (vorhanden)	.06	*	.12	***	.09	**	.10	***

Lesebeispiel: Hohe Bildung führt zu größerer Demokratiezufriedenheit.
* p ≤ .05; ** p ≤ .01; *** p ≤ .001. In die Endmodelle wurden nur die Variablen aufgenommen, die in mindestens drei Wellen einen signifikanten Einfluss hatten.

Quelle: Eigene Berechnungen.

Tabelle 5: Erklärungsmodelle für Generalisiertes Soziales Vertrauen

Jahr der Befragung	2002		2003		2004		2005	
n =	1428		1389		1535		1628	
R² =	.09		.12		.10		.09	
	beta	sig.	beta	sig.	beta	sig.	beta	sig.
Bildung (hoch)	.15	***	.16	***	.10	***	.11	***
Wirtschaftslage (positiv)	.10	***	.12	***	.20	***	.15	***
Polit. Partizipation offline (hoch)	.06	*	.16	***	.05	*	.05	*
TV-Systempräferenz (öffentlich)	.09	**	.08	**	.01	n.s.	.08	**
Onlinezugang (vorhanden)	.10	**	.09	**	.14	***	.15	***

Lesebeispiel: Hohe Bildung führt zu einem höheren Generalisierten sozialen Vertrauen.
* p ≤ .05; ** p ≤ .01; *** p ≤ .001. In die Endmodelle wurden nur die Variablen aufgenommen, die in mindestens drei Wellen einen signifikanten Einfluss hatten.

Quelle: Eigene Berechnungen.

– einen eigenständigen *positiven,* aber unterschiedlich starken Einfluss auf die *Demokratiezufriedenheit* und das *Generalisierte soziale Vertrauen* sowie auf die *Einflussüberzeugung* hat. Erwartungsgemäß werden die beiden Polity-Dimensionen dabei nicht durch die politikbezogene Nutzung des Internets beeinflusst, sondern die bloße Verfügbarkeit wirkt sich hier positiv aus. Wer die Möglichkeit hat per Internet politisch zu kommunizieren, dem erscheinen die Strukturen von Staat und Gesellschaft in einem günstigeren Licht. Die Einflussüberzeugung hingegen ist wie vermutet vor allem dann besonders hoch, wenn sowohl on- als auch offline Erfahrungen mit der politischen Partizipation gemacht werden. Für das Gefühl politisch etwas bewirken zu können, genügt es nicht über Partizipationsmöglichkeiten zu verfügen. Hier stellt sich eine positive Einstellung erst dann ein, wenn die Möglichkeiten auch genutzt werden und zwar dann, wenn dies sowohl on- als auch offline geschieht. Wie vermutet wird die *Responsivitätsüberzeugung* nicht beeinflusst. Möglicherweise ist dies darauf zurückzuführen, dass das zweifelllos vorhandene Interaktionspotential des Internets von den Bürgern nur vereinzelt dafür genutzt wird mit den Politikern ins Gespräch zu kommen bzw. die Politiker in ihrer Responsivitätsfähigkeit schnell überfordert werden, wenn Bürger in größerer Zahl den Kontakt suchen.

Einflussfaktoren auf die Einstellungen zur Politik im Längsschnitt

Im nun anschließenden Auswertungsschritt wird geprüft, ob jene Indikatoren der Onlinenutzung, bei denen in der Querschnittperspektive signifikante Effekte festgestellt werden konnten, sich auch im Längsschnitt als bedeutsame Einflussfaktoren erweisen. Um diese Frage zu beantworten, wurden für jede der drei Einstellungsdimensionen jeweils sechs erhebungswellen-übergreifende Regressionen berechnet. Bei jeweils drei dieser sechs Regressionen war die Einstellung zur Politik in einem späteren Jahr (z. B. 2005) die abhängige Variable, während die gleiche Einstellungsdimension im vorhergehenden Jahr (in diesem Fall 2004) sowie die Onlinenutzung im vorhergehenden Jahr die unabhängigen Variablen bilden. Diese Regressionen prüfen die klassische Medienwirkungsperspektive.

Bei den jeweils anderen drei Regressionsmodellen bildet die Onlinenutzung in einem der späteren Jahre (z. B. 2005) die abhängige Variable, während die entsprechende Onlinenutzung im Vorjahr (in diesem Fall 2004) sowie die zurückliegende Einstellung zur Politik als unabhängige Variable in den Modellen verwendet werden. In dieser Perspektive wird geprüft, ob die politische Onlinenutzung durch die Einstellungen zur Politik erklärt werden kann (Nutzungsperspektive): Ob also Menschen deswegen, weil sie mit der Demokratie zufrieden sind oder ihren Mitmenschen größeres Vertrauen entgegenbringen, dazu tendieren sich einen Internetanschluss anzuschaffen.

Die Logik einer solchen Längsschnittauswertung beruht auf der Annahme, dass sowohl die politische Onlinenutzung als auch die Einstellungen zur Politik relativ stabile Faktoren sind, die sich im Lauf der Zeit nur allmählich verändern. Beide Faktoren (Einstellungen und Nutzung) lassen sich – so die These – deswegen durch die entsprechende Messung des gleichen Faktors in der Vergangenheit gut prognostizieren. Auf diese Weise wird sozusagen der „Stabilitätsanteil" der Messungen herausgerechnet. Wenn dann, in Ergänzung zum Stabilitätsanteil, auch der jeweils andere unabhängige Faktor zusätzlich einen signifikanten Effekt hat, kann dies als kausaler Einfluss interpretiert werden.

Die Befunde aus allen 18 Regressionsanalysen (*Abbildungen 5* bis *7*) bestätigen die Annahme, dass sowohl die Onlinenutzung als auch die Einstellungen zur Politik relativ stabil sind. Die beta-Koeffizienten bewegen sich zwischen .40 und .72. Hinsichtlich der Wirkungszusammenhänge ist das Bild nicht so einheitlich: Die Ergebnisse der Auswertungen bezüglich des Zusammenhangs von Onlinezugang und *Demokratiezufriedenheit* zeigen unterschiedliche Effekte *(Abbildung 5)*. Im ersten Jahr (von 2002 nach 2003) überwiegt der ursprünglich postulierte Wirkungszusammenhang. Im darauf folgenden Jahr finden sich hingegen gar keine Zusammenhänge und im letzten Jahr sprechen die Daten eher für die Nutzungsperspektive.

Abbildung 5: Kausalität bei der Demokratiezufriedenheit

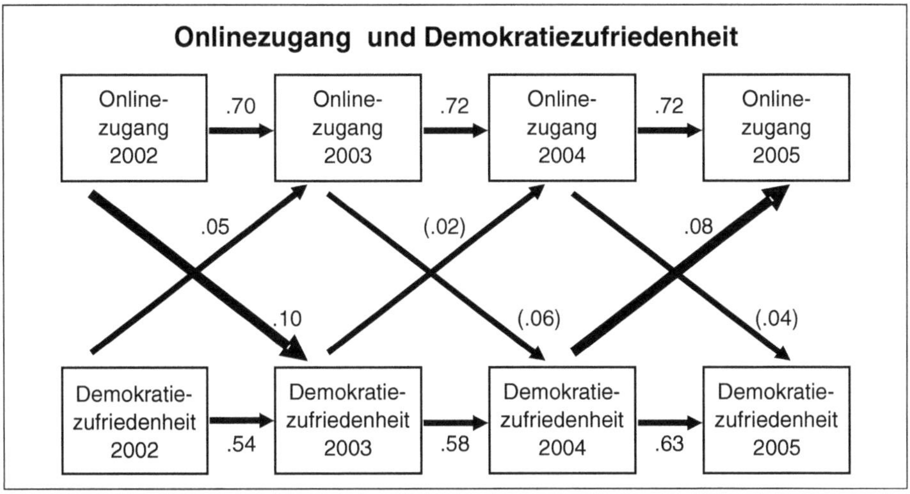

Onlinezugang und Demokratiezufriedenheit

Onlinezugang 2002 —.70→ Onlinezugang 2003 —.72→ Onlinezugang 2004 —.72→ Onlinezugang 2005

.05   (.02)   .08
.10   (.06)   (.04)

Demokratiezufriedenheit 2002 —.54→ Demokratiezufriedenheit 2003 —.58→ Demokratiezufriedenheit 2004 —.63→ Demokratiezufriedenheit 2005

Dargestellt sind beta-Koeffizienten (Werte in Klammern sind nicht signifikant).
Quelle: Eigene Darstellung und Berechnung.

Beim *Generalisierten sozialen Vertrauen (Abbildung 6)* wechselt die Kausalitätsrichtung. Im ersten und letzten Jahr bestätigen die Ergebnisse die Wirkungsperspektive im zweiten Jahr hingegen sind sie eher ein Beleg für die Nutzungsperspektive.

Abbildung 6: Kausalität beim Generalisierten sozialen Vertrauen

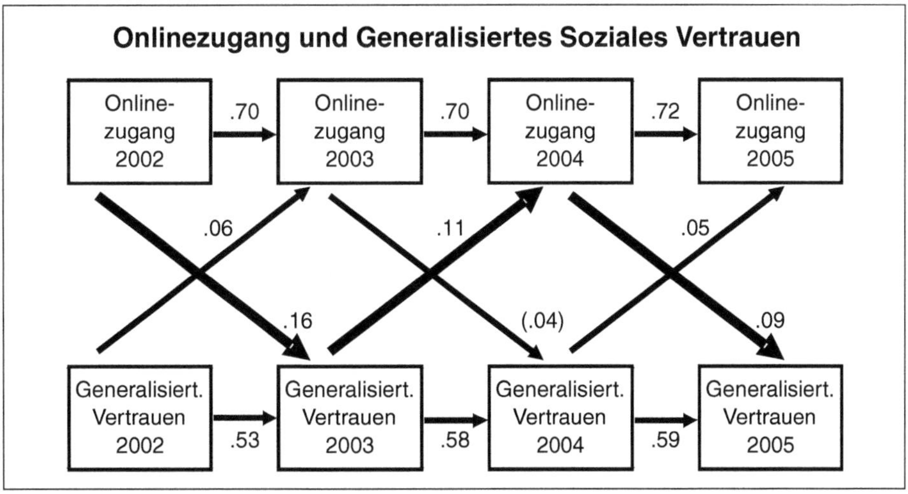

Onlinezugang und Generalisiertes Soziales Vertrauen

Onlinezugang 2002 —.70→ Onlinezugang 2003 —.70→ Onlinezugang 2004 —.72→ Onlinezugang 2005

.06   .11   .05
.16   (.04)   .09

Generalisiert. Vertrauen 2002 —.53→ Generalisiert. Vertrauen 2003 —.58→ Generalisiert. Vertrauen 2004 —.59→ Generalisiert. Vertrauen 2005

Dargestellt sind beta-Koeffizienten (Werte in Klammern sind nicht signifikant).
Quelle: Eigene Darstellung und Berechnung.

Nur bei der Politics-Dimension Einflussüberzeugung überwiegen in allen drei Jahren eindeutige die Effekte auf die Einstellungen. Die politische Partizipation on- und off-

Abbildung 7: Kausalität bei der Einflussüberzeugung

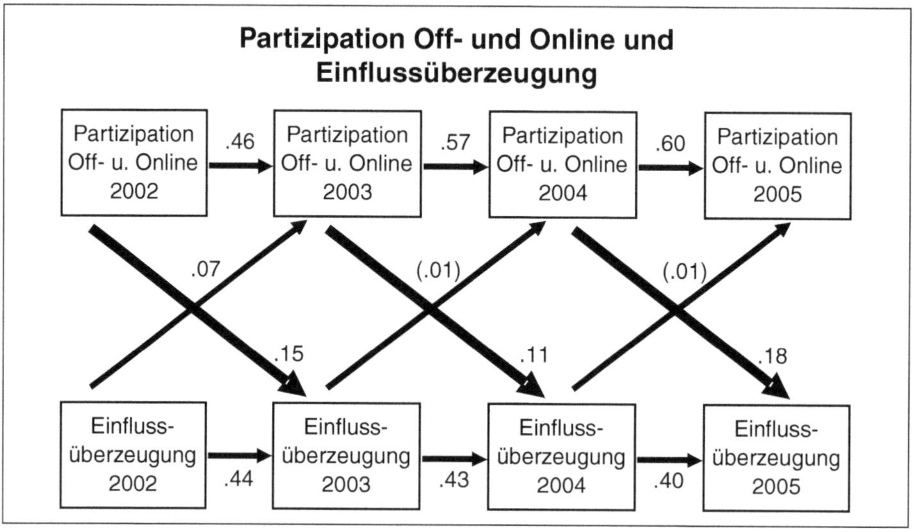

Partizipation Off- und Online und Einflussüberzeugung

```
Partizipation      .46    Partizipation      .57    Partizipation      .60    Partizipation
Off- u. Online  ──────▶  Off- u. Online  ──────▶  Off- u. Online  ──────▶  Off- u. Online
    2002                      2003                      2004                      2005

         .07                        (.01)                       (.01)

         .15                         .11                         .18

Einfluss-                 Einfluss-                 Einfluss-                 Einfluss-
überzeugung  ──────▶    überzeugung  ──────▶    überzeugung  ──────▶    überzeugung
    2002        .44          2003        .43          2004        .40          2005
```

Dargestellt sind beta-Koeffizienten (Werte in Klammern sind nicht signifikant).
Quelle: Eigene Darstellung und Berechnung.

line hat eine positive Wirkung auf die Überzeugung politischen Einfluss effektiv ausüben zu können.

Resümee

Die vorliegende Forschung zur Mediamalaise-Hypothese weist verschiedene Defizite auf, von denen einige im Rahmen der vorliegenden Studie überwunden wurden:

1. Bisherige Untersuchungen haben sich überwiegend auf die Wirkung der konventionellen Massenmedien konzentriert. Internetbasierte Kommunikation wurde zumindest in der deutschen Forschung weitgehend ignoriert.
2. Panelstudien, die es ermöglichen die vermuteten Ursachen für Veränderungen in den Einstellungen zur Politik auf Individualdatenebene zu überprüfen, wurden bisher nur selten realisiert.
3. In vielen Studien werden (fast) ausschließlich die medialen Einflussfaktoren berücksichtigt. Alternative Erklärungsvariablen werden ignoriert. Da die Einstellungen zur Politik jedoch nicht nur durch medienvermittelte Erfahrungen beeinflusst werden, sind alternative Erklärungsfaktoren in die Modelle einzubeziehen.

Diese drei genannten Anforderungen an die Konzeptionalisierung empirischer Studien konnten im Rahmen der vorliegenden Untersuchung zufrieden stellend realisiert werden. Andere wünschenswerte methodische Qualitätskriterien (vgl. Wolling 2006) konnten hingegen nicht oder nur ansatzweise umgesetzt werden. Hauptdefizit ist sicherlich das Fehlen von Inhaltsanalysedaten. Obwohl sich die Wirkungsvermutungen ganz zentral auf die Inhalte der Medienangebote beziehen, konnte nur der Nutzungsumfang der Angebote, jedoch nicht deren Eigenschaften als Wirkfaktor berücksichtigt werden. Differentielle Medienwirkungen lassen sich auf diese Weise schwer nachweisen. So wäre beispielsweise zu vermuten, dass sich die durchgängig positiven Effekte der Printmediennutzung relativieren würden, wenn beispielsweise das unterschiedliche Maß an Negativismus in den verschiedenen Printmedien in den Analysen berücksichtigt werden könnte. Im Onlinebereich wäre es dringend notwendig zu prüfen, welche Angebote tatsächlich negativ und systemkritisch berichten.

Ebenfalls nicht völlig zufriedenstellend sind die Operationalisierungen der abhängigen Variablen (Einstellungen zur Politik). Zwar sind für immerhin vier Einstellungsdimensionen Indikatoren im Fragebogen vorhanden, allerdings wurde jede Dimension jeweils nur mit einer einzigen Frage operationalisiert. Verbesserungswürdig ist die Untersuchungsanlage auch im Hinblick auf eine angemessene Berücksichtigung von Einflussfaktoren des sozialen Umfeldes. Eine Netzwerkanalyse steht in diesem Forschungsfeld weiter aus.

Auch wenn nicht alle wünschenswerten methodischen Anforderungen erfüllt werden konnten, erbrachte die Untersuchung einige neue Erkenntnisse, insbesondere im Hinblick auf die Rolle der Onlinemedien für die Entwicklung der Einstellungen zur Politik in Deutschland. Die Ergebnisse der Studie zeigen, dass das Internet und dessen politische Nutzung *keinen negativen* Einfluss auf die Einstellungen zur Politik haben. Bei keinem der vier untersuchten Einstellungsindikatoren konnte solche problematischen Zusammenhänge identifiziert werden. Ganz im Gegenteil: Bei drei Einstellungsdimensionen wurden sogar signifikant *positive Effekte* ermittelt. Der Anschluss ans Internet stärkt die *Demokratiezufriedenheit* sowie das *Generalisierte soziale Vertrauen;* und die aktive politische Teilhabe im on- und offline Modus bekräftigt das Gefühl politisch etwas bewegen zu können. Die an der Längsschnittperspektive orientierten Auswertungen zeigen allerdings, dass es sich dabei nicht unbedingt um einen einseitigen Wirkungsprozess handelt. Angemessener erscheint vielmehr die Schlussfolgerung, die Befunde als ein sich gegenseitig stabilisierendes Wechselspiel von Erfahrungen und Einstellungen zu interpretieren.

Insgesamt ist ein aus demokratietheoretischer Sicht positives Resümee zu ziehen: Befürchtungen, dass die Internetkommunikation zur Politikverdrossenheit führen könnte, erweisen sich nach den vorliegenden Befunden als gegenstandslos. Es ist vielmehr so, dass die Nutzung von Angeboten der politischen Onlinekommunikation dazu beiträgt, dass der Glaube an die eigene politische Wirksamkeit gefestigt wird. Darüber hinaus zeigen die Daten, dass positive Einstellungen zum Regierungssystem und zur politischen Gemeinschaft in einem als erfreulich zu bezeichnenden Wechselwirkungsprozess mit den Zugangsmöglichkeiten zum Internet stehen. *Demokratiezufriedenheit* und *Generalisiertes soziales Vertrauen* sind Einstellungen, die sich auf die Polity-Dimension beziehen und die Ausdruck einer relativ unspezifischen Unterstützungshaltung für das politische System und das Gemeinwesen sind. Diese positive Grundstimmung wird durch das Internet gefördert und befördert ihrerseits wiederum die Verbreitung der Technologie.

Weitere Studien sollten diese Befunde einer verschärften Prüfung unterziehen: Zum einen erscheint es wünschenswert, bei der Erhebung der Einstellungsdimensionen nicht auf Einzelmessungen, sondern auf multiple Indikatoren zurückzugreifen. Zudem sollten auch weitere – in dieser Studie nicht verfügbare Indikatoren für die Einstellungen zur Politik berücksichtigt werden. Insbesondere bei der Polity-Dimension konnten in den hier präsentierten Analysen nur einige wenige Subdimensionen berücksichtigt werden. Notwendig ist zudem eine differenziertere Erhebung der konventionellen Mediennutzung. Insbesondere die Lektüre von spezifischen Printmedien, die sich in anderen Studien als bedeutsamer Einflussfaktor erwiesen hat (vgl. Miller et al. 1979; Wolling 1999), müsste genauer kontrolliert werden. Eine solche differenzierte Erfassung der Nutzung spezifischer Angebote sollte auch auf den Onlinebereich ausgeweitet werden. Schließlich ist auch der Zeitrahmen des Wirkungsprozesses zu hinterfragen: Vollziehen sich die Prozesse tatsächlich in dem hier zugrunde gelegten Jahresrhythmus, oder verlaufen sie deutlich schneller oder vielleicht sogar noch wesentlich langsamer?

Literatur

Anderson, Christopher, 1996: Wirtschaftslage und Politischer Kontext: Kanzlerpopularität und Kanzlerparteienpräferenz, 1950-1990, in: *Gabriel, Oscar W./Falter, Jürgen W.* (Hrsg.), Wahlen und politische Einstellungen in westlichen Demokratien. Frankfurt a. M. u. a., 343-369.

Best, Samual J./Krueger, Brian S., 2005: Analyzing the Representativeness of Internet Political Participation, in: Political Behavior 27 (2), 183-216.

Bieber, Christoph, 2008: Netzbürger suchen den Anschluss. Neuere Publikationen beschreiben elektronische Partizipationschancen und entwickeln digitale Bürgermodelle, in: Publizistik 53 (1), 118-122.

Bowen, Lawrence/Stamm, Keith/Clark, Fiona, 2000: Television Reliance and Political Malaise: A Contingency Analysis, in: Journal of Broadcasting & Electronic Media 44 (1), 1-15.

Brettschneider, Frank/Vetter, Angelika, 1998: Mediennutzung, politisches Selbstbewußtsein und politische Entfremdung, in: Rundfunk und Fernsehen 46 (4), 463-479.

Cappella, Joseph N./Hall Jamieson, Kathleen, 1997: Spiral of Cynicism. The Press and the Public Good. New York/Oxford.

de Vreese, Claes H./Semetko Holli A., 2002: Cynical and Engaged, in: Communication Research 29 (6), 615-641.

de Vreese, Claes H., 2005: The Spiral of Cynicism Reconsidered, in: European Journal of Communication 20 (3), 283-301.

Easton, David, 1972: Responses of Political Systems to Stress on Support, in: *Finifter, Ada W.* (Hrsg.), Alienation and the Social System. New York, 319-345.

Emmer, Martin, 2005: Politische Mobilisierung durch das Internet? Eine kommunikationswissenschaftliche Untersuchung zur Wirkung eines neuen Mediums. München.

Emmer, Martin/Vowe, Gerhard, 2004: Mobilisierung durch das Internet? Ergebnisse einer empirischen Längsschnittuntersuchung zum Einfluss des Internets auf die politische Kommunikation der Bürger, in: Politische Vierteljahresschrift 45 (2), 191-212.

Fuchs, Dieter, 1989: Die Unterstützung des politischen Systems der Bundesrepublik Deutschland. Opladen.

Greiffenhagen, Martin/Greiffenhagen, Sylvia, 1997: Politische Kultur, in: *Bundeszentrale für politische Bildung* (Hrsg.), Grundwissen Politik. Bonn, 167-237.

Holtz-Bacha, Christina, 1990: Ablenkung oder Abkehr von der Politik? Mediennutzung im Geflecht politischer Orientierungen. Opladen.

Johnson, Thomas J./Kaye, Barbara K., 2003: A Boost or Bust for Democracy? How the Web Influenced Political Attitudes and Behaviors in the 1996 and 2000 Presidential Elections, in: Harvard International Journal of Press-Politics 8 (3), 9-34.

Kenski, Kate/Stroud, Natalie J., 2006: Connections between Internet Use and Political Efficacy, Knowledge, and Participation, in: Journal of Broadcasting & Electronic Media 50 (2), 173-192.

Kepplinger, Hans M., 1998: Die Demontage der Politik in der Informationsgesellschaft. Freiburg/ München.
Lee, Kwan M., 2006: Effects of Internet Use on College Students' Political Efficacy, in: Cyber-Psychology & Behavior 9 (4), 415-422.
Maurer, Marcus, 2003: Politikverdrossenheit durch Medienberichte. Eine Paneluntersuchung. Konstanz.
Miller, Arthur H./Goldenberg, Edie N./Erbring, Lutz, 1979: Type-Set Politics: Impact of Newspapers on Public Confidence, in: American Political Science Review 73, 67-84.
Moy, Patricia/Scheufele, Dietram A., 2000: Media Effects on Political and Social Trust, in: Journalism and Mass Communication Quarterly 77 (4), 744-759.
Nisbet, Matthew C./Scheufele, Dietram A., 2004: Political Talk as a Catalyst for Online Citizenship, in: Journalism and Mass Communication Quarterly 81 (4), 877-896.
Norris, Pippa, 2000: A Virtuos Circle. Political Communications in Postindustrial Societies. Cambridge.
Polat, Rabia K., 2005: The Internet and Political Participation. Exploring the Explanatory Links, in: European Journal of Communication 20 (4), 435-459.
Robinson, Michael J., 1976: Public Affairs Television and the Growth of Political Malaise: The Case of "The Selling of the Pentagon", in: American Political Science Review 70, 409-432.
Semetko, Holli A./Valkenburg, Patti M., 1997: The Impact of Media Attentivness on Political Efficacy. Evidence from East and West German Panel Studies. [Ort]
Shah, Dhavan V./McLeod, Jack M./Yoon, So-Hyang, 2001: Communication, Context and Community. An Exploration of Print, Broadcast and Internet Influences, in: Communication Research 28 (4), 464-506.
Shah, Dhavan V./Cho, Jaeho/Eveland Jr., William P./Kwak, Nojin, 2005: Information and Expression in a Digital Age. Modeling Internet Effects on Civic Participation, in: Communication Research 32 (5), 531-565.
Wolling, Jens, 1999: Politikverdrossenheit durch Massenmedien? Der Einfluss der Medien auf die Einstellungen der Bürger zur Politik. Opladen.
Wolling, Jens, 2006: Zur Logik der Mediamalaise-Forschung, in: *Wirth, Werner/Fahr, Andreas/Lauf, Edmund* (Hrsg.), Forschungslogik und -design in der Kommunikationswissenschaft. Band 2. Anwendungsfelder in der Kommunikationswissenschaft. Köln, 243-263.

Wie Menschen die Wirkungen politischer Medienberichterstattung wahrnehmen – und welche Konsequenzen daraus resultieren. Zum Zusammenhang von politischer Willensbildung, Second- und Third-Person-Effekten

Patrick Rössler

Die Szenerie trug bisweilen bizarre Züge: Hermetisch abgeschirmt die beiden Kanzlerkandidaten, sichtlich unwohl im Korsett ihrer maßgefertigten und wählergetesteten Anzüge, und noch unwohler im strengen Korsett des Regelwerks für die Wahlkampfduelle, die die Delegationen der Kontrahenten zuvor in wochenlangen Auseinandersetzungen minutiös ausgehandelt hatten. Derweil saß die Journalistenmeute in einem anderen Gebäude, ohne Chance zur Rückfrage ihrer Funktion weitgehend beraubt, und versuchte anhand der Fernsehbilder zu entscheiden, wer denn nun wohl als Gewinner oder Verlierer des Kanzlerduells zu gelten habe.* Weshalb diese starre, mitunter ins Lächerliche abgleitende Inszenierung?

Wesentlicher Grund, weshalb alle Beteiligten an diesen Debatten so sehr darauf bedacht sind, diese inszenierten Ereignisse möglichst vorteilhaft für die eigene Seite zu gestalten, ist deren vermutete Wirkung auf das Wahlvolk. Es herrscht der Eindruck vor, diese prominente Form des mediatisierten politischen Diskurses wäre in der Lage, den Wähler substanziell zu beeinflussen – ein Eindruck, den die Medien in ihrer Berichterstattung selbst gerne erwecken, der aber durch Forschungsergebnisse nur partiell betätigt wird (vgl. hierzu exemplarisch Maurer/Reinemann 2003; Holtz-Bacha et al. 2005; Maurer et al. 2007). Die antizipierte Medienwirkung auf Andere reicht freilich aus, um das Verhalten der Akteure zu steuern, in diesem Fall in Richtung einer strengen Reglementierung sowohl des vermeintlich wirkungsmächtigen Ereignisses als auch der Berichterstattung hierüber.

An dieser Stelle soll es freilich nicht um Sinn und Unsinn dieser Debatten im engeren Sinne gehen, sondern um das generelle Muster hinter dieser Logik. Dieses Phänomen sozialoptischer Täuschung (vgl. allg. Marks/Miller 1987) wird in der Medienwirkungsforschung unter dem Begriff „Third-Person Effect" (TPE; oder deutsch: Dritt-Personen-Effekt, vgl. Schenk 2007: 550-557) verhandelt. Demzufolge wären Individuen dahingehend prädisponiert, dass sie den Effekt von Massenmedien auf andere Menschen (die „Dritten") eher überschätzen, aber in jedem Fall höher einschätzen als auf sich selbst. Seinen Ursprung und Namen verdankt dieser Forschungsansatz dem Soziologen W. Phillips Davison, der in einem Aufsatz von 1983 eine Reihe ähnlicher Beobachtungen aus knapp 40 Jahren Forschung bündelte. Beispielsweise stellte er 1957 bei einer Untersuchung zur Bedeutung der westdeutschen Presse für die Außenpolitik der Bonner Republik fest, dass Journalisten ihm immer wieder mitteilten, sie gingen davon

---

* An dieser Stelle danke ich der Presseabteilung der ARD für die Gelegenheit, eines der „Kandidatenduelle" des Jahres 2002 vor Ort miterleben zu dürfen.

aus, ihre Leitartikel besäßen zwar nur einen geringen Einfluss auf „Menschen wie Du und ich", aber einen umso größeren auf den „gewöhnlichen Leser". Allgemeiner formulierte er: „This hypothesis predicts that people will tend to overestimate the influence that mass communications have on attitudes and behaviour of others (...) its greatest impact will not be on ‚me' or ‚you', but on ‚them' – the third persons (...) the impact they expect this communication to have on others may lead them to take some action" (Davison 1983: 3).

Dieses Zitat verdeutlicht nochmals die drei Komponenten der Argumentationslogik: In einer ersten Stufe geht es (1) um Wahrnehmungen von Medieneffekten („perceptual component", TPP); bei (2) einer vergleichenden Einschätzung differieren die Wahrnehmungen bezüglich dritter Personen von jenen bezüglich der eigenen (ersten) Person und den (zweiten) Personen im unmittelbaren Umfeld („perceptual bias"); und dieses Wahrnehmungsdifferenzial impliziert (3) Zustimmung zu einem bestimmten Verhalten („behavioral component", TPB), d. h. präziser gesagt zu einer auf die Wahrnehmungsdifferenz ausgerichteten Verhaltensabsicht. Zur Unterstützung seiner Annahmen führt Davison (1983) in der Folge einige singuläre Befunde aus verschiedenen Studien an (wobei er explizit die Wahlforschung als wesentliches Feld nennt; S. 9), ohne dass er jedoch auf eine speziell auf die Analyse des TPE zugeschnittene empirische Studie verweisen konnte.

Inzwischen muss man den TPE zu einem der fruchtbarsten Ansätze der Medienwirkungsforschung zählen, der insbesondere US-amerikanische Forscher inspiriert, wie die zahlreichen Studien belegen, die auf internationalen kommunikationswissenschaftlichen Tagungen präsentiert werden (Sun et al. 2008). Auch wenn man den TPE als „dominant mass communication theory and line of research" (Rubin/Haridakis 2001) akzeptiert, darf man nicht verkennen, dass es sich im Grunde um einen Metaeffekt von vermuteten Medienwirkungen handelt, der im Zirkelschluss dann tatsächliche Wirkungen zeitigt. „Selbst unter der theoretischen Voraussetzung, dass die Medien direkt überhaupt niemanden beeinflussten, jedoch alle dies wechselseitig bei den anderen annähmen, hätten die Medien doch eine Wirkung – und zwar eine globale Wirkung auf alle" (Früh 1991: 89). In dieser Hinsicht schließt die Idee des TPE an das populäre Thomas-Theorem an – „if men define situations as real, they are real in their consequences" (Thomas/Thomas 1928: 512; vgl. auch Brosius/Engel 1997: 325).

Dies verdeutlicht, dass TPE in dieser allgemeinen Form an sehr vielen Stellen im politischen Prozess relevant werden können – und zwar immer dann, wenn eigene Wahrnehmungen von Berichterstattung in Bezug zu (tatsächlichen oder vermeintlichen) Wahrnehmungen und Handlungen von Dritten gesetzt werden.[1] Der vorliegende Beitrag verdeutlicht anhand einer empirischen Studie, welche Bedeutung die Vorstellungen über Medieneffekte in einem Wahlkampf besitzen können (vgl. Abschnitt 3 ff.). Dabei wird insbesondere beleuchtet, inwieweit wahrgenommene Medienwirkungen von der sozialen Distanz abhängen, die die Vergleichsgruppe zu eigenen Person besitzt, und welche Art von politischer Kommunikation als einflussreich angesehen wird (vgl. Abschnitt 1.2 und 1.3). Auch stellt sich die Frage, ob sich jenseits individueller Wahrneh-

---
1 Zu beachten ist dabei, dass TPE nicht immer dann einschlägig sind, wenn es um soziale Fehlwahrnehmungen handelt, sondern nur wenn sich die Wahrnehmung auf Medieneffekte bezieht.

mungen auch (gesellschaftlich bedeutsame) Effekte auf das Verhalten der Rezipienten feststellen lassen (vgl. Abschnitt 1.4).

Über diese Untersuchung hinausgehend soll allerdings zunächst analysiert werden, welche Relevanz das TPE-Phänomen für die politische Kommunikation in demokratischen Staaten im Allgemeinen besitzt (vgl. Abschnitt 2.). In einem politischen System, dass sich immer häufiger selbst als „Mediendemokratie" und seine Umwelt als „Mediengesellschaft" beschreibt, kann der TPE substanziell zum Verständnis von Prozessen der politischen Kommunikation beitragen. Besonders ausgeprägt gilt dies für folgende Konstellationen: (1) Fehleinschätzungen von Medienwirkungen durch den *Bürger* können als Legitimation für Maßnahmen zur Medienkontrolle dienen. Außerdem können sie im individuellen Fall eine Motivation darstellen, aufklärerisch wirken zu wollen und damit am politischen Prozess zu partizipieren (vgl. Abschnitt 2.1). (2) Deutlich einflussreicher können sich TPE auf *politische Akteure* gestalten, die in ihrer Funktion Zugang zu systematischen Medienanalysen und Meinungsumfragen haben und hieraus schnell Vermutungen über potenzielle Medienwirkungen ableiten. Diese antizipierten Medienwirkungen auf andere können zu einer Fehleinschätzung (zumeist: Überschätzung) der Effekte führen, was nicht nur ihr Handeln gegenüber Medienvertretern beeinflusst, sondern auch ihr politisches Verhalten gegenüber anderen Politikern und der Wahlbevölkerung (vgl. Abschnitt 2.2). Letztlich beruht jede mediale Inszenierung von Politik auf der unausgesprochenen Prämisse einer antizipierten starken Medienwirkung auf andere. (3) Auch *Medienvertreter* haben eine Vorstellung von der Wirkungsmacht ihrer Berichterstattung, die bewusst oder unbewusst in ihre Arbeit einfließt. Je nach Berufsauffassung wird diese Annahme mit steuern, wann und zu welchem Thema welche Darstellungsformen gewählt werden, oder ob überhaupt eine Berichterstattung gerechtfertigt ist.

Während jedoch für politische Akteure und Medienvertreter denkbar ist, dass nur die absolute Höhe der angenommenen Wirkungsmacht der Medien für Folgewirkungen entscheidend ist, so geht die am Medienpublikum orientierte TPE-Forschung überwiegend davon aus, dass nicht die bloße Stärke vermuteter Medienwirkungen bedeutsam ist, sondern die Relation zwischen dieser Vermutung und der Wirkungen auf einen selbst (vgl. Paul et al. 2000, 2006).

1. Aspekte kommunikationswissenschaftlicher TPE-Forschung: eine Auswahl

„Welcome to the domain of the third-person effect – a complex labyrinthlike area in which perceptions become reality, reality is enshrouded by perceptions, and perceptions hinge on the very important factor of whether you are considering the media's impact on others or on yourself." Dieses berühmt gewordene Zitat aus dem Forschungsüberblick zum TPE von Perloff (2002: 489-490) illustriert die überbordende, zum Teil verwirrende Literaturlage, die bislang noch nicht zu einem kohärenten Theoriegebäude zusammengeführt werden konnte. Im vorliegenden Zusammenhang ist es nicht möglich, auf die Vielzahl von Studien zum TPE im Detail einzugehen; stattdessen sei auf die vorliegenden Meta-Analysen von Perloff (1993, 1999), Paul et al. (2000, 2006) und insbesondere Sun et al. (2008) verwiesen.

Die nachfolgende Literaturdurchsicht konzentriert sich hingegen auf die für das Gebiet der politischen Kommunikation bedeutsamsten Faktoren, allen voran das Spannungsverhältnis zwischen Wahrnehmungs- und Verhaltenskomponente des TPE (TPP vs. TPB). Diese markiert den Übergang von der primär individualpsychologischen Perspektive des Konzepts auf die für die politische Willensbildung besonders relevanten sozialen Konsequenten des TPE (1.4). Als ein wesentlicher Einflussfaktor auf den TPE wird im Folgenden angenommen, dass die Stärke dieses Effektes mit der sozialen Distanz der Vergleichsgruppe zum Individuum zunimmt (für das unmittelbare Umfeld werden sie deutlich niedriger erwartet; 1.2). Gleichzeitig lässt sich vermuten, dass das Ausmaß des Wahrnehmungsdifferenzials in dem Maße ansteigt, wie die prognostizierten Wirkungen als gesellschaftlich unerwünscht gelten (1.3). Beide Aspekte besitzen auch für TPE politischer Kommunikation eine zentrale Bedeutung (2.).

1.1 Wahrnehmungsdifferenzial (TPP) und seine Hintergründe

Vermutlich gibt es keine andere kommunikationswissenschaftliche Hypothese, die empirisch so eindeutig gestützt wird wie die Wahrnehmungskomponente des Third-Person Effects (TPP). Schon der frühe Forschungsüberblick von Perloff (1993: 169/70) bestätigt für 13 der 14 seinerzeit vorliegenden Studien die (teilweise dramatische) Differenz zwischen den wahrgenommenen Medienwirkungen auf andere und auf einen selbst, und zwar in der erwarteten Richtung; ein umgekehrter Wert („first-person-effect", s. u.) wurde nur in einem Fall festgestellt. In den vergangenen Jahren konnte insbesondere die anglo-amerikanische Kommunikationsforschung starke Belege für Third-Person-Wahrnehmungen erbringen (vgl. z. B. Paul et al. 2000, 2006; Perloff 2002; Salwen/Dupagne 1999).

Feld- wie Experimentalstudien zeigen mehrheitlich, dass Personen generell dazu neigen, sich selbst als weniger anfällig für Medienbotschaften zu sehen als Dritte. Für ihre Meta-Analyse identifizierten Paul et al. (2000) bereits 62 empirische Studien im Zeitraum bis 1998, von denen sie 32 für eine standardisierte Meta-Analyse verwenden konnten. Die Effektstärke für die Wahrnehmungskomponente belief sich auf $r = .50$,[2] was auch im Vergleich zu anderen kommunikationswissenschaftlichen Zusammenhängen als ein erstaunlich hoher Wert interpretiert wird (S. 78). Dieser substanzielle Beleg für die TPP wird hauptsächlich durch einen Faktor moderiert (S. 76, Tab. 2): unter den in der US-amerikanischen Forschung verbreiteten „college student samples" war der TPP höher als in nichtstudentischen Stichproben ($r = .60$ vs. $r = .49$; $p < .001$). Eine aktuelle Meta-Analyse von Sun et al. (2008) konnte bereits 73 Artikel mit über 135 Erhebungen berücksichtigen, für die insgesamt 496 einzelne Effektstärken vorliegen. Die Schätzung des Gesamteffekts fällt mit $r = .31$ zwar etwas geringer aus; die Autoren erklären dies jedoch einerseits mit einer größeren Zahl von Studien zum First-Person-Effekt, die in ihre Berechnungen einfließen, und zum anderen durch eine veränderte Berechnungsformel, die ihnen der Datenlage angemessener erscheint

---
[2] Berechnet auf Basis von 121 Effektstärken, die in 14 Beiträgen mit insgesamt 32 Studien angegeben wurden.

(S. 289). Trotzdem ist hinsichtlich der TPP umso mehr von einem stabilen Befund der Medienforschung auszugehen.

Die Vermutung, dass es sich bei der TPP um ein durch die Art der Fragestellung hervorgerufenes, methodisches Artefakt handelt, wurde durch mehrere Studien entkräftet. Weder die Anordnung der Fragen, noch deren Reihenfolge oder die Art des Rating-Verfahrens zur Erhebung der Antwortvorgaben können demnach dem grundsätzlichen Wahrnehmungsdifferenzial etwas anhaben (vgl. Sun et al. 2008: 294, exemplarisch David et al. 2004 sowie Price/Tewksbury 1996 mit weiteren Literaturverweisen). Allerdings ist zu beachten, dass die aufgefundenen Wahrnehmungsdifferenziale sowohl aus einer Unterschätzung der Wirkungen auf einen selbst als auch aus einer Überschätzung der Wirkung auf andere oder einer Kombination aus beiden Phänomenen resultieren können (Price et al. 1997: 527).

Zur Erklärung dieses vergleichsweise robusten Befundes wurde eine ganze Reihe unterschiedlicher individual- und sozialpsychologischer Theorien herangezogen und auch vergleichend geprüft. Verbreitet ist dabei der Bezug zur Attributionstheorie; demnach erklären Personen ihre eigenen Handlungen eher mit situativen Faktoren, während sie die Handlungen anderer Menschen deren Persönlichkeitsmerkmalen zuschreiben (Tyler/Cook 1984: 693). Angewandt auf Medienbotschaften könnte man argumentieren, dass Personen glauben die Wirkungsabsichten einer konkreten Medienbotschaft zu durchschauen und sich deswegen generell für weniger anfällig halten als andere, denen sie grundsätzliche dispositionale Schwächen (z. B. Naivität oder mangelnde Intelligenz) zuschreiben (vgl. ausf. Paul et al. 2000: 59-62[3]).

In ihrer Übersicht nennen Brosius und Engel (1997) drei Erklärungskonzepte: (1) Dem allgemeinen Phänomen des „optimistic bias" zufolge haben Menschen eine positivere Vorstellung von sich selbst als von anderen, und glauben, ihnen passieren negative Dinge seltener im Vergleich zu anderen (vgl. auch Paul et al. 2000). (2) Die „impersonal impact"-Hypothese geht von zwei verschiedenen Arten von Urteilen aus, die Menschen treffen: Urteile auf gesellschaftlicher Ebene, die primär auf Informationen und Erfahrungen zweiter Hand beruhen, und Urteile auf persönlicher Ebene, die auf selbst gemachten Erfahrungen beruhen. Bei den für die TPP relevanten Einschätzungen der eigenen und fremden Beeinflussung könnte es sich demnach um Urteile auf unterschiedlicher Basis handeln (vgl. auch Gunther 1991). Eine ähnliche Logik von Zwei-Prozess-Modellen findet sich auch in Begründungen, die auf die sozialpsychologische Unterscheidung zwischen heuristischer und systematischer Informationsverarbeitung (vgl. zsf. Wolf 2007) zurückgehen. (3) Angelehnt an attributionstheoretische Überlegungen könnte auch eine generalisierte negative Einstellung zu Medienwirkungen insgesamt für das Wahrnehmungsdifferenzial verantwortlich sein, wenn Kritiker sich selbst aufgrund ihres Wissens für immun gegenüber Medieneffekten halten (vgl. ausf. Brosius/Engel 1997: 327-331 mit weiteren Literaturhinweisen). Eine vergleichende Analyse unterschiedlicher Erklärungsversuche ergab gleichwohl kaum signifikante Zusammen-

---

3 Die Autoren verweisen u. a. auch auf eine unveröffentlichte Studie von Standley (1994), der zufolge Befragte in Tiefeninterviews tatsächlich dazu neigten, Medienwirkungen auf sich selbst in situativen Gründen zu verorten, während sie der anonymen Masse Prädispositionen zuschrieben, die sie für Medienwirkungen besonders empfänglich machen.

hänge zwischen der TPP und diesen Wahrnehmungsphänomenen (Huck/Brosius 2007).

1.2 Soziale und psychologische Distanz

Aus der Forschung zu verwandten, allgemeineren sozialpsychologischen Theorien wie etwa dem „False-Consensus Effect" ist bekannt, dass die Höhe der Wahrnehmungsdifferenz mit der Nähe der gewählten Vergleichsgruppe abnimmt (z. B. Marks/Miller 1987: 75 f.). Analog identifizierten TPE-Analysen frühzeitig die Distanz zu den „third persons" als wesentlichen Einflussfaktor, der das Ausmaß der aufgefundenen TPP determiniert (siehe Eveland et al. 1999 mit weiteren Literaturhinweisen) – ein Befund, der auch durch die oben erwähnten Meta-Analysen gestützt wird. Zumeist steigt das Wahrnehmungsdifferenzial linear mit der Distanz der Vergleichsgruppe an (Perloff 2002). Die geringste TPP ergibt sich beim Vergleich mit engen Freunden oder Familienmitgliedern; in der Logik von Davisons (1983) Metapher könnte man dabei von den grammatischen „second persons" („you"; Perloff 2002: 490) als den Personen im unmittelbaren kommunikativen Umfeld des Befragten sprechen.[4] Auch in der Studie von Brosius und Engel (1997) unter deutschen Mediennutzern verringerte sich die TPP bei geringerer sozialer Distanz (S. 337, Tab. 3): „Wenn die dritte Person als psychisch nahe beschrieben wird, verringert sich der Third-Person-Effekt, verschwindet aber nicht vollständig."

Eine differenzierte Konzeption und fruchtbare empirische Analyse gelang jüngst Wolf (2007), die hierfür auf Theorien der sozialen Identität und der Selbstkategorisierung zurückgreift. Ihre umfangreiche Literaturdurchsicht (S. 29-44) zeigt, dass in der TPE-Forschung die Distanzvariable zumeist durch Verallgemeinerung operationalisiert wird, wobei freilich auf denselben Stufen der Allgemeinheit unterschiedliche Präzisierungen erfolgen können, die wiederum die Vergleichsgruppe individuell „näher" oder „ferner" erscheinen lassen können (z. B. alle Anhänger der einen oder der anderen Partei). Wolfs (2007: 71) eigene, multidimensionale Modellierung der sozialen Distanz als Funktion von räumlicher, zeitlicher und psychologischer Distanz beruht auf der Alltagsbeschreibung des Soziologen Alfred Schütz, der zufolge Menschen ihre Alltagswelt generell in verschiedene Distanzbereiche strukturieren. Dies ergänzt sie durch die Annahme unterschiedlicher Prozesse der Urteilsbildung bei Mitgliedern der persönlichen In- vs. Outgroup. Ihre Befunde bestätigen klar einen Ingroup-Outgroup-Effekt, der die basale TPP überlagert und auch von Lambe und McLeod (2005: 287) untermauert wird: Selbst bei generalisierten Anderen ergaben sich dort differenzierten Effekte für eine jüngere, dem Sample (College-Studenten) nähere Vergleichsgruppe verglichen mit einer, die etwa deren Eltern-Generation entsprach. Räumliche Distanz hingegen scheint den Metaanalysen von Sun et al. (2008: 291 f.) zufolge dabei weniger ausschlaggebend zu sein als die psychologische Distanz, die sich in den Modellberechnungen als dominanter Faktor erweist.

---

4 Eine andere Verwendung dieses Terminus, die sich freilich nicht durchsetzen konnte, schlugen Neuwirth und Frederick (2002: 117-119) vor.

1.3 Erwünschtheit von Botschaft bzw. Medienwirkung

In verschiedenen Studien wird die Erwünschtheit einer Medienwirkung – etwa bei besonders glaubwürdigen Quellen (Gunther 1991; Meirick 2004) oder bei einem positiv konnotierten Effekt wie einem Wissenszuwachs – als wesentlicher Faktor identifiziert, der die Größe des Wahrnehmungsdifferenzials moderiert und manchmal sogar einen Umkehreffekt („first-person effect", s. o.) herbeiführen kann. In Anlehnung an Tyler und Cook (1984) lautet die Annahme, dass (1) wenn eine Person eine Botschaft positiv bewertet, wird sie einen Einfluss auf sich selbst akzeptieren, aber keinen Einfluss auf andere sehen; wenn (2) umgekehrt eine Person einer Botschaft ablehnend gegenüber steht, wird sie keine Wirkung dieser Botschaft auf sich selbst einräumen, wohl aber auf andere (siehe auch Cohen/Davis 1991: 683; Prabu et al. 2004).

Die Plausibilität dieser Annahme betont auch Perloff (2002), der aufgrund seiner Literaturdurchsicht zu dem Schluss gelangt, dass es sich bei der Erwünschtheit der Medienwirkung um eine zentrale Variable zur Erklärung von Wahrnehmungsdifferenzialen handelt: „Research in this area has usefully revised the conventional wisdom [about third-person effects (d. Verf.)] by pinpointing conditions under which first-person effects are obtained" (S. 496). Dennoch ist auch hier die Forschungslage vielschichtig, denn die Belege sind erneut nicht eindeutig (Park/Salmon 2005) – im Falle von Aufklärungsspots über Alkohol konnte beispielsweise selbst bei expliziter Ansprache positiver Effekte kein Umkehreffekt nachgewiesen werden (David et al. 2004), während dies für Anti-Raucher-Kampagnen sehr wohl möglich war (Henrikson/Flora 1999). Zu Recht wird eingewendet, dass es sich bei der Erwünschtheit möglicherweise vordringlich um eine individuell verschiedene Einschätzung einer Botschaft handeln könnte und weniger um ein generelles Merkmal der Botschaft (Salwen/Dupagne 1999: 524). Entsprechend konnte bereits ein positiver Zusammenhang zwischen der Einschätzung der Erwünschtheit einer Botschaft und deren Effekt auf die eigene Person gezeigt werden (Jensen/Hurley, 2005), während dies in einer anderen Studie nicht gelang (vgl. Lambe/McLeod 2005). Auch die Meta-Analyse von Paul et al. (2000) zeigt diesbezüglich kein klares Bild, weist jedoch eher in die angegebene Richtung: Mit einer Effektstärke von $r = .47$ tritt die TPP deutlich intensiver bei unerwünschten als bei erwünschten Medienwirkungen ($r = .21$) auf. Die jüngste Meta-Analyse von Sun et al. (2008: 290) betont hingegen – entgegen der Befunde aus ihrer Vorläuferstudie –, dass es sich bei der Erwünschtheit der Botschaft um den stärksten Einflussfaktor auf die TPP handelt: Für unerwünschte Botschaften erhöht sich die Effektstärke signifikant.

1.4 Verhaltenskomponente

Während also die Ursachen und Bedingungen dieses Wahrnehmungsprozesses zumindest teilweise geklärt werden konnten, ist über seine tatsächlichen Konsequenzen für das Verhalten kaum etwas bekannt. Oder mit Blick auf die vorliegende Fragestellung formuliert: Welche gesellschaftlich relevanten Konsequenzen haben mögliche Fehleinschätzungen der Medienwirkung auf andere, und zwar jenseits der Tatsache, dass der Einzelne eben mit einem verzerrten Weltbild herumläuft? „Man könnte vorschnell annehmen, es liege hier lediglich eine höchst individuelle Fiktion mit allerdings globaler

Verbreitung vor, die von Medien und Gesellschaft völlig unabhängig sei und deshalb auch nicht als Medienwirkung interpretiert werden dürfe" (Früh 1991: 89/90). Schon in der Ausgangsformulierung von Davison (1983) wurde deswegen eine Verhaltenskomponente spezifiziert, die aus dem Wahrnehmungsdifferenzial folgen müsste (s. o.).

Als wichtigste Verhaltensfolge wird immer wieder die Zustimmung zu Zensurmaßnahmen angeführt und getestet, die ebenfalls bereits Davison (1983: 14) als vielleicht interessantestes Feld für TPE-Analysen benannt hatte. Die Annahme liegt nahe, dass Personen, die problematischen Medieninhalten wie Gewalt oder Pornografie eine höhere Wirkung auf Andere zuschreiben als auf sich selbst, gleichzeitig eher bereit sind, Zensurmaßnahmen hinsichtlich dieser Inhalte zuzustimmen. Die Literaturlage ist erneut unübersichtlich (vgl. die Zusammenfassung von Rojas et al. 1996). Exemplarisch sei an dieser Stelle nur auf einige Belege für einen Zusammenhang hingewiesen, erbracht etwa in einer Studie zur Zensur von Werbeanzeigen für schädliche Produkte (Shah et al. 1999) oder insbesondere in einer neueren Untersuchung von Lee und Tamborini (2005) für die Zensur von pornographischen Darstellungen im Intenet. Auch Salwen und Dupagne (1999) fanden für drei unterschiedliche Themenbereiche einen Einfluss der TPP auf die Zustimmung zu staatlichen Gegenmaßnahmen. Hingegen ermittelte Gunther (1991) keinen Einfluss der TPP auf positive wie negative Folgehandlungen (Absichten). Analog konnten Neuwirth und Frederick (2002) ebenfalls keine Einflüsse der (durchaus vorhandenen) TPP auf Handlungsabsichten feststellen, und dies bei gleich fünf verschiedenen Aktivitäten, wovon sich nur eine auf Zensurmaßnahmen bezog (S. 131, Tab. 3). Stattdessen wurden etwa allgemeine paternalistische Einstellungen (McLeod et al. 2001) als wesentlicher Einfluss auf die Bereitschaft zur Zensur identifiziert.

Skeptiker bezweifeln daher, dass überhaupt ein Zusammenhang zwischen TPP und TPB besteht: „Is it really the case that censorship follows from third-person perception?" (Reid/Hogg 2005: 158) Beachtenswert scheint jedoch das Argument, Folgewirkungen könnten sich sehr wohl auch in anderen Handlungen oder Handlungsabsichten als der (überdies negativ konnotierten) Zensur von Medienbotschaften niederschlagen, wie Tewksbury et al. (2004) überzeugend darlegen und empirisch untermauern.

2. Relevanz des TPE für die politische Kommunikation

Die empirische Überprüfung des TPE berücksichtigte in der Vergangenheit die verschiedensten thematischen Felder (vgl. die Übersicht bei Paul et al. 2000); exemplarisch seien hier angeführt insbesondere pornographische Inhalte (Gunter 1995; Chia et al. 2004; Lee/Tamborini 2005), außerdem Berichte über Prostitution im eigenen Wohngebiet (Frederick/Neuwirth 2002), aggressive Rap-Texte (McLeod et al. 1997), Werbung für unerwünschte Produkte (Shah et al. 1999), Gewaltdarstellungen in Nachrichten (Hoffner et al. 1999), Berichte über den israelisch-palästinensischen Konflikt (Perloff, 1989) oder die Skandale von Bill Clinton (Price/Tewksbury 1996). Die Auswahl des jeweiligen Themengebiets ist zum einen vom aktuellen Zeitgeschehen abhängig, zum anderen allerdings auch von der Frage, ob sich sinnvolle Verhaltensabsichten für die Abfrage der „behavioral component" (wie z. B. Zensurmaßnahmen) formulieren lassen.

Betrachtet man die Meta-Analyse von Paul et al. (2000) etwas genauer, so erwies sich die Art der Botschaft als signifikanter Moderator der TPP – und unter allen spezifischen Themenfeldern erzielte „Politics" mit r = .58 die klar höchste Effektstärke (S. 76, Tab. 2), auch verglichen etwa mit Gewaltdarstellungen (r = .48), Werbung (r = .42) oder Pornografie (r = .37). Anscheinend tritt das Wahrnehmungsdifferenzial also gerade bei Medienwirkungen im politischen Bereich besonders auffällig zutage, und nicht bei den für TPE-Studien klassischen Themen. Wie lässt sich dies erklären?

Die Wahrnehmung der Anderen als die „verwundbaren Wähler" (im Sinne einer Anfälligkeit für Medieneffekte; Rucinski/Salmon 1990) zeigt sich besonders auffällig im Kontext von Wahlkämpfen, aber TPE sind auf dem Gebiet der politischen Kommunikation insgesamt aus folgenden Gründen besonders wahrscheinlich:

– Zunächst können Massenmedien als die zentrale Vermittlungsinstanz für politische Prozesse bezeichnet werden (vgl. z. B. Schneider 1998; Schulz 2008) – für den weit überwiegenden Teil der Bevölkerung stellt die Medienberichterstattung die einzige (oder zumindest die bedeutsamste) Quelle für politische Sachverhalte dar.
– Speziell in Wahlkampfzeiten klettern politische Themen an die Spitze der medialen Agenda; dies suggeriert nicht nur eine besondere Wichtigkeit entsprechender Themen, sondern setzt den Einzelnen unter Druck, sich zu diesen relevanten Themen eine Meinung zu bilden (Rössler 1997; Rössler/Schenk 2000).
– Geht man davon aus, dass die Idealvorstellung eines „informierten Bürgers" Konsens in unserer Gesellschaft ist, stellt Politik ein Bereich dar, in dem soziale Vergleichsprozesse regelmäßig auftreten müssten.
– Mit Blick auf die Verhaltenskomponente des TPE ist zu betonen, dass die politische Meinungs- und Willensbildung in westlichen Demokratien als hohes, schützenswertes Gut gilt. Der Urnengang ist moralisch eine Bürgerpflicht und gesetzlich verankert; Wahlen sollen frei, gleich und geheim sein, und man kann eine hohe Bereitschaft erwarten, diese Errungenschaften gegen Manipulationsversuche der Massenmedien zu schützen.

So verwundert es kaum, dass Politiker ebenso wie Journalisten oder Experten annehmen, dass die Massenmedien eine entscheidende Rolle für die Meinungs- und Willensbildung der Bevölkerung spielen (vgl. z. B. McLeod et al. 2002). Auch unser einleitendes Beispiel der Kandidatenduelle im Fernsehen illustriert dies, wenn ein langer Katalog von Regeln und Regularien aufgestellt wird, an die sich die KandidatInnen zu halten haben – nur um deren weitestgehende Gleichbehandlung zu sichern und damit jede unbotmäßige Beeinflussung der vermeintlich so verletzlichen Zuschauer zu verhindern (Anonym 2005).

2.1 Empirische Befunde zu TPP und TPB politischer Medienberichterstattung

Für den Bereich der politischen Willensbildung liegen verschiedene empirische Studien aus US-amerikanischen Wahlperioden vor. Von grundlegender Bedeutung ist hier eine Studie anlässlich des Präsidentschaftswahlkampfs im Jahr 1988 (Rucinski/Salmon 1990). Dort bestätigen sich erneut die verschiedenen Wahrnehmungsdifferenzen, wenn durchweg ein höherer Effekt auf die „Wahlentscheidung anderer" unterstellt wurde

(S. 350 und 354). Eingeschätzt wurden hier fünf verschiedene Typen politischer Medieninhalte, von denen Nachrichten, veröffentlichte Meinungsumfragen und Kandidatendebatten als mit überwiegend nicht persuasiver Intention beschrieben wurden, Wahlwerbung und negative Wahlwerbung hingegen als mit überwiegend persuasiver Intention.[5] Interessanterweise schlägt der Versuch der Autoren fehl, einen Einfluss des politischen Interesses und allgemeiner Wertorientierungen auf den TPE für die Wirkungen politischer Medieninhalte nachzuweisen (S. 359). Auch die erwarteten Folgeeffekte auf die Befürwortung einer unabhängigen Überwachung der einzelnen Botschaftsarten (TPB) waren lediglich tendenziell, aber nicht signifikant und mit nur geringer Erklärungskraft festzustellen (S. 360). Ähnlich sind auch die Befunde von Salwens (1998) Feldstudie zur amerikanischen Präsidentschaftswahl 1996 zu interpretieren: Obwohl es hier heißt, die Daten würden eine Verbindung zwischen der TPP und Zensurmaßnahmen unterstützen (S. 273), sprechen die Zahlen eine andere Sprache. Zwar wird das Wahrnehmungsdifferenzial mit einem β-Koeffizienten von .12 knapp signifikant; der damit erklärte Varianzanteil von gut einem Prozent ist jedoch verschwindend gering. Hier sind soziodemographische Faktoren, allen voran eine geringe Bildung, viel entscheidender (ebd. Tab. 4).

Eine alternative Hypothese könnte freilich lauten, dass die Wahrnehmung, mediale Wahlkampfkommunikation würde anonyme Dritte in unserem Land stärker beeinflussen als mich selbst, eventuell auch zu meiner höheren Mobilisierung beiträgt: quasi um Medienwirkungen „entgegenzutreten". Plausibel scheint zudem, dass dieses Verhalten insbesondere dann auftritt, wenn eine starke Wirkung solcher Botschaften vermutet wird, die im Widerspruch zu meinen eigenen Ansichten stehen, so dass (analog zu den Fällen Gewalt und Pornografie) zumindest aus meiner Sicht negative Medienwirkungen zu befürchten sind (vgl. ähnlich Rucinski/Salmon 1990). Im Umkehrschluss wäre freilich auch denkbar, dass der Eindruck starker Medienwirkungen genau das entgegen gesetzte Verhalten hervorruft, wenn nämlich der übermächtige Eindruck ein Gefühl der Hilflosigkeit und somit eher ein Rückzug aus dem politischen Verhalten (evtl. sogar aus dem Wahlakt) hervorruft.

2.2 Themenspezifische Einflüsse auf den TPE

Gerade im Bereich der politischen Willensbildung können spezifische Dynamiken der TPP auftreten, wenn hier die eigene Verortung in einem politischen Lager möglicherweise die Wahrnehmung zusätzlich verzerrt (vgl. Price et al. 1997: 534 mit einem Beispiel; zuvor Perloff 1989 am Beispiel von Anhängern im Israel-Palästina-Konflikt). Bereits die Studie von Cohen und Davis (1991) verdeutlichte, dass die Wahrnehmung einer Wirkung von negativer Wahlkampfwerbung von der eigenen Kandidatenpräferenz abhängt. Dieses besonders in Amerika verbreitete Phänomen wurde immer wieder untersucht. So weisen auch Salwen und Dupagne (1999) in ihrer Mehrthemenstudie u. a.

---
5 Tatsächlich bestätigten die Befunde der Autoren diese Klassifizierung, wobei veröffentlichte Meinungsumfragen immer noch als problematischer bezeichnet wurden, verglichen mit Nachrichten und den Kandidatendebatten (vgl. Rucinski/Salmon 1990: Tab. 1).

für negative Wahlkampfwerbung sowohl die TPP als auch eine daraus resultierende Zustimmung zu staatlichen Maßnahmen nach.

Eine differenzierte Untersuchung dieses Phänomens erlaubte die Experimentalstudie von Meirick (2004), die Wahlwerbespots der Kandidaten in den amerikanischen Vorwahlkämpfen 2000 als Stimulusmaterial verwendete. Hier erweist sich die Differenzierung von In-Groups und Out-Groups (siehe auch oben Lambe/McLeod 2005) hinsichtlich der individuellen Kandidatenpräferenz als hilfreich, gepaart mit einer entsprechend differenzierten Abfrage der Wirkungsvermutung: Das Wahrnehmungsdifferenzial war für die Out-Group deutlich größer als für die In-Group, wenn der Einfluss des Spots für den Out-Group-Kandidaten erfragt wurde. First-Person-Effekte bei dem eigenen Kandidaten wurden allerdings nur im Vergleich zwischen der eigenen Person und der Out-Group gefunden, während mit Blick auf die Allgemeinheit und die In-Group weiterhin das klassische TPP-Muster anzutreffen war (ebd.: Tab. 2 und 3, S. 246 f.). Diese Studie verdeutlicht, dass auf dem Gebiet der politischen Kommunikation sowohl die Erwünschtheit der Botschaft als auch die soziale Distanz der Vergleichsgruppe modifiziert werden können, wenn man die jeweilige Orientierung dieser Variablen auf individuelle politische Präferenzen berücksichtigt.

Für den vorliegenden Zusammenhang sei betont, dass eventuell genau die genannten Mutmaßungen über Medienwirkungen die Wahrnehmungen und das Verhalten des Publikums beeinflussen können (vgl. z. B. Gunther/Christen 2002 im Kontext des „hostile media phenomenon"). In diesem Fall ergibt sich eine interessante Doppelbödigkeit: Sofern eine Meta-Berichterstattung über politische Medienwirkungen erfolgt, kann diese selbst wieder Wirkungen entfalten – beispielsweise wenn in Tageszeitungen über die möglichen Effekte der TV-Debatten zwischen Kanzlerkandidaten spekuliert wird. Die klassische Wirkungsfrage erfährt aus dieser Perspektive eine entscheidende Brechung, denn individuelle Medieneffekte sind hier an die Wahrnehmung öffentlicher (bzw. veröffentlichter) Meinungen über genau diese Effekte rückgebunden. Die Medienberichte über mögliche politische Wirkungen ihrer eigenen Berichterstattung werden selbst zu einem Einflussfaktor.

Besonders offenkundig wird diese Doppelbödigkeit im Falle einer ganz speziellen Zielgruppe der Medienberichterstattung – nämlich im Falle von Politikern. Wie Lasorsa (1992) illustriert, ergeben sich weitere Rückkoppelungseffekte, wenn wir vermuten, dass die Initiatoren von politischer Kommunikation ihre (Medien-)Handlungen danach ausrichten, welche Vermutungen sie darüber anstellen, wie diese Handlungen auf die „generellen Anderen" (in diesem Fall die Wahlbevölkerung) wirken. „Since policymakers are quite likely to consider themselves different from their constituents, especially in terms of political expertise, they may be especially susceptible to the perceptual gap of expecting mass media messages to affect others while having little effect on themselves. This social-psychological condition may be especially troublesome in cases where policymakers are responsible for the management of others whom they perceive to be different from themselves in important ways" (Lasorsa 1992: 172/173). Die klassische Verhaltenskomponente – Zustimmung zu Zensurmaßnahmen – gewinnt dann eine vollkommen neue Bedeutung, wenn die Urteilenden tatsächlich die Macht besitzen, solche und andere Maßnahmen einzuleiten.

3. Vorstellungen über Medieneffekte im Wahlkampf: eine empirische Studie

Die bisherigen Ausführungen sollten verdeutlicht haben, dass es sich bei der TPP um eine für den angloamerikanischen Sprachraum gut belegte Meta-Annahme über Medienwirkungen handelt, die gerade im Bereich politischer Kommunikation eine erhebliche Relevanz besitzt – deren Auswirkungen auf der Verhaltensebene freilich eher unklar sind. Individuelle Vermutungen über die Wirksamkeit politischer Medienberichterstattung scheinen einer Verzerrung zu unterliegen, die sich plausibel aus wahrnehmungspsychologischen Phänomenen erklären lässt. Konsequenzen für den politischen Prozess wurden auf unterschiedlichen Ebenen angedeutet, die sich sowohl in verstärkter Mobilisierung (um der vermeintlichen Medienwirkung entgegenzutreten) als auch in möglicher Resignation (ob der vermeintlichen Übermacht von Medienwirkungen) niederschlagen könnten. In jedem Fall trägt eine TP-Fehlwahrnehmung zur Einstellungsbildung bei, denn Menschen unterstellen bei ihren Handlungen vielfach starke Medienwirkungen auf andere. Besonders gravierend erscheint der TPE, wenn es sich bei diesen Menschen um Politiker handelt, deren (Medien-)Handlungen besonders offensichtlich von ihren Vorstellungen geleitet werden, welche Wirkungen mediale Darstellung in der Bevölkerung potenziell auslösen. Empirische Erkenntnisse zum TPE differenzieren somit unser Verständnis des Prozesses politischer Information und Meinungsbildung.

Die vorliegende Studie war zum Zeitpunkt der Erhebung erst die Dritte zum Third-Person-Effekt in Deutschland[6] überhaupt (vgl. zuvor Brosius/Engel 1996, 1997 und Peiser/Peter 2000, 2001). Sie betritt in mehrerlei Hinsicht empirisches Neuland: Zum einen fokussiert sie speziell TPP hinsichtlich verschiedener Formen politischer Kommunikation; außerdem bettet sie sich in den Kontext einer Wahlkampfsituation ein (der Bundestagswahl 2002); und sie tut dies unter Berücksichtigung individueller Prädispositionen im Prozess der politischen Meinungs- und Willensbildung (Erstwähler vs. Wahlerfahrene). Schließlich sollten hier die aus US-amerikanischen Studien bekannten Zusammenhänge insbesondere zum Einfluss zweier zentraler Faktoren (soziale Distanz der Vergleichsgruppe, Erwünschtheit der Botschaft) überprüft werden. Hier stellt sich immer noch die berechtigte Frage, ob US-amerikanische Befunde auch für den deutschen Sprachraum Gültigkeit beanspruchen können, denn an anderer Stelle wurde bereit gemutmaßt, dass kulturelle Faktoren sowohl das Auftreten als auch das Ausmaß des TPE beeinflussen könnten (Lee/Tamborini, 2005: 295-297). Obwohl sich Deutschland und die USA beide als Industrienationen der westlichen Hemisphäre mit demokratischer Staatsform beschreiben lassen, existieren hinsichtlich des politischen ebenso wie des Mediensystems doch substanzielle Unterschiede zwischen beiden Gesellschaften, die möglicherweise auch das Aufscheinen des TPE modifizieren. Beispielsweise könnten sowohl die stärkere mediale Durchdringung des amerikanischen Alltags (ausgedrückt z. B. in der längeren durchschnittlichen Fernsehdauer) als auch die stärkere Ausrichtung der Wahlkämpfe an den Medien, wie sie sich etwa in der langen Tradition inszenierter Kandidatenduelle äußert, die Annahmen über Medienwirkungen beeinflussen.

---

6 Chronologisch nachgeordnet wurde z. B. die Studie von Wolf (2008; Erhebung in 2005) durchgeführt.

3.1 Forschungsfragen und Hypothesen der empirischen Studie

In Deutschland kulminiert das politische Kommunikationsaufkommen während der Wahlkämpfe zum nationalen Parlament. Deswegen sollten politische Medienwirkungen genau in diesen Zeiten umfangreicher medialer Aktivitäten vermutet werden, und in der Folge auch das bekannte Wahrnehmungsdifferenzial zwischen eben diesen Wirkungen auf die eigene Person bzw. auf Andere bevorzugt hier auftreten. Mit Bezug auf die robusten Befunde früherer Studien (s. o., 1.1) ist anzunehmen, dass sich die TPP auch in diesem Kontext nachweisen lässt. Daraus folgt:

Hypothese 1: Menschen unterstellen politischer Kommunikation in den Medien generell eine höhere Wirkung auf andere als auf sich selbst (Wahrnehmungsdifferenzial).

Ebenfalls gut belegt ist die oben ausgeführte „social distance corollary" (1.2), wonach das Ausmaß der TPP sinkt, je näher einer Person die spezifische Vergleichsgruppe steht. Um diesen Sachverhalt zu prüfen, ist folglich die Spezifizierung von mindestens zwei Vergleichsgruppen erforderlich. Speziell zwischen Vergleichen mit einer anonymen Allgemeinheit („third persons") und Personen aus dem näheren Umfeld („second persons") sind klare Unterschiede anzutreffen (vgl. insbes. Wolf 2008). Folglich steht zu vermuten:

Hypothese 2: Das Wahrnehmungsdifferenzial ist größer beim Vergleich mit der anonymen Allgemeinheit und kleiner für den Vergleich mit den Wirkungen auf persönliche Freunde und Bekannte (Einfluss sozialer Distanz).

Verschiedene Studien legen nahe, dass die Art der Medienbotschaft, deren Wirkung eingeschätzt werden soll, die Größe des gefundenen Wahrnehmungsdifferenzials beeinflusst: Für Botschaften, die gesellschaftlich unerwünschte Wirkungen erwarten lassen (z. B. Meinungsmanipulation), sollte besonders ausgeprägt eine Beeinflussbarkeit der Anderen vermutet werden, während erwünschten Wirkungen (z. B. Wissenszuwachs) mitunter sogar größere Wirkungen auf die eigene Person zugeschrieben werden (firstperson effect). Gerade in Wahlkampfzeiten richtet sich eine große Vielfalt unterschiedlicher Quellen an die Wahlbevölkerung, weshalb die entsprechenden Unterschiede deutlich zu Tage treten sollten. Beispielsweise schrieben sowohl wissenschaftliche als auch journalistische Beobachter den Kandidatendebatten, die sowohl in 2002 wie auch in 2005 als nationale Fernsehereignisse inszeniert waren und über 20 Millionen Zuschauer vor die Bildschirme locken konnten, eine große Wirkungsmacht auf ihr Publikum zu (Holtz-Bacha et al. 2005; Anonym 2005; Maurer et al. 2007). Andere Arten von Botschaften wären Beiträge in Fernsehnachrichten oder Wahlwerbespots. Folglich gilt:

Hypothese 3: Das Wahrnehmungsdifferenzial ist größer bei der Frage nach Botschaften mit vermeintlich sozial unerwünschter Wirkung und kleiner – oder sogar umgekehrt – bei der Frage nach Botschaften mit sozial erwünschter Wirkung (Einfluss der Botschaft).

Darüber hinaus wäre zu fragen, welche Interaktionseffekte zwischen beiden Faktoren (soziale Distanz der Vergleichsgruppe, Erwünschtheit der Wirkung) bestehen. Die Verknüpfung beider Konstrukte konnte bereits theoretisch begründet und empirisch belegt werden (vgl. Lambe/McLeod 2005: bes. S. 290); allerdings lassen sich hierzu im Vorfeld keine eindeutigen Hypothesen formulieren.

Forschungsfrage 1: In welchem Zusammenhang stehen die soziale Distanz der Vergleichsgruppe und die Erwünschtheit der Wirkung bei einer Botschaft hinsichtlich der Größe des Wahrnehmungsdifferenzials?

Im Third-Person-Ansatz als zweite Stufe benannt, aber bislang mit deutlich geringerer empirischer Fundierung wird davon ausgegangen, dass die Größe des Wahrnehmungsdifferenzials in der Folge auch die Verhaltensabsichten der Rezipienten beeinflusst (TPB). Klassisch wäre hier die Einschränkung der persönlichen Freiheit (Wahlrecht) zu nennen. Gerade für den Bereich der politischen Kommunikation könnte man aber genauso über mögliche Folgeeffekte hinsichtlich der eigenen politischen Partizipation (s. o.) bzw. der allgemeinen Politikverdrossenheit (vgl. Holtz-Bacha 1990; Wolling 1999; Moy/Scheufele 2000) spekulieren. Im ersten Fall würde eine plausible Annahme lauten, dass Menschen mit einem steigenden Wahrnehmungsdifferenzial selbst stärker politisch aktiv sind – egal ob die vermuteten Wirkungen auf andere diese Aktivitäten stimulieren, oder gerade politisch aktive Menschen andere möglicherweise für leichter beeinflussbar halten. Im zweiten Fall ließe sich analog vermuten, dass der Glaube an die Selbstwirksamkeit der eigenen politischen Handlungen als Gegenpol von Politikverdrossenheit (vgl. Kepplinger 1998: 223) dann zunimmt, wenn man sich selbst für weniger beeinflussbar durch Medien hält als andere Menschen. Daraus folgen drei weitere Hypothesen:

Hypothese 4a: Mit einem steigenden Wahrnehmungsdifferenzial glauben Menschen eher, das allgemeine Wahlrecht müsse an Bedingungen geknüpft werden.

Hypothese 4b: Mit einem steigenden Wahrnehmungsdifferenzial steigt auch der Aufwand des Einzelnen bei der politischen Meinungs- und Willensbildung an.

Hypothese 4c: Mit einem steigenden Wahrnehmungsdifferenzial glauben Menschen eher an die Selbstwirksamkeit der eigenen politischen Handlungen.

Hierbei sei allerdings erneut betont, dass es sich bei den jeweiligen abhängigen Variablen nicht um die Messung tatsächlichen Verhaltens handeln kann, sondern um Verhaltensabsichten, die eher den Charakter persönlicher Einstellungen besitzen.

Den empirischen Befunden zufolge scheinen gerade ältere und höher gebildete Personen (die „gesellschaftliche Elite") einer TPP zu unterliegen (vgl. z. B. Tiedge et al. 1991; Brosius/Engel 1997: 338-339 für unterschiedliche Arten von Botschaften). Auch Rucinski und Salmon (1990: 358) bestätigen einen signifikanten Effekt der Bildung: Personen mit höheren Schulabschlüssen weisen eine höhere TPP auf, die sich vordringlich auf die Unterstellung einer stärkeren Wirkung auf andere zurückführen lässt (und nicht bloß auf die Annahme einer geringeren Wirkung auf sich selbst). In diesem Sinne ließe sich auch der oben erwähnte Befund in der Meta-Analyse von Paul et al. (2000: 78) deuten, wonach die TPP bei der Befragung von College-Studenten signifikant stärker ist als für nicht-studentische Samples. In ihrer Third-Person-Studie bestimmten Peiser und Peter (2001) auch die Bedeutung der Möglichkeiten und Grenzen, die einer Person bei der Entwicklung von Wahrnehmungsdifferenzen aufgrund ihrer sozialen Position gesetzt sind. Tatsächlich zeigten solche Personen, die aufgrund ihrer persönlichen Situation weniger Spielraum für eine TPP aufwiesen, auch geringere Differenzwerte. Übertragen auf die vorliegende Fragestellung könnte man aufgrund beider Befunde vermuten, dass im Bereich politischer bzw. Wahlkampfkommunikation jene jüngeren Personen, die gleichzeitig über eine geringere Erfahrung mit Wahlvorgängen und ihren Begeleitumständen verfügen, aber auch eine kürzere Phase politischer Sozialisation durchlaufen haben, ein geringeres Wahrnehmungsdifferenzial aufweisen. Folglich müsste gelten:

Hypothese 5: Der TPE fällt für Erstwähler und für erfahrene Wähler unterschiedlich aus. Dabei sollten erfahrene Wähler ein höheres Wahrnehmungsdifferenzial und klarere Zusammenhänge mit daraus resultierenden Verhaltensabsichten aufweisen.

Schließlich wäre die Bedeutung weiterer Persönlichkeitsmerkmale wie der Mediennutzungsmuster, des allgemeinen Images von Medien oder der Facetten des politischen Interesses auf den TPE zu eruieren:

Forschungsfrage 2: Wie werden TPP und TPB durch weitere Persönlichkeitsmerkmale beeinflusst?

Die fünf genannten Hypothesen und die beiden Forschungsfragen, die zunächst aufgrund der Befunde aus US-amerikanischen Studien formuliert sind, werden im folgenden anhand einer empirischen Feldstudie überprüft, die mögliche kulturelle Unterschiede zwischen Deutschland und den USA im Auge behält. Auf die Modellierung einer auf die Parteipräferenz bezogenen sozialen Distanz wurde allerdings ebenso verzichtet wie auf die Vorgabe partei- oder kandidatenbezogener Medienbotschaften (vgl. Meirick 2004), da dies die mögliche Komplexität der Abfragen überstiegen und im Feld (im Gegensatz zur experimentellen Manipulation) vermutlich keine validen Befunde ergeben hätte.

3.2 Methode und Stichprobenbeschreibung

Ausgewählte Aspekte der hier aufgezeigten Fragestellungen wurden durch eine mündliche Befragung im Kontext der Bundestagswahl 2002 empirisch untersucht. Basierend auf einem komplexen Untersuchungsmodell (vgl. *Abbildung 1*) wurde für zwei Vergleichsgruppen mit verschiedener Distanz (Freunde & Bekannte, „second persons" vs. deutsche Bevölkerung, „third persons") die Einschätzung der Wirksamkeit von sechs Arten politischer Medienbotschaften abgefragt, die gesellschaftlich als jeweils unterschiedlich erwünscht gelten können. Neben den üblichen Indikatoren politischer Einstellungen und Aktivierung, den soziodemographischen und den Mediennutzungs-Variablen wurden schließlich drei Messungen möglicher Verhaltenskonsequenzen vorgelegt.

Zwischen dem 23. und 29. September 2002, also in der Woche unmittelbar nach dem Wahltermin, führten 40 Studierende der Kommunikationswissenschaft insgesamt 420 mündliche Interviews in Ferienorten an der nordspanischen Küste durch.[7] Die Teilnehmer wurden unmittelbar in der Öffentlichkeit angesprochen (z. B. am Strand, in Restaurants oder auf der Promenade), weshalb es sich um eine Gefälligkeitsstichprobe handelt, deren Befunde keinerlei Anspruch auf Repräsentativität für die deutsche Wahlbevölkerung erheben können. Allerdings war für die Probandenauswahl eine Quotenvorgabe festgelegt, die neben einer ausgewogenen Verteilung soziodemographischer Merkmale insbesondere einen aussagekräftigen Anteil von Erstwählern sichern sollte. Dementsprechend zeigt die Stichprobenbeschreibung, dass 39,5 Prozent der Befragten (n = 167) mit einem Alter von 21 Jahren oder jünger als Erstwähler einer Bundestagswahl gelten können. Weitere 253 Befragte über 21 Jahren gelten im Sinne unserer Definition als wahlerfahren. Verglichen mit dem Bevölkerungsdurchschnitt ist der Anteil männlicher Befragter leicht überrepräsentiert, speziell in der Gruppe der Wahlerfahrenen. Dort ist das Bildungsniveau ausgeglichen verteilt, während die Erstwähler im Schnitt etwas gebildeter sind.[8] Der Anteil von Befragten aus den neuen Bundesländern ist in beiden Teilstichproben identisch und entspricht in etwa deren Anteil an der deutschen Gesamtbevölkerung.

85,3 Prozent der Befragten gaben an, per Briefwahl an der Bundestagswahl teilgenommen zu haben. Dieser Anteil dürfte gegenüber der tatsächlichen Wahlbeteiligung von 79,1 Prozent zweifellos durch das Phänomen der sozialen Erwünschtheit nach oben verzerrt sein; offizielle Daten zeigen freilich, dass unter Briefwählern, die in jüngerer Zeit rund ein Fünftel der Wähler stellen, die Wahlbeteiligung durchgängig bei etwa 95 Prozent liegt, wenn erstmal ein Wahlschein beantragt wurde (Erlbeck 2002). Die politische Orientierung der Befragten, gemessen auf einer Skala zwischen 0 und 100, war mit einem Wert von 45 (SD = 18) leicht links von der Mitte, deutet aber dennoch auf eine Selbstverortung im politischen Mainstream hin. Eine Mehrheit unterstützte den amtierenden Kanzler Gerhard Schröder, damals Spitzenkandidat der SPD und späterer Wahlsieger. Drei Viertel der Befragten waren bereit, uns ihre Wahlentscheidung mitzuteilen. Unter den Erstwählern war hier eine Präferenz für die regierende Koalition aus SPD und Grünen festzustellen (was auch mit dem offiziellen Wahlergebnis bei den unter 25jährigen korrespondiert; vgl. Hahlen 2003). Allerdings erreicht die CDU/CSU unter den erfahrenen Wählern hingegen nicht ihren tatsächlichen Anteil, denn SPD-Anhänger sind hier etwas stärker vertreten.

Insgesamt unterscheidet sich die vorliegende Stichprobe in manchen Aspekten von der deutschen Wahlbevölkerung, aber repräsentiert aus unserer Sicht die Gruppen der Erst- und erfahrenen Wähler hinreichend gut, um die Untersuchung von TPE politischer Kommunikation unter deutschen Mediennutzern zu erlauben (vgl. kürzlich z. B.

---

7 Die Befragungssituation ergab sich aus dem Hauptinteresse der Studie, nämlich das Informations- und Wahlverhalten von Deutschen zu analysieren, die sich zum eigentlichen Wahltermin nicht in Deutschland befanden (vgl. Rössler 2003). Die Studie erhob darüber hinaus aber auch Angaben zu TPP und TPB für verschiedene Formen politischer Kommunikation.

8 Die erklärt sich aus dem Befragungszeitpunkt, da der Wahltermin nicht in die üblichen Ferienzeiten fiel. Jüngere Teilnehmer waren deswegen häufig Studierende in ihrer Semesterpause; Familien mit Schulkindern sind in der Stichprobe deswegen ebenfalls unterrepräsentiert, was bei der Interpretation der Ergebnisse zu berücksichtigen ist.

Lambe/McLeod 2005 oder Lee/Tamborini 2005 mit ähnlicher Datengrundlage).[9] Durchschnittlich dauerte jedes Interview etwa 30 Minuten und enthielt zur Operationalisierung unseres Untersuchungsmodells (vgl. Abb. 1) Fragen zum Mediennutzungsverhalten der Respondenten, zu ihren politischen Einstellungen und Verhalten, und natürlich zu den verschiedenen Wahrnehmungs- und Verhaltenskomponenten des TPE:

Variablen zur Wahrnehmung von Medienwirkungen: Die Einschätzung des Medieneinflusses erfolgte analog zu Messungen in früheren TPE-Studien. Die Befragten wurden zunächst gebeten, die Wirkungen von sechs verschiedenen Arten politischer Kommunikation (politische Nachrichten, Interviews mit Politikern, Gespräche mit Freunden, Kandidatendebatten im Fernsehen, Ergebnisse von Meinungsumfragen, Wahlwerbung) auf ihre persönliche Wahlentscheidung einzuschätzen, und zwar anhand einer Skala zwischen 0 (gar kein Einfluss) und 100 (starker Einfluss). Während bislang bei Nachrichten eine geringere TPP zu verzeichnen war, kennzeichnet Wahlwerbung als sozial unerwünschter Einfluss ein stabil hohes Differenzial (Brosius/Engel 1997: 336). Die in den USA verbreitete, dezidiert negative Wahlwerbung (vgl. Salwen/Dupagne 1999) ist in Deutschland bislang kaum anzutreffen. Meinungsumfragen liefern scheinbar „objektive" Auskünfte über die Meinungsverteilung, gerade die Medienberichterstattung hat allerdings die Validität der veröffentlichten Umfrageergebnisse immer wieder in Zweifel gezogen (z. B. Bornhöft/Pötzl 2002). Auch bei der Bundestagswahl 2002 lieferten die Medienberichte über die unterschiedlichen Umfragen ein heterogenes Bild. Nur folgerichtig stoßen die Beiträge zwar durchaus auf das Interesse des Publikums, wenngleich den Umfragen keine sonderlich hohe Aussagekraft zugemessen wird (ausf. Rössler 2003).

Im weiteren Verlauf des Fragebogens wurden dieselben Wirkungseinschätzungen auch bezüglich der Gesamtbevölkerung sowie auf nahe Freunde und die Familie erhoben (vgl. Brosius/Engel 1996 für eine ähnliche Operationalisierung sozialer Distanz). Die Sequenz abgefragter Kommunikationsarten wurde variiert, um Reihenfolgeneffekte zu reduzieren, während die Abfolge der Wahrnehmungsabfragen entsprechend früherer Befunde (Dupagne et al. 1999) konstant gehalten wurde. Die sechs Second- bzw. Third-Person-Wahrnehmungsdifferenziale wurden berechnet, indem jeweils der Wert für die Wirkung auf einen selbst von dem jeweiligen Vergleichswert subtrahiert wurde. Folglich bedeuten positive Differenzwerte eine Wahrnehmungsdifferenz im Sinne der TPP, während negative Werte auf einen Umkehreffekt verweisen (Perloff 1993: 170), oder in anderen Worten auf einen First-Person-Effekt auf die eigene Person.

Verhaltensabsichten: Mögliche Folgewirkungen einer TPP auf eigene Verhaltensabsichten wurden anhand von drei Indikatoren ermittelt: (1) die Unterstützung einer Initiative, die das Wahlrecht an ein Mindestmaß an politischem Interesse und Wissen (sog. „Wahlführerschein") koppeln will (Antworten auf einer fünfstufigen Skala); (2) politische Selbstwirksamkeit als Summenindex (Werte zwischen 4 und 20) von vier Einschätzungen des eigenen Einflusses auf den politischen Prozess; und (3) eigener Auf-

---

9 Trotzdem sei betont, dass die in der Folge berichteten Signifikanzwerte nicht im strengen statistischen Sinn die Übertragbarkeit der Befunde auf die deutsche Wahlbevölkerung indizieren, sondern als Anhaltspunkte für die Relevanz der jeweiligen Befunde gelten sollen.

Abbildung 1: Untersuchungsmodell für Third-Person-Wahrnehmungen politischer Kommunikationsangebote

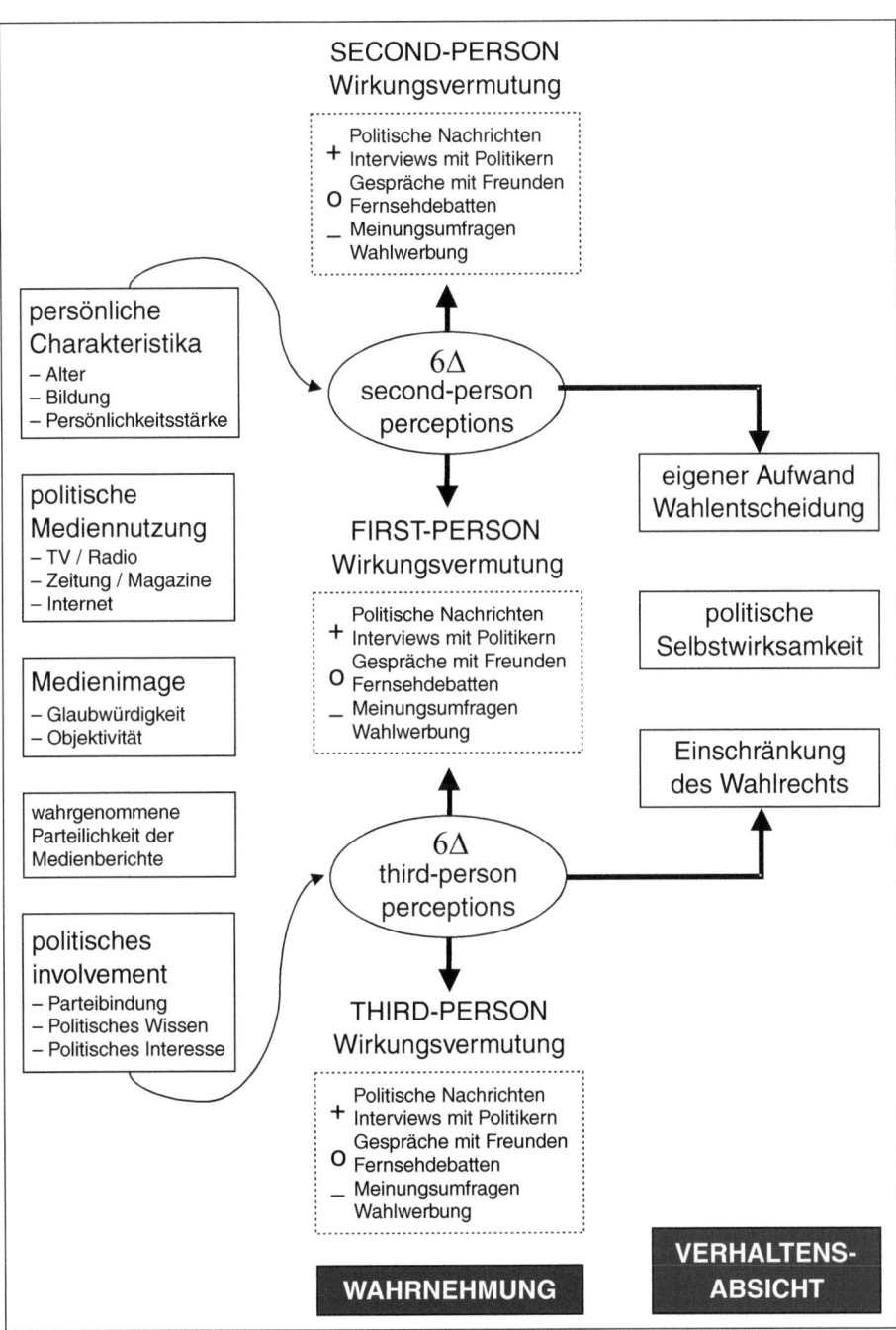

Quelle: eigene Darstellung.

wand für die Wahlentscheidung als Summenindex (Werte zwischen 0 und 8) der Ausübung acht verschiedener Formen politischer Partizipation.

Medienbezogene Variablen: Für Tageszeitungen und Magazine, Nachrichten in Fernsehen, Radio und Internet wurde die Selbsteinschätzung erhoben, wie häufig die Befragten diese medialen Quellen nutzen, um politische Informationen zu erhalten. Ferner wurde die generalisierte Einstellung zu Medien anhand eines additiven Indexes (Werte zwischen 6 und 30) erhoben, der auf sechs Fragen zu Objektivität und Glaubwürdigkeit von Medien beruhte. Schließlich ergab sich die vermutete Parteilichkeit der Medienberichte als Differenzwert aus der eigenen politischen Position und der Einschätzung, welche politische Position die deutschen Medien insgesamt vertreten würden.

Politisches Involvement: Im Unterschied zu den verschiedenen Formen politischer Partizipation (Verhaltensabsichten, s. o.) wurde das politische Involvement durch drei Konstrukte operationalisiert: (1) Parteibindung, basierend auf einem additiven Index (Werte zwischen 0 und 16) von fünf Indikatoren zur persönlichen Bedeutung der bevorzugten Partei; (2) Politisches Wissen als Selbsteinschätzung anhand von fünf Aussagen (additiver Index zwischen 5 und 25); (3) Politische Interesse durch eine Frage nach dem Interesse der Person am vergangenen Wahlkampf (Skala zwischen 0 = überhaupt kein Interesse und 10 = sehr starkes Interesse).

Persönlichkeitsmerkmale: Neben der Unterscheidung von Erst- und erfahrenen Wählern (s. o.) wurde der erreichte oder derzeit angestrebte Bildungsabschluss der Befragten und außerdem ihre Persönlichkeitsstärke erhoben (entsprechend ihrer ursprünglichen Formulierung durch Noelle-Neumann 1985; Indexwert aus 13 Indikatoren, Werte zwischen 101 und 198).

3.3 Befunde zur Wahrnehmungs-und Verhaltenskomponente des TPE

Voraussetzung für jede weitergehende Untersuchung von Third-Person-Effekten ist der Nachweis des Wahrnehmungsdifferenzials zwischen Medienwirkungen auf die eigene Person und auf andere. Wie in der ersten Hypothese vermutet sind alle zwölf berechneten Differenzwerte positiv, d. h. die Befragten schreiben den unterschiedlichen medialen Quellen jeweils eine höhere Wirkung auf andere Personen zu (vgl. *Tabelle 1*). Damit bestätigt auch die vorliegende Studie – wie zahlreiche vor ihr – den grundlegenden Mechanismus der TPP. Ebenfalls bestätigt sich der Einfluss der sozialen Distanz (H2): Für alle sechs medialen Quellen ist das Wahrnehmungsdifferenzial bezüglich der Allgemeinheit jeweils größer als das bezüglich des näheren persönlichen Umfeldes. Diese Unterschiede sind ausnahmslos statistisch signifikant – mithin ist die TPP wesentlich deutlicher ausgeprägt als die Second-Person-Perception.

Die Interpretationen der Befunde zur sozialen Wünschbarkeit einer Medienwirkung (H3) sind weniger deutlich. Zunächst weisen jedoch jene beiden Arten von politischen Botschaften die vorab als „erwünscht" eingestuft wurden (politische Nachrichten, Interviews mit Politikern), tatsächlich die geringsten Differenzwerte auf. Umgekehrt sind diese Werte deutlich höher für Quellen, denen eine unerwünschte Wirkung unterstellt werden kann (Wahlwerbung, Umfrageergebnisse). Beide Resultate bestätigen frühere

Tabelle 1: Second- und Third-Person-Wahrnehmungsdifferenziale bei unterschiedlichen Arten von Medieneinflüssen

Einfluss von ...	Second-Person Perception			Third-Person Perception		
	alle Befragten (n = 415)	Erstwähler (n = 166)	erfahrene Wähler (n = 249)	alle Befragten (n = 415)	Erstwähler (n = 166)	erfahrene Wähler (n = 249)
politischen Nachrichten	3,3 (28,3)	−0,3 (27,4)	5,8 (28,7)+	11,0 (29,9)***	5,7 (25,9)	14,5 (32,0)++
Interviews mit Politikern	3,9 (27,1)	3,1 (24,7)	4,4 (28,6)	7,7 (30,1)**	5,2 (28,1)	9,4 (31,4)
Gespräche mit Freunden	7,0 (26,1)	2,9 (25,5)	9,8 (26,2)++	10,5 (27,5)**	4,3 (24,9)	14,7 (10,5)+++
Kandidatendebatten im Fernsehen	15,2 (29,5)	15,0 (30,1)	15,4 (29,11)	32,9 (30,2)***	31,9 (31,9)	33,7 (29,1)
Ergebnisse von Meinungsumfragen	10,2 (23,2)	12,1 (21,5)	8,9 (24,3)	22,6 (24,7)***	22,7 (22,3)	22,5 (25,2)
Wahlwerbung	6,6 (21,7)	4,5 (19,3)	8,1 (23,3)	23,3 (23,7)***	20,2 (23,3)	25,3 (23,8)+

Mittelwerte zwischen −100 and +100; Standardabweichungen in Klammern.

Alle Befragten: Unterschiede zwischen Second- und Third-Person-Perception: *** $p < .001$; ** $p < .01$; * $p < .05$.

Wählergruppen: Unterschiede zwischen Erstwählern und erfahrenen Wählern: +++ $p < .001$; ++ $p < .01$; + $p < .05$.

Forschungsergebnisse, während die beiden Arten von medialen Botschaften, denen vorab ein ambivalentes Wirkungspotenzial zugeschrieben wurde, sich jeweils einer der Positionen zuordnen lassen: Für Gespräche im Bekanntenkreis – einen Einfluss, der bereits Aspekte sozialer Distanz berührt – resultieren nur geringe Differenzen. Sie werden als ähnlich einflussreich auf alle Menschen eingeschätzt. Umgekehrt werden die Fernsehdebatten der Kanzlerkandidaten – aufgrund von deren extrem starker Regulierung überraschend – als hoch einflussreich auf andere angesehen. Die Differenzwerte überschreiten sogar die für Wahlwerbung, und da Negativ-Kampagnen in Deutschland bislang wenig verbreitet sind, verkörpern die so genannten „Kanzlerduelle" jenen medialen Einfluss, dem die Befragten die größte Macht einräumen, die Wahlbevölkerung zu manipulieren.

Die Interaktionen zwischen sozialer Distanz und Erwünschtheit der Wirkung zeigt *Abbildung 2*. Obwohl nicht immer vollkommen lineare Zusammenhänge zu erkennen sind, ergeben sich doch deutlich parallele Entwicklungen, die wenig Anhaltspunkte für Interaktionseffekte zwischen beiden Konstrukten liefern. Lediglich für zwei Arten von Botschaften zeigt sich eine überproportional hohe Abweichung der Differenzwerte: Sowohl für Wahlwerbung als auch für politische Nachrichten wird die TPP erheblich stärker in Bezug auf die anonyme Masse, verglichen mit dem Bekanntenkreis. Gerade für den Fall der Wahlwerbung wird besonders deutlich, dass hier kaum ein Unterschied in der Beeinflussbarkeit zwischen den eigenen Freunden und einem selbst gesehen

Abbildung 2: Interaktion zwischen sozialer Distanz und Erwünschtheit der Medienwirkung bei den Wahrnehmungsdifferenzialen (n = 415)

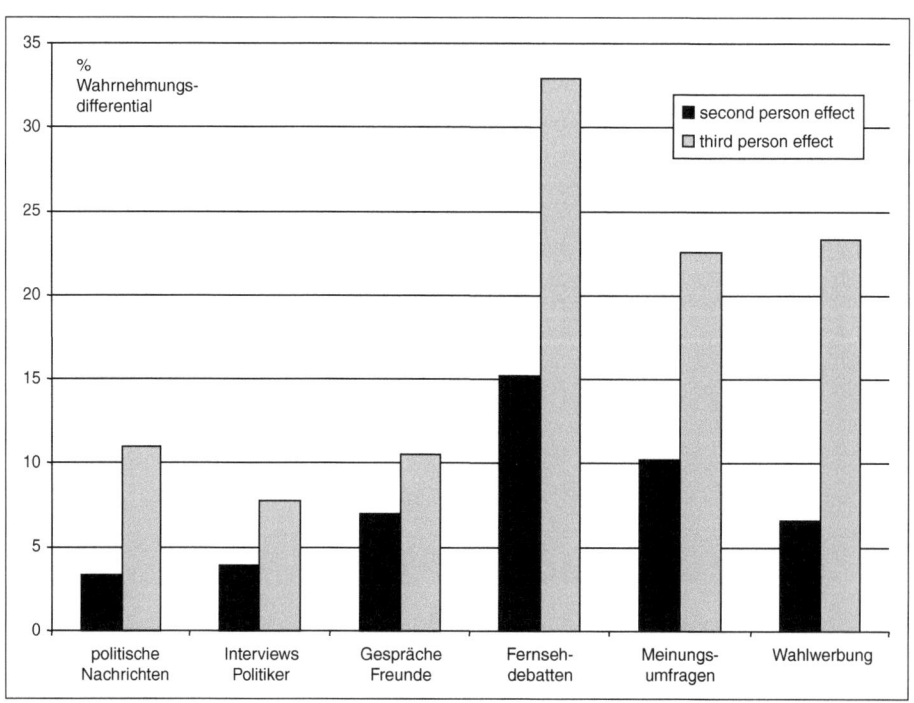

Tabelle 2: Lineare Regressionen der Second- und Third-Person-Wahrnehmungsdifferenziale hinsichtlich verschiedener medialer Einflüsse auf die Verhaltensabsichten

	Unterstützung für Wahleinschränkungen	Aufwand für Wahlentscheidung	politische Selbstwirksamkeit
Second-Person Perceptions			
• politische Nachrichten			
• Interviews mit Politikern			
• Gespräche mit Freunden		.33	
• Kandidatendebatten im Fernsehen	–.21		
• Ergebnisse von Meinungsumfragen			
• Wahlwerbung	.15		
Third-Person Perceptions			–.17
• politische Nachrichten			
• Interviews mit Politikern		–.17	
• Gespräche mit Freunden		–.32	
• Kandidatendebatten im Fernsehen	.21		
• Ergebnisse von Meinungsumfragen	.23		
• Wahlwerbung			
n	356	338	335
R²	.05	.05	.04
F-Wert	1.51 (n.s.)	2.45**	2.08*

Werte sind standardisierte beta-Koeffizienten mit < .05.

wird, aber ein deutlicher Unterschied zu anonymen Dritten. Zu Forschungsfrage 1 enthalten die vorliegenden Daten also bestenfalls erste Hinweise, denen in zukünftiger Forschung noch expliziter nachgegangen werden müsste.

Drei Teilhypothesen (H4a-c) leiteten die Analyse der Bedeutung von Wahrnehmungsdifferenzialen für die Verhaltensabsichten der Teilnehmer. Mit Hilfe linearer Regressionen wurde der Zusammenhang zwischen jeder der zwölf Differenzvariablen auf die drei Verhaltensindikatoren bestimmt (vgl. *Tabelle 2*). Wie bereits in früheren Studien sind die Befunde eher enttäuschend: Die durch die unabhängigen Variablen erklärte Varianz ist gering, und die signifikanten Beta-Werte streuen unsystematisch. Unseren Befunden zufolge steigt die Zustimmung zu Einschränkungen im Wahlrecht dann, wenn Menschen persönlichen Gesprächen und den Fernsehdebatten eine besonders höhere Wirkung auf anonyme Dritte als auf einen selbst unterstellen, und wenn sie ihre Freunde als stärker empfänglich für Wahlwerbung beschreiben. Allerdings sinkt die Zustimmung, je stärker sie die Effekte der TV-Debatten auf ihre Freunde (im Vergleich zu sich selbst) einschätzen. Der Aufwand für die Wahlentscheidung steigt, wenn sich die Allgemeinheit vermeintlich stärker von Gesprächen im Freundeskreis beeinflussen lässt, aber gleichzeitig die eigenen Freunde davon weniger – und außerdem, je mehr die anonymen anderen sich von Interviews mit Politikern überzeugen lassen. Die politische Selbstwirksamkeit schließlich steigt, je geringer man den Unterschied zwischen anderen und sich selbst beim Einfluss von politischen Nachrichten wahrnimmt. Einzig der letztere Befund lässt sich einigermaßen sinnvoll interpretieren, wenn man davon ausgeht, dass die eigene Beeinflussbarkeit durch positiv konnotierte politische Kommunikation wie etwa Fernsehnachrichten so etwas wie eine Grundlage für das Gefühl ist, selbst etwas politisch verändern zu können. Insgesamt können die singulären und eher schwachen Zusammenhänge jedoch, ähnlich wie in verschiedenen Vorläuferstudien, nicht zur Erhellung des Zusammenhangs zwischen TPP und TPB beitragen.[10]

Die letzte Hypothese geht davon aus, dass sich die TPP bei wahlerfahrenen Personen eher manifestiert als bei Erstwählern (H5). Dies bestätigt sich für zehn der 12 Wahrnehmungsdifferenziale, davon in fünf Fällen auf statistisch signifikantem Niveau (vgl. erneut *Tabelle 1*). Anscheinend glauben Erstwähler tatsächlich überwiegend, dass sie selbst sich in ihrer Beeinflussbarkeit durch Medien weniger von anderen Menschen unterscheiden, verglichen mit älteren und erfahreneren Wählern. Der zweite Teil der Hypothese, der die Verhaltenskomponente des TPE betrifft, wird für diese Teilgruppen genauso wenig gestützt wie für das gesamte Sample (Daten nicht beigefügt).

Unsere abschließende Forschungsfrage 2 widmete sich der Bedeutung weiterer Persönlichkeitsvariablen für TPP und TPB. Nach der Zusammenfassung der jeweils sechs einzelnen Wahrnehmungsdifferenziale zu je einem Indexwert für die Second-Person-Perceptions (SPP) und die Third-Person-Perceptions (TPP) verdeutlichen Pearson-Korrelationen, dass insbesondere zwei Variablen mit beiden Arten von Differenzialen verknüpft sind: Mit steigender Bildung sinken die Wahrnehmungsdifferenzen (SPP: −.11; TPP: −.21), was im Widerspruch zu früheren deutschen TPE-Studien steht (Brosius/Engel 1996). Und die Annahme einer Parteilichkeit der Medienberichterstattung unterstützt sowohl SPP (.16) als auch TPP (.17); das heißt: Wenn Menschen glauben, die in den Medien vertretene Meinung weicht deutlich von der eigenen Meinung ab, dann vermuten sie auch steigende Medieneffekte auf andere im Vergleich zu sich selbst. Außerdem reduziert ein generell positives Image von Medien die Differenz zwischen Wirkungen auf andere und sich selbst (TPP: −.11). Vereinzelt zeigen sich weitere signifikante Korrelationen zwischen einzelnen Aspekten der Mediennutzung bzw. des politischen Involvements und Wahrnehmungsdifferenzen hinsichtlich einzelner medialer Quellen; diese Zusammenhänge gehen bei einer Verdichtung der Befunde jedoch unter.[11] Obwohl die empirischen Anhaltspunkte für eine Detailanalyse zu schwach sind, sei hier summarisch festgehalten, dass Persönlichkeitsstärke, die Nutzung audiovisueller Medien und politisches Interesse vergleichsweise wenig mit SPP und TPP verknüpft sind. Dagegen korrelieren die Nutzung von Printmedien und des Internet, sowie insbesondere Parteinähe und politisches Wissen für einzelne Typen politischer Kommunikation mit den jeweiligen Wirkungseinschätzungen.

---

10 Auch Kontrollanalysen, die statt des Differenzials nur die reine Höhe vermuteter Medienwirkungen auf andere als abhängige Variablen berücksichtigten, erbrachten keine schlüssigeren Ergebnisse.
11 Eine Faktorenanalyse zur Verdichtung der sechs medialen Quellen erbrachte ebenfalls keine befriedigende Lösung.

4. Fazit und Diskussion

Dreizehn Jahre nach der Veröffentlichung seines grundlegenden Aufsatzes blickte W. Philips Davison auf die Forschungslawine zurück, die sein Beitrag losgetreten hatte (Davison 1996). Unter anderem musste er zugeben, dass seine erste Einschätzung des Phänomens falsch gewesen war – es handele sich beim TPE nämlich nicht um eine bestimmte psychologische Prädisposition, sondern um eine komplexe Reaktion, die vom jeweiligen Gegenstand der Kommunikation, den Eigenschaften des Rezipienten und der jeweiligen Situation abhängt (S. 114). Dies illustriert die Zwischenstellung des TPE, der sowohl Elemente einer Mikro- als auch einer Makro-Perspektive von Medienwirkungen auf komplexe Art und Weise verknüpft.

Hinsichtlich der möglichen Wirkungen auf das Medienpublikum ließe sich angesichts des Trends zur medialen Selbstthematisierung einwenden, dass hier vielleicht sogar ein unmittelbarer Medieneffekt vorliegt – nämlich aufgrund von in der Medienberichterstattung enthaltenen Aussagen zur Medienwirkung. Wenn die Medien tatsächlich massiv über die eigene Wirkungsmacht reflektieren würden, könnten entsprechende Einschätzungen der Beeinflussbarkeit der Allgemeinheit auch auf einem viel simpleren Mechanismus der intensiven Medienbeobachtung beruhen. Um diesen Sachverhalt zu beleuchten, wurde parallel zur oben dargestellten Umfrage eine Inhaltsanalyse der Berichterstattung von Beiträgen in Tageszeitungen und dem Fernsehen durchgeführt. Zwar wird gerade im Kontext der so genannten Kanzlerduelle immer wieder über deren vermeintliche Wirkung auf ihr Publikum spekuliert – insgesamt ist trotz einer extensiven Medienbeobachtung[12] der Umfang adressierter Medienwirkungen gering: Es wurden genau 20 entsprechende Beiträge aufgefunden, wobei in etwa der Hälfte der Fälle ein pauschaler Einfluss auf die Wahlentscheidung angenommen wurde, ohne die Mechanismen dieses Einflusses genauer zu spezifizieren. Aufgrund dieser wenigen, im Strom der Medienberichterstattung zu vernachlässigenden Berichte schließen wir für die vorliegende Studie das skizzierte unmittelbare Medienwirkungsphänomen weitgehend aus.

Die Ergebnisse der Studie bestätigen vielmehr das grundsätzliche Muster der Third-Person-Wahrnehmung auch für den Bereich der politischen Berichterstattung. Oder wie es Jäckel (2005: 80) einmal formulierte: „Alle diagnostizieren Wirkungen, aber keiner will der ‚Patient' sein." Dabei steigt die Diskrepanz in der vermuteten Wirkung wie erwartet mit der Distanz der Vergleichsgruppe und der Unerwünschtheit der Medienwirkung, wobei hier interessante Wechselwirkungen zu verzeichnen sind. Als besonders bedeutsam für das Auftreten der Third-Person-Wahrnehmung erwiesen sich die Vorerfahrungen der Respondenten im politischen Prozess: Während sich Erstwähler als ähnlich empfänglich für Medieneffekte wie die Vergleichsgruppen einschätzen, sind bei Wahlerfahrenen größere Diskrepanzen zu verzeichnen. Dies stellt freilich nur eine mögliche Typisierung von Respondenten dar, die außerdem eng an die demographische Variable Alter gekoppelt ist. Eine andere Typisierung könnte vielleicht zu einer weiteren

---

[12] Systematisch gesichtet wurden alle wahlkampfbezogenen Artikel in 339 Ausgaben der überregionalen Tages- und Wochenzeitungen FAZ, FR, Süddeutsche Zeitung, die taz, BILD, Die Zeit, Focus und Der Spiegel sowie 27 Stunden politische Formate im Fernsehen (z. B.: Bericht aus Berlin, Presseclub, Spiegel TV usw.).

Differenzierung der Befunde beitragen. Die Belege für mögliche Konsequenzen auf der Verhaltensebene sind hingegen eher schwach und wenig systematisch.

Diese Befunde verweisen auf eine selbstreflexive Komponente auf dem Gebiet politischer Medienwirkungen – die Antizipation von Effekten auf aggregierter Ebene ist an individuelle Einstellungen (und begrenzt auch an individuelle Verhaltensabsichten) rückgekoppelt. Dies definiert eine weitere Schnittstelle für den Übergang von Medienwirkungen auf Mikro- und Makroebene. Ähnlich gelagert ist die Verknüpfung der TPP mit der Theorie der Schweigespirale: Man kann annehmen, dass die Vorstellung der Menschen von möglichen Medienwirkungen gleichzeitig deren Vorstellungen von der Verteilung der öffentlichen Meinung prägt. Unterstellen Menschen eine starke Medienwirkung auf Dritte, so müssten sie konsequenterweise genauso davon ausgehen, dass die in den Medien dominante Position auch zur Mehrheitsmeinung in der Bevölkerung wird, was die entscheidende mediale Triebfeder des Spiralprozesses erklären würde (vgl. Schenk 2002: 513). Verschiedene empirische Studien legen (auch indirekte) Zusammenhänge zwischen beiden Konzepten nahe, ohne diese jedoch pauschal bestätigen zu können (Mutz 1989; Willnat 1996). In jedem Fall würde es sich bei einer sinkenden Bereitschaft, sich aufgrund der (auch in dieser Studie angetroffenen) TPP an Gesprächen mit politischem Inhalt zu beteiligen, um einen für die politische Kommunikation relevanten Metaeffekt der Medienberichterstattung handeln.

Annahmen über stärkere Medienwirkungen auf andere können noch weitere mittelbare Folgewirkungen zeitigen: Das grundlegende Muster stabilisiert auch die Annahme negativer Medienwirkungen auf den politischen Prozess insgesamt, wie er von der Forschung zum „political cynicism" (Cappella/Jamieson 1997) thematisiert wird. Schließlich regen die Ergebnisse auch zu Spekulationen über die Relevanz dieses Third-Person-Mechanismus für politische Funktionseliten an: Neben Journalisten könnten gerade Politiker könnten besonders anfällig für sozialoptische Täuschungen über Medienwirkungen auf ihre Wähler sein und ihr Handeln daraufhin ausrichten (vgl. Lasorsa 1992). Die politische Willensbildung in Institutionen wie Parteien und Parlamente würde dann auf einer Fiktion von mächtigen Medien beruhen und der Entwicklung zur „Mediendemokratie" Vorschub leisten – eine Wahrnehmung, die durch tatsächliche Befunde der Medienwirkungsforschung (s. z. B. Schenk 2007) nur ansatzweise gedeckt wird.

Literatur

Anonym, 2005: Alle fühlen sich als Sieger, in: Der Spiegel 59, 13. September 2005, http://www.spiegel.de/politik/deutschland/0,1518,374433,00.html; 22.7.2007.
Bornhöft, Petra/Pötzl, Norbert, 2002: Demoskopie: Faktor X, in: Der Spiegel 56, Nr. 2, 36-37.
Brosius, Hans-Bernd/Engel, Dirk, 1996: The Causes of Third-person Effects: Unrealistic Optimism, Impersonal Impact, or Generalized Negative Attitudes towards Media Influence?, in: International Journal of Public Opinion Research 8, 142-162. Erweiterte deutsche Fassung: *dies.,* 1997: „Die Medien beeinflussen vielleicht die anderen, aber mich doch nicht": Zu den Ursachen des Third-Person-Effekts, in: Publizistik 42, 325-345.
Cappella, Joseph/Jamieson, Kathleen H., 1997: The Spiral of Cynicism: The Press and the Public Good. New York.

Chia, Stella C./Lu, Kerr-Hsin/McLeod, Douglas M., 2004: Sex, Lies, and Video Compact Discs. A Case Study on Third-Person Perception and Motivations for Media Censorship, in: Communication Research 31, 109-130.
Cohen, Jeremy/Davis, Robert G., 1991: Third-Person Effects and the Differential Impact in Negative Political Advertising, in: Journalism Quarterly 68, 680-688.
David, Prabu/Johnson, Melissa A., 1998: The Role of Self in Third Person Effects About Body Image, in: Journal of Communication 50, 37-58.
David, Prabu/Liu, Kaiya/Myser, Michael, 2004: Methodological Artifact or Persistent Bias? Testing the Robustness of the Third-Person and Reverse Third-Person Effects for Alcohol Messages, in: Communication Research 31, 206-233.
Davison, Phillips W., 1983: The Third-Person Effect in Communication, in: Public Opinion Quarterly 47, 1-15.
Davison, Phillips W., 1996: The Third-Person Effect Revisited, in: International Journal of Public Opinion Research 8, 113-119.
Erlbeck, F., 2002: Briefwahl. Wissenschaftliche Dienste des deutschen Bundestages, Ausarbeitung WD 1 – 066/02. Berlin.
Eveland, William P. Jr./Nathanson, Amy I./Detenber, Benjamin H./McLeod, Douglas M., 1999: Rethinking the Social Distance Corollary, Perceived Likelihood of Exposure and the Third-Person Perception, in: Communication Research 26, 275-302.
Früh, Werner, 1991: Medienwirkungen: Das dynamisch-transaktionale Modell. Theorie und empirische Forschung. Opladen.
Gunther, Albert, 1991: What We Think Others Think, Cause and Consequence in the Third-Person Effect, in: Communication Research 18, 355-372.
Hahlen, Johann, 2003: Endgültige Ergebnisse der Repräsentativen Wahlstatistik zur 15. Bundestagswahl. Pressemitteilung Nr. 1 des Bundeswahlleiters vom 22. Januar 2003. Berlin.
Henriksen, Lisa/Flora, June A., 1999: Third Person Perception and Children, Perceived Impact of Pro- and Anti-Smoking Ads, in: Communication Research 26, 643-665.
Hoffner, Cynthia/Buchanan, Martha/Anderson, Joel D./Hubbs, Lisa A./Kamigaki, Stacy K./Kowalczyki, Laura/Pastorek, Angela/Plotkin, Richard S./Silberg Kelsey J., 1999: Support for Censorship of Television Violence, The Role of the Third-Person Effect and News Exposure, in: Communication Research 26, 726-742.
Holtz-Bacha, Christina, 1990: Ablenkung oder Abkehr von der Politik? Mediennutzung im Geflecht politischer Orientierungen. Opladen.
Holtz-Bacha, Christina/Rössler, Patrick/Lessinger, Eva-Maria, 2005: Do Pictures Make a Difference? The Myth of the Two Debate Audiences, in: *Rössler, Patrick/Krotz, Friedrich* (Hrsg.), Mythen der Mediengesellschaft. Konstanz, 303-320.
Huck, Inga/Brosius, Hans-Bernd, 2007: Der Third-Person-Effekt – Über den vermuteten Einfluss der Massenmedien, in: Publizistik 52, 355-374.
Jensen, Jacob D./Hurley, Ryan J., 2005: Third-person Effects and the Environment: Social Distance, Social Desirability, and Presumed Behaviour, in: Journal of Communication 55, 242-256.
Kepplinger, Hans Mathias, 1998: Die Demontage der Politik in der Informationsgesellschaft. Freiburg/München.
Lambe, Jennifer L./McLeod, Douglas M., 2005: Understanding Third-person Perception Processes: Predicting Perceived Impact on Self and Others for Multiple Expressive Contexts, in: Journal of Communication 55, 277-291.
Lasorsa, Dominic L., 1992: Policy Makers and the Third-Person Effect, in: *Kennamer, David J.* (Hrsg.), Public Opinion, the Press and Public Policy. Westport, 163-175.
Lee, Byoungkwan/Tamborini, Ron, 2005: Third-person Effect and Internet Pornography: The Influence of Collectivism and Internet Self-efficacy, in: Journal of Communication 55, 292-310.
Marks, Gary/Miller, Norman, 1987: Ten Years of Research on the False-Consensus Effect: An Empirical and Theoretical Review, in: Psychological Bulletin 102, 72-90.
Maurer, Marcus/Reinemann, Carsten, 2003: Schröder gegen Stoiber. Nutzung, Wahrnehmung und Wirkung der TV-Duelle. Wiesbaden.

Maurer, Marcus/Reinemann, Carsten/Maier, Jürgen/Maier, Michaela (Hrsg.), 2007: Schröder gegen Merkel. Wahrnehmung und Wirkung des TV-Duells 2005 im Ost-West-Vergleich. Wiesbaden.
McLeod, Douglas M./Detenber, Benjamin H./Eveland Jr., William P., 2001: Behind the Third-Person Effect: Differentiating Perceptual Processes for Self and Other, in: Journal of Communication 51, 678-695.
McLeod, Douglas M./Eveland, William P. Jr./Nathanson, Amy I., 1997: Support for Censorship of Violent and Misogynic Rap Lyrics, An Analysis of the Third-Person Effect, in: Communication Research 24, 153-174.
McLeod, Douglas M./Kosicki, Gerald M./McLeod, Jack M., 2002: Resurveying the Boundaries of Political Communication Effects, in: *Bryant, Jennings/Zillmann, Dolf* (Hrsg.), Media Effects. Advances in Theory and Research. 2nd ed. Mahwah, 215-268.
Meirick, Patrick C., 2004: Topic-Relevant Reference Groups and Dimensions of Distance. Political Advertising and First- and Third-Person Effects, in: Communication Research 31, 234-255.
Meyer, Thomas, 2001: Mediokratie. Die Kolonisierung der Politik durch die Medien. Frankfurt a. M.
Moy, Patricia/Scheufele, Dietram A., 2000: Media Effects on Political and Social Trust, in: Journalism & Mass Communication Quarterly 77, 744-759.
Mutz, Diane, 1989: The Influence of Perceptions of Media Influence. Third Person Effects and the Public Expression of Opinions, in: International Journal of Public Opinion Research 1, 3-23.
Neuwirth, Kurt/Frederick, Edward, 2002: Extending the Framework of Third-, First-, and Second-Person Effects, in: Mass Communication & Society 5, 113-140.
Noelle-Neumann, Elisabeth, 1985: Die Identifizierung der Meinungsführer. Paper Presented to the 38th Esomar Congress, Wiesbaden, Germany, Sep. 1-5.
Paul, B./Salwen, Michael B./DuPagne, M., 2000: The Third-person Effect: A Meta-analysis of the Perceptual Hypothesis, in: Mass Communication & Society 3, 57-85. Gekürzte Wiederveröffentlichung in: *Preiss, Raymond/Gayle, Barbara Mae/Burrell, Nancy/Allen, Mike/Bryant, Jennings* (Hrsg.) 2007, Mass Media Effects Research. Advances through Meta-Analysis. Mahwah.
Peiser, Wolfram/Peter, Jochen, 2000: Third-person Perception of Television-viewing Behavior, in: Journal of Communication 50, 25-45.
Peiser, Wolfram/Peter, Jochen, 2001: Explaining Individual Differences in Third-Person Perception. A Limits/Possibilities Perspective, in: Communication Research 28, 156-180.
Perloff, Richard M., 1989: Ego-Involvement and the Third Person Effect of Televised News Coverage, in: Communication Research 16, 236-262.
Perloff, Richard M., 1993: Third Person Effect Research 1983-1992: A Review and Synthesis, in: International Journal of Public Opinion Resarch 5, 167-184.
Perloff, Richard M., 1999: The Third-person Effect: A Critical Review and Synthesis, in: Media Psychology 1, 353-378.
Perloff, Richard M., 2002: The Third-Person-Effect, in: *Bryant, Jennings/Zillmann, Dolf* (Hrsg.), Media Effects. Advances in Theory and Research, 2nd ed. Mahwah, 489-506.
Price, Vincent/Huang, Li-Ning/Tewksbury, David, 1997: Third Person Effects of News Coverage: Orientation toward Media, in: Journalism & Mass Communication Quarterly 74, 525-540.
Price, Vincent/Tewksbury, David, 1996: Measuring the Third-Person Effect of News: The Impact of Question Order, Contrast and Knowledge, in: International Journal of Public Opinion Research 8, 120-141.
Reid, Scott A./Hogg, Michael A., 2005: A Self-Categorization Explanation for the Third-Person-Effect, in: Human Communication Research 31, 129-161.
Rojas, Hernando/Shah, Dhavan V./Faber, Ronald J., 1996: For the Good for Others: Censorship and the Third-Person Effect, in: International Journal of Public Opinion Research 8, 163-186.
Rössler, Patrick, 1997: Agenda-Setting. Theoretische Annahmen und empirische Evidenzen einer Medienwirkungshypothese. Opladen.
Rössler, Patrick, 2003: Big Pollsters Are Watching You! Zur Darstellung und Wahrnehmung von Umfragen zur Bundestagswahl 2002 in unterschiedlichen Medien, in: *Holtz-Bacha, Christina* (Hrsg.), Die Massenmedien im Wahlkampf. Die Bundestagswahl 2002. Opladen, 138-161.

Rössler, Patrick/Schenk, Michael, 2000: Kognitive Harmonisierung in der Wiedervereinigungsdiskussion. Agenda-Setting- und Persuasionseffekte der Massenmedien, in: *Wilke, Jürgen* (Hrsg.), Massenmedien und Zeitgeschichte. Konstanz, 568-584.

Rubin, Alan/Haridakis, P. M., 2001: Mass Communication Research at the Dawn of the 21st Century, in: *Gudykunst, William* (Hrsg.), Communication Yearbook 23. Thousand Oaks u. a., 73-97.

Rucinski, Dianne/Salmon, Charles T., 1990: The 'Other' as the Vulnerable Voter: A Study of the Third-person Effect in the 1988 US Presidential Election, in: International Journal of Public Opinion Research 2, 345-368.

Salwen, Michael B., 1998: Perceptions of Media Influence and Support for Censorship. The Third-Person Effect in the 1996 Presidential Election, in: Communication Research 25, 259-285.

Salwen, Michael B./Dupagne, Mark, 1999: The Third-person Effect: Perceptions of the Media's Influence and Immoral Consequences, in: Communication Research 26, 523-549.

Schenk, Michael, 2007: Medienwirkungsforschung. 3. Aufl. Tübingen.

Schneider, Beate, 1998: Mediensystem, in: *Jarren, Otfried/Sarcinelli, Ulrich/Saxer, Ulrich* (Hrsg.), Politische Kommunikation in der demokratischen Gesellschaft. Ein Handbuch. Opladen/Wiesbaden, 422-430.

Schulz, Winfried, 2008: Politische Kommunikation. Theoretische Ansätze und Ergebnisse empirischer Forschung. 2. überarb. Aufl. Wiesbaden.

Shah, Dhavan V./Faber, Ronald J./Youn, Seounmi, 1999: Susceptibility and Severity, Perceptual Dimensions Underlying the Third-Person Effect, in: Communication Research 26, 240-267.

Sun, Ye/Pan, Zhongdang/Shen, Lijang, 2008: Understanding the Third-Person-Perception: Evidence From a Meta-Analysis, in: Journal of Communication 58, 280-300.

Tewksbury, David/Moy, Patricia/Weis, Deborah S., 2004: Preparations for Y2K: Revisiting the Behavioral Component of the Third-Person Effect, in: Journal of Communication 56, 138-155.

Thomas, William I./Thomas, Dorothy S., 1928: The Child in America. Behavior Problems and Programs. New York (unveränderter Nachdruck 1970).

Tiedge, James T./Silverblatt, Arthur/Havice, Michael J./Rosenfeld, Richard, 1991: Discrepancy between Perceived First-Person and Perceived Third-Person Mass Media Effects, in: Journalism Quarterly 68, 141-154.

Tyler, Tom R./Cook, Fay Lomax, 1984: The Mass Media and Judgement of Risk: Distinguishing Impact on Personal and Societal Level Judgements, in: Journal of Personality and Social Psychology 47, 693-708.

Willnat, Lars, 1996: Mass Media and Political Outspokenness in Hong Kong: Linking the Third-Person Effect and the Spiral of Silence, in: International Journal of Public Opinion Research 8, 187-212.

Wolf, Susanne, 2008: Medienwirkungen aus Rezipientensicht. Third-Person-Wahrnehmungen in sozialen Netzwerken. München.

Wolling, Jens, 1999: Politikverdrossenheit durch Massenmedien? Der Einfluß der Medien auf die Einstellungen der Bürger zur Politik. Opladen/Wiesbaden.

Informationsnutzung und politische Orientierung: Eine Vermessung der Europäischen Union

Jens Tenscher

1. Einleitung

Ungeachtet der alltäglich „erlebten" Folgen bleibt Politik für den Großteil der Bevölkerung ein Leben lang außer Reich- und Sichtweite – ein Bereich also, dem im Vergleich zu anderen Lebensbereichen nur geringe Aufmerksamkeit geschenkt wird. Dies gilt nicht nur für Deutschland und andere westeuropäische „Mediendemokratien", sondern in noch größerem Maße für die jungen Demokratien Osteuropas, in denen die über Jahrzehnte aufgebauten Distanzen zur Politik bislang nur ansatzweise überwunden worden sind (vgl. Pickel et al. 2006). Zurückzuführen ist die länderübergreifend weithin defizitäre politische Involvierung nicht zuletzt auf nachlassende bzw. in den osteuropäischen Staaten (noch) nicht etablierte Bindekräfte gegenüber den „klassischen" intermediären Instanzen, d. h. vor allem Parteien und Gewerkschaften. Diese kommen immer seltener und in immer geringerem Maße direkt mit den Bürgerinnen und Bürgern in Kontakt. So haben in den vergangenen Jahren hauptsächlich die Massenmedien den „Brückenschlag zwischen Individuum und Politik" (Klingemann/Voltmer 1989: 221; Brettschneider 1997) gewährleistet. Entsprechend sind politische Einstellungen, Meinungen, Werthaltungen und daraus folgende Handlungsweisen heutzutage, wenn auch nicht ausschließlich, so doch in hohem Maße massenmedial beeinflusst.

Bisher ist vor allem dem *negativen* Zusammenhang von Mediennutzung einerseits und politischen Orientierungen und Verhaltensweisen andererseits wissenschaftliche Aufmerksamkeit zuteil geworden (vgl. u. a. Wolling 1999; Norris 2000). Demnach seien die in Deutschland und anderen „Mediendemokratien" zu beobachtenden Veränderungen in der Art und Weise der politischen Informations*vermittlung* bei gleichzeitigem Anstieg des Medien- und vor allem Fernsehkonsums hauptverantwortlich für wachsenden politischen *Zynismus*, sinkendes Vertrauen in politische Akteure und deren Leistungen sowie eine nachlassende politische Beteiligung, insbesondere bei Wahlen (vgl. u. a. Cappella/Jamieson 1997; Kepplinger 2000). Entsprechende „Krisensymptome" zeigten sich nicht nur mit Blick auf nationale Bezugsobjekte politischer Unterstützung. Sie werden in besonderem Maße deutlich, wenn es um die Einstellungen der Bürgerinnen und Bürger gegenüber dem weithin abstrakten Projekt „Europa" geht. Vor allem seit dem Maastrichter Vertrag 1991 hat schließlich die *EU*phorie abgenommen (vgl. Tenscher/Schmidt 2004; de Vreese 2007; Eichenberg/Dalton 2007).

Ungeachtet der ungebrochenen Popularität dieser als „Video-" oder „Mediamalaise" (vgl. u. a. Robinson 1976; Newton 1999) bekannt gewordenen Annahme verweist doch eine Vielzahl mittlerweile vorliegender Befunde darauf, dass der Zusammenhang von Medienberichterstattung, Informationsverhalten und politischen Orientierungen deutlich komplexer ist. Tatsächlich scheinen die Wirkungen, die die Massenmedien auf die politische Kultur entfalten können, auf der Mikroebene nicht nur von der Intensität und der Qualität der Medienzuwendung, den rezipierten Medien, Formaten und Inhalten, sondern auch von den kognitiven Kompetenzen, der Intensität der interpersonalen Kommunikation sowie den Prädispositionen der Bürgerinnen und Bürger abzuhängen (vgl. Wolling 1999: 225 ff.; Perloff 2003). Darüber hinaus beeinflussen auf der Makroebene variierende nationale Kontextfaktoren, wie z. B. das politische System, das Parteien- und Mediensystem, der Modernisierungsgrad einer Gesellschaft sowie deren demokratische Tradition, den medialen Einfluss auf Stabilität und Veränderung der jeweils spezifischen politischen Kultur (vgl. u. a. Gunther/Mughan 2000; Voltmer 2006). Diese Annahmen wurden bislang nur vereinzelt und noch seltener in *vergleichender* Perspektive überprüft (vgl. insbes. Norris 2000; Neller 2004; de Vreese 2005; de Vreese/Boomgarden 2006; Voltmer/Schmitt-Beck 2006).[1] Der komparative Zugang ist jedoch gerade im Hinblick auf das Verständnis von politisch-kulturellen bzw. politisch-medialen Gemeinsamkeiten und Differenzen der unter dem Dach der Europäischen Union versammelten Demokratien unerlässlich (vgl. auch Tenscher 2008).

Eingedenk dieser bislang defizitären Verknüpfung der politischen Kommunikations- und (europäischen) Kulturforschung soll an dieser Stelle eine systematische Vermessung der politischen Kulturen der Mitgliedsstaaten der Europäischen Union (EU) vor dem Hintergrund der länderspezifischen Informationsnutzungsmuster erfolgen. Ziel ist es, empirische Belege für die Frage zu finden, inwieweit politische Orientierungen vom Informationsverhalten der Bürgerinnen und Bürger beeinflusst werden. Damit wird der Blick auf eine, in der auf Europa bezogenen politischen Kulturforschung in den vergangenen Jahren vermehrt beachtete, jedoch bislang nicht konsequent berücksichtigte Variable gerichtet.[2] Diese betrachtet politische Information (bzw. allgemeiner: Mediennutzungsverhalten) mitunter als *Voraussetzung* (vgl. Fuchs 2003: 33 f.), bisweilen aber auch als *kommunikativen Bestandteil* der politischen Kultur (vgl. Niedermayer 2005: 161 ff.).

Im vorliegenden Beitrag werden die Intensität und Art des Informationsverhaltens als Ausdruck zielgerichteter und selektiver Zuwendung gegenüber der Politik (vgl. grundlegend Zaller 1992) und somit als *erklärender Faktor* für das Ausmaß der Unterstützung gegenüber politischen Orientierungsobjekten eingeführt. Dabei wird erstens, vor dem Hintergrund neuerer Befunde (vgl. u. a. Wolling 1999; Scharkow 2006, 2008; de Vreese 2007), davon ausgegangen, dass politische Informationsnutzung i. d. R. *funktional* für das Ausmaß der politischen Unterstützung ist.[3] Die Stärke der positiven Effekte dürfte zum einen in Abhängigkeit von den genutzten Massenmedien, zum anderen mit dem Ausmaß der kognitiven Mobilisierung, der politischen Prädisposition und

---

[1] Dieser Umstand verweist auf ein generelles Defizit der politischen Kommunikationsforschung, in der vergleichende Untersuchungen noch immer eine Seltenheit darstellen (vgl. zusammenfassend Esser 2003).
[2] Eine Ausnahme stellt die Untersuchung von Scharkow (2006) dar, die einen ähnlichen Ansatz wie der vorliegende Beitrag verfolgt.
[3] Demgegenüber fallen die Wirkungen unterhaltungsorientierter Mediennutzung weniger eindeutig aus. So kann z. B., je nach politischer Prädisposition und individuellem Medienmenü, der Konsum unterhaltungsorientierter Fernsehsendungen zwar durchaus zur „Ablenkung oder Abkehr von der Politik" (Holtz-Bacha 1990) beitragen und negativ auf das individuelle Kompetenz- und Effektivitätsbewusstsein wirken, aber eben auch die Legitimitätsüberzeugung und das Institutionenvertrauen erhöhen (vgl. Wolling 1999: 226 f.).

Involvierung variieren. Zur Überprüfung dieser Annahme sollen an dieser Stelle die politischen Orientierungen gegenüber den Unterstützungsobjekten zweier distinkter politischer Ebenen untersucht werden: der nationalen Ebene und der Europäischen Union. Diesbezüglich wird zweitens untersuchungsleitend davon ausgegangen, dass die Unterstützung gegenüber EU-spezifischen Orientierungsgrößen in höherem Maße durch das zielbewusste, auf die Medienberichterstattung ausgerichtete politische Informationsverhalten erklärt werden kann als die Orientierungen gegenüber nationalen politischen Bezugsobjekten, die in zeitlicher, sozialer und räumlicher Hinsicht „präsenter" sind, bei denen sich also interpersonale, massenmediale und kulturelle Einflüsse im Rahmen dauerhafter Sozialisationsprozesse stärker „verschränken" (vgl. u. a. Norris 2000; de Vreese 2002; Tenscher/Schmidt 2004). Vor dem Hintergrund dieser Annahme wird drittens davon ausgegangen, dass sich die geringsten Medieneffekte unter den Bevölkerungen jener Länder finden, die die größten Erfahrungen mit der nationalstaatlichen Demokratie einerseits und dem „europäischen Projekt" andererseits aufweisen.

Die Überprüfung dieser Annahmen erfolgt anhand einer mehrstufigen Analyse einer im Frühjahr 2006 durchgeführten repräsentativen Bevölkerungsumfrage, dem Eurobarometer 65.2, für das rund 25.000 Bürgerinnen und Bürger in 25 EU-Mitgliedsstaaten befragt wurden.[4] Dieser vorangestellt ist eine Diskussion der zentralen Befunde zum Zusammenspiel von Mediennutzung und politischen Orientierungen, anhand derer die Forschungshypothesen entwickelt und die zentralen Variablen für die anschließende Analyse identifiziert werden (Kapitel 2). Die empirische Analyse selbst gliedert sich in drei Teile: Erstens werden die nationalen und EU-bezogenen Informationsmuster dargestellt sowie die zentralen politischen Orientierungen faktorenanalytisch identifiziert (Kapitel 3.1). Zweitens werden die Zusammenhänge von informationsbezogener Mediennutzung und politischen Einstellungen im nationalen Kontext untersucht (Kapitel 3.2). Drittens wird der Blick auf die entsprechenden Zusammenhänge in Bezug auf die Unterstützung EU-spezifischer Orientierungsobjekte gerichtet (Kapitel 3.3). Abschließend werden die zentralen Befunde zusammengefasst und hinsichtlich der untersuchungsleitenden Hypothesen diskutiert.

2. Zum Verhältnis von Mediennutzung und politischen Orientierungen

Die Frage nach dem Einfluss der (informationsorientierten) Mediennutzung auf die Ausbildung politischer Orientierungen beschäftigt die empirisch ausgerichtete politische Kommunikationsforschung seit ihren Anfängen in den 1940er Jahren. Dabei geht es aus Sicht der Kommunikationswissenschaft zuvorderst um die *sozial-integrative Leistung* der Massenmedien, also darum, inwieweit Medienkonsum im Prozess des Zusammenwachsens von Gesellschaften zur Homogenisierung bzw. Differenzierung von Kognitionen, Gefühlen, Einstellungen und Verhalten zwischen einzelnen Individuen oder Gruppen beiträgt. Während diesbezüglich die Kultivierungstheorie, Noelle-Neumanns

---

4 Einschließlich der damaligen Beitrittskandidaten wurden insgesamt knapp 30 000 Personen befragt. Aus Gründen der Anschaulichkeit, aber auch vor dem Hintergrund, dass die Dauer der EU-Mitgliedschaft eines Landes als erklärende Kontextvariable berücksichtigt wird, beschränkt sich die vorliegende Analyse auf die Länder der EU25.

Theorie der Schweigespirale oder auch der Agenda-Setting-Ansatz die zentripetalen, homogenisierenden Wirkungen der Massenmedien in Richtung deren Outputs hervorheben, verweisen Gerbners Resonanzansatz und die Wissenslufthypothese auf die zentrifugalen, d. h. differenzierenden Medieneffekte (vgl. zusammenfassend Schulz 1999; Vlasic 2004). Beide Wirkungsdimensionen beziehen sich auf die Aggregatebene gesellschaftlicher Entitäten. Dabei handelt es sich aus Sicht der Politikwissenschaft um Medieneffekte auf die *politische Kultur*.

Die direkten „Haupteffekte" der Mediennutzung finden jedoch auf der Individualebene der einzelnen Rezipienten statt (vgl. Schulz 1999), betreffen also, aus der Perspektive der politischen Kulturforschung, individuelle *politische Orientierungen*. Insbesondere Michael J. Robinson (1976) ist es in diesem Zusammenhang zu verdanken, dass er mit seinen Studien zur „Videomalaise" die empirische Untersuchung des Zusammenhangs von individueller Mediennutzung und politischen Orientierungen vorangetrieben hat. Dabei hat eine Vielzahl mittlerweile vorliegender Studien (vgl. zusammenfassend Wolling 1999: 42 ff.) sowohl zu einer deutlichen Differenzierung der ursprünglich auf das Medium „Fernsehen" zugespitzten These geführt als auch dazu beigetragen, Wirkungen unterschiedlicher Medien(inhalte) auf unterschiedliche Rezipienten(gruppen) zu untersuchen. Für den vorliegenden Kontext von besonderer Bedeutung sind dabei vor allem folgende Erkenntnisse, die mittlerweile vielfach belegt wurden:

1. Die *informationsorientierte Nutzung* des massenmedialen Angebots – und insbesondere die gezielte Nutzung bestimmter Printmedien – steht in einem positiven Zusammenhang mit politischem Interesse und dem Wissen über politische Bezugsobjekte (vgl. Holtz-Bacha 1990; Brettschneider 1997; Wolling 1999; Kuhn 2000). Dabei deuten Panelanalysen darauf hin, dass die kausale Wirkung eher von der Mediennutzung auf die kognitive Ebene als umgekehrt verläuft (vgl. u. a. Eveland et al. 2005). Zudem zeigt sich, dass Bürgerinnen und Bürger mit höherem sozio-ökonomischen Status, insbesondere mit höherer formaler Bildung, in überdurchschnittlichem Maße das politische Informationsangebot der Massenmedien suchen, stärker nutzen, aufmerksamer rezipieren, sich entsprechend mehr für Politik interessieren, mehr wissen und sich auch politisch kompetenter fühlen (vgl. zusammenfassend Bonfadelli 2002). Dieser allgemeine Zusammenhang zwischen hohem sozio-ökonomischen Status, hoher Nutzung des massenmedialen Informationsangebots und starker kognitiver Mobilisierung bestätigt sich nicht nur in Bezug auf nationale Orientierungsobjekte (insbesondere in Bezug auf die politische Struktur und Institutionen), sondern auch hinsichtlich EU-bezogener Kognitionen (vgl. Norris 2000: 208 ff.; Scharkow 2006: 58 ff.).
2. Im Unterschied zu diesem relativ klaren Zusammenhang scheinen Medienwirkungen, die die evaluative Dimension politischer Orientierungen betreffen, weniger eindeutig: „Needless to say, awareness does not necessarily lead to favourable feelings" (Inglehart 1977: 338). Ungeachtet dieses Einwands, der zum einen auf individuelle Prädispositionen, zum anderen auf rezipierte Medieninhalte abzielt, legen die vorliegenden Befunde die Annahme nahe, dass politische Informationsnutzung (insbesondere von Tageszeitungen) i. d. R. ebenso positiv mit dem politischen Responsivitätsgefühl (external efficacy) der Bürgerinnen und Bürger, dem Vertrauen in nationale

politische Institutionen, der Legitimitätsüberzeugung gegenüber dem politischen System und der Identifikation mit der politischen Gemeinschaft korreliert (vgl. u. a. Wolling 1999: 198 ff.; Newton 1999; Kuhn 2000: 173 ff.). Diesem als *kognitive Mobilisierungshypothese* bekannt gewordenen Zusammenhang kommt in Bezug auf die Unterstützung der europäischen politischen Gemeinschaft besondere Bedeutung zu (vgl. Inglehart 1977; Gabel 1998). Demnach entpuppen sich informationsorientierte, hoch kognitiv mobilisierte Mediennutzer in der Tat als die größten *EUphoriker* (vgl. Scharkow 2006: 68 ff.).

Während diese Befunde auf der Individualebene einen relativ eindeutigen positiven Zusammenhang zwischen politischer Informationsnutzung einerseits und politischen Orientierungen andererseits nahe legen, sind ihre politischen und sozialintegrativen Auswirkungen auf der gesellschaftlichen Aggregatebene, der Ebene der politischen Kultur, doch wesentlich komplexer. Dies ist ursächlich auf eine für moderne Mediendemokratien charakteristische *doppelte Heterogenität* zurückzuführen. Diese bezieht sich erstens auf die Zusammensetzung der Bürgerschaft selbst, die durch eine enorme soziostrukturelle und soziokulturelle Vielfalt gekennzeichnet ist. Deren Pluralität kommt nicht zuletzt in ganz unterschiedlichen Mediennutzungs- und Kommunikationsmustern zum Ausdruck (vgl. u. a. Emmer et al. 2006). Durch die personenabhängig variierende Zuwendung zu unterschiedlichen Medien, Formaten, Inhalten und Kommunikationspartnern werden schließlich jeweils individuelle Bedürfnisse und situative Stimmungen befriedigt (vgl. grundlegend Zillman 1988; Renckstorf 1989). Politische Informationsnutzung und -verweigerung sind somit immer eingebettet in je spezifische massenmediale und interpersonale Kontexte, die die Aneignung und Wirkung rezipierter Medieninhalte modulieren. Dabei ist der Anteil der *ausschließlich* an politischer Information interessierten Medienvielnutzer im Vergleich zu den unterhaltungsorientierten Rezipienten verschwindend gering (vgl. für Deutschland Hasebrink 1998; Oehmichen 2007). Dies gilt, auch wenn sich das Ausmaß der politischen Informationsnutzung insgesamt in den vergangenen Jahren im internationalen Vergleich der OECD-Länder auf hohem Niveau stabilisiert hat (vgl. Norris 2000: 79 ff.).

Zweitens manifestiert sich die doppelte Heterogenität moderner „Mediendemokratien" auf der *Angebotsseite* in einer sich quantitativ ausdehnenden und qualitativ verändernden Medienpalette. Politische Informationsvermittlung und -nutzung findet heutzutage unter „Viel-Kanal-Bedingungen" (Jarren/Krotz 1998) statt, die den Rezipientinnen und Rezipienten unerschöpfliche Ausweich- und Vermeidungsmöglichkeiten bieten. Immer weniger kann demzufolge von einer inhaltlichen Homogenität der rezipierten Medienbotschaften (einschließlich politischer Informationen) und entsprechend konsonanten Effekten ausgegangen werden – und dies schon gar nicht auf gesellschaftlicher Aggregatebene, auf der „fragmentierte" Teilöffentlichkeiten aufeinander treffen (vgl. Hasebrink 1998: 359 ff.).

Vor dem Hintergrund dieser doppelten Kontingenz auf Seiten der Mediennutzerinnen und -nutzer einerseits und des Medienangebots andererseits muten Studien, die sich auf der gesellschaftlichen Makroebene auf die Suche nach Zusammenhängen zwischen Mediennutzung und politischer Kultur machen, ohne dabei individuelle Prädispositionen sowie Medien- und Kommunikationsnutzungsmuster in quantitativer und qualitativer Hinsicht zu berücksichtigen (vgl. u. a. Patterson 1993), nahezu anachronistisch an. Genauso irritierend sind – zumindest aus Sicht der politischen Kommunikationsforschung – heutzutage jene Untersuchungen, die bei der Suche nach Ursachen für das Ausmaß und die Veränderung politischer Orientierungen auf Informations- und Kommunikationsvariablen verzichten (vgl. u. a. Arzheimer 2002). Gerade wenn es um Annäherungen an die politische Kultur im supranationalen, europäischen Kontext geht (vgl. Schlesinger 1997; de Vreese/Boomgarden 2006: 420), erscheinen diese gleichwohl dominant.

Die in der Post-Maastricht-Ära verstärkt geführt Diskussion um ein strukturelles Demokratiedefizit der Europäischen Union (vgl. Kielmannsegg 1996) und die Inklusion der Bürgerinnen und Bürger innerhalb einer europäischen Öffentlichkeit hat den Blick auf das integrative Potenzial der Medien (vgl. Meyer 1999; Latzer/Sauerwein 2006), aber auch auf die Attributionsmuster und Diskurse in der nationalen Presse gelenkt (vgl. u. a. Pfetsch 2007; Pfetsch et al. 2008 sowie Gerhards et al. in diesem Band). Besondere Beachtung hat dabei die Inputseite des Öffentlichkeitssystems, d. h. das *Angebot* an europäischer Berichterstattung erfahren, welches sich insgesamt als marginalisiert und weithin domestiziert darstellt (vgl. zusammenfassend Machill et al. 2006). Diese Randständigkeit der EU-bezogenen Berichterstattung mag auch in gewisser Weise erklären, warum die *Folgen* der massenmedial verbreiteten Informationen auf die Ausbildung EU-spezifischer Orientierungen bislang stark vernachlässigt worden sind. Hier bilden einige wenige, entweder thematisch und/oder regional begrenzte Studien die Ausnahme (vgl. u. a. de Vreese/Semetko 2002; Maier et al. 2003; Tenscher/ Schmidt 2004; de Vreese 2005; Schuck/de Vreese 2006; de Vreese 2007). Mitunter experimentell und selten repräsentativ angelegt, bestätigen diese Untersuchungen allesamt den positiven Zusammenhang zwischen EU-bezogener politischer Informationsnutzung, hoher kognitiver Mobilisierung und positiver Verbundenheit mit der europäischen Gemeinschaft (vgl. auch Scharkow 2006; The Gallup Organization Hungary 2006).

Diese ersten Hinweise sollen im Folgenden auf ihre Generalisierbarkeit hin überprüft werden – und dies sowohl mit Blick auf nationale als auch EU-spezifische politische Orientierungen. Dabei gilt es, den erklärenden Faktor „politische Informationsnutzung" jenen Modellen hinzuzufügen, die sich im Allgemeinen der Frage der Orientierung im politischen Raum und im Speziellen der Unterstützung politischer Regime widmen (vgl. zusammenfassend Fuchs 2003: 30 ff.). Die in Bezug auf die EU vorliegenden Befunde verdeutlichen, dass die Zustimmung zum europäischen Integrationsprozess – zumindest unter der Mitgliedsstaaten der EU15 – vor allem von folgenden Faktoren beeinflusst wird:

1. In instrumenteller bzw. utilitaristischer Hinsicht erklärt sich die Unterstützung der Europäischen Union zuvorderst durch den erwarteten Nutzen, den sich der Einzelne von der EU-Mitgliedschaft seines Landes verspricht. Dies hängt auf Individualebene von dessen sozioökonomischer Situation (vgl. Gabel 1998; Fuchs 2003; de Vries/van Kersbergen 2007) und der geographischen Nähe des Wohnorts zu einer Grenzregion (vgl. Anderson/Reichert 1996), auf Aggregatebene von der wirtschaftlichen Entwicklung des jeweiligen Heimatlandes ab (vgl. Anderson/Kaltenthaler 1996).

2. In evaluativer Hinsicht erklärt sich das Ausmaß der EU-bezogenen Unterstützung weniger durch EU-bezogene Orientierungen als vor allem durch die diffuse Unterstützung der nationalstaatlichen Demokratie (vgl. Fuchs 2003), der demokratischen Konsolidierung eines Landes (vgl. Fuchs/Klingemann 2002) und der Zufriedenheit mit den Leistungen der nationalen Regierung (vgl. Ray 2003; Kritzinger 2003; Lubbers/Scheepers 2005). Länder- und kulturspezifische Orientierungen bilden also in hohem Maße den Rahmen für EU-bezogene Evaluierungen.[5] Diesbezüglich kann davon ausgegangen werden, dass dieser Wahrnehmungsfilter umso nachhaltiger wirkt, je stabiler nationale Cleavages verankert sind (vgl. u. a. Weßels 2007), je mehr diffuse und spezifische Unterstützung im Einklang stehen, und je weniger in einem Land über die EU berichtet bzw. die vorhandene Berichterstattung genutzt wird.
3. Damit wird schließlich in Bezug auf die kommunikative bzw. kognitive Dimension deutlich, dass das Ausmaß an Unterstützung von der Stärke der kognitiven Mobilisierung und politischen Involvierung abhängt: Je weniger sich die Bürgerinnen und Bürger für europäische Belange interessieren, je weniger EU-Informationen sie suchen und erhalten, desto geringer fällt ihre Unterstützung gegenüber weiteren Integrationsschritten aus (vgl. Inglehart 1970; Gabel 1998; Rohrschneider 2002; Schmidt et al. 2003: 104 f.; van Deth/Elff 2004).

Offensichtlich müssen diese unterschiedlichen Komponenten nicht zwangsläufig deckungsgleich sein. So können Menschen mit hohem sozioökonomischen Status durchaus in einem Land leben, dem es wirtschaftlich schlecht geht. Sie können mit dem Funktionieren der nationalen Demokratie zufrieden sein, ohne die Leistungen der Regierung gut zu finden. Und sie könnten prinzipiell auf ein überdurchschnittliches massenmediales Angebot an EU-Informationen zugreifen, ohne dieses jemals zu nutzen. Die Frage ist also, unter welchen länder- bzw. kontextspezifischen Bedingungen das Ausmaß und die Art der politischen Information im Zusammenspiel mit den skizzierten soziostrukturellen und politischen Prädispositionen Einfluss auf die politischen Orientierungen von Individuen nimmt. Antworten hierauf kann nur ein auf Individualebene angesiedelter Vergleich zwischen den Bürgerschaften verschiedener Länder geben. Ein Anstoß für diese Art der *Vermessung* des politischen Informationsverhaltens und der politischen Orientierungen der Länder der Europäischen Union soll im Folgenden gegeben werden.

3. Politische Orientierungen und Informationsverhalten im europäischen Vergleich

3.1 Untersuchungsfragen, Daten und methodisches Vorgehen

Die empirische Untersuchung der politisch-kulturellen und informationsbezogenen „Landschaften" der Europäischen Union geht von der grundlegenden Hypothese aus,

---

5 Dieser Befund wird durch die Tatsache untermauert, dass das Ausmaß der affektiven Verbundenheit mit der europäischen Gemeinschaft negativ mit der Stärke der nationalen Identität korreliert (vgl. u. a. Carey 2007) und dass die EU-Unterstützung mit dem Gefühl einer durch die Erweiterung der EU forcierten „Überfremdung" sinkt (vgl. McLaren 2002).

dass die politische Informationsnutzung positiv mit dem Ausmaß der politischen Involvierung und der spezifischen wie diffusen Unterstützung korreliert (H1). Variationen in der Stärke der Effekte sind auf der Mikroebene vor allem aufgrund unterschiedlicher soziostruktureller und kognitiver Prädispositionen zu erwarten. Diesbezüglich gilt es, in Anlehnung an die kognitive Mobilisierungsthese, zu untersuchen, in welchem Ausmaß das politische Informationsverhalten nicht nur die politische Involvierung, sondern auch die Evaluierung politischer Bezugsobjekte positiv unterstützt. Hier wird davon ausgegangen, dass die Unterstützung gegenüber EU-spezifischen Orientierungsgrößen in höherem Maße durch das politische Informationsverhalten erklärt werden kann als die Orientierungen gegenüber nationalen politischen Bezugsobjekten, welche stabiler verankert sein dürften (H2). Schließlich wird angenommen, dass sich die geringsten Medieneffekte unter den Bürgerinnen und Bürger jener Länder finden, die die größten Erfahrungen mit der nationalstaatlichen Demokratie einerseits und der Europäischen Union andererseits aufweisen (H3).

Zur Überprüfung der untersuchungsleitenden Annahmen und Forschungshypothesen wird im Folgenden auf Daten der im Frühjahr 2006 durchgeführten repräsentativen Bevölkerungsumfrage Eurobarometer 65.2 zurückgegriffen. Diese ermöglicht einen Vergleich der Bevölkerungen der zum damaligen Zeitpunkt 25 EU-Mitgliedsländer, also knapp zwei Jahre nach dem Beitritt acht osteuropäischer Staaten sowie Maltas und Zyperns. Dieser Eurobarometer enthält unter allen internationalen Erhebungen der jüngsten Zeit bei weitem die meisten Indikatoren, die zur Vermessung des politischen Informationsverhaltens und der politischen Orientierungen relevant sind.[6] Im Einzelnen sind dies folgende Variablen bzw. Variablenbündel:

1. *Unabhängige Variablen:* Soziodemographie (Alter, Geschlecht), ideologische Selbstpositionierung („Links-rechts-Skala"), politisches Diskussionsverhalten, politisches Informationsverhalten allgemein, EU-spezifische Mediennutzung
2. *Abhängige Variablen:* subjektives Wissen über die EU, Vertrauen in nationale und europäische Institutionen, Zufriedenheit mit dem Funktionieren der Demokratie im nationalen und europäischen Rahmen (demokratische Performanz), Einschätzung der ökonomischen Situation im Land und der EU

Ungeachtet der Anzahl der zur Verfügung stehenden Variablen sei an dieser Stelle auch auf einige datenbedingte Einschränkungen aufmerksam gemacht: Mit Blick auf die unabhängigen Variablen kann zwar die Quantität bzw. die Intensität des auf die Massenmedien ausgerichteten politischen Informationsverhaltens berücksichtigt werden. Der *qualitative* Umgang mit diesen Informationen kann jedoch nur in begrenztem Maße

---

6 Alle Berechnungen wurden anhand des im Herbst 2005 erhobenen Eurobarometers 64.2 sowie der ein Jahr zuvor durchgeführten zweiten Welle des *European Social Surveys* (ESS2) kontrolliert. Die Kontrollen bestätigten weitgehend die im Folgenden dargestellten Befunde für die Mitgliedsländer der EU15 (vgl. auch Neller 2004). Auf deren Präsentation wird an dieser Stelle nicht nur aus Platzgründen verzichtet, sondern aufgrund der Tatsache, dass im ESS2 nur vier der neuen Mitgliedsländer berücksichtigt und keine EU-bezogenen Mediennutzungsvariablen erhoben wurden. Die Daten der dritten Welle des *European Social Surveys* lagen noch nicht vor, als dieser Beitrag verfasst wurde. Für die Analyse und Interpretation der Daten tragen die erhebenden Institute keine Verantwortung. Für entsprechende methodische Hinweise möchte ich Thorsten Faas und Michael Meffert danken.

und nur hinsichtlich der Bewertung der EU-spezifischen, nicht aber der nationalen Berichterstattung abgebildet werden. Dies ist aus Sicht der Wirkungsforschung genauso bedauerlich wie die Tatsache, dass an dieser Stelle zwar das selbst berichtete, nicht aber das tatsächliche Informationsverhalten sowie, aufgrund der Stichprobengröße (N = 24 693) und der schieren Quantität der Länder, auch nicht der massenmediale Input berücksichtigt werden können (vgl. zur Kritik Wolling 1999: 89 ff.).

Mit Blick auf die unabhängigen Variablen ist darauf zu verweisen, dass diese nur Ausschnitte, also nur bestimmte politische Orientierungsobjekte und -arten des politischen Kulturraumes, abdecken (vgl. Niedermayer 2005: 16 ff.) und z. T. unterschiedliche nationale und EU-bezogene Orientierungsobjekte abgefragt wurden. Diesbezüglich dienten bei der Auswahl der Variablen die EU-bezogenen Indikatoren als Messlatte, d. h. es wurden nur jene nationalen Orientierungsobjekte berücksichtigt, für die es ein Äquivalent auf EU-Ebene gab, das gleichermaßen erhoben wurde. Nolens volens bleiben dadurch u. a. Orientierungen gegenüber dem politischen Führungspersonal und der politischen Gemeinschaft, aber auch die konative Dimension ausgeklammert. Schließlich beinhalten die Eurobarometerdaten von 2006 keinen expliziten Indikator zur Messung des politischen Interesses. Als entsprechendes „Ersatzmaß" für die generelle kognitive Mobilisierung wird an dieser Stelle auf die Intensität der interpersonalen politischen Kommunikation zurückgegriffen (vgl. auch Gabel 1998; Rother/Langner 2004).[7]

Im Folgenden werden zunächst jeweils die länderspezifischen Verteilungen des politischen Informationsverhaltens und der zentralen politischen Orientierungen diskutiert, bevor in einem zweiten Schritt deren Zusammenhang bi- und multivariat überprüft wird.[8] Bevor dies geschehen kann, muss die Validität der a priori vorgenommenen Zuteilung der Informations- und politischen Orientierungsindikatoren bzw. der unabhängigen und abhängigen Variablen in den Daten hinterfragt werden. Hierzu wurde eine rotierte Faktorenanalyse für die Gesamtstichprobe vorgenommen, in die die länderspezifischen Teilstichproben entsprechend ihrer relativen Bevölkerungszahlen gewichtet einflossen (vgl. auch Fuchs 2003: 38 ff.). Dabei kristallisieren sich vier Faktoren heraus, die – bis auf zwei Ausnahmen – die unterstellten Variablenbündel bestätigen (vgl. *Tabelle 1*).

Auf dem ersten Faktor laden alle EU-bezogenen Orientierungen. Dabei unterscheiden die Befragten offensichtlich nicht zwischen der generalisierten Unterstützung der Europäischen Union, dem Vertrauen in spezifische Institutionen (EU-Parlament und -Kommission; vgl. auch Schmitt 2003) und – in geringerem Maße – der Zufriedenheit mit dem Funktionieren der europäischen Demokratie. Deren Bewertung steht zugleich in direktem Zusammenhang mit der Einschätzung der nationalen demokratischen Performanz, ganz im Sinne der unterstellten „Generalisierung nationalstaatlicher Einstellungen" (Fuchs 2003: 42). Diese korrespondiert auch, wie die Ladungen des vierten

---

[7] Zur Frageformulierung und den Antwortkategorien der genutzten Variablen vgl. Anhang. Für diese wie alle anderen Variablen wurden die ursprünglichen Antwortkategorien so umcodiert, dass sie jeweils einen ansteigenden Verlauf annehmen, d. h. in diesem Fall: „never" = 1, „occasionally" = 2, „frequently" = 3. Fehlende Antworten wurden bei den Datenauswertungen nicht berücksichtigt.

[8] Hierbei geht es nicht um die Überprüfung von Wirkungen im eigentlichen Sinne, da diese das Vorhandensein von Paneldaten voraussetzen würde.

Tabelle 1: Dimensionen des politischen Informationsverhaltens und der politischen Orientierungen gegenüber nationalen und EU-bezogenen Unterstützungsobjekten, 2006 (Faktorenanalyse)

	1	2	3	4
Vertrauen Parlament national		,82		
Vertrauen Parteien national		,79		
Vertrauen Regierung national		,84		
Ökonomische Situation national				,78
Ökonomische Situation EU				,71
Demokratiezufriedenheit national				,66
Demokratiezufriedenheit EU	,57			,51
Vertrauen EU-Parlament	,82			
Vertrauen EU-Kommission	,81			
Vertrauen EU allgemein	,72			
Bewertung EU-Mitgliedschaft	,69			
Vorteile aus EU-Mitgliedschaft	,68			
Politische Diskussion			,59	
Subjektive EU-Kompetenz			,63	
Intensität informationsorientierter Fernsehnutzung				
Intensität informationsorientierter Zeitungsnutzung			,66	
Intensität informationsorientierter Radionutzung			,63	
Nutzung EU-Medienkanäle			,70	

Quelle: Eurobarometer 65.2.
Nach der Bevölkerungsgröße gewichtetes Aggregat der Befragten aller Länder; Hauptachsenanalyse mit Varimax-Rotation, ausgewiesene Faktorenladungen über 0,4; erklärte Varianz: 56 Prozent.

Faktors verdeutlichen, mit den Wahrnehmungen der ökonomischen Situation im nationalen und europäischen Rahmen. Die diffuse Systemunterstützung ist im vorliegenden Kontext – zumindest auf der Aggregatebene der 25 EU-Mitgliedsländer – offensichtlich nicht nur eine politische, sondern eine ökonomische und damit utilitaristische Größe, bei der nationale und europäische Aspekte verschwimmen.[9]

Im Unterschied zur Demokratiezufriedenheit erweist sich das Institutionenvertrauen als eine Größe, bei der europäische losgelöst von nationalen Instanzen evaluiert werden (Faktor 2). Dies mag nicht zuletzt auf die marginalisierte Berichterstattung über europäische Institutionen (vgl. Machill et al. 2006) und entsprechend geringes Wissen zurückzuführen sein. Diese Annahme wird von dem dritten Faktor unterstützt, in dem sich die allgemeine Nutzung politischer Informationsangebote von Zeitungen und Radio (nicht aber Fernsehen),[10] die EU-bezogene Mediennutzung, die Intensität der politischen Diskussion und das subjektive Wissen über die EU wieder finden. Die Ladungen untermauern einerseits den in der kognitiven Mobilisierungshypothese postulierten engen Zusammenhang zwischen Kommunikation/Information und kognitiver Mobilisierung (vgl. Inglehart 1970; Brettschneider 1997; auch Tenscher/Schmidt 2004) sowie

---

9 Als Konsequenz aus der doppelten Ladung der auf die EU bezogenen Demokratiezufriedenheit und des engen Zusammenhangs von auf die ökonomische Situation bezogenen Bewertungen einerseits und der demokratischen Performanz andererseits werden die entsprechenden Variablen im Folgenden als Kontrollvariablen genutzt.

10 Dass die Nutzung von Fernsehnachrichten nicht auf diesem Faktor lädt, mag vornehmlich den, im Ländervergleich sehr unterschiedlich stark ausgeprägten Nutzungszahlen geschuldet sein (vgl. Kap. 3.2 sowie Tenscher 2008).

Abbildung 1: Allgemeine und EU-bezogene politische Informationsnutzung im Ländervergleich, 2006

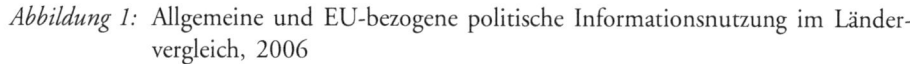

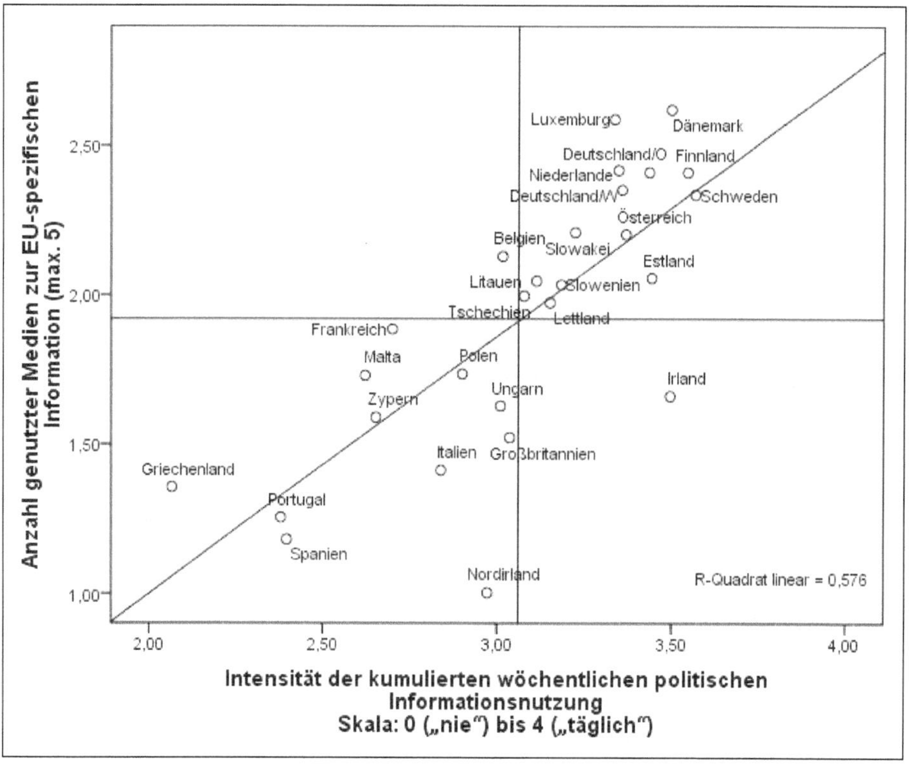

andererseits die direkte Beziehung zwischen politischer Informationsnutzung im nationalen Rahmen und EU-spezifischer Mediennutzung. Dieser tritt besonders deutlich zutage, wenn das allgemeine politische Informationsverhalten in den Ländern der EU25 mit der jeweils genutzten Anzahl der Massenmedien zur EU-spezifischen Information in Bezug gesetzt wird (vgl. *Abbildung 1*).[11]

Der Zusammenhang ist offensichtlich und kommt auch in einer erklärten Varianz von 0,58 (R^2) zum Ausdruck: In den Ländern, in denen sich Menschen allgemein stark politisch informieren, machen sie sich auch am intensivsten auf die Suche nach EU-spezifischen Informationen. Dies trifft vor allem auf die skandinavischen Länder, die Benelux-Staaten, Deutschland und Österreich sowie auf einige der neuen EU-Mitgliedsländer (Slowakei, Slowenien, Estland, Litauen) zu. Demgegenüber erweisen sich die Bürgerinnen und Bürger südeuropäischer Länder allesamt nicht nur generell als we-

---

11 In den Index der Intensität der kumulierten wöchentlichen politischen Informationsnutzung flossen die informationsorientierte Nutzung des Fernsehens, der Zeitung sowie des Radios ein. Dessen innere Konsistenz liegt bei 0.51 (Cronbachs Alpha) und hätte durch die Herausnahme der Fernsehnutzung leicht erhöht werden können. Die besondere Bedeutung des Fernsehens als wichtigstes politisches Informationsmedium sprach jedoch dafür, das Medium im Index zu belassen.

nig an politischen Informationen interessiert (vgl. auch Hallin/Mancini 2004: 89 ff.; Hasebrink/Herzog 2004: 143 ff.; Tenscher 2008), sondern greifen auch nur auf wenige Medienkanäle zur Information über EU-Belange zurück. Welche Konsequenzen sich aus diesem unterschiedlichen Informationsverhalten für nationale und EU-bezogene politische Orientierungen ergeben, soll im Folgenden, zunächst mit Blick auf das nationale Institutionenvertrauen, untersucht werden.

3.2 Politische Information und das Vertrauen gegenüber nationalen Institutionen

Bevor der Einfluss der politischen Informationsnutzung auf das Vertrauen in nationale politische Institutionen überprüft wird, muss die Intensität der Zuwendung zu *verschiedenen* Medienkanälen im Ländervergleich untersucht werden. Schließlich kann davon ausgegangen werden, dass unterschiedliche Informationskanäle, aufgrund je spezifischer Produktions- und Rezeptionsbedingungen, verschieden starke Einflüsse auf politische Orientierungen entfalten (vgl. zusammenfassend Bonfadelli/Wirth 2005: 573 ff.). Diesbezüglich verweisen aktuelle Studien zum Zusammenhang zwischen massenmedialer Informationsnutzung und politischen Orientierungen auf die besondere „Wirkkraft" der Tageszeitung, während die Effekte des Fernsehens weniger deutlich ausfallen (vgl. u. a. Brettschneider/Vetter 1998; Wolling 1999; Kuhn 2000; Norris 2000: 208 ff.).

Tabelle 2: Tägliche Nutzung des politischen Informationsangebots, 2006 (Angaben in Prozent)

	Fernsehen	Zeitung	Radio
Belgien	66,3	35,2	52,2
Dänemark	76,6	55,5	61,0
Deutschland/O	75,1	51,3	60,1
Deutschland/W	68,9	50,5	53,7
Estland	76,0	46,1	59,6
Finnland	82,8	72,6	47,0
Frankreich	67,5	30,5	40,6
Griechenland	67,4	10,9	11,1
Großbritannien	73,6	41,1	45,0
Irland	70,0	46,6	65,1
Italien	65,1	25,8	19,0
Lettland	69,2	32,1	53,0
Litauen	76,7	26,9	50,4
Luxemburg	68,2	55,7	58,6
Malta	62,8	18,1	37,2
Niederlande	78,7	64,4	54,2
Nordirland	65,5	36,6	39,8
Österreich	46,9	45,2	49,2
Polen	67,8	19,2	49,4
Portugal	75,3	22,2	24,1
Schweden	74,8	73,2	54,1
Slowakei	61,6	26,6	38,8
Slowenien	50,5	30,6	34,8
Spanien	59,1	22,0	26,2
Tschechien	54,9	27,0	34,6
Ungarn	67,9	32,5	42,9
Zypern	56,1	19,6	30,8
EU25	**67,8**	**37,9**	**44,1**

Quelle: Eurobarometer 65.2.

Die dominierende Rolle des Fernsehens als Leitmedium der politischen Information unterstreichen die in *Tabelle 2* dargestellten Befunde: Nicht nur im Durchschnitt der 25 EU-Mitgliedsländer, sondern auch für jedes einzelne Land (mit der Ausnahme Österreichs) werden politische Informationen zuvorderst aus dem Fernsehen bezogen. Insbesondere die Bürgerinnen und Bürger der Mittelmeerländer verlassen sich auf Fernsehnachrichtensendungen und nutzen im unterdurchschnittlichen Maße das Informationsangebot der Tageszeitungen und des Radios – eine logische Konsequenz eines überdurchschnittlich stark auf audiovisuelle Medien konzentrierten Medienkonsums der Südeuropäerinnen und -europäer (vgl. Hasebrink/Herzog 2004; Neller 2004: 347 ff.). Demgegenüber erweisen sich Finnen, Schweden, Dänen und Niederländer nicht nur als die stärksten Nutzer der Fernsehberichterstattung, sondern komplettieren in weit überdurchschnittlichem Maße ihr politisches Informationsmenü durch tägliche Zeitungslektüre und Radiohören.

Aufschluss darüber, inwieweit die Nutzung eines Informationsmediums mit der Nutzung eines anderen Mediums einhergeht, geben die in *Tabelle 3* ausgewiesenen bivariaten Korrelationsmaße. Diese beziehen sich, aus Gründen der Anschaulichkeit, auf die nach Bevölkerungszahlen gewichtete Gesamtstichprobe der Bürgerinnen und Bürger aller 25 EU-Mitgliedsländer.[12] Dargestellt sind ebenso die Zusammenhänge der politischen Informationsnutzung und der Intensität interpersonaler politischer Kommunikation sowie das Vertrauen gegenüber jenen nationalen politischen Institutionen, die in den vergangenen Jahren im besonderen Maße in die Kritik geraten sind, d. h. Parteien,

Tabelle 3: Bivariate Korrelationen für politisches Diskussions- und Informationsverhalten sowie Institutionenvertrauen im nationalen Kontext, EU25 im Jahr 2006

	Politische Diskussion	Politische Fernsehnutzung	Politische Zeitungsnutzung	Politische Radionutzung	Parteienvertrauen	Regierungsvertrauen
Politische Fernsehnutzung	,15**					
Politische Zeitungsnutzung	,29**	,21**				
Politische Radionutzung	,26**	,15**	,38**			
Parteienvertrauen	,04**	,02**	,09**	,02**		
Regierungsvertrauen	,02**	,02**	,07**	,03**	,59**	
Parlamentsvertrauen	,04**	,02*	,10**	,03**	,55**	,72**

Quelle: Eurobarometer 65.2.

Ausgewiesen sind standardisierte bivariate Korrelationskoeffizienten (Pearsons r) für das nach der Bevölkerungsgröße gewichtete Aggregat der Befragten aller Länder. Signifikanzen: ** p < 0,01; * p < 0,05.

---

12 Zwangsläufig werden durch die gewichtete Aggregierung der Daten länderspezifische Zusammenhänge verdeckt. Diese fallen bei genauerer Betrachtung sehr unterschiedlich aus, da nicht für alle Länder eine kumulative und komplementäre Nutzung der drei Informationsmedien festgestellt werden konnte.

Parlament und Regierung (vgl. zusammenfassend Schmitt 2003: 62 ff.). Von diesen drei Institutionen wird den politischen Parteien seitens der im Jahr 2006 befragten Bürgerinnen und Bürgern das höchste Misstrauen entgegengebracht (∅ EU25 = 1,53), während die nationalen Regierungen vergleichsweise hohe Vertrauenswerte erzielen (∅ EU25 = 1,79).[13]

Offenkundig bestehen nicht nur unter den politischen Informationsnutzungsvariablen hoch signifikante Korrelationen (insbesondere zwischen der Radio- und Zeitungsnutzung), sondern auch zwischen der Medienrezeption und der politischen Kommunikation im interpersonalen Umfeld. Vor allem die tägliche Zeitungslektüre und das Einschalten von Radionachrichten scheinen in diesem Zusammenhang für das eigene Gespräch anregend zu sein (vgl. auch Neller 2004: 353; Emmer et al. 2006) – et vice versa – und zur kognitiven Mobilisierung beizutragen.

Demgegenüber erweist sich auf der evaluativen Ebene der Einfluss der informationsorientierten Mediennutzung auf das Institutionenvertrauen als vergleichsweise gering.[14] Zwar sind auch hier die Zusammenhänge signifikant, doch auf deutlich niedrigerem Niveau. Wie vermutet, gehen diesbezüglich noch die stärksten Effekte von der Zeitungslektüre aus, dem insgesamt am wenigsten und im Ländervergleich am unterschiedlichsten genutzten Medium (vgl. *Tabelle 2*). Wie auch andernorts dargelegt (vgl. Wolling 1999), ist das Leitmedium Fernsehen in seiner Rolle als routinemäßig genutztes „Standardmedium" demgegenüber vergleichsweise ineffektiv. Das heißt, dass der Konsum des politischen Informationsangebots des Fernsehens, entgegen der ursprünglichen Videomalaise-Hypothese (vgl. Robinson 1976), so gut wie keinen Einfluss auf das den nationalen politischen Institutionen entgegengebrachte Ver- bzw. Misstrauen hat.[15] Was dieser auf die Bevölkerungen der 25 EU-Mitgliedsstaaten aggregierte Vergleich jedoch nicht zeigt, ist, in welchem Maße die Nutzung der politischen Berichterstattung mit dem Institutionenvertrauen in den einzelnen EU-Ländern zusammenhängt.

Dies wird erst deutlich, wenn die jeweils drei Teilindikatoren für die Variablen „politische Informationsnutzung" und „Institutionenvertrauen" zu Indizes zusammengefasst und in Bezug zueinander gesetzt werden (vgl. *Abbildung 2*). Dabei offenbaren sich fünf Arten von Zusammenhängen bzw. fünf unterschiedlich stark besetzte „Ländergruppen":

---

13 Auf einer (umcodierten) Skala von 1 („vertraue eher nicht") bis 2 („vertraue eher"). Insgesamt korreliert das nationalen Institutionen entgegengebrachte Vertrauen derart hoch, dass sich die drei Einzelindikatoren für die weiteren Analysen bedenkenlos zu einem Gesamtindex zusammenfassen lassen (Cronbachs Alpha: 0.84).

14 Die Zusammenhänge zwischen der Nutzung des medienspezifischen politischen Informationsangebots und der Zufriedenheit mit dem Funktionieren der nationalen Demokratie sind nahezu identisch mit den für das Institutionenvertrauen ausgewiesenen Werten. Die Einschätzung der demokratischen Performanz korreliert dagegen auf deutlich höherem Niveau mit dem Vertrauen gegenüber den nationalen Institutionen (Pearsons r: 0.30 [Parteien], 0.36 [Regierung], 0.36 [Parlament]).

15 In diesem Zusammenhang sei noch einmal daran erinnert, dass an dieser Stelle nicht nach der Qualität und auch nicht der Vielfalt der Fernsehnutzung gefragt wurde. So mag der geringe Effekt durchaus auch auf die intramediale Heterogenität genutzter Fernsehnachrichtensendungen unterschiedlicher Anbieter zurückzuführen sein, welche sich auf den Aggregatvergleich in besonderem Maße niederschlägt.

Abbildung 2: Politische Informationsnutzung und nationales Institutionenvertrauen im Ländervergleich, 2006[16]

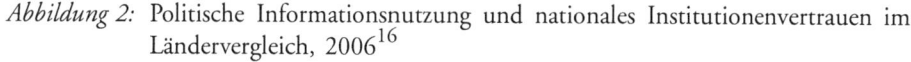

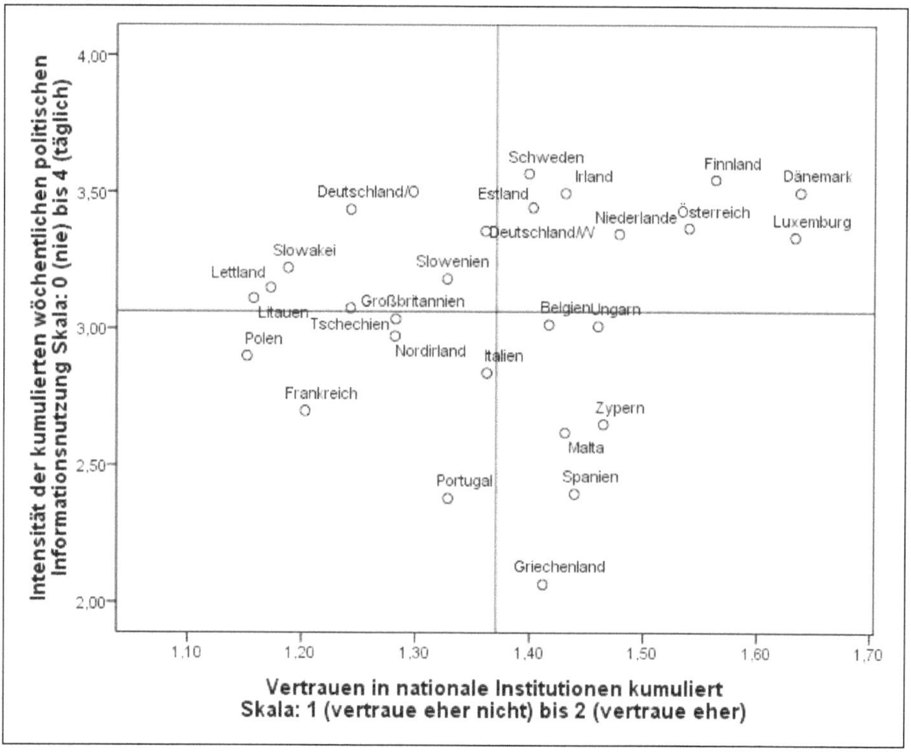

1. Länder mit hohem Institutionenvertrauen und hoher politischer Informationsnutzung (Finnland, Dänemark, Österreich, Luxemburg, Irland, Schweden, Estland und die Niederlande)
2. Länder mit hohem Institutionenvertrauen und niedriger politischer Informationsnutzung, (Griechenland, Spanien, Malta, Zypern)
3. Länder mit hoher politischer Informationsnutzung und niedrigem Institutionenvertrauen (Lettland, Litauen, Slowakei, Tschechien und Ostdeutschland)
4. Länder mit niedriger politischer Informationsnutzung und niedrigem Institutionenvertrauen (Frankreich, Portugal, Polen)
5. Länder mit eher durchschnittlichem Institutionenvertrauen sowie durchschnittlicher (Großbritannien, Nordirland, Belgien, Ungarn), erhöhter (Westdeutschland) oder eher niedriger Informationsnutzung (Italien)

Summa summarum spricht die Vermessung dieser unterschiedlichen Verteilungen zum einen *gegen* die insbesondere in der Transformationsforschung virulente Vermutung,

---

16 Die in der Abbildung genutzte horizontale und vertikale Bezugslinie markiert den jeweiligen Durchschnittswert für die 25 EU-Länder (ungewichtetes arithmetisches Mittel). Dieser liegt bei der kumulierten wöchentlichen Informationsnutzung bei 3,06 und hinsichtlich des Vertrauens in nationale Institutionen bei 1,37.

mit der Intensität der politischen Informationsnutzung würde das Vertrauen in die noch „jungen", demokratisch verfassten politischen Institutionen quasi automatisch steigen (vgl. kritisch hierzu Voltmer/Schmitt-Beck 2006: 232 ff.). Zum anderen widerlegen sie aber auch die der Mediamalaise zugrunde liegende Gegenthese, wonach die Ausdehnung des Medienkonsums und die entsprechend intensive Nutzung einer zusehends „negativen" Berichterstattung über politische Institutionen das Misstrauen gegenüber diesen erhöhen würde (vgl. hierzu Cappella/Jamieson 1997; Kepplinger 2000). Im Unterschied zu diesen beiden konträren Annahmen verweisen die dargestellten Länderunterschiede vielmehr auf eines: die hohe Kontext- bzw. Kulturgebundenheit des Einflusses des politischen Informationsverhaltens auf das Institutionenvertrauen.[17]

Um diesen Länderkontexten gerecht zu werden, soll nun in einem letzten Schritt der Einfluss der Intensität der Nutzung der drei wesentlichen massenmedialen Informationsquellen auf das Institutionenvertrauen getrennt für die 25 Mitgliedsländer der Europäischen Union untersucht werden. Hierzu bietet sich eine multiple Regressionsanalyse an, bei der mögliche intervenierende Einflüsse kontrolliert werden. Als besonders relevante Determinanten haben sich diesbezüglich auf der Mikroebene soziostrukturelle Merkmale (Alter, Geschlecht, Bildung) und politische Prädispositionen (ideologische Selbstpositionierung) erwiesen (vgl. Schmitt 2003: 65). Aber auch von den als eigenständige Faktoren identifizierten Bewertungen der momentanen wirtschaftlichen Lage und der demokratischen Performanz (vgl. *Tabelle 1*) sind, eingedenk der skizzierten vorliegenden Befunde, Einflüsse zu erwarten, die zwischen der Intensität der politischen Informationsnutzung und dem Vertrauen gegenüber nationalen Institutionen intervenieren. Alle entsprechenden Variablen sind in den länderspezifischen Regressionsanalysen berücksichtigt und wurden zudem auf mögliche Kolinearitäten überprüft (vgl. *Tabelle 4*).

Die Befunde der nach den Bevölkerungsanteilen gewichteten Zusammenhangsüberprüfungen für die Bürgerinnen und Bürger aller EU-Mitgliedsländer (EU25) und der alten Mitgliedsländer (EU15) macht deutlich: Das Vertrauen, das den nationalen Institutionen (hier: Parteien, Parlament und Regierung) entgegengebracht wird, hängt – in der Reihenfolge ihrer Relevanz – von der Zufriedenheit mit der Performanz der jeweiligen nationalstaatlichen Demokratie (vgl. auch Zmerli 2004: 250 ff.), der Einschätzung der wirtschaftlichen Lage und der Regelmäßigkeit der Zeitungslektüre ab. Soziodemografische Einflüsse und politische Prädispositionen spielen für das Institutionenvertrauen genauso wenig eine Rolle wie die interpersonale Kommunikation oder die Nutzung von Fernseh- und Radionachrichten. Das bedeutet: Je positiver die eigene Demokratie eingeschätzt wird und die wirtschaftliche Entwicklung wahrgenommen wird und je intensiver die Bürgerinnen und Bürger die politischen Teile der Zeitungen rezipieren, desto höher ist ihr Vertrauen in die nationalstaatlichen Institutionen.[18] Dies gilt zumindest für das Aggregat der EU15 – auf Länderebene verschwindet dagegen der di-

---

17 Vor diesem Hintergrund sind Regressionsanalysen für ganze Ländergruppen, bei denen ein allgemeiner, länderübergreifender Zusammenhang unterstellt wird und kulturspezifische Variationen durch die Einschaltung von länderbezogenen Dummy-Variablen erklärt werden (vgl. u. a. Norris 2000), mit Vorsicht zu genießen.
18 Eine entsprechende Pfadanalyse bestätigt die Richtung des hier unterstellten Einflusses: Die demokratische Performanz erklärt, im Sinne eines vorgelagerten Faktors, das Institutionenvertrauen – und nicht umgekehrt.

Tabelle 4: Einflüsse auf das Vertrauen gegenüber nationalen Institutionen im Ländervergleich, 2006

EU15	AUT	BEL	DEN	ESP	FIN	FRA	GBR[1]	GER[2]	GRE	IRE	ITA	LUX	NED	POR	SWE
Alter	-,09	-,01	-,00	,11	-,08	,02	-,07	,04	,11	,03	-,06	,05	-,05	-,02	-,11*
Geschlecht	,04	-,01	-,07	,09	,00	-,05	-,03	,04	,04	,04	,02	-,01	-,12**	-,03	-,05
Bildung	,03	,00	-,00	-,13	-,08	-,05	,04	-,04	-,01	,00	,11	,02	,02	,02	,02
Links-rechts-Skala	,03	-,06	,23**	-,09	,03	,08	-,03	,06	,22**	,08	-,02	,15	,10	-,02	-,20**
Politische Diskussion	-,03	,06	,04	-,03	,07	,07	,04	,00	-,05	-,01	,010	-,06	,04	,04	,06
Ökonomische Situation	,19**	,22**	,09	,22**	,24**	,17**	,17**	,15**	,20**	,06	,21**	,07	,17**	,14**	,13**
Demokratiezufriedenheit	,17**	,34**	,28**	,14*	,30**	,29**	,34**	,32**	,23**	,30**	,36**	,27**	,33**	,39**	,34**
Intensität TV-Infonutzung	,04	,02	,00	,04	-,03	-,01	,02	-,03	-,04	-,03	,05	-,02	-,06	-,00	,01
Intensität Zeitungsnutzung	,01	,04	,09	,01	-,02	,04	,02	,05	,10	,01	-,09	,02	,05	-,01	,03
Intensität Radionutzung	-,06	,01	,01	,08	,06	,01	,04	-,07	-,06	,02	,02	-,02	-,05	-,04	-,01
Konstante	1,03**	,57**	,51**	,63*	,58**	,70**	,61**	,71**	,68**	,70**	,51*	,96**	,72**	,87**	,86**
R²	0,09	0,23	0,21	0,14	0,20	0,28	0,23	0,17	0,24	0,13	0,30	0,14	0,22	0,22	0,24

Neue Mitgliedsländer	CYP	CZE	EST	HUN	LAT	LTU	MLT	POL	SKV	SLO	EU25[3]	EU15[4]	NMS[5]
Alter	,19	,03	-,01	,07	,11	,09	,01	,05	-,02	,12	,00	-,01	,07**
Geschlecht	,10	,02	,04	,06	,00	-,02	,02	-,03	,02	-,03	-,01	-,01	,00
Bildung	,01	,02	-,07	-,01	,04	,01	-,05	-,04	-,01	,06	-,01	-,01	-,05*
Links-rechts-Skala	-,18	-,09	,07	-,21**	-,05	-,18**	,15	,24**	,13*	,17**	,01	,02	,04
Politische Diskussion	,01	-,10	-,02	,05	-,02	-,01	,02	,03	-,01	-,07	,03	,03	-,00
Ökonomische Situation	,23**	,23**	,09	,21**	,21**	,15	,29**	,17**	,16**	,13**	,17**	,16**	,16**
Demokratiezufriedenheit	,29**	,17**	,38**	,28**	,22**	,29**	,29**	,27**	,17**	,33**	,34**	,34**	,29**
Intensität TV-Infonutzung	,16	,05	-,00	-,04	,01	,04	,19*	,01	,01	-,01	-,00	-,00	-,01
Intensität Zeitungsnutzung	-,02	,03	,04	,08	-,01	-,05	,07	-,02	-,04	,03	,05**	,05**	,04
Intensität Radionutzung	,03	,08	-,07	-,05	-,04	,01	,02	-,02	,08	-,03	-,02	-,02	-,00
Konstante	,28	,61**	,77	,91**	,74**	,81**	,16	,57**	,77**	,49*	,66**	,66**	,71**
R²	0,39	0,16	0,21	0,30	0,12	0,17	0,57	0,23	0,12	0,21	0,20	0,20	0,16

Quelle: Eurobarometer 65.2.

Angabe standardisierter Beta-Koeffizienten; Signifikanzen: ** p < 0,01; * p < 0,05.
1 Großbritannien/Nordirland gesamt (Fallzahlen gewichtet)
2 Deutschland gesamt (Fallzahlen gewichtet)
3 EU-Staaten (Fallzahlen gewichtet)
4 „Alte" EU-Mitgliedsländer (Fallzahlen gewichtet)
5 Neue EU-Mitgliedsländer (Beitritt 01.05.2004) (Fallzahlen gewichtet)

rekte Einfluss der informationsorientierten Zeitungslektüre. Stattdessen zeigen für sich einzelne Länder (Dänemark, Schweden und Griechenland) direkte Auswirkungen der ideologischen Selbsteinschätzung.

Überdies spielt der Faktor „informationsorientierte Zeitungslektüre", wie auch jeder andere informations- und diskussionsbezogene Einfluss, in den zehn neuen Mitgliedsländern keine signifikante Rolle. Die Ausgangshypothese 3, wonach sich größere Medieneffekte in jenen Ländern einstellen sollten, die die geringsten demokratischen Erfahrungen vorweisen, muss insofern zumindest für das den nationalen Institutionen entgegengebrachte Vertrauen zurückgewiesen werden. Dies mag nicht zuletzt eine Konsequenz aus den oben skizzierten niedrigen Informationsniveaus und der Skepsis sein, mit der die Bürgerinnen und Bürger in den osteuropäischen Transformationsstaaten nicht nur den politischen, sondern auch den massenmedialen Instanzen begegnen (vgl. Pickel 2006). Stattdessen erweisen sich das Alter der Befragten in den neuen Mitgliedsstaaten sowie deren formale Bildung, zusätzlich zu den beiden auch für die alten EU-Mitgliedsländer gültigen performanzbezogenen Variablen, als entscheidende Einflussgrößen. So gilt für die neuen Mitgliedsländer: Je positiver die eigene Demokratie eingeschätzt und die wirtschaftliche Entwicklung wahrgenommen wird sowie mit steigendem Alter und sinkendem (!) Bildungsgrad der Befragten, desto mehr schenken diese ihren nationalstaatlichen Institutionen Vertrauen. Dazu kommen wiederum für einzelne Länder (Ungarn, Polen, Litauen und Slowakei) Einflüsse der ideologischen Selbstpositionierung der Befragten.

Insgesamt deuten diese Befunde auf einen bestenfalls auf ein Medium (Tageszeitungen) beschränkten, jedoch minimalen Einfluss des politischen Informationsverhaltens auf das Institutionenvertrauen.[19] Dieses zeigt sich vor allem resistent gegenüber der Intensität, mit denen Fernsehnachrichtensendungen und Radiosendungen rezipiert werden – ein weiterer Beleg gegen die Pauschalannahme der Videomalaise (vgl. Robinson 1976). Das heißt aber auch, dass die Mobilisierungsthese, wenn es um den Aufbau von Vertrauen gegenüber Institutionen in Transformationsstaaten geht, zurückgewiesen werden muss. So lange in den entsprechenden Ländern entweder das politische Informationsangebot unzureichend ist und/oder als solches wahrgenommen wird, mündet erhöhter politischer Informationskonsum eben nicht in eine Stärkung des noch niedrigen Institutionenvertrauens. Inwieweit diese Einschätzung auch für Orientierungen gegenüber der supranationalen, europäischen Ebene gilt, wird im Folgenden untersucht.

3.3 Politische Information und EU-Orientierungen

Zur Überprüfung des Zusammenhangs zwischen der Nutzung des massenmedialen Angebots an EU-spezifischen politischen Informationen einerseits und der Unterstützung

---

19 Eine auf Basis der gewichteten Daten vorgenommene Regressionsanalyse unter Berücksichtigung der beiden systemischen Einflussgrößen „Dauer der Mitgliedschaft in der EU" und „Demokratische Tradition des Landes" bestätigt die übergeordnete Bedeutung der Zufriedenheit mit der demokratischen Performanz und der ökonomischen Situation. Die Intensität der informationsorientierten Zeitungslektüre bleibt zwar als signifikanter Einflussfaktor bestehen, rückt aber in ihrer Wichtigkeit hinter die beiden Makrogrößen (vgl. auch Anderson/Kaltenthaler 1996: 188 f.).

des europäischen Integrationsprozesses andererseits soll zunächst ein Blick auf die länderspezifischen Verteilungen der relevanten Indikatoren geworfen werden. Dabei ist auf eine bedeutsame Beschränkung hinzuweisen, die sich aus den Eurobarometer-Daten für eine Annäherung an die Nutzung des EU-spezifischen Medienangebots ergibt: Im Unterschied zur skizzierten allgemeinen politischen Informationsnutzung geben die Daten keine Auskunft über die *Intensität* der Zuwendung zur EU-spezifischen Berichterstattung einzelner Medien, sondern lediglich darüber, *wie viele* von fünf vorgegeben Massenmedien (Zeitungen, Zeitschriften, Fernsehen, Radio, Internet) genutzt werden.[20] Diesbezüglich erweist sich, wie schon bei der allgemeinen politischen Informationsnutzung (s. o.) das Fernsehen als die zentrale Verbindung zur europäischen Politik: Im Durchschnitt der EU25 wird es von 73 Prozent der Befragten genutzt und auch in jedem einzelnen Land ist es das wichtigste Medium (vgl. auch Scharkow 2006: 39 ff.; The Gallup Organization Hungary 2006: 35). Danach folgen die Tageszeitung (43 Prozent), das Radio (36 Prozent), das Internet (23 Prozent) sowie Zeitschriften (18 Prozent). Aus Gründen der Anschaulichkeit werden diese Einzelmedien im Folgenden zu einem Gesamtindex „Nutzung EU-Medienkanäle" zusammengefasst (Cronbachs Alpha: 0.49). Dessen länderspezifische Verteilung, d. h. die durchschnittliche Anzahl der zur EU-spezifischen Information genutzten Massenmedien pro Land, ist in *Tabelle 5* dargestellt. Demnach werden im Schnitt der 25 EU-Mitgliedsländer 1,93 der fünf möglichen Medienkanäle genutzt – was erstens unterstreicht, dass das Interesse an der Berichterstattung über die europäische Ebene geringer ist als das gegenüber nationalen politischen Problemen und Ereignissen (vgl. u. a. Weßels 2007), und zweitens nicht zuletzt eine „angemessene" Reaktion auf das geringe Maß an EU-bezogener Berichterstattung sein dürfte (vgl. u. a Peter 2004; Machill et al. 2006).[21]

Tabelle 5 gibt auch Auskunft über die Verteilungen jener EU-Orientierungen, welche in der Faktorenanalyse als am stärksten zusammenhängend identifiziert werden konnten (s. o.). Demnach wird, wie die Mittelwerte für die EU25 verdeutlichen, den EU-Institutionen und der Europäischen Union als Ganzes tendenziell eher geringes Vertrauen entgegengebracht. Wobei sich hinter diesen Durchschnittswerten z. T. enorme Unterschiede zwischen den Ländern verbergen, auf die es später noch einzugehen gilt. Generell fällt aber auf, dass die Bürgerinnen und Bürger der neuen Mitgliedsländer im Vergleich zu den Ländern der EU15 den europäischen Institutionen und der EU-Gemeinschaft weniger misstrauisch gegenübertreten (vgl. im Gegensatz dazu Pollack 2006). Insbesondere ihre generalisierte und utilitaristische EU-Unterstützung fällt

---

20 Zudem finden sich zwei Indikatoren, die zum einen Auskunft über die Zufriedenheit der Befragten mit der Quantität der EU-Berichterstattung von Fernsehen, Radio und Printmedien und zum anderen mit der Qualität der Berichterstattung dieser Medien geben (vgl. auch Tenscher/Schmidt 2004: 225; Scharkow 2006: 42 ff.). Auf deren Darstellung wird im Folgenden verzichtet, da sie, wie entsprechende Kontrollanalysen belegen, keinen wesentlichen Einfluss auf den Zusammenhang von EU-bezogener politischer Informationsnutzung und EU-Unterstützung haben.
21 Insgesamt sind die Bürgerinnen und Bürger mit dem Ausmaß der EU-bezogenen Berichterstattung eher unzufrieden: 62 Prozent gaben in einer im September 2006 durchgeführten Eurobarometer-Umfrage an, die Massenmedien berichteten zu wenig über die EU, wobei die Bürgerinnen und Bürger der neuen Mitgliedsstaaten ein deutlich geringeres Bedürfnis nach EU-Informationen signalisierten (vgl. The Gallup Organization Hungary 2006: 29 f.).

Tabelle 5: EU-bezogene Mediennutzung und politische Orientierungen, 2006 (Mittelwerte)

	Nutzung EU-Medien- kanäle	Vertrauen EU-Parla- ment	Vertrauen EU-Kom- mission	Vertrauen EU gesamt	Bewertung Mitglied- schaft	Nutzen Mitglied- schaft
Belgien	2,13	1,68	1,67	1,61	2,54	1,67
Dänemark	2,62	1,70	1,66	1,58	2,54	1,84
Deutschland/O	2,41	1,52	1,46	1,46	2,40	1,46
Deutschland/W	2,35	1,58	1,54	1,46	2,47	1,51
Estland	2,06	1,77	1,78	1,67	2,43	1,76
Finnland	2,41	1,58	1,57	1,41	2,09	1,46
Frankreich	1,89	1,60	1,56	1,45	2,31	1,53
Griechenland	1,36	1,63	1,61	1,63	2,39	1,73
Großbritannien	1,52	1,38	1,38	1,35	2,14	1,46
Irland	1,66	1,80	1,79	1,69	2,71	1,92
Italien	1,41	1,80	1,79	1,66	2,46	1,64
Lettland	1,97	1,65	1,65	1,51	2,21	1,60
Litauen	2,05	1,80	1,81	1,70	2,51	1,84
Luxemburg	2,59	1,74	1,71	1,60	2,67	1,79
Malta	1,73	1,72	1,74	1,62	2,26	1,59
Niederlande	2,42	1,59	1,64	1,51	2,65	1,67
Nordirland	1,00	1,61	1,63	1,60	2,43	1,70
Österreich	2,20	1,56	1,54	1,49	2,09	1,47
Polen	1,74	1,72	1,71	1,67	2,50	1,73
Portugal	1,25	1,72	1,71	1,64	2,30	1,62
Schweden	2,34	1,61	1,61	1,42	2,30	1,51
Slowakei	2,21	1,73	1,69	1,66	2,48	1,75
Slowenien	2,03	1,72	1,74	1,68	2,49	1,74
Spanien	1,18	1,65	1,65	1,62	2,68	1,84
Tschechien	2,00	1,66	1,65	1,66	2,43	1,67
Ungarn	1,63	1,84	1,80	1,78	2,39	1,62
Zypern	1,59	1,82	1,80	1,71	2,35	1,46
EU25	**1,93**	**1,67**	**1,66**	**1,58**	**2,42**	**1,66**

Quelle: Eurobarometer 65.2.

Skalen: Nutzung EU-Medienkanäle – 1 (Minimum) bis 5 (Maximum); Vertrauen EU-Parlament, EU-Kommission, EU gesamt – 1 (vertraue eher nicht) bis 2 (vertraue eher); Bewertung Mitgliedschaft – 1 (schlechte Sache), 2 (weder gut noch schlecht), 3 (gute Sache); Nutzen Mitgliedschaft – 1 (keine Vorteile) bis 2 (eher Vorteile).

i. d. R. höher aus, wodurch die entsprechenden Gesamtwerte insgesamt eher Zustimmung zum europäischen Integrationsprozess signalisieren (vgl. auch Fuchs 2003; Eichenberg/Dalton 2007).

Da die Antworten zu den fünf EU-Orientierungsdimensionen nicht nur auf einen Faktor laden, sondern in hohem Maße miteinander korrelieren, werden sie im Folgenden zu einem Index „EU-Unterstützung" zusammengefasst (Cronbachs Alpha: 0.84). Dieser ermöglicht eine anschauliche Überprüfung der Frage, in welchem Maße die Zuwendung zur EU-spezifischen Berichterstattung und die Unterstützung des europäischen Integrationsprozesses zusammenhängen.[22]

Abbildung 3 untermauert den in Bezug auf das nationale Institutionenvertrauen dargelegten Befund (s. o.), wonach es *keinen* eindeutigen, für *alle* EU-Länder ähnlich verlaufenden positiven Zusammenhang zwischen der Quantität genutzter Informationskanäle und der positiven Bewertung politischer Unterstützungsobjekte gibt. Eine derart

---

22 Aufgrund der divergierenden Ursprungsskalen handelt es sich hierbei um einen gewichteten additiven Index, in den die Antworten in extrapolierter Form eingehen.

Abbildung 3: EU-spezifische Mediennutzung und EU-Unterstützung im Ländervergleich, 2006[23]

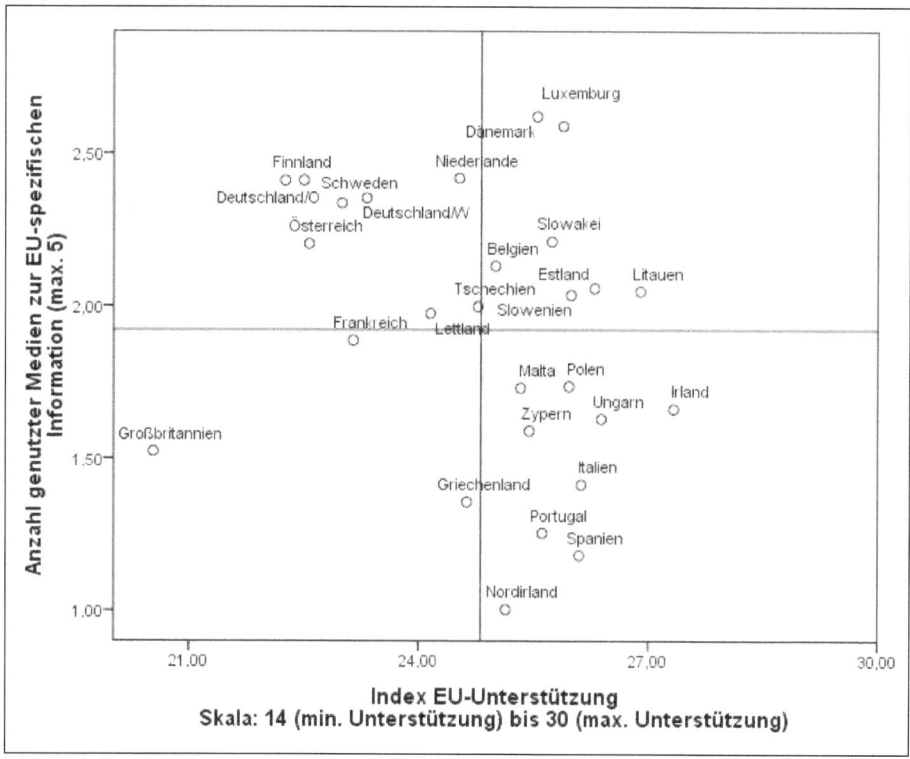

positive Korrelation, wie sie anfänglich gerade mit Blick auf die „ferne" Ebene der Europäischen Union unterstellt wurde (Hypothese 2), findet sich nur für Dänemark, Belgien, Luxemburg sowie einige der neuen Mitgliedsländer (insbes. Slowakei, Estland, Lettland, Litauen). Auch *ohne* intensive Nutzung EU-spezifischer Medienkanäle zählen alle verbleibenden neuen Mitgliedsländer (mit Ausnahme Tschechiens), die Mittelmeerländer (mit Ausnahme Frankreichs und Griechenlands), Irland und Nordirland zu jenen Staaten, deren Bürgerinnen und Bürger den europäischen Integrationsprozess in überdurchschnittlichem Maße befürworten. Dies relativiert nicht nur die Bedeutung der Mediennutzung, sondern unterstreicht die utilitaristische Interpretation der Unterstützung des europäischen Integrationstempos (vgl. u. a. McLaren 2007; de Vries/van Kersbergen 2007). Überdies verdeutlichen die Werte Deutschlands, Österreichs, Schweden, Finnlands, der Niederlande, aber auch Tschechiens und Lettlands, dass sich die intensive Nutzung massenmedialer Brücken zur EU nicht zwangsläufig in hoher

---

23 Wiederum markieren die in der Abbildung genutzten horizontalen und vertikalen Bezugslinien die jeweiligen Durchschnittswerte für die 25 EU-Länder (ungewichtete arithmetische Mittel). Demnach nutzten die EU-Bürgerinnen und -Bürger im Jahr 2006 durchschnittlich 1,92 Medien zur EU-spezifischen politischen Information. Der Durchschnittswert der kumulierten EU-Unterstützung liegt bei 24,82.

EU-Unterstützung niederschlagen muss. Als in jeglicher Hinsicht am weitesten von Europa weg präsentieren sich schließlich, wenig überraschend, die Briten, die der EU-Berichterstattung nicht nur am wenigsten Aufmerksamkeit schenken, sondern den Integrationsprozess auch mit höchster Skepsis begleiten.[24]

Nur für eine Minderheit der Länder scheint sich also die zu Anfang unterstellte funktionale, d. h. positive Beziehung zwischen auf die EU ausgerichteter Mediennutzung und EU-Unterstützung zu bewahrheiten (Hypothese 1) – zumindest wenn diese beiden Variablen, wie geschehen, in einen *direkten* Zusammenhang gebracht werden.[25] Inwieweit sich dieser Befund bestätigt, wenn neben der Quantität der EU-Mediennutzung intervenierende Einflüsse berücksichtigt werden, kann eine abschließende Regressionsanalyse veranschaulichen. In diese finden wiederum die soziostrukturellen Merkmale und die ideologische Selbstpositionierung der Befragten, aber auch die subjektive Einschätzung des Wissens über die EU als Indikator für deren kognitive Mobilisierung Eingang. Ebenso berücksichtigt wird die Bewertung der momentanen wirtschaftlichen Lage in der EU, nicht jedoch – aufgrund ausgeprägter Kolinearität – die Einschätzung der wirtschaftlichen Situation im eigenen Land. Aus ebendiesem Grund der Kolinearität und ihrer durch multiple, hierarchische Regressionsanalysen überprüfte geringe Vorhersagekraft werden ebenso jegliche auf den Nationalstaat bezogene Einstellungen (Institutionenvertrauen, Demokratiezufriedenheit, allgemeine politische Informationsnutzung) ausgespart. Gleiches gilt aufgrund ihrer doppelten Faktorenladung für die EU-spezifische Demokratiezufriedenheit.[26] Deren Bedeutung wird gleichwohl im Anschluss durch einen Blick auf systemische Einflussvariablen kontrolliert (vgl. auch Anderson/Kaltenthaler 1996; Fuchs/Klingemann 2002).

Wie die in *Tabelle 6* dargestellten Regressionskoeffizienten verdeutlichen, hat die Anzahl der zur EU-Information genutzten Massenmedien durchaus einen Einfluss auf das Ausmaß der EU-Unterstützung. Entsprechend höchst signifikante Zusammenhänge finden sich nicht nur für die EU25 und, in noch stärkerem Maße, für die neuen Mit-

---

[24] Werden das nationale Institutionenvertrauen und die EU-Unterstützung in Bezug zueinander gesetzt, kristallisieren sich fünf Ländergruppen heraus: 1.) Länder mit hohem nationalen Institutionenvertrauen und hoher EU-Unterstützung (Dänemark, Luxemburg, Niederlande, Belgien, Zypern, Malta, Griechenland, Spanien, Ungarn, Estland, Irland); 2.) Länder mit niedrigem nationalen Institutionenvertrauen, aber hoher EU-Unterstützung (Litauen, Polen, Slowakei, Lettland, Tschechien, Nordirland, Portugal, Slowenien, Italien); 3.) Länder mit hohem nationalen Institutionenvertrauen, aber niedriger EU-Unterstützung (Finnland, Österreich); 4.) Länder mit niedrigem nationalen Institutionenvertrauen und niedriger EU-Unterstützung (Großbritannien, Frankreich, Ostdeutschland) sowie 5.) Länder mit durchschnittlichem nationalen Institutionenvertrauen und durchschnittlicher EU-Unterstützung (Schweden, Westdeutschland).

[25] Bivariate Regressionsanalysen für die gewichtete EU25 verweisen jedoch darauf, dass die kumulierte EU-spezifische Mediennutzung in höherem und signifikanterem Zusammenhang mit allen der genannten EU-Unterstützungsindikatoren steht als die Nutzung von Fernsehen, Radio und Zeitungen zur allgemeinen politischen Information (ohne Abbildung). Es kommt also nicht auf die unspezifische, sondern die zielbewusste, EU-orientierte Informationsrezeption an, wenn es um die Ausbildung von EU-Orientierungen geht.

[26] Wie die bivariaten Regressionskoeffizienten für die gewichtete EU25 belegen, hängt die EU-spezifische Demokratiezufriedenheit im Vergleich zu allen berücksichtigten EU-Unterstützungsindikatoren im geringsten Maße mit der kumulierten EU-spezifischen Mediennutzung zusammen (Pearsons r: 0.04).

Tabelle 6: Einflüsse auf die EU-Unterstützung im Ländervergleich, 2006

EU15	AUT	BEL	DEN	ESP	FIN	FRA	GBR[1]	GER[2]	GRE	IRE	ITA	LUX	NED	POR	SWE
Alter	-,20**	-,07	-,01	,10	-,13**	-,05	-,13**	-,03	,01	-,04	,03	,00	-,06	-,09	,01
Geschlecht	,06	,05	,01	-,02	-,07	-,04	-,02	-,02	,010	-,02	,02	,05	-,09	-,10	-,03
Bildung	,03	-,03	-,06	-,07	,05	,09	,02	,03	-,05	,04	,06	-,13	-,03	,06	,02
Links-rechts-Skala	,00	-,00	,18**	-,03	,12*	,02	-,07	-,10*	,15**	,04	-,12	,20*	-,01	,08	,16**
Politische Diskussion	,07	,02	,02	-,04	,03	-,03	-,00	-,01	-,08	,05	-,02	,08	,00	,03	,05
Subjektive EU-Kompetenz	,04	,18**	,11*	,07	,12*	,10	,11	,02	,23**	,07	,17*	-,02	,09	,01	,08
Ökonomische Lage EU	,52**	,35**	,23**	,33**	,21**	,40**	,43**	,31**	,28**	,31**	,20**	,31**	,35**	,25**	,36**
EU-Mediennutzung	,17**	,10*	,05	,16*	,11	,13*	,13*	,11*	,03	-,01	,20**	-,00	,02	,11	,11
Konstante	17,6**	26,6**	27,8**	35,8**	26,2**	24,8**	24,8**	34,5**	28,7**	39,0**	38,1**	31,5**	32,9**	43,1**	15,6**
R²	0,40	0,20	0,11	0,17	0,14	0,23	0,28	0,13	0,18	0,11	0,17	0,18	0,16	0,12	0,20

Neue Mitgliedsländer	CYP	CZE	EST	HUN	LAT	LTU	MLT	POL	SKV	SLO		EU25[3]	EU15[4]	NMS[5]
Alter	,15	-,03	,09	-,03	-,05	,04	-,04	-,06	-,11	,04		-,07**	-,06**	-,05*
Geschlecht	,02	-,00	-,01	-,010	,06	-,01	,08	-,02	,08	,04		-,02	-,02	-,01
Bildung	,09	,04	,03	-,03	,07	,07	,06	-,04	-,01	,02		,01	,01	,01
Links-rechts-Skala	,17	,05	,12	-,19**	,16**	-,00	,29**	-,02	,12*	,03		-,03*	-,05*	-,02
Politische Diskussion	-,16	-,04	,05	-,00	-,06	-,02	,03	,05	,02	,06		-,01	-,02	,04
Subjektive EU-Kompetenz	,28*	,15**	,06	,13	,14	,09	,06	,20**	,16	,12		,09**	,08**	,14**
Ökonomische Lage EU	,20	,35**	,32**	,27**	,23**	,27**	,51**	,27**	,24**	,37**		,36**	,35**	,29**
EU-Mediennutzung	-,13	,23**	,05	,07	,11	,15	,05	,08	,20**	,17**		,08**	,08**	,12**
Konstante	32,6**	21,7**	26,9**	42,9**	27,5**	36,7**	12,8	31,5**	29,4**	24,0**		31,6**	32,5**	31,7**
R²	0,19	0,26	0,15	0,16	0,13	0,12	0,55	0,15	0,23	0,21		0,17	0,16	0,16

Quelle: Eurobarometer 65.2.

Angabe standardisierter Beta-Koeffizienten; Signifikanzen: ** $p < 0{,}01$; * $p < 0{,}05$.

1 Großbritannien/Nordirland gesamt (Fallzahlen gewichtet)
2 Deutschland gesamt (Fallzahlen gewichtet)
3 EU-Staaten (Fallzahlen gewichtet)
4 „Alte" EU-Mitgliedsländer (Fallzahlen gewichtet)
5 Neue EU-Mitgliedsländer (Beitritt 01.05.2004) (Fallzahlen gewichtet)

gliedsländer, sondern auch in folgenden Einzelstaaten: Österreich, Italien, Tschechien, Slowakei und Slowenien. Dabei gilt: Wenn die EU-Mediennutzung einen Einfluss nimmt, dann fällt dieser *immer*, entsprechend der Grundannahme der Funktionalität der Informationsnutzung (Hypothese 1), positiv aus. Tatsächlich entpuppt sich der EU-spezifische Medienkonsum nach der Zufriedenheit mit der ökonomischen Situation in der EU und der subjektiven EU-Kompetenz als drittstärkster Einflussfaktor. Je stärker sich also die Bürgerinnen und Bürger der Europäischen Union über diese informieren, je mehr sie (damit zusammenhängend) das Gefühl haben, Vorgänge auf der supranationalen Ebene zu verstehen, desto positiver sind sie dem europäischen Integrationsprozess und den zentralen Institutionen gegenüber eingestellt. Dies gilt umso mehr, wenn sie die wirtschaftliche Situation in der Europäischen Union positiv einschätzen.

Diese Befunde unterstützen nicht nur die utilitaristische Interpretation der EU-Unterstützung (vgl. Gabel 1998), sondern erweitern zugleich die kognitive Mobilisierungshypothese (vgl. bereits Inglehart 1970) um den Faktor der faktischen Informationsnutzung. Dieser spielt zwar nicht in allen Ländern eine signifikante Rolle, aber insgesamt deuten die Befunde darauf hin, dass der Einfluss der *spezifischen* Zuwendung zu massenmedialen EU-Angeboten eine eigenständige Einflussgröße ist, der größeres Potenzial zugeschrieben werden muss als dem allgemeinen politischen Informationsverhalten für das nationale Institutionenvertrauen (s. o.). Die Ausgangshypothese 2 findet hier ihre – wenn auch schwache – Bestätigung. Überdies hat die EU-spezifische Informationsnutzung eine größere Bedeutung als soziostrukturelle Merkmale, politische Prädispositionen und das interpersonale politische Kommunikationsverhalten. Selbst wenn die beiden Systemindikatoren „Dauer der Mitgliedschaft in der EU" und „Demokratische Tradition des Landes" in die Analyse mit aufgenommen werden, bleibt das Ausmaß der Nutzung massenmedialer Kanäle zur EU-spezifischen Information als drittstärkster Prädiktor bestehen (nach der Zufriedenheit mit der ökonomischen Situation der EU und der demokratischen Tradition des Landes; ohne Abbildung). Kurzum: Die Folgebereitschaft der Bürgerinnen und Bürger Europas gegenüber einem weithin abstrakten und i. d. R. fernen „Projekt EU" ließe sich – weithin unabhängig von den individuellen Vorprägungen und der „Qualität" der Berichterstattung – durch eine stärkere Nutzung der EU-Berichterstattung erhöhen. Voraussetzung hierfür wäre jedoch sowohl eine Ausweitung der EU-bezogenen Medienangebote an sich (vgl. de Vreese 2002; Peter 2004) als auch eine erhöhte Bereitschaft seitens der Bürgerinnen und Bürger, die in den meisten Ländern doch recht fragilen Medienbrücken nach Europa zu nutzen.

4. *Zusammenfassung*

Ziel des vorliegenden Beitrags war es, das auf die massenmediale Berichterstattung fokussierte politische Informationsverhalten der Bürgerinnen und Bürger der Europäischen Union und deren Orientierung(en) im politischen Raum zu vermessen. Hierzu wurde über die Analyse ländertypischer Verteilungen des Informationskonsums hinaus sowohl auf die nationalstaatliche politische Kultur (am Beispiel des Institutionenvertrauens) als auch auf die Unterstützung des europäischen Integrationsprozesses geblickt.

Dabei ging es darum, den *Einfluss* der rezeptiven politischen Kommunikation auf die Ausbildung politischer Kognitionen und Evaluationen zu untersuchen. Dies geschah anhand dreier Leithypothesen, welche nun abschließend diskutiert werden sollen.

Die erste Hypothese unterstellte einen funktional-positiven Zusammenhang in dem Sinne, dass mit dem Ausmaß der politischen Informationsnutzung die politische Involvierung, die spezifische, auf politische Institutionen bezogene, aber auch die diffuse Unterstützung steigen würden. Ungeachtet ländespezifischer Variationen kann diese untersuchungsleitende Annahme als bestätigt gelten: Die politische Informationsnutzung zeigte nicht nur einen höchst positiven Zusammenhang mit der kognitiven Mobilisierung im nationalstaatlichen und europäischen Raum (vgl. auch Scharkow 2006), sondern erwies sich auch *in grosso modo* als zuträglich für das Institutionen entgegengebrachte Vertrauen und die Bewertung der Europäischen Union. Diese allgemeine Feststellung bedarf jedoch einer doppelten Relativierung: Erstens verdeutlichte der Blick auf das nationalstaatliche Institutionenvertrauen, dass nicht die Informationsnutzung *der* Massenmedien, sondern – wenn überhaupt – einzig die Zeitungslektüre das in vielen Ländern Europas grassierende Misstrauen gegenüber diesen Institutionen (vgl. u. a. Schmitt 2003) schmälern hilft. Einflüsse der auf das Fernsehen, dem Leit- und Standardmedium der politischen Kommunikation (vgl. u. a. Brettschneider 1997), bezogenen Informationsnutzung konnten diesbezüglich ebenso wenig festgestellt werden wie solche, die durch das Hören von Radionachrichten induziert wären. Während also die politische Informationsnutzung generell in positivem Zusammenhang mit der kognitiven Mobilisierung steht (vgl. auch Tenscher/Schmidt 2004: 228 f.; de Vreese 2005; Eveland et al. 2005), entfalten nicht alle Massenmedien (funktionale) Wirkungen in evaluativer Hinsicht (vgl. auch Wolling 1999). Zweitens ist mit Blick auf die EU-Ebene festzuhalten, dass nicht die allgemeine politische Informationsnutzung, sondern in viel stärkerem Maße die *spezifische,* auf die EU-Berichterstattung ausgerichtete Informationssuche zur kognitiven Mobilisierung und zur diffusen Unterstützung beiträgt. Offensichtlich ist es nicht ein Mehr an politischer Information an sich, sondern ein Mehr an fokussierter Informationszuwendung, welches das mitunter konstatierte Demokratiedefizit der EU (vgl. u. a. Kielmannsegg 1996; abwägender Fuchs 2003) abbauen helfen könnte.

Auch die zweite Hypothese kann als bestätigt gelten: Tatsächlich entpuppten sich die Einflüsse des politischen Informationsverhaltens auf die Bewertung EU-spezifischer Orientierungsgrößen als nachhaltiger als die Orientierungen gegenüber nationalen politischen Bezugsobjekten. Dies mag, der Untersuchungsannahme folgend, damit zusammenhängen, dass die Orientierung im nationalstaatlichen politischen Raum weithin in vorgegebenen Bahnen verläuft: Das Ausmaß der Auseinandersetzung mit der nationalen politischen Kultur ist – nicht zuletzt aufgrund stabilerer Medienbrücken und steter politischer Kommunikation im interpersonalen Umfeld – schlichtweg höher und fester verankert als die Beschäftigung mit der supranationalen Ebene. Auf letztgenannter bieten sich prinzipiell größere Gelegenheitsstrukturen für Medienwirkungen in kognitiver, evaluativer und konativer Hinsicht. Voraussetzung hierfür wäre jedoch eine Ausweitung des defizitär eingeschätzten EU-bezogenen Informationsangebots (vgl. The Gallup Organization Hungary 2006: 29) sowie eine stärkere Zuwendung zu diesen seitens der Bürgerinnen und Bürger. Schließlich mag der höhere Medieneinfluss auf EU-Ebene aber, und dies soll nicht unerwähnt bleiben, auch ein Resultat des gewählten Bezugsobjekts sein. Dieses kombiniert das Vertrauen gegenüber zwei politischen Institutionen und der EU als Ganzes mit der Bewertung der EU-Mitgliedschaft. Tatsächlich ändert sich aber, wie an dieser Stelle nicht dargelegte Kontrollanalysen bestätigen, an den dargestellten Zusammenhängen wenig, wenn – wie auf nationalstaatlicher Ebene – nur das Institutionenvertrauen mit der politischen Informationsnutzung in Bezug gesetzt wird.

Schließlich ging die dritte Leithypothese davon aus, dass sich die geringsten Medieneffekte unter den Bürgerinnen und Bürger jener Länder finden würden, die die größten Erfahrungen mit der nationalstaatlichen Demokratie einerseits und dem politischen Projekt der „Europäische Union" andererseits aufweisen. Diese Annahme wurde mit Blick auf die nationalstaatliche Ebene *widerlegt:* Tatsächlich erwies sich der Einfluss des politischen Informationsverhaltens, konkret: der Zeitungslektüre, auf das nationale Institutionenvertrauen in den Ländern der EU15 als höher als in den jungen Demokratien Osteuropas. In diesen behaupten sich soziostrukturelle Merkmale (Alter und Bildung) als relevante Einflussgrößen, hinter den in allen Ländern bedeutsamsten Faktoren „Bewertung der ökonomischen Lage" und „Demokratiezufriedenheit". Ein Grund hierfür mag das in den Transformationsstaaten der „vierten Demokratisierungswelle" (McFaul 2002) ausgeprägte Misstrauen nicht nur gegenüber den sich erst langsam „demokratisierenden" politischen Institutionen, sondern eben auch gegenüber den sich noch emanzipierenden Massenmedien sein (vgl. aber relativierend hierzu Voltmer/ Schmitt-Beck 2006: 228 ff.). Mit Blick auf die supranationale Ebene fand die oben genannte Hypothese jedoch ihre *Bestätigung:* Tatsächlich ist der positive Einfluss der Nutzung EU-spezifischer Informationskanäle in den neuen Mitgliedsländern alles in allem höher als in den alten – und dies sowohl in kognitiver Hinsicht als auch mit Blick auf die EU-Unterstützung. Allerdings werden in den alten wie neuen EU-Ländern die Medieneffekte, ganz im Sinne einer utilitaristischen Interpretation, von der Wahrnehmung der ökonomischen Situation in Europa überlagert. Die dennoch konstatierte Relevanz des Faktors „EU-spezifische Mediennutzung" und dessen positiver Zusammenhang mit der kognitiven Mobilisierung verweist gleichwohl auf das prinzipielle Potenzial, das in der Nutzung der politischen Berichterstattung über die EU schlummert.

Alles in allem liefern die an dieser Stelle präsentierten Befunde einen deutlichen Beleg für die *eigenständige* Bedeutung der politischen Informationsnutzung für die Ausbildung politischer Orientierungen. Zugleich untermauern sie aber auch, dass direkte Medieneinflüsse im Vergleich zu in der politischen Kulturforschung etablierten Einflussgrößen, wie insbesondere der Einschätzung der ökonomischen Situation und der Demokratiezufriedenheit, eine *nachrangige* Rolle spielen. Beide Erkenntnisse, die Eigenständigkeit und die Nachrangigkeit des Faktors „politische Informationsnutzung", sprechen dafür, Kommunikations- und Medieneinflüsse auch zukünftig in der politischen Kulturforschung zu berücksichtigen. Dabei gilt es nicht nur, die an dieser Stelle präsentierten, exemplarischen Befunde mit Blick auf andere politische Orientierungsobjekte (z. B. die Frage der Identität) zu überprüfen, sondern vor allem, sich im Rahmen von Panelanalysen auf die Suche nach *Wirkungen* zu machen. Dies bedeutet, dass die Kausaliätsrichtung von Mediennutzung und politischen Orientierungen hinterfragt werden sollte. Die hier unterstelle Beziehung, wonach das Informationsverhalten Einfluss auf die Ausbildung politischer Orientierungen nimmt, und nicht umgekehrt, scheint zwar angesichts erster experimenteller Studien (vgl. u. a. Eveland et al. 2005; de

Vreese 2007) durchaus plausibel, bedarf jedoch weiterer Überprüfung. Schließlich sollte auch den intervenierenden und u. U. konkurrierenden Einflüssen der Nutzung nicht-informativer, unterhaltender Medienangebote Beachtung geschenkt werden (vgl. u. a. Holtz-Bacha 1990; Brettschneider/Vetter 1998; Wolling 1999), welche an dieser Stelle aufgrund der Datenlage ausgeblendet werden mussten. Vor diesem Hintergrund bleibt eine umfassende Vermessung der Mediennutzung und der politischen Orientierungen in den Ländern der Europäischen Union auch zukünftig eine viel versprechende Herausforderung für die politische Kommunikations- und Kulturforschung.

Anhang

Benennung der Indikatoren	Frageformulierung/ursprüngliche Antwortkategorien
Geschlecht	1 male; 2 female
Links-rechts-Skala	In political matters people talk of „the left" and „the right". How would you place yourself on this scale? 1 left > 10 right, 11 Refusal, 12 DK
Politische Diskussion	When you get together with friends, would you say you discuss political matters frequently, occasionally or never? 1 frequently, 2 occasionally, 3 never, 4 DK *(für Berechnungen umcodiert)*
Subjektive EU-Kompetenz	Using this scale, how much do you feel you know about the European Union, its policies, its institutions? 1 know nothing at all > 10 know a great deal, 11 DK
Intensität informationsorientierter Fernseh-/Zeitungs-/Radionutzung	How often do you watch television news programmes/read the news in daily newspapers/listen to radio news programmes? 1 every day, 2 several times a week, 3 once or twice a week, 4 less often, 5 never, 6 DK *(für Berechnungen umcodiert)*
Nutzung EU-Medienkanäle	When you are looking for information about the European Union, its policies, its institutions, which of the following sources do you use? Daily newspapers, other newspapers/magazines, television, radio, the internet. *(Additiver Index der genannten Kanäle)*
Vertrauen in nationale und EU-Institutionen	I would like to ask you a question about how much trust you have in certain institutions: political parties, the (nationality) parliament, the (nationality) government; the European Union; the European Parliament, the European Commission, 1 tend to trust, 2 trend not to trust, 3 DK *(für Berechnungen umcodiert)*
Ökonomische Situation national/EU	How would you judge the situation of the (nationality)/European economy? 1 very good, 2 fairly good, 3 fairly bad, 4 very bad, 5 DK *(für Berechnungen umcodiert)*
Demokratiezufriedenheit national/EU	On the whole, are you very satisfied, fairly satisfied, not very satisfied or not at all satisfied with the way democracy works in our country/the European Union? 1 very satisfied, 2 fairly satisfied, 3 not very satisfied, 4 not at all satisfied, 5 DK *(für Berechnungen umcodiert)*
Bewertung EU-Mitgliedschaft	Generally speaking, do you think that (our country)'s membership of the European Union is ...? 1 a good thing, 2 a bad thing, 3 neither good or bad, 4 DK *(für Berechnungen umcodiert)*
Vorteile aus EU-Mitgliedschaft	Taking everything into account, would you say that (our country) has on balance benefited or not from being a member of the European Union? 1 benefited, 2 not benefited, 3 DK *(für Berechnungen umcodiert)*

Literatur

Anderson, Chris/Reichert, M. Shwan, 1996: Economic Benefits and Support for Membership in the EU. A Cross-National Analysis, in: Journal of Public Policy 15, 231-249.
Anderson, Christopher J./Kaltenthaler, Karl C., 1996: The Dynamics of Public Opinion toward European Integration, 1973-93, in: European Journal of International Relations 2 (2), 175-199.
Arzheimer, Kai, 2002: Politikverdrossenheit. Bedeutung, Verwendung und empirische Relevanz eines politikwissenschaftlichen Begriffs. Wiesbaden.
Bonfadelli, Heinz, 2002: Die Wissenskluftforschung, in: *Schenk, Michael* (Hrsg.), Medienwirkungsforschung. Tübingen, 568-601.
Bonfadelli, Heinz/Wirth, Werner, 2005: Medienwirkungsforschung, in: *Bonfadelli, Heinz/Jarren, Otfried/Siegert, Gabriele* (Hrsg.), Einführung in die Publizistikwissenschaft. Bern/Stuttgart/Wien, 561-602.
Brettschneider, Frank, 1997: Mediennutzung und interpersonale Kommunikation in Deutschland, in: *Gabriel, Oscar W.* (Hrsg.), Politische Orientierungen und Verhaltensweisen im vereinigten Deutschland. Opladen, 265-289.
Brettschneider, Frank/Vetter, Angelika, 1998: Mediennutzung, politisches Selbstbewußtsein und politische Entfremdung, in: Rundfunk und Fernsehen 46 (4), 463-479.
Cappella, Joseph N./Jamieson, Kathleen H., 1997: Spiral of Cynicism. The Press and the Public Good. New York.
Carey, Sean, 2007: Undivided Loyalties. Is National Identity an Obstacle to European Integration?, in: European Union Politics 3 (4), 387-413.
de Vreese, Claes H., 2002: Framing Europe. Television News and European Integration. Amsterdam.
de Vreese, Claes H., 2005: The Spiral of Cynicism Reconsidered. The Mobilizing Function of News, in: European Journal of Communication 20 (3), 283-301.
de Vreese, Claes H., 2007: A Spiral of Euroscepticism. The Media's Fault?, in: Acta Politica 42, 271-286.
de Vreese, Claes H./Boomgarden, Hajo G., 2006: Media Effects on Public Opinion about the Enlargement of the European Union, in: Journal of Common Market Studies 44 (2), 419-436.
de Vreese, Claes H./Semetko, Holli A., 2002: Cynical and Engaged. Strategic Campaign Coverage, Public Opinion and Mobilization in a Referendum, in: Communication Research 29 (6), 615-641.
de Vries, Catherine E./van Kersbergen, Kees, 2007: Interests, Identity and Political Allegiance in the European Union, in: Acta Politica 42, 307-328.
Eichenberg, Richard C./Dalton, Russell J., 2007: Post-Maastricht Blues. The Transformation of Citizen Support for European Integration, 1973-2004, in: Acta Politica 42, 128-152.
Emmer, Martin/Füting, Angelika/Vowe, Gerhard, 2006: Wer kommuniziert wie über politische Themen? Eine empirisch basierte Typologie individueller politischer Kommunikation, in: Medien & Kommunikationswissenschaft 54 (2), 216-236.
Esser, Frank, 2003: Gut, dass wir verglichen haben. Bilanz und Bedeutung der komparativen politischen Kommunikationsforschung, in: *Esser, Frank/Pfetsch, Barbara* (Hrsg.), Politische Kommunikation im internationalen Vergleich. Grundlagen, Anwendungen, Perspektiven. Wiesbaden, 437-494.
Eveland Jr., William P./Hayes, Andrew F./Shah, Dhavan V./Kwak, Nojin, 2005: Understanding the Relationship Between Communication and Political Knowledge. A Model Comparison Approach Using Panel Data, in: Political Communication 22 (4), 423-446.
Fuchs, Dieter, 2003: Das Demokratiedefizit der Europäischen Union und die politische Integration Europas. Eine Analyse der Einstellungen der Bürger in Westeuropa, in: *Brettschneider, Frank/van Deth, Jan/Roller, Edeltraud* (Hrsg.), Europäische Integration in der öffentlichen Meinung. Opladen, 29-56.
Fuchs, Dieter/Klingemann, Hans-Dieter, 2002: Eastward Enlargement of the European Union and the Identity of Europe, in: West European Politics 25 (2), 19-54.

Gabel, Matthew, 1998: Public Support for European Integration. An Empirical Test of Five Theories, in: The Journal of Politics 60 (2), 333-354.

Gunther, Richard/Mughan, Anthony, 2000: The Political Impact of the Media. A Reassessment, in: *Gunther, Richard/Mughan, Anthony* (Hrsg.), Democracy and the Media. A Comparative Perspective. Cambridge, 402-447.

Hallin, Daniel C./Mancini, Paolo, 2004: Comparing Media Systems. Three Models of Media and Politics. Cambridge.

Hasebrink, Uwe, 1998: Politikvermittlung im Zeichen individualisierter Mediennutzung. Zur Informations- und Unterhaltungsorientierung des Publikums, in: *Sarcinelli, Ulrich* (Hrsg.), Politikvermittlung und Demokratie in der demokratischen Gesellschaft. Beiträge zur politischen Kommunikationskultur. Bonn/Wiesbaden/Opladen, 345-367.

Hasebrink, Uwe/Herzog, Anja, 2004: Mediennutzung im internationalen Vergleich, in: *Hans-Bredow-Institut für Medienforschung* (Hrsg.), Internationales Handbuch Medien. Baden-Baden, 136-158.

Holtz-Bacha, Christina, 1990: Ablenkung oder Abkehr von der Politik? Mediennutzung im Geflecht politischer Orientierungen. Opladen.

Inglehart, Ronald, 1970: Cognitive Mobilization and European Identity, in: Comparative Politics 3, 45-70.

Inglehart, Ronald, 1977: The Silent Revolution. Changing Values and Political Styles among Western Publics. Princeton.

Jarren, Otfried/Krotz, Friedrich (Hrsg.), 1998: Öffentlichkeit unter Viel-Kanal-Bedingungen. Baden-Baden.

Kepplinger, Hans Mathias, 2000: Die Demontage der Politik in der Informationsgesellschaft. Freiburg/München.

Kielmannsegg, Peter Graf, 1996: Integration und Demokratie, in: *Jachtenfuchs, Markus/Kohler-Koch, Beate* (Hrsg.), Europäische Integration. Opladen, 47-72.

Klingemann, Hans-Dieter/Voltmer, Katrin, 1989: Massenmedien als Brücke zur Welt der Politik, in: *Kaase, Max/Klingemann, Hans-Dieter* (Hrsg.), Massenkommunikation. Theorien, Methoden, Befunde. Opladen, 221-238.

Kritzinger, Sylvia, 2003: The Influence of the Nation-State on Individual Support for the European Union, in: European Union Politics 4 (2), 219-241.

Kuhn, Hans-Peter, 2000: Mediennutzung und politische Sozialisation. Eine empirische Studie zum Zusammenhang zwischen Mediennutzung und politischer Identitätsbildung im Jugendalter. Opladen.

Latzer, Michael/Sauerwein, Florian, 2006: Europäisierung durch Medien. Ansätze und Erkenntnisse der Öffentlichkeitsforschung, in: *Langenbucher, Wolfgang/Latzer, Michael* (Hrsg.), Europäische Öffentlichkeit und medialer Wandel. Eine transdisziplinäre Perspektive. Wiesbaden, 10-44.

Lubbers, Marcel/Scheepers, Peer, 2005: Political versus Instrumental Euro-scepticism. Mapping Scepticism in European Countries and Regions, in: European Union Politics 6 (2), 223-242.

Machill, Marcel/Beiler, Markus/Fischer, Corinna, 2006: Europe-Topics in Europe's Media. The Debate about the European Public Sphere. A Meta-Analysis of Media Content Analyses, in: European Journal of Communication 21 (1), 57-88.

Maier, Jürgen/Brettschneider, Frank/Maier, Michaela, 2003: Medienberichterstattung, Mediennutzung und die Bevölkerungseinstellungen zum Euro in Ost- und Westdeutschland, in: *Brettschneider, Frank/van Deth, Jan/Roller, Edeltraud* (Hrsg.), Europäische Integration in der öffentlichen Meinung. Opladen, 83-113.

McFaul, Michael, 2002: The Fourth Wave of Democracy and Dictatorship. Noncooperative Transitions in the Postcommunist World, in: World Politics 54, 212-244.

McLaren, Lauren M., 2002: Public Support for the European Union. Cost/Benefit Analysis or Perceived Cultural Threat?, in: Journal of Politics 64, 551-566.

Meyer, Christoph, 1999: Political Legitimacy and the Invisibility of Politics. Exploring the European Union's Communication Deficit, in: Journal of Common Market Studies 37 (4), 617-639.

Neller, Katja, 2004: Mediennutzung und interpersonale politische Kommunikation, in: *van Deth, Jan* (Hrsg.), Deutschland in Europa. Ergebnisse des European Social Survey 2002-2003. Wiesbaden, 339-369.

Newton, Kenneth, 1999: Mass Media Effects. Mobilization or Media Malaise?, in: British Journal of Political Science 29 (4), 577-599.

Niedermayer, Oskar, 2005: Bürger und Politik. Politische Orientierungen und Verhaltensweisen der Deutschen. Wiesbaden.

Norris, Pippa, 2000: A Virtuous Circle. Political Communication in Postindustrial Societies. New York.

Oehmichen, Ekkehardt, 2007: Die neue MedienNutzer-Typologie MNT 2.0. Veränderungen und Charakteristika der Nutzertypen, in: Media Perspektiven 7, 226-234.

Patterson, Thomas E., 1993: Out of Order. New York.

Perloff, Robert M., 2003: Negative Messengers. A Review Essay, in: Journal of Communication 53 (4), 729-733.

Peter, Jochen, 2004: Kaum vorhanden, thematisch homogen und eher negativ. Die alltägliche Fernsehberichterstattung über die Europäische Union im internationalen Vergleich, in: *Hagen, Lutz* (Hrsg.), Europäische Union und mediale Öffentlichkeit. Theoretische Perspektiven und Befunde zur Rolle der Medien im europäischen Einigungsprozess. Köln, 146-161.

Pfetsch, Barbara, 2007: National Media in Europeanized Public Sphere. The Openness and Support of the Press for European Integration, in: *de Vreese, Claes/Schmitt, Hermann* (Hrsg.), A European Public Sphere. How Much of It Do We Have and How Much Do We Need?, Connex Report Series, Nr. 02. Mannheim, 401-425.

Pfetsch, Barbara/Adam, Silke/Eschner, Barbara, 2008: The Contribution of the Press to Europeanization of Public Debates. A Comparative Study of Issue Salience and Conflict Lines of European Integration, in: Journalism. Theory, Practice & Criticism 9 (4), 465-492.

Pickel, Gert/Pollack, Detlef/Müller, Olaf/Jacobs, Jörg (Hrsg.), 2006: Osteuropas Bevölkerung auf dem Weg in die Demokratie. Repräsentative Untersuchungen in Ostdeutschland und zehn osteuropäischen Transformationsstaaten. Wiesbaden.

Pollack, Detlef, 2006: Nationalismus und euroskeptische Einstellungen in den postkommunistischen Staaten Mittel- und Osteuropas, in: *Pickel, Gert/Pollack, Detlef/Müller, Olaf/Jacobs, Jörg* (Hrsg.), Osteuropas Bevölkerung auf dem Weg in die Demokratie. Repräsentative Untersuchungen in Ostdeutschland und zehn osteuropäischen Transformationsstaaten. Wiesbaden, 123-136.

Ray, Leonard, 2003: Reconsidering the Link between Incumbent Support and Pro-EU Opinion, in: European Union Politics 4, 259-279.

Renckstorf, Karsten, 1989: Mediennutzung als soziales Handeln, in: *Kaase, Max/Schulz, Winfried* (Hrsg.), Massenkommunikation. Theorien, Methoden, Befunde. Opladen, 314-336.

Robinson, Michael J., 1976: Public Affairs Television and the Growth of Political Malaise. The Case of „Selling" the Pentagon, in: American Political Science Review 70 (2), 409-432.

Rohrschneider, Robert, 2002: The Democracy Deficit and Mass Support for an EU-wide Government, in: American Journal of Political Science 46 (2), 463-475.

Rother, Nina/Langner, Tanja, 2004: Dimensions of Identification with Europe. Secondary Analysis of Comparative Surveys. PIONEUR Working Paper No. 8.

Scharkow, Michael, 2006: Mediennutzung und europäische Integration. Eine Analyse von Daten des Eurobarometers. Magisterarbeit, Freie Universität Berlin. URL: http://www.gwk.udk-berlin.de/ma_scharkow.pdf.

Scharkow, Michael, 2008: Mediennutzung und europäische Integration, in: *Aydin, Esra/Begenat, Matthias/Michalek, Christian/Schemann, Jasmin/Stefes, Ingo* (Hrsg.), Düsseldorfer Forum Politische Kommunikation. Schriftenreihe DFPK. Band 3. Münster u. a., 271-290.

Schlesinger, Philip, 1997: From Cultural Defense to Political Culture. Media, Politics and Collective Identity in the European Union, in: Media, Culture & Society 19, 369-391.

Schmidt, Siegmar/Tenscher, Jens/Weber, Andrea, 2003: Mit Herz oder Verstand? Zur Akzeptanz des europäischen Integrationsprozesses in der Südpfalz, in: *Brettschneider, Frank/van Deth, Jan/Roller, Edeltraud* (Hrsg.), Europäische Integration in der öffentlichen Meinung. Opladen, 83-113.

Schmitt, Lars H., 2003: Vertrauenskrise in der EU? Ausmaß, Struktur und Determinanten des Vertrauens in die zentralen Institutionen der EU unter besonderer Berücksichtigung des Europäischen Parlaments, in: *Brettschneider, Frank/van Deth, Jan/Roller, Edeltraud* (Hrsg.), Europäische Integration in der öffentlichen Meinung. Opladen, 57-82.

Schuck, Andreas R. T./de Vreese, Claes H., 2006: Between Risk and Opportunity. News Framing of European Enlargement and Its Effects on Public Support for Enlargement, in: European Journal of Communication 21 (1), 5-32.

Schulz, Winfried, 1999: Fernsehen und sozialer Wandel. Untersuchungen zur Integrations- und Fragmentierungsthese, in: *Wilke, Jürgen* (Hrsg.), Massenmedien und Zeitgeschichte. Konstanz, 90-105.

Tenscher, Jens, 2008: Massenmedien und politische Kommunikation in den Ländern der Europäischen Union, in: *Gabriel, Oscar W./Kropp, Sabine* (Hrsg.), Die EU-Staaten im Vergleich. Strukturen, Prozesse, Politikinhalte. Wiesbaden, 412-447.

Tenscher, Jens/Schmidt, Siegmar, 2004: „So nah und doch so fern". Empirische Befunde zur massenmedialen Beobachtung und Bewertung des europäischen Integrationsprozesses in einer Grenzregion, in: *Hagen, Lutz* (Hrsg.), Europäische Union und mediale Öffentlichkeit. Theoretische Perspektiven und Befunde zur Rolle der Medien im europäischen Einigungsprozess. Köln, 212-237.

The Gallup Organization Hungary, 2006: Flash Eurobarometer 189a. EU Communication and the Citizens. General Public Survey. Analytical Report.

van Deth, Jan W./Elff, Martin, 2004: Politicisation, Economic Development, and Political Interest in Europe, in: European Journal of Political Research 43 (3), 477-508.

Vlasic, Andreas, 2004: Die Integrationsfunktion der Massenmedien. Wiesbaden.

Voltmer, Katrin, 2006: The Mass Media and the Dynamics of Political Communication in Processes of Democratization. An Introduction, in: *Voltmer, Katrin* (Hrsg.), Mass Media and Political Communication in New Democracies. London/New York, 1-20.

Voltmer, Katrin/Schmitt-Beck, Rüdiger, 2006: New Democracies without Citizens? Mass Media and Democratic Orientations – A Four-Country Comparison, in: *Voltmer, Katrin* (Hrsg.), Mass Media and Political Communication in New Democracies. London/New York, 228-245.

Weßels, Bernhard, 2007: Discontent and European Identity. Three Types of Euroscepticism, in: Acta Politica 42, 287-306.

Wolling, Jens, 1999: Politikverdrossenheit durch Fernsehnachrichten? Der Einfluss der Medien auf die Einstellungen der Bürger zur Politik. Opladen.

Zaller, John R., 1992: The Nature and Origin of Mass Opinion. Cambridge.

Zillmann, Dolf, 1988: Mood Management through Communication Choices, in: American Behavioral Scientist 21, 327-340.

Zmerli, Sonja, 2004: Politisches Vertrauen und Unterstützung, in: *van Deth, Jan* (Hrsg.), Deutschland in Europa. Ergebnisse des European Social Survey 2002-2003. Wiesbaden, 229-255.

VI.

Transnationale Politik – (trans-)nationale Medien

Wer ist verantwortlich? Die Europäische Union, ihre Nationalstaaten und die massenmediale Attribution von Verantwortung für Erfolge und Misserfolge*

Jürgen Gerhards / Anke Offerhaus / Jochen Roose

1. Theoretischer Rahmen, Fragestellungen und Hypothesen

Die Verantwortung für gesellschaftliche Problemlagen, für Erfolge und Misserfolge ist nicht naturgegeben und ergibt sich auch nicht allein aus der Realität selbst. Dies gilt für europäische Themen ebenso wie für globale oder nationale Themen. Ist die Kostenexplosion im Gesundheitswesen den Patienten ursächlich zuzuschreiben, die immer häufiger gesundheitliche Leistungen in Anspruch nehmen, oder den Ärzten und Apothekern, die überdurchschnittliche Gewinne erwirtschaften, oder der monopolistischen Stellung der kassenärztlichen Vereinigungen, oder der politischen Unter- oder auch Überregulierung des Gesundheitssektors? Hat die SPD die Bundestagswahl im Herbst 2005 eigentlich gewonnen oder verloren? Bundeskanzler Schröder erklärte sich noch in der Wahlnacht als Gewinner der Wahl und interpretierte das erreichte Wahlergebnis in Bezug auf die Umfrageergebnisse, die der SPD noch vier Wochen vor der Wahl prognostiziert worden waren, als klaren Erfolg. Dafür, dass die SPD nicht noch besser abgeschnitten hatte, machte er die Massenmedien verantwortlich, die im Wahlkampf die CDU/CSU und die FDP bevorzugt hätten.

Der Prozess der Zuschreibung bzw. der Attribution von Verantwortung findet in modernen Gesellschaften vor allem in der massenmedialen Öffentlichkeit statt. In der Medienarena als der aus demokratietheoretischer Sicht wichtigsten institutionalisierten Form von Öffentlichkeit werden durch die Berichterstattung über politische Vorgänge und deren Folgen gesellschaftliche und politische Entwicklungen nicht nur beobachtet, sondern auch sinnhaft konstruiert. Die wechselseitige Aushandlung von Verantwortlichkeiten der politischen Akteure in den Medien ist Teil dieses Konstruktionsprozesses. Das Ergebnis des Prozesses hat wiederum Einfluss auf die Bürger, die diese Debatten beobachten.[1] Deren Einschätzungen und Bewertungen von politischen Akteuren und Themen speist sich in einem nur sehr begrenzten Ausmaß aus unmittelbarer Erfahrung, sie resultiert in erster Linie aus der Beobachtung der massenmedialen Öffentlichkeit.

Die Verantwortungszuschreibung in den Medien entscheidet mit über das Image, die Kompetenzzuschreibung und die Legitimität, die Akteure in den Augen der Bürger genießen. Und da die Bürger in Demokratien wiederum über die Zukunft der politi-

---

* Empirische Grundlage der folgenden Ausführungen bilden Daten, die im Kontext eines von der DFG finanzierten Projekts erhoben wurden.
1 Wir wissen aus einer Vielzahl an Studien, dass vor allem die Massenmedien die zentralen Institutionen der Informationsvermittlung darstellen und dass die Bürger von dieser Möglichkeit auch hinreichend Gebrauch machen (Berg/Kiefer1996: 183).

schen Amtsträger mit entscheiden, haben erfolgreiche oder nichterfolgreiche Attributionshandlungen einen mittelbaren Einfluss auf deren Karriere- und Machtchancen. Die politischen Akteure wissen von der Wirkungsmächtigkeit der massenmedialen Kommunikation und versuchen daher mit großem Aufwand, ihre Deutungen und Attributionen öffentlich zu kommunizieren, um bei den potenziellen Wählern Zustimmung für sich und Ablehnung der politischen Kontrahenten zu erzeugen. Dies gilt auch für die öffentliche Debatte über europäische Themen und Politiken.

Trotz dieser Bedeutung von öffentlichen Attributionen haben die Sozialwissenschaften bis dato weder ein methodisches Instrumentarium entwickelt, mit dem man Attributionsaussagen systematisch erheben kann, noch Hypothesen formuliert, die Unterschiede im Attributionsverhalten von Akteuren erklären können. Die Attribution von Verantwortung ist ein vorwiegend von Sozialpsychologen untersuchter Gegenstandsbereich (vgl. Ficham/Hewstone 2002; Försterling/Stiensmeier-Pelster 1994). Im Mittelpunkt steht dabei die Frage, ob ein Akteur die Ursache eines Handlungsergebnisses sich selbst oder den äußeren Umständen zuschreibt. Ergebnisse aus Untersuchungen zur individuellen Leistungsmotivation belegen, dass das Attributionsverhalten zwischen verschiedenen Charaktertypen zwar variiert, in der Tendenz aber die Akteure sich Erfolge selbst zuschreiben, während Misserfolge auf widrige Umstände zurückgeführt werden. Die Zurechnung von Erfolg und Misserfolg spielt eine entscheidende Rolle in der Erklärung der Leistungsmotivation von Personen, da der Attributionsvorgang handlungsleitend in Folgesituationen ist (Ficham/Hewstone 2002: 245 ff.). Nach einem ähnlichen Prinzip kann das Attributionsverhalten auch auf die gruppenspezifische Herkunft eines Akteurs zurückgeführt werden. Menschen neigen dazu, die Eigengruppe gegenüber der Fremdgruppe zu bevorzugen; im Sinne einer gruppendienlichen Verzerrung attribuieren Akteure positives Verhalten der Fähigkeit der eigenen Gruppe, während sie positives Verhalten von Mitgliedern der Fremdgruppe eher extern attribuieren, also den Umständen zuordnen. Grundmotiv ist dabei jeweils, eine positive Selbstsicht aufrechtzuerhalten und abzustützen.

Auch in der Kommunikations- und Medienwissenschaft wird unter Anwendung sozialpsychologischer Attributionstheorien die massenmediale Darstellung von Wahl- (vgl. Tennert/Stiehler 2001; Stiehler 2000; Försterling 2000; Stiehler/Marr 1996) und Sportergebnissen (vgl. Knight/MacNeill/Donnelly 2005; Möller 1993; Stiehler/Marr 1995) untersucht. Die dabei im Vordergrund stehenden Zuschreibungen der Ursachen und Verursacher von Erfolg bzw. Misserfolg ergeben sich, so Stiehler (2000: 106 ff.), aus der Interpretationsbedürftigkeit der Ergebnisse von Wahlen und Sportwettkämpfen. Dabei zeigen die Analysen, dass Erfolge und Misserfolge in den Medien nach den gleichen, aus sozialpsychologischen Experimenten bekannten Mechanismen attribuiert werden: Beispielsweise wird eine Wahlniederlage den widrigen Umständen zugerechnet, während der Wahlsieg auf die eigene Kompetenz zurückgeführt wird.[2]

---

2 Die Frage nach den Effekten der durch die Massenmedien vermittelten Attributionen auf die Zuschauer bleibt hier ausgeklammert. In seiner viel zitierten Studie hat Shanto Iyengar (1991) auf der Basis von Experimenten gezeigt, dass unterschiedliche journalistische Darstellungsweisen, nämlich die Präsentation von Ereignissen innerhalb episodischer oder thematischer Rahmen, einen systematischen Einfluss auf die Art und Weise der Verantwortungszuschreibung durch die Rezipienten haben. Kurzfristige Effekte konnten in einigen Studien experimentell gezeigt werden (z. B. Brosius/Eps 1995; Stiehler/Marr 1995), zu langfristigen Effekten fehlen

Die sozialpsychologische und auch kommunikationswissenschaftliche Attributionsforschung ist aber insgesamt für eine soziologische Attributionsforschung nur begrenzt befruchtend und dies aus drei Gründen: a. Soziologen sind in erster Linie an kollektiven Akteuren und Institutionen interessiert; vor allem die sozialpsychologische Forschung fokussiert in erster Linie allein auf individuelle Akteure und beispielsweise deren Charakter. b. Soziologen erklären das Handeln von Akteuren und somit auch das Attributionshandeln mit Rekurs auf die strukturellen Bedingungen und die ideologischen Orientierungen, die ein Akteur innerhalb einer Gesellschaft oder eines gesellschaftlichen Feldes einnimmt. Zu dieser Frage finden sich in der Literatur so gut wie keine Hypothesen. c. Schließlich ist die empirisch-systematische Erhebung und Auswertung von Attributionsvorgängen eine empirische Herausforderung, zu der es keine guten Vorlagen gibt, auf die man zurückgreifen kann. Die Entwicklung einer Methode zur systematischen Erhebung von Attributionshandlungen ist weitgehend ein methodisches Neuland (eine Ausnahme bildet die Arbeit von Peters/Heinrichs 2005).

Ausgangspunkt der folgenden Überlegungen bilden Annahmen über die strategischen Interessen von Akteuren. Wer sich in den Massenmedien zu Wort meldet, will in aller Regel eine bestimmte Sichtweise, eine Meinung oder Interpretation in der Öffentlichkeit durchsetzen. Die Interessen von Akteuren ergeben sich wiederum aus der strukturellen Lagerung von Akteuren, aus den sozialen Positionen, die sie innerhalb eines sozialen Feldes einnehmen. Die Sozialpositionen, hier die Positionen im politischen System, beeinflussen das öffentliche Attributionsverhalten von Akteuren.[3] Dementsprechend müsste sich das Attributionsverhalten aus den strukturellen Bedingungen, denen die Akteure unterworfen sind, vorhersagen lassen. In einem Ländervergleich können dann unterschiedliche Rahmenbedingungen verglichen werden.[4] Veränderungen der strukturellen Bedingungen und Gegenstrategien müssten sich entsprechend in veränderten Attributionsmustern niederschlagen.

2. Schuld ist meist die EU

Für eine Untersuchung von Mustern der öffentlichen Attribution von Verantwortung eignet sich die EU-Politik besonders gut. Ein kurzes Beispiel kann das deutlich machen. Ohne Aufsehen zu erregen und ohne große Diskussion passierte im Jahr 2002 die EU-Richtlinie 1999/30/EG, mittlerweile öffentlich bekannt unter dem Namen „Feinstaubrichtlinie", den deutschen Bundestag und Bundesrat. Im Anhang III des Gesetzwerks wird unter dem Titel „Grenzwerte für Partikel" formuliert, was heute insbesondere Großstädte wie München, Berlin, Köln und Hamburg massiv unter Druck setzt: Der Grenzwert von 50 Mikrogramm Feinstaub pro Kubikmeter Luft darf nicht

---

derzeit aber noch Ergebnisse. Vgl. den Überblick zur Forschung bei Chong und Druckman (2007).

3 Dabei bleibt aus soziologischer Sicht unerheblich, ob die Akteure an ihre öffentlich gemachten Verantwortungszuschreibungen selbst glauben. Dies wäre wiederum eine psychologische Frage, die wir hier nicht behandeln.

4 Die unten berichtete empirische Studie ist in der Tat als Ländervergleich zwischen Deutschland und Großbritannien angelegt. Aufgrund der geringen Länderunterschiede in den Ergebnissen wird dieser Vergleich in der Ergebnisdarstellung aber nicht weiter verfolgt.

öfter als 35mal im Jahr überschritten werden. Diese Regelung ruft seit ihrem Inkrafttreten die verschiedensten Akteure auf den Plan. *"Nachdem München als erste deutsche Stadt gegen die neue EU-Feinstaubrichtlinie verstoßen hat, flammt eine Debatte über die schnellere Einführung von Diesel-Rußfiltern, Fahrverbote in Innenstädten und neue Strafsteuern auf. Die Deutsche Umwelthilfe will noch heute Klage gegen München und Oberbayern einreichen"*, berichtet Der Spiegel am 29. März 2005. Kommunalpolitiker, die qua Gesetz innerhalb ihrer Städte und Kommunen für die Einhaltung der Richtlinie verantwortlich sind, setzen ihre Sicht dagegen. *"Diese einfache Schuldzuweisung will wiederum der Städte- und Gemeindebund nicht akzeptieren. ‚Wir saßen bei der Gesetzgebung nicht mit am Tisch.' Darum könne man jetzt nicht die gesamte Verantwortung auf die unterste Ebene abwälzen"*, zitiert Die Welt (21. März 2005). Interessenvertreter der Wirtschaft wehren sich ebenfalls: *"Der Sprecher des Hauptverbandes des Deutschen Einzelhandels (HDE), Hubertus Pellengahr, bezeichnete die Feinstaubrichtlinie als ‚Konsumhemmnis ersten Ranges'. Ihr Aussetzen dürfe deshalb kein Tabu sein. Die Brüsseler Festlegung sei nicht das Evangelium"* (ebd.). Regierungsmitglieder, die gegenüber der Europäischen Union die Umsetzungsforderungen verantworten, stellen sich stur: *"Am Ende des Verfahrens drohen Deutschland Millionenbußen. Die werden zwar bei der Bundesregierung eingeklagt. Doch Finanzminister Hans Eichel wird die Forderungen bei den Bundesländern und Kommunen eintreiben"* (ebd.). Und schließlich beteiligten sich auch Vertreter der Europäischen Kommission, die die Umsetzung der Richtlinie überwachen, an der öffentlichen Debatte: *"EU-Kommissar Günter Verheugen verlangt, dass die europäische Feinstaub-Richtlinie auch in Deutschland umgesetzt wird. Forderungen der deutschen Wirtschaft nach einer laxeren Handhabung wies er als ‚Unsinn' zurück"* (Spiegel, 31. März 2005).

Die Diskussion über die Feinstaubregelung der EU-Richtlinie 1999/30/EG scheint uns ein prototypisches Beispiel für den Verlauf einer öffentlichen Debatte über europäische Gesetzgebungsverfahren zu sein. In diesen Auseinandersetzungen geht es nicht nur um das jeweilige Sachthema, sondern auch um die Definition von Verantwortung für gesetzliche Regelungen und deren Folgen. Die beteiligten Akteure weisen sich wechselseitig die Verantwortung für die aus den Entscheidungen resultierenden Problemlagen zu. In diesem Prozess der öffentlichen Attribution von Schuld und des Definierens von Schuldigen schneidet die EU häufig schlecht ab. Symptomatisch kommt dies im Spiegel-Titel vom 6. Juni 2005 zum Ausdruck: *"Die Macht vom anderen Stern: Brüssels undemokratische Regulierungswut"*. Die Institutionen der Europäischen Union, vor allem aber die Europäische Kommission, die in der Regel mit der Abkürzung „Brüssel" bezeichnet wird, zeichnen sich in der öffentlichen Wahrnehmung durch ein schlechtes Image[5] aus. Sie gelten als überbürokratisiert und demokratisch unterkontrolliert. Man sagt ihnen nach, dass sie mit ihrem Regelungseifer die Freiheiten der Nationalstaaten und deren Bürger einschränken und die Gesellschaften überregulieren. An vielen Missständen ist „Brüssel schuld", die EU wird so zum Sündenbock für Fehler und Versäumnisse.

Wenn ein Akteur in der öffentlichen Aushandlung von Verantwortung und Zuständigkeiten auffällig oft schlecht abschneidet, lohnt sich die Suche nach strukturellen Ur-

---

5 Vgl. dazu auch die Studien von Gramberger/Lehmann (1995), Norris (2000) und Peter (2002), die eine überwiegend negative öffentliche Darstellung der EU aufzeigen.

sachen. Wir haben mit Hilfe einer systematischen Inhaltsanalyse von Tageszeitungen im deutsch-englischen Vergleich und im Zeitvergleich (1994-2003) untersucht, ob und in welchem Ausmaß der EU in der öffentlichen Darstellung Schuld und Misserfolg für Fehlentwicklungen attribuiert werden und wie man eine mögliche systematische Benachteiligung der EU in der Auseinandersetzung um Schuldzuschreibungen erklären kann.

Im Folgenden werden wir für die Akteure im Mehrebenensystem der EU-Politik Hypothesen über ihr Attributionsverhalten entwickeln. Ziel ist es, für diesen Fall exemplarisch deutlich zu machen, wie nach der strukturellen Position der Akteure das öffentliche Attributionsverhalten aussehen müsste. Im Folgenden werden dann die zur empirischen Überprüfung genutzten Daten vorgestellt (3.) und die Ergebnisse präsentiert (4.).

2.1 Ausgangshypothese

Ausgangspunkt ist die Überlegung, dass Akteure in ihrer öffentlichen Darstellung sich selbst eher die Erfolge ihres Handelns, anderen Akteuren die Misserfolge attribuieren. Für politische Akteure ergibt sich ein solches Attributionsmuster aus ihren strategischen Interessen im politischen Geschäft. Um potenzielle Wähler und Anhänger zu überzeugen, müssen sich politische Akteure als erfolgreiche Problemlöser darstellen, während Misserfolge und ungelöste Probleme tunlichst anderen anzulasten sind. Als Handlungsstrategie in der Politik ist dieses Vorgehen als „Blame Avoidance" (Weaver 1986; Daugbjerg/Swinbank 2007), „Blame Shifting" (Hood/Rothstein 2001; Hood 2002) und „Credit Claiming" (Glazer/Segendorff 2005) bekannt. Die Tendenz, sich selbst in der öffentlichen Kommunikation vorteilhaft darzustellen, gilt nach unseren Vermutungen für alle Akteure und ist demnach zunächst nicht spezifisch für die Berichterstattung im Kontext der EU. Unsere Ausgangshypothese H1, von der wir dann im Weiteren ausgehen, lautet entsprechend: *Für alle Akteure gilt, dass sie sich selbst mehr Erfolge als Misserfolge, anderen Akteuren mehr Misserfolge als Erfolge zuschreiben.*

2.2 Attributionsmuster im Mehrebenensystem

Für die Möglichkeiten der Attribution von politischer Verantwortung ergibt sich im Mehrebenensystem der EU (Jachtenfuchs/Kohler-Koch 1996) ein besonderer Spielraum. Sobald mehrere Akteure und politische Ebenen in eine Entscheidung involviert sind, wird für den Zuschauer schwerer erkennbar, wer bestimmte Maßnahmen und Entscheidungen zu verantworten hat; entsprechend wachsen die Möglichkeiten einer interessengeleiteten Deutung von politischer Verantwortung für Erfolg oder Misserfolg. Deshalb ist die EU-Politik für die Frage nach öffentlichen Verantwortungsattributionen ein besonders interessanter Fall.

Für die beteiligten Akteure auf nationaler und europäischer Ebene lassen sich nun jeweils spezifische Motivationen in Hinblick auf die zu erwartenden Attributionen ableiten. Wir möchten für drei zentrale politische Akteure (nationale Regierung, nationale Opposition, Europäische Kommission), ausgehend von ihrer jeweiligen strukturellen

Position, Hypothesen über ihr Attributionsverhalten formulieren. Zusätzlich betrachten wir die EU insgesamt und den Rat der EU. Dabei unterscheiden wir Attributionssender und Attributionsadressaten. Die Sender sind Akteure, die als Sprecher eine Verantwortungszuweisung öffentlich äußern. Den Adressaten wird die Verantwortung zugeschrieben.[6]

Die EU als solche kann als Sender von Verantwortungszuweisungen kaum auftreten, weil jeweils nur konkrete Institutionen mit ihren Vertretern in der Presse aktiv werden.[7] Als Adressat kommt sie dagegen durchaus in Betracht. So können Sprecher in den Medien nicht nur gezielt bestimmte Institutionen verantwortlich machen, sondern auch in einer pauschaleren Weise davon sprechen, dass „die EU" schuld sei. Der Rat der EU, die Vertretung der nationalen Regierungen, ist nicht nur ein besonders mächtiger Akteur in der EU, sondern für die Attributionsfrage durch die enge Verschränkung von nationaler und europäischer Ebene auch besonders interessant, was wir weiter unten noch genauer erläutern werden. Entsprechend werden wir für die drei Sender nationale Regierung, nationale Opposition und Europäische Kommission überlegen, wie sie jeweils einander sowie der EU insgesamt, dem Rat der EU und den anderen nationalen Regierungen Schuld und Erfolge zuschreiben werden.

Maßgeblich für die hier entwickelten Hypothesen zu den erwartbaren Attributionsmustern sind zwei Annahmen, die mit der öffentlichen Rolle bzw. politischen Positionen verbunden sind: 1. Akteure sind in unterschiedlichem Maße von Wählern und damit vom Medienpublikum abhängig.[8] Je stärker Akteure von der Wählergunst abhängig sind und je mehr sie um die Gunst der Wähler mit anderen Akteuren konkurrieren, desto höher ist ihre Neigung, sich a. Erfolge selbst zuzuschreiben und b. dem Konkurrenten um Wählerstimmen die Verantwortung für Misserfolge zuzuschreiben. 2. Überlagert wird dieser Mechanismus durch die Handlungsmächtigkeit eines Akteurs, die sich aus seiner Sozialposition ergibt. Der verantwortlich gemachte Akteur muss grundsätzlich – d. h. qua politischer Position – in der Lage sein, die öffentlich definierte Problemlage beheben zu können. Akteure, die auf ein diskutiertes Problem aufgrund ihrer Position keinen oder nur geringen Einfluss haben, kommen als Adressat von Verantwortungsattributionen nur begrenzt in Frage. Der Adressat von Verantwortungsattributionen muss also handlungsmächtig sein, damit eine Attribution überhaupt eine Folge haben kann. Eine Regierung kann z. B. einen zivilgesellschaftlichen Akteur nicht dafür verantwortlich machen, dass dieser ein bestimmtes Gesetz nicht erlassen hat, weil zivilgesellschaftliche Akteure im politischen System nicht in der Lage sind, Gesetze zu erlassen.

Aus diesen allgemeinen Annahmen zur Struktur von Attributionsmustern lassen sich nun konkrete Hypothesen darüber ableiten, mit welcher Wahrscheinlichkeit die

---

6 Wie wir bei der Ausgangshypothese gesehen hatten, können Attributionssender und -adressat auch identisch sein. Es handelt sich dann um eine Selbstzuschreibung.

7 In insgesamt nur 36 Fällen (0,57 Prozent der Attributionsaussagen) wurde die EU pauschal auch als Sender vercodet. Dies kommt dann zustande, wenn die Presseberichterstattung nicht ausreichend genau ist und keinen exakten Akteur erkennen lässt.

8 Manche Politikwissenschaftler gehen davon aus, dass die Besetzung politischer Ämter die dominante Handlungsmotivation von Politikern ist (Schumpeter 1950; Downs 1968; Popkin 1991). Dieses Ziel können Politiker in Demokratien nur erreichen, wenn Sie sich an dem Wählerwillen orientieren.

nationale Regierung, die nationale Opposition und die Europäische Kommission jeweils einander sowie den Rat der EU, die übrigen nationalen Regierungen und die EU insgesamt attribuieren werden.

a) Die nationale Regierung als Attributionssender: Auf nationaler Ebene ist das politische System geprägt durch die Konkurrenz von Regierung und Opposition um Wählerstimmen. Die Parteien müssen versuchen, die Wähler von den eigenen Qualitäten und den Fehlern und Schwächen des politischen Gegners zu überzeugen. Entsprechend haben die nationalen Regierungen ein starkes Interesse, sich in der massenmedialen Öffentlichkeit günstig zu präsentieren. Ihr Interesse an dem oben postulierten allgemeinen Mechanismus, Erfolge sich selbst und Misserfolge anderen, insbesondere der Opposition, zuzuschreiben, ist daher besonders stark ausgeprägt. *Die nationale Regierung hat ein starkes Interesse daran, sich selbst Erfolge und der Opposition Misserfolge zuzuschreiben.*

Bei der Zuschreibung von Verantwortung auf die Opposition stellt sich nun aber für die Regierungspartei das Problem der Handlungsmächtigkeit. Während die Oppositionspartei für eine Vielzahl von Problemen und unzureichende Problembearbeitungen die Regierung verantwortlich machen kann, ist die Verantwortungsattribution in die andere Richtung weit weniger plausibel. Da in erster Linie die Regierung bzw. die Regierungsparteien über die Macht verfügen, allgemein verbindliche Regeln zu erlassen, sind sie auch der relevante Adressat für Verantwortungszuschreibungen. Die Oppositionsparteien verfügen dagegen gerade nicht über diese Macht. Es sind in erster Linie die Exekutiven, die als universelle Problemlöser in Frage kommen und denen daher auch Versäumnisse vorgeworfen werden können. Für die nationalen Regierungen gibt es also auf nationaler Ebene keinen nahe liegenden Akteur, dem Misserfolge und Versäumnisse zugeschrieben werden können.

An dieser Stelle kommt die EU ins Spiel. In Politikbereichen, in denen die europäische Ebene involviert ist, gibt es andere handlungsmächtige Akteure, die ebenfalls als Verantwortliche in Frage kommen. So kann EU-Institutionen die Schuld an missliebigen politischen Entscheidungen zugeschrieben werden. Es lässt sich also erwarten, dass die nationale Regierung in Politikbereichen mit EU-Bezug vor allem Akteuren der europäischen Ebene Schuld zuschreibt.

Die Institutionen auf europäischer Ebene müssen allerdings differenzierter betrachtet werden. Im Mehrebenensystem der Europäischen Union sind die nationalen Regierungen im Europäischen Rat und fachbezogen in den jeweiligen Ministerräten vertreten.[9] In zahlreichen Politikbereichen kann der Rat nur einstimmig beschließen, in anderen ist zumindest eine mehrheitliche Zustimmung erforderlich. Entsprechend gehen die Entscheidungen des Europäischen Rates und der Ministerräte jeweils auf das Abstimmungsverhalten der nationalen Regierungen zurück; oftmals haben die nationalen Regierungen sogar eine Veto-Position. Beurteilen also Akteure der nationalen Regierungen den Rat der EU, so beurteilen sie auch ihr eigenes Verhalten. *Wenn nationale Regierungen den Rat und die Ministerräte attribuieren, dann handelt es sich also um eine Form von Selbstattribution, die entsprechend positiv ausfallen wird,* so unsere Annahme.

---

9 In den Verträgen zur Europäischen Union ist nur vom Europäischen Rat die Rede. Im Sprachgebrauch wird diese Bezeichnung allerdings nur für Treffen der Regierungschefs und der Außenminister benutzt, während bei Treffen von Fachministern vom Ministerrat die Rede ist (Hayes-Renshaw/Wallace 1997).

Anders verhält es sich mit der Attribution von Verantwortung an andere Mitglieder des Rates der EU, an andere nationale Regierungen von Mitgliedsländern der EU also. Es ist zwar unüblich, im Rat der EU nationale Regierungen zu überstimmen, wenn es sich irgendwie vermeiden lässt (Hayes-Renshaw/Wallace 1997: 56). Dennoch ist es in der öffentlichen Darstellung für die nationalen Regierungen gut möglich, sich als unterlegen in der innereuropäischen Auseinandersetzung darzustellen und so die Verantwortung an andere nationale Regierungen abzuschieben. *Die Schuldattributionen von der nationalen Regierung an andere nationale Regierungen müssten also deutlich zahlreicher sein als Erfolgsattributionen an diese Adresse.*

Die Europäische Kommission wird zwar von den nationalen Regierungen benannt, arbeitet dann aber autonom und formal unabhängig von den nationalen Regierungen. Die Kommission vertritt nach dem Kollegialitätsprinzip ihre Positionen grundsätzlich kollektiv, ohne dass einzelne Kommissare als allein Verantwortliche in Erscheinung treten sollen. Damit werden auch die Loyalitäten der nationalen Regierungen zu den von ihnen vorgeschlagenen Kommissaren zumindest eingeschränkt. Gleichzeitig ist die Kommission ein ausgesprochen mächtiger Akteur in der Europäischen Union. Entsprechend eignet sich die Kommission wie keine zweite EU-Institution für die nationalen Regierungen, um ihr Verantwortung für Missstände und Misserfolge zuzuschreiben. *Wir vermuten, dass die EU-Kommission von der nationalen Regierung überwiegend negativ attribuiert wird.* Die Kommission und die ausländischen nationalen Regierungen würden dann also in klassischer Weise als Sündenböcke dienen, vermutlich auch dann, wenn es auf Kosten der Legitimität der EU insgesamt geht.

Mit welchem Muster der Attribution ist zu rechnen, wenn die EU insgesamt und pauschal ohne Nennung von konkreten Institutionen angesprochen wird? Zunächst gilt, dass die nationalen Regierungen in der EU insgesamt sehr einflussreich sind. Der Rat ist das stärkste Gremium im Institutionengeflecht der EU. Je nach Abstimmungsverfahren hat der Rat die Möglichkeit, die anderen Entscheidungsorgane der EU, die Kommission und das Europaparlament, zu überstimmen, während gegen den Rat und die dort versammelten nationalen Regierungen keine Rechtssetzung möglich ist.[10] Die nationalen Regierungen sind dementsprechend ein wesentlicher Teil der EU. *Nach dem Muster der positiven Selbstattribution werden die nationalen Regierungen entsprechend auch die Europäische Union in ihrer Gesamtheit überwiegend positiv attribuieren.*

b) Die nationale Opposition als Attributionssender: Die nationale Opposition steht in Konkurrenz zu den nationalen Regierungsparteien und muss sich vor dem nationalen Publikum profilieren. Um Wähler zu gewinnen und insbesondere Sympathisanten der Regierungsparteien umzustimmen, wird die Opposition ein starkes Interesse daran haben, sich selbst Erfolge zuzuschreiben und die Regierung für Misserfolge verantwortlich zu machen. Die Regierung ist qua Sozialposition auch der Akteur, den man plausibel attribuieren kann: *Die nationale Opposition hat ein starkes Interesse daran, sich selbst Erfolge und der Regierung Misserfolge zuzuschreiben.* Für die Opposition ergibt sich keine Notwendigkeit, Attributionen auf die europäische Ebene zu verlagern. *Entsprechend ergeben sich auch keine Annahmen über die Struktur von Attributionen von der nationalen Opposition an die Adresse der EU-Institutionen.*

---

10 Zu den Entscheidungsverfahren in der EU vgl. für andere Peterson/Bomberg (1999).

c) Die Europäische Kommission als Attributionssender: Die Europäische Kommission agiert wiederum unter etwas anderen Strukturbedingungen. Auch sie wird zunächst ein Interesse an positiver Selbstattribution haben, wie in Hypothese 1 formuliert. Allerdings ist die Europäische Kommission im Gegensatz zu den nationalen Akteuren nicht an Wahlen und damit an die unmittelbare Zustimmung des Publikums gebunden. Den Kommissaren reicht die Rückendeckung der jeweiligen nationalen Regierung, von der sie vorgeschlagen wurden. Im Vergleich zu nationalen Regierungen und Oppositionsparteien ist ihr Motiv an positiver Selbstdarstellung daher geringer. *Die Annahme der positiven Selbstattribution, also einer Selbstzuschreibung von Erfolgen bei gleichzeitiger Attribution von Misserfolgen an andere, wird in abgeschwächtem Maße auch für die Europäische Kommission gelten.*

Die Europäische Kommission steht mit den nationalen Regierungen nicht in Konkurrenz um Wählerstimmen. Allerdings ist in die Struktur des Mehrebenensystems ein Konflikt zwischen nationalen Regierungen und der Kommission bezüglich der Durchsetzung der auf EU-Ebenen beschlossenen Richtlinien eingebaut. Der Europäischen Kommission fehlen die Möglichkeiten der Exekution von Entscheidungen, sie ist hier auf die Exekutive und die Administration der Nationalstaaten angewiesen. Damit ist ein Konflikt zwischen Europäischer Kommission und nationalen Regierungen strukturell angelegt (vgl. u. a. Börzel et al. 2003; Treib 2003). Wir gehen davon aus, dass sich dieser strukturelle Konflikt auch in den Misserfolgsattributionen der Europäischen Kommission an die nationalen Regierungen niederschlägt. *Von der Europäischen Kommission werden mehr Misserfolgs- als Erfolgsattributionen an die nationalen Regierungen gerichtet werden,* allerdings nicht in derselben Intensität wie von der nationalen Opposition an die Adresse der nationalen Regierungen. Die nationalen Oppositionsparteien dürften dagegen aus Sicht der Europäischen Kommission kaum relevante Adressaten von Attributionsaussagen sein; das zu erwartende Attributionsmuster in Hinblick auf sie ist damit unklar. Der Rat der EU ist zwar ein zentraler Akteur in der EU, doch gibt es keine systematischen Gründe für die Kommission, den Rat überwiegend positiv oder überwiegend negativ zu adressieren. Auch in diesem Fall ist das zu erwartende Attributionsmuster unklar.

Schließlich bleibt das Verhältnis der EU-Kommission zur Europäischen Union insgesamt zu klären. Die Kommission ist der wichtigste supranationale Akteur der europäischen Institutionen. Während die Mitglieder im Rat, die nationalen Regierungen, und die direkt gewählten Abgeordneten im Europaparlament jeweils an eine nationale Klientel gebunden sind, gilt dies für die Europäische Kommission nicht. Die Kommission war von Beginn an als diejenige europäische Institution konfiguriert, die die Interessen der EU insgesamt vertritt (Wallace 1996). Wir gehen davon aus, dass sich diese Rolle auch im Attributionsverhalten der Kommission widerspiegelt. *Die Kommission wird ganz überwiegend positiv attribuieren, wenn es um die EU insgesamt geht.*

In *Tabelle 1* sind unsere Annahmen über die zu erwartenden Attributionen der zentralen politischen Akteure zur Hypothese 2 bezüglich des allgemeinen Attributionsmusters zusammengefasst.

Tabelle 1: Attributionsmuster zwischen den zentralen Akteuren (Hypothese 2)

Sender	Adressaten					
	nationale Regierung	nationale Opposition	Europäische Kommission	EU pauschal	Rat der EU	andere nationale Regierungen
nationale Regierung	++	– –	– –	+	++	– –
nationale Opposition	– –	++	/	/	– –	/
Europäische Kommission	–	/	+	+	/	–

++ positive Attributionen überwiegen stark (deutlich mehr Erfolgszuschreibungen als Misserfolgszuschreibungen),
+ positive Attribution überwiegen leicht,
– negative Attributionen überwiegen leicht,
– – negative Attributionen überwiegen stark.

2.3 Veränderungen im Zeitverlauf

Auch wenn das Hauptaugenmerk unserer Analyse auf die Strukturbedingungen von Attributionsmustern gerichtet ist, möchten wir bezüglich einer der Fragestellungen die Veränderungen im Zeitverlauf untersuchen. Es gibt in den Sozialwissenschaften eine breite Debatte über das so genannte Öffentlichkeitsdefizit der EU. Die Nationalstaaten haben einen Teil ihrer Souveränitätsrechte abgegeben und auf die EU übertragen. Ein Öffentlichkeitsdefizit der EU besteht nun dann, wenn zwar immer häufiger politische Entscheidungen auf der Ebene der EU getroffen werden, die Berichterstattung der Öffentlichkeit aber nationalstaatlich verhaftet bleibt und nicht oder nur im geringen Maße von den europäischen Entscheidungen und Diskussionen berichtet wird; die Folge wäre, dass die Bürger nicht oder nicht ausreichend über die Entscheidungen und Diskussionen informiert werden, die sie aber unmittelbar betreffen, eine unter demokratietheoretischen Gesichtspunkten nicht sonderlich befriedigende Situation (Gerhards 1993, 2000). Ob es ein europäisches Öffentlichkeitsdefizit gibt oder ob sich dieses nicht abgebaut hat, ist in der Debatte überaus umstritten.[11] Die Ursachen für die angenommene Öffentlichkeitsschwäche der EU sind vielfältig; die strukturell angelegte Kommunikationsschwäche der Kommission einerseits und die besondere Rolle der Journalisten in Brüssel andererseits sind zwei Faktoren, die in der Literatur diskutiert werden.

---

11 Wir wollen hier auf die verschiedenen Positionen und empirischen Befunde nicht im Einzelnen eingehen. Zur Debatte über das Öffentlichkeitsdefizit der EU vgl. die Beiträge von Eder/Kantner (2000), Eder/Trenz (2001), Gerhards (1993, 2000), Kantner (2004), Koopmans/Erbe (2004), Koopmans/Pfetsch (2006), Meyer (2005), Neidhardt (2006), Neidhardt et al. (2000), Pfetsch (2004), Pfetsch et al. (2008), Offerhaus (2002), Peter/de Vreese (2004), Risse (2002), Trenz (2005, 2005a), van de Steeg (2005, 2006), Wimmel (2004, 2005) sowie die Metaanalyse von Machill et al. (2006).

Jüngere Studien gehen nun davon aus, dass sich das Öffentlichkeitsdefizit der EU verändert und verbessert hat (vgl. Trenz 2005). Sie verweisen zum einen auf Veränderungen hinsichtlich der Öffentlichkeitsorientierung der EU-Kommission. Seit Mitte der 1990er Jahre, und damit besonders als Reaktion auf die Abstimmungsniederlagen zum Maastricht-Vertrag und den schwankenden Zustimmungswerten zur EU in verschiedenen Mitgliedsstaaten, haben Versuche begonnen, die Öffentlichkeitsarbeit zu reformieren und auszubauen (Hoesch 2003; Gramberger 1997; Sievert 1998). Andere Autoren haben anhand von Fallstudien versucht zu zeigen, dass sich die Rolle der EU-Journalisten verändert hat (vgl. Trenz 2005: 193 f.). Meyer (2002) berichtet von journalistischen Kooperationen im Zusammenhang mit dem Skandal um die Europäische Kommission 1999. Baisnée (2002) zeigt für britische und französische Journalisten die Entstehung einer neuen Journalistengeneration in Brüssel, die stärker investigativ arbeitet.

Aus diesen Ergebnissen folgen für unsere Untersuchung zwei Hypothesen, die wir überprüfen können. 1. Die Kommission wird im Zeitverlauf als deutender Akteur in den nationalen Öffentlichkeiten aktiver geworden sein. Sie wird zunehmend häufiger als Sender von Attributionen auftreten. 2. Die Kommission wird im Zeitverlauf häufiger in der Lage sein, sich günstig darzustellen, also Erfolge sich selbst bzw. der EU insgesamt zuzuschreiben.

Eine verstärkte Öffentlichkeitsarbeit der Kommission kann sich aber nicht nur in einer stärkeren Sprecherpräsenz der Kommission in den Medien manifestieren, sondern auch in einer Zunahme von Aktivitäten, mit denen die Kommission versucht, die Journalisten zu beeinflussen, die über die EU und die Kommission berichten. Zusätzlich könnte die aktivere Arbeit der Journalisten zu einer Veränderung der Darstellung der Kommission geführt haben (Esser et al. 2001; Tenscher 2000). Je stärker die Journalisten Interpretationen der nationalen Regierungen hinterfragen und eigene Interpretationen von Verantwortlichkeit entgegenstellen, desto schwächer wird der Einfluss des Attributionsmusters der nationalen Regierung werden. Die Interpretationen der Journalisten würden damit den Sündenbock-Mechanismus auf Kosten der EU abmildern oder verhindern.

Ob sich die ressourcenmäßige Aufrüstung der Kommission für eine verbesserte Öffentlichkeitsarbeit und die allein an Fallanalysen beschriebene Veränderung der journalistischen Arbeit in einem veränderten Bild der Kommission in den Medien empirisch niedergeschlagen hat, können wir mit unserem Untersuchungszeitraum von 1994 bis 2003 überprüfen. Unsere Annahmen lauten:

H3a: Im Zeitverlauf von 1994 bis 2003 nimmt die Häufigkeit, mit der die EU-Kommission als Sender in den Medien vorkommt, zu.

H3b: Im Zeitverlauf von 1994 bis 2003 wird das Ausmaß der Schuldattribution für Misserfolg an die EU-Organe schwächer, da sich a) die Öffentlichkeitsarbeit der Institutionen der EU intensiviert hat und b) die europäisch arbeitenden Journalisten als Gegeninterpreten zu den nationalen Regierungen an Bedeutung gewonnen haben.

3. Auswahlverfahren und Methode

3.1 Die Erhebung von Attributionsaussagen

Zur quantitativen Erfassung der Zuschreibungsprozesse haben wir ein neues inhaltsanalytisches Verfahren entwickelt, das auch unabhängig von dem Thema „Europaberichterstattung" verwendbar ist (zum Folgenden vgl. die ausführliche Darstellung in Gerhards et al. 2007). Die Entwicklung des inhaltsanalytischen Instrumentariums zur Erfassung von Attributionsaussagen knüpft dabei an neuere Entwicklungen der sogenannten „Frame-Analyse" an.[12]

Im Mittelpunkt der inhaltsanalytischen Codierung steht die Identifikation einer bestimmten Konstellation von Akteuren auf der Aussagenebene der einzelnen Zeitungsartikel: Ein Akteur A (Attributionssender) weist mit seiner Aussage einem weiteren Akteur B (Attributionsadressat) in Bezug auf einen bestimmten Gegenstandsbereich (Attributionsgegenstand) Verantwortung zu (bewertete Beziehungsrelation). Die Attribution von Verantwortlichkeit lässt sich demnach übersetzen in die Frage: „Wer wird von wem für was verantwortlich gemacht?"

Als Attributionssender können zum einen Journalisten selbst auftreten, insofern sie sich mit eigenen Attributionsaussagen zum Thema zu Wort melden, zum anderen extramediale Akteure, denen die Journalisten als *gatekeeper* des Mediensystems die Gelegenheit geben, sich öffentlich zu äußern, indem sie sie zitieren. 85 Prozent der von uns erhobenen Attributionsaussagen gehen auf die von Journalisten zitierten extramedialen Akteure zurück (vgl. *Tabelle 3*); der Medieneinfluss beschränkt sich in diesen Fällen allein auf die Frage, wen die Journalisten zitieren. Dass das Zitierverhalten der Journalisten z. B. nach der ideologischen Orientierung der jeweiligen Zeitung strukturiert wird, können wir mit Hilfe unserer Daten nachweisen, bleibt hier aber unberücksichtigt. Die folgende Abbildung fasst die Attributionstrias zusammen.

Abbildung 1: Die Attributionstrias

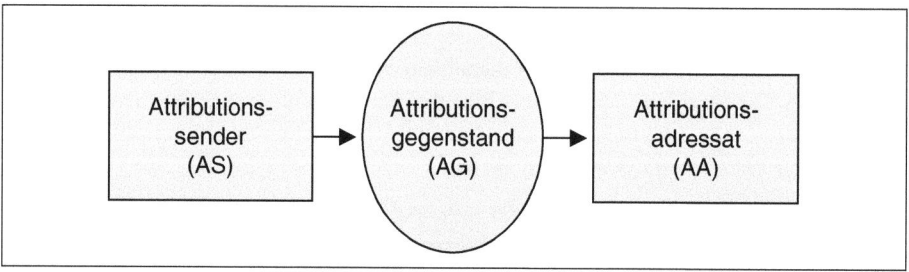

---
[12] Der Begriff des „frame" (Rahmen) ist von David Snow et al. (1986: 464) in Erweiterung einer Begriffsdefinition von Erving Goffman in die eher qualitativ arbeitende Forschung zu sozialen Bewegungen eingeführt worden; in diesem Kontext wird auch das Thema der Attribution von Verantwortung diskutiert und empirisch bearbeitet (vgl. z. B. Gerhards/Rucht 1992). Auch in der systematischen Inhaltsanalyse von Artikeln der Massenmedien hat die Frame-Analyse eine Konjunktur erfahren (vgl. z. B. Ferree et al. 2002; Weßler 1999; Scheufele/Brosius 1999; Entman 2004; Eilders/Lüter 2000; Scheufele 1999, 2005; Reese et al. 2001; Reese 2007), ohne dass allerdings Attributionsaussagen besonders erhoben worden wären.

Die Trias bildet als solche aber noch keine Aussage. Zur Attributionsaussage verbinden sich diese Elemente erst dann, wenn aus Akteur A ein Sender, also ein Sprecher wird, der mit seiner Aussage in eine bewertete Beziehungsrelation zum Adressaten tritt. Charakteristisch für Attributionsaussagen ist demnach die Verbindung der drei Elemente mit einer Attributionsrichtung und einer Bewertung. Diese wertende Aussage kann sich sowohl auf einen Sachverhalt, auf dessen Verursacher und auf Verantwortliche zur Lösung des Problems beziehen. Wie wir diese Beziehungsrelationen ausdifferenziert haben, wird im Folgenden genauer dargestellt.

1. Kausalattribution versus Zuständigkeitsattribution. Im Anschluss an Iyengar (1991) unterscheiden wir zwei unterschiedliche Typen von Attributionsaussagen. Wir sprechen von einer Kausalattribution, wenn ein Attributionssender einen Attributionsadressaten als ursächlich im Hinblick auf einen Attributionsgegenstand verantwortlich benennt und bewertet. In einer solchen Konstellation schreibt der Attributionssender dem Attributionsadressaten die Verantwortung für den betreffenden Attributionsgegenstand (beispielsweise eine politische Maßnahme) zu, weil das Handeln des Attributionsadressaten ursächlich für das Ergebnis war. So wäre die Behauptung, dass die Freizügigkeitsregel der EU-Kommission für Arbeitnehmer aufgrund der Konkurrenz zu einer gestiegenen Arbeitslosigkeit geführt habe, eine Kausalattribution. Vom entsprechenden Sprecher würde der EU-Kommission die Schuld an einer gestiegenen Arbeitslosigkeit kausal zugeschrieben werden. Hierbei handelt es sich um eine faktische Kausalattribution des Attributionssenders, der den Adressaten als Verursacher des Problems benennt. Es ist aber auch möglich, dass der Attributionssender Prognosen oder Hypothesen darüber abgibt, ob Handlung des Attributionsadressaten zukünftig zu einem Erfolg oder Misserfolg führen wird oder führen könnte (prognostische bzw. hypothetische Kausalattribution). So prognostiziert der Einzelhandelsverband in dem anfänglichen Beispiel einen Umsatzrückgang aufgrund eines innerstädtischen Fahrverbots, bevor die Maßnahme überhaupt umgesetzt ist. Der Attributionssender spekuliert über die möglichen Folgen, wenn er einen Attributionsadressaten prognostisch im Hinblick auf einen Gegenstand ursächlich verantwortlich macht.

Ein Attributionssender kann aber auch einem Akteur die Zuständigkeit für die Lösung eines Problems zuordnen und selbigen damit zum Handeln auffordern. In solchen Fällen sprechen wir von einer Zuständigkeitsattribution. Kausal- und Zuständigkeitsattribution müssen nicht identisch sein. Wenn die CDU beispielsweise in dem oben gegebenen Beispiel fordert, dass die Bundesregierung sich bei der Europäischen Kommission für eine Veränderung der Freizügigkeitsregel einsetzen sollte, dann ist in diesem Fall die Bundesregierung der Akteur. Ihm wird die Lösungszuständigkeit des Problems, das die Kommission kausal zu verantworten hat, zugeordnet. Für die meisten gesellschaftlichen Probleme mit politischem Regelungsbedarf gibt es eindeutig zuständige Instanzen wie zum Beispiel die jeweilige politische Exekutive. In der Regel wird ihre Verantwortlichkeit und Problemlösungskompetenz nicht mehr infrage gestellt, sondern lediglich als gut oder schlecht funktionierend beurteilt. Im Zuge des europäischen Einigungsprozesses und einer „polity in the making", wie es die Europäische Union ist (vgl. u. a. Eriksen 2005a, 2005b), spielt die Zuständigkeitsattribution eine wichtige Rolle, da Zuständigkeiten verändert oder neu definiert werden.[13]

2. Attribuieren versus Zurückweisen einer Attribution: Attributionssender können sich selbst und anderen Verantwortung für Ereignisse zuschreiben, sie können eine Verantwortungsattribution aber auch zurückweisen. Die Kommission kann z. B. behaupten, dass sie für den Erlass der Freizügigkeitsregel gar nicht verantwortlich ist oder die Bundesregierung kann die Lösungskompetenz für die erhöhte Arbeitslosigkeit von sich weisen. Im zweiten Fall liegt eine Zurückweisung der Zuständigkeitsattribution, im ersten Fall eine Zurückweisung der Kausalattribution vor.

3. Bewertungen innerhalb von Attributionsaussagen: Schließlich enthalten Attributionsaussagen Bewertungen, die positiv, negativ oder ambivalent ausfallen können. Handelt es sich um eine Kausalattribution, so bedeutet eine positive Bewertung des Gegenstandes oder des Adressaten, dass ein Erfolg zugeschrieben wird und eine negative Bewertung, dass ein Misserfolg oder Schuld zugeschrieben wird. Eine ambivalente Bewertung enthält sowohl positive wie auch negative Elemente, bleibt aber letztlich uneindeutig. Die Zurückweisung von bewerteten Kausalattributionen hat wiederum einen bewertenden Charakter. Die Zurückweisung einer positiv bewerteten Kausalattribution bedeutet die Negierung des Erfolgs. Der Erfolg wird also bestritten. Die Zurückweisung einer negativ bewerteten Kausalattribution bedeutet die Negierung des Misserfolgs, des Sachverhalts oder des Akteurs; es handelt sich also der Behauptung nach nicht um einen Misserfolg.

Bei einer Zuständigkeitsattribution stellt sich die Bewertung etwas anders dar. Da es bei der Zuständigkeitsattribution ohnehin um Forderungen geht, ist eine negative Bewertung an sich nicht möglich. Niemand formuliert eine Forderung, um dann kund zu tun, dass er gegen die Erfüllung der Forderung ist. Stattdessen entspricht der negative Fall der Zurückweisung einer Zuständigkeitsattribution. Es kann auch zu ambivalenten Zuständigkeitsattributionen kommen, wenn Gründe genannt werden, die für und gegen die Zuständigkeit des Adressaten sprechen.

Wir finden also verschiedene Arten von Attributionsaussagen: Kausal- oder Zuständigkeitsattributionen, faktische oder prognostische Aussagen, Zuweisungen oder Zurückweisungen, die positiv, negativ oder ambivalent bewertet sein können. In einer Attributionsaussage können diese Aspekte in verschiedenen Kombinationsmöglichkeiten auftreten. Um diese Komplexität einzufangen, benötigt man ein entsprechend ausdifferenziertes Kategoriensystem. Die folgende Abbildung fasst die komplexe Struktur der so auch empirisch vorkommenden Attributionsaussagen zusammen.

Mit Hilfe dieses allgemeinen Attributionsschemas, das die Attributionstrias aus Akteuren, Gegenständen und Bewertungen in Beziehung zueinander setzt, können alle Arten von Verantwortungszuschreibungen identifiziert werden. Eine Aussage wird somit zu einer codierrelevanten Attributionsaussage, wenn sich die Konstellation von Attributionssender, Attributionsadressat und Attributionsgegenstand sowie deren bewertete Beziehungsrelation exakt bestimmen lassen.[14]

---

[13] Die oben formulierten Hypothesen beziehen sich allerdings ausschließlich auf Kausalattributionen. Die Analyse der Zuständigkeitsattributionen soll separat erfolgen.
[14] Zu den Codier-Erfahrungen vgl. Gerhards et al. (2007).

Abbildung 2: Codierbaum der Attributionsaussagen

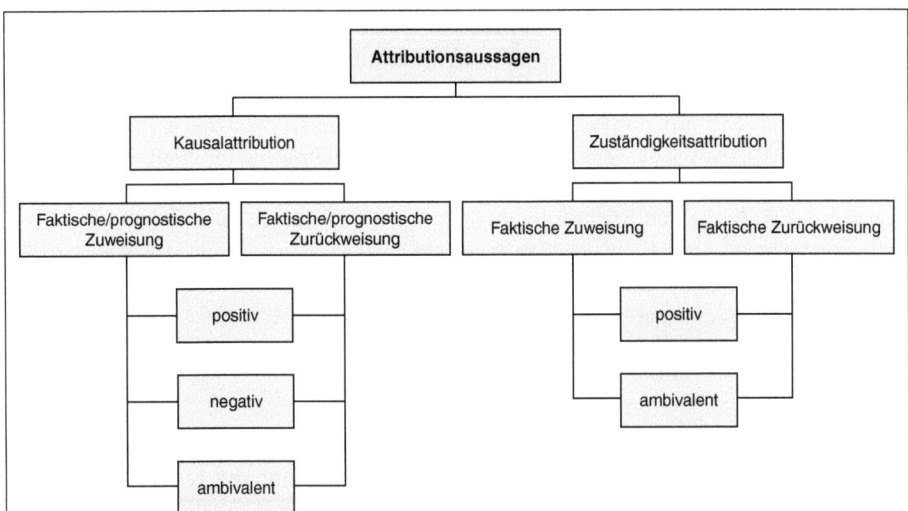

3.2 Stichprobe

Die zu analysierenden Artikel wurden aus der Grundgesamtheit der EU-Berichterstattung in deutschen und britischen Tageszeitungen der Qualitätspresse in einem mehrfach gestuften und geschichteten Verfahren gezogen. Die für Deutschland ausgewählten Qualitätszeitungen „Süddeutsche Zeitung" und „Frankfurter Allgemeine Zeitung" sowie die für Großbritannien ausgewählten Zeitungen „The Times" und „The Guardian" decken jeweils eine konservative und eine liberale politische Ausrichtung ab. Der relevante Untersuchungszeitraum erstreckte sich über 10 Jahre von 1994 bis 2003. Eine Durchsicht aller erschienenen Ausgaben in diesem Zeitraum ist offensichtlich nicht zu leisten, man muss also eine Stichprobe ziehen. Dabei gilt es, ein sparsames und gezieltes Verfahren zu entwickeln, mit dem die relativ seltene und verstreute EU-Berichterstattung identifiziert werden kann. Um dieses Ziel zu erreichen, arbeiten wir zur Artikelselektion mit einer elektronischen Suche in den Volltext-CD-ROMs der jeweiligen Zeitungen. In einem ersten Zugang (Stichprobe 1) haben wir uns auf den zentralen Akteur der EU konzentriert, der sich als einziger nicht, oder nur minimal mit nationalen Akteuren überschneidet und daher gemäß der obigen Hypothesen am deutlichsten zwischen nationaler und europäischer Ebene trennt: die Europäische Kommission. Aus allen Artikeln, in denen der Akteur „Europäische Kommission" oder eines seiner Mitglieder als „Europäischer Kommissar" vorkommt, wurden jeweils pro Jahr und Zeitung 100 Artikel erhoben.[15] Aufgrund dieses Zugangs ist erwartbar die Europäische Kom-

---
15 Durch die gleichmäßige Quotierung der Artikelzahl über die Jahre ist es möglich, die Entwicklung über die Zeit valide zu untersuchen. Damit werden Veränderungen in der Häufigkeit der Berichterstattung im Zeitverlauf neutralisiert. Allerdings gibt es zu der Frage der Häufigkeit von Berichterstattung über die EU bereits verschiedene Studien (vgl. Fußnote 12).

mission als Akteur überrepräsentiert, wobei natürlich nicht vorgegeben ist, ob sie als Attributionssender oder -adressat in der Berichterstattung auftritt. Da wir uns für Attributionsmuster und nicht für das Auftauchen einzelner Akteure interessieren, ist diese Verzerrung kein Problem. Um aber zu prüfen, ob durch diesen Zugang auch die Attributionsmuster verzerrt sind, haben wir einen zweiten ergänzenden Zugang gewählt (Stichprobe 2). Der Richtlinien-Zugang basiert auf den zentralen Rechtsakten der EU, den Richtlinien. Aus jeder Zeitung wurden für jedes Untersuchungsjahr zehn Artikel ausgewählt, in denen über eine europäische Richtlinie berichtet wurde.[16] Da sich die Ergebnisse für die beiden Stichprobenzugänge in Bezug auf die hier untersuchten Hypothesen nicht unterscheiden, werden beide Stichproben gemeinsam analysiert. In den insgesamt 4 386 erhobenen Artikeln wurden 6 330 Attributionsaussagen gefunden, die sich weitgehend gleichmäßig über die Untersuchungsjahre verteilen.

4. Ergebnisse

Bevor wir die Ergebnisse unserer empirischen Analysen entlang der formulierten Hypothesen präsentieren, wollen wir einige allgemeine Strukturmerkmale des Verantwortungsdiskurses beschreiben.

4.1 Allgemeine Strukturmerkmale

a. Wir unterscheiden zwischen Aussagen der Kausal- und der Zuständigkeitsattribution. Nur 6,8 Prozent der Aussagen sind Aussagen der Zuständigkeitsattribution. Ganz dominant geht es in der öffentlichen Debatte also um die Festlegung von Verantwortung für die Ursachen von politischen Ereignissen und Themen. Wir unterscheiden weiterhin zwischen Attributionsaussagen, die sich auf Ereignisse in der Vergangenheit und Aussagen, die sich auf Ereignisse in der Zukunft beziehen. In der Berichterstattung rund um die EU-Politik beziehen sich 79,6 Prozent der Aussagen auf Ereignisse in der Vergangenheit. Schließlich haben wir auch noch die Bewertungsrichtung von Aussagen erhoben. Akteure können gelobt oder getadelt werden, Aussagen können aber auch Zurückweisungen von positiven oder negativen Bewertungen enthalten. *Tabelle 2* enthält zum einen alle codierten Ausprägungen der Bewertungsrichtungen, zum anderen eine Zusammenfassung der Bewertungen, in der die Negation der Negation von Bewertungsaussagen positiv klassifiziert wurde.

Wie die Tabelle ausweist, dominieren im öffentlichen Streit um die Zuordnung von Verantwortung für politisches Handeln die Negativattribuierungen. Kritik und die Zuordnung von Schuldzuweisungen ist das Geschäft der Öffentlichkeit und der dort auftretenden Akteure, nicht das Loben.

---

16 In diesem Zugang war das gesuchte Stichwort die Richtlinie. Der Zugang über Richtlinien führt zu einer Fokussierung auf eine bestimmte Art der Rechtsetzung. Wir interessieren uns aber für die Berichterstattung mit Bezug auf die EU insgesamt, also auch über bestimmte, gerade diskutierte Rechtsakte hinaus. Deshalb wird der Richtlinienzugang hier nur ergänzend genutzt, um etwaige Verzerrungen in den Attributionsmustern identifizieren zu können.

Tabelle 2: Allgemeine Merkmale von Attributionsaussagen in der EU-Berichterstattung in deutschen und britischen Zeitungen

Attributonsaussagen			
Kausalattributionen		Zuständigkeitsattributionen	Gesamt
93,2% (5 897)		6,8% (433)	100% (6 330)
Kausalattributionen			Zuständigkeitsattributionen			
Faktische Attributionen	Prognostische Attributionen	Gesamt				
85,4% (5 038)	14,6% (859)	100% (5 897)				Gesamt (ambivalent
Positive Attributionen	Negative Attributionen	Gesamt	Positive Attributionen	Negative Attributionen	Gesamt	200) (6 130)
30,5% (1 739)	69,5% (3 960)	100% (5 699)	74,7% (322)	25,3% (109)	100% (431)	**(6 330)**

b. Wir haben die kollektiven Akteure, die sich an der Debatte über europäische Themen beteiligt haben, zu Aggregatsgruppen zusammengefasst und analysiert, aus welchen gesellschaftlichen Bereichen die Sprecher kommen. Wie *Tabelle 3* ausweist, wird die Debatte über Verantwortung zu zwei Dritteln von Sprechern geführt, die man dem politischen System zuordnen kann. An zweiter Stelle kommen die Journalisten und Wirtschaftsakteure mit jeweils knapp 15 Prozent der Aussagen zu Wort. Akteure der Zivilgesellschaft oder der Wissenschaft sind marginalisiert und spielen keine große Rolle.

Tabelle 3: Sender und Adressaten von Kausalattributionen nach gesellschaftlichen Bereichen in der EU-Berichterstattung in deutschen und britischen Zeitungen

	Attributionssender	Attributionsadressat
Politik	64,4 %	87,6 %
Medien	14,8 %	0,3 %
Wirtschaft	14,6 %	10,5 %
Zivilgesellschaft	4,3 %	1,0 %
Wissenschaft	1,9 %	0,5 %
	N = 6 330	N = 6 330

Etwas anders sieht die Akteursstruktur im Hinblick auf die Adressaten von Attributionaussagen aus. Der Akteur, dem in erster Linie Verantwortung (positiv oder negativ) zugeschrieben wird, ist die Politik (in 88 Prozent der Aussagen).

c. Die thematischen Bereiche, auf die sich die Attributionsaussagen beziehen, spiegeln das Themenspektrum der EU-Politik wider. Die meisten Attributionsaussagen (ca. 45 Prozent) beziehen sich in ihrem Attributionsgegenstand auf die Wirtschafts- und Arbeitsmarktpolitik. Agrarpolitik und Verbraucherschutz sind mit 14 Prozent schon deutlich seltener vertreten; weitere Themen sind die Umweltpolitik (5,9 Prozent) sowie die Außen- und Sicherheitspolitik (4,6 Prozent). Die Attributionsaussagen drehen sich allerdings nicht allein um die inhaltlichen Politikfelder, sondern auch um die EU und ihre Institutionenordnung selbst. 20 Prozent aller Attributionsaussagen haben die EU selbst zum Gegenstand, wobei die Finalität der EU und ihre Handlungsfähigkeit am intensivsten diskutiert werden. Bei den Themen der Attributionen sind die Länderunterschiede ausgesprochen gering.[17]

d. Der Ländervergleich zwischen Großbritannien und Deutschland ist hier nicht Gegenstand der Untersuchung. Allerdings sind sich beide Länderstichproben erstaunlich ähnlich. Die von uns vermuteten deutlichen Länderunterschiede konnten wir durchweg nicht finden. Ein Grund dafür könnte unser Selektionskriterium sein, das auf die Europäische Kommission fokussiert. Für die Kommission finden auch Pfetsch und Adam (in diesem Band) in Großbritannien ein vergleichsweise positive Berichterstattung, während insgesamt in ihren Ergebnissen die negative Sicht der britischen Presse auf Europa bestätigt wird.

Nach diesem kurzen Überblick zur Struktur von Attributionsaussagen widmen wir uns nun den oben vorgestellten Hypothesen.

4.2 Eigene Erfolge, fremde Misserfolge

Die Ausgangshypothese geht von den strategischen Interessen der Akteure aus, sich selbst in den Medien positiv darzustellen und Misserfolge anderen anzulasten. Diese Erwartung bestätigt sich. Wird von einem Sprecher das eigene Handeln in der Vergangenheit beurteilt, so fällt das Urteil in mehr als der Hälfte der Fälle positiv aus. 55,8 Prozent der Selbstattributionen in Bezug auf beobachtete Ergebnisse werden als Erfolg dargestellt. Macht ein Sprecher aber nicht sich selbst, sondern andere für das Geschehene verantwortlich, ist die Beurteilung sehr viel kritischer. Die Fremdattributionen beziehen sich zu rund 80 Prozent auf Misserfolge. In vier von fünf Fällen wird also anderen ein Misserfolg zugeschrieben, sich selbst aber nur in knapp der Hälfte der Fälle.

Nun ist die Beurteilung von bereits vorliegenden Ergebnissen nur eine der möglichen Attributionskonstellationen. Es können auch die Verantwortungszuschreibungen anderer korrigiert werden oder Voraussagen gemacht werden über zu erwartende Ergebnisse (vgl. Kapitel 3.1). Das Muster wiederholt sich bei allen Arten der Attribution. Widerspruch gegen die Zuschreibung von Misserfolgen erheben Sprecher weit überwiegend in Bezug auf sich selbst. Geht es um Prognosen, wie sich Maßnahmen in Zukunft auswirken werden, so fällt die Prognose in Bezug auf eigene Aktivitäten meist positiv aus. Geht es dagegen um die angenommene Wirkung von Aktivitäten anderer, so ist die Beurteilung wiederum ausgesprochen skeptisch. In *Tabelle 4* sind die verschiedenen Arten der Attributionen danach zusammengefasst, ob sie für den Adressaten der Attribution positiv, negativ oder ambivalent ausfallen. Eine für den Adressaten positive Attribution kann also die Zuschreibung eines Erfolges für vergangene Aktivitäten

---

17 Auch zwischen den beiden Stichproben (vgl. 3.2) können wir keine Unterschiede in Bezug auf Attributionsgegenstände feststellen. Dies ist nicht selbstverständlich, denn wir hatten eine Themenverschiebung durch einzelne, besonders intensiv diskutierte Richtlinien erwartet. Empirisch zeigt sich eine solche Verschiebung aber nicht, was wir als Hinweis auf die Robustheit unserer Stichprobe interpretieren.

Tabelle 4: Positive und Negative Selbst- und Fremdattributionen in der EU-Berichterstattung in deutschen und britischen Zeitungen (in Prozent)

	Selbstattribution	Fremdattribution
positive Attributionen[a]	70,6	22,2
negative Attributionen[b]	26,6	74,4
ambivalente Attributionen	2,8	3,5
	N = 894	N = 5 002

a) Positive Attributionen sind Zuschreibungen von positiv bewerteten vorliegenden oder prognostizierten Handlungsergebnissen sowie die Zurückweisung von negativ bewerteten vorliegenden oder prognostizierten Handlungsergebnissen.
b) Negative Attributionen sind Zuschreibungen von negativ bewerteten vorliegenden oder prognostizierten Handlungsergebnissen sowie die Zurückweisung von positiv bewerteten vorliegenden oder prognostizierten Handlungsergebnissen.

bedeuten, die Prognose eines zukünftigen Erfolges oder auch die Zurückweisung eines vergangenen oder zukünftigen Misserfolgs.
Unsere Ausgangshypothese wird deutlich bestätigt. Schreiben sich Sprecher selbst die Verantwortung zu, so handelt es sich in 71 Prozent der Fälle um positiv bewertete Ergebnisse bzw. die Ablehnung von negativen Ergebnissen. Richtet sich dagegen die Verantwortungszuschreibung an andere, so sind sie in 74 Prozent der Fälle negativ.

Auf den ersten Blick scheint bei den Selbstzuschreibungen der Anteil von negativen Attributionen noch vergleichsweise hoch zu sein. In immerhin gut einem Fünftel der Fälle kritisieren sich die Akteure selbst, was strategisch unklug ist. Verständlich wird dies, wenn man zwei Faktoren berücksichtigt. Zum einen liegen unseren Analysen kollektive Akteure zugrunde, die aus der Aggregation mehrerer Akteure bestehen. Es handelt sich nach unserem Verständnis auch dann um eine Selbstattribution, wenn ein Ministeriumssprecher oder ein Minister nicht sich selbst, sondern die Arbeit des Ministeriums oder der Regierung insgesamt beurteilt. Das bedeutet aber, dass öffentlich ausgetragene Meinungsverschiedenheiten innerhalb eines kollektiven Akteurs zur Kodierung von gegensätzlichen, also auch negativen Selbstattributionen führen. Die Häufigkeit von negativen Selbstattributionen ist somit auch ein Hinweis auf die Geschlossenheit, mit der ein kollektiver Akteur nach außen hin auftritt. Hinzu kommt, dass politische Akteure ihre eigenen Aktivitäten oftmals mit Versäumnissen in der Vergangenheit begründen. Damit stellen sie zwar einerseits eigene Misserfolge in der Vergangenheit öffentlich fest, legitimieren damit aber gleichzeitig ihre nun angekündigten oder durchgeführten Maßnahmen. In unseren Daten taucht diese Argumentationsfigur zweifach, als eine negative und dann als eine positive Selbstattribution auf.

4.3 Attributionen zwischen nationaler und europäischer Ebene

a. Betrachten wir zunächst das Attributionsverhalten der nationalen Regierungen. Hier waren wir zunächst davon ausgegangen, dass sie sich selbst Erfolge und der nationalen Opposition und der Europäischen Kommission Misserfolge zuschreiben. Diese Annahmen werden durch die empirischen Ergebnisse bestätigt (vgl. *Tabelle 5*). Vier von fünf Selbstattributionen der nationalen Regierungen sind positiv; die Regierungen schreiben

Tabelle 5: Attributionen der britischen und deutschen nationalen Regierung als Attributionssender in der EU-Berichterstattung in deutschen und britischen Zeitungen (in Prozent)

Adressaten	positive Attributionen	negative Attributionen	ambivalente Attributionen	
Nationale Regierung (Selbstattribution)	81,8	16,6	2,3	N = 175
nationale Opposition	0,0	100,0	0,0	N = 6
EU-Akteure insgesamt	32,4	64,1	3,4	N = 262
darunter:				
Europäische Kommission	29,3	67,3	3,4	N = 147
Rat der EU	45,0	40,0	15,0	N = 20
EU pauschal	35,2	64,8	0,0	N = 71
Regierungen anderer EU-Mitgliedsländer	23,2	75,0	1,8	N = 56

sich selbst überdurchschnittlich häufig Erfolge zu. Die Opposition ist in der politischen Berichterstattung mit EU-Bezug nur sehr selten Adressat von Attributionen. Die geringe Handlungsmächtigkeit der Opposition macht sie nicht zu attraktiven Adressaten bei Verantwortungszuschreibungen. Die wenigen Fälle von Attributionen der nationalen Regierungen an die Opposition, die wir in der EU-Berichterstattung finden, fallen allerdings erwartungsgemäß alle negativ aus.

Weiterhin hatten wir erwartet, dass die nationalen Regierungen die Europäische Kommission und die übrigen nationalen Regierungen im EU-Ausland vorwiegend negativ attribuieren. Auch diese Vermutung findet in den Daten eine Bestätigung. Zwei Drittel der Attributionen der nationalen Regierungen an die Europäische Kommission und sogar drei Viertel der Attributionen an die Regierungen der anderen EU-Länder sind negativ; in der Tat dienen die Europäische Kommission und die ausländischen nationalen Regierungen in der EU-Politik als Sündenböcke, denen die Schuld für Misserfolge zugeschrieben wird.

Für den Rat der EU und die pauschal angesprochene EU hatten wir aufgrund der engen Verflechtung mit den nationalen Regierungen überwiegend günstige Attributionen erwartet. Diese Vermutung bestätigt sich nicht. Obwohl der Rat der EU aus nationalen Regierungen besteht und eine Bewertung des Rats auch immer eine Bewertung der eigenen Arbeit der Regierung ist, sind zwei von fünf Attributionen an diese Adresse negativ. Lediglich 45 Prozent positive Attributionen richten die nationalen Regierungen an den Rat der EU. Dieser Wert liegt weit unter dem oben festgestellten Wert für Selbstattributionen. Gleichwohl fällt die Bewertung günstiger aus als gegenüber allen anderen hier betrachteten Akteuren.

Wird die EU pauschal angesprochen, sind Schuldzuschreibungen sogar noch deutlich häufiger. 64,8 Prozent der Attributionen von den nationalen Regierungen an die EU sind negativ. Diese hohe Zahl ist deshalb so überraschend, weil die nationalen Regierungen in der EU die zentrale Rolle spielen. Gegen ihren Willen ist praktisch keine Entscheidung möglich.

Die nationalen Regierungen spielen hier offensichtlich ein doppeltes Spiel. Einerseits stellen sie sich selbst als Urheber von Erfolgen heraus, andererseits kritisieren sie in vielen Fällen die Entscheidungen des Rates und der EU insgesamt, an denen sie selbst maßgeblich mitgewirkt haben. Sie dürften an dieser Stelle von der vergleichsweise seltenen Berichterstattung und dem damit zusammenhängend geringen Wissen über die europäischen Politikprozesse in der Bevölkerung profitieren.

Dieser sich aus der systematischen Inhaltsanalyse ergebende Befund lässt sich an einem Beispiel aus der jüngeren Vergangenheit recht gut illustrieren. Die so genannte Dienstleistungsrichtlinie ermöglicht die Mobilität von Dienstleistungsunternehmen innerhalb Europas; dabei dürfen Firmen im Ausland unter den Rechtsbedingungen ihres Herkunftslandes agieren. Diese Richtlinie ist vom Rat der EU auch mit Unterstützung der Bundesregierung verabschiedet worden. Kritiker der Richtlinie hatten argumentiert, dass die Richtlinie zu einem Sozialdumping führen könnte. Obwohl die SPD als Regierungspartei die Richtlinie auf europäischer Ebene mit verabschiedet hatte, hat sie zugleich im nationalen Rahmen zu Protesten gegen die Richtlinie aufgerufen. Günter Verheugen hatte in DIE ZEIT (26.1.2006, S. 32) seine Genossen darauf hingewiesen, dass die SPD die Richtlinie ja im Rat durch ein Veto hätte verhindern können, wenn sie denn gewollt hätte.

b. Die nationale Opposition kommt als Sender von Attributionen ausgesprochen selten vor, die Attributionsaussagen fallen allerdings wie erwartet aus (vgl. *Tabelle 6*). Es ist vor allem die nationale Regierung, der die Verantwortung für Misserfolge zugeschrieben wird. Erfolge kann die Opposition kaum für sich verbuchen. Zum Attributionsverhalten gegenüber der EU und ihren Institutionen hatten wir keine Annahmen formuliert.

Tabelle 6: Attributionen der britischen und deutschen nationalen Opposition als Attributionssender in der EU-Berichterstattung in deutschen und britischen Zeitungen (in Prozent)

Adressaten	positive Attributionen	negative Attributionen	ambivalente Attributionen	
nationale Opposition (Selbstattribution)	100,0	0,0	0,0	N = 1
nationale Regierung	2,9	91,2	5,9	N = 34
EU-Akteure insgesamt	13,6	81,8	4,5	N = 22

c. Die Europäische Kommission sollte unseren Hypothesen gemäß sich selbst weniger deutlich positiv attribuieren als wir dies für die nationalen Regierungen festgestellt haben. Unsere Ergebnisse (vgl. *Tabelle 7*) bestätigen diese Annahme. Wenn die Europäische Kommission sich die Verantwortung zuschreibt, so handelt es sich in gut drei Vierteln der Fälle um Erfolge. Damit überwiegen auch bei der Europäischen Kommission im Fall der Selbstattributionen die Erfolge, allerdings in geringerem Maße als bei den nationalen Regierungen, die immerhin zu mehr als 80 Prozent sich selbst Erfolge zuschreiben. Wenn es pauschal um die EU geht, ist die Attribution ähnlich positiv. 61 Prozent der Attributionen, die von der Kommission an die EU insgesamt gerichtet werden, sind Erfolge.

Die nationalen Regierungen werden dagegen von der EU-Kommission ausgesprochen kritisch beurteilt. Die hier ausgewiesenen Werte unterschieden zwischen den nationalen Regierungen der jeweiligen Länder, in denen die Zeitungen, die wir analysiert

Tabelle 7: Attributionen der Europäischen Kommission als Attributionssender in der EU-Berichterstattung in deutschen und britischen Zeitungen (in Prozent)

Adressaten	positive Attributionen	negative Attributionen	ambivalente Attributionen	
EU-Akteure insgesamt	64,6	31,0	4,4	N = 387
darunter:				
Europäische Kommission (Selbstattribution)	68,7	26,2	5,2	N = 233
Europäischer Rat und Ministerrat	46,2	53,8	0,0	N = 13
EU pauschal	61,2	35,9	2,9	N = 103
nationale Regierung	17,8	77,6	4,6	N = 219
Regierungen anderer EU-Mitgliedsländer	15,9	82,5	1,6	N = 252

haben, erscheinen, und den Regierungen der übrigen EU-Mitgliedsländer. Der Unterschied zwischen beiden Gruppen ist nicht sehr groß. Die Negativattributionen an die Regierung des Landes, in dem die untersuchte Zeitung jeweils erscheint, machen 78 Prozent der Attributionen der Kommission an diese Adresse aus. Im Fall der ausländischen nationalen Regierungen sind es 83 Prozent. Die Kommission ist damit ausgesprochen kritisch gegenüber den nationalen Regierungen. In diesen Zahlen schlägt sich eindrücklich die konflikthafte Beziehung zwischen der Kommission und den nationalen Regierungen nieder. Ein Hinweis, dass hier tatsächlich der nationale Umgang mit der EU-Gesetzgebung eine wesentliche Rolle spielt, könnte die Tatsache sein, dass die gesetzgebende Versammlung der nationalen Regierungen im Rat der EU deutlich seltener das Ziel von Negativattributionen der EU-Kommission ist. Gegenüber dem Rat fallen die Attributionen der Kommission ausgewogen aus.

Unsere Hypothesen über die Strukturmuster der öffentlichen Zuschreibung von Verantwortung werden durch die Daten insgesamt recht gut unterstützt. Aus der Konkurrenz der politischen Akteure um öffentliche Zustimmung und Wählerstimmen ergibt sich nicht nur das Interesse an einer positiven Selbstdarstellung, sondern darüber hinaus auch nahe liegende Adressaten im Misserfolgsfall. Die Opposition muss versuchen, für Misserfolge die Regierung verantwortlich zu machen. Die Regierung aber kann schwerlich die nicht handlungsmächtige Opposition als verantwortlich attribuieren. Ihr bietet sich, zumindest in Politikbereichen mit EU-Beteiligung, die Möglichkeit, auf die EU und insbesondere die Europäische Kommission und das Verhalten der Regierungen in anderen EU-Mitgliedsländern zu verweisen. Unsere Daten zeigen, dass die Regierungen von dieser Möglichkeit auch reichlich Gebrauch machen.

4.4 Attributionen im Zeitvergleich

Die EU, insbesondere die EU-Kommission, hat, wie wir oben ausgeführt haben, im Laufe der 1990er Jahre ihre Öffentlichkeitsarbeit professionalisiert. Manche Autoren haben daraus geschlussfolgert, dass europäische Themen und Akteure in den Medien im Zeitverlauf an Bedeutung gewonnen und damit einen Beitrag zur Korrektur des angenommenen Öffentlichkeitsdefizits geleistet haben. Davon ausgehend hatten wir angenommen (H3a), dass die Kommission in den Massenmedien häufiger auftreten müsste.

Abbildung 3: Attributionen mit der EU als Senderin in deutschen und britischen Zeitungen

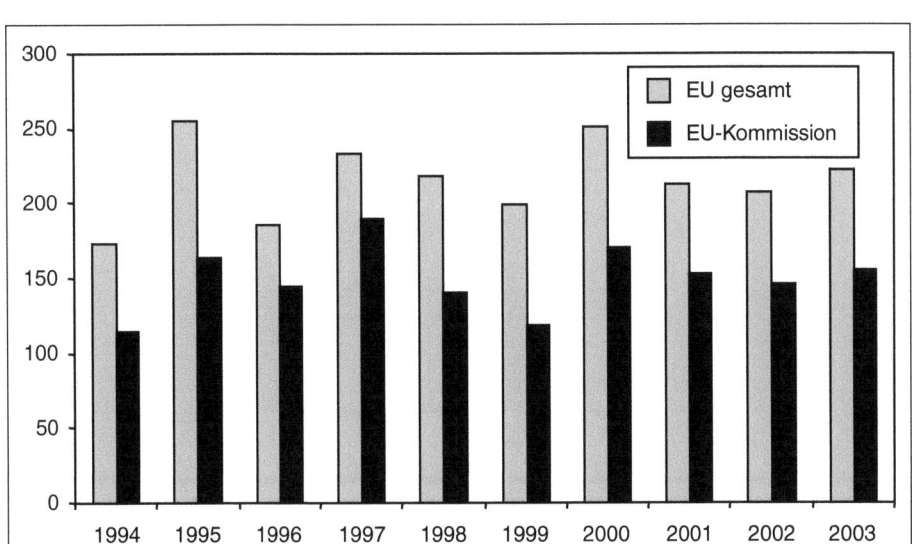

In welchem Maß es der Kommission gelingt, selbst als deutender Akteur aufzutreten und die eigenen Verantwortungszuschreibungen einzubringen, zeigt die *Abbildung 3*.

Die relative Häufigkeit, mit der die EU-Kommission oder Akteure der EU insgesamt als Sender von Attributionen auftreten, schwankt über den Zeitraum ohne klaren Trend. Weder der Kommission noch den Akteuren der EU insgesamt gelingt es im Zeitverlauf, häufiger als Akteure aufzutreten. Die veränderte Öffentlichkeitsarbeit der EU schlägt sich hier nicht sichtbar nieder.

Wir waren weiterhin davon ausgegangen, dass entweder die Politikvermittlungsexperten der Kommission im Hintergrund alternative Deutungen von Verantwortlichkeit und Schuld verbreiten können und dass zum anderen die Journalisten selbst aktiver die ihnen präsentierten Deutungen in Frage stellen und alternativen Interpretationen Gehör verschaffen. *Abbildung 4* zeigt die positiven Attributionen an die EU und speziell die EU-Kommission anteilig zu allen Attributionen im jeweiligen Jahr. Auch in diesem Fall ist ein Trend nicht zu erkennen. Die Menge der Erfolgsattributionen an die Adresse der EU ist über die Jahre nicht gestiegen.

Die von manchen Autoren vermutete Veränderung der Öffentlichkeitsschwäche der EU und ihrer Rolle bei der Attribution von Verantwortung lässt sich empirisch also nicht bestätigen. Dies kann zwei Gründe haben. Eine Möglichkeit besteht darin, dass die erst Mitte der 1990er Jahre in Angriff genommenen Veränderungen und Restrukturierungen in der Öffentlichkeitsarbeit der EU noch keine Wirkung entfalten konnten. Berichterstattungsroutinen reagieren möglicherweise langsamer auf diese institutionellen Veränderungen und die Effekte werden sich erst in einigen Jahren zeigen. Plausibler erscheint uns aber eine andere Erklärung zu sein. Die entscheidenden Strukturbedingungen einer europäischen Öffentlichkeit haben sich nicht grundlegend verändert. Die Kommission ist weiterhin strukturell unabhängig von einem öffentlichen Zu-

Abbildung 4: Positive Attributionen an die EU in der EU-Berichterstattung in deutschen und britischen Zeitungen (in Prozent aller Attributionen)*

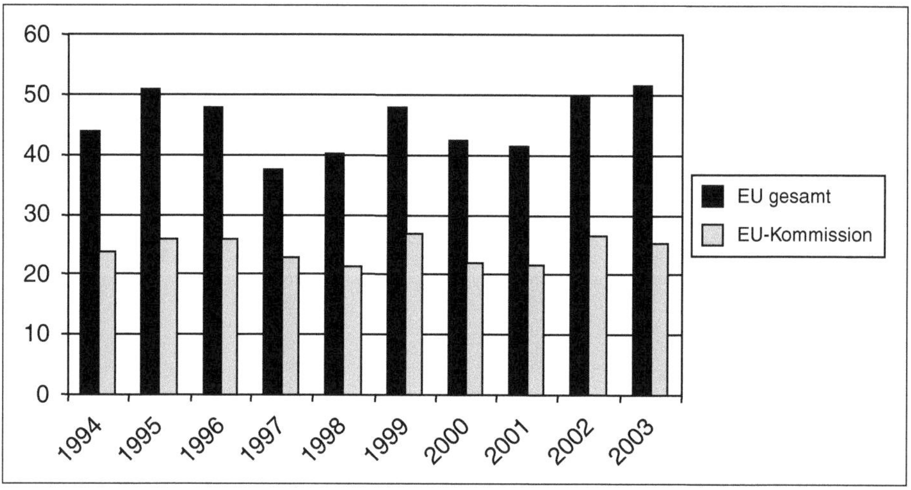

[Balkendiagramm: EU gesamt und EU-Kommission, Jahre 1994–2003; Werte EU gesamt ca. 44, 51, 48, 37, 40, 48, 42, 41, 49, 51; EU-Kommission ca. 24, 26, 26, 22, 21, 27, 22, 21, 26, 25]

* Die Gesamtzahl der positiven Attributionen betrug 1994: 223, 1995: 254, 1996: 169, 1997: 229, 1998: 226, 1999:193, 2000: 224, 2001: 167, 2002: 201, 2003: 175.

spruch, weil die Kommissare nicht gewählt werden. Die EU-Berichterstattung der Journalisten hat sich weiterhin nicht grundlegend verändert. Nach wir vor arbeiten die Journalisten zu einem erheblichen Teil in Brüssel und bieten ihren jeweiligen Heimatredaktionen von dort aus Berichte über die EU-Politik an. Diese Berichte werden allerdings keineswegs immer übernommen. Die Heimatredaktionen beurteilen nach eigenen Kriterien, welche Berichte unter welchem Blickwinkel relevant sind und abgedruckt werden sollen (vgl. Baisnée 2002; Offerhaus 2008). Der andere Teil der Berichte kommt von Journalisten, die zur nationalen Politik arbeiten und im Rahmen dieser Arbeit mit EU-Politik konfrontiert werden. Sie kommen ohnehin meist nur indirekt mit der Öffentlichkeitsarbeit der EU in Kontakt. Diese heterogene und mehrstufige Nachrichtenvermittlung macht es für die Öffentlichkeitsarbeit der EU besonders schwer, bis in die nationalen Öffentlichkeiten durchzudringen. Das Ergebnis, so unsere Vermutung, ist in unseren Daten zu beobachten.

5. Bilanz

Die Verantwortungszuschreibung in den Medien entscheidet mit über das Image, die Kompetenzzuschreibung und die Legitimität, die Akteure in den Augen der Bürger genießen. Und da die Bürger in Demokratien wiederum über die Zukunft der politischen Amtsträger mit entscheiden, haben erfolgreiche oder nichterfolgreiche Attributionshandlungen einen mittelbaren Einfluss auf deren Karriere- und Machtchancen. Politiker werden entsprechend darum bemüht sein, sich selbst als Urheber von Erfolgen darzustellen, während für Misserfolge andere verantwortlich gemacht werden.

Durch die Verschränkung von Kompetenzen im Mehrebenensystem der Europäischen Union sind die Verantwortlichkeiten zwischen den unterschiedlichen Institutionen vielfältig geworden und oftmals schwer zu durchschauen, was öffentlichen Interpretationen einen großen Spielraum eröffnet. Wir haben eine Reihe von Hypothesen zur Struktur von Attributionshandlungen formuliert und diese mit Hilfe einer systematischen Inhaltsanalyse überprüft. Dabei hat sich zunächst gezeigt, dass alle Akteure um eine günstige Selbstdarstellung bemüht sind; man rechnet sich selbst überdurchschnittlich häufig Erfolge zu, während Misserfolge den Anderen attribuiert werden.

Die nationalen Regierungen haben ein besonderes Interesse daran, sich in den nationalen Öffentlichkeiten vor ihren Wählern gut zu präsentieren. Sie können aber, anders als die Oppositionsparteien, kaum nationale Akteure für Missstände verantwortlich machen. Die Europäische Kommission und die Regierungen von anderen EU-Mitgliedsländern bieten sich jedoch als Sündenböcke an. Und in der Tat wird sowohl der Kommission als auch den ausländischen Regierungen überdurchschnittlich häufig die Schuld zugeschrieben.

Anders stellt sich das Verhältnis von nationaler Regierung zum Rat der EU und der EU insgesamt dar. Aufgrund der engen Verflechtung mit der EU insgesamt und insbesondere mit dem Rat handelt es sich bei Attributionen von den nationalen Regierungen an diese Akteure um Varianten der Selbstattribution. Entsprechend waren wir von überwiegend positiven Attributionen ausgegangen, was sich aber nicht bestätigte. Die Attributionen an den Rat und pauschal an die EU sind zwar günstiger als für viele andere Akteure, von einer positiven Selbstattribution sind sie aber weit entfernt. Die nationalen Regierungen treiben hier offensichtlich ein Doppelspiel: Für sie günstige Entscheidungen rechnen sie sich selbst zu, unpopuläre Entscheidungen, die sie selbst (wenn es Entscheidungen des Rats der EU sind) mit beschlossen haben, rechnen sie negativ dem Rat oder der EU pauschal zu. Sie können hier offensichtlich darauf vertrauen, dass die Bürger auf Grund der Komplexität des Mehrebenensystems diese Strategie nicht durchschauen.

Für die nationale Opposition hatten wir vermutet, dass sich ihr Attributionsmuster an der nationalen Konkurrenz um Wählerstimmen orientiert. Entsprechend sind wir davon ausgegangen, dass vor allem die nationale Regierung der Empfänger von Schuldzuschreibungen ist, selbst wenn es wie in dem hier untersuchten Fall um EU-Politik geht. Auch diese Vermutung hat sich bestätigt.

Für die Europäische Kommission stellen sich die Attributionsanreize dagegen anders dar. Sie ist nicht an die Zustimmung der Wähler gebunden und muss ihre Selbstdarstellung nicht in Hinblick auf Wahlen optimieren. Entsprechend fällt bei ihr auch tatsächlich das „Eigenlob" nicht so deutlich aus wie bei den übrigen Akteuren. Sie hat aber vor allem ein Interesse daran, die EU insgesamt in einem positiven Licht erscheinen zu lassen. Gleichzeitig gerät sie als Hüterin der Verträge mit den nationalen Regierungen, die die Beschlüsse umsetzen müssen, systematisch in Konflikt. Auch diese Annahmen werden durch die Daten bestätigt: Die Kommission lobt sich selbst im Vergleich zu Akteuren, die direkt von Wahlen abhängen, in einem geringerem Maße. Gleichzeitig wird die EU, wenn ihr pauschal Verantwortung zugeschrieben wird, von der Kommission ausgesprochen günstig dargestellt. Insgesamt lässt sich aus den strukturellen Positionen der Akteure recht gut prognostizieren, wem sie in der öffentlichen Arena Erfolge und wem Misserfolge zuschreiben. Ob die Negativbewertungen der Institutionen der EU längerfristig mit zu einer Delegitimierung der Institutionen der EU beitragen, können wir nicht prüfen, lässt sich aber vermuten.

Auch wenn das Hauptaugenmerk unserer Analyse auf die Strukturbedingungen von Attributionsmustern gerichtet ist, haben wir bezüglich einer Fragestellung die Veränderungen im Zeitverlauf untersucht. Einige Sozialwissenschaftler gehen von der Hypothese aus, dass sich das so genannte Öffentlichkeitsdefizit der EU in den letzten zehn Jahren verringert hat. Sie verweisen zum einen auf Veränderungen hinsichtlich der Öffentlichkeitsorientierung der EU-Kommission, betonen zum anderen, dass sich die Rolle und die Bemühungen der EU-Journalisten verändert und verbessert haben. Wir haben überprüft, ob die Kommission ihr „standing" als deutender Akteur in den nationalen Öffentlichkeiten im Zeitverlauf verbessern und sich mehr Erfolge zuschreiben konnte. Die Analysen zeigen, dass die Kommission im Laufe der von uns untersuchten 10 Jahre ihr „standing" nicht systematisch verbessern konnte.

Fragt man sich vor dem Hintergrund dieser Ergebnisse nach der Rolle der Medien im europäischen Mehrebenensystem, fällt das Ergebnis sehr nüchtern aus. Die Strukturbedingungen der sich öffentlich präsentierenden Akteure sind ausschlaggebend für die öffentlich vorgenommenen Verantwortungsattributionen. Allein aufgrund der strukturellen Situation der politischen Akteure und der sich aus diesen Positionen ergebenden strategischen Überlegungen lässt sich das Muster der Verantwortungsattributionen bereits recht gut prognostizieren. Die Medien, so legen unsere Ergebnisse nahe, reproduzieren dieses strategische Handeln weitgehend. Es lässt sich keine Beeinflussung der Berichterstattung durch eine verstärkte Öffentlichkeitsarbeit der EU-Kommission feststellen. Gegenüber dieser Beeinflussung scheinen die Medien weitgehend immun zu sein. Wir konnten aber auch keine zunehmende interpretative Eigenleistung der Medien feststellen. Die politischen Akteure können offensichtlich ihre Verantwortungszuschreibungen in der medialen Berichterstattung durchsetzen, auch wenn sie dabei wie im Falle der nationalen Regierungen ein doppeltes Spiel treiben und über den Umweg der EU eigentlich eigene Entscheidungen kritisieren. Die Medien stellen sich im Fall der Verantwortungsattribution bei europapolitischen Themen als „parasitäres System" (Gerhards 1999) dar. Eine systematische eigene Korrekturfunktion der Massenmedien lässt sich in diesem Fall nicht feststellen.

Literatur

Baisnée, Olivier, 2002: Can Political Journalism Exist at the EU Level?, in: *Kuhn, Raymond* (Hrsg.), Political Journalism. New Challenges, New Practices. London/New York: Routledge, 108-128.
Berg, Klaus/ Kiefer, Marie-Luise, 1996: Massenkommunikation V. Eine Langzeitstudie zur Mediennutzung und Medienbewertung 1964-1995. Baden-Baden: Nomos.
Börzel, Tanja/ Hofmann, Tobias/ Sprungk, Carina, 2003: Einhaltung von Recht jenseits des Nationalstaats. Zur Implementationslogik marktkorrigierender Regelungen in der EU, in: Zeitschrift für Internationale Beziehungen 10, 247-290.
Brosius, Hans-Bernd/ Eps, Peter, 1995: Framing auch bei Rezipienten? Der Einfluss der Berichterstattung über fremdenfeindliche Anschläge auf die Vorstellungen der Rezipienten, in: Medienpsychologie 7, 169-183.
Chong, Dennis/Druckman, James N., 2007: Framing Theory, in: Annual Review of Political Science 10, 103-126.

Daugbjerg, Carsten/Swinbank, Alan, 2007: The Politics of CAP Reform: Trade Negotiations, Institutional Settings and Blame Avoidance, in: Journal of Common Market Studies 45, 1-22.
Downs, Anthony, 1968 [1957]: Ökonomische Theorie der Demokratie. Tübingen: Mohr.
Eder, Klaus/Kantner, Cathleen, 2000: Transnationale Resonanzstrukturen in Europa. Eine Kritik der Rede vom Öffentlichkeitsdefizit, in: *Bach, Maurizio* (Hrsg.), Die Europäisierung nationaler Gesellschaften. Sonderheft 40 der Kölner Zeitschrift für Soziologie und Sozialpsychologie. Opladen: Westdeutscher Verlag, 306-331.
Eder, Klaus/Trenz, Hans-Jörg, 2001: The Making of a European Public Space: An Inquiry into Relating Surpanational Politics and Trannational Spaces of Communication, in: *Kohler-Koch, Beate* (Hrsg.), Linking EU and National Governance. Oxford: Oxford University Press, 145-165.
Eilders, Christiane/Lüter, Albrecht, 2000: Germany at War. Competing Framing Strategies in German Public Discourse, in: European Journal of Communication: The Media and the Kosovo Conflict (Special Issue) 15, 415-428.
Entman, Robert M., 2004: Projections of Power: Framing News, Public Opinion, and U.S. Foreign Policy. Chicago: University of Chicago Press.
Eriksen, Erik O. (Hrsg.), 2005a: Making the European Polity. Reflexive integration in the EU. London: Routledge.
Eriksen, Erik O., 2005b: An Emerging European Public Sphere, in: European Journal of Social Theory 8, 341-363.
Esser, Frank/Reinemann, Carsten/Fan, David, 2001: Spin Doctors in the United States, Great Britain, and Germany. Metacommunication about Media Manipulation, in: Press/Politics 6, 16-45.
Ferree, Myra Marx/Gamson, William/Gerhards, Jürgen/Rucht, Dieter, 2002: Shaping Abortion Discourse: Democracy and The Public Sphere in Germany and the United States. New York: Cambridge University Press.
Ficham, Frank/Hewstone, Miles, 2002: Attributionstheorie und -forschung – Von den Grundlagen zur Anwendung, in: *Stroebe, Wolfgang* et al. (Hrsg.), Sozialpsychologie. Eine Einführung. Berlin u. a.: Springer, 215-264.
Försterling, Friedrich, 2000: Wahlen aus der Perspektive der Attributionstheorie: Forschungsergebnisse, Versuchspläne und Analyseperspektiven, in: *Bohrmann, Hans* et al. (Hrsg.), Wahlen und Politikvermittlung durch Massenmedien. Wiesbaden: Westdeutscher Verlag, 91-104.
Försterling, Friedrich/Stiensmeier-Pelster, Joachim (Hrsg.), 1994: Attributionstheorie: Grundlagen und Anwendungen. Göttingen/Bern/Toronto/Seattle: Hogrefe.
Gerhards, Jürgen, 1993: Westeuropäische Integration und die Schwierigkeiten der Entstehung einer europäischen Öffentlichkeit, in: Zeitschrift für Soziologie 22, 96-110.
Gerhards, Jürgen, 1999: Wie responsiv sind die Massenmedien? Theoretische Überlegungen und empirische Ergebnisse zum Verhältnis von Medien und Politik, in: *Gerhards, Jürgen/Hitzler, Ronald* (Hrsg.), Eigenwilligkeit und Rationalität sozialer Prozesse. Festschrift zum 65. Geburtstag von Friedhelm Neidhardt. Opladen: Westdeutscher Verlag, 145-173.
Gerhards, Jürgen, 2000: Europäisierung von Ökonomie und Politik und die Trägheit der Entstehung einer europäischen Öffentlichkeit, in: *Bach, Maurizio* (Hrsg.), Die Europäisierung nationaler Gesellschaften. Sonderheft 40 der Kölner Zeitschrift für Soziologie und Sozialpsychologie. Opladen: Westdeutscher Verlag, 277-305.
Gerhards, Jürgen/Offerhaus, Anke/Roose, Jochen, 2007: Die öffentliche Zuschreibung von Verantwortung. Zur Entwicklung eines inhaltsanalytischen Instrumentariums, in: Kölner Zeitschrift für Soziologie und Sozialpsychologie 59 (1), 105-124.
Gerhards, Jürgen/Rucht, Dieter, 1992: Mesomobilization: Organizing and Framing in Two Protest Campaigns in West Germany, in: American Journal of Sociology 98, 555-595.
Gerhards, Jürgen/Schäfer, Mike Steffen, 2006: Die Herstellung einer öffentlichen Hegemonie. Humangenomforschung in der deutschen und US-amerikanischen Presse. Wiesbaden: VS Verlag für Sozialwissenschaften.
Glazer, Amihai/Segendorff, Bjorn, 2005: Credit Claiming, in: Economics of Governance 6, 125-137.

Gramberger, Marc R., 1997: Die Öffentlichkeitsarbeit der Europäischen Kommission 1952-1996. PR zur Legitimation von Integration. Baden-Baden: Nomos.

Gramberger, Marc R./Lehmann, Ingrid, 1995: UN und EU: Machtlos im Kreuzfeuer der Kritik, in: Publizistik 40, 186-204.

Hayes-Renshaw, Fiona/Wallace, Helen, 1997: The Council of Ministers. London/Basingstoke: Macmillan.

Hoesch, Kirsten, 2003: Kontinuität und Wandel in der Kommunikationsstrategie der EU-Kommission. Osnabrück: Der Andere Verlag.

Hood, Christopher, 2002: The Risk Game and the Blame Game, in: Government and Opposition 37, 15-37.

Hood, Christopher/Rothstein, Henry, 2001: Risk Regulation Under Pressure: Problem Solving or Blame Shifting?, in: Administration & Society 33, 21-53.

Iyengar, Shanto, 1991: Is Anyone Responsible? How Television Frames Political Issues. Chicago/London: The University of Chicago Press.

Jachtenfuchs, Markus/Kohler-Koch, Beate, 1996: Einleitung: Regieren im dynamischen Mehrebenensystem, in: *Jachtenfuchs, Markus/Kohler-Koch, Beate* (Hrsg.), Europäische Integration. Opladen: Leske + Budrich, 15-44.

Kantner, Cathleen, 2004: Kein modernes Babel. Kommunikative Voraussetzungen europäischer Öffentlichkeit. Wiesbaden: VS Verlag für Sozialwissenschaften.

Knight, Graham/MacNeill, Margaret/Donnelly, Peter, 2005: The Disappointment Games: Narratives of Olympic Failure in Canada and New Zealand, in: International Review for the Sociology of Sport 40, 25-51.

Koopmans, Ruud/Erbe, Jessica, 2004: Towards a European Public Sphere? Vertical and Horizontal Dimensions of Europeanised Political Communication, in: Innovation 17, 97-118.

Koopmans, Ruud/Pfetsch, Barbara, 2006: Obstacles or Motors of Europeanization? German Media and the Transnationalization of Public Debate, in: Communications 31, 115-138.

Machill, Marcel/Beiler, Markus/Fischer, Corinna, 2006: Europe-Topics in Europe's Media. The Debate about the European Public Sphere: A Meta-Analysis of Media Content Analyses, in: European Journal of Communication 21, 57-88.

Meyer, Christoph O., 2002: Europäische Öffentlichkeit als Kontrollsphäre: Die Europäische Kommission, die Medien und politische Verantwortung. Berlin: Vistas.

Meyer, Christoph O., 2005: The Europeanization of Media Discourse: A Study of Quality Press Coverage of Economic Policy Co-ordination since Amsterdam, in: Journal of Common Market Studies 43, 121-148.

Möller, Jens, 1993: Attributionen in den Massenmedien. Zum Einfluss nationaler Gruppenzugehörigkeit, Gruppengröße und Geschlecht auf spontane Ursachenzuschreibungen. Bonn: Holos-Verlag.

Neidhardt, Friedhelm, 2006: Europäische Öffentlichkeit als Prozess. Herausforderungen für die Theorie, in: *Langenbucher, Wolfgang R./Latzer, Michael* (Hrsg.), Europäische Öffentlichkeit und medialer Wandel. Eine transdisziplinäre Perspektive. Wiesbaden: Verlag für Sozialwissenschaften, 46-61.

Neidhardt, Friedhelm/Koopmans, Ruud/Pfetsch, Barbara, 2000: Konstitutionsbedingungen politischer Öffentlichkeit: Der Fall Europa, in: *Klingemann, Hans-Dieter/Neidhardt, Friedhelm* (Hrsg.), Zur Zukunft der Demokratie. Herausforderungen im Zeitalter der Globalisierung. WZB-Jahrbuch 2000. Berlin: edition sigma, 263-293.

Norris, Pippa, 2000: A Virtuous Circle: Political Communications in Postindustrial Societies. Cambridge: Cambridge University Press.

Offerhaus, Anke, 2002: Die Wahrnehmung der Europäischen Union und ihrer Mitgliedsstaaten in der deutschen Tagesberichterstattung. Eine empirische Untersuchung zur Beschreibung der Ausbildung einer Europäischen Öffentlichkeit. Leipzig: Magisterarbeit am Institut für Kulturwissenschaften der Universität Leipzig (unveröffentlicht).

Offerhaus, Anke, 2008: Die Professionalisierung des EU-Journalismus. Freie Universität Berlin: Univ.-Diss., in Vorbereitung.

Peter, Jochen, 2002: Formale und inhaltliche Charakteristiken der alltäglichen Fernsehberichterstattung über die Europäische Union – eine Inhaltsanalyse in fünf Mitgliedstaaten. in: *Hagen, Lutz M.* (Hrsg.), Europäische Union und mediale Öffentlichkeit. Theoretische Perspektiven und empirische Befunde zur Rolle der Medien im europäischen Einigungsprozess. Köln: von Halem, 146-161.

Peter, Jochen/de Vreese, C. H., 2004: In Search of Europe. A Cross-National Comparative Study of the European Union in National Television News, in: Press/Politics 9, 3-24.

Peters, Hans Peter/Heinrichs, Harald, 2005: Öffentliche Kommunikation über Klimawandel und Sturmflutrisiken. Bedeutungskonstruktion durch Experten, Journalisten und Bürger. Jülich: Forschungszentrum Jülich.

Peterson, John/Bomberg, Elizabeth, 1999: Decision-Making in the European Union. Basingstoke/London: Macmillan.

Pfetsch, Barbara, 2004: The Voice of the Media in the European Public Sphere: Comparative Analysis of Newspaper Editorials. Integrated Report WP3: Europub.com.

Pfetsch, Barbara/Adam, Silke/Eschner, Barbara, 2008: The Contribution of the Press to Europeanization of Public Debates. A Comparative Study of Issue Salience and Conflict Lines of European Integration, in: Journalism 9 (4), 465-492.

Popkin, Samuel L., 1991: The Reasoning Voter. Chicago/London: University of Chicago Press.

Reese, Stephen D., 2007: The Framing Project: A Bridging Model for Media Research Revisited, in: Journal of Communication 57, 148-154.

Reese, Stephen D./Gandy, Oscar H./Grant, August E., 2001: Framing public life. Mahwah, NJ: Erlbaum.

Risse, Thomas, 2002: Zur Debatte um die (Nicht-)Existenz einer europäischen Öffentlichkeit, in: Berliner Debatte Initial: Sozial- und geisteswissenschaftliches Journal, 13, 15-23.

Scheufele, Dietram A., 1999: Framing as a Theory of Media Effects, in: Journal of Communication 14, 103-122.

Scheufele, Bertram, 2005: Mediale Legitimierung von Kriegen durch Rollen-Zuschreibung. Eine explorative Studie zur Berichterstattung deutscher Nachrichtenmagazine über den Kosovo-Krieg, in: Medien & Kommunikationswissenschaft 53, 352-368.

Scheufele, Bertram/Brosius, Hans-Bernd, 1999: The frame remains the same? Stabilität und Kontinuität journalistischer Selektionskriterien am Beispiel der Berichterstattung über Anschläge auf Ausländer und Asylbewerber, in: Rundfunk und Fernsehen 47, 409-432.

Schumpeter, Joseph A., 1950 [1942]: Capitalism, Socialism and Democracy (Kapitalismus, Sozialismus und Demokratie). Bern: Francke

Sievert, Holger, 1998: Europäischer Journalismus. Theorie und Empirie aktueller Medienkommunikation in der Europäischen Union. Wiesbaden: Westdeutscher Verlag.

Snow, David A. et al., 1986: Frame Alignment Processes, Micromobilization and Movement Participation, in: American Sociological Review 51, 464-481.

Snow, David A./Benford, Robert D., 1988: Ideology, Frame Resonance and Participant Mobilization, in: *Klandermans, Bert* et al. (Hrsg.), From Structure to Action: Comparing Social Movement Across Cultures. London: Jai Press, 197-218.

Stiehler, Hans-Jörg, 2000: Nach der Wahl ist vor der Wahl: Interpretationen als Gegenstand der Medienforschung, in: *Bohrmann, Hans* et al. (Hrsg.), Wahlen und Politikvermittlung durch Massenmedien. Wiesbaden: Westdeutscher Verlag, 105-120.

Stiehler, Hans-Jörg/Marr, Mirko, 1995: Zwei Fehler sind gemacht worden, und deshalb sind wir nicht mehr im Wettbewerb. Erklärungsmuster der Medien und des Publikums in der Kommentierung des Scheiterns der deutschen Nationalmannschaft bei der Fußball-Weltmeisterschaft 1994, in: Rundfunk und Fernsehen 43, 330-349.

Stiehler, Hans-Jörg/Marr, Mirko, 1996: Totgesagte leben länger: Erklärungsmuster der Medien und des Publikums zum Abschneiden der PDS bei den Kommunalwahlen in Leipzig 1994, in: *Holtz-Bacha, Christina/Kaid, Lynda Lee* (Hrsg.), Wahlen und Wahlkampf in den Medien: Untersuchungen aus dem Wahljahr 1994. Opladen: Westdeutscher Verlag, 119-149.

Tennert, Falk/Stiehler, Hans-Jörg, 2001: Interpretationsgefechte. Ursachenzuschreibungen an Wahlabenden im Fernsehen. Leipzig: Leipziger Universitäts-Verlag.

Tenscher, Jens, 2000: Politikbermittlungsexperten. Die Schaltzentralen politischer Kommunikation, in: Forschungsjournal Neue Soziale Bewegungen 13, 7-16.
Treib, Oliver, 2003: Die Umsetzung von EU-Richtlinien im Zeichen der Parteipolitik: Eine akteurszentrierte Antwort auf die Misfit-These, in: Politische Vierteljahresschrift 44, 506-528.
Trenz, Hans-Jörg, 2005: Die mediale Ordnung des politischen Europas: Formen und Dynamiken der Europäisierung politischer Kommunikation in der Qualitätspresse, in: Zeitschrift für Soziologie 34, 188-206.
Trenz, Hans-Jörg, 2005a: Europa in den Medien. Die europäische Integration im Spiegel nationaler Öffentlichkeit. Frankfurt a. M.: Campus.
van de Steeg, Marianne, 2005: The Public Sphere in the European Union. A Media Analysis of the Public Discourse on EU Enlargement and on the Haider Case. Department of Political and Social Science. Florence: European University Institute.
van de Steeg, Marianne, 2006: Does a Public Sphere Exist in the European Union? An Analysis of the Content of the Debate on the Haider Case, in: European Journal of Political Research 45, 609-634
Wallace, Helen, 1996: The Institutions of the EU: Experience and Experiments, in: *Wallace, Helen/ Wallace, William* (Hrsg.), Policy-Making in the European Union. Oxford: Oxford University Press, 37-68.
Weaver, Kent R., 1986: The Politics of Blame Avoidance, in: Journal of Public Policy 6, 371-398.
Weßler, Hartmut, 1999: Öffentlichkeit als Prozess. Deutungsstrukturen und Deutungswandel in der deutschen Drogenberichterstattung. Opladen: Westdeutscher Verlag.
Wimmel, Andreas, 2004: Transnationale Diskurse. Zur Analyse politischer Kommunikation in der europäischen Medienöffentlichkeit, in: Zeitschrift für internationale Beziehungen 11, 7-25.
Wimmel, Andreas, 2005: Transnationale Diskurse in der europäischen Medienöffentlichkeit. Die Debatte zum EU-Beitritt der Türkei, in: Politische Vierteljahresschrift 46, 459-483.

Europa als Konflikt in nationalen Medien –
Zur Politisierung der Positionen in der Integrationsdebatte

Silke Adam / Barbara Pfetsch

1. Einleitung

In regelmäßigen Abständen demonstrieren nationalstaatliche Referenden über Europa, dass öffentliche Auseinandersetzungen die politischen Grundlagen der EU erneut und immer wieder erschüttern können. Die Abstimmungen in einzelnen Mitgliedsländern – wie zuletzt über die Europäische Verfassung oder den Lissabon-Vertrag – manifestieren deutlich, dass Europa weit davon entfernt ist, ein Konsensthema zu sein. Vielmehr verbinden sich mit Europa, der EU und der Europäischen Integration in den meisten nationalen Öffentlichkeiten tiefgreifende Konflikte. Politische Konflikte werden – wenn sie sich auf die nationale Politik beziehen – in den Massenmedien ausgetragen. Als Forum und Format von Öffentlichkeit strukturieren die Medien diese Debatten, indem sie zeigen, welche Konfliktlinien relevant sind und welche Positionen Resonanz erzeugen (Gerhards 1993a). Massenmedien verhelfen bestimmten Akteuren und Positionen zu Prominenz und nehmen auch selbst Stellung zu politischen Themen. Dadurch können sie die Deutung, aber auch die Politisierung von Konfliktpotenzialen befördern. Diese Rolle von Medien ist gerade in Bezug auf Europa und die Europäischen Integration bestritten worden. So wird im Zusammenhang mit der Diskussion um das Demokratiedefizit der EU argumentiert, dass die Medien viel zu wenig auf europäische Themen und Konflikte einsteigen und stattdessen die europäische Politik allenfalls aus einer nationalen Perspektive heraus „domestizieren", was im häufig zitierten Fehlen einer europäischen Öffentlichkeit mündet.

Die sozialwissenschaftliche Europaforschung in Deutschland scheint über die Wünschbarkeit einer europäischen Öffentlichkeit nicht kontrovers. Ausgehend von der Prämisse, dass eine solche europäische Öffentlichkeit aber allenfalls durch die Öffnung von Debatten und die kommunikative Vernetzungen nationaler Öffentlichkeiten entstehen kann (Koopmans/Erbe 2004), wurden die Massenmedien darauf hin vermessen, inwieweit die Entwicklung von solchen europäisierten Öffentlichkeiten in unterschiedlichen Ländern fortgeschritten ist und wovon dies abhängt. Über diese Diskussion hinweg hat die Forschung lange Zeit vernachlässigt, zu analysieren, wie und mit welchen Argumenten eigentlich über Europa debattiert wird. Allenfalls Studien, die das Framing europäischer Themen in den Blick nehmen (u. a. Diez-Medrano 2004; Risse/van de Steeg 2003; de Vreese 2004) und Untersuchungen zur Bewertung der EU in den Medien (u. a. de Vreese/Boomgaarden 2006) greifen dies auf. Neuere Arbeiten beleuchten die Inhalte und Argumente des medialen Diskurses über Europa (Wessler et al. 2008), wenn sie zeigen, welche Akteure von europäischen Themen profitieren und welche Position dabei vertreten werden (Koopmans 2007), wie kommunikative Interaktionen Europa vernetzen und welche Diskurskoalitionen dabei entstehen (Adam 2007).

Die bisherige Forschung über europäische Öffentlichkeit hat auch eine Reihe von Faktoren identifiziert, die die Europäisierung nationaler Öffentlichkeiten verstehen helfen. Wir wissen z. B., dass die Qualitätszeitungen und die öffentlich-rechtlichen Fernsehprogramme eine besondere Offenheit gegenüber Europa aufweisen, während der Boulevard und die privaten Rundfunkanstalten stärker auf den Nationalstaat fokussieren (Kevin 2003; Peter/de Vreese 2004; Peter et al. 2004). Schließlich kann auch als gesichert gelten, dass eine Verlagerung der politischen Kompetenzen auf die europäische Ebene dazu führt, dass in diesen Politikfeldern europäisierte Debatten entstehen (Koopmans/Erbe 2004). Darüber hinaus entpuppten sich Hochphasen europäischer Politik (z. B. Gipfeltreffen) und Konfliktzeiten als Beförderer einer Europäisierung (de Vreese 2003; Peter/de Vreese 2004; Berkel 2006).

Jenseits dieser Bedingungen, die eine Europäisierung von Debatten befördern, kann man aber auch zeigen, dass die Interpretation der EU-Politik in nationalen, medialen Debatten trotz gemeinsamer Entscheidungen in Brüssel wieder in Konflikte aufgelöst wird. Spätestens wenn es um die moralischen Bewertungen bzw. die politische Folgeeinschätzung geht, dominieren nationale Rahmungen die massenmedialen Debatten (Trenz 2000: 347). Gerhards et al. (in diesem Band) können zeigen, dass in den nationalen Medien die EU vor allem für Defizite, die im nationalen Kontext auftreten, verantwortlich gemacht werden. Diese „domestic adaptation with national colors" (Risse et al. 2001: 1) verläuft nicht notwendigerweise als konsensueller Prozess, sondern berührt die bestehenden politischen Konfliktstrukturen. Daher stellt sich die Frage, wie nationale Bedingungen die Europarezeption prägen und damit nationale Konflikträume ausbilden. Fortschritte auf der Suche nach europäischer Öffentlichkeit lassen sich also dann erwarten, wenn man sich nicht nur den Gemeinsamkeiten in Debatten zuwendet, sondern auch versteht, wann und warum sich Debatten trotz gemeinsamer europäischer Politik in nationalstaatlichen Öffentlichkeiten unterscheiden.[1] Im Umkehrschluss lässt sich so auch die Konvergenz von nationalen Debatten zwischen den Ländern verstehen. Erste Faktoren, die unterschiedliche Wahrnehmungen von Europa in nationalen Öffentlichkeiten erklären, wurden dabei von der Forschung identifiziert. So erwiesen sich nicht nur die politischen und medialen Strukturen eines Landes als relevant, sondern auch die Konfliktkonstellation zwischen politischen Eliten, Bevölkerung und mobilisierungsfähigen Außenseiter-Akteuren zu einem bestimmten Thema, die Policy Traditionen (Adam 2007) und die Zufriedenheit der Bevölkerung mit der EU-Mitgliedschaft (Peter/de Vreese 2004).

Unser Beitrag knüpft an diejenigen Studien an, die die Inhalte europäischer Debatten in den Mittelpunkt stellen. Ausgehend von der Einsicht, dass Europa in den nationalen Öffentlichkeiten nach wie vor ein (mehr oder weniger) umstrittenes politisches Projekt ist, untersuchen wir die Konfliktstrukturen europäischer Öffentlichkeit und wollen soweit wie möglich auch erklären, welche Faktoren die öffentlich ausgetragenen Konflikte und deren Politisierung beeinflussen. Wir fragen, ob und in welchem Aus-

---

[1] Ähnliches fordert Gerhards (2000: 302), wenn er schreibt: „Das Ausmaß der Berichterstattung über Europa und die Meinungsbildung zu Europa wird in den verschiedenen nationalen Öffentlichkeiten recht unterschiedlich sein. Über Varianzen in der abhängigen Variablen [...] ließen sich auch mögliche Ursachenfaktoren genauer bestimmen – Herausforderungen für zukünftige Forschungen."

maß die nationalen Massenmedien eine europabezogene Konfliktlinie hervorheben und welche Akteure sich mit welchem Erfolg auf dieser Konfliktlinie öffentlich positionieren (um beispielsweise politisches Kapital daraus zu schlagen). Wir fragen dann, aufgrund welcher Bedingungen sich die nationalen Debatten trotz gemeinsamer europäischer Politik in Brüssel zwischen den Ländern unterscheiden. Dazu analysieren wir die „patterns of contestation" (Marks 2004: 235) in der medialen Europarezeption und ihre Bedingungen. Empirische Grundlage unseres Beitrages ist eine Analyse der sog. „Claims" in massenmedialen themenspezifischen Debatten, die einen Europabezug aufweisen. Die Analyse von 14 Zeitungen aus sieben westeuropäischen Ländern – nämlich Deutschland, Frankreich, Großbritannien, Italien, die Niederlande, die Schweiz und Spanien – in den Jahren 2000-2002 gilt der Bedeutung der europapolitischen Konfliktlinien und den entstehenden nationalen Konflikträumen, in denen sich der Erfolg und die Positionierung einzelner Sprecher widerspiegeln.

2. Integration vs. Abgrenzung als Konfliktlinie in der europäischen Öffentlichkeit

2.1 Europäische Öffentlichkeit

Unsere Analyse von Konfliktstrukturen in der Auseinandersetzung über Europa knüpft unmittelbar an die Debatte über die Herausbildung einer europäischen Öffentlichkeit an. Es steht außer Zweifel, dass die nationalen Medien die zentralen Foren sind, in denen sich die Europäisierung von Öffentlichkeit manifestiert. Sprachbarrieren des Publikums (Kielmansegg 1994: 27 f.; Grimm 1995: 294) und Sprecher, die sich in nationalen Räumen legitimieren müssen (Gerhards 2000: 292), behindern die Entwicklung einer gesamteuropäischen medialen Infrastruktur (Scharpf 1998: 232). Statt von einer gemeinsamen europäischen Öffentlichkeit ist inzwischen von einer Europäisierung der mittlerweile 27 nationalen Öffentlichkeiten in der Europäischen Union die Rede. Zwei Positionen konkurrieren in ihrer Sichtweise, wie sich trotz nationaler Grenzen eine europäische Öffentlichkeit herausbildet: Eder und Kantner (2000: 306) verstehen unter Europäisierung die Synchronisierung von Debatten in Europa, d. h. dass in den verschiedenen Ländern die gleichen Themen zur gleichen Zeit unter gleichen Relevanzgesichtspunkten debattiert werden (Eder/Kantner 2000: 306, 2002: 80). Andere Forscher argumentieren, dass ein geteiltes Bedeutungssystem noch lange keine gemeinsame Öffentlichkeit beschreibt. Sie machen die „kommunikative Vernetzung" von Debatten in Europa zum zentralen Kriterium für Europäisierung (Koopmans/Erbe 2004; van de Steeg 2005). Kommunikative Vernetzung bedeutet, dass „sich die intakt bleibenden Kommunikationskreisläufe der nationalen Arenen füreinander öffnen [und damit Europa] in die miteinander vernetzten nationalen Arenen Eingang finde[t]" (Habermas 2001: 120). Die Voraussetzung für diese Art von Europäisierung sind die Sichtbarkeit europäischer Themen und Akteure sowie grenzüberschreitende Interaktionen und Koalitionen (u. a. Koopmans/Erbe 2004; Adam 2007). Übersetzt man diese Ansätze in ein empirisches Forschungsprogramm, dann reicht es nicht aus, wenn in nationalen Medien das Vorkommen des Begriffes Europa gezählt und von diesem Indikator der Sichtbarkeit des Europabegriffes auf den Europäisierungsgrad geschlossen wird. Vielmehr erscheint es nötig, politische Debatten in Massenmedien auf ihre Argumente und Interpretationsmuster hin zu untersuchen und dabei die horizontalen und vertikalen Bezüge auf Europa zu analysieren. Erst dieses Vorgehen erlaubt es, das Ausmaß und die Art der Öffnung für Europa von nationalen Öffentlichkeiten zu bestimmen und transnationale Kommunikationsstrukturen zu identifizieren (vgl. Pfetsch 2008).

2.2 Neue Konfliktlinie infolge der Europäisierung

Die Forschung über die Europäisierung hat sich lange damit beschäftigt, theoretische und empirische Kriterien für die Öffnung politischer Debatten hin zu europäischen Perspektiven zu formulieren. Dadurch ist die gegenläufige Entwicklung, die genauso zur Europäisierung gehört, ganz aus dem Blick geraten: Die nationalen oder lokalen Medien können europäische Themen auch in der Weise domestizieren (Kunelius/ Sparks 2001: 18), dass sie das Trennende an Europa hervorheben. Gerade die Beobachtung der Auseinandersetzung im Vorfeld der gescheiterten Referenden über die Europapolitik macht deutlich, dass die Europäisierung der Debatte keineswegs zum Konsens über ein gemeinsames Europa führen muss. Ganz im Gegenteil, sie berührt grundlegende gesellschaftliche Konfliktkonstellationen und Ängste der Bürger, die direkt oder indirekt eben auch zum Gegenstand von öffentlichen Debatten über Europa gemacht werden. Wie Kriesi und Grande (2004: 403) argumentieren, kommt es infolge der Entgrenzung des Nationalstaates – sei es die Europäisierung oder die Globalisierung – zu „einer Neustrukturierung der gesellschaftlichen Konfliktpotenziale". An den entgegengesetzten Polen dieser Konfliktlinie entstehen Gewinner und Verlierer in den Nationalstaaten, die mit der Europäisierung auch neue wirtschaftliche, kulturelle – d. h. migrationsbedingte – und politische Konkurrenzen erleben oder befürchten (Kriesi/Grande 2004; Kriesi et al. 2006): Verlierer sind diejenigen, die nicht mobil sind, in traditionell geschützten Sektoren der Wirtschaft beschäftigt sind bzw. keine Berufsqualifikation aufweisen und solche, die sich stark mit ihrer nationalen Gemeinschaft identifizieren und kosmopolitische Entwicklung als eine kulturelle Bedrohung empfinden. Gewinner weisen die gegenteiligen Eigenschaften auf. Diese Differenzierung in nationalen Gesellschaften erzeugt ein Konfliktpotenzial, das einerseits von Befürwortern der Integration und andererseits von Befürwortern der Abgrenzung von Nationalstaaten gegenüber der EU getragen wird.[2]

---

2 Die Frage, in welchem Verhältnis dieses neue Konfliktpotenzial zu bestehenden, traditionellen Konfliktlinien einer Gesellschaft steht (für Überlegungen dazu Steenbergen/Marks 2004; Kriesi et al. 2006), bleibt in dem vorliegenden Beitrag ausgeklammert. Die Forschung zeigt hier, dass traditionelle Konfliktlinien, wie Klasse, Religion, Stadt/Land und Zentrum/Peripherie (Lipset/ Rokkan 1967), sich im Laufe der Jahre gewandelt haben. So gehen beispielsweise Kriesi et al. (2006) davon aus, dass moderne Gesellschaften heute durch einen sozioökonomischen (Klasse) und ein kulturellen Konflikt (Religion) geprägt sind, für die im Zuge der De-nationalisierung ein neuer Interpretationsrahmen vorhanden ist: Kultureller Liberalismus lässt sich mit Integration, ein ethnisches/nationales Verständnis mit Abgrenzung verbinden; eine marktliberale Position geht mit Integration einher, wohingegen eine markt-regulierende Position mit protektionistischen Tendenzen zusammenhängt. Da die EU bis heute primär eine markt-schaffende Institution ist, ist diese Argumentation plausibel. Entwickelt sich die EU jedoch hin zu einer markt-regulierenden Instanz, dann würde die traditionelle Linke nicht mehr eine protektionistische Haltung des Nationalstaates, sondern mehr Integration in der EU fordern. Eine solche

Politische Konfliktlinien sind erst dann wirksam, wenn sie an eine Organisation oder Gruppe gebunden sind und die politischen Wahrnehmungen der Bürger prägen (Bartolini/Mair 1990). Die Artikulation und Vermittlung wie auch die Mobilisierung politischer Konflikte erfolgt über Öffentlichkeit. Öffentlichkeit kann man verstehen als eine Arena, in der Sprecher Konfliktpotenziale artikulieren und Vermittler, meist die Massenmedien, das Konfliktpotenzial für das Publikum sichtbar machen (Neidhardt 1994: 10 f.). Bemerkenswert ist nun, dass die Dynamik und die Inhalte öffentlicher Debatten bisher kaum Gegenstand der Forschung über Konfliktlinien sind.[3] Wenn öffentliche Debatten Gegenstand dieser Forschung werden, dann stehen die nationalen Parteien und deren Programmatik im Zentrum (Kriesi et al. 2006; Statham 2006). So konzentriert sich die Medienanalyse von Kriesi et al. (2006) auf die Frage, wie Parteien die europapolitische Konfliktlinie „Abgrenzung vs. Integration" im Wahlkampf thematisieren. Die Medienanalyse von Statham (2006) untersucht die Haltungen der Parteien und zeigt, dass Parteien an den Rändern des politischen Spektrums und rechte Parteien zunehmend euro-skeptischer Töne propagieren. Durch diese Fokussierung bleiben aber wichtige Akteure der Mobilisierung von Konfliktlinien – wie z. B. zivilgesellschaftliche Akteure oder die Massenmedien selbst – und damit auch die wechselseitige Dynamik der Mobilisierung unbeachtet. Die auf massenmedialen Debatten beruhenden Parteienstudien, werden ergänzt durch Studien, die die Frage nach Abgrenzung vs. Integration für ein Land (Koopmans/Pfetsch 2006) oder international vergleichend in den Kommentaren von Zeitungen analysieren (Pfetsch et al. 2008). Letztere Studie zeigt, dass die Printmedien auf dem europäischen Kontinent, Befürworter vertiefter, supranationaler Integration sind, wohingegen die britische Presse ein zwischenstaatliches und erweitertes Europa propagiert.

2.3 Nationale Bedingungsfaktoren der Konfliktlinie Integration vs. Abgrenzung

Möchte man die Unterschiede – und im Umkehrschluss zugleich auch die Gemeinsamkeiten – in den öffentlichen politischen Auseinandersetzungen über Europa verstehen, dann stellen sich zwei Fragen: Wie stark ist die Konfliktlinie, die zwischen Gewinnern und Verlierern Europas unterscheidet, in den öffentlichen Debatten der europäischen Staaten präsent? Und welche Akteure können dieses Konfliktpotenzial mit welchem Erfolg in der massenmedialen Öffentlichkeit mobilisieren? Um diese Fragen zu beantworten, entwickeln wir im Folgenden Arbeitshypothesen, die wir empirisch untersuchen wollen. Unsere Annahmen beziehen sich auf Länderunterschiede sowie die unterschiedlichen Akteure und ihre Positionen auf der Konfliktlinie über Europa. Im Akteursensemble der öffentlichen Debatte unterscheiden wir zwischen nationalen Akteuren (Massenmedien, Parteien, zivilgesellschaftliche Gruppen), EU-Institutionen und anderen EU-Mitgliedsländern. Im Kontext von öffentlichen Debatten begreifen wir die

---

Vorstellung liegt dem regulatorischen Modell zugrunde (für eine Zusammenfassung Steenbergen/Marks 2004).
3 Auf die Notwendigkeit diese öffentlichen Debatten zu analysieren, weist Kriesi (2005) eindrucksvoll hin. So kann er zeigen, dass die Konfliktlinie Abgrenzung vs. Integration, die in massenmedialen Debatten auftritt, gerade nicht durch die Analyse von Parteiprogrammen zu Tage tritt.

Akteure als Frame-Sponsoren (Gamson/Modigliani 1989; Carragee/Roefs 2004), die es schaffen, ihre Sichtweise in den Massenmedien prominent zu machen und über diese Definitionsmacht eine politische Ressource zu generieren.[4]

Unsere erste Hypothese bezieht sich auf Länderunterschiede in Bezug auf die Existenz und die Intensität der Auseinandersetzung über Europa in den öffentlichen Debatten. Wir vermuten, dass in Ländern, in denen noch nie ein *gesellschaftlicher Konsens* über die Mitgliedschaft in der EU vorhanden war – wie z. B. in Großbritannien und der Schweiz –, die Auseinandersetzung über Europa stärker ausgeprägt ist als in Ländern, deren Bevölkerung die Integrationsbemühungen der Elite im sogenannten permissiven Konsens mitgetragen hat (D, F, NL, It, ES). Die letztere Gruppe lässt sich nochmals untergliedern (Kriesi 2005) in die europa-freundlichen Südeuropäer, die weit überdurchschnittliche Unterstützung für die EU bekunden (It, ES), und die etwas kritischeren Mitteleuropäer (D, F, NL), in denen der permissive Konsens bröckelt und von denen zwei gar die EU-Verfassung in einem Referendum abgelehnt haben. Von der Bevölkerungsseite aus gesehen ist also das Potenzial für eine Auseinandersetzung über Europa in den Ländern am größten, in denen sowohl Integrations-Befürworter als auch Gegner vorhanden sind – und damit die beiden Pole der Konfliktdimension[5] Abgrenzung vs. Integration abgedeckt sind (H1).

Massenmedien treten in politischen Debatten als eigenständige Akteure auf, wenn Sie als Sprecher – wie z. B. in Kommentaren – ihre eigenen Präferenzen und Positionen äußern (vgl. Pfetsch/Adam 2008). Folgt man Wolfsfeld (Wolfsfeld 1997: 69 f.), so lassen sich drei Handlungslogiken der Medien in politischen Debatten beschreiben: Sie können „Diener der Autoritäten" sein, wenn sie den nationalen Eliten folgen; sie werden als „Advokaten der Schwachen" bezeichnet, wenn sie die Stimme zugunsten von Außenseitern oder der Bevölkerung erheben. Beziehen sie eine Mittelposition zwischen Eliten und Bevölkerung, dann können sie als „semi-honest broker" gesehen werden. Wolfsfeld (1997) postuliert, dass die Medien am ehesten die Position der politischen Eliten einnehmen, so dass es zu einer „kumulativen Ungleichheit" in der Öffentlichkeit zu Ungunsten von Bevölkerungsmeinungen und Außenseitern kommt. Gemeint ist damit, dass sie sich eher an den Sichtweisen der Regierung und Mehrheitsparteien orientieren. Dies ist auch die Kernaussage von Bennett (1990), der in seinen Studien über außen- und sicherheitspolitische Themen zeigt, dass die Medien sich die Sichtweise der Regierung zu eigen machen. Wenn wir diese Annahme auf die Rolle der Medien in europäisierten Debatten übertragen, so lässt sich vermuten, dass Medien sich mit ihrer eigenen Stimme an den nationalen Eliten orientieren (H2). Findet sich ein Konsens innerhalb der Eliten, wird sich dies auch in den Medien widerspiegeln. Ist jedoch Dissens vorherrschend, ist es wahrscheinlicher, dass die Medien sich entweder dem ihnen

---

[4] Eine solche Forschungsperspektive stellt medienexterne Faktoren als Gestalter öffentlicher Debatten in den Mittelpunkt. Dies impliziert jedoch nicht, dass medieninterne Faktoren keine Bedeutung für massenmediale Debatten hätten. Da jedoch keine Studie alle Faktoren miteinbeziehen kann (Shoemaker/Reese 1996: 271), soll hier diese Verkürzung vorgenommen werden.

[5] So schließt auch Kriesi aus seinen Ergebnissen (Kriesi 2005), dass euroskeptische Mobilisierung vor allem dort stattfindet, wo die öffentliche Meinung gegenüber der EU schon immer kritisch war.

nahe stehenden politischen Lager anschließen, was unter dem Stichwort press-party parallelism firmiert (Seymour-Ure 1974) oder aber als „semi-honest broker" agieren.

Auf die Parteien als Sprecher in der Öffentlichkeit bezieht sich unsere dritte Hypothese. Wir erwarten in Ländern, in denen EU-kritische Parteien oder Parteien mit Anti-EU-Programmen auftreten, eine deutlich stärkere Auseinandersetzung über Europa in den Massenmedien (H3a) als in Ländern, in denen es solche Parteien nicht gibt. Bisherige Forschungen haben gezeigt, dass Anti-EU Parteien (H3b) an den Rändern des Parteienspektrums[6] positioniert sind (Hooghe/Marks 2002). Darüber hinaus jedoch finden sich auch konservative Parteien in Europa mit Anti-EU Programm, die auf der kulturellen bzw. „neuen" Politikdimension eine Nähe zu traditionellen Werten, autoritären Strukturen und nationalistischen Ideen aufweisen (siehe zur Bedeutung dieser TAN-Orientierung Hooghe/Marks 2002: 981 f.). In Ländern, die keine Anti-EU-Parteien aufweisen, könnte sich der Integration vs. Abgrenzungskonflikt innerhalb der großen Parteien zeigen. Allerdings zeigen Kriesi et al. (2006: 927 f.), dass die „mainstream"-Parteien ein Programm für die Gewinner der Transnationalisierung formulieren. Während sich für radikale und konservative Parteien mit einer TAN-Orientierung eine Abgrenzungsposition in den Massenmedien vermuten lässt, können wir annehmen, dass die großen Mitte-Links und Mitte-Rechts Parteien die Integration unterstützen. EU-kritische Parteien[7] finden sich nach diesen Kriterien im rechten Lager in Großbritannien (Conservatives), in Frankreich (Front National, Mouvement pour la France, Rassemblement pour la France), in Italien (Lega Nord, Alleanza national, Forza Italia, Casa delle Libertá), in der Schweiz (Schweizerische Volkspartei) und in den Niederlanden (Lijst Pim Fortyn). Deutschland weist eine konservative Partei mit einer TAN-Orientierung auf: die CSU. Da die CSU jedoch lediglich eine Regionalpartei in Bayern ist und zugleich auch noch Schwesterpartei der großen konservativen Partei (CDU), kommt ihr weit weniger stark die Befürworterrolle für die Abgrenzungsposition zu. Auch am linken Rand sind einige Parteien in Europa vorhanden, von denen EU-kritische, gegen eine Marktliberalisierung gerichtete Stimmen ausgehen könnten, so z. B. in Frankreich die „Parti communiste" und das „Mouvement de Citoyens" oder in Deutschland „Die Linke".

Von all den Sprechern in der Öffentlichkeit haben die zivilgesellschaftlichen Gruppen,[8] die in der Regel eine Außenseiterrolle einnehmen, die größten Probleme, in öffentlichen Debatten gehört zu werden (Kriesi 2003; Pfetsch 2004). Dies gilt auch für ihre Präsenz als Sprecher in der europäischen Öffentlichkeit. So zeigt Koopmans (2007), dass zivilgesellschaftliche Akteure sehr schwach in europäischen Debatten repräsentiert sind und sich allenfalls in spezifischen Politikfeldern wie der Landwirtschaftspolitik in öffentlichen europäischen Debatten einmischen. Folglich vermuten wir in Bezug auf die Konfliktlinie „Integration vs. Abgrenzung", dass zivilgesellschaftliche

---

6 Dies wird in einer U-förmigen Verteilungskurve, das das Verhältnis zwischen rechts-links Positionierung und Unterstützung für die EU-Integration beschreibt, deutlich (Hooghe/Marks 2002: 968 f.).
7 Bei dieser Übersicht über EU-kritische Parteien beziehen wir uns nur auf diejenigen Länder, die wir im empirischen Teil untersuchen.
8 Wir gehen hier von einer breiten Definition von Zivilgesellschaft aus, die nicht nur Bewegungsakteure, sondern alle Akteure ohne institutionalisierten Zugang zum politischen Prozess beinhaltete – also z. B. auch Firmen oder Gewerkschaften.

Gruppen die Konfliktlinie nur schwach prägen und dabei unterschiedliche Positionen vertreten, je nachdem welche Interessen sie repräsentieren (H4). So ist zu erwarten, dass beispielsweise Firmen, als traditionelle Verfechter eines liberalen Europas, eher als Integrationsbefürworter in den Medien präsent sind, wohingegen Gewerkschaften häufiger mit protektionistischen Argumenten zu Wort kommen dürften.

Nationale Akteure wie Medien, Parteien und zivilgesellschaftliche Gruppen prägen die öffentliche Debatte, wenn es um europäische Themen geht, nicht mehr alleine. Vielmehr werden die Positionen europäischer Institutionen und mitglieds- bzw. beitrittsstaatlicher Akteure sichtbar. Vor allem die *EU-Institutionen* (H5) haben sich in der bisherigen Forschung als diejenigen Akteure herauskristallisiert, die der Domestizierung der Diskurse am deutlichsten widerstehen können und deshalb zur Transnationalisierung und Vereinheitlichung der Debatten beitragen. In diesem Sinne vermuten wir, dass die EU-Institutionen sich in allen Ländern als klare Befürworter der Integration entpuppen.

Dagegen ist für die Rolle anderer EU-Mitglieds- und Beitrittsstaaten zu vermuten, dass sie vor allem dann in den nationalen Medien zu Wort kommen, wenn sie ähnliche Problem- und Interessendefinitionen wie die nationalen Akteure aufweisen (Adam 2007). Die Analysen müssen zeigen, ob sich dieses Ergebnis auch bezüglich der Konfliktdimension Abgrenzung vs. Integration replizieren lässt. Wäre dies der Fall, dann ließe sich erwarten, dass der Euro-Skeptizismus von Ländern wie Großbritannien und der Schweiz (oder temporär kritischer Länder wie Österreich) in den Ländern besonders aufgegriffen wird, in denen euroskeptische Positionen an sich virulent sind. Traditionelle Integrationsbefürworter – wie Deutschland oder Frankreich – hätten es laut dieser These leichter, ihre Stimme in solchen Ländern zu erheben, die der Integration positiv gegenüberstehen (H6).

3. Datengrundlage und Vorgehensweise bei der empirischen Untersuchung

Um die Bedeutung der Konfliktlinie „Abgrenzung vs. Integration" in europäisierten Debatten der nationalen Medien zu analysieren und aufzuzeigen, wer mit welchem Erfolg welche Positionen vertritt, greifen wir auf Daten aus dem europäischen Projekt „Europub.com"[9] zurück. In dieser Studie wurden Qualitätszeitungen in sieben Ländern – Deutschland, Frankreich, Großbritannien, Italien, den Niederlanden, der Schweiz und Spanien – daraufhin untersucht, welche Argumentationsstruktur in den Debatten verschiedener Politikfelder vorherrscht und in welchem Umfang diese als europäisiert gelten können. Für den Zeitraum von 2000 bis 2002 wurden pro Land eine linke und eine rechte Qualitätszeitung analysiert (siehe dazu *Appendix A1*). Die Printmedien sind Gegenstand der Analyse, weil sie als politische Leitmedien gelten und der Ort sind, an dem die Nationalstaaten – wenn überhaupt – über Europa diskutieren. Wenn also die Konfliktdimension „Abgrenzung vs. Integration" in diesen Medien keine Rolle spielt, dann tut sie dies mit großer Wahrscheinlichkeit auch anderswo nicht. Wenn die De-

---

9 Detaillierte Information bezüglich dieses Projekts, das von der EU-Kommission finanziert und von Ruud Koopmans geleitet wurde (Projektnummer HPSE-CT2000-00046), findet sich unter http://europub.wz-berlin.de und bei Koopmans und Statham (2002).

batten in diesen Medien den Konflikt zwischen Gewinnern und Verlierern der Europäischen Integration thematisieren, dann lässt sich dies zwar nicht für alle Medien verallgemeinern. Die Analyse zeigt aber an, in welchen Ländern und von welchen Akteuren das neue Konfliktpotenzial aufgegriffen wird. Um die Kodierung von Medien über einen Untersuchungszeitraum von drei Jahren handhabbar zu machen, wurde der Politik- und Wirtschaftsteil jeder Zeitung einmal pro Woche ausgewählt. Dabei wurde beachtet, dass die zwei Zeitungen eines Landes an unterschiedlichen Tagen einer Woche und an im Jahresverlauf rotierenden Wochentagen analysiert wurden.[10]

Codiereinheit der Inhaltsanalyse sind so genannte „Claims" (Koopmans/Statham 1999). Ein Claim ist eine strategische Handlung, mit der ein Sprecher seiner Meinung öffentlich Ausdruck verleiht. Sprecher können alle gesellschaftlichen und politischen Akteure sein, aber auch Journalisten. Letztere werden als eigenständige Akteure verschlüsselt, wenn Sie wie z. B. in Kommentaren auf eigene Rechnung sprechen. Strategische Handlungen beziehen sich auf verbale Äußerungen oder auf andere Anlässe der Meinungsäußerung, wie z. B. auf Gerichtsentscheidungen oder Demonstrationen. Wichtig ist, dass ein Claim auch die Akteurskonstellationen erfasst. Innerhalb eines Claims weisen Sprecher Adressaten Verantwortlichkeit, Unterstützung und Kritik zu. Sie tun dies innerhalb eines bestimmten Themas, nutzen dabei bestimmte Aktionsformen, definieren, wer die Folgen der Forderung zu tragen hätte und positionieren sich möglicherweise auf der Konfliktdimension Abgrenzung vs. Integration (vgl. die Codebücher Adam et al. 2002; Koopmans 2002).

In der Studie wurden alle Artikel, die sich mit den Themen Währung, Landwirtschaft, Immigration, der Entsendung von Truppen oder der EU-Integration selbst beschäftigen, ausgewählt und auf ihre Argumentationsstruktur hin verschlüsselt. Grundlage der vorliegenden Analyse sind diejenigen Claims innerhalb dieser Artikel, die einen europäischen Themenbezug aufweisen (für eine vergleichbare Vorgehensweise siehe Statham 2006). Nur bei solchen Claims scheint es gerechtfertigt, zu fragen, ob und wie die Konfliktdimension Abgrenzung vs. Integration sichtbar wird. Im gesamten basiert diese Studie damit auf 10509 Claims mit einem europäischen Themenbezug, wovon 4357 eine klare Positionierung bezüglich der Konfliktdimension Abgrenzung vs. Integration aufweisen. Die meisten dieser Positionierungen finden sich, wenn es um die EU-Integration an sich geht (n=3036). Da in diesem Aufsatz der Unterschied zwischen den Ländern und die Positionierung einzelner Akteure im Vordergrund stehen, wird darauf verzichtet, die Berichterstattung der beiden Qualitätszeitungen getrennt zu analysieren (zu einer vergleichbaren Vorgehensweise siehe Ferree et al. 2002; Adam 2007). Wenn die untersuchten Zeitungen aber als Sprecher mit eigenen Meinungen auftreten, dann wird jedes Medium als eigenständiger Framesponsor betrachtet.

Um die Konfliktdimension Abgrenzung vs. Integration zu operationalisieren, greifen wir auf eine Variable zurück, mit der verschlüsselt wurde, ob ein Sprecher innerhalb eines Claims mehr oder weniger Rechte und Ressourcen für die EU fordert. Wenn ein Sprecher also eindeutig für die EU Partei ergreift und mehr Rechte und Ressourcen für die EU bezüglich eines hier thematisierten Aspektes fordert, gilt er als Inte-

---

10 Die Kommentarstichprobe im Projekt war engmaschiger. Da hier jedoch die Claims aus der Berichterstattung und der Kommentierung direkt miteinander verglichen werden sollen, wurden die Daten der Kommentarstichprobe gewichtet.

grationsunterstützer innerhalb dieses Claims (Codierwert +1). Wenn ein Sprecher indessen die Rechte und Ressourcen bezüglich eines bestimmten Aspektes der EU beschränken möchte, kann er als Abgrenzungsbefürworter gelten (Codierwert −1). Mit Hilfe dieser Variablen lassen sich nicht nur die Bedeutung der Konfliktdimension „Integration versus Abgrenzung" innerhalb eines Landes als Anteil der europäisierten Claims, in denen diese Position angesprochen wird, ausdrücken. Durch die Zuordnung von Positionen zu den jeweiligen Sprechern lässt sich darüber hinaus die Debatte im Sinne der Meinungen der jeweiligen Akteure genau abbilden.

Die Bedeutung der Konfliktlinie „Integration vs. Abgrenzung" wird durch ihre Salienz erfasst. Die Sichtbarkeit des Konfliktes lässt sich als *prozentualer Anteil der klaren Positionierungen* auf dieser Konfliktdimension innerhalb aller Claims mit europäischen Themenbezug ausdrücken. Von einer Konfliktdimension lässt sich jedoch erst dann reden, wenn *verschiedene Standpunkte* zu Wort kommen. Genau dies zeigt eine Mittelwertanalyse an: Liegt der Mittelwert bei 0, dann haben Integrations- und Abgrenzungsbefürworter gleich viel in der Debatte zu sagen; ist er größer als 0, dann dominieren die Integrationsbefürworter; ist er kleiner als 0 dann haben die Integrationsgegner das Sagen. Während bei der Analyse der Sichtbarkeit des Konfliktes alle europäisierten Claims in allen Themenfeldern der Analyse einbezogen werden, stützt sich die Auswertung der Positionierung einzelner Sprecher lediglich auf die Claims, die sich explizit auf die EU-Integration beziehen. Für jeden Sprecher lässt sich ermitteln, ob er in Bezug auf die EU-Integration für mehr oder weniger Rechte der EU votiert. Hierzu werden seine klaren Positionierungen auf dieser Konfliktdimension durch einen Mittelwert zusammengefasst. Um den Erfolg bzw. die *Bedeutung eines jeden Sprechers* in dieser Auseinandersetzung über Europa zu ermitteln, wird der prozentualen Anteil eines jeden Sprechers an allen klaren Positionierungen auf dieser Konfliktdimension betrachtet.

Die Inhaltsanalyse wurde von Muttersprachlern durchgeführt, die vor der Codierung sorgfältig geschult wurden und während der Codierung einer ständigen Aufsicht unterlagen. Die Verantwortlichen der Länderteams standen in ständigem Kontakt, um auftretende Codierprobleme zu lösen. Um die Qualität der Codierung zu testen, wurden zwei Reliabilitätstests durchgeführt: einer für die Kommentar-[11] und einer für die Berichterstattungsanalyse. Getestet wurde die Reliabilität anhand von sieben englischsprachigen Kommentaren und einer kompletten Ausgabe des „Guardian". Die Reliabilität, welche die durchschnittliche Übereinstimmung zwischen den Codierern erfasst, lag – bezogen auf die wichtigsten Variablen der Claimsanalyse – bei den Kommentaren bei 75 Prozent; bei der Berichterstattung bei 87 Prozent. Die Reliabilität für die einzelnen in dieser Analyse verwendeten Variablen ist in den jeweiligen Tabellen und Abbildungen ausgewiesen.

---

11 Kommentare stellen Meinungsäußerungen von Journalisten oder Herausgebern einer Zeitung dar. Sie erscheinen täglich in einem spezifischen Layout. Diese strikten Definitionskriterien erleichtern ihre Identifikation.

4. Ergebnisse

4.1 Die Sichtbarkeit europapolitischer Konfliktlinien in massenmedialen Debatten

Die Salienz europäischer Auseinandersetzung in nationalen Öffentlichkeiten wird durch den prozentualen Anteil klarer Positionierungen auf der Konfliktdimension Abgrenzung vs. Integration innerhalb aller Claims mit europäischen Themenbezug gemessen. Für diese Analyse werden die Claims in allen fünf Politikfeldern,[12] die in der Studie erfasst wurden, berücksichtigt. Die in *Tabelle 1* dokumentierte Verteilung zeigt, dass die europäische Konfliktdimension in allen Ländern Relevanz besitzt. Gleichwohl gibt es beträchtliche Unterschiede zwischen den Ländern. Lediglich 15 Prozent aller europabezogenen Claims in Spanien machen eine klare Positionierung auf dieser Konfliktdimension deutlich, wohingegen es in Frankreich 64 Prozent sind. Grob vereinfacht, lassen sich bezüglich der Sichtbarkeit klarer Positionen auf dieser Konfliktdimension zwei Ländergruppen identifizieren: die mitteleuropäischen Länder Deutschland, Frankreich und die Niederlande zusammen mit dem einzigen Nicht-Mitgliedsland, der Schweiz, diskutieren europabezogene Fragen im Hinblick auf die Konfliktdimension Abgrenzung vs. Integration. Im Gegensatz dazu finden sich in Debatten in den südeuropäischen Ländern (Spanien, Italien) und im EU-kritischsten Mitgliedsland Großbritannien weitaus seltener Referenzen auf diese Konfliktdimension.

Tabelle 1: Sichtbarkeit klarer Positionierungen auf der Konfliktdimension

	Währung		Landwirt-schaft		Immigration		Entsendung Truppen		EU-Integration		Gesamt	
	%	n	%	n	%	n	%	n	%	n	%	n
D	27,1	770	23,5	293	**51,9**	79	**55,8**	52	**56,5**	1534	**44,6**	2729
SP	12,7	292	4,1	169	15,0	80	16,7	18	19,4	674	15,3	1232
F	**49,7**	374	**51,0**	145	**77,1**	48	**82,9**	35	**71,5**	762	**63,9**	1364
IT	15,1	636	10,5	124	25,7	35	21,4	14	37,3	753	25,7	1563
NL	**43,3**	233	**49,5**	107	**57,8**	45	**80,0**	10	**65,4**	560	**57,9**	957
UK	32,8	433	3,4	118	11,0	73	11,8	17	33,9	475	28,4	1116
CH	28,9	256	21,6	74	23,5	102	**52,9**	17	**62,3**	1100	**52,2**	1548

Basis: Claims mit europäischem Themenbezug; 2000-2002.

Lesehilfe: In der Währungsdebatte in Deutschland weisen 27,1 Prozent aller Claims mit europäischen Themenbezug (n = 770) eine klare Position im Bezug auf „Abgrenzung vs. Integration" auf.

Reliabilität Berichterstattung: Positionsvariable 79,8 Prozent; Themenfeld 96 Prozent; Reliabilität Kommentare: Positionsvariable 74 Prozent: Themenfeld 98 Prozent.

Ein genauerer Blick auf *Tabelle 1* zeigt, dass es nicht nur beträchtliche Unterschiede zwischen den Ländern gibt. In Bezug auf die Positionierung gegenüber Europa finden wir auch deutliche Unterschiede innerhalb der Länder. Die Debatten in Frankreich und den Niederlanden lassen sich dadurch charakterisieren, dass eindeutige Positionen bezüglich der Konfliktdimension in allen fünf untersuchten Politikfeldern bezogen werden. Hier stehen sich Europagegner und Europabefürworter in allen politischen Sach-

---

[12] Dies sind die Politikfelder Währung und Finanzen, Landwirtschaft, Immigration, Truppenentsendungen und EU-Integration.

fragen gegenüber. In Deutschland und der Schweiz stellt die Frage Abgrenzung vs. Integration vor allem in den Bereichen der EU-Integration und der Entsendung von Truppen einen relevanten Bezugsrahmen dar. Wenn die Konfliktdimension in der zweiten Ländergruppe sichtbar wird, dann meist im Themenfeld der EU-Integration. In Großbritannien kommt noch die Debatte um den Euro hinzu.

Möchte man die Bedeutung der *Konflikt*dimension Abgrenzung vs. Integration erfassen, so reicht es nicht aus, die Anzahl der klaren Positionsbezüge zu analysieren. Vielmehr muss die Frage beantwortet werden, ob verschiedene Standpunkte, d. h. Abgrenzungs- und Integrationsbefürworter, in einer solchen Debatte zu Wort kommen. Genau dies zeigt die Mittelwertanalyse, die in *Tabelle 2* dargestellt ist.

Tabelle 2: Abgrenzung vs. Integration – Positionen und Konfliktgrad

	Währung		Landwirt-schaft		Immigration		Entsendung Truppen		EU-Integration		Gesamt	
	mean	n	mean	n	mean	n	mean	n	mean	n	mean	n
D	.54	209	**.22**	69	.85	41	.80	29	.62	867	.60	1216
SP	.62	37	.60	7	.83	12	1.00	3	.62	131	.64	189
F	.45	186	.41	74	.57	37	**.15**	29	.50	545	**.47**	871
IT	.44	96	**.10**	13	.86	9	.00	3	.67	281	.60	402
NL	.38	101	.38	53	.61	26	1.00	8	.47	366	**.46**	554
UK	**.23**	142	−.50	4	1.00	8	−1.00	2	.32	161	**.28**	317
CH	.65	74	.39	16	.40	24	1.00	9	.47	685	**.49**	808

Basis: Claims mit europäischem Themenbezug und klarer Positionierung „Abgrenzung vs. Integration", 2000-2002.
Reliabilität Berichterstattung: Positionsvariable 79,8 Prozent; Themenfeld 96 Prozent; Reliabilität Kommentare: Positionsvariable 74 Prozent: Themenfeld 98 Prozent.

Eine Gesamtschau aller fünf Politikfelder verdeutlicht, dass in den untersuchten nationalen Öffentlichkeiten die Integrationsbefürworter dominieren. In allen untersuchten Ländern sind die Mittelwerte positiv. Und selbst in Großbritannien ist die Stimme der Integrationsbefürworter lauter als die derjenigen, die Abgrenzung propagieren. Die Integrationsposition wird am stärksten in Spanien, Italien und Deutschland vertreten. Eine Mittelposition nehmen Frankreich, die Niederlande und die Schweiz ein. Am europakritischsten ist weiterhin Großbritannien. Bemerkenswert ist an diesen Befunden, dass die Debatten in der Schweiz, einem Nicht-Mitgliedsland der Europäischen Union, integrationsfreundlicher sind als in Großbritannien. Allerdings ist auch anzumerken, dass die Forderung nach mehr Integration dann leichter ist, wenn man kaum integriert ist. Großbritannien hingegen ist in vielen Bereichen in die Europäische Union integriert, so dass hier die Forderung nach mehr Integration Kernbereiche nationaler Souveränität berührt.

Tabelle 2 verdeutlicht auch, dass die Bedeutung von Integrations- und Abgrenzungsbefürwortern zwischen den Politikfeldern innerhalb eines Landes variiert. Dort, wo die Stimme der Integrationsbefürworter am stärksten dominiert (Italien, Spanien und Deutschland), gibt es – mit Ausnahme von Spanien – auch Politikbereiche, in denen Abgrenzungsbefürworter recht laut sind. So findet sich in der Landwirtschaftsfrage sowohl in Deutschland, als auch in Italien eine recht prominente Abgrenzungsperspektive (Mittelwert .22; .10). In Frankreich werden Abgrenzungsstimmen laut, wenn es um die Entsendung von Truppen geht. In diesem Kernbereich nationalstaatlicher Souveränität werden Abgrenzungsstimmen deutlich formuliert. Interessant ist auch der britische Fall: hier zeigt sich, dass beim Währungsthema die Zurückhaltung größer ist, Kompetenzen aufzugeben, als beim Thema der EU-Integration an sich. Dies bedeutet, dass die Integrationsbefürworter deutlicher hervortreten, wenn Fragen der institutionellen Ordnung und der Ziele der EU zur Diskussion stehen, als wenn Fragen einer gemeinsamen Währung auf der Tagesordnung sind.

Wenn wir die Unterschiede zwischen den Ländern auf die eingangs formulierte Hypothese beziehen, dass in Ländern mit EU-kritischer Bevölkerung die Konfliktdimension Abgrenzung vs. Integration eine größere Bedeutung hat, dann lässt sich dies weitgehend bestätigen (H1). Insbesondere in Italien und Spanien, d. h. in Ländern mit starker EU-Unterstützung, ist eine klare Positionierung auf dieser Konfliktlinie weitaus seltener ist als in Deutschland, Frankreich und den Niederlanden. Auch die Schweizer Debatten entsprechen unseren Vermutungen weitgehend: Zwar ist hier der Anteil an Positionsbezügen auf dieser Konfliktdimension nicht höher – aber eben auch nicht beträchtlich niedriger als der in Ländern der Mittelgruppe (F, NL). Dagegen entspricht Großbritannien als Land mit überproportional kritischer öffentlicher Meinung nur eingeschränkt den Erwartungen. Hier sind klare Positionierungen auf der Konfliktdimension Abgrenzung vs. Integration unterdurchschnittlich sichtbar. In der britischen Presse ist die Debatte um Europa offenbar nicht sehr prominent.

Hypothese 1 lässt sich weitgehend bestätigen, wenn man danach fragt, wie stark Abgrenzungsbefürworter nationale Debatten prägen. Durch leichte Abweichungen in der Struktur der Debatten lassen sich jedoch die drei erwarteten Gruppen (UK, Ch – NL, F, D – ES, It) nicht wirklich trennscharf abgrenzen. Dennoch zeigt sich, dass die Debatte in Großbritannien am konflikthaltigsten ist, gefolgt von Frankreich, den Niederlanden und der Schweiz. Deutschland, Italien und Spanien weisen die schwächsten Abgrenzungsorientierungen auf. Die Debatten in der Schweiz und Deutschland sind also weniger abgrenzungsorientiert als wir erwartet haben. Großbritannien wird indessen seiner Außenseiterrolle in Bezug auf die Einseitigkeit in den Positionierungen gegen die EU gerecht.

Hypothese 3a rückt die zwischen den Ländern variierenden Parteistrukturen als Erklärungsvariable für Unterschiede in der Bedeutung der europapolitischen Konfliktlinie in den Vordergrund. Dort, wo es Parteien gibt, die ein Programm für die Integrationsverlierer formulieren (Nl, UK, F, It, Ch – und eingeschränkt D), lässt sich eine größere Bedeutung der Konfliktdimension Abgrenzung vs. Integration in öffentlichen Debatten erwarten. Unsere Ergebnisse zeigen, dass sich diese Hypothese in Bezug auf die Sichtbarkeit klarer Positionen nicht bestätigen lässt: Trotz Integrationsgegnern ist die Sichtbarkeit in Italien und Großbritannien unterdurchschnittlich, wohingegen sie in Deutschland, einem Land mit weitgehend integrations-befürwortenden Parteien, recht hoch ist. Es scheint, dass das Vorhandensein EU-kritischer, nationaler Parteien nicht automatisch dazu führt, dass die Konfliktlinie Abgrenzung vs. Integration überdeutlich sichtbar wird.

Erklärungskraft hat diese Hypothese jedoch, wenn man die Stärke der Abgrenzungsposition in einer nationalen Debatte betrachtet. In den öffentlichen Debatten in Ländern mit EU-kritischen Parteien – also Großbritannien, der Schweiz, den Niederlanden und Frankreich – ist die Abgrenzungsposition deutlich wahrnehmbarer als in

Spanien oder Deutschland, wo sich kaum EU-kritische Parteien ausgebildet haben. Die besonders starke Abgrenzungsorientierung in Großbritannien lässt sich im Rückgriff auf das Parteiensystem sehr gut verstehen: Großbritannien ist ein klassisch mehrheitsdemokratisches Land und demnach primär von nur zwei Parteien, Labour und Conservatives, geprägt. Wenn nun eine dieser Parteien (Conservatives) Abgrenzungspositionen vertritt, wird dies stärker die Gesamtdebatte bestimmen als in Konsensdemokratien, in denen Macht zwischen einer Vielzahl an Parteien geteilt wird. Den Erwartungen aus Hypothese 2 steht jedoch der Fall Italien entgegen: Trotz starker, rechter Parteien (Forza Italia, Casa delle Libertà, Alleanza nationale, Lega Nord) sind die Debatten hier von Integrationsbefürwortern dominiert. Wie die Ausnahmen zu erklären sind – ob eigentlich integrationskritische Parteien in Debatten nicht zu Wort kommen oder aber eine andere Position vertreten – können wir aufgrund dieser ersten, recht groben Analysen nicht beantworten.

4.2 Befürworter und Gegner von Europa in der massenmedialen Integrationsdebatte

Die Auseinandersetzung über Europa in nationalen Öffentlichkeiten ist davon geprägt, dass unterschiedliche Sprecher es schaffen, ihre Stimme für oder gegen die Integrationspolitik zu erheben. Um die Konstellation von Erfolg und Position verschiedener Sprecher in der jeweiligen nationalen massenmedialen Debatte darzustellen, bilden wir den Konfliktraum in der Integrationsdebatte graphisch ab. Auf der x-Achse wird die durchschnittliche Position eines jeden Akteurs abgetragen (Mittelwerte = x). Werte größer als 0 zeigen an, dass ein Akteur mehr Claims zugunsten der Integration macht; Werte kleiner 0 bezeichnen eindeutige Abgrenzungsbefürworter. Auf der y-Achse zeigt sich die Bedeutung eines jeden Sprechers im Verhältnis zu allen anderen Sprechern, die sich im jeweiligen nationalen Diskurs auf der Konfliktdimension positionieren, als Prozentwert (%). Um die Schaubilder in *Abbildung 1* lesbar zu machen und unsere Hypothesen zu prüfen, wurden Akteure auf unterschiedlichen Ebenen zusammengefasst.[13]

Zur Rolle der Medien als Sprecher

In Bezug auf die Position der Medien in den nationalen europapolitischen Debatten hatten wir erwartet, dass sich die Presse jeweils an den Haltungen der nationalen Eliten

---

13 Aus den Hypothesen folgt, dass auf nationaler Ebene folgende Differenzierung nötig ist: (1) Gruppierung der unterschiedlichen Parteien zu Parteifamilien (vgl. Statham 2006). Hierbei wurden 7 Parteigruppierungen beachtet (Kommunisten, Grüne, Mitte-Links, Liberale, Mitte-Rechts, Rechts, Rechts-Außen). Nationale Politiker, die aufgrund fehlender Information nicht in diese Gruppen eingeteilt werden konnten, wurden unter der Kategorie „Politiker allgemein" zusammengefasst. (2) Bezüglich der Medien als Sprecher fand eine Untergliederung statt in die beiden Untersuchungsmedien eines Landes und die veröffentlichten Pressestimmen. (3) Die Zivilgesellschaft wurde differenziert nach Firmen, Gewerkschaften und sonstigen Gruppierungen. Aus den Hypothesen folgt, dass auf transnationaler Ebene folgende Differenzierung nötig ist: (4) Ausdifferenzierung der europäischen Institutionen und (5) Bildung von Länderkategorien, die – zumindest für die prominentesten Länder – erlaubt, deren Einzelpositionen zu erfassen. Die verbleibenden, weniger prominenten Länder sind unter der Restkategorie Mitglieds- und Beitrittsländer zusammengefasst.

Abbildung 1: Konflikträume

Deutschland

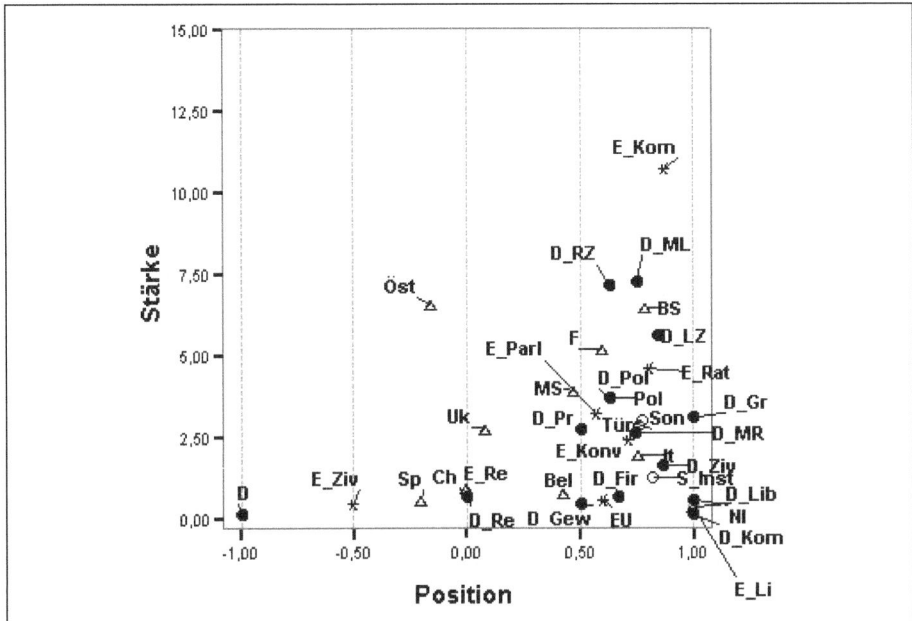

Spanien

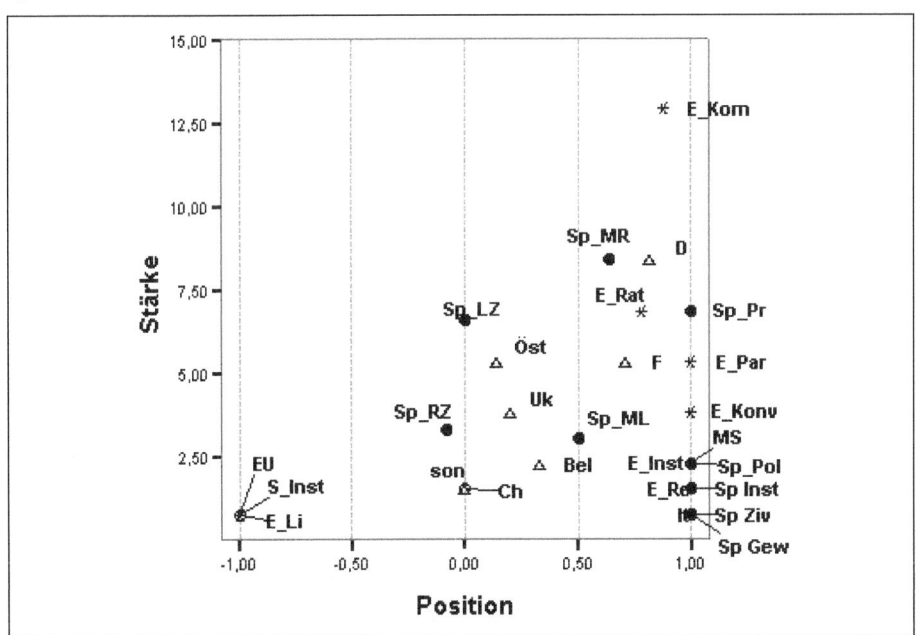

Frankreich

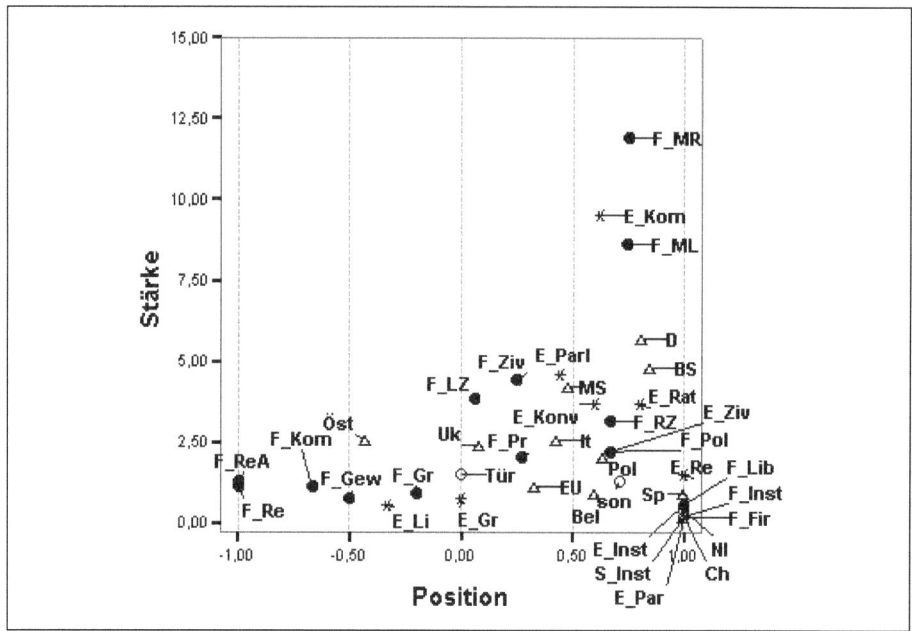

Italien

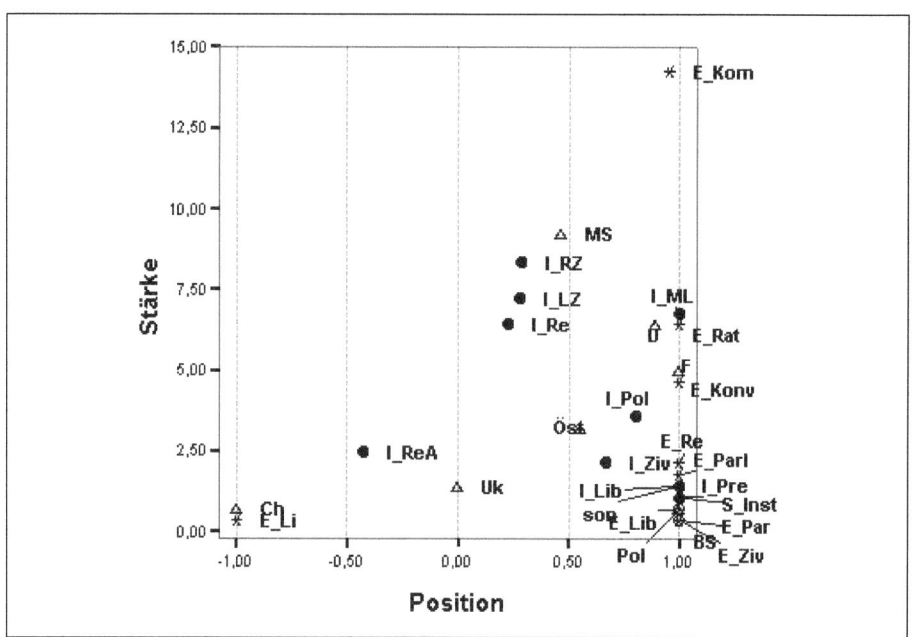

Niederlande

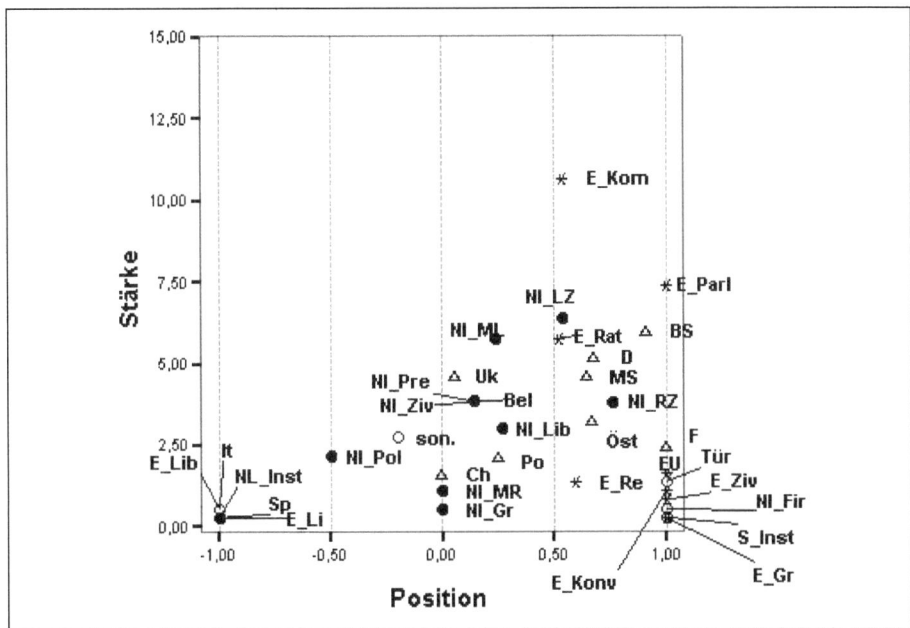

Großbritannien

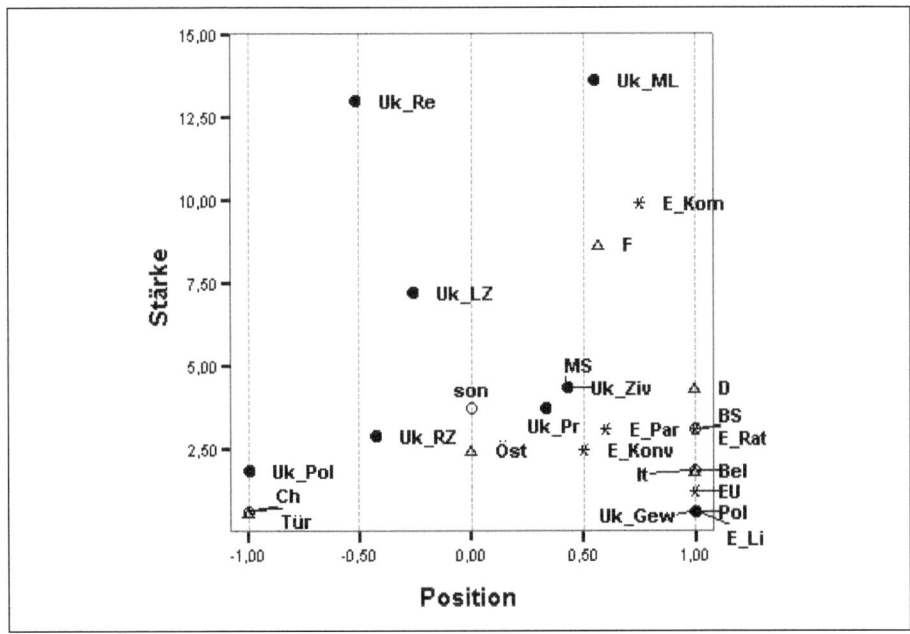

Schweiz

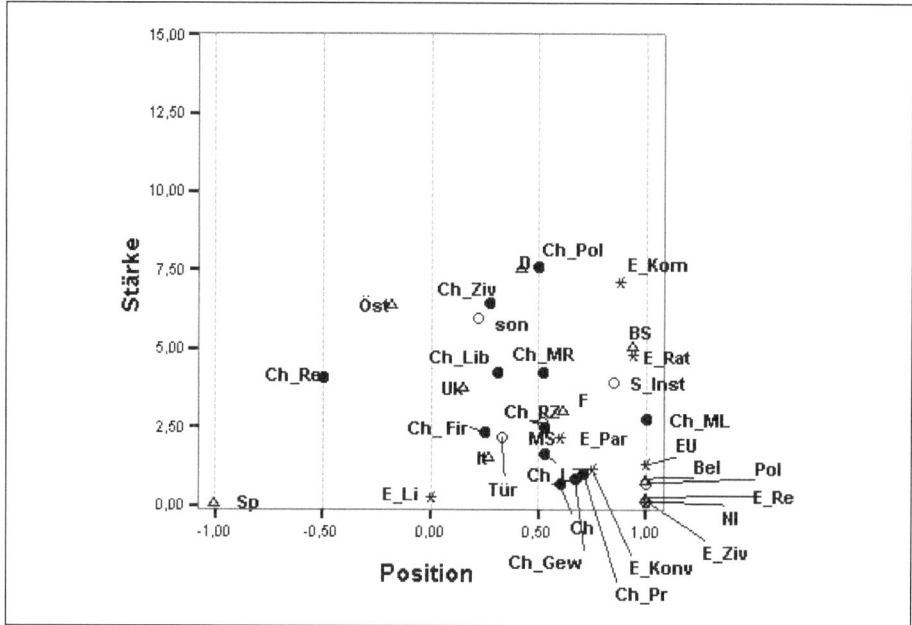

Basis: Claims zum Thema EU-Integration und klarer Positionierung bezüglich der Konfliktdimension

Legende: Kreise schwarz = national; Stern = EU; Dreieck = Mitglieds-, Beitrittsstaaten; Kreise weiß = sonstige; Länderkürzel: E = EU; D = Deutschland; Sp = Spanien; F = Frankreich; I = Italien; NL = Niederlande; Uk = Großbritannien; Ch = Schweiz; Öst = Österreich; Bel = Belgien; Tür = Türkei; Po = Polen; MS = sonstige Mitgliedsstaaten; BS = Beitrittsstaaten; S = Supranational; Funktionskürzel: RZ = Rechte Zeitung; LZ = Linke Zeitung; Pr = Pressestimmen; Kom = kommunistische Partei; Gr = grüne Partei; ML = Mitte-Links Partei; Lib = liberale Partei; MR = Mitte-Rechts Partei; Re = rechte Partei; ReA = Rechts-Außen-Partei; Pol = sonstige Politiker, die nicht einer Partei zugeordnet werden können; Ziv = Zivilgesellschaft; Gew = Gewerkschaften; Fir = Firmen; E_Kom = EU Kommission; E_Parl = EU Parlament; E_Konv = EU Konvente; E_Rat = Europäische Rat; E_Inst = sonstige Institutionen in der EU.

Reliabilität Berichterstattung: Positionsvariable 79,8 Prozent; Themenfeld 96 Prozent, Sprecher- Funktion 84,5 Prozent; Sprecher-Herkunft 100 Prozent; Reliabilität Kommentare: Positionsvariable 74 Prozent: Themenfeld 98 Prozent; Sprecher ist per Definition der Journalist.

orientiert (H2). In Zeiten, in denen die politischen Eliten über Europa zerstritten sind, sind auch andere Medienrollen möglich. Wie unsere Auswertungen zeigen, finden wir einen Konsens zwischen den großen nationalen Parteien in Deutschland, Frankreich, Spanien und in den Niederlanden. Eindeutiger Dissens findet sich in der Schweiz und in Großbritannien. Italien kann als Zwischenfall gelten. Eine Parallelität zwischen den Positionen politischer Elitemeinung und der Presse lässt sich aber nicht einmal in allen Fällen nachweisen, in denen die politischen Akteure einheitliche Positionen gegenüber Europa vertreten: Während sich in Deutschland eine große Übereinstimmung zwischen Medien und Eliten nachweisen lässt, gibt in Frankreich die Rolle von „Le Monde" Rätsel auf. Le Monde positioniert sie sich am Rande des Abgrenzungslagers, das von den Kommunisten, den Rechts-Außen Parteien und abgeschwächt auch von den Grünen besetzt wird.

Auch in den Niederlanden scheinen sich die Qualitätszeitungen beim Thema Europa von den nationalen Eliten gelöst zu haben. Jedenfalls sind sie Anfang der 2000er Jahre wesentlich stärkere Integrationsbefürworter als die nationalen Eliten und folgen damit nicht der relativ integrationskritischen Haltung der großen niederländischen Volksparteien. Umgekehrt verhält es sich in Spanien: einem Integrationskonsens der spanischen Eliten stehen die Medien als zögerliche Aspiranten gegenüber. Findet sich ein klarer nationaler Dissens zwischen den Parteien über Europa, dann lässt sich auch hier kein generalisierendes Muster über die Position der Medien absehen. In Großbritannien schließen sich linke und rechte Qualitätszeitungen dem Abgrenzungslager an. In der Schweiz hingegen können beide Zeitungen als Integrationsbefürworter gelten. Auffallend ist in allen Ländern – mit Ausnahme von Frankreich –, dass Europa die rechte und linke Qualitätszeitung nicht spaltet. Vielmehr scheinen rechte und linke Medien eines Landes sich in ihrer Position bezüglich der Konfliktdimension Abgrenzung vs. Integration einig zu sein. Wie sich jedoch mediale Akteure im nationalen Konfliktraum positionieren, muss weiterer erforscht werden. Die Varianz zwischen den Ländern zeigt jedoch deutlich, dass die Medien Europa nicht einheitlich domestizieren.

Parteien in der Europadebatte

Betrachtet man der Rolle der Parteien in den nationalen Debatten über die europäische Integration, dann sind es die radikalen Parteien und die konservative Parteien mit einer starken TAN-Orientierung (Hooghe/Marks 2002), die sich auf der Abgrenzungsdimension positionieren (H3b). Wie erfolgreich die jeweiligen Parteien die Abgrenzungsposition in die Debatte tragen, variiert sehr stark. Wie wir in Hypothese 3b vermuten, lässt sich die Position einer Partei gut über ihre Parteifamilie vorhersagen; der Erfolg jedoch hängt von nationalen Kontextfaktoren ab. Mit Abstand am erfolgreichsten sind die britischen Konservativen: Mit einem Mittelwert von –.5 und einem Stimmanteil von ca. 13 Prozent sind sie die gewichtigste Abgrenzungsstimme in den sieben untersuchten Ländern. Sie sind damit die einzige Abgrenzungsstimme in einem Konfliktraum, die es mit dem stärksten Integrationsbefürworter, hier der Labour-Partei, aufnehmen kann. In der Schweiz propagiert die Schweizerische Volkspartei die Abgrenzungsperspektive. Sie ist dabei jedoch weit weniger erfolgreich, kann sie doch nicht einmal 5 Prozent aller Positionsbezüge auf dieser Konfliktdimension auf sich vereinen. Damit ist sie gerade einmal halb so stark, wie die Mitte-Rechts Partei (CVP) und die Liberalen zusammen, die jedoch beide als gemäßigte Integrationsbefürworter auftreten. Die Dominanz der Integrationsbefürworter im Schweizer Parteiensystem wird durch die extrem integrationsfreundliche Haltung der sozialdemokratischen Partei verstärkt.

Betrachtet man die Parteien in Italien, so finden die europakritischen Töne der Rechts-Außen-Parteien (Lega Nord, Alleanza Nationale) wenig Gehör. Die großen konservativen Parteien Italiens (Forza Italia, Casa della Libertà) sind wesentlich präsenter, vertreten aber eine gemäßigtere Position, die sogar leicht auf die Seite der Integrationsbefürworter tendiert. Eine klare Integrationsperspektive schließlich wird vom Mitte-Links-Bündnis in Italien getragen. Wendet man sich Frankreich zu, dann weisen die Analysen auch hier darauf hin, dass radikale Parteien das Stimmrohr für die Verlierer der Integration sind: Die Kommunisten, die Rechts-Außen Parteien und abgeschwächt auch die Grünen machen sich hier für eine Abgrenzungsposition stark, doch ihre Stimmen gehen in der öffentlichen Debatte weitestgehend unter. Die großen Mitte-Links und Mitte-Rechts Parteien, die die Auseinandersetzung über die europäische Integration dominieren, entpuppen sich als Befürworter des europäischen Projektes.

In den Niederlanden schließlich schafft es die Anfang der 2000er Jahre neu gegründete Partei von Pim Fortyn nicht, das EU-Thema zu besetzen. Hier sind es die großen Volksparteien, die eine kritischere Haltung bezüglich der Integration schon in den Jahren 2000 bis 2002 vorwegnehmen. Die Niederlande sind damit das einzige Land, in dem eigentlich alle großen Parteifamilien – Mitte-Rechts, Mitte-Links, die Grünen und die Liberalen – eine nur leicht den Integrationsbefürwortern zugewandte Position vertreten. Die Sprecherkonstellation in den Niederlanden kann unsere Vermutungen in Hypothese 3b nur eingeschränkt bestätigen. Dagegen lässt sich die Situation in Deutschland recht gut erfassen. Die CSU, Schwesterpartei der großen konservativen Partei Deutschland und Regionalpartei in Bayern, hat eine TAN-Orientierung und entpuppt sich als die mit Abstand kritischste, nationale Stimme bezüglich der EU-Integration – jedoch mit mäßigem Erfolg. In Spanien schließlich, einem Land, in dem keine EU-kritischen Parteien vorhanden sind, lassen sich auch keine Abgrenzungsbefürworter seitens der nationalen politischen Elite identifizieren. Mitte-Rechts und Mitte-Links Partei sind Integrationsbefürworter.

Meist marginale Außenseiter, die durch bzw. im Konflikt gewinnen

In Bezug auf die Rolle von nationalen Außenseitern postuliert Hypothese 4, dass sich die Positionierung zivilgesellschaftlicher Akteure auf der Konfliktlinie „Integration versus Abgrenzung" unterscheidet je nachdem welche Interessen vertreten werden und dass sich Außenseiter prinzipiell schwer tun, mediale Präsenz in Europadebatten zu gewinnen (H4). Diese Hypothese bestätigt sich nur teilweise. Zwar zeigt sich, dass Firmen in allen Ländern zu den Integrationsbefürwortern gehören. Hingegen lässt sich unsere Vermutung bezüglich der Gewerkschaften nicht halten: abgesehen von den französischen Gewerkschaften entpuppen diese sich in allen anderen Ländern, in denen sie zu Wort kommen, als Integrationsbefürworter. Auch von den sonstigen zivilgesellschaftlichen Gruppen, die in den Massenmedien Gehör finden, gehen mehr Integrations- als Abgrenzungsargumente aus.[14] Besonders positiv gegenüber der EU-Integration ist die Zivilgesellschaft in Italien, Spanien und Deutschland. In exakt diesen Ländern jedoch haben zivilgesellschaftliche Akteure die geringste Bedeutung. Es scheint also, dass Außenseiter dann an Bedeutung für öffentliche Debatten über Europa gewinnen, wenn sie kritische Positionen vertreten bzw. wenn sie sich in einer polarisierten Auseinandersetzung einmischen. Die größte Bedeutung kommt ihnen in der Schweiz zu, gefolgt von Großbritannien, Frankreich und den Niederlanden.

Nationale vs. Europäische Akteure

Zu den Folgen der europäischen Integration gehört, dass die nationalen Akteure in den europapolitischen Debatten längst keine Monopolstellung mehr haben. Vielmehr wird die in den Nationalstaaten ausgetragene öffentliche Mobilisierung auch von europäi-

---

14 Generelle Aussagen über Außenseiter sind hier jedoch schwierig, da sich hinter dieser Sammelkategorie eine Vielzahl unterschiedlicher Akteure verbirgt.

schen Institutionen und mitglieds- bzw. beitrittsstaatlichen Akteuren mitgestaltet. Diese transnationalen Sprecher können die Stimme bestimmter nationaler Akteure verstärken bzw. zugleich die Resonanz der Stimme anderer nationaler Akteure vermindern. Welche transnationalen Akteure ihre Stimme wie in Prozessen der nationalen Mobilisierung erheben können, wurde bisher von der Forschung weitgehend ausgeblendet. Wir vermuten zu Recht, dass europäische Institutionen sich in allen Ländern als Verstärker der Integrationsposition darstellen *(Hypothese 5)*. Eine außerordentlich wichtige Rolle spielt dabei die Europäische Kommission. Sie vertritt in allen Ländern eine extrem integrations-befürwortende Perspektive und erreicht dabei eine große Bedeutung. In Deutschland, Italien, den Niederlanden und in Spanien ist die EU-Kommission gar der wichtigste Akteur, wenn es darum geht, eine klare Position auf der Konfliktdimension Abgrenzung vs. Integration zu beziehen. Weniger bedeutend, aber ähnlich positioniert sind auch alle anderen EU-Institutionen, der Rat, die Konvente und das EU-Parlament. Europäische Institutionen dienen damit als Sprachrohr und Koalitionäre der nationalen Integrationsbefürworter. In ihren integrationsfreundlichen Positionen unterscheiden sich EU-Institutionen in den verschiedenen nationalen Debatten nicht. Dies unterstreicht, dass sie am wenigsten von den nationalen Filterprozessen, denen die Europapolitik sonst unterliegt, betroffen sind. Allerdings scheinen auch sie nicht unabhängig davon zu sein: So zeigt sich, dass in den zwei Ländern, in denen der Konflikt um Europa am virulentesten ist (CH, UK), diese Integrationsbefürworter in ihrer Prominenz hinter den nationalen Akteuren zurückstehen.

Die gemeinsamen europäischen Institutionen sind nicht die einzigen Akteure, die als transnationale Sprecher die nationalen Europadebatten mitprägen. So zeigt die Forschung klar, dass auch mitglieds- und beitrittsstaatliche Akteure in der Auseinandersetzung über die Integration zu Wort kommen (vgl. zum Konzept der horizontalen Europäisierung Koopmans/Erbe 2004). Diese Akteure besetzen unterschiedliche Positionen auf der Konfliktdimension Integration vs. Abgrenzung. Traditionell euro-skeptische Länder wie Großbritannien und die Schweiz und Länder, die im spezifischen Untersuchungszeitraum Probleme mit der EU hatten (wie z. B. Österreich), verhelfen in fast allen Ländern der Stimme der Abgrenzung bzw. der gemäßigten Integrationsbefürwortung zu Prominenz.[15] Die Länder hingegen, die gemeinhin als die Motoren des europäischen Einigungsprozesses gelten, Frankreich und Deutschland, verstärken die Integrationsposition in allen Untersuchungsländern. Auch die übrigen Mitglieds- und Beitrittsstaaten, die der besseren Darstellbarkeit wegen zusammengefasst wurden, entpuppen sich als Integrationsbefürworter. Hypothese 6 lässt sich damit nicht belegen: so werden in den Debatten traditionell euroskeptischer Länder andere kritische Länder nicht auffällig häufiger bzw. mit kritischeren Äußerungen zitiert. Deutlich wird dies zum Beispiel in Großbritannien: auch hier erfahren die europafreundlichen Länder, Deutschland und Frankreich, die größte Beachtung innerhalb der Mitglieds- und Beitrittsstaaten.

---

15 Zwei Ausnahmen sind dabei zu verzeichnen: österreichische Sprecher fördern in den Niederlanden die Integration und schweizer Sprecher tun dasselbe in Frankreich.

5. Schlussfolgerung

Öffentlich sichtbar wird Europa primär in nationalen Massenmedien, die darüber entscheiden, ob und wie gesellschaftliche Konfliktpotenziale auf die Tagesordnung gesetzt werden. In unserem Beitrag haben wir versucht, diese Konfliktpotenziale auszuloten und damit zwei Forschungsstränge zu verbinden: Einerseits Studien zur Veränderung von Konfliktlinien innerhalb der Nationalstaaten durch Prozesse der Transnationalisierung bzw. Europäisierung und andererseits die Forschung über die Bedingungen der Herausbildung von europäischer Öffentlichkeit. Studien über die Mobilisierung von Transnationalisierungskonflikten fokussieren auf die Anstrengungen nationaler Parteien und deren Versuche, gesellschaftliche Konfliktpotenziale zu mobilisieren. Ziel der Forschung über Europäische Öffentlichkeit ist es zu verstehen, wann Europa sichtbar wird bzw. wann Debatten zu Europa sich zwischen den Ländern synchronisieren. Missachtet die erste Forschungsrichtung häufig, dass Mobilisierung in der Öffentlichkeit stattfindet und dabei nicht nur Parteien, sondern eine Vielzahl an Akteuren involviert, so schenkt der Großteil der Forschung zum Thema europäischer Öffentlichkeit der Frage zu wenig Beachtung, *wie* über Europa diskutiert wird und welche nationalen Faktoren die Rezeption europäischer Themen bedingen.

Unser Beitrag geht davon aus, dass Akteure und Konfliktlinien die innere Struktur von politischer Öffentlichkeit prägen (Gerhards 1993a: 93). Daher haben wir versucht, die nationalen Debatten über Europäische Integration im Hinblick auf ihre Konfliktstruktur zu vermessen und auch zu bestimmen, welche Akteure sich in diesen massenmedialen Auseinandersetzungen für oder gegen Europa positionieren. Aus einer Erklärungsperspektive heraus haben wir postuliert, dass man die „patterns of contestation" (Marks 2004) in und über Europa, nur dann verstehen kann, wenn man auch erforscht, wie der europäische Input (in unserem Fall das Thema Europäische Integration) sich an nationalen Kontexten bricht. Wir argumentieren, dass man die Herausbildung von europäischer Öffentlichkeit nicht nur mit dem Blick auf Gemeinsamkeiten beleuchten muss. Genauso wichtig erscheint es uns, dass wir die unterschiedlichen Konstellationen und Konfliktpotenziale in nationalen Öffentlichkeiten verstehen, die trotz gemeinsamer politischer Themen und Projekte der EU die Europäisierung prägen. Diese Perspektive ist spätestens dann wichtig, wenn es nicht mehr um die Vermessung des Ausmaßes von europäischer Öffentlichkeit geht, sondern um deren innere Struktur und die Qualität.

Unsere Analysen zeigen, dass der gemeinsame europäische Input Ähnlichkeiten, aber auch deutliche Unterschiede in europäischen Debatten erzeugt. Zu den Gemeinsamkeiten gehört, dass die europapolitische Konfliktlinie „Abgrenzung vs. Integration" in allen Ländern sichtbar ist und dass in allen Ländern, die wir untersuchen, die Integrationsbefürworter die öffentliche Debatten dominieren. Ein genauerer Blick zeigt jedoch, dass die Konfliktdimension in den sieben westeuropäischen EU-Ländern unterschiedliche Bedeutung und unterschiedliche Positionen hervorbringt. In Großbritannien sehen wir einen zwar wenig sichtbaren, dafür aber klar polarisierten europapolitischen Konflikt, der von nationalen Akteuren getragen wird. Ein mittleres Konfliktniveau finden wir in Frankreich, den Niederlanden und der Schweiz. In Deutschland, Spanien und Italien polarisiert die Konfliktdimension Abgrenzung vs. Integration weniger. In der deutschen Debatte ist die Konfliktdimension vorhanden aber wenig polarisiert, während dies in Italien und Spanien kaum der Fall ist.

Unsere Analysen verdeutlichen auch, dass in den verschiedenen Ländern unterschiedliche Akteure versuchen, vom Konflikt über die europäische Integration zu profitieren. Der Erfolg im Sinne der öffentlichen Aufmerksamkeit ist dabei keineswegs sicher. Ein Blick auf die nationalen Parteien bestätigt, dass die Parteien der Ränder oder konservative Parteien mit einer starken TAN-Orientierung[16] die Abgrenzungsdimension zu mobilisieren versuchen. Hinsichtlich ihres Erfolges in der Öffentlichkeit zeigen sich aber beträchtliche Unterschiede: So finden wir einerseits Länder, in denen solche Parteien deutlich und lautstark für die Abgrenzungsperspektive werben (UK, CH); andererseits sehen wir Länder wie Deutschland oder Spanien, wo solche Parteien (fast) vollständig fehlen; in Italien und Frankreich sind solche Parteien präsent, doch wird ihre Stimme in der Öffentlichkeit nicht gehört. In den Niederlanden wiederum fehlen solche, so dass die „Volksparteien" – im Gegensatz zu allen anderen Ländern – europakritischere Positionen bedienen.

Varianz zwischen den Ländern zeigt sich auch in der Positionierung und der Bedeutung von Massenmedien und Außenseiter-Akteuren. Die Massenmedien strukturieren nationale Konflikträume in zweifacher Hinsicht: Sie strukturieren die Debatte, indem sie Akteuren und Themen, Konfliktlinien und Positionen zur Publizität verhelfen. Andererseits haben sie eigene Positionen in der Europapolitik wie in anderen Fragen. Unsere Analysen zeigen, dass auch die Positionen der Presse in der Europapolitik deutlich variieren. Die Unterschiede lassen sich jedoch nicht in allen Ländern – wie wir vermutet hatten – durch die Orientierungen an nationalen Eliten erklären. So entpuppte sich die spanische Presse als weniger integrationsfreundlich als die nationalen Eliten; der umgekehrte Fall findet sich in den Niederlanden. In Großbritannien und der Schweiz lässt sich eine Orientierung beider Medien auf nur einen Teil der Elite feststellen und in Frankreich weicht die Position von „Le Monde" von den erwarteten Mustern ab. Im Gegensatz zu den Medien und auch zu den Außenseitern, die nur dann Bedeutung erlangen, wenn sie auch kritische Positionen vertreten (Ch, Nl, F) bzw. wenn sie sich in eine polarisierte Debatte (UK) einmischen, sind die europäischen Institutionen in allen Ländern stabile integrationsfreundliche Größen. Zudem finden wir, dass auch mitglieds- und beitrittsstaatliche Sprecher weniger stark von nationalen Filtermechanismen – zumindest bezüglich ihrer Positionierung auf der Konfliktdimension – betroffen sind.

Aus unseren Befunden schließen wir, dass wir weitere Kontextbedingungen von nationaler Politik und politikfeldspezifische Interessenkonstellationen miteinbeziehen müssen, um europapolitische Diskurskonstellationen und Konfliktpotenziale zu erklären. Daraus können Hypothesen abgeleitet werden, welche Akteure ein Interesse daran haben, Konfliktpotenziale infolge der Europäisierung öffentlich zu mobilisieren. Möchte man verstehen, ob es durch Europa tatsächlich zu „einer Neustrukturierung der gesellschaftlichen Konfliktpotenziale" (Kriesi/Grande 2004: 403) kommt, bedarf es einer Langzeitanalyse. Nur eine solche kann die Frage beantworten, ob die Bedeutung einer Konfliktdimension zunimmt, ob sich die Positionierung und der Erfolg einzelner Ak-

---

16 Von einer TAN-Orientierung spricht man, wenn Parteien traditionell, autoritär und nationalistische Positionen beziehen.

teure verändert und dadurch aus einer Konfliktdimension eine dauerhafte Konfliktlinie wird, die politische Orientierungen und politisches Verhalten prägt.

Appendix

Tabelle A1: Die Zeitungen

	Analysierte Qualitätszeitungen	
Deutschland	Süddeutsche Zeitung	Frankfurter Allgemeine Zeitung
Spanien	El Pais	Abc
Frankreich	Le Monde	Le Figaro
Italien	La Repubblica	Il Corriere della Sera
Niederlande	De Volkskant	Het Algemeen Dagblad
Großbritannien	The Guardian	The Times
Schweiz	Neue Zürcher Zeitung	Le Temps

Literatur

Adam, Silke, 2007: Symbolische Netzwerke in Europa. Der Einfluss der nationalen Ebene auf europäische Öffentlichkeit. Deutschland und Frankreich im Vergleich. Köln.
Adam, Silke/Berkel, Barbara/Firmstone, Julie/Gray, Emily/Koopmans, Ruud/Pfetsch, Barbara/Statham, Paul, 2002: Codebook for Content Coding of Commentaries/Editorials, in: http://europub.wz-berlin.de; 12.03.2008.
Bartolini, Stefano/Mair, Peter, 1990: Identity, Competition and Electoral Availability: The Stabilisation of European Electorates 1885-1985. Cambridge.
Bennett, W. Lance, 1990: Toward a Theory of Press-State Relations in the United States, in: Journal of Communication 40 (2), 103-125.
Berkel, Barbara, 2006: Konflikt als Motor europäischer Öffentlichkeit. Eine Inhaltsanalyse von Tageszeitungen in Deutschland, Frankreich, Großbritannien und Österreich. Wiesbaden.
Carragee, Kevin M./Roefs, Wim, 2004: The Neglect of Power in Recent Framing Research, in: Journal of Communication 54 (2), 214-233.
Diez-Medrano, Juan, 2004: Framing Europe. Attitudes to European Integration in Germany, Spain, and the United Kingdom. Princeton.
de Vreese, Claes H., 2003: Framing Europe. Television news and European Integration. Amsterdam.
de Vreese, Claes H., 2004: The Effects of Frames in Political Television News on Issue Interpretation and Frame Salience, in: Journalism & Mass Communication Quarterly 81 (1), 36-52.
de Vreese, Claes H./Boomgaarden, Hajo, 2006: Media Message Flows and Interpersonal Communication. The Conditional Nature of Effects on Public Opinion, in: Communication Research 33 (1), 19-37.
Eder, Klaus/Kantner, Cathleen, 2000: Transnationale Resonanzstrukturen in Europa. Eine Kritik der Rede vom Öffentlichkeitsdefizit, in: Kölner Zeitschrift für Soziologie und Sozialpsychologie Sonderheft 40, 306-331.
Ferree, Myra M./Gamson, William A./Gerhards, Jürgen/Rucht, Dieter, 2002: Shaping Abortion Discourse. Democracy and the Public Sphere in Germany and the United States. Cambridge.
Gamson, William A./Modigliani, Andre, 1989: Media Discourse and Public Opinion on Nuclear Power: A Constructionist Approach, in: American Journal of Sociology 95, 1-37.
Gerhards, Jürgen, 1993a: Neue Konfliktlinien in der Mobilisierung öffentlicher Meinung: eine Fallstudie. Opladen.
Gerhards, Jürgen, 1993b: Westeuropäische Integration und die Schwierigkeiten der Entstehung einer europäischen Öffentlichkeit, in: Zeitschrift für Soziologie 22 (2), 96-110.

Gerhards, Jürgen, 2000: Europäisierung von Ökonomie und Politik und die Trägheit der Entstehung einer europäischen Öffentlichkeit, in: Kölner Zeitschrift für Soziologie und Sozialpsychologie Sonderheft 40, 277-305.
Gerhards, Jürgen/Offerhaus, Anke/Roose, Jochen, 2008: Wer ist verantwortlich? Die Europäische Union, ihre Nationalstaaten und die massenmediale Attribution von Verantwortung für Erfolge und Misserfolge, in: *Pfetsch, Barbara/Marcinkowski, Frank* (Hrsg.), Politik in der Mediendemokratie (Politische Vierteljahresschrift Sonderheft 42), 529-558.
Grimm, Dieter, 1995: Does Europe Need a Constitution?, in: European Law Journal 1 (3), 282-302.
Habermas, Jürgen, 2001: Zeit der Übergänge. Kleine Politische Schriften IX. Frankfurt a. M.
Hooghe, Liesbet/Marks, Gary, 2002: Does Left/Right Structure Party Positions on European Integration?, in: Comparative Political Studies 35 (8), 965-989.
Kevin, Deirdre, 2003: Europe in the Media. A Comparison of Reporting, Representation, and Rhetoric in National Media Systems in Europe. London.
Kielmansegg, Peter Graf, 1994: Läßt sich die Europäische Gemeinschaft demokratisch verfassen?, in: Europäische Rundschau 22 (2), 23-33.
Koopmans, Ruud, 2002: Content Coding of Claims-making. Codebook for EUROPUB.COM Workpackage 2, in: http://europub.wz-berlin.de; 12.03.2008.
Koopmans, Ruud, 2007: Who Inhabits the European Public Sphere? Winners and Losers, Supporters and Opponents in Europeanised Political Debates, in: European Journal of Political Research 46 (2),183-210.
Koopmans, Ruud/Statham, Paul, 1999: Political Claims Analysis: Integrating Protest Event and Political Discourse Approaches, in: Mobilisation: An International Journal 4, 40-51.
Koopmans, Ruud/Statham, Paul, 2002: The Transformation of Political Mobilisation and Communication in European Public Spheres: A Research Outline, in: http://europub.wz-berlin.de; 12.03.2008.
Koopmans, Ruud/Erbe, Jessica, 2004: Towards a European Public Sphere?, in: Innovation 17 (2), 92-118.
Koopmans, Ruud/Pfetsch, Barbara, 2006: Obstacles or Motors of Europeanization? German Media and the Transnationalization of Public Debate, in: Communications 31, 115-138.
Kriesi, Hanspeter, 2003: Strategische politische Kommunikation: Bedingungen und Chancen der Mobilisierung öffentlicher Meinung im internationalen Vergleich, in: *Esser, Frank/Pfetsch, Barbara* (Hrsg.), Politische Kommunikation im internationalen Vergleich. Grundlagen, Anwendungen, Perspektiven. Opladen, 208-239.
Kriesi, Hanspeter, 2005: The Mobilization of the Political Potentials Linked to European Integration by National Political Parties. Euroscepticism, Amsterdam.
Kriesi, Hanspeter/Grande, Edgar, 2004: Nationale politischer Wandel in entgrenzten Räumen, in: *Beck, Ulrich/Lau, Christoph* (Hrsg.), Entgrenzung und Entscheidung: Was ist neu an der Theorie reflexiver Modernisierung? Frankfurt a. M., 402-420.
Kriesi, Hanspeter/Grande, Edgar/Lachat, Romain/Dolezal, Martin/Bornschier, Simon/Frey, Timotheos, 2006: Globalization and the Transformation of the National Political Space: Six European Countries Compared, in: European Journal of Political Research 45, 921-956.
Kunelius, Risto/Sparks, Colin, 2001: Problems with a European Public Sphere: An Introduction, in: Javnost – The Public 8 (1), 5-20.
Lipset, Seymour M./Rokkan, Stein, 1967: Cleavage Structures, Party Systems, and Voter Alignments: An Introduction, in: *Lipset, Seymour M./Rokkan, Stein* (Hrsg.), Party Systems and Voter Alignments. New York, 1-64.
Marks, Gary, 2004: Conclusion: European Integration and Political Conflict, in: *Marks, Gary/Steenbergen, Marco R.* (Hrsg.), European Integration and Political Conflict. Cambridge, 235-259.
Neidhardt, Friedhelm, 1994: Öffentlichkeit, öffentliche Meinung, soziale Bewegung, in: Kölner Zeitschrift für Soziologie und Sozialpsychologie Sonderheft 34, 7-41.
Peter, Jochen/de Vreese, Claes H., 2004: In Search of Europe. A Cross-National Comparative Study of the European Union in National Television News, in: The Harvard International Journal of Press/Politics 9 (3), 3-24.

Peter, Jochen/Lauf, Edmund/Semetko, Holly A., 2004: Television Coverage of the 1999 European Parliamentary Elections, in: Political Communication 21, 415-433.

Pfetsch, Barbara, 2004: Geschlossene Gesellschaft? Akteursensembles und Akteursbewertungen in Pressekommentaren, in: *Eilders, Christiane/Neidhardt, Friedhelm/Pfetsch, Barbara* (Hrsg.), Die Stimme der Medien. Pressekommentare und politische Öffentlichkeit in der Bundesrepublik. Wiesbaden, 74-104.

Pfetsch, Barbara, 2008: Agents of Transnational Debate across Europe – The Press in Emerging European Public Sphere, in: Javnost (accepted for publication).

Pfetsch, Barbara/Adam, Silke, 2008: Die Akteursperspektive in der politischen Kommunikationsforschung – Fragestellungen, Forschungsparadigmen und Problemlagen, in: *Pfetsch, Barbara/Adam, Silke* (Hrsg.), Massenmedien als politische Akteure. Konzepte und Analysen. Wiesbaden, 9-26.

Pfetsch, Barbara/Adam, Silke/Eschner, Barbara, 2008: The Contribution of the Press to Europeanization of Public Debates. A Comparative Study of Issue Salience and Conflict Lines of European Integration, in: Journalism 9 (4), 465-492.

Risse, Thomas/van de Steeg, Marianne, 2003: An Emerging European Public Sphere? Empirical Evidence and Theoretical Clarifications. Europub Conference, Berlin.

Risse, Thomas/Cowles, Maria G./Caporaso, James A., 2001: Europeanization and Domestic Change: Introduction, in: *Cowles, Maria G./Caporaso, James A./Risse, Thomas* (Hrsg.), Transforming Europe. Europeanization and Domestic Change. Ithaca/London, 1-20.

Scharpf, Fritz W., 1998: Demokratie in der transnationalen Politik, in: *Beck, Ulrich* (Hrsg.), Politik der Globalisierung. Frankfurt a. M., 228-253.

Seymour-Ure, Colin, 1974: The Political Impact of Mass Media. London.

Shoemaker, Pamela J./Reese, Stephen D., 1996: Mediating the Message. Theories of Influences on Mass Media Content. New York.

Statham, Paul, 2006: Emergent Partisanship? Political Party Contestation over European Integration. Manuscript.

Steenbergen, Marco R./Marks, Gary, 2004: Introduction: Models of Political Conflict in the European Union, in: *Marks, Gary/Steenbergen, Marco R.* (Hrsg.), European Integration and Political Conflict. Cambridge, 1-10.

Trenz, Hans-Jörg, 2000: Korruption und politischer Skandal in der EU. Auf dem Weg zu einer europäischen Öffentlichkeit?, in: Kölner Zeitschrift für Soziologie und Sozialpsychologie Sonderheft 40, 332-362.

van de Steeg, Marianne, 2005: The Public Sphere in the European Union. A Media Analysis of Public Discourse on EU Enlargement and on the Haider Case. Dissertation, European University Institute. Florence.

Wessler, Hartmut/Peters, Bernhard/Brüggemann, Michael/Kleinen-von Königslöw, Katharina/Sifft, Stefanie, 2008: The Transnationalization of Public Spheres. Basingstoke.

Wolfsfeld, Gadi, 1997: Media and Political Conflict. News from the Middle East. Cambridge.

Inter- und transnationale Organisationen als symbolische Autoritäten der Mediendemokratie

Matthias Ecker-Ehrhardt

1. Einleitung

Welche Rolle spielen internationale Organisationen wie UN oder Weltbank und transnationale Nichtregierungsorganisationen (NRO) wie Amnesty International (AI) oder die Welthungerhilfe in massenmedial vermittelten Öffentlichkeiten demokratischer Gesellschaften („Mediendemokratien")? Inter- und transnationale Organisationen haben sich über die letzten Jahrzehnte zu weltpolitisch einflussreichen Akteuren entwickelt. Nicht nur helfen sie bei der Koordination und Implementierung wichtiger Politiken, sie schalten sich mit ihren Stellungnahmen und Entscheidungen auch immer wieder vehement in den Willensbildungsprozess von Staaten und Gesellschaften ein und hinterlassen bemerkenswerte Spuren in deren Verständnis über zu lösende Probleme, die eigene Handlungsverantwortung und angemessene politische Strategien. Sei es im Rahmen direkter Lobbyingaktivitäten gegenüber einzelnen Staaten, Unternehmen bzw. Bürgern, als akkreditierte Teilnehmer an internationalen Konferenzen oder aber im Rahmen medialer Meinungsbildungsprozesse von Gesellschaften: Letztlich beruht dabei ein wesentlicher Teil ihres Einflusses auf einem besonderen Maß an symbolischer Autorität, d. h. ihrer breiten Anerkennung als glaubwürdige Quellen von Wissen und normativer Orientierung.

Dank dieser Anerkennung genießen ihre Stellungnahmen einen privilegierten Zugang zu den Medien, weil diese angesichts ihrer Produktionslogiken auf glaubwürdige Quellen für Fakten und Interpretationen angewiesen sind. Medien wirken in der Folge aktiv bei der Konstruktion und Reproduktion einer zunehmend „multizentrischen" Weltordnung mit, denn sofern sie in ihrer Berichterstattung auf inter- und transnationale Organisationen als Quellen zurückgreifen, signalisieren sie ihrem Publikum ihrerseits die Anerkennungswürdigkeit dieser Akteure als Autoritäten. Dieser Mechanismus ist bislang kaum systematisch erforscht, für das Verständnis aktueller Willensbildungsprozesse in „Mediendemokratien" aber von immenser Bedeutung: Der zugewiesene Vorschuss an Glaubwürdigkeit bestimmt nachhaltig die Karrierechancen alternativer Problemdefinitionen, Verantwortungszuschreibungen und Erwartungen hinsichtlich der Durchführbarkeit und Angemessenheit einzelner Politiken im öffentlichen und politisch-institutionellen Diskurs. Entsprechend zielt der Beitrag im Wesentlichen auf die Darlegung eines Forschungsdesiderats, das in der Zukunft verstärkte Aufmerksamkeit durch die Medien- und Kommunikationswissenschaft verdient.

Der Beitrag entwickelt sich in drei Schritten. Zunächst zeige ich, dass sich die Autorität von internationalen Organisationen und NROs als Ausdruck einer sich ausdifferenzierenden Weltgesellschaft verstehen lässt, in der Kommunikationsprozesse notwendigerweise durch die geteilte Anerkennung bestimmter Akteure als kompetent und vertrauenswürdig entlastet werden (2.1). Diese „Entlastungsfunktion" kommt internationalen Organisationen und NROs nun gerade im Kontext von Medienberichterstattung zu, sofern Journalisten systembedingt auf „gute Quellen" angewiesen sind. Diese Praxis trifft auf ein kompetentes Publikum, das entsprechende Signale bezüglich der Glaubwürdigkeit journalistischer Quellen sehr wohl zu lesen weiß; Medien spielen darum eine Schlüsselrolle bei der Konstruktion und Reproduktion weltgesellschaftlicher Autoritätsverhältnisse (2.2).

Dieses allgemeine Argument wird in einem zweiten Schritt auf den Gegenstandsbereich „komplexe humanitäre Krisen" bezogen. Humanitäre NROs wie Ärzte ohne Grenzen (MSF) und internationale Organisationen wie die Weltgesundheitsorganisation genießen ein allgemein hohes Ansehen und sind darum geradezu prädestiniert als „gute Quellen" der Medien zu fungieren (3.1). Hier zeige ich anhand eigener Forschung zum Thema, dass Journalisten tatsächlich relativ häufig auf diese Organisationen zurückgreifen, obgleich die faktische Präsenz von NROs deutlich geringer ausfällt als die der verschiedenen UN-Agenturen (3.2).

Mit Blick auf eine weitergehende Interpretation dieser Ergebnisse muss darüber hinaus auch festgestellt werden, dass trans- und internationale Organisationen selbstverständlich weder unfehlbar, neutral oder gar als Sprachrohr einer „Weltgesellschaft" im Ganzen legitimiert sind. Dass Medien sie vielfach als anerkennungswürdige „gute Quellen" herausstellen, wirft darum in einem dritten Schritt die normative Frage auf, inwiefern sie hier ihrer Rolle als „watch-dogs" der Mediendemokratie tatsächlich im gebotenen Maße nachkommen (4.). Hinweise auf entsprechende Defizite des Medienbetriebs werden darum ausführlich erörtert, bevor dann in einem abschließenden Fazit verschiedene Desiderate zukünftiger Forschung zu diesem Thema formuliert werden.

2. Weltgesellschaftliche Autorität und Mediendemokratie

Glaubt man James Rosenau (1990, 1997) sind wir auf bestem Wege in eine „multizentrische Welt". Den bürokratischen Apparaten internationaler Institutionen werden von den Nationalstaaten zum Teil erhebliche Kompetenzen bei Problemdefinition und Politikgestaltung eingeräumt (Barnett/Finnemore 1999, 2004; Zürn et al. 2007). Ihnen wird die Fähigkeit zugeschrieben, Probleme zu identifizieren und mittels eines Repertoires an Begriffen und Kategorien beschreibbar zu machen, Problemlösungsstrategien vorzugeben, indem sie überzeugende Handlungsregeln und -pläne skizzieren bzw. solche von Dritten anhand eigener Expertise bewerten, schließlich auch problematisches Verhalten von Staaten oder gesellschaftlichen Akteuren zu verifizieren und die Angemessenheit von Sanktionen zu beurteilen. Transnationale Nichtregierungsorganisationen wie Amnesty International oder MSF beteiligen sich an der Identifikation gesellschaftlicher Probleme und sammeln Wissen über mögliche Lösungswege. Sie formulieren Standards, helfen bei der Überwachung und sind zum Teil sogar in der Lage, über den öffentlichen Entzug von Legitimität als „Weltgewissen" Regelverletzungen zu sanktionieren (Keck/Sikkink 1998; Boli/Thomas 1999a; Cutler et al. 1999; Wolf 2006).

Für Viele deutet sich folgerichtig „a novel redistribution of power among states, markets, and civil society" (Mathews 1997: 51) an, allerdings ist kaum zu übersehen, dass der politische Einfluss von NROs und internationalen Organisationen im Wesentlichen „weicher" Natur ist. Verglichen mit den militärischen Kapazitäten und finanziellen Etats von Nationalstaaten bleiben Organisationen wie UNICEF oder Greenpeace im Sinne klassischer Machttheorien unbedeutende Leichtgewichte der internationalen Politik. Auch mit Blick auf den ökonomischen Bereich agieren heute auf den globalisierten Märkten transnationale Konzerne, deren Verfügungsrahmen auch den großer NROs und internationaler Organisationen (und vieler Nationalstaaten) bei weitem übertrifft.

2.1 Symbolische Autorität in der Weltgesellschaft

Dass es ihnen dennoch immer wieder gelingt, Staaten oder größere Unternehmen zur Einhaltung von Menschenrechten oder Umweltstandards zu bewegen, haben Beobachter nicht zuletzt darauf zurückgeführt, dass die Verdichtung grenzübergreifender Austauschbeziehungen zu einem verstärkten Koordinations- und damit auch Kommunikationsbedarf führt. Dieser lässt neben – für internationale Verhandlungen typischen – Drohungen und Tauschangeboten gegebenenfalls auch gute Argumente zum Zuge kommen (etwa Risse 2000: 19; vgl. auch Deitelhoff/Müller 2005). Gerade in der Verfügungsgewalt über die „besseren Argumente" liegt nun für viele Beobachter die besondere Stärke von NROs und internationalen Organisationen und der wesentliche Grund ihres weltpolitischen Einflusses: Sie operieren gern und häufig im Rückgriff auf universelle Menschenrechte, Gerechtigkeitsvorstellungen und Kollektivgüter (eine saubere Umwelt, Biodiversität usw.) und überzeugen damit Opponenten oder zwingen sie zumindest in die argumentative Defensive (Schimmelfennig 1995, 2003; Risse 1999). Avancieren trans- und internationale Akteure allerdings dauerhaft zu „structural foci of universalistic discourse and debate" (Boli 1999: 299), kommt ihnen augenscheinlich auch jenseits situativ zur Disposition stehender „besserer Argumente" eine herausgehobene Stellung im Rahmen politischer Kommunikationsprozesse zu. Sie akkumulieren über die Zeit eine spezifische Anerkennung, die ihren Stellungnahmen einen erheblichen Vorschuss an Aufmerksamkeit und Überzeugungskraft sichert, der sich nicht in einer Idee des „besseren Arguments" erschöpft.

Die einschlägige Literatur hat diesen Umstand mit dem Begriff der „Autorität" zu fassen versucht. Autorität bezeichnet demgemäß ein Herrschaftsverhältnis, das – zumindest auch – auf Anerkennung einer bestimmten Organisation als kompetent bzw. zuständig beruht (vgl. Rosenau 1997; Cutler et al. 1999; Hall/Biersteker 2002; Barnett/Finnemore 2004; Wolf 2006). So bewerten beispielsweise internationale Rating-Agenturen wie Moody's oder S&P turnusmäßig die Kreditwürdigkeit von Unternehmen und Staaten und nehmen damit aufgrund einer allgemeinen Anerkennung dieser Bewertungen entscheidenden Einfluss auf die internationalen Finanzmärkte. Ihre Macht liegt aber gerade darin, dass einzelne Bewertungen weitgehend unhinterfragt Verwendung finden und nicht einer erneuten Fallanalyse unterzogen werden (Sinclair 1999). Auch Weltbank und UNHCR genießen in ihren Bereichen einen vergleichbaren Einfluss, sofern sie Regeln und Kategorien definieren, an denen andere Akteure „standardmäßig" ihr Handeln ausrichten (Barnett/Finnemore 2004). Moody's, S&P, Weltbank oder UNHCR genießen somit gerade darum Autorität, weil sie zu einem gewissen Grade der „besseren" Argumente im engeren Sinne gar nicht bedürfen. Ihr Publikum übernimmt die von ihnen „autorisierten" Daten und Bewertungen aufgrund einer Anerkennung der Quellen (Bourdieu 1991: 170 ff.).

Autoritäten werden dabei aufgrund eines (unterstellten) Zugangs zu Sonderwissen anerkannt. So sorgen im Falle wissenschaftlicher Expertennetzwerke („epistemic communities", Haas 1992) die wissenschaftlichen Titel und Positionen ihrer Mitglieder dafür, dass ihre besondere Kompetenz bei Themen wie Ozonloch, Klimawandel oder Artenvielfalt weithin unterstellt wird (Bourdieu 1987; Edwards/Potter 1992; Boli 1999).[1] Autorität kann sich darüber hinaus auch auf die Anerkennung gründen, ethische oder juristische Regeln „richtig" auslegen bzw. normative Pflichten definieren zu können, wie Hall (1997) am Beispiel der katholischen Kirche und Mattli (2001) mit Blick auf transnationale Steitschlichtungsagenturen gezeigt haben. Gemeinwohlorientierten NROs unterstellt man sogar gemeinhin die Autorität, in öffentlichen Räumen als moralisches „Weltgewissen" auftreten zu können (Rosenau 1997; Boli 1999).

Neben solcher epistemischer oder moralischer Kompetenz kann zudem ein Mindestmaß an Vertrauenswürdigkeit als weitere notwendige Bedingung von Autorität unterstellt werden. Schon Aristoteles hat mit diesem Akzent „Charakter" als potenziell wirksamste Ressource von Autorität bezeichnet (Aristoteles 1999: 1356a). Mit Blick auf transnationale Organisationen haben einige in vergleichbarer Weise auf das in mehr als hundertfünfzig Jahren aufgebaute Vertrauen der Rotkreuzbewegung hingewiesen (Pasquier 2001) bzw. darauf, wie schnell vorhandenes Vertrauen verloren werden kann, wie im Falle von Greenpeace und Brent Spar (Löfstedt/Renn 1997).[2]

Mit Blick auf Kommunikationsprozesse bezeichnet „Autorität" in diesem Sinne zunächst nichts anderes als einen im Rahmen von Persuasionstheorien bereits vieldiskutierten Vorschuss an „Glaubwürdigkeit" (credibility), der bestimmten Sprechern (Priestern, Ärzten, Wissenschaftlern) von ihrem Publikum gewährt wird (Hovland et al. 1959; Lupia/McCubbins 1998). Organisationen – bzw. ihre Vertreter – sind besonders glaubwürdig, sofern ihnen vom Publikum ein besonderes Maß an Kompetenz und Vertrauenswürdigkeit unterstellt wird. In genereller soziologischer Perspektive sind die hier diskutierten „Autoritäten" allerdings mehr, nämlich Ausdruck (welt-)gesellschaftlicher Differenzierung. Konzediert man einen steigenden Bedarf an grenzübergreifend erzielter Koordination und Verständigung, so ist eine sich herausbildende „Weltgesellschaft" (Luhmann 1975; Stichweh 2000) zunehmend auf Entlastungsmechanismen angewiesen. Grenzübergreifend anerkannte Autoritäten erfüllen in diesem Sinne die Funktion eines denationalisierten „Steuerungsmediums"[3], und zwar gleich in mehrfacher Hinsicht.

---

[1] In ähnlicher Weise sagt man Rating-Agenturen wie Moody's oder Standard & Poor's eine besondere Erfahrung nach, die Kreditwürdigkeit von Unternehmen und Staaten kompetent beurteilen zu können (Sinclair 1999: 159). Es geht hier also nicht nur um, im engeren Sinne, „wissenschaftlich" erzeugtes Wissen.

[2] Vertrauen lässt sich schließlich auch situativ herstellen, etwa sofern man bestimmten Organisationen eine besondere Gemeinwohlorientierung unterstellt oder ihre Vertreter als uneigennützige „Gutmenschen" wahrnimmt (Lupia/McCubbins 1998). Barnett und Finnemore (2004) haben in diesem Sinne den Einfluss von internationalen Organisationen auch auf ihr Auftreten als unparteiische Bürokratien zurückgeführt.

[3] Hier schließe ich an die Diskussion über Steuerungsmedien in der Theorie des kommunikativen Handelns bei Habermas an, obgleich dort in der Tradition Talcott Parsons noch zwischen

Erstens entlastet Autorität politische Kommunikationsprozesse sofern bestimmte „Gatekeeper" den Zugang zu Kommunikation anhand von Kriterien wie Vertrauenswürdigkeit und Kompetenz regeln und damit die (knappen) Kapazitäten von Kommunikationsarenen schonen. „Autorität" impliziert in diesem Sinne eine „vorrangige Behandlung" von Sprechern bzw. ihren Stellungnahmen, die der eigentlichen Kommunikation in politischen Foren vorgelagert ist (Deutsch 1963: 250). Folgt man diesem Gedankengang der politikwissenschaftlichen Kybernetik, ist etwa die Besetzung des Intergovernmental Panel on Climate Change (IPCC) durch international anerkannte Forscher unmittelbar als „autoritätsselektiver" Rekrutierungsprozess zu verstehen. Würde diese Selektion fehlen, wäre das Gremium selbst gar nicht diskussions- und entscheidungsfähig. Darüber hinaus erhält das IPCC mit seinen Situationsdefinitionen und Lösungsvorschlägen privilegierten Zugang zu anderen Kommunikationsforen, was dortige Koordinierungs- und Verständigungsprozesse erleichtert. Ihre Berichte mögen hunderte von Seiten umfassen, der von ihnen verifizierte „Klimawandel" wird erst Kraft der „transnationalen" Autorität der Autoren zur gemeinsamen Grundlage parteiübergreifender Initiativen, internationaler Verhandlungen und transnationaler Chatrooms.

Zweitens entlasten gerade weltgesellschaftliche Autoritäten die Kommunikation internationaler Verhandlungen, Chatrooms oder Massenmedien usw. indem sie Akteuren die Formulierung überzeugender Argumente erleichtern (Habermas 1981: 384-419). Archetypisch wird Anerkennung demgemäß als argumentative Berufung auf Autorität *(argumentum ad verecundiam)* zum propositionalen Bestandteil von Kommunikation („Wir dürfen nicht mehr so viel Auto fahren, denn das ist schlecht fürs Klima, wie jüngst erst wieder das IPCC gesagt hat!", vgl. schon Schopenhauer 1830; Fogelin/Sinnott-Armstrong 2005). Auch in dieser Funktion vereinfachen Autoritäten weltgesellschaftliche Kommunikationsprozesse, sofern jeder Teilnehmer – gerade wenn er keine eigene Autorität hat – im Rahmen seiner Stellungnahmen mit ihnen operieren kann. Auch dies kann allerdings nur gelingen, sofern die angerufenen Autoritäten von allen Teilnehmern gleichermaßen anerkannt werden; nur dann „stechen" ihre Daten und Interpretationen.

Trifft diese Interpretation zu, erscheint der viel diskutierte *„authority shift"* von den Nationalstaaten auf die trans- und internationalen Organisationen (Zürn et al. 2007; Rosenau 1997) als Teil eines umfassenderen Konstituierungsprozesses von „Weltgesellschaft", deren Kommunikation durch eine grenzübergreifend anerkannte „world authority structure" (Boli/Thomas 1999) überhaupt erst in die Lage versetzt wird, sich auf Situationsdeutungen zu einigen und gegebenenfalls sogar hinsichtlich gemeinsamer politischer Lösungen Verständigung zu erzielen. Die Stärke transnationaler Autoritäten wie des Intergovernmental Panel of Climate Change (IPCC) liegt entsprechend genau darin, den Klimawandel nicht mehr nur für einen bestimmten, „national" oder ideologisch definierten Kreis von Kollegen, Regierungen oder Medienvertretern zu verifizie-

---

epistemischem „Prestige" und moralischer „Autorität" in einem engeren Sinne differenziert wird (Habermas 1981: 384-419). Die Diskussion von Autorität in der hier referierten Literatur ist allerdings breiter und umfasst ausdrücklich sowohl epistemische wie normative Deutungen. Beide definieren alternative, aber mit Blick auf die Ausbildung von „Autoritäten" ähnliche Modi sozialer Strukturbildung, die auf der Ebene weltgesellschaftlicher Semantiken und Diskurse nachverfolgt werden können (vgl. auch Boli 1999; Stichweh 2004; Ecker-Ehrhardt 2007).

ren, sondern aufgrund weltweiter Anerkennung ebenso weltweit eine geteilte Deutung des Problems zu etablieren. Ihre Empfehlungen entfalten dabei auch normative Bindungskraft und verpflichten eine Vielzahl staatlicher und gesellschaftlicher Akteure auf ein klimapolitisches Projekt, eine „transnational advocacy coalition" mit gemeinsamer Problem- und Verantwortungsdefinition und einer gemeinsamen Vorstellung „richtiger" Lösungsstrategien (Keck/Sikkink 1998; Boli 1999).

2.2 Massenmedien und autoritative Quellen

Ausbildung und Mechanismen einer solchen „world authority structure" lassen sich nun auch in der massenmedialen Kommunikation westlicher Demokratien beobachten. Schon mit Blick auf die vielbeachteten Erfolge von Organisationen wie Amnesty International, IPCC oder UNICEF fällt auf, dass diese nicht zuletzt auf ihrer enormen Fähigkeit beruhen, in Staaten wie den USA, Frankreich oder Deutschland qua öffentlichkeitswirksamer Appelle gesellschaftlichen Handlungsdruck zu erzeugen. So ließen sich in der Vergangenheit menschenrechtsverletzende Regime kaum von den Appellen und Vorwürfen prominenter Menschenrechtsorganisationen beeindrucken, wohl aber durch die Sanktionsdrohungen westlicher Regierungen, die sich aufgrund der von NROs und UN alarmierten Medien vor ihren heimischen Wählern zu profilieren suchten (Risse et al. 2002). Kampagnen von Amnesty oder Greenpeace adressieren in vergleichbarer Weise auch weniger die Führungen großer Konzerne wie Adidas oder Shell, sondern versuchen kaufkräftige Konsumenten westlicher Industrienationen zu einem Kaufboykott zu bewegen und mit diesem Akt eines „political consumerism" die jeweiligen Konzerne zu Zugeständnissen zu zwingen (Micheletti 2003). Gesellschaftliche Debatten mächtiger „Mediendemokratien" sind in dieser Hinsicht zweifellos Schlüsselarenen einer „global governance", deren Regeln nur noch schwer gegen den Willen einer westlich dominierten und letztlich nach wie vor durch nationale Teilöffentlichkeiten charakterisierten „Weltöffentlichkeit" durchgesetzt werden können.

Das System der Massenmedien folgt dabei archetypisch der Idee autoritätsselektiver Kommunikationsarenen. So hat die einschlägige Gatekeeping-Literatur überzeugend herausgearbeitet, dass Glaubwürdigkeit eines seiner zentralen, allerdings stets knappen Ressourcen ist (Gans 1980; Shoemaker/Reese 1991; aus systemtheoretischer Perspektive vgl. Kohring 2004). Massenmedien werden zum einen selbst durch ihr Publikum nicht nur an der Attraktivität ihrer Meldungen bewertet, sondern eben auch daran, inwiefern sie eine außermediale Wirklichkeit „objektiv" widerspiegeln. Zum anderen schont ihr permanenter Rekurs auf glaubwürdige Quellen das ohnehin knappe Vertrauen in den einzelnen Journalisten bzw. das einzelne Medienunternehmen und stellt darum ein „key element of the objective ritual" (Shoemaker/Reese 1991: 92; vgl. schon Tuchman 1972) dar und bildet „one of the most ingrained features of modern journalism" (Zaller/Chiu 1996: 386). „[W]e don't deal in facts [...] we deal in attributed opinions", so die Selbstbeschreibungen eines einflussreichen Redakteurs (nach Gans 1980: 130). Zur wesentlichen Kompetenz von Journalisten und Redakteuren gehört demgemäß ein Gespür für „gute Quellen", das heißt solche, die beim Publikum ein besonderes Maß an Glaubwürdigkeit genießen. Stellen sich Informationen oder Bewertungen nämlich als falsch heraus, fällt zumindest ein wesentlicher Teil der Verantwortung hierfür auf die

Quelle zurück, nicht den jeweiligen Journalisten bzw. Redakteur (Shoemaker/Reese 1991; Althaus et al. 1996). Regierungssprecher sind in diesem Sinne im Allgemeinen bessere Referenzen als „gut unterrichtete Kreise", Augenzeugen besser als das unverbindliche Hörensagen und ein nobelpreisprämiertes Gremium von Klimaforschern besser als ein Hobbymeteorologe, den niemand kennt.

Der mediale Rekurs auf „gute Quellen" entlastet die Kommunikation zwischen Journalist und Publikum dabei wiederum in mehrfacher Hinsicht. So wird nur ein Teil der Akteure um eine Stellungnahme zu einem bestimmten Thema gebeten bzw. der pro-aktiv abgegebenen Stellungnahmen zu Nachrichten verarbeitet. Indem die Medien auf diese Weise „autoritätsselektiv" berichten, kontrollieren sie die Zugänge zur massenmedial organisierten Öffentlichkeit und entlasten deren Publikum – zumindest zu einem gewissen Grad – von bestimmten Sprechern, deren Stellungnahmen aufgrund mangelnder Glaubwürdigkeit uninteressant sind. Darüber hinaus erleichtern Autoritäten auch Journalisten die Formulierung einer überzeugenden eigenen Meinung – entsprechend der Gepflogenheiten der Profession vor allem in Leitartikeln, Kommentaren, Glossen (vgl. auch Eilders et al. 2004).

Die vorhandene Glaubwürdigkeit der Quellen beim Publikum schützt die Medien schließlich vor einem Vertrauensverlust, falls sich die extramedial zertifizierte Information im Nachgang als falsch herausstellt. Umgekehrt allerdings vertraut das Publikum auch den Medien, nämlich dass diese tatsächlich glaubwürdige Quellen auswählen. Sie signalisieren ihrem Publikum somit zum einen, dass die Quelle „etwas zu sagen hat", zum anderen, „dass sie es auch ehrlich sagt". Kompetenz und Vertrauen gehören in dieser bekannten Gleichung der Persuasionsforschung (Hovland et al. 1959) auch zur wesentlichen „Message", die die Medien mit ihrer Auswahl „guter, glaubwürdiger Quellen" ans Publikum sendet. Das Vertrauen in den autoritätssensiblen Selektionsprozess der Medien ist dabei die notwendige (wenn auch noch nicht hinreichende) Bedingung dafür, dass das Publikum diese „Message" auch erreicht, denn „Vertrauen *durch* Journalismus bildet sich nur auf der Grundlage von Vertrauen *in* Journalismus" (Kohring 2004: 167).[4] Bildet „Glaubwürdigkeit" die zentrale Grundlage gesellschaftlicher Anerkennung bzw. „Autorität" von trans- und internationalen Organisationen, senden Medien ihrem Publikum also nur in dem Maß überzeugende Signale einer Anerkennungswürdigkeit, in dem sie selbst als glaubwürdige Gatekeeper wahrgenommen werden.

Allerdings lässt sich die journalistische Auswahl bestimmter Quellen nicht monokausal auf gesellschaftliche Glaubwürdigkeitskontingente zurückführen, und es kann unterstellt werden, dass das Publikum dies auch weiß und beim Medienkonsum voraussetzt. So werden Quellen immer nur in dem Maße für eine mediale Arena attraktiv, in der ihre Stellungnahmen selbst attraktiv sind, d. h. bestimmte *„Nachrichtenwerte"* enthalten und den logistischen Bedürfnissen der Medien auf *Aktualität, Zugänglichkeit* und *Verwertbarkeit* entsprechen (Galtung/Ruge 1965; Eilders 1997). Nicht in den Medien zu sein, heißt logischerweise nicht gleichzeitig unglaubwürdig zu sein; wer medial lange nicht zu hören oder zu sehen war, dessen Worte mögen im Zweifelsfalle umso

---

[4] Umso bedauerlicher und überraschend ist allerdings, dass der vorliegende Entwurf Matthias Kohrings einer Theorie der Medienglaubwürdigkeit zwar von Vertrauen in die Themen- und Faktenselektivität der Medien spricht, das Vertrauen in die Quellen- bzw. Akteursselektivität aber völlig außer Acht lässt (Kohring 2004: Kap. 5).

größere Wirkung beim Publikum haben. Auch können Quellen qua *Prominenz* sogar selbst dann für die Medien attraktiv sein, wenn sie Glaubwürdigkeit nur in einem sehr mittelbaren Sinne oder gar nicht besitzen (Gerhards/Neidhardt 1990; Peters 1994). Dem kompetenten Publikum bestimmter Medienformate dürfte auch dies weitgehend bewusst sein; die Stellungnahmen von Filmstars zum Klimawandel und Menschrechtsverletzungen erregen gleichwohl Aufmerksamkeit. Darüber hinaus lässt sich in der Wahl journalistischer Quellen zum Teil auch eine professionelle Selbstverpflichtung zur „*Ausgewogenheit*" erkennen, der gemäß möglichst „beide Seiten" einer Geschichte zu berichten sind (Tuchman 1972). Dies führt zwar nicht notwendigerweise zur Auswahl zweifelhafter Quellen, jedoch entspricht es guter journalistischer Praxis gerade solche Zweifel durch widersprechende Quellen zu artikulieren.

Mit Blick auf politische Berichterstattung tendieren Medien schließlich dazu „to ‚index' the range of voices and viewpoints in both news and editorials according to the range of views expressed in mainstream government debate about a given topic" (Bennett 1990: 106; vgl. auch Althaus et al. 1996; Pohr 2005). Dabei scheinen Journalisten und Redaktionen zielgerichtet „key public officials who can affect decisions about the issues" (Bennett 1997: 105; vgl. auch Entman/Page 1994) als Quellen zu nutzen. Vertreter der Regierung bzw. Ministerialbürokratie werden in diesen Fällen als glaubwürdige Quellen hinsichtlich bestimmter Direktiven, Gesetzentwürfe oder diplomatischer Initiativen der Regierung attraktiv. Dasselbe gilt – je nach den Regeln des jeweiligen politischen Prozesses – für Vertreter von Parteien, Verbänden oder parlamentarischer Fraktionen. Ihre Entscheidungsmacht macht sie zu „guten Quellen" eigner Präferenzen und Handlungspläne. Im selben Sinne werden nun neben ausländischen Regierungen (Althaus et al. 1996) auch bestimmte internationale Organisationen wie die EU, die WTO oder auch der UN-Sicherheitsrat für Journalisten interessant (Bennett 1997: 113), sofern sie im Sinne „harter" Entscheidungsmacht zunehmend zu „Machtzentren" in der internationalen Politik avancieren und tief in gesellschaftliche Entscheidungsprozesse eingreifen (Zürn et al. 2007).

Allerdings ist zweifelhaft, ob die Präferenz für „offizielle Quellen" wirklich in dem vielfach behaupteten Maße nur ihrer Entscheidungsmacht geschuldet ist. Regierungen und Parlamente genießen als Teil des „politischen Zentrums" (Peters 1993) einen beachtlichen Wissensvorsprung. Sie sind daher gerade bei internationalen Themen im bereits diskutierten Sinne anerkannte „Autoritäten" hinsichtlich der Welt, „wie sie ist". Vor allem Regierungen haben privilegierten Zugang zu internationalen Verhandlungen, verfügen über nachrichtendienstlich gewonnene Informationen und man erwartet allgemein, dass sie ihr Urteil im Kreis wohlselegierter Experten treffen. Sie sind in diesem Sinne nicht einfach gute Quellen „in eigener Sache", sondern „authorized knowers" (Lawrence 1996: 437) in einem sehr viel umfassenderen Sinne und mit Blick auf den politischen Gegenstand selbst. Im selben Sinne sind transnationale NROs und internationale Organisationen dazu prädestiniert, im Kontext bestimmter Themen zu „guten Quellen" medialer Berichterstattung zu werden, weil sie im Sinne ihrer Position als Teil einer „world authority structure" (Boli/Thomas 1999b) glaubwürdige Interpretationen komplexer Sachverhalte wie ökonomische Globalisierung, Unterentwicklung, Klimawandel oder Menschenrechtsverletzungen liefern.

Der mediale Bedarf für trans- und internationale Organisationen als autoritative Quellen hängt dabei nicht zuletzt vom *situativen Bedarf nach Autorisierung* ab. Er wird im Folgenden vor allem als eine Funktion der Unsicherheit aller oder eines Teils der Kommunikationsteilnehmer (im Zweifelsfall: des Publikums) über die kommunizierten Tatbestände (Sachverhalte, Wertungen usw.) aufgefasst. Je geringer die eigene Kompetenz und je wichtiger die Themen, so wurde argumentiert, desto angreifbarer fühlen sich Journalisten und greifen entsprechend umso stärker auf Quellen zurück (vgl. Halberstam nach Zaller/Chiu 1996: 386; vgl. schon Aristoteles 1999: 1356a). Namhafte NROs und internationale Organisationen werden somit gerade in Themenbereichen als Quellen attraktiv, die das jeweilige Publikum zum einen interessieren (Nachrichtenwertproblematik) und bei denen diese Organisationen zum anderen einen komparativen Vorsprung an Glaubwürdigkeit, Kompetenz, Zugänglichkeit usw. gegenüber alternativen Quellen bzw. den Medien selbst haben.

3. Mediale Autoritätskommunikation am Beispiel humanitärer Debatten

3.1 Komplexe humanitäre Krisen als Medienthema

Doch welche Relevanz haben trans- und internationale Organisationen nun auch empirisch? Um die Rolle von inter- und transnationalen Organisationen als „autoritative Quellen" mit Blick auf realweltliche Mediendebatten zu plausibilisieren, konzentriert sich die folgende Analyse auf die Berichterstattung anlässlich komplexer humanitärer Krisen. Das Adjektiv „komplex" soll dabei Situationen charakterisieren, in denen sich natürliche, soziale und politische Ursachen massiver humanitärer Not zu einem schwer zu lösenden Krisensyndrom verdichten (OCHA 1999; Eberwein/Runge 2002). Bürgerkriege lähmen ökonomische Prozesse und erschweren den betroffenen Gesellschaften, natürliche Probleme wie Dürren oder Überschwemmungen zu bewältigen. Durch Gewalt und Hunger ausgelöste Flüchtlingsbewegungen überfordern Nachbarregionen sowohl ökonomisch wie auch sozial und forcieren dortige Konflikte. Den durch die Not alarmierten humanitären Organisationen wie das Internationale Komitee vom Roten Kreuz (IKRK), Oxfam, Ärzte ohne Grenzen (MSF) oder das UN-Hochkommissariat für Flüchtlingsfragen (UNHCR) wird nicht selten der Zugang zu Flüchtlingscamps bzw. der notleidenden Bevölkerung im Krisengebiet verwehrt. Ihr Personal wird bedroht und häufig selbst Opfer der Gewalt. Darüber hinaus schalten sich immer wieder Menschenrechtsorganisationen wie Amnesty International (AI), Human Rights Watch (HRW) oder das UN-Hochkommissariat für Menschenrechte (UNHCHR) in die Debatte ein, denn die Bürgerkriegsparteien setzen vielerorts auf Vertreibungen, Vergewaltigung, Verstümmelungen und die Zwangsrekrutierung von Kindersoldaten als Strategien der Kriegsführung.

Sofern man als Maßstab die Berichterstattung über andere Ereignisse aus den entsprechenden Regionen heranzieht, haben humanitäre Krisen vergleichsweise gute Chancen die Aufmerksamkeit westlicher Medien zu erregen und für Schlagzeilen zu sorgen. Während langfristige Probleme der so genannten „Dritten Welt" wie Unterentwicklung oder ökologische Degradation so gut wie unbeachtet bleiben, verdichten sich im Falle komplexer humanitärer Krisen eine ganze Reihe von Nachrichtenfaktoren und sorgen zum Teil für erhebliche Beachtung durch westliche Medien und ihr Publikum. Themen wie massenhaftes Hungern, Verstümmelungen, Kindersoldaten, Massenvergewaltigungen usw. sorgen für Negativität und regen – sofern nicht schon visualisiert präsentiert – die Phantasie eines westlichen Publikums hinreichend an, um „medientauglich" zu sein. Das Schicksal der Betroffenen lässt sich durch Einzelfallbeschreibungen selbst für unterhaltende Formate zu attraktiven „human interest stories" verarbeiten (Baum 2002). Das Medienbild schwarzafrikanischer Gesellschaften scheint weitgehend reduziert auf eine prekäre Mischung aus Wildpark und Apokalypse – ein Vexierspiel aus Naturromantik, Hunger, Krieg, Seuchen und Tod (Natsios 1997; Benthall 1993).

Komplexe humanitäre Krisen sind jedoch noch aus einem anderen, kommunikations- bzw. medienwissenschaftlichen Grunde instruktiv. Gerade mit Blick auf solche Krisen – vor allem die in Somalia 1992/3, Bosnien 1992-95, Ruanda 1994, Kosovo 1999 – ist die Rolle der Medien bei der Erzeugung von gesellschaftlicher Aufmerksamkeit und politischem Handlungsdruck eingehend diskutiert worden. Die Ausgangsthese eines umfassenden „CNN-Effektes" im Falle der US-Intervention in Somalia (Hoge 1994) wurde dabei durch ausführliche Erhebung von Aufmerksamkeitszyklen politischer Eliten und Medien weitgehend widerlegt (vgl. Livingston/Eachus 1995; Livingston 1996, 1997; Mermin 1997, 1999; Hasenclever 2001; Robinson 2003; vgl. Wessler/Brüggemann in diesem Band). Bemerkenswerterweise, so belegen diese Studien anschaulich, wurde die Krise in Somalia – neben anderen, ähnlichen Fällen – erst zum Medienthema in den USA, nachdem Kongressabgeordnete und Regierungsbeamte das Thema als wichtig und dringend bewerteten und gegenüber Medienvertretern aktiv bewarben (Bosso 1989; Livingston/Eachus 1995; Mermin 1999; Robinson 2003). Senatoren wie Nancy Kassebaum und Joe Liberman erhielten dabei weit leichter Zugang zu den Medien als etwa Wissenschaftler und lokale Solidaritätskomitees (Mermin 1999).

Diese Beobachtung scheint jenen Recht zu geben, die Entscheidungsmacht zur zentralen Variable des journalistischen Auswahlprozesses erklären (Bennett 1990; Entman/Page 1994; Althaus et al. 1996). Folgerichtig hat auch die empirische Forschung zu öffentlichen Debatten im Kontext humanitärer Krisen die Aufmerksamkeit der Medien weitgehend auf die Mobilisierung von Entscheidungseliten erklärt (Livingston/Eachus 1995; Robinson 2003). Journalistische Produktionsroutinen sind auch mit Blick auf humanitäre Berichterstattung äußerst selektiv und selten das Produkt journalistischer Eigeninitiative.[5] Meist werden sie von anderen Akteuren angestoßen, und es deutet vieles darauf hin, dass hier Entscheidungseliten eine besondere Rolle spielen. Ihre institutionalisierte Autorität hinsichtlich des Einsatzes von Steuergeldern, administrativen Kapazitäten bei der Organisation staatlicher Hilfslieferungen, militärischer Befehlsgewalt und nicht zuletzt des Abstimmungsverhaltens ihres Landes im UN-Sicherheitsrat macht sie zu wichtigen Akteuren, deren Absichten und Ankündigungen einen hohen Informationsgehalt aufweisen, der ihre Medienaufmerksamkeit bedingt.

Mit Blick auf das Funktionieren medial vermittelter Massendemokratien geht es jedoch eben nicht nur um reine Hofberichterstattung, die dem – auch demokratietheoretisch wohl begründeten – Anspruch nachkommt, den Souverän über die Aktivitäten gesellschaftlicher Machtzentren „auf dem Laufenden" zu halten und ihm so ein Mindestmaß an informierter Kontrolle zu ermöglichen (vgl. den Beitrag von Bennett in diesem Band). Die Komplexität humanitärer Krisen löst bei westlichen Politikern,

---

5 Das Engagement von BBC-Korrespondent Frederick Forsyth in der Biafra-Krise ist gleichwohl – oder gerade darum – eine vielbeachtete Ausnahme (Harrison/Palmer 1986).

Journalisten und Bürgern gleichermaßen ein hohes Maß an Unsicherheit aus – über das tatsächliche Maß an humanitärer Not und Bedürftigkeit, über „Opfer" und „Täter", die individuelle oder kollektive Verantwortung zu helfen sowie die richtige Strategie beim Einsatz vorhandener Mittel. Nicht selten stellt sich die Frage, ob humanitäre Hilfe allein reicht oder ob nicht internationale Sanktionen bzw. eine militärische Intervention erst ein sicheres Umfeld schaffen müssen, in der zivile Nothilfe überhaupt wirken kann (Eberwein/Runge 2002). Sofern komplexe humanitäre Krisen in hohem Maße Unsicherheit generieren, regen sie Sprecher zu „Autoritätskommunikation" an, also das kommunikative Operieren mit glaubwürdigen Quellen von Informationen und Bewertungen.

3.2 NROs und UN als „gute Quellen"

Um die formulierte These zu substantiieren, muss zunächst geklärt werden, um welche Medienpräsenz es genau gehen soll. Gemäß dem in Abschnitt 2 dargelegten Verständnis von Autorität als „Entlastungsmedium", fokussiere ich im Folgenden zwei autoritätsselektive Operationen von Medienakteuren: zum einen das „autoritätsselektive" Gatekeeping im engeren Sinne, zum anderen die argumentative Berufung auf Autoritäten *(argumentum ad verecundiam).*

In der ersten Operation werden die Stellungnahmen von trans- und internationalen Organisationen zunächst vornehmlich zum Gegenstand von Nachrichten. In einer mit knapp 90 Worten typischen Kurzmeldung im britischen Guardian vom 11.2.1998 liest man etwa zur humanitären Krise in Sierra Leone:

„As west African peacekeepers fought their way closer to Freetown and shells hit the Sierra Leone capital, hundreds of civilians fled to the city centre yesterday. At least 12 civilians had reportedly been killed in shelling. Eight hundred refugees who arrived in the Guinean capital Conakry by sea on Sunday, another 7 000 were on the way, a spokesman for the United Nations refugee agency said yesterday" (Guardian 11.2.1998).

Die Syntax dieser Meldung lässt wie häufig offen, inwieweit die gesamte Darstellung der Situation vom Sprecher des UNHCR stammt oder nur ein Teil. Davon unabhängig werden diese Aussagen unter der Überschrift „Refugees flee fatal Sierra Leone clashes" als wichtige gesicherte Information präsentiert. Im selben Sinne erfährt man durch einen Bericht von CNN-Chefkorrespondentin Christiane Amanpour vom 11.8. 2004 von der Situation unterernährter Kinder in Darfur

„Hamdi Ismail is one and a half years old, but weighs only 12 pounds. Other 2- and 3-year-old children at an emergency feeding center weigh as much as the average 3-months-old infant in the United States. Doctors from the French relief group Medecins Sans Frontieres, also known as Doctors Without Borders, estimate one in five children in western Darfur is severely malnourished."

Sowohl der UNHCR wie die NRO „Ärzte ohne Grenzen" werden in diesen Passagen als glaubwürdige Quellen präsentiert und erhalten mit ihrer Sicht der Dinge qua journalistischen „Gatekeepings" Zugang zu massenmedialer Öffentlichkeit. Jeweils signalisieren allgemein als vergleichsweise glaubwürdig anerkannte Medien (Guardian, CNN) ihrerseits die Glaubwürdigkeit bestimmter Organisationen (UNHCR, MSF).

Jenseits solcher Berichte und Meldungen, signalisieren Medien die Glaubwürdigkeit ihrer Quellen auch durch die Art und Weise in der sie selbst Meinungen begründen. Sie berufen sich auf ihre Quellen um eigene Behauptungen zu autorisieren und folgen damit der klassischen Figur eines *argumentum ad verecundiam* (Fogelin/Sinnott-Armstrong 2005). So fordert etwa ein Kommentar im britischen Guardian am 10.6.1994 die Ahndung der Menschenrechtsverletzungen in Ruanda und gründet diese Forderung u. a. auf deren völkerrechtlich bedeutsame Bewertung durch Human Rights Watch als Genozid:

„Genocide, as Human Rights Watch/Africa says in its latest report, must be called by its rightful name. So must the slaughter – by both sides – of thousands of Hutus. Those responsible should be named by UN officials: in some cases legal action may be taken in courts outside Rwanda."

Ähnlich appelliert auch Nicholas D. Kristof an den US-Präsidenten in der New York Times vom 11.9.2004, in der Darfurkrise den Druck auf die sudanesische Zentralregierung zu erhöhen, und leitet seinen Appell mit den Worten ein:

„There's kind of a reign of terror that exists,' said Kenny Gluck, director of operations for Doctors Without Borders in the Netherlands. Even in the camps where Doctors Without Borders is present, he says, Janjaweed gunmen often rape women or execute men who go off to seek firewood. So now, he said, many families are making an agonizing choice: they are sending their small children out at night to gather wood because small children are less likely to be murdered or raped. So I've got some questions for President Bush: Why don't you turn up the heat on Sudan?"

Jeweils werden also Stellungnahmen von internationalen Organisationen bzw. NROs eingeführt, die im jeweiligen Argument der Kommentatoren die Funktion von Evidenzen einnehmen. Auch in dieser, argumentativ zugespitzten Funktion signalisieren Medien die Anerkennungswürdigkeit dieser Akteure und fördern – soweit man das jeweilige Medium für vertrauenswürdig hält – deren Anerkennung beim Publikum.

Nicht jede Nennung von trans- und internationalen Organisationen kann allerdings als „Autoritätskommunikation" zählen, nicht einmal jedes Berichten einer Stellungnahme. Humanitäre Organisationen werden nämlich erstens auch immer wieder als im Feld operierende Hilfsorganisationen zum Thema von Berichterstattung. Sofern dabei lediglich „über" sie berichtet wird, ist dies selbstverständlich noch kein Hinweis auf ihre Verwendung als autoritative Quellen. Zweitens geben ihre Sprecher immer wieder Entscheidungen über eigene Hilfslieferungen bekannt. Als offizielle Sprecher sind sie „gute Quellen", sofern sie zu solchen Stellungnahmen befugt sind – ganz wie das die Indexing-Literatur mit Blick auf Regierungssprecher thematisiert hat. Die Autorität für die eigene Organisation sprechen zu dürften, interessiert in diesem Zusammenhang allerdings nicht; die Verwendung als Quellen „kommissiver" Ankündigungen (d. h. Ankündigungen eigenen Handelns) darf somit nicht berücksichtigt werden. Drittens wurde bereits angemerkt, dass Quellen gegebenenfalls auch Ausdruck einer „balancierten" Berichterstattung sein können. Auszuschließen sind in dieser Hinsicht mindestens zwei Fälle journalistischer Quellenverweise. Zum einen tauchen sie zwar als Quellen von Stellungnahmen auf, ihnen wird aber von einer anderen Quelle widersprochen. Werden Regierungen oder humanitäre Organisationen etwa der Veruntreuung von Hilfslieferungen bezichtigt, werden ihre Stellungnahmen als „andere Seite der Geschichte" im Sinne einer Norm der Ausgewogenheit ebenfalls berichtet, ohne dass damit ein valider Hinweis auf ihre Anerkennung gegeben wird bzw. ein entsprechendes Signal unterstellt werden soll. Zum anderen wird ihre Glaubwürdigkeit durch den Journalisten gelegentlich selbst explizit in Frage gestellt, auch diese Fälle sind nicht als „Autoritätskommunikation" zu werten.

Solchermaßen gefasst, wurde im Rahmen einer qualitativen Inhaltsanalyse eine Auswahl von Medientexten zur humanitären Krise in Darfur (Sudan) nach „autoritativen Quellen" durchsucht (vgl. Ecker-Ehrhardt 2007; zur Krise selbst grundlegend Flint/de Waal 2005; Prunier 2007). Der Textkorpus entstammt der Berichterstattung der New York Times und des britischen Guardian. Diese sind erstens Qualitätszeitungen mit nicht unbedingt identischem Profil, aber zweifellos hoher journalistischer Vertrauenswürdigkeit und damit, so die Annahme, signifikanter Wirkung auf den Deutungs- und Autoritätshorizont ihres Publikums. Ausschlaggebend für ihre Auswahl war zweitens ihre Verortung in den Gesellschaften der USA und Großbritanniens. Die USA ist die dominante Macht in der nachhaltigen Bearbeitung regionaler Konflikte und Krisen. Ihre institutionellen, finanziellen und vor allem militärischen Kapazitäten entscheiden nach wie vor maßgeblich darüber, in welchem Maße die Weltgemeinschaft glaubwürdig mit Sanktionen und Interventionen drohen kann. Großbritannien nimmt sich demgegenüber zwar weniger bedeutend aus, ist aber ebenfalls Vetomacht im UN-Sicherheitsrat, militärisch handlungsfähige Interventionsmacht und ressourcenstarkes Geberland im Bereich der humanitären Hilfe – und damit ebenfalls „big player" in diesem Politikfeld. USA und Großbritannien sind zudem Sitzländer international aktiver NROs wie Human Rights Watch, Oxfam, Amnesty International oder Care, ihre Politik entsteht nicht zuletzt im Kontext reger gesellschaftlicher Aufmerksamkeit und Einflussversuche.

Aus der Berichterstattung beider Zeitungen wurden zunächst mit Hilfe der Datenbank Lexis-Nexis alle journalistischen Beiträge herausgesucht, die (a) an einem ungeraden Kalendertag erschienen sind und (b) im ersten Abschnitt (Einstellung „hlead") einen Bezug zur humanitären Krise in Darfur enthielten. Die Kriterien erfüllten 248 Artikel der New York Times und 115 Artikel des Guardian.

Wem wird nun im Rahmen medialer Berichterstattung die Autorität eingeräumt, über humanitäre Fragen glaubwürdig – d. h. kompetent und vertrauenswürdig – Auskunft zu geben bzw. entsprechende Aussagen als glaubwürdig zu zertifizieren? Ein Blick in die jüngere Darfurberichterstattung zeigt, dass die behauptete Autorität humanitärer Organisationen auch quantitativ zu belegen ist. Im Kontext der Darfurkrise spielt mit rund einem Viertel aller autoritativen Quellenverweise vor allem die UN eine weit herausgehobene Rolle. NROs – meist humanitäre im engeren Sinne, z. T. auch Menschenrechtsorganisationen – sind mit rund 10 Prozent ebenfalls präsent, allerdings gegenüber der UN in deutlich geringerem Maße. Ein signifikanter Anteil autoritativer Stellungnahmen der Afrikanischen Union (AU) – einer internationalen Organisation, die in der Darfurkrise mit UN-Mandat nach Kapitel VIII der UN-Charta agiert – ist ebenfalls bemerkenswert und verweist auf die große Rolle trans- und internationaler Organisationen.

Allerdings greifen Journalisten in vergleichbarem Umfang auf andere Quellen zurück. So fällt auf, dass die Vertreter der „eigenen" Regierung und Parlamente vielfach als autoritative Quellen von Fakten, Interpretationen und Wertungen genannt werden. Das besondere Gewicht der US-Institutionen drückt dabei nicht nur eine besondere Sichtbarkeit und Relevanz ihrer Stellungnahmen aus, sondern deren besondere Kompetenz angesichts eigner humanitärer Kapazitäten vor allem in Gestalt der US Agency for International Aid (USAID). Darüber hinaus spielt mit Blick auf die regionale Szenerie neben der sudanesischen Regierung und Rebellengruppen auch ein heterogenes Set von „Stimmen vor Ort" eine Rolle, denen als Augenzeugen und Betroffenen der humanitären Krise ein mehr oder weniger autoritatives Gewicht zugesprochen wird.

Die plurale Qualität dieses Tableaus autoritativer Quellen wird schließlich noch dadurch verstärkt, dass sich hinter den Großkategorien UN und NROs eine Vielzahl heterogener Stimmen – und zum Teil auch konkurrierender Zahlen und Bewertungen – verbergen. Neben der Stimme des UN-Generalsekretärs sprechen im Namen der UN die verschiedenen Hochkommissariate für Flüchtlinge bzw. Menschenrechte, der UN-Nothilfekoordinator (Jan Egeland) bzw. sein Amt für die Koordinierung humanitärer Angelegenheiten (OCHA), der Sonderbeauftragte für den Sudan und Chef der Blauhelmmission UNMIS (Jan Pronk), das Welternährungsprogramm usw. Auf Seiten der NROs stehen klassische Hilfsorganisationen wie Médecins Sans Frontières (MSF), Save the Children Fund (SCF), Oxfam sowie – hier ebenfalls der „NRO-Welt" zugerechnet – eine der Rot-Kreuz-Organisationen; darüber hinaus auch advokative Akteure wie Human Rights Watch (HRW), Amnesty International (AI) oder die International Crisis Group (ICG), die mit ihren Studien und Stellungnahmen das öffentliche Bewusstsein für Menschenrechtsverletzungen wecken wollen.

Dieser Pluralismus autoritativer Quellen lässt sich gemäß der hier formulierten Perspektive als direkter Ausdruck einer globalen Ordnung verstehen, die bezüglich ihrer Autoritäten „multizentrisch" ist. Der signifikante Anteil von inter- und transnationalen

Abbildung 1: Autoritative Quellen in der Darfurberichterstattung von The Guardian und The New York Times 2004-6

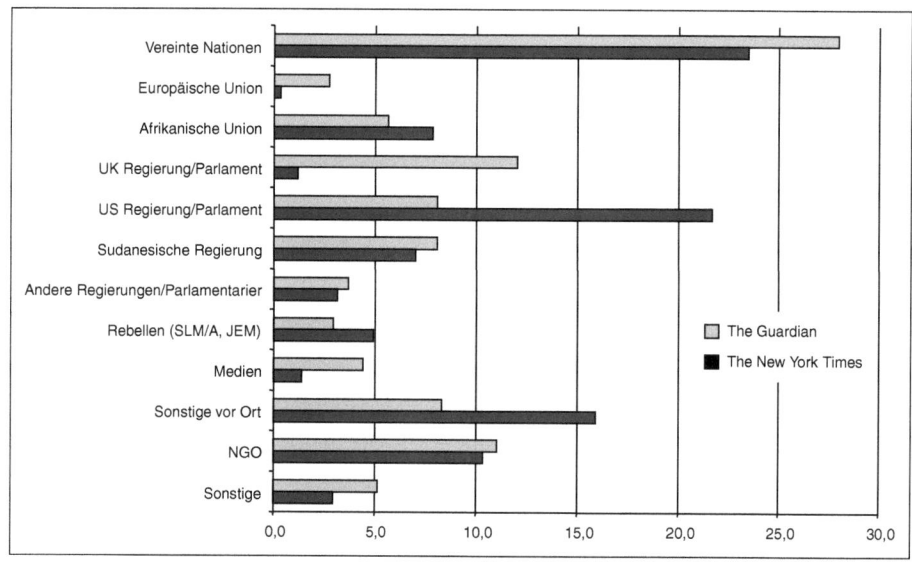

Quelle: Eigene Berechnungen. Die referierten Anteile beruhen auf 408 Verweisen auf autoritative Quellen in der humanitären Berichterstattung des Guardian (115 Artikel) und 956 solcher Verweise in der New York Times (248 Artikel).

Organisationen entspricht dabei der Diagnose, dass ihr Gewinn an Autorität zu den wesentlichen Mechanismen einer weltgesellschaftlichen Ausdifferenzierung von Autorität gehört. Gemäß den oben vorgebrachten Überlegungen signalisieren die Medien ihrem Publikum dabei auch die Anerkennungswürdigkeit dieser Organisationen als glaubwürdige Quellen und wirken in dieser Hinsicht selbst aktiv an der Ausdifferenzierung einer „multizentrischen Welt" mit.

Die Bedingungen und Mechanismen dieser Prozesse mit der nötigen Tiefenschärfe zu erschließen, verlangt nach einem umfassenden Forschungsprogramm, das hier nur angeregt werden kann. In Vorbereitung darauf soll die Perspektive abschließend auf die direkte Interaktion von Medien und Organisationen verschoben werden. Dabei wird neben einer zunehmenden Abhängigkeit von Medien gegenüber weltpolitischen Autoritäten auch sichtbar, dass Medien Gefahr laufen ihrer demokratietheoretisch wünschenswerten Kontrollfunktion von „Macht" nicht im gebotenen – und aus Sicht trans- und internationaler Organisationen wünschenswerten – Umfang nachzukommen.

4. Von weißen und schwarzen Schafen: Autorität und mediale Kontrolle

Dass UN und NROs vielfach – wenn auch mit unterschiedlicher Tendenz – zu „guten Quellen" werden ist plausibel. Sie genießen gesellschaftlich hohes Ansehen und die Medien besitzen ein professionell geschultes Gespür für gesellschaftliche Akzeptanz der von ihnen verwendeten Quellen (Shoemaker/Reese 1991). Umfragen belegen regelmäßig das im Vergleich zu Regierungen hohe gesellschaftliche Vertrauen in die UN sowie die Hoffnungen, dass diese Organisation bei der Bewältigung von Konflikten und humanitären Krisen einen maßgeblichen Beitrag leisten möge (GlobeScan 2005; Kohut et al. 2007). Den Friedensnobelpreis erhielt die UN gleich 13-mal in ihrer Geschichte, davon allein zweimal (1995, 1981) das Amt des mit humanitären Angelegenheiten besonders betrauten Hochkommissariats für Flüchtlingsfragen.

Mit Blick auf NROs bezeugen neben Umfragen (GlobeScan 2005; Edelman 2007) vor allem ihre über die vergangenen Jahrzehnte massiv gestiegenen Spendeneinnahmen gesellschaftlich breite Anerkennung und hohes Vertrauen (Radtke 2007). Als Ärzte ohne Grenzen (MSF) im Jahre 1999 der Friedensnobelpreis verliehen wurde, prämierte das Preiskomitee diese Organisation für ihre „professional assistance – efficiently – to people who are suffering or in need ..., never compromising over this paramount mandate that one can achieve outward legitimacy and inner inspiration." Zweifellos mit einigem Recht war man dabei der Ansicht, die MSF-Mitarbeiter agierten als „representatives of a much greater number of self-sacrificing men and woman all over world ... putting their life at risk, in scenes of the profoundest suffering and degradation" (Francis Sejerstad, in seiner Rede als Vorsitzender des Nobelpreiskomitees, 10.12.1999). Der Friedensnobelpreis an MSF war somit als Preis an humanitäre Hilfsorganisationen im Allgemeinen gedacht.

Die in der Preisrede für MSF anklingende emphatische Stilisierung von humanitären Helfern als heroische Ikonen einer zukünftigen, besseren Weltordnung wird augenscheinlich auch von vielen Journalisten geteilt. So bezeichnete etwa der bei NBC für foreign news zuständige Direktor John Stack humanitäre Helfer in einem Interview als „Heilige auf Erden" (nach Strobel 1997: 107) und eine im Auftrag des Fritz Institut und der Reuters Foundation durchgeführte Umfrage unter Journalisten verschiedener Länder hat das ungemein hohe Ansehen der Helfer auch empirisch bestätigt (Ross 2004).

In Zeiten, in denen Medienunternehmen auf ein engmaschiges Korrespondentennetz weitgehend verzichten, geraten humanitäre Organisationen – ob transnational-zivilgesellschaftlicher oder zwischenstaatlich-internationaler Provenienz – gleich mehrfach in eine Schlüsselposition. Ihre Pressemitteilungen zielen auf das medieninterne Agendasetting und ersetzen mangelnde Präsenz insbesondere in der weltpolitischen Peripherie, in der humanitäre Krisen im Allgemeinen ausbrechen. Erscheint der Redaktion die Reise eines eigenen Teams zu kostspielig oder gefährlich, werden zum Teil Geschichten und Bildmaterial direkt von diesen Organisationen übernommen. Selbst wenn Journalisten ins Krisengebiet geschickt werden, um sich selbst ein Bild zu machen, fehlt ihnen häufig jedes belastbare Kontextwissen, um diese Eindrücke angemessen zu interpretieren: „[N]o longer residents of all the countries they cover, journalists become parachutists jetting madly to regional crises, jumping into situations cold" (Moeller 1998: 26). Soweit vor Ort, sind Hilfsorganisationen, Menschenrechtsaktivisten und lokale UN-Dependenzen prädestiniert, um den durch Mangel an Zeit und Ressourcen induzierten Missstand eines journalistischen „driving fast without a road map" (Strobel 1997: Kap. 2) zu kompensieren. Die erwähnte Umfrage des Fritz Instituts hat gezeigt, dass Journalisten selbst humanitäre Organisationen als primäre Quellen wahrnehmen und enttäuscht sind, wenn diese nicht genug Mittel und Zeit für die Bereitstellung journalistisch verwertbaren Materials einsetzen (Ross 2004).

Umgekehrt bemühen sich humanitäre Organisationen bereits seit langem, dieser Nachfrage nachzukommen und machen den Journalisten den Vorwurf, überzogene Erwartungen zu formulieren. Deren „ghastly competition for the worst pictures" wirkt im Kontext massiven menschlichen Leidens bestenfalls parasitär und einzig einem voyeuristischen Publikum zu Hause verpflichtet (so Germaine Greer im Guardian vom 25.7.1994). Die Perspektive der Helfer auf die Journalisten ist allerdings eines zweiten Blickes wert, denn ihre Abhängigkeit von Zuwendungen durch Staaten und – im Falle von NROs – private Spender induziert ein zwiespältiges Interesse, möglichst viel Medienaufmerksamkeit für sich und die Krise zu generieren. Sie verschicken proaktiv Pressemitteilungen, stellen Fotos, Ton- bzw. Videomaterial bereit, suchen den Kontakt zu Journalisten vor Ort oder organisieren Reisen für Journalisten in Krisengebiete. So fuhren etwa Journalisten bereits im April 1992 mit dem UNHCR nach Somalia (Strobel 1997: 106) und der Leiter eines von Hutus verwüsteten Weisenhauses auf Kosten von Pharmaciens Sans Frontières zu einer eigens veranstalteten Pressekonferenz im Juni 1994 nach Paris (Hasenclever 2001: 330). Solche Aktivitäten sind keinesfalls Ausnahmen, sondern Ausdruck eines sich seit den 80ern professionalisierenden Zugehens von Hilfsorganisationen auf die Opportunitäten moderner Mediendemokratien (Benthall 1993; Strobel 1997; Moeller 1998; Ross 2004).

Die proaktiv erzeugte Aufmerksamkeit der Medien steuert dabei Zuwendungen hinsichtlich bestimmter Krisen. Gelingt es nämlich Organisationen „ihre" Krise auf der medialen Agenda aufsteigen zu lassen, steigen auch die Chancen durch eigene Appelle finanzielle Zuwendungen für eigene Projekte zu generieren. Nicht selten nehmen die Medien diese Spendenappelle direkt in ihre Berichtstattung auf, z. T. sogar in dem sie Spendenkonten nennen. Die humanitären Organisationen konkurrieren zum anderen auch auf einem durch strengen Wettbewerb gekennzeichneten Markt um private Spenden und staatliche Zuwendungen. Sie wissen sehr wohl, dass sich Spender und Zuwendungsgeber einem vergleichsweise dicht besetzten Feld von operativ tätigen Organisationen gegenüber sehen und somit über reichlich Alternativen für ihre Mittel verfügen (Macrae 2002). Sie haben darum nicht nur ein besonderes Interesse an Krisenberichterstattung im weiteren Sinne, sondern eben auch an einer journalistischen Darstellung ihres besonderen Einsatzes und ihrer Professionalität bei der Bewältigung menschlichen Leids.

An dieser Stelle ist Skepsis angebracht, denn die Vertrauenswürdigkeit trans- und internationaler Organisationen ist keine absolute, sondern eine relative Größe. Die unkritische Übernahme ihrer Zahlen und Bewertungen durch die Medien ist für das Funktionieren einer „Demokratie in der Mediengesellschaft" prekär. Forschung in diesem Feld muss den strategischen Umgang mit Zahlen und Bewertungen verstärkt adressieren, um ihrem Gegenstand auch in Zeiten einer postnationalen „multi-centric world" (Rosenau 1997) gerecht zu werden. Erstens ist mit Blick auf die begrenzte Vertrauenswürdigkeit dieser Organisationen ihre enorme Abhängigkeit von privaten Spenden und staatlichen Zuwendungen prekär. Gerade die Opferzahlen humanitärer Organisationen stellen sich nachträglich immer wieder als überzogen heraus; sie geraten in der Folge unter Verdacht „to exaggerate in order to secure donations" (*Guardian*, 5.6. 2004).

Zweitens setzt jedoch schon die basale Philosophie des humanitären Systems seit Anbeginn dezidiert nicht auf Objektivität sondern – neben Unabhängigkeit und Unparteilichkeit – auf Neutralität. Im Bosnien-Krieg hielt es etwa die UN für opportun die serbische Seite gegenüber den Medien nicht einseitig als Täter zu brandmarken. Der UN ist darum verschiedentlich vorgeworfen worden, sie hätte mit dieser verzerrten Darstellung eine Mobilisierung westlicher Öffentlichkeiten für eine massive militärische Intervention lange verhindert (Strobel 1997). Was diese Kritik vollkommen verkennt ist, dass humanitäre Missionen von UN oder NROs notwendigerweise jeden Eindruck von Parteinahme vermeiden müssen. Sie kommen damit einer primären Fürsorgepflicht gegenüber ihrem im Konflikt tätigen Personal nach und sichern den Zugang zur notleidenden Bevölkerung – das eigentliche Ziel humanitärer Hilfe (Götze 2003). Selbst jahrzehntelang eher advokatorisch auftretende Organisationen wie MSF haben schmerzlich erfahren müssen, dass der Eindruck mangelnder Neutralität gerade in Bürgerkriegssituationen kontraproduktiv und gefährlich ist (Stoddard 2003).

Neben mangelnder Vertrauenswürdigkeit, müssen Journalisten auch im Blick behalten, dass nicht jeder Mitarbeiter einer trans- oder internationalen Organisation gleichermaßen über die unterstellten *Kompetenzen* verfügt, die ihn oder sie als „gute Quelle" prädestinieren. UN-Mitarbeiter werden immer wieder schlecht vorbereitet ins Feld geschickt; einzelne Organisationseinheiten mangelhaft über die Aktivitäten und Erfahrungen anderer informiert (Reindorp 2002). Ein ähnlich schlechtes Zeugnis stellt auch das Personal humanitärer NROs ihren Organisationen aus (Bronner 2003). Es muss darum keinesfalls mangelnde Vertrauenswürdigkeit unterstellt werden, wenn sich die Darstellungen von UN und NROs im Nachhinein als falsch herausstellen. Sie sind definitiv auch Ausdruck eigener Überforderung angesichts eines wie angemerkt (über-)komplexen und schwer zu überschauenden Gegenstandes.

Nach dem medienträchtigen „Massaker von Jenin" im April 2002 stellte sich schnell heraus, dass die alarmierenden Darstellungen von Mitarbeitern des Roten Kreuzes, Amnesty International und Human Rights Watch bei weitem überzogen waren. Die Israelische Armee war in ein Palästinenserlager mit massiver Gewalt eingedrungen und hatte den Hilfsorganisationen den Zugang zum Lager vorübergehend untersagt. Das hinderte diese jedoch nicht daran, die von Palästinenserseite propagandistisch übertriebene Darstellung von Opferzahlen zu übernehmen und mit ihrer Autorität als Hilfsorganisationen bewährt an die Medien weiterzugeben (vgl. auch Anti-Defamation League 2002). Ein besonderes Kompetenzproblem stellt sich dabei hinsichtlich der Anerkennungswürdigkeit moralischer Appelle und Verantwortungszuschreibungen dar. In dem Maße in dem trans- und internationale Organisationen – bzw. ihr Personal – als Stimme eines „Weltgewissens" wahrgenommen werden, erhalten ihre Stellungnahmen eine normative Autorität, deren Legitimität zumindest hinsichtlich ihrer mangelnden Repräsentativität fragwürdig ist. Sowohl finanziell, operativ wie in der Präsenz als autoritative Quellen dominieren NROs aus Europa und den USA diese Stimme. Darauf verweisen nicht nur lokale NROs und Initiativen, sondern gelegentlich sogar die Betroffenen in Form massiver Protestaktionen (Moulin/Nyers 2007).

Die Stellungnahmen von trans- und internationalen Organisationen im Falle humanitärer Krisen sind also *weder per se vertrauenswürdig noch kompetent,* die professionelle Skepsis gegenüber diesen Quellen nicht zuletzt aus demokratietheoretischer Sicht essenziell. Jedoch müssen noch höhere Ansprüche an die Medien gestellt werden, denn die hier diskutierten Organisationen sind nicht nur als „gute Quellen" humanitärer Berichterstattung bedeutsam. Sie sind auch weltpolitisch machtvolle Akteure und daher darüber hinaus hochgradig „kontrollbedürftig". Dieser Umstand ist in den letzten Jahren verstärkt – nicht zuletzt von einem Teil der Organisationen selbst – unter dem Begriff der „Rechenschaftspflichtigkeit" *(accountability)* thematisiert worden (Grant/Keohane 2005; Davis 2007).

Schon der zweckfremde Einsatz von Spendenmittel für Werbekampagnen wird gelegentlich zum Thema. So sorgte vor Kurzem der Verein „Internationale Kinderhilfe" für Aufsehen, weil seine Ausgaben für Werbung zeitweise die eigenen Einnahmen durch Spenden sogar überstiegen (Fokus 12/2007). Mit Blick auf die humanitären Operationen am Einsatzort sorgt mangelnde Koordination und Kompetenz gerade im Falle kleinerer Organisationen immer wieder dafür, dass dringend benötigte Mittel nicht die Bedürftigen erreichen (Wood et al. 2001; Reinhardt/Rolf 2006). Der UN hat man vorgeworfen sich im Rahmen des Oil-For-Food-Programms zum Komplizen des irakischen Regimes und westlichen Firmen gemacht zu haben und damit für die massive Veruntreuung von Hilfsmitteln zumindest mitverantwortlich zu sein. Grundsätzlich stehen Hilfsorganisationen immer wieder vor dem Problem sich den Zugang zur notleidenden Bevölkerung in Bürgerkriegssituationen durch die Bestechung einzelner Warlords erst „erkaufen" zu müssen (Götze 2003). Humanitäre Organisationen befinden sich schließlich gegenüber den Hilfsbedürftigen in einer gefährlichen, weil kaum kontrollierten Machtposition, der Spielraum für Willkür, Korruption und sexuelle Ausbeutung gibt (Davis 2007). So gehen unabhängige Untersuchungen davon aus, dass sich humanitäre Helfer in westafrikanischen Flüchtlingslagern regelmäßig Sex mit Flüchtlingen (auch Kindern) erpresst haben. Das Problem scheint unter den Flüchtlingen weithin bekannt gewesen zu sein, eine Möglichkeit, sich bei Verantwortlichen oder gar einer

Weltöffentlichkeit Gehör zu verschaffen, bestand freilich nicht – auch dies Ausdruck mangelnder Accountability (Naik 2003).

Solche Missstände verweisen darauf, dass den Medien angesichts humanitärer Krisen eine weitaus komplexere Rolle zukommt, als nur „glaubwürdige" Opferzahlen und Interpretationen von humanitären Organisationen in die Welt zu vermitteln. Humanitäre Organisationen üben Herrschaft aus – nicht nur durch ihre autoritative Glaubwürdigkeit als Experten menschlichen Leids und als moralisches „Weltgewissen", sondern eben auch durch ihre Verfügung über private oder öffentliche Mittel sowie ihre operative Entscheidungsfreiheit im Einsatz humanitärer Hilfsgüter. Diese Herrschaft bedarf der Kontrolle, um Ansprüchen einer legitimen „global governance" gerecht zu werden. Das Buhlen um mediale Aufmerksamkeit und private wie staatliche Zuwendungen induziert große Ungleichheit in Bezug auf die regionale Verteilung humanitärer Hilfe, was den für das humanitäre System ebenfalls konstitutiven Anspruch der Unparteilichkeit verletzt (Pilar 2002).

Auch wenn trans- und internationale Organisationen einen umfangreichen Prozess der Standarddefinition und Transparenzinitiativen gestartet haben (SPHERE usw.), bleibt die öffentliche Thematisierung und Skandalisierung von Versäumnissen und Verstößen aus demokratietheoretischer Sicht essenziell. „There is a need for an independent humanitarian watchdog" (Naik 2003: 15), wobei die Unabhängigkeit der Medien angesichts eigener ökonomischer Restriktionen begrenzt scheint. Es bleibt zu hoffen, dass sich die Redaktionen langfristig einem verstärkten Publikumsinteresse an „bad news" über humanitäre Organisationen gegenübersehen, das die Bereitstellung journalistischer Ressourcen für die kritische Beobachtung humanitärer Akteure auch wirtschaftlich interessant macht (Strobel 1997; Davis 2007). Je mehr trans- und internationale Organisationen zum essenziellen Bestandteil einer weltgesellschaftlichen Autoritätselite werden, so lässt sich hoffen, werden Medien „ihr Publikum vergrößern [...] wenn sie Schwächen der Eliten, denen man vertraut, aufdecken" (Coleman nach Kohring 2004: 166). Dies würde die Kontrolle humanitärer Hilfe durch Geber und Empfänger erleichtern und eigene Anstrengungen der betroffenen Organisationen in Richtung „Rechenschaftspflichtigkeit" enorm unterstützen, die selbst einen Mangel an konstanter Medienkontrolle beklagen (Davis 2007).

5. Fazit

Die Stellungnahmen von inter- und transnationalen Organisationen genießen, wie gesehen, einen privilegierten Zugang zu Medien, weil diese auf glaubwürdige Quellen für Fakten und Interpretationen angewiesen sind – so das zentrale Argument des Beitrags. Medien wirken aktiv bei der Konstruktion und Reproduktion einer zunehmend „multi-centric world" (Rosenau 1997) mit, denn indem sie in ihrer Berichterstattung auf Organisationen wie den UNHCR oder Amnesty International als Quellen zurückgreifen, signalisieren sie ihrem Publikum ihrerseits die Anerkennungswürdigkeit dieser Akteure als Autoritäten. Geht man von der Annahme aus, dass die gesellschaftliche Anerkennung einen erheblichen Vorschuss an Aufmerksamkeit und Glaubwürdigkeit garantiert, so liegt hier augenscheinlich ein wesentlicher Schlüssel zum Verständnis weltpolitischer Meinungsbildungsprozesse bei Sachthemen wie Klimawandel, Menschenrechtsschutz, Biodiversivität oder Unterentwicklung. Trans- und internationale Autoritäten prägen öffentliche Diskurse mit ihren Charakterisierungen von Problemen, Verantwortungszuschreibungen und Lösungswegen und organisieren erfolgreich ein Mandat für eigenes Handeln bzw. einen Handlungsdruck auf andere Akteure wie Regierungen, Unternehmen oder andere internationale Akteure. Zumindest mit Blick auf humanitäre Organisationen wurde schließlich gezeigt, dass die Medien hier aufgrund eigener Restriktionen an Zeit und Ressourcen in ein problematisches Abhängigkeitsverhältnis geraten. Dies ist insofern bedenklich, als damit nicht nur eine Kontrolle der übernommenen Daten und Interpretationen, sondern ebenso eine normativ wünschenswerte Rechenschaftspflichtigkeit dieser Organisationen weitgehend ausbleibt.

Weitere Forschung zur „medialen Autoritätskommunikation in der Weltgesellschaft" ist notwendig, die unser Wissen über die aufgezeigten Mechanismen weiter empirisch fundiert und deren Theoretisierung vorantreibt. Ein erster Merkpunkt diesbezüglich ist das bereits bei James Rosenau (1997) formulierte Argument, dass Autorität nur in Form begrenzter *Autoritätssphären* sinnvoll zu konzeptualisieren ist. NROs und internationale Organisationen bleiben augenscheinlich Spezialisten eng gefasster Themenbereiche, bei denen sie tatsächlich einen Vorsprung an Aufmerksamkeit und Glaubwürdigkeit besitzen. Es bleibt weiterer Forschung vorbehalten, den Bereich normativer oder epistemischer Deutungen zu bestimmen, bei denen sich eine Anerkennung dieser Organisationen als Autoritäten tatsächlich empirisch aufzeigen lässt. Die Sprechaktanalyse bietet sich hier an, autorisierte Deutungen differenziert zu erheben und als Indikatoren von Anerkennung zu nutzen (etwa Searle/Vanderveken 1985; Vanderveken 1990). Das hier adressierte Desiderat wäre somit das einer *Kartographie weltgesellschaftlicher Autoritätssphären*.

Ein zweiter Merkpunkt ist die unterstellte *Wirkung von Autoritätskommunikation auf ihr Publikum*. Wünschenswert bleibt es, die behauptete Kausalität auch im weltgesellschaftlichen Feld und im Kontext massenmedialer Kommunikation zu bestätigen und hinsichtlich ihrer Bedingungen und empirischen Relevanz zu spezifizieren. Welchen Unterschied macht es wirklich, ob ein Problem von Greenpeace beschrieben wird, dem Umweltminister oder einer lokalen Umweltgruppe „ohne Namen"? Welchen Unterschied macht es in Bremen, New York, Bombay oder Adis Abeba? Welchen im Rahmen eines renommierten Nachrichtenformats oder der Gameshow eines Lokalsenders?

Eng damit verbunden bleibt ein dritter Merkpunkt: die bislang nur schemenhaft konzeptualisierten *Ressourcen einer Autoritätsanerkennung*. Aus der experimentellen Persuasionsforschung (Lupia/McCubbins 1998; Hovland et al. 1959) wissen wir, dass unterstellte Kompetenz und Vertrauenswürdigkeit die Überzeugungskraft von Sprechern signifikant erhöht. Die politische Soziologie hat demgegenüber die Rolle von Institutionen als eigentlichem „apparatus of mobilization" (Bourdieu 1991: 194) betont. Es dürfte sich empfehlen die Ressourcenfrage auch mit Prozessanalysen anzugehen, die die Akkumulations- und Verfallsprozesse der Autorität einzelner Personen und Organisationen im Längsschnitt verfolgt. Kontingente sozialer Anerkennung sollten sich dabei auf solche Momente sozialen Lernens kausal zurückführen lassen, in denen Akteure sich mit ihren Deutungen bewähren oder – etwa im Rahmen von Skandalen wie „Brent Spar" (Löffstedt/Renn 1997) – scheitern.

Im Rahmen einer solchen Prozessanalyse wäre auch ein vierter Forschungsbereich zu adressieren, nämlich der *strategische Umgang mit Autorität bzw. Autoritätskommuni-*

kation. Es lag nahe, im Falle des Mediensystems die Nutzung von glaubwürdigen Quellen als systemisch-immanente „Logik" journalistischen Handelns zu charakterisieren. Gleichwohl steht zu vermuten, dass Journalisten wie auch andere Gatekeeper etwa parlamentarischer oder wissenschaftlicher Foren vielfach eigenen strategischen Imperativen folgen. So ist es plausibel, dass Autoritäten vielfach im Sinne eines „Authoritäts-Shoppings" nicht nur danach ausgewählt werden, ob sie beim Publikum anerkannt werden, sondern auch danach, ob sie tatsächlich die eigene Sicht der Dinge „autorisieren" oder nicht.[6]

Gerade mit Blick auf diese Problematik wäre schließlich ein fünftes Desiderat, den engen Fokus auf Medienkommunikation gezielt zu öffnen und die Kommunikation in anderen, nicht minder (welt-)politisch wichtigen Foren wie Parlamenten, internationalen Verhandlungen, Weltgipfeln oder aber transnationalen Aktivistennetzwerken auf ihren spezifischen Gehalt von „Autoritätskommunikation" zu untersuchen. Erste Analysen haben bereits den bemerkenswerten Befund ergeben, dass US-Repräsentantenhaus und britisches Unterhaus in signifikantem – und höchst unterschiedlichem – Umfang auf UN und NROs in ihren Debatten humanitärer Krisen zurückgreifen (Ecker-Ehrhardt 2007). Zukünftige Forschung von Autoritätskommunikation sollte dieser Fährte folgen und die seit langem kritisierte Selbstbeschränkung der Kommunikationsforschung auf Massenkommunikation überwinden helfen.

Literatur

Althaus, Scott L./Edy, Jill A./Entman, Robert M./Phalen, Patricia, 1996: Revising the Indexing Hypothesis. Officials, Media, and the Libya Crisis, in: Political Communication 13, 407-421.
Anti-Defamation League, 2002: Anatomy of Anti-Israel Incitement: Jenin, World Opinion and the Massacre That Wasn't, in: http://www.adl.org/Israel/jenin/jenin.pdf; 1.8.2006.
Aristoteles, 1999: Rhetorik. Stuttgart.
Barnett, Michael/Finnemore, Martha, 1999: The Politics, Power, and Pathologies of International Organizations, in: International Organization 53 (4), 699-732.
Barnett, Michael/Finnemore, Martha, 2004: Rules for the World. International Organizations in Global Politics. Ithaca, NY/London.
Baum, Matthew A., 2002: Sex, Lies, and War: How Soft News Brings Foreign Policy to the Inattentive Public, in: American Political Science Review 96 (1), 91-110.
Bennett, W. Lance, 1990: Toward a Theory of Press State Relations in the United States, in: Journal of Communication 40, 103-125.
Bennett, W. Lance, 1997: Cracking the News Code: Some Rules That Journalists Live By, in: *Iyengar, Shanto/Reeves, Richard* (Hrsg.), Do The Media Govern. Politicians, Voters and Reporters in America. Thousand Oaks, CA, 103-117.
Benthall, Jonathan, 1993: Disasters, Relief and the Media. London.
Boli, John, 1999: World Authority Structures and Legitimations, in: *Boli, John/Thomas, George M.* (Hrsg.), Constructing World Culture. International Nongovernmental Organisations Since 1875. Stanford, CA, 267-301.
Boli, John/Thomas, George M., 1999a: Constructing World Culture. International Nongovernmental Organisations Since 1875. Stanford, CA.
Boli, John/Thomas, George M., 1999b: INGOs and the Organization of World Culture, in: *Boli, John/Thomas, George M.* (Hrsg.), Constructing World Culture. International Nongovernmental Organisations Since 1875. Stanford, CA, 13-49.

---

6 Der Begriff geht auf eine Anregung Christiane Eilders zurück.

Bosso, Christoph J., 1989: Setting the Agenda: Mass Media and the Discovery of Famine in Ethiopia, in: *Margolis, Michael/Mauser, Gary A.* (Hrsg.), Manipulating Public Opinion: Essays on Public Opinion as Dependent Variable. Pacific Grove, CA.
Bourdieu, Pierre, 1987: Sozialer Sinn. Kritik der theoretischen Vernunft. Frankfurt a. M.
Bourdieu, Pierre, 1991: Language and Symbolic Power. Cambridge.
Bronner, Uta, 2003: Humanitäre Helfer in Krisenregionen. Motivation, Einsatzerleben, Konsequenzen – eine psychologische Analyse. Hamburg.
Cutler, Claire A./Haufler, Virginia/Porter, Tony, 1999: Private Authority and International Affairs. Albany, NY.
Davis, Austen, 2007: Concerning Accountability in Humanitarian Action, Humanitarian Practice Network at ODI.
Deitelhoff, Nicole/Müller, Harald, 2005: Theoretical Paradise – Empirically Lost? Arguing with Habermas, in: Review of International Studies 31 (1), 167-179.
Deutsch, Karl W., 1963: The Nerves of Government. Models of Political Communication and Control. London.
Eberwein, Wolf-Dieter/Runge, Peter, 2002: Neue Herausforderungen für die humanitäre Hilfe: Probleme und Perspektiven, in: *Eberwein, Wolf-Dieter/Runge, Peter* (Hrsg.), Humanitäre Hilfe statt Politik. Neue Herausforderungen an ein altes Politikfeld. Münster/Hamburg/London, 9-51.
Ecker-Ehrhardt, Matthias, 2007: Neue Autoritäten? Die öffentliche Definition humanitärer Krisen durch trans- und internationale Institutionen. WZB Discussion Paper. Berlin.
Edelman, 2007: Edelman Trust Barometer 2007, in: http://www.edelman.co.uk/trustbarometer/files/trust-barome ter-2007.pdf; 31.1.2008.
Edwards, Derek/Potter, Jonathan, 1992: Discursive Psychology. London.
Eilders, Christiane, 1997: Nachrichtenfaktoren und Rezeption. Opladen.
Eilders, Christiane/Neidhardt, Friedhelm/Pfetsch, Barbara (2004): Die Stimme der Medien. Pressekommentare und politische Öffentlichkeit in der Bundesrepublik. Opladen.
Entman, Robert M./Page, Benjamin I., 1994: The News before the Storm. The Iraq War Debate and the Limits to Media Independance, in: *Bennett, W. Lance/Paletz, David L.* (Hrsg.), Taken by Storm. The Media, Public Opinion, and U.S. Foreign Policy in the Gulf War. Chicago/London, 82-101.
Flint, Julie/de Waal, Alex, 2005: Darfur. A Short History of a Long War. London/New York, NY.
Fogelin, Robert J./Sinnott-Armstrong, Walter, 2005: Understanding Arguments: An Introduction to Informal Logic. Belmont, CA.
Galtung, Johan/Ruge, Mari H., 1965: The Structure of Foreign News. The Presentation of the Congo, Cuba and Cyprus Crisis in Four Norwegian Newspapers, in: Journal of Peace Research 2 (1), 64-91.
Gans, Herbert J., 1980: Deciding What's News. New York.
Gerhards, Jürgen/Neidhardt, Friedhelm, 1990: Strukturen und Funktionen moderner Öffentlichkeit. Fragestellungen und Ansätze. WZB Discussion Paper FS III 90-101. Berlin.
GlobeScan, 15-12-2005: Trust in Governments, Corporations and Global Institutions Continue to Decline, GlobeScan Incorporated/World Economic Forum. Genf.
Götze, Catherine, 2003: Humanitäre Hilfe unter Beschuss. Das Dilemma der Hilfsorganisationen im Konfliktalltag. HSFK-StandPunkte. Beiträge zum demokratischen Frieden 7/2003, Frankfurt am Main.
Grant, Ruth W./Keohane, Robert O., 2005: Accountability and Abuses of Power in World Politics, in: American Political Science Review 99 (1), 1-15.
Haas, Peter M., 1992: Introduction: Epistemic Communities and International Policy, in: International Organization, special issue 46 (1), 1-36.
Habermas, Jürgen, 1981: Theorie des kommunikativen Handelns. Band 2: Zur Kritik der funktionalistischen Vernunft. Frankfurt a. M.
Hall, Rodney B., 1997: Moral Authority as a Power Ressource, in: International Organization 51 (4), 591-622.
Hall, Rodney B./Biersteker, Thomas J., 2002: The Emergence of Private Authority in Global Governance. Cambridge.
Harrison, Paul/Palmer, Robin, 1986: News Out Of Africa: Biafra to Band Aid. London.

Hasenclever, Andreas, 2001: Die Macht der Moral in der internationalen Politik. Militärische Interventionen westlicher Staaten in Somalia, Ruanda und Bosnien-Herzegowina. Frankfurt a. M.
Hoge, James, 1994: Media Pervasiveness, in: Foreign Affairs 73 (4), 136-144.
Hovland, Carl I./Janis, Irving L./Kelley, Harold H., 1959: Communicationand Persuasion. Psychological Studies of Opinion Change. New Haven.
Keck, Margaret E./Sikkink, Kathryn, 1998: Activists beyond Borders. Advocacy Networks in International Politics. Ithaca, NY/London.
Kohring, Matthias, 2004: Vertrauen in Journalismus. Theorie und Empirie. Konstanz.
Kohut, Andrew/Wike, Richard/Menasce Horowitz, Juliana, 2007: Rising Environmental Concern in 47-Nation Survey: Global Unease with Major World Powers. The Pew Global Attitudes Projekt. Washington, D.C.
Lawrence, Regina G., 1996: Accidents, Icons, and Indexing. The Dynamics of News Coverage of Police Use of Force, in: Political Communication 13, 437-454.
Livingston, Steven, 1996: Suffering in Silence: Media Coverage of War and Famine in the Sudan, in: *Rotberg, Robert/Weiss, Thomas* (Hrsg.), From Massacres to Genocide. Washington, D.C.
Livingston, Steven, 1997: Clarifying the CNN Effect: An Examination of Media Effects According to Type of Military Intervention. Harvard University John F. Kennedy School of Government. Boston, MA.
Livingston, Steven/Eachus, Todd, 1995: Humanitarian Crises and the U.S. Foreign Policy: Somalia and the CNN Effect Reconsidered, in: Political Communication 12, 413-429.
Löfstedt, Ragnar/Renn, Ortwin, 1997: The Brent Spar Controversy: An Example of Risk Communication Gone Wrong, in: Risk Analysis 17 (2), 131-136.
Luhmann, Niklas, 1975: Die Weltgesellschaft, in: *Luhmann, Niklas* (Hrsg.), Soziologische Aufklärung, Bd. 2. Opladen, 51-71.
Lupia, Arthur/McCubbins, Mathew D., 1998: The Democratic Dilemma: Can Citizens Learn What They Need to Know? Cambridge.
Macrae, Joanna (Hrsg.), 2002: The New Humanitarianisms: A Review of Trends in Global Humanitarian Action. Humanitarian Policy Group.
Mathews, Jessica T., 1997: Power Shift, in: Foreign Affairs 76 (1), 50-66.
Mattli, Walter, 2001: Private Justice in a Global Economy: From Litigation to Arbitration, in: International Organization 55 (4), 919-947.
Mermin, Jonathan, 1997: Television News and American Intervention in Somalia: The Myth of a Media-Driven Foreign Policy, in: Political Science Quarterly 112 (3), 385-403.
Mermin, Jonathan, 1999: Debating War and Peace: Media Coverage of U.S. Intervention in the Post-Vietnam Era. Princeton, NJ.
Micheletti, Michele, 2003: Political Virtue and Shopping. New York, NY.
Moeller, Susan D., 1998: Compassion Fatigue: How the Media Sell Disease, Famine, War and Death. New York, NY.
Moulin, Carolina/Nyers, Peter, 2007: „We Live in a Country of UNHCR" – Refugee Protests and Global Political Society, in: International Political Sociology 1, 356-372.
Naik, Asmita, 2003: The West Africa Sex Scandal, in: Humanitarian Exchange 24 (July).
Natsios, Andrew S., 1997: U.S. Foreign Policy and the Four Horsemen of the Apocalypse. Humanitarian Relief in Complex Emergencies. Westport, CT.
OCHA, 1999: Orientation Handbook on Complex Emergencies. New York/Genf.
Pasquier, André, 2001: Humanitarian Action: Constructing Legitimacy, in: International Review of the Red Cross 83 (842), 311-322.
Peters, Bernhard, 1993: Die Integration moderner Gesellschaften. Frankfurt a. M.
Peters, Birgit, 1994: „Öffentlichkeitselite" – Bedingungen und Bedeutungen von Prominenz, in: *Neidhardt, Friedhelm* (Hrsg.), Öffentlichkeit, öffentliche Meinung, soziale Bewegung. Opladen, 191-213.
Pilar, Ulrike v., 2002: Die Instrumentalisierung der Humanitären Hilfe, in: *Eberwein, Wolf-Dieter/Runge, Peter* (Hrsg.), Humanitäre Hilfe statt Politik? Münster/Hamburg/London, 163-188.
Pohr, Adrian, 2005: Indexing im Einsatz. Eine Inhaltsanalyse der Kommentare überregionaler Tageszeitungen in Deutschland zum Afghanistankrieg 2001, in: Medien und Kommunikationswissenschaft 53 (2-3). Themenheft „Medialisierte Kriege und Kriegsberichterstattung", 261-276.

Prunier, Gérard, 2007: Darfur. The Ambiguous Genocide. Revised and updated edition. London.
Radtke, Katrin, 2007: Ein Trend zu transnationaler Solidarität? Die Entwicklung des Spendenaufkommens für die Katastrophen- und Entwicklungshilfe in Deutschland. WZB Discussion Paper. Berlin.
Reindorp, Nicola, 2002: Trends and Challenges in the UN Humanitarian System, in: *Macrae, Joanna/Collinson, Sarah/Buchanan-Smith, Margie/Reindorp, Nicola/Schmidt, Anna/Mowjee, Tasneem/Harmer, Adele* (Hrsg.), Uncertain Power: The Changing Role of Official Donors in Humanitarian Action. London, 29-39.
Reinhardt, Dieter/Rolf, Claudia, 2006: Humanitäre Hilfe und vergessene Katastrophen. UN-Weltgipfel und neue Finanzierungsmechanismen, INEF Policy Brief 01. Duisburg.
Risse, Thomas, 1999: International Norms and Domestic Change: Arguing and Communicative Behavior in the Human Rights Area, in: Politics & Society 27 (4), 529-559.
Risse, Thomas, 2000: „Let's Argue!". Communicative Action in World Politics, in: International Organization 54 (1), 1-40.
Risse, Thomas/Jetschke, Anja/Schmitz, Hans P., 2002: Die Macht der Menschenrechte. Internationale Normen, kommunikatives Handeln und politischer Wandel in den Ländern des Südens. Baden-Baden.
Robinson, Piers, 2003: The CNN Effect: The Myth of News, Foreign Policy and Intervention. New York, NY.
Rosenau, James N., 1990: Turbulence in World Politics. A Theory of Change and Community. Princeton, NJ.
Rosenau, James N., 1997: Along the Domestic-Foreign Frontier. Exploring Governance in a Turbulent World. Cambridge.
Ross, Steven S. 2004: Toward New Understandings: Journalists & Humanitarian Relief Coverage. New York, NY.
Schimmelfennig, Frank, 1995: Debatten zwischen Staaten. Eine Argumentationstheorie internationaler Systemkonflikte. Opladen.
Schimmelfennig, Frank, 2003: The EU, NATO and the Integration of Europe. Rules and Rhetoric. Cambridge.
Schopenhauer, Arthur, 1830: Die Kunst, Recht zu behalten. Frankfurt a. M.
Searle, John R./Vanderveken, Daniel, 1985: Foundations of Illocutionary Logic. Cambridge.
Shoemaker, Pamela J./Reese, Stephen D., 1991: Mediating the Message: Theories of Influences on Mass Media Content. Chicago, IL.
Sinclair, Timothy J., 1999: Bond-Rating Agencies and Coordination in the Global Political Economy, in: *Cutler, A. C./Haufler, Virginia/Porter, Tony* (Hrsg.), Private Authority and International Affairs. Albany, NY, 153-168.
Stichweh, Rudolf, 2000: Die Weltgesellschaft: soziologische Analyse. Frankfurt a. M.
Stoddard, Abby, 2003: Humanitarian NGOs: Challenges and Trends, in: HPG Briefing: 12/2003.
Strobel, Warren P., 1997: Late-Breaking Foreign Policy. The News Media On Peace Operations. Washington, DC.
Tuchman, Gaye, 1972: Objectivitiy as Strategic Ritual: An Examination of Newsmen's Notion of Objectivity, in: Amercian Journal of Sociology 77 (4), 660-679.
Vanderveken, Daniel, 1990: Meaning and Speech Acts. Cambridge.
Wolf, Klaus-Dieter, 2006: Private Actors and the Legitimacy of Governance Beyond the State. Conceptional Outlines and Empirical Explorations, in: *Benz, Arthur/Papadopoulos, Ioannis* (Hrsg.), Governance and Democracy. London, 200-227.
Wood, Adrian/Apthorpe, Raymond/Borton, John, 2001: Evaluating International Humanitarian Action. Reflections from Practitioners. London.
Zaller, John/Chiu, Dennis, 1996: Government's Little Helper: U.S. Press Coverage of Foreign Policy Crises, 1945-1991, in: Political Communication 13, 385-405.
Zürn, Michael/Radtke, Katrin/Binder, Martin/Ecker-Ehrhardt, Matthias, 2007: Politische Ordnungsbildung wider Willen, in: Zeitschrift für Internationale Beziehungen 14 (1), 129-164.

Politischer Protest im Netz – Möglichkeiten und Grenzen der Mobilisierung transnationaler Öffentlichkeit im Zeichen digitaler Kommunikation

Sigrid Baringhorst

1. Medien und politischer Protest

Seit den 1960er Jahren haben sich unkonventionelle Formen der politischen Teilhabe wie die Unterzeichnung von Petitionen, Demonstrationen, Boykotte, Blockaden und andere Formen des zivilen Ungehorsams zu dauerhaften Elementen des politischen Handlungsrepertoires der Bürger westlicher repräsentativer Demokratien entwickelt. Neue soziale Bewegungen haben weltweit gegenüber traditionellen Interessengruppen an Einfluss gewonnen und „agencies, repertoires, and targets of political participation" verändert (Norris 2002: 221).[1]

Formen politischen Protests unterscheiden sich von anderen Formen der politischen Partizipation dadurch, dass politische Prozesse und institutionalisierte Machtverhältnisse durch nicht im parlamentarischen Entscheidungsfindungsprozess routinisierte Handlungsweisen beeinflusst werden sollen. Politischer Protest, so Michael Lipsky (1965: 1), ist die politische Ressource der Machtlosen. In der Regel greifen politische Protestakteure auf unkonventionelle Partizipationsformen zurück, weil sie im etablierten Regierungssystem keine Möglichkeit sehen, ihren Forderungen Gehör zu verschaffen. Politischer Protest entsteht also vor allem dann, wenn die im Parlament vertretenen Parteien Protestanliegen nicht unterstützen bzw. Protestforderungen nur von Protestparteien, d. h. Parteien außerhalb des etablierten Machtgefüges, in die parlamentarische Arena eingebracht werden. Während politische Parteien (noch immer) primär nationalstaatliche Akteure sind, versuchen politische Protestakteure zunehmend auch im transnationalen Raum für ihre Anliegen Gehör zu finden.

Ziel politischen Protests ist die Thematisierung von Kritik und Widerspruch sowie letztendlich die Erzeugung von Resonanz unter politischen, ökonomischen oder gesellschaftlichen Machteliten. Da sie nicht selbst am politischen Entscheidungsprozess beteiligt sind, müssen Protestakteure mehr noch als die Repräsentanten der „politischen Klasse" (Beyme 1993) andere auf ihre Anliegen aufmerksam machen und für ihre Ziele und Forderungen gewinnen. Protestieren ist somit zwangsläufig stets kommunikatives, auf politische Öffentlichkeit gerichtetes Handeln (Baringhorst 1998: 327 f.). Da politische Öffentlichkeit in modernen Gesellschaften vor allem medial hergestellte Öffent-

---

1 In acht postindustriellen Gesellschaften (Großbritannien, Deutschland, Niederlande, Österreich, USA, Italien, Schweiz, Finnland) stieg, von Mitte der 1960er bis Mitte der 1990er Jahre der Anteil derjenigen, die eine Petition unterzeichnet haben, von 32 auf 60 Prozent. Der Anteil derjenigen, die an einem Boykott teilgenommen haben, erhöhte sich in der entsprechenden Zeitspanne von 6 auf 15 Prozent, der Anteil derjenigen, die an einer Hausbesetzung teilgenommen haben, stieg von 1 auf 2 Prozent, und der Anteil derjenigen, die einen wilden Streik unterstützen, von 2 auf 4 Prozent (Norris 2002: 198).

lichkeit ist, sind Veränderungen der medialen Umwelt, wie etwa die Kommerzialisierung des Rundfunks oder die Einführung digitaler Medien für Charakter und Erfolg politischer Protestaktionen von außerordentlicher Bedeutung.

Die Einführung des Privatfernsehens in der 1980er Jahren hat die Ausdifferenzierung und Professionalisierung der Öffentlichkeitsarbeit von Protestakteuren und die Ausrichtung von Protestaktionen in Westeuropa am Sensationalismus massenmedialer Berichterstattung begünstigt.[2] Damit erhielt in der Kampagnenpolitik von Protestakteuren die strategische, auf Persuasion eines Massenpublikums zielende Dimension von Kommunikation Vorrang gegenüber der expressiven, auf individuelle und kollektive Selbstäußerung zielenden Dimension. Die Umweltorganisation Greenpeace gilt als Paradebeispiel für diese Anpassung von Medienstrategien an die Selektionslogik kommerzieller Medien und die kampagnenförmige Inszenierung von Protest als Medienspektakel.

Die Einführung und Verbreitung digitaler Medien, insbesondere des Internet, ermöglichen indessen eine Umkehrung dieses Trends zur professionellen Kampagnenpolitik. So nehmen zahlreiche Autoren an, dass diese Medien insbesondere ressourcenarmen Akteuren Chancen zur Umgehung der Selektionsfilter der massenmedialen Gatekeeper eröffnen. Insbesondere die technische Struktur des Web 2.0 begünstige eine „Desintermediation" der politischen Kommunikation. Sie schaffe durch Wikis, Blogs und soziale Netzwerkportale neue Anreize, die passive Haltung von Medienrezipienten zu überwinden, und fördere die Herausbildung eines innovativen Medienaktivismus mit transnationaler Reichweite auf der Basis selbstbestimmter Medienproduktionen (vgl. z. B. Kahn/Kellner 2005; Winter/Groinig 2004; Schönberger 2004a, 2004b).

Im Folgenden sollen die Auswirkungen der Netztechnologien auf unterschiedliche Funktionen medial vermittelter Protestkommunikation vor dem Hintergrund des aktuellen Literatur- und Forschungsstandes problematisiert werden. Im zweiten Teil des Beitrags wird zunächst am Beispiel von Indymedia und dann mit Bezug auf eigene Forschungsergebnisse zu netzbasierten Anti-Corporate Campaigns das innere Spannungsverhältnis zwischen Binnen- und Außenkommunikation von Protestnetzwerken erörtert. In dem Zusammenhang geht es vor allem um den Gegensatz zwischen einer primär der Netzwerklogik folgenden egalitär ausgerichteten Protestkommunikation, die auf die Erzeugung einer alternativen Netzöffentlichkeit zielt, und einer eher hierarchisch organisierten Kampagnenkommunikation im Netz, deren Logik primär an den Selektionsfiltern einer massenmedial vermittelten Öffentlichkeit orientiert ist. Abschließend wird der Beitrag der Protestkommunikation im Netz zu einer transnationalen Öffentlichkeit – verstanden als „public of publics" (Bohman 2004: 50) – normativ reflektiert.

---

2 Als kennzeichnend für die Medienarbeit von Akteuren der neuen sozialen Bewegungen der 1960er und 1970er Jahre gilt die Erzeugung alternativer Öffentlichkeiten, verstanden als Schaffung eines von unabhängigen Kommunikationsräumen jenseits der als vermachtet und manipulierend kritisierten massenmedialen Öffentlichkeit. Zur Stärkung der propagierten Autonomie der Subjekte wurden selbstbestimmte Publikationspraxen und authentische Erfahrungsberichte für ein alternatives, bewegungsnahes Publikum gefordert. Mit der seit Ende der 1970er Jahre zunehmenden Institutionalisierung von Bewegungspolitik verliert diese Authentizität bewegungsinterner Verständigungsprozesse im Rahmen der Medienarbeit von Protestakteuren jedoch an Bedeutung.

Das Spektrum politischer Protestakteure reicht von rechtsextremen nationalistischen Gruppierungen und sich religiös artikulierenden Terrornetzwerken hin zu eher politisch links einzuordnenden, anarchistischen Protestnetzwerken. Der vorliegende Beitrag konzentriert sich indessen auf Akteure der transnationalen Global-Justice-Bewegung. Transnationalisierung sozialer Bewegungen erfolgte in der Vergangenheit, so Tarrow und della Porta (2005: 2), in drei analytisch zu unterscheidenden Formen: 1. durch Diffusion, d. h. die Verbreitung von Bewegungsideen, Praktiken und Deutungsmustern von Land zu Land, 2. durch Internationalisierung, d. h. die nationale oder lokale Austragung von Konflikten mit externem Ursprung und 3. in Form von Externalisierung, d. h. durch die Mobilisierung von Kritik an supranationalen Institutionen, um darüber auf nationale Probleme Einfluss zu nehmen. Die Qualität der in den 1990er Jahren entstandenen transnationalen Protestbewegung ist insofern neu, als neben den weiterhin bestehenden oben genannten Aspekten der Transnationalisierung Protest weniger auf nationalstaatliche Adressaten zielt und transnationale Protestkoalitionen zunehmend staatszentrierte Akteursorganisationen ablösen bzw. überlagern. Alle genannten Formen der Transnationalisierung erleichtern, so della Porta und Tarrow, „transnationale Protestaktionen" („transnational collective action") verstanden als Ausdruck für „coordinated international campaigns on the part of networks of activists against international actors, other states, or international institutions" (2005: 7).

Seit den Protesten von Seattle 1999 kann diese Bewegung auf eine große Zahl von Teilnehmern an Protestereignissen wie Gegengipfeln und Weltsozialforen verweisen[3]; ihr Erfolg zeigt sich auch in einer veränderten massenmedialen Resonanz auf globalisierungskritische Protestaktionen (Beyeler/Kriesi 2005).[4]

Eine Fokussierung der Betrachtung auf die transnationale Global-Justice-Bewegung bietet sich an, da sie inzwischen zu einem gut erforschten Objekt der Analyse der Bedeutung computervermittelter Kommunikation für Protestakteure avanciert ist. So werden ihre massenmediale Resonanz und ihr politischer Erfolg häufig auf die durch das Internet geschaffenen neuen Möglichkeiten, die „Verinselung der Gegenöffentlichkeit" (Plake et al. 2001: 76) zu durchbrechen, zurückgeführt (vgl. z. B. Donk 2004; Grunwald 2006).

---

3 Der Erfolg dieser Bewegung manifestiert sich auch im Bedeutungszuwachs Internationaler Nichtregierungsorganisationen (INGO). So hat in den 1990er Jahren deren Anzahl um 35 Prozent (von 1990 8 690 auf 2000 11 693) zugenommen (Anheier et al. 2001: 5). Zu Entwicklung und gegenwärtigen Schwerpunkten der Global-Justice-Bewegung vgl. die vom Centre for the Study of Global Governance and Centre for Civil Society an der LSE zusammen mit dem Center for Civil Society an der UCLA herausgegebenen Jahrbücher zur Global Civil Society.
4 Eine vergleichende Untersuchung der medialen Resonanz auf Ministertreffen der WTO und Treffen des Weltwirtschaftsforums deutet auf eine gestiegene mediale Aufmerksamkeit für globalisierungskritische Proteste hin (vgl. Beyeler/Kriesi 2005: 5 f.). Zur Bedeutung der medialen Aufmerksamkeit für den Mitgliederzuwachs von Attac vgl. Kolb (2005).

2. „High impact on little resources"? Funktionale Vor- und Nachteile der Netzkommunikation für transnationale Protestakteure

Frühe, in der Regel eher essayistische Beiträge zur Revitalisierung der Demokratie durch die Nutzung digitaler Kommunikationsmedien sahen im Internet ein Potenzial zur Schaffung einer virtuellen politischen Agora. Dies eröffnet insbesondere politischen Protestakteuren neue Chancen zur Konstituierung von Gegenöffentlichkeiten und zur räumlich entgrenzten Gemeinschaftsbildung (z. B. Rheingold 1993). Gemessen an den Hoffnungen der nun seit ca. 15 Jahren andauernden Debatte über die demokratischen Potenziale des Internet und seiner Bedeutung für politische Protestakteure sind die empirisch gesicherten Befunde eher dürftig (Grunwald 2006: 169).[5] Die Vor- und Nachteile transnationaler Protestkommunikation im Netz werden im Folgenden differenziert nach Funktionen medienvermittelter Kommunikation für Protestakteure resümiert. Wesentliche Annahmen und Ergebnisse der Forschung werden in Bezug auf folgende Aspekte diskutiert:

– die logistische Funktion der Protestmobilisierung;
– die kognitive Funktion der Wissensproduktion und -vermittlung in netzbasierten Öffentlichkeiten;
– die taktische Funktion der Nutzung des Internets als Waffe und Zielscheibe politischen Protests;
– die soziale Organisationsfunktion im Sinne der Ermöglichung transnationaler Netzwerkbildung;
– die affektive Funktion der virtuellen Gemeinschaftsbildung.

2.1 Logistische Vorteile

Computervermittelte Kommunikationsmedien haben die Frequenz und Beteiligung an transnationalen Protestereignissen in bisher unbekanntem Ausmaß erhöht: sei es im Sinne der Mobilisierung zahlreicher Demonstrationen zur gleichen Zeit an unterschiedlichen Orten, wie z. B. am 15.2.2003 mit den weltweiten Demonstrationen gegen den Irakkrieg, oder im Sinne der Organisation von einzelnen Massenevents mit transnationaler Teilnehmerschaft wie den Weltsozialforen oder Gegengipfeldemonstrationen. Das Netz, so die allgemeine Annahme, verringert aufgrund seiner Kommunikationsgeschwindigkeit und Reichweite die Transaktionskosten der Protestmobilisierung und nutzt insofern insbesondere ressourcenarmen Akteuren. „High impact on little re-

---

5 Aufschlussreich für den bundesdeutschen Kontext sind in dem Zusammenhang vor allem die im Auftrag des Büros für Technikfolgen-Abschätzung beim Deutschen Bundestag erstellten Gutachten von Schönberger (2004a, 2004b), Winter/Gronig (2004) und Rucht et al. (2004), in denen unter anderem auch der Einfluss des Internet auf globalisierungskritische Organisationen und Tendenzen der Transnationalisierung politischer Kommunikation und Interaktion untersucht wurde. Transnationale Protestbewegungen und transnationale NRO profitieren, so das Ergebnis dieser Gutachten, tatsächlich von den netzbasierten Kommunikationsmöglichkeiten mehr als die Akteure des engeren politischen Entscheidungssystems, d. h. mehr als Parteien und Regierungsinstitutionen (Schönberger 2004a, 2004b).

source", so die These von Alan Scott und John Street (2001: 46). Kommunikative Vorteile biete das Netz vor allem für die Binnenkommunikation in heterogenen Bewegungsnetzwerken: Mit relativ geringem technischem Aufwand können Einzelne und Gruppen insbesondere durch die Mikro-Medien des Protests – wie E-Mails oder nicht mehr an periodisches Erscheinen gebundene Newsletter – schnell und ortsunabhängig Informationen austauschen, interaktive Kommunikationsprozesse organisieren und Protesthandlungen abstimmen und koordinieren (Rucht 2004: 50). Della Porta et al. (2006) haben mit einer Befragung von Teilnehmern am G8-Protest in Genua im Juli 2001 und am Europäischen Sozialforum in Florenz im November 2002 die außerordentlich wichtige Informations- und Koordinationsfunktion von Websites zentraler Bewegungsorganisationen und Netzwerke vor allem für ausländische Protestteilnehmer belegen können. Sie haben auch gezeigt, dass Bewegungsorganisationen eine Sozialisationsfunktion hinsichtlich der Netznutzung durch Mitglieder und Sympathisanten zukommt. Ihre Umfragedaten stützen die Vermutung, „if CMC (Computer Mediated Communication, SB) is used by the organization an individual belongs to, accessing the Internet tends to become an important activity for previously ‚unwired' individuals" (della Porta et al. 2006: 98). Damit bestätigen sie auch eine These, die schon im Kontext der Untersuchung zur Netznutzung im Rahmen der Zapatista-Bewegung in Mexiko aufgestellt wurde (Cleaver 1998; Olsen 2005).[6]

Die logistischen Vorteile der Netzkommunikation für ressourcenschwache Akteure sind für transnationale Protestmobilisierung nicht zu unterschätzen. Dennoch sind eindimensionale Vorteilsannahmen auch zu relativieren: Erstens setzt die Nutzung des Internets mehr Ressourcen voraus als häufig angenommen wird. Selbst große Bewegungsorganisationen und -netzwerke wie Attac, aber auch einflussreiche Gewerkschaftsorganisationen wie ver.di betonen die hohen Kosten, die trotz vereinfachter Software mit der Anpassung technischer Tools an sich ändernde Mobilisierungskontexte verbunden sind.[7] Zudem ist der Nutzen entsprechend der allgemeinen These des „digital divide" auch für Protestakteure hochgradig selektiv.[8] Die Selektivität des Zugangs erfolgt nach geographischen und sozio-demographischen Faktoren, zumal die Zentren transnationaler Bewegungsnetzwerke in der Regel in der nördlichen Hemisphäre liegen (Katz/Anheier 2006). In allen Weltregionen ist der Internetzugang nach wie vor nach Alter und Geschlecht sowie Bildung und Einkommen ungleich verteilt. Und schließlich begünstigt das Internet die Aktivbürger gegenüber politisch Desinteressierten und Inaktiven.[9]

---

6 Darüber hinaus lassen die Befragungen von Demonstranten in Florenz und Genua darauf schließen, dass organisierte Akteure das Netz stärker nutzen als nicht organisierte (della Porta et al. 2006: 102).
7 So ein Ergebnis qualitativer Interviews mit Kampagnenträgern im Rahmen des von der Verfasserin an der Universität Siegen durchgeführten Forschungsprojekts zum Thema „Protest- und Medienkulturen im Wandel". Teilprojekt A6 im Rahmen des von der DFG geförderten Forscherkollegs 615 „Medienumbrüche"; vgl. www.protest-cultures.uni-siegen.de.
8 Für Protestakteure bildet Netzkommunikation eine neue Quelle politischer Ungleichheit: Entsprechend der inzwischen allgemein akzeptierten Verstärkerthese verstärkt das Netz, so auch das Ergebnis des Gutachtens von Rucht u. a. für die Enquete-Kommission des Bundestages, eher bestehende politischen Partizipationsdifferenzen, als dass es diese Ungleichheiten kompensiert (Rucht et al. 2004: 90 f.).
9 Lusoli und Ward (2006: 76) finden in ihrer Analyse der Partizipationspotenziale digitaler ICTs im Rahmen der britischen Countryside Alliance jedoch nicht nur Belege für diese Verstärker-

2.2 Erleichterte Wissensproduktion und -vermittlung in netzbasierten Öffentlichkeiten

Das Internet unterscheidet sich von früheren Medien dadurch, dass es Desintermediation begünstigt (della Porta 2006: 93). So können die Meso-Medien des Protests, d. h. die auf der Ebene der Protestorganisation anzusiedelnden Websites und Blogs kollektiver Akteure, logistische Defizite gedruckter Alternativmedien, wie z. B. geringe Auflagenhöhe, begrenzter Umfang, feste Erscheinungstermine und geringe Archivierungsmöglichkeit, beheben (Atton 2002: 139).

Protestgemeinschaften sind auch als „epistemic communities" (Lipschutz 2005), als Wissensnetzwerke, zu verstehen. Mitglieder geographisch weit verstreuter und kulturell disparater Protestgruppen können sich im Netz wechselseitig beobachten, ihre Aktionen bewerten und gemeinsame Deutungshorizonte entwickeln. Der kommunikative Austausch in netzgestützten Medien erleichtert neben der Herausbildung und Diffusion geteilter Deutungsmuster auch die Entwicklung gemeinsamer visueller Codes, etwa in Form geteilter Verdichtungssymbole. Letztere sind insbesondere in sprachlich divergenten Protestnetzwerken wichtige Elemente einer transnationalen Verständigung, wie Doerr und Mattoni (2007) am Beispiel der Online-Mobilisierung zur „Euromayday Parade against Precarity", einer vom europäischen Netzwerk zur Skandalisierung prekarisierter Arbeits- und Lebensverhältnisse alljährlich in verschiedenen europäischen Städten am 1. Mai organisierten Demonstration, belegt haben.

Mit dem Internet, so die weiter unten am Beispiel von Indymedia näher erläuterte These, ist die Unterscheidung zwischen Medien der Binnen- und Medien der Außenkommunikation für politische Protestnetzwerke durchlässiger geworden (della Porta et al. 2006: 93) bzw. prinzipiell hinfällig geworden (Rucht 2004: 51). Waren alternative Bewegungsmedien früher fast ausschließlich nach innen gerichtet, sind inzwischen die Möglichkeiten, alternative Nachrichten und Bilder einer breiten, nationale Grenzen überschreitenden Öffentlichkeit zugänglich zu machen, enorm gestiegen. Das Netz bietet Protestakteuren einen erheblichen Zugewinn an Definitions- und Deutungsmacht, da Zeitungs- und Fernsehberichte in den Online-Mikro-Medien, wie z. B. E-Mail, und Online-Meso-Medien des Protests, wie z. B. Websites von NRO oder alternative Nachrichtenportale, ohne hohen Aufwand mit eigenen Darstellungen konfrontiert werden können (Street/Scott 2001: 46).

Verändert wird durch die Netzkommunikation nicht nur die Relation zwischen Protestakteuren und Massenmedien, sondern auch die zwischen Protestakteuren und den nationalen Regierungen, da die relativ geringe staatliche Kontrollierbarkeit des Internet den Handlungsspielraum für politische Protestkommunikation erweitert. Häufig wird in der Literatur auf Schneeballeffekte der Rückkoppelung zwischen Online-Mikro- und -Meso-Medien auf der einen und den massenmedialen Makro-Medien auf der anderen Seite verwiesen, um den oben genannten Gewinn an Deutungsmacht gegenüber den etablierten Makro-Medien zu demonstrieren. In einer erfolgreichen Schneeballkommunikation werden skandalisierte Sachverhalte zunächst von einer Per-

---

these, sondern auch für die Mobilisierungsthese, wonach das Netz auch Bürger zur politischen Partizipation motiviert, die ohne Netzkommunikation politisch inaktiv blieben (vgl. auch Emmer et al. 2006).

son per Mail (Mikrobene) einem kleinen Personenkreis mitgeteilt. Dieser weitet sich aus und die Mail wird an interessierte NRO weitergeleitet und auf gegenöffentlichen Netzforen diskutiert (Mesoebene). Journalisten beobachten die Netzforen oder NRO-Webseiten und tragen die Information in die massenmediale Öffentlichkeit (Makroebene). Solche Schneeballeffekte zeugen nicht nur davon, dass NRO durch Netzkommunikation an Deutungsmacht gewinnen können. Sie dokumentieren auch eine Tendenz zur Individualisierung der Protestkommunikation, d. h. zum Gewinn an Unabhängigkeit individueller Protestakteure gegenüber kollektiven Akteuren (Meikle 2002: 14-24).

2.3 Starke oder schwache Bindungen? Gemeinschaftsbildung im Netz

Zwar gewinnen Protestakteure durch die Internetkommunikation an Deutungsmacht, doch stehen diesem Vorteil Defizite in Bezug auf die Bedürfnisse nach Gemeinschaftsbildung und Sinnerfüllung gegenüber. Eine Gemeinschaftsbildung im Sinne einer „virtuellen Gemeinschaft" müsste, so Jarren, einen gemeinsamen kulturellen Code finden, ein gemeinsames Thema und gemeinsame Interaktionsregeln (Jarren 1998: 18). Für die virtuellen Gemeinschaften gebe es in der Realität jedoch kaum ein identitätsstiftendes Korrelat. Charles Tilly (2004) hat bezogen auf globalisierungskritische Protestakteure ähnliche Bedenken geäußert und die These vertreten, dass computervermittelte Protestnetzwerke nur schwache organisatorische Bindungen und eine geringe Verpflichtungsintensität erzeugen können. Demgegenüber nehmen Bennett et al. (2004: 29) an, dass es noch offen sei, ob die unterstellten Forderungen nach Nachhaltigkeit und Identitätsbildung allgemein gültig oder lediglich durch die Beobachtung von konventionelleren sozialen Protesten mit national-kulturellem und institutionellem Fokus geprägt seien. Die räumliche Entgrenzung transnationaler globalisierungskritischer Protestbewegungen gehe, so Bennett, mit einer thematischen Ausweitung und ideologischen und kollektive Identität prägenden Ausdünnung von Protestanliegen (issues) und Deutungsmustern (frames) einher. „(...) the degrees of ideological discourse and identity framing in a network are inversely related to: the number and diversity of groups in the network; the churn, or turnover of links; the equality of communication access established by hub sites in the network; and the degree to which network traffic involves campaigns" (Bennett 2004: 136). Auf der Grundlage einer Studie über die Informationsquellen und politischen Einstellungen von Anti-Irakkriegsdemonstrationen gehen Bennett u. a. davon aus, dass erfolgreiche Protestmobilisierung gegenwärtig nicht mehr unbedingt die Erzeugung starker sozialer Gruppenbindungen unter den Protestakteuren voraussetze. Zur Beschreibung der Beziehungen unter den Akteuren seien neue Organisations- und Identitätsmodelle zu entwickeln, in denen „inclusiveness and inter-organizational permeability" als wesentliche Elemente der Nachhaltigkeit und Effektivität von Bewegungen verstanden werden. (Bennett et al. 2004: 30). Im Gegensatz zu Bennett belegen Beyeler und Kriesi (2005), dass es der globalisierungskritischen Bewegung inzwischen durchaus gelungen ist, eine Vielzahl von Protestforderungen unterschiedlicher Organisationen und Handlungsrepertoires in transnationale Protestnetzwerke unter einem gemeinsamen Referenzrahmen der „global social justice" als master frame einzubinden.[10]

Über den Charakter affektiver Bindungen in transnationalen Protestnetzwerken wissen wir bisher zu wenig, um eindeutig beurteilen zu können, ob der instrumentelle Nutzen der Protestkommunikation im Netz tatsächlich Defizite auf der expressiven Dimension des Protests ausgleichen kann. Online-Befragungen mit Kampagnenunterstützern im Rahmen des Siegener Forschungsprojektes „Protest- und Medienkulturen im Wandel, das im Rahmen des von der DFG geförderten Forscherkollegs 615 "Medienumbrüche" netzgestützte Anticorporate Campaigns im deutschsprachigen Raum untersucht, verweisen auf affektive Bindungen, die vorwiegend im offline-Raum initiiert und gestärkt werden.

2.4 Das Netz als Waffe und Zielscheibe

In Deutschland bisher kaum erforscht ist die Nutzung netzbasierter Medien in ihrer taktischen Funktion als Medien für die Performanz eines „new repertoire of collective action" (Cardon/Granjon 2003). Im Handlungsrepertoire von Protestakteuren spielen Formen des zivilen Ungehorsams eine wichtige Rolle. Zahlreiche Beispiele belegen, dass Online-Medien von Cyberaktivisten als Waffe und Zielscheibe transnationalen elektronischen Widerstands genutzt werden (Jordan 2002). Dabei zeigt das Repertoire virtueller Protestaktionen eine Mischung altbekannter Aktionen des zivilen Ungehorsams mit erst durch die Technizität des Netzes ermöglichten „rekombinaten" Formen (Schönberger 2004a). Zuerst umgesetzt, häufig genutzt und am meisten bekannt ist die klassische Artikulationsform der Petition in Form elektronischer Unterschriftensammlungen (della Porta 2006: 102). Kostengünstige standardisierte Protestformen wie elektronische Petitionen sind jedoch für den Adressaten des Protests wie für journalistische Gatekeeper weniger eindrucksvoll als Aktionen, die ein hohes persönliches Engagement erfordern (Rucht 2004: 51). Zudem stellen sich im Fall der Inflation dieses Repertoires auch Ermüdungserscheinungen und Desinteresse bei den Akteuren ein (Voss 2007: 184). Low cost but low impact – könnte man gegen die „high impact on little resources"-These von Street und Scott einwenden.

Weniger bekannt und genutzt ist der virtuelle Protest in Form von Online-Demonstrationen, wie sie etwa vom europäischen Netzwerk der Prekarisierten im Rahmen von Aktionen zur oben genannten Euromayday Parade entwickelt wurden,[11] oder Netzstreiks, auch Denial-of-Service-Attacks genannt. Dabei sollen viele Nutzer zu einer bestimmten Zeit eine als symbolisches Ziel festgelegte Website aufrufen, um sie dadurch „stillzulegen". Die Mobilisierung dazu erfolgt über Chats und Mailinglists. Online-Ak-

---

10 Gegen die These eines neuen master frames steht die von Beck formulierte Annahme einer fehlenden ideologisch-programmatischen Kohärenz, die sich in einer Polyphonie des Protests äußere, einer „[...] gleichsam babylonische(n) Verwirrung der vielen Konfliktsprachen: ökologisch, menschenrechtlich, feministisch, religiös, nationalistisch, gewerkschaftlich, fremdenfeindlich. Mit anderen Worten: Es gibt *keine kosmopolitische Sprache des Konflikts*" (Beck 2002: 350).
11 Vgl. http://www.molleindustria.it/netparade/oder auch Doerr/Mattoni (2007).

tionen werden oft mit Formen des Offline-Protests verbunden,[12] wie z. B. in der Gleichzeitigkeit des Netzstreiks gegen die WTO-Website und dem Straßenprotest in Seattle 1999 (Jordan 2002) oder in der taktischen Nutzung des Internets als Waffe im Sinne der Denial-of-Service-Attack. Ein Beispiel dafür ist die Blockade der Online-Order-Website von Lufthansa im Rahmen der transnationalen Deportation-Class-Campaign (Libertad 2006).[13]

Dem Netzstreik ähnlich ist das Mail Bombing, bei dem, durch massenhafte Zusendung von Mails, bestimmte Websites oder ein Server zeitweise überlastet werden sollen.[14]

Netzaktivismus ist erheblich schneller und geographisch weiterreichend zu mobilisieren und kann oft auf höhere Aktivistenzahlen verweisen als vergleichbare Offline-Aktionen. Damit ist jedoch ein ernsthaftes Glaubwürdigkeitsproblem verbunden, zumal Cyberaktivisten in der Regel Verschlüsselungssoftware nutzen und deshalb nicht einfach zu identifizieren sind. Zudem ist mit den Netzaktionen im Allgemeinen ein relativ niedriges diskursives Partizipationsniveau verbunden (Gurak/Logie 2003: 45).

Während Rucht (2004) davon ausgeht, dass Netzaktionen häufig von den Adressaten des Protests ignoriert werden, lassen erste Ergebnisse des Siegener Forschungsprojekts „Medien- und Protestkulturen im Umbruch" einen gegenteiligen Schluss zu. Grundlage dieses Befundes sind Befragungen mit Vertretern von Unternehmen, die zur Zielscheibe netzbasierter Anti-Corporate Campaigns wurden. Der erzielte Schaden bezieht sich zwar mehr auf das Image des Konfliktgegners als auf finanzielle Einbußen (Vegh 2003), doch nehmen Unternehmen die Netzumwelt zunehmend systematisch wahr und entwickeln antizipierende, im akuten Angriffsfall aktivierte Gegenmaßnahmen (vgl. auch Köhler 2006).

Den Netzaktionen fehlt jedoch, wie auch die Organisatoren der „denial of service"-Attacke auf die Online-Order-Website der Lufthansa einräumen, die für die Erzeugung von Gemeinschaftsgefühlen wichtige affektive Komponente: „Es ist eben nicht möglich, durch einen Rundumblick einen Eindruck über die Anzahl oder über die Geräuschkulisse einen Eindruck über die Stimmung der Teilnehmenden zu erlangen. Dies ist aber für das subjektive Erleben einer normalen physisch stattfindenden Demonstration mit entscheidend. Es wäre arrogant zu behaupten, einen Ersatz hierfür bei Onlinedemonstrationen schaffen zu können, und das kann auch nicht gewollt sein" (Libertad 2006: 77).

---

12 Auch della Porta et al. betonen, dass Online- und Offline-Ebenen des Protests stark aufeinander verweisen und dazu tendieren, sich gegenseitig zu verstärken (della Porta et al. 2006: 107).
13 Organisiert wurde der „Tag für den Kranich" von dem Aktionsnetzwerk „Kein Mensch ist illegal", bestehend aus antirassistischen Gruppen und der Gefangenenhilfsorganisation Libertad, um öffentliche Aufmerksamkeit für die Beteiligung von Fluggesellschaften an der Deportation von abgelehnten Asylbewerbern zu erzeugen.
14 Kreativer und aufwendiger, und deshalb weniger verbreitet, ist das Klonen oder „defacement" von Websites, d. h. die Schaffung sog. „fake web sites", wobei unter dem Domain Namen bekannter klassischer Institutionen (wie www.gatt.org) oder parodistischen Verfremdungen von Domain Namen wie www.worldbunk.org oder www.whirledbank.org (Vegh 2003) organisationskritische Inhalte verbreitet werden und die Reputation der angegriffenen Organisation angegriffen wird.

Insgesamt scheint das Internet mehr Informations- und Koordinationsmedium als Substitutionsmedium des zivilen Widerstands zu sein (Schönberger 2004a). Offline-Aktivitäten werden nicht durch Netzaktivitäten ersetzt. Vielmehr ergänzen sich beide Formen, wie etwa die Gleichzeitigkeit von Netzattacke und Protest auf einer Aktionärsversammlung in der Kampagne gegen Lufthansa belegt (Kneip/Niesyto 2007). Da durch Netzaktivitäten in der Regel weniger der Gegner direkt getroffen, sondern massenmediale Aufmerksamkeit für Protestanliegen erreicht werden soll, gilt auch für sie ein permanenter Innovationszwang. Die erste Online-Demo in Deutschland wurde 2001 in den nationalen Zeitungen als Protestnovum breit kommentiert. Die Wiederholung dieser Protestform ist kaum noch eine Zeile wert.

2.5 Analogie von technischer und organisatorischer Netzstruktur

Die besondere Bedeutung der Online-Kommunikation für politische Protestakteure liegt darin, dass hier – im Gegensatz etwa zu den etablierten politischen Parteien und politischen Institutionen – die spezifische technische Struktur des Netzmediums mit einer analogen netzwerkförmigen sozialen Organisationsstruktur der politischen Akteure korrespondiert. In den 1980er und 1990er Jahren wurde die Entwicklung politischer Protestbewegungen – entsprechend den Annahmen von Weber und Michels zur Organisationsentwicklung – mit Topoi wie Institutionalisierung, Professionalisierung, Bürokratisierung und Oligarchisierung beschrieben. In den wissenschaftlichen wie bewegungsnahen Strukturbeschreibungen von Protestbewegungen im 21. Jahrhundert dominieren neben Begriffen der Globalisierung oder Transnationalisierung vor allem der Netzwerkbegriff als zentrale Metapher zur Beschreibung der Organisationsform. Die Technizität des Internet zeichnet sich dadurch aus, dass es aufgrund der multilateralen Rückkanalfähigkeit kein reines Verteilernetz darstellt. Aufgrund seiner anarchischen dezentralen Struktur lassen sich an die computervermittelte Kommunikationstechnologie nicht nur neoliberale Vorstellungen der Durchsetzung eines globalen freien Marktes knüpfen. Hoffnungen beziehen sich auch auf die soziale Einlösung der technologischen Ermöglichung einer organisatorischen Alternative zu den inzwischen intern weitgehend vermachteten institutionalisierten Bewegungsorganisationen.

Das Netz, so Naomi Klein, eine der prominenten Sprecherinnen der Global-Justice-Bewegung, „is shaping the movement on its own web-like image" (Klein 2002: 16). Das Internet, so auch die Annahme von Castells (2005), Bennett (2005), Smith (1997), Diani (2001, 2005) Tarrow und della Porta (2005), van de Donk et al. (2004), Warkentin (2001) verändert den Charakter der Organisation von Protestpolitik. Technische Kommunikations- und soziale Organisationsstruktur werden nicht nur als analog gedacht, sondern dem Internet wird eine prägende Kraft für die Formung politischer Protestbewegungen zugewiesen.

Die unter dem vagen Begriff des Web 2.0 gefassten interaktiven Tools fördern die Herausbildung und Verbreitung einer zentrumslosen und flexiblen Bildung transnationaler Protestnetzwerke, die sich den Kontrollmechanismen territorial gebundener nationalstaatlicher Steuerung entziehen. Dabei erfolgt die netzgestützte Netzwerkbildung in horizontaler und vertikaler Dimension: Lokale, nationale und transnationale Organisationsebenen sind ebenso miteinander zu vernetzen wie thematisch und organisatorisch divergierende Akteure aus unterschiedlichen Bewegungskontexten wie Umwelt-, Frauen-, Arbeiter-, Bauern-, Friedensbewegung und der Bewegung der indigenen Völker (vgl. z. B. Diani 2005; Keck/Sikkink 1998). Das Netz fördert nicht nur eine Transnationalisierung und lockere Kopplung von Protestakteuren, sondern auch, so die optimistische Annahme vieler Autoren, eine egalitäre Binnenkommunikation und partizipative Einflussnahme von Mitgliedern und Unterstützern in den Protestnetzwerken (Warkentin 2001). Faktisch wissen wir jedoch bisher wenig darüber, wie sich die Nutzung netzbasierter Kommunikation auf die Handlungsabstimmung und internen Entscheidungsstrukturen in Bewegungsorganisationen oder innerhalb von Protestnetzwerken auswirkt. Auch zu den Konsequenzen für die Rekrutierung von Mitgliedern und Unterstützern sowie zur konkreten Relation zwischen Online- und Offline-Aktivitäten in den Netzwerken liegen bisher kaum empirische Studien vor.[15]

Inwiefern wird tatsächlich den Hierarchisierungs- und Oligopolisierungstendenzen durch neue Netzwerkstrukturen entgegen gewirkt? Plausibel scheint die von Tarrow formulierte Annahme, dass etablierte große Bewegungsorganisationen weiterhin ihre konventionellen Kommunikationskanäle nutzen und weniger durch die netzbasierten Medien transformiert werden als neue Bewegungsorganisationen. Andererseits setzt die effektive Nutzung des Internet für Information, Kommunikation und Koordination, wie oben erwähnt, mehr Ressourcen voraus, als die „high impact low cost"-These von Street und Scott (2001) suggeriert.

3. „Don't hate the media – become the media".
Alternative Netzöffentlichkeit am Beispiel Indymedia

„Alternative Öffentlichkeit" oder „Gegenöffentlichkeit" werden in der Literatur häufig synonym verwendet. Sinnvoll scheint jedoch eine begriffliche Systematisierung, nach der „Gegenöffentlichkeiten" als Netzwerke kritischer Teilöffentlichkeiten verstanden werden, die sich formieren in Reaktion auf wahrgenommene Defizite massenmedial vermittelter Öffentlichkeit. Gegenöffentlichkeiten zielen darauf, Probleme und Meinungen zu thematisieren, die in den Massenmedien nicht oder nur wenig Beachtung finden, obwohl sie als für die Allgemeinheit bedeutsam betrachtet werden. Solche Öffentlichkeiten können grundsätzlich durch zwei unterschiedliche Strategien hergestellt werden: zum einen durch die Schaffung autonomer oder „alternativer Medien", zum anderen durch Handlungsformen, die den massenmedialen Nachrichtenfiltern angepasst sind und durch spektakuläre, kampagnenförmige Inszenierungen von Protestak-

---

15 Interessant ist in dem Zusammenhang vor allem die oben genannte Untersuchung von Lusoli und Ward zu unterschiedlichen Partizipationseffekten unterschiedlicher Online-Medien: Die Analyse der ICT-Nutzung der Countryside Alliance lässt vermuten, dass Organisationswebsites eher der Erstrekrutierung und Informationsvermittlung dienen, während der besondere Nutzen der E-Mail-Kommunikation vor allem in der Mobilisierung von Mitgliedern bzw. Anhängern liegt (2006: 75). Das noch nicht abgeschlossene national vergleichende Demos-Projekt (Democracy in Europe and the Mobilization of Society) lässt interessante Ergebnisse zur Auswirkung des Internets auf die demokratische Struktur von Bewegungsorganisationen erwarten. Vgl. http://demos.iue.it/.

tionen die Aufmerksamkeit der Massenmedien gewinnen.[16] Im ersten Fall kann eine Gegenöffentlichkeit als „alternative Teilöffentlichkeit", im zweiten Fall als „Kampagnenöffentlichkeit" beschrieben werden (Plake 2001: 25).

Gegenöffentlichkeiten als alternative Teilöffentlichkeiten zeichnen sich durch eigenständige Publikationen und Produktionsmittel sozialer Bewegungen aus. Angestrebt ist eine von kommerziellen und massenmedialen Zwängen weitgehend unabhängige Publizität. Funktional betrachtet geht es dabei um die Produktion und binnenkommunikative Verbreitung alternativen Wissens und damit verknüpft um die Erzeugung kollektiver Identitäten durch symbolische Konstruktionen politischer, moralischer und kultureller Ein- und Ausgrenzung. So definieren Eyerman und Jamison (1991: 55) in ihrer Arbeit über kognitive Praxen in sozialen Bewegungen „knowledge production" primär als Prozess, durch den soziale Bewegungen Identität und Bedeutung für sich und ihre Mitglieder erzeugen. Das bewegungs- oder netzwerkinterne Wissen bezieht sich auf Debatten über Handlungsagenden, Slogans von Demonstrationen oder theoretische und strategische Schriften. Wissensproduzenten sind sowohl Protestbewegungen als ganze, als aber auch einzelne Akteure, wie „counterexperts", „grassroots engineers" und „public educators" (Eyerman/Jamison 1991: 104-106).

Unter den zahlreichen Online-Informationsdiensten ist Indymedia das wohl bekannteste transnationale alternative Mediennetzwerk. Entstanden ist es 1999 im Kontext der Proteste gegen die WTO-Ministerkonferenz in Seattle. „We wanted to make sure that whatever took place (at the protest) was captured and disseminated to the rest of the world", so Dan Merkle, Rechtsanwalt und Aktivist des Independent Media Center (IMC) Seattle (nach Wasley 2000: 3). Charakteristisch für die Berichterstattung war die bis heute für Indymedia typische direkte Nähe zum Demonstrationsgeschehen. Australische Aktivisten der Open/Free Software-Bewegung hatten mit der Community Activist Technology (CAT) eine Software zur Verfügung gestellt, mit der Aktivisten vor Ort ihre Beobachtungen des Protestgeschehens online publizieren konnten. Inzwischen (Zählung Dez 2006) sind dem sechssprachigen internationalen Portal „Indymedia.org" 170 lokale, nationale, regionale und überregionale IMCs in mehr als 70 Ländern sowie darüber hinaus thematische IMCs zu Themen wie Biotech, Climate, Video oder Print angeschlossen. Die digitale Spaltung des Netzes zeigt sich im geographischen Nord-Süd-Gefälle und der Dominanz englischsprachiger Kollektive unter den IMCs: USA (61), Europa (50), Lateinamerika (18), Kanada (12), Australien (8), Asien (11) und Afrika (6). Die ursprüngliche Kopplung an ein großes internationales Protestereignis prägt die bisherige Entwicklungsgeschichte des Netzwerks insofern, als die Bildung neuer lokaler IMCs in der Regel durch internationale Treffen der G8, des IWF, der WTO oder des WSF motiviert war. Das deutsche IMC wurde 2001 von Studierenden, freien Radiojournalisten und Produzenten des seit 1994 arbeitenden, linken Informationsdienstes „nadir.org" im Kontext der Berichterstattung über die Proteste gegen den Castortransport im Wendland gegründet. Inzwischen hat das deutsche IMC aufgrund seiner Nominierung für den Grimme-Online-Award 2003 und die Verleihung der von der Bundeszentrale für politische Bildung unterstützten von „politk-digital.de" vergebenen „poldi-Awards" auch in den Massenmedien Resonanz gefunden.

---

16 Für eine differenziertere Systematisierung vgl. Wimmer (2007: 245-248).

Programmatisch erhebt das deutsche Indymedia-Kollektiv die „Regeln des emanzipatorischen Mediengebrauchs" (Enzensberger) zu seinem programmatischen Credo. „Indymedia Deutschland versteht sich als ein emanzipatorisches, unabhängiges Mediennetzwerk ohne kommerzielle Interessen – hier ist die Information kein Modethema, keine ‚Handelsware' mit Marktwert – mit dem zentralen Ansatz, Gegenöffentlichkeit zu schaffen, indem die Menschen an der gesellschaftlichen Basis DIREKT zu Wort kommen; darum ist auch das Open Posting ein so wichtiger Bestandteil der Idee" (http://germany.indymedia.org/static/ms.shtml).[17]

Der Produktionsprozess folgt dem Open Source Prinzip des Open Publishing. Es ist im Wesentlichen gekennzeichnet durch Transparenz, kollektive Produktion und in der Regel Veröffentlichung unter der „Creative Commons-Lizenz 2.0", die den Inhalt eines Beitrags zur nicht-kommerziellen Verwendung, Modifikation und Distribution freigibt. „Everyone is a witness, everyone is a journalist", so das partizipatorische Selbstverständnis vieler IMCs. Jeder User kann eigene Beiträge einspeisen, zu veröffentlichten Beiträgen Stellung nehmen und Editionsentscheidungen, die von anderen getroffen wurden, nachvollziehen und selbst auf Basis der frei zugänglichen Software eine eigene Website anmelden.[18] Auch an Diskussionen über inhaltliche und organisatorische Fragen kann sich jeder Interessierte im Rahmen von Mailing-Listen und Chat-Räumen ohne Zugangsbeschränkung beteiligen.

Indymedia versteht sich als neue Sozialform einer kollektiven, nicht kommerziellen Medienpraxis. Neu ist vor allem die für die IMCs charakteristische Rollenentdifferenzierung: Die für kommerzielle Medien typische funktionale Differenzierung in Journalisten und Publikum entfällt ebenso wie die Differenzierung zwischen Objekt und Subjekt der Berichterstattung. „Activist reporters", „native journalists" oder „grassroots journalists" sind Selbstbeschreibungen dieser Akteure (vgl. Atton 2002: 112). Der strukturellen Entdifferenzierung zwischen Journalisten, Verlegern, Aktivisten und Publikum entspricht auf der räumlichen Produktionsprozessebene eine Entdifferenzierung zwischen Place und Space, zwischen Straßenöffentlichkeit und Cyberspace wie zwischen den unterschiedlichen territorialen Ebenen lokaler, regionaler, nationaler und globaler Protestaktionen.

„Betroffenheitsjournalismus" ist die pejorative deutsche Bezeichnung für die „Tyrannei der Strukturlosigkeit" (Coyer 2005: 174) in alternativen Medien der 1970er und 1980er Jahre. Kognitive und affektive Kommunikationsfunktionen werden miteinander verknüpft und Themen und Kommunikationscodes den Wissens- und Identitäts-

---

17 „Indymedia is a collective of independent media organizations and hundreds of journalists offering grassroots, non-corporate coverage. Indymedia is a democratic media outlet for the creation of radical, accurate, and passionate telling the truth" (http://indymedia.org/en).

18 Im Gegensatz zu anderen Ländern werden vom deutschen IMC alle Beiträge vor dem posting kontrolliert, um entsprechend der deutschen Gesetzgebung Aufrufe zu Rassenhass zu unterbinden. Damit sind allerdings auch nicht zu unterschlagene Probleme für die Moderationskollektive verbunden, die versuchen, die Beiträge gegenzulesen und sie entsprechend den Moderationskriterien einzusortieren. In den Moderationskriterien ist festgelegt, welche Beiträge auf die Startseite kommen und dass Beiträge mit sexistischem, rassistischem, antisemitischem oder faschistischem Inhalt auf Indymedia-Seiten nicht erscheinen dürfen (vgl. http://de.indymedia.org/static/moderation.shtml). Indymedia Ungarn musste zwischenzeitlich seine Seite einstellen, da zu viele rechtsextreme Kommentare veröffentlicht wurden, die das Moderatorenkollektiv nicht mehr kontrollieren konnte.

bedürfnissen der Protestgemeinschaft angepasst: Die Aktivistenreporter schreiben in und für Interessengemeinschaften Nachrichten, die für diese Gemeinschaften von Interesse sind. Sie arbeiten in einer Art und Weise, die für diese Gemeinschaften sinnvoll ist, und mit deren Zusammenarbeit und Unterstützung. Die Solidarität im „community-based peoples' newsroom"[19] zwischen Nachrichtenmedium und Publikum wird durch einen von Publikum geteilten nicht-intellektuellen Laienstil ausgedrückt (Atton 2002: 112). Journalistische Qualitätskriterien wie die Trennung zwischen Nachricht und Kommentar werden aufgehoben. Aufgrund des Prinzips „information for action" werden Botschaften in erster Linie nach dem Kriterium von Empowerment ausgewählt. Gingen Eyerman und Jamison noch Anfang der 1990er Jahre davon aus, dass die DiY Kultur der sozialen Bewegungen der 1960er und 1970er Jahre durch die Ausdifferenzierung von Bewegungsintellektuellen – basierend auf Ansehen und Persönlichkeit – zunehmend professionalisiert werde (1991: 106), gewinnt mit den alternativen Medienportalen im Netz eine neue „DiO-(Do it Ourselves)"-Kultur (Jim Carey 1998, nach Atton 2002: 120) an Bedeutung.

Da IMCs inzwischen zu hybriden „polymedia labs" (Coyer 2005: 169) avanciert sind, werden vom Aktivistenreporter neben der Identifikation mit den Protestzielen und einem journalistischen Interesse nicht unerhebliche technische Fähigkeiten verlangt. Entsprechend der funktionalen Rollenentdifferenzierung sind insbesondere während der großen Gipfel- und WSF-Treffen eigenständig alternative Nachrichtenräume aufzubauen. Dies bedeutet neben dem Schreiben von Berichten auch: Netzverbindungen schaffen, Radiosendungen produzieren, Videos schneiden, oder den Bau von Antennen für Mikroradiosendungen, die sich an die Aktiven auf der Straße richten.

Basis der unabhängigen Aktivistenreporter ist – nach dem Konzept der elektronischen Wissensallmende (Grassmuck 2002) – eine freie Software, die jeder ohne Kosten nutzen und nach eigenen Bedürfnissen sich aneignen und ändern kann. Dies setzt nicht geringe technische Kompetenzen unter den journalistischen Allroundern voraus und kann nach dem Prinzip „Technikexperten statt Intellektuelle", wie Coyer (2005) kritisch anmerkt, entgegen dem egalitären Selbstbild zur Herausbildung eines neuen Typs bewegungsinterner Elitenbildung führen.[20]

Neben der funktionalen und räumlichen Entdifferenzierung ist der Indymedia-Journalismus durch einen ausgeprägten Präsentismus gekennzeichnet. Die Obsession mit der kollektiven Gegenwart (John Jordan nach McKay 1998: 11) resultiert aus einer Fetischisierung der kollektiven Momente globaler Mega-Events. Nicht anders als die Tendenz zum Reality-TV im kommerziellen Nachrichtenwesen zielt auch die alternative Berichterstattung auf eine Unmittelbarkeit, in der die Berichterstattung selbst zum Ereignis wird und alles Prozesshafte verliert. Dies führt zusammen mit der etwa zu Zeiten großer Gipfeltreffen besonders anwachsenden Flut von Beiträgen entgegen dem

---

19 Nach Mitbegründer Jeff Perlstein (nach Coyer 2005: 168).
20 „Inevitably, those with technical skills often carry heavy weight at meetings and on discussion listserves, despite an anti-authoritarian ethos. More significantly, they must be trusted members of collective ... there is also a ‚tyranny of techies' that exist. Because Indymedia is a voluntary entity, work is done based on who is willing to do it. And because so much of the online Indymedia infrastructure is dependent on computer programming, techies are invaluable in a way previously unseen in alternative media projects" (Indymedia-Aktivist, nach Coyer 2005: 175).

selbsternannten Leitbild des Empowerment des Users unweigerlich zur Gefahr eines „information overload".[21]

4. Gegenöffentlichkeit als Kampagnenöffentlichkeit. Anti-Corporate Campaigns im Spannungsfeld von massenmedialer und Netzwerk-Logik

Während „Gegenöffentlichkeit" konzeptionalisiert als „alternative Öffentlichkeit" durch die Differenz zu Produktionsprozessen wie zu Inhalten und Kommunikationsstilen von Massenmedien definiert ist, kennzeichnet Gegenöffentlichkeit als „Kampagnenöffentlichkeit" eine weitgehende Anpassung von Protestkommunikation an die Selektionslogik der Massenmedien. Durch strategisches Framing (Snow/Benford 1988; Baringhorst 2004) und den Nachrichtenfaktoren angepasste Inszenierungsstrategien sollen Protestkampagnen journalistische Gatekeeper dazu bewegen, über Protestanliegen zu berichten. Ziel ist es, als vernachlässigt wahrgenommenen Themen und Deutungsmustern von Protestakteuren massenmediale Resonanz zu verschaffen.

Für Anti-Corporate Campaigns, d. h. globalisierungskritische Protestkampagnen, die sich vornehmlich gegen transnationale Konzerne oder ganze Industriebranchen richten, ergeben sich in einer kommerzialisierten Medienkultur angesichts der Abhängigkeit der Massenmedien von Werbefinanzierung besondere strukturelle Probleme, positive Resonanz in den Massenmedien zu erzeugen. Aus diesem Grund bilden Online-Medien für Kampagnen gegen transnationale Konzerne wie Nike, McDonald's, Nestlé oder auch Siemens besonders wichtige Medien der Binnenkommunikation unter Protestakteuren wie für nach außen gerichtete Versuche, die Aufmerksamkeit der Massenmedien und verantwortlicher Politiker bzw. politischer Institutionen auf skandalisierte Missstände zu lenken. Anliegen sind etwa die Verletzung von Menschenrechten durch inhumane Arbeitsbedingungen oder die Verletzung von Normen der ökologischen Nachhaltigkeit.

Zwar bietet das Internet inzwischen eine effektive Gelegenheitsstruktur für die Schaffung von „brandspaces" (Arvidson 2006), von Räumen der Markenentfaltung, die tief in die Lebenswelt der Kunden hineinreichen. Es ist insofern einer weitreichenden Kolonialisierung durch kommerzielle Interessen ausgesetzt. Doch können Protestakteure die digitalen Medien nutzen, um die kommerzielle Markenkommunikation zu dekonstruieren und die kommerzielle wie symbolische Macht von Markenfirmen anzugreifen (Bennett 2004; Baringhorst 2007). Online-Medien haben nicht nur wesentlich zur Beschleunigung der ökonomischen Globalisierung beigetragen. Sie haben zugleich die Markt- und damit auch Machtbalance zwischen Unternehmen und Konsumenten verändert. Beobachter wie die britische Kommunikationswissenschaftlerin Margaret Scammell (2000: 5) sprechen sogar von einem „re-writing the rules of the marketplace". Informationsgewinne der Konsumenten sind jedoch nicht mit einer schlichten Umkehr der Asymmetrie zwischen Verkäufer und Käufer im Netz gleichzusetzen. An-

---

[21] Nach Coyer veröffentlichte Indymedia UK im Jahr 2004 durchschnittlich über 150 Beiträge am Tag (Coyer 2005: 171). Da die interne Ordnungsstruktur neben thematischen Schwerpunktbereichen primär der Chronologie der Beitragsveröffentlichung folgt, fällt es selbst hoch motivierten Lesern schwer, den Informationsfluss zu verarbeiten und sinnvoll zu strukturieren.

gesichts des enormen Umfangs und des häufig ungesicherten Quellenstatus dieser Informationen sind Konsumenten auf die Prüf- und Filterleistungen von Nichtregierungsorganisationen angewiesen (Bieber/Lamla 2005). Politisches Empowerment von Verbrauchern ist ohne die Watchdog- und Gatekeeperfunktion vertrauenswürdiger zivilgesellschaftlicher Organisationen nicht denkbar. Nur Nichtregierungsorganisationen oder zivilgesellschaftliche Aktionsbündnisse haben die Ressourcen und die Expertise, um diese Funktionen zuverlässig und kontinuierlich wahrnehmen zu können. Annahmen einer radikalen Individualisierung von Protest im Global-Justice-Movement übersehen häufig die unverändert große Bedeutung organisierter Protestakteure, sei es als handlungsbestimmende Einzelorganisationen oder als Teil einer Koalition unterschiedlicher NRO bzw. kirchlicher oder gewerkschaftlicher Organisationen.[22] James Bohman (2004; 2007) spricht in dem Zusammenhang zu Recht von einer „reintermediarization" der Netzkommunikation durch zivilgesellschaftliche kollektive Akteure. Selbst wenn die organisatorischen Träger von Protestkampagnen Informationen, wie etwa wissenschaftliche Gutachten oder Erfahrungsberichte von Unternehmensmitarbeitern, nicht eigenständig generieren, so sind sie doch für die Bewertung, Deutung und Kommunikation dieser Informationen unverzichtbar.

Welche spezifische Rolle spielen, so die Leitfrage des von der Verfasserin geleiteten Forschungsprojekts „Protest- und Medienkulturen im Umbruch", insbesondere Kampagnenwebsites für die Mobilisierung transnationalen politischen Protests und damit auch für die Transnationalisierung politischer Öffentlichkeit? Die Untersuchung von 109 Anti-Corporate Campaigns, die zwischen 1995 und 2005 im deutschsprachigen Raum lanciert wurden, zeigt, dass fast 80 Prozent von ihnen eine eigene Website betrieben haben. Auf diesen Websites wird regelmäßig über den Fortgang der Kampagne berichtet und werden Informationen zum angegriffenen Unternehmen oder der angegriffenen Branche aktualisiert. Die Websites werden entweder mit einem eigenen Domain Namen oder als Subdomain von Websites beteiligter NRO veröffentlicht. Kampagnenwebsites von Anti-Corporate Campaigns leisten vor allem hilfreiche Dienste für die Erfüllung folgender Funktionen und Protestpraxen (vgl. Lahusen 1996):

– Framing: die thematische Fokussierung der Kampagne auf bestimmte Issues sowie die Deutung dieser Issues durch diagnostisches, motivationales und prognostisches Framing (Snow/Benford 1988);
– Einbindung/Identitätsstiftung: die Erzeugung affektiver Bindungen unter den individuellen Protestunterstützern sowie der affektiven Bindungen an die Kampagne durch vielfältige Partizipationsangebote wie vor allem expressive und ästhetische Protestinszenierungen;
– Netzwerken: die Erzeugung und Stabilisierung von Netzwerken bzw. die Stabilisierung der eigenen Organisation durch Ressourcenmobilisierung und interne Vernetzung von Protestnetzwerken auf horizontaler und vertikaler Ebene, d. h. zwischen Akteuren unterschiedlicher gesellschaftlicher zivilgesellschaftlicher Handlungsbereiche (Kirchen, Gewerkschaften, NRO) und auf unterschiedlichen territorialen Ebenen (lokal, regional, national, transnational).

---

22 So auch die These von Lusoli/Ward (2006).

- Mobilisierung: die Erzeugung öffentlicher Aufmerksamkeit und öffentlichen Drucks durch die Mobilisierung von Protestaktionen gegen skandalisierte Gegner.

Eine Analyse von Websites deutschsprachiger Kampagnen gegen deutsche und transnationale Großunternehmen zeigt, dass für die Erfüllung der oben genannten Funktionen eine Fülle netzspezifischer Tools genutzt werden. Diese Tools oder netzbasierten Techniken der Kommunikation lassen sich systematisch unterscheiden in Tools der Produktion und Koproduktion von Netzartefakten, der Online-Vernetzung zwischen Websites sowie der Offline-Online-Konnektivität.[23] Die tabellarische Übersicht veranschaulicht die Systematisierung nach Kampagnenpraxen und -techniken und hebt dominante soziotechnische Nutzungsformen in transnationalen netzbasierten Anti-Corporate-Campaigns hervor.[24]

Wie die Analyse der Websites von Anti-Corporate Campaigns im deutschsprachigen Raum zeigt, dominieren in der Kampagnenkommunikation im Netz trotz Möglichkeit zur Rückkanalfähigkeit noch immer Netzartefakte, die ausschließlich von den Kampagnenträgern bereitgestellt werden. Dies gilt vor allem im Prozess der Thematisierung und Problemdeutung, aber auch für die Einbindung von Unterstützern in die Kampagne. Die Nutzung netzspezifischer Tools der interaktiven Einbeziehung der User bzw. Kampagnenunterstützer bleibt hinter den technischen Möglichkeiten des Web 2.0 zurück und kollaborative Medien wie Foren, Mitglieder-Wikis oder Blogs werden noch relativ wenig genutzt. In unserem Sample nutzten nur 25 der insgesamt 109 Kampagnen interaktive Tools, wobei die Relation zwischen ressourcenarmen und ressourcenstarken Akteuren relativ gleichgewichtet ist.[25] Insgesamt wird Interessierten jedoch durchaus eine Vielzahl von Möglichkeiten der Koproduktion an Prozessen der Informationsaggregation und Problemdeutung wie der emotionalen Einbindung und vor allem auch der Teilnahme an der Mobilisierung von On-und-Offline-Protesten eröffnet. Nutzer werden aufgefordert, Informationen abzurufen, Flyer zu erstellen, Newsletter zu abonnieren, Petitionen zu unterzeichnen oder standardisierte Protestmails zu schreiben. Während viele Tools eine asymmetrische Beziehung zwischen Organisatoren und Unterstützern von Protestkampagnen reproduzieren, finden sich auch Interaktionsofferten, die eine eher symmetrische Struktur und damit Möglichkeiten der Koproduktion von

---

23 Anregung zu diesen analytischen Kategorien gab die Analyse von Foot/Schneider des „Webcampaigning" (2006) von Kandidaten in US-amerikanischen Wahlen. Der von Foot/Schneider eingeführte Begriff der „convergence" scheint im Zusammenhang der Offline-Online-Vernetzung jedoch wenig sinnvoll. Da gerade der Selbstdarstellung in Form von eigenständigen Informationsinputs von Kampagnenträgern große Bedeutung zukommt, ist die Trias „coproduction", „linking", „convergence" von Foot/Schneider um die Kategorie der eigenständigen Produktion von Netzartefakten zu ergänzen.
24 Vgl. dazu auch Baringhorst et al. (2007a).
25 Etwas übertrieben scheint die radikal pessimistische Diagnose von Kritikern wie Jan Michael Uhl, die von einem „Verschlafen" des Web 2.0 durch die großen NGOs sprechen (http://www.jmi.cc/, 05-05-07). Sinnvoller scheint eine interne Differenzierung der NRO entsprechend der von Surman und Reilly (2003) nach „access", „adoption" und „appropriation" der Netztools, wobei unter den NRO von den „slow adopters" hin zu den „pioneers and innovators" große Unterschiede bestehen. Prinzipiell kommen auch Surman und Reilly in ihrer für den Social Science Research Council erstellten Studie zu dem Schluss, dass die strategische Nutzung des Netzes durch zivilgesellschaftliche Organisationen im allgemeinen weit hinter den technischen Möglichkeiten zurück bleibt (Surman/Reilly 2003: 13).

Soziale Praxen und Beispiele netzspezifischer Tools transnationaler Anti-Corporate Campaigns*

	Produktion von Netzartefakten	Koproduktion von Netzartefakten	Online-Vernetzung	Online-Offline-Vernetzung
Framing/ Problemdeutung	• Digitale (multimedial aufbereitete) Hintergrundinformationen wie Studien, Statistiken • Datenbanken • (audio-)visuelles Material (Audiobeiträge, Filme) • Newsletter, Newsticker	• Erfahrungsberichte (story telling) durch User • Feedback-Möglichkeiten (z. B. E-Mail-Formulare) • Beiträge zu Datenbanken (z. B. Gendetektive; Regalpatrouille)	• Links zu externen Experteninformationen • Links zu Unternehmensseiten • Links zu alternativen Online-Medien	• Publikation kampagneneigener Alternativmedien in Online- und Offline-Räumen • Verweise auf massenmediale Berichterstattung auf der Kampagnenwebsite • Verweise auf Kampagnenwebsite auf Flugblättern
Einbinden/ Identität stiften	• Verbreitung eigener Kampagnenelemente z. B. durch Banner, Screensaver • Verbreitung verfremdeter Markenzeichen angegriffener Unternehmen • Maßnahmen zur Entanonymisierung (z. B. Photogalerien) • Bereitstellung von Foren, Chats, Weblogs	• Online-Spende • Veröffentlichung von User-Beiträgen in Chats, Foren oder Weblogs • User-Beiträge zum Culture Jamming auf der Website • User-Beiträge zur Entanonymisierung (z. B. User-Fotos)	• Verlinkungen zwischen verschiedenen nationalen Unterkampagnen • Verlinkung zu anderen Kampagnen der Trägerorganisation • Verlinkungen innerhalb eines übergreifenden (transnationalen) Kampagnennetzwerks	• Dokumentation von Offline-Aktionen im Netz
Integrieren/ Vernetzen	• Bereitstellung von Materialien zur Verbreitung an Dritte (z. B. Buttons, Bilder) • Bereitstellung von Tools zur Information Dritter über die Kampagne	• Verbreitung visueller Kampagnenelementen an Dritte durch User • Diskussion mit Dritten in Chats, Foren, Weblogs über die Kampagne	• Verlinkungen innerhalb eines übergreifenden (transnationalen) Kampagnennetzwerks • Verlinkung zu anderen Kampagnen/Akteuren des gleichen Themenspektrums • Verlinkung zu heterogenen Akteuren	• Dokumentation von Offline-Aktionen im Netz • Veröffentlichung von Kontaktdaten und Treffpunkten im Netz
Mobilisieren	• Mehrsprachige Kampagnenwebsite • Online-Spende • Online-Unterschrift • Online-Protestschreiben • Virtuelle Aktionen (Online-Demo, Mail Bombing; denial of service attack u. ä.)	• Veröffentlichung eigenständiger Aktionsideen auf der Website durch User • Teilnahme an aktionsbegleitenden Chats	• Verlinkung mit Onlineprotesten anderer Akteure	• Veröffentlichung von Boy- und Buykottaufrufen • Veröffentlichung von Terminen für Offline-Treffen/-Aktionen im Netz • Bereitstellung von Materialien für Offline-Aktionen im Netz • Inhaltliche Vorbereitung von Offline-Aktionen im Netz

* Grau unterlegt sind die für die jeweiligen sozialen Praxen dominanten Tools.

Netzartefakten aufweisen. Zu nennen sind in dem Zusammenhang Aufforderungen, durch eigene Informationsinputs zur kollektiven Wissensproduktion von Protestinitiativen beizutragen. So können Cyberaktivisten als Gendetektive fungieren und über die Ergebnisse ihrer Regalpatrouille online berichten. Cyberaktivisten im Rahmen von unternehmenskritischen Kampagnen sind nicht unbedingt immer Marktaktivisten oder politisierte Konsumbürger. Informationen über unternehmerische Normverletzungen werden auch von Unternehmensmitarbeitern oder früheren Mitarbeitern in Kampagnenweblogs oder Chats verbreitet. Insbesondere die aufgrund ihrer finanziellen Unternehmensabhängigkeit sehr verwundbare Position kritischer unternehmensangehöriger Arbeitnehmer wird durch die Anonymität der Netzkommunikation strukturell gestärkt. Sie werden ermutigt, Unternehmensgeheimnisse über produktionsbezogene Umwelt- und Gesundheitsrisiken, drohende Betriebsschließungen oder umstrittene ausländische Investitionen zu veröffentlichen.

Neben dem Übergewicht von top-down-erzeugten Netzartefakten zeigt sich eine deutliche Orientierung in der Offline-Online-Beziehung auf die Nutzung der Netzkommunikation zur Erzeugung von Resonanz in den traditionellen Massenmedien. Die relativ schwache Aktivierung der diskursiven und kreativen Gestaltungspotenziale der User deutet darauf hin, dass mit der Einführung und Verbreitung des Internets der sich seit den 1980er Jahren verstärkende Trend zur Professionalisierung der Protestkommunikation nicht signifikant gebrochen wird.[26] Große NRO wie Greenpeace haben inzwischen eigene Internetredaktionen etabliert. Zudem zielen Off- wie Online-Aktionen noch immer primär auf die Aufmerksamkeit der massenmedialen Gatekeeper. Massenmediale protest-issue- bzw. akteursspezifische Berichte wirken auf die Sichtbarkeit der netzbasierten Teilöffentlichkeit der Kampagne zurück; Kampagnenverantwortliche weisen darauf hin, dass die „visits" der Kampagnenwebsites im Anschluss an solche Berichte in den Offline-Massenmedien deutlich steigen (vgl. auch Voss 2007: 184).

Während in den unabhängigen Nachrichtenportalen wie Indymedia Kommunikationsprozesse weitgehend dezentralisiert und entprofessionalisiert sind, werden globalisierungskritische Anti-Corporate Campaigns im Netz in der Regel recht zentralisiert geführt. Im Zentrum steht entweder eine bekannte NRO – wie etwa in der Kampagne von Greenpeace gegen Müller-Milch – oder eine Gewerkschaft – wie etwa ver.di in den Kampagnen gegen die Discounter Schlecker und Lidl – oder ein Aktionsbündnis von unterschiedlichen NRO, kirchlichen oder gewerkschaftlichen Organisationen, wie im Fall der Clean-Clothes-Campaign. Liegt eine zentralisierte Top-down-Strukturierung der Kommunikation im Falle von Kampagnen, die nur von einer einzigen professionellen Protestorganisation lanciert werden, nahe, so verwundert die zentralisierte Struktur insbesondere im Falle von breiten Aktionsbündnissen. Hier liefert zwar das Netz die Gelegenheitsstruktur für eine Stabilisierung von sektoral breiten und auch territorial entgrenzten Bündnissen. Vermutlich hat die Fokussierung auf die Massenmedien doch zentralisierende Rückkopplungseffekte. Journalisten rekurrieren nur dann auf Kampagnenwebsites als alternative Nachrichtenquellen, wenn ein Aktionsbündnis oder eine bekannte NRO schon durch seine PR oder öffentliche Protestaktionen vor oder in

---

26 Lusoli und Ward bestätigen in ihrer Studie zur Nutzung von ICTs unter Anhängern der britischen Countryside Alliance die Dominanz standardisierter, eher passiver Aktionsformen (2006: 75 f.).

Geschäften bzw. Unternehmen ihre Aufmerksamkeit geweckt hat. Eine Analyse der Medienresonanz auf die Kampagnen gegen den Discounter Lidl belegt, dass Massenmedien die Heterogenität der Akteure eines unternehmenskritischen Protestnetzwerks[27] nach Prominenzgesichtspunkten verzerren und die größten und bekanntesten Organisationen überproportional häufig erwähnt werden. Obwohl das Internet die Kooperation in ausgedehnten Netzwerkorganisationen erleichtert, erfordert ein erfolgreiches Issue-Framing in der Regel eine Fokussierung auf einen oder einige wenige Sprecher der Netzwerke (vgl. Baringhorst et al. 2007b). Offline-Aktivitäten bilden noch immer die zentrale Voraussetzung für die Erwähnung netzgestützer Kampagnen in den Massenmedien (Kneip/Niesyto 2007).

Charakteristisch für die netzbasierte Kampagnenkommunikation scheint eine spezifische Spannung, die durch die funktional notwendige Orientierung an gegensätzlichen Medienlogiken entsteht. Die dominierende Aufmerksamkeitslogik der traditionellen Massenmedien begünstigt die fortdauernde Tendenz zur Professionalisierung von Medienarbeit und organisatorischen Zentralisierung von Protestakteuren. Sie zeigt sich in der starken Nutzung netzspezifischer Tools der ausschließlichen Produktion von Kampagnenartefakten durch den bzw. die Kampagnenträger und die in allen Kampagnen breit dokumentierten Hinweise auf Reaktionen in den Offline-Massenmedien. Die Netzwerklogik des Internet fördert demgegenüber Tendenzen der Dezentralisierung und der Bildung weniger hierarchischer Protestkoalitionen, dokumentiert werden diese Tendenzen vor allem in der Online-Verlinkung. Dabei zeigt sich jedoch ein deutlicher Unterschied in der Nutzung des Tools: Große hierarchisch strukturierte Protestorganisationen wie nationale Gewerkschaften oder auch Greenpeace verlinken zwar intern, d. h. zwischen nationalen und regionalen Organisationen sehr gut, doch sind diese Akteure recht exklusiv hinsichtlich der Aufnahme von Links zu anderen NRO oder Bewegungsorganisationen (vgl. auch Kavada 2005: 213 f.). Demgegenüber weisen kleinere und stärker mitgliedergestützte Kampagnen oft zahlreiche Links zu Akteuren nicht nur des gleichen Themenspektrums, sondern auch zu Akteuren mit unterschiedlichen Themenschwerpunkten auf.

Das Spannungsverhältnis zwischen zentralisierenden und dezentrierenden Tendenzen wird in Protestkampagnen jeweils unterschiedlich gestaltet. Prinzipiell ist es jedoch allen Kampagnen eigen, die von demokratischen zivilgesellschaftlichen Akteuren initiiert werden: Denn zivilgesellschaftliche Akteure beziehen ihre Legitimität aus öffentlicher Zustimmung für ihre Anliegen und müssen für ihre Problemdeutungen und Forderungen eine möglichst breite Aufmerksamkeit erzeugen. Zugleich müssen sie, um ihre Ziele durchzusetzen, möglichst großen Druck auf politische Entscheider oder angegriffene Unternehmen ausüben. Beide Ziele sind nur durch Erzeugung massenmedialer Aufmerksamkeit zu erreichen. Andererseits beziehen zivilgesellschaftliche Protestakteure ihre Legitimität auch daraus, dass sie Anliegen vertreten, die im allgemeinen Interesse der Bevölkerung liegen, und damit verbunden, dass sie prinzipiell offen sind für die Beteiligung möglichst vieler interessierter Bürger (Baringhorst 2007).

Während das Internet neue Möglichkeiten für eine Stärkung interner demokratischer Bottom-up-Strukturen etwa im Sinne der Koproduktion von Websites eröffnet,

---

27 Das Protestnetzwerk der Kampagnen reicht von ver.di, Attac, WEED, der Arbeitsgemeinschaft bäuerliche Landwirtschaft, e.V., BanaFair, bis zur Aktion Selbstbesteuerung e.V.

hängt die erfolgreiche Ansprache eines massenmedialen Publikums noch immer primär von einem erfolgreichen top-down-strukturierten Kommunikationsmanagement ab.

5. Protestkommunikation im Netz – ein Beitrag zur transnationalen „public of publics"?

Der Etablierung einer transnationalen zivilgesellschaftlichen Öffentlichkeit kommt im Zusammenhang von Konzepten des „Regieren(s) jenseits des Nationalstaats" (Zürn 1998) eine wichtige Legitimationsfunktion zu. Dabei sollte transnationale Öffentlichkeit nicht im Sinne einer schlichten Ausweitung nationalstaatlicher massenmedialer Systeme konzeptionalisiert werden, da weder eine kulturelle Einheitlichkeit der Akteure noch eine räumliche Kongruenz zwischen öffentlicher Sphäre und entscheidungspolitischen Räumen vorausgesetzt werden können. Um der kulturellen Pluralität und räumlichen Entgrenzung politischer Regelungsbereiche zu entsprechen, bedarf es eines Netzwerks von Öffentlichkeiten bzw. Teilöffentlichkeiten im Sinne einer „public of publics" (Bohman 2004: 50, 2007: 59-101). Dieser notwendigerweise dezentrierten, auf verschiedenen territorialen Ebenen und in verschiedenen sektoralen Bereichen herzustellenden transnationalen Öffentlichkeit entspricht die technische Struktur, die Hardware, des Internets, sodass Netzkommunikation geradezu prädestiniert ist für die Erzeugung transnationaler „issue publics". Das Netz wird jedoch nicht automatisch zur Netzöffentlichkeit. Es bedarf der „reintermediarisation" (Bohman 2004: 54), der reflexiven und vermittelnden Tätigkeit zivilgesellschaftlicher Organisationen, um netzöffentliche Räume zu konstituieren und dadurch einer Privatisierung und Individualisierung der User entgegenzuwirken. „The point is not simply to create a Web site or to convey information. It becomes something more when sites are public spaces in which free, open, and responsive dialogical interaction takes place" (Bohman 2004: 55).

Die von globalisierungskritischen Protestakteuren etablierten issue-spezifischen Teilöffentlichkeiten im Netz, die durch unabhängige Nachrichtenportale oder Websites transnationaler NRO oder Aktionsbündnisse erzeugt werden, können einen wichtigen Beitrag zur Etablierung einer transnationalen „public of publics" leisten. Die Gefahr einer Fragmentierung von Öffentlichkeit im Netz in eine kaum zu überschauende Vielzahl von mehr oder weniger verbundenen themenzentrierten Teilöffentlichkeiten (Sunstein 2002), erscheint angesichts der vielfältigen Verlinkungen von Protestwebsites und der Knotenfunktion unabhängiger Nachrichtenportale vielleicht weniger gravierend als häufig angenommen. Gerade die Reintermediarisierung der Netzkommunikation durch zivilgesellschaftliche Organisationen und Netzwerke verhindert die von einigen Autoren heraufbeschworene Cyberbalkanisierung sogenannter „nanoaudiences" (Kahn/Kellner 2005). Zum Teil sind die Protestsites im Netz sehr aktiv und durchaus in der Lage, massenmediale Anschlusskommunikationen zu erzeugen. Dass sie in der Regel nur für schon Interessierte sichtbar sind und auch nur von diesen aktiv genutzt (Grunwald 2006: 227) werden, ist nur dann ein großes Defizit, wenn man von der normativen Wünschbarkeit einer integrierten transnationalen Öffentlichkeit nach klassischem nationalen Vorbild ausgeht.

Auch der Einwand einer mangelnden Rationalität der auf den Protestsites präsentierten Informationen und Kommentierungen ist nur dann legitim, wenn man den hohen Anspruch deliberativer Kommunikation auf Protestkommunikation im Netz überträgt. Aufgrund der damit verbundenen gesellschaftlichen und kulturellen Privilegierungen gibt es jedoch berechtigte Kritik an der Nicht-Anerkennung expressiver und funktional entdifferenzierter Formen der Protestkommunikation, wie sie mit der Verbreitung der „social software" des Web 2.0 auch in neuen Formen der Bürgerartikulation in Wikis, Webblogs oder sozialen Netzwerkportalen vermutlich zunehmen werden.

Die interaktiven Möglichkeiten der Netzkommunikation, so ein zentrales Ergebnis der für das Büro für Technikfolgen-Abschätzung des Deutschen Bundestages erstellten Gutachten wie auch der an der Universität Siegen durchgeführten Analyse transnationaler Anti-Corporate-Campaigns, werden bisher von zivilgesellschaftlichen Akteuren „nur in vergleichsweise geringem Umfang genutzt. Das Netz scheint – wegen des fehlenden Engpasses massenmedialer Filter – eher als Medium der Selbstdarstellung und der öffentlichen politischen Stellungnahme interessant zu sein denn als Medium des Meinungsaustauschs und des Diskurses" (Grunwald 2006: 229). Erwartungen einer umfassenden medientechnologisch motivierten Vitalisierung von Bürgerengagement im Sinne der Erweiterung des anzusprechenden und zu mobilisierenden Personenkreises wie im Sinne der Intensivierung des individuellen Partizipationsverhaltens scheinen zwar wenig realistisch zu sein. Trotzdem ist Protest im Netz mehr als bloßes bedeutungsloses Hintergrundrauschen.

Netzbasierten Kampagnen wie alternativen Nachrichtenportalen kann es durchaus gelingen, den öffentlichen Raum über nationale Grenzen hinweg zu erweitern und Resonanz für die Thematisierung globaler Probleme, wie vor allem die Verletzung universalistischer Normen, zu erzeugen.

Das Internet ist ein „contested terrain, used by left, right, and center of both dominant cultures and subcultures to promote their own agendas and interests" (Kahn/Kellner 2005). Es eröffnet kommerziellen Unternehmen wie etablierten Akteuren der repräsentativen Demokratie neue Chancen der Reputationssteigerung wie der Gewinn- und Stimmenmaximierung. Zugleich ist das Internet demokratischer als die herkömmlichen Massenmedien: Das Spektrum der im Netz artikulierten Meinungen ist weiter und die Netztechnologie ermöglicht eine partielle geographische Entgrenzung des nationalen kommunikativen Raumes und offeriert so ressourcenärmeren politischen Akteuren, wie die im Rahmen der Global-Justice-Bewegung entstandenen Protestnetzwerke und ihre netzbasierten Teilöffentlichkeiten dokumentieren, neue soziotechnische Tools, um Informationen über Normverletzungen zu gewinnen, alternative Deutungsmuster zu verbreiten und auch jenseits nationaler Grenzen Protestnetzwerke aufzubauen und zur Teilnahme an Protestaktionen zu mobilisieren.

Literatur

Andretta, Massimiliano/della Porta, Donatella/Mosca, Lorenzo/Reiter, Herbert, 2003: No Global-New Global. Identität und Strategien der Antiglobalisierungsbewegung. Frankfurt a. M.
Anheier, Helmut et al., 2001: Global Civil Society 2001, Oxford.
Arvidson, Adam, 2006: Brands. Meaning and Value in Media Culture. London/New York.
Atton, Chris, 2002: Alternative Media. London u. a.

Bandy, Joe/Smith, Jackie, 2005: Factors Affecting Conflict and Cooperation in Transnational Movement Networks, in: *Bandy, Joe/Smith, Jackie* (Hrsg.), Coalitions across Borders. Transnational Protest and the Neoliberal Order. Lanham u. a., 231-252.
Baringhorst, Sigrid, 1998: Zur Mediatisierung des politischen Protests. Von der Institutionen- zur „Greenpeace-Demokratie"?, in: *Sarcinelli, Ulrich* (Hrsg.), Politikvermittlung und Demokratie in der Mediengesellschaft. Bonn, 326-344.
Baringhorst, Sigrid, 2004: Strategic Framing. Deutungsstrategien zur Mobilisierung öffentlicher Unterstützung, in: *Kreyher, Volker J.* (Hrsg.), Handbuch politisches Marketing. Baden-Baden, 75-89.
Baringhorst, Sigrid, 2007: Konsumenten als Netizens – Das Internet als ambivalentes Medium für ein Empowerment von Verbrauchern, in: *Baringhorst, Sigrid/Kneip, Veronika/März, Annegret/Niesyto, Johanna* (Hrsg.), Politik mit dem Einkaufswagen. Unternehmen und Bürger in der globalen Mediengesellschaft. Bielefeld, 81-108.
Baringhorst, Sigrid/Kneip, Veronika/Niesyto, Johanna, 2007a: Anti-Corporate Campaigns im Netz. Techniken und Praxen, in: Forschungsjournal Neue Soziale Bewegungen 3, 49-61.
Baringhorst, Sigrid/Kneip, Veronika/Niesyto, Johanna, 2007b: Wandel und Kontinuität von Protestkulturen seit den 1960er Jahren. Eine Analyse ausgewählter Anti-Corporate Campaigns, in: *Baringhorst, Sigrid/Kneip, Veronika/März, Annegret/Niesyto, Johanna* (Hrsg.), Politik mit dem Einkaufswagen. Unternehmen und Bürger in der globalen Mediengesellschaft. Bielefeld, 109-137.
Beck, Ulrich, 2002: Macht und Gegenmacht im globalen Zeitalter. Frankfurt a. M.
Bennett, Lance W., 2003: Communicating Global Activism: Strengths and Vulnerabilities of Networked Politics, in: Information, Communication, and Society 6 (2), 143-168.
Bennett, Lance W., 2004: Communicating Global Activism. Strengths and Vulnerabilities of Networked Politics, in: *Donk, Wim van den/Loader, Brian D./Nixon, Paul G./Rucht, Dieter* (Hrsg.), Cyberprotest. New Media, Citizens, and Social Movements. London/New York, 123-146.
Bennett, Lance W., 2005: Social Movements Beyond Borders: Understanding Two Eras of Transnational Activism, in: *della Porta, Donatella/Tarrow, Sidney* (Hrsg.), Transnational Protest and Global Activism. Laham MD, 203-226.
Bennett, Lance W./Givens, Terri E./Willnat, Lars, 2004: Crossing Divides: Internet Use and Political Identifications in Transnational Anti-War and Social Justice Activism in Eight Nations, Paper presented at the European Consortium for Political Research, Workshop „Emerging Repertoires of Political Action", Upslala, 14.-18.04.2004.
Beyme, Klaus von, 1993: Die politische Klasse im Parteienstaat, Frankfurt a. M.
Beyeler, Michelle/Kriesi, Hanspeter, 2005: Transnational Protest and the Public Sphere, in: Mobilization 10 (1), 95-109.
Bieber, Christoph/Lamla, Jörn, 2005: Das Netz der Konsumenten. Innovationschancen der Verbraucherbewegung im Internet, in: Forschungsjournal Neue Soziale Bewegung 18 (4), 65-77.
Bohman, James, 2004: Expanding Dialogue: The Internet, Public Sphere, and Transnational Democracy, in: *Shane, Peter M.* (Hrsg.), Democracy online. The Prospects for Political Renewal through the Internet. London/New York, 47-61.
Bohman, James, 2007: Democracy across Borders. From Demos to Demoi. Cambridge, MA/London.
Cardon, Dominique/Granjon, Fabien, 2003: Peut-on se liberer des formats mediatiques? Le mouvement alter-mondialisation et l'Internet, in: Movements 25, 67-73.
Castells, Manuel, 2005: Die Internet-Galaxie. Internet, Wirtschaft und Gesellschaft. Wiesbaden.
Cleaver Jr., Harry M., 1998: The Zapatistas and the International Circulation of Struggle: Lessons Suggested and Problems Raised, in: http://libcom.org/library/zapatistas-international-circulation-struggle-cleaver; 27.05.2007.
Coyer, Kate, 2005: If it Leads it Bleeds: The Participatory Newsmaking of the Independent Media Centre, in: *De Jong, Wilma/Shaw, Martin/Stammers, Neil* (Hrsg.), Global Activism, Global Media. London/Ann Arbor, 165-178.
Damm, Jens, 2005: Chinese Cyberspaces: Technological Changes and Political Effects. New York u. a.

Della Porta, Donatella/Andretta, Massimilinao/Mosca, Lorenzo/Reiter, Herbert, 2006: Globalization from Below. Transnational Activists and Protest Networks. Minneapolis/London.

Doerr, Nicole/Mattoni, Alice, 2007: The Euromayday Parade against Precarity: Cross National Diffusion and Transformation of the European Space 'from below', Paper presented to the workshop „Campaign Analysis in a Globalizing World". LMU, München, 27.-28.08.2007.

Diani, Mario, 2001: Social Movement Networks. Virtual and Real, in: *Webster, Frank* (Hrsg.), Culture and Politics in the Information Age. London, 117-127.

Diani, Mario, 2005: Cities in the World. Local Civil Society and Global Issues in Britain, in: *della Porta, Donatella/Tarrow, Sidney* (Hrsg.), Transnational Protest and Global Activism. Laham MD, 45-70.

Donk, Wim van de/Loader, Brian D./Nixon, Paul G./Rucht, Dieter (Hrsg.), 2004: Cyberprotest. New Media, Citizens and Social Movements. London/New York.

Emmer, Martin/Seifert, Markus/Vowe, Gerhard, 2006: Internet und politische Kommunikation: die Mobilisierungsthese auf dem Prüfstand. Ergebnisse einer repräsentativen Panelstudie in Deutschland, in: *Filzmaier, Peter/Karmasin, Matthias* (Hrsg.), Politische Kommunikation. Wien, 170-187.

Eyerman, Ron/Jamison, Andrew, 1991: Social Movements: A Cognitive Approach. Cambridge.

Foot, Kirsten, A./Schneider, Steven, M. 2006: Web Campaigning. Cambridge, Mass.

Grassmuck, Volker, 2002: Freie Software: Zwischen Privat- und Gemeineigentum. Bonn.

Grunwald, Armin/Banse, Gerhard/Coenen, Christopher/Hennen, Leonhard, 2006: Netzöffentlichkeit und digitale Demokratie. Tendenzen politischer Kommunikation im Internet. Berlin.

Gurak, Laura J./Logie, John, 2003: Internet Protests, from Text to Web, in: *McCaughey, Martha/Ayers, Michael D.* (Hrsg.), Cyberactivism. Online Activism in Theory and Practice. New York/London, 25-46.

Jarren, Otfried, 1998: Internet – Eine neue Chance für die politische Kommunikation?, in: Aus Politik und Zeitgeschichte B40, 13-21.

Jordan, Tim, 2002: Activisms: Direkt Action, Hacktivism and the Future of Society. London.

Kahn, Richard/Kellner, Douglas, 2005: Oppositional Politics and the Internet: A Critical/Reconstructive Approach, in: Cultural Politics 1 (1), 75-100.

Kavada, Anastasia, 2005: Civil Society Organisations and the Internet: The Case of Amnesty International, Oxfam and the World Development Movement, in: *De Jong, Wilma/Shaw, Martin/Stammers, Neil* (Hrsg.), Global Activism, Global Media. London/Ann Arbor, 208-222.

Katz, Hagai/Anheier, Helmut, 2006: Global Connectedness: The Structure of Transnational NGO Networks, in: Global Civil Society Yearbook 2005/6. London, 240-265.

Keck, Margaret E./Sikkink, Kathryn, 1998: Activists Beyond Borders: Advocacy Networks in International politics. Ithaca/New York.

Klein, Naomi, 2002: Fences and Windows: Dispatches from the Front Lines of the Globalization Debate. London.

Kneip, Veronika/Niesyto, Johanna 2007: Interconnectivity of the 'public of publics' – The Example of Anti-Corporate Campaigns, Vortrag auf der Konferenz 'Changing politics through digital networks. The role of ICTs in the formation of new social and political actors and actions', veranstaltet von der Fakultät für Politikwissenschaft der Universität Florenz, Italien, 5.10.-06.10.2007.

Köhler, Tanja, 2006: Krisen-PR im Internet. Nutzungsmöglichkeiten, Einflussfaktoren und Problemfelder. Wiesbaden.

Kolb, Felix, 2005: Mass Media and the Making of ATTAC Germany, in: Transnational Protest and Global Activism. Laham MD, 95-120.

Lahusen, Christian, 1996: Internationale Kampagnen. Grundmuster und Kontextfaktoren globalen kollektiven Handelns, in: Forschungsjournal Neue Soziale Bewegungen 9 (2), 42-50.

Libertad, 2006: go.to/online-demo. Handbuch Online-Aktivismus. Frankfurt a. M.

Lipschutz, Ronnie D., 2005: Networks of Knowledge and Practice: Global Civil Society and Global Communications, in: *de Jong, Wilma/Shaw, Martin/Stammers, Neil* (Hrsg.), Global Activism, Global Media. London/New York, 59-80.

Lipsky, Michael, 1965: Protest and City Politics. Chicago.

Lusoli, Wainer/Ward, Stephen, 2006: Hunting Protestors: Mobilisation, Participation and Protest Online in the Countryside Alliance, in: *Oates, Sarah/Owen, Diana/Gibson, Rachel K.* (Hrsg.), The Internet and Politics. Citizen, Voters and Activists. London, 120-155.
McKay, George, 1998: DiY Culture: Notes towards an Intro, in: *McKay, George* (Hrsg.), DiY Culture: Party and Protest in Nineties Britain. London, 1-53.
Meikle, Graham, 2002: Future Active. Media Activism and the Internet. New York/London.
Norris, Pippa, 2002: Democratic Phoenix: Reinventing Political Activism. New York.
Olsen, Thomas, 2005: International Zapatismo. The Construction of Solidarity in the Age of Globalization. London/New York.
Paltemaa, Lauri, 2006: These Bytes Can Bite – Controlled Internet and its Social Significance in China. Unveröffentl. Manuskript.
Plake, Klaus/Jansen, Dirk/Schuhmacher, Birgit, 2001: Öffentlichkeit und Gegenöffentlichkeit im Internet. Politische Potenziale der Medienentwicklung. Wiesbaden.
Rheingold, Howard, 2000 [1993]: The Virtual Community. Homesteading on the Electronic Frontier. MIT Press.
Rucht, Dieter/Yang, Mundo/Zimmermann, Ann, 2004: Die Besonderheiten netzbasierter Kommunikation am Beispiel des genfood-Diskurses. WZB. Berlin.
Rucht, Dieter, 2004: The Quadruple 'A'. Media Strategies of Protest Movements since the 1960s, in: *van de Donk, Wim/Loader, Brian D./Nixon, Paul G., Rucht, Dieter* (Hrsg.), Cyberprotest. New Media, Citizens and Social Movements. London/New York, 29-56.
Scammel, Margaret, 2000: The Internet and Civic Engagement. The Age of the Citizen Consumer, in: Political Communication 17, 351-355.
Schönberger, Klaus, 2004a: Persistenz und Rekombination. NGOs und zivilgesellschaftliche Organisationen zwischen traditionalen und weiterentwickelten Praktiken politischen Handelns in netzbasierter Kommunikation. Forschungsinstitut für Arbeit, Technik und Kultur, Tübingen e.V. In Verbindung mit der Universität Tübingen.
Schönberger, Klaus, 2004b: Neue netzbasierte soziokulturelle Kommunikations- und Handlungsmuster. Forschungsinstitut für Arbeit, Technik und Kultur, Tübingen e.V. In Verbindung mit der Universität Tübingen.
Scott, Alan/Street, John, 2001: From Media Politics to E-Protest? The Use of Popular Culture and New Media in Parties and Social Movements, in: *Webster, Frank* (Hrsg.), Culture and Politics in the Information Age. A New Politics? London/New York, 32-51.
Smith, Jackie, 1997: Characteristics of the Modern Transnational Social Movement Sector, in: *Smith, Jackie/Chatfield, Charles/Pagnucco, Ron* (Hrsg.), Transnational Social Movements and Global Politics: Solidarity beyond the State. New York.
Snow, David A./Benford, Robert D., 1988: Ideology, Frame Resonance and Participant Mobilization, in: *Klandermans, Bernd/Kriesi, Hans Peter/Tarrow, Sidney* (Hrsg.), From Structure to Action: Social Movement Participation Across Cultures. Greenwich, 197-218.
Stammers, Neil/Eschle, Catherine, 2005: Social Movements and Global Activism, in: *De Jong, Wilma/Shaw, Martin/Stammers, Neil* (Hrsg.), Global Activism, Global Media. London/Ann Arbor, 50-67.
Sunstein, Cass, 2002: Republic.com. Princeton, NJ.
Surman, Mark/Reilly, Katherine, 2003: Appropriating the Internet for Social Change. Towards the Strategic Use of Networked Technologies by transnational Civil Society Organisations, Social Science Research Council November 2003, in: http://62.44.8.134/aa_upload/3e0b210495d0e 773966747ff6179e499/Appropriating_the_Internet_for_Social_Change___Surman_and_ Reilly.pdf; 05.05.2007.
Tarrow, Sidney/della Porta, Donatella, 2005: Conclusion: „Globalization," Complex Internationalism, and Transnational Contention, in: *della Porta, Donatella/Tarrow, Sidney* (Hrsg.), Transnational Protest & Global Activism. Lanham u. a., 227-246.
Tilly, Charles, 2004: Social Movements 1768-2004. London.
Vegh, Sandor, 2003: Classifying Forms of Online Activism, in: *McCaughey, Martha/Ayers, Michael D.* (Hrsg.), Cyberactivism. Online Activism in Theory and Practice. New York/London, 71-96.

Voss, Kathrin, 2007: Öffentlichkeitsarbeit von Nichtregierungsorganisationen. Mittel – Ziele – interne Strukturen. Wiesbaden.

Warkentin, Craig, 2001: Reshaping World Politics: NGOs, the Internet, and Global Civil Society. Lanham, MD.

Wasley, Andrew, 2000: Here Come to the Media Activist, in: http://www.redpepper.org.uk/cularch/xmedia.html; 05.05.2007.

Wimmer, Jeffrey, 2007: (Gegen-)Öffentlichkeit in der Mediengesellschaft. Analyse eines medialen Spannungsfelds. Wiesbaden.

Winter, Rainer/Groinig, Sonja, 2004: Netzbasierte Kommunikation und transnationale Öffentlichkeit. Institut für Medien- und Kommunikationswissenschaften, Universität Klagenfurt.

Zürn, Michael, 1998: Regieren jenseits des Nationalstaates: Globalisierung und Denationalisierung als Chance. Frankfurt a. M.

Medien im Krieg. Das Verhältnis von Medien und Politik im Zeitalter transnationaler Konfliktkommunikation

Michael Brüggemann / Hartmut Weßler

1. Einleitung

Osama bin Laden verschickt Videos an Fernsehsender und seine Anhänger pflegen zahllose Websites. Schon vor zehn Jahren erklärte eine neue US-amerikanische Militärdoktrin die Eroberung der Informationshoheit zur höchsten Priorität im Kriegsfall (Szukala 2005). Wer heutzutage Gewalt ausübt, sei es der Befehlshaber von Truppen oder das Oberhaupt einer Terrororganisation, bemüht sich um die öffentliche Legitimation seines Handelns. Er wirbt um Unterstützung in den eigenen Reihen und sendet auch Botschaften an das gegnerische Lager. Damit ist ein neues Schlachtfeld eröffnet: Die Medien sind zu einem Schauplatz des Krieges geworden, auf dem die Kombattanten um die Vorherrschaft über die öffentliche Meinung ringen.

Politische Akteure in Konflikten richten also ihr Handeln auch im Hinblick auf die Wirkung in den Massenmedien aus. Die Kommunikationswissenschaft hat dafür das Konzept der Medialisierung entwickelt: „Genuine" Ereignisse jenseits medialer Aufmerksamkeit werden zu „medialisierten" Ereignissen (Kepplinger 2000: 170). Gerade Konflikte und Kriege üben einen hohen Druck auf die beteiligten Akteure aus, sich öffentlich zu rechtfertigen. Sie sind zu medialisierten Ereignissen geworden (Esser et al. 2005: 314).

Der moderne medialisierte Krieg hat sich seit der Mitte des neunzehnten Jahrhunderts entwickelt. Im Krimkrieg (1853-56) und im amerikanischen Sezessionskrieg (1861-65) traten erstmals Kriegsberichterstatter als eigener Akteurstypus auf (Schrader 2002; Dominikowski 2004). Seit den Weltkriegen des 20. Jahrhunderts hat sich komplementär ein aufwendiger Apparat militärischer Propaganda entwickelt, der bestrebt ist, die Medien für seine Zwecke zu instrumentalisieren. Mit den beiden Golfkriegen 1991 und 2003 hat die Medialisierung der Kriege durch umfassende, global verfügbare Live-Berichterstattung und durch die „Einbettung" der Berichterstatter in Militärverbände neue Dimensionen erreicht.

Die Medien sind dabei nicht nur eine neutrale Leinwand, auf die die Konfliktparteien ihre Bilder vom Krieg projizieren können. Die Medien sind selbst Akteure (vgl. die Beiträge in Pfetsch/Adam 2007): Sie wählen Informationen und Themen zur Veröffentlichung aus. Sie deuten und kommentieren. Dabei können sie ein mehr oder minder großes Maß an redaktioneller Autonomie wahren. Damit stellt sich die Frage nach dem Verhältnis von politischen Akteuren und Medien unter den besonderen Bedingungen gewaltsamer Konflikte. Welche Rolle spielen die Medien im Krieg? Sind sie bloß Mittel der offiziellen Kriegspropaganda oder verteidigen sie ihre Unabhängigkeit? Lassen sich die Konfliktparteien umgekehrt von den Medien beeinflussen? Kann Medienberichterstattung Kriege auslösen oder beenden?

Die politische Kommunikationsforschung hat eine Vielfalt an Studien und Befunden zu diesen Fragen hervorgebracht (vgl. die Überblicke in Eilders/Hagen 2005 und Löffelholz 2004). Die Widersprüchlichkeit der Befunde hat aber in eine Sackgasse geführt. Warum erscheinen die Medien einmal als mächtige Kontrollinstanz und im anderen Fall bloß als willige Sprachwerkzeuge der politischen Eliten? Der Blick muss auf die Kontextfaktoren von Konfliktkommunikation gerichtet werden: Welche Bedingungen beeinflussen die Konfiguration von Medien und Politik in einem spezifischen Konflikt? Die Systematisierung dieser Randbedingungen ist das zentrale Ziel dieses Beitrags.

Auch die Randbedingungen von Konfliktkommunikation wandeln sich aber. Konfliktkommunikation findet heute nicht mehr nur als nationale Debatte statt. Der nationale Kontext bleibt bestehen, aber die Poren sind geöffnet für transnationale Kommunikationsströme, die die Bedingungen von Konfliktkommunikation verändern. Global verfügbares Satellitenfernsehen und die digitale Vernetzung des Internets prägen heute auch die Konfiguration von politischen Akteuren und Medien in Kriegssituationen.

Für die Forschung heißt das, dass sie ihre Analyseperspektive erweitern muss. Bisher konzentrierte sie sich stark auf die nationale Öffentlichkeit im eigenen Land. Die internationale wissenschaftliche Debatte kreiste dabei primär um die US-amerikanischen Medien. Die daraus entwickelten Hypothesen und Ansätze lassen sich jedoch nicht ohne Weiteres auf *die* Medien und *den* Krieg im Allgemeinen übertragen. Dies wird von der Forschung kaum reflektiert. Die Debatte über *die* Medien, die in wichtigen internationalen Fachzeitschriften geführt wird, bezieht sich empirisch häufig gerade einmal auf die *Washington Post*, die *New York Times* und die wichtigsten amerikanischen Fernsehsender. Die deutsche Forschung nimmt analog dazu häufig vor allem deutsche Medien in den Blick. Durch den Vergleich mit den Ergebnissen der Studien aus den USA lässt sich so immerhin eine komparative Perspektive entwickeln, die aber darunter leidet, dass nicht nur verschiedene Länder, sondern oft auch verschiedene Fragestellungen mit unterschiedlichen Methoden bearbeitet werden. So besteht der erste Schritt darin, von einer nationalen Perspektive zu einer *inter*national vergleichenden Perspektive zu kommen. Im zweiten Schritt geht es dann darum, über das Modell geschlossener nationaler Systeme, die verglichen werden, hinauszugehen und auf die Vernetzung zwischen diesen Systemen zu schauen, um den Realitäten *trans*nationaler Kommunikation gerecht zu werden. Nicht nur Kriege überschreiten nationale Grenzen, sondern auch die öffentliche Kommunikation, die diese Konflikte begleitet.

Im Folgenden wird zunächst das Verhältnis von Medien und Politik modelliert (Abschnitt 2). Idealtypisch lassen sich drei Ansätze unterscheiden: Ansätze, die von einer Dominanz der Medien ausgehen, Ansätze, die eine Dominanz der Politik zugrunde legen und solche, die ein Verhältnis der Interdependenz annehmen. Analog lassen sich die Befunde zur Konfliktkommunikation strukturieren. Anfang der 90er Jahre kam die Hypothese vom *CNN-Effekt* auf (eine der ersten wissenschaftlichen Auseinandersetzungen damit findet sich in Livingston/Eachus 1995). Die Hypothese weist den Medien eine mächtige Rolle zu: Durch die Ausstrahlung emotionsgeladener Bilder von Krisenherden setzen die Medien die Politik unter Handlungszwang. Demgegenüber betont die *Indexing-Hypothese* (Bennett 1990) eine große Abhängigkeit der Medien vom Meinungsspektrum der politischen Eliten. Die Auseinandersetzung mit *Modellen der Inter-*

dependenz zwischen Medien und Politik mündet schließlich in ein übergreifendes Modell, das die Faktoren zusammenfasst, die das Verhältnis von Medien, Politik und Publikum in Konflikten bestimmen. Dabei lassen sich situative, politische, Medien- und kulturelle Faktoren unterscheiden. Abschließend wird diskutiert, inwiefern wir uns auf dem Weg zu einer gänzlich neuen Konstellation einer transnationalisierten Konfliktkommunikation befinden (Abschnitt 3).

2. Drei Modelle des Verhältnisses von Medien und Politik

Das Verhältnis von Medien und Politik in Konflikten ist ein Sonderfall des Verhältnisses von Medien und Politik im Allgemeinen. Und dieses Verhältnis lässt sich idealtypisch auf dreierlei Weise modellieren: Das *Modell medialer Allmacht* postuliert, dass wir nicht nur in einer Mediengesellschaft (Saxer 1998; Imhof et al. 2004), sondern in einer Mediokratie (Meyer 2001) leben: Die Politik entfalte sich entlang der Logik der Medien. Das Gegenmodell nimmt im Extremfall die *Ohnmacht der Medien* an. Entscheidungs- und Darstellungspolitik laufen auseinander (Sarcinelli 2003: 46). Sichtbar werden die Regierenden nur mit symbolischer Politik (Edelman 1964), die Medien und öffentliche Meinung manipuliert. „Manufacturing consent" (Chomsky/Herman 1988) im Auftrag der Eliten erscheint dann als die zentrale Funktion der Medien. Modelle *politisch-medialer Interdependenz* nehmen dagegen eine wechselseitige Abhängigkeit oder Symbiose von Politik und Medien an (Jarren 1988: 628 f.; Saxer 1998: 64). Mediale Realitätskonstruktion entfaltet sich demnach als Ergebnis eines Interaktionsprozesses zwischen Politik und Medien, bei dem keine Seite die andere völlig kontrollieren kann (einen Überblick bieten Kamps 2007 und Schulz 2008). In diesem Sinne bezeichnen Bennett und Livingston Journalisten als „semi-independent players": „[...] press-government relations are characterized by potentially extreme variations from independence to dependence" (Bennett/Livingston 2003: 360).

Damit ist die Frage nach den Bedingungen aufgeworfen, die solche Variationen erklären können. Die in Rechnung zu stellenden Interaktionen und Rückkopplungen sind hochgradig komplex. Denn Journalisten und Politiker interagieren immer im Hinblick auf eine dritte Größe: das Bürger-Publikum. Mit diesem Adressaten im Kopf beeinflussen politische Akteure öffentliche Debatten durch Herausgabe und Verweigerung von Informationen. Sie versuchen, die Themensetzung der Medien zu beeinflussen (Agenda-Building), Interpretationsmuster vorzugeben (Framing) und ihre Meinungen in den Medien zu platzieren. Analog üben die Medien Einfluss in dem Maße aus, wie sie unabhängig Informationen auswählen, Agenda-Setting und Framing betreiben und Politik kommentieren. Der Einfluss des Publikums äußert sich durch selektive Mediennutzung und eine potenziell eigensinnige Interpretation der Medieninformation. Es handelt sich also um ein dreifach rückgekoppeltes System, das weder von der Politik, noch von Medienakteuren nach Belieben gesteuert werden kann (siehe *Abbildung 3* weiter unten).

Offensichtlich wird dieses Interdependenz-Modell der Beschreibung sozialer Realitäten eher gerecht als pauschale Allmachts- oder Ohnmachtsmodelle. Allerdings muss man das Modell für den Fall internationaler Konfliktkommunikation noch weiter spezifizieren. Zunächst aber zu einem Ansatz, der von einem starken Medien-Einfluss ausgeht.

2.1 Der CNN-Effekt – ein Mythos

Einen großen Einfluss der Medien auf den Beginn und das Ende von militärischen Interventionen nimmt die Hypothese an, die unter dem Label „CNN-Effekt" diskutiert wird. Die Grundidee der CNN-Effekt-Hypothese besteht darin, dass die Kameras von CNN den Blick auf einen Krisenherd oder eine humanitäre Katastrophe richten. Dies setzt die Politik unter Handlungsdruck (die prominenteste Einzelstudie ist die von Robinson 2002). In der stärksten Formulierung des CNN-Effekts erzwingt dieser eine militärische Intervention (Neuman 1996). Umgekehrt könnten Bilder von Soldatensärgen die Politiker später auch dazu zwingen, die militärische Intervention wieder abzubrechen: „bodybag effect" (Freedman 2000: 339).

Damit wird offenbar, dass verschiedene Phänomene mit dem Label „CNN-Effekt" belegt werden, deren gemeinsamer Nenner einzig die Wirkungsrichtung ist: Die Medienberichterstattung ist die unabhängige Variable und Politik wird zur abhängigen Variablen. Livingston (1997: 293) unterscheidet dabei drei Typen von CNN-Effekten: Medien können politische Entscheidungen a) beschleunigen, b) verhindern oder c) Themen auf die politische Agenda bringen. Robinson (2001: 942) differenziert zwischen schwachen Effekten, die politische Entwicklungen befördern oder behindern, und dem starken Effekt, der politisches Handeln erzwingt. Nach über zehn Jahren intensiver Forschung zum CNN-Effekt kommt Gilboa in einer Zusammenfassung der Ergebnisse verschiedenster empirischer Studien jedoch zu dem Schluss, dass die Beweislage nach wie vor dünn ist. Die Forschung erbrachte „mixed, contradictory and confusing results" (Gilboa 2005: 34).

Diese Widersprüchlichkeit der Befunde sei an einigen Konflikten veranschaulicht, die als Beispiele für CNN-Effekte herangezogen wurden. Das klassische Beispiel für den CNN-Effekt war die US-Intervention in Somalia (Cohen 1994, vgl. auch Shattuck 1996): „By focussing daily on the starving children of Somalia, a pictorial story tailormade for television, TV mobilized the conscience of the nation's public institutions, compelling the [U.S.] government into a policy of intervention for humanitarian reasons" (Cohen 1994: 9 f.). Diese Darstellung erweist sich bei genauerer Analyse allerdings als Mythos: „The case of the U.S. intervention in Somalia, in sum, is not at heart evidence of the power of television to move governments; it is evidence of the power of governments to move television" (Mermin 1999: 137). Der wahre Grund für die Intervention in Somalia seien strategische und ökonomische Interessen der USA gewesen (Gibbs 2000). Das schließt nicht aus, dass die Medien eine wichtige Rolle im Policy-Prozess gespielt haben: „[...] although media content was an important factor in eventually expanding the U.S. role in Somalia, media content came in response to official initiatives, and not the other way around" (Livingston/Eachus 1995: 427).

Nach dem Abschuss von zwei ihrer Hubschrauber zogen sich die US-Truppen aus Somalia zurück. Nur wenige Tage nach diesem Rückzug begann der Völkermord in Ruanda unter den Augen der Weltöffentlichkeit. Hier ergibt sich der Fall, dass es intensive Berichterstattung gab, aber keine Intervention (Livingston/Eachus 1999). Ebenso unterließen die USA 1991 in Bosnien eine Intervention trotz einer Medienberichterstattung, die die dort stattfindenden Gewalttaten sichtbar machte. Eine vergleichende Betrachtung verschiedener Interventionen im Verlauf der 1990er Jahre zeigt, dass sich ein Medieneinfluss auf politische Entscheidungen in den westlichen Machtzentren eher im Hinblick auf die weniger riskanten Luftbombardements als auf den Einsatz von Bodentruppen nachweisen lässt (Robinson 2000).

Ob der CNN-Effekt eintritt oder nicht, ist also von Randbedingungen abhängig. Eine davon ist möglicherweise die politische Kultur der USA. Es ist also nicht klar, ob sich CNN-Effekte auch in anderen Ländern nachweisen lassen. Aber auch für die USA gibt es die oben referierten widersprüchlichen Befunde. Daher prüfen wir im weiteren die entgegen gesetzte Vermutung, dass sich die Medien in der internationalen Konfliktkommunikation zum Sprachrohr der politischen Interessen machen und keine eigenständige Rolle ausüben.

2.2 Indexing: Die vermeintliche Ohnmacht der Medien

Im Gegensatz zur Behauptung eines CNN-Effekts tendiert eine starke Strömung in der politischen Kommunikationsforschung in den USA dazu, gerade beim Thema Krieg das Primat der Politik gegenüber den Medien zu betonen. Die Medien werden dabei als Instrumente der Manipulation der Öffentlichkeit durch die politische Elite gesehen und nicht als unabhängige Akteure (z. B. Livingston/Eachus 1995). Der meist diskutierte Ansatz in diesem Zusammenhang ist die sogenannte Indexing-Hypothese, die Lance Bennett (1990) aufgestellt hat. Demnach ist das Meinungsspektrum in der Berichterstattung und der Kommentierung der Medien lediglich ein Index für die Meinungen der politischen Elite. Zu dieser Elite werden die Regierung und der Mainstream im Parlament gezählt. Die Äußerungen der Elite determinieren die Bandbreite legitimer Meinungsäußerung, die von den Medien zitiert oder selbst in Kommentaren vertreten werden. Hier knüpft der Indexing-Ansatz an die Theorie von Hallin (1986) an, die in Medien-Debatten drei „Sphären" identifiziert: eine Sphäre des Konsenses, die die Meinungen betrifft, die allgemein geteilt werden, eine Sphäre legitimer Auseinandersetzung und schließlich eine Sphäre der tabuisierten Abweichung („spheres of consensus, legitimate controversy, deviance"). In dem von den Medien geführten Index der Elitendebatten fehlen die Außenseiter der Politik, deren Positionen aus dem Bereich der legitimen Diskussion herausfallen. Kritik an der Regierung oder an einer von ihr geführten militärischen Intervention im Ausland, kann nur in dem Maße laut werden, wie sie von Teilen der politischen Elite ausgeht (vgl. auch Bennett in diesem Band). Wenn die Opposition im Parlament kritisch Stellung nimmt, dann ist auch den Medien ein „indexed liberalism" (Bennett 1990: 110) gewährt: Nur dann können sie mit dem Pathos des kritischen Journalismus die Regierungspolitik rügen (vgl. auch Entman 2004).

Die Indexing-Hypothese in ihrer ursprünglichen Version behauptet also nicht, dass die Regierung allein den Mediendiskurs monopolisiert. Die allgemeine Version der Indexing-Hypothese geht von einer Herrschaft der politischen Eliten insgesamt über den medialen Diskurs aus. Abweichend davon gibt es gerade bei der Analyse von Kriegsberichterstattung den Befund, dass in den USA häufig tatsächlich die Regierung die Medien manipuliert und das Spektrum legitimer Meinungsäußerung vorgibt. Dies entspricht einer „executive version" der Indexing-Hypothese (Robinson 2001: 525).

Bennett vermutet, dass sich die Indexing-Hypothese beim Thema Militär und Außenpolitik besonders gut belegen lässt. Diese Vermutung haben zahlreiche empirische Studien zumindest für die USA bestätigt. Die Mediendebatte über den Vietnam-Krieg erscheint rückblickend als Beleg für das Indexing-Phänomen. So weist Hallin (1986) in seiner Studie „The Uncensored War" nach, dass die Medien keineswegs durch negative Berichterstattung die Kriegsmoral untergraben hätten, wie zum Teil unterstellt wurde. Erst nachdem Teile der politischen Klasse in Washington auf die Seite der Kriegsgegner gewechselt waren, haben auch die Medien Kritik am Vietnam-Einsatz verbreitet und geäußert. Zu ähnlichen Ergebnissen kommt Mermin (1999) für Debatten amerikanischer Medien über verschiedene Konflikte in der Zeit nach dem Vietnamkrieg.

Die noch weitergehende Behauptung, dass die militärisch intervenierenden Regierungen die öffentliche Debatte kontrollieren („executive version"), bestätigen ebenfalls eine Reihe von Studien, die sich auch mit den Konflikten der 1990er Jahre und den Interventionen seit der Jahrtausendwende beschäftigen. So wird die US-geführte Intervention in Kuwait und Irak 1991 von verschiedenen Autoren als Beispiel für eine gelungene Kontrolle der Informationshoheit durch die amerikanische Regierung und das US-Militär angeführt. Bennett/Manheim (1993) haben die in den Medien dargebotene Information zum Golfkrieg von 1991 untersucht und kommen zu dem Schluss: „the public did not have reasonable access to a sufficiently broad range of information and opinion to make independent judgments about the wisdom of administration policy" (Bennett/Manheim 1993: 331). Tatsachen, die Anlass für eine regierungskritische Meinungsbildung geboten hätten, würden „for the record" erwähnt, aber dann nicht weiter thematisiert (Bennett/Manheim 1993: 333).

Schließlich hat sich die US-Regierung auch mit dem Framing ihres „war on terror" und ihrer Interventionen im Irak und in Afghanistan zumindest in der amerikanischen Öffentlichkeit weitgehend durchgesetzt. Entman (2003) hat untersucht, ob es nach den Anschlägen vom 11. September 2001 in den US-Medien ein effektives „Counter-Framing" gab, also eine Deutung, die die Ereignisse anders problematisiert als die US-Regierung. Die Regierung hatte sich sehr schnell auf den Irak und Afghanistan als potenzielle Kriegsziele kapriziert. Ein alternatives Framing, das Saudi-Arabien als Förderer des Terrorismus in den Mittelpunkt gestellt hätte, haben zwei prominente Journalisten (Seymour Hersh, Thomas Friedman) in die Debatte eingebracht. Diese Deutung fand aber keinen Wiederhall im politischen Establishment. So wie es die Indexing-Hypothese nahelegt, kam es daher zu keiner breiteren Problematisierung des Kriegsziels Irak.

Am Skandal um die Folterpraktiken im US-Militärgefängnis Abu Ghraib schließlich zeigen Bennett, Lawrence und Livingston (2006) auf, wie die Bush-Regierung wiederum das Framing bestimmte: Die US-Medien haben bereitwillig die Deutung der Regierung aufgenommen, dass es sich um „abuses", also bedauerliches Fehlverhalten einzelner Soldaten, nicht aber um eine „administration policy of torture" gehandelt habe.

Die Frage, ob Indexing eine auf den Fall der USA begrenzte Beobachtung ist, ist noch nicht hinreichend untersucht. Für den Kosovo-Einsatz der NATO 1999 gilt auch für europäische Medien: „[...] major western news organizations found themselves caught up in the propaganda surrounding the conflict [...]. The media replicated, often uncritically, the line of western political leaders" (Taylor 2000: 293 in einem Sonderheft des „European Journal of Communication" zum Kosovo-Einsatz). In einigen europäischen Ländern war die öffentliche Meinung und die Berichterstattung der Medien dagegen sehr kritisch gegenüber der amerikanischen Intervention im Irak 2003 (Wessler et al. 2008). Dies widerlegt aber die Indexing-Hypothese keineswegs, – im Gegenteil: Die von verschiedenen Studien belegte Kritik der deutschen Medien an den USA ist nicht unbedingt ein Zeichen ihrer Unabhängigkeit, sondern reflektiert ebenso die damalige Haltung der deutschen Regierung (Maurer et al. 2007). So weist Pohr (2005) für die Kommentare der deutschen Presse eine hohe Übereinstimmung mit der Mehrheitsmeinung im Bundestag nach. Es gibt also auch in Europa Belege für den fatalen Einklang von Medien und Politik im Fall von Krisen und Kriegen.

2.3 Ursachen des Versagens der Medien im Krieg

Die offenbar grenzüberschreitende Schwäche der Medien in Kriegssituationen hat mindestens drei Ursachen:

(1) Der *Zugang zu Informationen* ist schwieriger als bei anderen Gegenständen der Berichterstattung. Journalisten können nicht immer auf den eigentlichen Kriegsschauplatz vordringen. Sie sind stark auf die offiziellen Informationsquellen der Kriegsparteien angewiesen. Gleichwohl müssen sie der großen Nachfrage nach Nachrichten über den Krieg gerecht werden: Die Einschaltquoten von CNN und Fox News in den USA sind während der ersten Tage der Irak-Invasion von 2003 um über 300 Prozent angestiegen (laut *Guardian,* zitiert nach Allan/Zelizer 2004: 7). Wenn man das Verhältnis zwischen Medien und Politik als Markt modelliert, dann ist Krieg eine Situation, in der die Medien rund um die Uhr eine enorme Nachfrage nach Informationen befriedigen müssen. Diese permanente Nachfrage nach Nachrichtenmaterial könnte man als den eigentlichen „CNN-Effekt" auffassen. Und dieser Effekt begünstigt in Kriegszeiten eher die Regierenden, denn sie können das Angebot an Informationen verknappen, jedenfalls wenn der Krieg in einer weit entfernten Wüste stattfindet.

(2) Auf Grund der *Propaganda aller Konfliktparteien* ist der Zugang zu ausgewogener Information im Krieg ein noch größeres Problem, als er ohnehin schon ist. Alle Kriegsparteien sind in professionelle „information warfare"- und „perception management"-Aktivitäten verwickelt. Die Informationspolitik der US-Regierung in Konflikten ruht dabei auf drei Pfeilern, die in drei Richtungen Informationen ausstreuen. „Information operations" sollen den Kriegsgegner manipulieren. „Public Diplomacy" bessert das Image im übrigen Ausland auf. „Political News Management" zielt auf die Beeinflussung der heimischen US-Medien (Brown 2003). Kurzzeitig hatte das Pentagon 2001 sogar ein „Office of Strategic Influence" errichtet, dessen explizit propagandistischer Ansatz aber bald in die Kritik geriet, so dass das Büro 2003 durch das vorsichtiger benannte „Office of Global Communications" im Weißen Haus ersetzt wurde. Amtliche Regierungs-PR, die in Friedenszeiten den Maßstäben demokratischer Kommunikation genügen mag, schlägt unter dem extremen Rechtfertigungsdruck, den ein Militäreinsatz generiert, leicht in Propaganda um. Dass Regierungen im Kriegsfall mit Propaganda

besser durchkommen können als in Friedenszeiten, mag am allgemeinen „fog of war" liegen, der unübersichtlichen Konfliktsituation, in der Journalisten kaum in der Lage sind, Fakten von Lügen zu unterscheiden. Dass der Versuch, dies zu tun, in Kriegszeiten besonders zaghaft ist, mag allerdings auch mit einem dritten Grund zusammenhängen.

(3) Wenn die eigene Nation im Krieg ist, wenn sie angegriffen wird oder eigene Soldaten entsendet, ergeben sich *„rally-around-the-flag"-Effekte* (Mueller 1973). Die öffentliche Meinung tendiert dazu, die Regierungsposition zu stützen und Kritik als unpatriotisch zu tabuisieren. Dies ist vermutlich die zentrale Erklärung für die Schwäche der amerikanischen Medien seit dem 11. September. Auch Journalisten wollen nicht als unpatriotisch dastehen. Dass die Medien aber in so großem Umfang diesem Reflex nachgeben, hat auch ökonomische Gründe. In der Anfangszeit der Irak-Intervention 2003 hat sich zwischen den amerikanischen Nachrichtensendern ein Wettbewerb darum entwickelt, wer die patriotischste Berichterstattung liefert. Dies wurde auch als *„Fox-Effekt"* bezeichnet (Allan/Zelizer 2004: 7). Denn Fox News war der Sender, der Patriotismus zu seiner *unique selling proposition* gemacht hat. Die US-Flagge schmückte stets die Nachrichtensendungen des Senders. Die US-Truppen wurden kontinuierlich als „unsere Helden" und als „Befreier" des Irak bezeichnet (Allan/Zelizer 2004: 9; vgl. Aday et al. 2005). Dies entsprach der damals dominanten Stimmung in der Bevölkerung: Die Einschaltquoten von Fox News in den USA überflügelten die der neutraleren Berichterstattung von CNN.

Die Rally-Effekte sind wiederum vor allem für die USA empirisch belegt. Und sie sind vermutlich abhängig von der politischen Kultur eines Landes. Die Frage ist zum Beispiel, ob Kritik an Militäreinsätzen unbedingt als Tabu und als unpatriotisch eingestuft wird, wie das in den USA der Fall zu sein scheint. Bleibt das Publikum offen für Kritik, kann auch kritischer Journalismus Quote machen, wie Löffelholz (2004: 27) am Beispiel des privaten spanischen Senders Telecinco belegt. Trotz der Beteiligung Spaniens am Irakkrieg 2003 und im Gegensatz zur regierungstreuen Berichterstattung des öffentlich-rechtlichen Senders TVE erzielte Telecinco mit einer kritischen Berichterstattung hohe Einschaltquoten. Ein an klassischen professionellen Regeln orientierter Journalismus könne ein einträgliches Geschäft sein, solange sich die redaktionelle Linie an den politischen Interessen der Publikumsmajorität orientiere (Löffelholz 2004: 27): „Andererseits wirken ökonomische Profitinteressen von Medienunternehmen dann kriegstreibend, wenn [...] ein propagandistischer Journalismus von einem relevanten Teil des Publikums gratifiziert wird."

Deutlich wird also: Politik und Medien sind im Falle militärischer Konflikte keine gleichgewichtigen Kontrahenten (siehe dazu ausführlich Wolfsfeld 1997). Die Schwäche der Medien im Krieg ist plausibel begründbar. Dennoch ist der Automatismus der Indexing-Hypothese und die pauschale Sicht auf Medien als passive Instrumente der Politik eine unzulässige Vereinfachung (siehe auch Althaus 2003 und Robinson 2001). Medien sind nicht nur der Index zu einem Buch, das ausschließlich von der Debatte der Eliten handelt. Aufbauend auf der Indexing-Hypothese haben sich aber einige Ansätze entwickelt, die sich zu einem differenzierteren Modell der Interdependenz von Medien und Politik verdichten lassen.

2.4 Modelle der Interdependenz von Politik und Medien in der internationalen Konfliktkommunikation

Wolfsfeld (1997) hat das Verhältnis von Medien und politischen Akteuren am Beispiel von drei Konflikten im Nahen Osten rekonstruiert und dabei die bislang am besten ausgearbeitete Theorie (internationaler) Konfliktkommunikation geliefert: sein „political contest model". Bei allen drei von ihm untersuchten Konflikten handelte es sich um eine Auseinandersetzung zwischen *ungleichen* Gegnern. Eine politische Elite stand in den untersuchten Konflikten jeweils einem Herausforderer gegenüber und konkurrierte darum, die Aufmerksamkeit der Medien zu erregen und das eigene Framing des Konflikts gegenüber anderen Deutungsmustern durchzusetzen. Das „political-contest-model" beschreibt eben diesen politischen Wettbewerb um Aufmerksamkeit und Framing-Hoheit.

Im ersten untersuchten Fall, der Debatte in Israel über den Friedensvertrag von Oslo 1993 haben sich die Medien als „semi-honest brokers" erwiesen. Die Presse habe das Machtgefälle zwischen Regierung und militanten Siedlern in Israel eher gespiegelt als verändert. Nur „halb-ehrlich" waren die Medien, weil sie am Ende doch die politischen Eliten privilegierten. Im zweiten Fall, der Intifada von 1987, waren die israelischen Medien nach Wolfsfelds Analyse „advocates of the underdog": Die PLO wurde zur etablierten Nachrichtenquelle aufgewertet. Das Machtgefälle wurde durch die Medienaufmerksamkeit zugunsten der schwächeren Konfliktpartei abgemildert. Im Golfkrieg 1991 schließlich waren die Medien „faithful servants" der amerikanischen Militärführung (für eine genaue Darstellung der Fallstudien siehe Wolfsfeld 1997).

Die Medienrolle bewegt sich damit auf einem Kontinuum zwischen passivem Instrument der Machtelite einerseits und einem Förderer oppositioneller Akteure und Positionen andererseits. Wolfsfeld hat für die relative Macht von Medien und politischen Akteuren im Konflikt eine einfache Formel gefunden *(Abbildung 1)*. Der Einfluss der Medien besteht demnach darin, die politischen Akteure in ihren Kommunikationsaktivitäten zur Anpassung an die Medienlogik zu zwingen. Außerdem können die Medien zur Verbesserung oder Verschlechterung des öffentlichen Standings eines politischen Akteurs beitragen und ihn damit im politischen Machtkampf auf- oder abwerten. Politische Akteure sind von Medien in besonderem Maße abhängig, wenn sie auf öffentliche Zustimmung angewiesen sind und sich den Zugang zur politischen Bühne erst

Abbildung 1: Das „Political-Contest-Modell" (nach Wolfsfeld 1997)

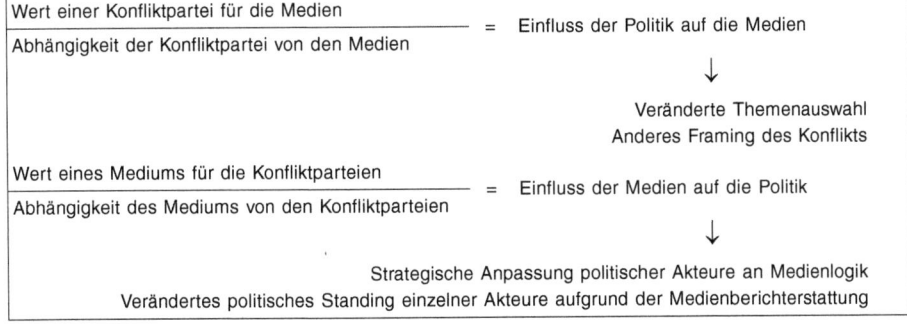

noch erkämpfen müssen (Wolfsfeld 1997: 13-77). Die umgekehrte Abhängigkeit der Medien von der Politik ergibt sich aus dem Bedürfnis nach Informationen. Medien und Politik befinden sich also in einem Verhältnis wechselseitiger Abhängigkeit.

Der Wert von Medien für politische Akteure ergibt sich aus der Größe und dem Status des jeweils erreichten Publikums. Der Wert von politischen Akteuren für die Medienberichterstattung wird primär durch ihre politische Macht bestimmt. Parteien mit geringem politischen Status können aber durch Normverstoß und auffälliges Verhalten (im Extremfall: durch Terrorakte) ihr Machtdefizit kompensieren und die Aufmerksamkeit der Medien gewinnen. Eine Stärke dieses Modells ist es, dass es in der Lage ist, den Einfluss verschiedener Medien auf verschiedene politische Akteure zu differenzieren.

Eine andere Form der Differenzierung nimmt Robinson (2001) in seinem „Policy-Media-Interaction"-Modell vor. Am Beispiel der Berichterstattung und der Debatten zum Vietnamkrieg in den USA zeigt er, dass die Fähigkeit der Medien zu unabhängiger Berichterstattung über einen Konflikt und ihr Einfluss auf die Regierungspolitik variieren kann, abhängig vom Meinungsspektrum der Eliten. Es handelt sich also um eine Weiterentwicklung der Indexing-Hypothese. Wenn sich die Eliten einig seien, dann würden die Medien zu Schoßhunden der Regierungs-PR. Seien sich die politischen Eliten dagegen uneinig, was in einem Konfliktfall zu tun ist, dann spiegelten die Medien das Meinungsspektrum. Wenn sich aber die politische Elite uneinig ist und die Regierung keine klare Line vorgeben kann, dann ist die Stunde der mächtigen Medien gekommen. Wenn sie in einer solchen Konstellation die Regierung durch kritische Berichterstattung unter Druck setzen, dann kann es sein, dass die Regierung in Sinne der dominanten Medienmeinung reagieren wird *(Abbildung 2)*.

Abbildung 2: „Policy-Media Interaction"-Modell nach Robinson (2001)

Konstellation im politischen System	Rolle von Medien in Krieg
Elitenkonsens	→ Medien als passive Übermittler von Regierungs-PR
Elitendissens	→ Medien spiegeln Meinungsspektrum
Elitendissens + keine klare Policy + kritische Medien	→ Medieneinfluss auf Regierungspolitik

Der Einfluss der Medien variiert also von Konflikt zu Konflikt und von Land zu Land. Die Kernfrage zielt auf die Faktoren, die dazu führen, dass sich in einem Fall CNN-Effekte, in einem anderen Fall Indexing und in einem dritten keins von beiden beobachten lässt. Wie sieht die Situation aus, in der Medien ein gewisses Maß an Freiheit entwickeln können und nicht zum Schoßhund der Mächtigen werden? Unter welchen Bedingungen können sie ihre Funktion der Themenauswahl und eines eigenständigen Framings von Konflikten wahrnehmen und sich von den vorgegebenen Deutungen der politischen Führung emanzipieren?

2.5 Einflussfaktoren im Überblick

Aufbauend auf den bisher diskutierten Ansätzen und Forschungsergebnissen lassen sich vier Bündel von Faktoren identifizieren, deren Zusammenspiel die Konfiguration von politischen Akteuren, Journalisten und Bürger-Publikum in einer gegebenen Konfliktsituation beeinflusst. Wir unterscheiden situative, politische, Medien- und kulturelle Faktoren *(Abbildung 3)*. Erst ein solch übergreifendes Einflussmodell wird es zukünftiger Forschung ermöglichen, international vergleichend die jeweils für eine spezifische politische Kultur prägenden Einflussfaktoren zu identifizieren und damit die US-Zentriertheit der bisherigen Forschung zu überwinden. Nur ein Bewusstsein von der Varianz im gesamten Spektrum der Einflussvariablen erlaubt es, in vergleichenden Designs einige dieser Faktoren so konstant zu halten, dass die Determinanten der (Un-)Abhängigkeit der Medien in Kriegssituationen deutlich werden.

Situative Faktoren. In generalisierenden Aussagen über die mediale Konfliktkommunikation wird häufig übersehen, dass Merkmale der spezifischen Konfliktsituation einen Einfluss auf die Freiheitsgrade der politischen und Medien-Akteure haben. Unterschiedliche Konflikte führen zu einer je spezifischen Gemengelage der sie begleitenden politischen Kommunikation.

(a) Ein erstes Kriterium ist die Frage, ob eine Seite das Konfliktgeschehen kontrollieren kann. „When the situation is under control, so is the story" stellt Wolfsfeld (1997: 25) lapidar fest. Wenn die *Situation außer Kontrolle* gerät, dann lassen sich auch die Medien nicht so leicht von der Regierungspropaganda einfangen. Dies kann Wolfsfeld am Kontrast zwischen der Intifada von 1989 und dem Irakkrieg von 1991 belegen. Während im ersten Fall der israelischen Regierung die Kontrolle über die Ereignisse klar entglitten ist (einschließlich der Medienberichterstattung), war der Golfkrieg ein einseitig von den USA kontrollierter Konflikt. Auch die Medienberichterstattung orientierte sich an den Vorgaben der PR des Pentagons (Wolfsfeld 1997: 169-197).

(b) Neben der Kontrolle über die Entwicklung des Konfliktes selbst ist die *Kontrolle über den Zugang der Journalisten zu Bildern und Informationen* entscheidend. Ein offener Zugang ist eine Voraussetzung dafür, dass es zu CNN-Effekten überhaupt kommen kann. Dass Bilder der gewaltsamen Niederschlagung von Studentenprotesten 1989 am Tiananmenplatz von CNN um die Welt geschickt werden konnten, ist beispielsweise dem Umstand geschuldet, dass der damalige Präsident der Sowjetunion Michail Gorbatschow kurz zuvor auf Staatsbesuch in China war. Dafür hatte CNN eine Drehgenehmigung bekommen. Nur weil die Ausrüstung vor Ort war, konnte der Protest der Studierenden einer Weltöffentlichkeit bekannt gemacht werden (McPhail 2006: 145-159). Als Beispiele von Kontrolle über den Zugang zu Informationen bzw. Kontrollverlust lassen sich wiederum der Golfkrieg und die Intifada gegenüberstellen. Im Golfkrieg von 1991 regulierte das US-Militär den Zugang zu Informationen über ein „Pool-System", das Journalisten in Gruppen zu ausgewählten Orten führte und die Berichterstattung an strenge Vorkontrollen band. Einen unmittelbaren Zugang zum Kriegsgeschehen gab es nicht. Nur CNN hatte weiterhin seinen Korrespondenten in Bagdad, dessen Bilder dann auch die öffentliche Wahrnehmung des Golfkriegs prägten. Jenseits davon hat die PR des Pentagons den medialen Informationsfluss an die ameri-

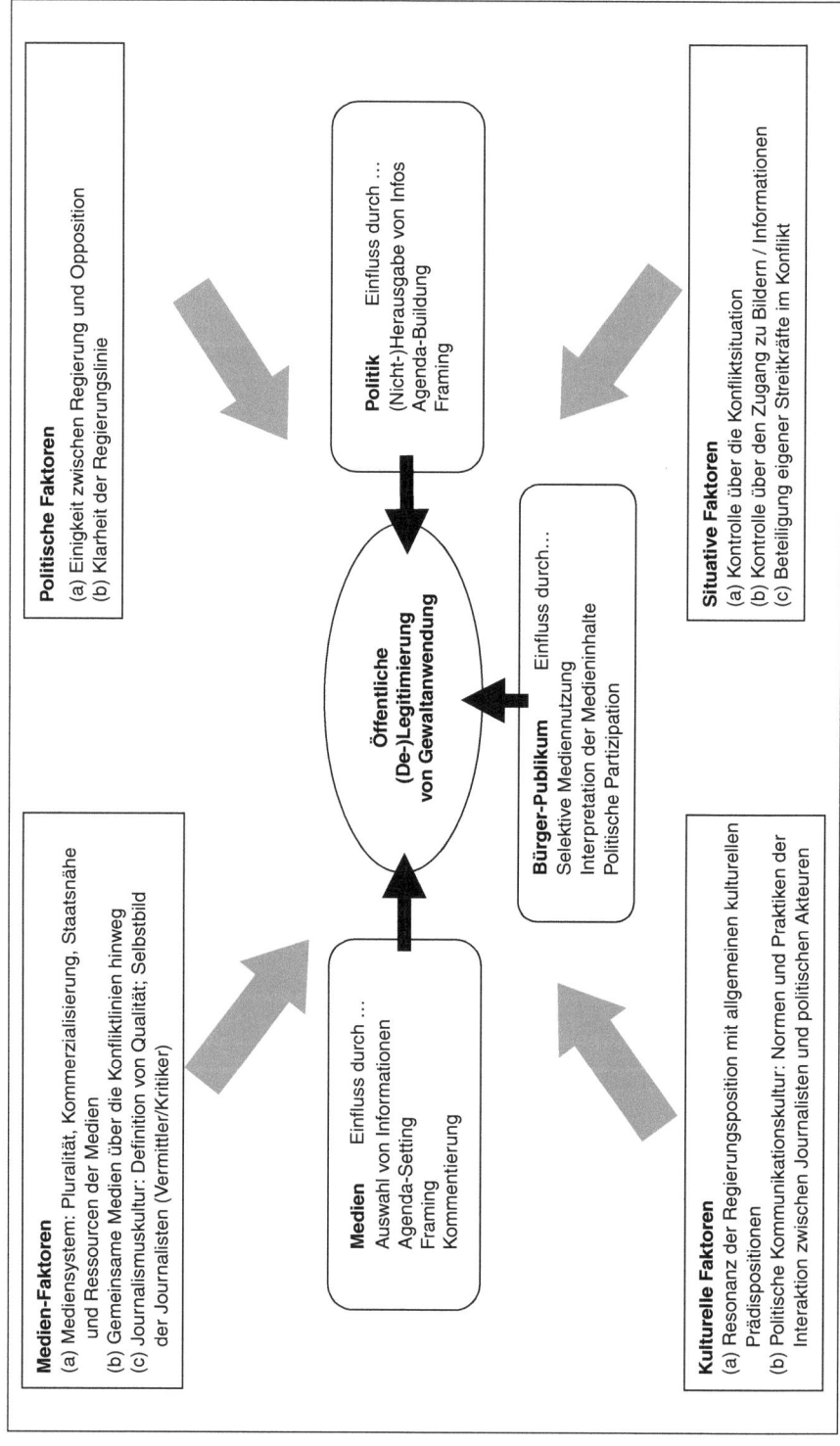

Abbildung 3: Einflüsse auf die öffentliche (De-)Legitimation von Gewaltanwendung

kanische Bevölkerung de facto steuern können (Wolfsfeld 1997: 169-197). Ganz anders gelagert war die Auseinandersetzung zwischen israelischer Regierung und Palästinensern während der Intifada. Hier konnten die israelischen Medien vor Ort ihre Informationen und Bilder sammeln. Der Verlust der Kontrolle über den Informationszugang hat die israelische Regierung geschwächt und die Medien (und über diese auch die PLO) gestärkt (Wolfsfeld 1997: 124-141).

(c) Schließlich gehört zu den der jeweiligen Konfliktsituation zuzuschreibenden Faktoren auch die Frage, ob *eigene Soldaten an der Auseinandersetzung beteiligt sind*. Dass deutsche und französische Medien kritischer über den Irakkrieg 2003 berichtet haben als die *New York Times*, heißt nicht, dass es hier zwingend viel besser um die Pressefreiheit bestellt ist. Wenn die eigenen Soldaten involviert sind, wird es den Medien schwer gemacht, die Intervention der eigenen Regierung zu kritisieren, weil sich die oben genannten Rally-around-the-Flag-Dynamiken ergeben können.

Politische Faktoren.

(a) Wenn das *Meinungsspektrum des politischen Establishments* sehr eng ist, wenn sich also zum Beispiel Regierung und wesentliche Teile der Opposition über die angemessene Deutung und Bewertung eines Konflikts einig sind, dann wird es auch für die Medien schwer sein, alternative Deutungsmuster hervorzubringen. Dies ist zumindest für die USA empirisch hinreichend belegt (wie oben gezeigt, vgl. Entman 2004).

(b) Das Meinungsspektrum innerhalb der Regierung selbst ist ebenfalls ein wichtiger Faktor. Einigkeit äußert sich hier auch im *Vorhandensein einer eindeutigen Linie der Regierung* zur Lösung eines Konfliktes, wie das „Policy-Media-Interaction"-Modell von Robinson (2001) herausarbeitet. Wenn die Regierung kohärent eine klare Linie vertritt, dann werden die Medien eher dieser Interpretation folgen, als wenn es schon innerhalb des Regierungslagers offensichtliche Differenzen gibt. „Policy uncertainty" wird allgemein als eine der Ursachen für das Auftreten des CNN-Effekts in den 90er Jahren gesehen (Robinson 2001: 533): Auch für die Regierenden war mit dem Ende des Kalten Kriegs die Zeit der außenpolitischen Gewissheiten vorbei.

Medien-Faktoren. Von der Forschung zur Konfliktkommunikation werden Medien-Faktoren erstaunlicherweise bisher eher vernachlässigt. Sowohl die Eigenschaften eines einzelnen Mediums als auch die Merkmale des Mediensystems und der dazugehörigen Journalismuskultur insgesamt determinieren aber den Grad an Autonomie, den Medien im Krieg verteidigen können. Der bisher nicht umfassend untersuchte Verdacht liegt nahe, dass die Abhängigkeit der amerikanischen Medien von der PR ihrer Regierung im „Krieg gegen den Terror" eben auch ein Ergebnis des dortigen Mediensystems ist.

(a) Eine Reihe von *Eigenschaften des Mediensystems* stärkt oder schwächt die Autonomie der Medien. Wie die Analyse oben gezeigt hat, ist eine starke Kommerzialisierung des Mediensystems ein Faktor, der die Medien schwächen kann. Sie sind stark von Werbekunden und Einschaltquoten abhängig und agieren deshalb relativ opportunistisch. Medien, die nicht nach der Logik von Investmentfonds arbeiten, können vorübergehende Divergenzen zwischen einer kriegsbegeisterten Publikumsmeinung (im Rahmen von Rally-Phänomenen) und kritischem Journalismus besser überdauern. Die größere

Unabhängigkeit von ökonomischen Interessen wird freilich zuweilen durch eine größere Abhängigkeit staatlich finanzierter Medien von den Regierenden erkauft. Profitorientierte Medien werden eher zum Diener des Populismus. Öffentlich finanzierte Medien geraten eher unter politischen Einfluss. Darüberhinaus wird sich ein Mediensystem mit höherer Vielfalt schwerer kontrollieren lassen als eines mit ganz wenigen Qualitäts- und Leitmedien. Ein gut mit Kapital- und Humanressourcen ausgestattetes Mediensystem wird sich investigativen und fundiert kritischen Journalismus eher leisten können, als eines, das kaum gute Rechercheure, dafür aber Content-Manager und Verwalter von PR-Informationen beschäftigt.

(b) Ein weiterer Einflussfaktor auf die öffentliche (De-)Legitimation von Gewaltanwendung ist die Frage, ob es Medien gibt, die von beiden Konfliktparteien genutzt werden. Gemeinsame Medien können im Idealfall eine Vermittlerfunktion übernehmen. In jedem Fall tendieren sie zu einer moderateren Darstellung des Konflikts und wirken so mäßigend auf die öffentliche Meinung ein. Wolfsfeld (2004) zeigt, wie die israelischen Medien im Nahen Osten mit ihrer Berichterstattung über die Friedensverhandlungen mit Jordanien und den Friedensprozess von Oslo das Konfliktgeschehen eher anheizten. Sie zeigten nur eine Seite des Konflikts. Beim Friedensprozess in Nordirland dagegen waren unter den Lesern der führenden Zeitungen sowohl Protestanten als auch Katholiken. Dies brachte eine zurückhaltendere und stärker moderierende Rolle der Journalisten mit sich sowie das Bewusstsein: „Sensationalism can cost lives" (Wolfsfeld 2004: 231).

(c) Häufig unter das Mediensystem subsumiert, aber auf jeden Fall mit ihm assoziiert sind unterschiedliche *Journalismuskulturen*, die eine entscheidende Rolle spielen für das Verhältnis zwischen Journalisten und Politikern. Journalismuskultur, verstanden als die Praktiken und Normen der Berufsausübung von Journalisten, ist in mindestens zweierlei Hinsicht wichtig: Die Orientierung an Qualitätsjournalismus, der eine ausgewogene Berichterstattung favorisiert, begünstigt eine unabhängige Rolle der Medien. Wenn sich diese bloß an der Quote orientieren, dann lassen sie sich auch stärker instrumentalisieren – gleichermaßen von Regierungen wie von Terroristen, die wissen, wie sie durch spektakuläre Gewalttaten für die Medien attraktiv werden. Wolfsfeld (2004) führt die konstruktivere Rolle von Journalisten im Nordirland-Konflikt auch auf eine stärkere Orientierung an Qualität zurück. Für Israel konstatiert er hingegen eine insgesamt stärker auf Sensationalismus setzende Presse. Zur Journalismuskultur gehört auch das Selbstbild der Journalisten als Kritiker des Establishments oder aber als neutraler Vermittler. Die angelsächsische Journalismuskultur orientiert sich traditionell mehr am Leitbild neutraler Vermittlung, während die Wurzeln des deutschen Journalismus unter anderem in der Parteienpresse liegen und darum auch den kritischen und auch parteilichen Journalisten geboren haben (Donsbach/Patterson 2004). Zwar konvergiert der Journalismus global gesehen langfristig in Richtung des angelsächsischen Modells (Hallin/Mancini 2004) und die neutrale Informationsvermittlung wird mehr und mehr zum dominanten Muster. Nach wie vor sieht aber jeder zweite deutsche Journalist Kritik als zentralen Teil seiner Tätigkeit (Weischenberg et al. 2006: 356). Im Kriegs- oder Konfliktfall werden die „neutralen" Berichterstatter möglicherweise unkommentiert die Kriegspropaganda weitergeben, während „kritische" Journalisten eine eigene Position entwickeln, die natürlich auch auf eine Unterstützung hinauslaufen kann. Die Kriegsberichterstattung hat sich als eigenes Genre des Journalismus mittlerweile weit entwickelt, dennoch weisen befragte Journalisten die Bezeichnung „war correspondent" weit von sich (Tumber/Webster 2006: 167). In dem Moment, in dem sie sich tatsächlich im Gegensatz dazu als „peace correspondents" oder „peace journalists" (Galtung 2000) definieren würden und sich dieses Konzept auch in ihrem Handeln widerspiegeln würde, könnte man von den Medien auch eine größere Unabhängigkeit erwarten, als es bisher in Kriegszeiten der Fall ist.

Kulturelle Faktoren. Schwerer messbar, aber trotzdem von entscheidender Bedeutung sind kulturelle Faktoren, die in Konflikten einmal die Position der Medien stärken und sie ein anderes Mal schwächen.

(a) Dies hängt entscheidend davon ab, ob das Framing des Konflikts, das eine Regierung vorgibt, mit *kulturellen Prädispositionen der jeweiligen Gesellschaft* zusammenpasst. Die im Vergleich zu den meisten europäischen Ländern stärker religiös geprägte amerikanische Gesellschaft war empfänglich für den von Präsident Bush proklamierten Kampf gegen das Böse. Auch die vorgebliche Mission, die Demokratie in der Welt zu verbreiten, passte in die Selbstbeschreibung der amerikanischen Gesellschaft. Entman (2003; 2004) betont die Bedeutung eines angepassten Framings in seinem Modell von „cascading activation". Die Frames der Regierenden fließen über die politischen und gesellschaftlichen Eliten und über die Medien kaskadenähnlich bis zu den Bürgern, – wenn „cultural congruence" (Entman 2003: 421) gegeben ist. Andernfalls kann der Framing-Wettkampf auch anders ausgehen. Medienmacht entwickelt sich über die erfolgreiche Konstruktion einer von der Regierungslinie unterscheidbaren, alternativen Deutung, die gleichwohl mit der jeweiligen politischen Kultur zusammenpassen muss: „To reach frame parity, the news must offer a counterframe that puts together a complete alternative narrative, a tale of problem, cause, remedy, and moral judgement possessing as much magnitude and resonance as the administration's [frame]" (Entman 2003: 418).

(b) Auch die *politische Kommunikationskultur* eines Landes ingesamt, also die Normen und Praktiken, die die Interaktion zwischen Journalisten und politischen Sprechern regeln, prägen die Konfliktkommunikation. Pfetsch (2003) unterscheidet vier Grundtypen politischer Kommunikationskultur, je nach dem, ob in der Interaktion die politische Logik oder die Medienlogik dominiert und ob das Verhältnis zwischen politischen Sprechern und Journalisten durch Nähe oder Distanz gekennzeichnet ist. Die politische Kommunikationskultur der USA etwa ist nach der Analyse von Pfetsch dadurch bestimmt, dass die politischen Akteure sich bei relativ großer Distanz zu den Medien gleichwohl der Medienlogik anpassen. Dies und die präsidentielle Verfassung des US-amerikanischen Regierungssystems führen zu einer Strategie des „going public", bei der die Regierung fortwährend versucht, das Publikum durch Ansprache über die Medien für sich zu gewinnen (Pfetsch 2003: 104). In Deutschland hat die Medienlogik Ende der 1990er Jahre die politischen Aushandlungsprozesse generell weniger stark beeinflusst als die Parteienlogik, und das bei gleichzeitig größerer Nähe zwischen Journalisten und politischen Sprechern – eine Konstellation, die Autonomieverluste der Medien impliziert.[1] Der Zusammenhang zwischen allgemeinen Typen politischer Kommunikationskultur und dem Machtverhältnis zwischen Medien und Politik in speziellen Phasen internationalen Konflikts ist nicht erforscht. Dennoch erscheint es plausibel, dass eine Dominanz der politischen Logik bei gleichzeitiger Nähe zwischen Journalisten und politischen Sprechern die Eigenständigkeit der Medien auch in Krisenzeiten strukturell schwächt. Demgegenüber können Medien bei größerer Distanz und einer stärkeren Angewiesenheit der politischen Akteure auf die Medien vermutlich mehr Eigenständigkeit wahren – jedenfalls dann wenn dieser Spielraum nicht durch Rally-Effekte, kulturellen Gleichklang und Kommerzialisierungseffekte aufgefressen wird.

Die Frage, welche Bedingungen die Unabhängigkeit und damit den Einfluss der Medien stärken, lässt sich zusammenfassend folgendermaßen beantworten: Medien werden in Kriegs- und Konfliktsituationen dann eher ihre Unabhängigkeit wahren können, wenn die folgenden Bedingungen erfüllt sind: Die politische Elite im Land ist sich über die Positionierung im Konflikt uneinig. Der Konflikt ist nicht unter Kontrolle einer einzigen Partei und die Kriegsherren können auch den Zugang zu Informationen und Bildern nicht völlig kontrollieren. Der eigene kulturelle Hintergrund des jeweiligen Mediums lässt mehrere Deutungen des Konflikts zu. Es gibt ein plurales, nicht nur an Profit ausgerichtetes, aber auch nicht staatlich dominiertes und hinreichend mit Ressourcen ausgestattetes Mediensystem. Es gibt eine gut ausgeprägte Kultur eines an Qualität orientierten und kritischen Journalismus. Die Nähe zwischen Journalisten und politischen Sprechern ist nicht zu groß und deren Interaktion wird nicht einseitig von der politischen Logik dominiert.

Diese Liste von Bedingungsfaktoren wird zwar von einer Reihe von Einzelbefunden untermauert, wie hier gezeigt werden konnte. Insbesondere die Kultur- und Medienfaktoren bedürfen aber einer genaueren Untersuchung, als dies bisher der Fall war. Und auch die relative Bedeutung und Erklärungskraft der verschiedenen Faktorenbündel ist weitgehend ungeklärt und bietet Gelegenheit für komplexere komparative Forschungsdesigns.

3. Transnationale Konfliktkommunikation: Neue Fragen, neue Ansätze?

Die bisher dargestellten Theorien und Befunde zur Rolle der Medien in internationalen Konflikten beziehen sich weitgehend auf die Berichterstattung und öffentliche Debatte über solche Konflikte in den nationalen Medien westlicher Länder. Insofern dabei mehrere westliche Länder zugleich betrachtet werden – und selbst das ist immer noch rar – ergibt sich eine komparative Perspektive, die mögliche Besonderheiten einzelner nationaler Öffentlichkeiten kontrollieren hilft. Aus mehreren Gründen wird ein solches vergleichendes und auf die westliche Welt begrenztes Herangehen der Komplexität aktueller internationaler Konfliktkommunikation allerdings nicht mehr gerecht. Verschiedene Entwicklungstrends greifen hier ineinander.

---

[1] Pfetsch/Maurer (2008: 112) weisen allerdings darauf hin, dass Deutschland auf dem Weg zu einer politischen Kommunikationskultur sei, die eine geringe Distanz zwischen politischen Sprechern und Journalisten mit einer deutlicheren Dominanz der Medienlogik vereint.

Internationale Konfliktberichterstattung findet seit der Entstehung *transnationaler Nachrichtenkanäle* nicht mehr ausschließlich in nationalen Medien statt. Mit der Gründung von CNN International im Jahre 1985 ist insofern tatsächlich eine neue Ära angebrochen. Transnationale Nachrichtenkanäle zeichnen sich dadurch aus, dass sie von einer zwar relativ kleinen, dafür aber vergleichsweise statushohen und einflussreichen Schicht von Zuschauern aus vielen verschiedenen Ländern genutzt werden. Sie schaffen daher in begrenztem Maße tatsächlich ein transnationales (englischsprachiges) Publikum für politische und wirtschaftliche Nachrichten. Obwohl systematische Reichweitenuntersuchungen im globalen Maßstab nicht existieren, wird der Zuschauermarkt für transnationale Nachrichtenprogramme ganz offenbar von CNN International und BBC World dominiert. Auch andere westliche Länder strahlen jedoch internationale TV-Nachrichtenprogramme (zumindest teilweise) in Englisch aus, so etwa Frankreich (France 24) und Deutschland (Deutsche Welle-TV). All diese Programme richten sich heute an ein internationales Publikum und nicht mehr allein an emigrierte Landsleute in anderen Teilen der Welt. Transnationale Nachrichtenprogramme können daher nicht mehr allein in ihrer Bedeutung für die Politik im jeweiligen Heimatland betrachtet werden, sondern konstituieren ein genuin grenzüberschreitendes, transnationales Kommunikationsphänomen. Der Inhalt und das Publikum dieser Programme ist wenig erforscht, von möglichen Wirkungen ganz zu schweigen. Und dies obwohl transnationale Nachrichtenprogramme in internationalen Konflikten Teilpublika von beiden Seiten des Konflikts vereinen – bis zu einem gewissen Grad also ein funktionales Äquivalent für die von Wolfsfeld (2004) in Nordirland gefundenen gemeinsamen Medien der Konfliktparteien darstellen. Die damit potenziell verbundene „moderierende" Funktion transnationaler Medienangebote ist bisher nicht untersucht.

Noch entscheidender als die zunehmende Verbreitung westlicher Nachrichtensender ist freilich die Entstehung *transnationaler Nachrichtenkanäle in anderen Teilen der Welt*, allen voran die Gründung des in Qatar beheimateten Senders Al-Jazeera im Jahre 1996 (vgl. Hahn 2005; Miles 2005; Zayani 2005; Sakr 2007; Tatham 2006; El-Nawawy/ Iskandar 2002; Hafez 2005; Rugh 2004). Auch hier sind zwei Phasen der Entwicklung zu unterscheiden: die Phase des arabischsprachigen Programms, das sich an Araber im Nahen Osten und weltweit richtete und richtet, und die Phase seit 2006, in der parallel ein weiteres englischsprachiges Programm (Al-Jazeera English) ausgestrahlt wird, das sich ähnlich wie die anderen internationalen Nachrichtenprogramme an ein internationales Publikum richtet und einen thematischen Schwerpunkt im Nahen Osten aufweist. Im arabischsprachigen Markt hat Al-Jazeera inzwischen Konkurrenz bekommen durch Al-Arabiya und Abu-Dhabi-TV sowie weitere Sender (Hahn 2005; Feuilherade 2003). Im englischsprachigen Markt kommen weitere Nachrichtenprogramme, zum Beispiel aus China (CCTV 9) und Russland (Russia Today) hinzu. Die arabischen Kanäle, insbesondere natürlich Al-Jazeera werden zudem als Nachrichtenquelle auch in den (internationalen und nationalen) westlichen Programmen genutzt.

Die Entstehung und Verwendung nichtwestlicher Nachrichtenkanäle wirft nun endgültig auch neue theoretische und normative Fragen auf, die den grundlegenden Charakter internationaler Konfliktkommunikation betreffen: Befinden wir uns nach einer Phase westlicher Dominanz im internationalen Nachrichtengeschehen jetzt in einem pluralisierten Umfeld, das die Stimmen aus den Konfliktregionen selbst stärker zur Geltung bringt? Welchen Einfluss hat der durch die neuen Kanäle geschaffene

„contra-flow" auf das Bild internationaler Konflikte weltweit und besonders im Westen? Gibt es gar Chancen für eine bessere Verständigung zwischen dem Westen und anderen Weltregionen, wie manche vermutet haben (vgl. El-Nawawy/Gher 2003, Cassara/Lengel 2004)?

Wessler und Adolphsen (2008) gehen einen ersten empirischen Schritt in Richtung auf die Beantwortung dieser Frage. Mit ihrer Analyse der Verwendung und des Framings arabischen Fernsehmaterials in der Irakkriegsberichterstattung der westlichen internationalen Nachrichtenkanäle (CNN International, BBC World und Deutsche Welle-TV) im März 2003 zeigen sie, dass die Funktion dieser Übernahmen im Wesentlichen darin besteht, auf die Existenz einer alternativen Sicht des Kriegs hinzuweisen. Diese alternative Sicht hatte jedoch keinen inhaltlichen Einfluss auf die Perspektive der Berichterstattung in den westlichen Sendern, die thematisch stark auf die westliche Militärstrategie und das aktuelle Kriegsgeschehen ausgerichtet war. In diesem Zusammenhang ist auch der Befund von Aday et al. (2005) interessant, dass sich die Irakkriegsberichterstattung von Al-Jazeera von derjenigen der (einheimischen) US-amerikanischen Programme in der Themenwahl deutlich unterschied, nicht jedoch im Ausmaß der Ausgewogenheit auf der Ebene einzelner Beiträge („balanced reporting"). In puncto Ausgewogenheit wich nicht Al-Jazeera, sondern Fox News von den amerikanischen Mainstream-Sendern ab – unter anderem, wie bereits erwähnt, durch die hohe Identifikation mit „unseren Truppen im Feld". Die Rolle der internationalen Nachrichtenkanäle, insbesondere der relativ jungen nicht-westlichen Sender, in der internationalen Konfliktberichterstattung stellt insgesamt ein Desiderat der empirischen Forschung dar. Bisher existieren hier viele, oft politisch motivierte, Eindrücke, Vermutungen und Mythen, aber nur wenig gesicherte Erkenntnisse über deren Einfluss auf die Kriegsberichterstattung.

Ein weiterer Faktor verändert die internationale Konfliktkommunikation seit einigen Jahren: Die *Quellen* für internationale Nachrichten haben sich in den vergangenen Jahren deutlich pluralisiert. Das gilt auch und gerade für den audiovisuellen Bereich: Neben den beiden führenden internationalen Bewegtbild-Nachrichtenagenturen APTN und Reuters TV sowie den oben genannten internationalen TV-Nachrichtenprogrammen gibt es heute eine Vielzahl lokaler Quellen von unterschiedlicher Relevanz (vgl. Hamilton/Jenner 2004). Dazu zählen zum einen die nationalen Medien aller möglichen Länder, die heute zumeist auch im Internet zugänglich sind und – entsprechende Sprachkenntnisse vorausgesetzt – von Journalisten überall auf der Welt als Informationsquelle oder auch zur Einschätzung des Meinungsklimas im jeweiligen Erscheinungsland genutzt werden können. Internetdienste wie Google News erleichtern den Überblick durch eine Zusammenstellung solcher nationalen Medienquellen. Zum anderen zählen zum erweiterten Quellenspektrum auch „Amateurjournalisten", die durch Blogs oder regelmäßig aktualisierte Webseiten bisweilen Informationen und Perspektiven aus Krisengebieten bereit stellen, die für westliche Journalisten schwer erhältlich sind (deshalb allerdings auch schwer verifiziert werden können).

Die letztgenannten Quellen sind freilich nicht nur als Informationsinput für die klassischen Massenmedien von Bedeutung, sondern auch als direkte Nachrichtenquellen und Verständigungsplattformen für spezialisierte Publika mit Interesse an bestimmten Krisenregionen oder an Streitfragen der internationalen Politik. Insofern hat sich durch das Internet potenziell auch für den Endnutzer das Spektrum möglicher Quellen und Betätigungsformen im Zusammenhang mit internationalen Konflikten verstärkt. Freilich sind die nationalen Massenmedien, insbesondere das nationale Fernsehen weiterhin die dominanten Nachrichtenquellen für den größten Teil der Bevölkerung, so dass der Einfluss solch alternativer Quellen auf Bevölkerungsmeinungen oder gar die internationale Politik bislang gering ist. Es ist aber nicht auszuschließen, dass sie im Einzelfall und über den „Umweg" einer aufgreifenden Berichterstattung in den nationalen und transnationalen Massenmedien zum öffentlichen Bild internationaler Konflikte beitragen werden.

Die hier angedeutete neue Unübersichtlichkeit der internationalen Konfliktkommunikation ist in der kommunikationswissenschaftlichen wie der politikwissenschaftlichen Forschung bisher nur unzureichend aufgegriffen und durchdrungen worden. In diesem Feld finden sich impressionistische und spekulative Abhandlungen, aber wenig theoriegeleitete und empirisch belastbare Analysen. Dies ist zu einem kleineren Teil der Neuheit der beschriebenen Phänomene zuzuschreiben, zum größeren Teil aber der generellen Theoriearmut im Forschungsfeld der internationalen Kommunikation. Ein Spektrum theoretischer Ansätze, das der im ersten Teil des Beitrags dargestellten Forschung zur innerstaatlichen Rolle der Medien in Kriegs- und Konfliktsituationen gleichkäme, gibt es in Bezug auf die neuen Phänomene der transnationalen Kommunikation noch nicht.

Daher ist auch noch weitgehend unklar, wie diese neuen Phänomene die oben ausführlich diskutierte Autonomie der klassischen Massenmedien sowie das Kräfteverhältnis zwischen Regierungen, Medien und Publikum beeinflussen werden. Da keiner der neuen Trends auf eine Stärkung der nationalen Regierungen im Westen hinweist, kann man spekulieren, dass der Einfluss dieser Regierungen auf das Bild von Kriegen und internationalen Konflikten im Zuge der Transnationalisierung und Pluralisierung von Information und Medien eher abnimmt. Sofern sich diese Entwicklung fortsetzt, werden Kriege eines Tages vielleicht weniger leicht mit fadenscheinigen oder sachlich falschen Begründungen zu führen sein.

Zum gegenwärtigen Zeitpunkt ist allerdings eine neue Konstellation der transnationalisierten Konfliktkommunikation, die das prekäre Gleichgewicht der Kräfte zwischen Politik und Medien im nationalen Rahmen ablösen würde, allenfalls in ersten Ansätzen zu erkennen. Dazu sind die neuen Trends bisher zu sehr auf kleine Teilpublika beschränkt und thematisch oder zeitlich zu sehr begrenzt. Eine *globale Öffentlichkeit*, in der internationale Konflikte und deren mögliche Entschärfung oder Lösung grenzüberschreitend und dauerhaft diskutiert werden könnten – etwa so wie in nationalen Öffentlichkeiten dauerhaft innenpolitische Fragen öffentlich debattiert werden –, existiert bisher nur in Nischen und auf Zeit. Die Entstehung transnationaler Öffentlichkeiten ist ohnehin ein träger Prozess (siehe Wessler et al. 2008). Sie ist auf ein synergetisches Zusammenwirken von a) ausreichendem Publikumsinteresse, b) verstärkten transnationalen Kommunikationsbemühungen der politischen Akteure (siehe Brüggemann 2008 für die EU) und c) entsprechenden grenzüberschreitenden Medienangeboten angewiesen. Trotz CNN und Al-Jazeera, trotz dw-world.de und Google News steckt eine „Weltbinnenöffentlichkeit" in diesem Sinne noch in den Kinderschuhen. Aber unübersehbar ist in den letzten Jahren etwas in Bewegung geraten in der internationalen Konfliktkommunikation. Auch deshalb stimmen wir Gilboa zu, wenn er schreibt: „[T]here is a clear need to adopt a research agenda for studying the effects of global communications, not only those of CNN" (Gilboa 2005: 38). Theorieentwicklung sollte dabei Priorität genießen.

Literatur

Aday, Sean/Livingston, Steven/Hebert, Maeve, 2005: Embedding the Truth: A Cross-cultural Analysis of Objectivity and Television Coverage of the Iraq War, in: The Harvard International Journal of Press/Politics 10 (1), 3-21.
Allan, Stuart/Zelizer, Barbie, 2004: Rules of Engagement: Journalism and War, in: *Allan, Stuart/Zelizer, Barbie* (Hrsg.), Reporting War. Journalism in Wartime. London/New York, 3-22.
Althaus, Scott L., 2003: When News Norms Collide, Follow the Lead: New Evidence for Press Independence, in: Political Communication 20 (4), 381-384.
Bennett, W. Lance, 1990: Toward a Theory of Press-State Relations in the United States, in: Journal of Communication 40, 103-125.
Bennett, W. Lance/Lawrence, Regina G./Livingston, Steven, 2006: None Dare Call It Torture: Indexing and the Limits of Press Independence in the Abu Ghraib Scandal, in: Journal of Communication 56 (3), 467-485.
Bennett, W. Lance/Livingston, Steven, 2003: A Semi-Independent Press: Government Control and Journalistic Autonomy in the Political Construction of News, in: Political Communication 20 (4), 259-263.
Bennett, W. Lance/Manheim, Jarol B., 1993: Taking the Public by Storm: Information, Cuing, and the Democratic Process in the Gulf Conflict, in: Political Communication 10 (4), 331-351.
Brown, Robin, 2003: Spinning the War: Political Communications, Information Operations and Public Diplomacy in the War on Terrorism, in: *Thussu, Daya Kishan/Freedman, Des* (Hrsg.), War and the Media. Reporting Conflict 24/7. London, 87-100.
Brüggemann, Michael, 2008: Europäische Öffentlichkeit durch Öffentlichkeitsarbeit? Die Informationspolitik der EU-Kommission. Wiesbaden.
Cassara, Catherine/Lengel, Laura, 2004: Move over CNN: Al Jazeera's View of the World Takes on the West, in: http://www.tbsjournal.com/Archives/Spring04/cassara_lengel.htm; 16.02.2006.
Chomsky, Noam/Herman, Edward, 1988: Manufacturing Consent. New York.
Cohen, Bernard C., 1994: A View from the Academy, in: *Bennett, W. Lance/Paletz, David L.* (Hrsg.), Taken by Storm. The Media, Public Opinion, and U.S. Foreign Policy in the Gulf War. Chicago, IL/London, 8-11.
Dominikowski, Thomas, 2004: Massenmedien und Massenkrieg. Historische Annäherungen an eine unfriedliche Symbiose, in: *Löffelholz, Martin* (Hrsg.), Krieg als Medienereignis II. Krisenkommunikation im 21. Jahrhundert. Wiesbaden, 59-80.
Donsbach, Wolfgang/Patterson, Thomas E., 2004: Political News Journalists: Partisanship, Professionalism, and Political Roles in Five Countries, in: *Esser, Frank/Pfetsch, Barbara* (Hrsg.), Comparing Political Communication – Theories, Cases, and Challenges. Cambridge, 251-271.
Edelman, Murray, 1964: The Symbolic Uses of Politics. Urbana.
Eilders, Christiane/Hagen, Lutz M., 2005: Kriegsberichterstattung als Thema kommunikationswissenschaftlicher Forschung. Ein Überblick zum Forschungsstand und den Beiträgen in diesem Themenheft, in: Medien & Kommunikationswissenschaft. Themenheft „Medialisierte Kriege und Kriegsberichterstattung" 53 (2-3), 205-221.
El-Nawawy, Mohammed/Gher, Leo A., 2003: Al Jazeera: Bridging the East-West Gap through Public Discourse and Media Diplomacy, in: TBS Transnational Broadcasting Studies 10. URL: http://www.tbsjournal.com/Archives/Spring03/nawawy.html (28.07.2008).
El-Nawawy, Mohammed/Iskandar, Adel, 2002: Al-Jazeera. How the Free Arab News Network Scooped the World and Changed the Middle East. Cambridge.
Entman, Robert M., 2003: Cascading Activation: Contesting the White House's Frame after 9/11, in: Political Communication 20 (4), 415-432.
Entman, Robert M., 2004: Projections of Power. Framing News, Public Opinion and U.S. Foreign Policy. Chicago/London.

Esser, Frank/Schwabe, Christine/Wilke, Jürgen, 2005: Metaberichterstattung im Krieg. Wie Tageszeitungen die Rolle der Nachrichtenmedien und der Militär-PR in den Irakkonflikten 1991 und 2003 framen, in: Medien & Kommunikationswissenschaft 53 (2-3), 314-332.
Feuilherade, Peter, 25.11.2003: Profile: Al-Arabiya TV. BBC NEWS, in: http://news.bbc.co.uk/1/hi/world/middle_east/3236654.stm; 16.02.2006.
Freedman, Lawrence, 2000: Victims and Victors: Reflections on the Kosovo War, in: Review of International Studies 26 (3), 335-358.
Galtung, Johan, 2000: The Task of Peace Journalism, in: Ethical Perspectives 7 (2-3), 162-167.
Gibbs, David, 2000: Realpolitik and Humanitarian Intervention: The Case of Somalia, in: International Politics 37 (1), 41-55.
Gilboa, Eytan, 2005: The CNN Effect: The Search for a Communication Theory of International Relations, in: Political Communication 22 (1), 27-44.
Hafez, Kai, 2005: Arab Satellite Broadcasting: Democracy without Political Parties?, in: TBS Transnational Broadcasting Studies 15. URL: http://www.tbsjournal.com/Archives/Fall05/hafez.htm (28.07.2008).
Hahn, Oliver, 2005: Arabisches Satelliten-Nachrichtenfernsehen: Entwicklungsgeschichte, Strukturen und Folgen für die Konfliktberichterstattung aus dem Nahen und Mittleren Osten, in: Medien & Kommunikationswissenschaft 53 (2-3), 241-260.
Hallin, Daniel C., 1986: The Uncensored War. The Media and Vietnam. Berkeley.
Hallin, Daniel C. and Paolo Mancini, 2004: Comparing Media Systems. Three Models of Media and Politics. Cambridge.
Hamilton, John M./Jenner, Eric, 2004: Redefining Foreign Correspondence, in: Journalism 5 (3), 301-321
Imhof, Kurt/Blum, Roger/Bonfadelli, Heinz/Jarren, Otfried (Hrsg.), 2004: Mediengesellschaft. Strukturen, Merkmale, Entwicklungsdynamiken. Wiesbaden.
Jarren, Otfried, 1998: Politik und Medien im Wandel: Autonomie, Interdependenz oder Symbiose? Anmerkungen zur Theoriedebatte in der politischen Kommunikation, in: Publizistik 33 (4), 619-632.
Kamps, Klaus, 2007: Politisches Kommunikationsmanagement. Grundlagen und Professionalisierung moderner Politikvermittlung. Wiesbaden.
Kepplinger, Hans Mathias, 2000: Die Demontage der Politik in der Informationsgesellschaft. 2. Auflage. Freiburg/München.
Livingston, Steven, 1997: Beyond the „CNN Effect": The Media-Foreign Policy Dynamic, in: *Norris, Pippa* (Hrsg.), Politics and the Press: The News Media and their Influences. Boulder, CO, 291-318.
Livingston, Steven/Eachus, Todd, 1995: Humanitarian Crises and U.S. Foreign Policy: Somalia and the CNN Effect Reconsidered, in: Political Communication 12 (4), 413-429.
Livingston, Steven/Eachus, Todd, 1999: Rwanda: U.S. Policy and Television Coverage, in: *Adelam, Howard/Suhrke, Astre* (Hrsg.), The Path of a Genocide: The Rwanda Crisis from Uganda to Zaire. New Brunswick, NJ, 209-228.
Löffelholz, Martin (Hrsg.), 2004: Krieg als Medienereignis II. Krisenkommunikation im 21. Jahrhundert. Wiesbaden.
Maurer, Torsten/Vogelgesang, Jens/Weiß, Moritz/Weiß, Hans-Jürgen, 2007: Aktive Vermittler oder passive Berichterstatter? Über die Rolle deutscher Medien während des Kosovo-, Afghanistan- und Irakkrieges, in: *Pfetsch, Barbara/Adam, Silke* (Hrsg.), Massenmedien als politische Akteure. Wiesbaden, 144-170.
McPhail, Thomas L., 2006: Global Communication. Malden, MA/Oxford/Carlton.
Mermin, Jonathan, 1999: Debating War and Peace: Media Coverage of U.S. Intervention in the Post-Vietnam Era. Princeton, NJ.
Meyer, Thomas, 2001: Mediokratie. Die Kolonisierung der Politik durch die Medien. Frankfurt a. M.
Miles, Hugh, 2005: Al-Jazeera: The Inside Story of the Arab News Channel that is Challenging the West. New York.
Mueller, John, 1973: War, Presidents and Public Opinion. New York.

Neuman, W. Russel, 1996: Political Communications Infrastructure, in: Annals of the American Academy of Political and Social Science 546, 9-21.

Pfetsch, Barbara, 2003: Politische Kommunikationskultur. Politische Sprecher und Journalisten in der Bundesrepublik und den USA im Vergleich. Wiesbaden.

Pfetsch, Barbara/Maurer, Peter, 2008: Mediensysteme und politische Kommunikationsmilieus im internationalen Vergleich: Theoretische Überlegungen zur Untersuchung ihres Zusammenhangs, in: *Melischek, Gabriele/Seethaler, Josef/Wilke, Jürgen* (Hrsg.), Medien & Kommunikationsforschung im Vergleich. Grundlagen, Gegenstandsbereiche, Verfahrensweisen. Wiesbaden, 99-119.

Pfetsch, Barbara/Adam, Silke (Hrsg.), 2007: Medien als politische Akteure. Wiesbaden.

Pohr, Adrian, 2005: Indexing im Einsatz. Eine Inhaltsanalyse der Kommentare überregionaler Tageszeitungen in Deutschland zum Afghanistankrieg 2001, in: Medien & Kommunikationswissenschaft 53 (2-3), 261-276.

Robinson, Piers, 2000: Research Note: The News Media and Intervention: Triggering the Use of Air Power During Humanitarian Crises, in: European Journal of Communication 15 (3), 405-414.

Robinson, Piers, 2001: Theorizing the Influence of Media on World Politics. Models of Media Influence on Foreign Policy, in: European Journal of Communication 16 (4), 523-544.

Robinson, Piers, 2002: The CNN Effect. The Myth of News, Foreign Policy and Intervention. London/New York.

Rugh, William A., 2004: Arab Mass Media: Newspapers, Radio, and Television in Arab Politics. Westport, CN.

Sakr, Naomi, 2007: Challenger or Lackey? The Politics of News on Al-Jazeera, in: *Thussu, Daya Kishan* (Hrsg.), Media on the Move: Global Flow and Contra-flow. New York, 116-132.

Sarcinellli, Ulrich, 2003: Demokratie unter Kommunikationsstress?, in: Aus Politik und Zeitgeschichte 43, 39-47.

Saxer, Ulrich, 1998: Mediengesellschaft: Verständnisse und Missverständnisse, in: *Sarcinelli, Ulrich* (Hrsg.), Politikvermittlung und Demokratie in der Mediengesellschaft. Beiträge zur politischen Kommunikationskultur. Bonn, 52-73.

Schrader, Gunther, 2002: Zensur und Desinformation in Kriegen, in: *Albrecht, Ulrich* (Hrsg.), Medien zwischen Krieg und Frieden. Baden-Baden, 45-54.

Schulz, Winfried, 2008: Politische Kommunikation. Theoretische Ansätze und Ergebnisse empirischer Forschung. 2. Auflage. Wiesbaden.

Shattuck, John, 1996: Human Rights and Humanitarian Crises: Policymaking and the Media, in: *Rotberg, Robert/Weiss, Thomas* (Hrsg.), From Massacres to Genocide: The Media, Public Policy, and Humanitarian Crises. Cambridge, MA, 169-175.

Szukala, Andrea, 2003: Medien und öffentliche Meinung im Irak-Krieg, in: Aus Politik und Zeitgeschichte B 24-25, 25-34.

Szukala, Andrea, 2005: Informationsoperationen und die Fusion militärischer und medialer Instrumente in den USA. Der Versuch einer militärischen Antwort auf die neuen Bedrohungen, in: Medien & Kommunikationswissenschaft. Themenheft „Medialisierte Kriege und Kriegsberichterstattung" 53 (2-3), 222-240.

Tatham, Steve, 2006: Loosing Arab Hearts and Minds: The Coalition, Al-Jazeera, and Muslim Public Opinion. London.

Taylor, Philip M., 2000: Introduction, in: European Journal of Communication 15 (3), 293-297.

Tumber, Howard/Webster, Frank, 2006: Journalists Under Fire. London.

Weischenberg, Siegfried/Malik, Maja/Scholl, Armin, 2006: Journalismus in Deutschland 2005, in: Media Perspektiven 7, 346-361.

Wessler, Hartmut/Adolphsen, Manuel, 2008: Contra-flow from the Arab World? How Arab Television Coverage of the 2003 Iraq War was Used and Framed on Western International News Channels, in: Media, Culture & Society 30 (4), 439-461.

Wessler, Hartmut/Peters, Bernhard/Brüggemann, Michael/Kleinen-v. Königslöw, Katharina/Sifft, Stefanie, 2008: The Transnationalization of Public Spheres. Basingstoke.

Wolfsfeld, Gadi, 1997: Media and Political Conflict. News from the Middle East. Cambridge.

Wolfsfeld, Gadi, 2004: Media and the Path to Peace. Cambridge.
Zayani, Mohamed, 2005: Introduction – Al Jazeera and the Vicissitudes of the New Arab Mediascape, in: *Zayani, Mohamed* (Hrsg.), The Al Jazeera Phenomenon. Critical Perspectives on New Arab Media. Boulder, 1-46.

Zusammenfassungen

Renate Martinsen, **Öffentlichkeit in der „Mediendemokratie" aus der Perspektive konkurrierender Demokratietheorien,** S. 37-69.

Im Beitrag wird der Frage nachgegangen, welche spezifische Ausprägung Demokratie in einer Gesellschaft annimmt, deren Öffentlichkeitsbezug wesentlich durch Massenmedien sowie elektronische Medien geleistet wird. Dabei zeigt sich, dass die Konstatierung möglicher Demokratisierungsgewinne bzw. -gefährdungen in der medial geprägten politischen Öffentlichkeit je nach zugrunde gelegtem Demokratiebegriff (liberal, deliberativ, partizipatorisch) und damit korrelierendem Öffentlichkeitsmodell erheblich differiert – die vielschichtigen Konturen der „Mediendemokratie" lassen sich letztlich nur aus der Warte einer „Demokratietheorie zweiter Ordnung" angemessen beschreiben. Jenseits kulturpessimistischer Bedrohungsszenarien liegt der konstruktive Sinn der Formel „Mediendemokratie" darin, eine kommunikative Plattform anzubieten, die unterschiedliche politikwissenschaftliche Anschlussoptionen zulässt und die Debatte in Gang hält.

Claus Leggewie, **Die Medien der Demokratie. Eine realistische Theorie der Wechselwirkung von Demokratisierung und Medialisierung,** S. 70-83.

Unter den Gesichtspunkten von Inklusion, Öffentlichkeit und Partizipation kann man Ko-Evolutionsschritte von Medien und Demokratie annehmen, die sich auf die historischen Epochen (a) der Vollversammlungs-Demokratie der attischen Polis, (b) die hochbürgerliche Öffentlichkeit der Salons, Flug- und Zeitschriften, (c) die durch Telekommunikation geprägte Massendemokratie und (d) die heutige, zunehmend durch Netzmedien charakterisierte Phase individualisierter Massenkommunikation beziehen. Dabei sinken direkte Interaktion und Partizipation, dafür steigt der Inklusionsgrad und wächst die Öffentlichkeit. Die demokratiepolitische Konsequenz ist ambivalent: Einerseits lassen sich über den Einsatz historisch prävalenter Medien (Tonscherbe, Flugschrift, Blog) Elemente kritischer Gegenöffentlichkeit verwirklichen, aber nur um den Preis einer zerstreuten Öffentlichkeit, die Fiktionen und Konsense bürgerlicher Partizipation hinter sich lässt und auf simulative Pseudo-Beteiligung setzt.

W. Lance Bennett, **Die Macht der Nachrichtenmedien: Presseberichterstattung und demokratische Verantwortlichkeit,** S. 84-102.

Können Nachrichtenorganisationen dazu verpflichtet werden, dem öffentlichen Interesse zu dienen? Und selbst wenn Regierungsinstitutionen Standards öffentlicher Verantwortung befolgen, wie sollten diese Standards beschaffen sein? Unterminieren die engen Beziehungen von Nachrichtenorganisationen und mächtigen Politikern, über die sie berichten, solche Standards? Diesen Fragen wird mittels einer Analyse der Berichterstattung zu Forderungen der Bush-Regierung nach einer Invasion im Irak und späteren Dementis der Erlaubnis von Folter nachgegangen. Die Ergebnisse deuten darauf hin, dass die US-amerikanische Presse mittlerweile so eng mit der Regierung verbunden ist, dass sie zentrale politische Entscheidungen nicht in Frage stellen kann, sofern sich nicht auch innerhalb des politischen Systems eine effektive Opposition gegen diese Politiken entwickelt hat. Dieser Befund korrespondiert mit den Resultaten anderer Studien: Die US-Presse kann in Phasen, in denen der Regierung Fehler unterlaufen und Kritik für eine Demokratie notwendig erscheint, nicht unabhängig berichten. Die Auswirkungen auf andere Mediensysteme werden diskutiert.

Winfried Schulz, **Politischer Medieneinfluss: Metamorphosen des Wirkungskonzepts,** S. 103-125.

Der Beitrag zeichnet die Entwicklung des Konzepts politischer Medienwirkungen nach. Neben der Ergänzung des kausalen Grundmodells durch moderierende Bedingungen wurden spezifische Modelle entwickelt, die erklären, wie und warum Individuen von Massenmedien beeinflusst werden und wie Effekte auf der Mikro-Ebene auf die Makro-Ebene transformiert werden können. Die verbreiteten Annahmen zu politischen Medieneinflüssen sind ambivalent und teils von einer alarmistischen Attitüde geprägt. Auf der einen Seite gibt es Befürchtungen problematischer Folgen, während auf der anderen Seite von den Massenmedien erwartet wird, dass sie politische Prozesse positiv beeinflussen. Neuere Studien zeigen, wie man die demokratische Medienperformanz empirisch evaluieren und alarmistische Thesen demokratietheoretisch fundieren kann.

Torsten Maurer, **Fernsehen – als Quelle politischer Information überschätzt? Eine Bestandsaufnahme des Angebotes und der Nutzung des „politischen Leitmediums",** S. 129-150.

Dem Fernsehen wird vor allem aufgrund der hohen Verbreitung und Nutzungsdauer eine herausragende Bedeutung im Rahmen der politischen Informationsvermittlung zugeschrieben. Das Medium Fernsehen ist jedoch primär kein Informationsmedium, sondern ein Mischmedium, das sich ebenso an die Unterhaltungs- wie an die Informationsbedürfnisse der Fernsehzuschauer richtet. Im Hinblick auf die Bedeutung des Fernsehens als Quelle politischer Information liefern die Ergebnisse einer Verknüpfung von inhaltsanalytischen Daten zum Politikangebot und tatsächlichen Nutzungsdaten ein ernüchterndes Bild. So zeigen die Analysen, dass in den am meisten genutzten Fernsehprogrammen nur in geringem Maße über Politik berichtet wird und dass diese politischen Angebote – im Gegensatz zu den Unterhaltungsangeboten – eher gemieden als gesucht werden.

Marcus Maurer, **Wissensvermittlung in der Mediendemokratie: Wie Medien und politische Akteure die Inhalte von Wahlprogrammen kommunizieren,** S. 151-173.

Die meisten Wähler glauben, dass sie ihre Wahlentscheidungen aufgrund der Wahlprogramme der Parteien treffen, obwohl sie die Programme selbst gar nicht lesen. Sie gehen folglich implizit davon aus, dass Massenmedien und politische Akteure ihnen die Parteiziele ausreichend vermitteln. Um zu prüfen, ob dies zutrifft, wurde im Bundestagswahlkampf 2005 eine Input-Output-Analyse der Wahlprogramme der fünf Bundestagsparteien einerseits und der Politikberichterstattung von Tageszeitungen und Fernsehnachrichten sowie von Talkshows, Wahlsondersendungen und Wahlkampfreden andererseits durchgeführt. Die Analysen zeigen, dass die Massenmedien die Wähler nur unzureichend über die Parteiziele informieren. Die Politiker informieren die Wähler allerdings noch deutlich schlechter. Die Ursachen und Konsequenzen dieser Befunde werden diskutiert.

Fritz Plasser / Günther Pallaver / Günther Lengauer, **Die (trans-)nationale Nachrichtenlogik in Mediendemokratien – Politischer TV-Journalismus im Wahlkampf zwischen transatlantischer Konvergenz und nationaler Divergenz,** S. 174-202.

Zu den meistdiskutierten journalistischen Trendmustern in medienzentrierten Demokratien zählen die Phänomene der Personalisierung, der Entsachlichung und *Game*-Zentrierung, des zunehmenden konfrontativen Negativismus sowie der verstärkten JournalistInnen-Zentrierung. Im Zentrum dieser transnational-komparativen Inhaltsanalyse steht die Frage, ob und in welchem Ausmaß diese Faktoren die Logik der aktuellen TV-Wahlkampfvermittlung in den USA, Italien, Deutschland und Österreich vor dem Hintergrund divergierender systemisch-institutioneller Rahmenbedingungen prägen. Die empirischen Ergebnisse zeigen, dass sich relativ homogene Hybrid-Typen einer transnationalen journalistischen TV-Logik herausbilden. Punktuelle Differenzierungen lassen sich zwischen öffentlich-rechtlicher und privat-kommerzieller TV-Logik erkennen, vor allem in Bezug auf die Personalisierung und die journalistische Interpretativität – und dies auf transnationaler Ebene.

Stefan Marschall, **Medialisierung komplexer politischer Akteure – Indikatoren und Hypothesen am Beispiel von Parlamenten,** S. 205-223.

Die spezifische Form der Medialisierung komplexer politischer Akteure wird von zwei Faktoren mitbestimmt: (1) vom jeweiligen Grad innerorganisatorischer Komplexität, (2) von der jeweiligen institutionellen Idee des Organisationstyps. Dies lässt sich exemplarisch an der Medialisierung von Parlamenten verdeutlichen. Parlamente können als lose verkoppelte Organisationen typologisiert werden, deren Teilakteure hohe Autonomie genießen. Zugleich sind parlamentarische Körperschaften von ihrer institutionell-funktionalen Idee her auf „Öffentlichkeit" ausgerichtet. Beide Organisationscharakteristika reflektieren sich in der Qualität der Medialisierung von Parlamenten, so wie sie von der einschlägigen Forschung skizziert wird: Zum einen verhindert die heterogene Binnenstruktur von Parlamenten ein kohärentes Kommunikationsmanagement; zum anderen reagieren Parlamente hochsensibel auf Veränderungen ihrer kommunikativen Umwelt. Derartige Zusammenhänge zwischen Organisationsqualität und Medialisierung müssten sich *mutatis mutandis* bei anderen komplexen politischen Akteuren finden lassen.

Gerhard Vowe / Marco Dohle, **Weltsicht und Medienbild des Parlaments im Wandel. Eine Inhaltsanalyse von Bundestagsdebatten aus 50 Jahren,** S. 224-250.

Wie ist das Weltbild eines Parlaments in sozialer, sachlicher und zeitlicher Hinsicht strukturiert? Mit einer quantitativen Inhaltsanalyse von Haushaltsdebatten des Bundestages zwischen 1949 bis 2005 wurde erfasst, auf welche Instanzen sich Politiker explizit in ihren Reden beziehen, um ihre Argumente zu untermauern. Den Medien kommt dabei im Vergleich zu Experten, ausländischen Politikern, Bürgern und Verbänden eine wichtige, aber keine alles überragende Bedeutung zu. Im Längsschnitt zeigt sich keine kontinuierliche Zu- oder Abnahme, sondern eine wellenförmige Entwicklung. Die Daten geben zudem Hinweise auf Veränderungen und Unterschiede im Bild des Parlaments von den Medien. Dies erlaubt Schlussfolgerungen, ob Thesen zu langfristigen Tendenzen wie Mediatisierung oder Verwissenschaftlichung der Politik mit den Befunden vereinbar sind.

Adrian Steiner / Otfried Jarren, **Intermediäre Organisationen unter Medieneinfluss? Zum Wandel der politischen Kommunikation von Parteien, Verbänden und Bewegungen,** S. 251-269.

Die zentrale Bedeutung von Parteien, Verbänden und Bewegungen in modernen Demokratien ist unbestritten. Als intermediäre Organisationen leisten sie die kommunikative Vermittlung von Staat und Bürgerschaft. Seit geraumer Zeit ist jedoch von der Krise dieser Organisationen die Rede. Die Auflösung traditioneller Milieus, Mitgliederschwund, Medialisierung, politische Entgrenzung u. a. stellen neue Herausforderungen, die es kommunikativ zu bewältigen gilt. Was sind die relevanten Umweltveränderungen und welche Folgen haben sie für die politische Kommunikation? Der Beitrag beleuchtet diese Fragen aus system- und organisationstheoretischer Perspektive und schließt mit forschungsleitenden Thesen zum Wandel der politischen Kommunikation intermediärer Organisationen.

Uwe Jun, **Parteien, Politik und Medien. Wandel der Politikvermittlung unter den Bedingungen der Mediendemokratie,** S. 270-295.

Medialisierung und Professionalisierung der politischen Parteien sind zwei eng miteinander zusammenhängende Tendenzen der letzten 20 Jahre. Parteien reagierten damit auf die Veränderungen ihrer gesellschaftlichen, ökonomischen und medialen Umwelten. Partiell ersetzen die Prozesse der Medialisierung und der Professionalisierung die zurückgehende gesellschaftliche Verankerung der Parteien, um weiterhin zentrale und legitime Akteure im poltischen Willensbildungs- und Entscheidungsprozess zu bleiben. Konsequenz dieser Entwicklung ist die Entstehung des Parteientyps der „professionalisierten Medienkommunikationspartei", dessen konstitutive Modellmerkmale im Lichte jüngster politischer Entwicklungen und neuerer wissenschaftlicher Studien darlegt und kritisch diskutiert werden. Es zeigt sich, dass auch in den letzten Jahren keine Abkehr von grundlegenden Tendenzen und Charakteristika zu erkennen ist. Nicht zu übersehen ist jedoch, dass sich auch Grenzen von Medialisierung und Professionalisierung politischer Parteien deutlich abzeichnen.

Sigrid Koch-Baumgarten / Katrin Voltmer, **Policy matters – Medien im politischen Entscheidungsprozess in unterschiedlichen Politikfeldern,** S. 299-319.

Medienwirkungen auf den Policyprozess sind bisher kaum systematisch und empirisch fundiert untersucht worden. Unser Beitrag setzt hier an und fragt nach dem Einfluss der Medien auf die Politikentscheidung: Welche Bedingungen fördern, welche Bedingungen begrenzen Medienpräsenz im Policyprozess? Und über welche Mechanismen können Medien Einfluss nehmen? Wie lassen sich Medienwirkungen im politischen Entscheidungsprozess charakterisieren? Vorgeschlagen wird ein *policyspezifischer* bzw. *policyvergleichender* Untersuchungsansatz, der eine Kontextualisierung des Medieneinflusses zulässt und diesen in einem multikausalen Bedingungsgefüge unter Abwägung verschiedener Einflussfaktoren auf den Politikprozess zu erfassen sucht. Politikfelder mit ihren spezifischen Akteurskonstellationen, Interessenstrukturen, Verhandlungskulturen und Politikinhalten bilden eigene Politikarenen, die Medieneinflüsse verhindern oder unter bestimmten strukturellen und situativen Bedingungen zulassen. Es ist deswegen anzunehmen, dass es keine kontinuierliche oder übergreifende, sondern eine volatile Medialisierung des Policyprozesses gibt. Insbesondere fragmentierte Akteurskonstellationen, ein fehlender oder aufbrechender Grundkonsens im Entscheidungszentrum, die Exklusion gesellschaftlicher Akteure, die Kompatibilität von Politikinhalten und Medieninteressen sowie Krisen und Konfliktsituationen begünstigen mediale Einflussnahmen. Diese können sowohl auf Politikverfahren als auch auf Politikinhalte und auf Akteurskonstellationen zurückwirken.

Jan Kleinijenhuis / Anita M. J. van Hoof, **Medienberichterstattung über Regierungspolitik und die Zufriedenheit der Bürger über die Informationsbeschaffung und die Folgen der Politik**, S. 320-344.

Der Beitrag behandelt die Frage, ob und wie Informationen über Regierungspolitik in den Medien die Zufriedenheit und das Vertrauen der Bürger in die Regierung beeinflussen. Unsere Studie geht von der Annahme aus, dass sich die Zufriedenheit der Bürger mit der Regierungspolitik im Laufe der Legislaturperiode in Abhängigkeit von den politischen Informationen über Politiken verändert. Wir erwarten, dass eine neue Regierung versuchen wird, die Zufriedenheit der Bürger zu erhöhen, indem sie das Ziel kommuniziert, sie könne die wichtigen Probleme des Landes lösen. Vor den nächsten Wahlen hingegen müssen die amtierenden Regierungsparteien die Kommunikationsstrategie ändern und von zielgerichteter Kommunikation hin zu erfolgsorientierter Kommunikation wechseln. Die Annahmen werden mit Daten einer täglichen Längsschnitt-Inhaltsanalyse von 24 Zeitungen geprüft. Analysiert wurde die Medienberichterstattung über 55 politischen Entscheidungen. Diese Daten wurden mit Umfragedaten über politische Zufriedenheit sowie Wahlkampfdaten kombiniert. Die Ergebnisse zeigen, dass während der Mitte der Legislaturperiode auf allen Ebenen Unzufriedenheit herrscht und dass die Zufriedenheit der Bürger in dieser Phase der Regierungsperiode mehr von der Ankündigung von Zielen als von erfolgsorientierter Kommunikation abhängt. Die Wahlkampfdaten zeigen aber, dass die größte amtierende Partei trotzdem von erfolgsorientierter Kommunikation profitieren konnte.

Hanspeter Kriesi / Laurent Bernhard / Regula Hänggli, **Politische Kampagne-Strategien**, S. 345-365.

Bisher wurde den Kampagne-Strategien von politischen Akteuren in Wahl-, Abstimmungs- und unkonventionellen Kampagnen erstaunlich wenig Aufmerksamkeit geschenkt. In diesem konzeptuellen Beitrag gehen wir von einem einfachen heuristischen

Rahmen mit drei Akteurtypen aus – politische Akteure, Medien und Publikum – und konzeptualisieren ihre Interaktionen aus der Perspektive der politischen Akteure. Wir unterteilen ihre zahlreichen strategischen Entscheidungen in zwei Teilmengen – eine, die sich mit Mobilisierung (Timing, Targeting, Auswahl der Kommunikationskanäle) beschäftigt, und eine, die sich mit der Formulierung der Botschaft an das Publikum (selektive Betonung der Salienz gewisser Aspekte der Kandidaten bzw. der relevanten Themen sowie Überzeugung mittels rhetorischer Strategien) befasst. Wir formulieren Hypothesen über die möglichen Determinanten der verschiedenen Entscheidungen sowie ihrer erwartbaren Effekte auf der Ebene der Öffentlichkeit und des Publikums der individuellen Bürgerinnen und Bürger.

Thomas Zittel, **Entmedialisierung durch Neue Digitale Medien? Direkte Wählerkommunikation im WWW aus der Sicht von Abgeordneten des Deutschen Bundestages,** S. 366-389.

Das Konzept der Medialisierung geht von einer zunehmenden Orientierung der Politik an den Selektionskriterien der Massenmedien aus. Neue digitale Medien wie das World Wide Web (WWW) eröffnen weitreichende Chancen zur direkten Kommunikation zwischen Wählern und Gewählten und schaffen so ein Gegengewicht zum Prozess der Medialisierung. Der vorliegende Aufsatz untersucht diese Thesen aus der Akteursperspektive in empirischer Absicht. Er argumentiert, dass die neuen medientechnischen Gelegenheiten eine notwendige, aber keine hinreichende Voraussetzung für entsprechende Nutzungsentscheide auf Seiten der Politik darstellen. Am Beispiel von Abgeordneten des Deutschen Bundestages wird gezeigt, dass politische Eliten die neuen Medien im Zuge strategischer Kommunikation zur Anwendung bringen, und dass die strategischen Kalküle von Abgeordneten sowohl durch medientechnisch induzierte als auch durch wahlsystemische Anreize bestimmt sind. Als Grundlage für die empirische Analyse dienen 27 Leitfadeninterviews, die im August und September des Jahres 2004 im Deutschen Bundestag durchgeführt wurden.

Jürgen Maier, **Was die Bürger über Politik (nicht) wissen – und was die Massenmedien damit zu tun haben – ein Forschungsüberblick,** S. 393-414.

Empirische Untersuchungen zeigen immer wieder, dass Bürger nur begrenzte Politikkenntnisse aufweisen. Trotz der scheinbaren Eindeutigkeit dieses Befunds herrscht kein Konsens darüber, was Bürger über Politik wissen und wie dieses Wissen gemessen werden kann. Auch gibt es lebhafte Diskussionen darüber, welche Gelegenheitsstrukturen, individuellen Fähigkeiten und persönlichen Motivationen umfangreiche Politikkenntnisse begünstigen. Dies gilt in besonderem Maße für die Massenmedien, da über den Einfluss des Fernsehens, des Radios, der Presse und des Internet auf politisches Wissen widersprüchliche Befunde vorliegen. Der vorliegende Beitrag fasst den aktuellen Stand der amerikanischen Forschung zusammen und ergänzt diesen mit den Ergebnissen der wenigen zu diesem Thema vorliegenden deutschen Untersuchungen.

Rüdiger Schmitt-Beck / Christian Mackenrodt, **Politikvermittlung durch Massenmedien bei der Bundestagswahl 2005: Nutzungsintensität und Einflüsse auf Einstellungen und Wahlverhalten,** S. 415-446.

Anhand eines innovativen Datensatzes analysiert der Beitrag die Bedeutung von Fernsehen, Tagespresse und Internet für die Politikvermittlung bei der Bundestagswahl 2005. Vor dem Hintergrund des Medienwandels der letzten Jahre stehen dabei zwei Aspekte im Fokus – die Reichweite verschiedener Medienangebote und deren Entwicklung im Wahlkampf sowie die von diesen ausgehenden Einflüsse auf die Wahlbeteiligung (Mobilisierung) und auf die Richtung von Einstellungen und wahlpolitischen Präferenzen (Persuasion). Soweit möglich, berücksichtigen die Analysen zum Vergleich auch politische Gespräche und die direkte Kommunikation der Parteien als alternative Quellen politischer Information in Wahlkämpfen. Die größte und teilweise während des Wahlkampfes noch zunehmende Reichweite erzielten verschiedene Formate des Fernsehens sowie politische Gespräche im primären Umfeld. Seriöse Tageszeitungen, öffentlich-rechtliche Nachrichtensendungen und Diskussionen mit Familie und Freunden begünstigten die Wahlbeteiligung; die „Bild"-Zeitung hatte hingegen einen demobilisierenden Effekt. Einige Medien, am klarsten wiederum die „Bild"-Zeitung, beeinflussten auch Einstellungen und Wahlentscheidungen. Etliche der beobachteten Effekte waren konditionaler Natur und traten vor allem bei politisch wenig interessierten Wählern auf.

Jens Wolling, **Onlinenutzung und Einstellungen zur Politik. Ergebnisse einer repräsentativen Panelstudie,** S. 447-467.

Ob die Nutzung der Massenmedien einen Einfluss auf die Einstellungen der Bürger zur Politik hat, ist seit Jahrzehnten eines der zentralen Forschungsfelder der politischen Kommunikationsforschung. Mit der zunehmenden Verbreitung onlinebasierter Kommunikationsformen stellt sich nun jedoch die Frage, ob auch die Nutzung des Internets ein relevanter neuer Einflussfaktor auf die *Einstellungen zur Politik* sein könnte. Theoretisch begründbar sind in diesem Zusammenhang sowohl positive als auch negative Effekte. Um die Frage zu beantworten, wurden die Daten einer repräsentativen Panelstudie ausgewertet. Die Ergebnisse der Studie zeigen, dass das Internet und dessen politische Nutzung *keinen negativen* Einfluss auf die Einstellungen zur Politik haben. Bei drei Einstellungsdimensionen wurden sogar signifikant *positive Effekte* ermittelt. Die Auswertungen im Längsschnitt zeigen allerdings, dass es sich dabei nicht um einen einseitigen Wirkungsprozess handelt.

Patrick Rössler, **Wie Menschen die Wirkungen politischer Medienberichterstattung wahrnehmen – und welche Konsequenzen daraus resultieren. Zum Zusammenhang von politischer Willensbildung, Second- und Third-Person-Effekten,** S. 468-495.

Mutmaßungen über Medienwirkungen können die Wahrnehmungen und das Verhalten des Publikums beeinflussen – und politische Einstellungen von Mediennutzern hängen auch davon ab, welchen Einfluss sie den Medien im Prozess der Meinungs- und Willensbildung generell zumessen. Diese Hypothese, die im Kontext von Studien zum „Third-Person-Effekt" angesiedelt ist, wurde anhand einer empirischen Feldstudie anlässlich der Bundestagswahl 2002 untersucht. In einer Befragung wurde die Wahrnehmung erhoben, wie sehr man sich selbst, Freunde und Familie und die allgemeine Öffentlichkeit von sechs verschiedenen politischen Kommunikationsangeboten beeinflusst glaubt. Die Ergebnisse bestätigen die Wahrnehmungskomponente des Third-Person-Ansatzes – Wirkungen werden den Medien eher auf andere Personen zugeschrieben als auf einen selbst, aber Folgeeffekte auf das beabsichtigte Wahlverhalten sind nicht erkennbar.

Jens Tenscher, **Informationsnutzung und politische Orientierung: Eine Vermessung der Europäischen Union,** S. 496-526.

Massenmedien gewinnen für die politische Orientierung in demokratischen Gesellschaften zusehends an Bedeutung. Insbesondere die Nutzung politischer Informationen wird in diesem Zusammenhang als funktional für das Ausmaß politischer Involvierung, spezifischer wie diffuser Unterstützung angesehen. Dieser Annahme wird durch eine Vermessung der auf die massenmediale Berichterstattung gerichteten politischen Informationsnutzung der Bürgerinnen und Bürger der Europäischen Union sowie deren politischen Einstellungen gegenüber nationalen und EU-bezogenen Bezugsobjekten nachgegangen. Dabei bewahrheitet sich – länderübergreifend und insbesondere in Bezug auf die EU-Unterstützung – die eigenständige, wenn auch nachrangige Relevanz der Nutzung des politischen Informationsangebots.

Jürgen Gerhards / Anke Offerhaus / Jochen Roose, **Wer ist verantwortlich? Die Europäische Union, ihre Nationalstaaten und die massenmediale Attribution von Verantwortung für Erfolge und Misserfolge,** S. 529-558.

Politische Entscheidungen werden heute nicht allein auf der nationalen Ebene getroffen. Mit der Europäischen Union hat sich eine zusätzliche Entscheidungsebene etabliert, die zunehmend auf immer mehr Politikbereiche des Nationalstaats Einfluss nimmt. Ob der Nationalstaat oder die EU für Erfolge und Misserfolge politischen Handelns verantwortlich ist, ist das Ergebnis eines Prozesses der Zuschreibung von Verantwortung, der in den Medien stattfindet. Auf der Basis einer systematischen Inhaltsanalyse der Medienberichterstattung über die EU in vier Qualitätszeitungen haben wir eine Reihe von Hypothesen zur Struktur von Attributionshandlungen überprüft. Dabei zeigt sich zunächst, dass alle Akteure, die sich an der Debatte über Europa beteiligen, sich selbst die Erfolge zurechnen, den Anderen die Misserfolge attribuieren. Vor allem die nationalen Regierungen treiben ein Doppelspiel: Für sie günstige Entscheidungen rechnen sie sich selbst zu, unpopuläre Entscheidungen, die sie selbst zum Teil auf europäischer Ebene mit beschlossen haben, rechnen sie negativ der EU zu. Dies mag längerfristig mit zu einer Delegitimierung der Institutionen der EU beitragen.

Silke Adam / Barbara Pfetsch, **Europa als Konflikt in nationalen Medien – Zur Politisierung der Positionen in der Integrationsdebatte,** S. 559-584.

Im Mittelpunkt des Beitrages steht die Konfliktstruktur europäischer Öffentlichkeit. Ausgehend von der Einsicht, dass Europa in den nationalen Öffentlichkeiten nach wie vor ein umstrittenes politisches Projekt ist, fragen wir, ob und in welchem Ausmaß die nationalen Massenmedien eine europabezogene Konfliktlinie hervorheben und welche Akteure sich mit welchem Erfolg auf dieser Konfliktlinie öffentlich positionieren. Wir fragen dann, aufgrund welcher Bedingungen sich die nationalen Debatten trotz gemeinsamer europäischer Politik in Brüssel zwischen den Ländern unterscheiden. Empirische Grundlage unseres Beitrages ist eine Analyse themenspezifischer Debatten mit Europabezug in 14 Qualitätszeitungen aus Deutschland, Frankreich, Großbritannien, Italien, den Niederlanden, der Schweiz und Spanien. Unsere Studie zeigt, dass die europapolitische Konfliktlinie „Abgrenzung vs. Integration" in allen Ländern gut sichtbar ist und dass die Integrationsbefürworter die öffentlichen Debatten dominieren. Ein genauerer Blick zeigt jedoch, dass die Konfliktdimension in den sieben westeuropäischen EU-Ländern unterschiedliche Bedeutung und unterschiedliche Positionen hervorbringt. Unsere Analysen verdeutlichen auch, dass in den verschiedenen Ländern unterschiedliche Akteure versuchen, vom Konflikt über die europäische Integration zu profitieren. Der Erfolg im Sinne der öffentlichen Aufmerksamkeit ist dabei keineswegs sicher.

Matthias Ecker-Ehrhardt, **Inter- und transnationale Organisationen als symbolische Autoritäten der Mediendemokratie**, S. 585-608.

Inter- und transnationale Organisationen haben sich über die letzten Jahrzehnte zu weltpolitisch einflussreichen Akteuren entwickelt. Ein wesentlicher Teil ihres Einflusses beruht dabei auf einem besonderen Maß an symbolischer Autorität, d. h. ihrer breiten Anerkennung als glaubwürdige Quellen von Wissen und normativer Orientierung. Dank dieser Anerkennung genießen ihre Stellungnahmen einen privilegierten Zugang zu den Medien, wie der Beitrag am Beispiel öffentlicher Debatten zum Thema humanitäre Krisen zeigt. Trans- und internationale Organisationen sind allerdings weder unfehlbar, neutral noch als Sprachrohr einer „Weltgesellschaft" im Ganzen legitimiert. In ihrer Rolle als „Wachhunde" zeitgenössischer Massendemokratien täten Medien entsprechend gut daran, diesen Unzulänglichkeiten ihrer trans- und internationalen Quellen größere Aufmerksamkeit zu schenken.

Sigrid Baringhorst, **Politischer Protest im Netz – Möglichkeiten und Grenzen der Mobilisierung transnationaler Öffentlichkeit im Zeichen digitaler Kommunikation**, S. 609-634.

Der sich gegenwärtig vollziehende Medienwandel, der durch den Übergang von der analogen zur digitalen Verbreitung einer räumlichen Entgrenzung und Parzellierung von Öffentlichkeit(en) mit Rückkanalfähigkeit und einer zunehmenden gegenseitigen Verschränkung alter und neuer Kommunikationsmuster gekennzeichnet ist, eröffnet insbesondere politischen Protestakteuren neue mediale Gelegenheitsstrukturen zur Mobilisierung transnationalen Protests. Am Beispiel von Akteuren der Global Justice-Bewegung werden die Auswirkungen von Netztechnologien differenziert nach folgenden Protestfunktionen diskutiert: der logistischen Funktion der Protestmobilisierung; der kognitiven Funktion der Wissensproduktion und -vermittlung; der taktischen Funktion des Internets als Waffe und Zielscheibe politischen Protests; der sozialen Organisationsfunktion im Sinne der Ermöglichung transnationaler Netzwerkbildung sowie der affektiven Funktion der virtuellen Gemeinschaftsbildung. Darauf aufbauend wird am Beispiel von Indymedia und mit Bezug auf netzbasierte transnationale Anti-Corporate

Campaigns das innere Spannungsverhältnis zwischen Binnen- und Außenkommunikation von Protestnetzwerken erörtert. Dieses wird charakterisiert als Gegensatz zwischen einer primär der Netzwerklogik folgenden egalitär ausgerichteten Protestkommunikation, die auf die Erzeugung einer alternativen Netzöffentlichkeit zielt, und einer eher hierarchisch organisierten Kampagnenkommunikation im Netz, deren Logik primär an den Selektionsfiltern einer massenmedial vermittelten Öffentlichkeit orientiert ist.

Michael Brüggemann / Hartmut Weßler, **Medien im Krieg. Das Verhältnis von Medien und Politik im Zeitalter transnationaler Konfliktkommunikation,** S. 635-657.

Gewaltsame Konflikte werden zunehmend medialisiert. Alle Konfliktparteien stellen sich auf die Allgegenwart der Medien ein und versuchen, die Medienberichterstattung zu steuern. Dank Internet, global agierender Nachrichtenagenturen, Auslandskorrespondenten und Satellitenfernsehen geht die medienvermittelte Konfliktkommunikation zudem längst über nationale Grenzen hinaus. Der Beitrag fragt danach, wie sich das Verhältnis von Medien und Politik im Zeitalter einer derart transnationalisierten Konfliktkommunikation gestaltet. Dazu werden zunächst die verschiedenen Ansätze der Konfliktkommunikationsforschung diskutiert (Indexing-Hypothese, CNN-Effekt-Hypothese, Media-policy-interaction model etc.). Die empirischen Befunde erweisen sich als lückenhaft und widersprüchlich. Der Ausweg aus der in eine Sackgasse geratenen Diskussion über die relative Macht der Medien in der Konfliktkommunikation liegt in einer Systematisierung der Kontextfaktoren, die einen Einfluss darauf ausüben, dass die Medien in einem bestimmten Konflikt politischen Einfluss gewinnen und in einem anderen Konflikt nur folgsame Chronisten der politischen Propaganda sind. Dabei werden politische, mediale, kulturelle und situative Einflussfaktoren unterschieden. Abschließend werden Anzeichen einer postnationalen Konstellation der Konfliktkommunikation identifiziert, in der die Position der Medien gegenüber der Politik tendenziell gestärkt wird.

Abstracts

Renate Martinsen, **The Public Sphere in "Media Democracy" in the Light of Competing Theories of Democracy,** pp. 37-69.

The article asks what shape democracy takes in a society where mass and electronic media play an essential role in establishing the public sphere. It shows that the possible advances in democratization or dangers for democracy identified in a media-shaped political public sphere differ considerably depending on the underlying concept of democracy (liberal, deliberative, or participatory) and the corresponding models of the public sphere. Adequately outlining the complex contours of a "media democracy" ultimately requires adopting the standpoint of a "second order theory of democracy". If we leave threat scenarios inspired by cultural pessimism aside, the constructive purpose involved in the formula of "media democracy" is that it provides a communication platform with connecting points for various approaches in political sciences, thus keeping the debate going.

Claus Leggewie, **Media of Democracy. About the Interrelation between Democratization and Mediatization,** pp. 70-83.

Regarding inclusion, public sphere and participation one can assume the co-evolution of media and democracy. Starting with direct democracy and civic deliberation in the drawing room and journals, the public sphere in mass democracies is based on telecommunication via electronic mass media now turning into individualized mass communication via internet and weblogs. In this process direct interaction and participation decrease while inclusion and publicity increase. The effect on democracy seems to be ambivalent: One can observe signs of a broader public sphere yet for the price of its growing dispersion and the emergence of simulative pseudo-participation.

W. Lance Bennett, **Power and the News Media: The Press and Democratic Accountability,** pp. 84-102.

It has often been said that freedom of the press belongs to those who own one. Indeed, the power of ownership in an age of media concentration can be formidable. The question is, what do media corporations do with their power and freedom? Are they compelled – and can they be compelled – to serve the public interest? And even if governmental institutions can harness the desire and will to create and implement standards of public accountability, just what should those standards be? Finally, no matter what standards and means of enforcement a nation creates, do the close relationships between news organizations and the powerful officials they cover inevitably erode those standards? In an age of managed and increasingly commercialized communications, is the news more often a stage for official spin than an independent check on those in power? These questions are examined in an analysis of U.S. news coverage of Bush administration claims about the Iraq invasion and subsequent denial of torture policies. The results suggest that the U.S. press has become so close to government that it cannot challenge key policy issues unless effective opposition already exists within decision circles in the institutions of government. This fits a long pattern of research from other cases suggesting that the U.S. press cannot be independent during times of government failure when democracy needs it most. Implications for other press systems are discussed.

Winfried Schulz, **Political Media Influence: Metamorphoses of the Concept of Effects,** pp. 103-125.

The essay traces the expanding boundaries of effects research and the evolving concept of political media effects. In addition to amending the basic causal model by moderating conditions a number of specific models have been developed which are explaining why and how individuals are affected by mass media and how micro-level effects can be transformed to the macro level. Common beliefs about political influences of the media are ambivalent and partly marked by an alarmist attitude. On the one side there are fears of problematic consequences, while on the other side the mass media are expected to exert positive influences on political processes. Recent studies show how the democratic performance of the media can be evaluated empirically and how alarmist assumptions can be based on theories of democracy.

Torsten Maurer, **Television – Overrated as a Source of Political Information? An Assessment of Program Content and Viewer Ratings of the "Political Lead Medium",** pp. 129-150.

Due primarily to its general availability and extensive utilization, television is considered of paramount importance in terms of the provision of political information. However, television is essentially not an information medium but a "mixed" medium directed at least as much at entertainment needs as political information interests of its audience. With respect to the role of television as a source of political information, the results of linking content analysis data on information content with data on actual viewer utilization yields a sobering picture. Thus, our analyses show that the most heavily viewed channels provide only very little political content and that, unlike entertainment content, whatever political content is in fact provided tends to be avoided rather than sought out by the audience.

Marcus Maurer, **Knowledge Transfer in Media Democracies: How Media and Political Actors Present Party Programmes during Election Campaigns,** pp. 151-173.

Most voters believe that their voting decisions are mainly based on their knowledge about party programmes – despite the fact that they don't read them, actually. Consequently, they at least implicitly assume that mass media and political actors deliver enough information about parties' goals to give them a good impression. To answer the question whether this is the case, an input-output-analysis including the party programmes of the five major parties and the news reports about these programmes in newspapers, television news, political talk shows, and party speeches during the 2005 German national election campaign has been carried out. It shows that mass media present party goals insufficiently. Though, political actors present them even more insufficient. Causes and consequences of these findings are discussed.

Fritz Plasser / Günther Pallaver / Günther Lengauer, **A (Trans-)National News Logic in Media Democracies – Political TV-Journalism in the Spectrum of Transatlantic Convergence and National Divergence,** pp. 174-202.

The phenomena of personalization, game-framing, increasing negativity as well as intensified journalist-centeredness are among the most discussed journalistic trends in media-centered democracies. This transnational-comparative content analysis focuses on the question to what extent these factors coin the current logic of TV election coverage in the USA, Italy, Germany and Austria. These countries are characterized by diverging systemic-institutional contexts of political communication. The empirical evidence presented in this study outlines that a highly homogenous but still hybrid form of a transnational journalistic logic unfolds within these countries. Some distinctions referring to the level of personalization and journalist-centeredness can be observed between the commercial and public service logic of political TV journalism.

Stefan Marschall, **The Mediatization of Complex Political Actors – Indicators and Hypotheses. The Case of the Mediatization of Parliaments,** pp. 205-223.

Two organizational factors have an effect on the specific form of the mediatization of complex political actors: (1) the inner complexity, (2) the institutional idea of an organization type. This can be illustrated using the example of the mediatization of parliamentary bodies. Parliaments are typologized as loosely coupled organizations granting to their subunits high autonomy. The institutional idea of parliamentary bodies is tightly associated with the "public" and the "public sphere". According to research on this issue, both organizational characteristics are reflected in the quality of the mediatization of parliaments: On the one hand the heterogeneous internal structures of parliamentary bodies prevent a coherent communication management; on the other hand parliaments are highly responsive to changes of their communicative environment. Such a correlation between organizational characteristics and mediatization should also be found in other complex actors – *mutatis mutandis.*

Gerhard Vowe / Marco Dohle, **The Changing World-view of the Parliament and its View of the Media. A Content Analysis of Parliamentary Debates over a Period of 50 Years,** pp. 224-250.

How is the world-view of a parliament structured – socially, factually and regards time? By means of a quantitative content analysis of German parliament budget debates from 1949 to 2005 it was measured which external authorities politicians explicitly refer to in their speeches, in order to substantiate their own arguments. The media play an important role, however not a dominant role compared to experts, foreign politicians, citizens and interest groups. Over the long-term, not a continuous increase or decrease, but a wavelike development can be seen. In addition, the data give hints concerning changes and differences of the parliaments' view of the media. This allows

Adrian Steiner / Otfried Jarren, **Intermediary Organizations under Media Influence? Changes in Political Communication of Parties, Unions and Social Movements,** pp. 251-269.

The central significance of parties, unions and social movements in modern democratic societies is beyond debate. In their role as intermediary organizations they facilitate communication between the authorities of states and their citizens. And yet, for a fairly long time there has been talk of a crisis of these organizations. The dissolution of traditional environments, membership decline, the increasing prevalence of media and the dissolution of political boundaries are, among other things, new challenges that require communicative resolutions. What are the relevant environmental alterations, and what are their consequences for political communication? The present paper comments on these questions from an organization and systems theoretical point of view, and concludes with research propositions on the changes in the political communication of intermediary organizations.

Uwe Jun, **Parties, Politics and the Media. Changes of Political Communication under the Terms of the Mediademocracy,** pp. 270-295.

The medialisation and professionalisation of political parties are two closely connected tendencies of the last twenty years. With those, parties react to the changes in their social, economic and media environments. The processes of medialisation and professionalisation partially replace the parties' decreasing social anchorage in order to continue to remain central and legitimate actors in the political development of an informed opinion and in the political decision-making process. The consequence of this development is the emergence of the party type of the "professionalised media-communications party" whose constitutive characteristics are portrayed and critically discussed in the light of recent political developments and newer scientific studies. It is beginning to show that also during the last years no turning away from fundamental tendencies and characteristics can be recognized. However, it cannot be overlooked that also limits of medialisation and professionalisation of political parties are clearly emerging.

Sigrid Koch-Baumgarten / Katrin Voltmer, **Policy Matters – The Media in the Political Decision-making Process in Different Fields of Policies,** pp. 299-319.

While political communication research has paid much attention to the impact of the media on politics we know very little about their role in the policy process. This paper sets out to explore the role of the media in political decisionmaking: In what way do the media participate in the policy process? What are the mechanisms of media influences on policy? What are the conditions under which the media might be able to shape the policy process, and which conditions prevent the media to enter the arena? We suggest a policy field-specific approach that allows to understand the role of the media in the context of the complex influences that are at work in the policy process. Policy fields constitute arenas of networks of actors with competing interests, policy contents and cultures of bargaining, which depending on their specific constellation determine the kind and degree of media influence. Hence, it can be hypothesized that media influence on policy is not continuous, linear or general. Rather, we presume a volatile mediatization of the policy process. Media impact on policy comprises both changes in policy institutions and policy content. It can be assumed to be high under conditions of fragmented constellations of actors, the exclusion of actors who have a stake in the policy, lack of elite consensus, policy crises, and the goodness of fit between policy problems and media logic.

Jan Kleinnijenhuis / Anita M. J. van Hoof, **Media Coverage of Government Policies and Citizen Satisfaction with Information Provision and Policy Results**, pp. 320-344.

In our study we ask whether and how media information on government policies affects trust in government and citizen's satisfaction with government policy in the midterm of a period of government. We assume that over the period of government a shift may occur in the dependency of citizen satisfaction on policy news. We assume to find a political communication cycle: A fresh government will harvest citizen satisfaction through communicating its *ambition* to solve serious real-world problems facing the country. However, prior to the next election, the incumbent parties have to shift their communication approach. We expect them telling people that the real-world problems have been solved due to government policy. The data to test these hypotheses stem from the Netherlands: The data about citizen's (dis)satisfaction in the midterm of a government come from a daily longitudinal content analysis of 24 newspapers. The media coverage of 55 policy issues which were prioritized by the Dutch government was analysed. These data were combined with survey data on the awareness and satisfaction for each of these issues. In addition, data about the campaign coverage preceding the next election campaign were used to assess subsequent shifts in media coverage and public appraisal. The midterm results indicate dissatisfaction at all levels. By and large, midterm satisfaction hinges on ambition communication rather than on success communication. Results from the following election campaign show that the largest incumbent party could nevertheless profit from success communication.

Hanspeter Kriesi / Laurent Bernhard / Regula Hänggli, **The Politics of Campaigning – Dimensions of Strategic Action**, pp. 345-365.

Surprisingly little attention has been paid so far to the campaign strategies of political actors in electoral, direct-democratic or unconventional campaigns. In this conceptual paper, we adopt a simple heuristic framework with three types of actors – political actors, the media and the public – and conceptualize their interactions from the perspective of political actors. We divide the many strategic choices of these actors into two sets – one concerned with mobilizing (timing, targeting, choosing the communication channels), and one concerned with the crafting of the message to the public (selectively emphasizing the salience of certain aspects of the candidates or the issues at stake vs. persuading by rhetorical strategies). We formulate hypotheses about the possible determinants, and the likely effects of the various choices, at the level of the public sphere as well as at the level of the citizen public.

Thomas Zittel, **Demedialization through New Digital Media? Direct Voter Communication on the WWW from the Perspective of German Members of Parliament,** pp. 366-389.

The concept of medialization assumes that political actors are increasingly adopting their considerations and behavioural patterns to the news biases of the mass media. New digital media such as the World Wide Web (WWW) open up new opportunities for direct voter communication and thus provide a counterweight to the process of medialization. This chapter analyzes this hypothesis from an actor centred perspective aiming at an empirical understanding of the matter. It argues that the pure availability of new digital media is a necessary but not a sufficient prerequisite for related media choices in the political realm. The analysis of the attitudes, goals and practices of German MPs demonstrates that political elites take strategic choices while using the WWW for the purpose of voter communication. These choices are structured by specific media induced incentives as well as by electoral incentives. The analysis is based upon 27 semi-structured interviews with German Members of Parliaments conducted in August and September 2004.

Jürgen Maier, **Media Reception and Political Knowledge – A State-of-the-Art Review,** pp. 393-414.

Research on political knowlegde often concludes that citizens do not know very much about politics. Despite the apparent unambiguousness of this result, there is no agreement of what people should know about politics and how to measure this knowledge in a reliable and valid way. In addition, there is an intensive discussion which opportunities, abilities and motivations support extensive knowledge levels. In particular, this is the case for the mass media because studies on the impact of television, radio, the press and the internet on political knowlegde often find contradictory results. This article provides a state-of-the-art review of U.S. research as well as of the findings of the few German studies in this field.

Rüdiger Schmitt-Beck / Christian Mackenrodt, **Mass Media at the 2005 German Parliamentary Election: Intensity of Usage and Influences on Attitudes and Electoral Behavior,** pp. 415-446.

Utilizing an innovative dataset the article analyses the relevance of television, the daily press and the internet at the 2005 German Parliamentary Election. Against the background of recent changes in the German media system it focuses on two aspects – the reach of various media and its development during the campaign, as well as the media's effects on turnout (mobilization) and voters' political attitudes and party preferences (persuasion). Partly, the analyses take also account of political conversations and the parties' campaign communications as alternative sources of political information for voters. Several TV programs as well as political discussions within primary relationships had the largest and during the course of the campaign further increasing reach. Serious daily newspapers, public-TV news, and political talks within the family and with friends increased the likelihood of turnout, while the tabloid 'Bild' rather demobilized voters. Some media, most clearly again the tabloid 'Bild', influenced political attitudes and electoral decisions. Several of these effects were conditional; they emerged particularly pronounced among voters with little interest in politics.

Jens Wolling, **Internet Use and Attitudes towards Politics. Findings from a Representative Panel Survey,** pp. 447-467.

Since decades it is a main topic of political communication research if the use of mass media has an impact on people's attitudes towards politics. But the increasing use of online communication applications now raises the question if the use of the internet may also influence people's attitudes towards politics. From a theoretical point of view it can be argued that positive as well as negative effects are plausible outcomes. To answer the research question the data of a representative panel survey are analyzed. The findings of the study indicate that the use of the internet does not have any negative impact on people's attitudes towards politics. Quite the contrary: a significant positive impact on three attitude dimensions was found. The longitudinal analyses of the data reveal that there are no unidirectional processes of media effects.

Patrick Rössler, **How Users Perceive the Effects of Political Media Coverage – and how this Perception Translates into Audience Behaviour. The Relationship between Political Decision-making, Second-, and Third Person Effects,** pp. 468-495.

The notion that people believe others to be more susceptible for media impact than themselves has attracted substantial scholarly interest in recent years. The present paper reports on a field study of the third-person effect in Germany. On occasion of the Federal election campaign in 2002, a survey determined respondent's belief of how strongly the general public, their friends and family, and their own person was affected by six different sorts of communication sources. Results confirm the perceptual component of the third-person concept (including the social distance and the message desirability hypothesis) but fail to prove effects on the behavioural intention of voters. The magnitude of perceptual gaps is influenced by a person's voting experience, with first-time voters displaying smaller differences in impact assessments.

Jens Tenscher, **Political Information and Orientations: Mapping the European Union,** pp. 496-526.

In European democracies, transition and modern ones, media channels have been establishing themselves as main bridges to the world of politics. Especially the usage and reception of political information provided by mass media is supposed to exert a functional impact on political involvement, but also on specific and diffuse support levels. This widespread hypothesis is examined by means of mapping political information usages and orientations towards national and EU-related political orientations all over the European Union. Findings confirm an independent, although subordinated relevance of citizens' devotions to mediated political information. This holds true for all EU member states and especially with regards to EU support.

Jürgen Gerhards / Anke Offerhaus / Jochen Roose, **Who is Responsible? The European Union, its Nation States and the Attribution of Responsibility for Success and Failure by the Media,** pp. 529-558.

Political decisions are not taken solely on the national level, but also on the level of the European Union in an increasing number of policy areas. Whether national governments or the European Union are held responsible for success or failure is a result of a social process taking place in the media. Based on a systematic content analysis of four quality newspapers we test a number of hypotheses concerning the attribution of responsibility concerning the EU. All actors in the debate on European policy issues try to blame others for mistakes and claim credit for success. Especially national governments act under false pretences, claiming credit for popular decisions while blaming the EU for unpopular decisions taken under participation of the national governments. In the long run this may delegitimize the EU.

Silke Adam / Barbara Pfetsch, **Europe as Contentious Issue in National Public Spheres – The Politicisation of the Debate on EU Integration,** pp. 559-584.

Our study focuses on the cleavages of European public sphere. We start out from the idea that Europe has always been a contentious issue in national public debate we ask whether and to what degree national mass media refer to a European cleavage and which actors succeed in taking a position on this issue in the media. We aim to clarify the conditions that determine why debates in national publics differ despite common European policies in Brussels. Our empirical study is based on issue specific debates with a European reference in 14 quality newspapers in Germany, France, The United Kingdom, Italy, the Netherlands, Switzerland and Spain. Our findings confirm that the European cleavage „integration vs. demarcation" is clearly visible and that the supporters of European integration dominate public debate in all countries. The more detailed analysis shows however that the national publics differ regarding the connotations and positions taken on the cleavage. Furthermore, we find that different actors did profit from the conflict on European Integration across countries. Yet, their political success in terms of public attention is not at all a safe bet.

Matthias Ecker-Ehrhardt, **Trans- and International Organizations as Symbolic Authorities of Media Democracy,** pp. 585-608.

In recent decades, many international and transnational organizations have become influential actors on the world political stage. An essential part of their influence is based on their having a special measure of *symbolic authority* – that is, their broad recognition as reliable sources of knowledge and normative orientation. Because of this recognition, comments or statements by such actors generally enjoy relatively privileged media access and attention – a fact demonstrated by these actors' contribution to the public debates over the issue of humanitarian crises. Nevertheless they are neither infallible nor neutral; nor are they the legitimately authorized spokespersons of an extant "world society." Therefore, the media, in their role as "watchdogs" in contemporary mass democracies, would do well to pay greater attention to these shortcomings of trans- and international organizations as journalistic sources.

Sigrid Baringhorst, **Political Protest on the Net - Opportunities and Limits of Mobilising a Transnational Public,** pp. 609-634.

The transformation of current communication media, characterised by a digitalisation of distribution, deterritorialisation and fragmentation of public spheres as well as an increasing interconnection between old and new patterns of communication, offers new media-related opportunity structures particularly for political protest actors. Referring to actors of the Global Justice Movement this article discusses the pros and cons of net technologies regarding different social movement functions such as the logistic function of protest mobilisation, the cognitive function of knowledge production and distribution, the function of social organisation and network building as well as the function of community formation. Based on these general reflections a particular tension between internal and external communication of protest networks is explained in more detail with particular reference to Indymedia and transnational Anti-Corporate Campaigns. This tension is understood as a contradiction between a mode of protest communication that is egalitarian, following a network logic of digital media, and is directed to create an alternative public on the net, and a hierarchical mode of protest communication, that is articulated in political protest campaigns that mainly follow the selection logic of mass media.

Michael Brüggemann / Hartmut Weßler, **The Media in Wars. The Relationship of the Media and Politics in the Age of Transnational Conflict Communication,** pp. 635-657.

Armed conflicts are increasingly mediatized. All conflict parties adapt to the omnipresence of the media and attempt to control media coverage. In addition, due to the Internet, global news agencies, foreign correspondence and satellite television, mediated conflict communication has acquired a transnational scope. The chapter examines the relationship between the media and politics in such a transnationalized setting. In a first step, the existing research about conflict communication is scrutinized (indexing, CNN effect, media-policy-interaction model etc.). Empirical results prove to be fragmentary and contradictory. In order to overcome the impasse, in which the scholarly debate about the relative power of the media in conflict situations finds itself, a systematization of context factors is proposed. Political, media, cultural and situational factors serve to explain why in a certain conflict the media do acquire political power while in another situation they merely follow the lead of political propaganda. In conclusion, indications of an emerging postnational constellation of conflict communication are identified that tend to strengthen the position of the media vis-à-vis politics.

Verzeichnis der Autorinnen und Autoren

Die Herausgeber:
Prof. Dr. Frank Marcinkowski, Institut für Kommunikationswissenschaft (ifk), Westfälische Wilhelms-Universität Münster, Bispinghof 9-14, 48143 Münster.
E-Mail: frank.marcinkowski@uni-muenster.de
Prof. Dr. Barbara Pfetsch, Freie Universität Berlin, Institut für Publizistik- und Kommunikationswissenschaft, Garystraße 55, 14195 Berlin.
E-Mail: pfetsch@zedat.fu-berlin.de

Die Autorinnen und Autoren:
Dr. Silke Adam, Universität Hohenheim, Institut für Sozialwissenschaften, Lehrstuhl für Kommunikationswissenschaft insb. Medienpolitik, Fruwirthstraße 47, 70599 Stuttgart-Hohenheim. E-Mail: adamsilk@uni-hohenheim.de
Prof. Dr. phil. Sigrid Baringhorst, Universität Siegen, Fachbereich 1/Politikwissenschaft, Adolf-Reichwein-Straße 2, 57068 Siegen.
E-Mail: baringhorst@politikwissenschaft.uni-siegen.de
Prof. PhD Lance W. Bennett, University of Washington, Departments of Communication and Political Science, Box 353530, Seattle, Washington 98195, USA.
E-Mail: lbennett@u.washington.edu
Laurent Bernhard, Lic. Phil-I, Universität Zürich, NCCR Democracy, Stampfenbachstraße 63, 8006 Zürich, Schweiz. E-Mail: bernhard@nccr-democracy.uzh.ch
Dr. Michael Brüggemann, Jacobs University Bremen GmbH, Campus Ring 1, Research IV, D-28759 Bremen. E-Mail: m.brueggemann@jacobs-university.de
Marco Dohle, Dipl.-Medienwiss., Heinrich-Heine-Universität Düsseldorf, Lehrstuhl für Kommunikations- und Medienwissenschaft I, Universitätsstraße 1, 40225 Düsseldorf. E-Mail: marco.dohle@phil-fak.uni-duesseldorf.de
Dr. phil. Matthias Ecker-Ehrhardt, Wissenschaftszentrum Berlin für Sozialforschung, Abteilung „Transnationale Konflikte und internationale Institutionen", Reichpietschufer 50/51, 10785 Berlin. E-Mail: ecker@wzb.eu
Prof. Dr. Jürgen Gerhards, Institut für Soziologie, Freie Universität Berlin, Garystraße 55, 14195 Berlin. E-Mail: j.gerhards@fu-berlin.de
Regula Hänggli, Lic. Rer. Soc., Universität Zürich, NCCr Democracy, Institut für Politikwissenschaft, Universität Zürich, Seilergraben 53, 8001 Zürich, Schweiz.
E-Mail: haenggli@ipz.uzh.ch
Dr. Anita M. J. van Hoof, Vrije Universiteit Amsterdam, Faculteit der Sociale Wetenschappen (afdeling communicatiewetenschap), De Boelelaan 1081, 1081 HV Amsterdam, Niederlande. E-Mail: amj.van.hoof@fsw.vu.nl
Prof. Dr. Otfried Jarren, IPMZ – Institut für Publizistikwissenschaft und Medienforschung der Universität Zürich, Andreasstraße 15, 8050 Zürich, Schweiz.
E-Mail: o.jarren@ipmz.uzh.ch
Prof. Dr. Uwe Jun, Universität Trier, Fachbereich III / Politikwissenschaft, Lehrstuhl für vergleichende Regierungslehre, 54286 Trier. E-Mail: jun@uni-trier.de

Prof. Dr. Jan Kleinnijenhuis, Vrije Universiteit Amsterdam, Department of Communication Science, De Boelelaan 1081, 1081 HV Amsterdam, Niederlande.
E-Mail: j.kleinnijenhuis@fsw.vu.nl

Prof. Dr. Sigrid Koch-Baumgarten, Philipps Universität Marburg, Institut für Politikwissenschaft, Wilhelm-Röpke-Straße 6G, 35032 Marburg.
E-Mail: kochbaum@staff.uni-marburg.de

Prof. Dr. Hanspeter Kriesi, Universität Zürich, Institut für Politikwissenschaft, Seilergraben 53, 8001 Zürich, Schweiz. E-Mail: Hanspeter.kriesi@ipz.uzh.ch

Prof. Dr. Claus Leggewie, Kulturwissenschaftliches Institut, Goethestraße 31, 45128 Essen. E-Mail: claus.leggewie@kwi-nrw.de

Dr. M. A. Günther, Lengauer, Universität Innsbruck, Universitätsstraße 15, 6020 Innsbruck, Österreich. E-Mail: guenther.lengauer@uibk.ac.at

Christian Mackenrodt, Dipl.-Pol., Universität Duisburg-Essen, Institut für Politikwissenschaft, Lotharstraße 65, 47057 Duisburg.
E-Mail: christian.mackenrodt@uni-due.de

Jun.-Prof. Dr. rer. Pol. Jürgen Maier, Technische Universität Kaiserslautern, Fachbereich Sozialwissenschaften, Fachgebiet Methoden der empirischen Sozialforschung, Gebäude 57, 67663 Kaiserslautern. E-Mail: maier@sowi.uni-kl.de

Prof. Dr. Stefan Marschall, Universität Siegen, Fachbereich 1 – Politikwissenschaft, Adolf-Reichwein-Straße 2, 57068 Siegen. E-Mail: stefan.marschall@uni-siegen.de

Prof. Dr. Renate Martinsen, Universität Duisburg-Essen, Lehrstuhl für Politische Theorie, Institut für Politikwissenschaft, Lotharstraße 65, 47057 Duisburg.
E-Mail: renate.martinsen@uni-due.de

PD Dr. Marcus Maurer, Johannes Gutenberg-Universität Mainz, Institut für Publizistik, Colonel-Kleinmann-Weg 2, 55099 Mainz. E-Mail: marcus.mauer@uni-mainz.de

Dr. Torsten Maurer, Freie Universität Berlin, Institut für Publizistik- und Kommunikationswissenschaft, Garystraße 55, 14195 Berlin. E-Mail: tmaurer@zedat.fu-berlin.de

Anke Offerhaus, M. A., Universität Leipzig, Institut für Kulturwissenschaften, Bereich: Kultursoziologie, Beethovenstraße 15, 04107 Leipzig.
E-Mail: offerhaus@rz.uni-leipzig.de

Ao. Univ.-Prof. DDr. Günther Pallaver, Universität Innsbruck, Universitätsstraße 15, 6020 Innsbruck, Österreich. E-Mail: guenther.pallaver@uibk.ac.at

Univ.-Prof. Dr. Fritz Plasser, Universität Innsbruck, Universitätsstraße 15, 6020 Innsbruck, Österreich. E-Mail: fritz.plasser@uibk.ac.at

Dr. Jochen Roose, Freie Universität Berlin, Institut für Soziologie, Fachbereich Politik- und Sozialwissenschaften, Garystraße 55, 14195 Berlin.
E-Mail: jochen.roose@fu-berlin.de

Prof. Dr. Patrick Rössler, Universität Erfurt, Nordhäuser straße 63, 99089 Erfurt.
E-Mail: patrick.roessler@uni-erfurt.de

Prof. Dr. Rüdiger Schmitt-Beck, Universität Mannheim, Fakultät für Sozialwissenschaften, Lehrstuhl für Politische Wissenschaft I – Politische Soziologie, A5, 6, 68131 Mannheim. E-Mail: schmitt-beck@uni-mannheim.de

Prof. em. Dr. Dr. h. c. Winfried Schulz, Universität Erlangen-Nürnberg, Sozialwissenschaftliches Institut, Postfach 3931, 90020 Nürnberg.
E-Mail: Winfried.Schulz@wiso.uni-erlangen.de

Adrian Steiner, lic. phil., IPMZ – Institut für Publizistikwissenschaft und Medienforschung der Universität Zürich, Andreasstraße 15, 8050 Zürich, Schweiz.
E-Mail: a.steiner@ipmz.uzh.ch

Jun.-Prof. Dr. Jens Tenscher, Universität Koblenz-Landau, Campus Landau, Institut für Sozialwissenschaften, Abteilung Politikwissenschaft, Kaufhausgasse 9, 76829 Landau. E-Mail: tenscher@uni-landau.de

Dr. Katrin Voltmer, University of Leeds, The Institute of Communications Studies, Houldsworth Building, Room 3.50, Leeds, LS2 9JT, United Kingdom.
E-Mail: k.voltmer@leeds.ac.uk

Prof. Dr. Gerhard Vowe, Heinrich-Heine-Universität Düsseldorf, Lehrstuhl für Kommunikations- und Medienwissenschaft I, Universitätsstraße 1, 40225 Düsseldorf.
E-Mail: vowe@uni-duesseldorf.de

Prof. Dr. Hartmut Weßler, Universität Mannheim, Seminar für Medien- und Kommunikationswissenschaft, L5, 1, 68131 Mannheim. E-Mail: wessler@uni-mannheim.de

Prof. Dr. Jens Wolling, Technische Universität Illmenau, Institut für Medien- und Kommunikationswissenschaft, Postfach 100565, 98684 Illmenau.
E-Mail: jens.wolling@tu-ilmenau.de

Prof. Dr. Thomas Zittel, Cornell University, Government Department, White Hall, Cornell, Ithaca NY 14853, USA. E-Mail: thomas.zittel@mzes.uni-mannheim.de

MIX
Papier aus verantwortungsvollen Quellen
Paper from responsible sources
FSC® C105338

Printed by Libri Plureos GmbH in Hamburg, Ge